文都敏行法硕

2021法律硕士联考

高分讲义

（非法学、法学）

紧扣考试分析｜名师权威讲解｜覆盖考点真题｜高分通关宝典

1 民 法｜韩祥波 编著

中国原子能出版社

图书在版编目（CIP）数据

法律硕士联考高分讲义／韩祥波，车润海，赵逸凡
编著. —北京：中国原子能出版社，2020.3
　　ISBN 978-7-5221-0496-6

　　Ⅰ.①法… Ⅱ.①韩… ②车… ③赵… Ⅲ.①法律–
研究生–入学考试–自学参考资料 Ⅳ.①D9

　　中国版本图书馆 CIP 数据核字（2020）第 042967 号

法律硕士联考高分讲义

出版发行	中国原子能出版社（北京市海淀区阜成路 43 号　100048）
责任编辑	张　梅
特约编辑	马琳婷
印　　刷	三河市航远印刷有限公司
经　　销	全国新华书店
开　　本	787mm×1092mm　1/16
印　　张	63.25　　**字　数**　1580 千字
版　　次	2020 年 3 月第 1 版　2020 年 3 月第 1 次印刷
书　　号	ISBN 978-7-5221-0496-6　　**定　价**　198.00 元（全套五册）

网址：http://www.aep.com.cn　　　E-mail：atomep123@126.com
发行电话：010-68452845　　　　　　版权所有　侵权必究

你的绚烂梦想，我们的唯一追求！

一

文都敏行法硕是主要从事法律硕士联考教育培训辅导的机构。在依法治国逐渐成为当代中国人民共同生活方式和全民信仰的时代背景之下,各位选择参加法律硕士考试,成为一名法律专业的研究生,这一选择无疑是正确的。作为长期从事法律硕士联考教育培训的从业者,编者谨代表文都敏行法硕全体同仁向广大考生送上一份祝福,祝愿你们的梦想之光早日照进现实!

二

文都敏行法硕,是对法硕联考精通的专业团队精心打造的考研品牌,秉承"敏思明辨,践法笃行"企业文化,致力于追求"名师、专业、高分、名校、录取"服务理念,以优异的培训服务为广大法硕考生实现梦想添砖加瓦!在法硕考研培训界,文都敏行将突破传统的旧思路,在不断强化法硕专业课实力的同时,凭借文都公共课强大师资优势,全面提升教学服务品质,成就法律硕士高录取率!文都敏行法硕开创法律硕士教育培训新纪元具体落实在如下举措之中:

第一,组织授课优师亲自编写法硕联考必备图书。2020年文都敏行邀请了法硕一线授课优师亲自编写了《法律硕士联考思维导图》《法律硕士联考高分讲义》(该书5个单本为一套)《法律硕士联考历年真题名师分科详解》《法律硕士联考章节配套练习520题库》《法律硕士联考背诵宝典》《法律硕士联考主观题高分必背》《法律硕士联考绝对考场最后五套题》等图书,今年将会陆续出版。文都敏行法硕组织教育培训领域一线授课名师亲自来编写图书,目的只有一个,就是提高法硕图书的质量,让法硕考生也能用上高质量的备考图书。目前法硕联考的图书虽然琳琅满目,但据考生反馈,质量普遍不高。这是由于市面上的法硕图书大部分都不是由一线授课教师亲自编写的,没有对出版图书进行内容上的高质量审查,这就导致了书籍质量良莠不齐,有些甚至存在严重质量问题。文都敏行图书由一线授课教师亲自编写,对出版图书进行内容上的高质量审查,我们组织授课优师编写上述图书,希望能够让大家用便宜的价格买到高质量的课程和书籍。

第二,推出专业课之"民刑先修"免费高清视频课程。这些课程均由业内一线优师主讲。很多考生朋友法学基础薄弱,在全面系统学习阶段感到非常困难。鉴于此,文都敏行法硕特别邀请民法、刑法的一线名师根据"民刑先修"的内容,专门录制配套视频课程,以方便考生朋友们直观形象地进行学习。如果考生朋友们在开始专业课的全面复习之前,能够将导学课程的内容听到两遍以上,之后的专业学习一定会事半功倍。

第三,推出优师授课全程高端协议面授班。常规法硕联考培训的课程主要集中在暑期和考前一个月。这样的课时对于基础相对薄弱而又有志一次考取名校的考生朋友是不够的。所以文都敏行特推出面授全程班课程。全年系统地辅导考生,考生能被心仪高校录取是我们共同的追求。今年文都敏行法硕推出优师面授+直播的教学模式，以稳定的教学质量为考生提供专业化的应试培训服务，帮助考生高效学习，使考生打牢基础，稳步提升，快速提分，一战即叩开名校的大门！

第四，邀请优师开通法硕辅导微博与考生实时互动，并通过QQ群专题讲课来答疑解惑。备考复习过程中，有很多专业问题自己把握不准，查阅资料后，又发现有不同的观点，这是很多考生朋友都会遇到的困惑。如果能够及时与授课老师取得沟通，这个问题就将得到彻底解决。文都敏行法硕与多位行业优师建立良好合作关系。我们安排专人负责整理学员遇到的问题，由名师定期给各位考生朋友作出权威解答，帮助考生理顺专业课知识点，实现知识点的融会贯通。同时，我们每周还通过直播平台，请优师针对难点和重点进行专题讲课。课堂气氛轻松活泼，学习效率成倍提高。

第五，推出名师授课与配套图书"二合一"的一体化教学模式。在通常的培训中，老师一般都是根据考试需要提供一份授课讲义。由于讲义的结构编排与考生复习所用资料之间常常存在不一致，由此给考生带来了专业复习的不便。通过和往届考生朋友交流，我们发现，将名师讲义扩展成书并直接在课堂上以讲义为基础展开讲解，几乎是所有考生的一致需求。于是，文都敏行法硕邀请当前法硕培训市场中最受欢迎的几位老师亲自编写《高分讲义》图书，彻底实现培训过程中主要授课内容与《高分讲义》的有机结合。"二合一"的模式将为考生朋友的复习提供前所未有的方便。

第六，隆重推出法硕联考《历年真题名师分科详解》(含非法学、法学)图书。文都敏行邀请名师亲自编写《历年真题名师分科详解》。名师们将2011—2020年间10年的历年真题重新进行编辑、解析，将这些题目分列于大纲规定的各个考点之下。历年考过的题目被收集在同一考点下，这个考点会从哪些角度进行考查，内部有哪些小知识点一目了然。这样的编排方式能够使考生们对同一知识点快速重复学习多次，达到强化理解、增强记忆的效果。优师们在解析时坚持"以点带面"的原则，对每道题的解析都不仅仅局限于该题，而是实现以题带点、以点带点的模式，充分给考生讲述知识和真题。吃透历年真题，才能做好当年真题。此书将帮助考生达到事半功倍的效果。我们建议将此书反复研读三遍，这对专业课成绩的提高将起到至关重要的作用。

第七，2020年文都敏行图书研发部再次重拳出击，特邀业内优师亲自编写《法律硕士联考章节配套练习520题库》，解决了考生难觅好题的难题，老师将多年教学经验与考试大纲、真题完美结合，深究《520题库》中的每一道试题，旨在帮助考生充分吸收和消化考点，真正融会贯通，达到良好的应试效果。

文都敏行法硕庆幸能陪伴大家一起度过这段难忘的考研时光，尤其在复试和调剂阶段，文都敏行感同身受每一位同学的煎熬，我们唯有提供专业的指导，提供最快捷的资讯，最终成功帮助更多学生顺利进入复试环节直至最后的录取，打赢法硕联考攻坚战！同学们从五湖四海寄来的一面面锦旗，既是对我们工作的肯定，更是对文都敏行明天的鞭策。作为专业的法硕辅导机构，文都敏行定将不负众望，再接再励，继续为考生们提供一流名师课程，帮助更多考生早日进入心仪的高校！

你的绚烂梦想，就是我们的唯一追求！在你圆梦的路上，文都敏行法硕必将与你一路高歌，携手同行！最后，衷心祝愿各位考生能在2021法律硕士考试中实现龙门一跃，文都敏行法硕也将一如既往、深自砥砺，为您的学海之舟掌舵撑篙，为每一位准法律人的锦绣前程保驾护航！

contents 目录

民法学 ·· 01

第一章 民法典总则编 ·································· 02

  第一节 民法概述 ······································ 02
  第二节 民事法律关系 ·································· 05
  第三节 民事主体——法律上的人 ··················· 11
  第四节 民事法律事实 ·································· 22
  第五节 代理 ·· 32
  第六节 诉讼时效与期间 ······························ 37

第二章 人格权 ··· 42

  第一节 一般规定 ······································ 42
  第二节 具体人格权 ···································· 43

第三章 物权法 ··· 50

  第一节 物权法概述 ···································· 50
  第二节 物权变动 ······································ 54
  第三节 所有权 ··· 62
  第四节 不动产所有权的两项制度 ··················· 66
  第五节 用益物权 ······································ 71
  第六节 担保物权概述 ·································· 75
  第七节 抵押权 ··· 76
  第八节 质权(动产和权利) ·························· 82
  第九节 留置权(动产、法定) ······················ 85
  第十节 占有 ·· 86

第四章 债法概述 ······································ 89

第五章 合同法 ··· 97

  第一节 合同概述 ······································ 97

第二节　合同的订立 ……………………………………… 101

第三节　合同的履行 ……………………………………… 105

第四节　合同保全 ………………………………………… 111

第五节　合同变更与转让 ………………………………… 113

第六节　合同的消灭（权利义务终止） ………………… 117

第七节　违约责任 ………………………………………… 121

第八节　具体合同 ………………………………………… 124

第六章　侵权法 ……………………………………………… 173

第一节　侵权责任概述 …………………………………… 173

第二节　一般侵权行为的构成要件 ……………………… 176

第三节　多数人侵权 ……………………………………… 178

第四节　具体侵权行为 …………………………………… 182

第七章　婚姻家庭与继承法 ………………………………… 192

第一节　结婚 ……………………………………………… 192

第二节　家庭关系 ………………………………………… 194

第三节　离婚 ……………………………………………… 198

第四节　继承法概述 ……………………………………… 205

第五节　法定继承 ………………………………………… 208

第六节　遗嘱继承 ………………………………………… 209

第七节　遗赠扶养协议（双方、诺成、双务、有偿） … 212

第八节　遗产分配的执行 ………………………………… 212

第八章　知识产权法 ………………………………………… 214

第一节　知识产权概述 …………………………………… 214

第二节　著作权法 ………………………………………… 215

第三节　专利法 …………………………………………… 221

第四节　商标法 …………………………………………… 226

第九章　民法基本原则及其学习中的应用 ………………… 231

民法学

序　言

一、体系意识与规范意识

二、以生活为基础的民法

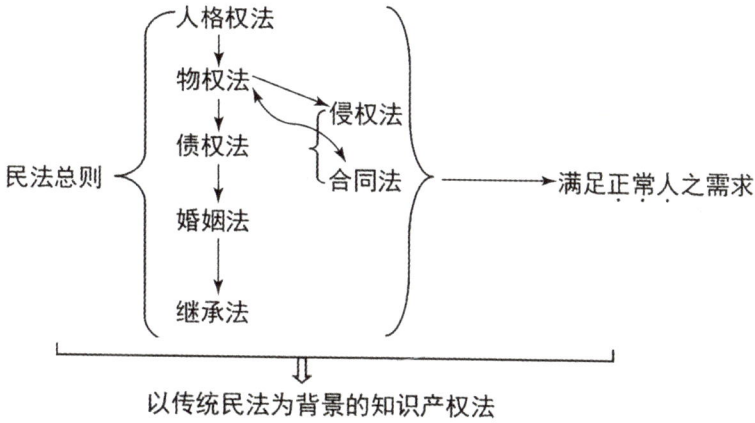

```
              人格权法
                 ↓
              物权法  ⇄  侵权法
                 ↓  ⤵
      民法总则  债权法      合同法        → 满足正常人之需求
                 ↓
              婚姻法
                 ↓
              继承法
                 ⇓
      以传统民法为背景的知识产权法
```

（一）作为逻辑起点的人格权法与物权法

（二）作为"保镖"和"顾问"的债权法

（三）助人寻找人生伴侣的婚姻法

（四）关照在天之灵的继承法

（五）鼓励创新的知识产权法

（六）作为民法各部分总纲的民法典总则编

第一章 | 民法典总则编

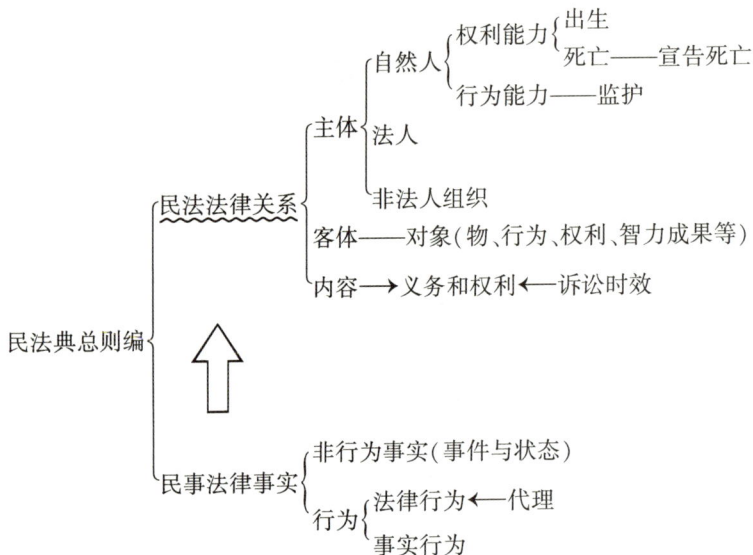

```
                                        ┌ 权利能力 ┌ 出生
                            ┌ 自然人 ┤          └ 死亡——宣告死亡
                            │        └ 行为能力——监护
                    ┌ 主体 ┤ 法人
                    │       │
                    │       └ 非法人组织
        ┌ 民法法律关系 ┤ 客体——对象(物、行为、权利、智力成果等)
        │           └ 内容 → 义务和权利 ← 诉讼时效
民法典总则编 ┤
        │           ⬆
        │
        └ 民事法律事实 ┌ 非行为事实(事件与状态)
                    └ 行为 ┌ 法律行为 ← 代理
                          └ 事实行为
```

《 第一节 民法概述 》

一、民法的含义——实质与形式

(一)实质民法——作为部门法的民法

【民法典总则编第2条】民法调整平等主体的自然人、法人和非法人组织之间的人身关系和财产关系。

1.平等主体

【考点】如何判断是否为平等主体?——看是否为平等的交易关系。

【注意】国有土地使用权出让合同、政府采购合同。

2.财产关系:基于"财产"而形成的关系,如去超市购买海尔冰箱一台;损害赔偿关系;对于自己房屋的占有、使用、出租。可以简单概括为钱的问题。

3.人身关系:基于"人格"和"身份"而形成的关系,如父母对于子女之监护关系、收养关系;婚姻关系中的人身部分如配偶权。可以简单概括为事关伦理的问题。

【考点】人身关系与财产关系的区分

例题

[2019-21]下列行为由民法调整的是(   )①。

A.甲与网友相约一起参加电子竞技

B.乙大学拒绝授予郑某硕士学位

---

① D

C. 丙在相亲活动中与王某成功"牵手"

D. 丁公安局发布公告为"提供破案线索者奖励 3000 元"

E. 主体包括自然人、法人和非法人组织

（二）形式民法

一般指"民法典"，当前中国内地尚没有完成民法典的编纂，目前已经通过了民法典总则编，因此，当前依然有效的各种单行立法如《民法通则》《物权法》等均可以理解为形式民法。

二、民法的性质

民法是权利法、私法、实体法、以任意法为主体兼有强制性规范。

例题

论民法的性质。

三、民法的渊源

法律、行政法规、地方性法规、规章、最高法院的指导性文件、国际条约和习惯。

【民法典总则编第 10 条】处理民事纠纷，应当依照法律；法律没有规定的，可以适用习惯，但是不得违背公序良俗。

四、民法的解释方法

（一）含义及解释的必要性

民法的解释，是指当民法规范不明确时，特定的解释主体运用一定的方法和原则并遵循法定的权限和程序探求民事法律规范含义的活动。民法解释的必要性体现在：

1. 法律必须通过解释才能适用；

2. 通过梳理法条的内在结构和逻辑关系从而弥补法律漏洞的需要；

3. 法律解释也是法官创造性地适用法律，充分实现司法公正的要求。

（二）解释方法

文义解释	含义：根据民法规范所使用文字的字面意义进行解释的方法，又称文理解释。
	重点：民法解释的出发点；其他解释原则上不得超出文义可能的范围。
	举例：过错，按照民法的规范含义，一般均包括故意和过失；损害，无特别情况，通常包括财产损害与人身伤害。
体系解释	含义：根据民法规范在法律体系中的位置，即与其他法律规范的关联，确定其含义和内容的解释方法。
	举例：民法典侵权责任编第 1173 条规定："被侵权人对同一损害的发生或者扩大有过错的，可以减轻侵权人的责任。"字面看，本条中"过错"，应包括故意和过失。但是该编第 1174 条规定："损害是因受害人故意造成的，行为人不承担责任。"既然"故意"有了专门规定，1173 条中的"过错"的解释就应限制为只包括过失。亦有限缩解释的意味。

续表

历史解释	含义:立法解释或法意解释,是通过探求立法者在制定民事法律规范时的立法意图进行民法解释的方法。
	主要依据:立法过程中相关的立法资料,如法律草案、立法理由书等。
	举例:民法典侵权责任编第1202条,"因产品存在缺陷造成他人损害的,生产者应当承担侵权责任。"关于他人"损害",在立法中删除了原《产品质量法》中将损害界定为"缺陷产品之外的其他损害"之表述,故应解释为包括缺陷产品在内的全部损害。
目的解释	含义:不拘泥于民事法律规范的字面含义以及立法者制定法律时的立法意图,从现实的社会关系发展的要求出发,依据合理的目的进行法律解释。
	举例:民法典物权编第429条规定:"质权自出质人交付质押财产时设立。"根据质权的目的,即通过控制出质人财产,防止出质人处分并给出质人带来压力,进而促进债务人履行债务。故此处的"交付"不应包括占有改定的交付方式。
扩张解释	含义:当民事法律规范的条文中所使用的文字、词语的文义过于狭窄,不足以涵盖立法者所欲调整的范围时,为符合立法本意,对文义进行扩张,将排除在适用范围之外的案件纳入调整范围的解释方法。
	举例:若支付了房款并交付了房屋,但尚未办理过户登记的房屋买受人,是不是"业主"?虽不满足登记的要求,通过扩张可解释为是业主。
限缩解释	含义:当民事法律规范的条文中所使用的文字、词语的文义过于宽泛,包含了本应排除在调整范围之外的案件时,为符合立法本意,对文义进行限制,将不应适用的案件排除在外的解释方法。
	举例:子女对父母有赡养的义务中,"子女"限于成年子女;父母对于子女有抚养教育的义务中,"子女"限于未成年子女。
当然解释	含义:虽然法律没有明文规定,但依据规范目的,某一事实比法律所规定的事实更有适用的理由时,直接将法律规定适用于该事实的法律解释方法。
	表现:举重以明轻,举轻以明重。
	举例:1.婚姻法规定,家庭暴力中,无过错方可以在离婚时主张赔偿,如果一方企图杀害另一方未遂的,离婚时受害方也应当可以主张损害赔偿,此为举轻以明重。 2.按份共有中,无特别约定时,法律规定2/3以上共有人同意可以处分整个共有物,则如果2/3以上同意时出租共有物的当然有效,此为举重以明轻。
其他解释	合宪性解释:有几种解释可能时,作出符合宪法的解释; 比较法解释:上述方法不能找到规范依据时,参照其他国家立法进行解释; 社会学解释:考虑社会效果进行解释。

📢 五、民法的适用

🛡 (一)对人效力

如何适用于居住于和设立于中国境内外的自然人、法人和非法人组织之问题。

（二）时间效力

起止时间及溯及力问题。

（三）空间效力

注意不同位阶法律的不同适用。

《 第二节 民事法律关系 》

一、民事法律关系含义

民事法律关系是民法所调整的社会关系。

民法是调整平等主体之间的财产关系和人身关系的法。

二、民事法律关系的构成要素

（一）民事法律关系的主体

民事法律关系的主体指参加民事法律关系,享有民事权利和承担民事义务的人,又称民事对象。我国民法中,包括自然人、法人和非法人组织。此外,国家也可以成为民事主体,参与民事法律关系。民事法律关系主体中,享有权利的一方称为权利人;负有义务的一方是义务人。

（二）民事法律关系的客体

民事法律关系的客体指民事法律关系的主体享有的民事权利和负有的民事义务所指向的对象。通说认为,民事法律关系的客体主要有四类,即物、行为、智力成果和人身利益。有些权利也可以成为民事法律关系的客体,如国有土地使用权被抵押后就成为了抵押权的客体。

（三）民事法律关系的内容:民事权利、民事义务

在权利和义务中,民法通常被认为是权利法。故对于权利一词,需要深入理解。任何人行使权利,均不得滥用。民事权利的行使应当遵循以下原则:

1. 民事权利的行使必须符合国家法律和社会公共利益的要求。

2. 不得滥用权利造成他人的损害。

3. 民事权利的行使必须符合诚实信用原则。

三、民事法律关系的核心——民事权利

（一）依客体分类:财产权、人身权、综合性权利

财产权	物权	自物权	所有权
		他物权	用益物权:建设用地使用权、土地承包经营权、宅基地使用权和地役权。
			担保物权:抵押权、质权和留置权。
	债权		合同、侵权、不当得利、无因管理、缔约过失等均可引起债权发生。

人身权	人格权	一般人格权	人格尊严、人格自由、人格平等。
		具体人格权	生命权、身体权、健康权、姓名权、名称权、肖像权、名誉权、荣誉权、隐私权、个人信息权。
	身份权		配偶权、亲属权。
综合性权利			具有人身与财产的双重性质,如著作权(署名等属人身权,复制等是财产权)。

【总结升华】本分类中的常见考点归纳:

1. 人身权与财产权的区分(人身法律关系与财产法律关系)

【特别提醒】需要掌握两点不同:

(1)责任方式不同:

【民法典总则编第179条】承担民事责任的方式主要有:①停止侵害;②排除妨碍;③消除危险;④返还财产;⑤恢复原状;⑥修理、重作、更换;⑦赔偿损失;⑧继续履行或支付违约金;⑨消除影响、恢复名誉;⑩赔礼道歉。

法律规定惩罚性赔偿的,依照其规定。本条规定的承担民事责任的方式,可以单独适用,也可以合并适用。

(2)是否包含精神损害赔偿不同:

①侵害人身权一般有精神损害赔偿(被侵权人死亡时,近亲属有精神损害赔偿请求权);

②侵害财产权一般没有精神损害赔偿,但是如果侵害的是特殊财产,即有人格象征意义的财产则有精神损害赔偿。何为具有人格象征意义的财产?

案例:消失了的祖宗。

【侵权责任编】侵害他人人身权益,造成他人严重精神损害的,被侵权人可以请求精神损害赔偿。

【民法典新增】因故意或重大过失侵害自然人具有人身意义的特定物造成严重精神损害的,被侵权人有权请求精神损害赔偿。

最高人民法院《关于确定民事侵权精神损害赔偿责任若干问题的解释》第4条规定,具有人格象征意义的特定纪念物品,因侵权行为而永久性灭失或者毁损,物品所有人以侵权为由,向人民法院起诉请求赔偿精神损害的,人民法院应当依法予以受理。

2. 人格权与身份权的区分:两者共同构成人身权。

(1)人格权:人人平等,人皆有之。主要包括在如下三个条文的规定中:

【民法典总则编第109条】自然人的人身自由、人格尊严受法律保护。

【民法典总则编第110条】自然人享有生命权、身体权、健康权、姓名权、肖像权、名誉权、荣誉权、隐私权、婚姻自主权等权利。

法人、非法人组织享有名称权、名誉权、荣誉权等权利。

【民法典总则编第111条】自然人的个人信息受法律保护。任何组织和个人需要获取他人个人信息的,应当依法取得并确保信息安全,不得非法收集、使用、加工、传输他人个人信息,不得非法买卖、提供或者公开他人个人信息。

(2)身份权:基于特定身份而享有的权利,非人皆有之。民法典总则编第112条是规范根据,包括以下两种:

①配偶权:合法有效的婚姻存续期间,夫妻之间相互享有民事权利。

②亲属权:因婚姻、血缘、收养而形成的关系中主体之间彼此享有的权利。

【民法典总则编第 112 条】自然人因婚姻、家庭关系等产生的人身权利受法律保护。

⭐ (二) 依相互关系分类:主权利与从权利 (主法律关系和从法律关系)

1. 主权利——含义:不依赖于其他权利而单独存在的权利。

2. 从权利——含义:以其他权利为基础或者没有其他权利就没有存在的意义的权利。

(1) 成立的从属性。

(2) 消灭的从属性。

(3) 处分的从属性。

重点掌握担保物权与地役权。

例题 ✏

甲向银行借款 100 万元,用自己的一栋房屋做抵押。试回答:

(1) 银行享有哪些权利?

(2) 这些权利关系如何?

⭐ (三) 依义务主体范围分类:绝对权、相对权 (绝对法律关系、相对法律关系)

1. 绝对权——所有权、人格权等。

2. 相对权——债权(合同)。

例如:甲被乙家的狗咬伤,要求乙赔偿。问题:甲请求乙赔偿的权利是相对权还是绝对权?

⭐ (四) 依权利的作用不同进行分类:支配权、请求权、抗辩权、形成权

1. 形成权——形成权总是情不自禁地说"我是小强"。

依单方意思表示变动双方法律关系的权利,是单方决定权。因此,效力非常强。比如追认效力待定合同中的追认权、选择权、撤销权、抵消权、解除权。

2. 支配权与请求权。

(1) 支配权,直接支配客体的权利。人→物、智力成果等,如物权、知识产权。

(2) 请求权:请求他人为或不为一定行为的权利。人→人,如债权人对于债务人的请求权。

(3) 主要类型:

①物权请求权:返还原物、停止侵害、排除妨害、消除危险。

②债权请求权:合同履行请求权、违约损害赔偿请求权、缔约过失请求权。

③无因管理请求权、侵权损害赔偿请求权、不当得利请求权。

④占有保护请求权:占有返还、停止侵害、排除妨害、消除危险。

【特别提醒】注意三点:

①区分物权请求权与债权请求权:关键看请求的标的物在法律上的权属!

②物权请求权≠物权法中规定的请求权。

【民法典物权编第 233 条】物权受到侵害的,权利人可以通过和解、调解、仲裁、诉讼等途径解决。

【民法典物权编第 234 条】因物权的归属、内容发生争议的,利害关系人可以请求确认权利。

【民法典物权编第 235 条】无权占有不动产或者动产的,权利人可以请求返还原物。

【民法典物权编第236条】妨害物权或者可能妨害物权的,权利人可以请求停止侵害、排除妨碍或者消除危险。

【民法典物权编第237条】造成不动产或者动产毁损的,权利人可以依法请求修理、重作、更换或者恢复原状。

【民法典物权编第238条】侵害物权,造成权利人损害的,权利人可以依法请求损害赔偿,也可以依法请求承担其他民事责任。

③三大请求权所受限制不同:不动产物权请求权和登记的动产物权请求权无限制、债权请求权限于诉讼时效、占有保护请求权限于除斥期间。

3. 抗辩权。

对于请求权说不的权利。主要的抗辩权:

(1)永久性抗辩权→诉讼时效的抗辩。

(2)一时的抗辩权→合同法中同时履行抗辩、先履行抗辩、不安抗辩,一般保证人的先诉抗辩权。

例题

下列民事权利中,属于支配权的是(　　)①。

A. 甲对无权代理的追认权　　　　　　　　　　B. 乙对自身肖像的使用权

C. 丙因受欺诈享有的撤销合同的权利　　　　　D. 丁被他人打伤享有的请求赔偿的权利

(五)依据权利的状态不同:既得权和期待权

1. 既得权:成立要件已经全部具备的权利。

2. 期待权:权利成立要件尚未完全具备,处于向既得权过渡阶段、将来有可能完全具备之权利,如所有权保留的买卖中买受人的期待权。

(六)权利如何救济

权利救济的方式包括公力救济和私力救济。

1. 私力救济的种类。

自卫行为→正当防卫、紧急避险——参照刑法掌握各自含义及构成要件。

【民法典总则编第181条】因正当防卫造成损害的,不承担民事责任。

正当防卫超过必要的限度,造成不应有的损害的,正当防卫人应当承担适当的民事责任。

【民法典总则编第182条】因紧急避险造成损害的,由引起险情发生的人承担民事责任。

危险由自然原因引起的,紧急避险人不承担民事责任,可以给予适当补偿。

紧急避险采取措施不当或者超过必要的限度,造成不应有的损害的,紧急避险人应当承担适当的民事责任。

自助行为★★★

2. 自助行为的构成要件。

第一,为保护自己的请求权。

第二,情况紧急,别无选择。

第三,在必要和相当的限度内强制侵害人的人身、财产。

第四,尽快纳入公力救济途径。

---

① 　B

【民法典侵权责任编第 1177 条】合法权益受到侵害,情况紧迫且不能及时获得国家机关保护,不立即采取措施将使其合法权益受到难以弥补的损害的,受害人可以在必要范围内采取扣留侵权人的财物等合理措施;但是,应当立即请求有关国家机关处理。

受害人采取的措施不当造成他人损害的,应当承担侵权责任。

例题 📝

甲经常在乙经营的酒店招待朋友,但常常拒付餐费离去,乙多次到甲家催要未果。一日,甲又来乙的酒店就餐,用餐完毕未付餐费即欲离去,乙见状揪住他不让走。对乙行为的如下说法正确的是(   )。①

A. 乙若以甲未付前几次餐费为由不让甲离去,属于自助行为

B. 乙若以甲未付此次餐费为由不让甲离去,属于自助行为

C. 无论乙以甲未付前几次餐费,还是以甲未付此次餐费为由不让甲离去,均属于自助行为

D. 无论乙以甲未付前几次餐费,还是以甲未付此次餐费为由不让甲离去,均不属于自助行为

📢 四、民事义务

🛡 (一)民事义务的概念和特征

民事义务和民事权利相对应,是指义务人为满足权利人的利益而受到的为一定行为或不为一定行为的约束。民事义务的特征包括:

1. 义务人必须依据法律的规定或合同的约定,为一定的行为或不为一定的行为,以便满足权利人的利益。

2. 义务人只承担法定的或约定的范围内的义务,而不承担超出这些范围以外的义务。

3. 义务人必须履行其义务。民事义务是一种受到国家强制力约束的法律义务,如果义务人不履行其义务,将依法承担法律责任。

🛡 (二)民事义务的分类

1. 法定义务与约定义务。

这是以民事义务的发生根据为标准做的分类。法定义务是指民法规定的民事主体应负的义务。约定义务是由当事人协商约定的义务,约定的义务不得违反法律的强行性规定。

2. 作为义务和不作为义务。

这是根据民事义务主体行为的方式为标准做的分类。作为义务是指义务人应当做出一定积极行为的义务,又称为积极义务,反之为不作为义务。

📢 五、民事责任

🛡 (一)民事责任的概念和特征

民事责任,是指民事主体违反民事义务应当承担的民事法律后果。民事责任是法律责任的一种类型。法律责任是指实施违法行为或者违约行为而应承受的某种不利法律后果。民事责任特征包括:

1. 民事责任是民事主体一方对他方承担的责任。

2. 民事责任主要是为了补偿权利人所受损失和恢复民事权利的圆满状态。民事责任侧重于补偿,一般不具有惩罚性。

---

① D

3.民事责任既有过错责任又有无过错责任。有些民事责任的构成以民事主体有过错为要件,有些民事责任的构成不以民事主体有过错为要件。

4.民事责任的内容可以由民事主体在法律允许的范围内协商。

（二）民事责任的分类

民事责任按照不同的标准可以做如下分类:

1.财产责任和非财产责任。

财产责任,是指以一定的财产为内容的责任,例如赔偿损失等。非财产责任,是指不具有财产内容的责任,如消除影响等。

2.违约责任、侵权责任和其他责任。

违约责任,是指因违反合同义务而产生的责任。侵权责任,是指因侵害他人的财产权益或者人身权益而产生的责任。其他民事责任,是指违约责任与侵权责任之外的民事责任,主要包括基于不当得利和无因管理产生的责任等。

这种分类的意义在于责任的构成要件和责任方式有所不同。

3.无限责任和有限责任。

无限责任,是指责任主体以自己的全部财产承担责任。有限责任,是指责任主体以其有限的财产承担责任。

4.单独责任和共同责任。

单独责任,是指由一个民事主体独立承担责任。共同责任,是指两个以上的民事主体共同承担的责任。根据各责任主体的共同关系,还可将共同责任分为按份责任、连带责任和补充责任。

5.按份责任、连带责任。

【民法典总则编第177条】二人以上依法承担按份责任,能够确定责任大小的,各自承担相应的责任;难以确定责任大小的,平均承担责任。

【民法典总则编第178条】二人以上依法承担连带责任的,权利人有权请求部分或者全部连带责任人承担责任。

连带责任人的责任份额根据各自责任大小确定;难以确定责任大小的,平均承担责任。实际承担责任超过自己责任份额的连带责任人,有权向其他连带责任人追偿。

连带责任,由法律规定或者当事人约定。

【民法典合同编第518条】债权人为二人以上,部分或者全部债权人均可以请求债务人履行债务的,为连带债权;债务人为二人以上,债权人可以请求部分或者全部债务人履行全部债务的,为连带债务。

连带债权或者连带债务,由法律规定或者当事人约定。

【重点提示】无论连带债权、连带债务还是连带责任,在约定时,均需要当事人明确约定,没有约定或约定不明的,不能推定为连带关系,不能推定为连带责任。

①法定连带责任。

【民法典侵权责任编第1168条】二人以上共同实施侵权行为,造成他人损害的,应当承担连带责任。

例如:熊大和熊二合谋将光头强一顿胖揍! 此为故意共同侵权,连带责任。

②约定连带责任。

需要债务人与债权人明确约定。

例题

甲、乙与丙签订了一份购销合同,约定丙供给甲、乙原油 3000 吨,每吨价格为 2500 元。问题:在甲、乙与丙的合同中,甲、乙若违约,对丙承担按份责任还是连带责任?

6.连带责任与不真正连带责任。

(1)含义。

所谓不真正连带责任,是指各债务人**基于不同的发生原因**而对于同一个债权人负有以同一给付为标的的数个债务,因一个债务人的履行而使得全体债务归于消灭的责任形态。

典型法条:

【民法典侵权责任编第 1250 条】因第三人的过错致使动物造成他人损害的,被侵权人可以向动物饲养人或者管理人请求赔偿,也可以向第三人请求赔偿。动物饲养人或者管理人赔偿后,有权向第三人追偿。

【民法典侵权责任编第 1233 条】因第三人的过错污染环境、破坏生态的,被侵权人可以向侵权人请求赔偿,也可以向第三人请求赔偿。侵权人赔偿后,有权向第三人追偿。

(2)两者区别的关键点有二:

其一,不真正连带,多个债务人**责任产生的原因不同**。连带责任,多个债务人产生责任原因相同。

其二,不真正连带责任,最终责任是由一个人承担。连带责任,最终是由两个以上的人分担责任,内部有约定按照约定分担;没有约定,平均分担。

例题

1.村民甲(18 周岁)路过村民乙家门口时,用一块石头向乙家所养且卧在乙家门口的狗打去,该狗立即扑向甲,甲迅速躲到了路人丙的后面,结果狗眼看错人,照准丙大腿狠狠地咬了一口。对于丙的损失,应如何承担?

2.甲委托乙保管一台彩电,乙在保管期间借给丙使用,在使用过程中,由于丙的过错导致电视机的损害。对于甲的损失,应如何承担?

《 第三节　民事主体——法律上的人 》

一、自然人——以生理意义上的个人为基础构造的民事主体(人文关怀)

(一)自然人的权利能力:民法赋予参与民事活动之资格

【民法典总则编第 13 条】自然人从出生时起到死亡时止,具有民事权利能力,依法享有民事权利,承担民事义务。

【民法典总则编第 16 条】涉及遗产继承、接受赠与等胎儿利益保护的,胎儿视为具有民事权利能力。但是胎儿娩出时为死体的,其民事权利能力自始不存在。

据此规定,权利能力有如下特征:是资格而不是一种权利;既是主体取得权利的资格也是承担义务的资格;内容与范围具有法定性;与主体人身具有不可分离性;胎儿具有部分权利能力。

1.出生。

【考点】出生与死亡的时间标准

【民法典总则编第 15 条】自然人的出生时间和死亡时间,以出生证明、死亡证明记载的时间为准;没有出生证明、死亡证明的,以户籍登记或者其他有效身份登记记载的时间为准。

有其他证据足以推翻以上记载时间的,以该证据证明的时间为准。

例题

认定自然人的出生时间,其证明依据的根据是(　　)①。

A.户籍证明、其他相关证明、医院证明

B.户籍证明、医院证明、其他相关证明

C.其他证据证明的时间、出生证明、户籍登记或其他身份登记时间

D.出生证明、户籍登记或其他身份证登记时间、其他证据证明可推翻前述记载的,以证据证明的时间为准

2.死亡:自然死亡、推定死亡与宣告死亡。

【考点】推定死亡(难点)

(1)推定没有其他继承人的人先死;

(2)辈分不同,推定长辈先死亡;

(3)几个死亡人辈分相同,推定同时死亡,彼此不发生继承,由他们各自的继承人分别继承。

例题

1.王某与李某系夫妻,二人带女儿外出旅游,发生车祸全部遇难,但无法确定死亡的先后时间。下列哪些选项是正确的(　　)②。

A.推定王某和李某先于女儿死亡

B.推定王某和李某同时死亡

C.王某和李某互不继承

D.女儿作为第一顺序继承人继承王某和李某的遗产

2.王某(男)与李某是夫妻,二人带女儿外出旅游,发生车祸全部遇难,无法确定死亡的先后时间。经查,王某还有一个弟弟在世,另无其他亲属。对此,下列选项正确的是(　　)③。

A.推定王某和李某先于女儿死亡

B.推定李某和女儿先于王某死亡

C.推定李某先于女儿死亡,李某的财产由女儿和王某继承

D.女儿所继承的财产再由王某继承

【考点】宣告死亡

(1)法律要件。

①下落不明满4年;意外事件满2年,意外事件经公安机关证明不能存活不受限制。

【特别提醒】时间起算,次日起算【民法典总则编第201条】

②利害关系人申请。

宣告死亡利害关系人不再有顺序【民法典总则编第47条】

配偶;父母、子女;兄弟姐妹、祖父母外祖父母、子孙女外子孙女;其他权利义务人。

【民法典总则编第47条】对同一自然人,有的利害关系人申请宣告死亡,有的利害关系人申请宣告失踪,符合本法规定的宣告死亡条件的,人民法院应当宣告死亡。

③法院判决。

公告期间1年。

---

① D

② ABCD

③ BCD

（2）法律效果。

①人格消灭,一般以判决作出之日即死亡日。

【**民法典总则编第48条**】被宣告死亡的人,人民法院宣告死亡的判决作出之日视为其死亡的日期;因意外事件下落不明宣告死亡的,意外事件发生之日视为其死亡的日期。

②事实未死的行为效力:所为法律行为,符合法律规定者,有效。

【**民法典总则编第49条**】自然人被宣告死亡但是并未死亡的,不影响该自然人在被宣告死亡期间实施的民事法律行为的效力。

③婚姻关系解除。

④继承发生。

⑤单方可以决定送养子女。

例题 🔰

甲2001年离家出走,杳无音讯。2005年其妻乙向人民法院申请甲宣告死亡,2006年人民法院依法宣告甲死亡,其房屋三间被其妻乙及其子丙继承。2007年,妻乙带产改嫁。同年,乙又与后夫离婚。甲离家出走后,南下深圳,2008年因福利彩票中奖20万元。甲用该款购买股票,同年获利200万元。2008年12月,甲因饮酒过量心脏病发作死亡。经查,甲于2007年与丁在教堂举行了婚礼(但未办理婚姻登记),并生子戊。现问甲的200万元遗产的法定继承人是( )①。

A.乙　　　　　　B.丙　　　　　　C.丁　　　　　　D.戊

延伸:若甲生前立下遗嘱,所有财产均由戊继承,如何?

（3）"死去活来"的后果:撤销死亡宣告,本人或利害关系人均可申请,无顺序限制。

①婚姻关系:已婚的,不能恢复;否则,一般自行恢复,但配偶向登记机关书面声明不愿恢复的,不能恢复。

【**民法典总则编第51条**】被宣告死亡的人的婚姻关系,自死亡宣告之日起消灭。死亡宣告被撤销的,婚姻关系自撤销死亡宣告之日起自行恢复,但是其配偶再婚或者向婚姻登记机关书面声明不愿意恢复的除外。

②收养关系。

【**民法典总则编第52条**】被宣告死亡的人在被宣告死亡期间,其子女被他人依法收养的,在死亡宣告被撤销后,不得以未经本人同意为由主张收养关系无效。

③财产关系:继承财产的返还,经营所得不返还。恶意利害关系人获得财产的,返还原物、孳息,并赔偿损失。财产已经被第三人合法取得的,第三人不返还,由继承人适当补偿。

【**民法典总则编第53条**】被撤销死亡宣告的人有权请求依照继承法取得其财产的民事主体返还财产。无法返还的,应当给予适当补偿。

利害关系人隐瞒真实情况,致使他人被宣告死亡取得其财产的,除应当返还财产外,还应当对由此造成的损失承担赔偿责任。

3.宣告失踪。

宣告失踪期间:

（1）下落不明满2年;

（2）起算:次日起(失去音讯之日、战争结束之日或有关部门确定的下落不明日期)【民法典总则编第41条】。

---

① BD

申请人:

(1)利害关系人(与宣告死亡相同);

(2)无先后次序;

(3)非宣告死亡的必经程序;

(4)同时有人申请失踪和死亡的,宣告死亡优先。

法律效果:

(1)财产代管关系成立;

(2)代管人:配偶、成年子女、父母或者其他愿意担任财产代管人的人;

(3)有争议时或无上述代管人时由法院指定:有利于失踪人财产【民法典总则编第42条】;

(4)职责:管理财产、偿还债务缴纳税费、因故意或重大过失造成损害需赔偿【民法典总则编第43条】。

例题

甲离家出走下落不明逾五年。甲家中有甲的配偶、母亲乙,儿子丙和弟弟丁,则下列说法中正确的是( )①。

A.若丙欲申请宣告甲死亡,必须先申请宣告甲失踪

B.若丙申请宣告甲失踪,法院可以判决宣告甲死亡

C.若丁申请宣告甲失踪,而丙不同意,则法院不能宣告失踪

D.若丙申请宣告甲死亡,而甲的配偶和乙均申请宣告甲失踪,则法院应当宣告死亡

(二)自然人的行为能力:民法确认通过自己的行为参与民事活动之能力

行为能力具有如下特征:法定性;与自然人的年龄和精神状况相联系;非依法定条件和程序不受限制。

核心是意思能力,判断标准:年龄和精神状态。

制度目的	解决主体"脑袋是否清楚"的问题。
完全行为能力人	"脑袋完全清楚"。
	年满18周岁;16~18周岁的未成年人,以自己劳动收入作为主要生活来源的。
限制行为能力人	"脑袋不完全清楚"。
	8周岁以上不满18周岁的未成年人;18周岁以上不能完全辨认自己行为的成年人。
无行为能力人	"脑袋完全不清楚"。
	不满8周岁的未成年人;或8周岁以上但完全不能辨认自己行为的人。
成年人行为能力不足的认定与恢复	1.认定能力不足的申请人 不能辨认或者不能完全辨认自己行为的成年人的利害关系人或者有关组织。 2.恢复能力的申请人 本人、利害关系人或者有关组织。 3.决定机关 人民法院。 4.有关组织的范围 居民委员会、村民委员会、学校、医疗机构、妇女联合会、残疾人联合会、依法设立的老年人组织、民政部门等。

---

① D

续表

| 民事法律行为的效力 | 1. 完全行为能力人可独立进行民事法律行为。
2. 限制行为能力人可进行与其年龄智力相适应的或纯获利益的民事法律行为,超出能力的法律行为,效力待定。【注意:民法分则中有特别规定限制行为能力人法律行为效力的,适用分则特别规定,如限制行为能力人订立遗嘱的,无效】
3. 无行为能力人进行的民事法律行为,无效。 |

例题

肖特有音乐天赋,16 岁便不再上学,以演出收入为主要生活来源。肖特成长过程中,多有长辈馈赠:7 岁时受赠口琴 1 个,9 岁时受赠钢琴 1 架,15 岁时受赠名贵小提琴 1 把。对肖特行为能力及其受赠行为效力的判断,根据民法典总则编相关规定,下列哪一选项是正确的? (   )①

A. 肖特尚不具备完全的民事行为能力

B. 受赠口琴的行为无效,应由其法定代理人代理实施

C. 受赠钢琴的行为无效,因与其当时的年龄智力不相当

D. 受赠小提琴的行为无效,因与其当时的年龄智力不相当

(三) 监护

1. 监护人的类型。

(1)法定监护。

★未成年人:

父母为未成年子女的当然监护人;当父母死亡或者没有能力进行监护之时,按如下顺序确定监护人:

第一顺序:祖父母、外祖父母;

第二顺序:兄、姐;

第三顺序:其他愿意担当的个人或者组织,经未成年人住所地的居民委员会、村民委员会或者民政部门同意。

★无完全行为能力的成年人:

第一顺序:配偶;

第二顺序:父母、子女;

第三顺序:其他近亲属;

第四顺序:其他个人或组织自愿担当的,经居委会、村委会或民政部门同意。

(2)指定监护。

被监护人的父母担任监护人的,可以通过遗嘱指定监护人。

由村委会、居委会或者民政部门指定,对于指定不服的,可向法院起诉。

也可以直接向法院起诉。

【特别提醒】在没有指定监护之前,被监护人的人身权利、财产权利以及其他合法权益处于无人保护状态的,由被监护人住所地的居民委员会、村民委员会、法律规定的有关组织或者民政部门担任临时监护人。

(3)兜底监护【民法典总则编第 32 条】。

没有依法具有监护资格的人的,监护人由民政部门担任,也可以由具备履行监护职责条

---

①   B

件的被监护人住所地的居民委员会、村民委员会担任。

(4)委托监护。

①原则责任不变——可约定由受托人履行监护职责,被监护人侵权的,监护人承担,受托人有过错的,承担与过错相应责任。【民法典侵权责任编规定】

②具有完全民事行为能力的成年人,可以与其近亲属、其他愿意担任监护人的个人或者组织事先协商,以书面形式确定自己的监护人。协商确定的监护人在该成年人丧失或者部分丧失民事行为能力时,履行监护职责。

2.监护人的职责。

【民法典总则编第35条】监护人应当按照最有利于被监护人的原则履行监护职责。监护人除为维护被监护人利益外,不得处分被监护人的财产。【处理财产重利不重名】

【民法典侵权责任编第1188条】无民事行为能力人、限制民事行为能力人造成他人损害的,由监护人承担侵权责任。监护人尽到监护责任的,可以减轻其侵权责任。

有财产的无民事行为能力人、限制民事行为能力人造成他人损害的,从本人财产中支付赔偿费用;不足部分,由监护人赔偿。

3.监护人的撤销与恢复。

(1)撤销以及撤销之后的责任——注意有关组织的范围。

【民法典总则编第36条】监护人有下列情形之一的,人民法院根据有关个人或者组织的申请,撤销其监护人资格,安排必要的临时监护措施,并按照最有利于被监护人的原则依法指定监护人:

(一)实施严重损害被监护人身心健康行为的;

(二)怠于履行监护职责,或者无法履行监护职责并且拒绝将监护职责部分或者全部委托给他人,导致被监护人处于危困状态的;

(三)实施严重侵害被监护人合法权益的其他行为的。

本条规定的有关个人和组织包括:其他依法具有监护资格的人,居民委员会、村民委员会、学校、医疗机构、妇女联合会、残疾人联合会、未成年人保护组织、依法设立的老年人组织、民政部门等。

前款规定的个人和民政部门以外的组织未及时向人民法院申请撤销监护人资格的,民政部门应当向人民法院申请。

【民法典总则编第37条】依法负担被监护人抚养费、赡养费、扶养费的父母、子女、配偶等,被人民法院撤销监护人资格后,应当继续履行负担的义务。

(2)恢复。

【民法典总则编第38条】被监护人的父母或者子女被人民法院撤销监护人资格后,除对被监护人实施故意犯罪的外,确有悔改表现的,经其申请,人民法院可以在尊重被监护人真实意愿的前提下,视情况恢复其监护人资格,人民法院指定的监护人与被监护人的监护关系同时终止。

4.监护人的终止。

【民法典总则编第39条】有下列情形之一的,监护关系终止:(一)被监护人取得或者恢复完全民事行为能力;(二)监护人丧失监护能力;(三)被监护人或者监护人死亡;(四)人民法院认定监护关系终止的其他情形。监护关系终止后,被监护人仍然需要监护的,应当依法另行确定监护人。

（四）特殊的自然人：个体工商户与农村承包经营户

1. 含义。

（1）自然人从事工商业经营，经依法登记，为个体工商户。个体工商户可以起字号。

（2）农村集体经济组织的成员，依法取得农村土地承包经营权，从事家庭承包经营的，为农村承包经营户。

2. 责任承担。

（1）个体工商户的债务，个人经营的，以个人财产承担；家庭经营的，以家庭财产承担；无法区分的，以家庭财产承担。

（2）农村承包经营户的债务，以从事农村土地承包经营的农户财产承担；事实上由农户部分成员经营的，以该部分成员的财产承担。

（五）自然人住所问题

1. 自然人以户籍登记或者其他有效身份登记记载的居所为住所；经常居所与住所不一致的，经常居所视为住所。

2. 自然人离开住所地最后连续居住 1 年以上的地方，为经常居住地。但住医院治疗的除外。自然人由其户籍所在地迁出后至迁入另一地之前，无经常居住地的，仍以其原户籍所在地为住所。

例题

李某于 2012 年 7 月将户籍由甲市迁往乙市，因遗失户籍迁移证而未能落户，后李某因工作需要，自 2013 年 8 月起租住在丙市，并在 2014 年 9 月至 2015 年 12 月期间因重病在丁市某医院住院治疗。2015 年 10 月时李某的住所在（　　）①。

A. 甲市　　　　B. 乙市　　　　C. 丙市　　　　D. 丁市

二、法人——以一定的社会组织为基础而构造的民事主体（经济效率）

（一）含义与成立

1. 含义：能够以自己的名义享有民事权利、承担民事义务并能独立承担责任的组织。

【民法典总则编第 59 条】法人的民事权利能力和民事行为能力，从法人成立时产生，到法人终止时消灭。

据此，法人始于设立登记，终于注销登记。由此决定，法人民事权利能力与行为能力时间上具有同一性。

2. 法人成立的条件：依法成立、有自己的财产或经费、有自己的名称、有组织机构、有住所。

（二）法人的特征

1. 是一种社会组织。

2. 是依法成立的社会组织。

3. 具有民事权利能力、行为能力和责任能力。

---

① C

⭐（三）法人的能力

1. 民事权利能力——与自然人不同。

（1）性质上的限制。

①享有人格权。

②不享有自然人的专属权利——身体权、健康权、身份权及继承权等。

（2）目的事业的限制——超越经营范围订立合同是否有效。

例题 🖊

装修公司甲在完成一项工程后,将剩余的木地板、厨卫用具等卖给了物业管理公司乙。但甲营业执照上的核准经营范围并无销售木地板、厨卫用具等业务。甲乙的买卖行为法律效力如何? (　　　)①

A. 属于有效法律行为　　　　　　　　　　　B. 属于无效民事行为

C. 属于可撤销民事行为　　　　　　　　　　D. 属于效力待定民事行为

2. 民事行为能力。

（1）开始、结束即存在时间与权利能力一致,同时发生,同时消灭。

（2）范围与权利能力一致,即不得超过权利能力所限定的范围。

（3）由代表机构实现——法定代表人。（人格被法人吸收）

法人章程或者法人权力机构对法定代表人代表权的限制,不得对抗善意相对人。

3. 责任能力(内外有别)。

（1）对法定代表人的行为负责——包括越权行为。

【民法典总则编第62条】 法定代表人因执行职务造成他人损害的,由法人承担民事责任。法人承担民事责任后,依照法律或者法人章程的规定,可以向有过错的法定代表人追偿。

（2）对工作人员的职务行为负责——包括侵权行为。

（3）法人的实际情况与登记的事项不一致的,不得对抗善意相对人。

（4）法人分立与合并时关于债务约定的效力。

分立是法人人格变更的一种,另一变更为合并,包括新设合并与吸收合并。

【民法典总则编第67条】 法人合并的,其权利和义务由合并后的法人享有和承担。

法人分立的,其权利和义务由分立后的法人享有连带债权,承担连带债务,但是债权人和债务人另有约定的除外。

例题 🖊

甲公司分立为乙丙两公司,约定由乙公司承担甲公司全部债务的清偿责任,丙公司继受甲公司全部债权。关于该协议的效力,下列哪一选项是正确的? (　　　)②

A. 该协议仅对乙丙两公司具有约束力,对甲公司的债权人并非当然有效

B. 该协议无效,应当由乙丙两公司对甲公司的债务承担连带清偿责任

C. 该协议有效,甲公司的债权人只能请求乙公司对甲公司的债务承担清偿责任

D. 该协议效力待定,应当由甲公司的债权人选择分立后的公司清偿债务

---

① A

② A

（5）法人设立中设立人责任。

【民法典总则编第75条】设立人为设立法人从事的民事活动,其法律后果由法人承受;法人未成立的,其法律后果由设立人承受,设立人为二人以上的,享有连带债权,承担连带债务。

设立人为设立法人以自己的名义从事民事活动产生的民事责任,第三人有权选择请求法人或者设立人承担。

⭐（四）法人的分类

1.我国的分类。

【民法典总则编第76条】以取得利润并分配给股东等出资人为目的成立的法人,为营利法人。

【民法典总则编第87条】为公益目的或者其他非营利目的成立,不向出资人、设立人或者会员分配所取得利润的法人,为非营利法人。

【民法典总则编第83条】营利法人的出资人不得滥用出资人权利损害法人或者其他出资人的利益。滥用出资人权利给法人或者其他出资人造成损失的,应当依法承担民事责任。

营利法人的出资人不得滥用法人独立地位和出资人有限责任损害法人的债权人利益。滥用法人独立地位和出资人有限责任,逃避债务,严重损害法人的债权人利益的,应当对法人债务承担连带责任。

【民法典总则编第84条】营利法人的控股出资人、实际控制人、董事、监事、高级管理人员不得利用其关联关系损害法人的利益。利用关联关系给法人造成损失的,应当承担赔偿责任。

【民法典总则编第85条】营利法人的权力机构、执行机构作出决议的会议召集程序、表决方式违反法律、行政法规、法人章程,或者决议内容违反法人章程的,营利法人的出资人可以请求人民法院撤销该决议,但是营利法人依据该决议与善意相对人形成的民事法律关系不受影响。

【总结升华】

民法典总则编中的法人分类		
营利法人	营利法人包括有限责任公司、股份有限公司和其他企业法人等。	
	应当设权力机构和执行机构;出资人不得滥用独立法人格侵害债权人利益。	
非营利法人	捐助法人	1.具备法人条件,为公益目的以捐助财产设立的基金会、社会服务机构等非营利法人; 2.依法设立的宗教活动场所,具备法人条件的,可以申请法人登记,取得捐助法人资格; 3.应当依法制定章程、应当设理事会、应当设监事会。
	事业单位法人	1.为社会公益目的,从事教科文卫体等公益事业的单位; 2.不需要办理法人登记的,成立时即获法人资格;需要办理法人登记的,经核准登记获法人资格; 3.经费主要由国家拨款,但存在自负盈亏的部分; 4.对于其财产可以占有、使用,但收益和处分要受制于其目的,故不是典型的所有权。

续表

非营利法人	社会团体法人	1. 具备法人条件,基于会员共同意愿,为公益目的或者会员共同利益等非营利目的的设立的非营利法人。例如:中国律师协会。 2. 不需要办理法人登记的,成立时即获法人资格;需要办理法人登记的,经核准登记获法人资格。 3. 应当制定章程、应当设立权力机构、应当设立理事会等执行机构。
	终止的后果	1. 不得向出资人、设立人或者会员分配剩余财产; 2. 剩余财产按章程规定或权力机构决议用于公益目的; 3. 无法按章程或者权力机构决议处理的,由主管机关主持转给宗旨相同或者相近的法人,并向社会公告。
特别法人	机关法人、农村集体经济组织法人、城镇农村的合作经济组织法人、基层群众性自治组织法人。	

2. 传统民法理论对于法人的分类。

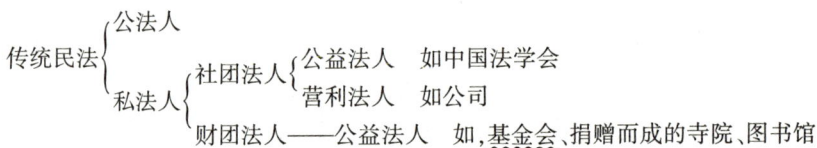

$$传统民法 \begin{cases} 公法人 \\ 私法人 \begin{cases} 社团法人 \begin{cases} 公益法人 & 如中国法学会 \\ 营利法人 & 如公司 \end{cases} \\ 财团法人——公益法人 & 如,基金会、捐赠而成的寺院、图书馆 \end{cases} \end{cases}$$

★社团法人与财团法人的区别:

	社团法人	财团法人
财产的来源	成员出资	社会捐赠
是否有成员	出资者为其成员	无
是否具有营利性	营利性、公益性	公益性
是否有意思机关	有	无

例题

关于法人,下列哪一表述是正确的?(　　　)[1]

A. 社团法人均属营利法人　　　　　　　　　B. 基金会法人均属公益法人

C. 社团法人均属公益法人　　　　　　　　　D. 社团法人均是社会团体法人

（五）法人的变更

1. 法人的分立。

2. 法人的合并。

3. 法人组织性质变更。

4. 其他事项变更。

（六）法人的终止

1. 终止原因。

法人解散;法人被宣告破产;法律规定的其他原因。法人终止,法律、行政法规规定须经有关机关批准的,依照其规定。

2. 法人解散的情形。

法人章程规定的存续期间届满或者法人章程规定的其他解散事由出现;法人的权力机

---

[1]　B

构决议解散;因法人合并或者分立需要解散;法人依法被吊销营业执照、登记证书,被责令关闭或者被撤销;法律规定的其他情形。

3. 解散后的清算。

【民法典总则编第 70 条】法人解散的,除合并或者分立的情形外,清算义务人应当及时组成清算组进行清算。

法人的董事、理事等执行机构或者决策机构的成员为清算义务人。法律、行政法规另有规定的,依照其规定。

清算义务人未及时履行清算义务,造成损害的,应当承担民事责任;主管机关或者利害关系人可以申请人民法院指定有关人员组成清算组进行清算。

三、非法人组织——以合伙企业为典型代表

(一)含义、类型与特征

1. 含义。

非法人组织,又称为非法人团体。它是指能够以自己的名义从事民事活动,但不具备法人的条件,没有取得法人资格的团体性组织。

【民法典总则编第 102 条】非法人组织是不具有法人资格,但是能够依法以自己的名义从事民事活动的组织。非法人组织包括个人独资企业、合伙企业、不具有法人资格的专业服务机构等。

2. 主要类型有设立中的法人、非法人的事业单位和社会团体、非法人企业等。

3. 特征:

(1)非法人组织是具有稳定性的人合组织。

(2)非法人组织具有相应的民事权利能力和民事行为能力。非法人组织不具有一般意义上的民事权利能力和民事行为能力。

(3)非法人组织不能完全独立承担民事责任。

非法人组织的财产不足以清偿债务的,其出资人或者设立人承担无限责任。

例题

甲企业是由自然人安琚与乙企业(个人独资)各出资 50%设立的普通合伙企业,欠丙企业货款 50 万元,由于经营不善,甲企业全部资产仅剩 20 万元。现所欠货款到期,相关各方因货款清偿发生纠纷。对此,下列哪一表述是正确的?(   )①

A. 丙企业只能要求安琚与乙企业各自承担 15 万元的清偿责任

B. 丙企业只能要求甲企业承担清偿责任

C. 欠款应先以甲企业的财产偿还,不足部分由安琚与乙企业承担无限连带责任

D. 就乙企业对丙企业的应偿债务,乙企业投资人不承担责任

(二)合伙企业

1. 概念:依据合伙企业法设立、在工商部门办理登记手续、对外承担无限连带责任的营利性组织。【依法、登记、无限、营利】

2. 类型。

(1)普通合伙:有普通合伙人组成、对外都承担无限连带责任。

---

① C

特殊的普通合伙中的特殊情况:一个或数个合伙人的在执行职务时,有故意或重大过失造成的债务,行为人承担无限连带责任,其他合伙人以合伙企业中的财产份额承担有限责任。

【《合伙企业法》第57条】一个合伙人或者数个合伙人在执业活动中因故意或者重大过失造成合伙企业债务的,应当承担无限责任或者无限连带责任,其他合伙人以其在合伙企中的财产份额为限承担责任。

合伙人在执业活动中,非因故意或者重大过失造成的合伙企业债务以及合伙企业的其他债务,由全体合伙人承担无限连带责任。

(2)有限合伙:至少一名普通合伙人和至少一名有限合伙人组成的合伙。有限合伙人只出资、享利,不参与经营,在出资的范围内承担有限责任。

3.设立条件。

(1)一般要求:

①两个以上有完全行为能力的合伙人。

②书面合伙协议。

③认缴或实际缴付出资。

④有名称和经营场所。

(2)有限合伙【特别注意】:

①名称里必须有"有限合伙"。

②限 2~50 个合伙人,且至少有一名普通合伙人。

③普通合伙人的限制:国有独资公司、国有企业、上市公司、公益性事业单位社会团体。

④有限合伙人:不得劳务出资且必须按约定缴足,否则应补缴并对其他合伙人承担违约责任。

4.事务执行。

(1)可共同执行,也可由合伙协议约定或全体合伙人决定委托一名或数名合伙人执行。被选执行者应报告情况并接受监督。

(2)事项表决:

一般约定不明事项,一人一票,过半数通过。

特殊事项:全体同意,**特殊事项**包括:①改变合伙企业名称;②改变合伙企业经营范围、主要经营场所;③处分合伙企业不动产;④转让或者处分企业的知识产权或其他财产权;⑤以合伙企业的名义为他人提供担保;⑥聘任合伙企业以外的人担任经营管理人员。

5.合伙企业变更。

(1)入伙:第三人加入合伙,全体同意,对合伙债务承担同等责任。

(2)退伙:退伙之后,依然要对合伙债务承担连带责任。若是被除名,除名30日之内可起诉。

《 第四节　民事法律事实 》

一、法律事实的概念

自然事实（非行为事实）	事件	客观现象的发生:人的出生、死亡、地震、海啸、战争、罢工等。
	状态	客观现象的持续:人的下落不明、权利的持续不行使等。

行为	法律行为 （表意行为）	有效的	合同、婚姻、遗嘱、单方抛弃等。
		有瑕疵的	效力待定、可撤销、无效。
	准法律行为		1.意思通知:如要约拒绝;2.情感表示:如被继承人对于继承人的宽恕;3.观念(事实)通知:如债权让与的通知。
	事实行为 （非表意行为）		无因管理、先占、创作、发明、发现埋藏物、拾得遗失物、侵权、违约等。

⭐ （一）含义

法律所规定的、能够引起民事法律关系产生、变更和消灭的客观现象。

⭐ （二）依据该现象的发生是否和人的意志有关,可分为自然事实和行为

1. 自然事实:又称为非行为事实,是指与人的意志无关,能够引起民事法律关系发生、变更和消灭的客观现象。自然事实又可分为事件和状态。

（1）事件是指某种客观现象的发生。例如,人的出生、死亡,发生自然灾害等。

（2）状态是指某种客观现象持续,如人的下落不明、精神失常、对物继续占有、权利继续不行使等。完全与主体意志无关的客观现象。

2. 行为:行为是指受主体意志支配,能够引起民事法律发生、变更和消灭的活动。行为又包括法律行为和事实行为。

（1）法律行为:主体自己基于自己的意志实施,能够产生自己预期的后果,充分体现主体意思自治,如合同订立、婚姻缔结、遗嘱订立。

（2）事实行为:一旦行为产生,法律直接规定后果,如创作行为、侵权行为。

事实行为与法律行为的区别为中心,如下表:

法律行为	事实行为
以意思表示为中心	不强调意思表示
效果由行为人自己设定	效果由法律直接规定
要求行为人有相应的行为能力	后果产生与行为能力无关
可进行有效或无效的评价	有效或无效的评价无意义

思考:小 Q、阿 Q 和老 Q,年龄分别是 6 岁、16 岁和 66 岁,分别进行下述行为,各自后果如何:

A. 购买价值 5000 元的项链一条

B. 订立遗嘱一份

C. 创作歌曲《恨死你了》一首

D. 结婚

E. 在垃圾桶里捡到旧 T 恤一件

F. 用弹弓将行人阿宝的左眼打伤

G. 发现邻居家中失火,用自家的灭火器去灭火

H. 在路上发现一只迷途的羔羊,抱回家中

例题

10 周岁的小学生所为的下列行为中,无效的是(   )①。

A. 在自动售货机上买零食

B. 接受学校对三好学生的物质奖励

C. 将自己的 200 元压岁钱送给同学

D. 写了一篇文章并发表在校刊上

二、意思表示:民事法律行为的核心要素

1. 意思表示之构成要素。

(1)内心的效果意思。

指欲发生一定的私法效果(合同、遗嘱、婚姻等)的意思。

判断标准——法律行为区别于好意施惠。

①作出表示时,是否有承担法律责任的意图。

②对当事人利益关系及公平原则的考虑。

③结合生活常识、习俗考量。

例 1:在北京工作的李某自驾回老家过年,邀在同城工作的老乡王某搭车同行,后失约。

例 2:阿 Q 因有急事出门,隔壁邻居王阿姨主动代为照顾 3 岁的小 Q。

例 3:王一、王二、王三、王四、王五相约每周各出 10 元钱共同购买相同号码的彩票,钱都交给王五,由王五负责每周末购买。但某周末,由于王五疏忽,填错了号码,导致错过了百万大奖的机会。王一、王二、王三、王四请王五赔偿,可否?

例 4:甲向乙说,如果今年能顺利晋升为正处级,就请乙喝酒。

例 5:小龙女对杨过说,如果你考上研究生我就嫁给你。

(2)外在的表示行为。

明示:口头、书面、肢体语言、视听资料、公证、审批、登记等。

默示:推定与沉默。【《民通意见》第 66 条】

①推定:通过其行为,一般人可推知其意思。

例如:租赁期满,承租人继续支付租金且出租人接受,则推定租赁合同延期。

②沉默。

【民法典总则编第 140 条】行为人可以明示或者默示作出意思表示。

沉默只有在有法律规定、当事人约定或者符合当事人之间的交易习惯时,才可以视为意思表示。

法律有规定的情形,如试用买卖中,试用期满,买受人既不表示购买,也不表示不购买,法律规定,推定同意购买。

约定的情形,如双方约定特定情况下的沉默视为接受义务。

【特别提醒】内在与外在,两者缺一,没有意思表示,也就没有法律行为(合同)!

2. 意思表示与民事法律行为。

(1)在单方法律行为:一个意思表示一个法律行为。意思表示的生效就是法律行为的成立,如遗嘱的订立、所有权的抛弃。

———————————

①   C

（2）在双方或多方法律行为：多个意思表示的合意。

3. 意思表示的解释。

（1）有相对人的意思表示的解释——侧重客观。

应当按照所使用的词句，结合相关条款、行为的性质和目的、习惯以及诚信原则，确定意思表示的含义。

例如，甲向乙借款 1 万元，期限 1 年，约定 2 分利，此时，就应当按照交易习惯计算利息，而不是只有"2 分"的利息。

（2）无相对人的意思表示的解释——侧重主观。

不能完全拘泥于所使用的词句，而应当结合相关条款、行为的性质和目的、习惯以及诚信原则，确定行为人的真实意思。

例如，甲乙是夫妻，作为丈夫的甲在生活中，无论口头还是通信，都称呼自己的妻子乙为"贤弟"。后甲去世，立下遗嘱，表示将自己的遗产均留给贤弟。此处的贤弟，应当解释为甲的妻子。

4. 意思表示的生效时间。

若无特别约定或法律规定，生效规则如下：

（1）以对话方式作出的意思表示，相对人知道其内容时生效。

（2）以非对话方式作出的意思表示，到达相对人时生效。

以非对话方式作出的采用数据电文形式的意思表示，相对人指定特定系统接收数据电文的，该数据电文进入该特定系统时生效；未指定特定系统的，相对人知道或者应当知道该数据电文进入其系统时生效。当事人对采用数据电文形式的意思表示的生效时间另有约定的，按照其约定。

（3）无相对人的意思表示，表示完成时生效。法律另有规定的，依照其规定。

（4）以公告方式作出的意思表示，公告发布时生效。

三、法律行为（合同）的分类

1. 单方法律行为、双方法律行为和共同法律行为。

【民法典总则编第 134 条】民事法律行为可以基于双方或者多方的意思表示一致成立，也可以基于单方的意思表示成立。

法人、非法人组织依照法律或者章程规定的议事方式和表决程序作出决议的，该决议行为成立。

（1）单方法律行为。

依一方当事人的意思表示而成立的法律行为，如订立遗嘱、抛弃。

（2）双方法律行为。

双方当事人的意思表示一致而成立的法律行为，如合同、结婚。

（3）共同法律行为。

两个或两个以上当事人彼此意思表示的一致才能成立的法律行为，如合伙、公司章程。

【特别注意】

（1）赠与是单方法律行为还是双方法律行为？

（2）双方和共同法律行为的本质区别：为了谁？

例题

甲欠丙 800 元到期无力偿还,乙替甲还款,并对甲说:"这 800 元就算给你了。"甲称将来一定奉还。事后,甲还了乙 500 元。后二人交恶,乙要求甲偿还余款 300 元,甲则以乙已送自己 800 元为由要求乙退回 500 元。下列哪种说法是正确的?(　　　)①

A. 甲应再还 300 元

B. 乙应退回 500 元

C. 乙不必退回甲 500 元,甲也不必再还乙 300 元

D. 乙应退还甲 500 元及银行存款同期利息

2. 财产行为与身份行为。

关键看是以发生财产上的法律效果,还是发生身份上的法律效果为目的。

财产上的法律效果,如将自己的财产卖掉或者丢掉! 钱的问题。

身份上的法律效果,如结婚、离婚、收养! 往往事关伦理。

★3. 诺成性行为与实践性行为。

(1)诺成行为:又称不要物行为,即只要行为人意思表示一致即可成立的法律行为。

(2)实践行为:又称要物行为,即除了意思表示一致外还需要交付标的物才能有效成立的法律行为。

【特别提醒】关于这一分类需要掌握如下三个问题:

(1)典型的实践行为。

保管合同、定金合同、自然人之间借贷合同、借用合同。

(2)为什么上述四个合同是实践行为?

原因有二:

第一,基于道德的考虑——自然人借贷、借用。

第二,交付标的物是合同履行的前提——保管、定金。

(3)交付标的物是成立还是生效? 我国立法有关规定如下:

【民法典合同编第 679 条】自然人之间的借款合同,自贷款人提供借款时生效。

【民法典合同编第 890 条】保管合同自保管物交付时生效,但是当事人另有约定的除外。

【《担保法》第 90 条】定金应当以书面形式约定。当事人在定金合同中应当约定交付定金的期限。定金合同从实际交付定金之日起生效。

4. 单务行为与双务行为。

(1)单务:一方负有义务。

(2)双务:双方互负义务,何为"互负义务"? 严格说一定是为对方权利实现的义务。

【提醒注意】无偿委托合同和附义务的赠与合同是单务还是双务合同?

5. 有偿与无偿法律行为。

(1)有偿:双方互为给付而取得对价的法律行为。

(2)无偿:一方只为给付而没有对价的法律行为。

典型的无偿法律行为:赠与、借用、保证。

【提醒注意】单务是否一定意味着无偿? 答曰:否! 一般是,但不是一一对应!

---

① **A**

例题

阿宝和阿涛是兄弟,阿宝借给阿涛人民币 10 万元,约定年息 8000 元。问:阿宝和阿涛的借款合同是(　　　)①。

A. 有偿合同　　　　　　B. 无偿合同　　　　　　C. 单务合同　　　　　　D. 双务合同

6. 负担行为和处分行为。

负担行为,是指以发生债权债务为内容的民事法律行为,也称为债权行为。例如,订立债权合同。

处分行为,是指直接使某种权利发生、变更或消灭的民事法律行为。处分行为包括物权行为和准物权行为。例如,交付标的物、设立抵押权、抛弃所有权等。

这是根据民事法律行为所产生的效果的不同为标准进行的划分。

区分的意义主要在于:**负担行为**主要产生请求权,**处分行为**则是直接完成权利转移的行为。

7. 主行为和从行为。

8. 要式和不要式法律行为。

是否要求特定形式,比如是否要求书面？担保合同均要求书面。

9. 有因行为和无因行为。

有因行为是指行为与原因不可分离的行为。所谓原因就是民事行为的目的。

无因行为是指行为与原因可以分离,不以原因为要素的行为。例如票据行为就是无因行为。无因行为并非没有原因,而是指原因无效并不影响行为的效力。

这是根据民事法律行为与原因的关系为标准进行的划分。

区分的意义主要在于:**有因行为**如原因不存在,则行为无效;**无因行为**若原因不存在或者有瑕疵不影响行为的效力。

📢 四、民事法律行为有效要件——法律行为的成立与生效

依法成立的法律行为,自成立时生效。

【民法典总则编第 143 条】具备下列条件的民事法律行为有效:

(一)行为人具有相应的民事行为能力;

(二)意思表示真实;

(三)不违反法律、行政法规的强制性规定,不违背公序良俗。

【民法典总则编第 158 条】民事法律行为可以附条件,但是按照其性质不得附条件的除外。附生效条件的民事法律行为,自条件成就时生效。附解除条件的民事法律行为,自条件成就时失效。

【民法典总则编第 159 条】附条件的民事法律行为,当事人为自己的利益不正当地阻止条件成就的,视为条件已成就;不正当地促成条件成就的,视为条件不成就。

【民法典总则编第 160 条】民事法律行为可以附期限,但是按照其性质不得附期限的除外。附生效期限的民事法律行为,自期限届至时生效。附终止期限的民事法律行为,自期限届满时失效。

---

① AC

【民法典合同编第502条】依法成立的合同,自成立时生效,但是法律另有规定或者当事人另有约定的除外。

法律、行政法规规定应当办理批准等手续生效的,依照其规定。未办理批准等手续的,该合同不生效,但是不影响合同中履行报批等义务条款以及相关条款的效力。应当办理申请批准等手续的当事人未履行义务的,对方可以请求其承担违反该义务的责任。

法律、行政法规规定合同的变更、转让、解除等情形应当办理批准等手续生效的,适用前款规定。

总结:一般情况下,法律行为(合同)的成立和生效在时间上同一的,成立即生效。只有在附条件、附期限或者需要审批的法律行为(合同)中,成立之后暂时尚不能生效!

(一)含义

1.成立的含义:意思表示的完成即为法律行为的成立(<u>事实判断</u>)。

2.生效的含义:意思表示的合法(<u>价值判断</u>)。

(1)主体——合格——若不合格,则效力待定

(2)标的——内容——合法——若违法,则无效

(3)意思表示——真实——若不真实,则可撤销

(二)法律行为的效力状态

1.关于效力待定。

(1)限制行为能力人超出能力的法律行为。

【民法典总则编第145条】限制民事行为能力人实施的纯获利益的民事法律行为或者与其年龄、智力、精神健康状况相适应的民事法律行为有效;实施的其他民事法律行为经法定代理人同意或者追认后有效。

相对人可以催告法定代理人自收到通知之日起一个月内予以追认。法定代理人未作表示的,视为拒绝追认。民事法律行为被追认前,善意相对人有撤销的权利。撤销应当以通知的方式作出。

【要点】追认权、撤销权(善意相对人)、催告权。

(2)无权代理人超越代理权所为之法律行为。

【民法典总则编第171条】行为人没有代理权、超越代理权或者代理权终止后,仍然实施代理行为,未经被代理人追认的,对被代理人不发生效力。

相对人可以催告被代理人自收到通知之日起一个月内予以追认。被代理人未作表示的,视为拒绝追认。行为人实施的行为被追认前,善意相对人有撤销的权利。撤销应当以通知的方式作出。

行为人实施的行为未被追认的,善意相对人有权请求行为人履行债务或者就其受到的损害请求行为人赔偿,但是赔偿的范围不得超过被代理人追认时相对人所能获得的利益。

相对人知道或者应当知道行为人无权代理的,相对人和行为人按照各自的过错承担责任。

【要点】追认权、催告权、撤销权(善意相对人)、选择权和相对人知情时的责任。

(3)无权处分的情形。

【《买卖合同司法解释》第3条】当事人一方以出卖人在缔约时对标的物没有所有权或者处分权为由主张合同无效的,人民法院不予支持。

出卖人因未取得所有权或者处分权致使标的物所有权不能转移,买受人要求出卖人承担违约责任或者要求解除合同并主张损害赔偿的,人民法院应予支持。

例题 ▰

甲因出国留学,将自家一幅名人字画委托好友乙保管。在此期间乙一直将该字画挂在自己家中欣赏,来他家的人也以为这幅字画是乙的,后来乙因做生意急需钱,便将该幅字画以3万元价格卖给丙。甲回国后,发现自己的字画在丙家中,询问情况后,向法院起诉。下列有关该纠纷的表述中正确的是(   )①

A. 乙与丙之间的买卖合同属于无效合同

B. 乙与丙之间的买卖合同属于效力未定的合同

C. 甲对该幅字画享有所有权

D. 丙对该幅字画享有所有权

2. 关于可撤销之法律行为。

(1)重大误解。

【民法典总则编第147条】基于重大误解实施的民事法律行为,行为人有权请求人民法院或者仲裁机构予以撤销。

【民通意见第71条】行为人因为对行为的性质、对方当事人、标的物的品种、质量、规格和数量等的错误认识,使行为的后果与自己的意思相悖,并造成较大损失的,可以认定为重大误解。

【特别提醒】试比较两种不同表达,何者有重大误解:

甲装修房屋,误以为乙的地砖为自家所有,并予以使用;

甲入住乙宾馆,误以为乙宾馆提供的茶叶是无偿的,并予以使用。

例题 ▰

甲将祖传的一幅画出让给乙。交付后,乙将该画送权威部门鉴定,结果为赝品。乙要求退货并返还价款,甲以该画系祖传,并不知真假为由而拒绝。此出让画的法律行为性质应如何认定?(   )②

A. 欺诈行为   B. 重大误解行为   C. 显失公平行为   D. 有效法律行为

(2)欺诈。

【民法典总则编第148条】一方以欺诈手段,使对方在违背真实意思的情况下实施的民事法律行为,受欺诈方有权请求人民法院或者仲裁机构予以撤销。

【民法典总则编第149条】第三人实施欺诈行为,使一方在违背真实意思的情况下实施的民事法律行为,对方知道或者应当知道该欺诈行为的,受欺诈方有权请求人民法院或者仲裁机构予以撤销。

例题 ▰

1. 甲以土地使用权出资与外商乙合作成立公司,乙货币出资。期限15年。实际上,甲的土地使用权已经被征收。

2. 甲患癌症,其妻乙和医院均对甲隐瞒其病情。经与乙协商,甲投保人身保险,指定身故受益人为乙。此时,虽然第三人乙欺诈保险公司时,合同相对人甲不知情,但是,保险合同一旦履行,甲不能获益,欺诈人乙是受益人,故保险公司有权以乙欺诈为由撤销合同。

(3)胁迫。

【民法典总则编第150条】一方或者第三人以胁迫手段,使对方在违背真实意思的情况下实施的民事法律行为,受胁迫方有权请求人民法院或者仲裁机构予以撤销。

---

① D

② B

【特别提醒】理解胁迫的违法性,要从手段与目的两个方面着眼。通常认为手段与目的中,有一项为非法即可构成胁迫,更为复杂的是,如果手段和目的均属合法,但是,如果两者的结合有悖公序良俗或者直接违反法律规定的,也构成具有违法性的胁迫。具体而言,有如下常见情形:

其一,手段非法,目的正当。

例如,甲以披露乙的隐私威胁,迫使乙签发支票偿还对甲的债务。

其二,手段合法,目的非法。

例如,甲以举报犯罪相威胁,迫使乙购买自己的一辆已经报废的摩托车。

其三,手段非法,目的非法。

例如,甲称,如果乙不购买自己已报废的摩托车,就将乙的腿砸断。

其四,手段合法,目的合法,但是两者结合具有违法性。

例如,甲称,如果乙不还欠甲的债务,甲将举报乙半年前的犯罪行为。其中,举报犯罪与请求偿还债务均是合法的,但是,这样的结合,却具有违法性,构成胁迫。这里如何区分合法压力与非法胁迫呢?比如,甲砸坏了乙的汽车,乙可以以向警察告发甲破坏汽车的行为,以获得对汽车造成损害的赔偿,这是正当的,无胁迫。但是,乙不能以此相威胁来实现没有关系的请求权,如要求甲偿还另一笔甲欠乙的债务即构成胁迫。

例题

下列哪一情形下,甲对乙不构成胁迫?(　　　　)①

A. 甲说,如不出借1万元,则举报乙犯罪。乙照办,后查实乙构成犯罪

B. 甲说,如不将藏獒卖给甲,则举报乙犯罪。乙照办,后查实乙不构成犯罪

C. 甲说,如不购甲即将报废的汽车,将公开乙的个人隐私,乙照办

D. 甲说,如不赔偿乙撞伤甲的医疗费,则举报乙醉酒驾车。乙照办,甲取得医疗费和慰问金

(4)显失公平。

【民法典总则编第151条】一方利用对方处于危困状态、缺乏判断能力等情形,致使民事法律行为成立时显失公平的,受损害方有权请求人民法院或者仲裁机构予以撤销。

例题

甲许可乙公司实施其专利,乙公司根据自己对于市场资源优势对于专利使用费反复谈判,压低至1万元,期限两年。乙公司两年实现税后利润1000万元。

(5)撤销权的时间限制。

【民法典总则编第152条】有下列情形之一的,撤销权消灭:

(一)当事人自知道或者应当知道撤销事由之日起一年内、重大误解的当事人自知道或者应当知道撤销事由之日起三个月内没有行使撤销权;

(二)当事人受胁迫,自胁迫行为终止之日起一年内没有行使撤销权;

(三)当事人知道撤销事由后明确表示或者以自己的行为表明放弃撤销权。

当事人自民事法律行为发生之日起五年内没有行使撤销权的,撤销权消灭。

(6)撤销权的权利主体。

欺诈、胁迫中的受害方、重大误解中的误解方和显失公平中的遭受不利者。

---

① D

3. 关于无效。

（1）无效的具体情形。

【民法典总则编第144条】无民事行为能力人实施的民事法律行为无效。

例如：熊孩子甲（7岁），偷偷用妈妈的手机支付功能给自己喜欢的主播姐姐打赏25万元。

【民法典总则编第146条】行为人与相对人以虚假的意思表示实施的民事法律行为无效。以虚假的意思表示隐藏的民事法律行为的效力，依照有关法律规定处理。

例如，甲本欲赠与乙房屋一套，担心人情困扰或子女反对，通谋虚伪做成买卖。

【民法典总则编第153条】违反法律、行政法规的强制性规定的民事法律行为无效，但是该强制性规定不导致该民事法律行为无效的除外。

违背公序良俗的民事法律行为无效。

例如，对于婚外情人的赠与、当事人约定排除诉讼时效的适用。

【民法典总则编第154条】行为人与相对人恶意串通，损害他人合法权益的民事法律行为无效。

例如，已经签订了房屋买卖合同但尚未办理过户登记的甲，为了避免买受人申请强制执行，与朋友故意做成买卖并办理过户。

例题

下列哪些情形属于无效合同？（　　）①

A. 甲医院以国产假肢冒充进口假肢，高价卖给乙

B. 甲乙双方为了在办理房屋过户登记时避税，将实际成交价为100万元的房屋买卖合同价格写为60万元

C. 有妇之夫甲委托未婚女乙代孕，约定事成后甲补偿乙50万元

D. 甲父患癌症急需用钱，乙趁机以低价收购甲收藏的1幅名画，甲无奈与乙签订了买卖合同

（2）无效的后果。

【民法典总则编第155条】无效的或者被撤销的民事法律行为自始没有法律约束力。

【民法典总则编第156条】民事法律行为部分无效，不影响其他部分效力的，其他部分仍然有效。

【民法典总则编第157条】民事法律行为无效、被撤销或者确定不发生效力后，行为人因该行为取得的财产，应当予以返还；不能返还或者没有必要返还的，应当折价补偿。有过错的一方应当赔偿对方由此所受到的损失；各方都有过错的，应当各自承担相应的责任。法律另有规定的，依照其规定。

【考点一】部分无效

例题

甲被乙打成重伤，支付医药费5万元。甲与乙达成如下协议："乙向甲赔偿医药费5万元，甲不得告发乙。"甲获得5万元赔偿后，向公安机关报案，后乙被判刑。下列哪一选项是正确的？（　　）②

A. 甲、乙之间的协议有效　　　　　　　　　B. 因甲乘人之危，乙有权撤销该协议

C. 甲、乙之间的协议无效　　　　　　　　　D. 乙无权要求甲返还该5万元赔偿费

────────────

① BC

② D

【考点二】无效的后果

未履行的不再履行;已经履行的返还(不当得利);不能或不必返还的折价补偿。

无效之后的赔偿问题:有过错的一方向无过错方赔偿损失;均有过错,按各自过错承担责任。

★(三)附条件和附期限的法律行为(合同)

双方当事人在民事法律行为中设立一定的事由作为条件,以该条件的成就与否作为决定该民事法律行为效力产生或解除根据的民事法律行为。

1.附条件——当事人选定的、将来的、不确定的、可能的、合法的事实。

(1)条件的类型。

①延缓(生效、停止)条件和解除条件:前者延迟生效,生效与否看条件是否发生;后者立即生效,是否结束效力看条件是否发生。

②肯定条件与否定条件:前者是以条件的发生为内容;后者以条件的不发生为内容。

(2)条件的成就。

①条件成就之拟制——以不正当行为阻止条件成就的。

②条件不成就之拟制——以不正当行为促成条件成就的。

例题

甲打算卖房,问乙是否愿买,乙一向迷信,就跟甲说:"如果明天早上7点你家屋顶上来了喜鹊,我就出10万块钱买你的房子。"甲同意。乙回家后非常后悔。第二天早上7点差几分时,恰有一群喜鹊停在甲家的屋顶上。乙正要将喜鹊赶走,甲不知情的儿子拿起弹弓把喜鹊打跑了,至7点再无喜鹊飞来。试分析此案例之要点。

2.附期限——将来的、必将到来——有日期不一定是期限,可以同时有条件。

(1)始期。

(2)终期。

《 第五节　代理 》

📢 一、代理的概念、要件与分类

🛡【(一)构成

1.有代理权——在代理权限范围内实施行为。

2.以被代理人(本人)名义。

3.实施代理行为——对于民法中法律行为的代理。

4.效果由被代理人承担。

🛡(二)代理与相关概念的区别

1.代理与代表:一体与分离;是否限于法律行为。

2.代理与居间:信息提供者。

3.代理与行纪:以自己的名义。

4.代理与传达:是否独立意思;无行为能力人不可代理;身份行为不能代理。

🛡(三)代理的适用范围

代理的事项仅限于民事法律行为中的财产行为,下列行为不能代理:

1.违法行为不得代理。

【民法典总则编第 167 条】代理人知道或者应当知道代理事项违法仍然实施代理行为,或者被代理人知道或者应当知道代理人的代理行为违法未作反对表示的,被代理人和代理人应当承担连带责任。

2.事实行为(非表意行为)不得代理。

3.法律行为中的身份行为不得代理,如结婚、离婚、遗嘱均不得代理。

4.如果依照法律规定或按照双方当事人的约定,应当由本人亲自进行的民事法律行为,不得代理。

(四)分类

1.法定代理和委托代理。

法定:依法律规定直接产生,夫妻之间、父母对子女等。

委托:委托授权、区分委托合同与代理权产生的依据。(难点)

(1)既有委托合同,又有代理权的授予。如甲委托乙以甲的名义订立合同。

(2)只有委托合同,没有代理权的授予。如甲与律师乙签订合同,让乙代为审查合同。

(3)只有代理权的授予,没有委托合同。如甲的好友乙授权给甲让甲以乙的名义去订立合同。

2.直接代理和间接代理。

这是根据代理人在进行代理活动时,是否明示以被代理人的名义而对代理进行的分类。

(1)直接代理。

代理人在代理的权限范围内所为的意思表示,必须以被代理人名义进行的代理为直接代理。此种代理,后果直接由被代理人承担,是显名代理的一种。直接代理的目的在于保护相对人利益,使其知悉法律关系的当事人。

(2)间接代理。

代理人在代理权限内以自己的名义进行的代理为间接代理。此种代理的后果间接归于被代理人。

3.自己代理、双方代理与通谋代理均为滥用代理权(重点)。

【民法典总则编第 168 条】代理人不得以被代理人的名义与自己实施民事法律行为,但是被代理人同意或者追认的除外。

代理人不得以被代理人的名义与自己同时代理的其他人实施民事法律行为,但是被代理的双方同意或者追认的除外。

【民法典总则编第 164 条】代理人不履行或者不完全履行职责,造成被代理人损害的,应当承担民事责任。

代理人和相对人恶意串通,损害被代理人合法权益的,代理人和相对人应当承担连带责任。

4.本代理与复代理(再代理)。

【民法典总则编第 169 条】代理人需要转委托第三人代理的,应当取得被代理人的同意或者追认。

转委托代理经被代理人同意或者追认的,被代理人可以就代理事务直接指示转委托的第三人,代理人仅就第三人的选任以及对第三人的指示承担责任。

转委托代理未经被代理人同意或者追认的,代理人应当对转委托的第三人的行为承担责任,但是在紧急情况下代理人为了维护被代理人的利益需要转委托第三人代理的除外。

【民通意见第81条】委托代理人转托他人代理的,应当比照民法通则第六十五条规定的条件办理转托手续。因委托代理人转托不明,给第三人造成损失的,第三人可以直接要求被代理人赔偿损失;被代理人承担民事责任后,可以要求委托代理人赔偿损失,转托代理人有过错的,应当负连带责任。

（1）复代理的特征。

①复代理人的代理权限以原代理人的权限为限。

②代理人以自己名义选任第三人为复代理人:代理人的复任权。

③复代理人是被代理人的代理人而非原代理人的代理人。

④复代理人所为法律行为的后果直接由被代理人承担。

（2）复代理的产生。

①一般情况:经被代理人同意——事前授权或者事后追认。

②情况紧急:为被代理人的利益,不经同意亦可。

（3）复代理中的责任。

①一般情况下,复代理人的行为由本人承担责任,法律效果直接归于被代理人。被代理人可以直接指示第三人。

②例外情况下,代理人对于复代理人的行为承担责任。

经同意,代理人仅在选任、指示有过失的范围内负责,复代理人有过错承担连带责任。

未经同意,代理人对被代理人负全部责任,情况紧急的复代理除外。

5. 单独代理与共同代理。

按代理人是一人还是数人,代理区分为单独代理和共同代理。

（1）单独代理。

单独代理是代理权属于一人的代理。单独代理的特征是代理权属于一人,但被代理人是一人还是数人,在所不问。

（2）共同代理。

共同代理是代理权属于两人以上的代理。共同代理人如果共同实施代理,则形成共同关系,可以共同行使代理权,也可以约定依多数决定原则行使代理权。若未形成共同关系的,则各自承担责任。

【民法典总则编第166条】数人为同一代理事项的代理人的,应当共同行使代理权,但是当事人另有约定的除外。

【民通意见第79条】数个委托代理人共同行使代理权的,如果其中一人或者数人未与其他委托代理人协商,所实施的行为侵害被代理人利益的,由实施行为的委托代理人承担民事责任。被代理人为数人时,其中一人或者数人未经其他被代理人同意而提出解除代理关系,因此造成损害的,由提出解除代理关系的被代理人承担。

6. 职务代理。

【民法典总则编第170条】执行法人或者非法人组织工作任务的人员,就其职权范围内的事项,以法人或者非法人组织的名义实施民事法律行为,对法人或者非法人组织发生效力。

法人或者非法人组织对执行其工作任务的人员职权范围的限制,不得对抗善意相对人。

二、代理权的发生与终止——主要掌握委托代理

【民法典总则编第 165 条】委托代理授权采用书面形式的,授权委托书应当载明代理人的姓名或者名称、代理事项、权限和期间,并由被代理人签名或者盖章。

【民法典总则编第 166 条】数人为同一代理事项的代理人的,应当共同行使代理权,但是当事人另有约定的除外。

（一）发生

法律规定或单方的授权行为——代理人可以为数人。

（二）终止

1.委托代理终止。

（1）代理期间届满或者代理事务完成。

（2）被代理人取消委托或者代理人辞去委托。

（3）代理人丧失民事行为能力。

（4）代理人或者被代理人死亡。

【特别提醒】被代理人死亡时的例外有效代理:①代理人不知且不应当知道;②约定完成时终止;③继承人承认;④死前进行且为继承人的利益的。

（5）作为代理人或者被代理人的法人、非法人组织终止。

例题

王教授因公去美国讲学 3 个月,临行前邻居李大爷托其在美国购买正宗丽声助听器。3 个月后,王教授带着替李大爷买好的助听器回国,得知 1 个月前李大爷去世,遂要求其子支付价款并取走助听器。其子以父亲已去世,助听器派不上用场而拒绝。对此,下列说法正确的是(　　)①。

A.经李大爷之子追认始有效　　　　　　　　B.属有权代理

C.属代理权终止后的行为　　　　　　　　D.属无权代理,因被代理人死亡,代理终止

2.法定代理的终止。

（1）被代理人取得或者恢复完全民事行为能力;

（2）代理人丧失民事行为能力;

（3）代理人或者被代理人死亡;

（4）法律规定的其他情形。

三、无权代理（狭义的）

【民法典总则编第 171 条】行为人没有代理权、超越代理权或者代理权终止后,仍然实施代理行为,未经被代理人追认的,对被代理人不发生效力。

相对人可以催告被代理人自收到通知之日起一个月内予以追认。被代理人未作表示的,视为拒绝追认。行为人实施的行为被追认前,善意相对人有撤销的权利。撤销应当以通知的方式作出。

行为人实施的行为未被追认的,善意相对人有权请求行为人履行债务或者就其受到的损害请求行为人赔偿,但是赔偿的范围不得超过被代理人追认时相对人所能获得的利益。

---

① 　B

相对人知道或者应当知道行为人无权代理的,相对人和行为人按照各自的过错承担责任。

【合同法司法解释二第11条】根据合同法第四十七条、第四十八条的规定,追认的意思表示自到达相对人时生效,合同自订立时起生效。

【合同法司法解释二第12条】无权代理人以被代理人的名义订立合同,被代理人已经开始履行合同义务的,视为对合同的追认。

1. 含义:代理人缺乏代理权时所进行的行为。主要包括三种情形:根本未授权、有授权但已经过期、有授权但超出了授权的范围。

2. 本人追认:(1)明确表示承认;(2)开始履行义务;(3)明知而没有反对。

【特别提醒】如果法律行为发生时,被代理人明知而不表示反对的,视为同意,是因为被代理人有机会防止法律行为的发生。如果无权代理人以被代理人的名义进行法律行为,被代理人不知道,事后面对相对人的催告,被代理人保持沉默,视为拒绝,因为此时被代理人没有机会防止法律行为的出现。

3. 效力:追认权、催告权、撤销权、选择权。体现在本人(被代理人)、行为人(代理人)和第三人之间。区分两种情况来理解:

(1)代理有效时——即本人(被代理人)作出追认的表示。

本人与第三人的合同关系:有效合同;违约责任行为人与第三人之间:无法律关系

本人与行为人之间:可能发生报酬与费用

(合同有效)

(2)代理无效时——即本人(被代理人)没有作出追认的表示。

本人与第三人之间:无法律关系

本人与行为人之间:无法律关系

行为人与第三人:缔约过失之损害赔偿责任或主张行为人履行合同

第三人知情时,与行为人按照过错承担各自责任

📢 四、表见代理 ★★

表见代理＝无权代理＋代理权外观＋第三人善意且无过失的相信

【民法典总则编第172条】行为人没有代理权、超越代理权或者代理权终止后,仍然实施代理行为,相对人有理由相信行为人有代理权的,代理行为有效。

行为人没有代理权、超越代理权或者代理权终止后以被代理人名义订立合同,相对人有理由相信行为人有代理权的,该代理行为有效。

1. 实质构成要件。

(1)代理人无代理权。

(2)该代理人有被授予代理权的外观或假象。

(3)相对人有正当理由相信该无权代理人有代理权。

(4)相对人基于信任与无权代理人成立法律行为。

2. 构成的经典情形。

(1)因表见授权而产生。

(2)因代理授权不明而产生。

(3)因代理关系终止后未采取必要措施而产生。

3. 不构成的两种情形。

（1）盗用他人介绍信、盖有合同专用章或公章的空白合同书签订合同的。

（2）借用他人介绍信、合同专用章或者盖有公章的空白合同书签订合同的。

借用的情形之所以不能认定为表见代理的根据在于诉讼法的相关规定，"借用业务介绍信、合同专用章、盖有公章的空白合同书或者银行账户的，出借单位和借用人为共同诉讼人"。换言之，在借用的情形下，出借人和借用人之间承担的是连带责任。因此，不可能构成表见代理。一旦构成表见代理，承担责任的方式是直接由被代理人承担，而不是连带责任。

例题

甲委托乙前往丙厂采购男装，乙觉得丙生产的女装市场看好，便自作主张以甲的名义向丙订购。丙未问乙的代理权限，便与之订立了买卖合同。对此，下列哪些说法是正确的？（　　　）①

A. 甲有追认权
B. 丙有催告权
C. 丙有撤销权
D. 构成表见代理

五、代理中的连带责任

1. 通谋代理中的连带责任：向被代理人承担。

【民法典总则编第164条】代理人不履行或者不完全履行职责，造成被代理人损害的，应当承担民事责任。

代理人和相对人恶意串通，损害被代理人合法权益的，代理人和相对人应当承担连带责任。

2. 涉嫌违法事项代理的连带责任：向第三人承担。

【民法典总则编第167条】代理人知道或者应当知道代理事项违法仍然实施代理行为，或者被代理人知道或者应当知道代理人的代理行为违法未作反对表示的，被代理人和代理人应当承担连带责任。

《 第六节　诉讼时效与期间 》

一、范围、效力

（一）适用范围：请求权（主要是债权请求权）

例外情况：

1. 债权请求权的例外。**【最高人民法院《关于审理民事案件适用诉讼时效制度若干问题的规定》（以下简称《诉讼时效解释》）第1条】**

（1）支付存款本金及利息请求权；

（2）兑付国债、金融债券及向不特定对象发行的企业债券本息请求权；

（3）基于投资关系产生的缴付出资请求权。（保护公司债权人）

2. **【民法典总则编第196条】**下列请求权不适用诉讼时效的规定：

（1）请求停止侵害、排除妨碍、消除危险；

（2）不动产物权和登记的动产物权的权利人请求返还财产；（此项为新内容）

---

① ABC

（3）请求支付抚养费、赡养费或者扶养费；

（4）依法不适用诉讼时效的其他请求权。

3．其他不适用的情形：

基于共有关系而产生的请求权中的分割合伙财产请求权、分割家庭财产请求权等。基于相邻关系而产生的请求权中的停止侵害、排除妨害、消除危险。

⭐（二）效力

1．适用具有强制性，不得约定排除或预先放弃。

例题 🖊

甲向乙购买商品房一套，两人经过协商达成协议，在书面合同中写下了如下条款，"如果房子质量出现问题，甲必须自知道之后两个月内起诉，否则，不得再起诉"。

问：该约定效力如何？

答案：无效。

2．产生抗辩权：包括一时抗辩与永久抗辩。

债务人可选择放弃抗辩权。放弃后履行的，不得反悔，对方不构成不当得利。

【民法典总则编第192条】诉讼时效期间届满的，义务人可以提出不履行义务的抗辩。

诉讼时效期间届满后，义务人同意履行的，不得以诉讼时效期间届满为由抗辩；义务人已自愿履行的，不得请求返还。

【重点提示】时效届满后，不存在中止或中断的可能。

⭐（三）与范围和效力相关的系列要点

1．过了时效后，当事人仍可起诉（法院不得以超过诉讼时效为由不予受理）。丧失胜诉权？

2．过了时效后，自愿履行仍有效，不得反悔，受领的保持力。

3．一审期间提出，不得在二审期间提出（除非有新证据）。

4．对方提出诉讼时效已过的抗辩的——法院查明——<u>判决</u>（而非裁定）驳回原告的诉讼请求（而非驳回起诉）。

5．法院不得主动释明和援引诉讼时效。

📢 二、期间、起算

⭐（一）期间

1．普通时效期间——3年。

【民法典总则编第188条】向人民法院请求保护民事权利的诉讼时效期间为三年。法律另有规定的，依照其规定。

诉讼时效期间自权利人知道或者应当知道权利受到损害以及义务人之日起计算。法律另有规定的，依照其规定。但是自权利受到损害之日起超过二十年的，人民法院不予保护；有特殊情况的，人民法院可以根据权利人的申请决定延长。

2．其他法的规定。

（1）三年：环境污染损害赔偿请求权【《环境保护法》第42条、油污损害赔偿请求权《海商法》第265条】。依据民法典总则编之规定，此处的3年也应该理解为普通期间。

（2）四年：国际货物买卖和技术转让合同请求权。

（二）起算

一般表达:知道或者应当知道权利受侵害之日起。(侵害事实、加害人)

特殊规定:再次请求分割夫妻公共财产的,从发现财产之次日起计算诉讼时效。

1. 定有清偿期的:清偿期届满之日。

2. 未定清偿期的:宽限期届满之日,但债务人在债权人第一次主张权利之时明确表示不履行的,自表示不履行义务之日起计算。【《诉讼时效解释》第6条)】

3. 分期履行的合同:最后一期届满之日。

4. 合同撤销后返还之债:被撤销之日。

5. 人身侵权赔偿:当即发现,侵害发生之日;当时未发现,伤势确诊之日。

6. 未成年人遭性侵:自受害人年满十八周岁之日起计算。

7. 无或者限制民事行为能力人对其法定代理人的请求权的诉讼时效期间,自该法定代理终止之日起计算。

例题

2001年4月1日,范某从曹某处借款2万元,双方没有约定还款期。2003年3月22日,曹某通知范某还款,并留给其10天准备时间。下列哪种说法是正确的? (　　)①

A. 若曹某于2006年4月1日或其之后起诉,法院应裁定不予受理

B. 若曹某于2006年4月1日或其之后起诉,法院应判决驳回其诉讼请求

C. 若曹某于2006年4月2日或其之后起诉,法院应裁定驳回其起诉

D. 若曹某于2006年4月2日或其之后起诉,法院应判决驳回其诉讼请求

三、中止、中断

1. 中止的事由——权利人不能行使权利!

【民法典总则编第194条】在诉讼时效期间的最后六个月内,因下列障碍,不能行使请求权的,诉讼时效中止:

（一）不可抗力;

（二）无民事行为能力人或者限制民事行为能力人没有法定代理人,或者法定代理人死亡、丧失民事行为能力、丧失代理权;

（三）继承开始后未确定继承人或者遗产管理人;

（四）权利人被义务人或者其他人控制;

（五）其他导致权利人不能行使请求权的障碍。

自中止时效的原因消除之日起满六个月,诉讼时效期间届满。

【特别提醒】注意区分中止事由出现在最后6个月之前和最后6个月之内的差别:

（1）如果在最后6个月之前发生的,持续到最后6个月时中止,事由消失后再加上6个月。

（2）如果发生在最后6个月内,则立即中止,原因消失后,也是加上6个月。

---

① 　D

2.中断的事由——权利人行使权利的结果！

【民法典总则编第195条,《诉讼时效解释》第13条】

(1)起诉及与起诉具有同一效力的事由。

①提交起诉状或者口头起诉的,时效从提交诉状和口头起诉之日中断。

②向人民调解委员会或者其他调解机构请求调解。

③向公检法报案或控告。

(2)权利人请求。

①向对方发文书主张权利,对方签收或盖章;没有签收、盖章,但能够以其他方式证明到达者。

②以信件或数据电文主张权利的,到达或者应当到达对方当事人者。

③当事人一方为金融机构,依法定或约定从对方当事人账户中扣除欠款本息的。

④下落不明怎么办？当事人一方下落不明,对方当事人在国家级或者下落不明的当事人一方住所地的省级有影响的媒体上刊登具有主张权利内容的公告的。

(3)认诺即义务人承认。

分期履行、部分履行、提供担保、请求延期履行、制定清偿债务计划。

例题

2007年12月31日,甲被人打伤,但直至2008年4月30日甲才知道凶手是乙。2010年12月5日至2010年12月14日,甲因所在地发生地震,无法与外界联系。甲向人民法院起诉不丧失胜诉权的最后日期是(　　　)①。

A.2010年12月31日　　　　　　B.2011年4月30日

C.2011年6月14日　　　　　　D.2011年5月10日

四、诉讼时效与除斥期间

诉讼时效:又称消灭时效,权利主体在法定期间内部行使权利导致该权利或者源于该权利的请求权消灭的法律事实。

除斥期间:又称预定期间,某种权利的法定存续期间。权利人若在此期间内不行使权利,则期间届满后,权利彻底消灭。如前述可撤销民事行为中撤销权受一年期间的限制即是。

两者区别表现在五个方面:

	诉讼时效	除斥期间
适用范围	请求权	主要是形成权
法律后果	被请求人产生抗辩权	实体权利消灭
时间起算	一般是权利人知道或应当知道权利被侵害时	法律规定的时间或权利发生时间
适用条件	债务人主张时	法院可依职权直接适用
是否可变	可中止、中断或延长	不可变

① C

五、期限与期间的相关概念

（一）期限的概念

期限是民事权利义务关系发生、变更、消灭的时间。

期限可分为期日与期间。

期日，是指不可分或视为不可分的特定时间，如某日、某月或某年。

期间，是指从起始的时间到终止时间所经过的时之区间，如从某年某月某日至某年某月某日。这前一个时间是起始时间，后一个时间为终止时间，其间继续的时间就是期间。

（二）期限的效力

民法上把民事权利义务的取得、丧失及变更的期日或期间称为期限，亦即一切民事法律关系均须于一定期日或期间内发生其效力。期限的效力有：

1.决定民事主体的法律地位，即民事主体的法律地位由期限决定。

例如，自然人的民事权利能力自出生之日起开始，自死亡之日终止；有民事行为能力人在宣告死亡期间实施的民事法律行为有效等。

2.决定民事权利取得、丧失及变更。

例如，所有权从财产交付之时起移转；民事权利请求诉讼保护的时效期间；继承自被继承人死亡时开始等。

3.决定民事义务的存在与否，即民事义务的承担由期限决定。

例如，在子女未成年期间父母的抚养义务；在债的关系有效期间债务人的给付义务；在专利权存续期间的实施义务等。

（三）期间的始期与终期

1.始期。

以小时计算期间的，从规定时开始计算；以年、月、日计算期间的，其开始当天不算入，从下一天开始计算。但当事人对此有约定的，按约定计算。人的年龄，自出生之时起计算。其起算点，包括出生之日，此为例外。

2.终期。

期间的最后一天是星期六、星期日或其他法定休假日的，以休假日的次日为期间的最后一天；休假日有变通的，以实际休假日的次日为期间的最后一天。期间最后一天的截止时间为24时。有业务活动时间的，截止到停止业务活动的时间。

第二章 ｜ 人 格 权

《 第一节　一般规定 》

一、人格权的主要内容

人格权是民事主体享有的生命权、身体权、健康权、姓名权、名称权、肖像权、名誉权、荣誉权、隐私权等权利。

除上述具体的人格权外,自然人享有基于人身自由、人格尊严产生的其他人格权益。

二、一般人格权

(一)含义

是指民事主体基于人格平等、人格独立、人格自由以及人格尊严等根本人格利益而享有的人格权。

一般人格权的内容通常概括为人格平等、人格独立、人格自由及人格尊严四个方面。我国民事立法确定了一般人格权。

(二)特征

1. 主体的普遍性。

自然人、法人及其他组织均平等地享有一般人格权。我国民事立法明确规定,一般人格权属于自然人。

2. 权利客体的高度概括性。

一般人格权的客体是高度概括的民事主体一般人格利益,是具体人格权之外的、尚未或无法具体化的人格利益,它涵盖了具体人格利益之外民事主体应当享有的所有其他人格利益。

3. 权利内容的不确定性。

一般人格权的内容无法事先确定,也不应当事先确定。

4. 所保护利益的根本性。

人格平等、独立、自由和尊严都是民事主体之所以成为民事主体最根本的条件。

(三)功能

1. 产生具体人格权;

2. 解释具体人格权;

3. 补充具体人格权。

案例:兄弟反目,老大迁坟,弟回乡祭拜,不知"爸爸去哪了"。

三、人格权的其他问题

(一) 人身性体现

1. 人格权不得放弃、转让、继承。

2. 不影响人格尊严下的商业化利用。

(1)民事主体可以将自己的姓名、名称、肖像等许可他人使用;

(2)依照法律规定或者根据其性质不得许可的,不得许可。

(二) 合理使用问题

1. 实施新闻报道、舆论监督等行为的,可以合理使用民事主体的姓名、名称、肖像、个人信息等。

2. 使用不合理的,应当依法承担民事责任。

(三) 人格权的保护

1. 人格权受到侵害的,根据侵权法主张损害赔偿。

2. 主张停止侵害、排除妨碍、消除危险、消除影响、恢复名誉请求权,不适用诉讼时效的规定。

3. 申请诉前禁令。

民事主体有证据证明行为人正在实施或者即将实施侵害其人格权的行为,不及时制止将使其合法权益受到难以弥补的损害的,有权依法向人民法院申请采取责令行为人停止有关行为的措施。

4. 消除影响、恢复名誉、赔礼道歉等责任的实现。

(1)行为人因侵害人格权承担消除影响、恢复名誉、赔礼道歉等民事责任的,应当与行为的具体方式和造成的影响范围相当。

(2)行为人拒不承担前款规定的民事责任的,人民法院可以采取在报刊、网络等媒体上发布公告或者公布生效裁判文书等方式执行,产生的费用由行为人负担。

(四) 死者人格利益的保护

1. 死者的姓名、肖像、名誉、荣誉、隐私、遗体等受到侵害的,其**配偶、子女、父母**有权依法请求行为人承担民事责任。

2. 死者没有配偶、子女并且父母已经死亡的,**其他近亲属**有权依法请求行为人承担民事责任。

(五) 身份权保护的法律适用

1. 适用本法总则编、婚姻家庭编和其他法律的相关规定。

2. 有规定的,参照适用本编人格权保护的有关规定。

《 第二节　具体人格权 》

一、生命权

自然人享有生命权,有权维护自己的生命安全和生命尊严。任何组织或者个人不得侵害他人的生命权。

构成生命权的侵害,**需要产生死亡的结果**,侵权人的主观意图不具有决定意义。

举例:

1. 甲女视自己长发如生命,被情敌剪去,不侵害生命权;

2. 甲想要杀死乙,捅数刀离去,后乙被送医院抢救成功,甲也没有侵害乙的生命权;

3. 甲帮助乙完成自杀,甲侵犯了乙的生命权。

二、身体权

(一) 身体权含义

自然人享有身体权,有权维护自己的身体完整和行动自由。任何组织或者个人不得侵害他人的身体权。

身体权,强调保持身体完整和身体合理支配权。主要是身体的有机组成部分,无论"真假"均是身体权保护的客体。

(二) 禁止有偿交易,允许捐赠

1. 完全民事行为能力人有权依法自主决定无偿捐献其人体细胞、人体组织、人体器官、遗体。任何组织或者个人不得强迫、欺骗、利诱其捐献。

2. 完全民事行为能力人依据前款规定同意捐献的,**应当采用书面形式或者有效的遗嘱形式**。

3. 自然人生前未表示不同意捐献的,该自然人死亡后,**其配偶、成年子女、父母可以共同决定捐献**,决定捐献应当采用书面形式。

4. 禁止以任何形式买卖人体细胞、人体组织、人体器官、遗体,**买卖行为无效**。

【特别提醒】以非法拘禁等方式剥夺、限制他人的行动自由,或者非法搜查他人身体的,构成身体权的侵害。

举例:

1. 上述情敌剪甲头发的行为,破坏身体完整性,侵犯身体权。

2. 甲将乙装在身体上的假肢打碎,也是对于身体权的侵害,此时,假肢装在乙身体上,是乙身体的有机组成部分,不再作为物来保护,不能主张所有权被侵害。

三、健康权

自然人享有健康权,有权维护自己的身心健康。任何组织或者个人不得侵害他人的健康权。

健康权,强调的是健康维护、劳动能力保持和健康利益支配。

【特别提醒】性骚扰影响他人心理健康

违背他人意愿,以言语、行为等方式对他人实施性骚扰的,侵犯健康权。受害人有权依法请求行为人承担民事责任。

举例:

1. 戊为报复欲致己于死地,结果将己打成重伤,此时,不侵害生命权,侵害健康权。

2. 张某因病住院,医生手术时误将一肾脏摘除,此时,侵害健康权,同时也破坏身体的完整性,侵害身体权。

3. 王某长发被剪,抑郁成疾,此时,只侵犯身体权,剪头发一般不影响健康。

四、姓名权和名称权

任何组织或者个人不得以**干涉、盗用、假冒等方式**侵害他人的姓名权或者名称权。

(一) 姓名权

自然人享有姓名权,有权依法决定、使用、变更或者许可他人使用自己的姓名。

1.命名。

命名自由,但姓啥不能太任性。姓氏选择遵守以下规则:

自然人的姓氏应当随父姓或者母姓,但是有下列情形之一的,可以在父姓和母姓之外选取姓氏:

(1)选取其他直系长辈血亲的姓氏。

(2)因由法定扶养人以外的人扶养而选取扶养人姓氏。

(3)有不违背公序良俗的其他正当理由。

(4)少数民族自然人的姓氏可以遵从本民族的文化传统和风俗习惯。

举例:北雁云依案。

2.使用。

禁止不当使用他人姓名。权利人可授权他人使用。

举例:张三邻居的小狗取名张三。

3.变更。

未成年时,监护人可变更;成年后,自己改名。

变更前实施的法律行为,变更姓名后依然有效。

举例:老王禁止儿子小王 18 岁之后改名。

4.盗用。

未经许可,随意用他人姓名做商业宣传。

5.冒用。

未经许可,冒他人之名,从事活动。

举例:某网络歌手由于貌似林俊杰,以林的名义举办演唱会。

(二) 名称权

法人、非法人组织享有名称权,有权依法使用、变更、转让或者许可他人使用自己的名称。

主体为法人、非法人组织,名字的获得、变更、使用、被冒用或盗用侵权,与自然人姓名权一致。

独特之处,在于具有**转让权**。名称往往代表的是市场信誉,可以通过转让名称传递下去,自然人姓名标识的自然人独特经历,难以通过姓名标识转让传递。

(三) 同等保护

具有一定社会知名度的笔名、艺名、网名、字号、姓名和名称的简称等,被他人使用足以造成公众混淆的,与姓名和名称受同等保护。

五、肖像权

(一) 肖像与肖像权含义

自然人享有肖像权,有权**依法制作、使用、公开或者许可他人使用**自己的肖像。

肖像是通过影像、雕塑、绘画等方式在一定载体上所反映的特定自然人可以被识别的外部形象。

(二) 侵犯肖像权的方式

1. 丑化、污损他人肖像。

2. 利用信息技术手段伪造等方式侵害他人的肖像权。

3. 除法律另有规定,未经肖像权人同意,不得制作、使用、公开肖像权人的肖像。

4. 未经肖像权人同意,肖像作品权利人不得以发表、复制、发行、出租、展览等方式使用或者公开肖像权人的肖像。

小结:上述情形构成侵权,要求足以识别特定自然人。

(三) 合理使用不侵权

合理实施下列行为的,可以不经肖像权人同意。

1. 为个人学习、艺术欣赏、课堂教学或者科学研究,在必要范围内使用肖像权人已经公开的肖像。

2. 为实施新闻报道,不可避免地制作、使用、公开肖像权人的肖像。

3. 为依法履行职责,国家机关在必要范围内制作、使用、公开肖像权人的肖像。

4. 为展示特定公共环境,不可避免地制作、使用、公开肖像权人的肖像。

5. 为维护公共利益或者肖像权人合法权益,制作、使用、公开肖像权人的肖像的其他行为。

(四) 许可使用问题

1. 争议条款的解释。

当事人对肖像许可使用合同中关于肖像使用条款的理解有争议的,应当作出有利于肖像权人的解释。

2. 解除权。

(1) 不定期合同的任意解除权。

当事人对肖像许可使用期限没有约定或者约定不明确的,任何一方当事人可以随时解除肖像许可使用合同,但是应当在合理期限之前通知对方。

(2) 定期合同:正当理由+赔偿损害。

当事人对肖像许可使用期限有明确约定,肖像权人有正当理由的,可以解除肖像许可使用合同,但是应当在合理期限之前通知对方。

因解除合同造成对方损失的,**除不可归责于肖像权人的事由外**,应当赔偿损失。

举例:明星代言,人设崩塌的明星吴某。

(3) 姓名许可与声音保护。

对姓名等的许可使用,参照适用肖像许可使用的有关规定。

对自然人声音的保护,参照适用肖像权保护的有关规定。

六、名誉权与荣誉权

(一) 名誉与名誉权

民事主体享有名誉权。任何组织或者个人不得**以侮辱、诽谤等方式**侵害他人的名誉权。名誉是对民事主体的品德、声望、才能、信用等的社会评价。

(二) 侵权的情形

1. 新闻报道、舆论监督中的侵权。

行为人实施新闻报道、舆论监督等行为,影响他人名誉的,不承担民事责任,但是有下列情形之一的,构成侵权:

(1) 捏造事实、歪曲事实。

(2) 对他人提供的失实内容未尽到合理审查义务。①

(3) 使用侮辱性言辞等贬损他人名誉。

2. 文学艺术创作中的侵权。

(1) 对象特定的创作。

行为人发表的文学、艺术作品以真人真事或者特定人为描述对象,**含有侮辱、诽谤内容,侵害他人名誉权的**,受害人有权依法请求该行为人承担民事责任。

(2) 对象不特定的创作。

行为人发表的文学、艺术作品不以特定人为描述对象,仅其中的情节与该特定人的情况相似的,不承担民事责任。

3. 报刊、网络报道侵权。

(1) 报刊、网络等媒体报道的内容失实,侵害他人名誉权的,受害人有权请求该媒体及时采取更正或者删除等必要措施。

(2) 媒体不及时采取措施的,受害人有权请求人民法院责令该媒体在一定期限内履行。

4. 信用评价不当侵权。

(1) 民事主体可以依法查询自己的信用评价;发现信用评价错误的,有权提出异议并请求采取更正、删除等必要措施。

(2) 信用评价人应当及时核查,经核查属实的,应当及时采取必要措施。

(三) 荣誉权

1. 民事主体享有荣誉权。

2. 侵权方式。

(1) 非法剥夺他人的荣誉称号,不得诋毁、贬损他人的荣誉。

(2) 获得的荣誉称号应当记载而没有记载的,民事主体可以请求记载。

(3) 获得的荣誉称号记载错误的,民事主体可以请求更正。

---

① 认定行为人是否尽到合理审查义务,应当考虑下列因素:(一)内容来源的可信度;(二)对明显可能引发争议的内容是否进行了必要的调查;(三)内容的时效性;(四)内容与公序良俗的关联性;(五)受害人名誉受贬损的可能性;(六)审查能力和审查成本。行为人应当就其尽到合理审查义务承担举证责任。

例题

甲将乙的联系方式发到自己的微信朋友圈,声称乙欠钱不还,是个骗子,经查,甲所说与事实完全不符。甲的行为侵害了乙的? (　　)①

A. 姓名权　　　　　　B. 名誉权　　　　　　C. 肖像权　　　　　　D. 荣誉权

七、隐私权与个人信息权

(一) 隐私权

1. 隐私与隐私权。

自然人享有隐私权。任何组织或者个人不得**以刺探、侵扰、泄露、公开等方式**侵害他人的隐私权。

隐私是自然人的私人生活安宁和不愿为他人知晓的私密空间、私密活动、私密信息。

2. 侵犯隐私权的常见方式。

(1) 以短信、电话、即时通讯工具、电子邮件、传单等方式侵扰他人的私人生活安宁。

(2) 进入、窥视、拍摄他人的住宅、宾馆房间等私密空间。

(3) 拍摄、录制、公开、窥视、窃听他人的私密活动。

(4) 拍摄、窥视他人身体的私密部位。

(5) 收集、处理他人的私密信息。

(6) 以其他方式侵害他人的隐私权。

(二) 个人信息权

1. 个人信息。

自然人的个人信息受法律保护。

个人信息是以电子或者其他方式记录的能够单独或者与其他信息结合识别特定自然人的各种信息,包括自然人的姓名、出生日期、身份证件号码、生物识别信息、住址、电话号码、电子邮箱地址、行踪信息等。

2. 个人信息权与隐私权的关系。

个人信息中的私密信息,同时适用隐私权保护的有关规定,这意味着个人信息中私密信息的侵犯,也会侵犯隐私权。

此权利与隐私权不同,表现有二:

(1) 隐私保护的内容通常是权利人不愿为他人所知的信息;个人信息权所保护的个人信息在必要时可以为他人所知,甚至需要主动提供,比如身份证信息、个人财产信息、家庭住址等。

(2) 侵犯隐私权通常是对于自然人不愿为他人所知信息的披露、公开;侵犯个人信息权往往是未经同意,擅自使用、搜集、加工、贩卖或非法公开个人信息资料,而这种资料权利人,在必要的时候,可以自主决定是否公开或向他人提供。

3. 信息收集掌控者的义务。

(1) 信息收集者、控制者不得泄露、篡改其收集、存储的个人信息。

(2) 未经被收集者同意,不得向他人非法提供个人信息,但是经过加工无法识别特定个

---

① 　B

人且不能复原的除外。

（3）信息收集者、控制者应当采取技术措施和其他必要措施,确保其收集、存储的个人信息安全,防止信息泄露、篡改、丢失。

（4）发生或者可能发生个人信息泄露、篡改、丢失的,应当及时采取补救措施,依照规定告知被收集者并向有关主管部门报告。

（5）国家机关及其工作人员对于履行职责过程中知悉的自然人的隐私和个人信息,**应当予以保密**,不得泄露或者向他人非法提供。

4.个人信息权人的权利。

（1）自然人可以向信息控制者依法查阅、抄录或者复制其个人信息。

（2）发现信息有错误的,有权提出异议并请求及时采取更正等必要措施。

（3）自然人发现信息控制者违反法律、行政法规的规定或者双方的约定收集、处理其个人信息的,有权请求信息控制者及时删除。

例题

张某因出售公民个人信息被判刑,孙某的姓名、身份证号码、家庭住址等信息也在其中,买方是某公司。下列哪一选项是正确的?（   ）①

A. 张某侵害了孙某的身份权

B. 张某侵害了孙某的名誉权

C. 张某侵害了孙某对其个人信息享有的民事权益

D. 某公司无须对孙某承担民事责任

---

① C

第三章 | 物 权 法

《 第一节 物权法概述 》

一、物权法上的物：特征与种类

(一) 物的特征

1. 非人格性。

例外：捐献器官、假牙等。

2. 有体物。

为什么要有体物？体现物权对于物的占有支配的特征。

物，包括动产和不动产。法律规定权利作为物权客体的，依照其规定。原则上为有体物，权利作为担保物权的客体为法律特别规定。

例外：无形的自然能量，电、热、光波、有线电视讯号等——通过技术可以控制。

3. 可支配性。

4. 独立性：一物一权。

例外：一个物上成立多个物权——建筑物区分所有。多个物上成立一个物权——财团抵押。

(二) 物的分类

1. 主物与从物。

区分标准：单独为一物；对主物发挥辅助效用；为同一主体所有。

例题

根据物的分类，下列物与物的关系中，属于主物与从物关系的是(   )①。

A. 房屋与门窗   B. 桌子与椅子

C. 球与球拍   D. 电视机与遥控器

2. 原物与孳息。

(1) 类型：天然孳息与法定孳息。

(2) 分离后为孳息。

例题

下列各选项中，哪些属于民法上的孳息? (   )②

A. 出租柜台所得租金   B. 果树上已成熟的果实

C. 动物腹中的胎儿   D. 存款所得利息

---

① D

② AD

3.种类物与特定物。

区分标准:是否具有可替代性。

特定物:天然的特定;人为的特定。

4.动产和不动产。

不动产:土地及其附着物。

动产:不动产之外的财产。

5.货币:占有即所有。

补注:物权的客体除动产和不动产之外,还包括权利。具体而言:(1)只能以动产作为客体的物权是留置权;(2)只能以不动产作为客体的物权是用益物权,包括典权、地役权、地上权、永佃权和我国民法典物权编规定的三项土地使用权;(3)客体可以是动产也可以是不动产的物权,是所有权;(4)客体既可以是动产、不动产,也可以是权利的,是抵押权;(5)客体既可以是动产也可以是权利的,是质权。

二、物权的概念、效力和种类

(一)概念

物权是指权利人依法对特定的物享有直接支配和排他性的权利。包括所有权、用益物权和担保物权。

(二)物权的效力

1.排他效力。

物权排他性的含义——谁应受到保护,谁应受到排斥。

(1)不相容之排他:内容相同者只能唯   。

①所有权——所有权。

②以占有为内容的用益物权——以占有为内容的用益物权。

(2)相容之排他。

①所有权——他物权。

②担保物权——担保物权。

2.优先效力。

物权的优先效力体现在如下两个方面:

(1)物权对于债权的优先效力:在同一标的物上物权与债权并存时,物权有优先于债权的效力;(这一原则有例外,如"买卖不破租赁")

(2)物权相互间的优先效力:同一个标的物上存在两个以上物权的,先成立的物权优先于后成立的物权。(这一原则有两个例外:其一,法定物权优先于意定物权,如留置权无论成立在先还是在后都优先于标的物上的抵押权和质权;其二,他物权成立在后,但是优先于所有权)

【特别提醒】在买卖中,物权优先于债权的效力的体现:以"一物多卖"为背景。

3.追及效力。

(1)含义:物在召唤自己的主人!

(2)限制:善意取得。

例题 ✏

王进在商场购物时,丢失一块手表。商场工作人员拾得后,即交给公安部门。王进未能在期限内前去认领,公安部门即依有关规定将手表交寄卖商店出售。张军从寄卖商店买得手表后,将其送给女友杜兰。杜兰在一次公园旅游中该手表被一小偷偷去,小偷在路边将这块表以低价格卖给下夜班回家路上的工人陈平。这块手表应归(　　)①。

A. 王进所有　　　　　　B. 张军所有　　　　　　C. 杜兰所有　　　　　　D. 陈平所有

⭐（三）物权的主要种类

1. 完全物权与定限物权。

2. 用益物权与担保物权。(重点)

3. 动产物权与不动产物权。

4. 主物权与从物权。

📢 三、物权法的基本原则

⭐（一）平等保护原则

1. 法律地位平等:所有市场主体在物权法中都有平等的地位。

2. 适用规则的平等:除了法律有特别规定的情形外,任何物权主体在取得、设定和变动物权时,都应当遵循共同的规则。

3. 平等保护:在发生物权冲突和纠纷时,对各类主体均应适用平等的规则予以解决;在物权受到侵害后,各种不同主体均应受到平等的法律保护。

⭐（二）物权法定原则(重点)

物权法定指物权的种类、内容、效力和公示方法等都应由法律明确规定,而不能由当事人通过合同任意设定。

1. 物权法定的意义。

(1)物权直接反映社会所有制关系,对经济关系影响重大。所以必须统一,相对稳定才能保障基本的经济秩序。

(2)物权有强烈的排他性,物权关系是否稳定直接关系到交易安全和第三人的利益。

(3)立法上坚持物权法定,可以对实际已经存在的,包括由有关法律、法规、规章、司法解释规定的各种具有物权性质的财产权利进行整理,确保有关物权的法律体系完整、统一。

2. 违反物权法定原则的后果。

(1)如果法律明确规定了违反该原则的法律效果,依据具体的法律规定处理。

(2)法律没有特别规定时:

①当事人的约定违反了法律的禁止性规定,认定该违反禁止性规定的部分无效(【注意】不一定是约定的整体均无效);

②当事人创设物权的法律行为没有发生创设物权的法律效果,但符合其他法律行为的要件,则在当事人之间实际产生的法律关系生效。

3. 物权法定原则的缓和趋势。(法学专业掌握)

当事人如果违背物权法定原则,创设新的物权类型或者新内容的物权,一般不发生物权

---

① C

效力。但是,近年来物权法定有缓和的趋势,因为物权法定之"法"仅仅包括民法及其他法律,不包括法规、命令等,再完备的法律也难以穷尽生活中的所有问题,法律颁行之后,不可避免要面临层出不穷的新问题、新需求。民法中采取物权法定,目的并非在于僵化物权,阻止法律的发展,而是旨在以类型之强制限制当事人之意思自治,避免当事人任意创设具有对世效力的新的法律关系,借以维持物权关系的明确与安定。

🛡 (三)公示公信原则(重点)

1. 公示:物权的设立、转移必须具有从外部得以识别的表象,需要将物权设立、转移的事实以一定的公示方法向社会公开,从而使第三人知道物权变动的情况。

2. 公信:指一旦当事人变更物权时依据法律的规定进行了公示,则即使依公示方法表现出来的物权事实上并不存在或有瑕疵。但对于信赖该物权存在并已从事了物权交易的人,法律仍然承认其行为具有与该物权为真实时相同的法律效果。(主要适用于不动产交易,以保障交易安全)

具体表现为:

(1)登记记载的权利人在法律上推定为真正的权利人;

(2)凡是信赖登记所记载的权利而与权利人所进行的交易,即使此项登记错误(登记的权利人与实际的权利人不一致),法律仍然承认其具有与真实物权相同的法律效果。(即"登记对任何第三人来讲都是正确的"——权利的推定规则)

📢 四、物权的保护

用法律规定的方法和程序保护物权,以侵犯物权的违法行为的存在为前提。在实际生活中,侵犯物权的行为的性质各异。有的是违反民事法律的民事违法行为,有的是违反行政法规的行政违法行为,有的是触犯刑法的犯罪行为。所以保护物权不是某一个法律部门的任务,而是各个法律部门的共同任务。

本书重点讲述物权的民法保护,需要注意如下两个问题:

1. 物权法中规定的请求权不等于物权请求权。

2. 物权法中主要规定的请求权如下:物权确认、返还原物、排除妨碍、消除危险、恢复原状、赔偿损失。

3. 物上请求权与债权请求权比较

两者有以下三点不同:

(1)两种请求权的前提不同。

物权请求权以权利主体享有物权为前提。债权请求权则不需要,只要有了债的发生原因即可产生债权请求权。

(2)权利目的不同。

物权请求权是旨在恢复对于标的物的支配状态,从而使物权得以实现。债权请求权,尤其是其中最典型的损害赔偿请求权,则旨在消除损害、赔偿损失。

(3)是否要求有实际损害不同。

物权请求权不以造成实际损害为必要,如排除妨碍、消除危险的请求。债权请求权,尤其是最典型的损害赔偿请求权则必然要求以实际损害的发生为必要。

《 第二节　物权变动 》

一、物权变动的含义

指物权的产生、变更和消灭。三者作为紧密相连的过程而存在。

1. 产生：物权与某一特定主体相结合。

区分原始取得与继受取得：

原始取得：非依他人既存的权利而取得所有权。要么基于事实，要么基于法律的直接规定。

继受取得：基于他人既存的所有权及权利人的意志而取得所有权。

【特别提醒】继承的特殊性！

例题

下列哪一选项属于所有权的继受取得？（　　　）①

A. 甲通过遗嘱继承其兄房屋一间　　　　　　B. 乙的 3 万元存款得利息 1000 元

C. 丙购来木材后制成椅子一把　　　　　　　D. 丁拾得他人搬家时丢弃的旧电扇一台

2. 变更：内容变更，如土地使用权期限的延长或者缩短。

3. 消灭：相对消灭和绝对消灭。

二、物权变动的原因：法律行为、事实行为与事件、行政行为与法院判决等

（一）法律行为：买卖、互易、赠与等。以买卖为例详解

针对法律行为引起的物权变动，立法模式主要有意思主义、形式主义和折中主义三种。

意思主义是指仅需当事人的意思表示而无需其他要件即足以产生物权变动的立法例。其特点是不区分债权发生的意思表示和物权变动的意思表示。

形式主义是指发生物权变动时，除了以产生债权债务关系为目的的债权合同外，还必须有物权变动的意思表示并履行登记或交付的法定形式方能产生物权变动效力的立法例。其特点是区分债权行为与物权行为，且认为物权行为具有独立性与无因性。

折中主义的做法介于意思主义与形式主义之间，规定物权的变动除债权合意外，还需要登记或交付。其特点是不承认物权行为，认为物权变动的原因是债权行为与登记或交付的结合。

我国立法确立的物权变动模式究竟属于哪一种，现有的法律规定略显含糊，学界也存在争议。目前较为一致的看法是买卖、赠与、质押等债权合同并不足以引起物权变动，还须完成登记或交付方可发生物权变动的效力。而债权合同不成立、无效、被撤销的，也不可能发生物权变动的效果。上述将债权合同效力与物权变动效果加以区分的规则也通常被称为区分原则。

结论：上述模式没有对错之分，只是不同国家基于不同的价值判断做出的选择而已。

物权变动公式：合同+公示，公式方式包括：登记、交付。

★合同效力和物权效力的区分——负担行为与处分行为区分的经典应用。

【民法典物权编第 215 条】当事人之间订立有关设立、变更、转让和消灭不动产物权的合同，除法律另有规定或者当事人另有约定外，自合同成立时生效；未办理物权登记的，不影响合同效力。

---

① A

【民法典物权编第 224 条】动产物权的设立和转让,自交付时发生效力,但是法律另有规定的除外。

上述规则,意味着:

第一,对于不动产,转让物权的合同自成立时生效,不登记结果是物权不变动。

第二,对于动产:不交付,不产生物权效力,但合同效力不受影响。

1. 不动产物权变动:登记。

(1)合同+登记。

【民法典物权编第 209 条】不动产物权的设立、变更、转让和消灭,经依法登记,发生效力;未经登记,不发生效力,但是法律另有规定的除外。

依法属于国家所有的自然资源,所有权可以不登记。

(2)关于登记的相关考点。

①登记机关的统一。

②登记机关的责任。

③按件收费,不得按照面积、体积或价款的比例收费。

④权属证书与登记簿不一致的,以后者为准,除非后者被证明确有错误。

⑤预告登记:登记债权;公示效力。

【民法典物权编第 221 条】当事人签订买卖房屋或者签订其他不动产物权的协议,为保障将来实现物权,按照约定可以向登记机构申请预告登记。预告登记后,未经预告登记的权利人同意,处分该不动产的,不发生物权效力。

预告登记后,债权消灭或者自能够进行不动产登记之日起三个月内未申请登记的,预告登记失效。

★登记的对象是债权。

★预告登记后,未经登记权利人的同意,处分不动产不发生物权效力。

★失效:债权消灭;可登记之日起三个月。

【特别提醒】两个新问题

何为再处分? 预告登记后债权消灭之含义是什么?

【最高人民法院《关于适用〈中华人民共和国物权法〉若干问题的解释(一)》(以下简称《物权法司法解释(一)》)】

【第 4 条】未经预告登记的权利人同意,转移不动产所有权,或者设定建设用地使用权、地役权、抵押权等其他物权的,应当依照物权法第 20 条第 1 款的规定,认定其不发生物权效力。

【第 5 条】买卖不动产物权的协议被认定无效、被撤销、被解除,或者预告登记的权利人放弃债权的,应当认定为物权法第 20 条第 2 款所称的"债权消灭"。

例题

甲公司开发写字楼一幢,于 2008 年 5 月 5 日将其中一层卖给乙公司,约定半年后交房,乙公司于 2008 年 5 月 6 日,申请办理了预告登记。2008 年 6 月 2 日,甲公司因资金周转困难,在乙公司不知情的情况下,以该层楼向银行抵押借款并登记。现因甲公司不能清偿欠款,银行要求实现抵押权。下列哪一判断是正确的? (   )①

A.抵押合同有效,抵押权设立   B.抵押合同无效,但抵押权设立

---

① C

C.抵押合同有效,但抵押权不设立　　　　　D.抵押合同无效,抵押权不设立

⑥更正、异议登记。

【民法典物权编第220条】权利人、利害关系人认为不动产登记簿记载的事项错误的,可以申请更正登记。不动产登记簿记载的权利人书面同意更正或者有证据证明登记确有错误的,登记机构应当予以更正。

不动产登记簿记载的权利人不同意更正的,利害关系人可以申请异议登记。登记机构予以异议登记,申请人自异议登记之日起十五日内不起诉的,异议登记失效。异议登记不当,造成权利人损害的,权利人可以向申请人请求损害赔偿。

【总结升华】归纳要点如下:

1.权利人、利害关系人认为不动产登记簿记载的事项错误的,可以申请更正登记。不动产登记簿记载的权利人书面同意更正的,登记机构应当予以更正。

2.不动产登记簿记载的权利人不同意更正的,利害关系人可以申请异议登记。

3.登记机构予以异议登记的,申请人在异议登记之日起 15 日内不起诉,异议登记失效。

4.异议登记不当,造成权利人损害的,权利人可以向申请人请求损害赔偿。

新问题:异议登记失效后,还能否起诉?

【《物权法司法解释(一)》第3条】异议登记因物权法第19条第2款规定的事由失效后,当事人提起民事诉讼,请求确认物权归属的,应当依法受理。异议登记失效不影响人民法院对案件的实体审理。

例题

某房屋登记的所有人为甲,乙认为自己是共有人,于是向登记机构申请更正登记。甲不同意,乙又于3月15日进行了异议登记。3月20日,丙打算买甲的房屋,但是到登记机构查询发现甲的房屋存有异议登记,遂放弃购买。乙申请异议登记后,发现自己的证据不足,遂对此事置之不理。下列哪些选项是正确的? (　　　)①

A.异议登记后,未经乙同意,处分该房屋的,不发生物权效力

B.异议登记于3月31日失效

C.甲有权向乙请求赔偿损失

D.甲有权向登记机构请求赔偿损失

2.动产的物权变动:交付。

【民法典物权编第224条】动产物权的设立和转让,自交付时发生效力,但是法律另有规定者除外。

【民法典物权编第225条】船舶、航空器和机动车等的物权的设立、变更、转让和消灭,未经登记,不得对抗善意第三人。

【特别提醒】新问题:何为此处的善意第三人?

【《物权法司法解释(一)》第6条】转让人转移船舶、航空器和机动车等所有权,受让人已经支付对价并取得占有,虽未经登记,但转让人的债权人主张其为物权法第24条所称的"善意第三人"的,不予支持,法律另有规定的除外。

根据上述规定,排除明知转让的债权人,意味着,只有对于特殊动产具有物权利益的不知情的第三人才不能排除。(普通债权人、破产债权人、人身损害的债权人、强制执行的债权人)

---

①　　BC

案例：

3月1日，甲将一辆汽车卖给乙，交付给乙，乙支付了价款，但没有登记。甲曾经在一个月前向丙借款10万元，约定借期20天。甲没有其他财产，主张拍卖依然登记在甲名下的汽车以清偿债权。可否？

（1）合同+交付：船舶、航空器、机动车等动产的特殊性。

（2）怎么交付？

$$
交付\begin{cases}
现实交付：交付标的物\\
观念交付\begin{cases}简易交付\\占有改定\\指示交付\end{cases}\\
拟制交付：交付权利凭证——仓单、提单
\end{cases}
$$

【民法典物权编第226条】动产物权设立和转让前，权利人已经占有该动产的，物权自民事法律行为生效时发生效力。

【民法典物权编第227条】动产物权设立和转让前，第三人占有该动产的，负有交付义务的人可以通过转让请求第三人返还原物的权利代替交付。

【特别提醒】只要转让人与受让人达成转让请求第三人返还原物请求权的协议即视为交付，不需要通知第三人。

动产物权转让时，双方又约定由出让人继续占有该动产的，物权自该约定生效时发生效力。

例题

甲有一块价值一万元的玉石。甲与乙订立了买卖该玉石的合同，约定价金11000元。由于乙没有带钱，甲未将该玉石交付与乙，约定三日后乙到甲的住处付钱取玉石。随后甲又向乙提出，再借用玉石把玩几天，乙表示同意。关于乙对该玉石所有权的取得和交付的表述，下列选项正确的是（　　）①。

A. 甲、乙的买卖合同生效时，乙直接取得该玉石的所有权

B. 甲、乙的借用约定生效时，乙取得该玉石的所有权

C. 由于甲未将玉石交付给乙，所以乙一直未取得该玉石的所有权

D. 甲通过占有改定的方式将玉石交付给了乙

（二）事实行为与事件

事实行为：商品的生产与制造、房屋的建造、遗失物的拾得、埋藏物的发现、先占、添附、混同等。

事件：物权人的死亡与继承的发生等。

【民法典物权编第230条】因继承取得物权的，自继承开始时发生效力。

【民法典物权编第231条】因合法建造、拆除房屋等事实行为设立或者消灭物权的，自事实行为成就时发生效力。

【注意】复习中值得注意的几个方面：（基于事实行为的动产所有权的取得方式）

1. 产品制造与房屋建造——事实行为。

例题

中州公司依法取得某块土地建设用地使用权并办理报建审批手续后，开始了房屋建设并已经完成了外

___

① BD

装修。对此,下列哪一选项是正确的? (　　)①

　　A. 中州公司因为享有建设用地使用权而取得了房屋所有权

　　B. 中州公司因为事实行为而取得了房屋所有权

　　C. 中州公司因为法律行为而取得了房屋所有权

　　D. 中州公司尚未进行房屋登记,因此未取得房屋所有权

　2. 拾得遗失物。

　(1)遗失物的界定(**漂流物**、埋藏物、隐藏物)。

　(2)拾得后果。

　①送交政府——公告 1 年——收归国有——交公之前或交公后领取前的妥善保管——拾得人或有关部门因故意或者重大过失导致损毁灭失,赔!

　②权利人领取遗失物时,应当向拾得人或者有关部门支付保管遗失物等支出的必要费用。

　③权利人悬赏寻找遗失物的,领取遗失物时应当按照承诺履行义务。

　【注意】包括拾得人归还与从交公后的国家机关领取。

　④拾得人**侵占**遗失物的,无权请求保管遗失物等支出的费用,也无权请求权利人按照承诺履行义务。

例题 📝

　　一日清晨,甲发现一头牛趴在自家门前,便将其拴在自家院内,打探失主未果。时值春耕,甲用该牛耕种自家田地。其间该牛因劳累过度得病,甲花费 300 元将其治好。两年后,牛的主人乙寻牛来到甲处,要求甲返还,甲拒绝返还。下列哪一说法是正确的? (　　)②

　　A. 甲应返还牛,但有权要求乙支付 300 元　　　　B. 甲应返还牛,但无权要求乙支付 300 元

　　C. 甲不应返还牛,但乙有权要求甲赔偿损失　　　　D. 甲不应返还牛,无权要求乙支付 300 元

　3. 添附。

　(1)附合。

　(2)混合。

　★(3)加工。

　规则:原则上归属于材料所有人,若加工行为相对于材料具有更大的价值时另论。

　①加工他人的材料。

　②加工行为使得财产价值发生重大变化。

　4. 取得孳息。

　(1)天然孳息,由所有权人取得;既有所有权人有用益物权人的,由用益物权人取得。另有约定除外。

　(2)法定孳息,当事人有约定从约定,无约定或约定不明确的,按照交易习惯。

　【注意】物权编部分规定天然孳息,由所有权人取得;既有所有权人又有用益物权人的,由用益物权人取得。当事人另有约定的,按照约定。法定孳息,当事人有约定的,按照约定取得;没有约定或者约定不明确的,按照交易习惯取得。

　　合同编部分规定标的物在交付之前产生的孳息,归出卖人所有,交付之后产生的孳息,归买受人所有。

---

① 　B

② 　B

5. 时效取得——我国物权法没有规定。

没有权利的人以一定的占有状态占有他人的财产或行使他人的财产权,经过法律规定的期间,依法取得财产的所有权或其他财产权的物权取得制度。

要件有二:(1)占有:自主、和平、公然、持续。(2)经过法定期间。

6. 先占——我国物权法没有规定——一定是无主物。

(1)无主物的界定。

①空间场所。

②抛弃。(抛弃意思——抛弃行为)

(2)占有(占有事实、占有意思)。

(三)行政行为、法院判决与仲裁裁决

【民法典物权编第229条】因人民法院、仲裁机构的法律文书或者人民政府的征收决定等,导致物权设立、变更、转让或者消灭的,自法律文书或者征收决定等生效时发生效力。

【《物权法司法解释(一)》第7条】人民法院、仲裁委员会在分割共有不动产或者动产等案件中作出并依法生效的改变原有物权关系的判决书、裁决书、调解书,以及人民法院在执行程序中作出的拍卖成交裁定书、以物抵债裁定书,应当认定为物权法第28条所称导致物权设立、变更、转让或者消灭的人民法院、仲裁委员会的法律文书。

例题

某房屋登记簿上所有权人为甲,但乙认为该房屋应当归己所有,遂申请仲裁。仲裁裁决争议房屋归乙所有,但裁决书生效后甲、乙未办理变更登记手续。一月后,乙将该房屋抵押给丙银行,签订了书面合同,但未办理抵押登记。对此,下列哪些说法是正确的? ( )①

A. 房屋应归甲所有　　　　　　　　B. 房屋应归乙所有

C. 抵押合同有效　　　　　　　　　D. 抵押权未成立

(四)基于第(二)和(三)种原因发生物权变动的后果

直接取得物权,对于不动产而言,未登记前处分,不发生物权效力。

【民法典物权编第232条】处分依照本节规定享有不动产物权,依照法律规定需要办理登记的,未经登记,不发生物权效力。

例题

下列选项中,物权变动的情形包括( )②。

A. 政府征收了甲村的土地　　　　　B. 乙将自己的彩电赠与了好友

C. 丙在其宅基地上建造了房屋　　　D. 法院判决所有权有争议的汽车属于丁

三、物权变动中的善意取得及相关问题

【民法典物权编第311条】无处分权人将不动产或者动产转让给受让人的,所有权人有权追回;除法律另有规定外,符合下列情形的,受让人取得该不动产或者动产的所有权:(一)受让人受让该不动产或者动产时是善意的;(二)以合理的价格转让;(三)转让的不动产或者动产依照法律规定应当登记的已经登记,不需要登记的已经交付给受让人。

————————————

① BCD

② ABCD

受让人依照前款规定取得不动产或者动产的所有权的,原所有权人有权向无处分权人请求损害赔偿。

当事人善意取得其他物权的,参照适用前两款规定。

（一）善意取得的要件

1. 动产和不动产。

2. 占有人、名义登记人实施<u>无权处分</u>行为。

★3. 第三人为善意。

4. 第三人支付对价。

5. 第三人取得动产占有或者变更不动产登记。

《物权法司法解释（一）》关于善意取得的新增内容

★1. 如何判断善意？举证责任分配及标准——不知情且无重大过失。

（1）知情和重大过失的客观认定标准。

（2）关于知情的标准中可以读出的重要信息：何为无权处分？

【第15条】受让人受让不动产或者动产时,不知道转让人无处分权,且无重大过失的,应当认定受让人为善意。

真实权利人主张受让人不构成善意的,应当承担举证证明责任。

【第16条】具有下列情形之一的,应当认定不动产受让人知道转让人无处分权：(一)登记簿上存在有效的异议登记；

(二)预告登记有效期内,未经预告登记的权利人同意；

(三)登记簿上已经记载司法机关或者行政机关依法裁定、决定查封或者以其他形式限制不动产权利的有关事项；

(四)受让人知道登记簿上记载的权利主体错误；

(五)受让人知道他人已经依法享有不动产物权。

真实权利人有证据证明不动产受让人应当知道转让人无处分权的,应当认定受让人具有重大过失。

【第17条】受让人受让动产时,交易的对象、场所或者时机等不符合交易习惯的,应当认定受让人具有重大过失。

★2. 何时的善意？交付或登记之时。

（1）交付时间的认定——观念交付的理解——排除占有改定。

（2）如果是不动产买卖,订立合同时不知道,过户登记时知道,可否善意取得？

【第18条】物权法第106条第1款第1项所称的"受让人受让该不动产或者动产时",是指依法完成不动产物权转移登记或者动产交付之时。

当事人以物权法第25条规定的方式交付动产的,转让动产法律行为生效时为动产交付之时；当事人以物权法第26条规定的方式交付动产的,转让人与受让人之间有关转让返还原物请求权的协议生效时为动产交付之时。

法律对不动产、动产物权的设立另有规定的,应当按照法律规定的时间认定权利人是否为善意。

3. 合理价格——客观标准。

【第19条】物权法第106条第1款第2项所称"合理的价格",应当根据转让标的物的性质、数量以及付款方式等具体情况,参考转让时交易地市场价格以及交易习惯等因素综合认定。

4.特殊动产交付作为善意取得完成的标志。

【第20条】转让人将物权法第24条规定的船舶、航空器和机动车等交付给受让人的,应当认定符合物权法第106条第1款第3项规定的善意取得的条件。

例题

甲将汽车以15万元的价格卖给乙并交付,后甲从乙处借回汽车,并以16万元的价格卖给不知情的丙,同时变更了登记手续,但车仍由甲占有。乙得知后,要求甲、丙返还汽车,赔偿损失。对此,下列选项正确的是( )①。

　　A.汽车归丙所有、乙的损失由甲赔偿

　　B.汽车归丙所有、乙的损失由甲丙连带赔偿

　　C.汽车归乙所有,乙有权要求甲返还汽车,赔偿损失

　　D.汽车归乙所有,乙有权要求丙返还汽车,赔偿损失

★★★5.善意取得的前提——无权处分人与受让人的合同不因内容违法无效或被撤销。

【第21条】具有下列情形之一,受让人主张根据物权法第106条规定取得所有权的,不予支持:

(一)转让合同因违反合同法第52条规定被认定无效;

(二)转让合同因受让人存在欺诈、胁迫或者乘人之危等法定事由被撤销。

关于第21条第2项适用的说明性案例:甲有一块质地优良的绿松石,交给好友乙保管。一日,丙到乙家,乙拿出炫耀并声称为自己所有,丙表达了喜爱之情,表示想要以市价购买。乙一时犹豫不决。丙说,如果乙不将此石卖给丙,将公开乙的隐私。于是,乙以市价将绿松石卖给了丙。交付后,甲发现了此事,主张丙返还。丙则主张自己是善意取得。问题:丙有无可能构成善意取得?

例题

甲、乙外出游玩,向丙借相机一部,用毕甲将相机带回家。丁到甲家见此相机,执意要以3000元买下。甲见此价高于市价,便隐瞒实情表示同意并将相机交付与丁。不久,丁因手头拮据又向乙以2000元兜售该相机。乙见此相机眼熟,便向丁询问,丁如实相告,乙遂将之买下。此时,谁拥有该相机的所有权?( )②

　　A.甲　　　　　　　　B.乙　　　　　　　　C.丙　　　　　　　　D.丁

【注意】善意取得的扩张适用:抵押权、质权、用益物权均可适用。

例题

甲出国前将古琴、油画及电脑交乙保管,后乙将古琴出借给丙,将油画赠送给丁,将电脑出质给戊,甲回国后发现以上事实。甲有权( )③。

　　A.要求丙返还古琴　　　　　　　　　　　B.要求丁返还油画

　　C.要求戊返还电脑　　　　　　　　　　　D.要求乙承担违约责任

(二)善意取得的后果

1.所有权人——处分人——违约、侵权、不当得利竞合。

2.所有权人——取得人——物权排他性。

————————————

① 　C

② 　B

③ 　ABD

3. 取得人——处分人——支付价金,交付或登记,取得所有权。

(三) 遗失物被无权处分的可否适用善意取得

脱离物:指非基于所有人的意思而丧失占有的物,如盗赃、遗失物。

委托物:指基于合法契约关系由承租人、保管人等实际占有的属于出租人、委托人所有的物。

一般而言,占有他人的脱离物不能适用善意取得,占有委托物者可以。

所有权人或者其他权利人有权追回遗失物。该遗失物通过转让被他人占有的,权利人有权向无处分权人请求损害赔偿,或者自知道或者应当知道受让人之日起二年内向受让人请求返还原物,但受让人通过拍卖或者向具有经营资格的经营者购得该遗失物的,权利人请求返还原物时应当支付受让人所付的费用。权利人向受让人支付所付费用后,有权向无处分权人追偿。

根据上述规则总结三句话,如下:

1. 权利人可以追回(回复权)或者请求损害赔偿。

2. 回复权的限制:2 年,自知道或者应当知道受让人之时。

3. 追回的方式有两种:有偿、无偿。

(1) 无偿取回。

思考:设,乙拾得甲遗失的玉镯后将其以 5 万元卖给不知情的第三人丁,甲三年后得知此事,可否请求丁返还?为什么?丁如何保护自己的权益?

(2) 有偿取回——第三人自拍卖、有经营资格的出卖人处取得。向拾得人追偿!

《 第三节　所有权 》

一、所有权概述

(一) 所有权的概念

所有权人对自己的不动产或者动产,依法享有占有、使用、收益和处分的权利。

所有权是最完整的物权,他物权基于所有权而产生,具有全面性、整体性、弹力性、排他性和恒久性。

所有权的内容包括以下四方面:

1. 占有。

2. 使用。

3. 收益。

4. 处分:所有权的核心。

(1) 事实上的处分→物的物质状态发生变更或消灭→通过事实行为——吃之。

(2) 法律上的处分→物的物质状态未发生变更或消灭→通过法律行为——卖之。

(二) 所有权的特征

1. 全面性:所有权是所有人在法定范围内对所有物加以全面支配的权利,对标的物的占有、使用、收益、处分等各种支配行为,而不受任何法令以外的限制。

2. 排他性:所有权属于物权,具有排他的性质。所有权人有权排除他人对于其行使权利的干涉,并且同一物上只能存在一个所有权,而不能并存两个或两个以上的所有权。

3. 整体性:又称单一性,指所有权并非占有、使用、收益、处分的各种权能简单相加,而是一个整体的权利,所有人对于标的物有统一支配的权利。

4.弹力性:又称归一性,指所有权内容可自由伸展或限缩。例如,所有人在其所有的财产上为他人设定地役权、抵押权等权利,虽然占有、使用、收益甚至处分权都能与所有人发生全部或者部分的分离,但只要没有发生使所有权消灭的法律事实(如转让、所有物灭失),所有人仍然保持对于其财产的支配权。

5.恒久性:又称永久存续性,指所有权不因时效而消灭,也不得预定其存续期间。

⭐(三)物权法中规定的所有权类型

1.国家所有权。

(1)记住那些仅仅属于国家所有的资产:城市土地、矿藏、水流、海域、无线电谱、国防资产、无人海岛。

(2)征收和征用。

【民法典合同编第243条】为了公共利益的需要,依照法律规定的权限和程序可以征收集体所有的土地和组织、个人的房屋以及其他不动产。

征收集体所有的土地,应当依法及时足额支付土地补偿费、安置补助费以及农村村民住宅、其他地上附着物和青苗等的补偿费用,并安排被征地农民的社会保障费用,保障被征地农民的生活,维护被征地农民的合法权益。

征收组织、个人的房屋以及其他不动产,应当依法给予征收补偿,维护被征收人的合法权益;征收个人住宅的,还应当保障被征收人的居住条件。

任何组织或者个人不得贪污、挪用、私分、截留、拖欠征收补偿费等费用。

【民法典合同编第245条】因抢险、救灾等紧急需要,依照法律规定的权限和程序可以征用组织、个人的不动产或者动产。被征用的不动产或者动产使用后,应当返还被征用人。组织、个人的不动产或者动产被征用或者征用后毁损、灭失的,应当给予补偿。

	行使	前提条件	所有权		国家义务
征收	国家要依照法定程序和权限来行使	为了公共利益的需要	丧失	补偿	1.征收集体土地的,必须足额支付土地补偿费、安置补助费、地上附着物和青苗补偿费、农民的社会保障费。
					2.其他的征收,依法补偿,如果是房屋被征收,要保障被征收人的居住条件。
征用		抢险、救灾等紧急需要	保留	返还	给予补偿(无论是否损毁灭失)。

2.集体所有权。

撤销权:集体经济组织、村民委员会或者其负责人作出的决定侵害集体成员合法权益的,受侵害的集体成员可以请求人民法院予以撤销。

3.私人所有权。

⭐(四)所有权的限制——作为主观题掌握

所有权的取得和行使,应当遵守法律,尊重社会公德,不得损害公共利益和他人的合法权益。民法和其他一些相关法律法规基于社会公共利益、国家建设、相邻关系等方面的需要,对所有权的内容进行的必要限制主要体现在以下方面:

1.行使所有权不得违反法律规定(如不得随意转让法律禁止流通之物)。

2.行使所有权不得妨害他人的合法权益(如相邻关系的规定)。

3.行使所有权时,须注意保护环境、自然资源和生态平衡。

4.根据公共利益的需要,国家可以依法对集体土地实行征用或将其他财产收归国有。

二、享有所有权的特殊方式:共有

(一)按份共有

1.按份共有的份额如何理解?

(1)分份额的享有所有权。此时,所有权只有一个!

(2)份额为抽象份额,非具体份额:所有人的份额均及于标的物之全体。

例题

甲乙丙三人共同出资,购买了六辆汽车。三者出资额的比例为1∶2∶3,甲乙丙享有的份额分别是1/6、1/3、1/2。对此,下列说法正确的是(   )①。

A.甲有一辆汽车的所有权,乙有两辆的所有权,丙有三辆的所有权

B.甲乙两者享有的所有权份额和丙的份额相同

C.甲乙丙三者共同享有一个所有权

D.甲乙丙三者的权利都及于全部汽车

2.对于共有物的管理、处分。

(1)保存行为:单个共有人可为之。

(2)处分行为:

①事实上的处分→改良行为→2/3份额以上的共有人同意,另有约定除外。

②法律上的处分→买卖行为→应有部分,自由;全体或2/3份额以上的共有人同意,另有约定除外。

③法律上处分时,共有人的优先购买权问题。几种可能的优先购买权顺序:共有人>次承租人>承租人。

《物权法司法解释(一)》关于共有人优先购买权的新增内容,如下:

适用条件	1.按份共有人向第三人转让应有份额; 2.需同等条件下,才能优先购买。 同等条件认定:综合转让价格、价款履行方式及期限等因素确定。		
权利期限	有约定	按照约定的期间行使权利	
	无约定	有通知	1.通知中载明期间的,以载明的期间为准; 2.通知未载明或载明少于15日,通知送达后15日。
		无通知	1.其他共有人知道或应知转让的,知道后15日; 2.其他共有人是否知道无法确定,转让份额起6个月。

———

① BCD

续表

行权的顺位	1.房屋共有人的优先购买权优先于承租人的优先购买权； 2.两个以上的共有人均主张优先购买的,无约定时,按份额的比例行权。
排除的情形	1.因继承或遗赠份额变动,非特别约定,其他共有人不得优先购买； 2.共有人之间转让份额,非特别约定,其他共有人不得优先购买； 3.行权超过期间的或未超过期间但是提出实质性变更要求的； 4.仅主张转让人与第三人合同无效、撤销合同的。

例题

1.甲、乙、丙、丁共有一轮船,甲占该船70%份额。现甲欲将该船作抵押向某银行贷款500万元。如各共有人事先对此未作约定,则甲的抵押行为(　　　)①。

A.无须经任何人同意　　　　　　　　　　B.须经乙、丙、丁一致同意

C.须经乙、丙、丁中份额最大的一人同意　　D.须经乙、丙、丁中的两人同意

2.甲、乙、丙共有一套房屋,其应有部分各为1/3。为提高房屋的价值,甲主张将此房的地面铺上木地板,乙表示赞同,但丙反对。下列选项哪一个是正确的?(　　　)②

A.因没有经过全体共有人的同意,甲、乙不得铺木地板

B.因甲、乙的应有部分合计已达2/3,故甲、乙可以铺木地板

C.甲、乙只能在自己的应有部分上铺木地板

D.若甲、乙坚持铺木地板,则需先分割共有房屋

3.共有人对于共有物的分割。

(1)分割方式:实物分割、变价分割、折价分割。

(2)分割之后的责任:互负瑕疵担保责任。

4.外部关系:

(1)一般情况:连带债权、连带债务。

(2)例外情况:法律另有规定或第三人知道共有人不具有连带关系的除外。

(二)共同共有

1.共同共有的产生:

(1)基于共同关系产生。

婚姻财产、家庭财产、共同继承的遗产。

(2)推定的共同共有。

当共有状态约定不明时的推定:有家庭关系的推定共同共有,除有家庭等共有关系外,一律认定为按份共有。

2.对于共有物的管理、处分。

均需全体共同同意! 否则,构成无权处分!

3.外部关系:连带债权、连带债务。

4.共有物的分割。

共同共有关系丧失或有基于法律规定的重大理由!

---

① 　A

② 　B

【民法典婚姻家庭编】婚姻关系存续期间,夫妻一方请求分割共同财产的,人民法院不予支持,但有下列重大理由且不损害债权人利益的除外:

(一)一方有隐藏、转移、变卖、毁损、挥霍夫妻共同财产或者伪造夫妻共同债务等严重损害夫妻共同财产利益行为的;

(二)一方负有法定扶养义务的人患重大疾病需要医治,另一方不同意支付相关医疗费用的。

例题

根据我国民法典物权编的规定,在下列关系中,不属于共同共有关系的有(　　)①。

A. 甲乙丙三人各出资 2.5 万元,购买一房屋

B. 甲乙丙三人共有一栋房屋,甲乙主张为按份共有,丙主张为共同共有,但都没有证据

C. 甲乙夫妻结婚后约定,各自的收入分别所有

D. 甲乙夫妻离婚后约定,房屋归女方所有,男方暂住两年

《 第四节　不动产所有权的两项制度 》

【民法典合同编第 271 条】业主对建筑物内的住宅、经营性用房等专有部分享有所有权,对专有部分以外的共有部分享有共有和共同管理的权利。

【民法典物权编第 272 条】业主对其建筑物专有部分享有占有、使用、收益和处分的权利。业主行使权利不得危及建筑物的安全,不得损害其他业主的合法权益。

【民法典物权编第 273 条】业主对建筑物专有部分以外的共有部分,享有权利,承担义务;不得以放弃权利不履行义务。

业主转让建筑物内的住宅、经营性用房,其对共有部分享有的共有和共同管理的权利一并转让。

一、建筑物的区分所有权

(一)含义与特征

1. 含义。

指的是权利人即业主对于一栋建筑物中自己专有部分的单独所有权、对共有部分的共有权以及因共有关系而产生的管理权的结合。

【特别提醒】理解此处的共有权,要注意规范意识,与上述按份共有和共同共有没有任何必然联系。这里的共有权是对于公摊面积享有的权利。而且权利人可以放弃对于共有权的享有,但是,不得以放弃权利为由拒绝履行对于共有部分的义务。

基于物权客体的独立性原则,区分所有的专有部分,须具备一定条件,才可以在作为建筑物区分所有中专有权的客体。这些条件如下:

(1)须具有构造上的独立性,即被区分的部分在建筑物的构造上,可以加以区分并与建筑物的其他部分隔离。

(2)须具有使用上的独立性,即被区分的各部分,可以为居住、工作或其他目的而使用。其主要界定标准,应为该区分的部分有无独立的出入门户。

(3)能够登记成为特定业主所有权的客体。

---

① ABCD

2. 特征。

建筑物区分所有权的特征:

(1)建筑物区分所有权的客体具有整体性。建筑物区分所有权是建筑在整体的建筑物上区域所有的所有权形式。

(2)建筑物区分所有权的内容具有复合、多样性。建筑物区分所有权是由专有权、共有权和管理权(成员权)三个部分组成。

(3)建筑物区分所有权的本身具有统一性。建筑物区分所有权不是权利的组合,而是一个独立、统一、整体的权利。

(4)建筑物区分所有权中的专有权具有主导性。建筑物区分所有权的权利人拥有了专有权就必然拥有共有权、管理权。

(二)三项权利之间的关系

1. 三项权利的性质:两个所有权和一个社员权。

2. 转让时,三项权利须同时转让——转让专有权,其余两权必须随之转让!

3. 专有权决定共有权和管理权的大小。

(1)不得单独转让共有权且不得请求分割。

(2)费用分担、收益分配——有约定从约定,无约定以专有部分占总面积的比例确定。

(3)表决权:专有面积是一个方面的要素。

4. 权利人可以放弃对于共有权的享有,但是,不得以放弃权利为由拒绝履行义务。

例题

甲、乙、丙分别购买丁某住宅楼(共三层)的一层、二层、三层,并分别办理了房产证,现丙欲出售其住宅,对丙出售的住宅(   )①。

A. 仅甲享有优先购买权   B. 仅乙享有优先购买权

C. 甲乙均享有优先购买权   D. 甲乙均不享有优先购买权

(三)业主的权利

1. 表决权。

(1)开会要求

需要由专有面积与业主人数,双重要件均达到2/3以上多数出席参与表决。

(2)决议事项

①筹集(没有使用)维修资金;改建、重建建筑物及附属设施;改变共有部分用途或利用共有部分从事经营,需要参与表决的业主专有面积与业主人数3/4以上同意。

②除下述第278条第一款规定的(六)、(七)、(八)项之外的其他事项,需要经过参与表决的业主专有面积与业主人数过半数同意。

【民法典合同编第278条】下列事项由业主共同决定:

(一)制定和修改业主大会议事规则;

(二)制定和修改管理规约;

(三)选举业主委员会或者更换业主委员会成员;

(四)选聘和解聘物业服务企业或者其他管理人;

(五)使用建筑物及其附属设施的维修资金;

---

①   D

（六）筹集建筑物及其附属设施的维修资金；

（七）改建、重建建筑物及其附属设施；

（八）改变共有部分的用途或者利用共有部分从事经营活动；

（九）有关共有和共同管理权利的其他重大事项。

业主共同决定事项，应当由专有部分面积占比三分之二以上的业主且人数占比三分之二以上的业主参与表决。决定前款第六项至第八项规定的事项，应当经参与表决专有部分面积四分之三以上的业主且参与表决人数四分之三以上的业主同意。决定前款其他事项，应当经参与表决专有部分面积过半数的业主且参与表决人数过半数的业主同意。

2. 管理权与诉权。

【民法典物权编第286条】业主应当遵守法律、法规以及管理规约。

业主大会或者业主委员会，对任意弃置垃圾、排放污染物或者噪声、违反规定饲养动物、违章搭建、侵占通道、拒付物业费等损害他人合法权益的行为，有权依照法律、法规以及管理规约，请求行为人停止侵害、排除妨碍、消除危险、恢复原状、赔偿损失。

行为人拒不履行相关义务的，有关当事人可以向有关行政主管部门投诉，有关行政主管部门应当依法处理。

【民法典物权编第287条】业主对建设单位、物业服务企业或者其他管理人以及其他业主侵害自己合法权益的行为，有权请求其承担民事责任。

（1）业主大会、业主委员会享有管理权，**紧急情况下需要维修建筑物及附属设施的，业主大会、业主委员会可依法申请使用维修资金。**

（2）业主对**侵害自己合法权益的行为，可以提起单独或者共同诉讼。**

（3）业主大会、业主委员会作出侵害业主合法权益的决定的，业主可以向法院提起**撤销之诉。**

3. 居民住宅改为商用问题。

居民住宅商用的，遵循规约，并经利害关系的业主同意。

📢 二、不动产相邻权（关系）

🛡 （一）概念

民事主体因相邻关系而享有的要求对方给予便利和接受限制的权利就是相邻权。

🛡 （二）特点

1. 目的——满足最基本的生活、生产的需要。

2. 不是独立的权利，是不动产权利的延伸或者限缩。

3. 权利法定(无须约定)且无偿：和地役权相区分的基本标志。

4. 相邻关系调整范围——基于相邻而产生的特殊纠纷。

（1）一般情况下，相邻是产生此类纠纷的必要条件。

（2）相邻关系常和侵权行为发生相关联：利用相邻不动产造成损害的应当予以赔偿。

🛡 （三）内容：相互提供便利，接受限制

1. 用水排水——不完全以直接相邻为限。

【民法典合同编第290条】不动产权利人应当为相邻权利人用水、排水提供必要的便利。

对自然流水的利用，应当在不动产的相邻权利人之间合理分配。对自然流水的排放，应当尊重自然流向。

2.邻地使用。

（1）袋地通行。

（2）管线通过。

（3）营建利用。

不动产权利人对相邻权利人因通行等必须利用其土地的,应当提供必要的便利。

不动产权利人因建造、修缮建筑物以及铺设电线、电缆、水管、暖气和燃气管线等必须利用相邻土地、建筑物的,该土地、建筑物的权利人应当提供必要的便利。

例题

甲、乙、丙依次比邻而居。甲为修房向乙提出在其院内堆放建材,乙不允。甲遂向丙提出在其院内堆放,丙要甲付费 200 元,并不得超过 20 天,甲同意。修房过程中,甲搬运建材须从乙家门前经过,乙予以阻拦。下列哪种说法不正确? (   )①

A.乙无权拒绝甲在其院内堆放建材

B.乙无权阻拦甲经其门前搬运建材

C.甲应依约定向丙支付占地费

D.若建材堆放时间超过 20 天,丙有权要求甲清理现场

3.风光关系。

（1）通风;（2）采光;（3）日照。

例题

A 与 B 系前后邻居,两家房距 5.8 米。A 翻盖房屋,准备在原来的宅基地上建两层 9.22 米高的楼房,便找到 B 协商。B 表示,按农村风俗前房不能高出后房,自己的房屋是 4.8 米,A 不能超建。A 认为,在自己的宅基上建房,想盖多高盖多高,谁都无权干涉。故趁 B 外出做生意之机,强行超建将房建成。经科学测算,因 A 的超建,B 的房屋整个窗户在冬季近二个月不能受阳光照射。下列说法正确的有(   )②。

A.A 建房属于合法行使自己宅基地使用权,B 无权干涉

B.A 和 B 之间形成地役权法律关系

C.B 有权要求 A 停止侵害,排除妨碍

D.A 的行为违反乡规民俗属于无效

4.侵害防免。

（1）开掘危险、建筑物危险。

【民法典物权编第 295 条】不动产权利人挖掘土地、建造建筑物、铺设管线以及安装设备等,不得危及相邻不动产的安全。

（2）不可量物侵入。

【民法典物权编第 296 条】不动产权利人不得违反国家规定弃置固体废物,排放大气污染物、水污染物、噪声、光、电磁波辐射等有害物质。

例题

在下列民事纠纷中,哪些按相邻关系处理? (   )③

A.甲在自家院内挖菜窖,造成乙的房屋基础下沉,墙体裂缝,引起纠纷

---

① A

② C

③ ACD

B. 甲村为了取水浇地，在乙、丙、丁村的土地上修建引水渠，引起纠纷

C. 甲新建的房屋滴水滴在乙的房屋上，引起纠纷

D. 甲村在河流上游修建拦河坝，使乙村用水量骤减，引起纠纷

E. 甲开发商购得一块土地的使用权，欲建一露天餐厅，其与该土地相邻的乙约定，乙不得再建露天餐厅，为此甲给予乙每年 3 万元的补偿

F. 甲家与乙家相邻，甲家的猫闯入乙家，打碎乙家的花瓶，引起纠纷

（四）与相邻权密切相关的概念：地役权

1. 概念——需役地与供役地，提高需役地使用效益。

【民法典物权编第 372 条】地役权人有权按照合同约定，利用他人的不动产，以提高自己的不动产的效益。

前款所称他人的不动产为供役地，自己的不动产为需役地。

2. 地役权与相邻关系的区别。

（1）产生方式不同：法定与约定。

（2）内容不同：满足生活需求的层次不同。

（3）是否有偿不同。

（4）是否是独立权利不同。

例题

某郊区小学为方便乘坐地铁，与相邻研究院约定，学校人员有权借研究院道路通行，每年支付 1 万元。据此，学校享有的是什么权利？①

3. 设立及效力：书面合同（要式），公示对抗。

【民法典物权编第 374 条】地役权自地役权合同生效时设立。当事人要求登记的，可以向登记机构申请地役权登记；未经登记，不得对抗善意第三人。

【总结升华】当权利发生变动时，对抗规则的总结：

（1）权利人变动，未登记的地役权，照旧；

（2）义务人变动，未登记的地役权，不得对抗善意第三人。

问题：如果没有登记，义务人发生了变动，此时，权利人不得对抗新的受让人，但是，权利人的权利是否依然存在？

例题

李某从自己承包的土地上出入不便，遂与张某书面约定在张某承包的土地上开辟一条道路供李某通行。李某支付给张某 2 万元，但没有进行登记。下列哪一选项是错误的？（　　　）②

A. 该约定属于有关相邻关系的约定

B. 该约定属于地役权合同

C. 如果李某将其承包经营权转移给他人，受让人有权在张某承包的土地上通行，但合同另有约定的除外

D. 如果张某将其承包经营权转移给他人，则善意的受让人有权拒绝李某在自己的土地上通行

4. 地役权的性质：从属性。

（1）地役权不得单独转让，具体而言：

①地役权人不得自己保留需役地的所有权或使用权，单独将地役权让与他人。

---

① 地役权。约定产生、有偿并且非为最基本的生活需求。

② A

②地役权人不得自己保留地役权,仅把需役地的所有权或使用权让与他人。

③地役权人不得把需役地的所有权或使用权与地役权分别让与不同的人。

(2)地役权不得单独抵押。

(3)地役权不得超过土地承包经营权、建设用地使用权等用益物权的剩余期限。

5.地役权的法定取得。(土地所有人与使用人的关系的特别规定)

【民法典物权编第 378 条】土地所有权人享有地役权或者负担地役权的,设立土地承包经营权、宅基地使用权等用益物权时,该用益物权人继续享有或者负担已设立的地役权。

【民法典物权编第 379 条】土地上已设立土地承包经营权、建设用地使用权、宅基地使用权等用益物权的,未经用益物权人同意,土地所有权人不得设立地役权。

例题 ✎

甲为自己房屋使用的便利,与乙签订地役权合同。双方约定五年内乙不得加盖楼房,甲支付 5 万元。合同签订后,双方办理了登记手续。三年后甲去世,房屋由丙继承。同年,乙将楼房卖给丁,随后丁加盖楼房,遭丙阻止。在本案中(　　)①。

A. 丙无权阻止丁加盖楼房　　　　　　　B. 地役权由丙享有

C. 地役权不因甲死亡而消灭　　　　　　D. 丁有权要求乙承担违约责任

《 第五节　用益物权 》

📢 一、用益物权的概念

【民法典物权编第 323 条】用益物权人对他人所有的不动产或者动产,依法享有占有、使用和收益的权利。

传统的用益物权包括:地上权、地役权、典权和永佃权。我国物权法规定了四种:建设用地使用权、土地承包经营权、宅基地使用权和地役权。

📢 二、用益物权的特征

⭐ (一)内容——占有、使用和收益

⭐ (二)限制物权

1. 与所有权相比,权能有限,无处分权。

2. 效力优先:设定后是对于所有权的限制,故而先于所有权行使。

3. 有期限限制。

⭐ (三)用益物权的客体包括动产和不动产

📢 三、建设用地使用权——基于国有土地而享有的使用权

⭐ (一)取得——登记生效

1. 划拨:补交出让款,才能转让。(《土地管理法》第 54 条)

(1)国家机关用地和军事用地;

―――――――――――――――――

① 　BC

(2)城市基础设施用地和公益事业用地；

(3)国家重点扶持的能源、交通、水利等基础设施用地；

(4)法律、行政法规规定的其他用地。

2. 出让：国家作为出让人的地位。

3. 转让：房随地走，地随房走，一并处分。

4. 登记生效。

⭐(二)权利范围

1. 地表。

2. 地表的上下：空间权。

⭐(三)建设用地使用权的内容

建设用地使用权的内容就是建设用地使用权人享有的权利和承担的义务。

1. 建设用地使用权人的权利。

(1)占有土地的权利。

(2)使用土地权利。

建设用地使用权人可以依照法律规定和出让合同约定的用途对建设用地进行以建造和保有建筑物、构造物以及其他工作设施为目的而进行使用和收益。

(3)处分土地使用权的权利。

(4)从事与建造建筑物有关的附属行为。

2. 建设用地使用权人的义务。

(1)合理使用土地的义务。

建设用地使用权人必须按照出让合同规定的方式加以利用，未经有关主管机关许可不得改变土地用途。否则，国家可以无偿收回土地使用权。

(2)不得闲置土地的义务。

1 年内未开发的，收取不高于土地出让金 20% 的闲置金；连续 2 年闲置土地的，无偿收回土地，以及在建设用地使用权消灭时恢复土地原状。

⭐(四)权利期限

1. 居住用地 70 年；70 年后自动续期。

2. 工业用地 50 年。

3. 教育、科技、文化、卫生、体育用地 50 年。

4. 商业、旅游、娱乐用地 40 年。

5. 综合或者其他用地 50 年。

⭐(五)消灭：注销登记

📢 四、土地承包经营权——集体所有土地上的使用权

⭐(一)期限

1. 耕地 30 年。

2. 草地 30～50 年。

3. 林地 30～70 年，特殊林木的林地承包期，经国务院林业行政主管部门批准可以延长。

✪（二）承包经营权的变动

1. 设立：合同生效设立，登记是登记机关的义务。

（1）家庭承包。

【民法典物权编第333条】土地承包经营权自土地承包经营权合同生效时设立。

登记机构应当向土地承包经营权人发放土地承包经营权证、林权证等证书，并登记造册，确认土地承包经营权。

（2）不宜家庭承包的土地向集体组织以外的人承包——特殊程序。

①只限于不宜采取家庭承包方式的荒山、荒沟、荒丘、荒滩等农村土地。

②只能够通过招标、拍卖、公开协商等方式承包。

③应当事先经本集体经济组织成员的村民会议2/3以上成员或者2/3以上村民代表的同意，并报乡（镇）人民政府批准。

④本集体经济组织成员，在同等条件下行使优先承包权。

2. 互换、转让。

（1）登记对抗。

【民法典物权编第335条】土地承包经营权**互换、转让**的，当事人可以向登记机构申请登记；未经登记，不得对抗善意第三人。

（2）耕地流转的限制。

【民法典物权编第334条】土地承包经营权人依照法律规定，有权将土地承包经营权**互换、转让**。未经依法批准，不得将承包地用于非农建设。

例题 ✏

【2017-7】村民胡某承包了一块农民集体所有的耕地，订立了土地承包经营权合同，未办理确权登记。胡某因常年在外，便与同村村民周某订立土地承包经营权转让合同，将地交周某耕种，未办理变更登记。关于该土地承包经营权，下列哪一说法是正确的？（　　）①

A. 未经登记不得处分　　　　　　　　　B. 自土地承包经营权合同生效时设立

C. 其转让合同自完成变更登记时起生效　　D. 其转让未经登记不发生效力

✪（三）承包地的调整

1. 承包期内，原则上，发包方非符合法定条件和经法定程序，不得调整承包地。

2. 例外时调整的条件。

（1）因自然灾害严重毁损承包地。

（2）必须经本集体经济组织成员的村民会议2/3以上成员或者2/3以上村民代表的同意。

（3）报乡（镇）人民政府和县级人民政府农业等行政主管部门批准。

✪（四）经营权的流转★★★【根据民法典物权编与土地承包法整理】

1. 承包方可以自主决定依法采取出租（转包）、入股或者其他方式向他人流转土地经营权，并向发包方备案。

2. 土地经营权人有权在合同约定的期限内占有农村土地，自主开展农业生产经营并取得收益。

3. 经营权流转，不得超过剩余期限**且集体组织成员同等条件下有优先权**。

---

① B

4. 流转合同形式要求。

（1）土地经营权流转，当事人双方应当签订书面流转合同。不超过一年的，可以不签订书面合同。

（2）土地经营权流转期限为五年以上的，**经营权自流转合同生效时设立**，当事人可以向登记机构申请土地经营权登记，**未经登记，不得对抗善意第三人**。

5. 经承包方书面同意，并向本集体经济组织备案，**受让方可以再流转土地经营权**。

6. 经营权设定担保。

（1）承包方可以用承包地的**土地经营权**向金融机构融资担保，并向发包方备案。受让方通过流转取得的土地经营权，经承包方书面同意并向发包方备案，可以向金融机构融资担保。

（2）**担保物权自融资担保合同生效时设立，未经登记，不得对抗善意第三人**。

7. 公开方式设立的土地经营权的流转。

【民法典物权编第 342 条】通过招标、拍卖、公开协商等方式承包农村土地，经依法登记取得权属证书的，可以依法采取出租、入股、抵押或者其他方式**流转土地经营权**。

🛡 （五）继承

1. 林地承包经营权可继承。

【土地承包法第 32 条】承包人应得的承包收益，依照继承法的规定继承。林地承包的承包人死亡，其继承人可以在承包期内继续承包。

2. 招标、拍卖、公开协商等方式取得土地经营权的继承。

【土地承包法第 54 条】通过招标、拍卖、公开协商等方式取得**土地经营权的**，该承包人死亡，其应得的承包收益，依照继承法的规定继承；在承包期内，其继承人可以继续承包。

📣 五、居住权

🛡 （一）含义

按照合同约定，对他人的住宅享有占有、使用，以满足生活居住的需要的用益物权。

🛡 （二）设立

1. 书面合同与遗嘱。

当事人应当采用书面形式订立居住权合同。当事人可通过遗嘱设立居住权。

2. 原则上无偿设立。

居住权无偿设立，但是当事人另有约定的除外。

3. 登记生效。

设立居住权的，应当向登记机构申请居住权登记。**居住权自登记时设立**。

🛡 （三）转让

1. 居住权不得转让、继承。

2. 设立居住权的住宅不得出租，但是当事人另有约定的除外。

🛡 （四）消灭

居住权期间届满或者居住权人死亡的，居住权消灭。

居住权消灭的，应当及时办理注销登记。

六、宅基地使用权

取得:一户一地,无偿取得,灭失可补。

处分:无须登记,不得转让、抵押。

《 第六节　担保物权概述 》

一、担保物权的概念

担保物权人在债务人不履行到期债务或者发生当事人约定的实现担保物权的情形,依法享有就担保财产优先受偿的权利。包括抵押权、质押权和留置权。

担保的分类:物保(担保物权)、人保(保证)、金钱担保(定金)。其中担保物权和人的保证可以并存,从而形成混合担保。被担保的债权既有物的担保又有人保证的,债务人不履行到期债务或者发生当事人约定的实现担保物权的情形,债权人应当按照约定实现债权;没有约定或者约定不明确,债务人自己提供物的担保的,债权人应当先就该物的担保实现债权;第三人提供物的担保的,债权人可以就物的担保实现债权,也可以要求保证人承担保证责任。

二、担保物权的特性

担保物权是价值权,支配价值而不是支配实体,担保物权具有四大特性:

1. 从属性。

(1)成立的从属性。

(2)消灭的从属性。

(3)处分的从属性。

2. 物上代位性。

担保期间,担保财产毁损、灭失或者被征收等,担保物权人可以就获得的保险金、赔偿金或者补偿金等优先受偿。被担保债权的履行期未届满的,也可以提存该保险金、赔偿金或者补偿金等。

3. 不可分性。

(1)担保物部分灭失,以残存部分担保全部债权。

(2)担保物被分割,仍以全部担保物担保全部债权。

(3)主债权部分消灭,仍以全部担保物担保剩余债权。

(4)主债权被分割,各债权人均得以全部担保物实现其债权。

4. 优先受偿性。

三、反担保

反担保是指第三人为债务人向债权人提供担保时,由债务人或者债务人以外的其他人向第三人提供的确保第三人对债务人的追偿权得以实现的一种担保。

理解:为什么会存在反担保?

实质:两个担保关系,担保的是追偿权。

四、担保物权的种类

(一)依具体的担保物权的设立方式划分

1. 法定担保物权:因法律的规定而当然发生的担保物权,如留置权。

2. 意定担保物权:基于当事人的合意而成立的担保物权(要由合同来设立),如抵押权、质权。

(二)依物权法定原则划分(是否为民法所明文规定)

按此标准,担保物权可分为典型担保和非典型担保。抵押权、质权、留置权属于典型担保;而基于社会交易实践自发产生,或仅为判例、学说所承认的担保形式,则为非典型担保,如让与担保、所有权保留。

(三)典当与担保

典当,是指当户将其动产、财产权利作为当物质押或者将其房地产作为当物抵押给典当行,交付一定比例费用,取得当金,并在约定期限内支付当金利息、偿还当金、赎回当物的行为。可见,典当涉及的担保方式限于动产质押、权利质押和房地产抵押。

五、担保物权的消灭

【民法典物权编第393条】有下列情形之一的,担保物权消灭:

(1)主债权消灭;

(2)担保物权实现;

(3)债权人放弃担保物权;

(4)法律规定担保物权消灭的其他情形。

六、担保人责任的免除

【民法典物权编第391条】第三人提供担保,未经其书面同意,债权人允许债务人转移全部或者部分债务的,担保人不再承担相应的担保责任。

《 第七节　抵押权 》

【民法典物权编第394条第1款】为担保债务的履行,债务人或者第三人不转移财产的占有,将该财产抵押给债权人的,债务人不履行到期债务或者发生当事人约定的实现抵押权的情形,债权人有权就该财产优先受偿。

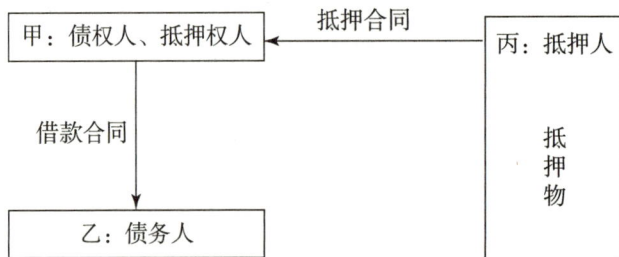

说明:

1. 乙丙两人可能发生重合,即债务人同时也可以作为抵押人。

2. 可设立抵押的财产包括动产、不动产和权利。(如建设用地使用权)

3. 设定抵押之后,不需要转移财产的占有——物尽其用。

一、抵押财产的范围

（一）掌握不可抵押的财产

1. 土地所有权。

2. 宅基地、自留地、自留山等集体所有土地的使用权，但法律规定可以抵押的除外。

集体所有的土地使用权不可以抵押，但是有如下例外情形：

乡（镇）、村企业的土地使用权不得单独抵押，但是以乡（镇）、村企业的厂房等建筑物抵押的，其占用范围内的土地使用权可同时抵押。但在未来仍不能改变土地使用权的性质。

3. 学校、幼儿园、医疗机构等以公益为目的成立的非营利法人的教育设施、医疗卫生设施和其他公益设施。但学校、幼儿园、医疗机构等以公益为目的成立的非营利法人，以其教育设施和其他公益设施以外的财产为自身债务设定抵押的，人民法院可以认定抵押有效。

4. 所有权、使用权不明或有争议的财产。

5. 依法被查封、扣押、监管的财产。

6. 以法定程序确认为违法、违章的建筑物抵押的，抵押无效。

7. 当事人以农作物和与其尚未分离的土地使用权同时抵押的，土地使用权部分的抵押无效，但农作物抵押有效。

（二）可以抵押的财产

1. 建筑物和其他土地附着物；

2. 建设用地使用权；

3. 海域使用权；【新增】

4. 生产设备、原材料、半成品、产品；

5. 正在建造的建筑物、船舶、航空器；

6. 交通运输工具；

7. 法律、行政法规未禁止抵押的其他财产。

抵押人可以将前款所列财产一并抵押【理论上称此种方式为财团抵押】。

（三）几个特殊问题

1. 法律规定集体土地使用权抵押的限制。

以集体所有土地的使用权依法抵押的，实现抵押权后，未经法定程序，不得改变土地所有权的性质和土地用途。

★2. 建设用地使用权与地上房屋的关系。

【民法典物权编第397条】以建筑物抵押的，该建筑物占用范围内的建设用地使用权一并抵押。以建设用地使用权抵押的，该土地上的建筑物一并抵押。

抵押人未依照前款规定一并抵押的，未抵押的财产视为一并抵押。

【民法典物权编第398条】乡镇、村企业的建设用地使用权不得单独抵押。以乡镇、村企业的厂房等建筑物抵押的，其占用范围内的建设用地使用权一并抵押。

【民法典物权编第417条】建设用地使用权抵押后，该土地上新增的建筑物不属于抵押财产。该建设用地使用权实现抵押权时，应当将该土地上新增的建筑物与建设用地使用权一并处分，但是新增建筑物所得的价款，抵押权人无权优先受偿。

【总结】建设用地使用权与地上建筑物设定抵押时的关系

（1）以建筑物抵押——当然及于建设用地使用权。

（2）以建设用地使用权抵押：

①设立抵押时已建成建筑物的——及于建筑物。

②设立抵押时尚未建成建筑物的——整体处分（拍卖），新增建筑物拍卖所得价款不得优先受偿。

二、抵押权的成立：抵押合同+登记

（一）登记作为生效要件——不动产及不动产相关权利

1. 建筑物及其他土地附着物、在建建筑物上的抵押权。

2. 建设用地使用权上的抵押权。

3. 海域使用权的抵押权。

（二）登记作为对抗要件：动产抵押

1. 现有及将有的生产设备、原材料、半成品、产品。

2. 正在建造的船舶、航空器。

3. 交通运输工具。

【民法典物权编第403条】以动产抵押的，抵押权自抵押合同生效时设立；未经登记，不得对抗善意第三人。

【民法典物权编第404条】以动产抵押的，不得对抗正常经营活动中已支付合理价款并取得抵押财产的买受人。**【统一了动产抵押的效力，登记也不能对抗正常经营中的买受人】**

【民法典物权编第396条】企业、个体工商户、农业生产经营者可以将现有的以及将有的生产设备、原材料、半成品、产品抵押，债务人不履行到期债务或者发生当事人约定的实现抵押权的情形，债权人有权就抵押财产确定时的动产优先受偿。

（三）抵押合同中流质条款的效力：无效！

【民法典物权编第401条】抵押权人**在债务履行期限届满前**，与抵押人约定债务人不履行到期债务时抵押财产归债权人所有的，只能依法就抵押财产优先受偿。

三、抵押权效力范围

（一）担保债权范围：主债权、利息、违约金、损害赔偿金、实现抵押权费用

（二）抵押权所及于的抵押物范围：从物、孳息、代位物、添附物

1. 及于代位物。何为代位物？

2. 是否及于孳息？抵押物被扣押之日开始行使抵押权，可以收取孳息，并且应通知交付孳息的义务人。

3. 是否及于添附物？【最高人民法院《关于适用〈中华人民共和国担保法〉若干问题的解释》（以下简称《担保法解释》）第62条】

（1）抵押物因附合、混合或者加工使抵押物的所有权为第三人所有的，抵押权的效力及于补偿金；

（2）抵押物所有人为附合物、混合物或者加工物的所有人的，抵押权的效力及于附合物、混合物或者加工物；

(3)第三人与抵押物所有人为附合物、混合物或者加工物的共有人的,抵押权的效力及于抵押人对共有物享有的份额。

4.是否及于从物?

📢 四、抵押权人的权利

🛡 **(一)保全请求权——停止侵害、恢复原状或提供担保——提前清偿**

🛡 **(二)物上代位权**

1.以保险金、赔偿金或者补偿金————→代替原抵押物。

2.可提存——请求抵押人。

🛡 **(三)孳息收取权**

1.收取时间:自抵押物被扣押之日,抵押权人有权收取孳息。

2.例外:抵押权人未通知应当清偿法定孳息的义务人的除外。以租金为典型!

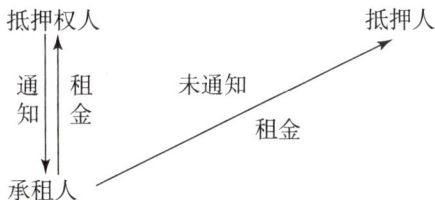

3.收取孳息之后的处理:孳息先充抵收取孳息的费用。

🛡 **(四)变价优先受偿权**

1.变价方式:拍卖、变价、折价。

2.行使期限:主债权诉讼时效内。

【特别提醒】依据民法典总则编,普通时效均应当为3年。

3.行使步骤:

(1)双方先协议决定实现抵押权的方法,该协议损害其他债权人利益的,其他债权人在知道撤销事由之日起一年内有撤销权。

(2)达不成协议的,请求人民法院拍卖、变卖。

【民法典物权编第414条第1款】同一财产向两个以上债权人抵押的,拍卖、变卖抵押财产所得的价款依照下列规定清偿:

(一)抵押权已登记的,按照登记的先后确定清偿顺序;

(二)抵押权已登记的先于未登记的受偿;

(三)抵押权未登记的,按照债权比例清偿。

🛡 **(五)同一标的物多次抵押时的权利顺位问题:先来后到;在前者权利不得滥用**

【民法典物权编第409条第1款】抵押权人可以放弃抵押权或者抵押权的顺位。抵押权人与抵押人可以协议变更抵押权顺位以及被担保的债权数额等内容,但是抵押权的变更,未经其他抵押权人书面同意,不得对其他抵押权人产生不利影响。

例题 📝

黄河公司以其房屋作抵押,先后向甲银行借款100万元、乙银行借款300万元、丙银行借款500万元,并依次办理了抵押登记。后丙银行与甲银行商定交换各自抵押权的顺位,并办理了变更登记,但乙银行并不知情。因黄河公司无力偿还三家银行的到期债务,银行拍卖其房屋,仅得价款 600 万元。关于三家银行对该价款的分配,下列哪一选项是正确的? (   )①

A. 甲银行 100 万元、乙银行 300 万元、丙银行 200 万元

B. 甲银行得不到清偿、乙银行 100 万元、丙银行 500 万元

C. 甲银行得不到清偿、乙银行 300 万元、丙银行 300 万元

D. 甲银行 100 万元、乙银行 200 万元、丙银行 300 万元

(六) 同一债权有两个以上抵押时的权利实现——共同抵押

1. 无约定时,债务人自己的抵押与第三人抵押并存,先执行债务人抵押物;两个第三人的抵押并存的,抵押人之间的连带责任。

2. 权利人放弃债务人自己提供的抵押财产权利时,其他担保人的免责。

【民法典物权编第 409 条第 2 款】债务人以自己的财产设定抵押,抵押权人放弃该抵押权、抵押权顺位或者变更抵押权的,其他担保人在抵押权人丧失优先受偿权益的范围内免除担保责任,但是其他担保人承诺仍然提供担保的除外。

五、抵押人的权利

1. 孳息收取权。

(1) 财产被扣押前。

(2) 扣押期间至变卖前,抵押权人未通知应当清偿法定孳息的义务人。

2. 再次设立抵押权——有余额——不得超过余额部分。

3. 转让权。★★★

【民法典物权编第 406 条】抵押期间,抵押人可以转让抵押财产。当事人另有约定的,按照其约定。抵押财产转让的,抵押权不受影响。

抵押人转让抵押财产的,应当及时通知抵押权人。抵押权人能够证明抵押财产转让可能损害抵押权的,可以请求抵押人将转让所得的价款向抵押权人提前清偿债务或者提存。转让的价款超过债权数额的部分归抵押人所有,不足部分由债务人清偿。

例题

甲公司向某银行贷款 100 万元,乙公司以其所有的一栋房屋作抵押担保,并完成了抵押登记。现乙公司拟将房屋出售给丙公司,通知了银行并向丙公司告知了该房屋已经抵押的事实。乙、丙订立书面买卖合同后到房屋管理部门办理过户手续。下列哪些说法是正确的? (   )②

A. 不论银行是否同意转让,房屋管理部门应当准予过户,但银行仍然对该房屋享有抵押权

B. 如丙公司代为清偿了甲公司的银行债务,则银行的抵押权消灭

C. 如果银行能够证明,乙将房屋转让的行为可能损害其抵押权,则可请求乙将转让所得的价款向抵押权人提前清偿债务或者提存

D. 乙转让房屋得价款 80 万元,乙应当按照抵押合同再补充剩余的 20 万元

4. 抵押权与租赁权依时间先后——**先来后到**。

【民法典物权编第 405 条】抵押权设立前抵押财产已出租并转移占有的,原租赁关系不

① C

② ABC

受该抵押权的影响。

结合其他制度,总结如下:

第一,先租后抵且财产已转移给承租人占有的,租赁不受抵押影响——抵押权实现后,不破租赁。

第二,先抵后租,抵押权实现之后如何? ——破租赁。区分不动产与动产,情形如下:

若是不动产,先抵后租,实现抵押权,打破租赁,但由于承租人享有优先购买权,若放弃优先购买权,则受让人可主张承租人返还不动产,此时,由于打破租赁造成的损失,向抵押人主张违约赔偿。

若是动产,无论是否登记,实现抵押权均打破租赁,此时,承租人没有优先购买权,受让人可向承租人主张返还动产,因打破租赁造成承租人损失的,向抵押人主张违约赔偿。

六、最高额抵押

(一)含义

预定最高限额内,为担保一定期间连续发生的债权清偿而设定的抵押。

(二)特征

1.担保债权的未来性和不特定性。

2.抵押权的独立性(从属性的例外):通常先设定抵押,债权才会发生,不过当事人可以约定将设定抵押之前的债务转入最高额抵押担保的范围。

3.适用范围的限定性。

★(三)效力

1.主债权中部分债权移转的,最高额抵押权不随之移转(从权利不从),当事人另有约定除外。

2.在最高额内优先受偿:

(1)实际发生的债权余额高于最高限额的,以后者为限。

(2)实际发生的债权余额低于最高限额的,以前者为限。

(四)最高额抵押债权确定之情形

根据规定,有下列情形之一的,抵押权人的债权确定:

1.约定的债权确定期间届满;

2.没有约定债权确定期间或者约定不明确,抵押权人或者抵押人自最高额抵押权设立之日起满两年后请求确定债权;

3.新的债权不可能发生;

4.抵押权人知道或应当知道抵押财产被查封、扣押;

5.债务人、抵押人被宣告破产或者解散清算;

6.法律规定债权确定的其他情形。

七、动产浮动抵押

【民法典物权编第396条】企业、个体工商户、农业生产经营者可以将现有的以及将有的生产设备、原材料、半成品、产品抵押,债务人不履行到期债务或者发生当事人约定的实现抵押权的情形,债权人有权就抵押财产确定时的动产优先受偿。

【民法典物权编第411条】依据本法第三百九十六条规定设定抵押的,抵押财产自下列情形之一发生时确定:

(一)债务履行期限届满,债权未实现;

(二)抵押人被宣告破产或者解散清算;

(三)当事人约定的实现抵押权的情形;

(四)严重影响债权实现的其他情形。

要点总结:

1.主体——限于企业、个体工商户、农业生产经营者——商事抵押。

2.抵押物——现有的以及将有的动产,抵押物的价值是浮动的。

3.设定浮动抵押后,又将生产设备等设定动产抵押,都办理登记的,登记在前的浮动抵押优先。

例题

【2010-56】某农村养殖户为扩大规模向银行借款,欲以其财产设立浮动抵押。对此,下列哪些表述是正确的? ( )①

A.该养殖户可将存栏的养殖物作为抵押财产

B.抵押登记机关为抵押财产所在地的工商部门

C.抵押登记可对抗任何善意第三人

D.如借款到期未还,抵押财产自借款到期时确定

《 第八节 质权(动产和权利) 》

一、动产质权

含义:为担保债务的履行,债务人或者第三人**将其动产出质给债权人占有的**,债务人不履行到期债务或者发生当事人约定的实现质权的情形,债权人有权就该动产优先受偿。

(一)动产质权的成立:质押合同+交付

【考点】质押物的交付

1.不移转占有质权不成立。

(1)包括现实交付和观念交付,观念交付不包括占有改定。

(2)质押合同是什么合同? 实践合同还是诺成合同?

2.**质权人曾经占有质物又返还给出质人的,质权消灭。非基于质权人意愿而丧失占有的,如质权人丢失、被盗等,质权不消灭,**此时质权人可通过主张物权请求权,向无权占有人主张返还。

3.约定质物与移交质物不一致的,以移交为准。

例题

甲公司向乙银行借款500万元,以其闲置的一处办公用房作担保。乙银行正好缺乏办公场所,于是与甲公司商定,由甲公司以此办公用房为乙银行设立担保物权。随后,甲公司向乙银行交付了办公用房。借款到

---

① AD

期后,甲公司未能偿还,乙银行主张对办公用房行使优先受偿的权利。下列哪一选项是正确的? (　　)①

　　A. 乙银行有权这样做,因其对标的物享有抵押权

　　B. 乙银行有权这样做,因其对标的物享有质权

　　C. 乙银行有权这样做,因其对标的物享有同时履行抗辩权

　　D. 乙银行无权这样做,因其与甲公司之间的约定不能设定担保物权

⭐(二)动产质权的效力

　　1. 效力范围(同抵押权)。

　　债权范围:与抵押相比,多了一项质物保管费用。

　　质物范围:从物须随主物一并移转。

　　2. 质权人的权利。

　　(1)占有权。

　　(2)孳息收取权。【收了孳息能直接获得所有权么?】

　　【民法典物权编第430条】质权人有权收取质押财产的孳息,但是合同另有约定的除外。

　　前款规定的孳息应当先充抵收取孳息的费用。

　　(3)保全质物的权利:补充担保、提前变价——提前清偿或者提存。

　　因不能归责于质权人的事由可能使质押财产毁损或者价值明显减少,足以危害质权人权利的,质权人有权要求出质人提供相应的担保;出质人不提供的,质权人可以拍卖、变卖质押财产,并与出质人通过协议将拍卖、变卖所得的价款提前清偿债务或者提存。

　　★(4)转质权。

　　【民法典物权编第431条】质权人在质权存续期间,未经出质人同意,擅自使用、处分质押财产,造成出质人损害的,应当承担赔偿责任。

　　①承诺转质,经出质人的同意,用质物<u>以出质人的名义</u>,向第三人再次出质。

　　【注意】后设质权优先。

　　②责任转质,未经出质人同意,以出质人的名义,在原出质人的质物上,为第三人设定新质权。

　　【注意】由于责任转质,是质权人以出质人的名义向第三人设质权,第三人明知不是质权人的财产,故不能善意取得质权。但根据区分原则,转质合同有效。

　　③第三人善意取得质权。

　　质权人未经出质人同意,<u>以自己的名义</u>向第三人出质,第三人不知情的,可善意取得质权。

　　④上述三种情形,因为再设质权造成质押财产毁损、灭失的,质权人均应当向出质人承担赔偿责任。

　　(5)变价优先受偿权—可自行拍卖、变卖,与抵押不同。

　　【民法典物权编第436条】债务人履行债务或者出质人提前清偿所担保的债权的,质权人应当返还质押财产。

　　债务人不履行到期债务或者发生当事人约定的实现质权的情形,质权人可以与出质人协议以质押财产折价,也可以就拍卖、变卖质押财产所得的价款优先受偿。

　　质押财产折价或者变卖的,应当参照市场价格。

---

　　① D

3. 质权人的义务(出质人的权利)。

(1)妥善保管的义务,否则出质人**有权请求提存或提前还债返还质物,造成损失,赔!**

【民法典物权编第 432 条】质权人负有妥善保管质押财产的义务;因保管不善致使质押财产毁损、灭失的,应当承担赔偿责任。

质权人的行为可能使质押财产毁损、灭失的,出质人可以请求质权人将质押财产提存,或者请求提前清偿债务并返还质押财产。

(2)请求质权人及时行使质权————→请求法院拍卖←————债权人怠于行使权利。

质权人有变价权,怠于行使的,出质人**有变价请求权,造成损失者,赔!**

【民法典物权编第 437 条】出质人可以请求质权人在债务履行期限届满后及时行使质权;质权人不行使的,出质人可以请求人民法院拍卖、变卖质押财产。

出质人请求质权人及时行使质权,因质权人怠于行使权利造成出质人损害的,由质权人承担赔偿责任。

二、权利质:合同+交付或登记

(一)权利质权的客体

1. 有价证券出质:汇票、支票、本票;债券、存款单;仓单、提单。
2. 可以转让的基金份额、股权出质。
3. 可以转让的知识产权出质。
4. 现有及**将有的**应收账款出质(债权)。
5. 不动产收益权出质(担保法解释第 97 条)(未来租金等)。

(二)权利质权的公示

1. 有价证券出质:交付;不能交付的,登记。

【民法典物权编第 441 条】以汇票、本票、支票、债券、存款单、仓单、提单出质的,质权自权利凭证交付质权人时设立;没有权利凭证的,质权自办理出质登记时设立。

2. 基金份额、股权出质:登记。

【民法典物权编第 443 条】以基金份额、股权出质的,质权自办理出质登记时设立。

基金份额、股权出质后,不得转让,但是经出质人与质权人协商同意的除外。出质人转让基金份额、股权所得的价款,应当向质权人提前清偿债务或者提存。

3. 知识产权出质:登记。

【民法典物权编第 444 条】以注册商标专用权、专利权、著作权等知识产权中的财产权出质的,质权自办理出质登记时设立。

知识产权中的财产权出质后,出质人不得转让或者许可他人使用,但是经出质人与质权人协商同意的除外。出质人转让或者许可他人使用出质的知识产权中的财产权所得的价款,应当向质权人提前清偿债务或者提存。

4. **应收账款(债权)出质:登记。**

【民法典物权编第 445 条】以应收账款出质的,质权自办理出质登记时设立。

应收账款出质后,不得转让,但是经出质人与质权人协商同意的除外。出质人转让应收账款所得的价款,应当向质权人提前清偿债务或者提存。

(三)权利质权的效力

1.出质后,权利不得转让,经质权人同意的,价款提存或提前清偿。

2.有价证券、应收账款先于主债权到期的,质权人可以受领,并与出质人协议将兑现的价款或者提取的货物提前清偿债务或者提存。

3.变价优先受偿权。

《 第九节　留置权(动产、法定) 》

一、留置权的成立

含义:债务人不履行到期债务时,债权人可以留置已经合法占有的债务人的动产,并有权就该动产优先受偿。

1.标的为动产:**财产若可分,留置相当的;不可分,全部留置**。

【民法典物权编第 450 条】*留置财产为可分物的,留置财产的价值应当相当于债务的金额。*

2.债权人合法占有**债务人的**动产——通常是合法的合同行为。

此处"债务人的"是债务人享有所有权的? 还是债务人交给他人占有的?

若是后者,可以不可以取得留置权? 若可取得留置权,是不是善意取得?

3.债权已届清偿期。

4.债权之发生与动产之占有具有牵连关系——**商事留置除外**。

【民法典物权编第 448 条】*债权人留置的动产,应当与债权属于同一法律关系,但是企业之间留置的除外。*

5.没有禁止留置的规定和约定——意味着可以约定排除适用。

【民法典物权编第 449 条】*法律规定或者当事人约定不得留置的动产,不得留置。*

【特别提醒】留置权适用范围的扩张。从"非法律允许留置,不得"到"非法律禁止留置,均可"。担保法:保管、运输、加工承揽。合同法:增加了仓储和行纪。物权法:采取开放式的立法模式。

原担保法规定适用于承揽、货运、保管、仓储、行纪等合同,但物权法已不限于合同关系,留置的动产与债权属于同一法律关系即可,商事留置权更为广泛。

二、留置权的效力

1.占有权。

2.孳息收取权。

3.变价优先受偿权。

【民法典物权编第 453 条】*留置权人与债务人应当约定留置财产后的债务履行期间;没有约定或者约定不明确的,留置权人应当给债务人两个月以上履行债务的期间,但是鲜活易腐等不易保管的动产除外。债务人逾期未履行的,留置权人可以与债务人协议以留置财产折价,也可以就拍卖、变卖留置财产所得的价款优先受偿。*

留置财产折价或者变卖的,应当参照市场价格。

【考点】实行留置权的 2 个月宽限期

(1)当事人在合同中约定宽限期的,从约定。

(2)当事人未约定宽限期的——2个月以上,除非留置物不适宜!

三、留置权的消灭

1. 债务人另行提供担保并为债权人接受的,留置权消灭。
2. 留置权人丧失对留置物的占有的,留置权消灭。

例题

甲从乙处借来一台电视机,因故障送至丙处修理。丙将该电视修好了,但甲迟迟不支付修理费。下列表述正确的为。(   )①

A. 在丙占有该电视机期间,丙对该电视机不享有留置权

B. 若丙丧失对该电视机的占有,则丙对该电视机的留置权消灭

C. 若甲在一个月内不付清修理费,丙有权变价优先受偿

D. 若甲另行提供担保的,则丙对该电视机的留置权消灭

四、担保物权之间的冲突

【民法典物权编第415条】同一财产既设立抵押权又设立质权的,拍卖、变卖该财产所得的价款按照登记、交付的时间先后确定清偿顺序。

【民法典物权编第416条】动产抵押担保的主债权是抵押物的价款,标的物交付后十日内办理抵押登记的,该抵押权人优先于抵押物买受人的其他担保物权人受偿,但是留置权人除外。

【民法典物权编第456条】同一动产上已设立抵押权或者质权,该动产又被留置的,留置权人优先受偿。

1. 留置权优于抵押权、质权。

思考:何时留置权不优先?【留置权人将留置的财产出质或设抵押的】

2. 动产抵押权与动产质权。

(1)登记的抵押权与质权并存:按照发生的时间先后。

(2)未登记的抵押权不得对抗质权。

3. 动产买卖中,当事人以该动产为买卖合同价款设定的抵押权。【新增】

只要交付后十日内办理抵押登记的,优先于除留置权之外的其他动产担保物权。

《 第十节 占有 》

一、占有的取得与消灭

占有是一种事实,而不是一种权利,但具有权利推定的效力,关乎正常社会秩序的维护,也可更方便保护利害关系人利益。

(一)取得占有

1. 客观方面。

空间:在属于占有人支配的空间。

时间:占有人对于财产具有持续的控制,不是简单持有,如去邻居家做客使用餐具、在阅

---

① B

览室取阅杂志均属于持有,不是占有。

2. 主观方面。

占有人具有**取得并维持**占有的意思。

【注意一】此处的意思,不是法律行为核心要素意思表示中"意思"的含义,没有旨在发生私法上效果的意图,只要有占有的想法即是此处的意思,合法与否在所不问。

【注意二】占有辅助人不是占有人,如公司雇员对公司销售的财产,虽实际支配,但占有人是公司,不是雇员。

(二) 占有的消灭

无论是否基于占有人的意思,丧失了对物的领管、控制的,占有即为消灭。

例题

学生甲看了一会儿复习参考书,将资料书放在教室自己的桌子上后吃饭去了,打算回来接着看。学生乙路过甲的桌子看到有本资料书,坐下来翻了翻,越看越觉得好,决定占为己有,将之拿出教室。学生甲回来时发现资料书不在了。下列说法正确的是? (　　　)①

A. 学生甲离开课桌时就失去了对资料书的占有

B. 学生乙开始翻看资料书时就取得了对书的占有

C. 学生乙将资料书带出教室时取得了对书的占有

D. 学生甲回来发现书不在了时失去了对书的占有

二、占有的分类

1. 自主占有和他主占有:立足于心态,不考虑权属。

2. 直接占有和间接占有:均为现实占有。

3. 有权占有和无权占有:立足于权属,不考虑心态。

4. 善意占有和恶意占有:这是对**无权占有的再分类**。

三、占有的效力

1. 权利推定——可以被事实推翻。

2. 无权占有的返还范围:无论善意还是恶意,原物和孳息都须返还。

善意占有人与恶意占有人的区别如下:

(1)使用利益:善意占有人无需对使用物的损耗负责;恶意占有人承担物被使用、消耗的赔偿责任。

【民法典物权编第**459**条】占有人因使用占有的不动产或者动产,致使该不动产或者动产受到损害的,恶意占有人应当承担赔偿责任。

(2)费用:善意占有人有权请求必要费用的支出;恶意占有人不得请求必要费用。

【民法典物权编第**460**条】不动产或者动产被占有人占有的,权利人可以请求返还原物及其孳息;但是,应当支付善意占有人因维护该不动产或者动产支出的必要费用。

(3)毁损责任:善意占有人仅在获得代位物的范围内负责任;恶意占有人负全部责任。

【民法典物权编第**461**条】占有的不动产或者动产毁损、灭失,该不动产或者动产的权利

---

① 　C

人请求赔偿的,占有人应当将因毁损、灭失取得的保险金、赔偿金或者补偿金等返还给权利人;权利人的损害未得到足够弥补的,恶意占有人还应当赔偿损失。

例题 ✏

甲从朋友乙处买得电脑一台,后电脑中毒花费 500 元修理,出租给丙得到租金 1000 元。后来,丁与公安机关前来找甲,原来该电脑是乙从丁处偷来的,丁要求返还电脑。以下说法哪些正确? (　　)①

A. 甲已经善意取得,无须返还电脑

B. 如果甲对于电脑使用过程中造成电脑键盘严重磨损,此时,丁无权要求甲赔偿

C. 甲在返还电脑的同时,对于 1000 元租金也应返还

D. 甲在返还电脑的同时,有权要求丁支付 500 元的修理费用

3. 占有保护请求权。

(1)返还原物;(2)排除妨害;(3)预防妨害(消除危险);(4)损害赔偿。

占有返还原物请求权的除斥期间:自侵占发生之日起 1 年。

【民法典物权编第 462 条】占有的不动产或者动产被侵占的,占有人有权请求返还原物;对妨害占有的行为,占有人有权请求停止侵害、排除妨碍或者消除危险;因侵占或者妨害造成损害的,占有人有权请求损害赔偿。

占有人返还原物的请求权,自侵占发生之日起一年内未行使的,该请求权消灭。

【特别提醒】

(1)所有权人可否行使占有返还请求权? 如果行使,受什么限制?【可以,受一年除斥期间限制】

(2)无权占有人可否行使占有返还请求权?【可以!】

(3)占有返还请求权,只能向现实占有人主张,现实占有人包括直接占有和间接占有。

(4)占有被侵夺时,方可主张占有返还原物请求权。

例题 ✏

张某拾得王某的一只小羊拒不归还,李某将小羊从张某羊圈中抱走交给王某。下列哪一表述是正确的? (　　)②

A. 张某拾得小羊后因占有而取得所有权　　　　B. 张某有权要求王某返还占有

C. 张某有权要求李某返还占有　　　　　　　　D. 李某侵犯了张某的占有

---

① BCD

② D

第四章 | 债法概述

一、债权的概念

(一) 什么是债权

含义:特定人请求特定人履行给付行为的财产权。

例:甲开车撞伤乙,乙请求甲进行损害赔偿。

(二) 债权的特征:与物权相区别

1. 债权客体为给付行为:物权客体为物或权利。

2. 请求权:物权为支配权。

3. 相对权:物权为绝对权。

4. 相容性与平等性:物权的排他性、优先性。

5. 任意性:物权的法定性。

6. 暂时性:物权的永恒性。

举例说明:一物二卖的经典民事纠纷。

例题

甲出售房屋与乙,订立合同。邻居丙想扩大店面,于是向甲高价购买,并办理了过户登记手续。问:

(1) 甲丙合同是否有效?

(2) 乙向谁主张权利?

(3) 如果甲在出售给丙之前,已将房屋交付给乙占有,丙是否可请求乙返还?

(4) 乙如何保护自己的权利?

(三) 债权的权能

1. 请求权能。

作为一种请求权,债权人可以直接请求债务人履行债务,也可以通过诉讼方式以国家强制力来实现其请求。

2. 保持受领权能。

3. 保全权能。

当债务人的某些行为对债权人造成损害时,债权人可以向人民法院请求以自己的名义代位行使债务人的债权,或者请求人民法院撤销债务人的行为。债权人享有的债权保全权能是对债的相对性原理的突破。

4. 处分权能。

债权人可通过抵消、免除、让与债权和设定债权质权等方式对享有的债权予以处分。

上述权能齐备的债权为完全债权,否则为不完全债权,但欠缺保持受领权能的债权不再是债权。

二、债的发生原因

主要有以下五种:单方允诺、**合同(缔约过失)**、**侵权**、无因管理和不当得利。

对于无因管理和不当得利,民法典将其安排在合同编中,称为"准合同"。

(一)单方允诺之债:单方法律行为,如遗赠。悬赏广告呢?

1. 单方允诺可以向特定的人发出,也可以向社会上不特定的人发出。

(1)向特定人发出的的。

举例:2014年1月23日,甲给乙出具一份承诺书,内容有二:其一,甲为其儿子丙与乙的女儿丁谈恋爱,造成丁精神失常,自愿承担丁的住院治疗费用、精神损失费、青春损失费等共计人民币50万元;其二,在丁住院治疗期间,甲自愿将一辆轿车交由乙使用。

(2)向不特定人发出的——相对人符合条件时方可构成债的关系。

表意人作出的意思表示是向社会上不特定的任何人发出的,凡是符合单方允诺中所列的条件的人,都可以成为相对人,取得表意人所允诺的权利。

举例:公交公司作出了"六·一"儿童节儿童免费乘车的允诺,则儿童均有免费乘坐的权利。

2. 悬赏广告的性质:单方允诺还是要约?

【民法典合同编第499条】悬赏人以公开方式声明对完成特定行为的人支付报酬的,完成该行为的人可以请求其支付。

【《合同法解释(二)》第3条】悬赏人以公开方式声明对完成一定行为的人支付报酬,完成特定行为的人请求悬赏人支付报酬的,人民法院依法予以支持。但悬赏有合同法第五十二条规定情形的除外。

(二)无因管理之债

【民法典合同编第979条】管理人没有法定的或者约定的义务,为避免他人利益受损失而管理他人事务,并且符合受益人真实意思的,可以请求受益人偿还因管理事务而支出的必要费用;管理人因管理事务受到损失的,可以请求受益人给予适当补偿。

管理事务不符合受益人真实意思的,管理人不享有前款规定的权利,但是受益人的真实意思违背公序良俗的除外。

1. 构成要件。

(1)管理他人事务。

①适当管理,且中断管理对受益人不利的,无正当理由不得中断管理。

②能通知受益人的,应及时通知,不需紧急处置的,要等待指示。

③受益人可能有两人或两人以上。

(2)**有为他人利益的意思。**

分三层意思掌握:

①误信他人事务为自己事物——不构成无因管理(假想的无因管理)。

【注意】根据民法典合同编第980条规定,此种情形虽不构成无因管理,但是,受益人享有管理利益的,参照无因管理分配责任。自民法理论分析,此种情形也可以通过不当得利来救济受损害的行为人。

【民法典合同编第980条】管理人管理事务不属于前条规定的情形,但是受益人享有管理利益的,受益人应当在其获得的利益范围内向管理人承担前条第一款规定的责任。

②纯粹为自己之利益——不构成无因管理。

③既为他人利益,又为自己利益——构成无因管理;为他人意思的推测!

(3)无法定或约定义务。

【补充】

①原则上管理人不能违背他人意思,可以是明示也可以是默示的意思;

②但当被管理人的意思违反公序良俗的,违背依然构成;

③无因管理构成重在过程,**是否有实际效果,不问。**

例题

下列哪一情形会引起无因管理之债?(　　　)①

A. 甲向乙借款,丙在明知诉讼时效已过后擅自代甲向乙还本付息

B. 甲在自家门口扫雪,顺便将邻居乙的小轿车上的积雪清扫干净

C. 甲与乙结婚后,乙生育一子丙,甲抚养丙5年后才得知丙是乙和丁所生

D. 甲拾得乙遗失的牛,寻找失主未果后牵回暂养。因地震致屋塌牛死,甲出卖牛皮、牛肉获价款若干

2.法律效力。

(1)管理人向受益人要求管理费用:必要费用、因管理所负必要债务、必要损害赔偿。

(2)管理人有过错造成损害应负赔偿责任;紧急情况下非故意或重大过失,不负赔偿责任。

例:落水——救出——手机丢——胳膊伤

3.转化为委托合同关系。

【民法典合同编第984条】管理人管理事务经受益人事后追认的,从管理事务开始时起,适用委托合同的有关规定,但是管理人另有意思表示的除外。

(三)不当得利之债——可能因行为或者事件而发生

1.成立要件。

(1)一方受益。

(2)一方受损。

(3)受损受益之间有因果关系。

(4)受益无法律上原因。

2.**常考类型总结:**

(1)不知非亲生子而支付抚养费。

(2)因附条件法律行为而给予,后条件未成就。

(3)无权处分他人之物——与侵权、违约竞合。

(4)无权使用消费他人之物。

(5)擅自出租或转租他人之物。

(6)侵害他人知识产权或人格权——与侵权竞合。

(7)误把他人事务当做自己事务管理。

(8)因添附而获得利益。

---

①   D

（9）基于事件而发生：如大雨造成混合。

（10）因法律行为无效而为给予。

3. 不当得利的例外：

（1）**基于道德义务或习俗而为给付**。

（2）**自愿提前清偿债务**。

（3）**明知无债而清偿**——如一债二还。

（4）**不法原因之给付**——如行贿。**若不法原因只在接受利益方时可成立，如保护费**。

（5）**自然债务的给付**。

（6）**反射利益**。

（7）**受损人恶意**。

★4. 法律效力：返还不当利益。

（1）返还包括孳息。

（2）受益人为善意的，返还现存利益（包括孳息）。

当所受利益已经不在或者减少时，以现有利益为准返还或者免责。

例题 _____

甲向乙公司购买货物 100 包，甲去拉货，乙装 102 包，甲不知。回途中遇山洪暴发。货全部被冲走。甲是否应返还？

（3）受益人为恶意的，返还所受利益。

例题 _____

如上，如果甲公司人员看到多装 2 包，装聋作哑。甲是否应该返还？

（4）第三人的返还义务。

【民法典合同编第 988 条】得利人已经将获得的利益**无偿转让给第三人的**，受损失的人可以请求第三人**在相应范围内**承担返还义务。

例题 _____

下列哪一情形产生了不当得利之债？（　　）①

A. 甲欠乙款超过诉讼时效后，甲向乙还款

B. 甲欠乙款，提前支付全部利息后又在借期届满前提前还款

C. 甲向乙支付因前晚打麻将输掉的 2000 元现金

D. 甲在乙银行的存款账户因银行电脑故障多出 1 万元

三、债权的分类

（一）财物之债与劳务之债

1. 区分标准：标的不同。

2. 区分意义：是否可以强制执行。

（二）特定之债与种类之债

1. 特定：天然、意定。

----

① 　D

2.区分标准:标的物是特定物还是种类物。

3.区分意义:替代履行;合同中要转移所有权与风险必须特定化之后才有可能。

（三）简单之债与选择之债

1.区分标准:债的标的有无选择性。

2.选择权的行使与债的确定:

（1）除法律另有规定、当事人另有约定或者另有交易习惯的以外,债务人享有选择权。

（2）约定期限内或履行期届满前未作选择,经催告后合理期限仍未选择,选择权转移给对方。

（3）单方通知形式选择权,未经对方同意,不得变更选定的标的。

（4）选择之债中有的选择发生不能履行时,不得选择不能履行的标的,但处分不能履行由于对方造成除外。

【民法典合同编第515条】债务标的有多项而债务人只需履行其中一项的,债务人享有选择权;但是,法律另有规定、当事人另有约定或者另有交易习惯的除外。

享有选择权的当事人在约定期限内或者履行期限届满未作选择,经催告后在合理期限内仍未选择的,选择权转移至对方。

【民法典合同编第516条】当事人行使选择权应当及时通知对方,通知到达对方时,债务标的确定。确定的债务标的不得变更,但是经对方同意的除外。

可选择的债务标的之中发生不能履行情形的,享有选择权的当事人不得选择不能履行的标的,但是该不能履行的情形是由对方造成的除外。

（四）单一之债与多数人之债

1.区分标准:债的主体是否为多个。

2.区分意义:多数人之债的特殊性。

（五）按份之债与连带之债

1.区分标准:多数债权人或债务人之间的关系。

2.区分意义:连带之债中,对一方当事人中一人发生效力的事项,对本方其他当事人同样发生效力。

民法典规定:连带债权或者连带债务,由法律规定或者当事人约定。

要点总结:

（1）连带之债的产生要么法定,要么约定,若是约定,必须明确约定为连带的才是连带之债,没有约定或约定不明视为按份之债。

连带债务人之间,连带债权人之间,份额难以确定的,视为份额相同。

举例:

根据合同,甲乙丙三人对丁负债9000元,没有约定甲乙丙承担责任的方式,则甲乙丙对于丁承担按份责任,内部份额均分,各3000元。

根据合同,甲乙丙三人对丁负债9000元,若明确约定甲乙丙对于丁承担连带责任,内部份额无约定,则内部平分,各3000元。

根据合同,甲乙丙三人对丁享有债权9000元,若明确约定甲乙丙对于丁享有连带债权的,内部份额无约定,则内部平分,各3000元。

（2）连带债务。

举例：甲乙丙对丁负债9000元。若是按份债务，甲乙丙仅需要就自己需要承担的份额3000元向丁清偿责任；若是连带债务，则甲乙丙任何一方有义务向丁清偿包括9000元在内的任何份额的债务。

①实际承担债务超过自己份额的连带债务人，有权就超出部分在其他连带债务人未履行的份额范围内向其追偿，并相应地享有债权人的权利，但是不得损害债权人的利益。其他连带债务人对债权人的抗辩，可以向该债务人主张。

举例：根据合同，甲乙丙三人对丁负债9000元，若明确约定甲乙丙对于丁承担连带责任，内部份额无约定，则内部平分，各3000元。若甲向丁履行了9000元，则可以向丙丁追偿多少？各追偿3000元。

②部分连带债务人履行、抵销债务或者提存标的物的，其他债务人对债权人的债务在相应范围内消灭；该债务人可以向其他债务人追偿相应份额。

举例：根据合同，甲乙丙三人对丁负债9000元，若明确约定甲乙丙对于丁承担连带责任，内部份额无约定，则内部平分，各3000元。

假设，丁后来从甲处购买8000元的货物，支付价款履行期限已到，甲提出向丁抵销，丁接到通知后，未提出异议，则甲乙丙对于丁债务消灭8000元。

在甲乙丙内部，由于各自需要分担的份额是3000元，故对于甲多承担的5000，可以向乙丙各追偿2500元。

③部分连带债务人的债务被债权人免除的，在该连带债务人应当承担的份额范围内，其他债务人对债权人的债务消灭。

举例：甲乙丙对丁负有连带债务9000元，若丁表示，免除甲应承担的3000元，则丁再向丙丁主张权利的，最多只能主张6000元。

④部分连带债务人的债务与债权人的债权同归于一人的，在扣除该债务人应当承担的份额后，债权人对其他债务人的债权继续存在。

举例：甲乙丙对丁负有连带债务9000元。若丁是甲的父亲，丁死亡，甲是唯一继承人，继承了丁9000元的债权。此时，甲既是债权人又是债务人，发生混同。故作为债权人的甲，行使从丁处继承的权利时，首先应扣除自己应当承担的份额3000元，对于剩余的6000元依然可以向乙丙主张连带清偿。

思考：若甲乙丙对丁享有9000元连带债权，丁是甲的父亲，丁死亡，甲继承了丁的遗产，后果又当如何？

⑤债权人对部分连带债务人的给付受领迟延的，对其他连带债务人发生效力。

举例：甲乙丙负有向某市十字会交付一批医用口罩的连带债务。履行期届至，甲交付，某十字会受领迟延，导致增加费用9000元。此时，甲乙丙均可向十字会主张赔偿9000元费用，内部无约定时，各分得3000元。

思考：若甲乙丙对某十字会享有连带债权，此时，十字会向甲履行，甲受领迟延，产生费用9000元，则9000元如何负担？若十字会向甲履行迟延，导致费用增加9000元，又当如何？

（3）连带债权。

举例：甲乙丙对丁享有9000元的债权，若是按份债权，则甲乙丙只能就自己份额的3000元向丁主张权利；若是连带债权，则甲乙丙任何一方均可以向丁主张包括9000元在内的任何份额的责任。

①实际受领超过自己份额的连带债权人,应当按比例向其他连带债权人返还。

举例:根据合同,甲乙丙三人对丁享有债权9000元,若明确约定甲乙丙对于丁享有连带债权的,甲乙丙任何人均可向丁主张不超过9000元范围内任何份额的责任,内部份额无约定,则内部平分,各3000元。

假设,甲向丁主张权利,丁偿还了8000元,则甲自己得3000元,其余5000元应按比例向乙丙偿还,各2500元。

②部分连带债权人免除债务人债务的,在扣除该连带债权人的份额后,不影响其他连带债权人的债权。

举例:根据合同,甲乙丙三人对丁享有债权9000元,若明确约定甲乙丙对于丁享有连带债权的,甲乙丙任何人均可向丁主张不超过9000元范围内任何份额的责任,内部份额无约定,则内部平分,各3000元。

假设,连带债权人甲,表示免除丁的债务9000元,则债务只能消灭3000元,对其余的6000元乙丙仍然对丁享有连带债权。

（六）意定之债与法定之债

1.区分标准:发生原因不同,是否有以意思表示设立。

2.意定之债:合同、单方允诺、代理权授予。

法定之债:不当得利、无因管理、侵权。

（七）主债与从债

区分标准:是否能够独立存在。

（八）可分之债与不可分之债

按照债的给付是否能够分割为标准,多数人之债可以分为可分之债与不可分之债。

可分之债是指在债之关系中,给付标的可以分割的债。数个债权人分享同一可分给付的债权为可分债权;数个债务人分担同一可分给付的债务为可分债务。

不可分之债是指在债之关系中,给付标的不能分割的债。其中,数人享有债权的为不可分债权;数人承担债务的为不可分债务。

不可分之债可以依照给付标的的性质不可分而产生,也可以是给付标的的性质上可分但依照当事人的意思不可分而产生。在不可分债权中,每个债权人均有权请求债务人向全体债权人履行债务,且债务人只能向全体债权人履行债务。在不可分债务中,因给付标的无法分割,债务人必须负担全部给付,故原则上应适用连带债务的规则。

（九）货币之债与利息之债

根据作为债的给付标的之金钱的不同作用,可以将债分为货币之债与利息之债。

1.货币之债是指以支付一定数额的货币为标的的债。货币之债可分为金额货币之债、特定货币之债和特种货币之债。

(1)金额货币之债是以一定金额的通用货币为给付标的的债。在金额货币之债中,当事人只注重货币的金额,债务人可自由选择何种类型的通用货币支付。

(2)特定货币之债是给付作为特定物的货币的债。货币特定化的最常见方式是"封金"。

(3)特种货币之债是以支付一定金额的特种货币为标的的债。

由于货币是一般等价物,故货币之债不发生履行不能。

2. 利息之债是指以给付一定利息为标的的债。利息之债以本金之债的存在为前提,是本金之债的从债。利息可以分为法定利息与约定利息。法定利息是由法律直接规定,约定利息依当事人的约定而发生。

第五章 | 合同法

《 第一节 合同概述 》

一、合同法调整对象与体系地位

(一)调整对象

【民法典合同编第464条】合同是民事主体之间设立、变更、终止民事法律关系的协议。

婚姻、收养、监护等有关身份关系的协议,适用有关该身份关系的法律规定;没有规定的,可以根据其性质参照适用本编规定。

(二)统领债法的规范根据

【民法典合同编第468条】非因合同产生的债权债务关系,适用有关该债权债务关系的法律规定;没有规定的,适用本编通则的有关规定,但是根据其性质不能适用的除外。

二、合同的形式

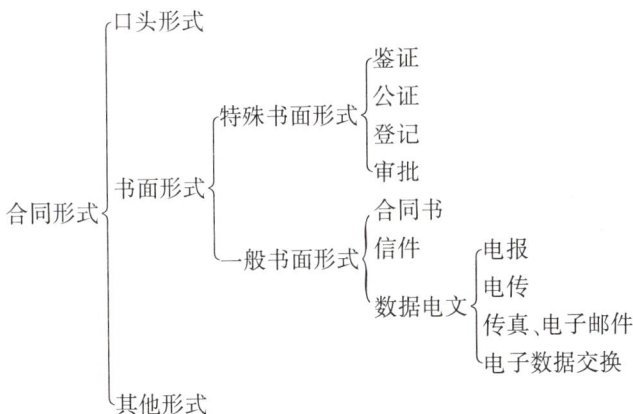

```
                              ┌ 鉴证
              ┌ 特殊书面形式 ┤ 公证
              │              │ 登记
              │              └ 审批
     ┌ 口头形式 │
     │         │              ┌ 合同书
合同形式 ┤ 书面形式 ┤              │ 信件      ┌ 电报
     │         └ 一般书面形式 ┤           │ 电传
     │                       └ 数据电文 ┤ 传真、电子邮件
     └ 其他形式                          └ 电子数据交换
```

(一)口头

(二)书面

1. 一般书面形式(合同书):涉及不动产、比较重大事项但又不能即时结清的合同。

(1)担保法:保证、抵押、质押、定金合同。

(2)合同法:金融机构借款合同、融资租赁、建设工程、技术开发和技术转让合同。

(3)其他法:著作权转让合同、合伙合同、劳动合同。

2. 特别书面形式。

法律规定需要经过办理批准手续才能生效的情形。

【考点】违反形式要件的后果?

(1)一般形式:书面——未签,直接履行者,可以履行治愈瑕疵,可成立生效。

【民法典合同编第490条】当事人采用合同书形式订立合同的,自当事人均签字、盖章或者按指印时合同成立。在签字、盖章或者按指印之前,当事人一方已经履行主要义务,对方接受时,该合同成立。

法律、行政法规规定或者当事人约定合同应当采用书面形式订立,当事人未采用书面形式但是一方已经履行主要义务,对方接受时,该合同成立。

（2）特殊形式:审批（特别生效要件）——未经特别形式,不产生效力。

（三）其他

行为形式,通过行为推定。作为和不作为,明示和默示（法定或者约定）皆可。

三、合同的内容（合同条款）

（一）必要条款与非必要条款

1. 合同的主要条款不等于必要条款。

主要条款:一般合同包括的条款。

必要条款:缺少必要条款合同不能成立。

2. 缺少必要条款,结果是什么?

答曰:合同不能成立。

3. 何谓必要条款?

答曰:主体、客体与数量具备,可认定合同成立。

只要有了必要条款,其他皆可补充。缺少了如何补充?

（二）合同条款的漏洞补充（民法典合同编510条和511条）

1. 协议补充。

2. 交易习惯。

3. 任意法补充。

（1）一般合同漏洞条款的补充。

【民法典合同编第510条】合同生效后,当事人就质量、价款或者报酬、履行地点等内容没有约定或者约定不明确的,可以协议补充;不能达成补充协议的,按照合同有关条款、合同性质、合同目的或者交易习惯确定。

【民法典合同编第511条】当事人就有关合同内容约定不明确,依据前条规定仍不能确定的,适用下列规定:

（一）质量要求不明确的,按照强制性国家标准履行;没有强制性国家标准的,按照推荐性国家标准履行;没有推荐性国家标准的,按照行业标准履行;没有国家标准、行业标准的,按照通常标准或者符合合同目的的特定标准履行。

（二）价款或者报酬不明确的,按照**订立合同时履行地的市场价格**履行;依法应当执行政府定价或者政府指导价的,依照规定履行。

（三）**履行地点不明确,给付货币的,在接受货币一方所在地履行;交付不动产的,在不动产所在地履行;其他标的,在履行义务一方所在地履行。**【钱来送,货自提,不动产所在地,无约定,履行地的法定货币】

（四）履行期限不明确的,债务人可以随时履行,债权人也可以随时请求履行,但是应当给对方必要的准备时间。

（五）履行方式不明确的,按照有利于实现合同目的的方式履行。

（六）**履行费用的负担不明确的,由履行义务一方负担;因债权人原因增加的履行费用,**由债权人负担。

例题

A 市甲厂供应 10 吨钢材给 B 市乙厂,价值 3 万元,履行地点没有约定。

问:付款地点和交货地点分别在那里?

（2）网购合同交付时间**未约定时**的补充。

①购买商品的,**收货人签收时间**为交付时间;

②提供服务的,**生成电子凭证或实务凭证载明的时间**为交付时间,无载明或载明时间与实际提供服务时间不一致,**以实际服务时间**为交付时间;

③标的是在线传输交付的,**进入对方当事人指定系统且能够检索识别的时间**作为交付时间。

【民法典合同编第 512 条】通过互联网等信息网络订立的电子合同的标的为交付商品并采用快递物流方式交付的,收货人的签收时间为交付时间。电子合同的标的为提供服务的,生成的电子凭证或者实物凭证中载明的时间为交付时间;前述凭证没有载明时间或者载明时间与实际提供服务时间不一致的,实际提供服务的时间为交付时间。

电子合同的标的为采用在线传输方式交付的,合同标的进入对方当事人指定的特定系统并且能够检索识别的时间为交付时间。

电子合同当事人对交付方式、交付时间另有约定的,按照其约定。

（三）几种特殊的合同条款

1. 免责条款。

（1）造成对方人身伤亡免责之条款——无效!

（2）故意或重大过失造成财产损害免责者——无效!

2. 解决争议条款:相对独立。

★3. 格式条款。

【民法典合同编第 496 条】格式条款是当事人预先拟定,并在订立合同时未与对方协商的条款。

采用格式条款订立合同的,提供格式条款的一方应当遵循公平原则确定当事人之间的权利和义务,并采取合理的方式提示对方注意免除或者减轻其责任等与对方有重大利害关系的条款,按照对方的要求,对该条款予以说明。**提供格式条款的一方未履行提示或者说明义务,致使对方没有注意或者理解与其有重大利害关系的条款的,对方可以主张该条款不成为合同的内容。**

（1）含义:当事人预先拟定,并在订立合同时未与对方协商的条款。

（2）提供格式条款一方的义务:

①公平设定权利义务。

②提示说明义务。

采取合理的方式提示对方注意免除或者减轻其责任等与对方有重大利害关系的条款,按照对方的要求,对该条款予以说明。

③违反后果:未尽以上提示说明义务,非格式条款提供方可主张该条款不成为合同

内容。

（3）无效的格式条款。

【民法典合同编第497条】有下列情形之一的,该格式条款无效:

（一）具有本法总则编第六章第三节和本法第五百零六条规定的无效情形;

（二）提供格式条款一方不合理地免除或者减轻其责任、加重对方责任、限制对方主要权利;

（三）提供格式条款一方排除对方主要权利。

（4）格式合同条款的解释。

①通常理解的解释。

②不利于格式条款提供方的解释。

③非格式条款的解释优先。

例题

甲与乙公司订立美容服务协议,约定服务期为半年,服务费预收后逐次计扣,乙公司提供的协议格式条款中载明"如甲单方放弃服务,余款不退"（并注明该条款不得更改）。协议订立后,甲依约支付5万元服务费。在接受服务1个月并发生费用8000元后,甲感觉美容效果不明显,单方放弃服务并要求退款,乙公司不同意。甲起诉乙公司要求返还余款。下列哪一选项是正确的? (　　　)①

A. 美容服务协议无效

B. "如甲单方放弃服务,余款不退"的条款无效

C. 甲单方放弃服务无须承担违约责任

D. 甲单方放弃服务应承担继续履行的违约责任

四、合同的分类

1. 有名合同与无名合同。

区分标准:是否有法律专门规定。

重点:无名合同纠纷的法律适用。

【民法典合同编第467条】本法或者其他法律没有明文规定的合同,适用本编通则的规定,并可以参照适用本编典型合同或者其他法律最相类似合同的规定。

2. 本约合同和预约合同。

【民法典合同编第495条】当事人约定在将来一定期限内订立合同的认购书、订购书、预订书、意向书等,构成预约合同。

当事人一方不履行预约合同约定的订立合同义务的,对方可以请求其承担预约合同的违约责任。

预约合同,是将来订立一定合同之合同。

【注意】预约合同出现违约时,不能主张继续履行的违约责任,通常是主张违约方损害赔偿。

3. 射幸合同与实定合同。

区分标准:合同权利与义务是否确定。

射幸合同中,合同当事人一方支付的代价所获得的只是一个机会,是否能够取得支付代

---

① B

价后获得的利益,通常是随机的、偶然的。

4. 束己合同与涉他合同。

区分标准:效力仅在合同相对人之间发生还是涉及第三人。未经第三人同意,只能为第三人带来利益,不能为第三人设定义务。

《 第二节　合同的订立 》

一、要约

(一)要约的概念:希望和他人订立合同的意思表示

1. 要约的构成要件:

(1)要约须是由特定人发出的意思表示。

(2)要约须有明确的缔约意图:戏谑表示。

(3)要约须内容具体、确定:交易什么,交易多少等。

(4)要约须向特定的受要约人发出。例外为对不特定人的要约。(内容确定的商业广告)

2. 要约邀请。

要约邀请:要约邀请也称要约引诱,是指希望他人向自己发出要约的意思表示。

要约邀请具有以下特点:

(1)要约邀请是一种意思表示,故应具备意思表示的一般成立要件。

(2)要约邀请的目的在于诱使他人向自己发出要约,而非与他人订立合同。故只是订立合同的预备行为,而非订约行为。

(3)要约邀请只是引诱他人发出要约。既不能因相对人的承诺而成立合同,也不能因自己作出某种承诺而约束要约人。行为人撤回其要约邀请,只要没有给善意相对人造成信赖利益的损失,不承担法律责任。

下列行为属于要约邀请:

①寄送的价目表;

②拍卖公告;

③招标公告;

④招股说明书;

⑤商业广告。

例题

甲公司通过电视发布广告,称其有100辆某型号汽车,每辆价格15万元,广告有效期10天。乙公司于该则广告发布后第5天自带汇票去甲公司买车,但此时车已全部售完,无货可供。下列哪一选项是正确的?(　　)①

A. 甲构成违约　　　　　　　　　　B. 甲应承担缔约过失责任
C. 甲应承担侵权责任　　　　　　　D. 甲不应承担民事责任

(二)要约的效力

1. 要约的生效:到达主义,非以知悉为要件。

———————

①　A

2. 要约的失效：承诺期满、要约撤销、要约拒绝、实质变更。

实质性变更：标的、数量、质量、价款或报酬、履行期限、地点方式、违约责任和解决争议的方法。

3. 要约的效力：受要约人享有承诺权。

🛡 (三) 要约的撤回与撤销

1. 要约的撤回：指要约人在发出要约后，于要约到达受要约人之前或与要约同时到达受要约人取消其要约的行为。

要约可以撤回。撤回要约的通知应当在要约到达受要约人之前或者与要约同时到达受要约人；在此情形下，被撤回的要约尚未生效。

2. 要约的撤销：是指在要约发生法律效力后，要约人取消要约从而使要约归于消灭的行为。要约的撤销不同于要约的撤回。（前者发生于生效后，后者发生于生效前）

要约可以撤销。撤销要约的通知应当在受要约人发出承诺通知之前到达受要约人。

有下列情形之一的，要约不得撤销：

(1) 要约人确定了承诺期限或者以其他方式明示要约不可撤销；

(2) 受要约人有理由认为要约是不可撤销的，并且已经为履行合同做了准备工作。

📢 二、承诺：肯定的答复

⭐ (一) 承诺的概念：受要约人同意要约的意思表示

考点：承诺的构成要件。

1. 承诺须由受要约人作出。

【民法典合同编第480条】 承诺应当以通知的方式作出；但是，根据交易习惯或者要约表明可以通过行为作出承诺的除外。

2. 承诺须在承诺期限内到达要约人——否则构成逾期承诺。

(1) 承诺期限的计算。

【民法典合同编第482条】 要约**以信件或者电报**作出的，承诺期限**自信件载明的日期或者电报交发之日**开始计算。信件未载明日期的，自**投寄该信件的邮戳日期**开始计算。要约以电话、传真、电子邮件等**快速通讯方式**作出的，承诺期限**自要约到达受要约人时**开始计算。

(2) 承诺到达的要求。

【民法典合同编第481条】 承诺应当在要约确定的期限内到达要约人。

要约没有确定承诺期限的，承诺应当依照下列规定到达：

(一) 要约以对话方式作出的，应当即时作出承诺；

(二) 要约以非对话方式作出的，承诺应当在合理期限内到达。

(3) 逾期承诺的效果。

第一，可归责于承诺人的迟延：迟发迟到，承诺原则上无效。

例外：要约人及时通知该承诺有效的，合同成立。

第二，不可归责于承诺人的迟延：未迟发而迟到，承诺原则上有效。

例外：要约人及时通知承诺逾期而不接受的，视为新要约。

背后法理：尽可能促成交易达成的同时，也尊重合同自由的价值。

3. 承诺须与要约内容相一致——否则构成承诺变更。

⭐(二)承诺变更

1.实质性变更:承诺无效,构成新要约。

2.非实质性变更:承诺有效,除非要约人及时表示反对或者要约表明不得变更。

考试中,都是考查实质性变更。

例题 ✏️

2009 年 8 月 5 日,甲公司向乙公司发出订购图书的订单,订单中详细列明了订购数量、交货日期等,并要求乙公司在接到订单之日起三日内向甲公司发出确认函。乙公司 8 月 6 日接到订单,于 8 月 10 日向甲公司发出确认函,同时寄出该批图书。甲公司收到图书后,拒绝接受。关于本案下列说法正确的是。(   )①

A. 甲向乙发出订单是要约邀请　　　　　　B. 乙向甲发出确认函属于承诺

C. 乙向甲发出确认函属于要约　　　　　　D. 乙向甲寄书属于履行合同

⭐(三)承诺的效力

1.承诺的生效时间:到达。

2.承诺的效力:合同成立。

3.承诺的撤回:在承诺通知到达要约人之前或同时到达要约人。

📢 三、合同订立中的其他相关考点

⭐(一)合同成立的时间

1.原则:承诺到达,合同成立。

2.例外:成约定金(约定)、合同书、确认书。

3.特殊情况:未签书面,可因履行而治愈;交叉要约(不谋而合,后到生效)。

⭐(二)合同成立的地点

1.原则:承诺到达地为合同成立地。

2.例外:合同书签订地为合同成立地,签字地点不一致,最后签字、盖章或按指印的地点为合同成立地点。

3.约定合同签订地与实际签订地不一致的,以何者为准?

⭐(三)特殊问题:强制缔约

【民法典合同编第 494】国家根据需要下达指令性任务或者国家订货任务的,有关民事主体之间应当依照有关法律、行政法规规定的权利和义务订立合同。

依照法律、行政法规的规定负有发出要约义务的当事人,应当及时发出合理的要约。

依照法律、行政法规的规定负有作出承诺义务的当事人,不得拒绝对方合理的订立合同要求。

举例:供电供水的供货方具有强制缔约的义务。

⭐(四)两种特殊的合同

招标:招标公告——投标——定标——订立书面合同。

拍卖:拍卖公告——竞价——拍定——订立书面合同。

----

① 　C

四、缔约过失责任

(一)构成要件

1. 在合同订立阶段发生:合同未成立、无效或者被撤销。

2. 一方当事人基于**过错**违反诚实信用原则产生的注意、保护、告知、保密等先合同义务。

3. 导致相对人信赖利益的损失:准备费用、机会损失。

4. 违反先合同义务与他方所受损失之间有因果关系。

(二)基本类型——简述题

1. 恶意磋商导致合同不成立。

2. 订约欺诈等导致合同无效或被撤销。

3. 泄露或者不正当使用订立合同过程中知悉对方的商业秘密。

4. 其他在合同订立中违反诚信原则的缔约过失行为。

(三)判断是否构成缔约过失的技巧的总结

1. 先看是否有合同? 答曰:没合同。要么没有成立、要么无效或者被撤销了。

2. 再看是否有过错? 答曰:有过错。因为违背了诚信原则的要求。

没合同,有过错,双方当事人还谈过,是构成缔约过失责任的经典情形。

例题

甲公司在与乙公司协商购买某种零件时提出,由于该零件的工艺要求高,只有乙公司先行制造出符合要求的样品后,才能考虑批量购买。乙公司完成样品后,甲公司因经营战略发生重大调整,遂通知乙公司:本公司已不需此种零件,终止谈判。下列哪一选项是正确的? (　　　)①

A. 甲公司构成违约,应当赔偿乙公司的损失

B. 甲公司的行为构成缔约过失,应当赔偿乙公司的损失

C. 甲公司的行为构成侵权行为,应当赔偿乙公司的损失

D. 甲公司不应赔偿乙公司的任何损失

五、合同效力问题

(一)合同有效、效力瑕疵及附条件附期限行为问题

适用民法典总则编关于法律行为有效、效力瑕疵的规定、法律行为附条件附期限的规定。

原则上,依法成立的合同,自成立时生效。

(二)需要办理批准手续生效的情形

1. 原则上,不办理批准手续,不生效。

2. 合同不生效的,**不影响合同中履行报批义务等义务条款的效力**,违反报批义务一方应承担责任。

3. 法律、行政法规规定合同的变更、转让、解除等情形应当办理批准等手续生效的,参照上述两方面理解。

---

① 　D

(三)无权代理合同的追认方式:实际履行或接受履行视为追认

【民法典合同编第503条】无权代理人以被代理人的名义订立合同,被代理人已经开始履行合同义务或者接受相对人履行的,视为对合同的追认。

(四)法定代表人表见代表行为的效力

【民法典合同编第504条】法人的法定代表人或者非法人组织的负责人超越权限订立的合同,**除相对人知道或者应当知道其超越权限外,该合同对法人或者非法人组织发生效力。**

(五)经营范围与合同效力

【民法典合同编第505条】当事人超越经营范围订立的合同的效力,应当依照本法总则编第六章第三节和本编的有关规定确定,不得仅以超越经营范围确认合同无效。

说明:总则第六章第三节规定的内容是"民事法律行为的效力"(民法典第143-157条)。

《 第三节　合同的履行 》

一、合同履行与债的清偿

【民法典合同编第509条】当事人应当按照约定全面履行自己的义务。

当事人应当遵循诚信原则,根据合同的性质、目的和交易习惯履行通知、协助、保密等义务。

当事人在履行合同过程中,应当避免浪费资源、污染环境和破坏生态。

据此规定,合同履行的原则是:**全面履行、诚信履行、绿色履行原则。**

(一)合同履行与债的清偿之含义

债的清偿,是指债务人依法律规定或合同约定完成义务的行为。

清偿与履行同义,只是**清偿是从债的消灭的角度**而言,而**履行是从债的效力出发强调债务的实现过程。**清偿是债消灭的常见原因。

在清偿中应注意代物清偿与清偿抵充两种特殊情形。

(二)代物清偿

1.含义。

代物清偿,是指在债的履行过程中,债权人受领他种给付以代替原定给付而使债的关系消灭。

2.要件。

代物清偿须具备以下要件:

(1)有原债务存在;

(2)经双方当事人约定,以他种给付代替原定给付;

(3)有双方当事人关于代物清偿的合意;

(4)债权人或其他有履行受领权的人**现实地受领给付。**

(三)清偿抵充的顺序

清偿抵充,是指在债务人对于同一债权人负担数宗同种类的债务,而清偿人提供的给付不足以清偿全部债务时,决定以该给付抵充何宗债务的规则。据民法典合同编第560条之规定,抵充规则如下:

1.债权人与债务人对清偿的债务或清偿抵充顺序有约定的,依约定进行抵充。

2. 没有约定时,由债务人**指定抵充顺序**。

3. 若债权人和债务人没有约定、债务人也没有指定的,依据以下顺序进行抵充:

(1)债务人的给付不足以清偿其对同一债权人所负的数笔相同种类的全部债务,应当优先抵充已到期的债务;

(2)几项债务均到期的,优先抵充对债权人缺乏担保或者担保数额最少的债务;

(3)担保数额相同的,优先抵充债务负担较重的债务;

(4)负担相同的,按照债务到期的先后顺序抵充;到期时间相同的,按比例抵充。

4. 债务人除主债务之外还应当支付利息和费用,当其给付不足以清偿全部债务,并且当事人没有约定时,应当按照下列顺序抵充:

(1)实现债权的有关费用;

(2)利息;

(3)主债务。

二、合同履行的原则

(一)全面履行(适当、正确)

按合同约定的主体、标的、质量、价款或报酬、地点、期限等完成合同义务。

不是客观的全面,而是一种大致可以接受的状态。——四个适当!

1. 例外之一:提前履行、部分履行。

除损害债权人的债权外,原则上发生履行的效力,但增加的履行费用由债务人承担。

三种可能:

(1)提前或部分履行,损害债权人合同利益,构成违约,承担违约责任;

(2)提前或部分履行,不损害债权人合同利益,但增加费用的,债权人可拒绝,或接受,但增加的费用债务人承担,债务人不承担违约责任;

(3)提前或部分履行,不损害债权人合同利益,也未增加费用的,在履行的范围内债务消灭,履行有效。

2. 例外之二:向第三人履行和第三人履行。

涉他合同,向第三人履行的合同(代为受领)与由第三人履行的合同(代为清偿)。非特别约定责任承担不打破合同相对性,如果发生诉讼,第 522 条第 1 款与第 523 条中的第三人,是无独立请求权的第三人。

【民法典合同编第 522 条】当事人约定由债务人向第三人履行债务,债务人未向第三人履行债务或者履行债务不符合约定的,应当向债权人承担违约责任。

法律规定或者当事人约定第三人可以直接请求债务人向其履行债务,第三人未在合理期限内明确拒绝,债务人未向第三人履行债务或者履行债务不符合约定的,第三人可以请求债务人承担违约责任;债务人对债权人的抗辩,可以向第三人主张。

【民法典合同编第 523 条】当事人约定由第三人向债权人履行债务,第三人不履行债务或者履行债务不符合约定的,债务人应当向债权人承担违约责任。

【民法典合同编第 524 条】债务人不履行债务,第三人对履行该债务具有合法利益的,第三人有权向债权人代为履行;但是,根据债务性质、按照当事人约定或者依照法律规定只能由债务人履行的除外。

债权人接受第三人履行后,其对债务人的债权转让给第三人,但是债务人和第三人另有约定的除外。

(1)向第三人履行的合同。

①原则不打破相对性。

未向第三人履行的,债务人向债权人(非第三人)承担违约责任。

例题

方某为送汤某生日礼物,特向余某定做一件玉器。订货单上,方某指示余某将玉器交给汤某,并将订货情况告知汤某。玉器制好后,余某委托朱某将玉器交给汤某,朱某不慎将玉器碰坏。下列哪一表述是正确的?(   )①

A. 汤某有权要求余某承担违约责任   B. 汤某有权要求朱某承担侵权责任

C. 方某有权要求朱某承担侵权责任   D. 方某有权要求余某承担违约责任

②例外打破相对性。

约定或法律规定第三人可直接请求债务人履行的,只要第三人未拒绝此权利,债务人未向第三人履行的,第三人可主张债务人承担违约责任。

此时,债务人对债权人的抗辩可向第三人主张。

举例:

1. 保险合同中投保人、受益人、被保险人、保险人之关系,约定被保险人死亡,受益人可以获得保险金。受益人即为第三人。被保险人死亡的,保险公司不支付保险金的,受益人即可向保险公司主张。

2. 方某为送汤某生日礼物,特向余某定做一件玉器。订货单上,方某指示余某将玉器交给汤某,并将订货情况告知汤某。同时,方某与余某约定,在余某不履行或履行不合格时,汤某可以向余某主张违约责任,汤某未作任何表示。玉器制好后,余某委托朱某将玉器交给汤某,朱某不慎将玉器碰坏。

此时,汤某可向余某直接主张违约责任,余某可向汤某主张其对方某的抗辩。

(2)由第三人履行的合同。

原则上不打破合同相对性,当事人约定由第三人履行,第三人不履行的,依然由债务人承担违约责任。

例题

甲、乙双方约定,由丙每月代乙向甲偿还债务 500 元,期限 2 年。丙履行 5 个月后,以自己并不对甲负有债务为由拒绝继续履行。甲遂向法院起诉,要求乙、丙承担违约责任。法院应如何处理?(   )②

A. 判决乙承担违约责任   B. 判决丙承担违约责任

C. 判决乙、丙连带承担违约责任   D. 判决乙、丙分担违约责任

【关于独立第三人代为清偿的特别提醒】

然而,根据民法典合同编第 524 条的规定及民法理论,当出现独立的第三人代为清偿时,需要从如下两方面来掌握:

A. 债务人不履行债务,第三人对履行该债务具有合法利益的,第三人有权向债权人代为履行,第三人代为履行后获得债权人的权利,可向债务人主张

---

① D

② A

举例：甲将房屋抵押给银行，借款 300 万元。后来，甲将房屋转让给了乙，办理了过户登记。由于设定抵押后，转让抵押物的，抵押权不受影响，如果甲到期不向银行还款，银行可申请法院拍卖房屋。此时，乙为了自己合法利益，有权代甲清偿对银行的债务，清偿后，银行的抵押权消灭，乙获得银行的债权，可以向甲主张清偿。

B.第三人与债务履行不存在法律上的利害关系时，也有可能代为清偿债务人的债务。此种代为清偿，效果有三：

其一，不论债务人是否知情，第三人清偿后，债务消灭。

其二，第三人如果履行不合格，由第三人承担违约责任。

其三，第三人清偿后，第三人与债务人之间的关系，取决于第三人清偿发生情形、目的等因素，在第三人与债务人之间可能构成无因管理、不当得利等法律关系。

★（二）诚信履行

附随义务（通知、协助、保密）。对于上述义务，可由下图直观展示：

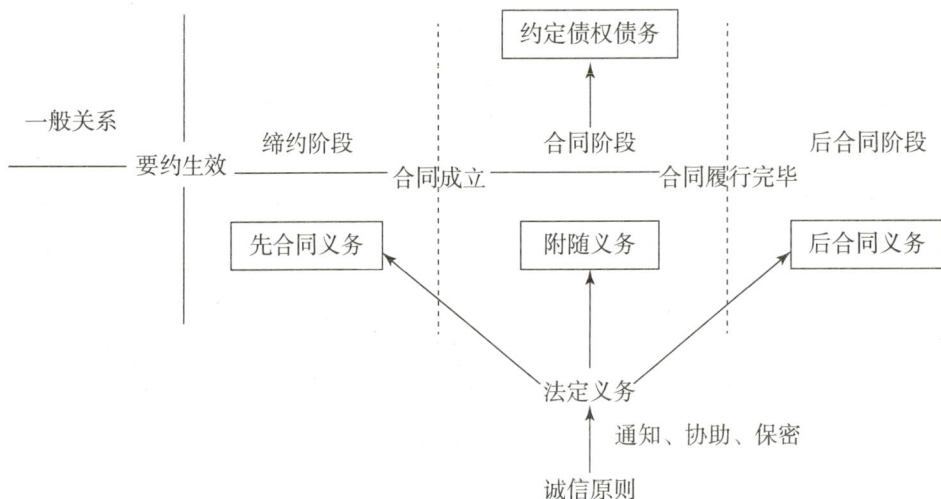

为便于读者理解，对于上图，说明如下：

首先，主给付义务和从给付义务是在合同履行阶段的义务。

其次，附随义务有广狭二义。狭义的附随义务，仅仅指在合同履行阶段，基于诚信原则产生的通知、协助等义务。广义的附随义务，则包括先合同义务、狭义附随义务和后合同义务，性质相同，都是基于诚信原则而产生的法定义务，只是存在于不同的阶段。

上述合同履行中的义务群还可以通过以下表格总结：

发生时间	合同义务	分类	违反后果
先	先合同义务	通知、告知、保密、照顾等	缔约过失责任
中	合同义务（给付义务）附随义务	主给付义务	决定合同性质，违约责任
		从给付义务	例如买空调约定卖方安装、宠物饲养证交付，违约责任
后	后合同义务	协助、保密等	损害赔偿责任
全	广义附随义务	通知、协助、保密等	非自始确定，基于诚信产生

三、履行中的抗辩权

★抗辩何以能够产生?

合同履行之抗辩产生基础包括两个方面:首先,一定是同一合同的权利和义务,这意味着两个独立的合同之间不存在抗辩的可能;其次,一定要是对应的义务没有履行,所谓对应义务,通常而言,是主义务对主义务的抗辩,从义务对从义务的抗辩,详言之,当一方的主义务没有履行时,另一方可以以自己的主义务不履行来进行抗辩,当一方的从义务没有履行时,另一方可以以自己的从义务不履行来进行抗辩。例外情形是,当从义务的不履行导致合同目的不能实现时,另一方也可以以自己的主义务不履行来进行抗辩。

(一)同时履行抗辩权

在未约定先后履行顺序的双务合同中,当事人应当同时履行。一方在对方未为对待给付之前,有权拒绝其履行要求。此项权利,称为同时履行抗辩权。

1.构成要件:

(1)在同一双务合同中互负对待给付义务。

(2)双方债务无先后履行顺序。

(3)双方债务均届清偿期。

(4)一方可能履行债务而未履行或对方履行债务不合约定的。

2.法律效果:一时性阻却请求权行使。

(二)先履行抗辩权——后履行一方的权利

也称顺序履行抗辩权。是指当事人互负债务,有先后履行顺序的。先履行一方未履行或履行债务不符合约定的,后履行一方得拒绝其相应的履行请求的权利。

1.构成要件:

(1)在同一双务合同而互负债务。

(2)双方债务有先后履行顺序。

(3)双方债务均届清偿期。

(4)先给付一方未履行或者履行不合约定。

2.法律效果:一时性阻却请求权行使。

例题

甲、乙订立一份价款为十万元的图书买卖合同,约定甲先支付书款,乙两个月后交付图书。甲由于资金周转困难只交付五万元,答应余款尽快支付,但乙不同意。两个月后甲要求乙交付图书,遭乙拒绝。对此,下列哪一表述是正确的? (   )①

A.乙对甲享有同时履行抗辩权

B.乙对甲享有不安抗辩权

C.乙有权拒绝交付全部图书

D.乙有权拒绝交付与五万元书款价值相当的部分图书

---

① D

★（三）不安抗辩权——先履行一方的权利

不安抗辩权，是指先给付义务人在有证据证明后给付义务人的经营状况严重恶化，或者转移财产、抽逃资金以逃避债务，或者有谎称有履行能力的欺诈行为，以及其他丧失或者可能丧失履行债务能力的情况时，有权中止自己的履行；后给付义务人收到中止履行的通知后，在合理的期限内未恢复履行能力或者未提供适当担保的，先给付义务人有权解除合同。

1. 构成要件：

（1）在同一双务合同而互负债务。

（2）双方债务有先后履行顺序。

（3）先给付一方债务已届清偿期。

（4）先给付一方发现有令其对待给付不能实现的不安事由。

主要包括：确切证据证明经营状况严重恶化；转移财产、抽逃资金以逃避债务的；丧失商业信誉；其他有可能丧失履行债务的可能的情形。

2. 行使方式：

（1）先给付一方有确切证据证明对方有不能为对待给付的危险。

（2）中止履行，并及时通知对方。

（3）若对方恢复履行能力或提供适当担保的，应当继续履行。

（4）对方未能及时恢复履行能力，亦未提供担保的，不安抗辩权人可以解除合同。

四、合同履行中其他问题

（一）债务人中止履行或提存

【民法典合同编第529条】债权人分立、合并或者变更住所没有通知债务人，致使履行债务发生困难的，债务人可以中止履行或者将标的物提存。

（二）合同相关主体变动不影响合同履行义务

【民法典合同编第532条】合同生效后，当事人不得因姓名、名称的变更或者法定代表人、负责人、承办人的变动而不履行合同义务。

（三）履行中的情势变更问题

【民法典合同编第533条】合同成立后，合同的基础条件发生了当事人在订立合同时无法预见的、不属于商业风险的重大变化，继续履行合同对于当事人一方明显不公平的，受不利影响的当事人可以与对方重新协商；在合理期限内协商不成的，当事人可以请求人民法院或者仲裁机构变更或者解除合同。

人民法院或者仲裁机构应当结合案件的实际情况，根据公平原则变更或者解除合同。

1. 要点总结。

（1）时间条件：合同成立之后，履行之前。

（2）是基础发生了变化，非通常不可抗力或商业风险。

（3）继续履行对于一方明显不公。（何谓明显不公？）

（4）协商不成，法院或仲裁机构根据公平原则判决、裁决变更或解除。

2. 常见情形：物价飞涨、汇率大幅变化、国家政策重大调整。

例题

甲将其位于海南的商铺租给乙,租期 20 年。后因国务院出台关于推进海南国际旅游岛建设发展的若干意见,导致相同地段房租涨至约定租金的 4 倍左右。甲认为继续履行合同明显不公,请求按照起诉时的市场标准调整租金。(最高院民二庭第七次法官会议纪要讨论案例)

问题:本案是商业风险还是适用情势变更?

《 第四节 合同保全 》

一、什么是合同保全

为使得债权人利益不受债务人行为侵害的债的保障制度。

【民法典合同编第 535 条】因债务人怠于行使其债权以及与该债权有关的从权利,影响债权人的到期债权实现的,债权人可以向人民法院请求以自己的名义代位行使债务人对相对人的权利,但是该权利专属于债务人自身的除外。

代位权的行使范围以债权人的到期债权为限。债权人行使代位权的必要费用,由债务人负担。

相对人对债务人的抗辩,可以向债权人主张。

【民法典合同编第 536 条】债权人的债权到期前,债务人的权利存在诉讼时效期间即将届满或者未及时申报破产债权等情形,影响债权人的债权实现的,债权人可以代位向债务人的相对人请求其向债务人履行、向破产管理人申报或者作出其他必要的行为。

二、保全之一:代位权

(一)代位权的要件【合同法意见(一)11】

1.债权人对债务人的债权合法有效。

【注意】原则上以债权人的到期债权为限,但若未到期,发现债务人有不当情形影响债权实现的,也可以代位。未到期情形主要包括:债权人的债权到期前,债务人的权利存在诉讼时效期间即将届满或者未及时申报破产债权等情形。

2.债务人对次债务人的债权合法有效,已到期,且为**非专属性的金钱债权**。

(1)须债务人对于其相对人(次债务人)的权利合法有效(包括主权利与从权利)。

【注意】包括从权利,意味着债务人对次债务人享有担保权债权人也可以代位行使。

(2)须已届清偿期。

(3)须为非专属债权:基于扶养关系、抚养关系、赡养关系、继承关系产生的给付请求权和劳动报酬、退休金、养老金、抚恤金、安置费、人寿保险、人身伤害赔偿请求权等权利为专属性债权(身份、劳动报酬、人身伤亡)。

(4)须为具有**金钱给付内容**的债权。

(5)此债权何时发生在所不问,是债权债务关系成立之前与之后均可。

3.债务人**怠于**行使其债权:"诉讼方式"或者"仲裁方式"。

4.对债权人造成损害。

(二)代位权的行使

1.起诉方式。

(1)管辖法院:次债务人所在地人民法院。

（2）诉讼当事人：

原告——债权人（以自己名义）

被告——次债务人

第三人——债务人（原告未列，法院**可以**追加）

（3）合并审理：

两个或者两个以上债权人以同一次债务人为被告提起代位权诉讼的，人民法院**可以**合并审理。

（4）中止审理：

债权之诉与代位权之诉并存时，在债权人起诉债务人的诉讼裁决发生法律效力以前，应当中止代位权诉讼。

（5）提起代位权诉讼引起的诉讼时效中断问题：

【诉讼时效的解释第18条】债权人提起代位权诉讼的，应当认定对债权人的债权和债务人的债权均发生诉讼时效中断的效力。

法理：债权人起诉债务人的相对人，相当于两个关系中权利人均行使了权利。

2.代位权诉讼主张的范围。

（1）不得超过债务人所负债务额。

（2）不得超过次债务人对债务人所负债务额。

第一，两个债权额，就低不就高。

第二，在此债务人不能凑热闹。

3.抗辩延续。

在代位权诉讼中，相对人（次债务人）对债务人的抗辩，债务人对债权人的抗辩，可向债权人主张。

（三）行使代位权的后果

【民法典合同编第537条】人民法院认定代位权成立的，由债务人的相对人向债权人履行义务，债权人接受履行后，债权人与债务人、债务人与相对人之间相应的权利义务终止。债务人对相对人的权利被采取保全、执行措施，或者债务人破产的，依照相关法律的规定处理。

1.次债务人履行的受领。

第一，次债务人向债权人履行清偿义务。

第二，履行后，债权人与债务人、债务人与次债务人之间相应的债权债务关系即予消灭。

2.行使代位权的费用的承担。

第一，诉讼费，次债务人承担。

第二，除此之外的其他必要费用，债务人承担。

三、保全之二：撤销权

【民法典合同编第538条】债务人以放弃其债权、放弃债权担保、无偿转让财产等方式无偿处分财产权益，或者恶意延长其到期债权的履行期限，影响债权人的债权实现的，债权人可以请求人民法院撤销债务人的行为。

【民法典合同编第539条】债务人以明显不合理的低价转让财产、以明显不合理的高价受让他人财产或者为他人的债务提供担保,影响债权人的债权实现,债务人的相对人知道或者应当知道该情形的,债权人可以请求人民法院撤销债务人的行为。

(一)撤销权的成立条件

1. 债权人与债务人的债之关系,已经成立。

2. 债务人实施导致其责任财产减少的行为——必是以财产为标的的行为方可撤销。

【特别提醒】不以财产为标的的行为主要包括:①基于身份关系而为的行为,如结婚、收养或解除收养、继承的承认或抛弃;②以不作为债务的发生为标的的法律行为;③以提供劳务为目的的行为;④财产上利益的拒绝行为;⑤以不得扣押的财产权为标的的行为。

(1)放弃债权(包括到期与未到期)、放弃债权担保、恶意延长到期债权的履行期。

(2)无偿转让财产——如赠与。

(3)以明显不合理的低价转让财产、以明显不合理的高价受让他人财产或者为他人的债务提供担保(此情形要求**债务人的相对人知道或者应当知道该情形**)。

【注意】何谓不合理低价或者不合理高价? 转让价格达不到交易时交易地的指导价或者市场交易价百分之七十的,一般可以视为明显不合理的低价;对转让价格高于当地指导价或者市场交易价百分之三十的,一般可以视为明显不合理的高价。

3. 债务人实施上述导致其责任财产减少的行为,**对债权人造成损害,影响债权实现**。

(二)撤销权的行使

1. 起诉方式。

(1)管辖法院:被告(债务人)住所地法院。

(2)诉讼当事人:

原告——债权人

被告——债务人

第三人——受让人(原告未列,法院**可以**追加)

2. 撤销权的除斥期间。

(1)主观起算——知道或者应当知道撤销事由之日起:一年。

(2)客观起算——行为发生之日起:五年。

3. 撤销权的行使范围以债权人的债权为限。

(三)撤销的后果

1. 债务人的行为一经撤销,行为自始无效。

在债务人与受益人之间:合同自始无效——无效的法律后果——返还财产(折价补偿)、赔偿损失(过错责任)、收缴财产(恶意串通)。

2. 债权人行使撤销权所支付的律师代理费、差旅费等必要费用,由债务人负担;第三人有过错的,应当适当分担。

《 第五节　合同变更与转让 》

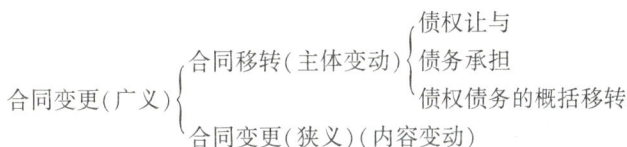

$$
合同变更(广义)\begin{cases} 合同移转(主体变动)\begin{cases} 债权让与 \\ 债务承担 \\ 债权债务的概括移转 \end{cases} \\ \\ 合同变更(狭义)(内容变动) \end{cases}
$$

一、债权让与

【债权让与的前提】被让与的债权须具有可让与性。

由于债权转让，本质上是一种交易行为，从鼓励交易、增加社会财富的角度出发，应当允许绝大多数债权能够被转让，只要不违反法律的强制性规定和社会公共道德。

那么，什么样的债权不得让与呢？

【民法典合同编第545条】债权人可以将债权的全部或者部分转让给第三人，但是有下列情形之一的除外：

（一）根据债权性质不得转让；

（二）按照当事人约定不得转让；

（三）依照法律规定不得转让。

据此规定，以下三类债权不得转让：

1. 根据债权性质不得转让的债权。

此类债权主要包括：

（1）于个人信任关系而发生的债权。

例如，雇佣、委托、演讲、演出等合同所生债权。

（2）专为特定债权人利益而存在的债权。

例如，基于当事人之间的特定身份关系发生的债权，抚养费、赡养费之请求权等

（3）不作为债权。

例如，竞业禁止约定中的债权。

（4）属于从权利的债权。

例如，保证债权不得单独让与。

但从权利可与主权利分离而单独存在的，可以转让。

例如，已经产生的利息债权可以与本金债权相分离而单独让与。

2. 按照当事人的约定不得转让的债权。

当事人约定非金钱债权不得转让的，不得对抗善意第三人。

当事人约定金钱债权不得转让的，不得对抗第三人。

举例：甲乙签订买卖合同，甲向乙出售电脑一台。甲的债权是收取价款，属于金钱债权，乙的债权是请求交付货物。若甲乙约定，各自的债权均不得转让，甲若转让，任何人均可获得债权；乙若转让债权，只有不知情的第三人方可获得债权。

3. 依照法律规定不得转让的债权。

合同编没有明确规定何种债权禁止让与，所以，依照法律规定不得转让的债权是指合同编以外的其他法律中关于债权禁止让与的规定。这种情形较为少见。

统观我国法律体系，结合实践中的应用，通常认为，根据诉讼法的要求，处于诉讼过程中的债权不得单方决定转让，因为这样会击破合法的诉讼程序，造成司法资源的浪费。

（一）债权让与的要件

1. 让与人与第三人达成债权让与合同。

说明：合同订立之日——合同生效——债权转移——合法未要求"书面"——但是法律、行政法规要求办理登记、批准手续的，从之。

2.通知债务人。

说明:通知的效力——债权让与合同,"对债务人发生效力"的条件,非合同生效的要件。通知与否,债务人履行的对象及法律效果不同。

通知	未通知
履行无效,原债权人可以拒绝	履行有效,原债权人不得拒绝
还应向新债权人履行	债务消灭
若原债权人受领,构成不当得利	若原债权人受领,构成不当得利
债务人得以主张返还	新债权人得主张返还

(二)债权让与的效果

1.在让与人与受让人之间。

(1)债权移转予受让人,受让人成为债务人的新债权人。

说明一:部分转让,按份债权。

说明二:债权让与,让与人的债务不变。

(2)从权利随之转移,但是**专属于债权人自身**的从权利除外。

说明一:受让人取得从权利不因从权利未履行转移登记手续或未转移占有而受到影响。

说明二:转让债权所生之其他请求权。如利息、违约金、损害赔偿金请求权。

说明三:转让债权的担保权。如保证权、定金权、抵押权、质押权、留置权。

(3)权利瑕疵担保责任:是否要保证债权一定能够实现?

(4)因转让债权而增加的履行费用,由让与人承担。

2.受让人与债务人之间。

(1)抗辩延续。

对于原债权人的抗辩权可以对抗新债权人;因抗辩权发生争议,债权人列为"诉讼第三人"

(2)抵销权延续。

情形一:债务人接到债权转让通知时,债务人对让与人享有债权,并且**债务人的债权先于转让的债权到期或者同时到期的**,债务人可以向受让人主张抵销。

情形二:债务人的债权与转让的债权是基于同一合同产生。

例题

甲向乙借款300万元于2008年12月30日到期,丁提供保证担保,丁仅对乙承担保证责任。后乙从甲处购买价值50万元的货物,双方约定2009年1月1日付款。2008年10月1日,乙将债权让与丙,并于同月15日通知甲,但未告知丁。对此,下列哪些选项是正确的?(　　　)①

A.2008年10月1日债权让与在乙丙之间生效

B.2008年10月15日债权让与对甲生效

C.2008年10月15日甲可向丙主张抵销50万元

D.2008年10月15日后丁的保证债务继续有效

① AB

二、债务承担（免责的与并存的）

（一）免责债务承担的要件

1. 须存在有效的债务。

2. 须债务具有可转移性。

3. 让与人（债务人）与第三人订立债务承担合同。

4. 征得债权人的同意。

债务人或者第三人可以催告债权人在合理期限内予以同意，债权人未作表示的，视为不同意。

（二）免责债务承担的后果

1. 让与人与受让人之间。

（1）债务移转于受让人。

效果一：如果让与人同时还享有债权的（双务合同），债权不变。

效果二：部分转让，按份债务。

（2）与主债务有关的从债务随之转移，但该专属于让与人（原债务人）自身的除外。

2. 债权人与受让人之间——抗辩权延续。

（1）**受让人可以主张原债务人对于债权人的抗辩**。

（2）让与人（原债务人）对债权人享有债权的，受让人（新债务人）不得向债权人主张抵销。

（三）并存的债务承担

【民法典合同编第552条】 第三人与债务人约定加入债务并通知债权人，或者第三人向债权人表示愿意加入债务，债权人未在合理期限内明确拒绝的，债权人可以请求第三人在其愿意承担的债务范围内和债务人承担连带债务。

【特别提醒】并存的债务承担与第三人代为清偿

清偿是履行行为，第三人代为清偿是指第三人清偿了债务人的债务，已经履行完毕的才是代为清偿行为；若是只是表示愿意承担债务，但并没有实际履行，此时通知债权人，债权人没有拒绝的，是并存的债务承担。

三、债权债务的概括移转

1. 概念。

债权债务的概括转移，是指债的一方主体将其债权债务一并移转给第三人，使该第三人代替出让人的地位，成为债的新的当事人。

2. 类型。

债的概括承受的发生原因包括合同承受和法定承受。

合同承受与法定承受的主要区别有二：

（1）合同承受中的承受人可为任意第三人；法定承受中的承受人只能是法定第三人。

（2）合同承受须债的当事人一方与承受人订立转让协议，并取得另一方当事人的同意；法定承受不须取得承受人同意，且对另一方当事人为通知或公告即发生效力。

（一）合同承受

1. 合同承受的概念。

合同承受，是指合同的一方当事人**经对方当事人同意**，与第三人订立合同将其在合同中的债权债务全部或者部分移转给第三人。

合同承受实为**债权让与和债务承担同时发生**,故合同承受的法律效力适用有关债权让与和债务承担效力的规定。在合同承受中,第三人完全取代了合同的一方当事人而成为新的合同当事人,原合同当事人一方完全退出合同关系。

2. 合同承受的要件。

(1)合同承受须经合同一方当事人与第三人达成移转协议,并取得合同的对方当事人同意。

(2)被移转的合同须为双务合同。

(3)法律、行政法规规定必须采取特定形式的,合同承受应遵循法律、行政法规的规定。

🛡 (二)法定承受

是指基于法律的直接规定而产生的债权债务的概括移转。常见的法定承受包括:

1. 法人合并或分立。

2. 财产继承。

依据继承法,继承人欲继承遗产,需要先用遗产来还债。

3. 买卖不破租赁。

租赁期间发生所有权变动的,买受人获得标的物权利的同时,继续承担提供合格租赁物的义务。

📢 四、合同内容变更

【民法典合同编第 543 条】当事人协商一致,可以变更合同。

【民法典合同编第 544 条】当事人对合同变更的内容约定不明确的,推定为未变更。

1. 达成变更协议后,原则面向未来履行合同;

2. 因为**一方违约而达成变更协议的,不影响非违约方主张赔偿的权利**。

《 第六节 合同的消灭(权利义务终止) 》

【民法典合同编第 557 条】有下列情形之一的,债权债务终止:(一)债务已经履行;(二)债务相互抵销;(三)债务人依法将标的物提存;(四)债权人免除债务;(五)债权债务同归于一人;(六)法律规定或者当事人约定终止的其他情形。

合同解除的,该合同的权利义务关系终止。

【民法典合同编第 558 条】债权债务终止后,当事人应当遵循诚信等原则,根据交易习惯履行通知、协助、保密、旧物回收等义务。

【民法典合同编第 567 条】合同的权利义务关系终止,不影响合同中结算和清理条款的效力。

📢 ★一、解除

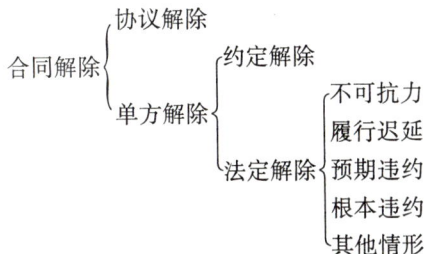

⭐ (一)法定解除权的产生事由

1. 不可抗力。

(1)不可抗力的程度要件的限制。【不可抗力、主要义务、履行不能(非不愿实为不能、特定物)】

(2)解除权主体:双方都有解除权。

(3)责任:因不可抗力解除合同,不负损害赔偿责任。

2. 迟延履行:催告—合理期限—解除——若不解除,可主张继续履行兼主张违约金。

【民法典合同编第585条第3款】当事人就迟延履行约定违约金的,违约方支付违约金后,还应当履行债务。

3. 预期违约:解除合同并请求损害赔偿金;亦可直接请求对方承担违约责任。

【民法典合同编第578条】当事人一方明确表示或者以自己的行为表明不履行合同义务的,对方可以在履行期限届满之前请求其承担违约责任。

4. 根本违约:违约行为导致不能实现合同目的——可能是迟延、不合格等——解除合同后可主张损害赔偿。

5. **以持续履行的债务为内容的不定期合同**,当事人在**合理期限之前**通知对方后可以解除。

关于迟延履行、预期违约与根本违约的共性原理:

· 解除合同,主张信赖利益的损害赔偿——缔约过失责任

· 解除合同,主张履行利益的损害赔偿——违约责任,赔偿范围与直接主张违约相同。

· 直接主张违约,要求履行利益的赔偿。

问题:为何不直接主张违约,而是要先解除合同再主张对方违约呢?

例题 ✏

某热电厂从某煤矿购煤200吨,约定交货期限为2007年9月30日,付款期限为2007年10月31日。9月底,煤矿交付200吨煤,热电厂经检验发现煤的含硫量远远超过约定标准,根据政府规定不能在该厂区燃烧。基于上述情况,热电厂的哪些主张有法律依据?(　　　)①

A. 行使顺序履行抗辩权　　　　　　　　B. 要求煤矿承担违约责任

C. 行使不安抗辩权　　　　　　　　　　D. 解除合同

⭐ (二)法定解除权的行使

1. 性质:形成权。

2. 行使:原则上单方通知到达时解除,但根据民法典合同编的规定,区分情形如下:

(1)原则上通知到达对方解除。

(2)通知载明对方在一定期限内不履行即解除的,对方依然不履行,通知载明的期限届满时解除。

【注意】对方对解除合同有异议的,任何一方当事人均可以请求人民法院或者仲裁机构确认解除行为的效力。

(3)未通知对方,直接以提起诉讼或者申请仲裁的方式依法主张解除合同,人民法院或者仲裁机构确认该主张的,合同自起诉状副本或者仲裁申请书副本送达对方时解除。

---

① ABD

3. 期间。

【民法典合同编第 564 条】 法律规定或者当事人约定解除权行使期限,期限届满当事人不行使的,该权利消灭。

法律没有规定或者当事人没有约定解除权行使期限,自解除权人知道或者应当知道解除事由之日起一年内不行使,或者经对方催告后在合理期限内不行使的,该权利消灭。

(三) 合同解除权的效力

【民法典合同编第 566 条】 合同解除后,尚未履行的,终止履行;已经履行的,根据履行情况和合同性质,当事人可以请求恢复原状或者采取其他补救措施,并有权请求赔偿损失。

合同因违约解除的,解除权人可以请求违约方承担违约责任,但是当事人另有约定的除外。

主合同解除后,担保人对债务人应当承担的民事责任仍应当承担担保责任,但是担保合同另有约定的除外。

1. 是否具有溯及力,要区分**一时性**的合同和**继续性**的合同。

标准:履行是否有时间的持续。继续性合同没有溯及力,通常面向未来终止。

2. 解除后的损害赔偿。

除非另有约定,解除权人可请求违约方承担违约责任。

3. 担保人责任。

除非另有约定,主合同解除后,担保人对债务人应当承担的民事责任仍应当承担担保责任。

(四) 特别法定解除权 (有名合同中对解除权的特别规定的总结)

1. 任意解除权:不需一方的违约事实。

(1)基于当事人间的人身信任关系的合同。

①承揽合同的定作人。

②货运合同的托运人。

③委托合同的双方。

④保管合同中寄存人和没有约定保管期限或者约定不明时的保管人。

(2)无期限的合同。

不定期租赁合同的双方、不定期合伙、不定期物业合同。

2. 违约解除权:一方违约,非违约方有解除权。

(1)不安抗辩权人有解除权。

(2)分期付款买受人未付款达总额 1/5 以上时,出卖人有解除权。

(3)借款人违反贷款用途时,贷款人有解除权。

(4)承租人擅自转租时,出租人有解除权。

(5)租赁物危及安全、健康时,承租人有解除权。

(6)承揽人擅自转包时,定作人有解除权。

二、提存

1. 提存的条件:**由于债权人的原因,债务人无法履行。**

(1)债权人迟延受领。

（2）债权人下落不明。

（3）债权人死亡未确定继承人，债权人丧失行为能力未确定监护人。

（4）法律规定的其他情形。

特殊情形：标的物不适于提存或者提存费用过高的，债务人依法可以拍卖或者变卖标的物，提存所得的价款。

2. 提存的效力：

（1）债权人与债务人之间：债消灭。

（2）债务人与提存部门之间：提存部门（公证部门）负妥善保管提存物的义务。

（3）债权人与提存部门之间：领取权、风险、孳息、提存费用均归债权人，但是债权人领取权，要受如下限制：

①领取权的抗辩事由：债权人对债务人负有到期债务，在债权人未履行债务或者提供担保之前，提存部门根据债务人的要求应当拒绝其领取提存物。

②领取权的除斥期间：债权人自提存之日起 5 年内不行使，领取权消灭，扣除提存费用后，提存物归国家所有。

③债权人未履行对债务人的到期债务，或者债权人向提存部门书面放弃领取提存物权利的，**债务人负担提存费用后有权取回提存物**。

3. 提存之后形成的法律关系——保管关系。

三、抵销

（一）法定抵消

【民法典合同编第 568 条】当事人互负债务，该债务的标的物种类、品质相同的，任何一方可以将自己的债务与对方的到期债务抵销；但是，根据债务性质、按照当事人约定或者依照法律规定不得抵销的除外。

当事人主张抵销的，应当通知对方。通知自到达对方时生效。抵销不得附条件或者附期限。

1. 抵销的要件：

（1）双方互负债务。

（2）双方互负的债务标的物的种类、品质相同。

（3）自动债权已届清偿期（一方可以将自己的债务与对方的到期债务抵销）。

（4）依债的性质可以抵销。

【注意】可以抵销的到期债权，当事人约定不得抵销的，人民法院可以认定该约定有效。

2. 抵销权的行使：

（1）法定抵销权的性质：形成权。

（2）行使方法：单方通知即可。

（3）限制：抵销不得附条件或附期限，为什么？形成权的行使不得附条件。

（4）理论分析：**主动债权未过诉讼时效，过时效，抵销则须经对方同意。**

（二）合意抵销

【民法典合同编第 569 条】当事人互负债务，标的物种类、品质不相同的，经协商一致，也可以抵销。

1.双方债务品质、种类不必相同。

2.双方订立抵销合同。

3.抵销不具有溯及力。

思考：为什么法定抵销具有溯及力而合意抵销不具有溯及力？

四、混同

【民法典合同编第576条】债权和债务同归于一人的,债权债务终止,但是损害第三人利益的除外。

类型：主要发生在自然人继承、法人合并之中。

注意：混同不仅是债权的消灭原因,也是物权的消灭原因。

考点：债权上有第三人利益的,不因混同而消灭。例如,债权出质。

五、免除

【民法典合同编第575条】债权人免除债务人部分或者全部债务的,债权债务部分或者全部终止,但是债务人在合理期限内拒绝的除外。

性质：单方法律行为——由债权人向债务人以意思表示为之,债务人合理期限内不拒绝即为消灭(体现对于债务人的尊重)。

注意与赠与的区别。

《 第七节　违约责任 》

一、归责原则与免责事由

(一)归责原则

1.原则：无过错原则。

【民法典合同编第577条】当事人一方不履行合同义务或者履行合同义务不符合约定的,应当承担继续履行、采取补救措施或者赔偿损失等违约责任。

【民法典合同编第578条】当事人一方明确表示或者以自己的行为表明不履行合同义务的,对方可以在履行期限届满之前请求其承担违约责任。

2.例外：合同编分则中某些有名合同采过错原则：赠与、承揽、委托、保管、客运中的财产损害。

(二)责任构成

1.损害赔偿责任：违约行为、损害后果、因果关系三要件。

2.违约金、定金责任：以当事人有特别约定为前提。

(三)免责事由

1.不可抗力。

(1)当事人一方因不可抗力不能履行合同的,根据不可抗力的影响,部分或者全部免除责任,但是法律另有规定的除外。

（2）通知与证明义务。

因不可抗力不能履行合同的,应当及时通知对方,以减轻可能给对方造成的损失,并应当在合理期限内提供证明。

（3）当事人迟延履行后发生不可抗力的,不免除其违约责任。

2.免责条款。

当事人可以约定免责条款,但是两种情况不得约定免责:

（1）人身伤亡:工伤概不负责。

（2）故意、重大过失造成对方财产损失免责的。

3.非违约方的不真正义务。

【民法典合同编第591条】当事人一方违约后,对方应当采取适当措施防止损失的扩大;没有采取适当措施致使损失扩大的,不得就扩大的损失请求赔偿。

当事人因防止损失扩大而支出的合理费用,由违约方负担。

4.双方都违约的情形——过错相抵。

【民法典合同编第592条】当事人都违反合同的,应当各自承担相应的责任。

当事人一方违约造成对方损失,对方对损失的发生有过错的,可以减少相应的损失赔偿额。

5.第三人过错导致违约的责任——相对性原理。【重点】

【民法典合同编第593条】当事人一方因第三人的原因造成违约的,应当依法向对方承担违约责任。当事人一方和第三人之间的纠纷,依照法律规定或者按照约定处理。

6.债权人拒绝受领的后果。

【民法典合同编第589条】债务人按照约定履行债务,债权人无正当理由拒绝受领的,债务人可以请求债权人赔偿增加的费用。

在债权人受领迟延期间,债务人无须支付利息。

📢 ★二、责任形式

🛡 (一)强制履行——对非金钱债务有以下限制,金钱债务不存在不能的问题

三种情况不适用强制履行:

1.法律上或者事实上不能履行。

2.债务的标的不适用强制履行或者履行费用过高。

3.债权人在合理期限内未要求履行。

🛡 (二)瑕疵履行的补救

修理、更换、重做、退货、减少价款或报酬等。

🛡 (三)损害赔偿

注意:损害赔偿的限制:

1.完全赔偿:直接损失(支出的合理费用)、间接损失(合同履行后的可得利益)。

2.合理预见:客观标准判断,与违约当事人同种职业、类型和身份地位的一般人的预见。

🛡 (四)违约金——约定性和补偿性

可以约定违约金的数额或违约金额的计算方法;违约金与损害赔偿金范围应当大致相

当,若过高或过低,违约金可以调整。

【违约金的调整】当事人主张约定的违约金过高请求予以适当减少的,人民法院应当以实际损失为基础,兼顾合同的履行情况、当事人的过错程度以及预期利益等综合因素,根据公平原则和诚实信用原则予以衡量,并作出裁决。当事人约定的违约金超过造成损失的百分之三十的,一般可以认定为"过分高于造成的损失"。

【特别提醒】当事人约定了违约金的,优先适用违约金,且由于违约金与上述按照实际损害计算的损害赔偿金都是补偿性质,故两者不能并用。

例题

甲乙签订一份买卖合同,约定违约方应向对方支付18万元违约金。后甲违约,给乙造成损失15万元。下列哪一表述是正确的? (　　　)①

A. 甲应向乙支付违约金18万元,不再支付其他费用或者赔偿损失

B. 甲应向乙赔偿损失15万元,不再支付其他费用或者赔偿损失

C. 甲应向乙赔偿损失15万元并支付违约金18万元,共计33万元

D. 甲应向乙赔偿损失15万元及其利息

(五)定金——限额性(20%)和惩罚性

【民法典合同编第586条】当事人可以约定一方向对方给付定金作为债权的担保。**定金合同自实际交付定金时生效。**

定金的数额由当事人约定,但是不得超过主合同标的额的百分之二十,超过部分不产生定金的效力。**实际交付的定金数额多于或者少于约定数额的,视为变更约定的定金数额。**

【民法典合同编第587条】债务人履行债务后,定金应当抵作价款或者收回。给付定金的一方不履行债务,或者履行债务不符合约定致使不能实现合同目的的,无权请求返还定金;收受定金的一方不履行债务,或者履行债务不符合约定致使不能实现合同目的的,应当双倍返还定金。

1. 定金合同。

(1)实践还是诺成合同?

(2)定金合同与主合同的关系。

可否约定交付定金作为主合同的成立或生效要件? 此时若没有交付定金,但主合同义务一方履行了义务并且权利一方也表示接受,此时,定金合同是否生效?

(3)定金效力。

①给付定金的一方不履行债务,或者履行债务不符合约定致使不能实现合同目的的,无权请求返还定金;

②收受定金的一方不履行债务,或者履行债务不符合约定致使不能实现合同目的的,应当双倍返还定金。

(4)定金罚则的适用。

因意外事件、不可抗力导致主合同不能履行者,免责。

因第三人原因导致合同不能履行者,不免责,先承担再向第三人追偿。

若合同履行了一部分时,可以按比例适用定金罚则。

---

① **A**

2."三金"(损害赔偿金、违约金、定金)的关系。

(1)**定金与违约金不得并用。**

【民法典合同编第588条】当事人既约定违约金,又约定定金的,一方违约时,对方可以选择适用违约金或者定金条款。约定的定金不足以弥补一方违约造成的损失的,对方可以请求赔偿超过定金数额的损失。

(2)违约金与损害赔偿金不得并用。

(3)定金与损害赔偿金原则上可以并用,但不得超过合同标的额。

⭐ **(六)违约责任与侵权责任的竞合——债权人选择违约或侵权主张责任**

【民法典人格权编第996条】因当事人一方的违约行为,损害对方人格权并造成严重精神损害,受损害方选择请求其承担违约责任的,不影响受损害方请求精神损害赔偿。

《 第八节　具体合同 》

一、买卖合同(有偿、双务、诺成和不要式)

⭐ (一)权利移转

$$
\text{买卖合同中的所有权转移}
\begin{cases}
\text{动产:}
\begin{cases}
\text{原则:交付}
\begin{cases}
\text{现实交付:交付标的物} \\
\text{观念交付}
\begin{cases}
\text{简易交付} \\
\text{占有改定} \\
\text{指示交付}
\end{cases} \\
\text{拟制交付:交付权利凭证}
\end{cases} \\
\text{例外:所有权保留【限于动产】}
\end{cases} \\
\text{不动产:登记}
\end{cases}
$$

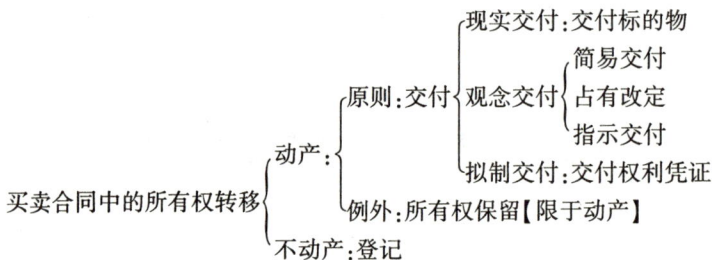

1.买卖合同中的债权设定与物权移转的关系。

例题

张某欲将祖传的青花瓷瓶一件卖给李某,双方约定价款为15万元人民币,交货时间为2009年8月1日,王某知道此事后,找到张某,提出愿以20万元购买此瓷瓶,张某同意,并当即将瓷瓶交给王某,但王某当时未付款,下列陈述正确的是?(　　)①

A.李某可直接要求王某将瓷瓶交给自己,因为李某与张某已签订买卖合同且在先

B.李某有权要求张某承担违约责任

C.李某无权要求王某交付瓷瓶,只能向张某主张该项权利

D.张某应当向王某请求返还瓷瓶,王某应返还

2.简易交付、占有改定、指示交付等观念交付的理解。

3.所有权保留的买卖——仅适用于动产。

(1)交付,但按照约定,价款付清之前所有权不转移。

(2)出卖人保留的所有权,未经登记不得对抗善意第三人。

(3)出卖人可取回的情形:

①未按照约定支付价款,经催告后在合理期限内仍未支付;

②未按照约定完成特定条件;

---

① B

③将标的物出卖、出质或者作出其他不当处分。

取回的标的物价值明显减少的,出卖人有权请求买受人赔偿损失。

(4)买受人的回赎权。

①买受人**在双方约定或者出卖人指定的合理回赎期限内,消除出卖人取回标的物的事由的**,可以请求回赎标的物。

②买受人在回赎期限内没有回赎标的物,出卖人可以以合理价格出卖标的物,出卖所得价款扣除原买受人未支付的价款及必要费用后仍有剩余的,应当返还原买受人;不足部分由原买受人清偿。

例题

甲将其1辆汽车出卖给乙,约定价款30万元。乙先付了20万元,余款在6个月内分期支付。在分期付款期间,甲先将汽车交付给乙,但明确约定付清全款后甲才将汽车的所有权移转给乙。嗣后,甲又将该汽车以20万元的价格卖给不知情的丙,并以指示交付的方式完成交付。下列哪一表述是正确的?(　　)①

A. 在乙分期付款期间,汽车已经交付给乙,乙即取得汽车的所有权

B. 在乙分期付款期间,汽车虽然已经交付给乙,但甲保留了汽车的所有权,故乙不能取得汽车的所有权

C. 丙对甲、乙之间的交易不知情,可以依据善意取得制度取得汽车所有权

D. 丙不能依甲的指示交付取得汽车所有权

4. 交付时间与地点。

(1)出卖人应当按照约定的期限交付标的物。

(2)约定交付期间的,出卖人可以在该交付期间内的任何时间交付。

(3)有约定按约定;无约定,标的物不需要运输的,订合同时知道货物在某一点的,在该地点交付,不知道的,在出卖人营业地;需要运输的,货交承运人所在地为交付地点。

5. 其他问题。

(1)应当依据约定或交易习惯,交付单证资料。

(2)出卖人应承担瑕疵担保责任。

买卖双方可约定免除出卖人的瑕疵担保责任,但若出卖人故意或重大过失不告知瑕疵的,出卖人不得主张免责。

(3)权利转移中的检验期与检验标准。

①有约定依据约定检验,没有约定的,及时检验。出卖人知道或应知不合格的,不受以下通知时间的限制。

②约定检验期内,买受人应将检验不合格结果及时通知出卖人,怠于通知视为合格。

约定期间过短,按照交易习惯和标的物性质,难以完成检验的,视为对于外观瑕疵的异议期间。

法律、行政法规若有规定检验期,约定或产品质保期,不得短于法定期间。

③没有约定检验期,合理期限内未通知或收到标的物起两年内未通知买受人不合约定的,视为合格。(产品有质保期的,不适用两年的规定)

④未约定检验期,买受人签收的送货单、确认单载明数量、型号、规格的可作为买受人已经对外观瑕疵及数量进行检验的初步证据,有证据推翻的除外。

⑤出卖人按照买受人要求向第三人履行的,若买卖双方与买受人和第三人约定检验标准不一致的,以买卖双方约定为准。(合同相对性)

---

① B

（4）基于绿色原则的回收义务。

【民法典合同编第625条】依照法律、行政法规的规定或者按照当事人的约定,标的物在有效使用年限届满后应予回收的,出卖人负有自行或者委托他人对标的物予以回收的义务。

（5）多交付标的物的处理。

买受人可拒绝或接受,接受的,应按约定支付价款;拒绝的,应及时通知出卖人。

❖（二）风险分担——无约定时,交付转移风险

风险:由于非可归责于当事人的原因导致标的物毁损、灭失。

【民法典合同编第604条】标的物毁损、灭失的风险,在标的物交付之前由出卖人承担,交付之后由买受人承担,但是法律另有规定或者当事人另有约定的除外。

出卖人按照约定将标的物运送至买受人指定地点并交付给承运人后,标的物毁损、灭失的风险由买受人承担,但是当事人另有约定的除外。

【特别提醒】种类物风险转移的特殊之处

当事人对风险负担没有约定,标的物为种类物,出卖人未以装运单据、加盖标记、通知买受人等可识别的方式清楚地将标的物特定于买卖合同,标的物毁损、灭失的风险不转移,由出卖人承担。

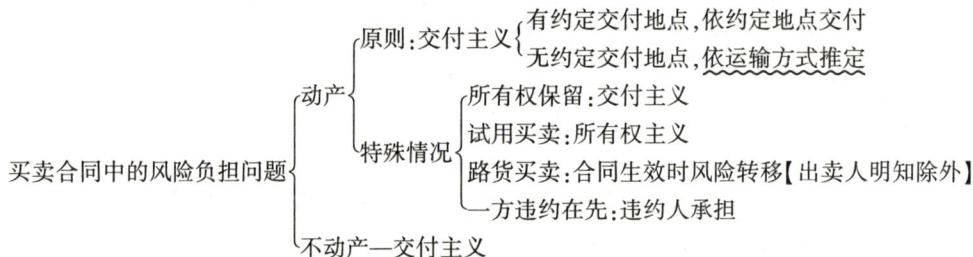

买卖合同中的风险负担问题
- 动产
  - 原则:交付主义
    - 有约定交付地点,依约定地点交付
    - 无约定交付地点,依运输方式推定
  - 特殊情况
    - 所有权保留:交付主义
    - 试用买卖:所有权主义
    - 路货买卖:合同生效时风险转移【出卖人明知除外】
    - 一方违约在先:违约人承担
- 不动产—交付主义

孳息与风险相同,都以交付为转移的标准,买卖合同下,**不适用孳息归属原物**规则。

补充:三个重点条文

【民法典合同编第609条】出卖人按照约定未交付有关标的物的单证和资料的,不影响标的物毁损、灭失风险的转移。

【民法典合同编第610条】因标的物不符合质量要求,致使不能实现合同目的的,买受人可以拒绝接受标的物或者解除合同。买受人拒绝接受标的物或者解除合同的,标的物毁损、灭失的风险由出卖人承担。

【民法典合同编第611条】标的物毁损、灭失的风险由买受人承担的,不影响因出卖人履行债务不符合约定,买受人请求其承担违约责任的权利。

例题 ✍

甲乙约定卖方甲负责将所卖货物运送至买方乙指定的仓库。甲如约交货,乙验收收货,但甲未将产品合格证和原产地证明文件交给乙。乙已经支付80%的货款。交货当晚,因山洪暴发,乙仓库内的货物全部毁损。下列哪些表述是正确的?（　　）①

A. 乙应当支付剩余20%的货款

B. 甲未交付产品合格证与原产地证明,构成违约,但货物损失由乙承担

C. 乙有权要求解除合同,并要求甲返还已支付的80%货款

D. 甲有权要求乙支付剩余的20%货款,但应补交已经毁损的货物

---

① AB

(三)试用买卖

1.试用期的确定:协商——不成,出卖人指定。**无约定,无费用**。

2.推定购买的情形:

(1)**试用期内付款;**

(2)**出卖试用物;**

(3)**出租试用物;**

(4)**设定担保物权;**

(5)**试用期满保持沉默的。**

【特别提醒】貌似但不是试用买卖的情形

(1)约定标的物经过试用或者检验符合一定要求时,买受人应当购买标的物。

(2)约定第三人经试验对标的物认可时,买受人应当购买标的物。

(3)约定买受人在一定期间内可以调换标的物。

(4)约定买受人在一定期间内可以退还标的物。

(四)样品买卖

买受者不知样品有隐蔽瑕疵,即使交付的标的物与样品相同,出卖人仍然应承担责任。

【民法典合同编第 636 条】凭样品买卖的买受人不知道样品有隐蔽瑕疵的,即使交付的标的物与样品相同,出卖人交付的标的物的质量仍然应当符合同种物的通常标准。

(五)分期付款买卖

【民法典合同编第 634 条】分期付款的买受人未支付到期价款的数额达到全部价款的五分之一,经催告后在合理期限内仍未支付到期价款的,出卖人可以请求买受人支付全部价款或者解除合同。

出卖人解除合同的,可以向买受人请求支付该标的物的使用费。

二、供用电、水、气、热力合同

(一)概念和特征

1.概念。

供用电、水、气、热力合同,是指合同一方提供电、水、气、热力供合同另一方利用,合同另一方支付报酬的合同。供用电、水、气、热力合同属移转财产所有权合同的一种,买卖合同关于移转财产所有权所作的规定,对于该类合同同样有适用效力。

2.特征。

(1)公用性。所谓公用性,是指供应人提供的电、水、气、热力的消费对象不是社会中的某些特殊阶层,而是一般的社会公众。因此,供应人基于社会公共利益要求有强制缔约义务,不得拒绝使用人通常、合理的供应要求。

(2)公益性。所谓公益性,是指这类公共供应合同的目的不只是让供应方从合同中得到利益,更主要的是为了满足人民生活的需要,提高人民生活质量。

(3)继续性。供用电、水、气、热力合同中,利用合同目的的实现需要供应方持续不断地履行合同义务。因此,与经由义务人的一次给付行为即可完成合同履行的合同不同,供用电、水、气、热力合同为继续性合同。

(二) 供用电合同

供用电合同是供电人向用电人供电,用电人支付电费的合同。

1. 供电人的义务。

(1) 及时、安全、合格供电。供电人应当按照国家规定的供电质量标准和约定安全供电的义务。供电人未按照国家规定的供电质量标准和约定安全供电,造成用电人损失的,应当承担损害赔偿责任。

(2) 因限电、检修等停电的通知义务。供电人因供电设施计划检修、临时检修、依法限电或者用电人违法用电等原因,需要中断供电时,应当按照国家有关规定事先通知用电人。未事先通知用电人中断供电,造成用电人损失的,应当承担损害赔偿责任。

(3) 抢修义务。因自然灾害等原因断电,供电人应当按照国家有关规定及时抢修。未及时抢修,造成用电人损失的,应当承担损害赔偿责任。

2. 用电人的义务。

(1) 支付电费的义务。用电人拖欠电费的,应按约定支付违约金,经催告用电人在合理期限内仍不交付电费和违约金的,供电人可以依据国家有关规定中止供电。

(2) 依照规定或约定用电的义务。用电人应当按照国家有关规定和当事人的约定安全用电。用电人未按国家有关规定和当事人的约定安全用电,造成供电人损失的,应当承担损害赔偿责任。

3. 供用电合同的履行地。

有约定按约定,没有约定或约定不明确的,供电设施的产权分界处为履行地点。

(三) 供用水、气、热力合同,参照供用电合同的有关规定

例题

某冷冻厂与供电局签订了供电合同,双方对合同履行地点缺乏规定。2011 年 5 月,由于供电设施受大风袭击,需要及时抢修,因此供电局在没有通知冷冻厂的情况下,便切断了供电。事后,冷冻厂声称由于没有接到任何通知,致使其食品大面积腐烂变质。下面说法错误的是(　　)①。

A. 断电因为自然灾害所致,属于不可抗力,供电局无须承担责任

B. 合同履行地点为供电局所在地

C. 冷冻厂可以供电局未承担损害赔偿责任为由拖欠电费

D. 某冷冻厂逾期不交付电费,经催告在合理期限内仍不交付电费的,供电局可以按照国家规定的程序中止供电

三、赠与合同(双方、单务、无偿、诺成合同)

【民法典合同编第 657 条】赠与合同是赠与人将自己的财产无偿给予受赠人,受赠人表示接受赠与的合同。

(一) 三项权利

1. 赠与合同中的撤销权。

(1) 任意撤销权。

【民法典合同编第 658 条】赠与人在赠与财产的权利转移之前可以撤销赠与。

经过公证的赠与合同或者依法不得撤销的具有救灾、扶贫、助残等公益、道德义务性质

---

① ABC

的赠与合同,不适用前款规定。

(2)法定撤销权。

【民法典合同编第663条】受赠人有下列情形之一的,赠与人可以撤 销赠与:

(一)严重侵害赠与人或者赠与人近亲属的合法权益;

(二)对赠与人有扶养义务而不履行;

(三)不履行赠与合同约定的义务。

赠与人的撤销权,自知道或者应当知道撤销事由之日起<u>一年内行使</u>。

【民法典合同编第664条】因受赠人的违法行为致使赠与人死亡或者丧失民事行为能力的,赠与人的继承人或者法定代理人可以撤销赠与。

赠与人的继承人或者法定代理人的撤销权,自知道或者应当知道撤销事由之日起<u>六个月内行使</u>。

2.穷困抗辩权:赠与人陷入经济困境的,得终止履行。

【民法典合同编第666条】赠与人的经济状况显著恶化,严重影响其生产经营或者家庭生活的,可以不再履行赠与义务。

例题

甲曾表示将赠与乙5000元,且已实际交付乙2000元,后乙在与甲之子丙的一次纠纷中,将丙打成重伤。下列说法哪些是正确的?(　　　)①

A.甲可以撤销对乙的赠与

B.丙可以要求撤销其父对乙的赠与

C.丙应在被殴伤6个月内行使撤销权

D.甲有权要求乙返还已赠与的2000元

(二)两个责任

【民法典合同编第660条】经过公证的赠与合同或者依法不得撤销的具有救灾、扶贫、助残等公益、道德义务性质的赠与合同,赠与人不交付赠与财产的,受赠人可以请求交付。

<u>依照前款规定应当交付的赠与财产因赠与人故意或者重大过失致使毁损、灭失的,赠与人应当承担赔偿责任。</u>

【民法典合同编第662条】赠与的财产有瑕疵的,赠与人不承担责任。附义务的赠与,赠与的财产有瑕疵的,赠与人在附义务的限度内承担与出卖人相同的责任。

赠与人故意不告知瑕疵或者保证无瑕疵,造成受赠人损失的,应当承担损害赔偿责任。

1.瑕疵担保责任。

赠与的财产有瑕疵的,赠与人不承担责任,但在附义务的赠与中,赠与的财产有瑕疵的,赠与人在附义务的限度内承担与出卖人相同的责任。同时,赠与人故意不告知瑕疵或者保证无瑕疵,造成受赠人损失的,应当承担损害赔偿责任。

2.违约责任:故意和重大过失。

例题

甲有一部汽车,赠与其友人乙,未附任何条件。乙接受赠与后,非常高兴,开着汽车沿路兜风。但在行使过程中,因汽车故障致该车与另一车相撞,损失六万元。乙要求甲赔偿损失,甲拒绝赔偿。后经查明,该汽车确有故障,但甲因事务繁忙,忘记告诉乙此故障。试问甲是否应当承担乙的损失?(　　　)②

A.赠与为无偿合同,甲未告诉乙汽车有故障,虽有过失,但不存在故意,不应当承担损害赔偿责任

---

① 　AD

② 　A

B. 甲未告诉乙汽车有故障,致乙驾车与另一车相撞,有过失,应当承担全部损害责任

C. 甲未告诉乙汽车有故障,致乙驾车与另一车相撞,有过失,应当承担适当赔偿责任

D. 甲未告诉乙汽车有故障,致乙驾车与另一车相撞,有过失,应当承担公平责任

四、借款合同

(一)概念和特征

1. 概念。

指借款人向贷款人借款,到期返还借款并支付利息的合同。其中,向对方借款的一方称为借款人,出借钱款的一方称为贷款人。借款合同依据贷款人的不同可以区分为金融机构借款合同和自然人之间的借款合同。

2. 特征。

(1)借款合同的标的物为金钱。金钱既是可消耗物,又是特殊的种类物。金钱占有的移转,在双方当事人没有特别约定时即发生金钱所有权的移转。

(2)在借款合同约定的或法律规定的还款期限届至时,借款人无须返还原物,仅须返还同样数量的金钱即可。

(二)金融机构借款合同

1. 概念及特征。

(1)概念:金融机构借款合同,是指办理贷款业务的金融机构作为贷款人一方,向借款人提供贷款,借款人到期返还借款并支付利息的合同。

(2)特征:

①有偿性。借款人在获得金融机构所提供的贷款的同时,不仅负担按期返还本金的义务,还要按照约定向贷款人支付利息。在这一点上,该合同与自然人之间的借款合同有所不同。后者可以为无偿合同,当事人对支付利息没有约定或者约定不明确的,视为不支付利息。

②要式性。金融机构借款合同应当采用书面形式。在要式性上,该合同也与自然人之间的借款合同不同。对于自然人间的借款合同,当事人可以约定不采用书面形式。

【特别提醒】如果双方没有争议或者一方当事人已经履行主要义务,对方接受的,合同仍然成立。

③诺成性。金融机构借款合同,在合同双方当事人协商一致时,合同关系即可成立。依法成立的,自成立时起生效。故金融机构借款合同为诺成性合同。自然人之间的借款合同则有所不同,该合同自贷款人提供借款时生效。

2. 金融机构借款合同的效力。

(1)贷款人的合同义务:

①按期、足额提供借款义务。借款的利息不得预先在本金中扣除。利息预先在本金中扣除的,借款人有权按照实际借款数额返还借款并计算利息。

②保密义务。金融机构对于其在合同订立和履行阶段所掌握的借款人的各项商业秘密有保密义务,不得泄密或进行不正当使用。该项义务系贷款人的附随义务。

(2)借款人的合同义务:

①依约提供担保。借款人应依据金融机构的要求提供担保,该项义务常发生在借款合

同的主要内容生效之前。

②如实申报义务。订立借款合同,借款人应当按照贷款人的要求提供与借款有关的业务活动和财务状况的真实情况。

③容忍义务。在贷款人按照约定检查、监督借款的使用情况时,借款人应当按照约定向贷款人定期提供有关财务会计报表等资料。该项义务基于约定产生,未作约定的,借款人有权拒绝贷款人对借款使用状况进行检查、监督的请求。

④按照约定用途使用借款。借款人应当按照约定的借款用途使用借款,借款人未按照约定的借款用途使用借款的,贷款人可以停止发放借款、提前收回借款或者解除合同。

⑤按期支付利息。双方当事人对支付利息的期限没有约定或者约定不明确的,可以协议补充。不能达成补充协议的,按照合同有关条款或者交易习惯确定。依据前述方法仍不能确定的,借款期间不满 1 年的,应当在返还借款时一并支付;借款期间在 1 年以上的,应当在每届满 1 年时支付;剩余期间不满 1 年的,应当在返还借款时一并支付。利息数额的确定,应当按照中国人民银行规定的贷款利率的上下限确定。

⑥按期返还借款。借款人应当按照约定的期限返还借款。双方当事人对借款期限没有约定或者约定不明确,可以协议补充。不能达成补充协议的,按照合同有关条款或者交易习惯确定。依据前述方法不能确定的,借款人可以随时返还,贷款人可以催告借款人在合理期限内返还。借款人未按照约定的期限返还借款的,应当按照约定或者国家有关规定支付逾期利息。但借款人在还款期限届满之前向贷款人申请展期,贷款人同意的,可依照新确定的期限返还借款。借款人提前偿还借款的,除非当事人另有约定,借款人有权按照实际借款的期间计算利息。

例题

下列四份借款合同,双方对支付利息的期限均无约定,事后亦不能达成补充协议,依照合同法的规定,借款人支付利息的义务应当如何履行? (   )①

A. 甲合同的约定借款期限为 6 个月,则应当在返还借款时一并支付利息

B. 乙合同的约定借款期限为 1 年,则应当每满 6 个月时支付一次利息

C. 丙合同的约定借款期限为 30 个月,则应当分别在满 12 个月、24 个月和 30 个月时支付利息

D. 丁合同的约定借款期限为 50 个月,则应当分别在满 12 个月、24 个月、36 个月和 50 个月时支付利息

(三) 民间借贷合同

1. 民间借贷的界定。

民间借贷,是指自然人、法人、其他组织之间及其相互之间进行资金融通的行为。

经金融监管部门批准设立的从事贷款业务的金融机构及其分支机构,因发放贷款等相关金融业务引发的纠纷,属于上述金融机构借款的范围。

2. 民间借贷合同的生效。

【民法典合同编第 679 条】自然人之间的借款合同,自贷款人提供借款时生效。

自然人之间借款,双方均为自然人、是否有偿当事人自己约定、是实践合同、不要式合同。

具有下列情形之一,可以视为具备自然人之间借款合同的生效要件:

---

① AC

（1）以现金支付的，自借款人收到借款时；

（2）以银行转账、网上电子汇款或者通过网络贷款平台等形式支付的，自资金到达借款人账户时；

（3）以票据交付的，自借款人依法取得票据权利时；

（4）出借人将特定资金账户支配权授权给借款人的，自借款人取得对该账户实际支配权时；

（5）出借人以与借款人约定的其他方式提供借款并实际履行完成时。

由上述特征可见，自然人之间借款合同是实践合同。同时，按照合同法的规定，自然人之间的借款，可以是有偿，也可以无偿，如果未约定利息的，推定为无偿。

除自然人之间的借款合同外，当事人主张民间借贷合同自合同成立时生效的，人民法院应予支持，但当事人另有约定或者法律、行政法规另有规定的除外。由此可见，并非所有的民间借贷合同均为实践合同。

3. 民间借贷的利率与利息。

（1）没有约定利息，不可主张。

（2）利息约定不明，自然人之间借款不予支持，其他由法院裁量。

（3）利率：年利率不超过（小于等于）24%，支持；大于 24%，不超过（小于等于）36%，自然债务；超过 36% 的部分，无效。

（4）没有约定利息，但自愿支付后又主张对方构成不当得利的，不予支持。超过年利率除外。

（5）借款合同提前扣除利息者，以实际借款金额为准计算本息。

（6）逾期利率有约定的，从约定（年利率不超过 24%）；没有约定或约定不明的：

①既未约定借款利率，也未约定逾期利率，可主张 6%；

②约定了借款利率的，对于逾期期间可按照借款利率主张；

③同时约定逾期利率、违约金和其他费用的，可单独或一并主张，但不得超过年利率 24%。

（7）除非特别约定，可以提前还款，并主张以实际借款期间计算利息。

例题

李四因购电脑借张三 1 万元，约定 2 年还本，逾期不还支付违约金 300 元。2 年后李四仍未还钱。对此张三可请求李四退还(   )①。

A. 1 万元本金

B. 300 元违约金

C. 1 万元本金的逾期利息

D. 1 万元本金和 2 年利息

五、租赁合同（双务、有偿、诺成合同）

（一）所有租赁均可适用之规则

1. 租赁期限。

（1）6 个月之内：口头形式。

（2）6 个月之上：书面形式，未采取书面形式为不定期租赁。

（3）关于租赁期限没有约定或约定不明，事后不能协商确定的，视为不定期租赁。

（4）租赁期间届满，承租人继续使用租赁物，出租人没有提出异议的，原租赁合同继续有

---

① ABC

效,视为为不定期租赁。

不定期租赁,当事人可以随时解除合同,但应在合理期限前通知对方。

2.转租。

转租：
- 经同意转租：两个租赁合同关系,依合同相对性处理(不超过剩余期限)
- 未经同意转租：
  - 租赁合同：构成违约,解除合同：
    - 对第三人：排除妨害
    - 对承租人：不当得利
  - 转租合同：合同有效,转租人对第三人负违约责任

【特别提醒】

(1)转租合同超过剩余期限的部分无效,另约除外。

(2)同意转租的推定：

出租人知道或者应当知道承租人转租,但是在六个月内未提出异议的,视为出租人同意转租。

(3)次承租人的保护：

①承租人拖欠租金的,次承租人可以代承租人支付其欠付的租金和违约金,但是转租合同对出租人不具有法律约束力的除外。

②次承租人代为支付的租金和违约金,可以折抵次承租人应当向承租人支付的租金;超出其应付的租金数额的,可以向承租人追偿。

例题

甲将自己的一套房屋租给乙住,乙又擅自将房屋租给丙住。丙是个飞镖爱好者,因练飞镖将房屋的墙面损坏。下列哪些选项是正确的? (   )①

A.甲有权要求解除与乙的租赁合同

B.甲有权要求乙赔偿墙面损坏造成的损失

C.甲有权要求丙搬出房屋

D.甲有权要求丙支付租金

3.买卖不破租赁。【相对性的例外】

租赁物在租赁期间发生所有权变动的,不影响租赁合同的效力。

4.对租赁物的修缮义务。

无约定者,出租人承担维修、修缮义务。融资租赁则相反。

因承租人过错导致租赁物需要维修的,出租人不承担维修义务。

5.登记备案与合同效力。

当事人未依照法律、行政法规规定办理租赁合同登记备案手续的,不影响合同的效力。

6.承租人对租赁物的改善。

(1)承租人**经出租人同意**,可以对租赁物进行改善或者增设他物。

(2)承租人**未经出租人同意**,对租赁物进行改善或者增设他物的,出租人可以请求承租人恢复原状或者赔偿损失。

7.租赁期间占有使用租赁物的收益归属。

除非另有约定,在租赁期间因占有、使用租赁物获得的收益,归承租人所有。

8.租金支付。

无约定的,按年付,不满一年,按实际期间付。

---

① ABC

9.租赁合同的解除。

（1）出租人解除：

①承租人未经同意转租；

②承租人未按照约定方法或租赁物的性质使用；

③承租人无正当理由未支付或者迟延支付租金,经请求在合理期限内仍不支付的。

（2）承租人解除：

①出租人原因导致租赁物被司法机关或者行政机关依法查封；

②租赁物权属有争议；

③租赁物具有违反法律、行政法规关于使用条件强制性规定情形；

④因不可归责于承租人的事由,致使租赁物部分或者全部毁损、灭失,且因租赁物部分或者全部毁损、灭失,**致使不能实现合同目的的**；

⑤租赁物危及承租人的安全或者健康的,即使承租人订立合同时明知该租赁物质量不合格,承租人仍然可以随时解除合同。

（二）房屋租赁规则

1.房屋承租人的优先购买权。

【民法典合同编第726条】出租人出卖租赁房屋的,应当在出卖之前的合理期限内通知承租人,承租人享有以同等条件优先购买的权利;但是,房屋共有人行使优先购买权或者出租人将房屋出卖给近亲属的除外。

出租人履行通知义务后,承租人在十五日内未明确表示购买的,视为承租人放弃优先购买权。

【民法典合同编第727条】出租人委托拍卖人拍卖租赁房屋的,应当在拍卖五日前通知承租人。承租人未参加拍卖的,视为放弃优先购买权。

【民法典合同编第728条】出租人未通知承租人或者有其他妨害承租人行使优先购买权情形的,承租人可以请求出租人承担损害赔偿责任。但是,出租人与第三人订立的房屋买卖合同的效力不受影响。

（1）优先购买权的行使。

提前通知——合理期间(拍卖方式提前5日,若未参加拍卖,视为放弃)——否则承租人可请求赔偿——但请求出租人与第三人合同无效的,不予支持。

（2）优先购买权的排除：

①房屋共有人行使优先购买权的；

②出租人将房屋出卖给近亲属,包括配偶、父母、子女、兄弟姐妹、祖父母、外祖父母、孙子女、外孙子女的；

③出租人履行通知义务后,承租人在十五日内未明确表示购买的；

④**第三人善意购买租赁房屋并已经办理登记手续的**。

例题

【2015-11】甲将房屋租给乙,在租赁期内未通知乙就把房屋出卖并过户给不知情的丙。乙得知后劝丙退出该交易,丙拒绝。关于乙可以采取的民事救济措施,下列哪一选项是正确的?(　　)①

① D

A. 请求解除租赁合同,因甲出卖房屋未通知乙,构成重大违约

B. 请求法院确认买卖合同无效

C. 主张由丙承担侵权责任,因丙侵犯了乙的优先购买权

D. 主张由甲承担赔偿责任,因甲出卖房屋未通知乙而侵犯了乙的优先购买权

2. "一房数租"时的认定顺序。

出租人就同一房屋订立数份租赁合同,在合同均有效的情况下,承租人均主张履行合同的,人民法院按照下列顺序确定履行合同的承租人:

(1)已经合法占有租赁房屋的;

(2)已经办理登记备案手续的;

(3)合同成立在先的。

不能取得租赁房屋的承租人请求解除合同、赔偿损失的,依照合同法的有关规定处理。

3. 和房屋承租人共同居住者、共同经营人或其他合伙人的继续承租权。

【民法典合同编第 732 条】承租人在房屋租赁期间死亡的,与其生前共同居住的人或者共同经营人可以按照原租赁合同租赁该房屋。

4. 优先承租权。

租赁期间届满,房屋承租人享有以同等条件优先承租的权利。

5. 房屋租赁合同无效的情形与后果。

(1)具体情形:

①出租人未取得建设工程规划许可证或未按许可证建设,租赁合同无效。

②出租人就未经批准或者未按照批准内容建设的临时建筑,租赁合同无效。

③出租人超出临时建筑使用期限,订立的租赁合同,超过的部分无效。

以上三种,在一审期间法庭辩论终结前重新获得批准或认可的,有效。

④转租合同,超过租赁剩余期限的,超过部分无效。

⑤房屋租赁合同依法律、法规应当办理登记备案手续的,未办理的不认定租赁合同无效。

以上④⑤两种,当事人可以另行约定。

(2)合同无效的后果:出租人可请求房屋的占有使用费。

六、融资租赁合同

(一)含义

融资租赁合同是出租人根据承租人对出卖人、租赁物的选择,向出卖人购买租赁物,提供给承租人使用,承租人支付租金的合同。

承租人将其自有物出卖给出租人,再通过融资租赁合同将租赁物从出租人处租回的,承租人和出卖人系同一人,不影响融资租赁合同的成立。

无论是三方关系,还是两方关系,**法律本质均为"买卖+租赁"**。融资租赁合同中,出租人是典型的"甩手掌柜"。

出租人是经过批准的融资租赁公司,性质上属于金融机构。

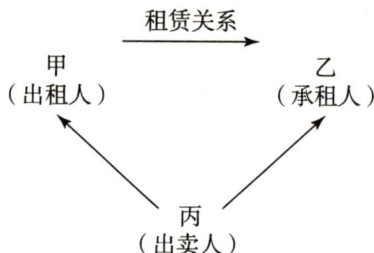

根据承租人选择,向出卖人购买,出卖人向承租人交付。

出卖人违反向承租人交付标的物的义务,有下列情形之一的,承租人可以**拒绝受领**出卖人向其交付的租赁物:

1. 租赁物严重不符合约定;

2. 出卖人未在约定期间或者合理期间内交付租赁物,经承租人或者出租人催告,在催告期满后仍未交付。

承租人拒绝受领租赁物的,应当及时通知出租人。

(二)融资租赁合同效力的认定

1. 对名为融资租赁合同,但实际不构成融资租赁法律关系的,按照其实际构成的法律关系处理。

2. 根据法律、行政法规规定,承租人对于租赁物的经营使用应当取得行政许可的,人民法院不应仅以出租人未取得行政许可为由认定融资租赁合同无效。

3. 当事人以虚构租赁物等方式订立融资租赁合同掩盖非法目的的,融资租赁合同无效。

(三)重要的权利与义务

1. 租赁物有质量问题的,承租人可直接向出卖人索赔,出租人只是协助。承租人破产时,租赁物不是破产财产。

(1)出租人有下列情形之一,致使承租人对出卖人行使索赔权利失败的,应向承租人赔偿:

①明知租赁物有质量瑕疵而不告知承租人;

②承租人行使索赔权利时,未及时提供必要协助。

出租人怠于行使只能由其对出卖人行使的索赔权利,造成承租人损失的,承租人有权请求出租人承担赔偿责任。

(2)出租人对租赁物享有的所有权,未经登记,不得对抗善意第三人。

2. 对于租赁物的瑕疵,出租人一般不负责任,对于承租人占有期间租赁物造成第三人的侵权,也不负责。只有在承租人对于出租人有技术依赖或出租人干预租赁物选择时,才需要负责。

3. 在融资租赁中,没有约定时,维修租赁物的义务由承租人承担。

4. 承租人占有租赁物期间,租赁物毁损、灭失的风险由承租人承担,出租人可请求承租人继续支付租金。

5. 出租人可以授权承租人将租赁物抵押给出租人并办理抵押登记,防止承租人无权处分租赁物。

6. 租赁关系结束时租赁物的所有权归属。

(1)租赁期满,没有约定又达不成补充协议的,租赁物的所有权归出租人所有。

（2）当事人约定租赁期间届满，承租人**仅需向出租人支付象征性价款的**，视为约定的租金义务履行完毕后租赁物的所有权归承租人。

（3）租赁合同无效时，协商不成的，租赁物返还给出租人，但是，例外如下：

因承租人原因导致合同无效，出租人不要求返还租赁物，或者租赁物正在使用，返还出租人后会显著降低租赁物价值和效用的，人民法院可以判决租赁物所有权归承租人，并根据合同履行情况和租金支付情况，由承租人就租赁物进行折价补偿。

（四）融资租赁中的解除权

1. 双方均有法定解除权之情形。

（1）出租人与出卖人订立的买卖合同解除、被确认无效或者被撤销，且双方未能重新订立买卖合同的。

（2）租赁物因不可归责于双方的原因意外毁损、灭失，且不能修复或者确定替代物的。

【民法典合同编第 756 条】融资租赁合同因租赁物交付承租人后意外毁损、灭失等不可归责于当事人的原因解除的，出租人可以请求承租人按照租赁物折旧情况给予补偿。

（3）因出卖人的原因致使融资租赁合同的目的不能实现的。

2. 仅出租人享有法定解除权的情形。

（1）承租人未经出租人同意，将租赁物转让、转租、抵押、质押、投资入股或者以其他方式处分租赁物的。

（2）承租人未按照合同约定的期限和数额支付租金，符合合同约定的解除条件，经出租人催告后在合理期限内仍不支付的。

（3）合同对于欠付租金解除合同的情形没有明确约定，但**承租人欠付租金达到两期以上，或者数额达到全部租金百分之十五以上**，经出租人催告后在合理期限内仍不支付的。

（4）承租人违反合同约定，致使合同目的不能实现的其他情形。

3. 承租人享有法定解除权的情形。

因出租人的原因致使承租人无法占有、使用租赁物，承租人可请求解除融资租赁合同。

4. 合同解除的后果。

（1）融资租赁合同因买卖合同解除、被确认无效或者被撤销而解除，出卖人及租赁物系由承租人选择的，出租人有权请求承租人赔偿相应损失。

（2）出租人的损失已经在买卖合同解除、被确认无效或者被撤销时获得赔偿的，承租人不再承担相应的赔偿责任。

七、承揽合同——交付工作成果（双务、有偿、诺成、不要式）

（一）定义和特征

1. 定义。

承揽合同是承揽人按照定作人的要求完成工作，交付工作成果，定作人给付报酬的合同。其中，完成工作并将工作成果交付给对方的一方当事人为承揽人，接受工作成果并向对方给付报酬的一方当事人为定作人。

2. 特征。

（1）承揽合同以完成一定工作为目的。

承揽合同中承揽人应按照与定作人约定的标准和要求完成工作。

（2）承揽人完成工作的人身信任性质。

定作人与承揽人之间订立承揽合同，一般是建立在对承揽人的能力、条件等信任的基础上。只有承揽人自己完成工作才符合定作人的要求。承揽人如将其<u>主要义务</u>交由其他人来完成，属于债务不履行，应负违约责任。

🛡 (二) 承揽合同的种类

依承揽具体内容的不同，承揽合同可以分为如下一些具体合同种类：

1. 加工合同。

加工合同中材料应当由定作人提供，而不由承揽人自备。

2. 定作合同。

定作合同中则由承揽人自己准备原料。

3. 修理合同。

4. 复制合同。

承揽人可以采取不同的方式进行复制，如对文稿的复印、对画稿的临摹，对雕像的模仿塑造。

5. 测试、检验合同。

测试合同是指承揽人依定作人的要求，以自己的技术、仪器设备以及自己的工作，对定作人指定的项目进行测试、检验，并将测试、检验结果交付给定作人，定作人接受其成果并向承揽人支付报酬的合同。

🛡 (三) 承揽合同的效力

承揽合同的效力主要体现为：

1. 承揽人的合同义务。

（1）完成承揽工作的义务。

承揽人的主要义务是按照合同的约定，以自己的技术、设备完成所承揽的工作。这一义务包括三个方面：

其一，承揽人要在约定的期限内完成工作。①承揽人一般不得以定作人未支付报酬为由主张同时履行抗辩权，只能先履行工作义务。②如果当事人约定由定作人先预付一部分报酬或约定有合同定金的，则承揽人可以该预付款及定金未交付为由主张同时履行抗辩权。③如果合同约定由定作人首先提供材料而定作人并未按时提供，以致承揽人不能按时着手工作的，不能认为承揽人违约。④承揽人在着手工作前，发现定作人提供的图纸或技术要求不合理并通知定作人修改的，为此所造成的承揽人延期着手工作的，不应作为承揽人违约处理。

其二，承揽人应依定作人要求亲自完成工作。①承揽合同的订立以定作人对承揽人完成工作的条件和能力的信任为基础。因此，承揽人应当以自己的设备、技术和劳力完成主要工作，但当事人另有约定的除外。②承揽人可以将其承揽的<u>辅助工作</u>交由第三人完成。承揽人将其承揽的辅助工作交由第三人完成的，应当就该第三人完成的工作成果向定作人负责。

其三，承揽人完成的工作成果要符合定作人的要求。①承揽人交付的工作成果不符合质量要求的，定作人可以要求承揽人承担修理、重作、减少报酬、赔偿损失等违约责任。②如果定作人中途变更承揽工作的要求，造成承揽人损失的，应当赔偿损失。

（2）接受定作人提供材料或依约提供材料的义务。

（3）容忍义务。

承揽人完成工作期间，定作人可以对承揽人的工作进行检验和监督，承揽人不得拒绝其检验和监督。

（4）交付工作成果的义务。

承揽人要将完成的工作成果交付给定作人，经定作人验收合格，才算完成合同的主要义务。

（5）保密义务和通知义务。

①承揽人违反保密义务给定作人造成损失的，定作人可以向其请求损害赔偿。

②承揽人对定作人提供的材料，应当及时检验。发现不符合约定时，应当及时通知定作人更换、补齐或者采取其他补救措施。承揽人发现定作人提供的图纸或者技术要求不合理的，应当及时通知定作人。

2. 定作人的义务。

（1）支付价款的义务。

①"价款"主要由承揽人的工作报酬、承揽人提供材料时的材料费、定作人提供材料时或其迟延接收时承揽人的保管费用等构成。

②定作人应当按照约定的期限支付报酬。对支付报酬的期限没有约定或者约定不明确的，合同的双方当事人可以协议补充；不能达成补充协议的，按照合同有关条款或者交易习惯确定；仍不能确定的，定作人应当在承揽人交付工作成果时支付；工作成果部分支付的，定作人应当相应支付；定作人迟延交付报酬的，应向承揽人支付迟延期间的利息；定作人未向承揽人支付报酬或者材料费等价款的，承揽人对完成的工作成果享有留置权或者有权拒绝交付，另有约定除外。

例题

张某请家具公司为自己制作一套家具，原材料是家具公司的，请问：下列各项正确的是(　　)①。

A. 双方签订的是定作合同

B. 双方签订的是加工合同

C. 如果张某不支付报酬，家具公司有留置权

D. 张某在家具制作完毕但尚未油漆前，有权将家具油漆由白色改为棕色

（2）协助义务。

①依合同性质应由定作人提供材料的，定作人应当及时提供。如标的物为不动产的，定作人应使该不动产处于可供工作的状态。

②定作人自己提供设计图纸、技术要求或技术资料的，或者定作人提供样品的，定作人均应及时、合理提供。

定作人不履行协助义务，致使承揽工作不能完成的，承揽人可以确定合理期限催告其履行，并可以顺延履行期限。如其逾期仍不履行，承揽人不必再履行合同，可以解除合同，并不承担因此造成承揽工作无法完成的责任。

（3）受领义务。

①定作人在受领工作成果的同时，有义务对工作成果进行验收。但是验收本身并不能

---

① ACD

作为承揽人免除承担责任的理由。

②如工作成果依其性质在短期内难以发现瑕疵,或者是工作成果存在隐蔽瑕疵的,定作人仍可于验收后的相当期限内请求承揽人承担责任。

③受领工作成果不能被认为是对于责任追究的放弃。

④定作人如无正当理由受领迟延的,承揽人可请求其受领并支付相应的报酬和费用,包括违约金、保管费。定作人并应承担因其受领迟延而发生的工作成果的风险。

3. 共同承揽人的连带责任。

共同承揽人仅指对定作人均负直接完成承揽工作义务的多数承揽人。共同承揽人对定作人承担连带责任,但当事人另有约定的除外。

(四) 承揽合同的终止

关于承揽合同的终止,我们着重介绍承揽合同因当事人行使合同解除权而终止的两种情况。

1. 定作人的任意解除权。

定作人可以随时解除承揽合同,造成承揽人损失的,应当赔偿损失。

例题

何女士提供三块木料给某家具厂订制一个衣柜,开工不久何女士觉得衣柜样式不够新潮,遂要求家具厂停止制作。家具厂认为这是个无理要求,便继续使用剩下两块木料,按原定式样做好了衣柜。下列说法哪些是正确的? (   )①

A. 家具厂应赔偿因此给何女士造成的损失　　B. 何女士应支付全部约定报酬

C. 何女士应支付部分报酬　　D. 何女士应支付全部约定报酬和违约金

2. 承揽合同因当事人一方严重违约而解除。

这种情况主要包括以下方面:

(1)承揽人未依约按时完成合同工作义务而使其工作于定作人已无意义的;

(2)承揽人未经定作人同意将承揽合同的主要工作转由第三人完成的;

(3)定作人在检验监督中发现承揽人工作中存在问题,经向承揽人提出,而承揽人拒不更改的;

(4)定作人未尽到协助义务,经承揽人通知仍不履行的。

以上各种情况出现时,当事人均可行使合同解除权。有损害存在的并可同时请求损害赔偿。

例题

承揽人在履行承揽合同中的下列行为,哪一项构成违约? (   )②

A. 承揽人发现定作人提供的图纸不合理,立即停止工作并通知定作人,因等待答复,未能如期完成工作

B. 承揽人发现定作人提供的材料不合格,遂自行更换为自己确认合格的材料

C. 承揽人未征得定作人同意,将其承揽的辅助工作交由第三人完成

D. 因定作人未按期支付报酬,承揽人拒绝交付工作成果

---

① AC

② B

八、建设工程合同

【民法典合同编第 788 条】建设工程合同是承包人进行工程建设,发包人支付价款的合同。

建设工程合同包括工程勘察、设计、施工合同。

【民法典合同编第 789 条】建设工程合同应当采用书面形式。

(一)定义和订立

1.定义。

指建设工程的发包方与承包人签订的关于承包人按照发包方的要求完成工作,交付建设工程,并由发包方支付价款的合同。

2.订立。

(1)建设工程合同的订立形式:

①发包方与承包方就整个建设工程从勘察、设计到施工签订总承包协议,由承包方对整个建设工程负责。

②由发包方分别与勘察人、设计人、施工人签订勘察、设计、施工合同,实行平行发包。

(2)建设工程的分包合同的订立。

①建设工程的分包。

分包是指工程的承包方(含勘察人、设计人、施工人),经发包人同意后,依法将其承包的部分工程交给第三人完成的行为。

②分包合同的签订条件。

第一,工程分包须经过发包人的同意。

承包人将自己承包的部分工作交由第三人完成,第三人就其完成的工作成果与总承包人或者勘察、设计、施工承包人向发包人承担连带责任。

第二,建设工程主体结构的施工必须由承包人自行完成。

禁止承包单位将其承包的全部建筑工程转包给他人;禁止承包单位将其承包的全部工程肢解以后以分包的名义分别转包给他人。

第三,分包人须具备相应的建设资质且只能分包一次。

例题

甲房地产公司与乙建筑公司签订了一份楼盘建筑施工合同,后乙经甲同意,将部分的管道安装工作交由丙建筑施工公司来做,并签订书面合同。后经验收,丙所完成的管道安装工作严重不合格,乙所完成的工作也有重大的瑕疵,则下列说法正确的有(   )①。

A. 丙与甲之间并未签订合同,丙只需向乙就他们之间的合同承担违约责任,而无须向甲承担任何责任

B. 丙虽然与甲之间并未签订合同,但是丙仍然要就乙对甲所承担的合同义务承担连带责任

C. 由于乙已将管道安装的工作交由丙来做,对此,甲知情而且已表示同意,因此直接由丙对甲就此项工作负责,乙对此无需负责,乙只就其他工作向甲负责即可

D. 丙需向乙就他们之间的合同承担违约责任,乙需向甲就他们之间的合同承担违约责任,而且丙需就他完成的管道安装工作与乙一道向甲承担连带责任

---

① D

★（二）建设工程合同的一般效力

建设工程合同系属一种特殊形式的承揽合同。因此,关于承揽合同效力所作的一般规定,除非法律对于建设工程合同设有特别规定,对于建设工程合同具有适用效力。我国合同法上,对于建设工程合同一般效力的特别规定主要体现在:

1. 承包人的合同义务。

（1）承包人的容忍义务。

承包方有义务接受发包人对工程进度和工程质量的必要的监督。发包人检查的内容主要包括两项:一是对工程进度进行检查;二是对工程质量进行检查。

（2）承包人的通知义务。

在一个整体的建设工程中,有许多中间工程,特别是有一些需要及时隐蔽的工程。例如,自来水、煤气等地下管线工程。对这些隐蔽工程的检查验收一般要先于主体工程。因此,在隐蔽工程隐蔽前,承包方应及时通知发包人进行检查,以确定工程质量是否符合合同约定和法律法规规定的要求。怠于通知或未及时通知造成的损失,由承包人承担。

对于发包人没有及时检查的情况,即使发包人没有及时对隐蔽工程进行检查,承包人也不能自行检查后将工程隐蔽。同时,法律赋予承包人可以顺延工程日期,并享有请求赔偿停工、误工损失的权利来对承包人予以救济。

2. 发包人的合同义务。

（1）协助义务。

发包人应当按照合同的约定提供相关材料、设备、场地、资金、资料等。在发包人未按约定提供的情况下,合同法规定了发包人承担如下责任:①顺延工程日期的责任;②赔偿停工、窝工等损失;③因发包人的原因致使工程停建、缓建给承包人带来额外的损失和费用,发包人应按承包人的实际损失予以赔偿。【民法典合同编第803、804条】

（2）对工程的验收义务。

建设工程完工后,发包人应及时对工程进行验收。建设工程必须经过验收方可投入使用;建设工程未经验收或者验收不合格的,不得交付使用。

（3）支付价款并接收建设工程的义务。

发包人在对建设工程验收合格后,应按合同的约定,扣除一定的保证金后,将剩余工程的价款按约定方式支付给承包人。同时,发包人应与承包人办理移交手续,正式接收该项建设工程。对于发包人未按约定支付价款的,承担逾期付款的违约责任。如果发包人不向承包人支付价款,合同法赋予了承包人优先权,并在后来的司法解释中对优先权的实现作了具体规定:

第一,建筑工程的承包人的优先受偿权优于抵押权和其他债权;

第二,消费者交付购买商品房的全部或者大部分款项后,承包人就该商品房享有的工程价款优先受偿权不得对抗买受人;

第三,建筑工程价款包括承包人为建设工程应当支付的工作人员报酬、材料款等实际支出的费用,不包括承包人因发包人违约所造成的损失;

第四,建设工程承包人行使优先权的期限为6个月,自建设工程竣工之日或者建设工程合同约定的竣工之日起计算。此处的6个月,性质上为除斥期间。

3. 承包人的损害赔偿责任。

因承包人的原因致使建设工程在合理使用期限内造成人身和财产损害的,承包人应当承担损害赔偿责任。

(三)建设勘察、设计合同

1.定义。

勘察、设计合同是勘察合同和设计合同的统称,系指工程的发包人或承包人与勘察人、设计人之间订立的,由勘察人、设计人完成一定的勘察、设计工作,发包人或承包人支付相应价款的合同。

2.效力。

(1)发包人的义务。

发包人应按合同约定,全面、准确、及时提供勘察、设计所需的资料、工作条件等。如果发包人违反合同约定会使勘察人、设计人支出额外的工作量,从而使得勘察、设计费用不合理增加。由于该部分增加的工作量和相关费用是由发包人的违约行为引起的,故合同编将发包人的此种违约责任的承担方式规定为:"发包人应当按照勘察人、设计人实际消耗的工作量增付费用"即按照勘察人、设计人所受到的实际损失承担赔偿责任。

(2)勘察人、设计人的责任。

勘察人、设计人有下述两种行为,给发包人造成损失的,应对发包人承担违约责任:

①勘察、设计的质量不符合要求;

②勘察人、设计人未按照合同约定的期限提交勘察、设计文件,致使工期拖延的。勘察人、设计人违约责任的承担方式为:其一,由勘察人、设计人实际履行,继续完成勘察、设计;其二,损害赔偿。

(四)建设施工合同

1.定义。

指发包方(建设单位)和承包方(施工人)为完成商定的施工工程,明确相互权利、义务的协议。

2.建设工程施工人的责任。

因施工人的原因致使建设工程质量不符合约定的,施工人应承担以下责任:

(1)无偿修理或者返工、改建。承包人修理、返工、改建所支出的费用,均由其自行承担。

(2)逾期违约责任。因修理、返工、改建导致工程逾期交付的,与一般的履行迟延相同。承包人应当承担迟延履行的违约责任,赔偿发包人因此而遭受的损失。

九、运输合同

【民法典合同编第809条】运输合同是承运人将旅客或者货物从起运地点运输到约定地点,旅客、托运人或者收货人支付票款或者运输费用的合同。

(一)定义和特征

1.定义。

又称运送合同,是指承运人将旅客或者货物从起运地点运输到约定地点,旅客、托运人或者收货人支付票款或者运输费用的合同。

2.特征。

(1)有偿合同。

例外:运输合同也有无偿的情况,如运送身高未达一定高度的小孩即属免费运输。

（2）格式合同。

运输合同一般为格式合同,但不排除有的运输合同不采用格式合同的形式,而由双方协商订立。

★（二）分类

1. 以运输的对象为标准,可将运输合同分为旅客运输合同和货物运输合同。

2. 以运输工具为标准,运输合同可分为铁路运输合同、公路运输合同、航空运输合同、水上运输合同、海上运输合同及管道运输合同等。

3. 以承运人的多少为标准,运输合同可分为单一运输合同和联合运输合同。

★（三）运输合同订立中承运人的强制性承诺义务

为了衡平作为弱者的社会公众与往往处于垄断经营地位的公用事业单位的利益,合同法规定从事公共运输的承运人不得拒绝旅客、托运人通常合理的运输要求。

★（四）运输合同的一般效力

1. 承运人的义务。

（1）承运人在约定期间或者合理期间内将旅客、货物安全运到约定地点。

（2）承运人在以下情形中,应承担违约责任:

①不能在约定期间和合理期间履行运送义务的;

②不履行按约定地点运送客货义务;

③将货物运送到约定地点后,还负有将货物交付给合同载明或指示交付的收货人的义务。

（3）承运人应当按照约定的或者通常的运输路线运送旅客、货物。

2. 旅客、托运人或者收货人支付票款或运费的义务。

承运人未按照通常的路线运输增加票款或者运费的,旅客、托运人或者收货人可以拒绝支付增加部分的票款或者运费。

★（五）客运合同

1. 定义和特征。

（1）定义。

指承运人与旅客之间关于承运人将旅客及其行李安全运输到目的地,旅客为此支付运费的协议。

（2）特征。

①客运合同的标的为运输旅客的行为。

②客运合同为诺成性合同。

【民法典合同编第814条】客运合同自承运人向旅客<u>交付客票</u>时成立,但是当事人另有约定或者另有交易习惯的除外。

此条文规定的交付客票,并不具有一般实践合同中"交付标的物"才能使得合同成立的意义。因为,交付客票只是一种权利凭证的交付,作为运输合同关系存在的书面证明。

2. 客运合同的效力。

（1）旅客有持有效客票乘运的义务。

客票是旅客运输合同的书面形式,是证明旅客运输合同的唯一凭证。

旅客无票乘运、超程乘运、越级乘运或者持失效客票乘运的,应当补交票款。承运人可以按照规定加收票款。

（2）旅客有限量携带行李的义务。

旅客在运输中应当按照约定的限量携带行李。超过限量携带行李的,应当办理托运手续。

（3）旅客有不随身携带或者在行李中夹带违禁物品的义务。

旅客违反规定的,承运人可以将违禁物品卸下、销毁或者送交有关部门。旅客坚持携带或者夹带违禁物品的,承运人应当拒绝运输。

（4）承运人的告知义务。

承运人应当向旅客及时告知有关不能正常运输的重要事由和安全运输应当注意的事项。

（5）承运人有按照客票载明的时间和班次运输旅客的义务。

对于承运人未按客票载明的时间和班次进行运输的,旅客有权要求安排改乘其他班次、变更运输路线以到达目的地或者退票。

（6）承运人在运输过程中的救助义务。

承运人在运输过程中,应当尽力救助患有急病、分娩、遇险的旅客。如果承运人对患有急病、分娩、遇险的旅客不予救助,因其不作为即可被要求承担民事责任。

（7）承运人的安全运送义务。

对旅客在运输过程中的伤亡,承运人应承担损害赔偿责任。但伤亡是<u>旅客自身健康原因造成的,或者承运人证明伤亡是旅客故意、重大过失造成的除外</u>。这种免责事由的规定,说明承运人应对旅客的人身伤亡承担无过错责任。承运人对旅客伤亡的赔偿责任及其免责事由的适用,不仅限于正常购票乘车的旅客,也适用于按照规定免票、持优待票或者经承运人许可搭乘的无票旅客。

除上述旅客外,对于无票乘车又未经承运人许可的人员的伤亡,因没有合法有效的合同关系存在,承运人不承担违约的赔偿责任。

承运人负有安全运输旅客自带物品的义务。在运输过程中旅客自带物品毁损、灭失,承运人有过错的,应当承担损害赔偿责任。

例题

根据合同法的规定,承运人对运输过程中发生的下列哪些旅客伤亡事件不承担赔偿责任?（ ）①

A.一旅客因制止扒窃行为被歹徒刺伤

B.一旅客在客车正常行驶过程中突发心脏病身亡

C.一失恋旅客在行车途中吞服安眠药过量致死

D.一免票乘车婴儿在行车途中因急刹车受伤

3.客运合同的变更和解除。

（1）因旅客自身原因导致的变更或解除。

旅客运输合同成立后,旅客因自己的原因不能按照客票记载的时间乘坐的,应当在约定的时间内办理退票或者变更手续。逾期办理的,承运人可以不退票款,并不再承担运输义务。

---

① BC

（2）因承运人的原因导致的变更或解除,主要包括两种情况:

①因承运人的迟延运输导致的变更或解除。

承运人迟延运输的,应当根据旅客的要求安排改乘其他班次、变更运输路线以到达目的地或者退票。

②承运人擅自变更运输工具引起的合同变更。

在客运合同订立后,承运人擅自变更运输工具而降低服务标准的,旅客有权要求退票或者减收票款。承运人变更运输工具,提高服务标准的,无权向旅客加收票款。

⭐（六）货运合同

1. 定义和特征。

（1）定义。

指承运人将托运人交付运输的货物运送到约定地点,托运人支付运费的合同。

（2）特征。

①货运合同往往涉及第三人。

货运合同由托运人与承运人双方订立,托运人与承运人为合同的当事人。但在第三人为收货人的情况下,收货人虽不是订立合同的当事人,但却是合同的利害关系人。在此情况下的货运合同即属于为第三人利益订立的合同。

②货运合同以将货物交付给收货人为履行完毕。

客运合同中承运人将旅客运输到目的地义务即履行完毕;而货运合同中,承运人将货物运输到目的地,其义务并不能完结。只有将货物交付给收货人后,其义务才告履行完毕。

③货运合同为诺成性合同。

货运合同一般以托运人提出运输货物的请求为要约,承运人同意运输为承诺,合同即告成立。因此,货运合同为诺成性合同。

2. 货运合同的效力。

货运合同的效力主要体现为以下方面:

（1）托运人的义务。

①如实申报托运货物的义务。

托运人在将货物交付运输时,有对法律规定或当事人约定的事项进行如实申报的义务。因托运人申报不实或者遗漏重要情况,造成承运人损失的,托运人应当承担损害赔偿责任。

②托运人有按规定向承运人提交审批、检验等文件的义务。

有的货物运输需要先经过有关机关的检验方可进行运输。托运人对需要办理审批、检验手续的货物运输,应将办完有关手续的文件提交承运人。

③托运人的包装义务。

合同中对包装方式有约定的,托运人有按照约定方式包装货物的义务。合同中对包装方式没有约定或者约定不明确时,可以协议补充,不能达成补充协议的,按照合同有关条款或者交易习惯确定。仍不能确定的,应当按照通用的方式包装。没有通用方式的,应当采取足以保护标的物的包装方式。

④托运人托运危险物品时的义务。

托运人托运易燃、易爆、有毒、有腐蚀性、有放射性等国家有关危险物品的,应当按照国家有关危险物品运输的规定对危险物品妥善包装,做出危险物标志和标签,并将有关危险物品的名称、性质和防范措施的书面材料提交承运人。托运人违反规定的,承运人可以拒绝运输,也可以采取相应措施以避免损失的发生,因此产生的费用由托运人承担。

⑤支付运费、保管费以及其他运输费用的义务。

托运人或者收货人不支付运费、保管费以及其他运输费用的,承运人对相应的运输货物享有留置权,但当事人另有约定的除外。货物在运输过程中因不可抗力灭失,未收取运费的,承运人不得要求支付运费;已收取运费的,托运人可以要求返还。

(2)承运人的义务。

①承运人安全运输义务。

运输过程中,货物毁损、灭失的,承运人应承担损害赔偿责任。

货物的毁损、灭失的赔偿额,当事人有约定的,按照其约定;没有约定或者约定不明确,当事人可以协议补充;不能达成补充协议,按照合同有关条款或者交易习惯确定;仍不能确定的,按照交付或者应当交付时货物到达地的市场价格计算。

如果承运人证明货物的毁损、灭失是因不可抗力、货物本身的自然性质或者合理损耗以及托运人、收货人的过错造成的,不承担损害赔偿责任。

例题

张三与李四签订水果购销合同,约定由张三方送货,张三与王五签订运输合同,如期发运价值20万元的水果一车。王五送货途中,因洪水冲垮公路,被迫绕道,迟延到达,导致水果有轻微的腐烂现象。李四方以逾期交货和货物不符合合同约定为由拒收货物且拒付货款。王五多次与李四交涉无果,发现水果腐烂迅速扩大,当即决定以15万元价格将水果就地处理。下列选项哪些是错误的?(　　)①

A.水果价值减少的损失应由张三方承担

B.水果价值减少的损失应由王五承担

C.王五为就地处理水果的费用应向李四要求偿付

D.王五为就地处理水果的费用应向张三要求偿付

②承运人的通知义务。

货物运输到达后,承运人负有及时通知收货人的义务。当然,承运人只有在知道或应当知道收货人的通讯地址或联系方法的情况下,方负有上述通知义务。

(3)收货人的义务。

①及时提货的义务。

收货人逾期提货的,应当向承运人支付保管费等费用。收货人不及时提货的,承运人有提存货物的权利。根据民法典合同编第837条的规定,在货物运输合同履行中,承运人提存货物的法定事由有两项:

一是收货人不明。这主要包括无人主张自己是收货人,通过现有证据(主要是货物运输合同)也无法确认谁是收货人,以及虽有人主张自己是收货人。但根据现有证据(包括货物运输合同及主张人提供的证据),无法认定其即是收货人等情形。

二是收货人无正当理由拒绝受领货物。主要是指虽有明确的收货人,但其没有正当理由而拒绝受领货物。

②支付托运人未付或者少付的运费以及其他费用。

如果合同约定由收货人在到站支付或者托运人未支付的,收货人应支付。在运输中发生的其他费用,应由收货人支付的,收货人也必须支付。

---

① BC

③收货人有在一定期限内检验货物的义务。

收货人应当按照约定的期限检验货物。对检验货物的期限没有约定或者约定不明确,当事人可以协议补充;不能达成补充协议的,按照合同有关条款或者交易习惯确定;仍不能确定的,应当在合理期限内检验货物。收货人在约定的期限或者合理期限内对货物的数量、毁损等未提出异议的,视为承运人已经按照运输单证的记载交付的初步证据。

3. 货运合同的变更或解除。

托运人或货物凭证持有人可以请求货物运输合同中如下具体内容的变更或解除:

(1)要求解除合同,由承运人中止运输、返还货物。此为托运人的任意解除权,造成承运人损失,需要赔偿。

(2)要求承运人变更到达地。

(3)要求承运人将货物交给其他收货人,即变更收货人。

⭐(七)联运合同

1. 概念。

联合运输合同,简称联运合同,是指当事人约定由两个或两个以上的承运人通过衔接运送,用同一凭证将货物运送到指定地点,托运人支付运输费用而订立的协议。联运合同包括单式联运合同和多式联运合同。

2. 单式联运合同。

指当事人约定由两个或两个以上承运人以同一种运输方式将货物运至约定地点,托运人支付运费的货物运输合同。两个或两个以上承运人以同一运输方式联运的,与托运人订立合同的承运人应当对全程运输承担责任。损失发生在某一运输区段的,与托运人订立合同的承运人和该区段的承运人承担连带责任。

3. 多式联运合同。

指多式联运经营人与托运人订立的,约定以两种或者两种以上的不同运输方式,采用同一运输凭证将货物运输到约定地点的货物运输合同。

多式联运经营人负责履行或者组织履行多式联运合同,各实际承运人在运送中造成迟延或者旅客或货物的损害时,由经营人负责赔偿。

【提醒注意】多式联运,无连带责任。

十、技术合同

⭐(一)一般规定

1. 定义与特征。

(1)定义。

指当事人之间就技术开发、技术转让、技术咨询或者服务所订立的确立相互之间权利和义务的合同的总称。

(2)特征。

①标的特殊。

技术转让合同的标的是特定的技术成果,技术服务与技术咨询合同的标的是特定的技术行为,技术开发合同的标的兼具技术成果与技术行为的内容。

②是双务合同、有偿合同。

在技术合同中,当事人双方都承担相应的义务,故为双务合同。技术合同当事人一方从对方取得利益的,须向对方支付相应的对价。因此,技术合同为有偿合同。

③主体一方具有特定性。

技术合同当事人,通常至少一方是能够利用自己的技术力量从事技术开发、技术转让、技术服务或咨询的法人、自然人、其他组织。

2. 技术成果相关权利的归属。

一方面确认职务技术成果的使用权、转让权属于法人或者其他组织,法人或者其他组织可以就该项职务技术成果订立技术合同;另一方面又规定法人或者其他组织应当从使用和转让该项职务技术成果所取得的收益中提取一定比例,对完成该项职务技术成果的个人给予奖励或者报酬。

尤应注意的是,还确认了职务技术成果的成果完成人享有以同等条件优先受让权即当法人或者其他组织订立技术合同转让职务技术成果时,职务技术成果的完成人享有优先受让的权利。当然,职务技术成果的完成人只有在同等条件下,方可享有并行使该项优先受让权。至于非职务技术成果,其使用权和转让权自然属于技术成果的完成人,该完成人可以就该项非职务技术成果订立相应的技术合同。

3. 完成技术成果人的署名权和取得荣誉权。

完成技术成果的个人有在有关技术成果文件上写明自己是技术成果完成者的权利和取得荣誉证书、奖励的权利。这就是合同法关于完成技术成果人的署名权和获取荣誉权的规定。

4. 技术合同无效的特别规定。

非法垄断技术、妨碍技术进步或者侵害他人技术成果的技术合同无效。这就是合同法关于技术合同无效的特别规定。

合同无效之后的效果,第三人的善意与否结果不同:

(1)如果第三人善意,除法律另有规定,则可以在取得的范围内继续使用。但应向权利人支付报酬。

(2)如果第三人恶意,共同侵权——停止使用——连带赔偿责任。

(二)技术开发合同

1. 定义与分类。

(1)定义。

指当事人之间就新技术、新产品、新工艺和新材料及其系统的研究开发所订立的合同。

(2)分类。

技术开发合同区分为委托开发合同与合作开发合同。

①委托开发合同是指当事人一方即委托方委托另一方即研究开发方进行技术研究开发的合同。

②合作开发合同是指当事人各方就共同进行技术研究开发所达成的合同。

【民法典合同编第851条第4款】当事人之间就具有实用价值的科技成果实施转化订立的合同,参照适用技术开发合同的有关规定。

2. 特征。

(1)标的是具有创造性的技术成果。

技术开发合同的标的是创造性技术成果,即新技术、新产品、新工艺、新材料及其系统的研究开发。这种新技术成果是当事人在订立合同时尚不掌握的、不存在的。

（2）双务合同、有偿合同、诺成合同、要式合同。

要求技术开发合同须采用书面形式。

如果当事人之间虽未订立书面合同，但双方对合同关系没有争议或者一方已经履行主要义务并且对方接受的，技术开发合同仍然成立。

（3）技术开发合同的当事人须共担风险。

技术开发合同中的风险，是指在履行技术开发合同过程中，遭遇到人类目前尚无法克服的技术难关，导致开发工作全部或部分失败。

3.效力。

委托开发合同的主要效力：

（1）委托开发合同中委托人的义务。

①按照合同约定支付研究开发费用和报酬。

②按照约定提供技术资料、原始数据，完成协作事项。

委托方不履行上述两项义务的，研究开发方有权解除合同，并请求损害赔偿。

③按期接受研究开发成果。

委托方不及时接受研究开发方交付的已完成的成果时，应承担违约责任并支付保管费用。

经研究开发方催告并经过一合理期限委托方仍拒绝接受的，研究开发方有权处分研究开发成果，从所得收益中扣除约定的报酬、违约金和保管费。

（2）委托开发合同中研究开发方的义务。

①亲自制定和实施研究开发计划。

如果研究开发方未经委托人同意，擅自将技术研究开发工作的全部或主要部分交由第三人完成，则违背了委托人的信赖。而且，也很可能因第三人的科研实力有限而影响研究开发工作的完成或质量。研究开发方不亲自履行研究开发义务的，委托方应有权解除合同，并请求返还研究开发经费和赔偿损失。当然，在研究开发中，对于研究开发工作的辅助部分，即使未经委托人同意，研究开发方也可以将其转由第三人完成。

②合理使用研究开发费用。

研究开发方将研究开发费用用于履行合同以外的目的的，委托方有权制止并要求其退还，以用于研究开发工作。由此而造成研究开发工作停滞、延误或失败的，研究开发方应支付违约金或赔偿损失。经委托方催告并经一合理期间，研究开发方仍不退还费用以用于研究开发工作的，委托方有权解除合同，并请求损害赔偿。

③按期完成研究开发工作并交付研究开发成果。

研究开发方在完成研究开发工作中不得擅自变更标的内容、形式和要求。由于研究开发方的过错，致使研究开发成果不符合合同约定条件的，研究开发方应当支付违约金或者赔偿损失；致使研究开发工作失败的，应当返还部分或全部研究开发费用，支付违约金或赔偿损失。

④研究开发方的后续义务。

研究开发方依照合同约定完成研究开发工作并交付工作成果时，还应当提供有关的技术资料，并给予必要的技术指导，对委托方人员进行技术培训，帮助委托方掌握该项技术成果。

研究开发方不得向第三人泄露技术开发成果的技术秘密,不得向第三人提供该项技术成果,但当事人另有约定或法律另有规定的除外。

4. 风险的负担。

根据合同法风险责任由当事人合理分担。

5. 技术开发合同中技术成果权益的归属。

技术开发合同中技术成果权益的归属,应遵循以下规则:

(1)就委托开发所完成的技术成果,如属得申请专利的,则申请专利的权利在一般情况下归研究开发人。当事人约定申请专利的权利归委托人或由双方当事人共同行使的,从其约定。

(2)就合作开发所完成的技术成果,如属得申请专利的,申请专利的权利属于合作开发的当事人共有。当事人约定归其中一方或几方所有的,从其约定。

(3)委托开发合同中,研究开发人取得专利权的,委托人有权免费实施该项专利。研究开发人员转让专利申请权的,委托人有优先购买权。当然,此项优先购买权的享有和行使以同等条件为前提。

(4)合作开发合同中,当事人一方转让专利申请权的,其他各方当事人在同等条件下享有优先购买权;其他各方当事人都行使优先购买权的,得按原有份额共同受让。合作开发的当事人一方声明放弃其所共有的专利申请权的,该专利申请权由其他当事人单独或共同享有并行使。经申请取得专利权的,声明放弃专利申请权的一方可以免费实施该专利。合作开发的当事人一方不同意申请专利的,另一方或其他各方不得申请专利。

(5)技术的使用权与转让权归属。

委托开发或者合作开发完成的技术秘密成果的使用权、转让权以及利益的分配办法,由当事人约定。没有约定或者约定不明确,依照合同法关于补充条款的规定仍不能确定的,当事人均有使用和转让的权利,但委托开发的研究开发人不得在向委托人交付研究开发成果之前,将研究开发成果转让给第三人。

6. 技术开发合同终止的特别事由。

因作为技术开发合同标的的技术已经由他人公开,致使技术开发合同的履行没有意义的,当事人可以解除合同。主要包括两种情形:

其一,他人业已开发出此项技术,并已申请专利。

其二,他人已开发出此项技术,虽未申请专利,但人们已普遍掌握了此项技术。

这两种情形,就当事人双方而言,属不可归责于双方当事人的事由,系技术开发合同中的固有风险。因此,给各方当事人所造成的损失,有约定时根据约定,没有约定时各方合理分担。

✪（三）技术转让合同

1. 定义及特征。

(1)定义。

指当事人就专利权转让、专利申请权转让、技术秘密转让和专利实施许可所订立的合同。

(2)特征。

①技术转让合同的标的是现有的技术成果。

②技术转让合同为双务合同、有偿合同、诺成合同、要式合同。技术转让合同须以书面

形式作成,为要式合同。

依技术转让合同所转移的是技术成果的使用权或所有权。

2.技术转让合同中的"使用范围"条款。

技术转让合同可以约定让与人和受让人实施专利或者使用技术秘密的范围,但不得限制技术竞争和技术发展。这里范围主要包括以下两种:

(1)期间范围。

(2)使用地区范围。

3.后续改进技术成果的权益分配。

所谓后续改进,是指在技术转让合同的有效期内,一方或双方对作为合同标的的专利或技术秘密所做的革新和改良。当事人应在合同中明确约定;没有约定或者约定不明确的,依照合同法关于补充条款的的规定确定;仍不能确定的,一方后续改进的技术成果,其他各方无权分享。

4.技术转让合同的特别效力。

在专利实施许可合同中,双方当事人分别承担以下义务:

(1)许可方的义务。

①排他实施许可中的许可人,不得在已经许可被许可方实施专利的范围内,就同一专利与第三人订立专利实施许可合同。

②独占实施许可中的许可人和任何第三人都不得在已经许可被许可方实施专利的范围内实施该专利。

(2)受让方的义务。

受让方应当依照合同约定的范围、方式使用技术,未经许可人同意,不得允许第三人使用技术。

十一、保管合同

(一)定义和特征

1.定义。

保管合同,又称寄托合同、寄存合同,它是指双方当事人约定一方当事人保管另一方当事人交付的物品,并返还该物的合同。其中,保管物品的一方为保管人,或称受寄托人。其所保管的物品为保管物,交付物品的一方为寄存人,或称寄托人。

保管合同包括一般保管合同和仓储保管合同。合同法由于采民商合一的立法体例,在规定仓储合同的同时也对保管合同一并加以明确规定,保管合同因而成为独立的有名合同。

2.特征。

(1)保管合同为实践合同。

保管合同的成立,不仅须有当事人双方的意思表示一致,而且须有寄托人将保管物交付于保管人的行为。也就是说,除非另有约定,寄托人交付保管物是保管合同成立的要件。因此,保管合同为实践合同,而非诺成合同。

(2)保管合同为无偿合同、不要式合同。

在我国,保管合同以无偿为原则。当事人也可以约定为保管而给付报酬,此时保管合同得为有偿合同。

当事人对保管费没有约定或者约定不明确,依照关于补充条款的规定仍不能确定的,保管是无偿的。

(3)保管合同以物品的保管为目的。

保管合同订立的直接目的是由保管人保管物品。因此,保管合同的标的是保管人的保管行为,保管人的主要义务是保管寄存人交付其保管的物品。

(4)保管合同移转标的物的占有。

如上所述,保管合同为实践合同,以标的物移交给保管人为成立要件。保管合同不是以保管人获得物品的所有权或使用权为目的,保管合同一般并不发生保管物的所有权或使用权转移。但因物品为保管人保管,保管人得取得占有。不移转标的物的占有,保管人无法履行保管义务。

(二)保管合同的效力

1.保管人的义务。

(1)给付保管凭证的义务。

除非另有交易习惯,寄存人向保管人交付保管物的,保管人应当给付保管凭证。保管凭证的给付,并非保管合同的成立要件,也非保管合同的书面形式,仅是证明保管合同关系存在的凭证。

(2)保管保管物的义务。

①妥善保管保管物的义务。

在无偿的保管合同中,保管人有故意或重大过失时,应对保管物的毁损、灭失负赔偿责任。在保管合同为有偿时,保管人应尽善良管理人的注意义务,即应负抽象轻过失的责任。

为充分保护消费者的利益,商业经营场所对顾客寄存物品的保管,不论其保管是有偿还是无偿,保管人都应尽善良管理人的注意义务。

作为保管人妥善保管保管物义务的体现,当事人约定了保管方法和场所的,保管人不得擅自更改。但为维护寄存人的利益,基于保管物自身的性质或者因紧急情况必须改变保管方法或场所的,保管人得予以改变。保管人违反保管合同中的妥善保管义务,致保管物毁损、灭失的,保管人应承担违约责任。当保管物的毁损、灭失是由于保管人自身的侵权行为所致时,还发生侵权责任与违约责任的竞合。

例题

贾某因装修房屋,把一批古书交朋友王某代为保管,王某将古书置于床下。一日,王某楼上住户家水管被冻裂,水流至王某家,致贾某的古书严重受损。对此,下列说法哪一项是正确的?(   )①

A.王某具有过失,应负全部赔偿责任   B.王某具有过失,应给予适当赔偿

C.此事对王某而言属不可抗力,王某不应赔偿   D.王某系无偿保管且无重大过失,不应赔偿

②亲自保管保管物的义务。

所谓亲自保管,包括保管人自己保管,也包括使用履行辅助人辅助保管。保管人擅自让第三人代为保管的,为违约的转保管。对于保管物因此而发生的损害,保管人应负赔偿责任。例如,保管人将保管物擅自转由第三人保管时,即使保管物系因意外而毁损、灭失,保管人也应负赔偿责任。但若保管人能够证明即使不让第三人代为保管仍不可避免损害发生

---

① D

的,保管人可不负责任。

(3)不得使用或许可他人使用保管物的义务。

①保管人有权占有保管物,但不得使用保管物,也不能让第三人使用。经寄存人同意或基于保管物的性质必须使用(亦即保管物的使用属于保管方法的一部分)的情形除外。

②如果保管人擅自使用保管物或者让第三人使用保管物的,则无论保管人主观上有无过错,均应向寄存人支付相当的报酬,以资补偿。报酬的数额可比照租金标准计算,保管物为金钱的,保管人应自使用之日起支付利息。

(4)危险通知义务。

所谓危险通知,是指在出现寄存人寄存的保管物因第三人或自然原因可能会失去的危险情形时,保管人应通知当事人。保管人的危险通知义务是与其返还义务相关的,因为在危险发生时会导致保管人不能返还保管物。依据诚实信用原则,在保管物受到意外毁损灭失或者保管物的危险程度增大时,保管人也应及时将有关情况通知寄存人。

(5)返还保管物的义务——寄存人和没有约定保管期限的,保管人可以任意解除合同。

①在保管合同期限届满或者寄存人提前领取保管物时,保管人应及时返还保管物。

②合同没有规定返还期限的,保管人可以随时返还,寄存人也可以随时要求返还。如果保管合同规定有返还期限,则保管人非因不得已的事由不得提前返还。寄存人可以在期限届满前随时要求返还,因此给保管人造成损失的,寄存人应予以补偿。

③保管人返还的物品应为原物,原物生有孳息的,保管人还应返还保管期间的原物孳息。返还地点一般应为保管地,保管人并无送交的义务,当事人另有约定的除外。基于合同的相对性原理,保管人返还保管物义务的履行应向保管合同的另一方当事人——寄存人为之。

④在第三人对保管物主张权利时,除非有关机关已经对保管物采取了保全或者执行措施,否则保管人仍应向寄存人履行返还保管物的义务。

2. 寄存人的义务。

(1)支付保管费和偿还必要费用的义务。

保管合同为有偿时,寄存人应当按照约定向保管人支付保管费,该保管费为保管人为保管行为的报酬。在一般情况下,保管人自得依合同的约定请求报酬全额。若保管合同因不可归责于保管人的事由而终止时,除合同另有约定外,保管人仍得就其已为的保管部分请求报酬。作为其反对解释,保管合同因可归责于保管人的事由而终止的,除非当事人另有约定,保管人不得就其已为保管的部分请求报酬,但仍可请求偿还费用。保管合同中的报酬给付采报酬后付原则,因此,保管人不得就报酬的未付与保管物的保管,主张同时履行抗辩权。但保管人得就报酬的给付与保管物的返还主张同时履行抗辩权。当事人对保管费没有约定,保管合同为无偿合同。在无偿保管中,寄存人无给付报酬的义务,就保管人因保管保管物所支出的必要费用,寄托人应予以偿还。当事人另有约定的,依其约定。对于保管费的支付义务以及必要费用的偿还义务,寄存人应及时履行,否则保管人可以就其寄存的物品行使留置权。就保管费用的支付期限,当事人得设明文予以确定。未设明文,且依合同法关于补充条款的规定仍不能确定的,寄存人应当在领取保管物时同时支付。

(2)告知义务。

寄存人交付的保管物有瑕疵或者按照保管物的性质需要采取特殊保管措施的,寄存人应当将有关情况告知保管人。由于寄存人未告知,致使保管物受损失的,保管人不承担损害赔偿责任。由于保管物本身的性质或者瑕疵使保管人受到损害的,寄存人应当承担赔偿责任。

其中,所谓保管物本身的性质,是指保管物为易燃、易爆、有毒、有放射性等危险物品或易腐物品的情形。所谓保管物本身的瑕疵,是指保管物自身存有破坏性缺陷的情形。

在保管人于合同成立时已知或应知保管物有发生危险的性质或瑕疵的情况下,寄存人得免除损害赔偿责任。保管人因过失而不知上述情形时,寄存人仍不能免责。在此情况下,应适用过失相抵原则。寄存人以保管人于合同成立时知道或应当知道保管物有发生危险的性质或瑕疵而主张免责的,应负举证责任,因保管物的性质或瑕疵给第三人造成损害的,寄存人也应负赔偿责任,不过此种责任应为侵权责任,而非合同责任。

(3)声明义务。

当寄存人寄存的物品为货币、有价证券或者其他贵重物品时,应向保管人履行声明义务,并经由保管人验收或封存。寄存人未尽声明义务的,保管人仅须按照一般物品的价值予以赔偿。

例题

旅客黄晓明投宿天达饭店,办好住宿手续后,将一只装有 5 万元现金和金银首饰的密码箱寄存在饭店的总服务台。当班服务员清点了物品。第二天下午,黄晓明凭取物牌去取密码箱,发现已被他人领走。黄晓明要求饭店赔偿全部损失,饭店拒绝。遂起纠纷。对此案判断错误的是( )①。

A. 保管合同成立,饭店应承担主要损失,黄晓明个人承担部分损失

B. 保管合同成立,饭店应赔偿黄晓明全部损失

C. 保管合同无效,饭店酌情给予黄晓明补偿

D. 保管合同不成立,饭店酌情给予黄晓明补偿

十二、仓储合同

(一)定义和特征

1.定义。

仓储合同,又称仓储保管合同,是指当事人双方约定由保管人(又称仓库营业人)为存货人保管、储存的货物,存货人为此支付报酬的合同。该合同在性质上属商事合同。

2.特征。

(1)保管人须为有仓储设备并专事仓储保管业务的主体。

所谓仓储设备,是指能够满足储藏和保管物品需要的设施,既包括有房屋、有锁之门等外在表征的设备,也包括可供堆放木材、石料等原材料的地面。所谓专事仓储保管业务,是指经过仓储营业登记专营或兼营仓储保管业务。

(2)仓储合同的保管对象为动产。

依仓储合同,存货人交付保管人保管的只能是动产,存货人不能以不动产为保管对象而订立仓储合同。

---

① ACD

（3）仓储合同为诺成合同。

仓储合同不同于保管合同,为诺成合同。因为仓储合同保管人的专业性和营利性,在保管的物品入库前,保管人必然会作出一定的履行合同的准备,支出一定的费用。若认定仓储合同为实践合同,就意味着一旦存货人在交付货物前改变交易的意愿,不向保管人交存货物,保管人就其所受到的损失只能依缔约过失责任或侵权责任向存货人主张损害赔偿。这对保管人极为不利。因此,承认仓储合同为诺成合同,有助于使保管人于前述情况下,得基于违约责任主张损害赔偿责任。

（4）仓储合同为双务合同、有偿合同、不要式合同。

仓储合同的当事人双方于合同成立后互负给付义务,保管人须提供仓储服务,存货人须给付报酬和其他费用,双方的义务具有对应性和对价性。所以,仓储合同为双务、有偿合同。虽然仓储合同的保管人于接受储存的货物时应当给付存货人仓单或其他凭证,但开具仓单是保管人合同义务的履行,仓单并非合同的书面形式。所以,仓储合同应为不要式合同。

（5）存货方主张货物已交付或行使返还请求权以仓单为凭证。

仓单是表示一定数量的货物已交付的法律文书,属于有价证券的一种,其性质为记名的物权证券。仓储合同的存货人凭仓单提取储存的货物,存货人或者仓单持有人以背书方式并经保管人签字或盖章,可以将仓单上所载明的物品所有权移转给他人。

⭐（二）仓储合同的效力

1. 保管人的义务。

（1）给付仓单的义务。

保管人（仓库营业人）应当向存货人给付仓单,这是保管人的一项合同义务。我国法上采取单一主义的立法主张,保管人应存货人的请求,一般仅填发一仓单,仓单是保管人应存货人的请求而签发的一种有价证券。仓单具有以下两方面的效力:

第一,受领保管物的效力。保管人一经填发仓单,持单人对于保管物的受领,不仅应提示仓单,而且还应缴回仓单。

第二,移转保管物的效力。仓单上所记载的货物,非由货物所有人在仓单上背书,并经保管人签名,不发生所有权转移的效力。如因仓单损毁或遗失、被盗而灭失,存货人或仓单持有人丧失仓单的,得依我国《民事诉讼法》的规定,通过公示催告程序以确认其权利。

（2）接收、验收义务。

保管人不能按合同约定的时间、品名（品类）数量接受仓储物入库的,应承担违约责任。

【民法典合同编第 907 条】保管人应当按照约定对入库仓储物进行验收。保管人验收时发现入库仓储物与约定不符合的,应当及时通知存货人。保管人验收后,发生仓储物的品种、数量、质量不符合约定的,保管人应当承担赔偿责任。

（3）通知义务。

在储存的仓储物出现危险时,保管人有义务及时通知存货人或者仓单持有人。所谓仓储物出现危险,主要包括仓储物有变质或有其他损坏。对于外包装或仓储物标记上标明或者合同中申明了有效期的仓储物,保管人应当提前通知失效期。第三人对保管人提起诉讼或者对保管物申请扣押时,保管人也应及时通知存货人或者仓单持有人。

保管人对入库仓储物发现有变质或者其他损坏,危及其他仓储物的安全和正常保管的,应当催告存货人或者仓单持有人做出必要的处置。因情况紧急,保管人可以做出必要的处置,但事后应当将该情况及时通知存货人或仓单持有人。

（4）妥善保管义务。

因保管人保管不善而非因不可抗力、自然因素或货物（包括包装）本身的性质而发生储存的货物灭失、短少、变质、损坏、污染的，保管人均应承担损害赔偿责任。因仓储物的性质、包装不符合约定或者超过有效仓储期造成仓储物变质、损坏的，保管人不承担损害赔偿责任。

（5）容忍义务。

保管人根据存货人或仓单持有人的要求，应当同意其检查仓储物或者提取样品，这就是保管人的容忍义务。

2.存货人的义务。

（1）支付仓储费的义务。

仓储合同为有偿合同，除非当事人之间另有约定，存货人应负担向保管人支付仓储费的义务。

（2）说明义务。

存货人应当向保管人说明货物的性质和预防危险、腐烂的方法，提供有关的保管、运输等技术资料，并采取相应的防范措施。存货人违反该义务的，保管人有权拒收该货物；保管人因接受该货物造成损害的，存货人应承担损害赔偿责任。

（3）提取仓储物的义务。

第一，当事人对储存期间没有约定或者约定不明确的，存货人或者仓单持有人可以随时提取仓储物。保管人也可以随时要求存货人或仓单持有人提取仓储物，但应当给予必要的准备时间。

第二，合同中约定有储存期间的，存货人或仓单持有人应当按照合同的约定及时提取仓储物。逾期提取的，应当加收仓储费。在仓储合同期限届满前，保管人不得要求返还或要求由存货人或仓单持有人取回保管物。在存货人或仓单持有人要求返还时，保管人不得拒绝返还，但不减收仓储费。

第三，存货人或仓单持有人对于临近失效期或有异状的货物，应当及时提取或予以处理。于合同约定的期限届满，或者在未约定期限而收到保管人合理的货物出库通知时，存货人或仓单持有人应及时办理货物的提取。存货人或仓单持有人提取货物时，须提示仓单并缴回仓单。由于存货人或仓单持有人的原因不能使货物如期出库造成压库时，存货人或仓单持有人应负违约责任。

问题：阅读本部分内容之后，请比较一般保管合同与仓储合同的异同。

十三、委托合同——委托对方提供劳务（双务、有偿或无偿、诺成、不要式）

（一）定义和特征

1.定义。

指一方委托他方处理事务，他方允诺处理事务的合同。委托他方处理事务的，为委托人。允诺为他方处理事务的，为受托人。

一方面《民法通则》承认了直接代理制度，另一方面合同法在关于委托合同的规定中承认了间接代理制度。

2. 特征。

(1)委托合同是以为他人处理事务为目的的合同。

①委托合同订立后,受托人在委托的权限内所实施的行为,等同于委托人自己的行为。

②受托人办理受托事务的费用由委托人承担。

③只要该事项不违背公序良俗或法律的禁止性规定,不是与委托人人身密不可分的、具有人身性的事务(如婚姻登记等),委托人都可经由委托合同委托他人处理。

④委托人既可以特别委托受托人处理一项事务,也可以特别委托受托人处理数项事务,还可以概括地委托受托人处理一切事务。

(2)委托合同的订立以委托人和受托人之间的相互信任为前提。

在委托合同关系成立并生效后,如果一方对另一方产生了不信任,可随时解除委托合同,但是造成损失的应当赔偿。

例题

甲委托乙为其购买木材,乙为此花去了一定的时间和精力,现甲不想要这批木材,于是电话告诉乙取消委托,乙不同意。下列哪些论述是正确的? (　　)①

A. 甲无权单方取消委托,否则应赔偿乙的损失

B. 甲可以单方取消委托,但必须以书面形式进行

C. 甲可以单方取消委托,但需承担乙受到的损失

D. 甲可以单方取消委托,但仍需按合同约定支付乙报酬

(3)委托合同是诺成合同。

(4)委托合同为不要式合同。

(二)委托合同的效力

1. 受托人的义务。

(1)依委托人的指示处理委托事务的义务。

①受托人在情势紧急时得变更委托人的指示,妥善处理委托事务。这是受托人依委托人指示处理事务的例外。

②受托人在变更指示后负有报告义务。

在变更时,受托人无法与委托人取得联系的,应于变更后及时报告委托人。如果因受托人的怠于报告而给委托人造成损失的,受托人应负赔偿责任。

(2)亲自处理委托事务的义务。

委托人应亲自处理受托事务。但若有紧急情况发生,受托人于不得已的事由之下,也可以转委托。转委托又称复委托,是指受托人经委托人同意,将委托人委托的部分或全部事务转由第三人处理。转委托包括以下两种情况:

①转委托经委托人同意的。

对于由受托人所进行的转委托,委托人可以同意,也可以不同意。委托人同意的,委托人可以就委托事务直接指示转委托的第三人,即次受托人。同时,受托人也可以向次受托人发布指示。因而,受托人仅对次受托人的选任及其对次受托人的指示承担责任。因受托人选任不慎或指示有误而给委托人造成损失的,受托人应当承担赔偿责任。

———————————

① C

②委托未经委托人同意的。

受托人应对未经同意的转委托的第三人的行为承担责任。但在紧急情况下，受托人为了委托人的利益而进行的转委托，应当视其为委托人同意的转委托。比如，受托人在为委托人与他人签约的前一天受了重伤，而该约定对委托人而言又至关重要，为不损及委托人的利益，受托人委托另外的人去替自己签约。此时，对受托人的这种转委托，应视为委托人同意。受托人仅就其对次受托人的选任和指示承担责任。

在有偿的委托合同里，受托人应尽善良管理人的注意义务。若欠缺此注意义务，即为有过错。在无偿的委托合同里，受托人仅就故意或重大过失而给委托人带来的损失负责任。

委托人委托两个或两个以上的受托人共同处理委托事务。数个受托人相互之间负连带责任。负连带责任的受托人必须是委托人所委托的共同处理委托事务的人，若委托人分别委托不同受托人处理不同事务，则各受托人就各自处理事务向委托人负责，并不发生负连带责任的问题。

（3）报告义务。

受托人应当按照委托人的要求，随时或者定期报告受托事务的处理情况。受托事务终了或者委托合同终止时，受托人应当将处理委托事务的始末经过和处理结果报告给委托人，并提交必要的证明文件，如各种账目、收支计算情况。

（4）财产转交义务。

受托人因处理委托事务所取得的财产，应当转交给委托人。

2. 委托人的义务。

（1）支付费用的义务。

委托人履行支付费用的义务有两种方式：一是预付费用；二是偿还费用。

委托人应当向受托人预付处理委托事务的费用。非经约定，受托人并无垫付费用的义务。同时，正因为预付费用是为了委托人的利益，因而，受托人并无申请法院强制委托人预付费用的权利。但在委托合同为有偿合同的场合，因委托人拒付费用以致影响受托人基于该合同的收益或给受托人造成损失时，受托人有权请求赔偿。受托人无为委托人垫付费用的义务，一旦垫付，有请求委托人偿还的权利，与此相应，委托人也就负有偿还费用的义务。委托人偿还的费用一般应限于受托人为处理事务所支出的必要费用及其利息。

所谓必要费用，是指处理受托事务不可缺少的费用，如交通费、住宿费、手续费。委托人偿还费用时，应加付利息，利息从垫付之日起计算。双方关于利息有约定的从约定，没有约定的应以当时的法定存款利率计算。对于受托人在处理受托事务时所支出的有益费用，双方当事人没有约定或者约定不明确时，应根据无因管理或不当得利的规定，向委托人请求偿还。

（2）支付报酬的义务。

委托合同既可以是有偿的，也可以是无偿的。若是无偿的，委托人自然无支付报酬的义务。对于因不可归责于受托人的事由，致委托合同解除或委托事务不能完成的，系属委托合同中的风险负担问题。对于此时的风险，委托人应当向受托人支付相应的报酬。对于因可归责于受托人的事由而致委托合同终止或委托事务不能完成时，受托人无报酬请求权。若报酬是分期给付的，对于受托人债务不履行前已支付的报酬，受托人无须返还。报酬的标的和数额，由双方当事人自行约定。受托人不得以委托人未付报酬为由，就受托事务的处理行使同时履行抗辩权。一般情况下，委托人支付报酬并不以受托人成功地处理受委托事务为要件,但若有特别约定时,应从其约定。

(3)赔偿受托人损失的义务。

①委托人对于受托人在处理委托事务中非因自己过错所造成的损失应负赔偿损失的义务。

在受托人所受的损害系由第三人的加害行为造成时,受托人当然也得向第三人请求赔偿;但若该加害的第三人不明,或无资力或无过失时,受托人只能请求委托人予以赔偿。委托人在向受托人承担损害赔偿责任后,如有应负赔偿责任的第三人,委托人得请求受托人让与其对第三人的损害赔偿请求权。

②因再委托第三人处理委托事务给受托人造成损失时的赔偿义务。

在委托人将所要处理的事务委托给受托人之后,一般情况下,委托人不宜再将该委托事务委托给受托人以外的第三人处理。如果委托人欲把委托事务委托给受托人之外的第三人处理,必须经受托人同意。这实际上即是委托合同的协议变更。因合同变更致受托人遭受损失的,受托人可以向委托人要求赔偿损失。

例题 ✐

甲工厂委托乙公司购买一批货物,乙公司不收取报酬。根据我国合同法的有关规定,下列表述哪些是正确的? (　　)①

A.乙公司有权请求甲工厂偿还为处理委托事务所支付的必要费用,但乙公司无权要求给付该必要费用的利息

B.乙公司经甲工厂同意,转委托第三人处理委托事务的,乙公司仅就第三人的选任及其对第三人的指示承担责任

C.乙公司因过错给甲工厂造成损失,甲工厂都可以要求赔偿损失

D.甲工厂、乙公司可以随时解除双方之间的委托合同关系

🛡 (三)委托合同中的间接代理

代理有直接代理与间接代理之分。所谓直接代理即代理人须以被代理人的名义为民事法律行为。所谓间接代理,系指代理人以自己的名义为被代理人的利益而为法律行为。合同编在制定的过程中即以外贸代理制度作为实践基础,承认了间接代理制度。主要包括以下内容:

1.委托人的自动介入。

(1)受托人以自己的名义,在委托人的授权范围内与第三人订立合同。第三人在订立合同时知道受托人与委托人之间有间接代理关系的,该合同直接约束委托人和第三人。

(2)委托人即自动介入到受托人与第三人所订立的合同中,取代了受托人的合同地位。此时,受托人仍有权要求委托人按约定支付报酬。如果有确切证据证明该合同只约束受托人和第三人的,不发生委托人的自动介入。

2.委托人的介入权。

当受托人因第三人的原因对委托人不履行义务时,受托人应当向委托人披露第三人,委托人因此可以行使受托人对第三人的权利。如果第三人知道该委托人,就不会与受托人订立合同的,不产生委托人的介入权。

3.第三人的选择权。

受托人因委托人的原因对第三人不履行义务,受托人应当向第三人披露委托人。第三

---

① 　BD

人因此可以选择受托人或者委托人作为相对人主张其权利,此即为第三人的选择权。

第三人一旦行使了选择权即无权变更选定的相对人。

在第三人选择向委托人主张权利的,委托人可以向第三人主张其对受托人的抗辩以及受托人对第三人的抗辩。

（1）当受托人因第三人的原因不履行合同义务时,受托人应履行披露义务,向委托人披露第三人,从而使委托人得以行使介入权。

（2）在受托人因委托人的原因不能对第三人履行合同义务时,为便利第三人选择权的行使,受托人也应履行披露义务。

⭐（四）委托合同的终止

1. 委托合同终止的原因。

委托合同终止的原因包括一般原因和特殊原因。

（1）一般原因。

指一般合同共同适用的终止原因。例如,委托事务处理完毕,委托合同履行已不可能,委托合同中约定的合同存续期限届满,合同约定的解除条件成就。

（2）特殊原因。

主要包括以下两种情况:

①当事人一方任意解除合同。

在委托合同中,合同的当事人双方均享有任意解除权,可任意解除合同。这是因为委托合同以当事人之间的信任关系为前提,在当事人对对方当事人的信任有所动摇时,就应允许其随时解除合同。

②当事人一方死亡、丧失民事行为能力或破产,致使委托合同终止。

当事人一方死亡、丧失行为能力或破产时,委托合同当然终止。但双方当事人另有约定,或依委托事务的性质在发生上述情况时不宜终止委托合同的除外。受托人死亡、丧失行为能力或者破产,致使委托合同终止的,受托人的继承人、法定代理人或者清算组织应当及时通知委托人。

2. 委托合同例外不终止时的法律后果。

（1）受托人继续处理事务的义务。

当委托人死亡、丧失行为能力或者破产之后,在委托人的继承人、法定代理人或者清算组织承受委托事务之前,受托人有继续处理受托事务的义务。

（2）受托人的继承人、法定代理人或者清算组织在委托关系终止时采取必要措施的义务。

受托人死亡、丧失行为能力或者破产,致使委托合同终止,将损害委托人利益的,在委托人作出善后处理之前,受托人的继承人、法定代理人或者清算组织应当采取必要措施。对于所谓"必要措施"应作广义理解,既包括消极的保存行为,也包括积极的对委托事务的处理。

📢 十四、行纪合同（有偿、双务、诺成、不要式）

⭐（一）定义和特征

1. 定义。

指一方根据他方的委托,以自己的名义为他方从事贸易活动,并收取报酬的合同。其中,以自己名义为他方办理业务的为行纪人;由行纪人为之办理业务并支付报酬的,为委托人。

2. 特征。

(1)行纪合同主体具有限定性。

①行纪合同的委托人可以是自然人,也可以是法人或其他组织。

②行纪人只能是经批准经营行纪业务的自然人、法人或其他组织。

(2)行纪人以自己的名义为委托人办理业务。

行纪人在为委托人办理业务时,须以自己的名义。由法律行为所产生的权利义务均由行纪人自己享有或承担。

(3)行纪人为委托人的利益办理业务。

行纪人为委托人所购、售的物品、委托人交给行纪人的价款或行纪人出卖所得价金,虽在行纪人的支配之下,但其所有权归委托人。这些财产若非因行纪人原因而发生毁损、灭失的,风险也由委托人承担。

(4)行纪合同的标的是行纪人为委托人进行一定法律行为。该法律行为乃是行纪合同的标的。

(5)行纪合同是双务、有偿、诺成、不要式合同。

(二)行纪合同与其他合同的区别

1. 行纪合同与委托合同。

行纪合同除另有规定的,适用委托合同的有关规定。行纪合同与委托合同的区别在于:

	行纪合同	委托合同
所为事项	买卖寄售等贸易活动	可以是法律行为,也可以是事实行为
行为名义	行纪人只能以自己名义	既可以自己名义,也可以委托人名义
是否有偿	有偿	可以有偿,也可以无偿

2. 行纪合同与承揽合同。

在承揽合同中,承揽人只是完成一定工作并交付成果,承揽人完成一定工作的行为的性质是事实行为而不属于法律行为;而在行纪合同中,行纪行为则属于民事法律行为,并且是动产和有价证券买卖等商事行为。

(三)行纪合同的效力

1. 行纪人的义务。

(1)负担行纪费用的义务。

【民法典合同编第952条】行纪人处理委托事务支出的费用,由行纪人负担,但是当事人另有约定的除外。

可见,在我国行纪费用以行纪人负担为原则,但当事人另有约定的除外。

(2)妥善保管委托物的义务。

行纪人占有委托物的,应当妥善保管委托物。

(3)合理处分委托物的义务。

委托物交付给行纪人时有瑕疵或者容易腐烂、变质的,经委托人同意,行纪人可以处分该物;不能及时和委托人取得联系的,行纪人可以合理处分。

(4)依委托人的指示处理事务的义务。

对于委托人所指定的卖出委托物的价格或买入价格,行纪人有遵从指示的义务。该项义务可分解为以下两种情况来具体考查:

①行纪人以低于指定价格卖出或者高于指定价格买进的,应当经委托人同意。未经委托人同意,行纪人补偿其差额的,该买卖对委托人发生效力。

②行纪人以高于指定价格卖出或低于指定价格买进委托物的。可以按照约定增加报酬。没有约定或者约定不明确,双方当事人可以协议补充;不能达成补充协议的,按照合同有关条款或者交易习惯确定;仍不能确定的,该利益属于委托人。

2.委托人的义务。

(1)支付报酬的义务。

以下为可以不支付报酬情形:

①因行纪人自己的过失致使不能向委托人交付委托卖出物的价金或买进的物品的。

②合同被解除的,应相当于行纪人未履行行纪行为,自然不得请求报酬。

③因不可归责于行纪人的事由发生,致使行纪人不能完成行纪行为的。如果行纪人已做了部分履行,且该部分履行相对于全部委托事务来说可以独立存在,则行纪人有权就委托事务完成的部分请求委托人支付报酬。

若虽然仅完成了部分委托事务,但委托人的经济目的已完全达到的,行纪人得请求全部报酬的支付。

行纪人全部完成或部分完成委托事务,委托人应当支付报酬却逾期不支付的,行纪人享有留置委托物,并依照法律规定以委托物折价或从拍卖、变卖该财产所得的价款中优先受偿的权利。

(2)受领或取回标的物的义务。

行纪人按照行纪合同的约定为委托人买回委托物的,委托人应当及时受领。在经过行纪人催告,委托人无正当理由拒绝受领的,行纪人可以提存委托物。

🛡 (四)行纪人的介入权

行纪人接受委托买卖有市场定价的证券或其他商品时,除委托人有相反的意思表示的以外,行纪人自己可以作为出卖人或买受人的权利,称为行纪人的介入权,或称行纪人的自约权。

行纪人行使介入权的要件又称介入要件,包括积极要件和消极要件:

1.积极要件。

指所受委托的物品须为有市场定价的有价证券或其他商品。

2.消极要件。

包括委托人未作出反对行纪人介入的意思表示,行纪人尚未对委托事务作出处理,行纪合同有效存在。

行纪人行使介入权之后,仍有报酬请求权。委托人应按合同约定付给行纪人报酬。

🛡 (五)行纪合同的法律适用

行纪合同没有规定的,适用委托合同的有关规定。

例题 ✏

甲将10吨大米委托乙商行出售。双方只约定,乙商行以自己名义对外销售,每公斤售价两元,乙商行

的报酬为价款的 5%。下列哪些说法是正确的?(　　　)①

A. 甲与乙商行之间成立行纪合同关系

B. 乙商行为销售大米支出的费用应由自己负担

C. 如乙商行以每公斤 2.5 元的价格将大米售出,双方对多出价款的分配无法达成协议,则应平均分配

D. 如乙商行与丙食品厂订立买卖大米的合同,则乙商行对该合同直接享有权利承担义务

📢 十五、中介合同(有偿、双务、诺成、不要式)

⭐(一)定义和特征

1. 定义。

指双方当事人约定一方为他方报告订约机会或提供订约的媒介服务,他方支付报酬的合同。

在中介合同中,报告订约机会或提供订约的媒介服务,促进交易双方成交而从中取得报酬的一方为中介人,给付报酬的一方为委托人。

2. 特征。

(1)是一方当事人为他方报告订约机会或提供订约媒介服务的合同。

在中介合同中,中介人为委托人提供服务,但这种服务表现为报告订约的机会或为订约的媒介。所谓报告订约机会,是指受委托人的委托,寻觅及提供可与委托人订立合同的相对人,从而为委托人订约提供机会。所谓为订约媒介,是指介绍双方当事人订立合同,中介人斡旋于双方当事人之间,促进双方交易达成。

(2)中介合同为有偿合同。

(3)中介合同为诺成合同和不要式合同。

(4)中介合同委托人一方的给付义务的履行有不确定性。

中介人的活动能否达到目的,委托人与第三人之间能否交易成功,是决定委托人是否支付报酬的因素,而这一目的的达成有不确定性。

🛡(二)中介合同的效力

1. 中介人的义务。

(1)报告订约机会或媒介订约的义务。

①在报告中介中,中介人对于订约事项,应就其所知,据实地报告给委托人。

②在媒介中介中,中介人应将有关订约的事项据实报告给各方当事人。

无论中介人是同时接受主合同当事人双方的委托,还是仅接受委托人一方委托的,中介人都负有向双方报告的义务。

(2)忠实和尽力的义务。

中介人的忠实、尽力义务包括以下几方面的要求:

①中介人应将所知道的有关订约的情况或商业信息如实告知给委托人。

【民法典合同编第 962 条】中介人应当就有关订立合同的事项向委托人如实报告。

中介人故意隐瞒与订立合同有关的重要事实或者提供虚假情况,损害委托人利益的,不得请求支付报酬并应当承担赔偿责任。

②中介人不得对订立合同实施不利影响,多指影响合同的订立或者损害到委托人的

---

① 　ABD

利益。

③中介人对于所提供的信息、成交机会以及后来的订约情况,负有对其他人保密的义务。

④中介人负有尽力义务。

报告中介人的任务在于报告订约机会给委托人。

媒介中介人的任务除向委托人报告订约信息外,应尽力促进将来可能订约的当事人双方达成合意。

(3)负担中介合同费用的义务。

中介合同的费用,若委托方和中介人事先没有明确约定由哪一方负担,那么应当由中介人承担。

2.委托人的义务。

(1)支付报酬的义务。

(2)支付必要中介费用的义务。

①中介人促成合同成立的,中介费用未经约定不得请求委托人偿还,由中介人负担。

②中介人未促成合同成立的,可以要求委托人支付从事中介活动支出的必要费用。

例题

甲公司欲购买一批文具,委托乙提供媒介服务。甲公司和有关当事人对乙提供媒介服务的费用承担问题没有约定,后又不能协商确定。在此情况下,对乙提供媒介服务的费用应怎么确定?(   )①

A.在乙促成合同成立时,应当由乙自己承担提供媒介服务的费用

B.在乙未促成合同成立时,应当由乙自己承担提供媒介服务的费用

C.在乙促成合同成立时,甲公司应当承担其提供媒介服务的费用

D.甲公司应当向乙预付提供媒介服务的费用

十六、保证合同(独立第三方与债权人之间)

保证合同是为保障债权的实现,保证人和债权人约定,**当债务人不履行到期债务或者发生当事人约定的情形时**,保证人按照约定**履行债务或者承担责任**的合同。

(一)保证责任的成立

1.保证合同。

2.保证条款。

3.单方保证书。

4.以保证人身份签章。

【特别提醒】保证与物保的优劣比较

保证人承担无限责任 vs.物保人的有限责任

债权人只享有一般债权 vs.优先受偿权

(二)保证人资格限制

1.机关法人不得为保证人,但是经国务院批准为使用外国政府或者国际经济组织贷款进行转贷的除外。

---

① A

2.以公益为目的的非营利法人、非法人组织不得为保证人。

3.法人分支机构在授权的范围内可以设立保证,责任由法人承担。

（三）保证的类型与范围

1.一般保证与连带保证。

当事人在保证合同中约定,在债务人不能履行债务时,由保证人承担保证责任的,为一般保证。

当事人在保证合同中约定保证人和债务人对债务承担连带责任的,为连带责任保证。

【特别提醒】当事人在保证合同中对保证方式没有约定或者约定不明确的,按照一般保证承担保证责任。

（1）诉讼上的区别。

一般保证:诉诸债务人;不可单独诉保证人;可共同被告。

连带保证:诉诸债务人;单独诉保证人;可共同被告。

（2）实体上的区别:强调被执行的先后。

①一般保证人的先诉抗辩权及其例外。

一般保证的保证人**在就债务人的财产依法强制执行仍不能履行债务前**,有权拒绝承担保证责任。有下列情形之一不得先诉抗辩:

其一,债务人下落不明,且无财产可供执行;

其二,人民法院受理债务人破产案件;

其三,债权人有证据证明债务人的财产不足以履行全部债务或者丧失履行债务能力;

其四,保证人书面放弃上述权利。

②实践中的应用。

一般保证的债权人向债务人和保证人一并提起诉讼的,人民法院可以将债务人和保证人列为共同被告参加诉讼。**但是,应当在判决书中明确在对债务人财产依法强制执行后仍不能履行债务时,由保证人承担保证责任。**

连带责任保证的债权人可以将债务人或者保证人作为被告单独提起诉讼,也可以将债务人和保证人作为共同被告提起诉讼。

2.按份共同保证与连带共同保证:**当存在两个以上的保证人时**。

（1）按份共同保证:明确约定按份的。

（2）连带共同保证:明确约定连带的;没有约定份额被推定为连带的。

【民法典合同编第699条】同一债务有两个以上保证人的,保证人应当按照保证合同约定的保证份额,承担保证责任;没有约定保证份额的,债权人可以请求任何一个保证人在其保证范围内承担保证责任。

3.最高额保证。

保证人与债权人可以协商订立最高额保证合同,约定在最高债权额限度内就一定期间连续发生的债权提供保证。

原理与最高额抵押相同。

4.保证的范围。

（1）有约定,按约定。

（2）无约定时,包括主债权及其利息、违约金、损害赔偿金和实现债权的费用。

（四）保证人的追偿权

1. 保证人承担保证责任后，有权在其承担保证责任的范围内向债务人追偿，享有债权人对债务人的权利，但是不得损害债权人的利益。

2. 追偿权当事人可约定排除。

（五）保证期间与诉讼时效

1. 期间的性质：法定不变期间，不中止、中断、延长。

2. 期间与起算：

(1) 有约定，依约定。

(2) 无约定，推定为 6 个月。

(3) 起算：从主债务履行期届满之日起算；履行期没有约定或约定不明，债权人请求债务人履行的宽限期届满之日开始起算。

3. 保证期间的效力：

(1) 一般保证的债权人<u>未在保证期间内对债务人提起诉讼或者申请仲裁的</u>，保证人不再承担保证责任。

(2) 连带责任保证的债权人<u>未在保证期间对保证人主张承担保证责任的</u>，保证人不再承担保证责任。

4. 保证债务（即保证合同）时效的起算。

(1) 一般保证的债权人在保证期间届满前对债务人提起诉讼或者申请仲裁的，<u>从保证人拒绝承担保证责任的权利消灭之日起</u>，开始计算保证债务的诉讼时效。

(2) 连带责任保证的债权人在保证期间届满前请求保证人承担保证责任的，<u>从债权人请求保证人承担保证责任之日起</u>，开始计算保证债务的诉讼时效。

保证合同时效起算的原理

行使保证权的结果：保证诉讼时效，为什么一定要经过行使保证权（债权人向保证人主张权利）才起算？

答曰：只有开始行使保证权，保证合同先天缺陷得以校正，成为正常的债权债务关系。

第一层：对于有清偿期的合同之债时效何时起算？

第二层：保证人与债权人之债权关系，何时到清偿期？

第三层：一旦起算保证债务之时效，保证期间使命已完成。

（六）保证责任的免除：保证抗辩权

1. 可主张主债务人的抗辩权。

【民法典合同编第 701 条】保证人可以主张债务人对债权人的抗辩。债务人放弃抗辩的，保证人仍有权向债权人主张抗辩。

2. 先诉抗辩权，如前所述。

3. 主债权变更时的抗辩权。

(1) 主合同债权让与，通知保证人的，责任原则不变，例外免除。

【民法典合同编第 696 条】债权人将全部或者部分债权转让给第三人，通知保证人后，保证人对受让人承担相应的保证责任。未经通知，该转让对保证人不发生效力。

保证人与债权人约定仅对特定的债权人承担保证责任或者禁止债权转让，债权人未经保证人书面同意转让全部或者部分债权的，保证人就受让人的债权不再承担保证责任。

（2）主合同债务发生免责债务承担，除非另有约定，未经保证人**书面同意**免责，部分转让，部分免责。

【民法典合同编第697条】债权人未经保证人书面同意，允许债务人转移全部或者部分债务，保证人对未经其同意转移的债务不再承担保证责任，但是债权人和保证人另有约定的除外。

第三人加入债务的，保证人的保证责任不受影响。

（3）未经保证人书面同意，主合同内容变更：

减轻的，保证人就减轻的责任承担保证责任；加重的，保证人对加重的部分不承担保证责任。

（4）履行期变动，未经保证人同意，保证期间为原合同约定的或者法律规定的期间。

4.债权人怠于执行债务人财产，保证人在可执行财产范围内免责。

【民法典合同编第698条】一般保证的保证人在主债务履行期限届满后，向债权人提供债务人可供执行财产的真实情况，债权人放弃或者怠于行使权利致使该财产不能被执行的，保证人在其提供可供执行财产的价值范围内不再承担保证责任。

5.债务人对于债权人享有抵销权与撤销权时的免责。

【民法典合同编第702条】债务人对债权人享有抵销权或者撤销权的，保证人可以在相应范围内拒绝承担保证责任。

十七、合伙合同

（一）含义

合伙合同是二人以上为了共同的事业目的，订立的共享利益、共担风险的协议。

（二）不定期合伙合同情形及任意解除权

1.未约定合伙期限或约定不明。

2.合伙期限届满，执行合伙人继续合伙业务，其他人未提出异议。

合伙人可以随时解除不定期合伙合同，但应当在合理期限之前通知其他合伙人。

（三）合伙财产

合伙人的出资、因合伙事务依法取得的收益和其他财产，属于合伙财产。

1.出资。

（1）合伙人应当按照约定的出资方式、数额和缴付期限，履行出资义务。

（2）一个或者数个合伙人不履行出资义务的，其他合伙人不能因此拒绝出资。

2.共有及分割请求权的限制。

合伙合同终止前，合伙人不得请求分割合伙财产。

（四）合伙事务的执行

1.决定作出。

除合伙合同另有约定外，应当经全体合伙人一致同意。

2.事务执行。

（1）合伙事务由全体合伙人共同执行。

（2）委托部分人执行。

根据合伙合同的约定或者全体合伙人的决定,可以委托一个或者数个合伙人执行合伙事务;其他合伙人不再执行,但是有权监督执行情况。

(3)合伙人分别执行。

合伙人分别执行合伙事务的,**执行事务合伙人可以对其他合伙人执行的事务提出异议**;提出异议后,其他合伙人应当暂停该项事务的执行。

3.除合伙合同另有约定,合伙人不得因执行合伙事务而请求支付报酬。

★(五)合伙利润分配与亏损分担

【民法典合同编第972条】合伙的利润分配和亏损分担,按照合伙合同的约定办理;合伙合同没有约定或者约定不明确的,由合伙人协商决定;协商不成的,由合伙人按照实缴出资比例分配、分担;无法确定出资比例的,由合伙人平均分配、分担。

约定优先;无约定的,协商;协商不成的,实缴出资比例;无法确定出资比例,平均。

★(六)合伙债务

1.合伙人对合伙债务承担连带责任。

2.清偿合伙债务超过自己应当承担份额的合伙人,有权向其他合伙人追偿。

3.合伙人的债权人不得代位行使合伙人依照法律规定和合伙合同约定享有的权利。

4.合伙人的债权人可以代位行使合伙人享有的**利益分配请求权**。

★(七)合伙财产份额的转让

除合伙合同另有约定外,合伙人向合伙人以外的人转让其全部或者部分财产份额的,须经其他合伙人一致同意。

★(八)合伙合同终止

1.合伙人死亡、丧失民事行为能力或者终止的,合伙合同终止。

2.例外:合伙合同另有约定或者根据合伙事务的性质不宜终止的除外。

3.终止产生的费用与剩余财产分配:

约定优先;无约定的,协商;协商不成的,实缴出资比例;无法确定出资比例,平均。

📢 十八、保理合同

★(一)含义

保理合同,是应收账款债权人将**现有的或者将有的应收账款转让**给保理人,保理人提供资金融通、应收账款管理或者催收、应收账款债务人付款担保等服务的合同。

保理人为经批准金融机构。

保理合同,应为书面形式。

★(二)保理合同的结构与效力

1.基本结构。

(1)债权人存在现有的或将有的应收账款债权。

(2)债权人与保理人之间签订应收账款转让合同。

(3)应通知债务人应收账款债权转让的事实。(若签订三方协议的,不需要通知)

【注意】保理人通知的,应当表明保理人身份并附有必要凭证。

(4)债务人对于债权人享有的抗辩权、抵销权可向保理人主张。

【法理】债权让与中抗辩权与抵销权的延续。

2.两种特殊的效力问题。

（1）虚构应收账款债权不得对抗保理人。

应收账款债权人与债务人虚构应收账款作为转让标的，与保理人订立保理合同的，应收账款债务人不得以应收账款不存在为由对抗保理人，**但是保理人明知虚构的除外**。

（2）基础交易合同的变更或终止不得对保理人产生不利影响。

应收账款债务人接到应收账款转让通知后，应收账款债权人和债务人**无正当理由**协商变更或者终止基础交易合同，对保理人产生不利影响的，对保理人不发生效力。

（三）保理的类型

1.有追索权的保理。

【民法典合同编第766条】当事人约定有追索权保理的，保理人可以向应收账款债权人主张返还保理融资款本息或者回购应收账款债权，也可以向应收账款债务人主张应收账款债权。保理人向应收账款债务人主张应收账款债权，在扣除保理融资款本息和相关费用后有剩余的，剩余部分应当返还给应收账款债权人。

（1）保理人享有选择权。

①可以向应收账款债权人主张返还保理融资款本息或者回购应收账款债权。

②可以向应收账款债务人主张应收账款债权。

（2）保理人退还义务。

保理人向应收账款债务人主张债权，在扣除保理融资款本息和相关费用后有剩余的，应当返还给应收账款债权人。

2.无追索权的保理。

【民法典合同编第767条】当事人约定无追索权保理的，保理人应当向应收账款债务人主张应收账款债权，保理人取得超过保理融资款本息和相关费用的部分，无需向应收账款债权人返还。

（1）保理人没有选择权。

只能向应收账款债务人主张债权。

（2）保理人没有退还义务。

取得超过保理融资款本息和相关费用的部分，无需向应收账款债权人返还。

（四）"一权多保"时的保理人顺位

【民法典合同编第768条】应收账款债权人就同一应收账款订立多个保理合同，致使多个保理人主张权利的，已登记的先于未登记的受偿；均已登记的，按照登记的先后顺序受偿；均未登记的，由最先到达应收账款债务人的转让通知中载明的保理人受偿；既未登记也未通知的，按照应收账款比例清偿。

1.登记的优先于没登记的；

2.都登记的，按照登记的顺序；

3.均未登记，最先到达债务人的转让通知中载明的优先；

4.既未登记也未通知的，按照应收账款比例清偿。

十九、物业服务合同

(一)含义

物业服务合同是物业服务人在物业服务区域内,为业主提供建筑物及其附属设施的维修养护、环境卫生和相关秩序的管理维护等物业服务,业主支付物业费的合同。

物业服务合同应当采用书面形式。

(二)合同的内容与效力

1.内容。

内容一般包括服务事项、服务质量、服务费用的标准和收取办法、维修资金的使用、服务用房的管理和使用、服务期限、服务交接等条款。注意以下特殊情况:

(1)物业服务人公开作出的**有利于业主的服务承诺**,为物业服务合同的组成部分。

(2)业主委员会与业主大会**依法选聘的物业服务人订立的物业服务合同**,对业主具有法律约束力。

(3)建设单位依法与物业服务人**订立的前期物业服务合同**,对业主具有法律约束力。

(4)新合同生效,旧合同终止:

建设单位依法与物业服务人订立的前期物业服务合同约定的**服务期限届满前**,业主委员会或者业主与新物业服务人订立的物业服务合同生效的,前期物业服务合同终止。

2.效力。

(1)业主义务。

①支付报酬。

业主应当按照约定向物业服务人支付报酬。

物业服务人已经按照约定和有关规定提供服务的,业主不得以未接受或者无需接受相关物业服务为由拒绝支付报酬。

业主违反约定逾期不支付报酬的,物业服务人可以催告其在合理期限内支付;逾期仍不支付的,物业服务人可以提起诉讼或者申请仲裁。

②告知信息。

业主装饰装修房屋的,应当事先告知物业服务人,遵守物业服务人提示的合理注意事项,并配合其进行必要的现场检查。

业主转让、出租物业专有部分、设立居住权或者依法改变共有部分用途的,应当及时将相关情况告知物业服务人。

(2)物业服务人义务。

物业服务人应当定期将服务的事项、负责人员、质量要求、收费项目、收费计算标准、履行情况,以及维修资金使用情况、业主共有部分的经营与收益情况等以合理方式向业主公开或者向业主大会、业主委员会报告。

(三)物业服务的转托

1.可以部分转托。

物业服务人将物业服务区域内的部分专项服务事项委托给专业性服务组织或者其他第三人的,应当就该部分专项服务事项向业主负责。

【法理】合同相对性。

2. 不得全部转托。

物业服务人不得将其应提供的全部物业服务转委托给第三人,或者将全部物业服务肢解后分别转委托给第三人。

【法理】防止增加业主负担。

⭐ (四) 物业服务人的解聘与续聘

1. 解聘。

(1) 业主依照法定程序共同决定解聘物业服务人的,无约定的,解除物业合同应当提前60日书面通知物业服务人。

(2) 因解除合同造成物业服务人损失的,除不可归责于业主的事由外,业主应当赔偿损失。

2. 续聘。

(1) 业主依法共同决定续聘的,应当与原物业服务人在合同期限届满前续订合同。

(2) 物业服务人不同意续聘的,无约定的,应当在物业服务合同期限届满前90日书面通知业主或者业主委员会。

3. 不定期物业服务合同。

(1) 物业服务期限届满后,业主没有依法作出续聘或者另聘物业服务人的决定,物业服务人按照原合同继续提供物业服务的,原物业服务合同继续有效,但是服务期限为不定期。

(2) 任意解除权。

当事人可以随时解除不定期物业服务合同,但是应当提前60日书面通知对方。

⭐ (五) 物业服务合同终止

1. 新物业接管前的继续服务。

物业服务合同终止后,在业主或者业主大会选聘的新物业服务人或者决定自行管理的业主接管之前,**原物业服务人应当继续处理物业服务事项,并可以请求业主支付该期间的报酬**。

2. 终止时物业服务人的义务。

(1) 物业服务合同终止后,原物业服务人应当在约定期限或者合理期限内退出物业服务区域,将物业服务用房、相关设施、物业服务所必需的相关资料等交还给业主委员会、决定自行管理的业主或者其指定的人,配合新的物业服务人做好交接工作,并如实告知物业的使用和管理状况。

(2) 违反交接义务的责任。

①原物业服务人不得请求业主支付物业服务合同终止后的报酬;

②给业主造成损失的,应当赔偿损失。

第六章 | 侵权法

《 第一节　侵权责任概述 》

一、侵权责任的含义、特征与类型

(一)含义

行为人因其侵权行为而依法应当承担的责任。

(二)特征

1. 是行为人因违反法律规定的义务而应当承担的法律后果。

2. 以侵权行为的发生为前提。

3. 侵权责任的方式具有法定性,如何构成侵权,如何计算赔偿,赔偿什么等均为法定。

4. 侵权责任的形式具有多样性。

(三)类型

依据不同的标准,侵权责任可以分为不同类型。

1. 自己责任和替代责任。

以侵权责任是否由行为人自己承担为标准,侵权责任可分为自己责任和替代责任。

自己责任,是指侵权责任由加害行为人自己承担的责任形式。这种责任形态的责任人与加害人是一致的。

替代责任,是指侵权责任由与加害行为人有特定关系的人承担,或由与致人损害的物件具有管领关系的人承担的责任形式。这种责任形态的责任人与加害人并非同一人,与致害物也并无直接联系。

2. 单方责任和双方责任。

以侵权责任是否由侵权法律关系中的一方承担为标准,侵权责任可分为单方责任和双方责任。

单方责任,是由加害行为人一方承担责任的责任形式。

双方责任则是指对侵权行为所发生的后果,加害行为人和受害人都要承担责任的责任形式。

3. 单独责任和共同责任。

以侵权责任承担者是否为一人为标准,侵权责任可分为单独责任和共同责任。

单独责任,是指加害行为人为单独一人,由该加害行为人承担侵权责任的责任形式。

共同责任,是指加害行为人为二人或二人以上的数人,由该数人对同一损害后果共同承担侵权责任的责任形式。由于加害行为人是复数,侵权责任需要在数个加害人之间进行分配,所以共同责任又进一步被分为连带责任、按份责任和补充责任。

4. 连带责任、按份责任和补充责任。

这是以数个责任主体对被侵权一方承担侵权责任的情况为标准所做的划分。

连带责任,是指数个责任主体作为一个整体对损害共同承担责任,其中的任何一个责任主体都有义务对全部损害承担侵权责任;在责任主体之一(或者部分人)对全部损害承担了侵权责任之后,他有权向未承担责任的其他责任主体追偿,请求偿付其应当承担的赔偿份额。

按份责任,是指在数个责任主体承担共同责任的情形下,每一个责任主体只对其应当承担的责任份额负清偿义务,不与其他责任主体发生连带关系的侵权责任。任何一个责任主体在承担了自己份额的侵权责任后,即从侵权责任法律关系中解脱出来。

补充责任,主要发生在一个侵权行为造成的损害事实产生了两个相重合的侵权责任请求权,于此情形,法律规定被侵权人必须按照先后顺序行使请求权,只有排在后位的责任主体有过错的,才能请求排在后位的责任主体承担侵权责任,排在后位的责任主体所承担的侵权责任就是补充责任。承担补充责任者只是承担与其过错相适应的责任,而不是缺多少补多少。

二、侵权责任与违约责任比较

1. 适用前提:违反法定义务;违反约定义务。
2. 构成要件:一般要求过错;一般不要求过错。
3. 精神损害:可主张;不可主张。

三、归责原则

(一)过错责任原则

1. 含义:在追究责任时考虑并且必须有过错才承担责任。
2. 何为过错?"正常人"的注意。
(1)故意:明知结果且努力追求或者放任。
(2)过失:重大过失、一般过失。何为重大过失?
一般人犯了超级可笑的错误;专业人士犯了一般人的错误;行为具有明显的违法性。

【民法典侵权责任编第1245条】饲养的动物造成他人损害的,动物饲养人或者管理人应当承担侵权责任;但是,能够证明损害是因被侵权人故意或者重大过失造成的,可以不承担或者减轻责任。

例题

甲乙两家各有小院,隔墙而居,院墙高约两米。一天,甲家夫妇下田务农,将两周岁的儿子丙锁在自家的院子里独自玩耍。不巧,乙家的一只公鸡飞过院墙,将丙的左眼啄伤。甲家为此支出医药费近万元。对甲家所受的损失应如何承担?①

(3)根据举证责任的不同,过错责任原则包括两种:过错与推定过错。后者限于法律明确规定。

一般的过错责任原则:受害人举证证明加害人有过错。若不能证明,则加害人无责任。

过错推定责任原则:首先推定加害人有过错。若加害人不能证明自己没过错,则有责。

(二)无过错责任原则

只要是法律明文规定应当承担侵权责任的情形,不考虑行为人的过错。

---

① 答案:乙承担全部损失。

（三）双方都没有过错，但又没有法律明确规定适用无过错责任的情形：特殊情况下的公平分担损失

1. 受害人和行为人对损害的发生都没有过错的，可以根据实际情况，由双方分担损失。
2. 见义勇为的情形下；找不到侵权人或侵权人没有能力的情况下，受益人的适当补偿。
3. 行为暂时没有意识或失去控制并且没有过错的情况下造成他人损失，给予适当补偿。

四、抗辩事由——免除或减轻侵权责任的事由

（一）抗辩事由的构成要件

1. 对抗性。
2. 客观性。
3. 法定性。

（二）抗辩事由的类型——法定的情形

1. 受害人过错——过错相抵。
被侵权人**对同一损害的发生或者扩大有过错的**，可以减轻侵权人的责任。
（1）一般侵权中，加害人有故意或者重大过失，受害人有一般过失时，不得适用过失相抵。
（2）特殊侵权中，**通常**限于受害人的重大过失，方可相抵。
2. 受害人故意。
损害是因受害人故意造成的，行为人不承担责任。
（1）通常的情况下免责，同时适用于一般侵权和特殊侵权。

[特别提醒] 只有损害完全是由受害人故意造成的，即受害人故意是损害发生的唯一原因，行为人才能完全免除责任。如果能够证明损害是由受害人故意造成，但同时行为人对损害的发生也有故意或者重大过失的，则应适用于有过错的规定，减轻行为人的责任。

例题

甲在高速路上自杀，乙醉酒后驾车且超速行驶，发现甲之后没有采取任何避让或者制动措施，造成甲的死亡，乙是否要承担责任？

（2）例外：侵权责任编中，有特别规定，适用**绝对无过错责任**的情形，不能免责。比如动物侵权中的以下情况：
禁止饲养的烈性犬等危险动物造成他人损害的，动物饲养人或者管理人应当承担侵权责任。
3. 第三人的原因。
损害是因第三人造成的，第三人应当承担侵权责任。
（1）在过错归责原则下，若第三人是造成损害的唯一原因，则加害人免责；若第三人是造成损害的部分原因，此时，如果加害人有过错则构成共同侵权，如果受害人有过错适用过错相抵。
（2）在无过错责任原则下特殊侵权中，侵权法的规定相对于旧法，变化很大，也是最大可能的考点。

★由于第三人的原因导致侵权发生的，直接加害人不再能够直接免责，而是将选择权交给受害人，受害人可以选择第三人或者加害人，同时，在加害人承担了责任的情况下赋予加害人向第三人追偿的权利。

【民法典侵权责任编第1233条】 因第三人的过错污染环境、破坏生态的,被侵权人可以向侵权人请求赔偿,也可以向第三人请求赔偿。侵权人赔偿后,有权向第三人追偿。

【民法典侵权责任编第1250条】 因第三人的过错致使动物造成他人损害的,被侵权人可以向动物饲养人或者管理人请求赔偿,也可以向第三人请求赔偿。动物饲养人或者管理人赔偿后,有权向第三人追偿。

例题

村民甲(18周岁)路过村民乙家门口时,用一块石头向乙家所养且卧在乙家门口的狗打去,该狗立即扑向甲,甲迅速躲到了路人丙的后面,结果狗眼看错人,照准丙大腿狠狠地咬了一口。对于丙的损失,应如何承担?

4. 正当防卫:超过必要限度——适当责任。

5. 紧急避险:因大失小方可! 超过必要限度——适当责任。

6. 不可抗力:不能预见、不能克服、不能避免。

例题

家住玉树的张三从李四家门前经过,突遇地震,李四家房屋倒塌,致张三严重受伤。问此案侵权责任如何?

7. 自甘风险。

(1)自愿参加具有一定风险的文体活动,因其他参加者的行为受到损害的,受害人不得请求其他参加者承担侵权责任,但是其他参加者对损害的发生有故意或者重大过失的除外。

(2)活动组织者的责任适用本法关于安保义务侵权和教育机构侵权的规定。

(三)抗辩事由的类型——其他理由

1. 意外事件:小囡丧命香蕉案。

2. 受害人同意:并不适用于所有情形。

3. 自助行为。

【民法典侵权责任编第1177条】 合法权益受到侵害,情况紧迫且不能及时获得国家机关保护,不立即采取措施将使其合法权益受到难以弥补的损害的,受害人可以在必要范围内采取扣留侵权人的财物等合理措施;但是,应当立即请求有关国家机关处理。

受害人采取的措施不当造成他人损害的,应当承担侵权责任。

例题

吃饭—走—未付钱—忘记上衣—来取—不给。

4. 依法执行职务。

第二节　一般侵权行为的构成要件

一、主观过错:主观状态——客观标准——正常人标准

二、违法行为:违反法律(广义)、公序良俗、法定义务

三、损害事实:财产、人身(物质和精神);直接和间接

1. 侵权责任法的保护对象:权利和利益,即民事权益。何谓民事权益呢?

侵权责任法所保护的侵权行为侵害对象是非常宽泛的,不过主要是一些绝对性的权利,

没有列举出作为相对权的债权。为什么呢?

民法理论通常认为,债权作为相对权不具有社会典型公开性,由于其缺乏相应的公示方法,债权人与债务人之外的人一般难以知晓,是故债权等相对权一般通过合同法保护,而不宜由侵权责任法保护,以避免不当干预行为人的合理行为自由。

不过在特殊情形下,如果加害人明知他人相对权的存在,仍然恶意侵犯的,不能一概排除侵权责任的成立可能性。

例如,甲与某当红歌星乙素来不和,乙和剧院丙签署了每月三场的演出合同,甲见乙越来越红,于是心生嫉恨。于是,在某日,甲趁乙不注意在乙的水杯里下了一种可以导致声音沙哑的药,乙不知,当晚将药喝下,继而声音变得沙哑,无法演出。此种情况下,就可以构成对于债权的侵权责任,剧院既可以主张乙违约,也可以主张甲侵权。

要点总结:

(1)限于绝对权——一般不保护相对权。

(2)没有和无法被权利化的利益:死者利益等。

2.同命同价问题:

【民法典侵权责任编第1180条】因同一侵权行为造成多人死亡的,可以以相同数额确定死亡赔偿金。

3.精神损害的适用问题

【民法典侵权责任编第1183条】侵害自然人人身权益造成严重精神损害的,被侵权人有权请求精神损害赔偿。

因故意或者重大过失侵害自然人具有人身意义的特定物造成严重精神损害的,被侵权人有权请求精神损害赔偿。

【注意】

法院在认定精神损害赔偿之数额时,通常根据以下因素确定:

(1)侵权人的过错程度;(2)侵害的手段、场合、行为方式等情节;(3)侵权造成的具体后果;(4)侵权人的获利情况;(5)侵权人承担责任的能力;(6)受诉法院所在地的平均生活水平。

4.赔偿数额计算。

【民法典侵权责任编第1184条】侵害他人财产的,财产损失按照损失发生时的**市场价格或者其他合理方式**计算。

【民法典侵权责任编第1185条】故意侵害他人知识产权,情节严重的,被侵权人有权请求相应的惩罚性赔偿。

例题

【2017-22】姚某旅游途中,前往某玉石市场参观,在唐某经营的摊位上拿起一只翡翠手镯,经唐某同意后试戴,并问价。唐某报价18万元(实际进货价8万元,市价9万元),姚某感觉价格太高,急忙取下,不慎将手镯摔断。关于姚某的赔偿责任,下列哪一选项是正确的? (   )①

A.应承担违约责任　　　　　　B.应赔偿唐某8万元损失

C.应赔偿唐某9万元损失　　　　D.应赔偿唐某18万元损失

【民法典侵权责任编第1179条】侵害他人造成人身损害的,应当赔偿医疗费、护理费、交通费、营养费等为治疗和康复支出的合理费用,以及因误工减少的收入。造成残疾的,还应

———————
① C

当赔偿辅助器具费和残疾赔偿金;造成死亡的,还应当赔偿丧葬费和死亡赔偿金。

【民法典侵权责任编第1182条】侵害他人人身权益造成财产损失的,按照被侵权人因此受到的损失或者侵权人因此获得的利益赔偿;被侵权人因此受到的损失以及侵权人因此获得的利益难以确定,被侵权人和侵权人就赔偿数额协商不一致,向人民法院提起诉讼的,由人民法院根据实际情况确定赔偿数额。

5.侵权赔偿的履行方式。

先协商赔偿费用支付方式;协商不一致的,赔偿费用应当一次性支付;一次性支付确有困难的,可以分期支付;但是被侵权人有权请求提供相应的担保。

📢 四、因果关系:没有行为没有结果;有该行为通常会有该结果

《 第三节　多数人侵权 》

📢 一、共同加害行为

二人以上共同实施侵权行为,造成他人损害的,应当承担连带责任。

1.共同故意侵权,行为人连带责任。

例如:熊大和熊二共谋,某日把光头强胖揍一顿,此时,对于光头强的伤害,熊大、熊二承担连带责任。

2.有意思联络的共同过失。

数个行为人对损害发生的可能性有共同的认知,共同行为导致侵权,行为人承担连带责任。

例如,张三和李四在工厂共同操作一台大型仪器设备,皆欲图简便而想要不完全按照安全规程操作,经过简单沟通后均认为不致发生不利后果,之后因一起违规操作导致该大型仪器失火报废。

3.两者是各自进行了有过失的行为,但是,损害结果的出现确是因为两者**发生了事实上的联系**所导致侵权,此时行为人也承担连带责任。此为客观共同过失侵权。

例如,甲超速驾驶,将违章逆行行驶的乙驾驶的摩托车撞飞,摩托车落到人行道上将行人丙丁砸伤,甲乙应当承担连带责任。

📢 二、主观无意思联络的数人侵权

二人以上分别实施侵权行为造成同一损害,每个人的侵权行为都足以造成全部损害的,行为人承担连带责任。

二人以上分别实施侵权行为造成同一损害,能够确定责任大小的,各自承担相应的责任;难以确定责任大小的,平均承担赔偿责任。

🛡 (一)概念

无意思联络的数人侵权行为,是指二人以上没有进行意思联络,客观上分别实施侵权行为造成同一损害的行为。

🛡 (二)类型

无意思联络的数人侵权行为属于数人侵权中的分别侵权,有时两个以上侵权人承担按

份责任,有时承担连带责任。无意思联络的数人侵权行为可以分为两种类型:

1.因果关系竞合型的无意思联络数人侵权。

此种情形,理论上称为**行为的间接结合**。

二人以上分别实施侵权行为造成同一损害,而且**任何一个人的行为都不足以造成全部损害时**,能够确定责任大小的,各自承担相应的责任;难以确定责任大小的,平均承担赔偿责任。在能够确定责任小时,应综合考虑各行为人的行为对损害后果的原因力和各自的过错程度来确定责任分担。

承担按份责任的无意思联络数人侵权需要具备以下要件:

(1)行为人为二人以上。

(2)数个行为人分别实施了侵权行为,彼此之间没有任何的意思联络。

(3)损害后果同一。

(4)每个人的行为均不足以造成全部后果。

例题

一天夜晚,甲开车逆行迫使骑车人乙为躲避甲向右拐,跌入修路挖的坑里(负责修路的施工单位对该坑未设置保护措施),造成车毁人伤。对乙的损失应如何承担责任? (   )①

A.只能由甲承担责任   B.只能由施工单位承担责任

C.甲和施工单位各自承担责任   D.甲和施工单位承担连带责任

2.因果关系聚合型的无意思联络数人侵权。

此种情形,理论上称为**行为的直接结合**。

二人以上分别实施侵权行为造成同一损害,**每个人的侵权行为都足以造成全部损害的**,行为人承担连带责任。

承担连带责任的无意思联络数人侵权需要具备以下要件:

(1)行为人为二人以上。

(2)数个行为人分别实施了侵权行为,彼此之间没有任何的意思联络。

(3)损害后果同一。

(4)每个人的行为都足以造成全部损害结果。

【特别提醒】

这里的"足以"并不是实际上足以导致损害后果的出现,而是,只要有足够的可能造成损害结果的出现,就认定为是这里的"足以造成全部损害后果"。

例如,设计单位对一栋建筑物的设计存在重大问题,足以导致建筑的倒塌,另外施工单位在施工中偷工减料,也足以导致建筑物倒塌,之后建筑物果然倒塌,那么设计单位和施工单位应对此承担连带责任。

再比如,甲开车将丙撞到,造成致命伤害,乙驾车随后又从丙身上碾过导致丙的死亡。对此,甲乙需要承担连带责任。

之所以此时会规定要求承担连带责任,一方面是因为每个行为人的行为都足以造成全部损害,行为人应当预见到要对受害人承担全部责任,故要求其承担连带责任,并没有显著超出预期或加重负担;另一方面是因为连带责任的承担实际上增加了责任财产的范围,有利于更好地实现对受害人的救济。

---

① C

【特别提醒】当认定共同侵权时采取客观说时,这种类型的侵权中的很多类型,都可以纳入共同侵权之中。但是,两者并不完全重合。具体而言,其与客观联系的共同侵权之不同至少表现在如下两个方面:

其一,此种侵权,强调两行为中的任何一个行为均足以造成损害结果的发生,客观联系的共同侵权中,很多都不具备这一点。比如上述甲超速驾驶为了躲避乙逆行的摩托车将丙撞伤的情况,还有酒驾司机与违章变道的运输车相撞导致大巴车中乘客受伤的案例都不具备这一点。

其二,认定过错的所谓客观说,毕竟还是以考虑过错为前提的,在无过错的侵权中,如果有两个以上的加害人,只要任何一方的行为均足以造成损害后果的发生就可以认定为数人之间承担连带责任了,此时,由于不考虑过错,也就无所谓客观的共同过错了。比如,三家化工厂都向甲养鱼的湖中排放污水,任何一家的排污均足以造成全部损害,此时,三家就应当承担连带责任。

3.两者的简要比较。

直接结合与间接结合的区分:

(1)两个行为共同导致损害结果的发生,如果少了其中一个行为,**照样可能**导致损害结果发生。此为直接结合,连带责任。

(2)两个行为共同导致损害结果的发生,如果少了其中一个行为,结果就不会发生。此为间接结合,按份责任。

三、教唆、帮助的共同侵权行为

教唆、帮助他人实施侵权行为的,应当与行为人承担连带责任。

教唆、帮助无民事行为能力人、限制民事行为能力人实施侵权行为的,应当承担侵权责任;该无民事行为能力人、限制民事行为能力人的监护人未尽到监护责任的,应当承担相应的责任。

例题

赵某在公共汽车上因不慎踩到售票员而与之发生口角,售票员在赵某下车之后指着他大喊:"打小偷!"赵某因此被数名行人扑倒在地致伤。对此应由谁承担责任?(　　　)①

A. 售票员　　　　　　　　　　　　　　B. 公交公司

C. 售票员和动手的行人　　　　　　　　D. 公交公司和动手的行人

如何理解如下内容?

无民事行为能力人、限制民事行为能力人造成他人损害的,由监护人承担民事责任。监护人尽了监护责任的,可以适当减轻他的民事责任。

【特别提醒】监护人尽了监护责任的是否承担责任的问题,教唆者、帮助者的存在与否具有决定意义。

四、共同危险行为

(一)典型的共同危险行为

二人以上实施危及他人人身、财产安全的行为,其中一人或者数人的行为造成他人损

---

① C

害,**能够确定具体侵权人的,由侵权人承担责任;不能确定具体侵权人的,行为人承担连带责任。**

1. 构成要件:共同或相继实施;都有危险性;加害人不确定;结果的同一性。
2. 免责事由:证明责任人。
3. 责任承担:连带。

例题 ✐

曹操、孙权与刘备共猎于山野,至猎区,刘前往野草丛中驱赶山雀。雀起、曹孙两箭齐发,一箭击中刘之右臂。曹孙所用弓箭相同,故争执不下。问:本案侵权责任如何?

⭐ **(二) 和共同危险相似的行为:不明抛掷物、坠落物责任**

从建筑物中抛掷的物品或者从建筑物上坠落的物品造成他人损害,**难以确定具体侵权人的**,除能够证明自己不是侵权人的外,由可能加害的建筑物**使用人**给予补偿。

例题 ✐

重庆烟灰缸案

⭐ ★**(三) 两者比较**

1. 责任人行为性质不同。
2. 承担的责任方式不同:连带;分担。
3. 赔偿与补偿。
4. 免责事由:证明责任人;证明非己所为。

关于多数人侵权的要点总结:

共同加害行为	1. 主观共同故意+共同行为。 2. 主观共同过失+共同行为。 3. 分别过失行为+行为发生事实上的联系。		均为连带责任。
教唆帮助侵权	1. 教唆行为或帮助行为系出于故意,方为共同侵权,行为人与教唆者承担连带责任。 2. 教唆、帮助非完全行为能力人实施侵权行为的,教唆者、帮助者承担责任。 3. 非完全行为能力人的监护人未尽到监护责任的,应当承担相应的责任。		
共同危险行为	1. 共同危险行为人承担连带责任。 2. 能够确定具体侵权人的,由侵权人承担责任。 3. 不能确定具体侵权人的,行为人承担连带责任。		
分别行为结合侵权	直接结合	每个人的行为都足以造成全部损害结果,连带责任。	
	间接结合	每个人的行为均不足以造成全部后果,且两人以上的行为没有发生任何事实上联系,按份责任。	
难点说明	分别过失行为且每人的行为均不足以造成全部损害时,连带与按份责任的辨析标准: 1. 看两个行为造成损害时是否发生了事实上联系。 2. 举例:甲开车逆行,迫使骑自行车的乙右拐,跌入施工单位(未采取保护措施)所挖坑中。开车逆行,修路挖坑,两者之间没有任何事实上联系,此时为按份责任。 如果改为:甲逆行,为了躲坑,将乙撞伤,则甲与施工单位即为连带责任,因为在行为目的上,两者发生了事实上的联系。		

《 第四节　具体侵权行为 》

一、网络侵权

1. 责任主体：网络用户、网络服务提供者。

2. 归责原则：过错责任原则。

3. 责任方式：连带责任。

（1）提示规则：接到被侵权人通知后，**未及时采取措施，就扩大的部分，连带**。

①通知应当包括构成侵权的初步证据及权利人的真实身份信息。

【注意】因错误通知造成网络用户或者网络服务提供者损害的，应当承担侵权责任。

②网络服务提供者接到通知后，应当及时将该通知转送相关网络用户，并根据构成侵权的初步证据和服务类型采取必要措施。

③网接到转送的通知后的网络用户，可以向网络服务提供者提交不存在侵权行为的声明。声明应当包括不存在侵权行为的初步证据。

④网络服务提供者接到声明后，应当**将该声明转送发出通知的权利人**，并告知其可以向有关部门投诉或者向人民法院提起诉讼。

⑤网络服务提供者在转送声明到达权利人后的合理期限内，未收到权利人已经投诉或者提起诉讼通知的，应当及时终止所采取的措施。

（2）明知规则：**知道或应当知道**利用网络服务侵害他人权益，未采取必要措施，与该网络用户承担连带责任。

二、安全保障义务

（一）特征

1. 性质：不作为侵权，安全保障义务是一种积极的作为义务。

2. 归责原则：过错责任。

3. 责任主体：宾馆、商场等公共场所的管理人或者公共活动的组织者。

4. 受保护主体：不以与义务人有交易关系为限。

（二）侵权第三人与安保义务人的责任

1. 责任承担。

无过错，无责任。

有过错，补充性赔偿责任。

经营者、管理者或者组织者承担补充责任后，可以向第三人追偿。

2. 诉讼地位。

共同被告，第三人不能确定的除外。

例题

小偷甲在某商场窃得乙的钱包后逃跑，乙发现后急追。甲逃跑中撞上欲借用商场厕所的丙，因商场地

板湿滑,丙摔成重伤。下列哪些说法是错误的?(   )①

    A. 小偷甲应当赔偿丙的损失   B. 商场须对丙的损失承担补充赔偿责任

    C. 乙应适当补偿丙的损失   D. 甲和商场对丙的损失承担连带责任

三、教育机构的责任

    1. 对于限制行为能力人的责任——一般过错责任。

    2. 对于无行为能力人的责任——过错推定责任。

    3. 在第三人侵权的情形下的补充责任。

    (1)性质:不作为侵权,保护义务是一种积极的作为义务。

    (2)归责原则:过错责任。

    (3)责任主体:

    ①学校、幼儿园或其他教育机构有过错的,承担相应的补充责任。

    ②幼儿园、学校或者其他教育机构承担补充责任后,可以向第三人追偿。

    (4)受保护主体:无行为能力人与限制行为能力人。

    (5)第三人是谁? 教师、学生和其他工作人员以外的人员。

    问题:**学生对学生侵权,什么责任? 通说:监护人责任,学校有过错的,与过错相应责任。**

例题

    某小学组织春游,队伍行进中某班班主任张某和其他教师闲谈,未跟进照顾本班学生。该班学生李某私自离队购买食物,与小贩刘某发生争执被打伤。对李某的人身损害,下列哪一说法是正确的?(   )②

    A. 刘某应承担赔偿责任

    B. 某小学应承担赔偿责任

    C. 某小学应与刘某承担连带赔偿责任

    D. 刘某应承担赔偿责任,某小学应承担相应的补充赔偿责任

四、医疗损害赔偿责任

(一)一般过错责任

    患者在诊疗活动中受到损害,医疗机构及其医务人员有过错的,由医疗机构承担赔偿责任。

    医疗机构的过错如何判断? 相对的标准!

    1. 一般情况下的过错。

    (1)医务人员在诊疗活动中应当向患者说明病情和医疗措施。需要实施手术、特殊检查、特殊治疗的,医务人员应当及时向患者具体说明医疗风险、替代医疗方案等情况,并取得其明确同意;不能或者不宜向患者说明的,应当向患者的近亲属说明,并取得其明确同意。

    医务人员未尽到上述义务,造成患者损害的,医疗机构应当承担赔偿责任。

    (2)医务人员在诊疗活动中未尽到与当时的医疗水平相应的诊疗义务,造成患者损害的,医疗机构应承担赔偿责任。

---

    ①   CD

    ②   D

2. 紧急情况。

因抢救生命垂危的患者等紧急情况,不能取得患者或者其近亲属意见的,经医疗机构负责人或者授权的负责人批准,可以立即实施相应的医疗措施。

(二)过错推定责任

三种特别情形下的医疗机构过错推定责任,具体包括:

1. 违反法律、行政法规、规章以及其他有关诊疗规范的规定;

2. 隐匿或者拒绝提供与纠纷有关的病历资料;

3. 伪造、篡改或者销毁病历资料。

(三)医疗损害责任中的不真正连带责任

因药品、消毒药剂、医疗器械的缺陷,或者输入不合格的血液造成患者损害时:

1. 患者的选择权。

患者可以向药品上市许可持有人、生产者、血液提供机构请求赔偿,也可以向医疗机构请求赔偿。

2. 医疗机构的追偿权。

医疗机构赔偿后,有权向负有责任的药品上市许可持有人、生产者、血液提供机构追偿。

(四)特殊的免责事由

1. 患者或者其近亲属不配合医疗机构进行符合诊疗规范的诊疗。

此时,若医疗机构及其医务人员也有过错的,应当承担相应的赔偿责任。

2. 医务人员在抢救生命垂危的患者等紧急情况下已经尽到合理诊疗义务。

因抢救生命垂危的患者等紧急情况,不能取得患者或者其近亲属意见的,**经医疗机构负责人或者授权的负责人批准,可以立即实施相应的医疗措施**。

3. 限于当时的医疗水平难以诊疗。

(五)患者的查阅权与医疗机构的义务

1. 医疗机构及其医务人员应当按照规定填写并妥善保管住院志、医嘱单、检验报告、手术及麻醉记录、病理资料、护理记录、医疗费用等病历资料。患者要求查阅、复制前款规定的病历资料的,医疗机构应当及时提供。

2. 医疗机构及其医务人员应当对患者的隐私和个人信息保密。泄露患者的隐私和个人信息,或者未经患者同意公开其病历资料的,应当承担侵权责任。

3. 医疗机构及其医务人员不得违反诊疗规范实施不必要的检查。

五、物件致人损害责任

(一)建筑物、构筑物或其他设施倒塌损害责任

1. 建设单位与施工单位承担连带责任。

免责事由:建设单位与施工单位能够证明不存在质量缺陷的除外。

2. 建设单位、施工单位赔偿后,有其他责任人的,有权向其他责任人追偿。

3. 与建设单位、施工单位无关的倒塌。

因所有人、管理人、使用人或者第三人的原因,建筑物、构筑物或者其他设施倒塌造成他人损害的,由所有人、管理人、使用人或者第三人承担侵权责任。

例如,业主不当使用(破坏承重墙等)、超过合理期限使用等造成的倒塌,建设单位、施工单位就不需要负责。

（二）建筑物等设施及其搁置物、悬挂物脱落、坠落损害责任

1. 责任主体:所有人、管理人和使用人。

不能证明自己没有过错的,应当承担侵权责任。

2. 所有人、管理人或者使用人赔偿后,有其他责任人的,有权向其他责任人追偿。

例题

【2009-54】甲、乙、丙按不同的比例共有一套房屋,约定轮流使用。在甲居住期间,房屋廊檐脱落砸伤行人丁。下列哪些选项是正确的? (   )①

A. 甲、乙、丙如不能证明自己没有过错,应对丁承担连带赔偿责任

B. 丁有权请求甲承担侵权责任

C. 如甲承担了侵权责任,则乙、丙应按各自份额分担损失

D. 本案侵权责任适用过错责任原则

（三）高空抛物、从建筑物上坠落物品的损害责任

1. 侵权人依法承担侵权责任。

2. 经调查难以确定具体侵权人的,除能够证明自己不是侵权人的外,由可能加害的建筑物使用人给予补偿。

【注意】发生此种情形的,有关机关应当依法及时调查,查清责任人。

3. 可能加害的建筑物使用人补偿后,有权向侵权人追偿。

4. 物业服务企业等建筑物管理人应当采取必要的安全保障措施防止前述情形的发生;未采取必要的安全保障措施的,应当依法承担未履行安全保障义务的侵权责任。

（四）堆放物倒塌、滚落、滑落损害责任

堆放人不能证明自己没有过错的,应当承担侵权责任。

（五）林木折断致人损害责任

因林木折断、倾倒或者果实坠落等造成他人损害,林木的所有人或者管理人不能证明自己没有过错的,应当承担侵权责任。

（六）公共道路上堆放、倾倒、遗撒妨碍通行物损害责任

1. 由行为人承担侵权责任。

直接堆放、倾倒、遗撒妨碍通行物的单位或者个人,对于自己的行为造成的损害需要承担的是无过错责任。

2. 管理人的过错推定责任。

公共道路管理人不能证明已经尽到清理、防护、警示等义务的,应当承担相应的责任。

《道路交通事故损害赔偿解释》第10条】因在道路上堆放、倾倒、遗撒物品等妨碍通行的行为,导致交通事故造成损害,当事人请求行为人承担赔偿责任的,人民法院应予支持。道路管理者不能证明已按照法律、法规、规章、国家标准、行业标准或者地方标准尽到清理、防护、警示等义务的,应当承担相应的赔偿责任。

---

① ABCD

★（七）公共场所、道路施工和窨井等地下设施致人损害的赔偿责任

【民法典侵权责任编第1258条】在公共场所或者道路上挖掘、修缮安装地下设施等造成他人损害,施工人不能证明已经设置明显标志和采取安全措施的,应当承担侵权责任。

窨井等地下设施造成他人损害,管理人不能证明尽到管理职责的,应当承担侵权责任。

1. 责任主体:施工人和地下设施的管理人。

2. 均为过错推定责任。

对于在公共场所或道路上施工这来说,**施工人不能证明已经设置明显标志和采取安全措施的,应当承担侵权责任。**

而对于窨井等地下设施的管理人而言,举证证明自己尽到了管理和注意的义务方可免责。

例题

甲公司在A道路中间施工,在距离施工100米的地方设了明显标志,"前方施工,危险,请绕行"。乙一天酒后驾车直闯甲施工现场,跌落一深坑中,致车报废,乙成重伤。

问:乙的损失由谁承担?

六、监护人责任

1. 无民事行为能力人、限制民事行为能力人造成他人损害的,由监护人承担侵权责任。

2. 监护人尽到监护责任的,可以减轻其侵权责任。

3. **有财产的无民事行为能力人、限制民事行为能力人造成他人损害的,从本人财产中支付赔偿费用。**不足部分,由监护人赔偿。

4. 无民事行为能力人、限制民事行为能力人造成他人损害,**监护人将监护职责委托给他人的,由监护人承担侵权责任;受托人有过错的,承担相应的责任。**

5. 父母离异时的责任承担:与子女共同生活一方承担,确有困难,责令另一方共同承担。

典型例题

甲、乙为无行为能力人丙的父母,因感情不和离异,丙与母亲甲共同生活。

(1)在学校期间,由于老师李某看管疏忽,丙打伤同学丁。丁父母以学校、老师李某和甲、乙为被告,其间责任如何承担?

(2)假设甲需要出差,于是将监护职责转托给其妹戊,戊答应承担监护义务。一日,其妹因疏忽未及时到学校接丙,导致丙将同学丁打伤,该医药费应当由谁承担?

七、用人单位责任

1. 用人单位的工作人员**因执行工作任务**造成他人损害的,由用人单位承担侵权责任。

2. 用人单位承担侵权责任后,**可以向有故意或者重大过失的工作人员追偿。**

3. 劳务派遣期间,被派遣的工作人员因执行工作任务造成他人损害的,由接受劳务派遣的用工单位承担侵权责任;**劳务派遣单位有过错的,承担相应的补充责任。**

八、个人之间用工关系的雇主责任

个人之间形成劳务关系,提供劳务一方因劳务造成他人损害的,由接受劳务一方承担侵权责任。提供劳务一方因劳务自己受到损害的,根据双方各自的过错承担相应的责任。

1. 雇主责任及追偿权。

（1）雇员在从事劳务过程中,造成他人损害的,由雇主承担责任。

（2）接受劳务一方承担侵权责任后,**可以向有故意或者重大过失的提供劳务一方追偿**。

2. 双方责任。

雇员在进行劳务过程中导致自己伤害的,根据雇主和雇员的过错程度承担责任。

3. 第三人侵权时受害人的选择权与雇主的追偿权。

（1）提供劳务期间,因第三人的行为造成提供劳务一方损害的,提供劳务一方有权请求第三人承担侵权责任,也有权请求接受劳务一方承担侵权责任。

（2）接受劳务一方承担侵权责任后,可以向第三人追偿。

九、定作人与承揽人责任

1. 承揽人在完成工作过程中造成第三人损害或者自己损害的,定作人不承担侵权责任。

2. 定作人对定作、指示或者选任有过错的,应当承担相应的责任。

十、产品责任

（一）归责原则

产品责任的归责原则采二元归责原则,既适用无过错责任原则,也适用过错责任原则,但以无过错责任原则为主导。

1. 无过错责任原则之适用。

在我国产品责任中,无过错责任原则适用于下列情形:

（1）生产者和销售者对直接责任(表面责任)的承担,均适用无过错责任原则。

换言之,只要因使用或消费缺陷产品而受到损害的被侵权人向该产品的生产者、销售者主张赔偿,生产者和销售者均不得以无过错抗辩,即使是无过错的销售者,也应首先承担直接责任。

（2）生产者的最终责任。

无过错的销售者向受害者承担直接责任后,得向生产者追偿,由生产者承担最终责任,生产者的最终责任属于无过错责任。如果受害者直接向生产者主张赔偿,这时适用的也是无过错责任。

2. 过错责任原则之适用。

在我国产品责任中,过错责任原则适用于下列情形:

（1）销售者的最终责任。

由于销售者的过错使产品存在缺陷,销售者应承担最终责任。于此情形,如果销售者承担了责任,则不得再向生产者追偿;如果生产者承担了直接责任,生产者则可通过证明缺陷是由于销售者过错所致,而向销售者追偿。但是,销售者不能指明缺陷产品的,生产者也不能指明缺陷产品的供货者的,销售者即被视为生产者,其对最终责任的承担由适用过错责任原则转化为适用无过错责任原则。

（2）运输者、仓储者及中间供货人的最终责任。

运输者、仓储者及中间供货人不是直接责任的承担者,但如果产品的缺陷是因其过错所致,生产者或销售者在承担无过错的直接责任后,则可向由过错的运输者、仓储者及中间供货人追偿。运输者、仓储者及中间供货人对这种最终责任的承担适用过错责任原则。

⭐ **(二)责任主体:生产者、销售者**

1. 生产者:最严格责任。

2. 销售者:销售者过错之缺陷;不能指明产品生产者或者提供者。

3. 生产者和销售者的相互追偿权。

⭐ **(三)被侵权人的选择权**

⭐ **(四)第三人原因(运输者、仓储者)导致产品缺陷时生产者、销售者的追偿权**

⭐ **(五)产品质量责任的承担方式**

1. 非现实损害的责任方式:停止侵害、排除妨碍、消除危险。

2. 产品投入流通领域后发现存在缺陷的,生产者、销售者应及时采取补救措施——停止销售、对缺陷产品的警示和召回制度。

(1)未及时采取补救措施或者补救措施不力造成损害扩大的,对扩大的损害也应当承担侵权责任。

(2)采取召回措施的,生产者、销售者应当负担被侵权人因此支出的必要费用。

📢 十一、机动车交通事故责任

⭐ **(一)两种归责原则**

1. 过错责任。

对于机动车之间侵权;机动车对非机动车及行人之间侵权的一般情形。

2. 无过错责任。

对于机动车与非机动车及行人之间——机动车一方无过错时,承担不超过10%的责任。

⭐ **(二)机动车实际控制人责任制度**

【特别提醒】侵权人承担责任与保险的关系:

(1)先由承保机动车强制保险的保险人在强制保险责任限额范围内予以赔偿;

(2)不足部分,由承保机动车商业保险的保险人按照保险合同的约定予以赔偿;

(3)仍然不足或者没有投保机动车商业保险的,由侵权人赔偿。

1. 机动车的所有人与使用人分离的情形。

(1)租赁、借用——所有人使用人分离——保险公司——使用人。

(2)所有人对损害的发生有过错的,承担相应的赔偿责任。

何谓"所有人有过错"?

其一,知道或者应当知道机动车存在缺陷,且该缺陷是交通事故发生原因之一的;

其二,知道或者应当知道驾驶人无驾驶资格或者未取得相应驾驶资格的;

其三,知道或者应当知道驾驶人因饮酒、服用国家管制的精神药品或者麻醉药品,或者患有妨碍安全驾驶机动车的疾病等依法不能驾驶机动车的;

其四,其他应当认定机动车所有人或者管理人有过错的。

2. 未经允许驾驶他人机动车侵权的情形。

(1)由机动车使用人承担赔偿责任;

(2)机动车所有人、管理人对损害的发生有过错的,承担相应的赔偿责任,但是法律另有规定的除外。

3.在机动车所有权变动过程中一经**交付之后**发生事故责任的,就由受让人承担。

所有人——交付——保险公司——受让人。

【《道路交通事故损害赔偿解释》第4条】被多次转让但未办理转移登记的机动车发生交通事故造成损害,属于该机动车一方责任,当事人请求由最后一次转让并交付的受让人承担赔偿责任的,人民法院应予支持。

4.在发生机动车被盗窃、抢劫或者抢夺的情形——被盗抢人不承担责任。

(1)盗窃人、抢劫人和抢夺人责任,保险公司垫付后,可向责任人追偿。

(2)盗窃人、抢劫人或者抢夺人与机动车使用人并非同一人,发生交通事故后属于该机动车一方责任的,**由盗窃人、抢劫人或者抢夺人与机动车使用人承担连带责任。**

5.机动车驾驶人发生交通责任事故后逃逸的情形。

(1)参加保险:保险公司在机动车强制保险责任限额范围内予以赔偿;

(2)机动车不明或者该机动车未参加强制保险——道路交通事故**社会救助基金垫付**——管理机构有权向交通事故责任人追偿。

★6.买卖拼装或者达到报废标准的机动车:发生交通事故,转让人与受让人连带责任。

【《道路交通事故损害赔偿解释》第6条】拼装车、已达到报废标准的机动车或者依法禁止行驶的其他机动车被多次转让,并发生交通事故造成损害,当事人请求由所有的转让人和受让人承担连带责任的,人民法院应予支持。

7.挂靠经营的机动车侵权。

由挂靠人和被挂靠人承担连带责任。

8.非营运机动车对于无偿搭车乘客的责任。

非营运机动车发生交通事故造成无偿搭乘人损害,属于该机动车一方责任的,应当减轻其赔偿责任,但是机动车使用人有故意或者重大过失的除外。

十二、高度危险责任（法硕联考重点）

1.高度危险作业致人损害责任。该类高度危险责任又分为三种:

(1)民用核设施致人损害责任。

民用核设施或者运入运出核设施的核材料发生核事故造成他人损害的,民用核设施的营运单位应当承担侵权责任;但是,能够证明损害是因**战争、武装冲突、暴乱等情形**或者受害人故意造成的,不承担责任。

(2)民用航空器致人损害责任。

民用航空器造成他人损害的,民用航空器的经营者应当承担侵权责任,但能够证明损害是因受害人故意造成的,不承担责任。

(3)从事高空、高压、地下挖掘活动或者使用高速轨道运输工具致人损害责任。

从事高空、高压、地下挖掘活动或者使用高速轨道运输工具造成他人损害的,经营者应当承担侵权责任,但能够证明损害是因受害人故意或者不可抗力造成的,不承担责任。被侵权人对损害的发生有重大过失的,可以减轻经营者的责任。

小结:高度危险作业侵权,共性有二:

其一,均为经营者责任;其二,受害人故意均是完全免责事由。

2.高度危险物品致人损害责任。该类高度危险责任又分为四种:

(1)占有或者使用高度危险物致人损害责任。

占有或者使用易燃、易爆、剧毒、放射性等高度危险物造成他人损害的,占有人或者使用人应当承担侵权责任,但能够证明损害是因受害人故意或者不可抗力造成的,不承担责任。被侵权人对损害的发生有重大过失的,可以减轻占有人或者使用人的责任。

(2)遗失、抛弃高度危险物致人损害责任——无免责事由。

遗失、抛弃高度危险物造成他人损害的,由所有人承担侵权责任。**所有人将高度危险物交由他人管理的,由管理人承担侵权责任;所有人有过错的,与管理人承担连带责任。**

(3)非法占有高度危险物致人损害责任——无免责事由。

非法占有高度危险物造成他人损害的,由非法占有人承担侵权责任。**所有人、管理人不能证明对防止他人非法占有尽到高度注意义务的,与非法占有人承担连带责任。**

(4)未经许可非法进入高度危险区域损害责任。

未经许可进入高度危险活动区域或者高度危险物存放区域受到损害,管理人已经采取安全措施并尽到警示义务的,可以减轻或者不承担责任。

十三、动物致人损害责任

对于这种特殊侵权,要区分三种类型进行掌握:

(一)存在免责事由的无过错责任

1.责任主体:饲养人、管理人。

2.免责事由:受害人故意和重大过失。

3.第三人的原因导致侵权的情形:受害人的选择权和饲养人、管理人的追偿权。

遗弃、逃逸的动物在遗弃、逃逸期间造成他人损害的,仍由原饲养人管理人承担责任。

(二)不可完全免责的无过错责任

1.禁止饲养的烈性犬等危险动物造成他人损害的。

2.违反管理规定,未对动物采取安全措施造成他人损害的。受害人故意,可以减轻。

(三)适用过错推定责任的动物侵权:动物园动物侵权的情形

例题

关于动物致害侵权责任的说法,下列哪些选项是正确的? (　　　)①

A.甲8周岁的儿子翻墙进入邻居院中玩耍,被院内藏獒咬伤,邻居应承担侵权责任

B.小学生乙和丙放学途经养狗的王平家,丙故意逗狗,狗被激怒咬伤乙,只能由丙的监护人对乙承担侵权责任

C.丁下夜班回家途经邻居家门时,未看到邻居饲养的小猪趴在路上而绊倒摔伤,邻居应承担侵权责任

D.戊带女儿到动物园游玩时,动物园饲养的老虎从破损的虎笼蹿出将戊女儿咬伤,动物园应承担侵权责任

---

① ACD

十四、环境污染、生态破坏侵权

（一）归责原则

无过错。

（二）举证责任

污染者、破坏者——举证成功则免责。

1. 受害人故意。

2. 不可抗力。

3. 排污与损害之间无因果关系。

环境污染责任实行的是因果关系推定，受害人无须证明污染行为与损害之间存在因果关系，而是**污染者、破坏者应当就其行为与损害之间不存在因果关系承担举证责任**。

（三）第三人原因

受害人的选择权——选择侵权者或者第三人。侵权者承担责任后，有向第三人追偿的权利。

（四）两个以上污染、破坏者时责任的承担规则

两个以上侵权人污染环境、破坏生态的，承担责任的大小，根据污染物的种类、浓度、排放量，破坏生态的方式、范围、程度，以及行为对损害后果所起的作用等因素确定。

★（五）惩罚性赔偿

1. 侵权人**故意**违反国家规定污染环境、破坏生态。

2. 造成严重后果。

符合上述要件，被侵权人有权请求相应的惩罚性赔偿。

（六）生态环境的修复

1. 违反国家规定造成生态环境损害，生态环境能够修复的，国家规定的机关或者法律规定的组织有权请求侵权人在合理期限内承担修复责任。

2. 侵权人在期限内未修复的，国家规定的机关或者法律规定的组织可以自行或者委托他人进行修复，所需费用由侵权人负担。

（七）赔偿损害与费用的范围

1. 生态环境修复期间服务功能丧失导致的损失；

2. 生态环境功能永久性损害造成的损失；

3. 生态环境损害调查、鉴定评估等费用；

4. 清除污染、修复生态环境费用；

5. 防止损害的发生和扩大所支出的合理费用。

第七章 | 婚姻家庭与继承法

《 第一节 结婚 》

一、我国婚姻法的基本原则

（一）婚姻自由

（二）一夫一妻

（三）男女平等

（四）保护妇女、儿童老人合法权益

二、结婚的条件

1. 积极条件：（1）双方自愿。（2）婚龄。（3）一夫一妻。

2. 禁止条件：

直系血亲和三代以内的旁系血亲禁止结婚。

亲系：直系血亲与旁系血亲，直系姻亲与旁系姻亲。

血亲：自然血亲和拟制血亲。（形成抚养关系的继养）

【注意】我国法定的近亲属：配偶、父母、子女、兄弟姐妹、祖父母、外祖父母、孙子女、外孙子女为近亲属。

★亲等：计算亲属关系远近的基本单位。

判断两个人能否结婚，比如甲的祖父和乙的外祖母是亲兄妹，甲乙能够结婚吗？

3. 形式条件：

（1）结婚登记机关和程序。

机关：2003年10月1日施行的《婚姻登记条例》第2条第1款：内地居民办理婚姻登记的机关是县级人民政府民政部门或者乡（镇）人民政府。

程序：申请、审查、登记。持有证件包括①户口证明；②居民身份证；③所在单位、村民委员会或者居民委员会出具的婚姻状况证明。婚前体检不是强制程序。

（2）1994年2月1日之后，同居关系的处理。

结婚登记：以1994年2月1日为限，事实婚姻与同居的"分水岭"。

①可以通过补办婚姻登记确立婚姻关系，即给同居当事人提供弥补结婚形式瑕疵的机会。男女双方补办结婚登记的，适用《婚姻登记条例》中有关结婚登记的规定。

补办结婚登记后，其婚姻关系的效力从双方均符合婚姻法所规定的结婚的实质要件时起算，即补办结婚登记的效力具有溯及力。

②如未补办结婚登记，性质上属于同居关系。当事人起诉要求解除同居关系的，人民法院不予受理。**但因同居引起财产分割与子女抚养纠纷而起诉的，人民法院应当受理。**认定为同居关系的，当事人之间不形成夫妻关系。**同居期间因共同生活而形成的财产关系，按照共同共有关系处理。**同居期间一方死亡的，另一方不能以配偶身份继承其遗产；当事人在同

居期间所生子女属于非婚生子女,但法律地位与婚生子女相同。

③特殊同居关系的处理。

如上所述,当事人起诉请求解除同居关系的,人民法院原则上不予受理。但当事人请求解除的同居关系,**属于婚姻法规定的"有配偶者与他人同居"的,人民法院应当受理并依法予以解除**。

📢 三、无效的婚姻——由法院宣告

1. 无效婚姻的条件<u>重婚、近亲、太小</u>。

2. 无效婚姻的申请主体(《婚姻法解释(一)》第 7 条) 当事人及其近亲属;重婚+基层组织。

无效原因	申请主体:当事人及利害关系人
重婚的	当事人的近亲属及基层组织
有禁止结婚的亲属关系的	当事人的近亲属
未到法定婚龄的	未达法定婚龄者的近亲属

3. 无效婚姻的补正:**离婚了、长大了**。

【注意】重婚的,通过离婚结束前段婚姻关系的,新婚姻效力可以有效,但是不影响重婚罪的构成。

需要注意的问题:

(1)条件<u>已经</u>符合请求宣告婚姻无效者,支持否?

(2)婚姻效力本身的诉讼如何处理? 调解? 撤诉? 上诉? 一经判决,立即生效。

(3)婚姻无效同时又涉及财产分割和子女抚养的,可调解,但应另行制定调解书,并且此部分,可以上诉。

(4)离婚案件和无效诉讼同时存在时,无效优先。

📢 四、可撤销的婚姻

🛡 条件:意思表示不真

1. 胁迫——**向登记机关或人民法院**申请。

撤销权的除斥期间:自结婚登记之日起 1 年,被非法限制人身自由的当事人请求撤销婚姻的,自恢复人身自由之日起 1 年内。

2. 隐瞒重大疾病的欺诈。

(1)一方患有重大疾病的,应当在结婚登记前如实告知另一方。

(2)不如实告知的,另一方可以**向人民法院**请求撤销婚姻。

(3)请求撤销婚姻的,应当自知道或者应当知道撤销事由之日起一年内提出。

例题 📝

甲声称具有某海外名校学历,与乙登记结婚。半年后,乙发现甲的毕业证书是伪造。甲、乙之间的婚姻( )①。

A.无效 　　　　　　　　　　B.有效

C.因欺诈可撤销　　　　　　　D.因重大误解可撤销

📢 五、撤销与无效婚姻的后果

1.无效的或者被撤销的婚姻自始没有法律约束力,当事人不具有夫妻的权利和义务。

2.同居期间所得的财产,由当事人协议处理;协议不成的,由人民法院根据照顾无过错方的原则判决。

3.对重婚导致的无效婚姻的财产处理,不得侵害合法婚姻当事人的财产权益。

4.当事人所生的子女,适用本法关于父母子女的规定。

5.婚姻无效或者被撤销的,无过错方有权请求损害赔偿。

《 第二节　家庭关系 》

📢 一、人身关系

1.配偶权、人身自由、姓名权、相互继承遗产的权利等;共同抚养子女,夫妻有相互扶养的义务。

2.基于人身关系产生家事代理权。★★

(1)除夫妻一方与相对人另有约定,夫妻一方因家庭日常生活需要而实施的民事法律行为,对夫妻双方发生效力。

(2)夫妻之间对一方可以实施的民事法律行为范围的限制,不得对抗善意相对人。

📢 二、财产关系

⭐ (一)法定财产制

1.无约定时财产共同共有。

关系存续期间:工资奖金、生产经营收益、知识产权收益(**实际取得或明确可以取得**)、继承或赠与所得财产(民法典第1063条第3项规定除外)、其他。平等处理权。

补充:

(1)男女双方实际取得或者应当取得的住房补贴、住房公积金。

(2)男女双方实际取得或者应当取得的养老保险金、破产安置补偿费。

(3)发放到军人名下的复员费、自主择业费等一次性费用的,以夫妻婚姻关系存续年限乘以年平均值,所得数额为夫妻共同财产。

(4)关于共有财产利用的司法解释:

【民法典婚姻法解释三第16条】夫妻之间订立借款协议,以夫妻共同财产出借给一方从事个人经营活动或用于其他个人事务的,应视为双方约定处分夫妻共同财产的行为,离婚时可按照借款协议的约定处理。

【民法典婚姻家庭编第1066条】婚姻关系存续期间,有下列情形之一的,夫妻一方可以

---

① B

向人民法院请求分割共同财产：

（一）一方有隐藏、转移、变卖、毁损、挥霍夫妻共同财产或者伪造夫妻共同债务等严重损害夫妻共同财产利益行为的；

（二）一方负有法定扶养义务的人患重大疾病需要医治，另一方不同意支付相关医疗费用的。

2.法定财产制下专属于个人财产。

（1）一方的婚前财产；

注：夫妻一方个人财产在婚后产生的收益，除**孳息和自然增值**外，应认定为夫妻共同财产。

（2）一方因身体受到伤害获得的医疗费、残疾人生活补助费等费用；

（3）遗嘱或赠与合同中确定只归夫或妻一方的财产；

（4）一方专用的生活用品；

（5）军人的伤亡保险金、伤残补助金、医药生活补助费属于个人财产；

（6）**婚后**由一方父母出资为子女购买的不动产，**产权登记在出资人子女名下的**，视为只对自己子女一方的赠与，该不动产应认定为夫妻一方的个人财产；**若双方出资，登记在一方名下，认定为按份共有**。

【特别提醒一】我国法定财产制以共有为原则，以个人所有为例外，当事人不能证明具有个人财产属性的，应认定为夫妻共有财产。一方婚前财产只要没有特别约定转化为共同财产，共同生活本身不能使之转化为共同财产。

【特别提醒二】夫妻一方婚前按揭购房登记在一方名下，婚后共同还款的情形下的财产归属：

夫妻一方婚前签订不动产买卖合同，以个人财产支付首付款并在银行贷款，婚后用夫妻共同财产还贷，不动产登记于首付款支付方名下的，离婚时该不动产由双方协议处理。

不能达成协议的，人民法院可以判决该不动产归产权登记一方，尚未归还的贷款为产权登记一方的个人债务。双方婚后共同还贷支付的款项及其相对应财产增值部分，离婚时应根据婚姻家庭编第1087条第1款规定的原则，由产权登记一方对另一方进行补偿。

例题

胡某与黄某长期保持同性恋关系，胡某创作同性恋题材的小说发表。后胡某迫于父母压力娶陈某为妻，结婚时陈某父母赠与一套房屋，登记在陈某和胡某名下。婚后，胡某收到出版社支付的小说版税10万元。此后，陈某得知胡某在婚前和婚后一直与黄某保持同性恋关系，非常痛苦。下列哪一说法是正确的？【同性恋是不是重大疾病？】①

A.胡某隐瞒同性恋重大事实，导致陈某结婚的意思表示不真实，陈某可请求撤销该婚姻

B.陈某受欺诈而登记结婚，导致陈某父母赠与房屋意思表示不真实，陈某父母可撤销赠与

C.该房屋不属于夫妻共同财产

D.10万元版税属于夫妻共同财产

（二）约定财产制

1.男女双方可以约定婚姻关系存续期间所得的财产以及婚前财产归各自所有、共同所有或者部分各自所有、部分共同所有。

---

① D

2.约定应当采用书面形式。

3.没有约定或者约定不明确的,适用法定财产制。

4.夫妻对婚姻关系存续期间所得的财产以及婚前财产的约定,对双方具有法律约束力。

5.夫妻对婚姻关系存续期间所得的财产约定归各自所有。

6.夫或者妻一方对外所负的债务,**相对人知道该约定的**,以夫或者妻一方的个人财产清偿。

三、父母与子女的关系

(一)自然血亲的父母子女关系

1.亲子关系的确认与否定制度。

【民法典婚姻家庭编第1073条】对亲子关系有异议且有正当理由的,父或者母可以向人民法院提起诉讼,请求确认或者否认亲子关系。

对亲子关系有异议且有正当理由的,成年子女可以向人民法院提起诉讼,请求确认亲子关系。

在诉讼时,如下推定规则依然具有重要价值

(1)如果当事人一方起诉请求确认亲子关系,并提供必要证据予以证明,另一方没有相反证据又拒绝做亲子鉴定的,人民法院可以推定请求确认亲子关系一方的主张成立。此种请求一般为女方提出。

(2)夫妻一方向人民法院起诉请求确认亲子关系不存在,并已提供必要证据予以证明,另一方没有相反证据又拒绝做亲子鉴定的,人民法院可以推定请求确认亲子关系不存在一方的主张成立。此种请求一般为男方提出。

2.婚生父母子女关系。

(1)该婚姻关系合法有效;

(2)该子女的血缘必须来自合法配偶身份的男女双方;

(3)子女的出生时间在法定时间内,即在夫妻关系存续期间。

3.非婚生的父母子女关系。

婚姻家庭编第1071条规定,非婚生子女享有与婚生子女同等的权利。不直接抚养非婚生子女的生父或生母,应当负担未成年子女或者不能独立生活的成年子女的抚养费。

4.家庭中其他近亲属之间的抚养关系。

(1)隔代直系。

有负担能力的祖父母、外祖父母,对于父母已经死亡或者父母无力抚养的未成年孙子女、外孙子女,有抚养的义务。

有负担能力的孙子女、外孙子女,对于子女已经死亡或者子女无力赡养的祖父母、外祖父母,有赡养的义务。

(2)旁系。

有负担能力的兄、姐,对于父母已经死亡或者父母无力抚养的未成年弟、妹,有扶养的义务。

由兄、姐扶养长大的有负担能力的弟、妹,对于缺乏劳动能力又缺乏生活来源的兄、姐,有扶养的义务。

(二)继父母与子女的关系

继父或者继母和受其抚养教育的继子间的权利义务关系,适用婚姻家庭编关于父母子女关系的规定。

血亲关系的拟制仅仅在继父母与继子女之间发生,不及于继父母的其他近亲属。

(三)养父母与子女关系

1. 收养的条件。

根据收养法的规定,总结如下:

(1)没有子女或有一名子女——收养孤残儿童的除外。

【特别提醒】

这里的孤残儿童,是指孤儿或者残疾儿童,不是要求两者同时具备。

(2)有抚养教育被收养人的能力。

(3)没有患在医学上认为不应当收养子女的疾病。

(4)无不利于被收养人健康成长的违法犯罪记录。

(5)年满 30 周岁。

【特别提醒】

没有配偶者收养异性的,年龄差 40 周岁。此种要求,是为了规避道德风险。

(6)有一名子女的,只能收养一名;无子女的,可收养两名——收养孤残儿童的除外。

(7)**配偶一方死亡的,另一方决定送养未成年子女的,死亡一方的父母有优先抚养权。**

2. 条件的例外。

掌握收养的条件,必须注意例外的情形,否则,对于一些案例题,根本无法判断。

(1)收养三代以内同辈旁系血亲的子女,有两项例外:

其一,无配偶者收养异性,不受相差 40 周岁的限制。

其二,生父母有特殊困难无力抚养的子女。

(2)华侨收养三代以内同辈旁系血亲的子女,有三项例外:

其一,生父母有特殊困难无力抚养的子女。

其二,无配偶者收养异性,不受相差 40 周岁的限制。

其三,可以有两名以上子女。

(3)收养孤残儿童的,有两项例外:

其一,可以有两名子女。

其二,不限于收养 1 或 2 名。

(4)继父或继母经继子女的生父母同意收养继子女的:

可以有子女、可以不满 30 周岁等不受一般条件的限制。

(5)收养 8 周岁以上未成年人的,应当征得被收养人的同意。

3. 收养的效力。

(1)成立。

①收养应当向县级以上人民政府民政部门登记。**收养关系自登记之日起成立。**

②收养查找不到生父母的未成年人的,办理登记的民政部门应当在登记前予以公告。

③收养关系当事人愿意订立收养协议的,可以订立收养协议。【非必须】

④收养关系当事人各方或者一方要求办理收养公证的,应当办理收养公证。

(2)解消与生父母之关系。

养子女与生父母及其他近亲属间的权利义务关系,因收养关系的成立而消除。

(3)产生与养父母全新关系——**血亲拟制及于养父母的亲属。**

自收养关系成立之日起,养父母与养子女间的权利义务关系,适用本法关于父母子女关系的规定;养子女与养父母的近亲属间的权利义务关系,适用本法关于子女与父母的近亲属关系的规定。

4.收养的解除。

(1)解除的情形。

①收养人与送养人协议解除。

除非收养人与送养人之间达成协议,**收养人在被收养人成年以前**,原则上不得解除收养关系;**养子女八周岁以上的,应当征得本人同意**。

②送养人解除。

收养人不履行抚养义务,有虐待、遗弃等侵害未成年养子女合法权益行为的,**送养人有权要求解除**养父母与养子女间的收养关系。

送养人、收养人不能达成解除收养关系协议的,可以向人民法院提起诉讼。

③养父母与成年养子女协议解除。

养父母与成年养子女关系恶化、无法共同生活的,可以协议解除收养关系。不能达成协议的,可以向人民法院提起诉讼。

(2)办理解除登记。

当事人协议解除收养关系的,应当到民政部门办理解除收养关系登记。

(3)解除的后果。

①收养关系解除后,养子女与养父母及其他近亲属间的权利义务关系**即行消除**,与生父母及其他近亲属间的权利义务关系**自行恢复**。

成年养子女与生父母及其他近亲属间的权利义务关系是否恢复,可以协商确定。

②解除后的抚养义务与抚养费的返还。

收养关系解除后,经养父母抚养的成年养子女,对缺乏劳动能力又缺乏生活来源的养父母,应当给付生活费。

因养子女成年后虐待、遗弃养父母而解除收养关系的,养父母可以要求养子女补偿收养期间支出的抚养费。

生父母要求解除收养关系的,养父母可以要求生父母适当补偿收养期间支出的抚养费,但是因养父母虐待、遗弃养子女而解除收养关系的除外。

《《 第三节　离婚 》》

一、离婚概念和特征

离婚,又称婚姻的解除,是指夫妻一方或者双方依照法律规定解除婚姻关系的法律行为。离婚具有下列法律特征:

1.离婚主体具有特定性;

2.离婚双方法律地位平等;

3.离婚必须以有效婚姻关系的存在为前提;

4.离婚必须在夫妻双方生存期间进行;

5.离婚条件、程序具有法定性;

6.离婚将产生一系列法律后果。

二、离婚的条件

（一）协议离婚

1. 关于财产协议的反悔。

男女双方协议离婚后一年内就财产分割问题反悔,请求变更或者撤销财产分割协议的,人民法院应当受理,但是,人民法院审理后,未发现订立财产分割协议时存在欺诈、胁迫等情形的,应当依法驳回当事人的诉讼请求。

2. 不准协议离婚的情形。

协议离婚的,男女双方必须到婚姻登记机关提出离婚申请。婚姻登记机关查明双方确实是自愿并对子女和财产问题已有适当处理时,发给离婚证。有下列情形之一的,不受理离婚登记申请:

（1）仅一方当事人请求登记离婚的;

（2）双方当事人请求离婚,但对子女抚养、夫妻一方生活困难的经济帮助、财产分割、债务清偿未达成协议的;

（3）双方或一方当事人为限制民事行为能力人或无民事行为能力人的;

（4）双方当事人未办理过结婚登记的。

3. 协议离婚的冷静期。★★

自婚姻登记机关收到离婚登记申请之日起**三十日内**,任何一方不愿意离婚的,可以向婚姻登记机关撤回离婚登记申请。

上述规定期间**届满后三十日内**,双方应当亲自到婚姻登记机关申请发给离婚证;**未申请的,视为撤回离婚登记申请**。

（二）裁判离婚的理由——应当进行调解

1. 重婚或有配偶者与他人同居的。

2. 实施家庭暴力或虐待、遗弃家庭成员的。

3. 有赌博、吸毒等恶习屡教不改的。

4. 因感情不和分居满二年的。

5. 一方被宣告失踪,另一方提出离婚诉讼的。

6. 经人民法院判决不准离婚后,双方又分居满一年,一方再次提起离婚诉讼的,应当准予离婚。

7. 其他导致感情破裂的情形。

除上述情形之外,还存在其他导致**夫妻感情破裂**的情形。根据相关司法解释,下列情形可以认定为"其他导致感情破裂的情形":

（1）一方患有法定禁止结婚疾病的,或一方有生理缺陷或其他原因不能发生性行为,且难以治愈的;

（2）婚前缺乏了解,草率结婚,婚后未建立起夫妻感情,难以共同生活的;

（3）婚前隐瞒了精神病,婚后久治不愈,或者婚前知道对方患有精神病而与其结婚,或一方在夫妻共同生活期间患精神病,久治不愈的;

（4）双方办理结婚登记后,未同居生活,无和好可能的;

（5）一方被依法判处长期徒刑,或其违法、犯罪行为严重伤害夫妻感情的;

（6）夫妻双方因是否生育发生纠纷,致使感情破裂的。

⭐（三）特殊婚姻状态

1. 军婚。

现役军人的配偶要求离婚,须征得军人的同意,军人有重大过错的除外。

2. 孕妇。

女方孕期;女方分娩后 1 年内;女方中止妊娠 6 个月内。

例外:(1)女方提出离婚的;(2)**确有必要**受理男方请求的。

⭐（四）无行为能力人如何离婚？ ——先变更监护,然后新监护人可提起离婚之诉讼

无民事行为能力人的配偶有虐待、遗弃等严重损害无民事行为能力一方的人身权利或者财产权益行为,其他有监护资格的人可以依照**特别程序**要求变更监护关系;变更后的监护人代理无民事行为能力一方提起离婚诉讼的,人民法院应予受理。

⭐（五）离婚、可撤销婚姻与无效婚姻比较

1. 目的不同。

离婚以合法婚姻为对象,目的是终止合法婚姻关系,并非基于否认婚姻的效力;而宣告婚姻无效、撤销婚姻都是欠缺法定要件的违法婚姻,目的是否认婚姻的效力。

2. 原因不同。

无论是离婚还是宣告婚姻无效、撤销婚姻,其原因均由法律加以规定,但法律设置的原因却不同。并且离婚的原因一般发生在结婚后,而婚姻无效、撤销婚姻的原因则是在婚姻缔结时就已经存在的。

3. 请求权人不同。

离婚请求权人仅限于婚姻当事人本人,男女任何一方均可;但请求宣告婚姻无效既可以由当事人提出,也可以由其利害关系人提出。请求撤销婚姻,只能由受胁迫以及被隐瞒重大疾病者欺诈的一方当事人提出。

4. 对行使请求权期间的限制不同。

离婚在婚姻关系存续期间都可以提出,没有时效限制;宣告婚姻无效,只要无效事由存在都可以提出,也没有时效限制;但撤销婚姻有 1 年的限制,即应当自结婚登记之日起 1 年内提出,被非法限制人身自由的当事人请求撤销婚姻的,应当自恢复人身自由之日起 1 年内提出。

5. 对当事人双方是否生存要求不同。

离婚只能发生在配偶生存期间;而宣告婚姻无效和撤销婚姻,即使在当事人一方死亡后仍然可以提出。

6. 是否具有溯及力不同。

离婚没有溯及力,即离婚前那段婚姻仍然有效;但宣告婚姻无效和撤销婚姻具有溯及力,婚姻自始不受法律保护。

📢 三、离婚的效果

⭐（一）人身关系方面的后果

1. 父母与子女关系不变。

2. 子女抚养权归属。

（1）不满两周岁的子女,以由母亲直接抚养为原则。

（2）已满两周岁的子女,父母双方对抚养问题协议不成的,由人民法院根据双方的具体情况,按照最有利于未成年子女的原则判决。

3.未与子女共同生活一方的探望权问题。

离婚后,不直接抚养子女的父或母,有探望子女的权利,另一方有协助的义务。关于探望权,需要掌握如下要点:

（1）探望权,是权利,不是义务,权利主体是离婚后,未与孩子共同生活的父亲或母亲。

探望权是指离婚后未直接抚养子女的配偶一方依法享有的在一定时间,以一定方式探视、看望子女的权利。**探望权是法定的权利,任何人都不得非法干预**。

（2）行使探望权利的方式、时间由当事人协议;协议不成时,由人民法院判决。

（3）探望权的执行。

一方探望,与子女共同生活的一方有协助的义务,对**拒不履行协助另一方行使探望权的有关个人和单位采取拘留、罚款等强制措施,但不能对子女的人身、探望行为进行强制执行**。

（4）探望权的委托行使。

探望权人在社会中可能会遇到各种情况,如长期出差、患病住院、被限制人身自由、与子女一时产生隔阂而不方便或不能按规定的内容行使权利。为保证探望人权利与被探望人利益的实现,结合法律规定探望权的立法目的和价值,理论上认为应准予探望权人委托他人行使探望权。

受托人可以是作为被探望人的祖父母、外祖父母、权利人的亲属以及与其关系密切的朋友。受托人本人应符合作为探望权人的条件,并应依法合理行使权利。

（5）探望的中止与恢复。

①中止探望的不利于子女身心健康的事由。

其一,探望权人成为限制行为能力人或无行为能力人的,因为探望权的行使主体客观上要求是具有完全行为能力的成年人,否则极有可能损害未成年子女的身心健康。

其二,探望权人患有医学上认为不宜与他人接触或有传染可能的疾病。

其三,探望权人对子女有违法行为的,包括民事侵权和犯罪或者教唆、挑拨子女与直接抚养人的关系而影响子女身心健康和直接抚养人的抚养权的。

②中止的程序。

先由当事人申请,然后由**人民法院依法中止**探望的权利。

③恢复。

中止的事由消失后,应当恢复探望的权利。

（二）财产关系方面的后果

离婚导致夫妻之间扶养义务的终止、夫妻相互间继承权的丧失以及引起夫妻共同财产的分割、夫妻共同债务的清偿。

1.夫妻共同财产的分割。

离婚时,夫妻的共同财产由双方协议处理;协议不成时,由人民法院根据财产的具体情况,**按照照顾子女、女方和无过错方权益的原则判决**。

（1）投资性财产的分割。

《婚姻法解释(二)》就投资性财产的分割、有限责任公司出资额的分割、合伙企业出资额的分割以及独资企业财产的分割等作出了具体规定:

①共同财产以一方名义作为有限公司的出资额：

双方协商向配偶转让出资，过半数股东同意，同时其他股东明确表示放弃优先购买权的，配偶可成为股东；

双方协商向配偶转让出资，如果过半数股东不同意但愿意以同等价格购买，则分割转让出资所得，过半数不同意转让也不同意购买的，视为同意转让——配偶成为股东。

②共同财产以一方名义作为合伙企业的出资额：

其他合伙人一致同意的，该配偶依法取得合伙人地位；

其他合伙人不同意转让，在同等条件下行使优先受让权的，可以对转让所得的财产进行分割；

其他合伙人不同意转让，也不行使优先受让权，但同意该合伙人退伙或者退还部分财产份额的，可以对退还的财产进行分割；

其他合伙人既不同意转让，也不行使优先受让权，又不同意该合伙人退伙或者退还部分财产份额的，视为全体合伙人同意转让，该配偶依法取得合伙人地位。

③夫妻以一方名义投资设立独资企业的。

一方主张经营该企业的，对资产进行评估后，由取得企业一方给予另一方相应的补偿；

双方均主张经营该企业的，在双方竞价基础上，由取得的一方给予另一方相应的补偿；

双方均不愿意经营该企业的，依据《个人独资企业法》清算，分割企业财产。

（2）离婚时养老保险金和养老保险费的分割。

离婚时夫妻一方尚未退休、不符合领取养老保险金条件，另一方请求按照夫妻共同财产分割养老保险金的，人民法院不予支持；婚后以夫妻共同财产缴付养老保险费，离婚时一方主张将养老金账户中婚姻关系存续期间个人实际缴付部分作为夫妻共同财产分割的，人民法院应予支持。

（3）**离婚时一方可少分或不分财产的情况：**

离婚时，一方隐藏、转移、变卖、毁损夫妻共同财产，或伪造债务企图侵占另一方财产的，分割夫妻共同财产时，对隐藏、转移、变卖、毁损夫妻共同财产或伪造债务的一方，可以少分或不分。

（4）离婚后发现共同财产的再次分割：

离婚后，一方以尚有夫妻共同财产未处理为由向人民法院起诉请求分割的，经审查该财产确属离婚时未涉及的夫妻共同财产，人民法院应当依法予以分割。

离婚后，另一方发现有上述隐藏、转移行为的，可以向人民法院提起诉讼，请求再次分割夫妻共同财产。

（5）农村离婚时妇女利益保护的特别规定：

在承包期内离婚的妇女，仍在原居住地生活或者不在原居住地生活但在新居住地未取得承包地的，发包方不得收回其原承包地。

2. 夫妻债务的清偿。

夫妻共同债务，是指在婚姻关系存续期间，夫妻一方或双方为共同生活或共同生产、经营活动需要所负的债务。

如果夫妻之间订立借款协议，以夫妻共同财产出借给一方从事个人经营活动或用于其他个人事务的，应视为双方约定处分夫妻共同财产的行为，离婚时可按照借款协议的约定处理。

如果没有订立清偿协议,则对于债务清偿的原则是:

共同债务以共同财产清偿;个人债务以个人财产清偿。

何谓共同债务?何谓个人债务?如下表所示:

债务问题	法律规则	
共同债务	为夫妻家庭共同生活需要所负的债	
	为履行共同义务所负的债	
	治疗疾病所负的债	
	家庭在生产经营中所负的债	
个人债务	约定由个人承担的债务	
	擅自资助与其无扶养关系的亲友所负的债	
	未经对方同意独自筹资进行经营其收入未用于共同生活所负债	
	其他个人债务	
一方对外举债原则为个人债务	婚前形成的债务	个人债务(**债权人能够证明**所欠之债用于婚后生活的,为共同债务)
	婚姻关系存续期间	1. 另一方共同签字或事后追认的,视为共同债务【签字追认】 2. 夫妻一方借债为满足家庭日常需要的,视为共同债务【日常生活】 3. 夫妻一方借债超出日常生活需要,原则上不是共同债务,但是若债权人能举证证明用于共同生活、从事共同生产经营活动或者是夫妻共同意思的,认定为共同债务【被证共同】

例题

张某和柳某婚后开了一家美发店,由柳某经营。二人自 2005 年 6 月起分居,张某于 2005 年 12 月向当地法院起诉离婚。审理中查明,柳某曾于 2005 年 9 月向他人借款 2 万元用于美发店的经营。下列哪些选项是正确的?(   )①

A. 该美发店属于夫妻共同财产

B. 该债务是夫妻共同债务,应以共同财产清偿

C. 该债务是夫妻共同债务,张某应承担一半的清偿责任

D. 该债务系二人分居之后所负,不是用于夫妻共同生活,应由柳某独自承担清偿责任

四、离婚时的救济

(一)经济补偿请求权【婚姻家庭编删去了约定财产分别所有的前提】

1. 概念。

经济补偿请求权,是指离婚时,因抚育子女、照料老人、协助另一方工作等付出较多义务的一方请求另一方给予经济上补助的权利。

---

① AB

2. 适用条件。

经济补偿请求权的适用条件：

（1）须一方在共同生活中对家庭承担了更多的义务；

（2）必须于离婚之时提出请求。

⭐（二）经济帮助请求权

离婚时，如一方生活困难，有负担能力的另一方应当给予适当帮助。具体办法由双方协议；协议不成的，由人民法院判决。

1. 离婚时提出。

2. 一方有困难，另一方有能力。

⭐（三）无过错方的损害赔偿请求权

1. 概念。

离婚损害赔偿请求权，是指因夫妻一方的法定过错行为导致离婚的，无过错方得向有过错方请求赔偿的权利。

2. 赔偿范围。

该损害赔偿包括物质损害赔偿和精神损害赔偿。

3. 适用条件。

（1）须当事人双方具有法律认可的夫妻身份。

（2）须夫妻一方实施了法定的过错行为。

法定的过错行为包括：**①重婚的；②有配偶者与他人同居的；③实施家庭暴力的；④虐待、遗弃家庭成员的；⑤其他重大过错**。我国婚姻法规定，有上述情形之一导致离婚的，无过错方有权请求损害赔偿。

【特别提醒】 离婚中的法定过错，不能任意扩张。同时，重婚、有配偶者与他人同居的；实施家庭暴力、虐待遗弃家庭成员的，既是离婚中应当向另一方赔偿的法定过错，也是法定的诉讼离婚的理由。

（3）须因一方的法定过错行为而离婚。

人民法院判决不准离婚的案件，对于当事人基于婚姻法规定提出的损害赔偿请求，不予支持。在婚姻关系存续期间，当事人不起诉离婚而单独依据上述规定提起损害赔偿请求的，人民法院不予受理。简言之，**不离婚，无赔偿**。

（4）须无过错方因离婚而受到损害。

（5）须请求权人无过错。

4. 对离婚损害赔偿请求权的限制。

（1）人民法院判决不准离婚的案件，对于当事人提出的损害赔偿请求不予支持。

（2）在婚姻关系存续期间，当事人不起诉离婚而单独依据上述规定提起损害赔偿请求的，人民法院不予受理。

（3）无过错方作为原告，向人民法院提起损害赔偿请求的，必须在离婚诉讼的同时提出。

（4）无过错方作为被告的离婚诉讼案件，如果被告不同意离婚也不提起损害赔偿请求的，**可以在离婚后 1 年内就此单独提起诉讼**。

（5）无过错方作为被告的离婚诉讼案件，**一审时被告未提出损害赔偿请求，二审期间提出的，人民法院应当进行调解，调解不成的，告知当事人在离婚后 1 年内另行起诉**。

(6)登记离婚后,当事人向人民法院提起损害赔偿请求的,人民法院应当受理。但当事人在协议离婚时已经明确表示放弃该项请求,或者在办理离婚登记手续一年后提出的,不予支持。

(7)夫妻双方<u>均有婚姻法规定的过错情形</u>,一方或者双方向对方提出离婚损害赔偿请求的,人民法院不予支持。

例题

2003年5月王某(男)与赵某结婚,双方书面约定婚后各自收入归个人所有。2005年10月,王某用自己的收入购置一套房屋。2005年11月赵某下岗,负责照料女儿及王某的生活。2008年8月王某提出离婚,赵某得知王某与张某已同居多年。法院应支持赵某的下列哪些主张?( )①

A.赵某因抚育女儿、照顾王某生活付出较多义务,王某应予以补偿

B.离婚后赵某没有住房,应根据公平原则判决王某购买的住房属于夫妻共同财产

C.王某与张某同居导致离婚,应对赵某进行赔偿

D.张某与王某同居破坏其家庭,应向赵某赔礼道歉

《 第四节 继承法概述 》

一、继承的发生

1.自然死亡。

2.宣告死亡。

二、继承的范围:遗产

(一)何谓遗产?

1.含义。

遗产是自然人死亡时遗留的个人合法财产。

从正常人的生活看,遗产包括:(1)公民的收入。(2)公民的房屋、储蓄和生活用品。(3)公民的林木、牲畜和家禽。(4)公民的文物、图书资料。(5)法律允许公民所有的生产资料。(6)公民的著作权、专利权中的财产权利。(7)公民的其他合法财产,如有价证券以及以财产为履行标的的债权等。此外,个人承包应得的个人收益,也属于遗产。但是,承包经营权原则上不能作为遗产继承,但林地的承包人死亡的,继承人可以在承包期内继续承包。

2.遗产的特征。

(1)时间上的特定性,遗产是公民死亡时遗留的财产。

(2)内容上的总括性,遗产既包括财产权利,也包括财产义务。

(3)范围上的限定性,遗产是死亡公民的个人财产。

(4)性质上的合法性,遗产是死亡公民遗留的合法财产。

例题

张某因交通事故死亡,获得20万元赔偿金,另外,张某在婚后购买房屋一套,死亡时,留有存款15万,经查,此部分存款均为婚后的工资所得。问题:哪些是张某的遗产?

_____

① AC

（二）是否包括债务

1. 原则上债务不在继承的范围内。
2. 继承人获得遗产，应当在遗产的范围内首先满足被继承人债权人的需要。
3. 所有遗产若不能满足债权人需要，继承人没有还债法律义务。
4. 若继承人对于剩余债务进行偿还的，不得主张对方不当得利。

三、继承权的行使、放弃与丧失

（一）继承权的行使与放弃

1. 资格获得。

继承开始后，继承人只是取得了继承的资格。

2. 继承权的行使。

如果继承人欲参与遗产的继承，还须作出接受继承的意思表示。继承人接受继承的意思表示，可以是明示的，也可以是默示的。

（1）法定继承人。

继承开始后，继承人放弃继承的，应当在遗产处理前，作出放弃继承的表示。没有表示的，视为接受继承。

（2）受遗赠人。

受遗赠人应当在知道受遗赠后两个月内，作出接受或者放弃受遗赠的表示。到期没有表示的，视为放弃受遗赠。

继承开始后至遗产分割前，继承人可以行使继承权，包括对遗产进行管理、清偿债务、收取债权、执行遗赠以及请求分割遗产，**没有完全行为能力的继承人，由他的法定代理人代为行使，或者征得法定代理人同意后行使。**

3. 继承权的放弃。

（1）放弃的概念。

继承权的放弃，是指继承人作出的放弃继承被继承人遗产的意思表示。

（2）放弃的方式。

继承权放弃必须以明示方式作出。

继承人放弃继承的意思表示，应当在继承开始后、遗产分割前作出。遗产分割后表示放弃的不再是继承权，而是所有权。

（3）放弃的限制。

放弃继承权的意思表示**必须由本人作出**，当继承人为无行为能力人或者限制行为能力人时，其法定监护人（或法定代理人）不能代替他们作出放弃继承的意思表示。

继承权的放弃不是绝对的。《继承法意见》第46条规定，**继承人因放弃继承权致其不能履行法定义务的，放弃继承权的行为无效。**

（4）放弃的溯及力。

放弃继承的效力，追溯到继承开始的时间。

（二）继承权的丧失

1. 故意杀害被继承人的，不分既遂未遂。
2. 为争夺遗产而杀害其他继承人的。

3. 遗弃被继承人的,或者虐待被继承人情节严重的。

4. 伪造、篡改或者销毁遗嘱,情节严重的。

5. 以欺诈、胁迫手段迫使或者妨碍被继承人设立、变更或者撤回遗嘱,情节严重的。

继承人有上述第 3 至第 5 项行为,确有悔改表现,被继承人表示宽恕或者事后在遗嘱中将其列为继承人的,该继承人不丧失继承权。

★ 四、代位继承与转继承

（一）代位继承的条件

在法定继承中,被继承人的子女先于被继承人死亡的,由被继承人的子女的直系晚辈血亲代位继承。被继承人的兄弟姐妹先于被继承人死亡的,由被继承人的兄弟姐妹的子女代位继承。

代位继承人一般只能继承被代位继承人有权继承的遗产份额。

1. 在法定继承中。

2. 被继承人的子女先于被继承人死亡或被继承人的兄弟姐妹先于被继承人死亡。

3. 代位人是被代位人的晚辈直系血亲。

4. 被代位人未丧失继承权。

【继承法司法解释第 25 条】被继承人的孙子女、外孙子女、曾孙子女、外曾孙子女都可以代位继承,代位继承人不受辈数的限制。

【继承法司法解释第 26 条】被继承人的养子女、已形成扶养关系的继子女的生子女可代位继承;被继承人亲生子女的养子女可代位继承;被继承人养子女的养子女可代位继承;与被继承人已形成扶养关系的继子女的养子女也可以代位继承。

【特别提醒】上述可以代位继承的人,都是与被继承人有血亲关系的,要么是法律拟制的,要么是有自然血亲的。因此,如果是被继承人的**子女(无论这里的子女是被继承人亲生的、有抚养关系的继子女还是养子女)**先于被继承人死亡的,**子女的继子女均无权代位继承**。之所以如此,源自我国关于拟制血亲的规范界定。

关于继子女,一旦与继父母形成了抚养关系,根据我国民法典婚姻家庭编规定,"继父或继母和受其抚养教育的继子女间的权利和义务,适用本法对父母子女关系的有关规定。"在此,**拟制的血亲只在继父母子女之间发生,没有扩及继父母的其他近亲属**。

关于养子女,一旦办理收养手续,根据婚姻家庭编规定,"自收养关系成立之日起,养父母与养子女间的权利义务关系,适用法律关于父母子女关系的规定;养子女与养父母的近亲属间的权利义务关系,适用法律关于子女与父母的近亲属关系的规定。养子女与生父母及其他近亲属间的权利义务关系,因收养关系的成立而消除。"据此,一旦收养完成,拟制血亲的范围不但在养父母和养子女之间发生,而且,还扩及养父母的其他近亲属。

由此可得出的结论是,子女的继子女与子女的父母之间,没有拟制的血亲关系,因此不得代位继承;子女的养子女与子女的父母之间有法律上的拟制血亲关系,因此,可以代位继承。

例题

王小姐年幼丧母,其父王某又娶妻李某一起生活,李某丧夫,带自己 3 岁的女儿李晓与王某一起生活。及至王小姐 17 岁时,其父亲王某去世,三年后王某的父亲老王去世。请问,在老王去世后,谁可以代位继承老王的遗产?

(二) 转继承

继承开始后,继承人于遗产分割前死亡,并没有放弃继承的,该继承人应当继承的遗产转给其继承人;但是遗嘱另有安排的除外。

1. 转继承的概念。

转继承,是指继承人在被继承人死亡后、遗产分割前死亡,本该由该继承人继承的遗产份额转由其法定继承人继承的法律制度。

2. 转继承的条件。

(1)继承人于被继承人死亡后、遗产分割前死亡。

(2)继承人未丧失继承权,也未放弃继承权。

(三) 代位继承与转继承的区别

	代位继承	转继承
本质	继承权的转移	两次继承
发生时间	继承人先于被继承人死亡	继承开始后,遗产分割前继承人死亡
适用范围	法定继承	法定继承、遗嘱继承、遗赠
权利主体	继承人的晚辈直系血亲(无辈数限制)	继承人的法定继承人(无限制)

五、我国继承法的基本原则

1. 保护公民私有财产继承权原则。

2. 继承权男女平等原则。

3. 养老育幼、互助互济原则。

4. 互谅互让、和睦团结原则。

《 第五节　法定继承 》

一、法定继承的情形

1. 遗嘱继承人放弃继承或者受遗赠人放弃受遗赠。

2. 遗嘱继承人丧失继承权或者受遗赠人丧失受遗赠权。

3. 遗嘱继承人、受遗赠人先于遗嘱人死亡或者终止。

4. 遗嘱无效部分所涉及的遗产。

5. 遗嘱未处分的遗产。

二、法定继承的顺序

第一顺序:配偶、子女、父母。

第二顺序:兄弟姐妹、祖父母、外祖父母。

三、需要注意的问题

(一)先析产再分配

1.夫妻共同所有的财产,除有约定的外,在遗产分割时,应当先将共同所有的财产的一半分出为配偶所有,其余的为被继承人的遗产。

2.遗产在家庭共有财产之中的,遗产分割时,应当先分出他人的财产。

(二)顺位问题

1.同一顺位,原则上平均。继承人协商同意的,也可以不均等。

2.继承开始后,由第一顺序继承人继承,第二顺序继承人不继承。没有第一顺序继承人继承的,由第二顺序继承人继承。

(三)其他问题

1.子女、父母、兄弟姐妹均包括"亲"、"养"、"有扶养关系的继"三种情况。

2.丧偶女婿、丧偶儿媳对被继承人尽了主要赡养义务的,为第一顺序继承人。

3.继承人以外的人靠被继承人扶养缺乏劳动能力又没有生活来源,或者继承人以外对被继承人扶养较多的,分给**适当**财产。

4.长期与被继承人共同居住的,可以多分。

5.对于死者尽抚养或者赡养义务较多的继承人,可以多分。

6.没有劳动能力,又没有生活来源的继承人,应当多分。

7.有扶养能力不尽扶养义务,应不分或者少分。

8.胎儿有继承权,若娩出时为死体,其应当获得的份额由其他继承人分割。

9.遗嘱继承中:法定继承人的特留份——缺乏劳动能力又没有生活来源。

例题

钱某与胡某婚后生有子女甲和乙,后钱某与胡某离婚,甲、乙归胡某抚养。胡某与吴某结婚,当时甲已参加工作而乙尚未成年,乙跟随胡某与吴某居住,后胡某与吴某生下一女丙,吴某与前妻生有一子丁。钱某和吴某先后去世,下列哪些说法是正确的? (　　　)①

A.胡某、甲、乙可以继承钱某的遗产　　　　　B.甲和乙可以继承吴某的遗产

C.胡某和丙可以继承吴某的遗产　　　　　　　D.乙和丁可以继承吴某的遗产

《 第六节　遗嘱继承 》

一、遗嘱的形式、见证人和优先次序

(一)遗嘱有六种法定的形式

1.自书遗嘱。

由遗嘱人亲笔书写,签名,注明年、月、日。

2.代书遗嘱。

---

① 　CD

应当有两个以上见证人在场见证,由其中一人代书,并由遗嘱人、代书人和其他见证人签名,注明年、月、日。

3. 打印遗嘱。

应当有两个以上见证人在场见证。遗嘱人和见证人应当在遗嘱每一页签名,注明年、月、日。

4. 录音录像遗嘱。

应当有两个以上见证人在场见证。遗嘱人和见证人应当在录音录像中记录其姓名或者肖像,以及年、月、日。

5. 口头遗嘱。

在危急情况下,可以立口头遗嘱。口头遗嘱应当有两个以上见证人在场见证。

补注:危急情况消除后,遗嘱人能够以书面或者录音录像形式立遗嘱的,所立的口头遗嘱无效。

6. 公证遗嘱。

公证遗嘱由遗嘱人经公证机构办理。

小结:代书、打印、录音录像、口头四种遗嘱均需要见证人。

(二)遗嘱见证人的限制

1. 无行为能力人、限制行为能力人。

2. 继承人、受遗赠人。

3. 与继承人、受遗赠人有利害关系的人。

(三)遗嘱的优先次序

立有数份遗嘱,内容相抵触的,以最后的遗嘱为准。

例题

甲与乙结婚,女儿丙三岁时,甲因医疗事故死亡,获得 60 万元赔款。甲生前留有遗书,载明其死亡后的全部财产由其母丁继承。经查,甲与乙婚后除共同购买了一套住房外,另有 20 万元存款。下列哪一说法是正确的?(　　)①

A. 60 万元赔款属于遗产

B. 甲的遗嘱未保留丙的遗产份额,遗嘱全部无效

C. 住房和存款的各一半属于遗产

D. 乙有权继承甲的遗产

二、遗嘱的变更与撤回

(一)概念

遗嘱是遗嘱人单方意思表示,因此,在遗嘱发生效力前,遗嘱人可以变更、撤回自己所立的遗嘱。

1. 遗嘱的变更,是指遗嘱人依法改变原先所立遗嘱的部分内容。

2. 遗嘱的撤回,是指遗嘱人取消原先所立遗嘱的全部内容。

---

① C

（二）变更与撤回的方式

遗嘱的变更与撤回有两种方式：

1. 明示方式。

即另立新遗嘱，在新遗嘱中声明变更或者撤回原先所立的遗嘱。

2. 默示方式。

即通过行为变更、撤回原遗嘱。

（1）遗嘱人以不同形式立有数份内容相抵触的遗嘱，以最后所立的遗嘱为准。

（2）**遗嘱人生前的行为与遗嘱的意思表示相反，而使遗嘱处分的财产在继承开始前灭失、部分灭失或所有权转移、部分转移的，遗嘱视为被撤回或部分被撤回。**

（3）遗嘱人销毁原来所立遗嘱的，视为撤回遗嘱。

三、无效的遗嘱

1. 无行为能力人或者限制行为能力人所立的遗嘱无效。

2. 受胁迫、欺骗所立的遗嘱无效。

3. 伪造的遗嘱无效。

4. 遗嘱被篡改的，篡改的内容无效。

5. **继承人先于被继承人死亡的，所立遗嘱无效。**

6. 处分了属于国家、集体或他人所有的财产的遗嘱无效。

7. **所立口头遗嘱，危急情况消失后，可以以其他方式订立遗嘱的，口头遗嘱无效。**

四、特殊的遗嘱——将财产赠与法定继承人之外的人，即遗赠

自然人可以立遗嘱将个人财产赠与国家、集体或者法定继承人以外的人。

考点：1. 受遗赠人在知道受遗赠 2 个月内明示接受，否则视为放弃；2. 遗赠的对象不限于自然人。

对比：继承权的明示放弃与受遗赠权的明示接受。

五、附义务的遗嘱或遗赠

1. 遗嘱继承或者遗赠附有义务的，继承人或者受遗赠人应当履行义务。

2. 没有正当理由不履行义务的，**经利害关系人或者有关组织请求，人民法院可以取消其接受附义务部分遗产的权利。**

区别	遗嘱	遗赠
主体地位	法定继承人，有继承权	非法定继承人，无继承权
主体范围	只能是自然人	自然人、国家或集体组织
标的不同	承受权利和义务	只能遗赠权利
行使方式	放弃需明示，沉默视为接受	接受需明示，沉默视为放弃
可否候补	可指定候补继承人	不可指定候补受赠人

《 第七节　遗赠扶养协议（双方、诺成、双务、有偿）》

一、遗嘱、遗赠、遗赠扶养协议的优先顺序

自然人可以与**继承人以外的组织或者个人**签订遗赠扶养协议。按照协议，该组织或者个人承担该自然人生养死葬的义务，享有受遗赠的权利。

【特别提醒】获得遗产的顺序

遗赠扶养协议——遗赠、遗嘱继承——法定继承

二、遗赠扶养协议的性质：生前法律行为与死后法律行为的双重属性

遗赠扶养协议与遗赠的区别

遗赠	遗赠扶养协议
单方行为	双方行为
本质是遗嘱	本质是合同
单务、无偿	双务、有偿
死后生效	生前生效与死后生效结合

三、遗赠人与扶养人之间不存在法定的扶养关系——扶养人不限于自然人

【民法典婚姻家庭编第1074条】有负担能力的祖父母、外祖父母，对于父母已经死亡或父母无力抚养的未成年孙子女、外孙子女，有抚养的义务。

有负担能力的孙子女、外孙子女，对于子女已经死亡或子女无力赡养的祖父母、外祖父母，有赡养的义务。

【民法典婚姻家庭编第1075条】有负担能力的兄、姐，对于父母已经死亡或父母无力抚养的未成年弟、妹，有扶养的义务。

由兄、姐扶养长大的有负担能力的弟、妹，对于缺乏劳动能力又缺乏生活来源的兄、姐，有扶养的义务。

例题

梁某已八十多岁，老伴和子女都已过世，年老体弱，生活拮据，欲立一份遗赠扶养协议，死后将三间房屋送给在生活和经济上照顾自己的人。梁某的外孙子女、侄子、侄女及干儿子等都争着要做扶养人。这些人中谁不应作遗赠扶养协议的扶养人？(　　)①

A.外孙子女　　　　　　B.侄子　　　　　　C.侄女　　　　　　D.干儿子

《 第八节　遗产分配的执行 》

一、遗产管理人的产生

1.继承开始后，遗嘱执行人为遗产管理人；

---

① 　A

2. 没有遗嘱执行人的,继承人应当及时推选遗产管理人;

3. 继承人未推选的,由继承人共同担任遗产管理人;

4. 没有继承人或者继承人均放弃继承的,由<u>被继承人生前住所地的民政部门或者村民委员会担任遗产管理人</u>;

5. 对遗产管理人的确定有争议的,利害关系人可以向人民法院申请指定遗产管理人。

二、遗产管理人的职责、权利与责任

(一)职责

1. 清理遗产并制作遗产清单;

2. 向继承人报告遗产情况;

3. 采取必要措施防止遗产毁损;

4. 处理被继承人的债权债务;

5. 按照遗嘱或者依照法律规定分割遗产;

6. 实施与管理遗产有关的其他必要行为。

(二)权利

遗产管理人可以依照法律规定或者按照约定获得报酬。

(三)责任

遗产管理人应当依法履行职责,**因故意或者重大过失**造成继承人、受遗赠人、债权人损害的,应当承担民事责任。

三、遗产分割需要注意的问题

(一)分配方式

不宜分割的遗产,可以采取折价、适当补偿或者共有等方法处理。

(二)税款的缴纳与债务清偿

1. 分割遗产,应当清偿被继承人依法应当缴纳的税款和债务。

【特别提醒】

(1)继承人放弃继承的,对被继承人依法应当缴纳的税款和债务可以不负清偿责任。

(2)既有法定继承又有遗嘱继承、遗赠的,由法定继承人清偿被继承人依法应当缴纳的税款和债务;超过法定继承遗产实际价值部分,由遗嘱继承人和受遗赠人按比例以所得遗产清偿。

2. 应当为缺乏劳动能力又没有生活来源的继承人,保留适当的遗产。

(三)没有遗嘱且无法定继承人遗产的处理

1. 无人继承又无人受遗赠的遗产,归国家所有,用于公益事业;

2. 死者生前是集体所有制组织成员的,归所在集体所有制组织所有。

第八章 | 知识产权法

《 第一节　知识产权概述 》

一、知识产权的概念

知识产权,也称其为知识财产权,指权利人对其所创作的智力劳动成果所享有的财产权利,一般只在有限时间期内有效。

从外延看,包括广狭二义。广义而言,它包括著作权、邻接权、商标权、商号权、商业秘密、产地标记权、专利权、集成电路布图设计权、关于植物新品种的权利。狭义而言,常指称著作权、专利权与商标权三类。

二、知识产权的特征

从法律上讲,知识产权具有四种最明显的法律特征:

1.知识产权的地域性。即除签有国际公约或双力、多边协定外,依一国法律取得的权利只能在该国境内有效,受该国法律保护。

2.知识产权的专有性。也称独占性,即只有权利人才能享有,他人不经权利人许可不得行使其权利。

3.知识产权的时间性。各国法律对知识产权分别规定了一定期限,期满后则权利自动终止。

4.客体的无形性。知识产权的客体是智力成果,而智力成果是不具有物质形态的,这是知识产权与其他民事权利的重大区别。

三、与知识产权相关的问题

(一)商业秘密的含义

是指不为公众所知悉、具有商业价值并经权利人采取相应保密措施的技术信息和经营信息。

商业秘密即属于广义的知识产权范畴。为法律保护的商业秘密不能与公共利益相冲突。

(二)商业秘密的构成

商业秘密具有非公知性、保密性、具有商业价值性三个构成要件。

保密性是商业秘密的核心要件,其可以从主观和客观两个方面进行考查。

主观上,商业秘密持有人须订立保密协议,建立保密制度及采取其他合理的保密措施。

客观上,商业秘密不为公众所知,一旦商业秘密泄露,不论其泄露方式是否合法,都不能再受到保护。

★（三）侵犯商业秘密的情形

【新修订的《反不正当竞争法》第 9 条第 1、2、3 款】经营者不得实施下列侵犯商业秘密的行为：（一）以盗窃、贿赂、欺诈、胁迫、电子侵入或者其他不正当手段获取权利人的商业秘密；（二）披露、使用或者允许他人使用以前项手段获取的权利人的商业秘密；（三）违反保密义务或者违反权利人有关保守商业秘密的要求，披露、使用或者允许他人使用其所掌握的商业秘密；（四）教唆、引诱、帮助他人违反保密义务或者违反权利人有关保守商业秘密的要求，获取、披露、使用或者允许他人使用权利人的商业秘密。经营者以外的其他自然人、法人和非法人组织实施前款所列违法行为的，视为侵犯商业秘密。第三人明知或者应知商业秘密权利人的员工、前员工或者其他单位、个人实施本条第一款所列违法行为，仍获取、披露、使用或者允许他人使用该商业秘密的，视为侵犯商业秘密。

据此，侵犯商业秘密的行为可以概括为两种类型：

1. 经营者或者经营者以外的其他自然人、法人和非法人组织实施下列违法行为，侵犯商业秘密：

（1）采取盗窃、贿赂、欺诈、胁迫、电子侵入或者其他不正当手段获取商业秘密的行为；

（2）披露、使用或者允许他人使用以前项手段获取的权利人的商业秘密；

（3）违反保密义务或者违反权利人有关保守商业秘密的要求，披露、使用或者允许他人使用其所掌握的商业秘密；

（4）教唆、引诱、帮助他人违反保密义务或者违反权利人有关保守商业秘密的要求，获取、披露、使用或者允许他人使用权利人的商业秘密。

2. 第三人侵权的情形。

第三人明知或者应知商业秘密权利人的员工、前员工或者其他单位、个人实施上述四项违法行为，仍获取、披露、使用或者允许他人使用该商业秘密。

★（四）知识产权与其他反不正当竞争问题

1. 经营者假冒他人的注册商标，擅自使用他人的企业名称或者姓名，伪造或者冒用认证标志、名优标志等质量标志，伪造产地，对商品质量作引人误解的虚假表示的，依照《商标法》《产品质量法》的规定处罚。

2. 经营者擅自使用知名商品特有的名称、包装、装潢，或者使用与知名商品近似的名称、包装、装潢，造成和他人的知名商品相混淆，使购买者误认为是该知名商品的，监督检查部门应当责令停止违法行为，没收违法所得，并可以根据情节处以违法所得一倍以上三倍以下的罚款；情节严重的可以吊销营业执照；销售伪劣商品，构成犯罪的，依法追究刑事责任。

《 第二节　著作权法 》

著作权，亦称版权，是指著作权人对文学、艺术和科学作品依法享有的各项专有权利。

著作权除具有知识产权的共同特征外，还具有权利内容的双重性和权利自动产生的特点。

1. 权利内容的双重性是指著作权包括人身权与财产权的双重内容，不过两者的保护期限不同。

2. 权利的自动产生是指著作权基于作品的创作完成这一事实而自动产生，既不需要发表，也无须任何部门审批。

一、狭义著作权——著作权人享有的权利,也称为版权

(一)著作人身权(《著作权法》第10条)

1. 发表权,即决定作品是否公之于众的权利。

2. 署名权,即表明作者身份,在作品上署名的权利。

3. 修改权,即修改或者授权他人修改作品的权利。

4. 保护作品完整权,即保护作品不受歪曲、篡改的权利。

(二)著作财产权(《著作权法》第10条)

1. 复制权,即以印刷、复印、拓印、录音、录像、翻录、翻拍等方式将作品制作一份或者多份的权利。

2. 发行权,即以出售或者赠与方式向公众提供作品的原件或者复制件的权利。

3. 出租权,即有偿许可他人临时使用电影作品和以类似摄制电影的方法创作的作品、计算机软件的权利,计算机软件不是出租的主要标的的除外。

4. 展览权,即公开陈列美术作品、摄影作品的原件或者复制件的权利。

5. 表演权,即公开表演作品,以及用各种手段公开播送作品的表演的权利。

6. 放映权,即通过放映机、幻灯机等技术设备公开再现美术、摄影、电影和以类似摄制电影的方法创作的作品等的权利。

7. 广播权,即以无线方式公开广播或者传播作品,以有线传播或者转播的方式向公众传播广播的作品,以及通过扩音器或者其他传送符号、声音、图像的类似工具向公众传播广播的作品的权利。

8. 信息网络传播权,即以有线或者无线方式向公众提供作品,使公众可以在其个人选定的时间和地点获得作品的权利。

9. 摄制权,即以摄制电影或者以类似摄制电影的方法将作品固定在载体上的权利。

10. 改编权,即改变作品,创作出具有独创性的新作品的权利。

11. 翻译权,即将作品从一种语言文字转换成另一种语言文字的权利。

12. 汇编权,即将作品或者作品的片段通过选择或者编排,汇集成新作品的权利。

13. 转让权,将著作财产权全部或部分转让并获得报酬。

14. 许可使用权,许可他人行使上述财产权利并依照约定或者法律规定获得报酬的权利。

二、邻接权——邻接权人享有的权利

又称作品传播者权,是指与著作权相邻近的权利。它是指作品传播者对其传播作品过程中所做出的创造性劳动和投资所享有的权利。主要包括以下几种权利:

(一)表演者权

此权利包括人身权和财产权两部分,是一项综合权利。

1. 人身权。

(1)表明表演者身份;

(2)保护表演形象不受歪曲。

2.财产权。

(1)许可他人从现场直播和公开传送其现场表演,并获得报酬;

(2)许可他人录音录像,并获得报酬;

(3)许可他人复制、发行录有其表演的录音录像制品,并获得报酬;

(4)许可他人通过信息网络向公众传播其表演,并获得报酬。

3.比较表演权与表演者权两个相近的概念。

(1)表演权属于狭义著作权,它是一项权利,属于财产权,保护的是创作者利益;

(2)表演者权属于邻接权(广义著作权),它是一类权利。其下又包括多项人身权和财产权,保护的是作品传播者的利益。

可以从主体、客体和权利内容的角度比较其差异。

(二)录音录像制作者权

录音录像制作者对其制作的录音录像制品,享有许可他人复制、发行、出租、通过信息网络向公众传播并获得报酬的权利。值得注意的是,此项权利的行使往往建立在著作权人的权利之上。具体表现如下:

1.被许可人复制、发行、通过信息网络向公众传播录音录像制品,还应当取得著作权人、表演者许可,并支付报酬。

2.如果录音录像制作者使用的是改编、翻译、注释、整理已有作品而产生的演绎作品,应当取得演绎作品和原作品著作权人的双重许可,并支付报酬。

3.录音制作者(没有录像)使用他人已经合法录制为录音制品的音乐作品制作录音制品,可不经著作权人同意,但要按规定支付报酬,著作权人声明不许使用的除外。

(三)广播电台、电视台的权利

1.广播电台、电视台播放他人未发表的作品,应当取得著作权人许可,并支付报酬;广播电台、电视台播放他人已发表的作品,可以不经著作权人许可,但应当支付报酬。

2.广播电台、电视台播放已经出版的录音制品,可以不经著作权人许可,但应当支付报酬。当事人另有约定的除外。具体办法由国务院规定。

3.广播电台、电视台有权禁止未经其许可的下列行为:

(1)将其播放的广播、电视转播;

(2)将其播放的广播、电视录制在音像载体上以及复制音像载体。

4.电视台播放他人的电影作品和以类似摄制电影的方法创作的作品、录像制品,应当取得制片者或者录像制作者许可,并支付报酬;播放他人的录像制品,还应当取得著作权人许可,并支付报酬。

(四)出版者的权利

1.专有出版权。

图书出版者对著作权人交付出版的作品,按照合同约定享有的专有出版权受法律保护,他人不得出版该作品。

2.经作者许可后对于作品的修改、删节权利。

3.版式设计权。

出版者有权许可或者禁止他人使用其出版的图书、期刊的版式设计。此权利的保护期为10年,截至使用该版式设计的图书、期刊首次出版后第10年的12月31日。

三、著作权法的保护对象——作品及其限制

(一)受保护的作品范围

1. 文字作品,概括地说就是指有创意的文字,不论长短,如小说、诗词、散文、论文,有创意的广告语。

2. 口述作品,指即兴的演讲、授课、法庭辩论等。

3. 音乐、戏剧、曲艺、舞蹈、杂技艺术作品,其中值得特别注意的是,音乐包括带词的歌曲和不带词的纯音乐。

4. 美术作品,指绘画、书法、雕塑等以线条、色彩或者其他方式构成的有审美意义的平面或者立体的造型艺术作品。对于美术作品,要注意其原件的转移并不意味着著作权(展览权例外)的转移,著作权一般还保留在作者手里。

5. 建筑作品,是指以建筑物或者构筑物形式表现的有审美意义的作品。

6. 摄影作品,此种作品会涉及多种权利,有可能涉及的是肖像权、隐私权、著作权。通常著作权属于摄影师,摄影师在行使权利时一定不能忽略作品内容所涉及主体有关权利的保护。

7. 电影作品和以类似摄制电影的方法创作的作品,此类作品可统称为影视作品。但要注意区分影视作品和录像制品,影视作品有《著作权法》所要求的独创性,录像制品则没有。

8. 工程设计图、产品设计图、地图、示意图等图形作品和模型作品,要理解地图也可以有独创性。商业用地图、军事用地图和文化教育用地图显然有区别,各自选择的标志性建筑物就不同。

9. 计算机软件。

10. 民间文学艺术作品。

(二)著作权法不予保护的作品

1. 不适于用著作权保护的对象。

官方文件及其官方正式译文、时事新闻、历法、通用数表、通用表格和公式。

2. 侵权作品。

如果抄袭别人的作品形成的新作品被法院判定为侵权作品,法院同时判定该新作品不得再出版发行。

★四、著作权的归属

(一)作者(《著作权法》第 11 条、《著作权法实施条例》第 3 条)

1. 创作作品的人都可以成为作者。

2. 对创作起辅助作用的人均不视为作者。为他人创作进行组织工作,提供咨询意见、物质条件,或者进行其他辅助工作,均不视为创作。

(二)其他著作权人

1. 影视作品归制片人。(《著作权法》第 15 条)

2. 职务作品的归属。(《著作权法》第 16 条、《著作权法实施条例》第 12 条)

职务作品指公民为完成法人或者其他组织工作任务所创作的作品。其要点如下:

（1）原则上归作者,单位在业务范围内有优先使用权;

（2）两年内,未经单位同意,作者不得许可第三人以与单位使用相同的方式使用该作品;

（3）两年内,经过单位同意而许可第三人使用该作品,所得收益在单位和作者之间分配;

（4）主要是利用单位的物质技术条件创作,并由单位承担责任的工程设计图、产品设计图、地图、计算机软件等职务作品归单位,作者保留署名权。（"三图一件",归单位）

3. 委托作品的归属。（《著作权法》第 17 条,《著作权法司法解释》第 12 条）

有约定依约定,无约定归受托人,但委托人有使用权。

4. 自传体作品的归属。（《著作权法司法解释》第 14 条）

当事人对著作权权属有约定的,依其约定;没有约定的,著作权归该特定人物享有,执笔人或整理人对作品完成付出劳动的,著作权人可以向其支付适当的报酬。

5. 合作作品归属。（《著作权法》第 13、21 条,《著作权法实施条例》第 9 条）

（1）作者要求:参加创作。

两人以上合作创作的作品,著作权由合作作者共同享有。没有参加创作的人,不能成为合作作者。

（2）作品使用:

合作作品可以分割使用的,作者对各自创作的部分可以单独享有著作权。但行使著作权时不得侵犯合作作品整体的著作权。

合作作品不可以分割使用的,其著作权由各合作作者共同享有,通过协商一致行使;不能协商一致,又无正当理由的,任何一方不得阻止他方行使除转让以外的其他权利,但是所得收益应当合理分配给所有合作作者。

（3）保护期限:

合作作品著作财产权保护期截至最后死亡的作者死亡后第 50 年的 12 月 31 日。

6. 演绎作品归属。（《著作权法》第 12 条）

改编、翻译、注释、整理已有作品而产生的作品,其著作权由改编、翻译、注释、整理人享有,但行使著作权时不得侵犯原作品的著作权。

7. 汇编作品。（《著作权法》第 14 条）

此类作品是指汇编若干作品、作品片段,通过对于已经存在作品的内容选择,进行具有独创性的编排而创作的作品。作品的著作权归著作权人享有,但是不得侵犯原作品的著作权。

★五、著作权的限制

1. 权利的保护期限。

起点:根据《著作权法实施条例》第 6 条规定是作品创作完成之日。

终点:则相对比较复杂根据《著作权法》第 20 条、21 条、39 条、42 条、45 条的规定主要内容如下:

（1）作者的署名权、修改权、保护作品完整权的保护期不受限制。

（2）公民的作品,其发表权及财产权的内容保护期为作者终生及其死亡后 50 年,截止于作者死亡后第 50 年的 12 月 31 日;如果是合作作品,截止于最后死亡的作者死亡后第 50 年的 12 月 31 日。

（3）法人或者其他组织的作品、著作权（署名权除外）由法人或者其他组织享有的职务作品,其发表权与财产权的保护期为50年,截止于作品首次发表后第50年的12月31日,但作品自创作完成后50年内未发表的,本法不再保护。

(4)电影作品和以类似摄制电影的方法创作的作品、摄影作品,其发表权与财产权的保护期为50年,截止于作品首次发表后第50年的12月31日,但作品自创作完成后50年内未发表的,本法不再保护。

(5)表演者权中的财产权的保护期为50年,截止于该表演发生后第50年的12月31日。

(6)录音录像制作者对其制作的录音录像制品享有权利的保护期为50年,截止于该制品首次制作完成后第50年的12月31日。

(7)广播电台、电视台有权禁止将其播放的广播、电视转播,以及将其播放的广播、电视录制在音像载体上以及复制音像载体。此权利的保护期为50年,截止于该广播、电视首次播放后第50年的12月31日。

★★2.合理使用(《著作权法》第22条):不经许可,免费使用。

(1)为个人学习、研究或者欣赏,使用他人已经发表的作品;

(2)为介绍、评论某一作品或者说明某一问题,在作品中适当引用他人已经发表的作品;

(3)为报道时事新闻,在报纸、期刊、广播电台、电视台等媒体中不可避免地再现或者引用已经发表的作品;

(4)报纸、期刊、广播电台、电视台等媒体刊登或者播放其他报纸、期刊、广播电台、电视台等媒体已经发表的关于政治、经济、宗教问题的时事性文章,但作者声明不许刊登、播放的除外;

(5)报纸、期刊、广播电台、电视台等媒体刊登或者播放在公众集会上发表的讲话,但作者声明不许刊登、播放的除外;

(6)为学校课堂教学或者科学研究,翻译或者少量复制已经发表的作品,供教学或者科研人员使用,但不得出版发行;

(7)国家机关为执行公务在合理范围内使用已经发表的作品;

(8)图书馆、档案馆、纪念馆、博物馆、美术馆等为陈列或者保存版本的需要,复制本馆收藏的作品;

(9)免费表演已经发表的作品,该表演未向公众收取费用,也未向表演者支付报酬;

(10)对设置或者陈列在室外公共场所的艺术作品进行临摹、绘画、摄影、录像;

(11)将中国公民、法人或者其他组织已经发表的以汉语言文字创作的作品翻译成少数民族语言文字作品在国内出版发行;

【提醒注意】将汉文翻译为少数民族的文字是合理使用,反过来,将少数民族的文字翻译为汉语则不是合理使用的范围。

(12)将已经发表的作品改成盲文出版。

例题

甲展览馆委托雕塑家叶某创作了一座巨型雕塑,将其放置在公园入口,委托创作合同中未约定版权归属。下列行为中,哪一项不属于侵犯著作权的行为?(   )①

———————————

① D

A. 甲展览馆许可乙博物馆异地重建完全相同的雕塑

B. 甲展览馆仿照雕塑制作小型纪念品向游客出售

C. 个体户冯某仿照雕塑制作小型纪念品向游客出售

D. 游客陈某未经著作权人同意对雕塑拍照纪念

3. 法定许可:使用他人作品可以不经许可,但要付费。

(1)报刊之间转载摘编文章。(《著作权法》第33条第2款)

(2)录制:指录音制作者使用他人已经合法录制为录音制品的音乐作品制作录音制品属于法定许可,但著作权人声明不许使用的不得使用。(《著作权法》第40条第3款)

(3)广播(两种):播放他人已发表的作品及已经出版的录音制品,可以不经著作权人许可。(《著作权法》第43条第2款、《著作权法》第44条)

(4)教科书:为实施九年制义务教育和国家教育规划而编写出版教科书,在教科书中汇编已经发表的作品片段或者短小的文字作品、音乐作品或者单幅的美术作品、摄影作品,但作者事先声明不许使用的除外。(《著作权法》第23条)

《 第三节　专利法 》

专利权除具有知识产权的共同特征外,还具有公开性和行政授予性特征。公开性是指只有将专利技术予以公开才能被授予专利权。行政授予性是指专利权并非自动产生的权利,必须经专利行政部门授予才能取得。

一、专利的种类及授予条件

(一)专利的种类(《专利法》第2条)

我国《专利法》规定的专利包括发明、实用新型和外观设计三类,属于综合型立法。很多其他国家的专利仅指发明专利。

1. 发明:最主要分为产品发明和方法发明。

2. 实用新型:保护产品的形状、构造或者形状和构造的结合。实用新型只保护产品,不保护方法。

3. 外观设计:保护产品的形状、图案或者其结合以及色彩与形状、图案的结合。

不同类型的专利,专利权期限不同。发明专利的期限是20年,实用新型和外观设计专利的期限是10年。

(二)授予专利的条件

1. 授予发明、实用新型专利的条件。(《专利法》第22条)

(1)新颖性:不属于现有技术,且申请日前无人申请。

现有技术是指申请日以前在国内外为公众所知的技术,技术公开的方式包括出版物公开、使用公开和其他方式的公开。

(2)创造性:(突出的)实质性特点,(显著的)进步。

(3)实用性:能够在生产中产生积极的效果。

2. 授予外观设计专利的条件。(《专利法》第23条)

(1)新颖性:应当不属于现有设计;也没有任何单位或者个人就同样的外观设计在申请日以前向国务院专利行政部门提出过申请,并记载在申请日以后公告的专利文件中。

（2）创造性：与现有设计或者现有设计特征的组合相比，应当具有明显区别。

（3）授予专利权的外观设计不得与他人在申请日以前已经取得的合法权利（即在先权利）相冲突。在先权利可以包括商标权、著作权、企业名称权、肖像权、知名商品特有包装或者装潢使用权等。

3. 丧失新颖性的例外。

申请专利的发明创造在申请日以前6个月内，有下列情况的，不丧失新颖性：（《专利法》第24条）

（1）在中国政府主办或承认的国际展览会上首次展出的；

（2）在国务院有关主管部门和全国性学术团体组织召开的学术会议或技术会议上首次发表的；

（3）他人未经申请人同意而泄露其内容的。

⭐（三）专利的申请与审查

1. 递交专利文件。

请求书、说明书即摘要与权利要求书。其中权利要求书为确权依据。

2. 申请日。

（1）专利局收到申请文件之日为申请日。

（2）申请文件邮寄的，以寄出的邮戳日为申请日。

（3）申请人享有优先权的，以优先权日为申请日。（《专利法》第29条）

3. 审查。

（1）发明：初步审查——早期公开——实质审查——授权登记公告。

（2）实用新型和外观设计：初步审查没有发现驳回理由即可授予。

⭐（四）《专利法》不予保护的对象（《专利法》第5条、20条、25条）

1. 科学发现。

2. 智力活动的规则和方法，如比赛规则、游戏规则。

3. 疾病的诊断和治疗方法，但研制出的新的药品则可以获得专利。

4. 动物和植物品种，但发明出植物新品种的生产方法则可以获得专利。

5. 用原子核变换方法获得的物质。

6. 对平面印刷品的图案、色彩或者二者的结合做出的主要起标识作用的设计。

7. 违反法律、行政法规的规定获取或者利用遗传资源并依赖该遗传资源完成的发明创造。

例题

依据专利法，下列哪些情况不授予专利权？（　　　）①

A. 甲发明的仿真伪钞机

B. 乙发明的一种关节炎治疗仪

C. 丙对服装包装袋的彩色图案做出的主要起标识作用的设计

D. 丁发明了某植物新品种的生产方法

----

① 　AC

二、专利权的归属

(一)归于发明人或设计人(《专利法》第 6 条第 2 款)

非职务发明创造的专利权属于发明人或设计人。

发明人或设计人是指对发明创造的实质性特点作出创造性贡献的人。发明人是就发明和实用新型来讲的,设计人是就外观设计来讲的。在完成发明创造过程中,只负责组织工作的人,为物质技术条件的利用提供方便的人或者从事其他辅助工作的人,不是发明人或者设计人。

(二)归于发明人或设计人的单位(《专利法》第 6 条第 1 款、《专利法实施细则》第 12 条)

职务发明创造是指执行本单位的任务或者主要是利用本单位的物质技术条件所完成的发明创造,具体包括:

1. 在本职工作中作出的发明创造;

2. 履行本单位交付的本职工作之外的任务所作出的发明创造;

3. 退休、调离原单位(包括临时工作的单位)后或者劳动、人事关系终止后 1 年内做出的,与其在原单位承担的本职工作或者原单位分配的任务有关的发明创造。

(三)约定主体优先

利用本单位的物质技术条件所完成的发明创造,单位与发明人或者设计人可以约定归属。没有约定的,则适用上述第(二)方面的规则来判断。

(四)合作与委托发明创造专利权(《专利法》第 8 条)

有约定按约定,无约定属于发明人或设计人。

三、专利权的内容和限制

(一)专利权人的权利

1. 独占的实施权。(《专利法》第 11 条)

(1)发明和实用新型专利的独占实施权。

①产品专利:制造权、使用权、许诺销售权、销售权、进口权。

②方法专利:使用权,对直接产品的使用权、许诺销售权、销售权、进口权。

(2)外观设计专利的独占实施权:制造权、许诺销售权、销售权、进口权。

说明:许诺销售指通过媒体做广告、橱窗展示、参加展览会等方式向他人表明自己可以提供这种产品、可以销售这种产品。

2. 许可实施权。(《专利法》第 12 条、13 条)

独占实施许可;排他实施许可;普通实施许可。

独占许可,排除包括专利权人在内的所有人。

排他许可,专利权人依然可以适用。

普通许可之后,专利权人依然可以许可他人使用该技术。

3. 转让权。(《专利法》第 10 条)

须签订书面合同,并登记和公告,专利权转让自登记之日起生效。

4. 标示权。(《专利法》第 17 条)

在其专利产品或产品的包装上标明专利标记和专利号。

5. 共有专利权的行使。(《专利法》第 15 条)

约定优先。没有约定的,共有人可以单独实施或者以普通许可方式许可他人实施该专利;许可他人实施该专利的,收取的使用费应当在共有人之间分配。除此之外,行使共有的专利权应当取得全体共有人的同意。

(二)强制许可制度(非独占许可且被许可者需要支付合理费用)

此制度仅针对发明和实用新型,外观设计没有强制许可的制度。

1. 合理条件的强制许可。(《专利法》第 48 条、54 条)

专利权人自专利权被授予之日起满 3 年,且自提出专利申请之日起满 4 年,无正当理由未实施或未充分实施其专利,国务院专利行政部门根据具备实施条件的单位或者个人的申请。

2. 垄断导致的强制许可。

专利权人行使专利权的行为被依法认定为垄断行为,为消除或者减少该行为对竞争产生的不利影响。

3. 公共利益目的的强制许可。(《专利法》第 49 条)

在国家出现紧急状态或者非常情况时,或者为了公共利益的目的。

4. 药品专利权强制许可。(《专利法》第 50 条)

为公共健康目的,对取得专利权的药品,可以给予制造并将其出口到符合我国参加的有关国际条约规定的国家或地区的强制许可。

5. 基础专利和从属专利的交叉强制许可。(《专利法》第 51 条)

一项取得专利权的发明或者实用新型比前已经取得专利权的发明或者实用新型具有显著经济意义的重大技术进步,其实施又有赖于前一发明或者实用新型的实施的,国务院专利行政部门根据后一专利权人的申请,可以给予实施前一发明或者实用新型的强制许可。在依照前述规定给予实施强制许可的情形下,国务院专利行政部门根据前一专利权人的申请,也可以给予实施后一发明或者实用新型的强制许可。

(三)专利权的合理使用——不视为侵犯专利权的情形

1. 权利穷竭——权利用尽。

专利产品或者依照专利方法直接获得的产品,由专利权人或者经其许可的单位、个人售出后,使用、许诺销售、销售、进口该产品的,首次出售后专利权一次用尽。

2. 先用权人的实施权。

在专利申请日前已经制造相同产品、使用相同方法或者已经做好制造、使用的必要准备,并且仅在原有范围内继续制造、使用的。

3. 临时过境。

临时通过中国领陆、领水、领空的外国运输工具,为运输工具的自身需要而在其装置和设备中使用的不侵权。

4. 非营利实施。

专为科学研究和实验而使用有关专利的。

5.行政审批需要。

为提供行政审批所需要的信息,制造、使用、进口专利药品或者专利医疗器械的,以及专门为其制造、进口专利药品或者专利医疗器械的。

例题

下列行为中侵犯专利权的有(　　)①。

A.为科学研究和实验而使用有关专利的

B.从代理商处购买专利产品后,转售该产品的

C.不知情而为生产经营目的制造侵害专利权产品的

D.在临时通过中国领海的捕鲸船上使用中国专利技术加工鲸鱼产品的

四、专利权的无效与终止

(一)无效

1.申请人及宣告机关。

专利权的无效是指依法定程序,由国务院专利行政部门宣告某一专利权无效。自专利权被公告授予之日起任何单位或个人认为该专利权的授予不符合专利法规定的,都可请求专利复审委员会宣告该专利无效。

2.无效的原因。

(1)被授予专利的发明创造不符合授予专利权的实体条件。

(2)专利申请文件不符合法律规定,如说明书披露及公开不充分;对发明、实用新型专利申请文件的修改超出了原说明书的权利要求书记载的范围,对外观设计专利申请文件的修改超出了原图片或者照片表示的范围。

(3)属于不授予专利权范围。

(4)属于重复授权情形,违反了"同样发明创造只能被授予一项专利"之规定。

(5)违反"在先申请"原则。

3.无效的效果。

宣告无效的专利权视为自始即不存在。

宣告专利权无效的决定,对在宣告专利权无效前人民法院作出并已执行的专利侵权的判决、调解书,已经履行或者强制执行的专利侵权纠纷处理决定,以及已经履行的专利实施许可合同和专利权转让合同,不具有追溯力。但是因专利权人的恶意给他人造成的损失,应当给予赔偿。

如果依照前述规定,专利权人或者专利权转让人不向专利侵权人、被许可实施专利人或者专利权受让人返还专利侵权赔偿金、专利使用费或者专利权转让费,明显违反公平原则,应当全部或者部分返还。

(二)终止

专利权的终止即专利权的消灭。专利权的终止原因包括:

1.自然终止,即专利权因期限届满而终止;

2.因法定事由而终止,即在专利权有效期限届满前因发生法律规定的事由而消灭。这

_____

① CD

些事由包括专利人没有按照规定交纳年费,专利权人以书面声明放弃其专利等。

《 第四节　商标法 》

一、商标的主要类型(《商标法》第 3 条、4 条)

【《商标法》第 8 条】任何能够将自然人、法人或者其他组织的商品与他人的商品区别开的标志,包括文字、图形、字母、数字、三维标志、颜色组合和声音等,以及上述要素的组合,均可以作为商标申请注册。

(一) 商品商标

使用于有形商品上的标记,生产经营者在生产、制造、加工、拣选或经销的有形商品上使用,又可进一步区分为制造商标和销售商标。比如"三星"手机商标属于制造商标,手机专卖店为了创造自己的销售品牌而自行注册了"至诚"商标则属于销售商标。

(二) 服务商标

使用于服务上的商标,比如"中国工商银行"商标。

(三) 立体商标

我国已放开立体商标,比如"米其林的轮胎人"商标。

(四) 集体商标

是指以团体、协会或者其他组织名义注册,供该组织成员在商事活动中使用,以表明使用者在该组织中的成员资格的标志。

(五) 证明商标

是指由对某种商品或者服务具有监督能力的组织所控制,而由该组织以外的单位或者个人使用于其商品或者服务,用以证明该商品或者服务的原产地、原料、制造方法、质量或者其他特定品质的标志。例如纯羊毛标志商标就是一个证明商标。

(六) 驰名商标

指享有较高声誉、为公众所周知,并且经过国家工商行政管理局或人民法院认定的商标。驰名商标应当根据当事人的请求进行认定,驰名商标的认定主体包括商标局、商标评审委员会、人民法院。生产、经营者不得将"驰名商标"字样用于商品、商品包装或者容器上,或者用于广告宣传、展览以及其他商业活动。

二、商标权的取得

(一) 自愿注册原则及例外(《商标法》第 6 条、47 条)

1. 一般商品自愿:设计完商标之后可以先注册再使用,也可以不注册就使用,这就是自愿注册原则的实质。一般商品使用未注册商标的,可以销售。

2. 特殊商品强制:国家规定必须使用注册商标的商品,必须申请商标注册。未经核准注册的,不得在市场销售。目前我国只有烟草以及烟草制品必须使用注册商标。

(二) 申请人条件(《商标法》第 4 条、5 条)

自然人、法人或者其他组织都可以去申请商标,两个以上的自然人、法人或者其他组织也可以共同申请、拥有商标。不以使用为目的恶意商标注册申请,应当予以驳回。

（三）两个以上申请人就同一商标申请时的处理规则（《商标法》第29条《商标法实施条例》第20条）

1. 申请在先原则。

2. 同一天申请的,初步审定并公告使用在先的商标。

3. 同日使用或者均未使用的,各申请人可以自收到商标局通知之日起30日内自行协商,并将书面协议报送商标局;不愿协商或者协商不成的,商标局通知各申请人以抽签的方式确定一个申请人,驳回其他人的注册申请。

三、商标权内容

（一）专用权与禁止权

商标注册人对其注册商标有专用权,以核准注册的商标和核定使用的商品为限。

禁止权指商标注册人对其注册商标有禁止他人在一定范围内使用的权利。

【提醒注意】这里的专用权与禁止权都是就注册商标而言的。禁止权的适用范围大于专用权。

何为禁止权大于专用权? 需要从以下四个要素来考量即相同商标、近似商标、同种商品、类似商品。这四个要素会产生四种组合:(1)相同商标用在同种商品上;(2)相同商标用在类似商品上;(3)近似商标用在同种商品上;(4)近似商标用在类似商品上。商标权人的专用权的范围仅限于第一种组合;而其禁止权的范围则包括了上述所有四种组合。因此说禁止权范围大于专用权范围。

1. 侵权的典型情形。

★★★**【新《商标法》第57条】**有下列行为之一的,均属侵犯注册商标专用权:(1)未经商标注册人的许可,在同一种商品上使用与其注册商标相同的商标的;(2)未经商标注册人的许可,在同一种商品上使用与其注册商标近似的商标,或者在类似商品上使用与其注册商标相同或者近似的商标,容易导致混淆的;(3)销售侵犯注册商标专用权的商品的;(4)伪造、擅自制造他人注册商标标识或者销售伪造、擅自制造的注册商标标识的;(5)未经商标注册人同意,更换其注册商标并将该更换商标的商品又投入市场的;(6)故意为侵犯他人商标专用权行为提供便利条件,帮助他人实施侵犯商标专用权行为的;(7)给他人的注册商标专用权造成其他损害的。

2. 商标侵权赔偿数额的具体认定。

赔偿数额按照权利人因被侵权所受到的实际损失确定;实际损失难以确定的,可以按照侵权人因侵权所获得的利益确定;以上均难以确定的,参照该商标许可使用费的倍数合理确定。赔偿数额应当包括权利人为制止侵权行为所支付的合理开支。恶意侵权,情节严重的,按上述确定数额的一倍以上五倍以下确定赔偿数额。权利人损失、侵权人获利及许可使用费均难以确定,法院根据情节判决500万元以下赔偿。

（二）转让权——相同或类似商品上的相同或类似商标一并转让

通过一定的程序将商标转让给受让人的权利。通常来说,转让人应当和受让人订立书面转让协议,并且双方应当向商标局递交转让申请书,商标局核准后予以公告,受让人自公告之日起享有专用权。

转让后,受让人应当保证使用该商标的商品质量。

（三）许可权

指商标权人许可他人使用注册商标的权利。与专利的实施许可一样，也包括独占许可、排他许可和普通许可，含义完全相同，在此不赘述。

许可后，许可人应当监督被许可人使用其注册商标的商品质量（转让人没有此义务），被许可人应保证使用该注册商标的商品质量。商标使用许可未经备案不得对抗善意第三人！

（四）优先权（《商标法》第25条）

1. 商标国际优先权：商标注册申请人自其商标在外国第一次提出商标注册申请之日起6个月内，又在中国就相同商品以同一商标提出商标注册申请的，依照该外国同中国签订的协议或者共同参加的国际条约，或者按照相互承认优先权的原则，可以享有优先权。

2. 商标国内优先权：商标在中国政府主办的或者承认的国际展览会展出的商品上首次使用的，自该商品展出之日起6个月内，该商标的注册申请人可以享有优先权。

（五）标示权

注册人使用商标，有权表明"注册商标"字样或注册标记，商品上不便标明的，可在商品包装或说明书上标明。

（六）商标内容可以变更，但应重新注册

四、商标权的限制

（一）商标权的期限（新《商标法》第39条、40条）

1. 注册商标的有效期为10年，自核准注册之日起计算。

2. 期满前12个月的续展期；期满后6个月的宽展期。在续展期和宽展期都可以提出续展，宽展期满仍未提出申请的，注销其注册商标。每次续展注册的有效期为10年。

（二）正当使用行为（《商标法实施条例》第49条）

注册商标中含有的本商品的通用名称、图形、型号，或者直接表示商品的质量、主要原料、功能、用途、重量、数量及其他特点，或者含有地名，注册商标专用权人无权禁止他人正当使用。

例题

甲公司在纸手帕等纸制产品上注册了"茉莉花"文字及图形商标；丁公司长期制造茉莉花香型的纸手帕，并在包装上标注"茉莉花香型"，这就不侵权。

五、注册商标的无效制度

（一）不当注册引起的商标权无效（新《商标法》第44条）

这种无效可以由商标局来宣告，也可以由其他单位或者个人请求商标评审委员会来宣告，并且无时间限制，什么时候发现什么时候宣告，因为这一类无效都是因为违反了禁用标志、有欺诈行为和不以使用为目的恶意注册。

1. 使用了禁用标志。

（1）《商标法》第10条规定了9种禁用标志。

①同中华人民共和国的国家名称、国旗、国徽、国歌、军旗、勋章相同或者近似的，以及同

中央国家机关所在地特定地点的名称或者标志性建筑物的名称、图形相同的；

例外，以前已经注册的商标，可以继续有效，例如"中南海"作为香烟的商标。

②同外国的国家名称、国旗、国徽、军旗相同或者近似的，但该国政府同意的除外；

③同政府间国际组织的名称、旗帜、徽记相同或者近似的，但经该组织同意或者不易误导公众的除外；

④与表明实施控制、予以保证的官方标志、检验印记相同或者近似的，但经授权的除外；

⑤同"红十字""红新月"的名称、标志相同或者近似的；

⑥带有民族歧视性的，如"印第安人洁具"；

⑦带有欺骗性的，容易使公众对商品的质量等特点或者产地产生误认的，如五粮液集团曾经申请的"名扬天下"商标；

⑧有害于社会主义道德风尚或者有其他不良影响的，如色情的文字、图形；

⑨县级以上行政区划的地名或者公众知晓的外国地名，不得作为商标。但是，地名具有其他含义或者作为集体商标、证明商标组成部分的除外；已经注册的使用地名的商标继续有效。

（2）《商标法》第 11 条规定了 3 种禁用标志。（只针对注册商标）

①仅有本商品的通用名称、图形、型号的。例如，"钱包"牌钱包，"豆浆"牌豆浆这些直接用商品名称作为注册商标即不可。

②仅直接表示商品的质量、主要原料、功能、用途、重量、数量及其他特点的。

例如，"冰凉"牌雪糕，驱蚊商品用的"敌尔蚊"文字商标，高粱酿制的白酒类商品用"红高粱"文字商标，这些都不能注册。

要注意区分暗示性商标与直接表示功能的文字。

暗示性商标由常用词构成，它与商品或服务虽然没有直接、明显的联系，但以隐喻、暗示的手法提示商品的属性或某一特点。比如乐器上使用的"远声"，摩托车商标"野马"。考生要注意区分暗示性商标与直接表示商品功能的词汇。例如，"光明"可注册为灯泡的商标，因为光明意在渲染灯泡的效果，它还不是功能；"照明"就不能注册为灯泡的商标，这就属于直接表示功能的词汇了。

③缺乏显著特征的。

（3）三维标志。（《商标法》第 12 条）（只针对注册商标）

原则上可以申请立体商标，但仅由商品自身的性质产生的形状、为获得技术效果而需有的商品形状或者使商品具有实质性价值的形状，不得注册。例如，不能把"球体"注册为篮球的商标，不能把"苹果天然形状"注册为苹果的商标。

2. 商标在注册过程中采用了欺骗或其他不当手段。

3. 不以使用为目的恶意注册。

🛡 （二）侵犯他人权益引起的商标权无效（新《商标法》第 45 条）

这种无效须在商标注册之日 5 年内由在先权利人或利害关系人向商标评审委提出；对恶意注册的，驰名商标权利人不受 5 年的时间限制。

1. 侵犯了驰名商标。（《商标法》第 13 条）

（1）就相同或者类似商品申请注册的商标是复制、摹仿或者翻译他人未在中国注册的驰名商标，容易导致混淆的，不予注册并禁止使用。

（2）就不相同或者不相类似商品申请注册的商标是复制、摹仿或者翻译他人已经在中国注册的驰名商标,误导公众,致使该驰名商标注册人的利益可能受到损害的,不予注册并禁止使用。

(3)对恶意注册的,驰名商标所有人不受 5 年限制。

2. 代理人侵犯被代理人权利。(《商标法》第 15 条)

未经授权,代理人或者代表人以自己的名义将被代理人或者被代表人的商标进行注册,被代理人或者被代表人提出异议的,不予注册并禁止使用。

3. 地理标志商标不真实。(《商标法》第 16 条)

商标中有商品的地理标志,而该商品并非来源于该标志所标示的地区,误导公众的,不予注册并禁止使用;但是,已经善意取得注册的继续有效。

4. 侵害他人在先权利或有影响的未注册商标。(《商标法》第 30~32 条)

(1)申请商标注册不得损害他人现有的在先权利,也不得以不正当手段抢先注册他人已经使用并有一定影响的商标。

(2)两人同时申请,在同一种商品或者类似商品上,以相同或者近似的商标申请注册的,初步审定并公告申请在先的商标;同一天申请的,初步审定并公告使用在先的商标。

(3)同他人在同一种商品或者类似商品上已经注册的或者初步审定的商标相同或者近似的,不予公告。

六、商标权撤销制度:使用不当(新《商标法》第 49 条)

1. 商标局依职权撤销。

商标注册人在使用注册商标的过程中,自行改变注册商标、注册人名义、地址或者其他注册事项的,由地方工商行政管理部门责令限期改正;期满不改正的,由商标局撤销其注册商标。

2. 申请撤销。

注册商标成为其核定使用的商品的通用名称或者没有正当理由连续 3 年不使用的,任何单位或者个人可以向商标局申请撤销该注册商标。

民法基本原则在民法的知识体系中属于较为抽象的内容,是对于民法的精神和灵魂的集中体现。由于基本原则本身过于抽象,所以特意安排在最后来讲述这部分内容。也只有对于民法的基本规范有了大致的了解之后,才能真正理解民法基本原则的精髓。民法基本原则讲述的内容不是一些大而化之的词语汇集,而是体现在具体的制度与规范当中的精神。只有在具体的民法规范中看到民法基本原则所具有的作用,才算是真正理解了民法原则的意义。

一、民法基本原则的含义与作用

民法的基本原则是民事立法、民事行为和民事司法的基本准则,是体现民法精神、指导民事立法、司法和民事活动的基本原则。

中国的民事立法上,确立了以下几项民法的基本原则:平等原则、自愿原则、公平原则、诚实信用原则、公序良俗原则、合法原则、绿色原则。

(一)民法的基本原则是民事立法的准则

民法的基本原则,蕴含着民法调控社会生活所欲实现的目标。其所欲达至的理想,是我国民法所调整的社会关系本质特征的集中反映,集中体现了民法区别于其他法律,尤其是行政法和经济法的特征。它贯穿于整个民事立法,确定了民事立法的基本价值取向,是制定具体民法制度和规范的基础。

(二)民法的基本原则是民事主体进行民事活动的基本准则

民事主体所进行的各项民事活动,不仅要遵循具体的民法规范,还要遵循民法的基本原则。在现行法上对于民事主体的民事活动欠缺相应的民法规范进行调整时,民事主体应依民法基本原则的要求进行民事活动。

(三)民法的基本原则是法院解释法律的基本依据

民法的基本原则是法院对民事法律、法规进行解释的基本依据。法院在审理民事案件时,须对所应适用的法律条文进行解释,以阐明法律规范的含义,确定特定法律规范的构成要件和法律效果。法院在对法律条文进行解释时,如有两种相反的含义,应采用其中符合民法基本原则的含义。无论采用何种解释方法,其解释结果均不能违反民法基本原则。如果法院在审理案件时,在现行法上未能获得据以作出裁判的依据,这就表明在现行法上存在法律漏洞。此时,法院应依据民法的基本原则来进行法律漏洞的补充。

(四)民法的基本原则是司法裁判的依据、具有弥补法律漏洞的功能

学者在对民法进行解释、研究时,应以民法的基本原则作为出发点。无论何种学说,违背了民法的基本原则,就不是妥当的学说。

二、民法基本原则的内容

(一)平等原则——侧重于形式的平等

【民法典总则编第4条】民事主体在民事活动中的法律地位一律平等。

平等原则具体表现在以下四个方面:

1.公民的民事权利能力一律平等。任何公民在法律上不分尊卑贵贱、财富多寡、种族差异、性别差异,其抽象人格都是平等的。

2.不同民事主体参与民事法律关系适用同一法律,处于平等的地位。

3.民事主体在民事法律关系中必须平等协商。任何一方当事人不得将自己的意志强加给另一方当事人。

4.对权利予以平等的保护。在法律上,无论具体的人具有何种事实上的差异,当其权利受到侵害时,法律都给予平等保护。

(二)自愿原则——平等的保障

自愿原则,是指法律确认民事主体得自由地基于其意志去进行民事活动的基本准则。我国民法典总则编第5条规定:民事主体从事民事活动,应当遵循自愿原则,按照自己的意思设立、变更、终止民事法律关系。自愿原则的存在和实现,以平等原则的存在和实现为前提。只有在地位独立、平等的基础上,才能保障当事人从事民事活动时的意志自由。自愿原则同样也是市场经济对法律所提出的要求。在市场上,准入的当事人被假定为自身利益的最佳判断者。因此,民事主体自愿进行的各项自由选择,应当受到法律的保障,并排除国家和他人的非法干预。自愿原则的核心是合同自由原则。

自愿原则所体现的意思自治是民法最基本的一个理念。自由主义思想是支撑该理念的基础。消极自由是免于他人干涉的自由,主要存在于私人生活中。积极自由则是主动采取某项行为的自由,政治自由是为典型。私法以消极自由为其着眼点。肯定自愿原则(意思自治)必然导致承认私法自治。私法自治表现为权利人自由、法律行为自由(契约自由)、自己责任、过失责任。

(三)公平原则——对于自愿结果的监督

公平原则是指民事主体应依据社会公认的公平观念从事民事活动,以维持当事人之间的利益均衡。我国民法典总则编第6条规定:民事主体从事民事活动,应当遵循公平原则,合理确定各方的权利和义务。公平原则是进步和正义的道德观在法律上的体现。它对民事主体从事民事活动和国家处理民事纠纷起着指导作用,特别是在立法尚不健全的领域赋予审判机关一定的自由裁量权;它对于弥补法律规定的不足和纠正贯彻自愿原则过程中可能出现的一些弊端,有着重要意义。公平原则在民法上主要是针对当事人间的合同关系提出的要求,是当事人缔结合同关系,尤其是确定合同内容时,所应遵循的指导性原则。它具体化为合同法上的基本原则就是合同正义原则。合同正义系属平均正义,要求维系合同双方当事人之间的利益均衡。作为自愿原则的有益补充,公平原则在市场交易中,为诚实信用原则和显失公平规则树立了判断的基准。

但公平原则不能简单等同于等价有偿原则,因为在民法上就一方给付与对方的对待给付之间是否公平,是否具有等值性,其判断依据采主观等值原则即当事人主观上愿以此给付换取对待给付。即为公平合理,至于客观上是否等值,在所不问。由此,不难看出公平原则的具体运用,必须以自愿原则的具体运用作为基础和前提。如果当事人之间利益关系的不均衡,系自主自愿的产物,就不能谓为有违公平。

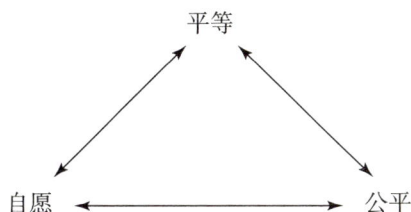

$$平等$$

自愿 ←——————————→ 公平

总之,平等是基本前提,自愿是平等的保障,公平又是对于自愿结果的监督,以实现民法上假设的真正平等。这作为一个完整的逻辑整体,最终指向人们期待的正义状态!

（四）诚实信用原则——君临所有法域之帝王原则

在民法上,诚实信用原则是指民事主体进行民事活动必须意图诚实、善意、行使权利不侵害他人与社会的利益,履行义务信守承诺和法律规定。最终达到所有获取民事利益的活动,不仅应使当事人之间的利益得到平衡,而且也必须使当事人与社会之间的利益得到平衡的基本原则。

我国民法典总则编第7条规定:民事主体从事民事活动,应当遵循诚信原则,秉持诚实,恪守承诺。诚实信用原则是市场伦理道德准则在民法上的反映。将诚实信用原则规定为民法的一项基本原则,不难看出,诚实信用原则在我国法上有适用于全部民法领域的效力。诚实信用原则常被奉为"帝王条款",有"君临法域"的效力。作为一般条款,该原则一方面对当事人的民事活动起着指导作用,确立了当事人以善意方式行使权利、履行义务的行为规则,要求当事人在进行民事活动时遵循基本的交易道德,以平衡当事人之间的各种利益冲突和矛盾,以及当事人的利益与社会利益之间的冲突和矛盾。另一方面,该原则具有填补法律漏洞的功能。当人民法院在司法审判实践中遇到立法当时未预见的新情况、新问题时,可直接依据诚实信用原则行使公平裁量权,调整当事人之间的权利义务关系。因此,诚信原则意味着承认司法活动的创造性与能动性。

例题

无权代理与继承

小王瞒着父亲老王,自称是老王的代理人,将老王所有的房子以老王的名义签订了买卖合同,约定价金150万元,合同履行期限到来之前,老王去世,小王作为唯一的继承人继承了老王包括上述房子在内的全部财产和权利。

问题:小王可否继承老王享有的对于无权代理合同的追认权?

（五）合法原则

民法典总则编第8条规定:民事主体从事民事活动,不得违反法律,不得违背公序良俗。其中,还蕴含着合法性原则。此原则是否是独立原则,立法中存有争议,但是从第8条表述看,应该将违反法律与违背公序良俗进行区分。法硕联考的考试大纲将其单独列出作为独立原则。

合法性原则是指,民事主体从事民事活动,应当符合法律尤其是公法规范的要求。其主要意义如下:

1.作为判断法律行为效力的依据。

由于公法规范关系到社会基本秩序,民事活动必须在其秩序框架内进行,此种要求对于法律行为的判断具有重要意义,违反效力性强制性规定,法律行为即为无效。

【特别提醒】效力性强制规定与管理性强制规定的区分。前者旨在限制主体之间法律行为的效力,只要违反则进行的法律行为无效,如民法典总则编第197条第2款规定,"当事人对诉讼时效利益的预先放弃无效"即为效力性规定;后者旨在对于某种活动进行管理,虽违反但不影响合同效力,如公司均有注册登记的经营范围,超出经营范围订立的合同照样有效,不过公司会受到有关部门处罚。

2. 作为行使权利的界限。

民事主体行使民事权利的自由要受到法律的约束和限制,实现个人利益与社会利益的平衡,使得社会秩序维持在正常的范围之内。

⭐ (六)公序良俗原则——自由与秩序的另一种衡量

公序良俗是公共秩序和善良风俗的合称。公序良俗原则是现代民法一项重要的法律原则,是指一切民事活动应当遵守公共秩序及善良风俗。在现代市场经济社会,它有维护国家社会一般利益及一般道德观念的重要功能。我国民法典总则编第8条规定:民事主体从事民事活动,不得违反法律,不得违背公序良俗。经济的公序,是指为了调整当事人间的契约关系,而对经济自由予以限制的公序。经济的公序分为指导的公序和保护的公序两类。市场经济条件下,指导的公序地位趋微,保护的公序逐渐占据了重要位置。与保护劳动者、消费者、承租人和接受高利贷的债务人等现代市场经济中的弱者相关的保护性公序,成为目前各个国家和地区判例学说上的讨论、研究的焦点。良俗即善良风俗,学界一般认为系指为社会、国家的存在和发展所必要的一般道德,是特定社会所尊重的起码的伦理要求。不难看出,善良风俗是以道德要求为核心的。为了将公序良俗原则与诚实信用原则区别开来,应将善良风俗概念限定在非交易道德的范围内,从而与作为市场交易的道德准则的诚实信用原则各司其职。与诚实信用原则相仿,公序良俗原则具有填补法律漏洞的功效。这是因为公序良俗原则包含了法官自由裁量的因素,具有极大的灵活性。因而能处理现代市场经济中发生的各种新问题,在确保国家一般利益、社会道德秩序,以及协调各种利益冲突、保护弱者、维护社会正义等方面发挥极为重要的机能。一旦人民法院在司法审判实践中,遇到立法当时未能预见到的一些扰乱社会秩序、有违社会公德的行为,而又缺乏相应的禁止性规定时,可直接适用公序良俗原则认定该行为无效。

举例:代孕合同、对于婚外情人的遗赠等。

⭐ (七)绿色原则

将绿色原则确立为民法的基本原则具有鲜明的时代特征。民法典总则编第9条规定:民事主体从事民事活动,应当有利于节约资源、保护生态环境。绿色原则,是宪法关于环境保护的要求(《宪法》第9条第2款)民法中的体现。在民事立法、司法以及民事活动中,贯彻此项原则,有利于构建生态时代下人与自然的新型关系。作为一项民法的基本原则,其可能发挥作用的表现如下:

首先,确立国家通过立法规范民事活动的价值导向,即进行规范设立要以节约资源、保护生态环境作为重要的参考因素。

其次,要求民事主体本着有利于节约资源、保护生态环境的理念从事民事活动,树立可持续发展的理念。

最后,司法机关在审理民事案件时,适用民法规范裁判案件时,要加强对于节约资源、保护生态环境的民事法律行为的保护。

2021法律硕士联考

高分讲义

（非法学、法学）

紧扣考试分析｜名师权威讲解｜覆盖考点真题｜高分通关宝典

❷ 刑 法｜车润海 编著

中国原子能出版社

图书在版编目（CIP）数据

法律硕士联考高分讲义／韩祥波，车润海，赵逸凡
编著. —北京：中国原子能出版社，2020.3
ISBN 978-7-5221-0496-6

Ⅰ. ①法… Ⅱ. ①韩… ②车… ③赵… Ⅲ. ①法律–
研究生–入学考试–自学参考资料 Ⅳ. ①D9

中国版本图书馆 CIP 数据核字（2020）第 042967 号

法律硕士联考高分讲义

出版发行	中国原子能出版社（北京市海淀区阜成路43号　100048）	
责任编辑	张　梅	
特约编辑	马琳婷	
印　　刷	三河市航远印刷有限公司	
经　　销	全国新华书店	
开　　本	787mm×1092mm　1/16	
印　　张	63.25　　**字　数**　1580千字	
版　　次	2020年3月第1版　2020年3月第1次印刷	
书　　号	ISBN 978-7-5221-0496-6　　**定　价**　198.00元（全套五册）	

网址：http://www.aep.com.cn　　　　E-mail：atomep123@126.com
发行电话：010-68452845　　　　　　版权所有　侵权必究

contents 目录

刑法学　刑法论体系图(简版) ·· 01

第一章　刑法论(绪论) ··· 02

第二章　犯罪构成 ·· 17
    第一节　犯罪与犯罪构成 ·· 17
    第二节　犯罪客体 ·· 23
    第三节　犯罪客观方面 ·· 25
    第四节　犯罪主体 ·· 38
    第五节　犯罪主观方面 ·· 50
    第六节　刑法上的认识错误 ······································ 60

第三章　正当化事由 ·· 64
    第一节　正当化事由概述 ·· 64
    第二节　正当防卫 ·· 64
    第三节　紧急避险 ·· 70

第四章　故意犯罪的停止形态 ·· 74
    第一节　故意犯罪的停止形态概述 ································ 74
    第二节　犯罪既遂 ·· 75
    第三节　犯罪预备 ·· 76
    第四节　犯罪未遂 ·· 78
    第五节　犯罪中止 ·· 80

第五章　共同犯罪 ·· 84
    第一节　共同犯罪的概念及其构成 ································ 84
    第二节　共同犯罪的形式 ·· 86
    第三节　共同犯罪人的种类及其刑事责任 ·························· 88

第六章　罪数形态 ·· 92
    第一节　罪数概述 ·· 92
    第二节　实质的一罪 ·· 93
    第三节　法定的一罪 ·· 96
    第四节　处断的一罪 ·· 97

第七章　刑事责任 ·· 100
    第一节　刑事责任概述 ·· 100
    第二节　刑事责任的根据和解决方式 ······························ 101

第八章　刑罚概述 ·· 103
    第一节　刑罚的概念和目的 ······································ 103
    第二节　刑罚的种类和体系 ······································ 105

第九章　量刑 ·· 116
　第一节　量刑的概念和原则 ····················· 116
　第二节　量刑情节 ·································· 116
　第三节　量刑制度 ·································· 119
　第四节　数罪并罚 ·································· 129
　第五节　缓刑 ······································ 132

第十章　刑罚的执行 ·· 137

第十一章　刑罚的消灭 ····································· 144
　第一节　时效 ······································ 144
　第二节　赦免 ······································ 146

第十二章　罪刑各论概述 ··································· 147
　第一节　刑法各论的研究对象和体系 ·········· 147
　第二节　罪状、罪名、法定刑 ···················· 148

第十三章　危害国家安全罪 ······························· 151
　第一节　本章概述 ·································· 151
　第二节　具体罪名 ·································· 151

第十四章　危害公共安全罪 ······························· 155
　第一节　本章概述 ·································· 155
　第二节　具体罪名 ·································· 156

第十五章　破坏社会主义市场经济秩序罪 ··············· 176
　第一节　本章概述 ·································· 176
　第二节　具体罪名 ·································· 177

第十六章　侵犯公民人身权利、民主权利罪 ············ 216
　第一节　本章概述 ·································· 216
　第二节　具体罪名 ·································· 217

第十七章　侵犯财产罪 ····································· 252
　第一节　本章概述 ·································· 252
　第二节　财产犯罪概述 ···························· 252
　第三节　具体罪名 ·································· 257

第十八章　妨害社会管理秩序罪 ·························· 286
　第一节　本章概述 ·································· 286
　第二节　具体罪名 ·································· 287

第十九章　贪污贿赂罪 ····································· 325
　第一节　本章概述 ·································· 325
　第二节　具体罪名 ·································· 325

第二十章　渎职罪 ·· 342
　第一节　本章概述 ·································· 342
　第二节　具体罪名 ·································· 342

刑法学 ｜ 刑法论体系图（简版）

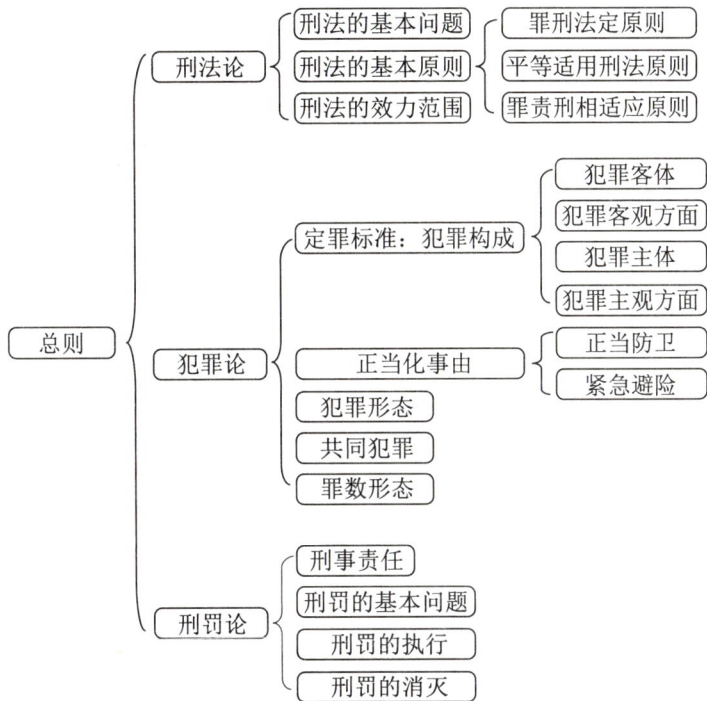

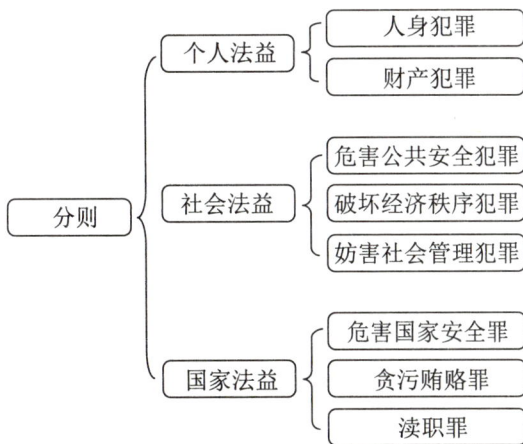

总则
├─ 刑法论
│   ├─ 刑法的基本问题
│   ├─ 刑法的基本原则 ─┬─ 罪刑法定原则
│   │   ├─ 平等适用刑法原则
│   │   └─ 罪责刑相适应原则
│   └─ 刑法的效力范围
│
├─ 犯罪论
│   ├─ 定罪标准：犯罪构成 ─┬─ 犯罪客体
│   │   ├─ 犯罪客观方面
│   │   ├─ 犯罪主体
│   │   └─ 犯罪主观方面
│   ├─ 正当化事由 ─┬─ 正当防卫
│   │   └─ 紧急避险
│   ├─ 犯罪形态
│   ├─ 共同犯罪
│   └─ 罪数形态
│
└─ 刑罚论
    ├─ 刑事责任
    ├─ 刑罚的基本问题
    ├─ 刑罚的执行
    └─ 刑罚的消灭

分则
├─ 个人法益 ─┬─ 人身犯罪
│   └─ 财产犯罪
│
├─ 社会法益 ─┬─ 危害公共安全犯罪
│   ├─ 破坏经济秩序犯罪
│   └─ 妨害社会管理犯罪
│
└─ 国家法益 ─┬─ 危害国家安全罪
            ├─ 贪污贿赂罪
            └─ 渎职罪

第一章 | 刑法论（绪论）

本章逻辑关系图

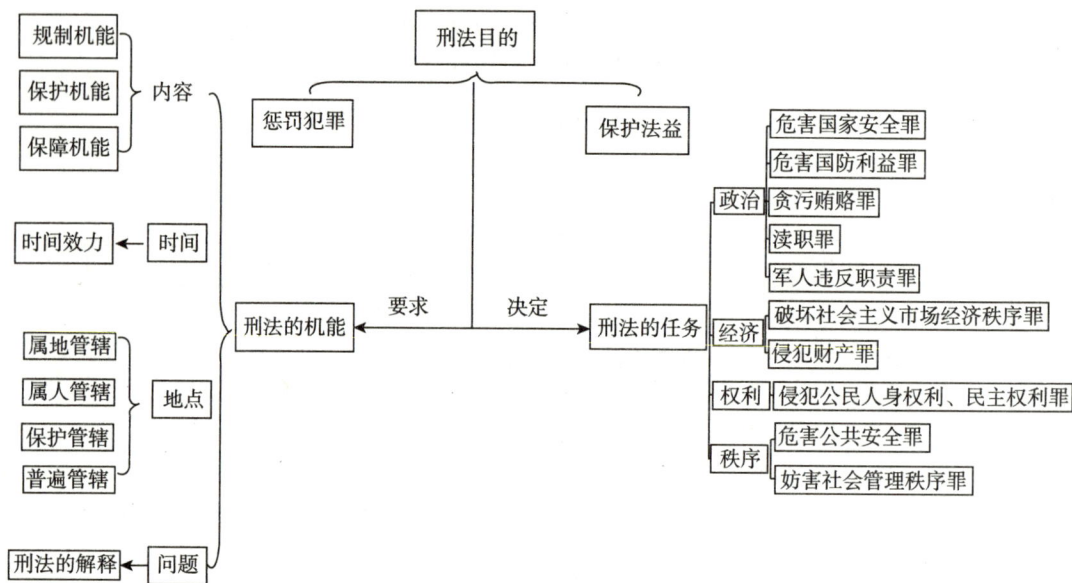

```
                            ┌──────────┐
                            │  刑法目的  │
                            └──────────┘
┌────────┐                  ┌─────┴─────┐
│ 规制机能 │                  │          │
├────────┤      ┌────┐  ┌──────┐    ┌──────┐     ┌──────────────┐
│ 保护机能 │──内容 │    │ 惩罚犯罪 │    │ 保护法益 │     │  危害国家安全罪  │
├────────┤      └────┘  └──────┘    └──────┘     ├──────────────┤
│ 保障机能 │                                       │  危害国防利益罪  │
└────────┘                                   政治 ├──────────────┤
                                                  │   贪污贿赂罪    │
┌────────┐      ┌────┐                            ├──────────────┤
│ 时间效力 │──时间 │    │                            │    渎职罪      │
└────────┘      └────┘                            ├──────────────┤
                                                  │  军人违反职责罪  │
┌────────┐                                        ├──────────────┤
│ 属地管辖 │     ┌──────────┐  要求   决定  ┌────────┐ 经济│破坏社会主义市场经济秩序罪│
├────────┤     │  刑法的机能  │◄────────►│ 刑法的任务 │   ├──────────────┤
│ 属人管辖 │──地点│          │            └────────┘   │   侵犯财产罪    │
├────────┤     └──────────┘                      权利 ├──────────────┤
│ 保护管辖 │                                          │侵犯公民人身权利、民主权利罪│
├────────┤                                          ├──────────────┤
│ 普遍管辖 │                                      秩序 │  危害公共安全罪  │
└────────┘                                          ├──────────────┤
                                                    │ 妨害社会管理秩序罪│
┌────────┐     ┌────┐                               └──────────────┘
│ 刑法的解释│──问题│    │
└────────┘     └────┘
```

一、刑法概述

刑法是规定<u>犯罪及其法律后果</u>的法律规范的总和。刑法解决定罪与量刑问题。简单讲,<u>刑法 = 犯罪 + 刑罚</u>。

（一）刑法的形式

刑法的形式,也称刑法的渊源,是指刑法通过什么方式展示给人们。在我国刑法的渊源主要是指刑法典、单行刑法与附属刑法。

1.刑法典。这是指全面、系统规定犯罪及其法律后果的内容的法典。现行刑法典是1997 年修订颁布的《中华人民共和国刑法》。

> **提示**
> 《刑法修正案》是直接对刑法典的修改,是刑法典的内容。至今我国共有 10 个刑法修正案。《刑法修正案(十)》自 2017 年 11 月 4 日起生效。

2.单行刑法。这是指规定某一类犯罪及其后果或者刑法某一事项的法律。我国只有一部单行刑法,即 1998 年 12 月颁布的全国人民代表大会常务委员会《关于惩治骗购外汇、逃汇和非法买卖外汇犯罪的决定》。

3.附属刑法。这是指在经济、行政等非专门刑事法律中附带规定的一些关于犯罪与刑罚或追究刑事责任的条款。目前,我国的附属刑法一般只重申刑法典的内容,没有确立新的犯罪与法律后果的具体内容。

提示

狭义刑法与广义刑法。狭义刑法是指刑法典,广义刑法包含上述一切形式的刑法,即刑法典、单行刑法和附属刑法。刑法典也被称为普通刑法,单行刑法和附属刑法被合称为特别刑法。犯罪行为同时触犯普通刑法与特别刑法条文时,特别刑法优先适用。

【归纳】刑法的各种表现形式

形式	名称	序号	施行日期
刑法典	中华人民共和国刑法(已失效)	旧	1980.01.01
	中华人民共和国刑法(现行法)	新	1997.10.01
	中华人民共和国刑法修正案(一)	1	1999.12.25
	中华人民共和国刑法修正案(二)	2	2001.08.31
	中华人民共和国刑法修正案(三)	3	2001.12.29
	中华人民共和国刑法修正案(四)	4	2002.12.28
	中华人民共和国刑法修正案(五)	5	2005.02.28
	中华人民共和国刑法修正案(六)	6	2006.06.29
	中华人民共和国刑法修正案(七)	7	2009.02.28
	中华人民共和国刑法修正案(八)	8	2011.05.01
	中华人民共和国刑法修正案(九)	9	2015.11.01
	中华人民共和国刑法修正案(十)	10	2017.11.04
单行刑法	《关于惩治骗购外汇、逃汇和非法买卖外汇犯罪的决定》	单	1998.12.29
附属刑法	我国的附属刑法只是重申刑法典的内容,没有增设新的犯罪与法律后果		

经典考题 📝

从刑法的形式渊源来看,全国人大常委会《关于惩治骗购外汇、逃汇和非法买卖外汇犯罪的决定》是( )①。(2016-1 法)

A. 狭义刑法   B. 单行刑法   C. 附属刑法   D. 立法解释

🛡 **(二)刑法的特征**

这是指刑法同其他法律如民法、行政法相比具有的特点,所以也称刑法的法律性质(特性)。刑法具有以下一些特征:

1. 调整范围的广泛性

这是指刑法在保护的利益与调整的对象上,比较广泛。刑法保护的利益从国家安全、公共安全、经济秩序到公民个人的人身权利、财产权利。其他法律如民法、经济法、行政法可能仅涉及社会生活的某一方面利益与关系。例如,民法只调整平等主体之间的人身关系与财产关系。

2. 调整对象的专门性

这是指刑法的任务以及实现任务的方法不同于其他法律部门。刑法主要规定犯罪以及运用刑罚的方法同犯罪作斗争、追究犯罪人的刑事责任。

———————————

① B

3.刑罚制裁的严厉性

这是指刑法的强制力度较其他法律的强制力度严厉得多,刑罚制裁的方法包括剥夺生命、自由、财产、资格等重要的权益。

4.刑法发动的补充性和保障性

这是指刑法需要遵循明确性和谦抑性原则,作为保护社会的"最后手段",只有当其他部门法不能充分保护某种社会关系时,才由刑法调整。所以,刑法是其他法律的保障法。

> **提示**
>
> 刑法与民法(行政法以及经济法)等部门法的关系。
>
> 两者不是对立排斥关系,而是位阶关系。比如刑法是网眼较大、较为坚硬的渔网,其他部门法是网眼较小、材质一般的渔网。违法案件是小鱼,犯罪是大鱼。应当用小网眼的渔网捕捞小鱼,当大鱼冲破小网眼的渔网时,才需要使用大网眼的渔网。
>
> 例如,酒后驾驶是违法行为,醉酒驾驶是犯罪行为,构成危险驾驶罪。酒驾违反了行政法但不构成犯罪,醉驾不仅违反行政法而且构成犯罪。不能因为对醉驾要行政处罚就认为醉驾不构成犯罪,因为醉驾会冲破行政处罚的力度而继续高频率发生,行政法已无更好的救济手段,必须启动刑法。

(三)刑法的目的

第1条[立法目的]① 为了惩罚犯罪,保护人民,根据宪法,结合我国同犯罪作斗争的具体经验及实际情况,制定本法。

1.整体目的。这是指保护个人法益、国家法益和社会法益的整体。

2.章节目的。刑法分则共有十章,每一章都有独特的目的。例如,刑法分则第四章是侵犯公民人身权利、民主权利罪,本章的目的就是保护公民的人身、民主权利。

3.条文目的。这是指刑法分则具体条文的目的。例如,故意杀人罪的条文目的是保护人的生命不受非法剥夺的权利。

> **提示**
>
> 在定罪时要考虑条文目的以及条文所在的章节位置。例如,盗伐林木罪的条文目的是保护国家的森林或者成片的林木资源。因此盗伐他人房前屋后的零星树木,没有侵犯盗伐林木罪的条文目的,不构成盗伐林木罪。

(四)刑法的任务

第2条[刑法的任务] 中华人民共和国刑法的任务,是用刑罚同一切犯罪行为作斗争,以保卫国家安全,保卫人民民主专政的政权和社会主义制度,保护国有财产和劳动群众集体所有的财产,保护公民私人所有的财产,保护公民的人身权利、民主权利和其他权利,维护社会秩序、经济秩序,保障社会主义建设事业的顺利进行。

犯罪行为侵犯了法益,这就决定了刑法的任务是惩罚犯罪。只有完成刑法的任务,才能实现刑法保护法益的目的。

1.惩罚任务

这是指用刑罚同一切犯罪行为作斗争。<u>注意</u>:刑法惩罚犯罪的手段是刑罚,即用刑罚同

---

① 如无特殊说明,本书引用的"第几条"均指刑法条文,司法解释条文本书会特别注明。

犯罪行为作斗争。因为刑罚具备预防犯罪的功能,包括一般预防(让没有犯罪的人不敢犯罪)与特殊预防(让已经犯罪的人不敢再次犯罪)。

2.保护任务

这是指通过惩罚犯罪以保护法益,具体来说:

(1)政治:保卫国家安全,保卫人民民主专政的政权和社会主义制度。

(2)经济:保护国有财产和劳动群众集体所有的财产,保护公民私人所有的财产。

(3)权利:保护公民的人身权利、民主权利和其他权利。

(4)秩序:维护社会秩序、经济秩序,保障社会主义建设事业的顺利进行。

⭐(五)刑法的机能

这是指刑法可能产生的积极作用。刑法的目的决定了刑法的任务,只有刑法发挥作用才能完成刑法的任务、实现保护法益的目的。

1.规制机能

这是指刑法通过惩罚犯罪来规制人们的行为,其方式是将一定的行为规定为犯罪,要求国民不要实施特定的犯罪行为。同时法官也要根据刑法规范来定罪量刑。因此,刑法既是行为规范,又是裁判规范。

2.保护机能

这是指保护国家、社会和个人法益的机能。刑法分则每一章都有需要保护的同类法益,每一个具体罪名也有需要保护的直接法益。例如,侵犯财产罪保护的同类法益是公私财产的所有权;强奸罪保护的直接法益是妇女的性自主权。

3.保障机能

这是指刑法的任务不仅在于打击犯罪,也应当保障人权。对于犯罪的人只能依照刑法规定的罪与刑处罚,对于没犯罪的人不能处罚。因此,刑法不仅是"善良人的大宪章",也是"犯罪人的大宪章"。保障人权是刑法的核心精神,在定罪时,应当坚持"宁可错放一千,不可冤枉一个"。

> **提示**
>
> 　　保护机能与保障机能存在一定的对立关系。保护法益要求积极惩罚犯罪,保障人权则要求限制国家权力。例如,甲殴打乙后逃走,乙追赶甲时摔倒,经鉴定乙属于轻伤,但无法查明轻伤的原因。如果法益保护优先,甲构成故意伤害罪,但可能会冤枉甲;如果人权保障优先,甲无罪。

经典考题 🖊

　　近年,我国司法机关展开"猎狐行动",追捕潜逃海外的犯罪嫌疑人回国接受刑事审判,此举是为了实现刑法的( )①。(2017-1法)

A.规制机能　　　　　　B.保障机能　　　　　　C.保护机能　　　　　　D.补偿机能

⭐(六)刑法的体系

　　刑法的体系指刑法的组成和结构。我国刑法采用大陆法系的法典模式,刑法分为"总则"和"分则"两编,此外还有一条附则。

────────────

① 　C

1. 刑法典的体系

现行刑法,总则有5章,各章的内容依次为:刑法的任务、基本原则和适用范围,犯罪,刑罚,刑罚的具体运用,其他规定;分则共10章,分别规定了各种犯罪的罪状和法定刑。

总则规定的是犯罪与刑罚的一般性规则,分则规定的是各种具体犯罪的罪状和法定刑。总则与分则的关系是一般与特殊、抽象与具体的关系,二者密切联系、相辅相成,共同组成了刑法规范的体系。

2. 刑法条文结构

(1)刑法总则的条文主要是一般性规定。例如,刑法的基本原则、适用范围、犯罪构成的一般要件、刑罚的种类等。

(2)在分则条文中,规定了犯罪与刑罚的关系。在前半部分的罪状中规定了犯罪的成立条件(构成要件、犯罪构成);在后半部分规定了法定刑(法律后果)。例如,第263条抢劫罪规定:以暴力、胁迫或者其他方法抢劫公私财物的,处三年以上十年以下有期徒刑,并处罚金……

📢 二、刑法的解释

刑法通过文字明文作出规定,但是文字的含义可能会存在争议。刑法的解释就是对刑法条文真实含义的说明。

【法谚】很多人知道很多,没有人知道全部。立法者不可能预见社会生活中各种各样的犯罪情况。刑法必然存在漏洞,解释者需要凭借对法律的信仰、对罪刑法定原则的坚守,心怀善意地解释刑法,以弥补其漏洞。

🛡 (一)解释的效力

根据解释的效力,刑法解释可划分为立法解释、司法解释和学理解释。

1. 立法解释

这是指立法机关对刑法条文的解释。在我国,全国人民代表大会及其常务委员会对刑法条文的解释属于立法解释。主要包括三种:

(1)全国人大常委会以决议形式对刑法条文含义的解释。例如,2000年4月,全国人大常委会关于《刑法》第93条第2款"国家工作人员"的解释。

(2)在刑法中对有关术语的专条解释。例如,《刑法》第94条对司法工作人员的范围作了解释:本法所称司法工作人员,是指有侦查、检察、审判、监管职责的工作人员。

(3)在刑法的起草说明或修订说明中所作的解释。例如,1997年3月6日全国人大常委会副委员长王汉斌所作的《关于〈中华人民共和国刑法〉(修订草案)的说明》。

2. 司法解释

这是指由我国最高司法机关对刑法条文的解释。在我国,最高人民法院对于法院在审判工作中具体应用刑法问题所作的解释,最高人民检察院对于检察院在检察工作中具体应用刑法问题所作的解释,都属于司法解释。

3. 学理解释

这是指有权进行立法解释和司法解释以外的其他机关、团体和个人对刑法条文含义的阐释。例如,某专家学者对刑法条文含义的解释。

【注意1】立法解释、司法解释有法律上的约束力,属于"有权解释"。学理解释没有法律上的约束力,所以又称"无权解释",靠"以理服人"。

【注意2】立法解释与司法解释冲突时,由于立法解释效力高于司法解释,要按照立法解释处理。例如,2014年4月全国人大常委会颁布关于《刑法》第30条的解释,就推翻了以往的司法解释。

（二）解释的方法

依据解释的方法,可以将刑法的解释分为:文理解释与论理解释。

1. 文理解释:这是指根据条文的字面含义进行的说明。例如,持枪抢劫中的"枪",根据字面含义是指以火药或者压缩气体等为动力,利用管状器具发射金属弹丸或者其他物质,足以致人伤亡或者丧失知觉的各种枪支,但不包括玩具枪。

2. 论理解释:这是指根据立法的精神与目的对条文进行说明。

（1）目的解释。

这是指根据刑法规范的目的进行解释。例如,甲仿照人民币制造大量假币,但把主席像替换为宋仲基的头像,甲是否构成伪造货币罪? 伪造货币罪目的是保护货币的公共信用,只有当一般人足以误假为真时,才会侵犯这一目的,故甲不构成伪造货币罪。

（2）扩大解释。

也称扩张解释,是指作大于字面含义的解释,但仍处在该用语可能的含义范围内。例如,将"事实婚姻"解释为重婚罪中的"结婚";将信用卡诈骗罪中的"信用卡"解释为包括不具有透支功能的普通银行借记卡。

（3）缩小解释。

也称限制解释,是指作小于字面含义的解释,要缩小到词语最核心的含义。例如,将为境外窃取情报罪中的"情报"解释为"关系国家安全和利益、尚未公开或者依照有关规定不应公开的事项",这就缩小了该词通常的含义（还包括娱乐情报、商业情报等）,属于缩小解释。

（4）当然解释。

这是指根据形式逻辑来论证解释后的含义是否符合当然道理。在论证入罪时"举轻以明重",也即,轻的行为都构成犯罪,重的行为更应构成犯罪。在论证出罪时"举重以明轻",也即,重的行为都不构成犯罪,轻的行为更不构成犯罪。例如,既然"拐骗"儿童构成拐骗儿童罪,"抢劫"比"拐骗"行为更重,那么抢劫儿童更应构成拐骗儿童罪。

【注意1】当然解释适用的前提:法律未明文规定。如果法律有明文规定,要严格按照规定处理。例如,刑法明文规定了伪造货币罪和变造货币罪,不能认为"伪造"比"变造"更重,而将伪造货币的行为也认定为变造货币罪。

【注意2】当然解释比较的要求:根据当然解释比较轻重,要求对比的两个行为"性质相同、程度不同"。例如,抢劫他人的宠物狗,构成抢劫罪,但不能主张抢劫他人婴儿的,更能构成抢劫罪,因为狗与婴儿性质不同。

（5）类推解释。

这是指将不符合法律规定的情形解释为符合法律规定的情形。例如,将"尸体器官"解释为组织出卖人体器官罪中的"人体器官"。类推解释,是被禁止的解释方法,因为类推解释不当地扩大了犯罪的范围,但不禁止有利于被告人的类推解释。

提示

禁止类推解释,既针对司法机关,也针对立法机关。立法机关(全国人大及其常委会)也不能进行类推解释。例如,立法机关在制定法律时(立法时)可以规定"携带凶器抢夺的"以抢劫罪论处,但是立法解释(解释时)不可以规定"携带凶器盗窃的,以抢劫罪论处"。当然,在立法时可以规定"携带凶器盗窃的,以抢劫罪论处"。因为将盗窃解释为抢夺,属于类推解释。

(6)比较解释。

这是指将域外的刑事立法、判例作为参考,阐述本国刑法规定的含义。

(7)历史解释。

这是指根据历史的、发展的眼光从历史沿革的角度为解释的结论提供合理性,但不同于探求立法原意的主观解释。例如,强制猥亵、侮辱罪是从流氓罪中分解而来,有人就认为构成强制猥亵、侮辱罪的行为人要具备流氓动机,这就是历史解释的理由。

【总结】扩大解释与类推解释的区分标准(重要考点)。

扩大解释与类推解释,都是朝着"大"的方向解释,但二者"大"的程度不同。小时候吹气球,总感觉还能吹一口气,不会爆炸。爆炸之前仍然是气球,爆炸以后不再是气球。爆炸的边缘就是扩大解释与类推解释的界限,有时候很难把握。

第一,扩大解释得出的结论,还在刑法用语可能的含义范围内;类推解释的结论,突破了刑法用语最大的含义。例如,可以将"拖拉机"解释为"机动车",醉酒驾驶拖拉机的,构成危险驾驶罪,但是不能将"飞机"解释为"机动车",故醉酒驾驶飞机的,不构成危险驾驶罪。

第二,扩大解释得出的结论,没有超过国民预测的可能性(字面含义内),类推解释得出的结论,明显超过了国民预测的可能性(超出字面含义)。

例1,组织女性为他人代孕,不构成组织出卖人体器官罪。"代孕"的本质属于"出租"器官而非"出卖",将"出租"解释为"出卖",突破了"出卖"可能具有的含义,也违反了国民预测的可能性,是类推解释。

例2,将"通奸"解释为破坏军婚罪中的"同居",突破"同居"可能具有的含义,属于类推解释。

经典考题

全国人大常委会《关于〈中华人民共和国刑法〉有关信用卡规定的解释》中规定:"刑法规定的'信用卡',是指由商业银行或者其他金融机构发行的具有消费支付、信用贷款、转账结算、存取现金等全部功能或者部分功能的电子支付卡,"这一规定属于(   )①。(2015-21 法)

A.立法解释   B.扩大解释   C.当然解释   D.类推解释

三、刑法的基本原则

刑法的基本原则,是指刑法明文规定的、在全部刑事立法和司法活动中应当遵循的准则。包括三项:罪刑法定原则、罪刑相适应原则、平等适用刑法原则。其中罪刑法定原则是核心,也是刑法的底线。

————————————————

① B

（一）罪刑法定原则

第3条[**罪刑法定原则**] 法律明文规定为犯罪行为的，依照法律定罪处刑；法律没有明文规定为犯罪行为的，不得定罪处刑。

罪刑法定原则的含义：没有法律就没有犯罪，没有法律就没有刑罚。也即，法无明文规定不为罪、法无明文规定不处罚。

【注意1】第3条前半句是对国家刑罚权的确认，防止司法机关将有罪行为作无罪处理，强调法益保护机能；后半句才是罪刑法定原则的核心内容，强调人权保障机能。故刑法学始终在研究如何平衡法益保护与人权保障之间的关系。

【注意2】罪刑法定的核心精神是通过限制国家权力，更好地保障国民的自由和人权。一部刑法典就是一部"犯罪清单"，清单以内是国家惩罚犯罪的权力，清单以外是国民的自由。

1. 基本内容

罪刑法定原则，顾名思义，可以推导出以下四层含义：第一，"罪"要法定，意指什么行为是犯罪要由法律明文规定；第二，"刑"要法定，意指是否量刑、量何种刑要由法律明文规定；第三，罪刑要"法"定，意指只有法律才可以规定犯罪和刑罚；第四，罪刑法要"定"，意指罪刑需要由法律明确规定。

（1）法定化。这是指犯罪和刑罚必须事先由法律明文规定。注意：这里的法律，指全国人民代表大会及其常务委员会制定的现行有效的法律、法令。

（2）明确化。第一，要求：对于什么行为是犯罪以及犯罪所产生的法律后果，都必须作出具体的规定，并用文字表述清楚；第二，禁止：禁止采用习惯法、类推解释、行为后的重法（对被告不利的法律）、不明确的罪状、不确定的刑罚等。

（3）合理化。第一，要求：合理确定犯罪的范围和惩罚的程度，防止滥施刑罚；第二，禁止：禁止采用过分的、残酷的刑罚。

2. 主要体现

（1）在刑事立法中的体现。

第一，在总则中规定了犯罪的一般定义、共同构成要件、刑罚的种类、刑罚运用的具体制度等。

第二，在分则中规定了各种具体犯罪的构成要件及其法定刑。

（2）在刑事司法中的体现。

废除了刑事司法类推制度，要求司法机关严格解释和适用刑法，依法定罪处刑。

经典考题

下列选项中，符合罪刑法定原则的有( )①。（2007-21）

A. 犯罪与刑罚必须由立法明确规定　　　　　B. 禁止重法效力溯及既往

C. 禁止采用习惯法　　　　　D. 禁止对犯罪人判处不定期刑

（二）刑法适用平等原则

第4条[**刑法适用平等原则**] 对任何人犯罪，在适用法律上一律平等。不允许任何人有超越法律的特权。

【法谚】任何权力都不得位于法律之上。法律面前人人平等，不允许任何人有位于法律之上的特权。

———————————

① ABCD

1.刑法面前人人平等的原则,意味着刑法在应当适用的场合,都要严格适用,不允许任何人有超越法律的特权。

2.基本内容:平等地保护法益、平等地认定犯罪、平等地裁量刑罚、平等地执行刑罚。

3.主要体现:对所有的人,不论其社会地位高低、民族、种族、性别、职业、宗教信仰、财产状况如何,在定罪量刑以及行刑的标准上都平等地依照刑法规定处理,不允许有任何歧视或者优待。

⭐（三）罪责刑相适应原则

第5条[罪责刑相适应] 刑罚的轻重,应当与犯罪分子所犯罪行和承担的刑事责任相适应。

【法谚】罪行越大,绞架越高。罪责轻则刑罚轻,罪责重则刑罚重。

1.基本内容

(1)刑罚的轻重与客观的犯罪行为及其危害结果相适应,就是按照犯罪行为对社会造成的实际危害程度决定刑罚轻重。

(2)刑罚的轻重与犯罪人主观恶性的深浅、再次犯罪危险性的大小相适应。

2.主要体现

(1)刑法总则中规定量刑原则:"对于犯罪分子决定刑罚的时候,应当根据犯罪的事实、犯罪的性质、情节和对于社会的危害程度,依照本法的有关规定判处。"在裁量刑罚时,应尽量使刑罚与具体犯罪行为的社会危害性相适应,罚当其罪。

(2)刑法总则还规定:对累犯从重处罚、不得假释、不得缓刑;对未成年、又聋又哑的人、限制刑事责任能力人、自首、立功的人从宽处理;对中止犯处罚明显宽大于未遂犯、预备犯;对过失犯处罚明显宽大于故意犯等,体现了刑罚与犯罪人主观恶性、人身危险性相适应。

(3)刑法分则对每一个罪都根据其犯罪的性质、情节和对于社会的危害程度规定了相应的法定刑,对重罪适用重刑,对轻罪适用轻刑。

经典考题 🖊

下列选项中,体现罪责刑相适应原则的是哪项( )①。(2014-1 非)

A.刑法关于空间效力范围的规定

B.刑法关于怀孕的妇女不适用死刑的规定

C.刑法关于享有外交特权的外国人刑事责任的规定

D.刑法关于放火罪与失火罪构成要件及法定刑的不同规定

📢 四、刑法的效力范围

刑法的适用范围,是指刑法在什么地方、对什么人和在什么时间内具有效力。我国《刑法》第6条至第12条对此作了明确的规定。包括空间效力与时间效力两类。

⭐（一）刑法的空间效力

这是指刑法对地和对人的效力,也就是解决刑法适用于什么地域和适用于哪些人的问题。包括属地管辖、属人管辖、保护管辖、普遍管辖。我国刑法在空间效力上是以属地管辖为基础,有限制的兼采其他管辖原则。

---

① D

1.国内犯:属地管辖

第6条[属地管辖]　凡在中华人民共和国领域内犯罪的,除法律有特别规定的以外,都适用本法。

凡在中华人民共和国船舶或者航空器内犯罪的,也适用本法。

犯罪的行为或者结果有一项发生在中华人民共和国领域内的,就认为是在中华人民共和国领域内犯罪。

(1)"领域"包括领土、领水、领空。

【注意1】旗国主义:悬挂我国国旗的航空器与船舶(包括海上石油钻井平台),不论停放何处,都属于我国领域。

【注意2】不在我国境内的国际列车、国际长途汽车不属于我国领域内。

(2)"犯罪地"包括行为地、结果地。

只要犯罪行为或犯罪结果有一项发生在我国领域内,就应当适用我国刑法。因此针对同一案件可能多个国家都有属地管辖权。

①犯罪行为发生地。犯罪行为包括预备行为、实行行为,也包括共同犯罪中的共同实行行为、教唆行为或者帮助行为。只要有一项发生在我国领域内,我国就具有属地管辖权。

【注意1】属地管辖是一国主权的象征(我的地盘我做主),因此,是刑法空间效力的基础,其本质是"沾边就管"。

【注意2】教唆、帮助行为在国外,实行行为在国内,对教唆、帮助行为适用属地管辖。例如,日本人甲教唆乙到中国境内绑架丙,乙的绑架行为发生在中国领域内,适用属地管辖;甲的教唆行为虽然在日本,但是教唆行为导致的结果发生在中国领域内,同样适用属地管辖。

②犯罪结果发生地。犯罪结果包括实害结果与危险结果、共同犯罪的整体结果与部分结果。只要有一个结果发生在我国领域内,我国就具备属地管辖权。例如,日本人甲邮寄毒药意图杀死中国人乙,乙在国内服毒后到韩国毒发身亡。甲的投毒行为在中国领域内发生了具体危险,故对甲应适用属地管辖追究责任。

【注意1】电信网络诈骗犯罪。根据司法解释,①第一,"犯罪行为发生地"包括用于电信网络诈骗犯罪的网站服务器所在地,网站建立者、管理者所在地,被侵害的计算机信息系统或其管理者所在地,犯罪嫌疑人、被害人使用的计算机信息系统所在地,诈骗电话、短信息、电子邮件等的拨打地、发送地、到达地、接受地,以及诈骗行为持续发生的实施地、预备地、开始地、途经地、结束地。第二,"犯罪结果发生地"包括被害人被骗时所在地,以及诈骗所得财物的实际取得地、藏匿地、转移地、使用地、销售地等。

【注意2】中国驻外使、领馆内犯罪。根据司法解释,②中国公民在中国驻外使、领馆内的犯罪,由其主管单位所在地或者原户籍地的人民法院管辖。

(3)属地管辖权的例外:法律有特别规定。这主要包括三种情形:

①外交代表刑事管辖豁免。

第11条[外交代表刑事管辖豁免]　享有外交特权和豁免权的外国人的刑事责任,通过外交途径解决。

_____

①　2016年12月19日最高人民法院、最高人民检察院、公安部《关于办理电信网络诈骗等刑事案件适用法律若干问题的意见》。

②　2013年1月1日《最高人民法院关于适用〈中华人民共和国刑事诉讼法〉的解释》。

提示

本条规定不同于附加刑中的驱逐出境。后者是对犯罪的外国人附加适用的一种刑罚,适用驱逐出境的前提是对其犯罪行为具有管辖权。

②发生在港、澳、台地区的犯罪,不适用我国大陆刑法。但港、澳、台地区公民在大陆犯罪的,应当适用属地管辖原则。

③民族自治地方的变通或者补充规定。

第90条[民族自治地方刑法适用的变通] 民族自治地方不能全部适用本法规定的,可以由自治区或者省的人民代表大会根据当地民族的政治、经济、文化的特点和本法规定的基本原则,制定变通或者补充的规定,报请全国人民代表大会常务委员会批准施行。

2.国外犯:属人管辖、保护管辖、普遍管辖

(1)属人管辖原则。

第7条[属人管辖权] 中华人民共和国公民在中华人民共和国领域外犯本法规定之罪的,适用本法,但是按本法规定的最高刑为三年以下有期徒刑的,可以不予追究。

中华人民共和国国家工作人员和军人在中华人民共和国领域外犯本法规定之罪的,适用本法。

属人管辖的适用条件:第一,我国公民在国外犯我国刑法规定的犯罪,原则上适用我国刑法,但是犯轻罪的(最高刑在3年以下),可以不予追究。第二,如果犯罪人是我国国家工作人员或者军人(代表国家形象),一律追究。

提示

在中国领域内犯罪,适用属地管辖,体现了主权管辖,无可厚非。中国人在国外也要遵守中国刑法,这是一项义务。与此相适应,中国人在国外受到侵害,国家要提供保护,这是一项权利。因此,属人管辖与保护管辖体现的是互为权利、义务关系。

(2)保护管辖原则。

第8条[保护管辖权] 外国人在中华人民共和国领域外对中华人民共和国国家或者公民犯罪,而按本法规定的最低刑为三年以上有期徒刑的,可以适用本法,但是按照犯罪地的法律不受处罚的除外。

保护管辖的适用条件:第一,针对我国国家或者公民犯罪。第二,所犯之罪为重罪(最低刑为3年以上有期徒刑)。第三,双重犯罪原则,即犯罪地的法律也认为是犯罪。

【注意1】针对我国国家或者公民犯重罪,才有管辖的必要,否则成本过高。

【注意2】双重犯罪原则。这是因为外国人在国外没有义务遵守我国刑法,如果行为地的法律认为无罪,我国刑法认为是犯罪,行为人不构成犯罪。例如,日本《刑法》第177条规定,"奸淫不满十三岁的女子的,处三年以上有期惩役"。我国《刑法》第236条第2款规定,"奸淫不满十四周岁的幼女的,以强奸论,从重处罚"。据此,日本人甲在日本与我国13岁的幼女乙自愿发生性行为的,不构成犯罪。

(3)普遍管辖原则。

第9条[普遍管辖权] 对于中华人民共和国缔结或者参加的国际条约所规定的罪行,中华人民共和国在所承担条约义务的范围内行使刑事管辖权的,适用本法。

普遍管辖的适用条件:第一,必须是危害人类共同利益的犯罪。例如,跨国贩毒、跨国洗钱、劫持民用航空器等。第二,我国缔结或参加了公约,但声明保留的除外。第三,我国刑法

将这种行为也规定为犯罪。第四,犯罪人出现在我国领域内。

> **提示**
>
> ①按照普遍管辖处理时,定罪量刑的依据只能是中国刑法,而非国际条约或公约。
> ②根据国际条约,劫持民用航空器(非国家航空器)才能适用普遍管辖。

3.对外国刑事判决的消极承认

第 10 条[对外国刑事判决的消极承认] 凡在中华人民共和国领域外犯罪,依照本法应当负刑事责任的,虽然经过外国审判,仍然可以依照本法追究,但是在外国已经受过刑罚处罚的,可以免除或者减轻处罚。

本条的"外国审判"不但包括外国国家的审判,而且包括国际刑事法院的审判。但对于大陆居民在港、澳、台地区受到刑事审判的,应采取积极承认。

【总结】刑法空间效力的适用顺序

先看地点 { 国内犯:属地原则 / 国外犯:看主体 { 中国人:属人原则 / 外国人:法益归属 { 我方:保护管辖 / 外方:是否为国际犯罪 { 是:普遍管辖 / 不是:无权管辖 } } }

经典考题

甲国公民乘坐乙国飞机飞越丙国领空时,殴打中国籍乘客刘某致其重伤,甲国公民对刘某的犯罪适用于我国刑法的依据是(   )①。(2014-2 非)

A.属地管辖原则　　　　B.保护管辖原则　　　　C.属人管辖原则　　　　D.普遍管辖原则

★（二）刑法的时间效力

刑法的时间效力,是指刑法的生效时间、失效时间以及刑法的溯及力,即对其生效前的行为的效力。

1.基本内容

(1)生效时间:刑法的生效时间通常有两种方式。

①公布之后一段时间生效。例如,1997 年 3 月 14 日修订的刑法(典)通过并公布后,自 1997 年 10 月 1 日起施行(生效)。

②自公布之日起生效。单行刑法和刑法修正案一般采取这种方式。例如,《关于惩治骗购外汇、逃汇和非法买卖外汇犯罪的决定》。

(2)失效时间:刑法的失效时间通常有两种方式。

①由国家立法机关明确宣布某些法律自何日起失效。例如《刑法》第 452 条第 2 款规定,全国人大常委会制定的《惩治军人违反职责罪暂行条例》等 15 件单行刑法,自 1997 年 10 月 1 日起予以废止。

②自然失效,即新法施行后取代了有关旧法,或者由于原来特殊的立法条件已经消失,旧法自行废止。

(3)刑法的溯及力。

刑法的溯及力问题,指刑法对于生效以前的行为能否适用的问题。对于刑法的溯及力

---

①　B

问题,曾经有过以下四种学说:

①从旧原则:这是指只能依据行为当时有效的法律定罪处罚,刑法不具有溯及既往的效力。

②从旧兼从轻原则:这是指只能依据行为当时有效的法律定罪处罚,但新法不认为犯罪或处罚较轻的除外。新法(行为后生效)如果是"轻法",则有溯及既往的效力。

③从新原则:这是指对生效前未经审判或判决尚未确定的行为,刑法有溯及既往的效力。

④从新兼从轻原则:这是指新法一般具有溯及既往的效力,但是旧法(行为时法)不认为是犯罪或处罚较轻的仍适用旧法。

2.立法规定

第12条[刑法的溯及力]　中华人民共和国成立以后本法施行以前的行为,如果当时的法律不认为是犯罪的,适用当时的法律;如果当时的法律认为是犯罪的,依照本法总则第四章第八节的规定应当追诉的,按照当时的法律追究刑事责任,但是如果本法不认为是犯罪或者处刑较轻的,适用本法。

本法施行以前,依照当时的法律已经作出的生效判决,继续有效。

【法谚】法律在惩罚前应予警告。法律没有公布就没有效力,没有事先公布的法律就没有刑罚,法律考虑未来而不考虑过去。

我国刑法的溯及力采取:从旧兼从轻原则。这是指原则上适用行为时法(旧法),但适用新法有利于行为人时,适用新法。

> **[提示]**
> 　　单行刑法与刑法修正案属于刑法的组成部分,原则上也要坚持从旧兼从轻。司法解释不属于刑法的渊源,原则上不需要坚持从旧兼从轻。

(1)溯及力的性质。

行为人没有义务遵守未来的法律(新法),只能根据行为时法(旧法)规制自己的行为。因此原则上应当适用旧法,如果新法有利于行为人时,可以适用新法。在具体操作上,只需要比较新法与旧法的轻重,选择适用轻法,故从旧兼从轻原则的本质是有利于被告人。

> **[提示]**
> 　　"处刑较轻"是指法定刑而非宣告刑。先比较法定最高刑,再比较法定最低刑,谁低谁是处刑较轻。

(2)适用的对象。

从旧兼从轻原则适用的对象是未决犯,即未判决的案件。对于已决犯由于已经形成既判力(发生效力),而既判力的效力又高于溯及力,因此已决犯不存在溯及既往的问题。注意:按照审判监督程序重新审判的案件,由于判决已生效,应当适用行为时的法律。

(3)跨法犯问题。

这是指行为跨越新旧刑法的情形,包括继续犯、连续犯。① 根据司法解释,②如果原刑法

---

① 关于继续犯、连续犯的含义,请参见本书第六章"罪数形态"。

② 1998年12月2日最高人民检察院《关于对跨越修订刑法施行日期的继续犯罪、连续犯罪以及其他同种数罪应如何具体适用刑法问题的批复》。

和修订刑法都认为是犯罪并且应当追诉,按照下列原则处理:

①行为跨越新旧法,即使罪名、构成要件以及法定刑均没有变化,也要适用新法。

②如果新旧法都认为是犯罪,即使新法处罚更重,也要适用新法,但量刑时可以酌情从轻处罚。

③旧法不认为是犯罪,新法认为是犯罪的,只追究新法生效后的这部分行为。例如,醉酒驾驶机动车构成危险驾驶罪,自 2011 年 5 月 1 日生效。甲在 4 月 30 日醉酒驾驶并持续到 5 月 1 日,只追究新法生效后的醉驾行为。

3. 刑法修正案的时间效力

刑法修正案是刑法典的内容,也要遵循从旧兼从轻的原则。刑法修正案生效前犯罪,生效后审理的案件,需要比较新法和旧法的轻重,适用有利于行为人的规定。

(1)《刑法修正案(十)》于 2017 年 11 月 4 日生效。修正案增设了"侮辱国歌罪",对其生效前侮辱国歌的行为不能溯及适用。

(2)《刑法修正案(九)》于 2015 年 11 月 1 日生效。修正案增设了不利于被告人的规定,不能溯及适用。例如,关于贪污罪的处罚设置了终身监禁,非刑罚性处置措施增设了从业禁止的规定。

(3)《刑法修正案(八)》于 2011 年 5 月 1 日生效。修正案生效前,未满 18 周岁的人可以构成累犯,修正案生效后未满 18 周岁的人不构成累犯。这是有利于行为人的规定,可以溯及适用。

4. 司法解释的时间效力①

(1)司法解释自发布或者规定之日起施行,效力适用于法律的施行期间。

(2)对于司法解释实施前发生的行为,行为时没有相关司法解释,司法解释施行后尚未处理或者正在处理的案件,依照司法解释的规定办理。注意:这是从新原则。

(3)对于新的司法解释实施前发生的行为,行为时已有相关司法解释,依照行为时的司法解释办理,但适用新的司法解释对犯罪嫌疑人、被告人有利的,适用新的司法解释。注意:这是从旧兼从轻原则。

(4)对于在司法解释施行前已办结的案件,按照当时的法律和司法解释,认定事实和适用法律没有错误的,不再变动。注意:不适用于已决犯。

> **提示**
>
> 司法解释具有溯及力,不需要遵循从旧兼从轻原则。因为时间效力只针对刑法条文,司法解释是对条文含义的说明,不是条文本身。

【**总结**】司法解释的时间效力

行为时	审判时	适用	溯及力
无解释	有解释	依解释	从新原则,有溯及力
旧解释	新解释	从旧兼从轻	新解释轻时有溯及力

经典考题

1. 甲于 1997 年 8 月实施了故意杀人行为,于 2004 年 7 月被抓获归案。在 1979 年刑法和 1997 年刑法

---

① 2001 年 12 月 7 日最高人民法院、最高人民检察院《关于适用刑事司法解释时间效力问题的规定》。

中故意杀人罪定罪处刑标准、法定刑完全相同。对本案(　　　)①。(2005-1)

A. 应适用1997年刑法

B. 应适用1979年刑法

C. 由审理本案的法院审判委员会决定适用1979年刑法还是1997年刑法

D. 报请最高人民法院裁定适用1979年刑法还是1997年刑法

2. 关于我国刑法溯及力的适用,下列表述中正确的是(　　　)②。(2018-1非)

A. 司法解释应适用从新兼从轻原则

B. 处刑较轻是指法院判处的宣告刑较轻

C. 应以"审判时"作为新旧法选择适用的判断基础

D. 按照审判监督程序重新审判的案件适用行为时的法律

---

① B

② D

第二章 | 犯罪构成

本章逻辑关系图

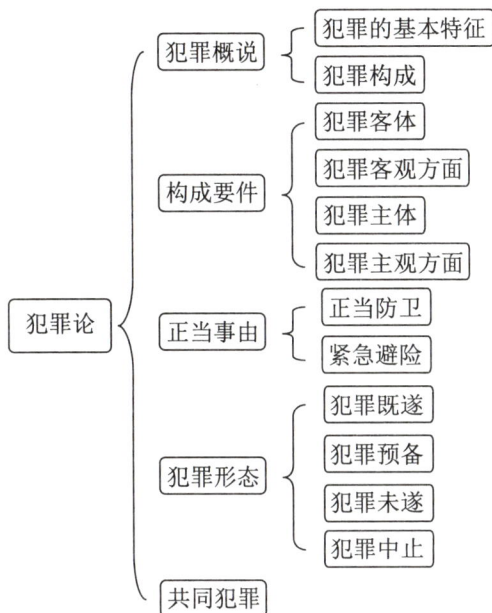

犯罪论
- 犯罪概说
  - 犯罪的基本特征
  - 犯罪构成
- 构成要件
  - 犯罪客体
  - 犯罪客观方面
  - 犯罪主体
  - 犯罪主观方面
- 正当事由
  - 正当防卫
  - 紧急避险
- 犯罪形态
  - 犯罪既遂
  - 犯罪预备
  - 犯罪未遂
  - 犯罪中止
- 共同犯罪

《 第一节　犯罪与犯罪构成 》

一、犯罪的定义

（一）犯罪定义的类型

1.形式定义

受罪刑法定原则的约束,外国刑法理论对犯罪多采形式定义,认为犯罪是刑法规定以刑罚禁止或惩罚的行为,或者犯罪就是刑法规定为犯罪的行为。

2.实质定义

苏联刑法曾作实质定义:"犯罪是危害某种社会关系制度的作为或不作为……"

3.形式与实质相结合

现行俄罗斯刑法采取罪刑法定原则,给犯罪下了一个形式与实质相结合的定义,"本法典以刑罚相威胁所禁止的有罪过地实施的危害社会的行为,被认为是犯罪"。

（二）犯罪定义的意义

1.从法律意义上讲,犯罪是刑法明文规定的应受刑罚惩罚的行为。例如,《刑法》第232条规定:"故意杀人的,处死刑,无期徒刑或者十年以上有期徒刑。情节较轻的,处三年以上十年以下有期徒刑。"这就是由刑法明文规定应当受刑罚处罚的行为。

2.从实质意义上讲,犯罪是一种严重危害社会的行为。

立法者将盗窃、诈骗、杀人等行为规定为犯罪,而旅游、吃饭、睡觉却无罪,原因在于犯罪的本质是具有严重的社会危害性,破坏法律秩序。

(三)我国刑法中的犯罪定义

第13条[犯罪概念] 一切危害国家主权、领土完整和安全,分裂国家、颠覆人民民主专政的政权和推翻社会主义制度,破坏社会秩序和经济秩序,侵犯国有财产或者劳动群众集体所有的财产,侵犯公民私人所有的财产,侵犯公民的人身权利、民主权利和其他权利,以及其他危害社会的行为,依照法律应当受刑罚处罚的,都是犯罪,但是情节显著轻微危害不大的,不认为是犯罪。

《刑法》第13条规定,犯罪是危害社会、依法应受刑罚处罚的行为,兼顾犯罪的实质特征和形式特征,是形式与实质相统一的犯罪定义。

1.概括的具体犯罪的共同特征

刑法分则所有的具体罪名都要满足本条规定的犯罪特征,即实质上,具有社会危害性;形式上,依法应当受刑罚处罚。

2.但书规定

第13条规定的犯罪定义既含定性要求又含定量要求,对于合理认定犯罪及处罚犯罪有重要意义。这不仅从性质上明确了犯罪具有危害性和违法性,而且还设置了定量要求,即"情节显著轻微危害不大的,不认为是犯罪",这在理论上被称为犯罪定义的"但书"规定。

(1)"但书"规定要求认定犯罪不仅要正确"定性",还要合理确定危害的"程度"或"量"。例如,已满14周岁不满16周岁的人强拿硬要少量财物,符合抢劫特征,但是情节显著轻微,危害不大的,不认为是犯罪等。"但书"规定的基本理念是通过对犯罪的实质特征提出定量的要求,赋予司法机关酌情排除犯罪的权力。

(2)"但书"规定是区分"违法行为"与"犯罪行为"的宏观标准。

我国对危害行为的惩罚由两个层次的法律构成:第一层次是治安管理处罚法等法规中的处罚规定,违反这些规定的属于"违法行为";第二层次才是刑法,违反刑法的属于"犯罪"。例如,吸毒后驾驶机动车,违反交通运输管理法规,这是违法行为。当"毒驾"造成严重后果时,不仅违反交通运输管理法规,也违反了刑法,构成交通肇事罪。

(3)"但书"规定的意义。

"但书"规定可以缩小犯罪或刑事处罚的范围,避免将一些轻微的危害行为按照犯罪处理,有利于行为人改过自新;这些有利于合理配置司法资源,集中力量惩罚严重的违法行为(犯罪)。

(4)"但书"规定在刑法分则中的体现。

与《刑法》第13条犯罪定义的定量要求相一致,分则条文对有些犯罪特意规定了程度方面的限制要件。例如,盗窃、诈骗、抢夺、敲诈勒索、故意毁坏财物罪等,在通常情况下有"数额较大"的要求;侮辱、诽谤罪等有"情节严重"的限制。

经典考题 📝

《刑法》第13条规定:"……但是情节显著轻微危害不大的,不认为是犯罪。"该"但书"规定的目的主要在于( )①。(2009-2)

---

① D

A. 对已经构成犯罪的行为免予刑罚处罚

B. 对已经构成犯罪的行为予以非刑罚处罚

C. 给予司法机关确定行为是否构成犯罪的自由裁量权

D. 避免轻微的违法行为犯罪化

二、犯罪的基本特征

1. 犯罪行为具有严重的社会危害性

（1）犯罪必须是人的具体行为。因为人只有通过行为才能对法益造成侵害，单纯的思想不构成犯罪，不能主观归罪。例如，甲想杀人，但没有实施。甲的想法不可能侵犯法益，不能因为甲想犯罪就对他处罚，思想无罪，如果定罪就属于主观入罪。

（2）犯罪必须是具有严重社会危害性的行为。严重社会危害性，是指对我国刑法所保护的重要利益造成侵害或者危险，如果某行为有一定的社会危害性，但是情节显著轻微，危害不大的，也不构成犯罪。

（3）严重的社会危害性是犯罪的实质特征。国家之所以要禁止、惩罚犯罪行为，就是因为它违反了社会基本伦理规范，侵犯了国家、社会和个人的法益，破坏了公共秩序，妨害了社会生活的正常运行。

2. 犯罪行为具有刑事违法性

社会危害性是犯罪的本质特征，但根据罪刑法定原则，"法无明文规定不为罪"，具有社会危害性的行为，同时被刑法明文规定为犯罪时，才是犯罪。也即，犯罪是形式与实质的统一，形式上有刑法的明文规定；实质上具有严重的社会危害性。

3. 犯罪行为具有应受刑罚惩罚性

如果具有严重社会危害性和刑事违法性，行为已经构成犯罪，就应当承担刑罚处罚的法律后果，这就是定罪量刑的体现。在少数案件中，也可能定罪但免于刑事处罚，这就是定罪免刑。例如，甲想杀乙，两刀均未砍中，甲心生悔意，主动放弃杀人。甲构成故意杀人罪中止，根据刑法规定，对于犯罪中止没有造成损害的，应当免除处罚。由于甲未对乙造成损害，故对甲定故意杀人罪，但免于刑事处罚。

> **提示**
>
> 犯罪是形式与实质的统一。
>
> 例1，我国《刑法》只规定了倒卖船票罪，从实质上看，倒卖飞机票的行为比倒卖船票的危害性更大，更应构成犯罪。但从形式上看，刑法没有规定"倒卖飞机票罪"，也不能将飞机票解释为船票，进而以倒卖船票罪论处。因此倒卖飞机票仅具有犯罪实质的一面，而缺乏形式的一面，不构成犯罪。
>
> 例2，甲被砍杀，持刀自卫致乙死亡。从形式上看，甲故意致人死亡，满足了故意杀人罪的法律规定，但从实质上看，甲属于正当防卫，没有法益侵害性。甲的行为仅满足了犯罪形式的一面，而缺乏实质的一面，故不构成犯罪。

三、犯罪构成

犯罪构成，是指刑法规定的成立犯罪必须具备的主观要件和客观要件的总和。根据刑法理论，犯罪的构成要件包括：犯罪客体、犯罪客观方面、犯罪主体、犯罪主观方面。

⭐（一）犯罪构成的特征

1. 犯罪构成是成立犯罪的必备要件

例1,构成抢劫罪要满足抢劫罪的犯罪构成。（1）犯罪客体:侵犯了财产的所有权和受害人的人身权。（2）犯罪客观方面:使用暴力、胁迫或者其他方法抢劫公私财物。（3）犯罪主体:年满14周岁、有辨认和控制自己行为能力的自然人。（4）犯罪主观方面:有抢劫的故意和非法占有他人财物的目的。只有满足了抢劫罪的四个要件,才满足抢劫罪的犯罪构成,以抢劫罪定罪处罚。

例2,构成强奸罪要满足强奸罪的犯罪构成。（1）犯罪客体:侵犯了妇女的性自主权。（2）犯罪客观方面:使用暴力、胁迫或者其他方法强奸妇女。（3）犯罪主体:年满14周岁、有辨认和控制自己行为能力的自然人。（4）犯罪主观方面:有强奸的故意。只有满足了强奸罪的四个要件,才满足强奸罪的犯罪构成,以强奸罪定罪处罚。

2. 犯罪构成的全部要件都是由刑法规定的

例如,强奸罪的犯罪主体要求满14周岁,这由《刑法》第17条规定;强奸罪的客观方面要求使用暴力、胁迫或者其他方法强奸妇女,这由《刑法》第236条规定。因为犯罪构成的全部要件都是由刑法规定,故犯罪构成是定罪的法律标准。

3. 具备犯罪构成要件是适用刑罚法律后果的前提

只有构成犯罪,才能进行量刑。具备犯罪构成的四个要件,就构成了犯罪,接下来才有量刑的问题。例如,具备了抢劫罪的四个要件,就构成了抢劫罪,才能适用抢劫罪的法定刑。

> **提示**
>
> 犯罪构成与犯罪定义的关系。
>
> 犯罪定义是犯罪构成的基础,犯罪构成是犯罪定义的具体化。犯罪定义解决什么是犯罪以及犯罪的基本属性等问题。犯罪构成则解决构成犯罪需要具备哪些法定的条件。

⭐（二）犯罪构成的意义

1. 犯罪构成是定罪量刑的法律准绳

第一,犯罪构成是成立犯罪的标准。行为事实只有完全具备犯罪构成,才能成立犯罪,依法追究刑事责任。

第二,犯罪构成是区分一罪还是数罪的标准。行为人的行为具备一个犯罪构成,成立一罪;具备数个犯罪构成,成立数罪,通常要进行数罪并罚。

第三,犯罪构成是区分此罪与彼罪的标准。每一种犯罪都有独立的犯罪构成要件,不同的犯罪有不同的犯罪构成要件。

第四,犯罪构成是正确量刑的根据。通过犯罪构成确定是否成立犯罪、一罪还是数罪、此罪还是彼罪、轻罪还是重罪,为正确量刑提供根据。

2. 犯罪构成有利于贯彻法治原则

犯罪构成是定罪的标准,依据犯罪构成定罪量刑,就是依据刑法定罪量刑,这有利于贯彻法治原则,保护公民的合法权益,准确地惩罚犯罪。

3. 犯罪构成是刑法理论的核心

犯罪论的基本问题都是以犯罪构成为中心展开,并且按照犯罪构成的四个要件研究定罪标准。在具体定罪时,也是按照犯罪构成四个要件分别判断。例如,甲捡到乙的钱包后,拒不归还。甲的行为是违法行为还是犯罪行为?如果甲构成犯罪,构成何罪?这都需要运用犯罪构成理论解决。

四、犯罪构成的共同要件

犯罪构成有四个共同要件:犯罪客体;犯罪客观方面;犯罪主体;犯罪主观方面。由于这四个方面的要件概括了各种具体犯罪构成要件的共性,所以称其为犯罪构成的一般要件。

1. 犯罪客体。这是指被犯罪行为侵害的我国刑法所保护的社会关系或者利益。

2. 犯罪客观方面。这是指在客观上实施了法律所禁止的危害行为。通常包括危害行为、犯罪对象、危害结果、因果关系以及特定的时间、地点、方法等。

3. 犯罪主体。这是指达到法定刑事责任年龄,具有刑事责任能力的自然人和单位。

4. 犯罪的主观方面。这是指行为人在主观上有犯罪故意或者过失。

提示

通说观点认为,认定犯罪的顺序是:犯罪客体→犯罪客观方面→犯罪主体→犯罪主观方面,即从客观要件→主观要件。具体而言:

"事实先行,价值随后"是人们分析和评价事物的逻辑。也即,坚持"事实判断(客观)→价值判断(主观)"。一个人的行为是否构成犯罪,也是如此。先判断客观上有无制造法益侵害事实,再判断就法益侵害事实,能否对行为人作出否定性评价。例如,1975年美国哥伦比亚发布禁枪令,1995年与枪支有关的犯罪却更多,这是事实判断(客观)。有人认为:幸亏禁枪,否则死亡案件更多。有人则认为,禁枪后犯罪率增加,禁枪无用,这都是价值判断(主观)。

例1,甲多次盗窃他人财物,这是事实判断(客观)。甲是成年人,精神正常,要对自己的盗窃行为承担责任,这是价值判断(主观)。

例2,哥哥带着妹妹玩耍,妹妹倒地大哭,妈妈闻声赶来,怒望哥哥:

情形一:哥哥对妈妈说:"不关我的事,她跑得太快,自己摔倒的。"

情形二:哥哥对妈妈说:"我是推了她,但是她一直追着我打,还拿石头要砸我。"

情形三:哥哥对妈妈说:"她跟我太近,我不小心撞到她,我不是故意的。"

第一个情形中,哥哥表达的意思是:妹妹确实摔倒了(事实判断),但是和我没有任何关系。这表明,构成犯罪必须在形式上符合法律规定,这是罪刑法定原则的要求。

第二个情形中,哥哥表达的意思是:妹妹摔倒确实是我导致的(事实判断),但是要考虑我为什么推她,我没做坏事,不能怪我(价值判断)。这表明,构成犯罪不仅要具有法律明确规定,而且也要具有实质违法性(社会危害性)。

第三个情形中,哥哥表达的意思是:妹妹摔倒是我导致的(事实判断),妹妹也是无辜的,但我不是故意的,我愿意接受处罚(价值判断),但不能按照"故意"来惩罚我。这表明,即使导致了危害结果,也要区分是故意还是过失为之,这会影响刑事责任的轻重。对于没有故意和过失的行为(不可抗力、意外事件),行为人主观上没有过错,就不能对他谴责。

经典考题

在犯罪的客观方面要件中,属于必要要件的有(   )①。(2002-2)

A. 危害行为   B. 犯罪的地点   C. 犯罪的时间   D. 犯罪的方法

―――――――――――

① A

五、犯罪构成的分类

（一）基本的犯罪构成与修正的犯罪构成

1.基本的犯罪构成

这指刑法分则条文就某一犯罪的基本形态所规定的犯罪构成。例如，《刑法》第232条故意杀人罪规定："故意杀人的，处死刑、无期徒刑或者十年以上有期徒刑；情节较轻的，处三年以上十年以下有期徒刑。"这是指一个人杀人并且既遂的情形。

2.修正的犯罪构成

这指以基本的犯罪构成为基础并对之进行补充、扩展所形成的犯罪构成。在定罪时，不能仅根据分则条文定罪，还要同时引用总则的条款。

例1，甲、乙持刀杀害丙。对甲、乙定罪时，既要适用分则第232条故意杀人罪的规定，又要适用总则第25条共同犯罪的规定，因为分则故意杀人罪的规定不包括二人以上杀人的情形。

例2，乙欲杀丙，投毒后逃离，丙被送医后抢救生还。对乙定罪时，既要适用分则第232条故意杀人罪的规定，又要适用总则第23条犯罪未遂的规定，因为分则故意杀人罪的规定不包括未完成形态的情形。

> **提示**
>
> 基本的犯罪构成是单独犯罪的完成状态，修正的构成要件就是对"单独"和"完成"的修正。对"单独"的修正就是共同犯罪，对"完成"的修正就是犯罪未完成形态，如犯罪预备、未遂与中止。立法者不可能在分则法条中规定两个人、三个人……杀人怎么处理，也不可能规定杀死、杀成重伤、杀成轻伤……如何处理。只能归纳共性，在总则中规定共同犯罪与犯罪形态。

（二）标准的犯罪构成和派生的犯罪构成

1.标准的犯罪构成

又称普通的犯罪构成，是指刑法条文对具有通常社会危害程度的行为规定的犯罪构成。例如，《刑法》第239条绑架罪规定："以勒索财物为目的绑架他人的，或者绑架他人作为人质的，处十年以上有期徒刑或者无期徒刑，并处罚金或者没收财产；情节较轻的，处五年以上十年以下有期徒刑，并处罚金。""情节较轻的"之前半段表述就是标准的构成要件。

2.派生的犯罪构成

这是指以标准的犯罪构成为基础，因为具有较轻或较重的法益侵害程度而从标准的犯罪构成中派生出来的犯罪构成。后者相对于标准犯罪构成的处罚而言属于处罚减轻或加重的形态，包括减轻的犯罪构成与加重的犯罪构成。

例1，《刑法》第239条绑架罪中规定的"情节较轻的，处五年以上十年以下有期徒刑，并处罚金。"就是以绑架罪前半句为基础派生出来的构成要件。

例2，《刑法》第233条规定："过失致人死亡的，处三年以上七年以下有期徒刑；情节较轻的，处三年以下有期徒刑。"其中，过失致人死亡属于标准的犯罪构成，而过失致人死亡情节较轻的属于减轻的犯罪构成。

经典考题

甲想杀死乙,从远处向乙开枪射击,致乙重伤。甲的行为符合(   )①。(2010-6 非)

A.标准的犯罪构成　　　　B.修正的犯罪构成　　　　C.基本的犯罪构成　　　　D.派生的犯罪构成

《 第二节　犯罪客体 》

一、犯罪客体的概念

犯罪客体是犯罪活动侵害的、为刑法所保护的社会利益。犯罪客体是犯罪构成的必备要件之一。构成犯罪的根本原因就是因为侵害了法律保护的社会利益。

1.犯罪客体是某种社会生活利益。例如,国家利益、社会利益和个人利益,政治利益,经济利益,国家安全、公共安全、个人的人身、名誉、自由和财产利益等。

2.犯罪客体是刑法所保护的社会生活利益。刑法的目的和任务就是要保护社会生活利益,使其免受不法行为的侵害,从而维护社会生活秩序。

3.犯罪客体是犯罪行为所侵害的社会生活利益。刑法所保护的利益作为单纯的客体存在,并不是犯罪客体。只有这种利益既为刑法所保护又被犯罪侵害时,才是犯罪客体。例如,甲的生命利益受刑法保护,这时还不是犯罪客体。当乙要杀甲时,甲的生命利益才是犯罪客体。

二、犯罪客体的体现

刑法的目的是保护犯罪客体(法益),刑法的三层目的也就对应着犯罪客体的三层内容。刑法的整体目的对应犯罪的一般客体,章节目的对应犯罪的同类客体,条文目的对应犯罪的直接客体。犯罪的直接客体,表现形式主要有两种:

1.刑法条文明确规定犯罪客体。例如,《刑法》第103条分裂国家罪规定的客体是"国家的统一"、第225条非法经营罪规定的客体是"市场秩序"、第293条寻衅滋事罪规定的客体是"社会秩序"。

2.刑法条文通过对犯罪客观方面的表述,反映出犯罪客体。例如,《刑法》第170条规定"伪造货币"的行为,表明该罪的客体是金融管理秩序;第236条规定"强奸妇女"的行为,表明该罪侵犯的客体是妇女的性权利。

三、犯罪客体的意义

犯罪的本质特征是具有严重的社会危害性,研究犯罪客体有助于认识犯罪的本质特征、准确定罪和量刑。因为犯罪的客体是刑法保护的社会利益,它能反映或者揭示出某一刑法条文的目的或宗旨,这对于正确理解、适用该条文具有指导作用。

例1,《刑法》第245条规定的非法侵入住宅罪,如果该条的客体(即该条保护的社会利益)是住宅权(侵犯财产权),则侵入他人住宅就侵害了该条所保护的利益,应当构成犯罪;如果该条的客体是公民的居住安宁(人身权利),则还需要令他人不安、恐惧,才能构成犯罪。

例2,《刑法》第256条规定的破坏选举罪,因为该条的目的是保护公民行使宪法赋予的

---

① 　B

选举权利,故该条规定的破坏选举的行为只限于破坏"各级人民代表大会和国家机关领导人员"的选举,不包括公司、企业经理的选举。

四、犯罪客体的类型

对犯罪客体可按其范围大小划分为三种:一般客体、同类客体和直接客体。

1.一般客体

这是指一切犯罪所共同侵害的社会利益,即社会主义社会利益的总体。例如,强奸罪侵犯女性的性权利,盗窃罪侵犯他人的财产权。

2.同类客体

这是指某一类犯罪共同侵害的社会利益。犯罪的同类客体是一类犯罪所侵犯的社会利益的共同属性,是对犯罪进行分类的基础。我国刑法分则主要是按照同类客体把所有的犯罪分为十大类,并以此为基础构筑刑法分则体系。例如,刑法分则第一章规定的危害国家安全罪,同类客体是国家安全,本章之下的具体犯罪,如叛逃罪、间谍罪等都会侵犯国家安全。

3.直接客体

这是指某一犯罪所直接侵害的某种特定的社会利益。例如,重婚罪直接侵害的客体是一夫一妻制。根据犯罪行为侵害的直接客体的数量,可以把直接客体分为两种:

(1)简单客体,这是指某一犯罪只侵害一个利益。例如,秘密窃取他人财物的,只侵害财产权,属于简单客体的犯罪。

(2)复杂客体,这是指某一犯罪侵害两个以上利益。例如,以暴力抢劫他人财物的,不仅侵害财产权还侵害人身权,就属于复杂客体的犯罪。

经典考题

犯罪同类客体最显著的作用是( )①。(2007-2)

A.区分此罪与彼罪的根据   B.构建刑法分则体系的根据

C.确立具体犯罪构成的依据   D.区分故意犯罪与过失犯罪的根据

五、犯罪客体与犯罪对象

1.犯罪对象

这是指刑法规定的犯罪行为所侵犯或直接指向的具体人、物或信息。

(1)犯罪对象是犯罪构成客观方面的选择性要素。

凡是刑法条文中明确规定行为对象的,行为对象就是犯罪构成的必要因素。例如,盗窃枪支弹药罪中的枪支弹药,猥亵儿童罪中的儿童,掩饰、隐瞒犯罪所得、犯罪所得收益中的犯罪所得、犯罪所得收益等。由于刑法中规定的绝大多数犯罪都有特定的对象,所以确定犯罪对象具有重要意义。

(2)犯罪对象与组成犯罪之物不同。例如,用于贿赂、赌博的财物,是组成贿赂罪、赌博罪之物,不是贿赂罪、赌博罪的犯罪对象。

(3)犯罪对象与犯罪所生之物不同。例如,伪造的文书、制造的毒品等,不是行为对象;在走私、贩卖、运输、制造毒品罪中,相对于走私、贩卖、运输而言,毒品是行为对象,但对于制

---

① B

造而言,毒品是犯罪行为孳生之物。

（4）行为对象与犯罪工具不同。

例如,持枪杀人时,枪支是犯罪工具,人是行为对象;使用伪造的信用卡诈骗,伪造的信用卡是犯罪工具,他人的财物是行为对象。

> **提示**
>
> 并非所有的犯罪都有行为对象。例如,脱逃罪、偷越国(边)境罪。有些犯罪可能有两个对象。例如,抢劫罪同时侵犯人身和财产法益,其对象包括人和财物。

2.犯罪客体与犯罪对象的关系

犯罪客体与犯罪对象既有联系又有区别:

（1）二者是现象与本质的关系。犯罪对象是刑法规定的犯罪行为所侵犯或直接指向的具体事物(人、物、信息),而犯罪客体是法律所保护的为犯罪所侵害的社会利益,二者是现象与本质的关系。例如,抢劫罪、盗窃罪的对象是公私财物,它们的犯罪客体是财产的所有权。犯罪客体存在于犯罪对象之中,揭示犯罪的本质,而犯罪对象是它的载体。犯罪行为对犯罪客体的侵害,往往是通过侵犯或指向犯罪对象来实现。

（2）犯罪客体是犯罪构成的一般要件,而犯罪对象仅是犯罪客观方面中的选择性要件。犯罪对象虽然是绝大多数犯罪构成的必要要素,但也有极少数犯罪,如组织、领导、参加恐怖组织罪,脱逃罪等,犯罪对象不是犯罪构成的必要要素。

（3）任何犯罪都必然侵害一定的社会利益,即侵害一定的客体,但是犯罪对象不一定受到犯罪的侵害。例如,盗窃枪支、弹药罪的犯罪对象枪支、弹药,在犯罪过程中不一定遭到毁坏。

经典考题

下列关于犯罪直接客体的说法,正确的是(   )①。(2012-3 法)

A.一个犯罪只侵犯一个直接客体

B.直接客体是对犯罪进行分类的标准

C.在犯罪未遂的情况下不存在直接客体

D.直接客体是指某一犯罪行为直接侵害的特定社会关系

《 第三节　犯罪客观方面 》

这是指刑法所规定的,说明犯罪活动外在表现的诸客观事实。一般包括:危害行为、行为对象、行为的危害结果以及犯罪的时间、地点和方法等要素。其中危害行为是一切犯罪构成客观方面的必要要素,其余的则是选择性要素。

一、危害行为

危害行为,是指行为人在意识支配之下实施的危害社会并被刑法禁止的身体活动。

（一）危害行为的特征

1.有体性。危害行为是人的身体活动,包括积极举动和消极静止。这是危害行为的客观特征,目的是将思想排除在犯罪之外,"思想无罪。"

---

① D

2.有意性。危害行为在人的意识支配下实施的,这是危害行为的主观特征。睡梦中的动作、条件反射的举动不是危害行为。

3.危害行为至少具备法益侵害可能性,这是行为的**实质**特征。目的是将看似危害很大,但缺乏法益侵害可能性的行为排除在犯罪之外。

🛡 (二)危害行为的本质

危害行为的结构:危害行为⟷法益侵害可能性⟷加害性⟷增加或创设法律不允许的危险。

1.正推:刑法将某种行为规定为犯罪,是因为该行为有法益侵害可能性→法益侵害可能性的体现是行为具备加害性→加害性的体现是行为对法益增加或创设法律不允许的危险。

2.反推:因为行为对法益增加或创设法律不允许的危险→所以行为具备加害性→因为行为具备加害性→所以有可能侵犯法益→因为有法益侵害可能性,所以将其规定为危害行为。

【**总结**】危害行为的本质:对法益增加或者创设的法律不允许的危险。理解危害行为的本质,需要注意以下两点:

(1)生活行为不是危害行为。

生活行为没有对法益增加或者创设法律不允许的危险,即使行为人主观上有犯意,客观上偶然导致危害结果,也不是危害行为。

例1,甲追赶小偷,小偷为了摆脱追赶,携带财物跳入河中,溺水身亡。甲的追赶行为被法律允许,不是危害行为。**注意**:如果甲逼迫小偷跳入河中或者不让小偷上岸,则属于危害行为。

例2,乙驾车正常行驶,路人闯红灯时被撞身亡。乙的正常驾驶行为被法律允许,即使导致死亡,也不是危害行为。**注意**:如果乙闯红灯,则属于危害行为。

例3,丙想使丁被雷击死,安排丁露天活动,即使丁遭雷击身亡,丙的行为也不是危害行为。因为雷击的概率非常低,丙没有对丁的生命增加或创设法律不允许的风险。

> **提示**
>
> 因果关系中的"因"就是危害行为。上述案例因缺乏危害行为,均不具有刑法上的因果关系。

(2)降低危险的行为不是危害行为。

例1,甲见邻居家的孩子从阳台坠落,伸手去接,因疏忽而未能接稳,儿童重伤。甲接儿童是降低风险的行为,不是危害行为。

例2,乙见窗台上的花盆坠落,正对丙的头部。乙将丙推开,丙摔成轻伤。乙推开丙是降低风险的行为,不是危害行为。

🛡 (三)危害行为的形式

危害行为包括作为与不作为两种形式,作为是常见情形,不作为是命题重点。

1.作为:是指直接违反刑法禁止性规定的行为(不应为而为)。例如,抢劫必须是积极的身体动作,它直接违反了禁止抢劫的规定,这就是作为。

2.不作为:是指直接违反刑法义务性规定的行为(应为而不为)。例如,锅炉工负有加水冷却锅炉的义务,但没有加水造成爆炸事故的,这就是不作为。**注意**:不作为犯罪中,负有作为义务的人,理论上将其称为保证人。

【标准】作为与不作为的区分标准：

(1)找出积极举动。只有积极的举动才能构成作为犯罪，如果是作为犯罪只能来自于找出的积极举动。

(2)判断刑法是否处罚。并非所有的积极举动都是作为犯罪(学习也是积极的举动)，只有刑法惩罚的积极举动才是作为犯罪。

例1，医生甲脱掉乙的上衣为其手术，划开胸腔后发现是自己的仇人，甲在手术台旁边抽烟等乙死去。甲是作为还是不作为犯罪？第一，找出本案的积极举动：①脱衣服；②划开胸腔；③抽烟。如果是作为犯罪只能来自以上三个积极举动。第二，判断刑法是否处罚。本案中，刑法不惩罚脱衣服、划开胸腔(手术行为)以及抽烟。找出的积极举动刑法都不惩罚，因此甲是不作为犯罪。

例2，乙抱着婴儿，将其放在公园长椅上后离开。乙是作为还是不作为犯罪？第一，找出本案的积极举动：①抱着婴儿；②放在长椅上；③离开。如果是作为犯罪只能来自以上三个积极举动。第二，判断刑法是否处罚。本案中，刑法不惩罚抱着婴儿、放在长椅上以及离开的行为。但乙离开后，婴儿就开始存在危险，由于该危险是乙造成的，因此乙有义务消除该危险，否则成立遗弃罪(不作为)。

例3，丙点燃蜡烛照明，接到电话后打算外出吃饭。甲发现蜡烛有倾倒危险，思量自己的房屋已经投保，如果引发火灾赔偿更高。丙关门后外出，蜡烛果然引起火灾，并将邻居房屋烧毁。丙是作为还是不作为犯罪？第一，找出本案的积极举动：①点蜡烛；②接电话；③关门；④外出吃饭。如果是作为犯罪只能来自以上四个积极举动。第二，判断刑法是否处罚。本案中，刑法对以上四个积极举动都不惩罚，因此丙是不作为犯罪。

例4，丁在湖中驾驶小船，发现有人落水。救起后发现是仇人，又将其抛入水中。丁是作为还是不作为犯罪？第一，找出本案的积极举动：①驾驶小船；②救起仇人；③抛入水中。如果是作为犯罪只能来自以上三个积极举动。第二，判断刑法是否处罚。本案中，刑法惩罚抛入水中的行为，因此丁是作为犯罪。

> 提示
>
> 　　持有型犯罪是作为犯罪。例如，非法持有枪支罪、非法持有毒品罪、持有假币罪等。理由：第一，持有是积极的举动，不是消极静止；第二，刑法惩罚这种积极举动。

🛡 (四)不作为犯罪的类型

1.纯正不作为

这指行为人行为构成了法定的犯罪行为本身就是不作为的犯罪。也即根据刑法明文规定，只能由不作为构成的犯罪。例如，遗弃罪、拒不执行判决裁定罪等。纯正不作为犯都是由刑法明文规定，认定纯正不作为犯，需要以法律的规定为基础。

第一，如果罪名包含义务性规范，就是纯正的不作为犯。法条通常会表述为"负有……义务"。例如，《刑法》第261条规定的遗弃罪，是指对于年老、年幼、患病或者其他没有独立生活能力的人，负有扶养义务而拒绝扶养，情节恶劣的行为。本条设立的规范是扶养义务，因此遗弃罪是纯正不作为犯。

第二，纯正不作为犯由刑法明文规定，完全符合罪刑法定原则，不存在类推适用的问题。

【总结】常见的纯正不作为犯

(1)第129条：丢失枪支不报罪。

(2)第139条:不报安全事故罪。

(3)第161条:不披露重要信息罪。

(4)第261条:遗弃罪。

(5)第286条:拒不履行信息网络安全管理义务罪。

(6)第311条:拒绝提供间谍犯罪、恐怖主义、极端主义犯罪证据罪。

(7)第313条:拒不执行判决、裁定罪。

(8)第402条:徇私舞弊不移交刑事案件罪。

(9)第404条:徇私舞弊不征、少征税款罪。

(10)第416条:不解救被拐卖、绑架妇女、儿童罪。

2. 不纯正不作为

这是指行为人因不作为而构成了法定犯罪行为本身应是作为的犯罪。也即,以不作为方式实施通常由作为方式构成的犯罪。此时,作为＝犯罪＝不作为。例如,故意杀人罪通常以作为方式构成,投毒可杀人,故意饿死婴儿也是杀人,饿死婴儿就是不纯正不作为犯。由于不纯正不作为犯没有刑法的明文规定,因此,需要判断保证人的范围以及不作为的内容。

第一,保证人的范围。旨在解决谁负有作为的义务,这是不纯正不作为犯义务来源要解决的问题。例如,母亲故意不给婴儿喂奶,婴儿濒临死亡,路人经过,也未救助。这里的保证人只能是母亲,而不是路人。

第二,不作为的内容。由于不纯正不作为犯构成的犯罪,也能通过作为方式构成。这就要求作为与不作为在性质上要大体相当。例如,路人甲发现大楼着火,在一旁观看,没有报警。虽然根据消防法的规定,甲也负有报警义务,但不报警(不作为)与放火(作为)之间没有等价性。甲不构成不作为形式的放火罪。

⭐ (五) 不作为犯罪的成立条件

1. 应为:行为人负有某种特定的义务

这种义务主要来自以下几个方面:

(1)法律上的明文规定。

例1,母亲对婴儿有哺乳义务。

例2,执勤的交警对事故的受害人有救助义务。

例3,父母见幼女被人猥亵时具有制止义务。

(2)行为人职务上、业务上的要求。

例1,国家工作人员有履行相应职责的义务。

例2,医生对护士的行为有监督义务。

(3)行为人的法律地位或法律行为所产生的义务。

例1,监护人对自己监护下的精神病人,在发生侵害法益的危险时,有防止其发生的义务。

例2,将弃婴抱回家中的人,对该婴儿负有抚养的义务。

例3,保镖有保护雇主安全的义务。

(4)行为人自己先前行为具有发生一定危害结果的危险的,负有防止其发生的义务。

例1,随手扔烟头,引发火灾危险,有灭火的义务。

例2,意外将他人撞入水中,有救助的义务。

例3,王仁兴驾驶渔船至航标船(交通设施)附近,被钢缆绳缠住,渔船面临翻沉危险。

王登上航标船将钢缆绳解开,后驾船驶离现场,导致脱离钢缆绳的航标船漂流至两公里外。首先,王解开航标船钢缆绳是紧急避险;其次,因紧急避险造成交通设施被损坏,王有义务采取措施消除危险,王有能力而不履行,构成不作为的破坏交通设施罪。[①]

2. 能为:行为人能够履行义务

行为人负有某种法律义务是不作为构成犯罪的前提。如果行为人虽有防止结果发生的义务,但由于没有能力或其他原因不可能防止危害结果发生的,也不成立不作为犯罪。

【法谚】法律不强人所难。如果行为人没有作为的能力,即使有作为的义务,也不构成不作为犯罪。

(1)义务是客观的,责任是主观的。例如,甲和20岁的脑瘫儿子乙共同生活,甲滑倒摔伤,乙虽然没有作为的能力,但是有救助义务。注意:有无义务应当进行客观判断。

(2)不要求冒生命危险履行作为义务。例如,甲带邻居小孩进入动物园,小孩不慎坠入虎园被老虎撕咬,甲投石块想将老虎吓走未果,小孩被咬死。甲虽然没有跳进虎园解救孩子,但不构成不作为犯罪。

3. 不为:行为人不履行特定义务,造成或可能造成危害结果

这是指在应为、能为的基础上,行为人没有履行作为义务,造成或可能造成危害结果。满足"应为→能为→不为",表明该行为在性质上属于不作为,但是否构成犯罪值得处罚,还要考虑两点:

(1)结果避免可能性。

这是指如果履行作为义务,有可能避免危害结果发生,即具有结果避免可能性,这时处罚不作为才有意义。如果履行作为义务结果同样会发生,即没有结果避免可能性,此时惩罚不作为就没有意义。

例1,甲醉酒驾车致乙头盖骨粉碎性骨折,濒临死亡,即使立即送到医院也无法挽救生命。甲为逃避法律追究而逃逸,乙死亡。甲的肇事行为产生救助义务,但甲不救助的行为没有结果避免可能性。甲仅构成交通肇事罪,不属于逃逸致人死亡,也不构成不作为犯罪。

例2,乙因操作失误,导致车床上的零部件弹起,插入丙的胸腔。乙逃离现场,丙两分钟后死亡。乙的过失行为产生救助义务,但乙不救助的行为没有结果避免的可能性。乙仅构成重大责任事故罪,不构成不作为犯罪。注意:如果事后查明,丙是因为得不到及时救助而死亡(具有结果避免可能性),则乙可能构成不作为犯罪。

(2)等价性。

不纯正不作为犯中,作为=犯罪=不作为。当以不作为方式构成犯罪时,要求不作为与相应的作为在性质上相当。对等价性应从客观危害程度与主观恶性程度两个方面判断。具体而言,要考虑两点:

第一:作为义务的性质。

第二:行为人支配危险的程度。

例1,警察甲在执勤时,发现乙举刀砍杀丙,甲有能力而不制止,丙被杀死。甲的不作为是没有正确履行职责,尚未达到故意杀人的程度,故甲仅构成滥用职权罪。

例2,乙将抚养的婴儿丢弃在民政局门前,仅侵犯了婴儿抚养的权利,尚未达到故意杀人

---

① 《中国刑事审判指导案例》第295号:"王仁兴破坏交通设施案",法律出版社2017年版,第50页。

的程度,仅构成遗弃罪;但如果将婴儿丢弃在人迹罕至的山洞,则侵犯了婴儿的生命法益,构成不作为的故意杀人罪。

例3,路人丙发现火灾后没有报警,虽然《消防法》规定任何人发现火灾都有报警义务,但丙不报警的行为与作为方式的放火行为之间没有等价性,丙不构成不作为的放火罪。

经典考题 📝

1. 下列犯罪行为中,属于纯正不作为犯的是( )①。(2009-4)

A. 甲过失致陈某重伤后拒不送医,致其死亡

B. 乙对严重残疾的儿子拒绝扶养,致其冻饿身亡

C. 丙对自己负责维修的锅炉不维修,致锅炉爆炸

D. 丁过失引起火险后,不予扑灭,酿成火灾

2. 下列选项中,属于犯罪不作为成立条件的有( )②。(2013-41 法)

A. 行为人负有特定义务   B. 行为人没有实施任何行为

C. 行为人未履行特定义务   D. 行为人能够履行特定义务

4. 主观要件:具有故意或过失

满足"应为→能为→不为",不作为就具有了构成犯罪的客观条件,最终构成犯罪还要求主观上有故意或者过失。

(1)不作为的故意犯罪。

成立不作为的故意犯罪,要求行为人认识到产生作为义务的客观事实。如果没有认识到,可能构成过失的不作为犯罪。注意:以一般人的认识能力标准来判断。

例1,游泳健将甲从湖边经过,听到有人喊"救命",因急着回家没有施救,落水儿童被淹死,甲后来发现落水儿童就是儿子乙。甲没有认识到乙是落水儿童,即没有认识到产生作为义务的客观事实,故不构成故意的不作为犯罪。

例2,在离婚诉讼期间,乙误认为自己没有义务救助落水的妻子,致妻子溺水身亡。乙认识到妻子落水,即认识到产生作为义务的客观事实,故乙构成故意的不作为犯罪。虽然乙误以为在离婚诉讼期间没有救助义务,这是对法律适用的认识错误,但不影响故意的成立。③

提示

　事实认识错误有影响,法律认识错误没关系。

(2)不作为的过失犯罪。

不作为也是危害行为,属于犯罪的客观要件,与故意、过失没有对应关系,不作为也能构成过失犯罪。例如,甲携儿子野泳,儿子抽筋溺水。甲认为儿子泳技好,没有施救,儿子溺亡。甲负有救助义务,对死亡结果是过失,故甲构成不作为的过失致人死亡罪。

📢 **二、危害结果**

危害结果是指危害行为对犯罪直接客体造成的实际损害或现实危险状态。

————————————

① B

② ACD

③ 如果成立故意犯罪需要对法律适用有精准认识,则越是法盲越不容易构成故意犯罪,这是没有道理的。

⭐ （一）危害结果的分类

1.实害结果与危险结果

实害结果,又称侵害结果,是指行为对法益造成的现实侵害事实。例如,死亡是杀人行为的侵害结果,轻伤以上是伤害行为的侵害结果。

危险结果,是指行为对法益造成的现实危险状态。根据危险的程度,危险结果又可分为具体危险结果和抽象危险结果。

2.广义和狭义的危害结果

这指犯罪行为所造成的一切损害事实,包括属于构成要件的结果和不属于构成要件的结果。例如,甲诈骗乙大量钱财,乙因而自杀身亡。从广义上讲,财产损失和自杀死亡都是甲的行为结果,乙的财产损失是甲诈骗罪犯罪构成的结果,乙死亡不是甲诈骗犯罪构成的结果。

狭义的危害结果,特指刑法规定作为犯罪构成要件的结果,包括标准犯罪构成的结果和派生犯罪构成的结果。例如,故意杀人罪、过失致人死亡罪的死亡结果等。

⭐ （二）危害结果的意义

对于不同类型的犯罪而言,危害结果对定罪量刑有不同的影响,具体表现为:

1.危害结果是某些犯罪的构成要件。

（1）绝大多数危害结果是过失犯罪的构成要件。

（2）也有一些危害结果是间接故意犯罪的构成要件。

2.危害结果是某些犯罪既遂的条件。例如,故意杀人罪既遂要求发生死亡结果。

3.危害结果是某些犯罪的加重法定刑的条件。有些条文规定,如果犯罪行为发生了某种严重的危害结果,则加重其法定刑。例如,非法拘禁罪行为致人死亡的,成立非法拘禁罪的结果加重犯,要适用加重的法定刑。

4.发生某种实际损害的危险是某些犯罪的构成要件。例如,生产、销售不符合卫生标准的食品罪,"足以造成严重食物中毒事故或者其他严重食源性疾病"是构成该罪的要件。

5.发生某种实际损害的危险是某些犯罪既遂的条件。例如,破坏交通工具、破坏交通设施罪的既遂条件是"足以使交通工具倾覆、毁坏"。

经典考题 📝

下列关于危害结果在犯罪构成中地位的表述,正确的有(　　　)①。（2009-22）

A.危害结果是某些犯罪成立的必备要件　　　　B.危害结果是某些犯罪既遂的必备要件

C.行为犯的既遂不要求危害结果的实际发生　　D.危险犯的既遂不要求实际危害结果的发生

📢 三、刑法中的因果关系

刑法因果关系是危害行为与危害结果之间的一种客观的引起与被引起的联系。因果关系的功能:归因而非归责。具备因果关系,不一定承担刑事责任,还要看主观有无故意、过失;没有因果关系也可能承担刑事责任。例如,甲开枪杀乙,未击中。由于没有实害结果,当然没有因果关系。但甲仍需承担故意杀人罪未遂的刑事责任。

---

① ABCD

⭐**(一) 因果关系的特点**

1. 客观性

危害行为与危害结果之间的因果关系也是不以人的主观意志为转移的客观存在。(1)因果关系的认定,不受行为人主观认识的影响。(2)有因果关系只能说明行为人具备对该结果承担刑事责任的客观性条件,不是充分条件。例如,甲用力将乙推倒,乙头部正好撞在桌角上,当即死亡。甲的行为和乙的死亡具有因果关系,这一因果关系是客观存在的,不以人的主观意志为转移。

2. 相对性

刑法研究因果关系的目的是解决行为人对危害结果是否应当承担刑事责任,所以,在认定因果关系时应当抽取危害行为与危害结果这对现象,研究其因果关系。

3. 必然性

因果关系一般表现为两种现象之间有着内在的、必然的、合乎规律的引起与被引起的关系。这是因果关系基本的和主要的表现形式。

4. 复杂性

在有些场合,因果关系会呈现出复杂的形态。主要表现为:(1)一果多因,即某个危害结果是由多个原因造成的。例如,甲辱骂受害人张某,不料张某患有心脏病,张某因受辱骂引发心脏病死亡。(2)一因多果。例如,甲寻衅滋事将他人打死,受害人的母亲因为痛失亲子而自杀。

⭐**(二) 因果关系的前提**

因果关系是指危害行为与实害结果(构成要件结果)之间的一种客观的引起与被引起的关系。具有因果关系,要满足三个条件:

1. 危害行为

危害行为要对法益造成法律不允许的危险。如果缺乏危害行为,即使日常生活行为偶然导致结果也没有刑法上的因果关系。

(1)日常生活行为导致危害结果没有因果关系。例如,甲得知男友乙移情,送其一双旱冰鞋,希望乙摔伤,乙果真摔成重伤。甲送旱冰鞋没有对乙的法益造成法律不允许的危险,不是危害行为,因此甲的行为与乙的重伤结果没有因果关系。

(2)降低危险的行为导致危害结果没有因果关系。例如,甲见楼上的花盆坠落,将站在正下方的乙推倒摔成轻伤,甲的行为降低了法益侵害危险,不是实行行为。因此甲的行为与乙的轻伤没有因果关系。

2. 实害结果

因果关系中的危害结果是实害结果,不包括危险结果。例如,甲射杀乙,但未击中。虽然有致乙死亡的危险,但是杀人行为没有导致死亡结果,故本案不存在因果关系。

> **提示**
>
> 实害结果是现实的而不是假设的结果。例如,乙将丙从十五楼推下,在丙坠落时,甲持枪将丙爆头。虽然乙的行为必然会导致丙死亡,但这只是假设的结果。甲的行为才是导致丙死亡的原因,故甲的开枪行为与丙的死亡有因果关系,乙的行为与丙的死亡没有因果关系。

3. 危害行为与危害结果有引起与被引起的关系

并非有危害行为和实害结果,二者就具有因果关系。只有危害行为与实害结果存在引起与被引起的关系时,危害行为才是导致实害结果的原因,二者才有因果关系。例如,甲用毒汤圆杀乙,喂食速度过快,乙被噎死。死亡结果要么归属于投毒行为,要么归属于喂食行为。如果乙是毒发身亡,则投毒与死亡结果有因果关系。本案中,乙被噎死,故喂食行为与死亡结果有因果关系。

(三) 因果关系的认定传统方法

1. 必然因果关系

这是指犯罪行为与犯罪结果之间内在的合乎规律的联系。例如,甲开枪击中乙头部致其死亡,甲的杀人行为合乎规律地导致了死亡结果,甲的杀人行为与乙的死亡结果之间具有因果关系。

2. 偶然因果关系

这是指某行为本身并不包含产生某种结果的内在必然性,但在行为的发展过程中,由于偶然地同另一个因果关系发展过程相交错,由后来介入的这一原因合乎规律地引起某种危害结果,前一行为与最后的危害结果之间存在的因果关系。

例如,甲为索取债务,将乙关押在一居民楼,乙在逃跑时不慎摔死。甲的非法拘禁行为与乙的死亡之间仅存在偶然因果关系,而不存在必然因果关系。法官可以酌情决定对甲从重处罚。

(四) 因果关系的认定的具体规则

判断因果关系,应当以合法则的因果关系为基础,以条件说、相当因果关系说为补充。

1. 合法则的因果关系

这相当于必然因果关系,合法则是指合乎规律,当实行行为合乎规律地导致实害结果时,直接肯定二者之间的因果关系。例如,毒药可以毒死人、刀可以砍死人、绳子可以勒死人都是符合规律的。又如,甲开枪将乙射杀,开枪导致人死亡是合乎规律的,因此开枪行为与死亡结果之间存在因果关系。

> **提示**
>
> 人的认识能力有限,不可能认识到所有的规律,这就需要根据条件说来判断因果关系。

2. 条件说

如果实行行为与实害结果存在"若无前者,就无后者"的关系,则前者就是后者的原因,二者具有因果关系。条件说的公式:无 A 则无 B。例如,甲给乙服用实验阶段的药物,乙心脏病发作死亡。由于对药物的副作用没有规律性的认识,根据合法则的因果关系,不能直接认定二者有因果关系。如果事后查明这种药有引发心脏病的副作用,则存在着"若无前者,就无后者"的条件关系,即具有刑法上的因果关系。

> **提示**
>
> 条件说的缺陷:过度扩大了因果关系的范围,需要进行相当性的限制。例如,甲给成年人乙吃花生,花生卡住喉咙致乙死亡。事后甲懊恼不已:"如果我不给他吃花生,他就不会死。"此时给乙吃花生与死亡结果也存在"若无前者,就无后者"的条件关系。

3. 相当因果关系说

相当因果关系说是基于条件说过于扩大因果关系的范围而产生,条件说得出的只是事实上的因果关系,有无刑法上的因果关系,还要进行<u>相当性</u>的判断。只有根据一般的社会生活经验,实行行为**当然**的引起实害结果,才具有相当性。例如,甲请乙吃饭,乙赴宴途中遇车祸身亡。根据条件说,无甲的邀请行为,就没有乙的死亡结果,二者存在因果关系。但这只是一种事实上的因果关系。由于邀请行为通常不可能导致死亡结果,二者没有相当性,故不存在刑法上的因果关系。

⭐（五）因果关系的两种类型

因果关系的历程可能一路坦途,也可能蜿蜒曲折。这主要取决于在犯罪过程中有无介入因素(半路杀出个程咬金)。

1. 无介入因素

当不存在介入因素时,犯罪行为的发展过程表现为:

实行行为→实害结果

当不存在介入因素时,判断因果关系主要依据合法则的因果关系和条件说。例如,甲跳楼自杀,砸死行人乙。这虽然属于低概率事件,但是无甲的跳楼行为,就无乙的死亡结果,二者存在条件关系。故甲的行为与乙的死亡有刑法上的因果关系。

2. 有介入因素

当存在介入因素时,犯罪行为的发展过程表现为:

实行行为→介入因素→实害结果

当存在介入因素时,实害结果应当归属于实行行为还是介入因素? 这就取决于介入因素的性质及作用大小,判断的依据是相当因果关系说。例如,甲向乙的茶水投毒,重病的乙喝了茶水后更加难受,自杀身亡。甲的投毒行为与乙的死亡有无因果关系?

根据条件公式(无 A 则无 B),如果没有甲的投毒行为,乙就不会自杀身亡,可以得出有因果关系的结论,但这一结论有不妥之处。根据相当因果关系说,虽然投毒行为与死亡结果存在条件关系,但还需进行"相当性"判断。也即,投毒行为**一般**是否会导致自杀。如果是,则二者具有刑法上的因果关系;如果结果是偶然的介入因素导致,则结果不能归属于危害行为。上例中,乙的死亡是偶然介入的自杀行为导致,不是甲的投毒行为制造的危险类型化、相当性的实现,故不能归属于甲的投毒行为。

> **提示**
>
> 　　对于存在介入因素的案件,即使具有条件关系也不一定具有刑法上的因果关系,还要进行"相当性"的判断。

3. 相当性的判断标准

"相当"是指危害行为造成危害结果在日常生活中是正常的,而不是异常的。只有行为通常会导致结果,才有刑法上的因果关系。具体而言,有三项指标:

(1)先前行为对结果发生的作用大小。

这里的"作用大小"是指根据社会生活经验来判断行为导致结果的危险大小。先前行为对结果的发生作用大,则有因果关系;作用小,则无因果关系。

(2)介入因素的异常性大小。

这里的"异常性大小"是指先前行为是否会通常导致介入因素的发生。如果先前行为通常会引发介入因素出现,则介入因素带来的风险就是先前行为导致的,先前行为与结果具有因果关系;如果先前行为通常不会引发介入因素,则介入因素的出现具有偶然性、异常性,介入因素带来的危险就具有独立性,此时介入因素就可能阻断先前行为与结果的因果关系,结果应当归属于介入因素。

（3）介入因素对结果发生的作用大小。

介入因素作用大，结果归属于介入因素，与先前行为不再有因果关系；介入因素作用小，结果不能归属于介入因素，与先前行为有因果关系。

【注意1】根据三项指标，少数服从多数，两项以上有因果关系，则最终具有因果关系；反之无因果关系。

例1，甲瞄准小船上的乙开枪，乙为躲避子弹跳入河中抽筋溺亡。第一，开枪对死亡作用大，前后有因果关系；第二，介入因素是跳入河中躲避子弹，这很正常，前后有因果关系；第三，介入因素对死亡作用大，前后无因果关系。综上，两项有因果关系，一项无因果关系。少数服从多数，甲的开枪行为与乙的死亡有因果关系。

例2，甲重伤乙，乙住院治疗，因嫌弃药丸的味道，在医生喂药后，乙都会趁医生不备，将药丸悄悄吐掉，后乙因未服药不治身亡。第一，重伤对死亡作用大，前后有因果关系；第二，介入因素是吐掉药丸，这很异常，前后无因果关系；第三，介入因素对死亡作用大，前后无因果关系。综上，一项有因果关系，两项无因果关系。少数服从多数，甲的开枪行为与乙的死亡无因果关系。

【注意2】根据介入因素三标准，介入因素**异常**并且**作用大**才能阻断先前行为与结果的因果关系。

①异常的判断标准：自然事件看概率，社会事件看评价。概率越高越正常，反之异常。一般人越能接受越正常，反之异常。

例1，火山等自然灾害、交通事故、①飞行事故等概率很低，通常属于异常的介入因素；医生手术中的重大过失，一般人难以接受，属于异常的介入因素；为了救孩子冲进火灾现场，一般人都会接受，属于正常的介入因素。

例2，甲重伤乙，乙住院治疗，期间医院发生火灾致乙死亡。介入因素是火灾，这很异常，对死亡结果作用很大。故死亡与火灾有因果关系，不能归属于甲的伤害行为。

②作用大的判断标准：这里的"作用大"是指能够独立（接近100%）导致结果。如果介入因素异常但作用小，则不能阻断先前行为与结果的因果关系。例如，甲伤害乙致其濒临死亡，丙路过时朝乙轻踢两脚，乙死亡。介入因素是丙轻踢两脚，这是异常的，但对乙的死亡作用很小，故死亡应当与甲的伤害行为有因果关系，不能归属于介入因素。注意：如果先前行为与介入因素对结果的作用都大，②则属于多因一果。

例1，甲夜晚驾车经过无照明路段时，不小心撞倒丙后继续前行，随后的乙超速驾驶，发现丙时来不及刹车，致丙死亡。第一，乙超速驾驶是异常的介入因素；第二，介入因素对死亡作用大；第三，介入因素不能独立导致结果出现，要凭借甲肇事逃逸给丙造成的危险。故丙的死亡应同时归属于甲的肇事逃逸行为和乙的超速驾驶行为，这就是多因一果。注意：如果查不清丙的死亡时间，就需要按照"存疑有利于被告人"的原则处理。如果甲致丙死亡，则结果只能归属于甲，不能归属于乙；如果乙致丙死亡，则结果要同时归属于甲和乙。故无论如何结果都与甲的行为有因果关系，存疑时只能认为与乙没有因果关系。

例2，乙刺杀儿童丙后逃离，甲（丙母）发现后见死不救，致丙失血过多死亡。第一，甲不

---

① 有人认为交通事故概率较高，想一想从小到大自己亲身经历过几场交通事故？

② 此时介入因素不能独立（接近100%）导致结果，需要凭借先前行为制造的危险共同导致结果。

救助丙是异常的介入因素;第二,介入因素对死亡作用大;第三,介入因素不能独立导致结果出现,要凭借乙刺杀给丙造成的危险。故丙的死亡应同时归属于乙的刺杀行为和甲的不救助行为,是多因一果。注意:如果甲发现丙受伤后,为解脱其痛苦,持枪将丙爆头而亡。则介入因素异常也能够独立导致结果出现,则死亡应归属于甲的开枪行为,与乙的刺杀行为不再有因果关系。由此说明:由于不作为只是没有消除危险,而没有增加危险,因此介入因素是单纯的不作为时,一般不能阻断先前行为与结果的因果关系。

例3,刘某将唐某骗至出租房内,使用暴力殴打、持刀威胁等手段逼迫唐某筹款 20 万元。其间,刘某两次强行与唐某发生性关系。唐某因无法忍受刘某持续的暴力折磨,趁其不备爬上窗台逃离,但摔成重伤。刘某两次强奸行为是在抢劫期间穿插实施的,唐某翻窗逃离既是为了避免性侵害也是为了避免财物受损,重伤结果应当同时归属于强奸和抢劫行为,这也是多因一果。①

【注意3】被害人的特殊体质不是介入因素。因为介入因素是在犯罪时中途加入的因素,而被害人的特殊体质在犯罪之前已经具备。

例1,甲导致乙轻伤,乙是血友病患者,因流血不止而死亡。由于乙的特殊体质不是介入因素,因此不适用介入因素三标准。本案中,如果无甲的伤害行为,就无乙的死亡,故死亡结果与甲的伤害行为有因果关系。注意:因果关系是客观的,不以人的意志为转移,不要求甲认识到乙有特殊体质。

例2,乙、丙是校篮球队的成员,关系甚好但毕业后失联。某日乙、丙在大街上偶遇,都很兴奋。乙像以前的问候方式一样,朝丙的胸口打了两拳,紧紧将其抱住。丙因毕业后患有严重心脏病死在了乙的怀中。如果无乙的行为,就无丙的死亡,故结果与乙的行为有因果关系。由于乙不可能预见丙患有严重的心脏病,故本案是意外事件。

4.介入因素的种类

介入因素有四种,根据介入因素三标准进行判断。

(1)介入被害人自身的行为。

例1,甲点燃乙的衣服,乙跳入水中灭火时溺死。介入因素是乙跳水灭火的行为,这很正常,死亡不能归属于介入因素,甲的行为与乙的死亡有因果关系。

例2,乙在悬崖旁强奸丙致其昏迷,丙苏醒后因头昏跌崖死亡。介入因素是丙跌崖的行为,这很正常,死亡不能归属于介入因素,乙的强奸行为与丙的死亡有因果关系,属于强奸致人死亡。

例3,丙被轻伤后逃离,未去就医而是祈祷神灵保佑,并将香灰敷于伤口,后丙因感染而截肢(重伤)。介入因素是敷香灰,这很异常。因感染截肢说明介入因素对重伤结果作用很大。此时介入因素异常并且作用大,重伤应当归属于介入因素,与轻伤行为无因果关系。

(2)介入第三人的行为。

例1,甲在高速公路上将同车人乙推下,乙跌落后被正常行驶的丙轧死。介入因素是乙被丙轧死,这很正常。死亡不能归属于介入因素,甲的行为与乙的死亡有因果关系。

例2,乙被丙轻伤,流血不止。警察将乙送医途中因堵车,乙流血过多死亡。介入因素是堵车,这很正常。死亡不能归属于介入因素,丙的行为与乙的死亡有因果关系。

例3,丙被甲放火烧伤后,医生对其抢救。在抬向手术台时,医生乙不小心扭断丙的脖子

---

① 《中国刑事审判指导案例》第 184 号:"刘某抢劫、强奸案",法律出版社 2017 年版,第 190 页。

致其死亡。介入因素是乙扭断丙的脖子的行为,这很异常,也是导致丙死亡的直接原因。此时介入因素异常并且作用大,死亡应当归属于介入因素,与甲的放火行为无因果关系。

(3)介入行为人的行为。

例1,甲杀乙致其休克,误以为已经死亡。为了毁灭罪证,将乙捆上石头,沉"尸"大海。经鉴定,乙是溺水身亡。介入因素是为毁灭罪证,沉"尸"大海,杀人后处理尸体是正常的介入因素,死亡不能归属于介入因素,甲的杀人行为与乙的死亡有因果关系。

例2,乙过失致丙重伤,为了逃避责任开枪将丙杀死。介入因素是开枪杀人的行为,这很异常,也是导致丙死亡的直接原因。死亡应当归属于介入因素,与乙的过失行为无因果关系,对乙应当以过失致人重伤罪与故意杀人罪并罚。

(4)介入特定自然事实。

例1,甲杀乙致其重伤,一小时内必死无疑。但因地震,乙被坠落的石头砸中死亡。介入因素是地震引发石头坠落,这很异常,也是导致乙死亡的直接原因。死亡应当归属于介入因素,与甲的杀人行为无因果关系。

例2,乙在冬天的深夜致丙轻伤昏迷,丙因无人救助被冻死。介入因素是寒冷的天气致丙被冻死,这很正常。死亡不能归属于介入因素,乙的伤害行为与丙的死亡有因果关系。

经典考题

1.甲基于杀人故意实施的下列行为,与乙的死亡之间具有刑法上因果关系的是(   )①。(2017-4非)

A.甲劝乙乘坐长途汽车去山区旅行,乙旅行时因汽车坠崖死亡

B.甲在家中"作法"诅咒与其有矛盾的乙,后乙突发疾病死亡

C.甲殴打乙致其轻伤,乙在去医院途中被高楼上坠落的花盆砸中死亡

D.甲持木棍对乙穷追不舍,乙迫不得已跳入冰冷的河中因痉挛而溺水死亡

2.下列选项中,危害行为和死亡结果之间存在刑法上的因果关系的有(   )②。(2014-22多)

A.甲为索取债务,将邹某关押在一居民楼里,邹某在逃跑时不慎摔死

B.乙在菜场卖菜时辱骂顾客王某,致王某情绪激动,心脏病突发而猝死

C.丙违章驾车,将行人赵某撞成重伤后逃跑,赵某因未得到及时救助而死亡

D.丁将陶某打晕后以为其已经死亡,就将陶某抛掷到水库中,陶某溺水死亡

四、犯罪的时间、地点、方法

任何犯罪行为都是在一定的时间、地点、以一定的方式方法(工具)实施的。但是在一般情况下,刑法对犯罪的时间、地点、方法不作特别的限定,所以它们通常不是犯罪构成的客观要件。例如,无论在何时、何地、以何种方式放火、杀人、强奸、抢劫,均与犯罪构成无关。

1.作为构成要件的时间、地点、方法

如果刑法把时间、地点、方法明文规定为某种犯罪的构成条件时,它们就成为构成该罪不可缺少的条件。因此这些条件的有无也就成为区分罪与非罪的标准。

第 340 条[非法捕捞水产品罪]　违反保护水产资源法规,在禁渔区、禁渔期或者使用禁用的工具、方法捕捞水产品,情节严重的,处三年以下有期徒刑、拘役、管制或者罚金。

---

① 　D

② 　ABCD

第 341 条第 2 款 [非法狩猎罪] 违反狩猎法规,在禁猎区、禁猎期或者使用禁用的工具、方法进行狩猎,破坏野生动物资源,情节严重的,处三年以下有期徒刑、拘役、管制或者罚金。

《刑法》就把"禁渔/猎区"(地点)、"禁渔/猎期"(时间)和"使用禁用的工具、方法"规定为非法狩猎罪的客观要件。只有在法律所规定的特定的时间、地点或者使用特定的狩猎工具、方法狩猎的,才构成犯罪。

2. 作为法定量刑情节的时间、地点、方法

例如,第 236 条规定的"在公共场所当众强奸的",第 263 条规定的"入户抢劫的"和"在公共交通工具上抢劫的",第 292 条规定的"在公共场所或者交通要道聚众斗殴的",等等。

经典考题

在抢劫犯罪中,犯罪时间(　　)①。(2009-5)

A. 是抢劫罪的必要要件   B. 是抢劫罪的选择要件

C. 是抢劫罪的加重情节   D. 与抢劫罪的犯罪构成要件无关

《 第四节 　犯罪主体 》

犯罪主体是指实施犯罪行为,并且依法应当负刑事责任的人。犯罪主体包括自然人和单位。影响刑事责任的因素有:刑事责任年龄与刑事责任能力。例如,罗某(13 岁),与父母发生争吵后,抢起铁锤将二人杀死。虽然罗某有杀人故意,但因未达到法定责任年龄,阻却责任,最终无罪。

一、刑事责任年龄

第 17 条 [刑事责任年龄] 已满十六周岁的人犯罪,应当负刑事责任。

已满十四周岁不满十六周岁的人,犯故意杀人、故意伤害致人重伤或者死亡、强奸、抢劫、贩卖毒品、放火、爆炸、投毒罪的,应当负刑事责任。

已满十四周岁不满十八周岁的人犯罪,<u>应当从轻或者减轻处罚</u>。

因不满十六周岁不予刑事处罚的,责令他的家长或者监护人加以管教;在必要的时候,也可以由政府收容教养。

<u>已满七十五周岁的人故意犯罪的</u>,可以从轻或者减轻处罚;过失犯罪的,应当从轻或者减轻处罚。

刑事责任年龄,指法律所规定的行为人对自己的犯罪行为负刑事责任必须达到的年龄。根据我国刑法规定,可以分为以下阶段:

★ (一) 完全不负刑事责任年龄

这是指不满 14 周岁的人,不承担刑事责任。

1. 年龄起算:从周岁生日的第二天起算。例如,甲生于 2005 年 1 月 1 日,到 2019 年 1 月 1 日,还属于不满 14 周岁的人。自 2019 年 1 月 2 日起,才是已满 14 周岁的人。

2. 无法查明:犯罪嫌疑人不讲真实年龄,可以委托进行骨龄鉴定,鉴定意见可以作为证明年龄的证据使用。相关证据足以证明行为人已经达到责任年龄,但无法查明具体出生日

---

① D

期(某月某日),不影响刑事责任。①

3. 不作为犯:不满 14 周岁的人在达到法定年龄后,对实施的先行行为有作为义务。

例1,甲在 14 岁生日当晚砍杀乙,致其重伤。第二天,甲发现乙未死。由于甲已经达到法定年龄,对生日当天的杀人行为造成的危险有救助义务,如果甲有能力而不履行,构成不作为犯罪。

例2,乙在 14 岁生日当晚安装定时炸弹,第二天,炸弹尚未爆炸。由于乙已经达到法定年龄,有义务拆除炸弹。如果乙有能力而不履行,构成不作为犯罪。

🛡 (二)相对负刑事责任年龄

第 17 条第 2 款:已满十四周岁不满十六周岁的人,犯故意杀人、故意伤害致人重伤或者死亡、强奸、抢劫、贩卖毒品、放火、爆炸、投毒罪的,应当负刑事责任。

1. 八种行为

本款规定的八种罪,是指八种犯罪行为,而不是具体罪名。② 例如,拐卖妇女时又奸淫被拐卖妇女的,根据刑法规定,只定拐卖妇女罪,适用加重的法定刑。如果 15 周岁的甲,拐卖妇女又对其奸淫,甲虽然对拐卖妇女罪不承担责任,但要对强奸行为负责,故甲构成强奸罪。

2. 具体内容

(1)故意杀人:包括转化来的故意杀人罪。例如,聚众斗殴,致人死亡,定故意杀人罪。

(2)故意伤害致人重伤、死亡:仅限重伤、死亡结果,对轻伤不负责。

(3)强奸:包括奸淫幼女、强奸和拐卖妇女过程中奸淫被拐卖妇女。

(4)抢劫:包括准抢劫。例如,携带凶器抢夺的,定抢劫罪。注意:不包括事后抢劫。例如,犯盗窃罪,为窝藏赃物,当场使用暴力的,定抢劫罪。对于这类抢劫,司法解释③要求年满 16 周岁才能构成。

(5)贩卖毒品:仅限于贩卖行为,不包括走私、运输、制造行为。

(6)放火:要求危害公共安全,才能定放火罪。

(7)爆炸:要求危害公共安全,才能定爆炸罪。

(8)投毒:包括投放毒害性、放射性、传染病病原体等物质。注意:《刑法修正案(三)》将投毒罪修改为"投放危险物质罪",但本条未作修改。可以将"投毒"扩大解释为包含放射性、传染病病原体等物质。

> **提示**
>
> 八种行为都是故意犯罪,但不要求有暴力。注意:不包括:绑架罪。因为绑架罪既要控制人质,又要与人质家属周旋,这个年龄阶段还不具备"斗智斗勇"的能力。

---

① 2000 年 2 月 21 日《最高人民检察院关于"骨龄鉴定"能否作为确定刑事责任年龄证据使用的批复》;2005 年 12 月 12 日《最高人民法院关于审理未成年人刑事案件具体应用法律若干问题的解释》。

② 2002 年 7 月 24 日《全国人大法工委关于已满 14 周岁不满 16 周岁的人承担刑事责任范围问题的答复意见》。

③ 2006 年 1 月 11 日《最高人民法院关于审理未成年人刑事案件具体应用法律若干问题的解释》规定:已满 14 周岁不满 16 周岁的人,盗窃、诈骗、抢夺他人财物,为窝藏赃物、抗拒抓捕或者毁灭罪证而当场使用暴力,故意伤害致人重伤、死亡或者故意杀人的,应当分别以故意伤害罪或者故意杀人罪定罪处罚。

（三）完全负刑事责任年龄

第 17 条第 1 款：已满十六周岁的人犯罪，应当负刑事责任。

已满 16 周岁的人，对一切犯罪行为都要承担刑事责任。包括故意、过失犯罪，作为、不作为犯罪。

（四）减轻刑事责任年龄

1. 已满 14 不满 18 周岁

第 17 条第 3 款：已满十四周岁不满十八周岁的人犯罪，应当从轻或者减轻处罚。

2. 已满 75 周岁

第 17 条第 4 款：已满七十五周岁的人故意犯罪的，可以从轻或者减轻处罚；过失犯罪的，应当从轻或者减轻处罚。

【注意 1】上述规定是指"犯罪时"已满七十五周岁，而非"审判时"。例如，甲在 74 周岁时故意杀人，审判时已满 75 周岁。甲构成故意杀人罪，但不能从轻或者减轻处罚。

【注意 2】跨越责任年龄犯罪的处理：只能对达到责任年龄后实施的犯罪行为的定罪处罚。

①继续犯。例如，甲在 15 周岁时非法拘禁乙，在满 16 周岁后才将乙释放。甲对达到责任年龄后的拘禁行为负责，构成非法拘禁罪。

②连续犯。例如，乙在 15 周岁时为丙运输毒品，一直持续到年满 16 周岁。乙对达到责任年龄后的走私毒品行为负责，构成走私毒品罪。

【总结】年龄对刑事责任的影响

年龄段	负责的罪名	量刑影响
<14	无	无
≥14 且<16	8 种行为	应当从轻、减轻处罚，且不适用死刑
≥16 且<18	全部罪名	应当从轻、减轻处罚，且不适用死刑
≥18 且<75	全部罪名	全部责任
≥75	全部罪名	故意犯罪：可以从轻或者减轻；过失犯罪：应当从轻或者减轻

3. 司法解释中对未成年人刑事责任的规定

（1）已满 14 周岁不满 16 周岁的人偶尔与幼女发生性行为，情节轻微，未造成严重后果的，不认为是犯罪。

（2）已满 14 周岁不满 16 周岁的人使用轻微暴力或者威胁，强行索要其他未成年人随身携带的生活、学习用品或者钱财数量不大，且未造成被害人轻微伤以上或者不敢正常到校学习、生活等危害后果的，不认为是犯罪。

已满 16 周岁不满 18 周岁的人具有前款规定情形的，一般也不认为是犯罪。

（3）已满 16 周岁不满 18 周岁的人出于以大欺小、以强凌弱或者寻求精神刺激，随意殴打其他未成年人、多次对其他未成年人强拿硬要或者任意损毁公私财物，扰乱学校及其他公共场所秩序，情节严重的，以寻衅滋事罪定罪处罚。

（4）已满 16 周岁不满 18 周岁的人实施盗窃行为未超过 3 次，盗窃数额虽已达到"数额较大"标准，但案发后能如实供述全部盗窃事实并积极退赃，且具有下列情形之一的，可以认定为"情节显著轻微危害不大"，不认为是犯罪：

①系又聋又哑的人或者盲人;

②在共同盗窃中起次要或者辅助作用,或者被胁迫;

③具有其他轻微情节的。

第一:已满16周岁不满18周岁的人盗窃未遂或者中止的,可不认为是犯罪。

第二:已满16周岁不满18周岁的人盗窃自己家庭或者近亲属财物,或者盗窃其他亲属财物但其他亲属要求不予追究的,可不按犯罪处理。

(5)已满14周岁不满16周岁的人盗窃、诈骗、抢夺他人财物,为窝藏赃物、抗拒抓捕或者毁灭罪证,当场使用暴力,故意伤害致人重伤或者死亡,或者故意杀人的,应当分别以故意伤害罪或者故意杀人罪定罪处罚。

已满16周岁不满18周岁的人犯盗窃、诈骗、抢夺罪,为窝藏赃物、抗拒抓捕或者毁灭罪证而当场使用暴力或者以暴力相威胁的,应当依照《刑法》第269条的规定定罪处罚;情节轻微的,可不以抢劫罪定罪处罚。

(6)对未成年罪犯适用刑罚,应当充分考虑是否有利于未成年罪犯的教育和矫正。

对未成年罪犯量刑应当依照《刑法》第61条的规定,并充分考虑未成年人实施犯罪行为的动机和目的、犯罪时的年龄、是否初次犯罪、犯罪后的悔罪表现、个人成长经历和一贯表现等因素。对符合管制、缓刑、单处罚金或者免予刑事处罚适用条件的未成年罪犯,应当依法适用管制、缓刑、单处罚金或者免予刑事处罚。

未成年人犯罪只有罪行极其严重的,才可以适用无期徒刑。对已满14周岁不满16周岁的人犯罪一般不判处无期徒刑。除刑法规定"应当"附加剥夺政治权利外,对未成年罪犯一般不判处附加剥夺政治权利。如果对未成年罪犯判处附加剥夺政治权利的,应当依法从轻判处。对未成年罪犯实施刑法规定的"并处"没收财产或者罚金的犯罪,应当依法判处相应的财产刑;对未成年罪犯实施刑法规定的"可以并处"没收财产或者罚金的犯罪,一般不判处财产刑。对未成年罪犯判处罚金刑时,应当依法从轻或者减轻处罚,并根据犯罪情节,综合考虑其缴纳罚金的能力,确定罚金数额,但罚金的最低数额不得少于500元人民币。

经典考题

甲(15周岁)指使乙(13周岁)抢夺手机,乙得手后为了逃跑,捡起砖块将追赶的受害人打成轻伤。甲的行为应认定为(   )①。(2016-3法)

A. 抢夺罪   B. 抢劫罪   C. 故意伤害罪   D. 不构成犯罪

📢 二、刑事责任能力

第18条[特殊人员的刑事责任能力]   精神病人在不能辨认或者不能控制自己行为的时候造成危害结果,经法定程序鉴定确认的,不负刑事责任,但是应当责令他的家属或者监护人严加看管和医疗;在必要的时候,由政府强制医疗。

间歇性的精神病人在精神正常的时候犯罪,应当负刑事责任。

尚未完全丧失辨认或者控制自己行为能力的精神病人犯罪的,应当负刑事责任,但是可以从轻或者减轻处罚。

醉酒的人犯罪,应当负刑事责任。

---

① D

⭐ (一)刑事责任能力的概念

刑事责任能力,是指认识自己行为的社会性质及其意义并控制和支配自己行为的能力。简言之,就是辨认和控制自己行为的能力。

1. 辨认能力:是指行为人对自己特定行为的内容、社会意义与结果的认识能力。例如,甲想抢劫,甲有能力认识到自己抢劫行为的内容、对社会的危害性时,才能表明甲主观上有明知,这是故意犯罪认识因素的要求。

2. 控制能力:是指行为人对自己行为的支配和控制的能力。例如,甲在辨认能力的基础上,有能力控制自己实施或者不实施抢劫,才能表明甲主观上对危害结果的态度,这是故意犯罪意志因素的要求。

3. 二者关系:辨认能力是前提,控制能力是关键。无辨认能力就无控制能力,有控制能力就有辨认能力。

⭐ (二)责任能力的认定

有无责任能力,应当结合医学标准(生物学标准)和法学标准(心理学标准)来判断。具体而言:先进行医学判断,再进行法学判断。

1. 医学标准

这是指由精神病医学专家鉴定行为人是否患有精神病。鉴定结论应当说明:行为人是否具有精神病以及精神病的种类与程度轻重。这有两种可能:

(1)鉴定结论证明行为人无精神病。这就无需再按照法学标准判断,结论是:行为人具有责任能力。

(2)鉴定结论证明行为人有精神病。这需要进一步根据法学标准判断行为人是否有责任能力。结论是:行为人是否有责任能力待定。

2. 法学标准

这是指判断行为人是否因为患有精神病而不能辨认或者不能控制自己的行为,由司法工作人员根据法学标准判断。

提示

不能用医学判断代替法学判断。有无责任能力并非完全取决于行为人是否患有精神病,辨认能力与控制能力才是刑事责任能力的基础,这说明法学判断是关键,要求有二:

(1)判断精神病与犯罪行为有无因果关系。

第一,如果有因果关系,则行为人没有责任能力。例如,具有好诉妄想的偏执狂患者,对诬告陷害罪没有责任能力,但对与此无关的其他犯罪则有责任能力。

第二,如果无因果关系,则行为人具有责任能力。例如,甲患有迫害妄想症,在北京旅游期间,煽动群众颠覆国家政权。由于精神病与犯罪行为毫无关联,甲有责任能力。

(2)判断精神病的种类以及程度轻重。

如果根据医学标准判断行为人有精神病,还要根据法学标准判断精神病对责任能力的影响程度,有些精神病只会减弱责任能力,不会导致无责任能力。

⭐ (三)责任能力的程度

1. 完全责任能力:应当负刑事责任

间歇性的精神病人在精神正常的时候犯罪,应当负刑事责任。注意:不能从宽处罚,因为精神正常,具有完全的辨认能力和控制能力。

2. 限定责任能力:应当负刑事责任,但是可以从轻或者减轻处罚

尚未完全丧失辨认或者控制自己行为能力的精神病人犯罪的,应当负刑事责任,但是可以从轻或者减轻处罚。注意:"尚未完全丧失"有两层意思:其一,行为人还有部分责任能力,因此应当负刑事责任;其二,行为人丧失部分责任能力,因此可以从轻或者减轻处罚。

3. 完全无责任能力:不负刑事责任

精神病人在不能辨认或者不能控制自己行为的时候造成危害结果,经法定程序鉴定确认的,不负刑事责任。注意:无辨认能力和控制能力,即无责任能力,不构成犯罪。

【总结】大部分精神病的发展过程:正常时→开始疯→完全疯。责任承担:正常时,要承担,不从宽;开始疯,要承担,可从宽;完全疯,不承担。

(四) 特殊人员的责任能力

1. 醉酒人的责任能力

【法谚】醉酒时犯罪,醒酒时赎罪。由于醉酒由行为人自己造成,故醉酒时犯罪,应当负刑事责任。

醉酒,俗称酒精中毒,有生理性醉酒与病理性醉酒。第一,生理性醉酒,是指日常生活中的醉酒,属于完全责任能力,应当负刑事责任(18 条第 4 款)。注意:没有可以从轻或减轻处罚的规定。第二,病理性醉酒,是指因酒精中毒导致行为紊乱、记忆缺失,并伴有幻觉、妄想症状,通常具有攻击性。这是精神病的一种,属于完全无责任能力,不负刑事责任。

2. 又聋又哑的人和盲人的责任能力

(1)这类人具有刑事责任能力。

因为只有精神病导致丧失辨认能力和控制能力,才没有责任能力。因此,丧失部分生理机能的,仍然有责任能力。

(2)这类人因生理缺陷可能导致责任能力减弱。

第一,丧失听力、视力会导致行为的辨认能力降低;第二,生理缺陷导致受教育的机会减少,间接造成行为人的控制能力降低,这会导致行为人虽然有责任能力,但是责任能力减弱。

①生理机能缺陷对责任能力有影响,可以从轻、减轻或者免除处罚。例如,甲是盲人,误以为身旁的乙在偷自己的东西,用棍子将其打成重伤。由于甲的生理缺陷,导致辨认能力降低,责任能力减弱,对甲可以从宽处罚。

②生理机能缺陷对责任能力无影响,不可以从宽处罚。

例1,甲是聋哑人,在大学读书期间,因琐事重伤室友。由于甲受到良好教育,辨认、控制能力与常人无异,具有完全责任能力。

例2,苏同强与王男共同策划,发送电子邮件敲诈他人财物,并冒用他人身份证件在银行开设账户,转移犯罪所得。即使苏同强是盲人,但实施的犯罪与盲人的身份无关。也即,苏同强的视力状况对其实施的犯罪没有具体、明显影响,故对其不能从宽处罚。①

> **提示**
>
> 聋哑人,是指既聋又哑,同时具备;盲人,是指双目失明。要求在犯罪时,就是聋哑人或者盲人。

---

① 《中国刑事审判指导案例》第 469 号:"苏同强、王男敲诈勒索案",法律出版社 2017 年版,第 31 页。

经典考题 ✏️

1. 精神病人在不能辨认或者不能控制自己行为的时候造成严重危害结果的,对其应( )①。(2010-5法)

A. 认为构成犯罪,但不予刑事处罚　　　　　　B. 不予刑事处罚,也不认为构成犯罪

C. 认为构成犯罪,由政府予以强制治疗　　　　D. 认为构成犯罪,但不追究刑事责任

2. 甲醉酒驾驶,撞死一行人后逃逸,在被追赶时精神病复发。对甲( )②。(2014-4非)

A. 不追究刑事责任

B. 应当追究刑事责任

C. 应当追究刑事责任,但是可以从轻或者减轻处罚

D. 应当追究刑事责任,但是可以减轻或者免除处罚

📢 **三、一般主体与特殊主体**

1. 一般主体

这指具有一般犯罪主体所要求的法定构成要件的自然人,即达到法定责任年龄、具有责任能力的自然人主体。

2. 特殊主体

这是指除了具有一般犯罪主体所要求的成立条件外,还必须具有某些犯罪所要求的特定身份作为其构成要件的自然人主体。例如,贪污罪、受贿罪的主体,除要求具备一般主体的条件之外,还必须具有"国家工作人员"的身份。

🛡️ **(一)纯正身份犯**

又称定罪身份、构成身份,是指行为人只有具备某种特殊身份,才能构成犯罪。例如,徇私枉法罪的主体必须是司法工作人员,受贿罪的主体必须是国家工作人员。

1. 定罪身份必须在开始犯罪时就具备。<u>注意</u>:在实施犯罪过程中或者之后形成的身份,不属于定罪身份。例如,在犯罪集团中起组织、策划、指挥作用的首要分子,主犯、从犯、胁从犯,生产、销售伪劣产品罪的行为人,组织、领导传销活动罪中的组织者都不是真正的身份犯。

2. 定罪身份是针对实行犯的要求。<u>注意</u>:不具有定罪身份的人,可以构成共犯(帮助犯、教唆犯)。例如,甲是国家工作人员,可以构成受贿罪的实行犯。乙(甲妻)不是国家工作人员,不能构成受贿罪的实行犯,但可以构成受贿罪的教唆犯或帮助犯。

3. 定罪身份既可能是终身具有的身份(性别或者国籍),也可能是一定时期具有的身份(国家工作人员)。

> **提示**
>
> 实行犯大致等同于正犯。不具有定罪身份的人,不能构成直接实行犯(直接正犯),也不能构成间接实行犯(间接正犯)。例如,甲向官员行贿,官员的妻子乙代为收受。不管乙的举动多么积极,也不能构成受贿罪的直接实行犯(直接正犯)或者间接实行犯(间接正犯),乙仅构成受贿罪的帮助犯。

---

① B

② B

（二）不纯正身份犯

又称量刑身份、加减身份，是指行为人的某种特殊身份不影响定罪，仅影响量刑。例如，非法拘禁罪的主体是一般主体，但是国家机关工作人员利用职权犯本罪的，要从重处罚。因此非法拘禁罪就是不真正身份犯，国家机关工作人员的身份就是量刑身份。

> **提示**
>
> 关于身份的认定，理论上存在形式说与实质说。前者认为，在形式上具备特定身份才具备特定的身份资格。例如，有无取得编制等。后者认为，具有该身份赋予的法定职权就具有特定的身份资格。注意：实质说是通说观点。例如，村长虽然从形式上没有取得国家工作人员的编制，但如果协助人民政府从事行政管理工作时，就具有了国家工作人员的法定职权，可以构成贪污等罪。

【总结1】国家机关工作人员与国家工作人员

1. 国家机关工作人员

①立法机关中从事公务的人员。

②司法机关中从事公务的人员。

③行政机关中从事公务的人员。

④军事机关中从事公务的人员。

⑤乡（镇）以上中国共产党机关、人民政协机关中从事公务的人员。

2. 国家工作人员

第93条[国家工作人员的范围] 本法所称国家工作人员，是指国家机关中从事公务的人员。

国有公司、企业、事业单位、人民团体中从事公务的人员和国家机关、国有公司、企业、事业单位委派到非国有公司、企业、事业单位、社会团体从事公务的人员，以及其他依照法律从事公务的人员，以国家工作人员论。

根据《刑法》第93条和立法解释规定，国家工作人员包括以下四类：

（1）国家机关中从事公务的人员。

（2）国有公司、企业、事业单位、人民团体中从事公务的人员，常见的人民团体为共青团、妇联、工会，不包括社会团体。

（3）国家机关、国有公司、企业、事业单位委派到非国有公司、企业、事业单位、社会团体从事公务的人员。

（4）其他依照法律从事公务的人员。根据立法解释，村民委员会等村基层组织人员协助人民政府从事下列行政管理工作时，属于国家工作人员：

①救灾、抢险、防汛、优抚、扶贫、救济款物的管理；

②社会捐助公益事业款物的管理；

③国有土地的经营和管理；

④土地征用补偿费用的管理；

⑤代征、代缴税款；

⑥有关计划生育、户籍、征兵工作；

⑦协助人民政府从事的其他行政管理工作。例如，协助政府组织县、乡人大代表的选举。

第一,事务具有公共性。这是指从事的事务关系到多数人或不特定人的利益。例如,村长代表村集体对外出租荒山,不具有公共性,属于村民自治事项,此时村长不是国家工作人员。

第二,事务具有行政职责性。这是指从事的事务属于行政职务并承担行政责任。例如,公立高校校长、教务(财务)处长、公立医院院长、财务负责人等均属于国家工作人员;医生以及教师一般不属于国家工作人员。

【总结2】国家机关工作人员是定罪身份:

①渎职犯罪(刑法分则第9章);①

②报复陷害罪(第254条);

③包庇、纵容黑社会性质的组织罪(第294条);

④徇私舞弊不征、少征税款罪(第404条):税务机关工作人员;

⑤放纵走私罪(第411条):海关工作人员;

⑥帮助犯罪分子逃避处罚罪(第417条):有查禁犯罪活动职责的国家机关工作人员。

【总结3】国家机关工作人员是量刑身份:

①非法拘禁罪(第238条);

②诬告陷害罪(第243条);

③非法搜查罪、非法侵入住宅罪(第245条):司法工作人员;

④妨害作证罪,帮助毁灭、伪造证据罪(第307条):司法工作人员。

注意:窝藏、包庇罪没有规定量刑身份。

经典考题

甲因家庭纠纷杀死了自己的父亲。甲所犯之罪(   )②。(2010-4 法)

A. 是纯正身份犯　　　　B. 是不纯正身份犯　　　　C. 不属于身份犯　　　　D. 属于亲告罪

四、单位犯罪

第30条[单位负刑事责任的范围] 公司、企业、事业单位、机关、团体实施的危害社会的行为,法律规定为单位犯罪的,应当负刑事责任。

(一)主体资格

1. 法人资格:原则上不要求单位具有法人资格,根据司法解释,私营企业要构成单位犯罪要求有法人资格。

2. 内部机构:单位的内部机构或者分支机构,可以成为单位犯罪的主体。根据司法解释,需要符合两个条件:(1)以自己名义犯罪;(2)违法所得归该机构。

3. 外国单位:外国的公司、企业、事业单位在我国领域内犯罪,适用我国单位犯罪的

---

① 本章中的故意泄露国家秘密罪(第398条)通常由国家机关工作人员构成,但非国家机关工作人员也可构成本罪。

② C

规定。

4.**法律规定**:单位犯罪具有法定性,必须有刑法的明文规定。对此,立法解释①规定:"公司、企业、事业单位、机关、团体等单位实施刑法规定的危害社会的行为,刑法分则和其他法律未规定追究单位的刑事责任的,对组织、策划、实施该危害社会行为的人依法追究刑事责任。"

> **提示**
>
> 立法解释只是重申单位犯罪必须有法律的明文规定。需要注意两点:
>
> 第一,单位不能构成贷款诈骗罪,单位贷款诈骗的,只能追究相关自然人的责任。②
>
> 第二,单位帮助自然人实施只能由自然人构成的犯罪,不成立单位犯罪。例如,甲欲贷款诈骗,请乙公司帮助。乙公司集体研究后为甲虚假担保,甲构成贷款诈骗罪,乙公司不构成贷款诈骗罪的帮助犯,对乙公司直接的责任人员按照贷款诈骗论处。

(二)主观要件

1.单位意志

这是指为单位或者单位多数成员谋取非法利益。注意:如果谋取合法利益,不构成单位犯罪。单位意志的体现有二:第一,单位集体决定;第二,单位负责人为了单位利益依照程序做出决定。

> **提示**
>
> 缺乏单位意志,不构成单位犯罪,根据司法解释下列情形以自然人犯罪论处:③
>
> (1)个人为违法犯罪活动而设立的公司、企业、事业单位实施犯罪的。
>
> (2)公司、企业、事业单位设立后,以实施犯罪为主要活动的。
>
> (3)盗用单位名义实施犯罪,违法所得由实施犯罪的个人私分的。

2.罪过形式

单位犯罪既可以是故意犯罪也可以是过失犯罪。单位故意犯罪:例如,逃税罪(第201条)。单位过失犯罪:例如,工程重大安全事故罪(第137条),出具证明文件重大失实罪(第229条)。

> **提示**
>
> 单位既可构成作为犯罪,也可构成不作为犯罪。单位不作为犯罪:例如,拒不执行判决、裁定罪。

(三)基本类型

1.纯正的单位犯罪

这是指只能由单位而不能由自然人构成的犯罪。例如,单位行贿罪、单位受贿罪、挪用特定款物罪等。

---

① 2014年4月24日《全国人民代表大会常务委员会关于〈中华人民共和国刑法〉第30条的解释》。

② 2001年1月21日最高法司法解释规定,单位实施贷款诈骗的,以合同诈骗罪追究刑事责任。这与立法解释相矛盾,应当以立法解释为准,不能追究单位的刑事责任。

③ 1997年7月3日《最高人民法院关于审理单位犯罪案件具体应用法律有关问题的解释》。

2. 不纯正的单位犯罪

这是指单位和自然人都能构成的犯罪。例如,逃税罪,拒不执行判决、裁定罪等。

【注意1】就同一犯罪而言,单位犯罪与自然人犯罪的既遂标准完全相同,都是采取"构成要件齐备说"。也即,只有具备刑法规定的全部构成要件,才构成犯罪既遂。例如,根据司法解释,①自然人偷逃应缴税额 10 万元以上,单位偷逃应缴税额 20 万元以上的,构成走私普通货物、物品罪既遂。针对本罪,单位犯罪需要较高的数额标准才齐备构成要件,而自然人犯罪时较低的数额即可齐备构成要件,但构成既遂都要求达到齐备构成要件的标准,因此单位犯罪与自然人犯罪既遂标准是相同的。

【注意2】纯正的自然人犯罪:这是指只能由自然人而不能由单位构成的犯罪。例如,贷款诈骗罪、行贿罪、受贿罪等。

★ (四)处罚

第 31 条[单位犯罪的处罚原则] 单位犯罪的,对单位判处罚金,并对其直接负责的主管人员和其他直接责任人员判处刑罚。本法分则和其他法律另有规定的,依照规定。

1. 原则"双罚"

大部分单位犯罪都是"双罚",既处罚单位,又处罚自然人。注意:对单位只能判处罚金,不能没收财产。

> **提示**
> 单位没有供可执行罚金的财产,仍然属于单位犯罪,不能按照自然人犯罪处理。

2. 例外"单罚"

这是指对自然人判处刑罚,不再处罚单位。这是因为单位犯罪通常是为了单位或者单位大多数成员谋利。如果为单位谋利,当然要处罚单位;如果为单位大多数成员谋利,就不一定惩罚单位,因为单位本身也可能是受害者。例如,甲是国有公司领导,经职工同意后,将国有资产变卖分给全体职工。虽然甲是为单位大多数成员谋利,可以构成私分国有资产罪(单位犯罪),但甲并非为单位本身谋利,单位也是受害者。因此本罪仅处罚直接责任人员,而不处罚单位。

3. 单位变更

(1)涉案单位被合并到一个新单位的,仍应追究原犯罪单位。法院审判时,对被告单位应列原犯罪单位名称,但注明已被并入新的单位,对被告单位所判处的罚金数额不得超过其并入新的单位的财产及收益。②

(2)涉案单位被撤销、注销、吊销营业执照或者宣告破产的,追究直接责任人员的刑事责任,对该单位不再追诉。③

【总结】单位若合并追究原单位,"三销一破产"追究自然人。

---

① 2014 年 9 月 10 日《最高人民法院、最高人民检察院关于办理走私刑事案件适用法律若干问题的解释》。

② 1998 年 11 月 18 日《最高人民法院研究室关于企业犯罪后被合并应当如何追究刑事责任问题的答复》。

③ 2002 年 7 月 15 日《最高人民检察院关于涉嫌犯罪单位被撤销、吊销、注销或者宣告破产的应如何进行追诉问题的批复》。

4.共同犯罪

(1)两个以上单位共同犯罪的,应根据各单位在共同犯罪中的地位、作用大小,确定犯罪单位的主、从犯。① 注意:必须区分主、从犯。

(2)在审理单位犯罪案件时,对其直接负责的主管人员和其他直接责任人员可不区分主犯、从犯,按照其在单位犯罪中所起的作用判处刑罚。

> **提示**
> 单位犯罪中,单位与自然人不是共同犯罪。

①单位犯罪是单位本身的犯罪,不是单位与成员的共同犯罪,也不是单位内的各个成员之间的共同犯罪。

②单位与单位、单位与自然人、自然人与自然人都可以构成共犯。但单位犯罪是单位作为主体的犯罪,因此构成单位犯罪时,一般不成立共同犯罪。

【总结】单位犯罪的主体资格

法人资格	私营、独资企业构成单位犯罪必须具备法人资格,其他单位没有这项要求。
内部机构	单位的内部机构或者分支机构,可以成为单位犯罪的主体。但需要符合两个条件:①以自己名义犯罪;②违法所得归该机构。
国家机关	国家机关可以成为单位犯罪的主体。例如,某区政府、法院等。
外国单位	外国的公司、企业、事业单位在我国领域内犯罪,适用我国单位犯罪的规定。
以自然人犯罪认定的情形	
主要目的	个人为进行违法犯罪活动而设立的公司、企业、事业单位实施犯罪的。
主要活动	公司、企业、事业单位设立后,以实施犯罪为主要活动的。
个人获利	盗用单位名义实施犯罪,违法所得由实施犯罪的个人私分的。
资格缺失	没有取得法人资格的私营、独资企业。

经典考题

1.下列情形中,可以成立单位犯罪的有(　　　)②。(2017-43 非)

A.甲设立公司,主要从事为他人虚开增值税专用发票活动以牟利

B.乙与公司股东商议后,以公司名义走私香烟,所得收益归公司所有

C.丙为使其公司承建工程,向国有投资公司主管人员支付巨额回扣

D.丁以公司名义吸收公众存款,并将违法所得用来购买豪华别墅

2.下列关于单位犯罪的表述,正确的是(　　　)③。(2018-12 非)

A.没有可执行财产的单位分支机构不会构成单位犯罪

B.我国刑法中有关单位犯罪的规定不适用外国公司、企业

C.两个以上单位以共同故意实施犯罪的可不区分主犯、从犯

D.对单位犯罪直接负责的主管人员和其他直接责任人员可不区分主犯、从犯

---

① 2001 年 1 月 21 日《全国法院审理金融犯罪案件工作座谈会纪要》。

② BC

③ D

《 第五节 犯罪主观方面 》

犯罪主观方面,指犯罪主体对其实施的危害社会的行为及其所造成的危害结果所持的心理态度,是追究行为人危害社会行为的刑事责任的主观基础。

一、犯罪主观方面的意义

我国刑法对犯罪的认定坚持主观罪过责任原则,即行为人对自己的危害社会行为必须具有罪过。行为人对自己的危害社会的行为有故意或者过失,表明行为人具有犯罪的心理态度,故应对其危害行为进行谴责。我国刑法确定了主观(罪过)责任原则,坚持主客观相统一。

⭐ (一) 罪过

罪过,是指犯罪行为人对自己的行为所造成的危害后果所持的故意或者过失的心理态度,是犯罪主观方面的最主要的内容,是犯罪构成的必备要素,在定罪量刑中具有重要的意义。

⭐ (二) 内容

犯罪主观方面是犯罪行为人对其实施的危害社会的行为及其所造成的结果所持的心理态度,它包括犯罪故意、犯罪过失、犯罪目的、犯罪动机等心理因素。其中,犯罪故意、犯罪过失是犯罪构成主观方面的必要要素,犯罪目的是某些犯罪成立所必须具备的要素,犯罪动机一般不是成立犯罪的要件,但它对量刑起着重要的作用。

⭐ (三) 无罪过事件

第 16 条[不可抗力和意外事件] 行为在客观上虽然造成了损害结果,但是不是出于故意或者过失,而是由于不能抗拒或者不能预见的原因所引起的,不是犯罪。

1. 意外事件

这是指行为在客观上虽然造成损害结果,但是不是出于行为人的故意或者过失,而是由于不能预见的原因所引起的,不是犯罪。不能预见的原因,是指行为人没有预见,而且根据当时客观情况和行为人的主观认识能力,也不可能预见。意外事件具有三个特征:

(1)行为在客观上造成损害结果。

(2)行为人对自己行为所造成的结果既无故意也无过失。

(3)这种损害结果的发生是由于不能预见的原因引起的。

例如,甲驾驶一辆货车以 1 挡时速与其他车辆会车时,由于前、后轮所处的路基垮塌,导致所驾驶的货车翻于路外 9 米深的乱石之中,致 2 人死亡、1 人重伤。对该交通事故案的发生,甲既不具有故意也不是出于过失,而是由于路基垮塌这一不能预见的原因所致,故甲的行为不构成犯罪。

2. 不可抗力

这是指行为在客观上虽然造成了损害结果,但不是出于行为人的故意或者过失,而是由于不能抗拒的原因所引起的,不是犯罪。所谓不能抗拒的原因,是指行为人遭遇到集全部智慧和力量都无法抗衡、不可能阻止危害结果发生的力量。不可抗力具有三个特征。

(1)行为在客观上造成损害结果。

(2)行为人对自己行为所造成的结果既无故意也无过失。

(3)这种损害结果的发生是由于不能抗拒的原因引起的。

例如,警察甲在执行公务时,突然心脏病发作,目睹歹徒伤人致死而不能采取措施,甲既不具有故意也不是出于过失,而是由于不能抗拒的原因所致,故甲的行为不构成犯罪。

经典考题

行为人因不能抗拒的原因而引起损害结果的,不是犯罪,这是由于行为人(　　)①。(2010-3 非)

A. 对危害结果的发生没有认识　　　　　　　B. 对危害结果的发生没有预见

C. 对危害结果的发生不存在故意或者过失　　D. 不具备犯罪的主体条件

二、犯罪故意

第 14 条[故意犯罪]　明知自己的行为会发生危害社会的结果,并且希望或者放任这种结果发生,因而构成犯罪的,是故意犯罪。

故意犯罪,应当负刑事责任。

第 172 条[持有、使用假币罪]　明知是伪造的货币而持有、使用,数额较大的,处三年以下有期徒刑或者拘役,并处或者单处一万元以上十万元以下罚金;数额巨大的,处三年以上十年以下有期徒刑,并处二万元以上二十万元以下罚金;数额特别巨大的,处十年以上有期徒刑,并处五万元以上五十万元以下罚金或者没收财产。

犯罪故意,指明知自己的行为会发生危害社会的结果,并且希望或者放任这种结果发生的心理态度。犯罪故意由认识因素和意志因素构成。认识因素,是指有能力认识行为的性质、社会意义等;意志因素,是指在认识因素的基础上,对结果持有的态度。犯罪故意的认识因素是:明知;意志因素是:希望或放任结果发生。

(一)认识因素

主客观相统一是定罪的基本原则,这要求主观上要认识到特定的客观事实。法条中的"明知"就是故意犯罪的主观认识,那么需要明知哪些要素?明知是动词,应当加名词作宾语(动宾结构)。

第一,对行为本身的认识,即对刑法规定的危害社会行为的内容及其性质的认识。

例如,成立传播淫秽物品罪要求行为人认识到传播的是淫秽物品。但是,成立受贿罪不要求行为人认识到自己是国家工作人员。

第二,对行为结果的认识,即对行为产生或者即将产生的危害社会结果的内容及其性质的认识。例如,成立故意毁坏财物罪不要求行为人认识到毁坏财物的数额较大。

第三,对与危害行为和危害结果相联系的其他犯罪构成要件事实的认识。犯罪故意的认识内容不包括行为人认识到自己行为的违法性,但须有违法性认识的可能性。

【总结】成立故意犯罪,要求认识到危害行为、危害结果、其他构成要件事实。

1.危害行为

这是指对行为内容及其社会意义的认识。例如,甲误以为有不法侵害而进行防卫,致乙重伤。甲客观上是犯罪行为,主观上以为是正当防卫。故甲没有认识到行为的内容与社会意义,缺乏犯罪故意,这也是假想防卫故意犯罪的原因。

2.危害结果

成立故意犯罪,要求行为人明知行为可能造成的危害结果。例如,成立故意杀人罪,要

_____

① C

求行为人明知可能致人死亡;成立盗窃罪,要求行为人明知会侵犯他人的财产权。

> **提示**
>
> 有些危害结果不要求有认识(明知)。例如,故意伤害致人死亡,不要求明知伤害行为会导致死亡结果;如果行为人对死亡有明知,就构成故意杀人罪。

3.其他构成要件事实

(1)行为对象。

认识到特定对象,才有对其侵害的故意,如果对象是构成要件,需要明知才有故意。

例1,甲将乙当成猎物开枪射杀,甲对行为对象缺乏认识,没有杀害乙的故意。

例2,明知他人是犯罪的人,而对其窝藏、包庇,才有窝藏、包庇罪的故意。

例3,明知是赃物而窝藏,才有掩饰、隐瞒犯罪所得罪的故意。

例4,明知对方是幼女,才有奸淫幼女的故意。幼女乙身材高大、发育成熟,甲经其同意与之发生性关系,甲对行为对象缺乏认识,没有奸淫幼女的故意。

例5,明知是淫秽物品,才有贩卖淫秽物品牟利罪的故意。甲(文盲)捡到英文书籍,以为是普通教材,到学校贩卖。甲对书籍没有正确的认识,缺乏贩卖淫秽物品牟利罪的故意。

> **提示**
>
> 不要求对行为对象有非常具体的认识。例如,只要求认识到是幼女,不要求认识到具体年龄;只要求认识到是淫秽物品,不要求认识到多么淫秽;只要求认识到是犯罪所得,不要求认识到是何罪所得。

(2)时间、地点、方法。

成立故意犯罪,有些还要求认识到构成要件的其他事实。例如,《刑法》第340条非法捕捞水产品罪规定:"违反保护水产资源法规,在禁渔区、禁渔期或者使用禁用的工具、方法捕捞水产品,情节严重的,处三年以下有期徒刑、拘役、管制或者罚金。"成立本罪,要求认识到"禁渔区""禁渔期""禁用的工具、方法",这是对地点、时间、方法的认识。

> **提示**
>
> 构成要件外的客观事实,超出了故意的认识范围,不要求有认识。
>
> (1)因果关系的发展过程。
>
> 因果关系是行为与结果之间的发展过程,充当桥梁作用。成立故意犯罪,要求认识到因果关系的两端,即危害行为与危害结果。但是,不要求认识到因果关系发展的具体样态,即因果过程的曲折复杂。例如,甲欲杀乙,将乙推进深井,但是井中无水,乙被摔死。只要甲认识到自己的行为是杀人,可能导致死亡结果,甲就有杀人罪故意。至于乙是被淹死还是摔死,不要求有具体认识。
>
> (2)违法性。
>
> 【法谚】不知法者不免责。成立故意犯罪,不要求认识到自己的行为违反刑法。否则越是法盲,越不会构成故意犯罪;越是精通法律,越容易构成故意犯罪。
>
> 当认识到自己的行为可能会造成危害结果时,就会认识到可能构成犯罪。例如,甲大义灭亲,手刃不肖之子。只要甲认识到自己的行为是杀人,会导致死亡结果,就有犯罪故意。即使甲认为大义灭亲不违法,也是无效抗辩。

(3)结果加重犯中的加重结果。

成立故意犯罪,不要求认识到结果加重犯中的加重结果。具体为:

第一,对加重结果是过失:对这类结果加重犯,如果对加重结果有认识,构成更重的犯罪。例如,故意伤害致人死亡,如果对死亡结果有认识,构成故意杀人罪。

第二,对加重结果是故意或者过失:对这类结果加重犯,是否对加重结果有认识没有影响。例如,甲实施抢劫行为,不管有无认识到死亡结果,不影响抢劫致人死亡的成立。

(4)其他超过构成要件的要素。

这主要是指具体次数,也即,单次行为没达到犯罪程度,刑法将"多次"规定为犯罪,对"多次"不要求有认识。例如,单次盗窃数额不大,不值得处罚,但两年以内三次以上盗窃,值得处罚。如果甲两年内第三次盗窃时,误以为是第二次盗窃,也构成盗窃罪。①

经典考题

关于故意的认识内容,下列选项中正确的是(　　　)②。(2015-6 非)

A. 成立受贿罪,要求行为人认识到自己是国家工作人员

B. 成立聚众淫乱罪,要求行为人认识到自己行为的违法性

C. 成立故意毁坏财物罪,要求行为人认识到毁坏财物的数额较大

D. 成立传播淫秽物品罪,要求行为人认识到传播的是淫秽物品

(二)意志因素

这是指在认识因素的基础上,对危害结果的态度。法条中规定的"希望"和"放任"就是意志因素。希望,是指对危害结果积极追求的心理态度,这就是直接故意;放任,是指对危害结果听之任之,任其发展的心理态度,这就是间接故意。

1. 直接故意

直接故意有两种:

(1)明知自己的行为必然会发生危害结果,仍然积极追求。例如,甲用手枪顶着乙的头,乙被击毙。甲明知开枪,乙必然死亡,是直接故意。

(2)明知自己的行为可能会发生危害结果,仍然积极追求。例如,甲持枪对乙瞄准,内心紧张。甲明知开枪可能会打中乙,也可能因紧张不能击中,仍然开枪,乙被打死。甲明知开枪,乙可能死亡,仍然积极追求,是直接故意。

【总结】直接故意=明知(必然或可能)+希望。

2. 间接故意

间接故意有一种:明知自己的行为可能会发生危害结果,放任结果发生。例如,甲贩假烟,乙登车检查。甲为摆脱乙驾车夺路而逃。乙抓住车门把手不放。甲在疾驶时突然急刹车,乙被甩出头部着地身亡。甲刹车时明知这可能会造成严重后果,仍然放任不管,是间接故意。

---

①　否则记性越好的人,越容易构成盗窃罪;记性越差的人,越不容易构成盗窃罪,这是没有道理的。

②　D

【总结】间接故意＝明知（可能）＋放任。注意：如果明知结果必然发生，只能是直接故意。例如，甲想杀乙，见乙与丙聊天。甲报仇心切，朝乙扔一颗手榴弹，结果乙、丙均被炸死。甲对乙、丙的死亡都是直接故意。理由：第一，甲扔手榴弹时，明知丙会死亡，认识到结果的必然性；第二，"放任"意味着危害结果可能发生或者不发生，具有不确定性。当甲扔手榴弹时，丙必死无疑，这不是放任，而是直接故意。

间接故意的类型：

（1）为实现非犯罪意图或目的而放任结果发生。例如，为了打猎，放任猎物附近孩子的死亡。

（2）为实现犯罪意图或目的而放任另一结果发生。例如，甲为杀妻，在食物中投毒，明知孩子可能食用，放任孩子死亡。

（3）突发性故意犯罪，不计后果，放任结果发生。例如，甲、乙斗殴，乙恼羞成怒拔刀刺向甲，连捅数刀，乙对甲的死伤是间接故意。

⭐（三）直接故意和间接故意的异同

1. 相同点

第一，认识因素：明知自己的行为会发生危害社会的结果；第二，意志因素：都不排斥危害结果发生。由此说明和决定了二者都具有故意的性质。

2. 不同点

第一，认识因素：二者对危害结果发生认识程度有所不同。在直接故意的情况下，行为人认识到危害结果发生的可能性或者必然性；间接故意的情况下，行为人认识到危害结果发生的可能性。如果行为人认识到危害结果发生的必然性还执意为之，则行为人对该结果持希望态度，具有直接故意。例如，甲、乙因怨生仇，见乙、丙在十五楼擦玻璃，不管丙的死活，砍断绳索，乙、丙坠亡。甲对乙、丙的死亡都是直接故意。理由：第一，甲砍断绳索时，明知丙会死亡，认识到结果的必然性；第二，"放任"意味着危害结果可能发生或者不发生，具有不确定性。当甲砍断绳索时，丙必死无疑，这不是放任，而是直接故意。

第二，意志因素：二者对危害结果发生的态度明显不同。直接故意是希望这种危害社会的结果的发生，对结果是积极追求的态度；间接故意则是放任这种危害社会结果的发生，不是积极追求的态度，而是任凭事态发展。

第三，结果因素：特定的危害结果是否发生对二者具有不同的意义。在直接故意的场合，即使追求的特定危害结果没有实际发生，通常也应当追究预备、未遂的罪责；在间接故意的场合，如果没有实际发生特定危害结果，则不成立犯罪。

经典考题 ✏️

甲与妻子感情不和，一直找机会毒死妻子。一天，家中饮水机无水，甲打电话叫人送水，然后在水里放了毒药，结果将其岳父毒死。甲对其岳父死亡的心理态度是（   ）①。（2012-3 法）

A. 直接故意   B. 过于自信的过失   C. 间接故意   D. 疏忽大意的过失

📢 三、犯罪过失

第 15 条[过失犯罪] 应当预见自己的行为可能发生危害社会的结果，因为疏忽大意而

---

① C

没有预见,或者已经预见而轻信能够避免,以致发生这种结果的,是过失犯罪。

过失犯罪,法律有规定的才负刑事责任。

犯罪过失,指行为人应当预见自己的行为可能发生危害社会的结果,因为疏忽大意而没有预见或者已经预见而轻信能够避免的心理态度。

⭐ (一) 疏忽大意的过失

1. 概念:行为人应当预见自己的行为可能发生危害结果,因为疏忽大意而没有预见,以致发生这种结果。过失犯罪的认识因素是:预见;意志因素是:反对结果发生。

2. 结构:预见能力→应当预见→疏忽大意→没有预见→发生危害结果。

(1)预见能力。行为人有预见的能力,才负有法律上的预见的义务(法律不强人所难)。对预见能力的判断,要以行为人的认知能力为标准,以一般人的认知能力为参考。

(2)应当预见。应当预见是一种义务,包括法律和社会准则要求的义务。注意:主观上有预见能力,客观上才负有预见义务。

例1,甲带乙游玩,恰好发生地震,致乙死亡。甲主观上对地震没有预见能力,客观上也没有预见的义务,甲没有过失。

例2,乙到景区游玩,随手丢下烟蒂,引发火灾。乙主观上有能力认识到行为的危险性,客观上就有预见义务,因疏忽大意没有预见,故乙构成失火罪。

(3)发生危害结果。应当预见的结果不是指一切可能的危害结果,而是具体的构成要件结果。

例1,甲因疏忽致乙死亡。甲应当预见的危害结果是致乙死亡的结果,而不包括其他结果。

例2,北方农村的某晚,天色灰沉,能见度很低。甲发现有一条狗在其院子里的菜地里撒欢,将狗赶走。晚上8点,甲准备睡觉时,又发现菜地里有动静。甲以为狗又来了,很生气。甲找到一杆扎枪,对着"狗"用力刺去,听到一声惨叫,结果将邻居家的孩子乙刺死,而乙经常到甲的院内玩耍。甲应当预见到有可能是经常玩耍的孩子,因为疏忽大意没有预见,构成过失致人死亡罪。

⭐ (二) 过于自信的过失

1. 概念:行为人已经预见自己的行为可能发生危害结果,但轻信能够避免,以致发生这种结果。

2. 结构:预见能力→已经预见→轻信能避免→发生危害结果。

(1)已经预见。这是指行为人曾经预见结果可能发生,但又否认了这种可能性,因此,这里的"已经预见"并不是真正的有认识。

(2)轻信能避免。常见的有:过高估计自己的能力;过高估计相关人员的能力;误以为结果发生的可能性很小等。

3. 有无结果避免可能性的判断标准:第一,行为人主观上的避免能力;第二,客观上的避免条件。例如,甲想杀害妻子乙,在乙的食物中投了足以致死的"毒鼠强"。为防止儿子丙中毒,甲将丙送到幼儿园,并嘱咐丙等他来接。乙提前下班后将其丙接回,并与丙一起吃油饼。甲发现时,乙、丙均死亡。甲对乙是直接故意,对丙是过于自信的过失。

⭐ (三) 监督过失

特定的人与人或者人与物之间可能存在监督与被监督的关系,如果监督者没有正确履行监督义务,可能构成过失犯罪。与疏忽大意和过于自信的过失不同,这是理论上的一种过失。

1. 对被监督者的行为缺乏监督。例如,在外科手术时,医生对护士有监督义务,如果因护士的过失导致事故,医生同样对事故承担监督过失的责任。

2. 没有确立安全管理体制。例如,国企负责人甲,随意决定将贵重设备露天堆放,由于雷电起火而烧毁了设备。甲客观上没有确立安全管理体制,主观上存在管理过失。

★（四）疏忽大意的过失与过于自信的过失

疏忽大意的过失事先对危害结果的发生没有预见,所以又称无认识的过失;过于自信的过失事先对危害结果的发生有所预见,故又称有认识的过失。

1. 相同点:二者都反对结果发生。

2. 不同点:是否已经预见结果。疏忽大意的过失:应当预见而没有预见;过于自信的过失:已经预见而轻信能够避免。

3. 区分标准

(1)对危害结果的发生有无思考、判断。如果有,就是过于自信;如果无,就是疏忽大意。例如,护士甲负责照看2月大的患儿丙,在巡查时发现丙侧身,鼻部接触被单。甲以为丙在玩耍,未予理会。一小时后,丙被发现时已窒息死亡。甲对结果的发生无判断,是疏忽大意的过失。

(2)有无采取避免措施。如果有,就是过于自信;如果无,就是疏忽大意。例如,甲在景区游玩,随手将烟蒂扔在古建筑旁,害怕有危险,踩一脚后离开,烟蒂还是引发火灾。甲对结果的发生有判断,也采取了避免措施(踩一脚),故甲是过于自信的过失。

经典考题

下列关于过失犯罪的说法,符合我国刑法规定的有( )①。(2013-22 法)

A. 过失犯罪可以成立未遂犯   B. 过失犯罪不能成立共同犯罪

C. 过失犯罪法律有规定的才负刑事责任   D. 不满16周岁的人对过失犯罪不负刑事责任

★（五）过于自信的过失与间接故意

1. 相同点:二者都已经认识到结果可能发生,也都不希望结果发生(不是积极追求)。

2. 不同点:(1)认识因素不同:间接故意是明知结果,过于自信是预见结果;(2)意志因素不同:间接故意是放任结果发生,过于自信是避免结果发生。详见下表:

内容	间接故意	过于自信的过失
认识因素	明知结果,概率大	预见结果,概率小
意志因素	放任结果发生	排斥、否定结果发生

3. 区分标准

(1)形式标准:有无采取避免措施。间接故意是放任结果发生,一般不会采取避免措施;过于自信的过失是避免结果发生,一般会采取避免措施。

(2)本质标准:行为是否明显具备加害性。间接故意的行为明显具备加害性,导致结果的概率高;过于自信的行为没有明显具备加害性,导致结果的概率低。

---

① BCD

【逻辑】行为明显具有加害性→导致结果的概率高→行为人对结果的认识程度高→明知结果。明知结果只能是间接故意,因为过失犯罪是预见结果。

提示

　　形式与本质标准通常保持一致,如果二者有冲突,采纳本质标准。

　　例1,甲无证驾车,交警乙、丙站立示意甲接受检查。甲心想只要加速通过,交警肯定会让开,于是离交警一百米时突然加速。乙、丙心想:"我就不信有人敢撞交警"。结果乙、丙被撞成重伤,甲对重伤结果是间接故意。理由:第一,形式上,甲无避免措施;第二,本质上,甲短距离突然加速,对交警的危险很大,是明显具有加害性的行为。

　　例2,乙贩运假烟,被执法人员拦住检查。丙正登车检查时,乙突然发动汽车夺路而逃。丙抓住车门把手不放,乙为摆脱丙,在疾驶时突然急刹车,导致丙头部着地身亡。乙对死亡结果是间接故意。理由:第一,形式上,乙无避免措施;第二,本质上,乙疾驶时突然急刹车,对丙的危险很大,是明显具有加害性的行为。

　　例3,丙种的西瓜经常被盗,便在全村喊话:"西瓜打了农药(其实没有打药),偷吃西瓜出了人命我不负责",但西瓜仍然被盗。丙用注射器向西瓜里注射剧毒农药,并在西瓜地里插上小白旗,上有:"瓜内有毒,请勿食用"。丁看见了白旗,但以为是吓唬人的,偷吃西瓜后死亡。第一,形式上,乙有避免措施,是过于自信的过失;第二,本质上,丙向西瓜里注射剧毒农药,是明显具有加害性的行为,是间接故意。这样形式标准与本质标准有冲突,本质标准优先,丙是间接故意,构成投放危险物质罪。注意:假定丙是过于自信的过失,则意味着丙反对结果发生,这会产生逻辑上的矛盾:既然丙不想让结果发生,为什么实施很可能导致结果发生的行为?

　　例4,丁在北方寒冷的冬天,经常驾车穿过冰面以节省路程。某日,丙请求搭顺风车,丁同意。丁想天冷冰厚,丙又比较轻,不会有问题。丁驾车时,冰面破裂,汽车落水致丙死亡。第一,丙已经认识到可能有危险,但轻信能够避免;第二,丙的行为没有明显的加害性。故丁构成交通肇事罪,是过于自信的过失。

(六) 疏忽大意的过失与意外事件

1. 相同点:二者都没预见到结果可能发生,也都反对结果发生。

2. 不同点:有无结果预见的可能性。疏忽大意的过失:应当预见而没有预见,主观上有预见结果的可能性;意外事件:没有结果预见的可能性,不可能预见到结果。

3. 区分标准

是否有结果预见的可能性:以行为人的认知能力为标准,以一般人的认知能力为参考。

例1,因乙移情,甲想报复,甲将硫酸倒入水杯带到学校。课间,甲、乙争吵,甲想用硫酸泼乙,但未能拧开杯盖。甲追乙离开教室,丙误将甲的水杯当作自己的杯子,拧开杯盖时硫酸淋洒一身,灼成重伤。甲应当预见将硫酸装入水杯,有被别人误用的危险,一般人也可能有预见,甲构成过失致人重伤罪。

例2,滴滴司机甲,因内急找不到厕所,使用矿泉水瓶方便,并将瓶子放在驾驶室的中控台,乘客乙误以为是矿泉水而饮用。由于滴滴专车为乘客免费提供饮用水,甲应当认识到乘客有可能误饮,这是疏忽大意的过失,而不是意外事件。注意:本例只是说明有预见可能,不涉及犯罪问题。

例3,日本妇女丙,在接受激光手术时突然放屁,排放出来的易燃气体与激光接触后造成手术室起火燃烧,造成严重后果。丙不可能预见到这一生理行为的危险性,一般人也难以预见,故丙的行为是意外事件。[①]

> **提示**
>
> 行为时突发疾病,导致危害结果,是意外事件;明知有疾病又实施相关行为,导致危害结果,可能构成故意或过失犯罪。例如,甲驾车时癫痫病发作,致使车辆失控撞死行人。如果甲不知自己的生理缺陷,既无故意,也无过失,是意外事件;如果甲知道自己患有癫痫病,应当预见在驾驶时疾病可能发作,主观上有过失,构成过失犯罪。

(七)过于自信的过失与不可抗力

1. 相同点:二者都已认识到危害结果可能发生,也都反对结果发生。

2. 不同点:有无结果避免的可能性。过于自信的过失:有结果避免的可能性,因过于自信而没有避免;不可抗力:没有结果避免的可能性,根本无法避免结果发生。

3. 区分标准

是否有结果避免的可能性:行为人的避免能力以及客观条件。例如,甲是警察,在治安巡逻时,发现丙正在砍杀丁。甲正要制止,但心脏病发作。甲目睹丁被杀死而无能为力,虽然客观上甲没有履行职责,但甲根本无法避免结果发生,这是不可抗力,无罪。

【总结】

罪过形式	认识因素	意志因素	对法益的态度
直接故意	明知必然+可能发生	希望(积极追求)→赞成票	敌视
间接故意	明知可能发生	放任(听任发展)→弃权票	漠视
过于自信的过失	已经预见	反对(不想发生)→反对票	轻视
疏忽大意的过失	应当预见未预见	反对(不想发生)→反对票	轻视
意外事件	无法预见	反对(不想发生)	无
不可抗力	已预见但无法避免	反对(不想发生)	保护

经典考题

间接故意与过于自信的过失区别的关键在于行为人( )[②]。(2009-7)

A. 对危害结果发生的心理态度不同　　　B. 对危害结果发生的认识因素不同

C. 对危害结果发生是否积极追求　　　　D. 对危害结果发生是否知情

四、犯罪目的与动机

(一)犯罪目的

犯罪目的,指犯罪人希望通过实施犯罪行为实现犯罪结果的心理态度。

1. 根据有无刑法的明文规定,目的有两种:

(1)成文的目的:刑法分则明文规定的目的。例如,第 152 条走私淫秽物品罪的"牟利或传播目的";第 175 条高利转贷罪的"牟利目的";第 192 条集资诈骗罪的"非法占有目

[①] 参见:http://news.ifeng.com/a/20161101/50188911_0.shtml。访问时间:2020 年 3 月 1 日。

[②] A

的"等。

(2)不成文的目的:刑法分则未明文规定,但成立犯罪必须具有的目的。例如,第194条至198条的几种金融诈骗犯罪,第264条盗窃罪,第266条诈骗罪都没规定"以非法占有为目的",但构成这些犯罪都需要具备上述目的。

2.根据有无客观行为相对应,目的有两种:

(1)直接目的犯:主观目的存在对应的客观行为。例如,盗窃罪主观上以非法占有为目的,客观上有盗窃行为与之对应(目的→行为)。对直接目的犯,客观上有犯罪行为,通常就能实现主观目的。

(2)间接目的犯:主观目的没有对应的客观行为。通常情况,主客观是统一的。在间接目的犯中,主观目的没有对应的客观行为,这意味着主观要素多出一部分。

例1,走私淫秽物品罪要具有"传播或者牟利目的",事实上本罪有两层目的:其一,逃避海关监管,走私淫秽物品进出境的目的;其二,传播或者牟利目的。本罪的实行行为是走私行为,逃避海关监管就既遂。第一层目的有走私行为相对应,此时主客观相统一。第二层目的没有传播或者牟利行为相对应,此时主客观不统一。故第二层目的就是间接目的。①

例2,绑架罪要具有"向第三人勒索财物或提出其他不法要求"的目的,事实上本罪有两层目的:其一,绑架即控制人的目的;其二,向第三人勒索财物或提出其他不法要求的目的。本罪的实行行为是控制人质,人质被控制就既遂。第一层目的有绑架行为相对应,此时主客观相统一。第二层目的没有勒索财物的行为相对应,此时主客观不统一。故第二层目的就是间接目的。

例3,拐卖妇女罪要具有"出卖目的",事实上本罪有两层目的:其一,控制妇女的目的;其二,出卖的目的。本罪的实行行为是控制妇女,妇女被控制就既遂。第一层目的有拐的行为相对应,此时主客观相统一。第二层目的没有出卖的行为相对应,此时主客观不统一。故第二层目的就是间接目的。

> **提示**
>
> 间接目的是否实现,不影响既遂的成立。间接故意和过失犯罪不存在犯罪目的,但可以有其他目的。

🛡 (二)犯罪动机

1.犯罪动机,指推动犯罪人实施犯罪行为的内心起因。它说明犯罪人基于何种心理原因实施犯罪行为。

2.犯罪动机虽然一般不是犯罪构成的主观要素,但它反映犯罪人的主观恶性,对量刑具有重要的意义。

3.犯罪动机往往是重要的法定或者酌定的量刑情节。例如,《刑法》第397条第2款规定,因为徇私舞弊而滥用职权、玩忽职守的,适用较重的法定刑;在司法实践中,动机是否恶劣,是酌定从重或者从轻处罚的重要理由。

🛡 (三)犯罪动机与犯罪目的的关系

1.犯罪动机是推动行为人追求某种犯罪目的的原因,犯罪目的是行为人希望通过实施

---

① 车润海:《目的犯之主观超过要素新论》,载《吉首大学学报》2015年第4期。

某种行为实现某种结果的心理态度。

2.同一犯罪动机可能实施各种不同的犯罪。例如,仇视社会的心理可能推动人实施杀人、放火、爆炸等不同的犯罪。

3.同一性质的犯罪,目的相同,但动机可以各种各样。例如,同样是盗窃犯罪,行为人的犯罪动机可以是贪图享乐、不劳而获、报复他人、治病救人等等。

4.动机产生在前,目的产生在后。例如,甲为骗取保险金而杀害被保险人乙。对故意杀人罪而言,其犯罪目的是乙的死亡结果;骗取保险金是动机;但是对于保险诈骗罪而言,其骗取保险金是犯罪目的。

> **提示**
>
> 间接目的犯:又称主观超过要素,是指不存在客观行为相对应的主观目的,间接目的犯的间接目的是否实现,不影响既遂的成立。

例1,走私淫秽物品罪要求行为人具备"传播或者牟利目的"。甲在走私淫秽物品进境之后,犯罪已经既遂,但其主观上的传播或者牟利目的并不能当然的实现,需要实施出售或者传播行为才能实现该目的,此时就不存在与传播或者牟利目的相对应的构成要件行为。因此在走私淫秽物品罪中,传播或者牟利的目的就属于主观的超过要素。

例2,绑架罪要具有"向第三人勒索财物或提出其他不法要求"的目的,但绑架罪的既遂标准是控制人质,并不要求实施向第三人勒索财物的行为。上述勒索财物的目的不存在对应的客观行为,故属于主观的超过要素。

经典考题 ✏

犯罪目的在定罪中的作用有( )①。(2010-25 非)

A.决定某些犯罪的成立   B.决定故意犯罪的既遂

C.决定某些犯罪的性质   D.决定是否成立共同犯罪

《 第六节　刑法上的认识错误 》

刑法上的认识错误,是指行为人对自己行为的法律性质、后果和有关的事实情况发生了误解。刑法上的认识错误可分为法律上的认识错误与事实上的认识错误。

📢 一、法律上的认识错误

这是指行为人对自己行为的法律性质发生误解。表现为 3 种情况:

1.假想非罪

行为被法律规定为犯罪,而行为人误认为不是犯罪。一般认为,对"假想非罪"原则上构成犯罪。例如,甲将自己亲生的婴儿以 2 万元价格卖给他人。甲认为自己的行为不构成犯罪,甲的这一认识错误属于法律认识错误。

2.假想犯罪

行为在刑法上并没有被规定为犯罪,而行为人误以为是犯罪。行为人"假想犯罪"并不改变其行为的法律性质,不成立犯罪。例如,某甲复制含有色情内容的有艺术价值的文学作品,本来不构成犯罪,但他却误认为构成犯罪。

---

①   AC

3.行为人对自己犯罪行为的罪名和罪行轻重发生误解。这种对法律的认识错误既不影响罪过的认定,也不影响定罪量刑。例如,甲以为自己构成抢夺罪,实际构成抢劫罪,应根据法律规定认定为抢劫罪。

二、事实上的认识错误

事实上的认识错误,是指行为人对与自己行为有关的事实情况有不正确的理解。事实认定错误解决两个问题:

第一,行为人的认识与客观事实不一致,能否成立故意犯罪?

第二,行为人的认识与客观事实不一致,能否成立犯罪既遂?

(一)适用前提:主客观不一致

主观认识与客观事实不一致是事实认识错误的前提。首先,主观上要对客观事实有一定认识,否则不成立犯罪;其次,主观认识与客观事实有偏差,否则不是错误问题。例如,甲误把父亲当作仇人,将其杀死,甲主观上认识的事实(以为杀仇人)与实际发生的事实(杀死父亲)不一致,对甲如何处理?

1.间接故意不是认识错误

间接故意是放任结果发生,结果发生与否都在行为人的主观认识内,故不存在认识错误。例如,甲明知可能击中猎物附近的孩子,仍然开枪,致孩子死亡。甲已经认识到结果,不是认识错误,构成故意杀人罪。

2.概括故意不是认识错误

概括故意已经认识到结果确定发生,只是具体侵害的对象不确定。结果已经在行为人的概括认识内,故不存在认识错误。例如,甲朝着集会的人群扔手榴弹,不管出现多少死亡结果,都在甲的概括认识内,故不存在认识错误。

(二)处理方式:法定符合说

法定符合说认为,行为人主观预想的事实与实际发生的事实,只要在一个犯罪构成内相一致时,就成立故意犯罪既遂。如果不在同一犯罪构成,则不构成故意犯罪。

例1,甲想杀乙,但枪法不准,打死了乙身旁的丙。甲主观上有杀人故意,客观上有杀人行为,不管死的是谁,只要有人死亡,在故意杀人罪的犯罪构成内相一致,因此对丙成立故意杀人罪既遂。

例2,甲本以为乙的提包中装满现金,窃取了乙的提包后却发现里面没有现金,但有大量的其他财物。因为这种错误没有超出盗窃罪的范围,故不影响甲构成盗窃罪。反之,甲本以为乙的提包中装满现金,窃取了乙的提包后却发现里面没有现金,但有2支军用手枪。因为这种错误超出盗窃罪犯罪构成的范围,涉及盗窃枪支罪的犯罪构成。在这种情况下,由于军用手枪能够评价为财物,甲仍须对盗窃罪承担刑事责任,无须对盗窃枪支罪承担刑事责任。

(三)事实认识错误的分类

根据刑法理论,事实上的认识错误分为:客体错误、对象错误、手段错误、打击错误和因果关系错误。

1.客体错误:行为人预想侵犯的对象与实际侵犯的对象分属不同的犯罪构成(在法律性质上不同)。

例1,甲想杀死乙的宠物狗,却误将乙的孩子当做宠物狗射杀。甲主观认识的事实(杀死宠物狗)与实际发生的事实(致孩子死亡),分别属于故意毁坏财物罪与过失致人死亡罪的犯罪构成,这就是客体错误。

例2,甲开枪杀乙,因为没有瞄准,打毁乙身旁的珍贵文物。甲主观上有杀人的故意(重罪故意),客观上是损毁文物的行为(轻罪结果)。由于有杀人的实行行为,故甲构成故意杀人罪未遂;甲的杀人行为又过失损毁文物,构成过失损毁文物罪。一个行为触犯两个罪名,想象竞合,从一重罪处罚,因此,甲构成故意杀人罪未遂。

2.对象错误:这是指行为人预想侵犯的对象与实际侵犯的对象在法律性质上是相同的。根据法定符合说,对象错误对行为的性质没有影响。例如,甲开枪杀乙,黑夜中误把丙当成乙射杀。甲主观认识的事实(以为是杀乙)与实际发生的事实(实际是杀丙)不一致,但无论是乙还是丙,都是人。这种错误还在故意杀人罪的犯罪构成内,甲构成故意杀人罪既遂。

3.手段错误:这是指行为人对犯罪手段发生误用。例如,甲本想使用毒药杀害张三,但因为粗心错用了一种无毒的药物(手段不能犯未遂)。这种错误不影响罪过的性质。因为该种错误并未造成犯罪结果,故甲构成故意杀人罪未遂。

4.打击错误:行为人预想打击的目标与实际打击的目标不一致。例如,甲想杀乙,因为没有瞄准,射中乙身旁的丙,致其死亡。甲主观上认识的事实是杀乙(杀人),实际发生的事实是丙死亡(人死亡)。甲的主观认识与客观事实在故意杀人罪的犯罪构成内一致,故甲对丙构成故意杀人罪既遂。

5.因果关系错误:这是指行为人对自己的行为和所造成的结果之间因果关系的实际情况发生误认。因果关系错误包括以下三类,对犯罪形态没有影响。

(1)行为造成了预定的结果,但误以为没有造成该结果。例如,甲想掐死乙,以为自己的行为将乙掐昏,而实际上已经掐死。

(2)行为没有实际造成预定的结果,但误以为造成了该结果。例如,甲想杀乙,并未掐死乙,但误以为已经掐死。

(3)知道行为已经造成了预定的结果,但对造成结果的原因有误解。这种因果关系错误有三种情形:

①狭义的因果关系的错误。

这是指因果关系的发展过程与行为人预想的不一致。例如,甲想杀乙,将其推入深井,意图将其淹死,但井中无水,乙被摔死。对甲如何处理?甲预想的因果过程为乙被淹死,实际的因果过程为乙被摔死,这就是狭义的因果关系错误。第一,甲的行为与乙的死亡有因果关系;第二,成立故意犯罪,不要求行为人认识到因果关系的具体样态。故甲构成故意杀人罪既遂。

【结论】狭义的因果关系错误,行为人成立故意犯罪既遂。

②事前的故意(结果的推迟发生)。

这是指行为人误认为第一个行为已经造成危害结果,出于其他目的实施第二个行为,实际上是第二个行为才导致预期结果发生,由于预想的结果推迟发生,也称结果的推迟发生。① 例如,甲想杀乙,致乙休克。甲以为乙已经死亡,为了毁尸灭迹,将乙抛至水中(第二个行为),实际上乙是溺水死亡。对甲如何处理?第一,介入因素是毁尸灭迹,抛至水中。一

---

① 这里的"事前"是指第二个行为之前,也即:第一个行为有故意,但未造成结果;第二个行为造成结果,但没有故意。解决的问题:第二个行为是否成立犯罪既遂。

般而言,杀人后处理尸体、毁灭证据并不异常,不能中断杀人行为与死亡的因果关系;第二,甲主观上有杀人故意,客观上有杀人行为。故甲故意杀人罪既遂。

③结果的提前发生。

这是指提前实现了行为人预想的结果,①通常成立犯罪既遂。例如,甲想杀乙,计划先让乙吃安眠药熟睡(第一个行为),然后将其绞死(第二个行为)。乙由于服用过量安眠药而死亡。通说观点主张:第一,客观上投放安眠药对乙的生命有现实、紧迫危险,杀人行为已经着手;第二,主观上甲具有杀人的概括故意。故甲构成故意杀人罪既遂。

经典考题

1. 甲想用水果刀伤害张三,却失手将张三旁的李四捅伤。这种情形在我国刑法中属于(　　　)②。(2017-5 非)

A. 因果关系错误　　　　　B. 打击错误　　　　　C. 行为性质错误　　　　　D. 意外事件

2. 甲误把张某当做李某推入水井,意图将其淹死,但事实上井中无水,结果张某摔死。这属于(　　　)③。(2018 年-17 非)

A. 客体错误　　　　　B. 工具错误　　　　　C. 打击错误　　　　　D. 因果关系错误

---

① 在结果的提前发生中,行为人计划通过第二个行为实现结果,事实上是第一个行为导致结果。解决的问题:第一个行为导致结果,能否成立犯罪既遂。

② B

③ D

第三章 | 正当化事由

《 第一节　正当化事由概述 》

一、正当化事由的概念

这是指行为人的行为虽然形式上符合某些犯罪的客观构成要件,但实际上没有犯罪的社会危害性,依法不成立犯罪的情形。

二、正当化事由的种类

关于正当化事由,我国刑法明文规定的虽然只有正当防卫与紧急避险两种。但在刑法理论上和外国的刑法中,除了正当防卫和紧急避险之外,正当化事由还有下列一些情形:

第一,依照法律的行为,即具有法律明文依据的行为,直接依照法律作出的行为不为犯罪。

第二,执行命令的行为,即基于上级的命令实施的行为。

第三,正当业务的行为,即为从事合法的行业、职业、职务等活动实施的行为。

第四,经权利人承诺的行为,即权利人请求、许可、默认行为人损害其合法权益,行为人根据权利人的承诺损害其合法权益的情况。

第五,自救行为,即合法权益受到侵害的人,依靠自己力量及时恢复权益,以防止其权益今后难以恢复的情况。

《 第二节　正当防卫 》

第20条[正当防卫]　为了使国家、公共利益、本人或者他人的人身、财产和其他权利免受正在进行的不法侵害,而采取的制止不法侵害的行为,对不法侵害人造成损害的,属于正当防卫,不负刑事责任。

正当防卫明显超过必要限度造成重大损害的,应当负刑事责任,但是应当减轻或者免除处罚。

对正在进行行凶、杀人、抢劫、强奸、绑架以及其他严重危及人身安全的暴力犯罪,采取防卫行为,造成不法侵害人伤亡的,不属于防卫过当,不负刑事责任。

【法谚】紧急时无法律。在紧急状态下,允许实施在通常情况下法律禁止的行为,以避免紧急状态带来的危险,但紧急状态的范围与成立条件要有严格的限制。

正当防卫,指为了使公共利益、本人或者他人的人身和其他权利免受正在进行的不法侵害,而对实施侵害的人所采取的合理的防卫行为。

> **提示**
>
> 在形式上正当防卫貌似犯罪;在实质上正当防卫无法益侵害性,本质无罪。与紧急避险相似,它们都"长着一张犯罪的脸,有着一颗善良的心"。

例1,甲追赶偷车贼乙,乙因紧张撞到路边护栏,反弹后倒地身亡。追赶行为并非"貌似犯罪",即根本不符合某一罪名的构成要件,没有必要进行违法性的判断。甲的行为不是正当防卫。

例2,乙欲杀丙,开车撞向丙时丙故意躲在石墩之后。乙撞上石墩,车毁人亡。丙躲避的行为并非"貌似犯罪",丙的行为不是正当防卫。

例3,丙的钱包被偷,立马追赶小偷,将其制服后夺回钱包。从形式上看,丙的行为貌似符合抢劫罪的构成要件;从实质上看,丙是夺回自己的财物,无非法占有他人财物的目的,其行为具有正当性,故属于正当防卫。

一、成立条件

起因条件	有不法侵害行为发生
时间条件	对正在进行的不法侵害进行防卫
意思条件	必须是基于保护合法权利免受不法侵害的目的
对象条件	防卫行为必须是针对不法侵害者本人实行
限度条件	不能明显超过必要限度造成重大损害

★ (一)起因条件:有不法侵害行为发生

正当防卫面临现实的不法侵害,具体要求有三:现实性、不法性、侵害性。

1. 现实性

不法侵害必须现实存在,不是主观想象的。如果误以为存在不法侵害而进行防卫的,就是假想防卫。例如,甲违章停车,回来时发现乙等3人正尝试打开汽车。甲以为遇到小偷,于是捡起木棍将3人打成轻伤。事后查明,乙等3人是交警,当时正想将违章车辆拖走。甲属于假想防卫。

假想防卫的处理:

(1)防卫人有过失,按照过失犯罪处理。例如,甲看到乙将好友丙按倒在地,以为乙伤害丙,便上前制止。乙称自己是便衣警察,正在执行公务。甲不相信并将乙打成重伤,甲属于假想防卫。由于乙表明了警察身份,甲有义务核实真实情况,主观上存在过失,故甲构成过失致人重伤罪。

(2)防卫人无过失,按照意外事件处理。例如,甲下夜班回家,目睹一男将一女强行拉进小巷,女子大叫:"放开我!"甲以为该男子欲行不轨,遂冲上去将男子推倒,不料该男心脏病发作死亡。事后查明,该男女是夫妻关系,事发时男子阻止女子回娘家。甲属于假想防卫。由于甲不可能遇见男子患有严重的心脏病,本案属于意外事件,无罪。

> 提示
>
> 假想防卫不能构成故意犯罪。防卫人客观上是犯罪行为,但主观上自以为是正当防卫,缺乏犯罪故意。

2. 不法性

只能对侵害法益的不法行为进行正当防卫,对合法行为不能进行正当防卫。因此正当防卫的本质是："正对不正"。这里的不法行为要满足三个特征：进攻性、破坏性、紧迫性。

【法谚】以暴制暴，理所当然。并不是对所有的不法侵害都可以正当防卫，只有不法侵害行为具有进攻性、破坏性、紧迫性时才允许防卫。

例1，甲看到乙正在向丙行贿，虽然行贿与受贿是犯罪行为，但不具有紧迫性、进攻性，不能正当防卫。

例2，乙发现邻居丙（女）正在家中卖淫，将丙家价值5000元的防盗门砸坏，阻止其卖淫。卖淫嫖娼是违法行为，但不具有进攻性、紧迫性，不能正当防卫。

例3，丙发现小偷窃走自己手机，立刻追上去将其制服。小偷的行为具有紧迫性，如果丙不采取措施，很难挽回损失，故允许丙正当防卫。

（1）不法侵害行为是指人的不法行为。只有人的身体举动才能被评价为行为，故面对自然灾害、野狗咬人等只能进行紧急避险。

（2）不法侵害行为包括违法和犯罪行为。不法行为只要满足进攻性、破坏性、紧迫性，就允许对其防卫。例如，甲无端对乙进行殴打，虽然甲的行为只是一般的违法行为，乙仍然可以对其防卫。因为违法行为可能随时转换为犯罪，不能苛求防卫人精准把握。

（3）防卫人不限于被害人本人，面临不法侵害，第三人也可以进行正当防卫。

提示

　　对"黑吃黑"的行为也能进行正当防卫。例如，甲明知乙运输假币，认为即使"黑吃黑"，乙也不敢报警，于是抢劫甲的假币。虽然乙运输假币是犯罪行为，但需要经过法定程序改变占有状态，甲无权改变假币的占有状态。对甲的抢劫行为，乙可以正当防卫。①

3.侵害性

对故意和过失的不法侵害，都能进行正当防卫。例如，聋哑人甲正在打猎，误将前方的乙当成猎物，准备射击。丙发现后来不及制止，于是开枪打中甲的胳膊致其轻伤，丙的行为构成正当防卫。

提示

　　对不作为犯罪可以进行正当防卫。例如，母亲故意不喂奶，企图饿死婴儿，这是不作为犯罪。对母亲可以进行正当防卫，以保护婴儿的生命权。

⭐（二）时间条件：对正在进行的不法侵害进行防卫

现实的不法侵害正在进行，法益面临紧迫状态时，才能正当防卫。如果事前防卫或者事后防卫，都是防卫不适时。

这里的"正在进行"是指不法侵害已经开始，尚未结束，此时法益面临紧迫危险，防卫才具有适时性。

1.不法侵害已经开始

这是指不法侵害已经着手，对法益造成现实又紧迫的危险。例如，甲欲杀乙，买刀后尾随乙至偏僻路段，遂举刀将其砍死。甲买刀和尾随是不法侵害的准备行为，对法益无现实又紧迫的危险，此时尚不能正当防卫；甲举刀砍杀时，乙的生命面临现实又紧迫的危险，可以正

---

① 　这是为了维护社会秩序，如果对违禁品等允许肆意哄抢，会破坏社会秩序，不利于保护法益。

当防卫。

> **提示**
>
> 　　防卫装置在不法侵害着手前已经设置,符合条件时也能构成正当防卫,条件有二:
>
> 　　第一,手段相当。例如,甲被盗窃后,根据监控估算出小偷乙的身高,在防盗门后安装具有发射功能的弩。乙打开防盗门后,弩自动发射,将其腿部射伤。由于防卫装置在不法侵害着手时才发挥作用,故不属于事前防卫,而是正当防卫。
>
> 　　第二,没有危害公共安全。如果防卫装置危害了公共安全,不是正当防卫。例如,甲为防止窃贼,在自家别墅周围私拉一圈电网,不料将玩耍的儿童电昏。甲的行为危害了公共安全,不是正当防卫。根据司法解释,甲构成以危险方法危害公共安全罪。

2. 不法侵害尚未结束

这是指不法侵害着手后,尚未完全结束,法益仍然面临紧迫危险。结束的标准:应当站在行为时立场,以一般人的视角判断,不能进行事后判断(上帝的视角),正因如此,德国《刑法》第33条才规定:防卫人由于慌乱、恐惧、惊吓而防卫过当的,不负刑事责任。例如,昆山防卫案中,刘海龙从车中取出砍刀连续击打于海明,后于海明反抢砍刀并在7秒内捅刺、砍中刘海龙5刀,刘海龙受伤后跑向宝马车,于海明继续追砍两刀均未砍中,后两刀是否属于正当防卫? 站在行为时立场,防卫人都会因紧张状态而慌乱、恐惧,不能苛求其像平常人一样理性。一般人也完全有理由推断,刘海龙可能继续从车中取出杀伤力更强的武器。因此不法侵害尚未结束,于海明的防卫行为具有连续性,成立正当防卫。注意:如果于海明明知刘海龙丧失侵害能力而继续追砍,则属于事后防卫。

> **提示**
>
> 　　财产犯罪的例外。财产犯罪中,行为人虽然取得财物,但现场还来得及挽回损失的,视为不法侵害尚未结束,可以实行正当防卫。这需要满足两个条件:
>
> 　　第一,时间具有持续性。例如,甲盗窃乙的摩托车,乙立刻追赶将车抢回。由于时间上具有持续性,甲对财物的占有尚未平稳,乙可以实行正当防卫。
>
> 　　第二,现场具有延伸性。例如,上例中,如果乙第二天偶遇甲并将车夺回,时间上没有持续性,现场也不具有延伸性,乙不是正当防卫,属于广义的自救行为。

3. 防卫不适时的处理

不法侵害着手前进行防卫,是事前防卫;不法侵害结束后进行防卫,是事后防卫。两者统称为防卫不适时。

(1)故意的防卫不适时,构成故意犯罪。例如,甲将小偷制服后,将其殴打致重伤,这是事后防卫,而且是故意为之,故甲构成故意伤害罪。

(2)过失的防卫不适时,构成过失犯罪。例如,乙见丙持刀尾随丁,为制止丙行凶,本想驾车将丙撞成轻微伤,但乙误将油门当刹车,致丙重伤。这是事前防卫,是过失为之。故乙构成过失致人重伤罪。

(3)无故意、过失时,成立意外事件。例如,上例中,乙本想驾车将丙撞成轻微伤,但因刹车突然失灵,致丙重伤。这是事前防卫,但乙对重伤并无故意、过失,故属于意外事件。

> **提示**
>
> 　　防卫不适时与假想防卫的区分。第一,防卫不适时可构成故意犯罪,假想防卫不能构成故意犯罪;第二,假想防卫中,行为人误以为存在紧迫的不法侵害;防卫不适时中,

行为人一般明知法益侵害不紧迫。例如,甲在偏僻小道,遇见手持长刀,满脸横肉的乙。甲以为遇见劫匪,思量先下手为强,捡起石头砸向乙致其重伤。事后查明,乙是当地屠夫,并非劫匪。甲的行为是事前防卫还是假想防卫? 第一,乙并未对甲的法益造成紧迫危险,不具有防卫的适时性,故属于事前防卫;第二,甲误以为客观上有不法侵害而进行防卫,有假想防卫的性质,但假想防卫也要求行为人误以为的"不法侵害"正在进行。即使甲误以为乙意欲不法侵害,但乙的行为没有"正在进行"的外观,故甲不是假想防卫。

🛡 (三)对象条件:防卫行为必须是针对不法侵害者本人实行

对象条件,是指正当防卫只能针对不法侵害人本人进行防卫。允许正当防卫,是因为通过防卫行为可以减少甚至避免法益侵害结果,而只有对不法侵害人本人防卫才能起到效果。

1.防卫的类型:既可以对侵害人的人身进行防卫,也可以对侵害人的犯罪工具进行防卫。例如,甲唆使恶狗咬乙,乙将恶狗打死是正当防卫,如果乙对甲实施暴力,迫使甲阻止恶狗也是正当防卫。

2.共同侵害的防卫:在共同犯罪中,只要一人着手就认为整体的不法侵害着手,允许对其他共犯人正当防卫。例如,甲、乙共谋杀丙,甲持刀砍杀,乙持刀助威。由于甲、乙是共同犯罪,甲着手杀丙时,甲、乙共同的不法侵害已经开始。丙对甲或乙都可以正当防卫。

3.防卫效果:成立正当防卫不要求现实地制止了不法侵害,即使客观上没有成功制止,也成立正当防卫。例如,乙抢夺甲的钱包,甲反击致乙轻伤,但钱包扔被抢走,甲成立正当防卫。

🛡 (四)意思条件:防卫必须是基于保护合法权利免受不法侵害的目的

防卫目的的正当性既是正当防卫成立的首要条件,也是正当防卫不负刑事责任的重要根据。挑拨与相互斗殴没有防卫认识,原则上不成立正当防卫。

1.防卫挑拨:这是指为了加害对方,故意引起对方对自己进行侵害,然后以正当防卫为借口加害对方。例如,甲欲杀乙,当众对其羞辱。乙忍无可忍,想以暴力制止甲,甲假借正当防卫,将乙杀死。甲不成立正当防卫,构成故意杀人罪。

2.相互斗殴:这是指双方都以加害对方为意图,相互攻击对方身体。原则上,相互斗殴的双方都不成立正当防卫。例如,甲、乙因怨生仇,相约决斗。乙攻击甲时,甲反击致乙重伤。甲不成立正当防卫,构成故意伤害罪。

【法谚】斗殴无防卫。斗殴的双方均无防卫认识,都意图加害对方,原则上都不成立正当防卫。

斗殴中也可能出现正当防卫的情形。例如,甲、乙相互斗殴,甲突然拔出手枪对乙射击,乙可以对甲正当防卫;同理,在斗殴时,乙中途求饶并逃跑,甲继续对乙侵害。由于乙放弃斗殴,甲的后续行为就是不法侵害,乙可以正当防卫。

🛡 (五)限度条件——正当防卫不能明显超过必要限度造成重大损害

限度条件,是指正当防卫没有明显超过必要限度,造成重大损害。

1.限度以内:正当防卫

(1)明显超过:这需要进行价值判断,如果只是轻微超过必要限度,仍然是正当防卫。

(2)必要限度:以制止不法侵害、保护法益的合理需要为标准,只要是制止不法侵害、保护法益所必需的,就在必要限度之内。

(3)重大损害:这是指重伤及死亡结果。注意:轻伤及以下结果不会构成防卫过当。

> **提示**
>
> 在一般的正当防卫中,并不是造成死亡结果就构成防卫过当。因为防卫过当要同时满足明显超过必要限度和造成重大损害两项指标。例如,甲持木棍对乙一般殴打,乙为自卫将甲推倒,致甲头部着地死亡。乙的行为虽造成重大损害,但其手段并未明显超过必要限度,故乙不构成防卫过当,仍然是正当防卫。

2.限度以外:防卫过当

(1)防卫过当不是独立罪名,要根据具体的构成要件确定罪名。例如,甲在公交车上多次被盗,心生怨恨。于是甲穿长褂,袖内藏刀。小偷乙将手伸入甲的口袋时,甲从袖内顺出长刀将乙的手斩下。甲的行为构成防卫过当,而且是故意为之,故甲构成故意伤害罪。

> **提示**
>
> 特殊防卫无限度要求,不可能构成防卫过当。

(2)防卫过当不满足正当防卫的限度条件,其余条件必须符合。注意:事后防卫不是防卫过当。例如,甲强奸乙女后,乙在甲穿衣服时,为报复用砖块将甲砸成重伤。乙的行为不是防卫过当,而是防卫不适时,乙构成故意伤害罪。

(3)防卫过当,应当负刑事责任,但应当减轻或者免除处罚。

经典考题 ✐

甲下夜班回家,目睹一男将一女强行拉进小巷,女子大叫:"放开我!"甲以为该男子欲行不轨,遂冲上去,用砖头将男子打成轻伤。事后查明,该男女系夫妻关系,事发时男子阻止女子回娘家。甲的行为成立
( )①。(2017-8 非)

A.事前防卫   B.假想防卫   C.正当防卫   D.防卫过当

📢 二、特殊正当防卫

第 20 条第 3 款[特殊正当防卫] 对正在进行行凶、杀人、抢劫、强奸、绑架以及其他严重危及人身安全的暴力犯罪,采取防卫行为,造成不法侵害人伤亡的,不属于防卫过当,不负刑事责任。

1.条文性质

特殊防卫的特殊之处:对限度条件无要求,因此特殊防卫无过当。但特殊防卫要符合正当防卫的其余条件。根据本款规定:

第一,对象条件:对严重危及人身安全的暴力犯罪才可以实施特殊防卫。为了保护财产权,或者其他权利不能实施特殊防卫。

第二,限度条件:针对严重危及人身安全的暴力犯罪,只要符合正当防卫的其他条件,即使造成侵害人伤亡,也不算过当。

2.条文解读

(1)严重危害人身安全。这是指具有导致死亡或严重重伤(不包括一般重伤)的紧迫性

---

① B

危险。例如,甲在乙熟睡时对其奸淫,甲的行为不是严重危及人身安全的暴力犯罪,对甲不能特殊防卫,只能一般防卫。

（2）暴力犯罪。本款中的"暴力"是指对人身实施暴力,因此特殊防卫不适用于非暴力犯罪以及一般的暴力行为。

> |提示|
> 　　行凶、杀人、抢劫、强奸、绑架严重危及人身安全,而且是暴力犯罪时,才能对其特殊防卫。

3.具体内容

（1）行凶。

行凶,是指杀人与伤害界限不明,但有可能造成他人严重的重伤或者死亡的行为（缩小解释）。<u>注意</u>:"行凶"不要求使用凶器,不包括轻伤害。

（2）杀人。

第一,不包括非暴力手段的故意杀人。例如,不能对投毒杀人、不作为杀人行为特殊防卫。

第二,包括转化的故意杀人罪。例如,甲拘禁乙时,使用木棒对其殴打,如果乙有被致死的紧迫危险,对甲可以特殊防卫。

（3）抢劫。

第一,不包括非暴力手段的抢劫。例如,用迷药方法抢劫、昏醉抢劫等。

第二,包括以暴力方式抢劫枪支、弹药、爆炸物等。

第三,包括事后转化抢劫,但不包括"携带凶器抢夺"拟制的抢劫罪。因为携带凶器抢夺本质上仍是抢夺行为,没有严重危及人身安全。

（4）强奸。

第一,不包括非暴力的强奸。例如,昏醉强奸、迷奸、骗奸等。

第二,包括拐卖妇女中的强奸。

（5）绑架。

包括普通绑架和拐卖妇女、儿童罪中的绑架。

【总结】涉及的罪名不重要。只要有导致死亡或严重重伤的紧迫危险,又属于暴力犯罪,就可以对其特殊防卫。例如,以暴力抢劫枪支、劫持航空器等。

经典考题

甲酒后到一洗浴中心进行足浴,发现为其洗脚的女服务员乙很漂亮,于是提出要与乙发生性行为,遭乙拒绝。甲便采取暴力欲强奸乙。乙在反抗中用修脚刀刺死了甲。乙的行为属于（　　）①。（2011-5 非）

A.正当防卫 　　　　　　　　　　　　B.紧急避险

C.故意杀人 　　　　　　　　　　　　D.故意伤害致人死亡

《 第三节　紧急避险 》

第21条[紧急避险]　为了使国家、公共利益、本人或者他人的人身、财产和其他权利免受正在发生的危险,不得已采取的紧急避险行为,造成损害的,不负刑事责任。

---

① A

紧急避险超过必要限度造成不应有的损害的,应当负刑事责任,但是应当减轻或者免除处罚。

第一款中关于避免本人危险的规定,不适用于职务上、业务上负有特定责任的人。

起因条件	必须有危险发生
时间条件	实际存在的正在发生的危险
对象条件	针对的对象是第三人的合法利益
意思条件	为了使合法利益免受正在发生的危险
限度条件	避险行为不能超过必要限度造成不应有的危害
限制条件	除了进行避险外,没有其他合理办法可以排除危险,是迫不得已而为之

一、成立条件

紧急避险,指为了使公共利益、本人或者他人的人身和其他权利免受正在发生的危险,不得已而采取的损害另一较小合法利益的行为。

(一)起因条件

要面临现实的危险,才能进行避险,这是紧急避险的起因条件。

1.危险的来源:危险的来源多样,包括危害行为、自然力量、动物侵袭等。注意:正当防卫的起因条件只能来自人的不法侵害。

2.现实的危险:如果客观上没有危险,行为人误以为有危险而避险,是假想避险。与假想防卫处理办法相同,假想避险不能构成故意犯罪。如果存在过失,就是过失犯罪;如果没有过失,就是意外事件。

3.避险的限制:职务上、业务上负有特定责任的人在面临危险时,不能进行紧急避险。例如,发生火灾时,消防员不能为了避免危险而实施紧急避险。

4.对象条件:避险行为针对的对象是第三人的合法利益。

(二)时间条件

危险正在发生时才能进行避险,这是紧急避险的时间条件。正在发生,是指危险已经发生且尚未消除,法益面临紧迫的危险。在危险尚未发生或者消除后进行避险,是避险不适时,与防卫不适时的处理办法相同。

(三)意思条件

避险意思由避险认识与避险意志构成。避险认识,是指行为人认识到危险正在发生;避险意志,是指行为人有避免危险,保护法益的目的。

1.为了保护非法利益,不允许紧急避险。例如,犯罪嫌疑人为逃避抓捕侵入他人住宅,不成立紧急避险,可能成立非法侵入住宅罪。

2.避险的动机不影响紧急避险的成立。例如,鱼塘边仓库着火,甲用水泵从乙的鱼塘抽水灭火,致鱼塘中价值2万元的鱼苗死亡,保全了仓库中价值2万元财物。甲承认周围还有其他家的鱼塘,为报复才从乙的鱼塘抽水。在当时的情况下,除了从鱼塘抽水之外,别无它法。故甲从乙的鱼塘抽水,是不得已采取的避险行为,避险的动机不影响紧急避险的成立。

(四)限制条件

这是指除了进行紧急避险外,没有其他合理办法可以排除危险,是迫不得已而为之。注意:在有其他合理方法可以避免危险的情况下,行为人采取避险行为,可构成故意犯罪、过失犯罪或者意外事件。

★（五）限度条件

限度条件,要求避险手段没有超过必要限度造成不应有的损害。进攻性紧急避险,通常损害第三人的法益,以保护更大的法益。因此紧急避险的本质:"正对正""去卒保车"。

1. 利益衡量:保护的法益≥损害的法益

（1）生命法益:生命是平等的、无价的、不可交换的,不允许通过牺牲他人生命来进行紧急避险。例如,泰坦尼克号沉没后,Jack 在冰冷的海水中守护着木板上的 Rose。如果 Jack 为了自保将 Rose 推入海中,自己爬上木板幸存,这不是紧急避险,而是构成故意杀人罪,可以酌情从宽处罚。

（2）财产法益:财产有价值大小之分,可以牺牲较小财产保护较大财产。

> **提示**
>
> 可通过牺牲其他人身法益来保护生命法益。例如,河南平顶山市一犯罪团伙,以杀害相威胁,强迫检察官夏某奸淫女大学生王某,夏某迫于无奈照办。夏某为保护生命而牺牲王某的性自主权,由于生命法益大于性法益,故夏某的行为成立紧急避险。

2. 避险过当

紧急避险超过必要限度,造成不应有的损害的,应当负刑事责任,但是应当减轻或者免除处罚。避险过当的罪过通常是过失,避险过当致人重伤或死亡的,构成过失致人重伤罪或者过失致人死亡罪。

【注意1】正当防卫的限度条件是:明显超过必要限度,造成重大损害。紧急避险的限度条件是:超过必要限度,造成不应有的损害。这是因为正当防卫的本质是"正对不正",紧急避险的本质是"正对正",立法者对前者更宽容。

【注意2】造成的损害小于保护的法益时,也可能超过了必要限度。例如,森林失火,为了灭火,必须砍伐树木形成隔离带。如果仅需要砍伐 10 米宽的隔离带,但甲却下令砍伐50 米宽。尽管保护的森林面积远大于砍伐的面积,但仍然超过了必要限度,甲成立避险过当。

★（六）特别例外的限制

关于避免本人危险的规定,不适用于职务上、业务上负有特定责任的人。

📢 二、避险过当

避险过当是指避险行为超过必要限度造成不应有的损害的行为。紧急避险的意义在于在不得已的情况下损害较小的利益保全较大的利益。如果避险行为造成的损害大于或等于所保全的利益,就失去了正当的依据。因此,避险过当应负刑事责任。

避险过当的基本特征:

1. 在客观上造成了不应有的损害,即避险行为造成的损害大于或等于所保全利益。

2. 主观上对造成的不应有损害存在过失,应受到责备。但是鉴于行为人是在紧急情况下、在具备避险的前提条件下造成的不适当损害,所以只有在造成较为严重的不应有损害时,才有必要认定为避险过当,追究刑事责任。

3.避险过当应当负刑事责任,但是应当减轻或者免除处罚。

经典考题

消防队员甲在执行灭火任务中,担心被大火毁容,逃离火灾现场。甲的行为(　　)①。(2008-5)

A.属于紧急避险　　　　　B.属于紧急避险过当　　　　C.不成立紧急避险　　　　D.属于假想避险

三、紧急避险与正当防卫

(一)相同点

1.目的相同。都是为了保护公共利益,本人或者他人的人身或其他合法权利。

2.前提相同。都必须是在合法权益正在受到紧迫危险时才能实施。

3.责任相同。在合理限度内给某种利益造成一定的损害,都可以不负刑事责任;如果超出法定限度造成损害结果的,都应当负刑事责任,但应当减轻或免除处罚。

(二)不同点

1.危害的来源不同。紧急避险的危害来源非常广泛,既可以是人的不法侵害,也可以是自然灾害,动物侵袭等,而正当防卫的危害来源只能是人的不法侵害。

2.行为所损害的对象不同。紧急避险损害的对象是第三者的合法权益,正当防卫损害的对象只能是不法侵害者。

3.行为的限制条件不同。紧急避险只能在迫不得已时,即在没有其他方法可以避免危险的情况下才能实行,而正当防卫则无此限制。

4.对损害程度的要求不同。紧急避险损害的合法利益必须小于所保护的合法利益,而正当防卫所造成的损害可以大于不法侵害者可能造成的损害。

5.主体的限定不同。正当防卫是每一个公民的权利,而紧急避险不适用于职务上、业务上负有特定责任的人。

经典考题

关于正当防卫与紧急避险,下列说法正确的是(　　)②。(2004-10)

A.正当防卫明显超过必要限度造成重大损害的,应当以防卫过当罪定罪,但是应当酌情减轻或者免除处罚

B.紧急避险用于解决紧迫情况下合法利益之间的冲突

C.防卫过当的场合,其罪过形式通常是直接故意

D.对于"事后防卫"的,通常按照防卫过当处理

---

① C

② B

第四章 | 故意犯罪的停止形态

《 第一节　故意犯罪的停止形态概述 》

一、故意犯罪停止形态的定义

故意犯罪的停止形态,指在故意犯罪过程中因为某种原因而停止所呈现的状态。简言之,就是犯罪进展的结局状态。可分为完成与未完成两大类:

犯罪形态,能说明法益侵害的程度,离既遂形态越近,法益侵害性越强,反之则弱。例如,甲想杀乙,在 A 点买刀,B 点尾随乙,C 点举刀砍乙,D 点将乙杀死。甲的买刀和尾随行为,对乙只有抽象危险,还处于预备阶段;举刀砍乙的行为,对乙有紧迫危险,就进入了犯罪的实行阶段;将乙杀死,产生了终局性停止,危险现实化为结果,甲构成杀人既遂。

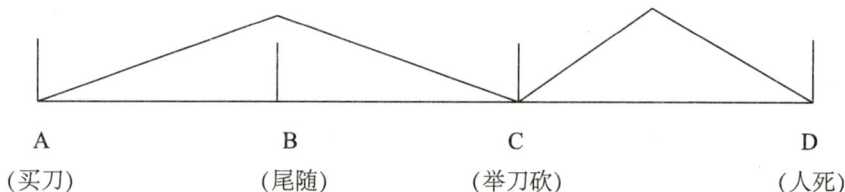

A	B	C	D
(买刀)	(尾随)	(举刀砍)	(人死)

1.在 A 点与 C 点(不含)之间的犯罪形态:预备阶段的犯罪中止、犯罪预备。

例1,甲买刀后,心生悔意,将刀丢弃。这时犯罪产生了终局性停止,甲基于意志以内的原因放弃犯罪,由于犯罪还处于预备阶段,故甲构成预备阶段的犯罪中止。

例2,甲买刀后,尾随乙,但被巡逻的警察制服。这时犯罪产生了终局性停止,甲基于意志以外的原因放弃犯罪,由于犯罪还处于预备阶段,故甲构成犯罪预备。

2.在 C 点与 D 点(包含)之间的犯罪形态:犯罪未遂、实行阶段的犯罪中止、犯罪既遂。

例1,甲举刀砍乙,但被乙制服。这时犯罪产生了终局性停止,甲基于意志以外的原因放弃犯罪,由于犯罪已经进入实行阶段,故甲构成犯罪未遂。

例2,甲举刀砍乙,未砍中。甲心生悔意,放弃并回家。这时犯罪产生了终局性停止,甲基于意志以内的原因放弃犯罪,由于犯罪已经进入实行阶段,故甲构成实行阶段的犯罪中止。

> 提示
>
> 着手之前无未遂,着手之后无预备,中止存在全过程。

3.只有故意犯罪有犯罪形态,过失犯罪无犯罪形态,只涉及能否成立的问题。例如,犯罪预备,是为了犯罪准备工具、制造条件的行为。过失犯罪反对结果发生,不可能为了过失犯罪准备工具。

【总结】法益侵害性:预备阶段的犯罪中止<犯罪预备<实行阶段的犯罪中止<犯罪未遂<犯罪既遂。

二、故意犯罪停止形态的特点

1.犯罪形态包括完成形态和未完成形态。前者是刑法分则基本的立法体例。例如,分则规定的故意杀人罪,是指将人杀死的既遂形态,也就是完成形态。后者是对未完成的情形进行归纳,规定于总则之中,因为不可能在每个罪名下都规定未完成的情形。未完成形态有:犯罪预备、犯罪中止、犯罪未遂。

2.终局性停止才产生犯罪形态。注意:这种停止不是暂时性的停顿。例如,甲进入乙家盗窃,发现巨额财物,便回家开车再来偷。甲离开乙家的行为只是暂时性停顿,不产生犯罪形态,故甲不是犯罪中止。如果甲返回后将财物偷走,盗窃行为才有终局性停止,甲构成盗窃罪既遂。

3.犯罪形态具有排他性,一个犯罪只能有一种形态。例如,甲在公交车上扒窃,偷到手后,发现乙是病人。甲于心不忍,将钱包悄悄塞回乙的口袋。当甲取得钱包时,盗窃行为已经终局性停止,甲构成盗窃罪既遂,返还钱包的行为是犯罪后的表现,不能再认定为犯罪中止。

三、存在的范围

犯罪的未完成形态只存在于直接故意犯罪中。由于法律对过失犯罪只处罚其完成形态,不处罚其未完成形态,所以只需要讨论故意犯罪的未完成形态,而不必讨论过失犯罪的未完成形态。也即,过失犯罪、间接故意犯罪不存在犯罪的预备、未遂和中止。

经典考题

某日深夜,甲从乙身后突然用仿真手枪顶住其头部,大喊一声:"交出钱来!"乙慌忙将钱包交给了甲。这时,甲、乙都发现彼此是熟人,甲随即将钱包还给乙,并道歉说:"对不起,没认出你来!"甲的行为( )①。(2013-5 法)

A.不构成犯罪　　　　B.构成抢劫罪中止　　　C.构成抢劫罪未遂　　　D.构成抢劫罪既遂

《 第二节　犯罪既遂 》

一、犯罪既遂的概念

犯罪既遂,是指犯罪人的行为完整地实现了刑法分则条文所规定的全部犯罪构成的事实。犯罪既遂是刑法分则规定的某种犯罪构成的完成形态,也是依照分则条文规定的法定刑(法律后果)进行处罚的标准形态。例如,张三要杀李四且将李四杀死,即完全实现"故意杀人且已将人杀死"这一法定犯罪构成事实,张三构成故意杀人罪既遂,直接依照《刑法》第232条故意杀人罪的法定刑定罪处罚。对于犯罪既遂的标准,学界有三种观点:

1.结果说

犯罪既遂是指故意犯罪的实行行为造成了刑法规定的犯罪结果。据此,故意犯罪的实行行为没有造成刑法规定的犯罪结果的,属于犯罪未遂。

---

① D

2. 目的说

犯罪既遂是指故意犯罪的实行行为达到了行为人的犯罪目的。据此,故意犯罪的实行行为没有达到行为人犯罪目的的,属于犯罪未遂。

3. 构成要件说

犯罪既遂是指犯罪行为完全具备了基本犯罪构成要件的情况,据此,犯罪行为没有完全具备基本犯罪构成要件的,属于犯罪未遂。

提示

通说采取构成要件(齐备)说。

二、犯罪既遂的形态

犯罪构成的既遂形态呈现出不同的情况,概括起来有以下几种既遂类型:

1. 实害犯

行为必须已造成法定的实害后果,才是该罪的既遂。例如,《刑法》第 232 条规定的故意杀人罪,仅有杀人的行为尚不足以成立该罪的既遂,必须有杀人行为且致人死亡才能成立该罪的既遂。故意伤害罪、故意毁坏财物罪、扰乱社会秩序罪等属于实害犯。

2. 危险犯

危险犯的特征是发生侵害法益的现实危险是既遂的要件。只要行为足以造成某种严重后果发生的危险,就是该罪的既遂。例如,《刑法》第 116 条规定的破坏交通工具罪,只要破坏行为足以使交通工具有发生倾覆、毁坏危险的,即使尚未造成"倾覆、毁坏"的严重后果,也成立该条之罪既遂。放火罪、爆炸罪、决水罪、投放危险物质罪、破坏电力设备罪等也是危险犯。

3. 行为犯

行为犯的特征是犯罪行为实施到一定程度即构成既遂。只要实行了某种犯罪行为,就是该罪的既遂。例如,绑架罪、拐卖妇女儿童罪、诬告陷害罪、刑讯逼供罪、煽动分裂国家罪等都是行为犯。

三、对既遂犯的处罚

对既遂犯,按照分则条文规定的法定刑处罚。根据刑法理论通说,刑法分则罪刑条款默认的就是犯罪既遂。

经典考题

甲明知乙意图杀人,仍为其提供毒药。第二天,甲后悔,向乙索回毒药,遭乙拒绝,乙于当晚投毒杀人得逞。甲的行为应认定为(   )①。(2016-9 法)

A. 犯罪预备   B. 犯罪未遂   C. 犯罪中止   D. 犯罪既遂

《 第三节   犯罪预备 》

第 22 条[犯罪预备]   为了犯罪,准备工具、制造条件的,是犯罪预备。

对于预备犯,可以比照既遂犯从轻、减轻处罚或者免除处罚。

———————————
①   D

一、概念与特征

犯罪预备,指为了犯罪,准备工具、制造条件的行为。有犯罪预备行为,因意志以外的原因而未能着手实行的,是预备犯。预备犯是犯罪的未完成形态之一。

1. 行为人具有为便利实行、完成某种犯罪的主观意图。

2. 客观上犯罪人进行了准备工具、制造条件等犯罪的预备活动。

(1)准备工具:是指准备为实行犯罪使用的各种物品,如为杀人而购买刀、枪、毒药。

(2)制造条件:是指为实行犯罪制造机会或创造条件,如进行犯罪前的调查,排除实行犯罪的障碍,前往犯罪现场或者诱骗被害人赴犯罪地点,跟踪或者守候被害人,引诱共同犯罪人,商议或者拟定实施犯罪的计划等。

3. 犯罪的预备行为由于犯罪分子意志以外的原因被阻止在犯罪准备阶段,未能进展到着手实行犯罪。例如,张三为杀人而准备了大量的毒药,尚未投放即被告发。李四埋伏在路旁伺机拦路抢劫,未遇到被劫者即被警察抓获。

二、犯意表示和犯罪预备

1. 犯意表示,是指行为人以口头、文字等形式将其直接故意犯罪的意图明确表露出来,没有任何具体的犯罪准备活动。犯意表示停留在思想表露的范畴,而不是任何犯罪行为,对外界不发生现实的影响,故不认为是犯罪。

2. 犯罪预备越过了思想认识阶段,实施了为犯罪准备工具、制造条件的行为,并有进一步发展至犯罪的实行的可能,在重视犯罪预防的背景下,具有一定的可罚性。故刑法将其确立为一种犯罪的未完成形态。例如,甲对乙说:"丙很讨厌,我想杀了他。"这只是甲犯罪思想的流露,不会对丙造成危险,甲无罪。但甲说完后买了一把刀,则是为了杀人准备工具的行为,对法益有抽象危险,是预备行为。

经典考题

下列情形中,属于犯意表示的是(　　　)①。(2008-6)

A. 甲为非法制造枪支而购买钢管　　　　　　B. 乙对朋友发誓说要杀死仇人张某

C. 丙发电子邮件邀约朋友参与盗窃　　　　　D. 丁向他人发送敲诈财物的短信息

三、预备行为与实行行为的区别

1. 实行行为

这指行为人实施的符合分则各条规定的某一犯罪行为。例如,甲故意用刀将乙的头砍下,这是故意杀人罪的实行行为,甲为杀害乙而进行的准备活动,如买刀、磨刀,打探乙的行踪,跟踪、守候乙,接近乙等,就是故意杀人罪的预备行为。

2. 实行行为与预备行为的实质区别在于:能否直接侵害犯罪客体。例如,买刀、磨刀等行为本身不可能致人死亡。相对于故意杀人罪而言,这仅仅是预备行为。

3. 如果行为人实行了某一分则条文规定的犯罪行为,即使仅是为实行另一犯罪作准备的,也是实行行为。例如,为杀人而制造枪支或者偷窃枪弹的,其行为本身属于非法制造枪

---

① 　B

支罪或者盗窃枪支罪的实行行为。如果行为人盗枪之后又使用该枪支杀人的,有两个实行行为(盗窃枪支和故意杀人),构成两个犯罪:盗窃枪支罪和故意杀人罪。相反,如果行为人买刀然后又使用该刀杀人的,只认为是一个实行行为,构成一罪,因为刑法中没有规定"买刀罪","买刀"不是实行行为而是预备行为。

四、对预备犯的处罚

《刑法》第22条第2款规定,对于预备犯,可以比照既遂犯从轻、减轻处罚或者免除处罚。

经典考题

下列情形中,属于犯罪预备的是( )①。(2010-5 非)

A. 甲买回剧毒农药企图杀害妻子,后念及妻子多年情分,悄悄将农药处理掉了

B. 乙以出卖为目的买到一婴儿,但尚未出手即被抓获

C. 丙尾随从银行取款出来的刘某意图抢劫,在小区入口处被保安阻拦

D. 丁乘某女不备,将其扑倒,意图强奸,却被该女制服

《 第四节　犯罪未遂 》

第23条[犯罪未遂]　已经着手实行犯罪,由于犯罪分子意志以外的原因而未得逞的,是犯罪未遂。

对于未遂犯,可以比照既遂犯从轻或者减轻处罚。

一、概念与特征

犯罪未遂,指已经着手实行犯罪,由于犯罪分子意志以外的原因而未得逞的形态。犯罪未遂是犯罪未完成形态之一。

1. 犯罪分子已着手实行犯罪

已着手实行犯罪,是指犯罪分子已经开始实行刑法分则条文所规定的某种犯罪的基本构成要件的行为。例如,《刑法》第263条规定"以暴力、胁迫或者其他方法抢劫公私财物的"是抢劫罪,即当行为人开始实行上述暴力、胁迫劫取财物之行为时,就认为"已着手实行犯罪"。

2. 犯罪未得逞

犯罪未得逞,是指犯罪没有既遂,即犯罪行为尚未完整地满足刑法分则规定的全部犯罪构成事实。例如,张三在李四茶杯中投毒杀李四(已着手实行杀人),但李四喝下有毒茶水后并未中毒死亡(没有既遂)。

3. 犯罪未得逞是由于犯罪分子意志以外的原因

犯罪分子意志以外的原因,指违背犯罪分子本意的原因。犯罪未得逞并不是犯罪分子自愿的,而是由于不可克服的客观障碍造成的。犯罪分子意志以外的原因主要有:被害人的反抗、第三者的阻止、自然力的阻碍、物质的阻碍、犯罪人能力不足、认识发生错误等。

例1,甲正抢劫,忽然听到警笛声,以为警察来了。甲被迫放弃犯罪,逃离现场。

例2,甲想杀乙,将其打昏后扔入水中,甲以为乙必死无疑而离开。丙发现乙后将其送

---

① C

医,乙经抢救后幸存。

提示

　　犯罪未遂与犯罪预备的区别:是否已"着手"实行犯罪是二者最主要的区别。

　　(1)预备犯是"准备实行犯罪",由于遭到意志以外原因的阻止,未能开始实行犯罪。例如,张三、李四共谋抢劫出租车,二人携刀搭乘一辆出租车,准备等车驶到僻静处动手抢劫。不料被司机识破,直接将张三、李四载至公安局。在此案件中,张三、李四是抢劫罪的预备犯。他们虽有种种活动,但都是实施抢劫的准备活动,而并未开始实行抢劫行为。

　　(2)犯罪未遂在时间上是"已开始实行犯罪"。例如,上例中,如果他们的企图未被司机识破,待车驶到僻静处,二人为劫取该车而开始对司机施加暴力或以暴力相威胁时,就属于已着手实行抢劫罪。此时,犯罪已超越预备阶段进入了实行阶段,不可能再成立犯罪预备。如果二人由于意志以外的原因而未得逞的,是犯罪未遂而不是犯罪预备。

经典考题

　　下列关于过失犯罪的说法中,正确的是(　　　)①。(2011-13 非)
　　A.过失犯罪是指行为人对于危害结果的发生没有预见的犯罪
　　B.过失犯罪既可以由不作为方式构成,也可以由作为方式构成
　　C.过失犯罪未造成严重结果的,可以按照犯罪未遂从轻或者减轻处罚
　　D.对具有高度危险的过失行为,即使未造成法律规定的实害结果,也应当定罪处罚

二、犯罪未遂的分类

　　在刑法理论上,根据犯罪未遂行为的特征和犯罪未遂的原因,通常将犯罪未遂分为实行终了的未遂和未实行终了的未遂,能犯未遂和不能犯未遂。

(一)实行终了的未遂和未实行终了的未遂

　　根据犯罪实行行为是否完成对犯罪未遂进行区分,可以分为实行终了的未遂与未实行终了的未遂。

　　1.实行终了的未遂

　　这是指行为人把实现犯罪意图必要的行为实施完毕的未遂。例如,甲向乙的食物投毒,乙中毒,丙发现后将乙送医,乙未死。甲将自己认为的,构成故意杀人罪既遂的行为全部实施完毕,因意志以外的原因未得逞。

　　2.未实行终了的未遂

　　这是指行为人没有把实现犯罪意图必要的行为实施完毕的未遂。例如,甲强奸乙时,被乙制服。甲因意志以外的原因,没有将构成强奸罪既遂的行为全部实施完毕。

(二)能犯未遂和不能犯未遂

　　根据犯罪实行行为能否实际达到既遂状态为标准对犯罪未遂进行区分,可以分为能犯未遂和不能犯未遂。

　　1.能犯未遂

　　这是指有可能达到既遂的未遂。例如,甲枪杀乙,乙逃脱。如果甲击中乙,能将乙杀死,

---

① 　B

有既遂的可能,但因为意志以外原因没有既遂,是能犯未遂。

2.不能犯未遂

这是指因事实认识错误,不可能达到既遂的未遂。例如,甲持枪射杀乙,但乙超出射程五米,甲未击中。如果从事后判断,甲不可能击中乙,没有法益侵害可能性,是不能犯。但从行为时看,甲的行为有致乙死亡的危险,构成故意杀人罪未遂。注意:如果进行事后判断,几乎无未遂犯存在的余地,正所谓"事后诸葛亮,事前猪一样"。不能犯未遂根据表现形式不同,可分为:

(1)工具不能犯的未遂。又称为手段(方法)不能犯的未遂。例如,使用失效的农药(本人不知失效)投毒杀人的。

(2)对象不能犯的未遂。这是由于对象不存在而无法既遂的情形。例如,胡斌为谋财,杀死被害人后,分尸五块,放入纸箱中。胡斌以内装"毒品"为由,唆使张筠筠帮其将两只包裹送往南京,张筠筠信以为真而照办,后因尸块腐烂而案发。张筠筠主观上以为是毒品,具有运输毒品罪的故意,客观上虽然没有毒品,但这是对象不能犯的未遂,故张筠筠构成运输毒品罪未遂。

三、迷信犯与不能犯未遂

迷信犯(愚昧犯),是指使用迷信方式实施"犯罪",而其行为从科学的角度而言根本不可能对社会利益造成损害的情况。例如,甲与乙有仇,意图致乙死亡,甲仿照乙的模样捏小面人,写上乙的姓名,在小面人身上扎针并诅咒49天,到第50天,乙因车祸身亡。甲的行为不是刑法意义上的危害行为,而是生活意义上的行为,不可能致人死亡,所以不构成故意杀人罪。

迷信犯与不能犯未遂区别在于:

1.迷信犯是行为人的常识出现错误,不能犯未遂没有犯常识错误。

2.迷信犯预定实施的行为与实际实施的行为一致,不能犯未遂行为人实际使用的犯罪方法与预想使用的犯罪手段不一致。不能犯未遂,构成犯罪,按照未遂犯处罚,迷信犯不是犯罪。

四、对未遂犯的处罚

《刑法》第23条第2款规定,对于未遂犯,可以比照既遂犯从轻或者减轻处罚。

经典考题

甲意图毒死年迈的父亲,在其饭菜中掺入"毒鼠强"。甲父觉得饭菜有异味就没吃,在将饭菜倒掉时,不慎摔倒,引发脑血管破裂而死亡。甲的行为构成(　　)①。(2015-7法)

　　A.故意杀人罪(既遂)　　B.故意杀人罪(未遂)　　C.过失致人死亡罪　　D.投放危险物质罪

《 第五节　犯罪中止 》

第24条[犯罪中止]　在犯罪过程中,自动放弃犯罪或者自动有效地防止犯罪结果发生的,是犯罪中止。

---

① B

对于中止犯,没有造成损害的,应当免除处罚;造成损害的,应当减轻处罚。

【法谚】犯罪中止是行为人后退的黄金桥梁。国家来不及对被害人救济时,只有鼓励行为人中止犯罪,才能减少甚至避免法益侵害结果。因此,对中止犯的处罚,从宽幅度很大。

一、概念与特征

犯罪中止,指在犯罪过程中,自动放弃犯罪或者自动有效地防止犯罪结果发生的形态。犯罪中止的成立条件为:

时间性	在犯罪过程中,即从犯罪预备开始到犯罪既遂以前的全过程
自动性	自动放弃犯罪或者自动有效地防止犯罪结果发生
客观有效性	实施中止行为并有效地阻止犯罪结果发生

(一) 时间性:在犯罪过程中

犯罪过程,就是从犯罪预备开始到犯罪既遂以前的全过程。这是犯罪中止的时间性条件。如果犯罪已经既遂,则不存在犯罪中止问题。犯罪人在犯罪既遂后返还原物、赔偿损失的,不能成立犯罪中止。

1.犯罪明显告一段落归于未遂后,有某种补救行为的,不成立中止。例如,甲用菜刀砍杀妻子乙,被邻居阻止。事后,在邻居的批评、指责下,随同邻居一起将乙送医院抢救,乙未死。因为甲故意杀人罪已达到未遂,所以事后的参与抢救行为不认为是中止。

2.在犯罪过程中,自动放弃可重复加害行为的,可以成立中止。例如,甲持枪杀乙,第1枪与第2枪均未打中,甲本可以继续开枪,但思量后放弃。因为第1枪与第2枪还不是终局性停止,不产生犯罪形态。甲能继续开枪而放弃,杀人行为才彻底结束,故甲成立犯罪中止。

(二) 自动性:自动放弃犯罪或者自动有效地防止犯罪结果发生

是否自动放弃犯罪,是犯罪中止与未遂、预备区分的关键。未遂犯,没有选择余地,只能放弃犯罪;中止犯面临两种选择:一是继续实施犯罪;二是放弃犯罪。有选择的余地,才能体现放弃犯罪的自动性。自动性的判断标准:限定主观说→主观说→客观说。

1.限定主观说:因良心发现、心生悔意等感情放弃犯罪的,才是中止,其余是未遂。例如,甲入户抢劫乙,看到客厅电视里正在播放庭审片段,甲心生悔意,向乙道歉后离开,甲成立犯罪中止。

2.主观说:判断标准为弗兰克(Frank)公式:"能达目的而不欲,为犯罪中止;欲达目的而不能,为犯罪未遂。"注意:以"能不能"为标准判断。能继续犯罪而放弃,是中止;不能继续犯罪而放弃,是未遂。

> **提示**
>
> 应当以行为人的认识为标准判断"能不能",因为这是主观说的观点。

第一,行为人以为能继续犯罪而放弃,即使客观上不能既遂,也成立犯罪中止。例如,甲以为5分钟内就能打开保险箱,但放弃了盗窃。即使事后查明,甲不可能打开保险箱。甲也成立盗窃罪中止。

第二,行为人以为不能继续犯罪而放弃,即使客观上能既遂,也成立犯罪未遂。例如,甲以为不可能打开保险箱而放弃盗窃,即使事后查明,甲再坚持5分钟就能成功。甲也构成盗窃罪未遂。

3.客观说:根据主观说难以得出结论时,再判断:一般人是否会放弃。如果一般人不会放弃,行为人特意放弃,是中止;如果一般人会放弃,行为人也放弃,是未遂。

例1,甲欲强奸,埋伏在暗处。乙出现后,甲将其扑倒在地,脱衣服、卡脖子。甲突然发现乙的病例,意识到乙是艾滋病患者。甲停止奸淫,让乙离开。首先,甲不是良心发现而停止,根据限定主观说,不构成犯罪中止;其次,根据主观说,以行为人的认识为标准,判断能否继续犯罪,但题干未交代甲的主观认识;最后,根据客观说,一般人会放弃强奸,甲也放弃。故甲构成强奸罪未遂。

例2,乙想抢劫,见人走来就持刀威胁。乙发现是自己的邻居丙,于是谎称认错人,放弃抢劫。首先,乙不是良心发现而停止,根据限定主观说,不构成犯罪中止;其次,根据主观说,以行为人的认识为标准,判断能否继续犯罪,但题干未交代乙的主观认识;最后,根据客观说,一般人抢劫遇到熟人不一定放弃,乙特意放弃。故乙构成抢劫罪中止。注意:如果抢劫时,遇到自己的父亲而放弃,由于一般人会放弃,成立抢劫罪未遂。

【总结】自动性的判断步骤:良心发现→自以为能不能→一般人是否会放弃。逐步判断,不可跳跃,其中一步是中止,则最终成立犯罪中止。例如,甲想杀乙,举枪瞄准时,发现是丙,甲没有开枪。甲放弃犯罪不是良心发现,也未交代甲的主观认识。但此时一般人会放弃,甲也放弃,故甲构成故意杀人罪未遂,这就是特定人不存在而未遂。

(三)客观有效性:实施中止行为并有效地阻止犯罪结果发生

这是指没有发生犯罪既遂要求的危害结果,如果发生结果,一般成立犯罪既遂。例如,乙托甲买胃药,甲却将毒药交给乙。甲产生悔意后到乙家想取回毒药,乙谎称药已被服用。甲见乙无异常,未告知真相。几天后,乙服用毒药死亡。由于发生了死亡结果,即使甲有防止措施,也构成犯罪既遂。

犯罪中止不只是一种内心状态的转变,还要求客观上有中止行为。中止行为有两种:一是自动放弃犯罪行为;二是自动有效地防止犯罪结果发生。

(1)行为未实行终了:自动放弃犯罪就能中止。例如,甲骗乙的财物,见乙可怜,于是放弃。由于诈骗行为还未实行完毕,甲自动放弃犯罪,就成立诈骗罪中止。

> 提示
> 自动放弃:要求真实彻底放弃本次犯罪,即有终局性停止。例如,甲砍杀乙,嫌刀太钝,回家又取一把。甲放弃继续砍杀,只是一种暂时性停顿,不成立犯罪中止。

(2)行为已实行终了:自动有效地防止犯罪结果发生才能中止。例如,甲投毒杀乙,乙疼痛难忍,甲心生怜悯将其送医,乙被救活。虽然甲的杀人行为已经实施完毕,但甲有效阻止了乙的死亡,构成故意杀人罪中止。

二、犯罪中止的分类

(一)犯罪中止的类型

犯罪中止既可能发生于犯罪预备阶段,也可能发生于犯罪实行阶段。据此,犯罪中止从时间上可划分为:

1. 预备阶段的中止

这是指发生在预备过程、着手实行犯罪之前的犯罪中止。例如,甲想杀乙,买刀后又心生悔意,将刀丢弃。甲构成故意杀人罪预备阶段的犯罪中止。

2. 实行阶段的中止

这是指发生在着手实行以后的犯罪中止。具体包括:

(1)未实行终了的中止:发生在着手实行犯罪以后犯罪行为实行终了之前的犯罪中止。例如,甲想杀乙,三刀均未砍中,甲主动放弃杀人,由于杀人行为未实施完毕,故甲属于未实行终了的中止。

(2)实行终了的中止:在犯罪行为实行终了、行为人自动有效防止犯罪结果发生的犯罪中止。例如,甲投毒杀乙,后心生悔意,甲拨打了120急救电话将乙送往医院,乙经抢救后脱险。由于甲的行为已经实行完毕,因此属于实行终了的中止。

(二)分类的意义

1. 不同时间的中止,犯罪的进度存在差异,需要对不同进度的犯罪中止作出合理评价。

2. 不同时间的中止,对成立中止的要求可能存在差别:

(1)如犯罪行为实行终了、犯罪结果发生之前,行为人需要采取积极有效的措施防止犯罪结果发生(积极中止)。

(2)在其他情况下,通常自动停止(继续)犯罪,就能成立中止(消极中止)。

三、对中止犯的处罚

《刑法》第24条第2款规定,对于中止犯,没有造成损害的,应当免除处罚;造成损害的,应当减轻处罚。这里所称的造成"损害",不是犯罪既遂结果。如果发生了犯罪既遂的结果,认为犯罪已然完成,不成立犯罪中止。

经典考题

甲男将女同事汪某骗至宾馆,要求与之发生性关系,否则在网上散布汪某的不雅照。汪某对甲破口大骂,甲觉得无趣,遂打消奸淫念头离去。甲的行为属于(   )①。(2015-12非)

A. 犯罪预备　　　　　B. 犯罪未遂　　　　　C. 犯罪中止　　　　　D. 犯罪既遂

———————————

① C

第五章 | 共同犯罪

《 第一节　共同犯罪的概念及其构成 》

第 25 条[共同犯罪的含义]　共同犯罪是指二人以上共同故意犯罪。二人以上共同过失犯罪,不以共同犯罪论处;应当负刑事责任的,按照他们所犯的罪分别处罚。

📢 一、概念与构成特征

共同犯罪,指二人以上共同故意犯罪。

⭐ (一)主体要件:有两个以上的犯罪主体

1. 作为共同犯罪人中的任何一人,都必须具备责任能力、达到责任年龄的一般主体资格

如果其中一人未达到责任年龄或者不具备责任能力,不构成共同犯罪。例如,16 岁的甲和 13 岁的乙共同盗窃罪,由于乙不具备刑事责任年龄,故甲、乙不构成共同犯罪,对甲单独定盗窃罪。

2. 这里的二人以上也包括单位

(1)自然人与自然人构成共同犯罪。例如,甲入户盗窃,乙为其望风,甲、乙构成盗窃罪的共同犯罪。

(2)自然人与单位构成共同犯罪。例如,甲公司为了单位利益,集体商量后,一致同意与自然人乙共同走私毒品,甲公司与乙构成走私毒品罪的共同犯罪。

(3)单位与单位构成共同犯罪。例如,甲公司与乙公司共谋实施逃税,甲公司与乙公司构成逃税罪的共同犯罪。

⭐ (二)客观要件:具有共同犯罪的行为

这是指各共同犯罪人的行为都是指向同一目标,彼此联系、互相配合,结成一个犯罪行为整体。共同犯罪行为包括:①实行行为;②帮助行为;③组织行为;④教唆行为;⑤共谋行为。

1. 从行为形式讲,包括作为和不作为。应当注意,有共谋行为而未参与犯罪实行的,也可以构成共犯。例如,甲、乙、丙三人共谋走私毒品,共同集资 100 万元,由丙购买毒品走私。甲、乙虽然没有亲自实行走私行为,也成立共犯。

2. 共谋实行犯,在现场没有直接实行犯罪行为,但在一旁站脚助威的,也成立共犯。例如,甲、乙、丙三人商议故意伤害丁,甲、乙在现场亲自动手,而丙仅在一旁大喊"加油"以鼓励甲、乙。丙的行为属于加功助势(提供精神帮助),与甲、乙成立共同犯罪。

⭐ (三)主观要件:具有共同犯罪的故意

共同犯罪中的"共同",是指共犯人之间关系的紧密程度。本质上要求一方对另一方的犯罪行为有促进作用,形式上还要参考三项指标:一是客观行为是否相同;二是主观故意是否相同;三是触犯罪名是否相同。

例如,甲、乙见丙着装讲究、气质不凡,甲想强奸,乙想抢劫。甲说:"人归我,钱归你。"二

人一拍即合。甲、乙将丙打倒,丙因脾脏破裂死亡,但查不清谁的行为导致。对甲、乙如何处理?

根据对三项指标的要求不同,对"共同"的判断,有二种学说:

1. 完全犯罪共同说

该说认为,成立共同犯罪,要求三项指标完全相同。也即,行为完全相同、故意完全相同的、罪名完全相同时,才能成立共同犯罪。在上例中,甲、乙的故意不完全相同,触犯的罪名也不相同,故甲、乙不构成共同犯罪。由于查不清谁的行为导致丙死亡,根据存疑有利于被告人的原则,死亡结果不能归属于甲或乙。甲构成抢劫罪,乙构成强奸罪,都不是结果加重犯。

2. 部分犯罪共同说

该说认为,成立共同犯罪,要求部分指标相同。也即,客观行为、主观故意有部分相同时,在相同的范围内成立共同犯罪,不要求触犯的罪名相同。在上例中,甲、乙都有伤害行为,主观上也有伤害故意,故甲、乙构成故意伤害罪的共同犯罪。由于甲、乙的行为与结果都有因果性,死亡结果应归属于二人的行为。构成共同犯罪,不要求触犯的罪名相同,故甲构成强奸致人死亡,乙构成抢劫致人死亡。

> **提示**
>
> 考试采纳部分犯罪共同说。例如,甲以杀人故意、乙以伤害故意共同加害丙,甲、乙在故意杀人罪上不成立共同犯罪。甲构成故意杀人罪,乙构成故意伤害罪。甲、乙二人在故意伤害上具有共同的部分,二人在犯罪性质重合的限度(故意伤害罪)内可成立共犯,故甲、乙构成故意伤害罪的共同犯罪。

📢 二、共同犯罪的认定

理论上通常以主观上有无共同犯罪故意作为标准认定共犯。下列情形貌似共同犯罪,但因缺乏共同故意或故意内容不一致,不认为是共同犯罪。

1. 过失犯罪不构成共同犯罪

二人以上共同过失犯罪的,不以共同犯罪论处,分别追究刑事责任。例如,甲、乙是建筑工人,抬着砖头穿过木板搭建的通道。由于木板承重有限,每次只能负担50块砖头。甲、乙图省事,抬着80块砖头通过,木板断裂,砖头坠落,砸死行人。根据刑法第25条规定,共同犯罪是二人以上共同故意犯罪,故甲、乙不构成过失致人死亡罪的共同犯罪,对甲、乙应当分别认定为过失致人死亡罪。

2. 利用他人作为犯罪工具的不构成共同犯罪

这被称为间接正犯或间接实行犯,有两种类型:

(1)利用没有责任能力或没有达到责任年龄的人实施犯罪的,利用者和被利用者不是共犯,利用者为间接实行犯。例如,甲指使8岁的孩子实施盗窃罪,甲构成盗窃罪的间接正犯,甲、乙不构成盗窃罪的共同犯罪。

(2)利用不知情人的行为。例如,甲过海关时,悄悄将毒品放入乙的口袋,通关后又将毒品悄悄取出。甲将乙作为自己走私毒品的工具,支配了走私毒品的过程,甲构成走私毒品罪的间接正犯。

3. 事前无通谋、事后提供帮助的行为不构成共同犯罪

例1,甲盗窃一批手机,让乙代为销售,乙知情而照办。甲、乙事前无通谋,乙事后代为销

售的行为,构成掩饰、隐瞒犯罪所得罪,不构成盗窃罪的帮助犯。

例2,甲想杀丙,乙答应事后为其提供住处。甲杀死丙后,乙将甲藏于家中。甲、乙事前有通谋,乙构成故意杀人罪的帮助犯,不构成窝藏罪。注意:如果事前无通谋,便构成窝藏罪。

4. 过限行为不构成共同犯罪

过限行为是指在共同犯罪中,有共同犯罪人实施了超出共同犯罪故意范围的行为。超出共同犯罪故意的行为,被称为过限行为或过剩行为。过限行为由实施者个人承担责任,其他人不承担共犯责任。例如,甲、乙共同盗窃,盗窃结束后甲先走,乙又点火把库房烧了,乙对其放火行为单独负责,甲不成立放火罪的共犯。

5. "同时犯"不构成共同犯罪

二人以上同时同地侵害同一对象,但彼此缺乏共同犯罪故意的意思联络的,不是共犯。例如,甲、乙二人在同一仓库盗窃,各偷各的,因为缺乏犯意联络,不属于共犯。

6. 在共同实行的场合,不存在片面共犯

片面共犯,指对他人犯罪暗中相助的情况。因为受到暗中相助的实行犯不知情,所以不能与暗中相助者构成共犯。但是,对于暗中相助者可按照共犯(从犯)处理。

经典考题 📝

甲约乙去偷笔记本电脑,乙不敢去偷,但答应负责找销路。甲得手后将盗得的 10 台电脑交给乙,乙找到经营电子产品的丙,丙觉得电脑的来路不明,就以 10000 元的价格收购了价值 45000 元的电脑。对此,下列说法正确的是(   )①。(2017-6 非)

A. 甲、乙的行为构成盗窃罪的共同犯罪

B. 甲、乙、丙的行为构成盗窃罪的共同犯罪

C. 乙的行为构成盗窃罪和掩饰、隐瞒犯罪所得罪

D. 乙、丙的行为构成掩饰、隐瞒犯罪所得罪的共同犯罪

《 第二节 共同犯罪的形式 》

共同犯罪的形式,指二人以上共同犯罪的结构或者共同犯罪人之间的结合或联系形式。

📢 **一、任意共同犯罪和必要共同犯罪**

根据共同犯罪是否能够以任意形成为标准,可以将共同犯罪分为"任意共同犯罪"和"必要共同犯罪"。

1. 任意共同犯罪

这是指二人以上共同构成法律没有限制主体数量的犯罪。"任意",是指法律对该种犯罪主体的数量没有特别限制,其犯罪主体是单个还是二人以上,或者说是否采取共同犯罪的形式,是"任意"的。例如,故意杀人罪、抢劫罪等犯罪,《刑法》中大多在主体数量上没有特别要求,当数人共同犯该种罪行时就是任意共同犯罪。

2. 必要共同犯罪

这是指二人以上共同构成法律规定其犯罪主体是二人以上、必须采取共同犯罪形式的犯罪,包括对向犯(如贿赂犯罪、重婚罪等)和众多犯(如集团性犯罪和聚众性犯罪)。也即,

---

① A

法律规定以采取数人共同犯罪为必要形式的犯罪,是必要共同犯罪。

二、事前通谋的共同犯罪和事前无通谋的共同犯罪

以共同故意形成的时间为标准,可分为事前通谋的共同犯罪和事前无通谋的共同犯罪。

1. 事前通谋的共同犯罪

这是指各共同犯罪人在着手实行犯罪前就已经形成共同故意的共同犯罪。其特征是共同犯罪的故意形成于着手实行之前,是一种有预谋的共同犯罪。例如,甲、乙商量好盗窃方案后,着手实施盗窃。

2. 事前无通谋的共同犯罪

这是指各共同犯罪人的共同故意在着手实行过程中才形成的共同犯罪。其特征是共同犯罪的故意形成于着手实行犯罪的过程中,是一种临时起意的共同犯罪。例如,甲抢劫丙,压制丙的反抗后,乙到了现场,并且明知甲在抢劫丙,乙与甲一起共同强取了丙的财物,甲、乙构成抢劫罪的共同犯罪。

三、简单共同犯罪和复杂共同犯罪

以共同犯罪人有无分工为标准,可分为简单共同犯罪和复杂共同犯罪。

1. 简单共同犯罪

这是指各共同犯罪人均参与实行某一犯罪构成要件的行为,即每一共同犯罪人都是实行犯的共犯形态,故又称为共同实行犯或"共同正犯"。要根据"部分实行,全部负责"的原则处理。例如,甲与乙共谋后,分别从前、后门进入李家追杀李某,李某被甲追至后门处被乙一刀捅死。甲、乙的共同犯罪形式是简单共同犯罪。

2. 复杂共同犯罪

这是指各共同犯罪人在共同犯罪中有所分工,存在着教唆犯、帮助犯和实行犯区别的共犯形态。在复杂共同犯罪中,由于犯罪人分工的不同,表明其在犯罪中的作用大小的差别,所以对各个犯罪人要按其在共同犯罪中所起作用的大小及社会危害性程度,确定其刑事责任。例如,甲、乙、丙三人共同盗窃。甲负责望风,乙入室盗窃,丙负责接应转运销赃,甲、乙、丙三人的共同犯罪属于复杂的共同犯罪。

四、一般共同犯罪和特殊共同犯罪

以共同犯罪人之间有无组织形式为标准,可分为一般共同犯罪和特殊共同犯罪。

1. 一般共同犯罪

这是指共同犯罪人之间无特殊组织形式的共同犯罪。这种共同犯罪的犯罪人之间只是为了实施某一具体犯罪而临时纠合在一起,当该种犯罪完成以后,这种共同犯罪形式就不复存在。

2. 特殊共同犯罪

又称有组织犯罪或犯罪集团,是指三人以上为多次实行某种或几种犯罪而建立起来的犯罪组织。犯罪集团具有以下特征:

(1)人数较多(3 人以上),重要成员固定或基本固定。

（2）经常纠集在一起进行一种或数种严重的犯罪活动。

（3）有明显的首要分子。

（4）有预谋地实行犯罪活动。

（5）不论作案次数多少，对社会造成的危害或其具有的危险性都很严重。

经典考题 ✎

甲教唆乙杀丁，丙知情后，给乙提供一把匕首，乙将丁杀害。关于本案，下列说法中正确的是（   ）①。
（2006-23）

A. 本案的共同犯罪是复杂共同犯罪   B. 本案的共同犯罪是必要共同犯罪

C. 甲、乙一般可以认定为主犯   D. 丙一般可以认定为从犯

《 第三节　共同犯罪人的种类及其刑事责任 》

我国刑法以共同犯罪人在共同犯罪中所起的作用为主要标准，同时兼顾其分工，将共同犯罪人分为主犯、从犯、胁从犯和教唆犯四种。

一、主犯

主犯，是指组织、领导犯罪集团进行犯罪活动的或者在共同犯罪中起主要作用的犯罪分子。

（一）主犯的种类

主犯应包括两种犯罪分子：组织、领导犯罪集团进行犯罪活动的首要分子；在犯罪集团或者一般共同犯罪中起主要作用的犯罪分子。

（1）首要分子分为：犯罪集团中的首要分子和聚众犯罪中的首要分子。

（2）犯罪集团的首要分子一定是主犯。因为犯罪集团的主犯包括首要分子和其他起主要作用的犯罪分子。但犯罪集团的主犯不一定是首要分子。例如，在盗窃集团中，甲是首要分子、乙是甲的得力助手，在犯罪集团中也起着重要作用。甲既是首要分子又是主犯、乙是主犯但不是首要分子。

（3）聚众犯罪有两种情形：

①只处罚首要分子的聚众犯罪，首要分子不一定是主犯。例如，《刑法》第291条第1款规定的聚众扰乱公共场所秩序、交通秩序罪。

> **提示**
>
> 如果首要分子只有一人，则无法形成共同犯罪，首要分子不是主犯；如果首要分子有多人，起主要作用的首要分子就是主犯。

②聚众共同犯罪，首要分子是主犯。例如，《刑法》第290条第1款规定的聚众扰乱社会秩序罪；第317条规定的聚众持械劫狱罪。

（二）主犯的刑事责任

对组织、领导犯罪集团的首要分子，按照集团所犯的全部罪行处罚；对于其他主犯，应当按照其所参与或者组织、指挥的全部犯罪处罚。

---

① ACD

二、从犯

第 27 条 [从犯] 在共同犯罪中起次要或者辅助作用的,是从犯。

对于从犯,应当从轻、减轻处罚或者免除处罚。

从犯,指在共同犯罪中起次要或者辅助作用的犯罪分子。

(一) 从犯的种类

1. 在共同犯罪中起次要作用的实行犯。

2. 在共同犯罪中辅助他人实行犯罪的帮助犯。

主犯与从犯的区别在于他们的地位、作用不同。作用的大小是相对而言的,即在同一共同犯罪中,相对起主要作用的是主犯,相对起次要或辅助作用的是从犯。

(二) 从犯的刑事责任

对于从犯,应当从轻、减轻处罚或者免除处罚。

三、胁从犯

第 28 条 [胁从犯] 对于被胁迫参加犯罪的,应当按照他的犯罪情节减轻处罚或者免除处罚。

胁从犯,指被胁迫参加犯罪的犯罪分子,即犯罪人是在他人的暴力强制或者精神威逼之下被迫参加犯罪的。犯罪人虽有一定程度选择的余地,但并非自愿。

(一) 从犯与胁从犯

从犯与胁从犯的共同点是都只起到了较小的作用,他们的区别是:从犯是自愿、主动参加犯罪的;而胁从犯是受到暴力胁迫不自愿参加犯罪的,具有被动性。

(二) 胁从犯的刑事责任

对于胁从犯,应当按照他的犯罪情节减轻处罚或者免除处罚。

> **提示**
>
> 行为人身体完全受强制、完全丧失意志自由时,不构成胁从犯。
>
> 例 1,甲持枪劫持出租车司机乙,令乙将其送往银行抢劫,乙因为完全丧失意志自由,不构成抢劫罪的胁从犯,属于紧急避险。
>
> 例 2,民航飞机在飞行中突遭歹徒甲劫持,机长乙为避免机毁人亡,不得已将飞机开往甲指定的地点。乙的行为是紧急避险,不成立劫持航空器罪的胁从犯。
>
> 注意:一开始被胁迫参加犯罪,但在着手实行后变得积极主动,在共同犯罪中起主要作用的,应认定为主犯,而非胁从犯。

四、教唆犯

第 29 条 [教唆犯] 教唆他人犯罪的,应当按照他在共同犯罪中所起的作用处罚。教唆不满十八周岁的人犯罪的,应当从重处罚。

如果被教唆的人没有犯被教唆的罪,对于教唆犯,可以从轻或者减轻处罚。

教唆犯,指教唆他人实行犯罪的人。具体而言,就是指故意引起他人实行犯罪决意的人。

★（一）特点与成立条件

1. 教唆犯的特点：教唆他人实行犯罪而自己并不实行，使他人产生犯罪意图的人。

2. 教唆犯应具备以下成立条件：

（1）主观上具有教唆他人犯罪的故意。

这种故意的内容应是明确的，即他知道自己在教唆什么人犯罪和犯什么罪。没有明确的故意内容，不能成立教唆犯；无意引起他人产生犯罪意图的，更不能成立教唆犯。例如，甲因走私赚了很多钱，经常向朋友乙炫耀。乙暗下决心，发誓要超过甲，乙也开始走私。客观上甲引起了乙的走私行为，但主观上甲无教唆乙走私的故意，故甲不构成走私犯罪的教唆犯。（说者无心，听者有意）

（2）在客观上实施了教唆他人犯罪的行为。通常表现为怂恿、诱骗、劝说、请求、收买、强迫、威胁等方式，唆使特定的人实施特定的犯罪。至于教唆行为是否实际引起被教唆人的犯罪意图和决心，被教唆人是否实行了被教唆的犯罪，不影响教唆犯的成立。

★（二）教唆犯的刑事责任

1. 对教唆犯按照其在共同犯罪中所起的作用处罚。

起主要作用的，按主犯处罚；仅起到次要作用的，按从犯处罚。例如，甲、乙共同教唆丙杀人，甲是话唠，喋喋不休。乙是结巴，随声附和。丙接受教唆实施杀人，甲起的作用大是主犯，乙起的作用小是从犯。

2. 如果被教唆人没有犯被教唆的罪，教唆犯独自构成犯罪，但可以从轻或者减轻处罚。这种情形通常称为"教唆（本身）未遂"。

3. 教唆不满18周岁的人犯罪的，应当从重处罚。

4. 教唆犯虽然具有独立的犯罪性或可罚性，却不是独立的罪名。对于教唆犯，应当按照所教唆的犯罪确定罪名，如果教唆他人犯盗窃罪，就认定为盗窃罪（教唆），如果教唆他人犯杀人罪，就认定为杀人罪（教唆）。

经典考题 🖊

1. 甲为泄愤，教唆乙炸毁某公司办公楼，乙因害怕没有实施爆炸。对甲的行为（   ）①。（2013-5 非）

A. 应以教唆罪定罪处罚   B. 应认定为爆炸罪的犯意表示

C. 应以爆炸罪定罪，但应当免除处罚   D. 应以爆炸罪定罪，但可以从轻或者减轻处罚

2. 我国刑法划分共同犯罪人种类的依据是（   ）②。（2013-6 非）

A. 作用   B. 作用为主，兼顾分工

C. 分工   D. 分工为主，兼顾作用

📢 五、共同犯罪与犯罪的停止形态

★（一）共同犯罪与犯罪预备、未遂

1. 一人既遂，全体既遂

这是指在共同实行犯罪的场合，其中一人犯罪既遂的，共同犯罪整体既遂，全体共犯人

---

① D

② B

承担既遂的责任。例如,甲、乙共谋杀害丙,共同持刀刺杀丙,甲刺中丙心脏,致丙死亡,乙仅仅刺中腿部。乙作为共犯人和甲共同承担故意杀人既遂的责任。不能因为乙仅仅扎中腿部,不是致死原因,而认为成立未遂。如果整个共同犯罪归于未遂的,全体共同犯罪人也都成立犯罪未遂。如果全体共犯人一致中止犯罪的,自然所有共同犯罪人都成立犯罪中止。

2. 犯罪形态的从属性

在复杂共同犯罪的场合,即除实行犯以外,还存在着教唆犯或者帮助犯。通常整个共同犯罪的进程"从属于实行犯"的进程。具体而言:

(1)如果实行犯实行犯罪既遂的,教唆犯或者帮助犯也就按既遂犯处理。例如,甲教唆乙杀人,乙将人杀死,乙构成故意杀人罪既遂,甲构成故意杀人罪既遂的教唆犯。

(2)如果实行犯实行犯罪未遂的,教唆犯或者帮助犯也是未遂犯,适用《刑法》第 23 条未遂犯的规定处罚。例如,甲教唆乙杀丙,乙被丙制服,乙构成故意杀人罪未遂,甲构成故意杀人罪未遂的教唆犯。

⭐ (二)共同犯罪与犯罪中止

在共同犯罪中,要成立犯罪中止,必须具备下列条件:

1. 必须具备有效性

共同犯罪中的部分共犯人退出或放弃犯罪的,可以成立中止。但除必须具备犯罪中止的一般要件外,还必须具备"有效性",即有效地阻止共同犯罪结果发生或者有效地消除自己先前参与行为对共同犯罪的作用。例如,甲、乙为杀害丙将丙推下深渊,甲乘乙离开时又将丙救起。甲有效地阻止了共同犯罪结果发生,单独成立犯罪中止。

2. 中止的效力仅及于本人,不及于其他共犯人

部分共同犯罪人自动放弃犯罪且具备有效性的,单独成立犯罪中止,但是其中止的效力不及于其他共同犯罪人。

例 1,上例中,甲单独成立中止,其效力不及于乙,对乙而言,属于意志以外原因未得逞,成立犯罪未遂。

例 2,甲与乙通奸后共谋毒杀乙的丈夫。为此甲弄来一包砒霜交给乙,由乙伺机下毒。乙因愧疚没有投毒,并到公安机关自首。乙成立犯罪中止且属于预备阶段中止;其效力不及于甲,甲成立犯罪预备。

3. 缺乏有效性不能单独成立中止

在共同犯罪中,共同犯罪人消极退出犯罪或自动放弃犯罪、阻止共同犯罪结果未奏效的,不能单独成立犯罪中止。例如,甲、乙共谋盗窃仓库,由甲事先配制好仓库钥匙交给乙,并约定晚上一同作案,晚上甲因为有事没有去。乙使用甲配的钥匙打开仓库门,盗窃了财物。甲仅仅消极退出犯罪的实行,但未能消除自己的共谋与帮助(提供钥匙)对犯罪的作用,不能单独成立犯罪中止。因为乙已经犯罪既遂,意味共同犯罪既遂,甲作为乙盗窃的共谋和帮助者,也要承担既遂的责任。

第六章 | 罪数形态

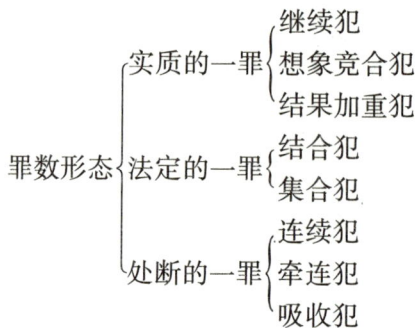

$$
\text{罪数形态}
\begin{cases}
\text{实质的一罪}
\begin{cases}
\text{继续犯} \\
\text{想象竞合犯} \\
\text{结果加重犯}
\end{cases} \\
\text{法定的一罪}
\begin{cases}
\text{结合犯} \\
\text{集合犯}
\end{cases} \\
\text{处断的一罪}
\begin{cases}
\text{连续犯} \\
\text{牵连犯} \\
\text{吸收犯}
\end{cases}
\end{cases}
$$

《 第一节 罪数概述 》

我国通说上确定罪数的标准采取犯罪构成说,即凡是行为人以一个犯意,实施一个行为,符合一个犯罪构成的,就是一罪;凡是以数个犯意,实施数个犯罪行为,符合数个犯罪构成的,就是数罪。

📢 罪数的判断标准

关于判断罪数的标准,主要有以下几种学说:

1. 行为说

该说认为行为是犯罪的核心要素,主张按照自然观察的行为个数判断犯罪的个数,即行为人实施一行为的,只能构成一罪;实施数行为的,才能构成数罪。当一行为造成数结果、触犯数罪名的,也认为是一罪。

2. 法益说

又称结果说,该说认为犯罪的本质是对法益的侵害,主张以犯罪行为侵害的法益个数作为判断罪数的标准。法益说把法益分为专属法益(如生命、自由等)与非专属法益(如财产等)。前者根据法益的主体来确定法益的个数。由此,一枪射杀数人是数罪。后者根据法益的归属确定法益的个数。例如,从甲、乙、丙三家偷盗财物,就是数罪。

3. 意思说

该说认为犯罪是行为人主观犯罪意思的外部表现,行为只是行为人犯罪意思或主观恶性的表征,应当以行为人犯罪意思的个数作为判断犯罪个数的标准。只要出于单一的意思,不管造成什么样的结果,都是一罪。

4. 构成要件说

该说以构成要件为标准,主张符合一次(一个)构成要件的事实就是一罪,符合数次(数个)构成要件的事实就是数罪。

5. 犯罪构成说

该说以犯罪构成为标准,主张符合一个犯罪构成的事实就是一罪,符合数个犯罪构成的事实就是数罪。

> **提示**
> 采取不同的标准判断罪数,我国主流理论确定罪数的标准是犯罪构成说。

《 第二节　实质的一罪 》

实质的一罪,是指刑法中有一些貌似数罪、实际是一罪的情况。主要有:继续犯、想象竞合犯、结果加重犯。

一、继续犯

(一)概念

继续犯,又称持续犯,是指作用于同一对象的一个犯罪行为从着手实行到实行终了,犯罪行为与不法状态在一定时间内同时处于继续状态的犯罪。最典型的是非法拘禁罪,即非法将他人拘禁,在释放之前,非法拘禁行为和他人身体遭受非法拘禁的状态处于同步持续之中。

(二)特征

1. 一个犯罪故意。
2. 侵犯同一客体(法益或社会关系)。
3. 犯罪行为能够对客体形成持续、不间断的侵害。
4. 犯罪完成、造成不法状态后,行为仍能继续影响不法状态,使客体遭受持续侵害。

(三)类型

1. 持有型犯罪。例如,非法持有毒品罪,非法持有枪支、弹药、爆炸物罪,非法持有假币罪。
2. 部分不作为犯罪。例如,遗弃罪,拒不执行判决、裁定罪等。
3. 侵犯人身自由的犯罪。例如,绑架罪,拐卖妇女、儿童罪。

(四)后果

1. 追诉时效从犯罪行为终了之日起计算。
2. 正当防卫时机。在犯罪既遂以后,如果犯罪行为继续存在,属于正在进行的不法侵害,允许进行正当防卫。例如,甲绑架乙,在犯罪既遂之后继续扣押乙,乙对甲可实行正当防卫。
3. 犯罪继续期间,其他人加入的可以成立共犯。例如,甲拘禁丙5天后,乙参与对丙拘禁。甲拘禁丙5天已经成立非法拘禁罪既遂,但是拘禁行为还未结束,故乙成立非法拘禁罪的共同犯罪。
4. 对于继续犯应当依据刑法分则的规定论处,不实行数罪并罚。犯罪行为和不法状态在时间上持续的长短,则可以在量刑的时候加以考虑。

二、想象竞合犯

(一)概念

想象竞合犯,指行为人实施一个犯罪行为同时触犯数个罪名的情况。例如,甲偷盗机场的照明灯装歌厅,一个偷盗行为同时触犯盗窃罪和破坏交通设施罪。

⭐ (二) 特征

1. 行为人只实施了一个犯罪行为。

2. 行为人同时触犯了数个罪名。例如,张三盗割正在使用中的电话线,导致通信中断。张三只有一个盗割电话线的行为,却同时触犯了盗窃罪和破坏公用通信设备罪,属于一行为触犯数罪,是想象竞合犯。

⭐ (三) 后果

想象竞合犯是实际上的一罪,对其采取"从一重罪处罚"的原则。也就是在犯罪人同时触犯的数个罪名中,选择最重的一罪处罚。如上例中,张三同时触犯盗窃罪和破坏公用通信设备罪,如果按破坏公用通信设备罪处理较重,就按破坏公用通信设备罪定罪处罚。

⭐ (四) 想象竞合犯与法条竞合犯的区别

1. 法条竞合犯的概念

这是指一行为同时触犯存在法条竞合关系的数个法条的犯罪形态。例如,甲以非法占有为目的,在签订合同过程中骗取对方当事人乙50万元定金后逃匿。甲的行为同时触犯合同诈骗罪与诈骗罪,因为二者存在法条竞合关系,导致甲的一行为不可避免地触犯这两个法条,属于法条竞合犯。

2. 法条竞合犯的处理

(1)原则上:特别法优于一般法。上例中,甲诈骗案既触犯诈骗罪条款(第266条),也触犯合同诈骗罪条款(第224条),应适用较为特殊的条款即第224条,排斥第266条一般性条款的适用。

(2)法律特别规定时,依照法律规定。例如,刑法第149条规定,生产、销售第141条至第148条规定之假药、劣药、有毒有害食品等特定伪劣产品构成犯罪,同时又构成第140条规定之生产、销售伪劣产品罪的,依照处罚较重的规定定罪处罚,此规定即优先适用重法条。

3. 想象竞合犯与法条竞合犯的区别

(1)法条竞合是静态的竞合,想象竞合是动态的竞合。

①法条竞合是由法条设置造成的,是永恒的(不变的)竞合,与案件事实无关。例如,强奸罪与强制猥亵罪,成立强奸罪必定会触犯强制猥亵罪,这是由法条设置导致的,是永恒的、不变的竞合。

②想象竞合是案件事实造成的,是临时的竞合,与法条设置无关。例如,妨害公务罪与故意伤害罪(重伤)。如果在妨害公务过程中故意重伤执法人员,则同时触犯了妨害公务罪与故意伤害罪,这种竞合和法条设置没有必然关系,而是由案件事实决定的,故属于临时的竞合。

(2)一个行为触犯一个法条就必然会触犯另一个法条时,两个法条属于法条竞合关系(特殊与一般关系)。如果没有这种必然性,才有可能是想象竞合关系。

经典考题 📝

1. 甲盗割正在使用中的通讯电缆致通讯中断,既符合盗窃罪的犯罪构成,也符合破坏公用电信设施罪的犯罪构成。甲的犯罪属于(　　)①。(2009-18)

---

　　① 　D

A. 吸收犯　　　　　　B. 连续犯　　　　　　C. 牵连犯　　　　　　D. 想象竞合犯

2.下列关于刑法中法条竞合的说法,正确的有(　　　)①。(2016-41 非)

A. 法条竞合是指一个犯罪行为同时触犯数个犯罪形态

B. 处理法条竞合时一般适用特别法优于普通法的规则

C. 我国刑法中法条竞合主要存在于刑法分则之中

D. 在竞合的数个法条中,仅选择一个适用

三、结果加重犯

(一)概念

这是指实施基本犯罪构成的行为,同时又造成一个基本犯罪构成以外的结果,刑法对其规定较重法定刑的情况。结构:基本行为+加重结果＝基本罪名+加重处罚。例如,甲故意伤害乙,过失致其死亡。甲实施了伤害行为(基本行为),导致乙死亡(加重结果)。② 基于刑法的明文规定,只定故意伤害罪(基本罪名),要适用更重的法定刑(加重处罚)。

(二)特征

1.实施基本行为,造成加重结果

成立结果加重犯,要由基本的犯罪行为造成加重结果。如果其他行为导致加重结果,不是结果加重犯,通常应数罪并罚。

例1,甲强奸乙时,为压制反抗卡住其脖子,致乙窒息死亡。甲的强奸行为导致乙死亡,根据刑法规定,甲构成强奸罪的结果加重犯,适用强奸致人死亡的法定刑。

例2,乙入户抢劫,逃跑时将睡在地上的婴儿踩死。乙逃跑的行为致人死亡,该结果与抢劫行为无关。因此乙不是抢劫致人死亡,应以抢劫罪与过失致人死亡罪并罚。

> **提示**
>
> 成立结果加重犯,只要求实施基本行为,不要求基本行为构成犯罪,不意味着基本犯既遂。
>
> 例1,甲欲拘禁乙,将其扑倒,乙头部着地身亡。甲客观上实施了拘禁行为,虽然尚未构成非法拘禁罪(时间短),但拘禁行为过失致乙死亡,甲构成非法拘禁致人死亡的结果加重犯。
>
> 例2,邵大平在高速公路上驾车撞倒路人徐凤珠,致其身体局部受伤倒地。邵驾车逃逸,未对徐施救。张旗帅驾车路过,将躺在快车道上的徐碾死。根据司法解释规定,成立通肇事罪要求违反交通法规,致一人以上死亡。③ 虽然邵大平第一个行为不构成交通肇事罪,但邵仍然构成交通肇事逃逸致人死亡。也即,"逃逸致人死亡"不以前行为构成交通肇事罪为前提。④

2.基本行为与加重结果有因果关系

例1,甲拘禁丙,丙因被捆绑过紧,血液流通不畅死亡。甲的拘禁行为造成死亡结果,具

---

① BCD

② 死亡是故意杀人罪的结果,而伤害行为导致故意杀人罪的死亡结果,因此该结果对伤害行为是加重结果。

③ 特殊情形下致一人以上重伤也可构成交通肇事罪,具体请参见交通肇事罪。

④ 最高人民法院《刑事审判参考》第 1118 号:"邵大平交通肇事案"。

有直接的因果关系。故甲构成非法拘禁致人死亡。

例2,乙强奸丙后,丙自杀。死亡是由自杀导致,不是强奸行为造成。强奸行为与死亡结果没有因果关系,乙不构成强奸致人死亡。

> **提示**
>
> 原则上自杀死亡不是结果加重犯中的"加重结果",但有两个例外:暴力干涉婚姻自由罪和虐待罪规定的"致人死亡",包括被害人自杀身亡。

3.行为人对加重结果至少有过失

第一,仅限过失。例如,故意伤害致人死亡,如果对死亡结果是故意,则构成故意杀人罪,而不是故意伤害罪(致人死亡)的结果加重犯。

第二,故意或过失。例如,抢劫致人死亡是结果加重犯,对死亡结果可以是故意或者过失。注意:强奸致人重伤、死亡,拐卖妇女致人重伤、死亡,抢劫致人重伤、死亡均可故意构成。

4.刑法分则条文明确规定了较重法定刑

如果刑法没有规定加重法定刑,不管结果多么严重也不是结果加重犯。例如,遗弃行为致人死亡,因为刑法没有规定加重法定刑,就不是结果加重犯。

⚫(三)后果

以一罪处罚,不实行数罪并罚,因为该加重结果已经作为适用较重法定刑的依据。

《第三节 法定的一罪》

法定的一罪,指数个独立的犯罪行为依据刑法的规定作为一罪定罪处罚的情况。主要有结合犯、集合犯。

一、结合犯

⚫(一)概念

结合犯,是指两个以上各自独立成罪的犯罪行为,根据刑法的明文规定,结合成另一独立的新罪的犯罪形态。

⚫(二)特征

1.结合犯中的犯罪行为,是数个可以分别构成其他犯罪的行为结合而来。

2.数个独立的犯罪结合成为一个新罪。

(1)数个独立的犯罪。

这是指数个各自具有自己罪名的犯罪。

(2)结合成为一个新罪。

新罪是指区别于被结合之罪的、具有自己的独立犯罪构成要件的犯罪。结合的方式:甲罪+乙罪=丙罪(或甲乙罪)。此外,还有一种形式的结合属于非典型的结合犯。即甲罪+乙罪=甲罪(或乙罪),据此《刑法》第239条中存在绑架罪与故意杀人罪的结合;第240条第1款中存在拐卖妇女、儿童罪与强奸罪的结合。

(3)基于刑法明文规定。

数个独立的犯罪结合成为一个新罪,是根据刑法的明文规定。例如,在日本,行为人实施强盗之际又强奸了受害人,依日本刑法不是分别构成强盗罪和强奸罪,而是构成强盗强奸罪。

★（三）后果

由于结合犯是法定的一罪,不实行数罪并罚。

经典考题

我国刑法理论一般认为,结合犯的典型情形是（　　　）①。(2011-5 法)

A. 甲罪+乙罪＝丙罪　　　　　　　　　　B. 甲罪+乙罪＝甲罪

C. 甲罪+乙罪＝乙罪　　　　　　　　　　D. 甲罪+甲罪＝甲罪

二、集合犯

★（一）概念

集合犯,是指行为人以实施不定次数的同种犯罪行为为目的,实施了数个同种犯罪行为,刑法规定作为一罪论处的犯罪形态。

★（二）特征

1. 行为人以实施不定次数的同种犯罪行为为目的。例如,《刑法》第 336 条规定的非法行医罪,行为人就是意图实施不定次数的非法行医行为。这是集合犯的主观方面的特征。

2. 实施了数个同种的犯罪行为,即刑法要求行为人具有多次实施同种犯罪行为的意图,并且行为人一般也是实施了数个同种犯罪行为的。所谓"同种犯罪行为",是指数个行为的法律性质是相同的。例如,数个生产、销售伪劣商品的行为,数个走私普通货物、物品的行为,数个非法组织卖血的行为,数个非法行医的行为等。

3. 刑法将数个同种犯罪行为规定为一罪,集合犯是法律规定的一罪。

★（三）后果

由于集合犯是法定的一罪,不实行数罪并罚。

《 第四节　处断的一罪 》

处断的一罪,指数行为犯数罪,按一罪定罪处罚的情况。主要有:连续犯、牵连犯、吸收犯。

一、连续犯

★（一）概念

连续犯,指行为人基于同一或者概括的犯罪故意,连续多次实施犯罪行为,触犯相同罪名的犯罪。例如,甲基于行凶报复的意思,到乙家一连杀死乙家 5 口人。又如,甲基于盗窃的意思,一夜连续撬窃 13 户人家。

★（二）特征

1. 实施数个犯罪行为。

―――――――――――――

① 　A

2. 数个犯罪行为具有连续性。

3. 数个犯罪行为出于同一或概括的故意。

4. 数个犯罪行为触犯相同罪名。

⭐ (三) 后果

1. 追诉时效起算。犯罪行为有连续状态的,追诉时效从行为终了之日计算。

2. 在刑法的溯及力方面,根据司法解释,犯罪行为由刑法(1997 年刑法)生效前连续到刑法生效后,如果新旧刑法都认为是犯罪的,即使现行刑法规定的处罚较重也适用现行刑法,但是在量刑时可以适当从宽处罚。

3. 对于"次数加重犯"多次的认定,具有一定意义。

4. 连续犯只有一个概括或同一的犯罪故意,实施的数行为又具有连续性,在我国一般按一罪处罚。

📢 二、牵连犯

⭐ (一) 概念

牵连犯,指实施某个犯罪,作为该犯罪的手段行为或结果行为又触犯其他罪的情况。

⭐ (二) 特征

1. 有一个最终的犯罪目的。

2. 有两个以上的犯罪行为。例如,以伪造国家机关公文的方法(手段行为)骗取公私财物(目的行为),分别触犯了伪造国家公文罪与诈骗罪。

3. 触犯了两个以上不同的罪名。

4. 所触犯的两个以上罪名之间有牵连关系,即一罪或数罪是他罪的手段行为或结果行为。例如,甲为了冒充公安局局长招摇撞骗(目的行为),而伪造公文用于诈骗活动(手段行为),作为招摇撞骗手段的伪造公文行为又触犯了伪造公文罪。这就是手段行为触犯不同罪名。

⭐ (三) 后果

择一重罪处罚。牵连犯实际上是数行为犯数罪,但鉴于其数行为间存在上述牵连关系,所以一般按择一重罪处罚的原则处理,但是刑法有特别规定的除外。

经典考题 ✏️

下列关于牵连犯说法中,正确的是(   )①。(2011-8 非)

A. 出于一个犯罪目的,实施两个以上犯罪行为的都是牵连犯

B. 牵连犯是行为人实施一个犯罪行为触犯数个罪名的犯罪形态

C. 牵连犯的处断原则是除法律有特别规定的以外,择一重罪处罚

D. 牵连犯的成立不仅要求行为人主观上具有牵连意图,还要求行为触犯的数个法条之间存在竞合关系

📢 三、吸收犯

⭐ (一) 概念

吸收犯,是指一个犯罪行为因为是另一个犯罪行为的必经阶段、组成部分、当然结果,而

---

① C

被另一个犯罪行为吸收的情况。

⭐（二）特征

1. 有数危害行为。

2. 犯不同种数罪。

3. 其中的一行为吸收其他行为。

4. 属于实际的数罪、处断的一罪。

⭐（三）吸收犯的形式

1. 吸收必经阶段的行为。例如，甲明知是枪支而盗窃，由于盗窃枪支后必然会发生持有枪支的行为，故持有枪支的行为被盗窃行为吸收，甲仅成立盗窃枪支罪，不再另定非法持有枪支罪。

2. 吸收组成部分的行为。例如，行为人伪造增值税发票，同时又伪造发票印章。伪造印章的行为是行为人伪造发票行为的一个组成部分，被伪造发票行为吸收，只需要以伪造发票罪论处。

3. 吸收当然结果的行为。例如，甲伪造货币后出售给知情的乙，出售行为被伪造行为吸收，只定伪造货币罪，不再另定出售假币罪。

⭐（四）后果

对吸收犯仅按吸收之罪处断，不实行数罪并罚。

> **提示**
>
> 刑法中关于数罪并罚的特别规定。刑事立法中有时会有一些特殊规定，将数个行为或数个犯罪规定为一罪，适用一个刑罚（法定刑），这类情况依法不实行数罪并罚。例如，绑架并杀害人质的，以绑架罪一罪定罪处罚；拐卖妇女又奸淫被拐卖的妇女的，以拐卖妇女罪一罪定罪处罚等。

第七章 | 刑事责任

《 第一节 刑事责任概述 》

一、理论学说

关于刑事责任,在中外刑法理论中,有如下观点:

法律责任说	该说认为"刑事责任是国家司法机关依照法律规定,根据犯罪行为以及其他能说明犯罪的社会危害性的事实,强制犯罪人负担的法律责任"。
法律后果说	该说认为刑事责任"是依照刑事法律规定,行为人实施刑事法律禁止的行为所必须承担的法律后果"。
否定评价说	又称责难说、谴责说。该说认为"刑事责任是指犯罪人因实施刑法禁止的行为而应承担的、代表国家的司法机关依照刑事法律对其犯罪行为及其本人的否定性评价和谴责"。
刑事义务说	该说认为刑事责任是"犯罪人因其犯罪行为应当向国家承担的、体现着国家最强烈的否定评价的惩罚义务"。
刑事负担说	该说认为"刑事责任是国家为维持自身的生存条件,在清算触犯刑律的行为时,运用国家暴力,强迫行为人承受的刑事上的负担"。

> **提示**
>
> 上述各说都从不同的侧面揭示了刑事责任的特征和主要内容,但从表述的科学性来看也都有不同程度的缺陷。我国刑法理论对刑事责任的概念有不同的定义。

二、概念与特征

刑事责任是指行为人因其犯罪行为所应承受的、代表国家的司法机关根据刑事法律对该行为所做的否定评价和对行为人进行谴责的责任。刑事责任具有如下特征:

1. 刑事责任包含对犯罪行为的非难性和对犯罪人的谴责性。
2. 刑事责任具有社会性与法律性。
3. 刑事责任具有必然性与平等性。
4. 刑事责任具有严厉性与专属性。

三、刑事责任的地位

刑事责任的地位主要表现在刑事立法和刑法理论中,具体而言:

(一)刑事责任在刑法中的地位

从我国刑法的规定来看,刑事责任占有重要的地位。

1. 首先表现在修订的刑法中共有 14 个条文 22 处提到了刑事责任,其中在总则里就有 12 个条文 20 次使用刑事责任这一术语。

2.刑法总则第 2 章还将犯罪和刑事责任作为其第 1 节的标题。

3.在《刑法》第 5 条中,刑事责任被提到与罪行(犯罪行为)和刑罚并列的地位。

🛡 (二)刑事责任在刑法理论体系中的地位

对刑事责任在刑法理论体系中的具体地位,认识并不一致。概括而言,主要有 3 种不同观点:

1.基础理论说

该说认为刑事责任在价值功能上具有基础理论的意义,犯罪论、刑罚论和罪刑各论不过是刑事责任理论的具体化。因此在体系上应赋予刑事责任作为刑法学基本原理的地位并将其置于犯罪论之前。

2.罪、责平行说

该说认为,刑事责任是与犯罪相对应并具有直接联系的概念。犯罪是刑事责任的前提,刑事责任是犯罪的法律后果,刑罚虽然是实现刑事责任的基本方式,但不是唯一的实现方式,因此,不能将刑罚与犯罪和刑事责任这两个基本范畴相提并论,而应按照犯罪论-刑事责任论的思路来建立刑法学体系,这样才能理顺犯罪、刑事责任与刑罚的关系,才能准确反映刑事责任在刑法理论中的应有地位。

3.罪、责、刑平行说

该说认为,犯罪、刑事责任和刑罚是各自独立而又互相联系的三个范畴,其中的刑事责任则是介于犯罪与刑罚之间的纽带。刑事责任以犯罪为前提,属于犯罪的法律后果,而其本身又是刑罚的前提,刑罚系实现刑事责任的基本方式。因此,应当按照犯罪论-刑事责任论-刑罚论的框架来构建刑法学的体系。从现行刑法的结构体例看,罪、责、刑平行说要比前两种观点更可取一些。

> **提示**
>
> 刑事责任与刑罚之间的关系
>
> 刑事责任与刑罚之间有着直接而密切的关系。一般而言,罪重则刑事责任重,罪轻则刑事责任轻。具体而言:
>
> | 区别 | ①刑事责任是一种法律责任,刑罚则是一种强制方法。
②刑事责任的内容包括刑事处罚、非刑罚方法的处理和单纯否定性法律评价;刑罚则以实际剥夺犯罪人一定的权益(权利和利益)为内容。
③刑事责任因犯罪而产生,刑罚则以随法院的定罪判刑决定宣告生效而出现。 |
> | --- | --- |
> | 联系 | ①刑事责任的存在是适用刑罚的直接前提,无刑事责任则不能适用刑罚。
②刑事责任的大小直接决定刑罚的重轻,刑事责任大的,刑罚必然重,刑事责任小的,刑罚必然轻。
③刑事责任主要通过刑罚来实现,非刑罚处理方法等虽然也是刑事责任的实现方式,但属于次要的实现方式,刑罚与刑事责任的联系是普遍的。 |

《 第二节　刑事责任的根据和解决方式 》

📢 一、刑事责任的根据

刑事责任的根据,指国家基于何种前提、基础或决定因素而追究犯罪人的刑事责任,或者犯罪人基于何种前提、基础或决定因素而承担刑事责任。关于刑事责任的根据问题,刑法理论上存在各种不同的学说。

1. 犯罪构成唯一根据说

该说认为,人的行为符合犯罪构成是适用刑罚的根据,如果行为中缺少犯罪构成则应免除刑事责任。也即,犯罪构成是刑事责任的唯一根据。

2. 罪过说

罪过说又有狭义说和广义说两种观点。狭义的罪过即犯罪的主观方面,广义的罪过还包括犯罪构成中的情节与刑罚裁量的情节,广义的罪过是刑事责任的根据。

3. 犯罪(行为)说

该说主张,应将犯罪行为即犯罪本身视为刑事责任的根据。

4. 社会危害性说

该说认为犯罪的社会危害性是刑事责任的事实根据。其主要理由是:犯罪的社会危害性是犯罪的本质属性,因而也是决定刑事责任产生的根据。

⭐（一）刑事责任的哲学根据

刑事责任的哲学根据,是行为人在实施犯罪时所具有的相对的意志自由。

⭐（二）刑事责任的法学根据

刑事责任的法学根据,是指从法律制度上行为人承担或者国家追究其刑事责任的决定因素。法律制度包括法律制定(立法)与法律适用(司法)两个步骤,刑事责任本身是质与量的统一,因此,刑事责任的法学根据包括立法上设定刑事责任的根据、确定刑事责任的法律根据与确定刑事责任的事实根据三个方面。

📢 二、刑事责任的解决方式

刑事责任的解决方式,又称刑事责任的实现方法、刑事责任的承担方式,指的是刑事责任可以通过哪些方法来实际承担。关于刑事责任的实现方式,理论上存在不同看法。

1. 认为实现刑事责任是指使犯罪行为人承担其刑事责任而采取的具体行动,因此刑事责任的实现方式包括刑事强制措施、刑事诉讼强制措施和其他强制措施三类。

2. 认为刑事责任的实现方法,是国家强制犯罪人实际承担的法律处分措施,包括刑罚和非刑罚处理方法两大类。

3. 认为刑事责任的实现方式指国家强制犯罪人实际承担的刑事制裁措施,有基本方式、辅助方式与特殊方式三类。基本方式为给予刑罚处罚的方式;辅助方式为采用非刑罚方法处理的方式;特殊方式即仅仅宣告行为是犯罪而既不给予刑罚处罚也不使用非刑罚处理方法的方式。

4. 认为刑事责任的实现方法只有刑罚一种,除此之外,不存在或者说法律并未规定其他实现刑事责任的方法。

第八章 | 刑罚概述

《 第一节　刑罚的概念和目的 》

一、概念和特征

刑罚,是刑法中明文规定的由国家审判机关依法对犯罪人所适用的限制或剥夺其某种权益的最严厉的法律制裁方法。刑罚具有以下特征:

1. 是以限制或剥夺犯罪人权益为内容的最严厉的法律制裁方法。
2. 适用对象只能是犯罪人。
3. 适用主体只能是国家审判机关。
4. 刑罚的种类及适用标准必须以刑法明文规定为依据。
5. 适用程序上必须依照刑事诉讼程序的规定。
6. 以国家强制力作保障。

二、刑罚与其他法律制裁方法的区别

法律制裁体系,通常由刑事制裁、民事制裁、行政制裁、经济制裁和对妨害诉讼的强制措施等多种制裁措施构成。刑罚仅是整个法律制裁体系中的一种制裁措施。刑罚与其他法律制裁方法的区别,主要表现在:

1. 适用对象不同

刑罚仅适用于犯罪人,即行为触犯刑律构成犯罪的人;而其他法律制裁方法适用于行为仅违反非刑事法律且尚未构成犯罪的人。

2. 严厉程度不同

刑罚是一种最严厉的法律制裁方法,它包括对犯罪人的生命、自由、财产和资格的限制或剥夺;而其他法律制裁方法不能剥夺违法者的生命,一般也不会剥夺违法者的人身自由,即使涉及剥夺违法者的人身自由,其期限也较为短暂,性质和法律后果更有别于刑罚。

3. 适用机关不同

刑罚只能由国家审判机关的刑事审判部门适用;而民事制裁、经济制裁和对妨害诉讼的强制措施,分别由国家审判机关的民事审判、经济审判等部门适用;行政制裁,只能由国家行政机关依法适用。

4. 适用根据和适用程序不同

对犯罪人适用刑罚,必须以刑法为根据并依照刑事诉讼法规定的刑事诉讼程序进行;而对触犯非刑事法律的违法者适用民事制裁、经济制裁、行政制裁和对妨害诉讼的强制措施,分别以民法、经济法、行政法等实体法为根据,并依照民事诉讼法、行政诉讼法和行政程序法律规范所规定的程序进行。

5. 法律后果不同

被适用刑罚的犯罪人如果重新犯罪,就有可能构成累犯,会受到相对较为严厉的刑事处

罚;而仅被适用其他法律制裁方法的违法者如果实施了犯罪,则不构成累犯,不会受到与累犯严厉程度相同的刑事处罚。

三、刑罚的目的

刑罚的目的是国家制定刑罚及对犯罪分子适用、执行刑罚所期望达到的结果。它集中体现着统治阶级制定刑罚、运用刑罚、执行刑罚的方针、政策和指导思想,决定着刑罚种类和体系的确立,是整个刑罚制度赖以建立的出发点和最终归宿。

1. 刑罚报应的观念

它是关于刑罚的根据即国家为什么要对犯人动用刑罚的原因之一。刑罚报应观念认为,刑罚是对犯罪的公平报应,在对犯罪科处刑罚的时候,不应当抱有防止犯罪等目的性的考虑。也即,科处刑罚就是因为行为人犯了罪,而再没有任何其他理由。通俗地说,就是"以牙还牙、以眼还眼",报应刑要求只能在"同态报应"的范围内科处刑罚,因此,它对于划定刑罚的上限具有意义(杀人偿命、欠债还钱)。

2. 预防犯罪的目的

适用刑罚,除了出于对罪犯进行报应之外,还具有预防再次犯罪的目的。因为,刑罚在广义上是出于防止犯罪的目的而科处的一种预防教育手段。与刑罚报应观念主张的"因为实施了犯罪,所以要科处刑罚"的立场相对,预防犯罪目的是基于"为了不再犯,所以要科处刑罚"的观念而提出来的。迄今为止所出现的预防犯罪目的,大体上可以分为特殊预防和一般预防两大类。

四、特殊预防和一般预防

1. 特殊预防

这是指通过刑罚适用,预防犯罪人重新犯罪。预防犯罪人重新犯罪,主要是通过刑罚的适用与执行,把绝大多数犯罪人改造成为守法的公民。我国刑法规定的各个刑种,除了死刑是剥夺犯罪人的生命以外,其他大多数刑罚的执行都采取强制劳动改造的方法。可见,教育改造犯罪人成为守法公民,才是我国刑罚特殊预防的主要内容。

2. 一般预防

这是指通过对犯罪人适用刑罚,预防尚未犯罪的人实施犯罪。国家通过颁布刑法、适用刑罚,不仅直接惩罚了犯罪人,预防其重新犯罪,而且对社会上不稳定分子也起到了警戒和抑制作用,使其不敢轻举妄动、以身试法。这就是用刑的威力震慑有可能犯罪的人,促使其及早醒悟,消除犯罪意念,不要重蹈犯罪人的覆辙,从而预防犯罪的发生。

3. 相互关系

特殊预防和一般预防是紧密结合、相辅相成的。对任何一个犯罪人适用刑罚,都包含着特殊预防和一般预防的目的。法律在对犯罪分子判处刑罚时,既要考虑特殊预防的需要,又要考虑一般预防的需要,使判决符合这两方面的要求,不能强调一方面而忽视另一方面。

经典考题

刑罚的特殊预防是指(　　)①。(2012-1 法)

---

① A

A. 预防犯罪人再次犯罪   B. 预防特殊人群犯罪

C. 预防犯罪人再犯特定之罪   D. 预防犯罪人再犯同种之罪

《 第二节 刑罚的种类和体系 》

一、刑罚的种类

刑罚的种类，可以根据两种方法加以区分：

1. 学理分类

以刑罚所剥夺或者限制犯罪分子的权利和利益的性质为标准，将刑罚方法分为：生命刑、自由刑、财产刑、资格刑四类。

2. 刑法中的分类

以某种刑罚方法只能单独适用还是可以附加适用为标准，将刑罚分为主刑与附加刑两类。根据我国《刑法》第32~34条的规定，刑罚分为主刑和附加刑两大类。

(1)主刑有管制、拘役、有期徒刑、无期徒刑、死刑五种。

(2)附加刑有罚金、剥夺政治权利、没收财产三种。

(3)对于犯罪的外国人可以独立适用或者附加适用驱逐出境。据此，驱逐出境也是一种附加刑。

二、我国刑罚体系的特点

刑罚体系是刑法规定的按照一定次序排列的各种刑罚方法的总和。其含义有三个方面：

1. 刑罚体系不是指某一种或者两种刑罚方法，而是指各种刑罚方法的总和；

2. 刑罚体系必须是刑法所规定的；

3. 刑罚体系通常都是按照一定次序将各种刑罚编排起来，如从最重刑到最轻刑，或者从最轻刑到最重刑，使各种刑罚轻重相互衔接，构成一个统一的整体。

我国刑罚体系具有以下特点：

1. 体系完整、结构严谨，适应同犯罪作斗争的需要；

2. 方法人道、内容合理，体现社会主义人道主义精神；

3. 宽严相济、目标统一，体现了惩办与宽大相结合、惩罚与教育改造相结合的政策。

三、主刑

主刑是指只能独立适用而不能附加适用的刑罚方法。主刑的特点在于适用上的独立性，对一个犯罪只能适用一个主刑而不能适用两个或两个以上的主刑。

(一)管制

第38条[管制的期限、禁止令、社区矫正] 管制的期限，为三个月以上二年以下。

判处管制，可以根据犯罪情况，同时禁止犯罪分子在执行期间从事特定活动，进入特定区域、场所，接触特定的人。

对判处管制的犯罪分子，依法实行社区矫正。

违反第二款规定的禁止令的，由公安机关依照《中华人民共和国治安管理处罚法》的规定处罚。

第 39 条[管制犯的义务与权利] 被判处管制的犯罪分子,在执行期间,应当遵守下列规定:

(一)遵守法律、行政法规,服从监督;

(二)未经执行机关批准,不得行使言论、出版、集会、结社、游行、示威自由的权利;

(三)按照执行机关规定报告自己的活动情况;

(四)遵守执行机关关于会客的规定;

(五)离开所居住的市、县或者迁居,应当报经执行机关批准。

对于被判处管制的犯罪分子,在劳动中应当同工同酬。

第 40 条[管制期满解除] 被判处管制的犯罪分子,管制期满,执行机关应即向本人和其所在单位或者居住地的群众宣布解除管制。

第 41 条[管制刑期的计算和折抵] 管制的刑期,从判决执行之日起计算;判决执行以前先行羁押的,羁押一日折抵刑期二日。

1. 概念:管制是对罪犯不予关押,但限制其一定人身自由,依法实行社区矫正的刑罚方法。

2. 期限:3 个月以上 2 年以下,数罪并罚时,最高不超过 3 年。(3-2-3)

3. 起算:从判决执行之日起计算;判决执行以前先行羁押的,羁押一日折抵刑期二日。

4. 义务:除第 39 条第 1 款规定的义务外,还包括:

(1)应当实行社区矫正。社区矫正是一种非监禁的刑罚执行方式,是将罪犯置于社区内,由社区矫正机构矫正其犯罪心理和行为恶习。例如,社区矫正人员应当参加社区服务、参加公共道德、法律常识、时事政策等教育学习活动。注意:社区矫正是一种刑罚执行方式,而不是一种新的刑种。根据《中华人民共和国社区矫正法》第 2 条规定,管制犯、缓刑犯、假释犯、暂予监外执行的犯罪分子,应当适用社区矫正。本质:未服刑完毕,又有人身自由的犯罪分子都应当适用社区矫正。

(2)可以适用禁止令。这是指禁止犯罪分子在管制执行期间从事特定活动,进入特定区域、场所,接触特定的人。司法解释要点:[①]

第一,第 1 条规定的禁止令的范围。

人民法院宣告禁止令,可以决定"禁止从事特定活动,进入特定区域、场所,接触特定的人"中的一项或几项内容。

第二,第 3 条规定的禁止令内容:基于犯罪手段禁止进行的活动。

①个人为进行违法犯罪活动而设立公司、企业、事业单位或者在设立公司、企业、事业单位后以实施犯罪为主要活动的,禁止设立公司、企业、事业单位;

②实施证券犯罪、贷款犯罪、票据犯罪、信用卡犯罪等金融犯罪的,禁止从事证券交易、申领贷款、使用票据或者申领、使用信用卡等金融活动;

③附带民事赔偿义务未履行完毕,违法所得未追缴、退赔到位,或者罚金尚未足额缴纳的,禁止从事高消费活动。

第三,第 4 条规定的禁止令内容:基于犯罪诱因禁止进入的场所。

---

① 2011 年 5 月 1 日《最高人民法院、最高人民检察院、公安部、司法部关于对判处管制、宣告缓刑的犯罪分子适用禁止令有关问题的规定(试行)》。

①禁止进入夜总会、酒吧、迪厅、网吧等娱乐场所；

②未经执行机关批准，禁止进入举办大型群众性活动的场所；

③禁止进入中小学校区、幼儿园园区及周边地区，确因本人就学、居住等原因，经执行机关批准的除外。

第四，第 5 条规定的<u>禁止令内容</u>：基于对被害人保护禁止接触的人。

①未经对方同意，禁止接触被害人及其法定代理人、近亲属；

②未经对方同意，禁止接触证人及其法定代理人、近亲属；

③未经对方同意，禁止接触控告人、批评人、举报人及其法定代理人、近亲属；

④禁止接触同案犯；

⑤禁止接触其他可能遭受其侵害、滋扰的人或者可能诱发其再次危害社会的人。

第五，第 6 条规定的<u>禁止令的期限</u>。

禁止令的期限，既可以与管制执行、缓刑考验的期限相同，也可以短于管制执行、缓刑考验的期限，但判处管制的，禁止令的期限不得少于<u>三个月</u>，宣告缓刑的，禁止令的期限不得少于<u>二个月</u>。

判处管制的犯罪分子在判决执行以前先行羁押以致管制执行的期限少于三个月的，禁止令的期限不受前款规定的最短期限的限制。

禁止令的执行期限，从管制、缓刑执行之日起计算。

【注意 1】管制犯、缓刑犯可以适用禁止令，假释犯不能适用禁止令。因为管制与缓刑都是在判决时作出，禁止令也是在判决时作出，而假释的决定是在执行过程中作出。

【注意 2】禁止令不能限制犯罪人的正常生活。例如，可以禁止进入网吧、学校，但不能禁止进入医院、公共厕所等。

5. 权利：对管制犯不强制劳动，在劳动中与普通人同工同酬。对管制犯可以附加剥夺政治权利，如果未被剥夺，管制犯仍然享有政治权利。

⭐ (二) 拘役

第 42 条[拘役的期限]　拘役的期限，为一个月以上六个月以下。

第 43 条[拘役的执行]　被判处拘役的犯罪分子，由公安机关就近执行。在执行期间，被判处拘役的犯罪分子每月可以回家一天至两天；参加劳动的，可以酌量发给报酬。

第 44 条[刑期的计算与折抵]　拘役的刑期，从判决执行之日起计算；判决执行以前先行羁押的，羁押一日折抵刑期一日。

1. 概念：拘役是短期剥夺犯罪人自由，就近实行劳动改造的刑罚方法。

2. 期限：1 个月以上 6 个月以下，数罪并罚不超过 1 年。(1-6-1)

3. 起算：拘役的刑期，从判决执行之日起计算；判决执行以前先行羁押的，羁押一日折抵刑期一日。

4. 执行：由公安机关在就近的拘役所、看守所或者其他监管场所执行。

5. 义务：有劳动能力的必须参加劳动。

6. 权利：参加劳动的，酌量发给报酬；每月可以回家一天至两天。

⭐ (三) 有期徒刑

第 45 条[有期徒刑的期限]　有期徒刑的期限，除本法第五十条、第六十九条规定外，为六个月以上十五年以下。

第46条[有期徒刑与无期徒刑的执行] 被判处有期徒刑、无期徒刑的犯罪分子,在监狱或者其他执行场所执行;凡有劳动能力的,都应当参加劳动,接受教育和改造。

第47条[刑期的计算与折抵] 有期徒刑的刑期,从判决执行之日起计算;判决执行以前先行羁押的,羁押一日折抵刑期一日。

1. 概念:有期徒刑是剥夺犯罪人一定期限的自由,实行强制劳动改造的刑罚方法。

2. 期限:有期徒刑的期限为6个月以上15年以下,数罪并罚时,有期徒刑总和刑期不满35年的,最高不能超过20年;总和刑期在35年以上的,最高不能超过25年。

3. 起算:有期徒刑的刑期,从判决执行之日起计算;判决执行以前先行羁押的,羁押一日折抵刑期一日。

> **提示**
>
> 判决执行之日,是指法院签发执行通知书之日,既不同于判决生效或确定之日,也不同于判决实际执行之日(例如,送监日)。

4. 执行:由监狱或其他执行场所执行。

5. 义务:凡有劳动能力的,都应当参加劳动,接受教育和改造。注意:判处拘役的罪犯参加劳动可以获得酌量报酬,判处有期徒刑的没有这项待遇。

(四) 无期徒刑

第46条[有期徒刑与无期徒刑的执行] 被判处有期徒刑、无期徒刑的犯罪分子,在监狱或者其他执行场所执行;凡有劳动能力的,都应当参加劳动,接受教育和改造。

1. 概念:剥夺犯罪人终身自由,实行强制劳动并接受教育改造的刑罚方法。

2. 特点:无期徒刑是自由刑中最严厉的刑罚方法。

3. 执行:由监狱或其他场所执行。

4. 适用:无期徒刑不能孤立适用,应当附加剥夺政治权利终身。

5. 减刑:无期徒刑减为有期徒刑的刑期,从裁定减刑之日起计算。

6. 义务:凡有劳动能力的,都应当参加劳动,接受教育和改造。

7. 由于对未成年人不得判处死刑,因此,未成年人犯罪只有罪行极其严重的,才可以适用无期徒刑,同时根据司法解释,对已满14不满16周岁的人犯罪一般不判处无期徒刑。

8. 无期徒刑与贪污、受贿罪中的终身监禁的关系。

第383条第4款[对犯贪污罪的处罚规定] 犯第一款罪,有第三项规定情形被判处死刑缓期执行的,人民法院根据犯罪情节等情况可以同时决定在其死刑缓期执行二年期满依法减为无期徒刑后,终身监禁,不得减刑、假释。

第386条[对犯受贿罪的处罚规定] 对犯受贿罪的,根据受贿所得数额及情节,依照本法第三百八十三条的规定处罚。索贿的从重处罚。

(1)无期徒刑是主刑中的一种,终身监禁并不是独立的刑种,只是对贪污、受贿罪的死缓减为无期徒刑后的一种特殊执行方式。

(2)终身监禁只是意味着不得减刑、假释,但符合暂予监外执行条件的应当暂予监外执行。

(3)终身监禁只针对贪污、受贿罪适用,对其他罪不能适用。

经典考题

下列关于无期徒刑的表述中,正确的是( )①。(2009-12)

A. 对不满16周岁的人不得适用无期徒刑

B. 被判处无期徒刑的犯罪人在判决执行以前的羁押时间不得折抵刑期

C. 对被判处无期徒刑的犯罪人不得适用假释

D. 对被判处无期徒刑的犯罪人可以附加剥夺政治权利10年以上

(五)死刑

第48条[死刑的条件、执行方式与核准程序] 死刑(包括死缓)只适用于罪行极其严重的犯罪分子。对于应当判处死刑的犯罪分子,如果不是必须立即执行的,可以判处死刑同时宣告缓期二年执行。

死刑除依法由最高人民法院判决的以外,都应当报请最高人民法院核准。死刑缓期执行的,可以由高级人民法院判决或者核准。

第49条[不得适用死刑的对象] 犯罪的时候不满十八周岁的人和审判的时候怀孕的妇女,不适用死刑。审判的时候已满七十五周岁的人,不适用死刑,但以特别残忍手段致人死亡的除外。

死刑又称生命刑,是指剥夺罪犯生命的刑罚方法,包括死刑立即执行与缓期两年执行。我国对死刑坚持少杀、慎杀的精神。

1.限制死刑适用的对象

(1)死刑只适用于罪行极其严重的犯罪分子;

(2)犯罪时不满18周岁的人、审判时怀孕的妇女,不适用死刑;审判时已满75周岁的人,不适用死刑,但以特别残忍手段致人死亡的除外。(老、少、孕)

①犯罪的时候不满18周岁的人,不适用死刑。

这是指犯罪的时候,不是指审判的时候。如果犯罪时不满18周岁,审判时已满18周岁,也不能适用死刑。例如,甲17岁时杀人,19岁时被抓,虽然审判时已满18周岁,依然不能适用死刑,最高刑为无期徒刑。

②审判的时候怀孕的妇女,不适用死刑。

第一,对"审判的时候"应扩大解释,包括整个羁押期间,即审前羁押期间,审判期间和判决后执行期间。

第二,"怀孕的妇女",是指在整个羁押期间怀过孕,即使之后又流产,仍视为怀孕的妇女。例如,甲怀孕时杀人,被羁押后流产,甲属于审判的时候怀孕的妇女,不适用死刑。如果甲杀人后流产,又被羁押,由于流产发生在羁押前,甲不属于审判的时候怀孕的妇女,可以适用死刑。

第三,怀孕的妇女在羁押期间流产后,又因同一事实被起诉、交付审判的,视为"审判的时候怀孕的妇女",不适用死刑。例如,甲怀孕时杀人,被羁押后流产,由于不能适用死刑,警方将甲释放。三月后,警方又对甲抓捕,交付审判。甲属于审判的时候怀孕的妇女,不适用死刑。注意:怀孕是否违反计划生育政策、是自然流产或人工流产都是怀孕的妇女。

第四,在审判的时候没有怀孕,而被判处死刑,但在执行时怀孕,不适用死刑。

---

① B

③审判时已满 75 周岁的人,不适用死刑,但以特别残忍手段致人死亡的除外。

第一,对"审判的时候"应作扩大解释,包指整个羁押期间:审前羁押期间,审判期间,判决后执行期间。

第二,以特别残忍手段致人死亡的,可以适用死刑。这里的"致人死亡"不限于以特别残忍手段故意杀人,还包括以特别残忍手段实施其他犯罪致人死亡。例如,甲以特别残忍手段实施爆炸,致人死亡。

> **提示**
>
> 　死刑缓期执行是死刑的一种执行方式,老、少、孕不适用死刑,包括不适用死刑缓期执行。

2.限制死刑适用程序

判处死刑立即执行的,除依法由最高人民法院判决的以外,都应当报请最高人民法院核准。死刑缓期执行的,可以由高级人民法院判决或者核准。

3.限制死刑执行制度

对于应当判处死刑的犯罪分子,如果不是必须立即执行的,可以判处死刑同时宣告缓期 2 年执行。

第 50 条[死缓的变更]　判处死刑缓期执行的,在死刑缓期执行期间,如果没有故意犯罪,二年期满以后,减为无期徒刑;如果确有重大立功表现,二年期满以后,减为二十五年有期徒刑;如果故意犯罪,情节恶劣的,报请最高人民法院核准后执行死刑;对于故意犯罪未执行死刑的,死刑缓期执行的期间重新计算,并报最高人民法院备案。

对被判处死刑缓期执行的累犯以及因故意杀人、强奸、抢劫、绑架、放火、爆炸、投放危险物质或者有组织的暴力性犯罪被判处死刑缓期执行的犯罪分子,人民法院根据犯罪情节等情况可以同时决定对其限制减刑。

(1)死缓的结局:结果从好向坏。

第一,有重大立功,两年期满后,减为 25 年有期徒刑。

第二,没有故意犯罪,两年期满后,减为无期徒刑。

第三,故意犯罪,未被执行死刑,死刑缓期执行的期间重新计算,并报最高人民法院备案。

第四,故意犯罪,情节恶劣的,报请最高人民法院核准后执行死刑。

(2)限制减刑:三种特殊的死缓犯。

第一,被判处死缓的累犯。

第二,因故意杀人、强奸、抢劫、绑架、放火、爆炸、投放危险物质被判处死缓的罪犯。

第三,有组织的暴力性犯罪被判处死刑缓期执行的罪犯。

> **提示**
>
> 　对三种特殊的死缓犯可以限制减刑,不是应当限制减刑。

(3)死缓的期间。

第 51 条[死缓期间与减为有期徒刑的刑期计算]　死刑缓期执行的期间,从判决确定之日起计算。死刑缓期执行减为有期徒刑的刑期,从死刑缓期执行期满之日起计算。

第一,死刑缓期执行的期间,从判决确定之日起计算,死缓判决确定之前的羁押时间,不计算在缓期 2 年的期限内。

第二,死刑缓期执行减为有期徒刑的刑期,从死刑缓期执行期满之日起计算。注意:不是从裁定减刑之日起计算。

四、附加刑

附加刑是指既可以附加适用,也可以独立适用的刑罚方法。附加刑在适用上具有双重性,既可以作为某种主刑的附加刑适用,也可以作为一种刑罚方法独立适用,几种附加刑还可以同时并用。

(一) 罚金

第 52 条[罚金数额的裁量]　判处罚金,应当根据犯罪情节决定罚金数额。

1. 概念

罚金是法院判处犯罪分子或者犯罪的单位向国家缴纳一定数额金钱的刑罚方法,属于财产刑。

2. 适用方式

单科式	只单独适用罚金。这主要针对单位犯罪。例如,单位受贿罪(第 387 条)和单位行贿罪(第 393 条)。
选科式	要么不适用,要么单独适用。例如,犯故意毁坏财物罪(第 257 条)的,处 3 年以下有期徒刑、拘役或者罚金。因此,要么不适用罚金,要适用就只能单独适用。
并科式	判处主刑同时并处罚金。例如,犯倒卖文物罪(第 326 条)的,处 5 年以下有期徒刑或者拘役,并处罚金。
复合式	要么附加适用,要么单独适用。例如,犯假冒专利罪(第 216 条)的,处 3 年以下有期徒刑或者拘役,并处或者单处罚金。在此,要么并处罚金,要么单处罚金,但不可不处罚金。

3. 缴纳方式

第 53 条[罚金的缴纳]　罚金在判决指定的期限内一次或者分期缴纳。期满不缴纳的,强制缴纳。对于不能全部缴纳罚金的,人民法院在任何时候发现被执行人有可以执行的财产,应当随时追缴。

由于遭遇不能抗拒的灾祸等原因缴纳确实有困难的,经人民法院裁定,可以延期缴纳、酌情减少或者免除。

(1)限期一次缴纳;(2)限期分期缴纳;(3)强制缴纳;(4)随时缴纳;(5)延期缴纳、减少缴纳或者免除。

> 提示
> 第一:罚金和没收财产,都是针对其个人合法的财产(违法犯罪所得要予以没收)。
> 第二:罚金只能以人民币的方式缴纳。

(二) 没收财产

第 59 条[没收财产的范围]　没收财产是没收犯罪分子个人所有财产的一部或者全部。没收全部财产的,应当对犯罪分子个人及其扶养的家属保留必需的生活费用。

在判处没收财产的时候,不得没收属于犯罪分子家属所有或者应有的财产。

1. 概念:没收财产是将罪犯个人所有财产的一部或者全部强制无偿收归国有,是一种严厉的的财产刑。

2.范围:没收犯罪分子个人所有的全部财产或者部分财产。

(1)被没收的财产必须是合法财产,即与犯罪行为无关的财产。

(2)没收全部财产的,应当对犯罪分子个人及其扶养的家属保留必需的生活费用。这里的家属包括需要抚养的未成年人以及没有生活来源的成年家属。

(3)没收财产的时候,不得没收属于犯罪分子家属所有或者应有的财产。家属所有的财产是指纯属于家人个人所有的财产,例如,婚前的个人财产。应有的财产,是指家庭共有中应属于家属的财产。

(4)罚金可以分期缴纳(未来挣的钱也可以罚),可以减免。但没收财产只能一次性执行(只能没收当下现有的财产),而且不能减免。

3.方式

选科式	在罚金和没收财产中选择一种适用。例如,《刑法》第267条规定,抢夺公私财物,数额特别巨大或者有其他特别严重情节的,处十年以上有期徒刑或者无期徒刑,并处罚金或者没收财产。	
并科式	必须并科	在判处主刑的同时必须附加没收财产。例如,《刑法》第383条规定,贪污数额特别巨大或者有其他特别严重情节的,处十年以上有期徒刑或者无期徒刑,并处罚金或者没收财产。
	可以并科	在判处主刑的同时可以附加没收财产。例如,《刑法》第271条规定,犯职务侵占罪,数额巨大的,处五年以上有期徒刑,可以并处没收财产。

4.以没收的财产偿还债务

第60条[以没收的财产偿还债务]　没收财产以前犯罪分子所负的正当债务,需要以没收的财产偿还的,经债权人请求,应当偿还。

债务性质	犯罪分子所负的正当债务。非正当债务不适用本规定,如赌债。
产生时间	该正当债务是在判处没收财产以前产生的。
程序要求	经债权人请求。债权人不向法院请求,法院不用主动偿还。(依申请的行为)
偿还范围	偿还的债务不超过没收的财产范围。例如,甲在被没收财产前负有50万正当债务,而法院仅没收其30万元财产,则法院偿还债务的范围不超过30万元。

5.财产刑的并罚

第69条第3款:数罪中有判处附加刑的,附加刑仍须执行,其中附加刑种类相同的,合并执行,种类不同的,分别执行。

(1)罚金的并罚。种类相同,合并执行。对数个罚金的数额累计相加,执行总和数额。

(2)没收财产的并罚。第一,吸收处理。只要有一个没收全部财产,只需执行没收全部财产。第二,并科处理。数个没收部分财产,都要执行。

(3)罚金与没收财产的并罚。如果一个罪被判处罚金,另一个罪被判处没收部分财产或者没收全部财产,要分别执行,不能用没收全部财产吸收罚金。但是要先执行罚金,再执行没收财产。

6.类似制度区分

第64条[犯罪物品的处理]　犯罪分子违法所得的一切财物,应当予以追缴或者责令退赔;对被害人的合法财产,应当及时返还;违禁品和供犯罪所用的本人财物,应当予以没收。

没收的财物和罚金,一律上缴国库,不得挪用和自行处理。

(1)没收财产事实上是没收犯罪人合法所有并且没有用于犯罪的财产,所以,追缴犯罪所得的财物,不属于没收财产;没收违禁品和供犯罪所用的本人财物,也不属于没收财产。

(2)不得以追缴犯罪所得、没收违禁品与供犯罪所用的本人财物来代替或折抵没收财产。例如,犯罪所得50万元,没收财产100万元,追缴50万元犯罪所得后,还必须没收100万元的合法财产。

第一,没收财产只能没收犯罪人已经拥有的、现实存在的财产,而不可能没收犯罪人将来可能拥有的财产。

第二,判处没收部分财产的,应当明确指出没收的具体财物或者金额。例如,犯罪人现实具有的财产为20万元现金以及A、B两套住房。法院在判决没收财产时,必须确定没收其中的哪一项或者哪几项财产(如没收现金20万元,或者没收现金20万元以及A住房等),而不能判决"没收100万元现金"。

经典考题

甲武装掩护走私毒品,法院判决其构成走私毒品罪,判处无期徒刑,并处没收财产。甲的下列哪些财产可纳入适用没收财产刑予以没收的范围(　　)①。(2005-22)

A.甲在走私毒品中使用的枪支　　　　　　B.甲被查获的毒品和贩毒资金

C.甲在银行账户上的500万元存款　　　　　D.甲所有的两辆豪华轿车

(三)剥夺政治权利

1.概念

这是指剥夺犯罪人参与管理国家和政治活动的权利的刑罚方法。

2.内容

第54条[剥夺政治权利的含义]　剥夺政治权利是剥夺下列权利:

(一)选举权和被选举权;

(二)言论、出版、集会、结社、游行、示威自由的权利;

(三)担任国家机关职务的权利;

(四)担任国有公司、企业、事业单位和人民团体领导职务的权利。

3.适用对象

第56条[剥夺政治权利的附加、独立适用]　对于危害国家安全的犯罪分子应当附加剥夺政治权利;对于故意杀人、强奸、放火、爆炸、投毒、抢劫等严重破坏社会秩序的犯罪分子,可以附加剥夺政治权利。

独立适用剥夺政治权利的,依照本法分则的规定。

第57条[对死刑、无期徒刑罪犯剥夺政治权利的适用]　对于被判处死刑、无期徒刑的犯罪分子,应当剥夺政治权利终身。

在死刑缓期执行减为有期徒刑或者无期徒刑减为有期徒刑的时候,应当把附加剥夺政治权利的期限改为三年以上十年以下。

---

①　CD

应当剥夺	危害国家安全的犯罪分子。应当附加剥夺政治权利终身。
	被判处死刑、无期徒刑的犯罪分子。这类人往往是利用行使民主自由权实施危害国家安全的犯罪,因此,应当附加剥夺政治权利。
可以剥夺	严重破坏社会秩序的犯罪分子。注意:这里的"严重破坏社会秩序的犯罪分子"是个概括规定,包括严重经济犯罪、严重贪污受贿、严重渎职犯罪的犯罪分子,也即只要是严重犯罪的,均可以适用。

4. 期限与执行

第 55 条[剥夺政治权利的期限] 剥夺政治权利的期限,除本法第五十七条规定外,为一年以上五年以下。

判处管制附加剥夺政治权利的,剥夺政治权利的期限与管制的期限相等,同时执行。

第 58 条[剥夺政治权利的刑期计算、效力与执行] 附加剥夺政治权利的刑期,从徒刑、拘役执行完毕之日或者从假释之日起计算;剥夺政治权利的效力当然施用于主刑执行期间。

被剥夺政治权利的犯罪分子,在执行期间,应当遵守法律、行政法规和国务院公安部门有关监督管理的规定,服从监督;不得行使本法第五十四条规定的各项权利。

死刑、无期徒刑	终身	主刑执行之日
死缓、无期减为有期徒刑	3~10 年	主刑执行完毕或者假释之日起
有期徒刑、拘役 附加剥夺政治权利	1~5 年	
独立适用		判决执行之日
管制犯附加剥夺政治权利	与管制相同	同时执行

> **提示**
>
> 因为拘役没有假释,所以不存在从假释之日起算的问题。

经典考题

赵某犯 A 罪,依法应当附加剥夺政治权利。合议庭提出以下四种量刑意见,其中必定错误的意见是( )①。(2005-12)

A. 判处有期徒刑 2 年,附加剥夺政治权利 1 年

B. 判处拘役 6 个月,附加剥夺政治权利 1 年

C. 判处有期徒刑 2 年,缓刑 3 年,附加剥夺政治权利 1 年

D. 判处管制 2 年,附加剥夺政治权利 1 年

(四)驱逐出境

第 35 条[驱逐出境] 对于犯罪的外国人,可以独立适用或者附加适用驱逐出境。

概念	驱逐出境是强迫犯罪的外国人离开中国国(边)境的刑罚方法。
对象	犯罪的外国人(包括具有外国国籍与无国籍的人)。
方式	独立适用的,从判决生效之日起执行;附加适用的,从主刑执行完毕之日起执行。

---

① D

五、非刑罚处理方法

非刑罚处理方法,是指人民法院对犯罪分子适用的刑罚以外的处理方法,包括判处赔偿经济损失、责令赔偿经济损失、训诫、责令具结悔过、责令赔礼道歉、给予行政处罚或者行政处分、从业禁止等。

1.非刑罚性处罚措施

第37条　对于犯罪情节轻微不需要判处刑罚的,可以免予刑事处罚,但是可以根据案件的不同情况,予以训诫或者责令具结悔过、赔礼道歉、赔偿损失,或者由主管部门予以行政处罚或者行政处分。

训诫	法院对犯罪人当庭批评,责令其改正,不再犯罪的方法。包括口头或者书面的方式。
具结悔过	法院责令犯罪人用书面方式保证悔改,不再犯罪。
赔礼道歉	法院责令犯罪人公开向被害人当面承认罪错,表示歉意,并保证不再侵犯被害人法益。
行政处罚	法院根据案件情况,向主管部门提出对犯罪人予以行政处罚或者处分的司法建议。
赔偿损失	责令被告人给予被害人一定的经济赔偿。

2.从业禁止

第37条之一　因利用职业便利实施犯罪,或者实施违背职业要求的特定义务的犯罪被判处刑罚的,人民法院可以根据犯罪情况和预防再犯罪的需要,禁止其自刑罚执行完毕之日或者假释之日起从事相关职业,期限为三年至五年。

被禁止从事相关职业的人违反人民法院依照前款规定作出的决定的,由公安机关依法给予处罚;情节严重的,依照本法第三百一十三条的规定定罪处罚。

其他法律、行政法规对其从事相关职业另有禁止或者限制性规定的,从其规定。

性质	从业禁止既不是主刑,也不是附加刑,而是为了预防再犯罪的需要适用的非刑罚处罚措施。
前提	利用职业便利实施犯罪,或者实施违背职业特定义务的犯罪被判处刑罚,在刑罚执行完毕或者假释后,仍有预防其再犯罪的必要。注意:利用职业便利的含义大于利用职务上的便利。
期限	①从业禁止的期限为3年至5年,自刑罚执行完毕之日或者假释之日起开始计算。②其他法律、行政法规另有规定的,依照规定。例如,利用律师的职业便利,实施故意犯罪,被吊销律师执业证书后,终身不得从事律师工作。
后果	从业禁止是法院判决或者裁定的内容,如果违反从业禁止的规定,情节严重的,可能构成拒不执行判决、裁定罪。
重点提示	从业禁止自刑罚执行完毕之日或者假释之日起计算。注意:这里的"刑罚"仅指主刑,不包括附加刑;如果被假释,自假释之日起计算,不是假释期满之日。原理:有人身自由时就可能重操旧业,就需要执行从业禁止,而主刑执行完毕或者假释之日起就有人身自由。

第九章 | 量 刑

《 第一节 量刑的概念和原则 》

一、量刑的概念、功能、特征

1. 概念

量刑,又称刑罚裁量,是指人民法院依据刑事法律,在认定行为人构成犯罪的基础上,确定对犯罪人是否判处刑罚、判处何种刑罚以及判处多重的刑罚,并决定所判刑罚是否立即执行的刑事司法活动。

2. 功能

量刑作为一种刑事司法活动,不仅决定是否对犯罪人判处刑罚、决定对犯罪人判处何种刑罚和多重的刑罚,而且决定对犯罪人所判处的刑罚是否立即执行,因而是使法定的罪刑关系变成实在的罪刑关系的必要条件,在整个刑事诉讼过程中具有承前启后的重要作用。

3. 特征

量刑具有以下特征:(1)主体是人民法院;(2)内容是对犯罪人确定刑罚;(3)性质是一种刑事司法活动。因此,量刑是人民法院的一种刑事司法活动,是国家刑事法律活动的有机组成部分。

二、量刑的原则

1. 以犯罪事实为根据的量刑原则

犯罪事实是引起刑事责任的基础,也是进而对犯罪人裁量刑罚的根据。无犯罪事实,也就无刑事责任,更无所谓对犯罪人裁量刑罚的可能。所以,量刑必须以犯罪事实为根据。

2. 以法律为准绳的量刑原则

量刑仅以犯罪事实为根据是不够的,因为仅以犯罪事实作为量刑的根据,并不能保证量刑结果必然适当。要做到量刑适当,还必须以刑法的规定为准绳。贯彻这一量刑原则,必须做到以下几点:

(1)必须依照刑法关于各种刑罚方法的适用条件和各种刑罚裁量制度的规定;

(2)必须依照刑法关于各种量刑情节的适用原则和有关各种量刑情节的规定;

(3)必须依照刑法分则和其他刑法规范规定的法定刑和量刑幅度,针对具体犯罪选择判处适当的刑罚。

《 第二节 量刑情节 》

一、量刑情节的概念、特征和种类

量刑情节,又称刑罚裁量情节,是指人民法院对犯罪分子裁量刑罚时应当考虑的、据以决定量刑轻重或者免除刑罚处罚的各种情况。具体特征为:

1. 它与定罪即认定行为人的行为是否构成犯罪并无关系。

2. 它能够表明犯罪人的人身危险性及其所犯罪行为的社会危害性程度。

3. 它对刑罚裁量的结果即处刑轻重或者是否免除刑罚处罚,具有直接的影响。

根据不同的标准,可以对量刑情节作不同层次的分类。其中,以刑法是否就量刑情节及其功能作出明确规定为标准,量刑情节可分为法定情节和酌定情节。

二、法定量刑情节

这是指刑法明文规定在量刑时应当予以考虑的情节。例如,中止犯、未遂犯、累犯、自首、立功、坦白等。

(一)从重处罚与从轻处罚

第 62 条[从重处罚与从轻处罚] 犯罪分子具有本法规定的从重处罚、从轻处罚情节的,应当在法定刑的限度以内判处刑罚。

1. 从重处罚与从轻处罚,都必须是在法定刑的限度内判处刑罚,而不能高于法定刑或者低于法定刑判处刑罚。

2. 从重处罚不是指在法定刑的"中间线"以上判处刑罚,从轻处罚也不是指在法定刑的"中间线"以下判处刑罚。因为刑法并没有以法定刑的"中间线"为标准区分从重处罚与从轻处罚。

3. 从重处罚是相对于既没有从重处罚情节又没有从轻处罚情节的一般情况下所应判处的刑罚而言,即比一般情况判处的刑罚重一些;从轻处罚是指比一般情况判处的刑罚轻一些。因此,从重处罚不是一律判处法定最高刑,从轻处罚也不是指一律判处法定最低刑。

(二)减轻处罚

第 63 条[减轻处罚] 犯罪分子具有本法规定的减轻处罚情节的,应当在法定刑以下判处刑罚;本法规定有数个量刑幅度的,应当在法定量刑幅度的下一个量刑幅度内判处刑罚。

犯罪分子虽然不具有本法规定的减轻处罚情节,但是根据案件的特殊情况,经最高人民法院核准,也可以在法定刑以下判处刑罚。

1. 减轻处罚是指在法定刑以下判处刑罚

这里的"以下"不包括本数,即减轻处罚是低于法定最低刑判处刑罚。例如,法定刑为 3 年以上 10 年以下有期徒刑的,减轻处罚时,所判处的刑罚必须低于 3 年有期徒刑。

2. 减轻处罚的适用

(1)具有法定减轻处罚情节,应当在下一格量刑幅度内量刑,不能跨幅度减刑。例如,《刑法》第 267 条规定的抢夺罪:抢夺公私财物,数额较大的,或者多次抢夺的,处三年以下有期徒刑、拘役或者管制,并处或者单处罚金;数额巨大或者有其他严重情节的,处三年以上十年以下有期徒刑,并处罚金;数额特别巨大或者有其他特别严重情节的,处十年以上有期徒刑或者无期徒刑,并处罚金或者没收财产。如果行为人抢夺数额特别巨大,同时具有减轻处罚情节的,只能在"十年以上有期徒刑或者无期徒刑"的下一个幅度即"三年以上十年以下有期徒刑"内量刑,不能直接减到"处三年以下有期徒刑、拘役或者管制,并处或者单处罚金"的量刑幅度内。

(2)特别减轻处罚。犯罪分子不具有减轻处罚情节,但是根据案件的特殊情况,经最高人民法院核准,可以在法定刑以下判处刑罚。

　　我国不存在"加重处罚情节",但是存在加重法定刑的立法体例。例如,持枪抢劫、入户抢劫、故意伤害致人死亡等。

　　3.免除处罚

　　(1)免除处罚是指对犯罪分子作有罪宣告,但对行为人免除刑罚处罚,即不判处任何刑罚。例如,《刑法》第24条第2款规定:对于中止犯,没有造成损害的,应当免除处罚;造成损害的,应当减轻处罚。

提示

　　免除处罚不是无罪判决,也不是免于起诉,有罪判决是免除处罚的前提。邓玉娇案就是典型案例。

　　(2)免除处罚是指免除刑罚处罚,不意味着免除非刑罚处罚。例如,还可判处训诫、责令赔偿损失等非刑罚处罚。如果既免除刑罚处罚,也免除非刑罚处罚,就是单纯宣告有罪。因此免除处罚不等于单纯宣告有罪。

三、酌定量刑情节

　　酌定情节,是指人民法院从审判经验中总结出来的,在刑罚裁量过程中灵活掌握、酌情适用的情节。酌定情节虽然不是刑法明文规定的,但却是根据刑事立法精神和有关刑事政策,从刑事审判实践经验中总结出来的,因而对于刑罚裁量也具有重要意义。主要包括:

　　1.犯罪的动机。例如,同是抢夺犯罪,有的是追求腐化生活,有的是基于家庭生活困难,前者的主观恶性相对大于后者。

　　2.犯罪的手段。例如,使用一般强制方法实施的强奸犯罪,与采用惨无人道、极端野蛮的手段完成的强奸犯罪相比,前者的情节明显轻于后者。

　　3.犯罪的时间、地点。例如,发生于天灾人祸之时的盗窃、抢劫等犯罪,就比平时所发生的相同犯罪,具有更大的社会危害性。

　　4.犯罪侵害的对象。例如,侵犯未成年人、残疾人、老年人、怀孕妇女的犯罪,就比侵犯其他对象的相同犯罪,具有更大的社会危害性。

　　5.犯罪造成的损害结果。例如,同是侵犯财产利益的犯罪,犯罪人所造成的实际的财产损害程度,就是在量刑时应予以考虑的因素。

　　6.犯罪分子的一贯表现。例如,平时遵纪守法者犯罪,与平时一贯违法乱纪、甚至多次受过行政处罚者犯罪相比,后者就应受到相对较重的处罚。

　　7.犯罪后的态度。例如,真诚悔过、坦白罪行、积极退赃、主动赔偿损失、积极采取措施消除或减轻危害结果等表现,较之于拒不认罪、毁灭罪证、意图逃避罪责等表现,前者应当受到相对较轻的处罚。

提示

　　正确适用酌定处罚情节,主要应注意以下问题:

　　1.准确认定酌定情节的性质

　　与法定情节相同,酌定情节可以分为从宽情节和从严情节。从宽情节和从严情节对量刑结果影响的性质是不同的。从宽情节,是指会使犯罪人受到从宽处罚的情节,它包括从轻处罚、减轻处罚和免除处罚的情节;从严情节,是指会使犯罪人受到从严处罚的情节,仅有从重处罚情节一种。所以,准确认定具体酌定情节的性质,对于正确量刑具有重要意义。

2.全面把握酌定情节的内容

同一案件中所具有的酌定情节,往往是多方面的,既有从宽情节,也有从严情节。全面把握酌定情节的内容,就是要求客观、全面地分析、掌握可能对量刑结果产生不同影响的所有情节,从而为正确量刑奠定公正、合理的基础。

3.合理协调酌定情节与法定情节的关系

在同一案件中既有法定情节,又有酌定情节的条件下,注意协调酌定情节与法定情节的关系,充分发挥酌定情节的作用,对于保证法定情节适用结果的准确性,是至关重要的。此外,在法定情节与酌定情节并存的情况下,应本着法定情节优于酌定情节的原则,予以适用。

4.公正适用酌定情节

酌定情节是在刑罚裁量过程中由法官灵活掌握、酌情适用的情节。它是法官自由裁量权的重要依据之一。但是,酌定情节的这一属性,并非表明法官可以随心所欲、不受制约地决定酌定情节的取舍和适用结果。任何法官都应当在罪责刑相适应原则和适用刑法人人平等原则的制约下,公正、合理地适用酌定情节,准确裁量刑罚。

经典考题

下列选项中,应当从轻或者减轻处罚的情形是(   )①。(2013-8 法)

A.犯罪后自首

B.教唆他人犯罪,被他人拒绝

C.已满14周岁不满18周岁的人犯罪

D.尚未完全丧失责任能力的精神病人犯罪

《 第三节　量刑制度 》

一、累犯

累犯,是指因犯罪而受过一定的刑罚处罚,在刑罚执行完毕或者赦免以后,在法定期限内又犯罪的情形。累犯分为一般累犯与特殊累犯。

(一)一般累犯

第65条[一般累犯]　被判处有期徒刑以上刑罚的犯罪分子,刑罚执行完毕或者赦免以后,在五年以内再犯应当判处有期徒刑以上刑罚之罪的,是累犯,应当从重处罚,但是过失犯罪和不满十八周岁的人犯罪的除外。

前款规定的期限,对于被假释的犯罪分子,从假释期满之日起计算。

1.主观条件:前后罪都必须是故意犯罪。

2.年龄条件:前后罪都必须是已满18周岁的人犯罪(其实就是要求犯前罪时已满18周岁)。第一次犯罪时行为人未满18周岁,第二次犯罪时行为人已满18周岁,不是累犯。

3.刑度条件:前后罪都必须是被判或应判有期徒刑以上刑罚的犯罪。

---

① C

前罪被判处有期徒刑以上刑罚,是指法院最后确定的宣告刑为有期徒刑以上刑罚;后罪应当判处有期徒刑以上刑罚,是指根据后罪的事实以及刑法规定,应当判处有期徒刑以上刑罚。

提示

第一,前罪因为数罪并罚被判处有期徒刑以上刑罚,只要其中的故意犯罪被判处有期徒刑以上刑罚,就满足累犯中的"前罪"的要求。例如,甲因盗窃被判处6个月有期徒刑,因过失致人死亡被处2年有期徒刑,数罪并罚决定执行2年有期徒刑;甲刑罚执行完毕后经过了4年时又犯抢劫罪的,应认定为累犯。但是,如果其中的盗窃仅被判处6个月拘役,即使数罪并罚决定执行2年有期徒刑,也不能认定为累犯。

第二,后罪为数罪时,对应当判处拘役、管制或者单处附加刑的犯罪,不得适用累犯从重处罚的规定。例如,甲犯故意伤害罪被判处有期徒刑3年,执行完毕以后的5年内又犯盗窃罪与使用虚假身份证件罪,其中的盗窃罪应当判处有期徒刑4年,使用虚假身份证件罪应当判处管制。此时,只能将盗窃罪作为累犯从重处罚,而不能将使用虚假身份证件罪也作为累犯从重处罚。

4.时间条件:后罪发生的时间,必须是在前罪刑罚执行完毕或者赦免以后5年内。

(1)刑罚执行完毕是指主刑执行完毕,附加刑是否执行完毕不影响累犯的成立。

(2)假释与累犯。

①在假释考验期内犯新罪,不成立累犯,因为刑罚没有执行完毕,此时要撤销假释,数罪并罚。

②在假释期满后犯罪,可以成立累犯,因为假释考验期满就视为原判刑罚已经执行完毕。此时累犯的5年起算时间,从假释期满之日起算,而不是从假释之日起计算。

【总结】一般累犯成立条件

主观条件	前后罪都必须是故意犯罪。
年龄条件	前后罪都必须是已满18周岁。第一次犯罪时行为人未满18周岁,第二次犯罪时行为人已满18周岁,不是累犯。
刑度条件	前后罪都必须是被判或应判有期徒刑以上刑罚的犯罪。
时间条件	后罪发生的时间,必须是在前罪刑罚执行完毕或者赦免以后5年内。
提示	刑罚执行完毕是指主刑执行完毕,附加刑是否执行完毕不影响累犯的成立。

经典考题

2010年,甲(15周岁)因琐事放火烧毁邻居家房屋后逃走,2014年因多次盗窃被抓获。下列选项中,正确的有(　　)①。(2015-22法)

A.甲构成累犯,应当从重处罚

B.对甲最重只能判处无期徒刑

C.对甲的放火行为应当从轻或者减轻处罚

D.甲的行为构成放火罪和盗窃罪,应当数罪并罚

(二)特殊累犯

第66条[特殊累犯] 危害国家安全犯罪、恐怖活动犯罪、黑社会性质的组织犯罪的犯

① BCD

罪分子,在刑罚执行完毕或者赦免以后,在任何时候再犯上述任一类罪的,都以累犯论处。

1. 前罪和后罪的种类要求。前罪和后罪都必须是危害国家安全犯罪、恐怖活动犯罪、黑社会性质的组织犯罪。只要前罪与后罪均为这三类罪即可,不要求一一对应。例如,前罪是危害国家安全犯罪,后罪是恐怖活动犯罪的,或者前罪是恐怖活动犯罪,后罪是黑社会性质的组织犯罪的,均成立特殊累犯。

(1)危害国家安全犯罪包括刑法分则第一章"危害国家安全罪"的所有罪名。

(2)恐怖活动犯罪不仅包括组织、领导、参加恐怖组织罪,资助恐怖活动罪;而且包括恐怖组织实施的各种犯罪。

(3)黑社会性质的组织犯罪不仅包括组织、领导、参加黑社会性质组织罪,入境发展黑社会组织罪,包庇、纵容黑社会性质组织罪;而且包括黑社会性质组织实施的各种犯罪。

2. 前后年龄的要求。主流观点认为,成立特殊累犯要求实施前后罪时行为人已满 18 周岁。

3. 前后刑度的要求。前罪判处的刑罚种类与后罪应当判处何种刑罚不影响特殊累犯的成立。

4. 前后时间的要求。必须是在刑罚执行完毕或者赦免以后再犯罪,前罪与后罪的相隔时间不影响特殊累犯的成立。注意:如果前罪是免予刑罚处罚,也不属于被赦免的,就不成立特殊累犯。

【归纳总结】一般累犯与特殊累犯区别

条件	一般累犯	特殊累犯
前后罪的种类	都是故意犯罪	都是故意犯罪,且属于危害国家安全犯罪、恐怖活动犯罪、黑社会性质的组织犯罪
前后罪的刑度	都是有期徒刑以上刑罚	不要求
前后罪的时间	后罪发生在前罪执行完毕或者赦免后 5 年内	不要求

5. 累犯和再犯的区别

再犯,是指再次犯罪的人,即两次或者两次以上实施犯罪的人。对再犯的后犯之罪实施的时间并无限制,既可以是在前罪刑罚执行期间实施的,也可以是在刑满释放之后实施的。累犯与再犯的区别主要体现在:

(1)累犯前后实施的犯罪必须是特定的犯罪;而再犯前后实施的犯罪并无此方面的限制。

(2)累犯一般必须以前后两罪被判处或者应判处一定刑罚为构成要件;而构成再犯,并不要求前后两罪必须被判处一定刑罚。

(3)累犯所犯后罪,一般必须是前罪刑罚执行完毕或者赦免以后的法定期限之内实施的;而构成再犯,对前后两罪之间并无时间方面的限制。

📢 二、自首

第 67 条第 1 款[自首]　犯罪以后自动投案,如实供述自己的罪行的,是自首。对于自首的犯罪分子,可以从轻或者减轻处罚。其中,犯罪较轻的,可以免除处罚。

第 2 款[准自首]　被采取强制措施的犯罪嫌疑人、被告人和正在服刑的罪犯,如实供述司法机关还未掌握的本人其他罪行的,以自首论。

自首,是指犯罪以后<u>自动投案</u>,如实供述自己的罪行的行为,或者被采取强制措施的犯罪嫌疑人、被告人和正在服刑的罪犯,如实供述<u>司法机关还未掌握的本人其他罪行</u>的,以自首论。据此,自首可以分为一般自首与准自首。

🛡 (一)一般自首

一般自首的成立条件为:

1.自动投案

这是指<u>主动将自己置于办案机关的合法控制下</u>,接受审查与裁判的行为。

(1)投案时间:尚未归案时。即在被讯问或采取强制措施之前,都可以自动投案。具体包括:

①犯罪事实未被发觉。例如,甲杀死一名流浪汉,杀人事实一直未被发觉,后良心发现,自动投案,构成自首。

②犯罪事实已经被发觉,但未发现犯罪嫌疑人。例如,甲交通肇事后逃逸,事故现场已被控制,但警方不知肇事者是谁。此时,甲自动投案,构成自首。

③犯罪事实和犯罪嫌疑人都已被发现,但是对犯罪嫌疑人尚未发布强制措施的命令,此时,自动投案构成自首。

④警方已经对犯罪嫌疑人发布强制措施的命令,但是尚未缉拿归案,犯罪嫌疑人仍在逃亡中。

第一,犯罪后逃跑,在被通缉、追捕过程中,主动投案,构成自首。

第二,经查实确已准备去投案,或者正在投案途中,被公安机关捕获的,应当视为自动投案,构成自首。

第三,犯罪后潜逃至异地,即使犯罪地司法机关已经发觉,但是异地司法机关尚未发觉,仅因形迹可疑,被盘问、教育后,主动交代自己罪行,视为自动投案,构成自首。

(2)投案对象:包括司法机关、非司法机关、有关个人。例如,犯罪人所在单位,基层组织、单位负责人、被害人等。

(3)投案方式:只要将自己主动置于司法机关控制之下,就属于自动投案。

①亲自自首。可以先采取打电话、发传真、发短信、电子邮件等,随后归案。如果随后不归案,不算自动投案。

②代为自首。犯罪人因病、因伤或者为了减轻犯罪后果,委托他人先代为投案,或者先以电信投案的,也应视为投案。

③护送自首。并非出于犯罪嫌疑人主动,而是经亲友规劝、陪同投案的,应视为自动投案;公安、检察机关通知犯罪嫌疑人的亲友,或者亲友主动报案后,将犯罪嫌疑人送去投案的,同样视为自动投案。

> **提示**
>
> 犯罪嫌疑人被亲友采用捆绑等手段送到司法机关,或者在亲友带领侦查人员前来抓捕时无拒捕行为,并如实供认犯罪事实的,不能认定为自动投案。

(4)投案意愿:自动性和彻底性。

①投案的自动性<u>不要求</u>出于特定动机与目的,出于真心悔悟,为了争取宽大处理,因为亲友劝说,由于潜逃后生活所迫等,都可能成为自动投案的动机与目的,而不会影响自首的

成立。

②投案的彻底性是指投案后自愿接受控制，直到最终审判。特殊情形：

第一，自动投案后又逃跑的，不算自首；又回来的，则算自首。

第二，被动归案后又逃跑，然后又回来的，不算自首。如果逃跑行为构成脱逃罪，又回来的，可就脱逃罪构成自首。

2. 如实供述罪行

成立自首，除要求自动投案外，还要求自动投案后，如实交代自己的主要犯罪事实。

（1）如实。

①如实的判断标准：供述内容和犯罪人主观记忆相符，和客观犯罪事实基本相符。只要和主观记忆相符，即使与客观犯罪事实有些出入，也算自首。

②只供述主要犯罪事实，不要求供述全部犯罪事实，即使隐瞒量刑情节，也算如实供述。例如，甲自动投案供述了抢夺事实，但在抢夺数额以及过失致使被害人重伤上有所隐瞒，仍视为如实供述。

③合理辩解不影响如实供述的认定。如实供述了案件事实，但对案件事实的定性，存在不同看法，进行辩解，仍属于如实供述。例如，甲供述了自己将乙杀死的事实，但甲认为自己的行为属于正当防卫，不构成犯罪，甲的辩解仍然成立如实供述。

（2）供述。

①供述的时间：犯罪嫌疑人自动投案并如实供述自己的罪行后又翻供的，不能认定为自首，但在一审判决前又能如实供述的，应当认定为自首。

②供述的内容：第一，除供述自己的主要犯罪事实外，还应包括姓名、年龄、职业、住址、前科等情况。第二，犯有数罪的犯罪嫌疑人，仅如实供述部分犯罪的，只对如实供述的部分犯罪认定为自首。第三，共同犯罪案件中的犯罪嫌疑人，除如实供述自己的罪行，还应当供述所知的同案犯，主犯则应当供述所知其他同案犯的共同犯罪事实。否则，不能认定为自首。犯罪人出于掩护其他共犯人的目的，有预谋地投案包揽共同犯罪的全部责任的，不能视为如实供述自己的罪行。

⭐（二）准自首（特殊自首）

准自首（特殊自首），是指被采取强制措施的犯罪嫌疑人、被告人或者正在服刑的罪犯，如实供述司法机关还未掌握的本人其他罪行的行为。

1. 主体：依法被采取强制措施的犯罪嫌疑人、被告人或者正在服刑的罪犯。

（1）被"采取强制措施"是指根据刑事诉讼法的规定，被采取拘传、拘留、取保候审、监视居住与逮捕。

（2）因特定一般违法行为被采取行政拘留、司法拘留、强制隔离戒毒等剥夺人身自由措施期间，主动向执行机关交代自己犯罪行为的应当认定为自首。

（3）对特别自首的从宽处罚，是针对自首的罪行，而非被羁押所涉及的罪行。

2. 如实供述：司法机关还未掌握的本人其他罪行。

（1）还未掌握。根据司法解释，司法机关是否掌握的判断标准：

①如果该罪行已被通缉，以司法机关是否在通缉令发布范围内判断，不在通缉令发布范围内的，应认定为还未掌握；在通缉令发布范围内的，应视为已掌握。

②如果该罪行已录入全国公安信息网络在逃人员信息数据库，应视为已掌握。

③如果该罪行未被通缉、也未录入全国公安信息网络在逃人员信息数据库，应以该司法

机关是否已实际掌握该罪行为标准。

> **提示**
>
> 　　司法机关已"掌握"的罪行是指证明成立的罪行,如果司法机关针对的犯罪事实不成立,在此范围外交代罪行的,以自首论。例如,甲涉嫌受贿罪被捕后,司法机关发现受贿罪不成立。此时,甲又主动供述新的受贿罪事实。该事实是司法机关尚未掌握的,甲构成自首。

(2)其他罪行。

①如实供述的罪行必须与司法机关已掌握的或者判决确定的罪行属不同种罪行。如果是同种罪行,可以酌情从轻处罚,但不属于自首。

②是否属于同种罪行,一般以罪名区分,不同罪名便是不同种罪行。但是,根据司法解释,虽然罪名不同,但二者属于选择性罪名或者在法律、事实上密切关联(如吸收关系、牵连关系等),则仍认为属于同种罪行的范畴。

例1,甲因受贿被采取强制措施后,又交代因受贿为他人谋取利益的行为,构成滥用职权罪的,应认定为同种罪行。

例2,乙因出售假币罪被捕,又交代自己购买假币的罪行,应认定为同种罪行。

例3,丙因组织卖淫被捕,又交代自己强迫卖淫的罪行,应认定为同种罪行。

(三)自首的认定

1.共同犯罪自首的认定

正确认定共同犯罪人的自首,关键在于准确把握共同犯罪人各自的罪行的范围。根据我国刑法的规定,各种共同犯罪人自首时所要供述的自己的罪行的范围,与其在共同犯罪中所起的作用和具体分工是相适应的。

(1)就主犯而言,当其为首要分子的时候,必须供述的罪行,包括其组织、策划、指挥作用所及或支配下的全部罪行;当其为其他主犯的时候,必须供述的罪行,包括其在首要分子的组织、策划、指挥作用的支配下单独实施的共同犯罪行为,以及与其他共同犯罪人共同实施的犯罪行为。

(2)就从犯而言,当其为次要的实行犯的时候,所应供述的罪行,包括犯罪分子自己实施的犯罪,以及与自己共同实施犯罪的主犯和胁从犯的犯罪行为;当其为帮助犯的时候,所应供述的罪行,包括自己实施的犯罪帮助行为,以及自己所帮助的实行犯的行为。

(3)就胁从犯而言,所应供述的罪行的范围,包括自己在被胁迫情况下实施的犯罪,以及所知道的胁迫自己犯罪的胁迫人所实施的犯罪行为。

(4)就教唆犯而言,所应供述的罪行的范围,包括自己的教唆行为,以及所了解的被教唆人产生犯罪意图之后实施的犯罪行为。

2.过失犯罪的自首

过失犯罪的自首问题,关键涉及过失犯罪能否成立自首。行为人在实施过失犯罪之后,只要其行为符合自首成立条件的,就应认定为自首。

3.单位犯罪的自首

单位犯罪的自首,是指单位在犯罪以后,自动投案,如实交代自己的罪行的行为。在单位犯罪案件中:

(1)单位集体决定或者单位负责人决定而自动投案,如实交代单位犯罪事实的,或者单位直接负责的主管人员自动投案,如实交代单位犯罪事实的,应当认定为单位自首。

(2)单位自首的,直接负责的主管人员和直接责任人员未自动投案,但如实交代自己知道的犯罪事实的,可以视为自首;拒不交代自己知道的犯罪事实或者逃避法律追究的,不应当认定为自首。

(3)单位没有自首,直接责任人员自动投案并如实交代自己知道的犯罪事实的,对该直接责任人员应当认定为自首。

经典考题

下列情形中,应认定为自首的有(　　)①。(2010-15 法)

A.犯罪分子没有自动投案,但如实交代办案机关未掌握的罪行,与办案机关已掌握的罪行属不同种罪行的

B.犯罪分子没有自动投案,办案机关所掌握线索针对的犯罪事实不成立,在此范围外犯罪分子交代同种罪行的

C.单位犯罪案件中,单位集体决定或单位负责人决定自动投案,如实交代单位犯罪事实的

D.单位直接负责的主管人员自动投案,如实交代单位犯罪事实的

三、坦白

67 条第 3 款[坦白]　犯罪嫌疑人虽不具有前两款规定的自首情节,但是如实供述自己罪行的,可以从轻处罚;因其如实供述自己罪行,避免特别严重后果发生的,可以减轻处罚。

坦白,是指犯罪人被动归案后,如实供述自己罪行的行为。

(一)自首与坦白

1. 一般自首与坦白

(1)相同点:①都以自己实施了犯罪行为为前提;②都是在归案后如实供述自己的罪行;③都是从宽处罚的情节。

(2)不同点:一般自首是自动投案;坦白是被动归案。

2. 特殊自首与坦白

(1)相同点:①都以自己实施了犯罪行为为前提;②都是在归案后如实供述自己的罪行;③都没有主动投案;④都是从宽处罚的情节。

(2)不同点:如实供述司法机关还未掌握的本人其他罪行的,是自首;如实供述司法机关已经掌握的本人其他罪行的,是坦白。

(二)坦白的效果

1. 如实供述自己罪行的,可以从轻处罚;

2. 因其如实供述自己罪行,避免特别严重后果发生的,可以减轻处罚。

例1,归案后的绑架犯如实供述人质的所在地点,使人质获救的,可以减轻处罚。归案后的绑架犯不如实供述人质所在地的,不成立坦白。

例2,归案后的爆炸犯如实供述爆炸物的安放地,避免了爆炸事故的,可以减轻处罚。归案后的爆炸犯不如实供述爆炸物安放地的,不成立坦白。

---

① ABCD

四、立功

第68条[立功]　犯罪分子有揭发他人犯罪行为,查证属实的,或者提供重要线索,从而得以侦破其他案件等立功表现的,可以从轻或者减轻处罚;有重大立功表现的,可以减轻或者免除处罚。

★(一)立功的条件

1. 立功的主体:犯罪分子。

(1)行为人在犯罪前的任何行为都不可能构成立功,只有在犯罪后才可能有立功表现。

(2)犯罪分子亲友为使犯罪分子"立功",向司法机关提供他人犯罪线索、协助抓捕犯罪嫌疑人的,不能认定为犯罪分子有立功表现。

2. 立功的时间:立功的时间应是犯罪后,而非到案后。例如,甲与乙、丙、丁等人共同实施重大犯罪后,各自逃匿。过了一段时间后,甲向公安机关打电话,告知乙、丙、丁的藏匿地址,希望公安机关抓获乙、丙、丁,并向公安机关说明"如果我先投案,乙、丙、丁肯定会杀害我的亲属"。公安机关根据甲提供的地址,抓获了乙、丙、丁。对于这样的案件,不管甲事后是自动归案,还是被公安机关抓获归案,均应认定其有立功表现。

3. 立功的内容:刑法之所以设立立功制度,其实质根据有以下两点:

(1)从法律上看,行为人犯罪后揭发或者阻止他人犯罪行为,表明行为人人身危险性与再犯可能性降低,再次犯罪可能性较小。

(2)从政策上看,行为人犯罪后揭发或者阻止他人犯罪行为,有利于节约司法资源。

> **提示**
>
> 立功行为应当是能体现人身危险性降低,或有利于节约司法资源的行为,与此无关的行为不能视为立功。
>
> 例1,甲到案后向地震灾区捐款1000万元的,不应当认定立功。
>
> 例2,乙犯罪后到案前揭发他人犯罪行为的,应当认定立功。
>
> 例3,丙犯罪后到案前向地震灾区捐款1000万元的,不应当认定立功。

★(二)立功的类型

1. 揭发他人犯罪行为,查证属实的

立功行为是针对具有法益侵害性的行为,不要求立功者检举、揭发的行为最终构成犯罪。

例1,甲揭发乙犯了强奸罪,事后查明,乙强奸的正是甲,甲属于立功。

例2,甲揭发乙实施了抢劫罪。事后查明,乙有抢劫事实,但当时只有13周岁。甲属于立功。

例3,甲揭发乙犯了抢劫罪。事后查明,乙有抢劫事实,但发现时乙已经死亡或已过追诉时效。甲属于立功。

例4,甲揭发乙犯了故意伤害罪。事后查明,乙是正当防卫或紧急避险。由于这不属于具有法益侵害性的行为,甲不属于立功。

> **提示**
>
> 揭发他人中的"他人"不能是共同犯罪人,但揭发同案犯共同犯罪以外的无关的其他犯罪,查证属实的,构成立功。

2.提供重要线索,从而得以侦破其他案件的

原本不是行为人掌握的,而是行为人的亲友等(司法工作人员等除外)先前告知行为人,后来由行为人揭发或者提供的,不影响立功的成立。①

3.其他立功表现

(1)阻止其他犯罪人逃跑。

(2)阻止他人犯罪活动。

根据司法解释,还包括:①在生产、科研中进行技术革新,成绩突出的;②在抢险救灾或者排除重大事故中表现突出的;③对国家和社会有其他贡献的。这些情形要能体现出犯罪分子的人身危险性降低,才能认定为立功。

(3)协助司法机关抓捕其他犯罪嫌疑人。②

①这里的其他犯罪嫌疑人包括同案犯。

②协助抓捕包括犯罪嫌疑人已经被其他司法机关采取强制措施,但还不被该司法机关知道其所犯罪行的情况。例如,甲犯罪后在北京被捕,于是向北京市公安局揭发因盗窃被拘留的乙曾犯强奸罪,正被关押在上海第三看守所,事后查明甲揭发属实,甲属于协助抓捕嫌疑人,构成立功。

🛡 (三)立功的效果

1.一般立功:可以从轻或者减轻处罚。

2.重大立功:可以减轻或者免除处罚。

判断标准:重大立功是指被检举、揭发或者协助抓捕的犯罪嫌疑人、被告人可能被判处无期徒刑以上刑罚或者案件在本省、自治区、直辖市或者全国范围内有较大影响等情形;其余的为一般立功。注意:构成重大立功只要求根据法定刑可能判处无期徒刑以上刑罚,不要求最终被判处无期徒刑以上刑罚。

3.自首与立功效果的区别:自首及于本罪,立功及于全罪。即自首的从宽处罚效果仅适用自首的罪,立功的从宽处罚效果适用于行为人所有的未被判决的犯罪。例如,甲因盗窃罪被捕,又特别自首了强奸罪,又揭发他人故意杀人的犯罪事实,后被判决成立盗窃罪、强奸罪。特别自首的优待只适用于强奸罪,重大立功适用于盗窃罪与强奸罪,这两个优待在判决时都要适用。在服刑期间又有立功,服刑期间的立功的优待只适用于服刑中的减刑。

🛡 (四)司法解释摘要

1.关于"自动投案"的具体认定

(1)犯罪嫌疑人具有以下情形之一的,视为自动投案:

①犯罪后主动报案,虽未表明自己是作案人,但没有逃离现场,在司法机关询问时交代自己罪行的;

②明知他人报案而在现场等待,抓捕时无拒捕行为,供认犯罪事实的;

③在司法机关未确定犯罪嫌疑人,尚在一般性排查询问时主动交代自己罪行的;

④因特定违法行为被采取行政拘留、司法拘留、强制隔离戒毒等行政、司法强制措施期间,主动向执行机关交代尚未被掌握的犯罪行为的;

---

① 其他提供线索的认定请参见后文的司法解释。

② 其他协助抓捕的认定请参见后文的司法解释。

⑤其他符合立法本意,应当视为自动投案的情形。

(2)罪行未被有关部门、司法机关发觉,仅因形迹可疑被盘问、教育后,主动交代了犯罪事实的,应当视为自动投案,但有关部门、司法机关在其身上、随身携带的物品、驾乘的交通工具等处发现与犯罪有关的物品的,不能认定为自动投案。

(3)交通肇事后保护现场、抢救伤者,并向公安机关报告的,应认定为自动投案,构成自首的,因上述行为同时系犯罪嫌疑人的法定义务,对其是否从宽、从宽幅度要适当从严掌握。交通肇事逃逸后自动投案,如实供述自己罪行的,应认定为自首,但应依法以较重法定刑为基准,视情况决定对其是否从宽处罚以及从宽处罚的幅度。

犯罪嫌疑人被亲友采用捆绑等手段送到司法机关,或者在亲友带领侦查人员前来抓捕时无拒捕行为,并如实供认犯罪事实的,虽然不能认定为自动投案,但可以参照法律对自首的有关规定酌情从轻处罚。

2.关于"如实供述自己的罪行"的认定

(1)如实供述自己的罪行,除供述自己的主要犯罪事实外,还应包括姓名、年龄、职业、住址、前科等情况。犯罪嫌疑人供述的身份等情况与真实情况虽有差别,但不影响定罪量刑的,应认定为如实供述自己的罪行。犯罪嫌疑人自动投案后隐瞒自己的真实身份等情况,影响对其定罪量刑的,不能认定为如实供述自己的罪行。

(2)犯罪嫌疑人自动投案时虽然没有交代自己的主要犯罪事实,但在司法机关掌握其主要犯罪事实之前主动交代的,应认定为如实供述自己的罪行。

3.关于"司法机关还未掌握的本人其他罪行"和"不同种罪行"的认定

犯罪嫌疑人、被告人在被采取强制措施期间如实供述本人其他罪行,该罪行与司法机关已掌握的罪行属同种罪行还是不同种罪行,一般应以罪名区分。虽然如实供述的其他罪行的罪名与司法机关已掌握犯罪的罪名不同,但如实供述的其他犯罪与司法机关已掌握的犯罪属选择性罪名或者在法律、事实上密切关联,如因受贿被采取强制措施后,又交代因受贿为他人谋取利益的行为,构成滥用职权罪的,应认定为同种罪行。

4.关于立功线索来源的认定

(1)犯罪分子通过贿买、暴力、胁迫等非法手段,或者被羁押后与律师、亲友会见过程中违反监管规定,获取他人犯罪线索并"检举揭发"的,不能认定为有立功表现。

(2)犯罪分子将本人以往查办犯罪职务活动中掌握的,或者从负有查办犯罪、监管职责的国家工作人员处获取的他人犯罪线索予以检举揭发的,不能认定为有立功表现。

(3)犯罪分子亲友为使犯罪分子"立功",向司法机关提供他人犯罪线索、协助抓捕犯罪嫌疑人的,不能认定为犯罪分子有立功表现。

5.关于"协助抓捕其他犯罪嫌疑人"的认定

犯罪分子具有下列行为之一,使司法机关抓获其他犯罪嫌疑人的,属于《司法解释》第5条规定的"协助司法机关抓捕其他犯罪嫌疑人":

(1)按照司法机关的安排,以打电话、发信息等方式将其他犯罪嫌疑人(包括同案犯)约至指定地点的;

(2)按照司法机关的安排,当场指认、辨认其他犯罪嫌疑人(包括同案犯)的;

(3)带领侦查人员抓获其他犯罪嫌疑人(包括同案犯)的;

(4)提供司法机关尚未掌握的其他案件犯罪嫌疑人的联络方式、藏匿地址的,等等。

犯罪分子提供同案犯姓名、住址、体貌特征等基本情况,或者提供犯罪前、犯罪中掌握、使用的同案犯联络方式、藏匿地址,司法机关据此抓捕同案犯的,不能认定为协助司法机关抓捕同案犯。

> **提示**
>
> 只有提供犯罪后新的联络方式、藏匿地址的,才能认定为立功。

【总结】立功的类型

揭发型	揭发他人犯罪行为,查证属实的。立功行为是针对具有法益侵害性的行为,不要求立功者检举揭发的行为最终构成犯罪。
线索型	提供重要线索,从而得以侦破其他案件的。原本不是行为人掌握的,而是其亲友等(司法工作人员等除外)先前告知行为人,后来由行为人揭发或者提供的,不影响立功的成立。
协助型	协助司法机关抓捕其他犯罪嫌疑人。 ①这里的其他犯罪嫌疑人包括同案犯。 ②包括犯罪嫌疑人已经被其他司法机关采取强制措施,但还不被该司法机关知道其所犯罪行的情况。
其他型	阻止其他犯罪人逃跑;阻止他人犯罪活动。根据司法解释,还包括: ①在生产、科研中进行技术革新,成绩突出的; ②在抢险救灾或者排除重大事故中表现突出的; ③对国家和社会有其他贡献的。

经典考题

甲因涉嫌受贿被捕,在受询问时如实供述了受贿罪刑,并举报了同监室的一名犯罪嫌疑人企图潜逃,经查证属实,下列选项中正确的是(　　)①。(2016-8 法)

A. 甲有自首情节,对其可以从轻处罚　　　　　　　　B. 甲有立功情节,对其可以免除处罚

C. 甲有坦白情节,对其可以从轻处罚　　　　　　　　D. 甲具有重大立功情节,对其应当免除处罚

《 第四节　数罪并罚 》

一、概念与特点

数罪并罚,是指对一行为人所犯数罪合并处罚的制度。我国刑法中的数罪并罚,是指人民法院对一行为人在法定时间界限内所犯数罪分别定罪量刑后,按照法定的并罚原则及刑期计算方法决定其应执行的刑罚的制度。数罪并罚的特点:

1. 必须是一行为人犯有数罪。这是适用数罪并罚的事实前提。

2. 一行为人所犯的数罪必须发生于法定的时间界限之内。我国刑法以刑罚执行完毕以前所犯数罪作为适用并罚的最后时间界限。

3. 必须在对数罪分别定罪量刑的基础上,依照法定的并罚原则、并罚范围和并罚方法(刑期计算方式),决定执行的刑罚。

二、数罪并罚的原则

这是指对一人所犯数罪合并处罚应依据的规则。其功能在于确定对于数罪如何实行并

---

① C

罚。各国所采用的数罪并罚原则,主要可归纳为如下 4 种:

1. 并科原则

也称为相加原则,是指将一人所犯数罪分别宣告的各罪刑罚绝对相加、合并执行的处罚规则。

2. 吸收原则

这是指对一人所犯数罪采用<u>重罪吸收轻罪</u>或者<u>重罪刑吸收轻罪刑</u>的合并处罚规则。

3. 限制加重原则

也称为限制并科原则,是指以一人所犯数罪中法定(应当判处)或已判处的最重刑罚为基础,再在一定限度之内对其予以加重作为执行刑罚的合并处罚规则。

4. 折中原则

也称为混合原则,它是指以上述一种原则为主、他种原则为辅,将其分别适用于不同刑种或刑罚结构的数罪合并处罚方法。

三、数罪并罚原则的立法规定

(一)宣告以前,一人数罪

第 69 条[判决宣告前一人犯数罪的并罚]　判决宣告以前一人犯数罪的,除判处死刑和无期徒刑的以外,应当在总和刑期以下、数刑中最高刑期以上,酌情决定执行的刑期,但是管制最高不能超过三年,拘役最高不能超过一年,有期徒刑总和刑期不满三十五年的,最高不能超过二十年,总和刑期在三十五年以上的,最高不能超过二十五年。

数罪中有判处有期徒刑和拘役的,执行有期徒刑。数罪中有判处有期徒刑和管制,或者拘役和管制的,有期徒刑、拘役执行完毕后,管制仍须执行。

数罪中有判处附加刑的,附加刑仍须执行,其中附加刑种类相同的,合并执行,种类不同的,分别执行。

根据 69 条的规定,我国数罪并罚采取的是混合原则,即以限制加重原则为基础,以吸收原则和并科原则为补充的折中原则,具体表现为:

1. 吸收原则

将数罪分别定罪量刑,选择最重的刑罚执行,较轻的刑罚被吸收,不再执行。有三种情形:

(1)死刑(最高刑)+其他主刑(被吸收)=死刑。

(2)无期(最高刑)+其他主刑(被吸收)=无期。

(3)有期(最高刑)+拘役(被吸收)=有期。

2. 限制加重原则

(1)单罪管制(3 月~2 年),管制+管制≤3 年。

(2)单罪拘役(1 月~6 月),拘役+拘役≤1 年。

(3)单罪有期(6 月~15 年),有期+有期,总和刑期不满 35 年≤20 年;有期+有期,总和刑期 35 年以上≤25 年。

(4)无期+无期=无期。

(5)死刑+死刑=死刑。

> 限制加重原则的下限是数刑中最高刑期,上限是并罚后的法定最高刑期。例如,甲犯三个罪,分别应处 10 年、10 年和 15 年。数刑中最高刑期是 15 年,总和刑期是 35 年。由于有期徒刑总和刑期在 35 年以上的,最高不能超过 25 年,故对甲应在 15 年-25 年范围内量刑。注意:35 年以上包括 35 年本数。

3. 并科原则

(1)有期(最高刑)+管制 = 有期+管制。

(2)拘役(最高刑)+管制 = 拘役+管制。

(3)主刑+附加刑 = 主刑+附加刑。主刑与附加刑的性质不同,不能换算或吸收。例如,甲犯 A 罪,应处 3 年有期徒刑,剥夺政治权利 1 年;犯 B 罪,应处 5 个月拘役,罚金 2 万元。有期徒刑和拘役并罚时,拘役被吸收,但附加刑仍须执行。对甲应执行 3 年有期徒刑、剥夺政治权利 1 年和罚金 2 万元。

4. 附加刑并罚

(1)附加刑种类相同的,合并执行。合并执行是指相加执行,本质上是并科原则。例如,甲犯两罪,分别应处罚金 10 万元、5 万元,要合并执行 15 万元。

(2)附加刑种类不同的,分别执行。注意:罚金与没收财产种类不同,应分别执行,即先执行罚金,再执行没收财产。

> 公式中第一个主刑为最高刑。

吸收原则	并科原则
死刑+其他主刑 = 死刑	有期徒刑+管制 = 有期徒刑+管制(分别执行)
无期徒刑+其他主刑(不含死刑) = 无期徒刑	拘役+管制 = 拘役+管制(分别执行)
有期徒刑+拘役 = 有期徒刑	主刑+附加刑 = 主刑+附加刑(分别执行)

(二)发现漏罪,先并后减

第 70 条[判决宣告后发现漏罪的并罚] 判决宣告以后,刑罚执行完毕以前,发现被判刑的犯罪分子在判决宣告以前还有其他罪没有判决的,应当对新发现的罪作出判决,把前后两个判决所判处的刑罚,依照本法第六十九条的规定,决定执行的刑罚。已经执行的刑期,应当计算在新判决决定的刑期以内。

根据司法解释,新发现的漏罪,不管与前罪是否性质相同,都应单独作出判决,然后先并后减。

例如,甲在判决宣告以前犯有盗窃、诈骗、抢夺、抢劫 4 个罪,但法院只判决盗窃罪 11 年有期徒刑、诈骗罪 12 年有期徒刑,决定合并执行 18 年有期徒刑。执行 5 年后,发现抢夺罪与抢劫罪,分别判处 6 年有期徒刑、7 年有期徒刑。于是,法院应在 18 年以上 31 年以下决定应执行的刑期。此时的并罚不得超过 20 年,故只能在 18 年以上 20 年以下决定应执行的刑期。如果决定执行 20 年,则还需要执行 15 年。

(三)又犯新罪,先减后并

第 71 条[判决宣告后又犯新罪的并罚] 判决宣告以后,刑罚执行完毕以前,被判刑的犯罪分子又犯罪的,应当对新犯的罪作出判决,把前罪没有执行的刑罚和后罪所判处的刑罚,依照本法第六十九条的规定,决定执行的刑罚。

1. 新罪不管与前罪是否性质相同,都应单独作出判决,然后先减后并。

2. 既犯新罪,又发现漏罪:先解决漏罪,再解决新罪,即先并后减再并。例如,甲犯盗窃罪被判处 8 年,执行 5 年后,又犯故意伤害罪,法院判处 7 年,同时发现甲还有漏罪诈骗罪应判 6 年,先将漏罪诈骗罪的 6 年与盗窃罪的 8 年实行并罚,在 8 年以上 14 年以下决定执行的刑罚,如果决定执行 12 年有期徒刑,则甲还需执行 7 年有期徒刑。然后,再将故意伤害罪的 7 年有期徒刑与没有执行的 7 年实行并罚,在 7 年以上 14 年以下决定应当执行的刑罚,如果决定执行 11 年,则犯罪人实际上执行 16 年。

经典考题

下列关于罪数的表述中,正确的是(　　　)①。(2010-8 非)

A. 数罪并罚时采用限制加重原则
B. 并科原则可以适用于附加刑和管制
C. 数罪中有被处死刑的,对主刑应当采用吸收原则
D. 限制加重原则只适用于有期徒刑

《 第五节　缓刑 》

缓刑,属于刑罚暂缓执行,即对原判刑罚附条件不执行的一种刑罚制度。它是指人民法院对于被判处拘役、3 年以下有期徒刑的犯罪分子,根据其犯罪情节和悔罪表现,认为暂缓执行原判刑罚,没有再犯罪的危险,且宣告缓刑不会对所居住社区产生重大的不良影响的,规定一定的考验期,暂缓其刑罚的执行,若犯罪分子在考验期内没有发生法定撤销缓刑的情形,原判刑罚就不再执行的制度。

一、适用条件

第 72 条[适用条件、禁止令、附加刑]　对于被判处拘役、三年以下有期徒刑的犯罪分子,同时符合下列条件的,可以宣告缓刑,对其中不满十八周岁的人、怀孕的妇女和已满七十五周岁的人,应当宣告缓刑:

(一)犯罪情节较轻;

(二)有悔罪表现;

(三)没有再犯罪的危险;

(四)宣告缓刑对所居住社区没有重大不良影响。

宣告缓刑,可以根据犯罪情况,同时禁止犯罪分子在缓刑考验期限内从事特定活动,进入特定区域、场所,接触特定的人。

被宣告缓刑的犯罪分子,如果被判处附加刑,附加刑仍须执行。

1. 对象条件:拘役或者 3 年以下有期徒刑的罪犯。

(1)3 年以下有期徒刑,包括 3 年。数罪并罚后,决定执行的刑罚为 3 年以下有期徒刑或者拘役的,也可以适用缓刑。

> **提示**
>
> 是否宣告缓刑,与犯罪分子触犯的罪名的性质没有关系。例如,故意杀人罪的量刑可能被判处 3 年以上 10 年以下有期徒刑,如果被判处 3 年有期徒刑,也可能被判处缓刑。

---

① C

(2)对于累犯和犯罪集团的首要分子,不适用缓刑。(《刑法》第74条)

2.实质条件:不再有人身危险性,即适用缓刑确实不致再危害社会,需要同时满足以下条件:

(1)犯罪情节较轻;(2)有悔罪表现;(3)没有再犯罪的危险;(4)宣告缓刑对所居住社区没有重大不良影响。

> **提示**
>
> 满足上述条件的,只是可以宣告缓刑。但对不满18周岁的人、怀孕的妇女和已满75周岁的人,如果同时满足对象条件与实质条件,应当宣告缓刑。

3.可以适用禁止令:即禁止犯罪分子在缓刑考验期限内从事特定活动,进入特定区域、场所,接触特定的人。

4.应当进行社区矫正。

5.缓刑只适用于拘役与3年以下有期徒刑的正犯,被宣告缓刑的犯罪分子,如果被判处附加刑,附加刑仍须执行。

> **提示**
>
> 对被判处管制或者单处附加刑的,不能适用缓刑。因为管制与附加刑都没有剥夺犯罪人的人身自由,适用缓刑没有实际意义。

二、考验期限与义务

第73条[考验期限] 拘役的缓刑考验期限为原判刑期以上一年以下,但是不能少于二个月。

有期徒刑的缓刑考验期限为原判刑期以上五年以下,但是不能少于一年。

缓刑考验期限,从判决确定之日起计算。

第75条[缓刑犯应遵守的规定] 被宣告缓刑的犯罪分子,应当遵守下列规定:

(一)遵守法律、行政法规,服从监督;

(二)按照考察机关的规定报告自己的活动情况;

(三)遵守考察机关关于会客的规定;

(四)离开所居住的市、县或者迁居,应当报经考察机关批准。

1.拘役的考验期限:原判刑期以上1年以下,但是不能少于2个月。

2.有期徒刑的考验期限:原判刑期以上5年以下,但是不能少于1年。

3.计算:从判决确定之日起计算。

> **提示**
>
> 判决确定以前先行羁押的,不能折抵考验期限。因为缓刑考验期限不是刑罚执行期限,不应折抵。

4.遵守的规定:第75条4项内容要同时遵守。

三、缓刑的法律后果

(一)成功的缓刑

第76条[缓刑的考验及其积极后果] 对宣告缓刑的犯罪分子,在缓刑考验期限内,依法实行社区矫正,如果没有本法第七十七条规定的情形,缓刑考验期满,原判的刑罚就不再执行,并公开予以宣告。

成功的缓刑,原判刑罚就不再执行。<u>注意</u>:原判刑罚就不再执行和原判刑罚执行完毕不同,在缓刑考验期内再犯新罪,以及在考验期满后再犯新罪的,由于没有执行刑罚,因此都不构成累犯。

🛡 (二)失败的缓刑

第77条[缓刑的撤销及其处理] 被宣告缓刑的犯罪分子,在缓刑考验期限内犯新罪或者发现判决宣告以前还有其他罪没有判决的,应当撤销缓刑,对新犯的罪或者新发现的罪作出判决,把前罪和后罪所判处的刑罚,依照本法第六十九条的规定,决定执行的刑罚。

被宣告缓刑的犯罪分子,在缓刑考验期限内,违反法律、行政法规或者国务院有关部门关于缓刑的监督管理规定,或者违反人民法院判决中的禁止令,情节严重的,应当撤销缓刑,执行原判刑罚。

失败的缓刑:撤销缓刑,执行原判刑罚。根据刑法第77条,失败的缓刑有4种情形,分别是:又犯新罪、发现漏罪、违反规定与违反禁止令。

1.又犯新罪:这是指在缓刑考验期内又犯新罪,应当撤销缓刑,数罪并罚。

(1)新罪的种类:不管新罪是故意犯罪,还是过失犯罪,是同种罪,还是异种罪,都应撤销缓刑,数罪并罚。

①由于缓刑没有实际执行,所以不存在"先减后并"的问题,应按照数罪并罚的规定处理。例如,甲于2015年犯故意伤害罪被判2年,缓期3年执行,2017年又犯过失致人死亡罪,应判2年。对甲应当撤销缓刑,执行原判的2年刑罚,并且与新罪的2年数罪并罚,故应当在2年以上4年以下确定刑期,如果并罚后判处3年,就要执行3年,不得减去考验期的2年。

②在数罪并罚后,即使决定执行的刑罚是3年以下有期徒刑,也不能再次宣告缓刑。这是因为,犯罪人在考验期内又犯新罪,表明其社会危害性和人身危险性仍非常大,就不符合适用缓刑的实质条件。上例中,虽然甲并罚后被判处3年有期徒刑,也不能适用缓刑了。

(2)犯罪的时间:在缓刑考验期内又犯新罪,<u>无论何时发现,都应撤销缓刑,执行原判刑罚</u>。

①犯罪分子在考验期内犯新罪,表明犯罪分子有人身危险性和再犯可能性,已经不符合缓刑的条件,说明缓刑的考验是失败的,因此,需要撤销缓刑,执行原判刑罚。

②在缓刑考验期满后犯新罪,不撤销缓刑,对新罪单独起诉。缓刑考验期满后,原判的刑罚就不再执行,前罪的处理已经结束。<u>注意</u>:这种情形不可能构成累犯,因为缓刑考验期满只是不执行原判刑罚,而非已经执行完毕。

2.发现漏罪:这是指发现判决宣告前还有其他的罪未判决,应当撤销缓刑,数罪并罚。

(1)漏罪的种类:不管漏罪是故意犯罪,还是过失犯罪,是同种罪,还是异种罪,都应撤销缓刑,数罪并罚。

①由于缓刑没有实际执行,所以不存在"先并后减"的问题,应按照数罪并罚的规定处理。

②原判决宣告以前先行羁押的,羁押日期应当折抵刑期。

③发现漏罪在数罪并罚后,如果符合缓刑条件的,可以再次宣告缓刑。

（2）发现的时间：缓刑考验期限内发现漏罪。

对于漏罪，只有在缓刑考验期限内发现才能撤销缓刑，过了缓刑考验期后才发现漏罪的，不能撤销缓刑，只能对漏罪作出判决并执行。例如，甲因故意伤害罪被判 1 年，缓期 2 年执行。缓刑考验期满后，发现甲还有抢劫罪未被判决。此时，不能撤销甲的缓刑，只能对抢劫罪单独处理。

3.违反规定：这是指在缓刑考验期内，违反法律、行政法规或者国务院有关部门有关缓刑的监督管理规定，情节严重的，<u>应当撤销缓刑，执行原判刑罚</u>。

> **提示**
>
> 在缓刑考验期内违反规定，无论何时发现，都应撤销缓刑，执行原判刑罚。原理和"又犯新罪"相同。

4.违反禁止令：在缓刑考验期内，违反人民法院判决中的禁止令，情节严重的，应当撤销缓刑，执行原判刑罚。

> **提示**
>
> 在缓刑考验期内违反禁止令，无论何时发现，都应撤销缓刑，执行原判刑罚。原理和"又犯新罪"相同。

【总结】缓刑的撤销及其处理

又犯新罪	这是指在缓刑考验期内又犯新罪，应当撤销缓刑，数罪并罚。不管新罪是故意还是过失犯罪，是同种还是异种罪，都应撤销缓刑，数罪并罚。注意：在缓刑考验期内又犯新罪，无论何时发现，都应撤销缓刑，执行原判刑罚。由于缓刑没有实际执行，所以不存在"先减后并"问题，应按照数罪并罚的规定处理。
发现漏罪	这是指发现判决宣告前还有其他的罪未判决，应当撤销缓刑，数罪并罚。不管漏罪是故意还是过失犯罪，是同种还是异种罪，都应撤销缓刑，数罪并罚。注意：对于漏罪，只有在缓刑考验期限内发现才能撤销缓刑，过了缓刑考验期后才发现漏罪的，不能撤销缓刑，只能对漏罪单独处理。
违反规定	这是指在缓刑考验期内，违反法律、行政法规或者国务院有关部门有关缓刑的监督管理规定，情节严重的，应当撤销缓刑，执行原判刑罚。注意：在缓刑考验期内违反规定，无论何时发现，都应撤销缓刑，执行原判刑罚。
违反禁止令	这是指在缓刑考验期内，违反人民法院判决中的禁止令，情节严重的，应当撤销缓刑，执行原判刑罚。注意：无论何时发现，都应撤销缓刑，执行原判刑罚。

（三）缓刑与战时缓刑

战时缓刑，是指在战时对军人适用的一种特殊缓刑制度。根据《刑法》第 449 条的规定，适用战时缓刑应当遵守以下条件：

1.适用的时间，必须是在战时。所谓战时，是指国家宣布进入战争状态、部队受领作战任务或者遭敌突然袭击时。部队执行戒严任务或者处置突发性暴力事件时，以战时论。

2.适用的对象，只能是被判处 3 年以下有期徒刑（依立法精神应含被判处拘役）的犯罪军人。不是犯罪的军人，或者虽是犯罪的军人，但被判处的刑罚为 3 年以上有期徒刑，均不能适用战时缓刑。

3.适用战时缓刑的基本根据，是在战争条件下宣告缓刑没有现实危险。这是战时缓刑最关键的适用条件。即使是被判处 3 年以下有期徒刑的犯罪军人，若适用缓刑具有现实危险,也不能宣告缓刑。

4.战时缓刑的法律后果。被宣告缓刑的犯罪军人,允许其戴罪立功,确有立功表现时,可以撤销原判刑罚,不以犯罪论处,如有《刑法》第77条规定的应予撤销缓刑的情形,则撤销缓刑并作出相应的处理。

经典考题

甲因犯泄露内幕信息罪被判处3年有期徒刑,缓刑5年。在缓刑考验期限内,甲又犯间谍罪,依法被判处5年有期徒刑。关于本案,下列说法中正确的有(　　　)①。(2012-41 非)

A.甲构成累犯,应当从重处罚

B.对甲应当附加剥夺政治权利

C.对甲应在5年以上8年以下酌情决定执行的刑期

D.对甲应在5年以上10年以下酌情决定执行的刑期

---

① 　BC

第十章 | 刑罚的执行

一、减刑

减刑,是指对被判处管制、拘役、有期徒刑或者无期徒刑的犯罪分子,因其在刑罚执行期间认真遵守监规,接受教育改造,确有悔改或者立功表现,而适当减轻其原判刑罚的制度。所谓减轻原判刑罚,既可以是将较重的刑种减为较轻的刑种,也可以是将较长的刑期减为较短的刑期。

第 78 条[适用条件与限度] 被判处管制、拘役、有期徒刑、无期徒刑的犯罪分子,在执行期间,如果认真遵守监规,接受教育改造,确有悔改表现的,或者有立功表现的,可以减刑;有下列重大立功表现之一的,应当减刑:

(一)阻止他人重大犯罪活动的;

(二)检举监狱内外重大犯罪活动,经查证属实的;

(三)有发明创造或者重大技术革新的;

(四)在日常生产、生活中舍己救人的;

(五)在抗御自然灾害或者排除重大事故中,有突出表现的;

(六)对国家和社会有其他重大贡献的。

减刑以后实际执行的刑期不能少于下列期限:

(一)判处管制、拘役、有期徒刑的,不能少于原判刑期的二分之一;

(二)判处无期徒刑的,不能少于十三年;

(三)人民法院依照本法第五十条第二款规定限制减刑的死刑缓期执行的犯罪分子,缓期执行期满后依法减为无期徒刑的,不能少于二十五年,缓期执行期满后依法减为二十五年有期徒刑的,不能少于二十年。

(一)减刑的条件

1. 对象条件:被判处管制、拘役、有期徒刑、无期徒刑的罪犯

(1)减刑与犯罪性质无关。

对故意犯罪、过失犯罪、危害国家安全、恐怖活动、黑社会性质组织犯罪等,只要符合减刑条件,均可减刑。注意:对暂予监外执行的罪犯,符合减刑条件的也可以减刑。

(2)附加刑的减刑。

第一,对剥夺政治权利的减刑。根据司法解释:[①]被判处有期徒刑的罪犯减刑时,对附加剥夺政治权利的期限可以酌减。酌减后剥夺政治权利的期限,不得少于 1 年。注意:这是因对有期徒刑减刑,而相应缩短剥夺政治权利的期限,并非直接对剥夺政治权利减刑。

第二,罚金的减免。如果由于遭遇不能抗拒的灾祸等原因缴纳确实有困难的,可以酌情

---

① 2016 年 11 月 14 日《最高人民法院关于办理减刑、假释案件具体应用法律的规定》第 17 条。减刑内容中的"根据司法解释"除特殊说明外,均指本解释,不再逐一引用。

减少或者免除,但这不是78条规定的减刑。

(3)缓刑的减刑。根据司法解释:被判处拘役或者3年以下有期徒刑,并宣告缓刑的罪犯,一般不适用减刑。前款规定的罪犯在缓刑考验期内有重大立功表现的,可以参照刑法第78条的规定予以减刑,同时应当依法缩减其缓刑考验期。缩减后,拘役的缓刑考验期不得少于2个月,有期徒刑的缓刑考验期不得少于1年。注意:这是因对有期徒刑减刑,而相应缩短缓刑考验期,并非直接对缓刑减刑。

(4)对死缓犯的减刑。死缓考验期满后,可减为无期徒刑或者有期徒刑,这是一种特殊的减刑,但不是78条规定的减刑。

【总结】附加刑、缓刑与死缓都可以减刑,但都不属于第78规定的减刑。①

2.实质条件:认真遵守监规,接受教育改造,确有悔改表现,或者有立功表现

(1)可以减刑的实质条件。

第一,认真遵守监规,接受教育改造,确有悔改表现。根据司法解释,确有悔改表现,要同时具备四项条件:①认罪悔罪;②遵守法律法规及监规,接受教育改造;③积极参加思想、文化、职业技术教育;④积极参加劳动,努力完成劳动任务。注意:对罪犯的正当申诉,不能认为没有"认罪悔罪"表现。

> 提示
>
> 根据司法解释,对职务犯罪、破坏金融管理秩序犯罪和金融诈骗犯罪、组织(领导、参加、包庇、纵容)黑社会性质组织犯罪等罪犯,不积极退赃、协助追缴赃款赃物、赔偿损失,或者服刑期间利用个人影响力和社会关系等不正当手段,意图获得减刑、假释等,不认定其"确有悔改表现"。也即,不得减刑或者假释。当然,如果上述罪犯有立功表现,即使没有悔改表现,也可以减刑。

第二,具有一般立功表现的。根据司法解释,以下情形属于一般立功:

①阻止他人实施犯罪活动的;

②检举、揭发监狱内外犯罪活动,或者提供重要的破案线索,经查证属实的;

③协助司法机关抓捕其他犯罪嫌疑人的;

④在生产、科研中进行技术革新,成绩突出的;

⑤在抗御自然灾害或者排除重大事故中,表现积极的;

⑥对国家和社会有其他较大贡献的。

第④项、第⑥项中的技术革新或者其他较大贡献应当由罪犯在刑罚执行期间独立或者为主完成,并经省级主管部门确认。

> 提示
>
> 如果有一般立功表现,但没有认真遵守监规,接受教育改造,也没有悔改表现,是否可以减刑?结论:可以减刑。理由:从立法上看,认真遵守监规,接受教育改造,确有悔改表现,与具有立功表现是并列的两种减刑类型,立功的减刑不以有悔改表现为前提。

(2)应当减刑的实质条件。

犯罪人有重大立功表现的,应当减刑。除第78条规定的6种重大立功外,根据司法解

---

① 张明楷:《刑法学》(第5版),法律出版社2016年版,第622页。

释,还包括协助司法机关抓捕其他重大犯罪嫌疑人。<u>注意</u>:对这 7 种重大立功,应当减刑,不以具有悔改表现为前提。

3. 限度条件

(1)判处管制、拘役、有期徒刑的,不能少于原判刑期的 1/2。

(2)判处无期徒刑的,不能少于 13 年。

(3)对特殊的死缓犯,①如果被采取限制减刑,有两种情形:一是死缓减为无期徒刑的,不能少于 25 年;二是死缓减为 25 年有期徒刑的,不能少于 20 年。

【注意 1】根据司法解释,普通死缓犯经过一次或者几次减刑后,其实际执行的刑期不得少于 15 年,死刑缓期执行期间(2 年)不包括在内。这就意味着普通死缓犯至少服刑 17 年。

【注意 2】刑法限制了减刑的幅度,但没有限制减刑的次数,符合条件的可以多次减刑。

4. 程序条件

第 79 条[程序]   对于犯罪分子的减刑,由执行机关向中级以上人民法院提出减刑建议书。人民法院应当组成合议庭进行审理,对确有悔改或者立功事实的,<u>裁定</u>予以减刑。非经法定程序不得减刑。

根据司法解释,②减刑的程序有两种:

(1)对被判处<u>死缓、无期徒刑</u>的犯罪分子的减刑,由罪犯服刑地的<u>高级人民法院</u>根据同级监狱管理机关审核同意的减刑建议书<u>裁定</u>。

(2)对被判处有期徒刑和被减为有期徒刑的罪犯的减刑,对被判处拘役、管制的罪犯的减刑,由罪犯服刑地<u>中级人民法院</u>,在收到同级执行机关审核同意的减刑、假释建议书后 1 个月内作出<u>裁定</u>,案情复杂或者情况特殊的,可以延长 1 个月。

(3)非经法定程序,不得减刑。如果滥用职权对罪犯减刑,构成徇私舞弊减刑罪。

🛡️ (二) 减刑后的刑期计算

减刑后刑期的计算方法,因原判刑罚的种类不同而有所区别:

1. 对于原判管制、拘役、有期徒刑的,减刑后的刑期自原判决执行之日起算;原判刑期已经执行的部分,应计入减刑以后的刑期之内。

2. 对于原判无期徒刑减为有期徒刑的,刑期自裁定减刑之日起算;已经执行的刑期,不计入减为有期徒刑以后的刑期之内。

3. 对于无期徒刑减为有期徒刑之后,再次减刑的,其刑期的计算,则应按照有期徒刑的减刑方法计算,即应当从前次裁定减为有期徒刑之日算起。

4. 对于曾被依法适用减刑,后因原判决有错误,经再审后改判为较轻刑罚的,原来的减刑仍然有效,所减刑期,应从改判的刑期中扣除。

---

① 根据第 50 条规定,特殊的死缓犯有 3 种:一是被判处死缓的累犯;二是因故意杀人、强奸、抢劫、绑架、放火、爆炸、投放危险物质被判处死缓的犯罪分子;三是有组织性的暴力犯罪被判处死缓的犯罪分子。

② 2014 年 6 月 1 日《最高人民法院关于减刑、假释案件审理程序的规定》第 1 条。

【总结】

种类	可以减刑	认真遵守监规,接受教育改造,确有悔改表现的,或者有立功表现的。
	应当减刑	有重大立功表现的。
	减轻刑种	将无期徒刑减为有期徒刑。注意:有期徒刑不能减为拘役或者管制。
	减轻刑期	将有期徒刑、拘役、管制的刑期减少,但不能变更刑种。
对象条件		被判处管制、拘役、有期徒刑、无期徒刑的罪犯。对犯罪性质没有要求。危害国家安全犯罪、危害公共安全犯罪,故意犯罪、过失犯罪,重罪或者轻罪,只要符合减刑条件均可减刑。
实质条件		认真遵守监规,接受教育改造,确有悔改表现,或者有立功表现。
限度条件		第78条第2款。根据司法解释,普通死缓犯实际执行的刑期不得少于15年,死刑缓期执行期间不包括在内。也即,普通死缓犯至少服刑17年。
程序条件		对于犯罪分子的减刑,由执行机关向中级以上人民法院提出减刑建议书。人民法院应当组成合议庭进行审理,对确有悔改或者立功事实的,裁定予以减刑。非经法定程序不得减刑。

✪（三）减刑与减轻处罚

1.减轻处罚是人民法院根据犯罪分子所具有的法定或者酌定减轻处罚情节,依法在法定刑以下判处刑罚。它属于刑罚裁量情节及其适用规则问题,其适用对象为判决确定前的未决犯。

2.减刑则是在判决确定以后的刑罚执行期间,对正在服刑的犯罪分子,依法将原判刑罚予以适当减轻。它是一种刑罚执行制度,其适用对象为判决确定以后的已决犯。

经典考题 ✎

按照《刑法》的规定,下列犯罪人中,不可能被减刑的对象是(　　)①。(2006-11)

A.被判处管制的犯罪分子　　　　　　　　B.被单处罚金的犯罪分子

C.作为累犯被判处有期徒刑的犯罪分子　　D.被宣告缓刑的犯罪分子

📢 二、假释

假释,是指对被判处有期徒刑、无期徒刑的犯罪分子,在执行一定刑期之后,因其认真遵守监规,接受教育改造,确有悔改表现,没有再犯罪的危险,而附条件地将其予以提前释放的制度。

✪（一）适用条件

第81条[适用条件]　被判处有期徒刑的犯罪分子,执行原判刑期二分之一以上,被判处无期徒刑的犯罪分子,实际执行十三年以上,如果认真遵守监规,接受教育改造,确有悔改表现,没有再犯罪的危险的,可以假释。如果有特殊情况,经最高人民法院核准,可以不受上述执行刑期的限制。

对累犯以及因故意杀人、强奸、抢劫、绑架、放火、爆炸、投放危险物质或者有组织的暴力性犯罪被判处十年以上有期徒刑、无期徒刑的犯罪分子,不得假释。

对犯罪分子决定假释时,应当考虑其假释后对所居住社区的影响。

1.对象条件:被判处有期徒刑、无期徒刑的犯罪分子

(1)被判处死缓、拘役、管制的犯罪分子不能假释。

---

① B

（2）被判处死缓的犯罪分子减为无期徒刑或者有期徒刑后,可以假释。

（3）被判处终身监禁的犯罪分子,不能假释(参见第 383 条第 4 款)。

2.禁止条件

（1）累犯不得假释。不管对累犯所判处的是什么刑种与刑期,都不得假释。

（2）对实施了因故意杀人、强奸、抢劫、绑架、放火、爆炸、投放危险物质或者有组织的暴力性犯罪被判处十年以上有期徒刑、无期徒刑的犯罪分子,不得假释。

（3）被判处终身监禁的犯罪分子,不能假释(参见第 383 条第 4 款)。

3.实质条件:认真遵守监规,接受教育改造,确有悔改表现,没有再犯罪的危险,同时在假释考验期内依法实行社区矫正。

4.期限条件

第 83 条[考验期限] 有期徒刑的假释考验期限,为没有执行完毕的刑期;无期徒刑的假释考验期限为十年。

假释考验期限,从假释之日起计算。

（1）有期徒刑:执行原判刑期二分之一以上,才可以假释,自判决执行之日起计算。考验期限为没有执行完毕的刑罚,从假释之日起计算。

（2）无期徒刑:实际执行 13 年以上,才可以假释。考验期限为 10 年,从假释之日起计算。

> 提示
>
> 如果有特殊情况,经最高人民法院核准,可以不受上述执行刑期的限制。

5.程序条件

第 82 条[程序] 对于犯罪分子的假释,依照本法第七十九条规定的程序进行。非经法定程序不得假释。

假释的程序与减刑相同,即由执行机关向中级以上人民法院提出假释建议书,人民法院应当组成合议庭进行审理,符合条件的才可以裁定假释。

(二)假释的法律后果

1.假释犯的义务

第 84 条[假释犯应遵守的规定] 被宣告假释的犯罪分子,应当遵守下列规定:

（一）遵守法律、行政法规,服从监督;

（二）按照监督机关的规定报告自己的活动情况;

（三）遵守监督机关关于会客的规定;

（四）离开所居住的市、县或者迁居,应当报经监督机关批准。

2.成功的假释

第 85 条[假释考验及其积极后果] 对假释的犯罪分子,在假释考验期限内,依法实行社区矫正,如果没有本法第八十六条规定的情形,假释考验期满,就认为原判刑罚已经执行完毕,并公开予以宣告。

假释考验期满,就认为原判刑罚已经执行完毕,并公开予以宣告。由于假释的后果是原判刑罚已经执行完毕,故可能产生累犯问题。

3.失败的假释

第 86 条[假释的撤销及其处理] 被假释的犯罪分子,在假释考验期限内犯新罪,应当撤销假释,依照本法第七十一条的规定实行数罪并罚。

在假释考验期限内,发现被假释的犯罪分子在判决宣告以前还有其他罪没有判决的,应当撤销假释,依照本法第七十条的规定实行数罪并罚。

被假释的犯罪分子,在假释考验期限内,有违反法律、行政法规或者国务院有关部门关于假释的监督管理规定的行为,尚未构成新的犯罪的,应当依照法定程序撤销假释,收监执行未执行完毕的刑罚。

又犯新罪	这是指在假释考验期内又犯新罪,不管新罪是故意还是过失犯罪,是同种还是异种罪,都应当撤销假释,先减后并,数罪并罚。注意:在假释考验期满后犯新罪,不撤销假释,对新罪单独起诉。
发现漏罪	这是指发现判决宣告前还有其他的罪未判决,不管漏罪是故意还是过失犯罪,是同种还是异种罪,应当撤销假释,先并后减,数罪并罚。注意:只有在假释考验期限内发现才能撤销假释,过了假释考验期后才发现漏罪的,不能撤销假释,只能对漏罪单独处理。
违反规定	这是指在假释考验期内,违反法律、行政法规或者国务院有关部门有关假释的监督管理规定,情节严重的,应当撤销假释,收监执行剩余刑罚。注意:在假释考验期内违反规定,无论何时发现,都应撤销假释,执行剩余刑罚。

⭐（三）假释与释放

假释与释放虽然都是在形式上解除监禁,恢复受押人的人身自由,但在性质上是有区别的。假释是有条件地提前释放,还存在着收监执行余刑的可能;而释放,无论是宣告无罪释放、刑罚执行完毕释放,还是赦免释放,都是无条件释放,不存在再执行的问题。

⭐（四）假释与减刑

两者虽然都是刑罚执行制度,且适用前提有相同之处,但仍在许多方面有所不同:

适用范围不同	假释只适用于被判处无期徒刑和有期徒刑的犯罪分子;减刑适用于被判处管制、拘役、有期徒刑、无期徒刑的犯罪分子。
适用次数不同	假释只能宣告一次;而减刑不受次数的限制,可以减刑一次,也可减刑数次。
法律后果不同	假释附有考验期,如果发生法定情形,就撤销假释;减刑没有考验期,即使犯罪分子再犯新罪,已减的刑期也不恢复。
适用方法不同	对被假释人当即解除监禁,予以附条件释放;对被减刑人则要视其减刑后是否有余刑,才能决定是否释放,有未执行完的刑期的,仍需在监继续执行。

⭐（五）假释与缓刑

假释与缓刑虽有许多相同点,都是有条件地不执行原判刑罚,都有一定的考验期,都以发生法定情形为撤销条件,但仍有许多明显的区别:

适用范围不同	假释适用于被判处无期徒刑和有期徒刑的犯罪分子;缓刑只适用于被判处拘役和3年以下有期徒刑的犯罪分子。
适用时间不同	假释是在刑罚执行过程中,根据犯罪分子的表现,以裁定作出的;缓刑则是在判决的同时宣告的。
适用根据不同	适用假释的根据,是犯罪分子在刑罚执行中的表现以及假释后不致再危害社会的可能性;适用缓刑的根据,是犯罪分子的犯罪情节和悔罪表现以及适用缓刑确实不致再危害社会的可能性。
不执行的刑期不同	假释必须先执行原判刑期的一部分,而对尚未执行完的刑期,附条件不执行;缓刑是对原判决的全部刑期有条件地不执行。

⭐ (六)假释与监外执行

适用对象不同	假释只适用于被判处无期徒刑和有期徒刑的罪犯;监外执行则适用于被判处有期徒刑和拘役的罪犯。
适用条件不同	假释适用于执行了一定刑期,认真遵守监规,接受教育改造,确有悔改表现,已不致再危害社会的犯罪分子;监外执行适用于因法定特殊情况不宜在监内执行的犯罪分子。
收监条件不同	假释只有在假释考验期内发生法定情形,才能撤销;监外执行则在监外执行的法定条件消失,且刑期未满的情况下收监执行。
期间计算不同	假释犯若被撤销假释,其假释的期间,不能计入原判执行的刑期之内。监外执行的期间,无论是否收监执行,均计入原判执行的刑期之内。

经典考题 🖊

下列情形中,符合假释的罪刑条件的是(　　　)①。(2013-19 非)

A. 甲因抢劫罪被判处有期徒刑 10 年

B. 乙因故意伤害罪被判处有期徒刑 15 年

C. 丙因危险驾驶罪被判处拘役 6 个月

D. 丁因参加有组织的暴力性犯罪被判处无期徒刑

---

① 　B

第十一章 | 刑罚的消灭

刑罚消灭,是指针对特定犯罪人的刑罚权因法定事由而归于消灭。刑罚消灭以成立犯罪为前提,无犯罪即无刑罚,无刑罚即无刑罚消灭。

刑罚消灭,必须以一定的法定事由为前提。就各国刑事立法例而言,导致刑罚消灭的法定原因大致有以下几种情况:刑罚执行完毕、缓刑考验期满、假释考验期满、犯罪人死亡、超过时效期限、赦免。

《 第一节 时效 》

一、时效的概念和意义

时效,是指经过一定的期限,对犯罪不得追诉或者对所判刑罚不得执行的一项制度。我国刑法仅规定了追诉时效,而未规定行刑时效。

1.追诉时效,是指依法对犯罪分子追究刑事责任的有效期限。在法定的期限内,司法机关有权追究犯罪分子的刑事责任;超过这个期限,除法定最高刑为无期徒刑、死刑的,经最高人民检察院特别核准必须追诉的以外,都不得再追究犯罪分子的刑事责任;已经追究的,应当撤销案件,或者不起诉,或者终止审理。

2.行刑时效,是指法律规定对被判处刑罚的犯罪分子执行刑罚的有效期限。判处刑罚而未执行,超过法定执行期限,刑罚就不得再执行。我国刑法没有规定行刑时效制度。

二、追诉期限

第87条[追诉时效期限] 犯罪经过下列期限不再追诉:

(一)法定最高刑为不满五年有期徒刑的,经过五年;

(二)法定最高刑为五年以上不满十年有期徒刑的,经过十年;

(三)法定最高刑为十年以上有期徒刑的,经过十五年;

(四)法定最高刑为无期徒刑、死刑的,经过二十年。如果二十年以后认为必须追诉的,须报请最高人民检察院核准。

(一)追诉期限的规定

追诉时效期限的长短,应当与犯罪的社会危害性程度、刑罚的轻重相适应。根据《刑法》第87的规定,犯罪经过下列期限不再追诉:

1.法定最高刑为不满5年有期徒刑的,经过5年;

2.法定最高刑为5年以上不满10年有期徒刑的,经过10年;

3.法定最高刑为10年以上有期徒刑的,经过15年;

4.法定最高刑为无期徒刑、死刑的,经过20年。如果20年以后认为必须追诉的,须报请最高人民检察院核准。

经典考题

甲于2004年11月1日实施了引诱不满14周岁幼女卖淫的行为。根据《刑法》规定,引诱不满14周岁的幼女卖淫的,处 5 年以上有期徒刑,并处罚金。在不具备追诉时效中断或延长的情况下,对甲的行为的追诉时效是( )①。(2008-14)

　　A. 5 年　　　　　　　　B. 10 年　　　　　　　C. 15 年　　　　　　　D. 20 年

⭐（二）追诉期限起算

　　第 89 条第 1 款[追诉期限的中断]　追诉期限从犯罪之日起计算;犯罪行为有连续或者继续状态的,从犯罪行为终了之日起计算。

　　犯罪之日,应理解为犯罪成立之日。具体而言:

　　1. 对行为犯,应从犯罪行为完成之日起计算;

　　2. 对举动犯,应从犯罪行为实施之日起计算;

　　3. 对结果犯,应从犯罪结果发生之日起计算;对结果加重犯,应从加重结果发生之日起计算;

　　4. 对预备犯、未遂犯、中止犯,应分别从犯罪预备、犯罪未遂、犯罪中止成立之日起计算;

　　5. 犯罪行为有连续或者继续状态的,是指连续犯和继续犯,其追诉期限从犯罪行为终了之日起计算。

⭐（三）时效的中断与计算

　　第 89 条第 2 款[追诉期限的中断]　在追诉期限以内又犯罪的,前罪追诉的期限从犯后罪之日起计算。

　　时效中断,是指在追诉期限内,因发生法定事由而使已经过了的时效期间归于无效,法定事由消失后重新计算追诉期限的制度。例如,甲于 2009 年 1 月 1 日犯一般情节的抢劫罪,法定最高刑为 10 年有期徒刑,但甲在 2017 年 1 月 1 日又犯了一般情节的强奸罪。这时,抢劫罪的时效就中断,即先前的抢劫罪的追诉期限从 2017 年 1 月 1 日起重新开始计算,再经过 15 年,才不追诉。在本案中,先前的抢劫罪,实际上要经过 23 年才不追诉。

⭐（四）时效的延长

　　第 88 条[追诉期限的延长]　在人民检察院、公安机关、国家安全机关立案侦查或者在人民法院受理案件以后,逃避侦查或者审判的,不受追诉期限的限制。

　　被害人在追诉期限内提出控告,人民法院、人民检察院、公安机关应当立案而不予立案的,不受追诉期限的限制。

　　时效延长,是指在追诉期限内,因发生法定事由而使追究犯罪人的刑事责任不受追诉期限限制的制度。

　　在司法机关立案侦查或者受理案件以后,犯罪分子逃避侦查或者审判的;或者被害人在追诉期限内提出控告,司法机关应当立案而不予立案的,不受追诉期限的限制。无论逃避状态持续多久,也无论应当立案而不予立案的状态持续多久,都可以对犯罪分子进行追诉。例如,甲因盗窃罪被司法机关立案侦查,但甲逃避侦查与审判,其后又犯了诈骗罪。先前的盗窃罪虽然不受追诉期限的限制,但后来的诈骗罪仍然受追诉期限的限制。

经典考题 ✏️

　　2014 年 6 月 29 日,甲持枪抢劫后逃到外地,同年 11 月 8 日,甲因琐事将他人殴打成重伤,对甲的抢劫

---

①　C

犯罪(　　)①。(2016-6 非)

A. 经过 20 年一般不再追诉

B. 从 2014 年 6 月 29 日计算追诉期限

C. 因为甲逃避追查,其追诉时效不受限制

D. 如果 20 年后认为必须追诉的,报请公安部核准

《 第二节　赦免 》

一、赦免的概念

赦免,是国家对于犯罪分子宣告免予追诉或者免除执行刑罚的全部或者部分的法律制度。

(一)概念

1. 大赦,是指国家对不特定的多数犯罪分子的赦免。其效力及于罪与刑两个方面,即对宣布大赦的犯罪,不再认为是犯罪,对实施此类犯罪者,不再认为是犯罪分子,也不再追究其刑事责任。已受罪刑宣告的,宣告归于无效;已受追诉而未受罪刑宣告的,追诉归于无效。

2. 特赦,是指国家对特定的犯罪分子的赦免,即对于受罪刑宣告的特定犯罪分子免除其刑罚的全部或部分的执行。这种赦免只赦其刑,不赦其罪。

(二)大赦与特赦的主要区别

1. 大赦是赦免一定种类或不特定种类的犯罪,其对象是不特定的犯罪人;特赦是赦免特定的犯罪人。

2. 大赦既可实行于法院判决之后,也可实行于法院判决之前;特赦只能实行于法院判决之后。

3. 大赦既可赦其罪,又可赦其刑;特赦只能赦其刑,不能赦其罪。

4. 大赦后再犯罪不构成累犯;特赦后再犯罪的,如果符合累犯条件,则构成累犯。

二、我国的特赦制度

我国 1954 年《宪法》规定了大赦和特赦,但在实践中并没有使用过大赦。1978 年《宪法》和 1982 年《宪法》都只规定特赦,没有规定大赦。因此,《刑法》第 65、66 条所说的赦免,都是指特赦减免。根据现行《宪法》第 67、80 条的规定,特赦由全国人民代表大会常务委员会决定,由国家主席发布特赦令。

自 1959 年至 2019 年,我国先后实行了 9 次特赦。从这 9 次实行特赦的情况来看,我国的特赦具有以下特点:

1. 特赦是以一类或几类犯罪分子为对象,而不是适用于个别的犯罪分子。除 1959 年第一次特赦是对战争罪犯、反革命罪犯和普通刑事罪犯实行外,其余 6 次都是对战争罪犯实行。

2. 特赦是对经过一定时期的关押改造,确已改恶从善的犯罪分子实行。

3. 特赦是根据犯罪分子的罪行轻重和悔改表现,区别对待,或者免除其刑罚尚未执行的部分,予以释放,或者减轻其原判的刑罚,而不是免除其全部刑罚。

4. 特赦是由全国人大常委会决定,由中华人民共和国主席发布特赦令,再由最高人民法院和高级人民法院予以执行,而不是由犯罪分子本人及其家属或者其他公民提出申请而实行。

---

① 　A

第十二章 ｜ 罪刑各论概述

《 第一节 刑法各论的研究对象和体系 》

一、刑法各论及其研究对象

(一)刑法各论的地位

刑法各论,也称刑法分论、罪刑各论、罪刑分论,研究的内容是各种具体的犯罪及各种具体犯罪的刑事责任,刑法各论是整个刑法学的一个重要的有机组成部分。

(二)刑法各论的研究对象

刑法各论的研究对象是规定各种具体犯罪及其刑事责任的法律规范。这些法律规范主要由三部分构成,即刑法典的分则部分、单行刑法(如 1998 年 12 月 29 日全国人民代表大会常务委员会颁布的《关于惩治骗购外汇、逃汇和非法买卖外汇犯罪的决定》),以及附属刑法即其他非刑事法律、法规中关于犯罪及其刑事责任的规定。

二、刑法分则与总则的关系

(一)刑法总则与刑法分则规定的内容不同

1.刑法总则规定的是犯罪和刑罚的一般原理、原则,包括刑法的任务、基本原则、适用范围、构成犯罪的一般要件、刑事责任、共同犯罪、刑罚的种类及刑罚的具体运用制度等内容,是定罪与量刑过程中的一些共性的问题。

2.刑法分则规定的是各种具体犯罪的犯罪构成条件及刑罚,包括罪状、罪名及刑罚种类和量刑幅度等内容。

(二)总则与分则的联系

刑法总则和分则的内容之间具有密切的联系,属于犯罪与刑罚的抽象规定与具体规定之间的关系,刑法总则指导分则的运用与研究,分则使总则的规定具体化。

1.刑法总则规定的一般原理、原则,对于刑法分则的具体运用具有指导作用,在理解和适用刑法分则规定的同时,必须考虑到刑法总则的原理与规定。

2.刑法分则是总则的具体化,是刑法总则原理和原则的具体作用。在认定和处罚犯罪过程中,既必须考虑刑法总则的一般规定,也要考虑刑法分则的具体规定。

三、刑法各论的体系(犯罪的分类和排序)

我国刑法分则采取大类制方式,将犯罪划分为十大类,即危害国家安全罪,危害公共安全罪,破坏社会主义市场经济秩序罪,侵犯公民人身权利、民主权利罪,侵犯财产罪,妨害社会管理秩序罪,危害国防利益罪,贪污贿赂罪,渎职罪和军人违反职责罪。

我国刑法分则将犯罪划分为十大类的主要依据是犯罪的同类客体,对十大类犯罪进行排列的依据主要是以各类犯罪的危害程度大小为序,由重至轻依次排列;各类犯罪中的具体犯罪的排列依据是以具体犯罪的社会危害程度的大小由重至轻排列为主,兼顾罪与罪之间的内在联系。

《 第二节　罪状、罪名、法定刑 》

一、分则条文的基本结构

刑法分则的条文有两种形式:有罪刑单位的条文与没有罪刑单位的条文。

1.有罪刑单位的条文

这是指有罪状、罪名和法定刑的条文,这是刑法分则条文的主要和基本形式,绝大多数刑法分则条文都是以这种形式出现的。

2.没有罪刑单位的条文

这是指没有规定罪状和法定刑的条文。例如,《刑法》第156条规定,"与走私罪犯通谋,为其提供贷款、资金、账号、发票、证明,或者为其提供运输、保管、邮寄或者其他方便的,以走私罪的共犯论处"。这样的条文在刑法分则条文中所占的比例很小。

二、罪状

罪状是指刑法分则条文对某种具体犯罪特征的描述。罪状的主要作用是说明什么样的行为构成什么罪。罪状只存在于刑法分则条文中,但并非每个刑法分则条文都有罪状。包括以下类型:

1.简单罪状

这是指在刑法分则条文中只简单描述具体犯罪的基本特征而不作更多的解释。这是因为,这类罪状都为人们所熟知。例如,《刑法》第232条规定的"故意杀人的",构成故意杀人罪。

2.叙明罪状

这是指在刑法分则条文中详尽描述具体犯罪的基本特征。如果不详细加以描述,有可能难以区分罪与非罪以及此罪与彼罪的界限,必须对其犯罪构成要件详细说明。例如,《刑法》第311条规定,"明知他人有间谍犯罪或者恐怖主义、极端主义犯罪行为,在司法机关向其调查有关情况、收集有关证据时,拒绝提供,情节严重的",对构成拒绝提供间谍犯罪、恐怖主义犯罪、极端主义犯罪证据罪的几个条件作了详细的说明,以便于在实践中准确认定这种犯罪。

3.空白罪状

这是指在刑法分则条文中不直接叙明犯罪的特征,而只是指出该犯罪行为所违反的其他法律、法规。例如,《刑法》第133条规定的"违反交通运输管理法规"、第285条规定的"违反国家规定"、第332条规定的"违反国境卫生检疫规定"等等。违反其他的法律、法规是构成某种犯罪的前提,没有这个前提,该犯罪也就不能成立。

4.空白罪状与叙明罪状并存形式

这是指以空白罪状与叙明罪状同时存在的形式描述某种具体犯罪。例如,《刑法》第230条规定的"违反进出口商品检验法的规定,逃避商品检验,将必须经商检机构检验的进口商品未报经检验而擅自销售、使用,或者将必须经商检机构检验的出口商品未报经检验合格而擅自出口",条文中既有空白罪状形式,又有叙明罪状形式,便于正确认定这种犯罪。

5. 引证罪状

这是指引用刑法分则的其他条款来说明某种犯罪的特征。引证罪状的条文本身并不描述犯罪的特征,而是引用其他条款已经描述过的某种犯罪的特征来认定该种犯罪。例如,《刑法》第 287 条规定的"利用计算机实施金融诈骗、盗窃、贪污、挪用公款、窃取国家秘密或者其他犯罪的,依照本法有关规定定罪处罚"。采用引证罪状是为了避免刑法分则条款之间的不必要重复。

经典考题

我国《刑法》第 295 条规定:"传授犯罪方法的,处……",本条的罪状形式是(　　　)①。(2013-16 非)

A. 空白罪状　　　　　　B. 简单罪状　　　　　　C. 引证罪状　　　　　　D. 叙明罪状

三、罪名

罪名是指犯罪的名称,罪名所体现出来的是对犯罪本质特征的科学概括。在概括刑法分则条文的罪状确定罪名的时候,一定要反映该种犯罪的本质特征,使人们从罪名上就能够了解该种犯罪的法律意义。罪名的使用要规范,一定要用最高人民法院和最高人民检察院公布的关于罪名规定中的名称。

1. 单一罪名

这是指所包含的犯罪构成的具体内容单一,只能反映一个犯罪行为,不能分解拆开使用的罪名。例如,故意杀人罪、抢劫罪等,它们所表现的是一个具体犯罪行为,不可能对它们进行分解。行为触犯一个单一罪名,毫无疑义地构成一罪。

2. 选择罪名

这是指同一刑法分则条款规定的某种具体犯罪的罪状中包含了行为方式与行为对象的多种结合形式,而这些结合形式都可以独立为单独罪名的情况。

(1)类型:①行为选择:罪名中包括了多种行为。例如,引诱、容留、介绍卖淫罪,包括了三种行为,可以分解成多个罪名。②对象选择:罪名中包括了多种对象。例如,拐卖妇女、儿童罪。③复合选择:罪名中包括了多种行为与多种对象。例如,非法制造、买卖、运输、邮寄、储存枪支、弹药、爆炸物罪,包括 5 种行为和 3 种对象,可以分解成多种罪名。

(2)处理:既可以分解使用,也可以概括使用。

①分解使用。例如,甲引诱乙卖淫,此时,只需定引诱卖淫罪,不需要定引诱、容留、介绍卖淫罪。

②概括使用。注意:概括使用时不能数罪并罚。

例1,甲引诱乙卖淫,介绍丙卖淫,容留丁卖淫,只需定引诱、容留、介绍卖淫罪。不能按照引诱卖淫罪、容留卖淫罪、介绍卖淫罪数罪并罚。

例2,甲拐卖妇女的,构成拐卖妇女罪;拐卖儿童的,构成拐卖儿童罪;既拐卖妇女,又拐卖儿童的,只定拐卖妇女、儿童罪,不能数罪并罚。

四、法定刑

这是指刑法分则性条文对具体犯罪所规定的量刑标准,包括刑罚种类(即刑种)和刑罚

---

① 　B

幅度(即刑度)。法定刑的种类包括:绝对确定的法定刑、绝对不确定的法定刑和相对确定的法定刑。

⭐(一)法定刑的种类

1.绝对确定的法定刑

这是指在刑法分则条文中对某种犯罪规定单一的刑种与固定的刑罚幅度的法定刑。我国刑法中只有极少数犯罪在其加重罪状中规定有绝对确定的法定刑。例如,《刑法》第 121条规定:犯劫持航空器罪,致人重伤、死亡或者使航空器遭受严重破坏的,处死刑。

2.绝对不确定的法定刑

这是在法律条文中只笼统地规定对某种犯罪应予惩处,却不规定具体的刑种和刑罚幅度。

3.相对确定的法定刑

这是指在刑法分则条文中对某种犯罪规定一定的刑种和刑罚幅度的法定刑。我国刑法分则条文所规定的法定刑基本属于相对确定的法定刑,这种法定刑的好处是法官可以根据案件的具体情况,裁量轻重适当的刑罚,有利于实现刑罚的统一和刑罚的个别化。

⭐(二)相对确定法定刑的规定方式

我国刑法分则条文中相对确定的法定刑的具体规定方式包括:

1.明确规定法定刑的最高限度,其最低限度依照刑法总则对该种法定刑的规定。

2.明确规定法定刑的最低限度,其最高限度依照刑法总则对该种法定刑的规定。例如,《刑法》第 133 条规定犯交通肇事罪,因逃逸致人死亡的,处 7 年以上有期徒刑。同时,依据刑法总则第 45 条的规定,有期徒刑最高刑期为 15 年,故该情形的法定刑为 7~15 年有期徒刑。

3.明确规定一种刑罚的最低限度和最高限度。

4.明确规定两种以上的法定刑,包括两种以上的主刑和两种以上的附加刑,同时还规定主刑和附加刑的量刑幅度。这种法定刑的规定方式称为选择法定刑。此外还有一种是援引法定刑,即刑法分则条文规定,对其所规定的犯罪援引其他条文或同条的另一款的法定刑处罚。例如,《刑法》第 386 条规定,对犯受贿罪的,根据受贿所得数额和情节,依照《刑法》第383 条对贪污罪的法定刑进行处罚。

⭐(三)宣告刑与法定刑

1.宣告刑是指国家审判机关对具体犯罪人依法判处并宣告应当实际执行的刑罚。

2.法定刑是宣告刑的基本依据,宣告刑是法定刑的实际运用。

3.如果说法定刑是针对某种特定的犯罪而做的规定,带有一定的普遍性的话,那么宣告刑则是针对某一具体犯罪案件所做的判决,带有一定的特殊性。从这个意义上说,法定刑与宣告刑是刑罚的普遍性规定和具体运用的关系。

第十三章 ｜ 危害国家安全罪

《 第一节 本章概述 》

一、概念

危害国家安全罪是指故意危害中华人民共和国的主权、领土完整和安全,分裂国家,颠覆国家政权,推翻社会主义制度的行为。

二、成立条件

犯罪客体	国家安全,即中华人民共和国的国家安全。
客观方面	实施危害中华人民共和国国家安全的行为。
犯罪主体	多为一般主体,少数犯罪要求特殊主体。
主观方面	故意。

三、处罚

犯危害国家安全罪的,可以并处没收财产,应当附加剥夺政治权利。

四、罪名

1	分裂国家罪	第 103 条第 1 款
2	煽动分裂国家罪	第 103 条第 2 款
3	叛逃罪	第 109 条
4	间谍罪	第 110 条
5	为境外窃取、刺探、收买、非法提供国家秘密、情报罪	第 111 条

《 第二节 具体罪名 》

一、分裂国家罪

第 103 条第 1 款[分裂国家罪] 组织、策划、实施分裂国家、破坏国家统一的,对首要分子或者罪行重大的,处无期徒刑或者十年以上有期徒刑;对积极参加的,处三年以上十年以下有期徒刑;对其他参加的,处三年以下有期徒刑、拘役、管制或者剥夺政治权利。

这是指组织、策划、实施分裂国家、破坏国家统一的行为。

🛡️（一）成立条件

客体	国家的统一。
客观方面	组织、策划、实施分裂国家、破坏国家统一的行为。
主体	已满16周岁具有刑事责任能力的自然人。含外国人与无国籍人。
主观方面	故意。

🛡️（二）认定

分裂国家罪与背叛国家罪都涉及危害国家的领土完整问题，区别在于：

1. 主体不同。分裂国家罪的主体包括中国人和外国人；背叛国家罪的主体仅限于中国公民。

2. 客观行为不同。分裂国家罪是将国家的一部分领土分离出去，破坏国家的统一，不具有出卖国家主权和领土完整的性质；背叛国家罪则是行为人与外国或者境外机构、组织、个人相勾结，出卖国家利益，卖国求荣的行为。

3. 主观方面不同。分裂国家罪是分裂国家，破坏国家统一的故意；背叛国家罪是出卖国家主权，领土完整和安全的故意。

📢 二、煽动分裂国家罪

第 103 条第 2 款[煽动分裂国家罪] 煽动分裂国家、破坏国家统一的，处五年以下有期徒刑、拘役、管制或者剥夺政治权利；首要分子或者罪行重大的，处五年以上有期徒刑。

这是指煽动分裂国家、破坏国家统一的行为。

🛡️（一）成立条件

客体	国家的统一。
客观方面	组织、策划、实施分裂国家、破坏国家统一的行为。
主体	已满16周岁具有刑事责任能力的自然人。含外国人与无国籍人。
主观方面	故意。

🛡️（二）认定

1. 明知出版物中载有煽动分裂国家、破坏国家统一的内容，而予以出版、印刷、复制、发行、传播的，以本罪定罪处罚。

2. 组织和利用邪教组织，组织、策划、实施、煽动分裂国家、破坏国家统一的，以本罪定罪处罚。

3. 利用突发传染病疫情等灾害，制造、传播谣言，煽动分裂国家、破坏国家统一的，以本罪定罪处罚。

📢 三、叛逃罪

第 109 条[叛逃罪] 国家机关工作人员在履行公务期间，擅离岗位，叛逃境外或者在境外叛逃的，处五年以下有期徒刑、拘役、管制或者剥夺政治权利；情节严重的，处五年以上十年以下有期徒刑。

掌握国家秘密的国家工作人员叛逃境外或者在境外叛逃的,依照前款的规定从重处罚。

⭐(一)成立条件

客体	国家的统一。
客观方面	国家机关工作人员在履行公务期间,擅离岗位,叛逃境外或者在境外叛逃的行为或者掌握国家秘密的国家工作人员叛逃境外或者在境外叛逃的行为。
主体	特殊主体,即国家机关工作人员和掌握国家秘密的国家工作人员。
主观方面	故意。

⭐(二)认定

1.行为主体:国家机关工作人员或掌握国家秘密的国家工作人员。

2.行为方式:(1)必须在履行公务期间叛逃。(2)必须是擅离岗位叛逃;没有离开自己工作岗位的,不可能构成叛逃罪。(3)叛逃行为,包括两个方式:①在境内履行公务期间叛逃至境外;②在境外履行公务期间叛逃。

> **提示**
>
> 　　掌握国家秘密的国家工作人员构成本罪,只需要有叛逃境外或者在境外叛逃的行为,不要求在履行公务期间。

3.犯罪既遂:叛逃境外的行为实施完毕。

4.罪数问题:先叛逃境外,又为境外非法提供国家秘密、情报的,应以叛逃罪与为境外非法提供国家秘密、情报罪,实行数罪并罚。

📢 四、间谍罪

第110条[间谍罪]　有下列间谍行为之一,危害国家安全的,处十年以上有期徒刑或者无期徒刑;情节较轻的,处三年以上十年以下有期徒刑:

(一)参加间谍组织或者接受间谍组织及其代理人的任务的;

(二)为敌人指示轰击目标的。

这是指参加间谍组织或者接受间谍组织及其代理人的任务,或者为敌人指示轰击目标,危害国家安全的行为。

⭐(一)成立条件

客体	国家安全。
客观方面	①参加间谍组织;②接受间谍组织及其代理人的任务;③为敌人指示轰击目标。注意:实施上述三种行为之一,危害国家安全的,即构成本罪,同时实施这三种行为的,也不实行并罚(概括罪名)。
主体	已满16周岁具有刑事责任能力的自然人。含外国人与无国籍人。
主观方面	故意。明知是间谍组织而有意参加,明知是间谍任务而有意接受,明知对方是敌人而向其指示轰击目标。

⭐(二)认定

1.参加间谍组织的,必须明知是间谍组织而参加。

2.接受间谍任务的,必须明知是间谍组织或其代理人派遣的任务而接受;实施该行为同时构成其他犯罪的,属于想象竞合犯,从一重论处。例如,甲接受间谍组织或其代理人派遣的任务为境外窃取、刺探、收买、非法提供国家秘密、情报的,构成间谍罪与为境外窃取、刺探、收买、非法提供国家秘密、情报罪,属于想象竞合犯,从一重论处,定间谍罪。

3.指示轰击目标的,必须明知对方是敌人而向其指示轰击目标。

4.罪数:国家机关工作人员叛逃后又参加间谍组织或者接受间谍任务的,触犯叛逃罪(第109条)和本罪,数罪并罚。

五、为境外窃取、刺探、收买、非法提供国家秘密、情报罪

第111条[为境外窃取、刺探、收买、非法提供国家秘密、情报罪] 为境外的机构、组织、人员窃取、刺探、收买、非法提供国家秘密或者情报的,处五年以上十年以下有期徒刑;情节特别严重的,处十年以上有期徒刑或者无期徒刑;情节较轻的,处五年以下有期徒刑、拘役、管制或者剥夺政治权利。

这是指为境外的机构、组织、人员窃取、刺探、收买、非法提供国家秘密或者情报的行为。

(一)成立条件

客体	国家的安全。
客观方面	为境外机构、组织、个人窃取、刺探、收买、非法提供国家秘密或情报的行为。
主体	已满16周岁具有刑事责任能力的自然人。含外国人与无国籍人。
主观方面	故意,即行为人明知是国家秘密或情报,明知对方是境外机构、组织、个人,而故意向其非法提供或实施窃取、刺探、收买行为。

(二)认定

1.本罪与故意泄露国家秘密罪、过失泄露国家秘密罪

(1)将国家秘密通过互联网予以发布,情节严重的,成立故意泄露国家秘密罪。通过互联网将国家秘密或情报非法发送给境外机构、组织、人员的,构成本罪。

(2)故意将国家秘密泄露给境内人员,构成故意泄露国家秘密罪。

2.本罪与间谍罪

(1)行为人既参加间谍组织,又为其刺探国家秘密或情报的,只定间谍罪。

(2)如果不明知对方是间谍组织,并为对方刺探国家秘密或情报的,构成本罪。

3.这里的情报是指关系国家安全和利益、尚未公开或者依照有关规定不应公开的事项,不包括一般情报(缩小解释)。例如,商业情报、娱乐情报等。

4.既遂标准

(1)窃取、刺探、收买:以实际获得国家秘密或者情报为既遂标准。

(2)非法提供:以将国家秘密或者情报提供给境外机构、组织、人员为既遂标准。

第十四章 | 危害公共安全罪

《 第一节　本章概述 》

一、概念

危害公共安全罪,是指故意或者过失的实施危害不特定的多数人的生命、健康和重大公私财产安全的行为。公共安全是指不特定或者多数人的生命、身体的安全以及重大公私财产安全。例如,楼下有许多行人,甲抱着"砸着谁谁倒霉"的心理从高楼窗户扔出一块砖头,导致行人乙重伤。该危险是特定的,不可能危害到公共安全,因此,甲成立故意伤害罪。

二、成立条件

犯罪客体	社会的公共安全,即不特定的多数人的生命、健康和重大公私财产或公共生活的安全。
客观方面	实施危害社会公共安全的行为,大多数犯罪行为是积极的作为,少数犯罪行为也可以是不作为。
犯罪主体	多为一般主体,少数犯罪要求特殊主体,个别犯罪主体只能是单位。
主观方面	故意或者过失。

三、罪名

1	放火罪	第 114、115 条
2	爆炸罪	第 114、115 条
3	投放危险物质罪	第 114、115 条
4	以危险方法危害公共安全罪	第 114、115 条
5	破坏交通工具罪	第 116 条、第 119 条第 1 款
6	破坏交通设施罪	第 117 条、第 119 条第 1 款
7	破坏电力设备罪	第 118 条、第 119 条第 1 款
8	交通肇事罪	第 133 条
9	危险驾驶罪	第 133 条之一
10	组织、领导、参加恐怖组织罪	第 120 条
11	非法持有宣扬恐怖主义、极端主义物品罪	第 120 条之六
12	劫持航空器罪	第 121 条
13	劫持船只、汽车罪	第 122 条

续表

14	非法制造、买卖、运输、邮寄、储存枪支、弹药、爆炸物罪	第 125 条
15	违规制造、销售枪支罪	第 126 条
16	非法持有、私藏枪支、弹药罪	第 128 条第 1 款
17	重大责任事故罪	第 134 条第 1 款
18	强令违章冒险作业罪	第 134 条第 2 款
19	危险物品肇事罪	第 136 条

《 第二节　具体罪名 》

一、放火罪

第 114 条[放火罪、决水罪、爆炸罪、投放危险物质罪、以危险方法危害公共安全罪] 放火、决水、爆炸以及投放毒害性、放射性、传染病病原体等物质或者以其他危险方法危害公共安全,尚未造成严重后果的,处三年以上十年以下有期徒刑。

第 115 条[放火罪、决水罪、爆炸罪、投放危险物质罪、以危险方法危害公共安全罪] 放火、决水、爆炸以及投放毒害性、放射性、传染病病原体等物质或者以其他危险方法致人重伤、死亡或者使公私财产遭受重大损失的,处十年以上有期徒刑、无期徒刑或者死刑。

过失犯前款罪的,处三年以上七年以下有期徒刑;情节较轻的,处三年以下有期徒刑或者拘役。

这是指故意放火焚烧公私财物,危害公共安全的行为。

(一)成立条件

客体	公共安全。
客观方面	实施了危害或者足以危害公共安全的放火行为;本罪是危险犯,实施放火焚烧财产,足以危害公共安全的行为即构成犯罪。
主体	一般主体,即已满 14 周岁具有刑事责任能力的自然人。
主观方面	故意。

(二)认定

1. 行为方式:可以是作为,也可以是不作为。例如,甲随手扔掉烟头,导致可燃物开始着火,能够灭火而不灭火,引发火灾的,甲成立不作为形式的放火罪。

2. 危害结果:第一,第 114 条是危险犯,只要有危害公共安全的具体危险就构成本罪既遂。例如,甲将干柴堆在乙家门前,点燃干柴后导致乙家木门着火,由于已经对公共安全造成具体危险,甲构成放火罪既遂。第二,第 115 条是实害犯,造成严重后果才构成本罪既遂。例如,甲放火导致乙家被烧毁,这不仅危害了公共安全,而且还造成严重后果,故甲构成第 115 条的既遂。

> **提示**
>
> 如果放火行为不足以危害公共安全,只定故意毁坏财物罪。例如,甲在荒郊野外点燃他人汽车的,因为没有危害公共安全,仅成立故意毁坏财物罪。

3.犯罪形态

开始点火时是着手,对象物独立燃烧时是 114 条的既遂,造成严重后果时是第 115 条的既遂。"对象物独立燃烧"是指放火行为将对象物点燃后,已经达到脱离引燃物也能独立燃烧的程度。例如,甲将干柴堆在乙家门前,点燃干柴后导致乙家木门着火。干柴是引燃物,木门是对象物,如果木门能够脱离干柴独立燃烧,就构成第 114 条的既遂。

> **提示**
>
> 放火罪也存在犯罪未遂和中止。
>
> 例 1,在上例中,如果木门还不能独立燃烧,甲将火扑灭,构成放火罪中止。
>
> 例 2,在上例中,如果甲将干柴放好后,正在点火时被抓获,构成放火罪未遂。

4.罪数问题

(1)放火罪与失火罪:关键区别是行为人主观上对可能发生火灾后果的心理态度。如果明知自己的行为会引发火灾,并希望或放任火灾发生的,构成放火罪;如果应当预见自己的行为会引发火灾,因为疏忽大意没有预见或者已经预见而轻信能够避免的,构成失火罪。例如,甲在加油站附近吸烟,随手扔烟头,用脚踩一下后离开。甲已经预见可能导致火灾,但轻信能够避免,构成失火罪;如果甲在加油时,朝着油枪扔烟头,这对结果持故意心态,构成放火罪。

(2)放火罪与故意杀人罪。以放火的方式故意杀人,如果危害了公共安全,成立放火罪与故意杀人罪的想象竞合犯,定放火罪;如果没有危害公共安全,仅成立故意杀人罪。例如,保姆甲放火意图杀死主人,放火行为致主人死亡,同时危害了邻居的安全。甲的行为同时构成故意杀人罪与放火罪,如果对甲认定为故意杀人罪,致人死亡的结果得到合理评价,但却忽略了危害公共安全的内容。如果对甲认定为放火罪,致人死亡的结果可以评价为放火造成的严重后果,同时危害公共安全的内容也得到了全面评价。因此,甲构成放火罪与故意杀人罪的想象竞合犯,以放火罪论处。

(3)实施其他犯罪后,为了销毁罪证而放火,数罪并罚。例如,甲盗窃既遂后,为了毁灭罪证而放火,由于放火行为危害了公共安全,甲构成盗窃罪与放火罪,数罪并罚。

📢 二、爆炸罪

这是指故意针对不特定的多数人或者重大公私财产实施爆炸行为,危害公共安全的行为。

🛡 (一)成立条件

客体	公共安全。
客观方面	以爆炸的方法危害公共安全的行为。
主体	一般主体,即已满 14 周岁具有刑事责任能力的自然人。
主观方面	故意。

🛡 (二)认定

1.行为人在使用爆炸的方法时是否危及公共安全,凡是危及公共安全的,都以爆炸罪定罪处罚;没有危及公共安全的,分别以故意杀人罪、故意伤害罪、故意毁坏财物罪定罪处罚。

2.使用爆炸的方法破坏交通工具、交通设施、电力设备、易燃易爆设备、公用电信设施的,既符合爆炸罪的构成要件,也符合破坏特定设备犯罪的构成要件,属于法条竞合犯,一般按照破坏交通工具罪、破坏交通设施罪、破坏电力设备罪、破坏易燃易爆设备罪、破坏公用电信设施罪定罪处罚。

经典考题

甲为报复杀害其仇人乙,在农贸市场将自制的爆炸装置点燃后掷向乙,致乙重伤,并造成三名菜农轻伤。对甲的行为应定为(   )①。(2010-17 非)

A.故意杀人罪   B.故意杀人罪和故意伤害罪

C.故意伤害罪   D.爆炸罪

三、投放危险物质罪

这是指故意针对不特定的多数人或者重大公私财产投放毒害性、放射性、传染病病原体等物质,危害公共安全的行为。

(一)成立条件

客体	公共安全。
客观方面	投放毒害性、放射性、传染病病原体等物质。
主体	一般主体,即已满 14 周岁具有刑事责任能力的自然人。
主观方面	故意,即行为人明知自己的行为会危害公共安全,希望或放任该结果发生。

(二)认定

1.行为方式:可以是作为,也可以是不作为。例如,甲看到 8 岁的儿子将毒鼠强放入食堂的食物中,有能力而不制止,致使客人中毒身亡,甲构成不作为的投放危险物质罪。

2.犯罪形态:(1)第 114 条是危险犯,只要有危害公共安全的具体危险就构成本罪既遂。(2)第 115 条是实害犯,造成严重后果才构成本罪既遂。

3.罪数问题

(1)投放危险物质罪与故意杀人罪。以投放危险物质的方式故意杀人,如果危害了公共安全,成立投放危险物质罪与故意杀人罪的想象竞合犯,定投放危险物质罪;如果没有危害公共安全,仅成立故意杀人罪。

例1,甲为报复单位领导,将无色透明的化学毒素投入单位的饮水机中,致使多名同事中毒,由于已经危害了公共安全,甲构成投放危险物质罪。(原理同与故意杀人罪的关系)

例2,甲为杀丈夫乙,将毒药投入供全家食用的面粉中,导致一家六人死亡,由于投毒行为针对的是特定的人,没有危害公共安全,故甲构成故意杀人罪。

(2)投放危险物质罪与投放虚假危险物质罪。关键区别是有无真实的危险物质,投放虚假危险物质罪,是指投放虚假的毒害性、放射性、传染病、病原体等物质,扰乱社会秩序的行为。例如,甲用白石灰冒充炭疽杆菌,邮寄给党政机关,由于不存在真实的危险物质,不可能危害公共安全,故甲构成投放虚假危险物质罪。

(3)投放危险物质罪与生产、销售有毒、有害食品罪。

---

① D

例1,甲为招揽顾客,在火锅底料中掺入罂粟壳。由于罂粟科的毒害性达不到投放危险物质罪的程度,故甲构成生产、销售有毒、有害食品罪。

例2,甲用工业猪油冒充食用猪油出售,虽然危及不特定人的身体健康,但其毒害性达不到投放危险物质罪的程度,故甲构成生产、销售有毒、有害食品罪。

(4)投放危险物质罪与污染环境罪。

第一,犯罪客体不同。投放危险物质罪的犯罪客体是公共安全;污染环境罪的客体是国家环境保护和污染防治制度。

第二,客观方面不同。投放危险物质罪是行为犯,污染环境罪是实害犯。前罪构成既遂只要求有具体危险;后罪构成既遂要求造成严重后果。

第三,犯罪主体不同。投放危险物质罪的主体只能是自然人;污染环境罪的主体既可以是自然人,也可以是单位。

第四,主观方面不同。投放危险物质罪的主观方面是对危害公共安全持希望或放任的心理态度;污染环境罪的主观方面通常没有危害公共安全的故意。

经典考题

下列选项中,应以投放危险物质罪定罪处罚的有(　　　)①。(2012-45 非)

A. 甲在其竞争对手销售的面粉中掺入毒鼠强

B. 乙为吸引顾客,在火锅底料中掺入罂粟壳

C. 丙工厂违反规定,向河流中排放有毒废物,造成下游大片农作物绝收

D. 丁意图报复本单位领导,在单位的公用饮水机中投放无色无味的剧毒农药

四、以危险方法危害公共安全罪

这是指使用与放火、爆炸、决水、投放危险物质方法的危险性相当的其他危险方法,危害公共安全的行为。

(一)成立条件

客体	公共安全。
客观方面	本罪的危险方法应与放火、决水、爆炸、投放危险物质等方法具有相当性,不是泛指任何具有危害公共安全性质的方法。
主体	一般主体,即已满16周岁具有刑事责任能力的自然人。
主观方面	故意。

(二)认定

本罪仅仅是刑法第114条和115条的"兜底",即"其他方法"必须是与放火、爆炸、决水、投放危险物质相当的方法。

1.行为方式:其他危险方法,是指使用与放火、爆炸、决水、投放危险物质等危险性相当的危险方法危害公共安全。

(1)本罪是危险犯,造成具体危险是本罪的成立条件。例如,甲在火灾现场盗窃消防设施,由于火灾已经发生,具备了具体的危险,因此,甲成立以危险方法危害公共安全罪。如果

----

① AD

甲在平时盗窃消防设施的,仅成立盗窃罪。

（2）具体危险的程度。这里的具体危险的程度应与放火罪、决水罪、爆炸罪、投放危险物质罪的具体危险具有相当性。例如,在昆明火车站暴恐案中,甲等八人持刀砍杀他人,造成29人死亡、143人受伤。虽然甲等人的行为危害了公共安全,但持刀砍人尚未达到与放火、决水、爆炸、投放危险物质相当的程度,不满足危险方法的含义,故甲等构成故意杀人罪。

【注意1】立法上将以危险方法危害公共安全罪与放火罪、决水罪、爆炸罪、投放危险物质罪并列,要求危险方法的含义要与放火等行为相当,即一次实施可能会造成多种后果,正所谓物以类聚。

【注意2】本罪是兜底罪名,如果行为符合其他犯罪的犯罪构成,又能符合罪责刑相适应原则,应优先认定为其他犯罪,不宜认定为本罪。例如,甲盗窃马路上的下水管道井盖,虽然会危害公共安全,但通常不会一次实施,导致多种后果,甲虽然危害了公共安全,但不符合危险方法的含义,故甲构成破坏交通设施罪。

2. 常见情形:根据司法解释以下情形成立以危险方法危害公共安全罪。

（1）破坏矿井通风设备,危害公共安全的。

（2）私拉电网,危害公共安全的。

（3）在火灾现场破坏消防设施或者器材,危害公共安全的。

（4）故意传播突发性传染病病原体,危害公共安全的。

（5）邪教组织人员以自焚、自爆或者其他危险方法危害公共安全的。

（6）在具有瓦斯爆炸高度危险的情况下,下令多人下井采矿的。

（7）驾驶机动车放任危害结果出现,造成重大伤亡事故的。

（8）驾驶机动车发生交通事故后横冲直撞,造成重大伤亡的。

（9）在高速公路上高速逆向行驶的。

（10）乘客在公共交通工具行驶过程中,抢夺方向盘、变速杆等操纵装置,殴打、拉拽驾驶人员,或者有其他妨害安全驾驶行为,危害公共安全,尚未造成严重后果的,依照《刑法》第114条的规定,以以危险方法危害公共安全罪定罪处罚;致人重伤、死亡或者使公私财产遭受重大损失的,依照《刑法》第115条第一款的规定,以以危险方法危害公共安全罪定罪处罚。①

（11）故意从高空抛弃物品,尚未造成严重后果,但足以危害公共安全的,依照《刑法》第114条规定的以危险方法危害公共安全罪定罪处罚;致人重伤、死亡或者使公私财产遭受重大损失的,依照《刑法》第115条第1款的规定处罚。为伤害、杀害特定人员实施上述行为的,依照故意伤害罪、故意杀人罪定罪处罚。②

3. 以危险方法危害公共安全罪与故意杀人罪。以危险方法故意杀人,如果危害了公共安全,成立以危险方法危害公共安全罪与故意杀人罪的想象竞合犯,定以危险方法危害公共安全罪;如果没有危害公共安全,仅成立故意杀人罪。

经典考题

甲在油罐和货物混存的货场,用打火机烧开货物外包装袋,盗窃袋内物资,被盗物资遇明火燃烧,甲见

---

① 2019年1月11日最高人民法院、最高人民检察院、公安部《关于依法惩治妨害公共交通工具安全驾驶违法犯罪行为的指导意见》。

② 2019年10月21日最高人民法院《关于依法妥善审理高空抛物、坠物案件的意见》。

状逃离,火势蔓延,造成了物资及附近建筑的巨大损失。甲的行为应认定为( )①。(2016-2法)

    A.盗窃罪   B.失火罪

    C.故意毁坏财物罪   D.以危险方法危害公共安全罪

五、破坏交通工具罪

第116条[破坏交通工具罪] 破坏火车、汽车、电车、船只、航空器,足以使火车、汽车、电车、船只、航空器发生倾覆、毁坏危险,尚未造成严重后果的,处三年以上十年以下有期徒刑。

第119条[破坏交通工具罪、破坏交通设施罪、破坏电力设备罪、破坏易燃易爆设备罪]

破坏交通工具、交通设施、电力设备、燃气设备、易燃易爆设备,造成严重后果的,处十年以上有期徒刑、无期徒刑或者死刑。

过失犯前款罪的,处三年以上七年以下有期徒刑;情节较轻的,处三年以下有期徒刑或者拘役。

这是指破坏火车、汽车、电车、船只、航空器,足以使火车、汽车、电车、船只、航空器发生颠覆、毁坏危险,尚未造成严重后果或者已经造成严重后果的行为。

(一)成立条件

客体	交通运输安全。
客观方面	破坏火车、汽车、电车、船只、航空器,足以使火车、汽车、电车、船只、航空器发生颠覆、毁坏危险,尚未造成严重后果或者已经造成严重后果的行为。
主体	一般主体,已满16周岁具有刑事责任能力的自然人。
主观方面	故意,即明知自己的行为可能会使交通工具发生颠覆、毁坏危险而希望或者有意识地放任这种结果发生。

(二)认定

1.行为方式:破坏火车、汽车、电车、船只、航空器。

(1)破坏的对象。涉及不特定或者多数人的生命、健康安全的交通工具,而且要求是正在使用中的交通工具。正在使用,是指正在行驶、已交付随时使用以及不需要再检修就可使用。

> **提示**
>
> 破坏自行车,人力三轮车等非机动交通工具,由于不足以危害公共安全,不成立本罪,可构成故意毁坏财物罪。

(2)破坏的程度。对上述交通工具的整体或者重要部件进行破坏,足以使交通工具发生倾覆、毁坏危险。如果不可能产生上述危险,不构成本罪。

例1,甲在为乙维修进口汽车时,窃取发动机内部的重要零件(数额较大),导致汽车没被修好,无法上路。甲成立盗窃罪,不构成破坏交通工具罪。

例2,甲为乙修理汽车时,盗窃供油装置中的重要零件(数额较大),导致汽车供油不具备连续性,其他功能均已修好,然后交给乙使用。甲成立盗窃罪与破坏交通工具罪的想象竞

---

① D

合犯,从一重罪处罚,定破坏交通工具罪。

2.犯罪形态

本罪的既遂标准是足以发生倾覆危险。例如,高铁检修员甲想报复社会,故意破坏高铁的刹车装置,如果足以导致高铁倾覆,就构成本罪的既遂。如果甲在破坏过程中被抓获,则构成本罪的未遂。

3.罪数问题

(1)破坏交通工具罪与放火罪、爆炸罪。由于放火、爆炸也是破坏交通工具的手段之一,如果危害了公共安全,一般按照本罪论处;如果未危害公共安全,构成故意毁坏财物罪。

例1,皇姑屯事件中,张作霖乘坐的专列经过三洞桥时,火车被日本关东军预埋炸药炸毁,张作霖被炸成重伤,送回沈阳后,于当日身亡。虽然日本人的行为危害了公共安全,但通过爆炸的方式破坏交通工具,应当优先认定为破坏交通工具罪。

例2,甲驾驶越野车探险,将车停在野外。乙伺机报复,对车泼上汽油后,将其点燃。由于乙的行为没有危害公共安全,故构成故意毁坏财物罪。

(2)破坏交通工具罪与盗窃罪。两罪区分的关键是有无危害公共安全,如果有,则构成破坏交通工具罪;如果无,则构成盗窃罪。例如,甲盗窃乙的刹车片,乙不知情而驾驶,因刹车失灵,车毁人亡。甲构成盗窃罪与破坏交通工具罪的想象竞合犯,从一重罪论处,定破坏交通工具罪;如果甲将乙汽车的轮胎偷走,由于汽车无法上路,不会危害公共安全,故甲仅构成盗窃罪,不构成破坏交通工具罪。

经典考题 ✎

甲开办一间小汽修店,因修理一进口轿车缺零配件,便于晚间在一停车场将一同型号小轿车备用轮胎一个(价值1200元)和发动机(价值50000元)拆下盗走,甲的行为(　　)①。(2005-15)

A.构成盗窃罪和破坏交通工具罪,数罪并罚

B.构成盗窃罪和破坏交通工具罪,属想象竞合犯,从一重罪即破坏交通工具罪定罪处罚

C.只构成破坏交通工具罪

D.只构成盗窃罪

📢 六、破坏交通设施罪

第117条[破坏交通设施罪]　破坏轨道、桥梁、隧道、公路、机场、航道、灯塔、标志或者进行其他破坏活动,足以使火车、汽车、电车、船只、航空器发生倾覆、毁坏危险,尚未造成严重后果的,处三年以上十年以下有期徒刑。

第119条[破坏交通工具罪、破坏交通设施罪、破坏电力设备罪、破坏易燃易爆设备罪]

破坏交通工具、交通设施、电力设备、燃气设备、易燃易爆设备,造成严重后果的,处十年以上有期徒刑、无期徒刑或者死刑。

过失犯前款罪的,处三年以上七年以下有期徒刑;情节较轻的,处三年以下有期徒刑或者拘役。

这是指故意破坏轨道、桥梁、隧道、公路、机场、航道、灯塔、标志或者进行其他破坏活动,足以使火车、汽车、电车、船只、航空器发生倾覆、毁坏危险或者造成严重后果的行为。

_____

①　D

(一) 成立条件

客体	交通运输安全。
客观方面	破坏交通设施,足以使火车、汽车、电车、船只、航空器发生倾覆、毁坏危险或者造成严重后果的行为。
主体	一般主体,即年满16周岁具有刑事责任能力的自然人。
主观方面	故意。

(二) 认定

1. 破坏交通设施罪与破坏交通工具罪

区分标准:行为人在实施破坏行为时的直接指向是什么。如果指向的是交通工具,即使造成了交通设施的损坏,也定破坏交通工具罪;如果指向的是交通设施,即使造成了交通工具的损坏,也应当以破坏交通设施罪定罪处罚。例如,甲在高速公路上撒了很多钉子,致使过往汽车爆胎倾覆。甲不构成破坏交通工具罪,因为破坏行为直接指向的是高速公路,故甲构成破坏交通设施罪,也可能同时触犯以危险方法危害公共安全罪。

2. 行为人实施熄灭灯塔灯光的行为;将交通信号灯由红色改为绿色的行为;道路上放置障碍物或者挖大坑的行为均成立破坏交通设施罪。例如,盗窃马路下水井盖,危害公共安全的,成立破坏交通设施罪。

经典考题

甲见固定在河道中放置航标灯的小船适宜做猪食槽,就砍断锚链,将小船拖回家。所幸航标灯灭失的情况被及时发现,才避免了船毁人亡的结果。甲的行为构成( )①。(2007-15)

A. 破坏交通工具罪　　　　　　　　B. 破坏交通设施罪的既遂

C. 破坏交通设施罪的未遂　　　　　D. 盗窃罪

七、破坏电力设备罪

第118条[破坏电力设备罪、破坏易燃易爆设备罪] 破坏电力、燃气或者其他易燃易爆设备,危害公共安全,尚未造成严重后果的,处三年以上十年以下有期徒刑。

第119条[破坏交通工具罪、破坏交通设施罪、破坏电力设备罪、破坏易燃易爆设备罪]

破坏交通工具、交通设施、电力设备、燃气设备、易燃易爆设备,造成严重后果的,处十年以上有期徒刑、无期徒刑或者死刑。

过失犯前款罪的,处三年以上七年以下有期徒刑;情节较轻的,处三年以下有期徒刑或者拘役。

破坏电力设备罪,是指故意破坏正在使用中的电力设备,危害公共供电安全的行为。

(一) 成立条件

客体	公共供电的公共安全。
客观方面	故意破坏正在使用中的电力设备,危害公共供电安全的行为。
主体	一般主体,已满16周岁具有刑事责任能力的自然人。
主观方面	故意。

---

① B

⚙ (二)认定

1.犯罪对象:关于公共电力安全的电力设备(正在使用、已交付使用)。例如,向供电线路投掷石块,足以造成电线断路的,属于危害公共电力安全的破坏行为。

2.未安装完毕或者已经安装完毕但尚未交付使用的电力设备,不属于正在使用中的电力设备。盗窃这些电力设备的,成立盗窃罪。

3.已经通电使用,由于某种原因而暂停使用的电力设备,属于本罪的对象。盗窃这些电力设备的,成立盗窃罪与破坏电力设备罪的想象竞合犯,择一重处罚。

4.已经交付使用但尚未通电的电力设备,也是本罪对象,盗窃这些电力设备的,成立盗窃罪与破坏电力设备罪的想象竞合犯,从一重处罚。

📢 八、交通肇事罪

第 133 条[交通肇事罪] 违反交通运输管理法规,因而发生重大事故,致人重伤、死亡或者使公私财产遭受重大损失的,处三年以下有期徒刑或者拘役;交通运输肇事后逃逸或者有其他特别恶劣情节的,处三年以上七年以下有期徒刑;因逃逸致人死亡的,处七年以上有期徒刑。

这是指违反交通运输管理法规,在公共交通管理范围内发生重大事故,致人重伤、死亡或者使公私财产遭受重大损失的行为。

⚙ (一)成立条件

客体	交通运输安全。
客观方面	违反交通运输管理法规,在公共交通管理范围内发生重大事故,致人重伤、死亡或者使公私财产遭受重大损失的行为。
主体	一般主体,即已满16周岁具有刑事责任能力的自然人。
主观方面	过失。

⚙ (二)认定

1.行为:违反交通运输管理法规。

(1)前提条件:构成交通肇事罪,以违反交通运输管理法规为前提。如果没有违反相关管理法规,即使造成严重后果,也不成立犯罪。例如,甲驾驶机动车正常行驶,将闯红灯的3个行人轧死,不成立交通肇事罪。

(2)发生领域:必须发生在交通过程中以及与交通有直接关系的活动中。在公共交通管理范围外,不成立交通肇事罪。

2.结果:根据司法解释,违反交通运输管理法规,发生重大交通事故,有下列情形之一的,以本罪论处:

违章程度	责任	危害结果	情节
一般违章	全部或者主要	1死或3重伤	常见:超速、闯红灯、逆行等
	全部或者主要	无力赔30万	
	同等责任	3死	

续表

违章程度	责任	危害结果	情节
特殊违章	全部或者主要	1重伤	酒后、吸毒后
			无驾驶资格
			明知安全装置故障
			明知无牌或者报废
			严重超载
			逃逸
次要责任或无责任			不成立交通肇事罪

3.因果关系:交通肇事行为与实害结果之间具有因果关系。例如,甲的汽车前灯出现故障,白天出行时,将行人乙撞死。乙的死亡并不是由在甲视线不清的情况下导致。因此,甲虽然有违章行为,但不成立交通肇事罪。

★(三)交通肇事罪的类型

肇事者	基本犯	造成重大损失	
	加重犯	①交通运输肇事后逃逸 ②因逃逸致人死亡	
监督者	单位主管人员、机动车辆所有人或者机动车辆承包人	指使、强令他人违章驾驶	造成重大交通事故
指挥者	单位主管人员、机动车辆所有人、承包人或者乘车人	在交通肇事后,指使肇事人逃逸	致使被害人因得不到救助而死亡

★(四)加重法定刑

1.交通运输肇事后逃逸:交通肇事罪基本犯+逃逸

前提	肇事行为已经构成交通肇事罪。如果肇事行为没有构成交通肇事罪,不属于这里的"交通运输肇事后逃逸"。
主观	需要行为人明知发生交通事故,否则不成立逃逸。
动机	行为人在发生了构成交通肇事罪的交通事故后,为逃避法律追究而逃跑。
结果	逃逸行为未造成被害人死亡。

2.因逃逸致人死亡:交通肇事行为+不作为的过失致人死亡罪

根据司法解释,"因逃逸致人死亡"是指行为人在交通肇事后为逃避法律追究而逃跑,致使被害人因得不到救助而死亡的情形。

$$当场未死\begin{cases}误以为死亡\begin{cases}①逃跑致使被害人死亡:逃逸致人死亡\\②处理尸体致使被害人死亡:过失致人死亡罪\end{cases}\\明知未死亡\begin{cases}①逃跑致使被害人死亡:逃逸致人死亡\\②故意致人死亡:故意杀人罪\end{cases}\end{cases}$$

· 165 ·

提示

行为人在交通肇事后为逃避法律追究,将被害人带离事故现场后隐藏或者遗弃,致使被害人无法得到救助而死亡或者严重残疾的,应当以故意杀人罪或者故意伤害罪定罪处罚。

★(五)司法解释

《关于审理交通肇事刑事案件具体应用法律若干问题的解释》

第1条 从事交通运输人员或者非交通运输人员,违反交通运输管理法规发生重大交通事故,在分清事故责任的基础上,对于构成犯罪的,依照刑法第一百三十三条的规定定罪处罚。

第2条 交通肇事具有下列情形之一的,处三年以下有期徒刑或者拘役:

(一)死亡一人或者重伤三人以上,负事故全部或者主要责任的;

(二)死亡三人以上,负事故同等责任的;

(三)造成公共财产或者他人财产直接损失,负事故全部或者主要责任,无能力赔偿数额在三十万元以上的。

交通肇事致一人以上重伤,负事故全部或者主要责任,并具有下列情形之一的,以交通肇事罪定罪处罚:

(一)酒后、吸食毒品后驾驶机动车辆的;

(二)无驾驶资格驾驶机动车辆的;

(三)明知是安全装置不全或者安全机件失灵的机动车辆而驾驶的;

(四)明知是无牌证或者已报废的机动车辆而驾驶的;

(五)严重超载驾驶的;

(六)为逃避法律追究逃离事故现场的。

第3条 "交通运输肇事后逃逸",是指行为人具有本解释第二条第一款规定和第二款第(一)至(五)项规定的情形之一,在发生交通事故后,为逃避法律追究而逃跑的行为。

第4条 交通肇事具有下列情形之一的,属于"有其他特别恶劣情节",处三年以上七年以下有期徒刑:

(一)死亡二人以上或者重伤五人以上,负事故全部或者主要责任的;

(二)死亡六人以上,负事故同等责任的;

(三)造成公共财产或者他人财产直接损失,负事故全部或者主要责任,无能力赔偿数额在六十万元以上的。

第5条 "因逃逸致人死亡",是指行为人在交通肇事后为逃避法律追究而逃跑,致使被害人因得不到救助而死亡的情形。

交通肇事后,单位主管人员、机动车辆所有人、承包人或者乘车人指使肇事人逃逸,致使被害人因得不到救助而死亡的,以交通肇事罪的共犯论处。

第6条 行为人在交通肇事后为逃避法律追究,将被害人带离事故现场后隐藏或者遗弃,致使被害人无法得到救助而死亡或者严重残疾的,应当分别依照刑法第二百三十二条、第二百三十四条第二款的规定,以故意杀人罪或者故意伤害罪定罪处罚。

第7条 单位主管人员、机动车辆所有人或者机动车辆承包人指使、强令他人违章驾驶造成重大交通事故,具有本解释第二条规定情形之一的,以交通肇事罪定罪处罚。

第8条 在实行公共交通管理的范围内发生重大交通事故的,依照刑法第一百三十三条和本解释的有关规定办理。

在公共交通管理的范围外,驾驶机动车辆或者使用其他交通工具致人伤亡或者致使公共财产或者他人财产遭受重大损失,构成犯罪的,分别依照刑法第一百三十四条、第一百三十五条、第二百三十三条等规定定罪处罚。

第9条　各省、自治区、直辖市高级人民法院可以根据本地实际情况,在三十万元至六十万元、六十万元至一百万元的幅度内,确定本地区执行本解释第二条第一款第(三)项、第四条第(三)项的起点数额标准,并报最高人民法院备案。

经典考题

甲在封闭的居民小区内醉酒驾驶,拐弯时因采取措施不当,将人行道上的工人撞成重伤,甲的行为应认定为(　　)①。(2016-12 非)

A. 危险驾驶罪　　　　　　B. 交通肇事罪　　　　　　C. 故意伤害罪　　　　　　D. 过失致人重伤罪

九、危险驾驶罪

第133条之一[危险驾驶罪]　在道路上驾驶机动车,有下列情形之一的,处拘役,并处罚金:

(一)追逐竞驶,情节恶劣的;

(二)醉酒驾驶机动车的;

(三)从事校车业务或者旅客运输,严重超过额定乘员载客,或者严重超过规定时速行驶的;

(四)违反危险化学品安全管理规定运输危险化学品,危及公共安全的。

机动车所有人、管理人对前款第三项、第四项行为负有直接责任的,依照前款的规定处罚。

有前两款行为,同时构成其他犯罪的,依照处罚较重的规定定罪处罚。

这是指在道路上驾驶机动车追逐竞驶,情节恶劣的,或者在道路上醉酒驾驶机动车的,或者从事校车业务或者旅客运输,严重超过额定乘员载客,或者严重超过规定时速行驶的,以及违反危险化学品安全管理规定运输危险化学品,危及公共安全的行为。

(一)成立条件

客体	社会公共安全和国家交通管理秩序。
客观方面	在道路上驾驶机动车追逐竞驶,情节恶劣的,或者在道路上醉酒驾驶机动车的,或者从事校车业务或者旅客运输,严重超过额定乘员载客,或者严重超过规定时速行驶的,以及违反危险化学品安全管理规定运输危险化学品,危及公共安全的行为。
主体	一般主体,即已满16周岁具有刑事责任能力的自然人。
主观方面	故意。

(二)认定

1.空间条件:发生在道路上。这里的"道路"不限于公共道路,只要是有不特定人或多数人存在的道路即可。例如,校园里、工厂内、地下车库内的道路。

---

①　D

2.行为方式

(1)追逐竞驶。

①速度要求:对公共安全具有抽象危险的高速、超速驾驶,缓慢驾驶,不可能成立本罪。

②人数要求:可以是二人以上基于意思联络而实施,也可能是单个人实施。

例如,甲为了炫耀车技,在道路上曲折穿行、快速追赶、强行变道,并以救护车,消防车为对象进行追逐,甲的行为成立危险驾驶罪。

③情节要求:情节恶劣。

> **提示**
>
> 追逐竞驶的主观罪过为故意,但不要求行为人以赌博竞技或者追求刺激为目的。

(2)醉酒驾驶。

①入罪标准:血液酒精含量达到 80 mg/100 ml 以上的,属于醉酒驾驶机动车,以危险驾驶罪定罪处罚。

②犯罪性质:本罪是故意犯罪,属于行为犯,不需要司法人员具体判断醉酒行为是否具有公共危险。

例如,甲在没有车辆与行人的荒野道路上醉酒驾驶机动车的,因为不具有抽象的危险,不成立危险驾驶罪。

③教唆犯罪:教唆他人醉酒驾驶的,成立教唆犯。例如,甲明知乙醉酒,仍唆使乙驾车送自己回家的,乙成立危险驾驶罪的正犯,甲成立危险驾驶罪的教唆犯。

(3)超员、超速行驶。

这是指从事校车业务或者旅客运输,严重超过额定乘员载客,或者严重超过规定时速行驶的行为构成危险驾驶罪,本款是《刑法修正案(九)》新增内容。

机动车所有人、管理人对严重超员、超速负有直接责任的,依照前款的规定处罚。例如,机动车辆所有人指使驾驶人员严重超员、超速行驶的,成立本罪。

> **提示**
>
> 公交车、地铁虽然也是从事旅客运输的公共交通工具,但是不存在"额定"数量,因此,不成立本罪。

(4)违规运输危险化学品。

①犯罪性质:本罪是故意犯罪,属于危险犯。

②主观认识:必须认识到自己运输的是危险化学物品。

机动车所有人、管理人对违规运输危险化学品负有直接责任的,依照前款的规定处罚。例如,机动车辆所有人指使驾驶人员违规运输危险化学品,危害公共安全的,成立本罪。

十、组织、领导、参加恐怖组织罪

第 120 条[组织、领导、参加恐怖组织罪] 组织、领导恐怖活动组织的,处十年以上有期徒刑或者无期徒刑;积极参加的,处三年以上十年以下有期徒刑;其他参加的,处三年以下有期徒刑、拘役、管制或者剥夺政治权利。

犯前款罪并实施杀人、爆炸、绑架等犯罪的,依照数罪并罚的规定处罚。

这是指为首策划组织、领导或者积极参加恐怖活动组织的行为。

🛡 (一)成立条件

客体	社会公共安全。
客观方面	组织、领导、参加恐怖活动组织的行为。
主体	一般主体,已满16周岁具有刑事责任能力的自然人。
主观方面	故意。

🛡 (二)认定

1.恐怖活动组织的含义

恐怖活动组织一般带有明显的政治性目的,是一种犯罪集团的特殊形式,专门或者主要从事暗杀、绑架、放火、爆炸、劫持人质和交通工具等严重暴力犯罪行为。符合这样特征的才能认定为恐怖活动组织。

2.相关罪名

对于资助恐怖活动组织或者实施恐怖活动的个人,刑法分则规定了专门的罪名和法定刑(帮助恐怖活动罪)。

3.组织、领导、参加恐怖组织罪的罪数

行为人只要有组织、领导、参加恐怖组织的行为,就构成犯罪,如果作为恐怖活动组织的成员又实施了杀人、绑架、爆炸等犯罪行为的,应当按照数罪并罚的原则来处理。

📢 十一、非法持有宣扬恐怖主义、极端主义物品罪

第120条之六[非法持有宣扬恐怖主义、极端主义物品罪]　明知是宣扬恐怖主义、极端主义的图书、音频视频资料或者其他物品而非法持有,情节严重的,处三年以下有期徒刑、拘役或者管制,并处或者单处罚金。

这是指明知是宣扬恐怖主义、极端主义的图书、音频视频资料或者其他物品而非法持有,情节严重的行为。本罪是《刑法修正案(九)》新增的罪名。

🛡 (一)成立条件

客体	社会公共安全。
客观方面	明知是宣扬恐怖主义、极端主义的图书、音频视频资料或者其他物品而非法持有,情节严重的行为。
主体	一般主体,已满16周岁具有刑事责任能力的自然人。
主观方面	故意。

🛡 (二)认定

组织、领导、参加恐怖组织,又非法持有宣扬恐怖主义、极端主义物品的,属于吸收犯,应以组织、领导、参加恐怖组织罪论处。

📢 十二、劫持航空器罪

第121条[劫持航空器罪]　以暴力、胁迫或者其他方法劫持航空器的,处十年以上有期徒刑或者无期徒刑;致人重伤、死亡或者使航空器遭受严重破坏的,处死刑。

这是指以暴力、胁迫或者其他方法劫持航空器的行为。

（一）成立条件

客体	航空运输安全,即不特定的多数旅客、机组人员的生命健康以及航空器及其运载物品的安全。
客观方面	以暴力、胁迫或者其他方法劫持航空器的行为。对象是正在使用中的航空器,如飞机、飞艇等。
主体	一般主体,年满16周岁具有刑事责任能力的自然人。
主观方面	故意。

（二）认定

1. 劫持航空器罪与破坏交通工具罪

使用暴力、胁迫或者其他方法劫持航空器的,即使造成了航空器的损坏,也应当以劫持航空器罪定罪处罚;如果行为人仅仅是以航空器为对象,破坏了正在使用中的航空器的部件或者设施,应当以破坏交通工具罪定罪处罚。

2. 劫持航空器罪的罪数

如果行为人是以杀人、伤害、损坏航空器等方法劫持航空器的,其犯罪的暴力方法中已经包含了这些内容,应当以劫持航空器定罪处罚;如果在劫持并控制航空器以后,又实施滥杀无辜或者强奸妇女等其他犯罪行为的,应当以劫持航空器罪与所实施的其他犯罪数罪并罚。

3. 劫持航空器罪的犯罪形态

只要实施了劫持航空器的行为并将航空器置于劫持者的控制之下,就是犯罪的既遂;由于意志以外的原因使劫持行为未得逞的,是犯罪的未遂。

十三、劫持船只、汽车罪

第122条[劫持船只、汽车罪] 以暴力、胁迫或者其他方法劫持船只、汽车的,处五年以上十年以下有期徒刑;造成严重后果的,处十年以上有期徒刑或者无期徒刑。

这是指以暴力、胁迫或者其他方法劫持船只、汽车危害公共安全的行为。

（一）成立条件

客体	公共安全。
客观方面	以暴力、胁迫或者其他方法劫持船只、汽车危害公共安全的行为。
主体	一般主体,已满16周岁具有刑事责任能力的自然人。
主观方面	故意。

（二）认定

1. 本罪必须危害公共安全。

例如,甲趁出租车司机乙下车方便之际,将出租车公然开走,乙亲眼目睹但无法制止。甲的行为构成抢夺罪,因未危害公共安全,不构成劫持汽车罪。

2. 劫持航空器的,定劫持航空器罪。劫持火车、电车的,由于不能将"火车、电车"解释为"汽车",因此不构成劫持船只、汽车罪。视情节轻重,可构成破坏交通工具罪或者以危险方法危害公共安全罪。

3. 劫持船只、汽车后,又抢劫船只、汽车上乘客等人的财物,应以劫持船只、汽车罪和抢劫罪数罪并罚。

十四、非法制造、买卖、运输、邮寄、储存枪支、弹药、爆炸物罪

第 125 条[非法制造、买卖、运输、邮寄、储存枪支、弹药、爆炸物罪　非法制造、买卖、运输、储存危险物质罪]　非法制造、买卖、运输、邮寄、储存枪支、弹药、爆炸物的,处三年以上十年以下有期徒刑;情节严重的,处十年以上有期徒刑、无期徒刑或者死刑。

非法制造、买卖、运输、储存毒害性、放射性、传染病病原体等物质,危害公共安全的,依照前款的规定处罚。

单位犯前两款罪的,对单位判处罚金,并对其直接负责的主管人员和其他直接责任人员,依照第一款的规定处罚。

这是指违反国家有关枪支、弹药、爆炸物管理的法律规定,非法制造、买卖、运输、邮寄、储存枪支、弹药、爆炸物的行为。

⬟ (一) 成立条件

客体	社会公共安全。
客观方面	违反国家有关枪支、弹药、爆炸物管理的法律规定,实施了非法制造、买卖、运输、邮寄、储存枪支、弹药、爆炸物的行为之一。
主体	一般主体,已满16周岁具有刑事责任能力的自然人。单位可构成本罪。
主观方面	故意。

⬟ (二) 认定

1. 本罪与违规制造、销售枪支罪

除了对象和行为方式之外,主要在于违规制造、销售枪支罪的犯罪主体是特殊主体,而且只能是单位,即依法被指定、确定的枪支制造企业、销售企业;而非法制造、买卖、运输、邮寄、储存枪支、弹药、爆炸物罪的犯罪主体是一般主体。

2. 本罪与非法持有、私藏枪支、弹药罪

非法持有、私藏枪支、弹药的行为是一种独立的犯罪,并不以其他犯罪的成立为条件;而非法制造、买卖、运输、邮寄、储存枪支、弹药之后的非法持有、私藏行为是前述犯罪行为的继续,不需要再单独定罪处罚。

3. 本罪与非法出租、出借枪支罪

区分的关键在于实施犯罪行为的方式不同,且非法出租、出借枪支罪的主体只能是依法配备枪支的自然人或者单位。

十五、违规制造、销售枪支罪

第 126 条[违规制造、销售枪支罪]　依法被指定、确定的枪支制造企业、销售企业,违反枪支管理规定,有下列行为之一的,对单位判处罚金,并对其直接负责的主管人员和其他直接责任人员,处五年以下有期徒刑;情节严重的,处五年以上十年以下有期徒刑;情节特别严重的,处十年以上有期徒刑或者无期徒刑:

(一)以非法销售为目的,超过限额或者不按照规定的品种制造、配售枪支的;

(二)以非法销售为目的,制造无号、重号、假号的枪支的;

（三）非法销售枪支或者在境内销售为出口制造的枪支的。

这是指依法被指定、确定的枪支制造企业、销售企业,违反枪支管理规定,生产、销售枪支的行为。

（一）成立条件

客体	国家对枪支的管理制度。犯罪对象为枪支。
客观方面	违反枪支管理的法律、法规的规定,制造、销售枪支的行为。具体包括: ①以非法销售为目的,超过限额或者不按照规定的品种制造、配售枪支; ②以非法销售为目的,制造无号、重号、假号的枪支; ③非法销售枪支或者在境内销售为出口制造的枪支。
主体	犯罪主体是依法被指定、确定的枪支制造、销售企业,属于纯正单位犯罪。
主观方面	故意,并且具有销售目的。

（二）本罪与非法制造、买卖枪支罪

关键区别在于生产者、销售者是否属于依法被指定、确定的枪支制造、销售企业。只要不是被国家指定或者确定的枪支制造企业或者个人生产、销售枪支的,就不能以违规制造、销售枪支罪定罪处罚,而只能以非法制造、买卖枪支罪定罪处罚。同时,上述行为应当是以销售为目的的或者存在违法销售的行为,如果不是服务于销售目的的违规制造行为,不应以违规制造、销售枪支罪定罪处罚。

经典考题

依法被指定的枪支制造企业,在境内非法销售本企业制造的、射击精度不合格的枪支。该行为构成
(   )①。(2011-7 法)

    A. 非法制造、买卖枪支罪   B. 违规制造、销售枪支罪

    C. 以危险方法危害公共安全罪   D. 生产、销售伪劣产品罪

十六、非法持有、私藏枪支、弹药罪

第 128 条第 1 款[非法持有、私藏枪支、弹药罪]   违反枪支管理规定,非法持有、私藏枪支、弹药的,处三年以下有期徒刑、拘役或者管制;情节严重的,处三年以上七年以下有期徒刑。

这是指违反国家有关枪支、弹药的管理规定,非法持有、私藏枪支、弹药的行为。

（一）成立条件

客体	国家对枪支、弹药的管理制度。犯罪对象为枪支、弹药。
客观方面	故意违反枪支管理规定,非法持有、私藏枪支、弹药的行为,即构成本罪。 ①非法持有枪支、弹药,是指不符合配备、配置枪支、弹药条件的人员,违反枪支管理法律、法规的规定,擅自占有或控制枪支、弹药的行为; ①私藏枪支、弹药,是指依法配备、配置枪支、弹药的人员,在配备、配置枪支、弹药的条件消除后,违反枪支管理法律、法规的规定,私自藏匿所配备、配置的枪支、弹药且拒不交出的行为。

----

①   B

主体	一般主体,已满16周岁具有刑事责任能力的自然人。
主观方面	故意,明知持有、私藏的对象是枪支。

(二)认定

1."非法持有",是指不具备持有资格而持有的行为。"私藏",是指丧失持有资格后继续持有的行为。例如,甲父去世前告诉甲"咱家院墙内埋着5支枪",甲说"知道了",但此后甲什么也没做,甲的行为构成非法持有枪支罪。注意:接受枪支质押进而实际占有或者控制枪支的,属于非法持有枪支。

2.非法制造枪支、弹药后又持有的,属于吸收犯,以非法制造枪支、弹药罪论处,不能数罪并罚。

3.既遂标准

本罪是行为犯,只要实施了非法持有、私藏枪支、弹药的行为,就是既遂。

十七、重大责任事故罪

第134条第1款[重大责任事故罪] 在生产、作业中违反有关安全管理的规定,因而发生重大伤亡事故或者造成其他严重后果的,处三年以下有期徒刑或者拘役;情节特别恶劣的,处三年以上七年以下有期徒刑。

这是指在生产、作业中违反有关安全管理的规定,发生重大伤亡事故或者造成其他严重后果的行为。

(一)成立条件

客体	生产、作业领域的公共安全。
客观方面	在生产、作业过程中,违反有关安全管理的规定,因而发生重大伤亡事故或者造成其他严重后果。本罪是结果犯,只有当违反安全管理规定的行为造成重大伤亡事故或者造成其他严重后果的,才能以本罪论处。
主体	一般主体,即对生产、作业负有组织、指挥或者管理职责的负责人、管理人员、实际控制人、投资人等人员,以及直接从事生产、作业的人员。
主观方面	过失。

(二)认定

1.本罪必须发生在生产、作业活动中。

2.在公共交通管理范围内,因违反交通运输管理法规,造成重大事故的,成立交通肇事罪。

3.因违反安全生产规章制度,发生重大伤亡事故,造成严重后果的,成立重大责任事故罪。

4.在公共交通管理范围外发生重大事故的,成立重大责任事故罪。例如,甲驾驶挖掘机在施工时不小心致乙死亡,甲构成重大责任事故罪。为逃避法律责任,甲驾驶挖掘机逃逸,在公路上行驶时,又致丙死亡,甲构成交通肇事罪。

经典考题 🖊

甲是某运输公司的经理,为了抢运煤炭,甲亲自跟车督促驾驶。在驾驶员乙已经连续驾驶 10 多个小时的情况下,甲仍强令乙继续加速。乙因过度疲劳,操作不当,在驾驶中撞死路边一摆摊商贩。关于本案,下列说法正确的是(　　　)①。(2011-2 非)

A. 甲构成重大责任事故罪　　　　　　　　　　B. 甲、乙成立交通肇事罪共犯

C. 甲构成交通肇事罪　　　　　　　　　　　　D. 甲构成强令违章冒险作业罪

📢 十八、强令违章冒险作业罪

第 134 条第 2 款[强令违章冒险作业罪]　强令他人违章冒险作业,因而发生重大伤亡事故或者造成其他严重后果的,处五年以下有期徒刑或者拘役;情节特别恶劣的,处五年以上有期徒刑。

这是指强令他人违章进行作业,发生重大伤亡事故或者造成其他严重后果的行为。

🛡 (一)成立条件

客体	生产、作业领域的公共安全。
客观方面	强令他人违章冒险作业,因而发生重大伤亡事故或者造成其他严重后果。
主体	一般主体,即对生产、作业负有组织、指挥或者管理职责的负责人、管理人员、实际控制人、投资人等人员。
主观方面	过失。

🛡 (二)本罪与重大责任事故罪

重大责任事故罪的主体通常是生产、作业第一线工作人员,本罪的主体一般不是生产、作业第一线工作人员,而是管理者、经营者。

经典考题 🖊

某矿井在开采中瓦斯浓度超标,工人向矿主反映。矿主拒绝解决问题,并威胁不干活即开除,要求工人继续采矿,致 3 人窒息死亡,5 人重伤。该矿主的行为应定为(　　　)②。(2010-15 非)

A. 重大责任事故罪　　　　　　　　　　　　B. 过失致人死亡罪

C. 过失以危险方法危害公共安全罪　　　　　D. 强令违章冒险作业罪

📢 十九、危险物品肇事罪

第 136 条[危险物品肇事罪]　违反爆炸性、易燃性、放射性、毒害性、腐蚀性物品的管理规定,在生产、储存、运输、使用中发生重大事故,造成严重后果的,处三年以下有期徒刑或者拘役;后果特别严重的,处三年以上七年以下有期徒刑。

这是指违反爆炸性、易燃性、放射性、毒害性、腐蚀性物品的管理规定,在生产、储存、运输、使用中发生重大事故,造成严重后果的行为。

---

① C

② D

(一)成立条件

客体	社会公共安全。
客观方面	违反爆炸性、易燃性、放射性、毒害性、腐蚀性物品的管理规定,在生产、储存、运输、使用中发生重大事故,造成严重后果的行为。
主体	一般主体,已满16周岁具有刑事责任能力的自然人。主要是从事生产、储存、运输、使用危险物品的工作人员。
主观方面	过失。

(二)认定

1. 本罪与危险驾驶罪

根据《刑法》第133条之一,违反危险化学品安全管理规定运输危险化学品,危及公共安全的,构成危险驾驶罪。如果在运输危险化学物品时,发生重大事故,则构成危险物品肇事罪。

2. 本罪与重大责任事故罪

(1)本罪要求违反危险物品管理规定,后罪要求违反安全生产的规章制度。

(2)如果在生产、作业中违反危险物品管理规定,造成重大事故,构成本罪与重大责任事故罪的法条竞合犯。本罪是特殊法条,应当优先适用。

第十五章 | 破坏社会主义市场经济秩序罪

《 第一节 本章概述 》

一、概念

破坏社会主义市场经济秩序罪，是指违反市场经济管理法规，破坏市场经济秩序，使社会主义市场经济秩序遭受严重损害的行为。

二、成立条件

犯罪客体	我国的市场经济秩序。
客观方面	违反国家的市场经济管理法规，破坏市场经济秩序，使社会主义市场经济秩序遭受严重损害的行为。
犯罪主体	个人或者单位，绝大多数的犯罪主体可以由单位构成。
主观方面	多为故意，且一般具有非法牟利的目的。

三、罪名

1	生产、销售伪劣产品罪	第 140 条
2	生产、销售假药罪	第 141 条
3	生产、销售劣药罪	第 142 条
4	生产、销售不符合安全标准的食品罪	第 143 条
5	生产、销售有毒、有害食品罪	第 144 条
6	走私普通货物、物品罪	第 153 条
7	非国家工作人员受贿罪	第 163 条
8	伪造货币罪	第 170 条
9	骗取贷款、票据承兑、金融票证罪	第 175 条之一
10	非法吸收公众存款罪	第 176 条
11	妨害信用卡管理罪	第 177 条之一第 1 款
12	窃取、收买、非法提供信用卡信息罪	第 177 条之一第 2 款
13	内幕交易、泄露内幕信息罪	第 180 条
14	利用未公开信息交易罪	第 180 条第 4 款
15	洗钱罪	第 191 条

续表

16	集资诈骗罪	第 192 条
17	贷款诈骗罪	第 193 条
18	信用卡诈骗罪	第 196 条
19	保险诈骗罪	第 198 条
20	逃税罪	第 201 条
21	抗税罪	第 202 条
22	虚开增值税专用发票罪、用于骗取出口退税、抵扣税款发票罪	第 205 条
23	假冒注册商标罪	第 213 条
24	侵犯著作权罪	第 217 条
25	销售侵权复制品罪	第 218 条
26	侵犯商业秘密罪	第 219 条
27	合同诈骗罪	第 224 条
28	组织、领导传销活动罪	第 224 条之一
29	非法经营罪	第 225 条
30	强迫交易罪	第 226 条

《 第二节　具体罪名 》

一、生产、销售伪劣产品罪

第 140 条[生产、销售伪劣产品罪]　生产者、销售者在产品中掺杂、掺假,以假充真,以次充好或者以不合格产品冒充合格产品,销售金额五万元以上不满二十万元的,处二年以下有期徒刑或者拘役,并处或者单处销售金额百分之五十以上二倍以下罚金;销售金额二十万元以上不满五十万元的,处二年以上七年以下有期徒刑,并处销售金额百分之五十以上二倍以下罚金;销售金额五十万元以上不满二百万元的,处七年以上有期徒刑,并处销售金额百分之五十以上二倍以下罚金;销售金额二百万元以上的,处十五年有期徒刑或者无期徒刑,并处销售金额百分之五十以上二倍以下罚金或者没收财产。

这是指生产者、销售者在产品中掺杂、掺假、以假充真、以次充好或者以不合格产品冒充合格产品,销售金额达 5 万元以上的行为。

(一)成立条件

客体	国家对普通产品质量的管理制度。
客观方面	生产者、销售者①掺杂、掺假;②以假充真;③以次充好;④以不合格产品冒充合格产品,销售金额达 5 万元以上;伪劣产品尚未销售,货值金额达到 15 万以上的,以生产、销售伪劣产品罪(未遂)定罪处罚。

续表

主体	年满16周岁具有刑事责任能力的自然人。单位可构成本罪。 注意：犯罪不是纯正的身份犯。
主观方面	故意，一般具有非法牟利的目的。

（二）认定

1. 主体：生产者、销售者，包括自然人与单位。注意：本罪不是真正身份犯，因为一般自然人与单位均可能成为生产者、销售者。

2. 行为：在产品中掺杂、掺假，以假充真，以次充好或者以不合格产品冒充合格产品。

3. 销售金额5万元。

（1）达到5万元，构成犯罪并且既遂。

（2）未达到5万元的，司法解释①规定："伪劣产品尚未销售，货值金额达到《刑法》第140条规定的销售金额3倍以上（15万元）的，以生产、销售伪劣产品罪（未遂）定罪处罚。"

> **提示**
>
> 可以将销售金额评价为库存额。
>
> 例如，甲卖出4万元，库存货值金额为11万元，由于销售额可以包容评价为库存额，4+11＝15。对甲以生产、销售伪劣产品罪未遂论处。

4. 想象竞合犯

销售伪劣产品，同时触犯诈骗罪、非法经营罪等犯罪的，想象竞合，择一重罪论处。

二、生产、销售假药罪

第141条[生产、销售假药罪] 生产、销售假药的，处三年以下有期徒刑或者拘役，并处罚金；对人体健康造成严重危害或者有其他严重情节的，处三年以上十年以下有期徒刑，并处罚金；致人死亡或者有其他特别严重情节的，处十年以上有期徒刑、无期徒刑或者死刑，并处罚金或者没收财产。

本条所称假药，是指依照《中华人民共和国药品管理法》的规定属于假药和按假药处理的药品、非药品。

这是指生产者、销售者违反国家药品管理法规，生产、销售假药的行为。

（一）成立条件

客体	复杂客体，既侵犯药品的管理制度，又侵犯不特定多数人的身体健康权。
客观方面	生产者、销售者违反药品管理法律、法规，生产、销售假药的行为。
主体	个人和单位，包括假药的生产者和销售者。
主观方面	故意，一般出于营利目的。

（二）认定

1. 行为方式：生产者、销售者违反国家药品管理法规，生产、销售假药的行为。

---

① 2001年4月9日《最高人民法院、最高人民检察院关于办理生产、销售伪劣商品刑事案件具体应用法律若干问题的解释》。

第一,生产假药。这是指违反药品生产管理规定,非法加工、制造假药的行为。根据司法解释的规定,这里的"生产",还包括印制包装材料、标签、说明书的行为。[1]

第二,销售假药。这是指将假药有偿出售的行为。有偿转让假药既可能是获取金钱,也可能是获取其他物质利益。医院对患者使用假药,患者需付药费,也属于销售假药。注意:本罪不要求以获取非法利润为目的,即使低于成本价出售假药,也成立本罪。

第三,假药的含义。根据药品管理法的规定,这里的"假药"是指药品所含成分与国家药品标准规定的成分不符以及以非药品冒充药品或者以他种药品冒充此种药品。例如,用淀粉制作降压药、速效救心丸等,属于假药。

2. 犯罪形态

本罪是行为犯,只要实施了生产、销售假药的行为,就构成犯罪既遂,不要求具有足以严重危害人体健康的危险。

3. 罪数问题

(1)生产、销售假药罪与生产、销售伪劣产品罪。第一,本罪是行为犯,构成犯罪不要求犯罪数额;生产、销售伪劣产品罪是数额犯,构成犯罪既遂要求销售金额5万元以上。第二,如果生产、销售假药,销售金额5万元以上的,触犯生产、销售伪劣产品罪,从一重罪处罚。

(2)生产、销售假药罪与生产、销售伪劣农药、兽药罪。如果生产、销售假农药、假兽药,定生产、销售伪劣农药、兽药罪;如果将农药、兽药冒充人用药品销售,则构成销售假药罪。

(3)想象竞合犯:实施生产、销售假药、劣药犯罪,同时构成生产、销售伪劣产品罪、侵犯知识产权、非法经营、非法行医等犯罪的,依照处罚较重的规定定罪处罚。

(4)共同犯罪:故意为他人生产、销售假药提供原料、资金、贷款、技术、设备、经营场所等便利条件的,以生产、销售假药罪的共犯论处。

经典考题

甲将面粉制作的假冒的消炎药卖至某药店后,获利巨大,对甲的行为(　　)[2]。(2016-13 非)

A. 应以诈骗罪定罪处罚

B. 只能以生产、销售假药罪定罪处罚

C. 只能以生产、销售假冒产品罪定罪处罚

D. 应以生产、销售假药罪和生产、销售伪劣产品罪择一重罪处罚

三、生产、销售劣药罪

第142条[生产、销售劣药罪] 生产、销售劣药,对人体健康造成严重危害的,处三年以上十年以下有期徒刑,并处销售金额百分之五十以上二倍以下罚金;后果特别严重的,处十年以上有期徒刑或者无期徒刑,并处销售金额百分之五十以上二倍以下罚金或者没收财产。

本条所称劣药,是指依照《中华人民共和国药品管理法》的规定属于劣药的药品。

生产、销售劣药罪,是指违反药品管理法规,生产、销售劣药,对人体健康造成严重危害的行为。

---

[1] 2014年12月1日《最高人民法院、最高人民检察院关于办理危害药品安全刑事案件适用法律若干问题的解释》。

[2] D

（一）成立条件

客体	复杂客体，即国家对药品的管理制度和社会公众的生命健康权。
客观方面	违反药品管理法规，生产、销售劣药，对人体健康造成严重危害的行为。
主体	一般主体，已满16周岁具有刑事责任能力的自然人。单位可构成本罪。
主观方面	故意。

（二）认定

1. 本罪性质：本罪是结果犯，对"人体健康造成严重危害"才构成犯罪。

2. 根据《药品管理法》的规定，劣药有两种类型：

（1）药品成分的含量不符合国家药品标准。

（2）有下列情形也按劣药论处：

①未标明有效期或者更改有效期的；

②不注明或者更改生产批号的；

③超过有效期的；

④直接接触药品的包装材料和容器未经批准的；

⑤擅自添加着色剂、防腐剂、香料、矫味剂及辅料的；

⑥其他不符合药品标准规定的。

四、生产、销售有毒、有害食品罪

第144条[生产、销售有毒、有害食品罪]　在生产、销售的食品中掺入有毒、有害的非食品原料的，或者销售明知掺有有毒、有害的非食品原料的食品的，处五年以下有期徒刑，并处罚金；对人体健康造成严重危害或者有其他严重情节的，处五年以上十年以下有期徒刑，并处罚金；致人死亡或者有其他特别严重情节的，依照本法第一百四十一条的规定处罚。

生产、销售有毒、有害食品罪，是指违反国家食品卫生管理法律法规，在生产、销售的食品中掺入有毒、有害的非食品原料的，或者销售明知掺有有毒、有害的非食品原料的食品的行为。

（一）成立条件

客体	复杂客体，既侵犯食品的管理制度，又侵犯不特定多数人的身体健康权。
客观方面	生产者、销售者违反食品管理法律、法规，生产、销售有毒、有害食品的行为。
主体	一般主体，包括自然人和单位。
主观方面	故意，一般出于营利目的。

（二）认定

1. 性质：本罪属于行为犯。只要实施了生产、销售有毒、有害食品的行为就能成立本罪。

2. 有害：这里的"有害"要和"有毒"具有相当性。

3. 食品：

（1）不要求是商店出售的。例如，甲将自己制造的有毒、有害食品直接予以销售的，成立销售有毒、有害食品罪。

(2)不要求是经过加工的。例如,乙将自己打捞的有毒鱼虾拿到市场上出卖,没有经过任何加工的,也能成立销售有毒食品罪。

(3)包括不适合人食用的。例如,将工业用酒精勾兑成散装白酒出售给他人的,将工业用猪油冒充食用油出售给他人的,也成立销售有毒食品罪。

(4)包括活着的动物。例如,活猪等将来可能被人们食用的动物都是"食品",因此,在饲养生猪过程中,违反国家规定添加"瘦肉精"的,成立生产有毒、有害食品罪。

4.罪数:

(1)生产、销售有毒、有害食品,同时触犯投放危险物质罪的,属于想象竞合,择一重论处。

(2)销售者为了杀害特定人而故意向其出售有毒有害食品的,定故意杀人罪。

5.常见的有毒、有害食品:

(1)在食用农产品种植、养殖、销售、运输、贮存等过程中,使用禁用农药、兽药等禁用物质。

(2)在保健食品中非法添加国家禁用药物等有毒、有害物质。例如,在男性保健食品中添加"伟哥"等。

(3)将工业酒精勾兑成散装白酒出售。

(4)将工业用猪油冒充食用油出售。

(5)用"地沟油"生产食用油。

五、生产、销售不符合安全标准的食品罪

第143条[生产、销售不符合安全标准的食品罪]　生产、销售不符合食品安全标准的食品,足以造成严重食物中毒事故或者其他严重食源性疾病的,处三年以下有期徒刑或者拘役,并处罚金;对人体健康造成严重危害或者有其他严重情节的,处三年以上七年以下有期徒刑,并处罚金;后果特别严重的,处七年以上有期徒刑或者无期徒刑,并处罚金或者没收财产。

生产、销售不符合安全标准的食品罪,是指生产、销售不符合食品安全标准的食品,足以造成严重食物中毒事故或者其他严重食源性疾病的行为。

(一)成立条件

客体	复杂客体,即国家对食品的管理制度和社会公众的生命健康权。
客观方面	生产、销售不符合食品安全标准的食品,足以造成严重食物中毒事故或者其他严重食源性疾病的行为。
主体	一般主体,已满16周岁具有刑事责任能力的自然人。单位可构成本罪。
主观方面	故意。

(二)认定

1.本罪性质:本罪是危险犯,要求足以造成严重食物中毒事故或者其他严重食源性疾病。

2.司法解释:根据司法解释,常见的不符合安全标准的食品有:

(1)含有严重超出标准限量的致病性微生物、农药残留、兽药残留、重金属、污染物质的食品。

(2)属于病死、死因不明或者检验检疫不合格的畜、禽、兽、水产动物及其肉类、肉类制品。

(3)在食用农产品种植、养殖、销售、运输、贮存等过程中,违反食品安全标准,超限量或者超范围滥用添加剂、农药、兽药等的食品。

(4)在食品加工、销售、运输、贮存等过程中,种植、养殖、销售、运输、贮存等过程中,违反

食品安全标准,超限量或者超范围滥用食品添加剂。

(5)婴幼儿食品中生长发育所需营养成分严重不符合食品安全标准的食品。

(6)包装材料、容器被污染的食品。

(7)超过保质期的食品。

六、走私普通货物、物品罪

第153条[走私普通货物、物品罪] 走私本法第一百五十一条、第一百五十二条、第三百四十七条规定以外的货物、物品的,根据情节轻重,分别依照下列规定处罚:

(一)走私货物、物品偷逃应缴税额较大或者一年内曾因走私被给予二次行政处罚后又走私的,处三年以下有期徒刑或者拘役,并处偷逃应缴税额一倍以上五倍以下罚金。

(二)走私货物、物品偷逃应缴税额巨大或者有其他严重情节的,处三年以上十年以下有期徒刑,并处偷逃应缴税额一倍以上五倍以下罚金。

(三)走私货物、物品偷逃应缴税额特别巨大或者有其他特别严重情节的,处十年以上有期徒刑或者无期徒刑,并处偷逃应缴税额一倍以上五倍以下罚金或者没收财产。

单位犯前款罪的,对单位判处罚金,并对其直接负责的主管人员和其他直接责任人员,处三年以下有期徒刑或者拘役;情节严重的,处三年以上十年以下有期徒刑;情节特别严重的,处十年以上有期徒刑。

对多次走私未经处理的,按照累计走私货物、物品的偷逃应缴税额处罚。

第154条[变相走私] 下列走私行为,根据本节规定构成犯罪的,依照本法第一百五十三条的规定定罪处罚:

(一)未经海关许可并且未补缴应缴税额,擅自将批准进口的来料加工、来件装配、补偿贸易的原材料、零件、制成品、设备等保税货物,在境内销售牟利的;

(二)未经海关许可并且未补缴应缴税额,擅自将特定减税、免税进口的货物、物品,在境内销售牟利的。

第155条[间接走私] 下列行为,以走私罪论处,依照本节的有关规定处罚:

(一)直接向走私人非法收购国家禁止进口物品的,或者直接向走私人非法收购走私进口的其他货物、物品,数额较大的;

(二)在内海、领海、界河、界湖运输、收购、贩卖国家禁止进出口物品的,或者运输、收购、贩卖国家限制进出口货物、物品,数额较大,没有合法证明的。

这是指违反海关法规,逃避海关监管,非法运输、携带、邮寄国家禁止进出口的武器、弹药、核材料、假币、珍贵动物及其制品、珍稀植物及其制品、淫秽物品以及国家禁止出口的文物、金银和其他贵重金属以外的其他货物、物品进出境,偷逃应缴纳关税数额较大或者一年内曾因走私被给予两次行政处罚后又走私的行为。

(一)成立条件

客体	国家对普通货物、物品进出口的监督管理制度和关税征管制度。
客观方面	行为人违反海关法规,逃避海关监管,走私货物、物品偷逃应缴税额较大(个人10万元以上、单位20万元以上)或者1年内曾因走私被给予2次行政处罚后又走私。
主体	一般主体,即年满16周岁具有刑事责任能力的自然人。单位可构成本罪。
主观方面	故意,一般具有偷逃关税目的。

⬤（二）认定

1.行为方式

绕关	不经过海关。
瞒关	经过海关但不如实申报。
变相走私	①将保税货物在境内销售牟利;②将减免关税的物品(如捐赠物品)在境内销售牟利。
间接走私	①直接向走私人非法收购走私物品;②在境内运输、收购、贩卖走私物品。这里的境内包括内海、领海等。

2.罪数:在一次走私活动中,既走私普通货物、物品,又走私武器、弹药等物品的,应当认定行为人实施了数行为,不属于想象竞合犯,应当数罪并罚。

经典考题 ✍

甲与走私普通货物、物品罪的犯罪人事前通谋,为其提供账户以转移走私所得。对甲的行为应认定为
(　　)①。(2012-7 法)

A.掩饰、隐瞒犯罪所得罪　　　　　　　B.洗钱罪

C.走私普通货物、物品罪　　　　　　　D.包庇罪

📢 七、非国家工作人员受贿罪

第163条[非国家工作人员受贿罪]　公司、企业或者其他单位的工作人员利用职务上的便利,索取他人财物或者非法收受他人财物,为他人谋取利益,数额较大的,处五年以下有期徒刑或者拘役;数额巨大的,处五年以上有期徒刑,可以并处没收财产。

公司、企业或者其他单位的工作人员在经济往来中,利用职务上的便利,违反国家规定,收受各种名义的回扣、手续费,归个人所有的,依照前款的规定处罚。

国有公司、企业或者其他国有单位中从事公务的人员和国有公司、企业或者其他国有单位委派到非国有公司、企业以及其他单位从事公务的人员有前两款行为的,依照本法第三百八十五条、第三百八十六条的规定定罪处罚。

这是指公司、企业或者其他单位的工作人员利用职务上的便利,索取他人财物或者非法收受他人财物,为他人谋取利益,数额较大的行为。

⬤（一）成立条件

客体		国家对公司、企业以及非国有事业单位、其他组织的工作人员职务活动的管理制度。
客观方面	含义	利用职务上的便利,索取或者非法收受他人财物,为他人谋取利益。 1.这里的"为他人谋取利益",既包括正当利益,也包括不正当利益。 2."为他人谋取利益"只要求许诺为他人谋取利益,不要求实际上为他人谋取利益。
	提示	无论是索取他人财物还是非法收受他人财物,都必须为他人谋取利益。
主体		本罪是真正的身份犯,犯罪主体是公司、企业或者其他单位的工作人员。
主观方面		故意。

---

① C

（二）认定

1. 客体:职务行为的廉洁性。

2. 主体:本罪是纯正的身份犯,即是公司、企业或者其他单位的工作人员。

3. 行为:利用职务上的便利,索取或者非法收受他人财物,为他人谋取利益。

（1）利用职务便利:利用他人有求于行为人的职务行为。

（2）索取他人财物或者非法收受他人财物。

（3）为他人谋取利益。

①无论是索取他人财物还是非法收受他人财物,都必须为他人谋取利益。注意:这一点和受贿罪(第385条)不同,受贿罪中索取贿赂不要求为他人谋取利益。

②这里的"为他人谋取利益",既包括正当利益,也包括不正当利益。

③"为他人谋取利益"只要求许诺为他人谋取利益,不要求实际为他人谋取利益。注意:这一点和受贿罪相同。

4. 财物:不仅包括金钱和实物,而且包括可以用金钱计算数额的财产性利益,如提供房屋装修、含有金额的会员卡、代币卡(券)、旅游费用等。

5. 司法解释

（1）医疗机构中医务人员,利用开处方的职务便利,以各种名义非法收受药品、医疗器械、医用卫生材料等医药产品销售方财物,为医药产品销售方谋取利益,数额较大的,成立本罪。

（2）学校及其他教育机构中的非国家工作人员,在教材、教具、校服或者其他物品的采购等活动中,利用职务上的便利,索取销售方财物,或者非法收受销售方财物,为销售方谋取利益,数额较大的,成立本罪。

（3）学校及其他教育机构中的教师,利用教学活动的职务便利,以各种名义非法收受教材、教具、校服或者其他物品销售方财物,为教材、教具、校服或者其他物品销售方谋取利益,数额较大的,成立本罪。

（4）依法组建的评标委员会、竞争性谈判采购中谈判小组、询价采购中询价小组的组成人员,在招标、政府采购等事项的评标或者采购活动中,索取他人财物或者非法收受他人财物,为他人谋取利益,数额较大的,成立本罪。

经典考题

下列情形中,构成非国家工作人员受贿罪的有(　　)①。(2011-23 法)

A. 医务人员甲收受某药品生产企业数额较大的财物后,在开处方时大量使用该企业的药品

B. 教师乙收受某出版社数额较大的财物后,在教学中指定学生购买该出版社出版的教学辅导书

C. 村民委员会主任丙收受自己表弟数额较大的财物后,在生育指标管理工作中帮其办理超指标生育证

D. 评标委员会中的特邀专家丁收受某竞标人数额较大的财物后,在评标活动中为其成功竞标创造条件

八、伪造货币罪

第170条[伪造货币罪]　伪造货币的,处三年以上十年以下有期徒刑,并处罚金;有下

---

① 　ABD

列情形之一的,处十年以上有期徒刑或者无期徒刑,并处罚金或者没收财产:

(一)伪造货币集团的首要分子;

(二)伪造货币数额特别巨大的;

(三)有其他特别严重情节的。

第 171 条[出售、购买、运输假币罪] 出售、购买伪造的货币或者明知是伪造的货币而运输,数额较大的,处三年以下有期徒刑或者拘役,并处二万元以上二十万元以下罚金;数额巨大的,处三年以上十年以下有期徒刑,并处五万元以上五十万元以下罚金;数额特别巨大的,处十年以上有期徒刑或者无期徒刑,并处五万元以上五十万元以下罚金或者没收财产。

伪造货币并出售或者运输伪造的货币的,依照本法第一百七十条的规定定罪从重处罚。

这是指违反国家货币管理法规,仿照货币的形状、色彩、图案等特征,使用各种方法非法制造出外观上足以乱真的假货币,破坏货币的公共信用,破坏金融管理秩序的行为。

🛡 (一)成立条件

客体		货币的公共信用。
客观方面	含义	非法制造假币,足以使一般人误以为是真币,侵犯货币的公共信用。
	提示	这里的货币必须是正在流通中的货币。伪造停止流通的货币并使用的,以诈骗罪论处。
主体		已满 16 周岁,具有刑事责任能力的自然人。
主观方面		故意,即明知伪造的货币可能进入流通领域,但不要求具有使用目的。

🛡 (二)认定

1.行为方式:伪造外观上足以乱真的假货币,破坏货币的公共信用的行为。

伪造。这是指没有货币发行权的人仿照货币的形状、图案、色彩等外部特征,制造假货币冒充真货币的行为。不要求与真币完全一样,只要在外观上足以以假乱真。

> **提示**
>
> 必须是仿照真货币而制造假货币。例如,甲直接从画册上剪下货币的图案,然后冒充真货币骗取他人财物,构成诈骗罪,不构成伪造货币罪。

第二,货币。这是指在我国国内市场流通或者兑换的人民币和境外货币,包括纸币、硬币、纪念币等。注意:以使用为目的,伪造停止流通的货币或者使用伪造的停止流通的货币,构成诈骗罪。[①] 因为停止流通的货币,不涉及货币的公共信用问题。

例1,甲伪造货币,把毛主席的头像换成宋仲基的头像,其他与人民币没有任何区别。甲的伪造行为不足以以假乱真,不构成伪造货币罪。

例2,甲以使用为目的,伪造停止流通的货币,但在准备使用时被抓获,由于尚未使用,诈骗尚未着手,甲构成诈骗罪预备。

2.犯罪形态

已经伪造出货币,构成伪造货币罪既遂;如果已经着手实行伪造货币的行为,由于意志以外的原因,未能伪造出货币,构成伪造货币罪未遂。

---

① 2010 年 11 月 3 日《最高人民法院关于审理伪造货币等案件具体应用法律若干问题的解释(二)》。

3. 罪数问题

(1)罪与非罪。

伪造货币的总面额在 2000 元以上或者 200 张以上,构成本罪既遂;不足 2000 元或者 200 张,作为违法案件予以行政处罚。

(2)伪造货币罪与变造货币罪。

关键看货币有无丧失同一性。变造是对真币的加工行为,变造前后货币具有同一性;如果前后的货币丧失了同一性,则属于伪造货币。注意:同一性是指真的部分多于假的部分。

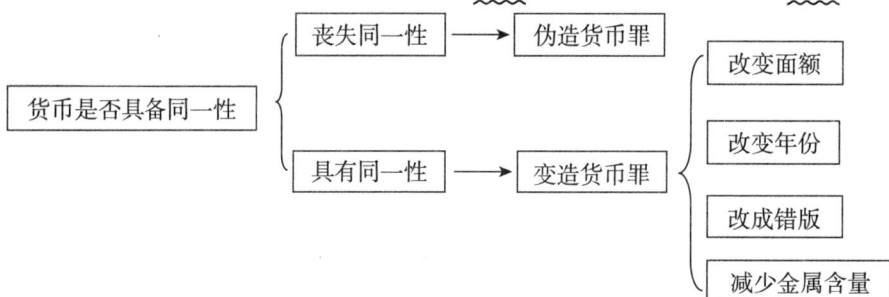

在货币具有同一性的基础上,以下情形属于变造货币:改变面额、改变年份、改成错版、减少金属含量。

例 1,将金属货币熔化后,制作成更多较薄的货币,前后丧失了同一性,属于伪造货币。

例 2,将日元涂改成欧元的,前后丧失了同一性,属于伪造货币。

例 3,正常的百元人民币的水印中,毛主席的头像是两眼睁开状态。甲为了炒作,将毛主席的头像改成一眼睁开一眼紧闭,其他未变,甲构成变造货币罪。

> **提示**
>
> 根据司法解释,同时采用伪造和变造手段,制造真伪拼凑货币的行为,以伪造货币罪定罪处罚。例如,将一半真币与一半假币拼接,制造大量半真半假的纸币,属于伪造货币。

(3)吸收犯。

伪造货币后,又实施持有、使用、出售、运输的,以伪造货币罪处罚。因为伪造货币后,必然会存在持有、使用、出售、运输行为,故仅成立伪造货币罪,伪造货币后的后续行为都不再独立定罪。

例 1,甲伪造假人民币后又使用的,虽然先后触犯伪造货币罪与使用假币罪,但使用假币是伪造货币的当然结果,故伪造行为吸收使用行为,甲构成伪造货币罪。

例 2,甲伪造假人民币,使用假美元,由于对象不同,伪造行为不能吸收使用行为,对甲应当以伪造货币罪与使用假币罪并罚。

【总结】货币犯罪的罪数问题

伪造假币	出售、购买、运输、使用假币	处理结论
伪造假美元	出售假美元、运输假美元、使用假美元	定伪造货币罪(罪名不同,对象相同,存在吸收关系、不并罚)
伪造假日元	出售假美元、购买假欧元、运输假英镑	以伪造货币罪与出售、购买、运输假币罪并罚(罪名不同,对象不同,数罪并罚)
没有伪造行为	出售假美元、购买假欧元、运输假英镑	定出售、购买、运输假币罪(选择性罪名,对象不同也不并罚)

经典考题 ✎

甲伪造人民币 100 万元,后运输至外地出售,获赃款 10 万元。对甲的行为(   )①。(2013-11 非)

A. 应以伪造货币罪定罪处罚

B. 应以出售、运输假币罪定罪处罚

C. 应以伪造货币罪和出售、运输假币罪数罪并罚

D. 应以伪造货币罪和出售、运输假币罪的想象竞合择一重罪定罪处罚

📢 九、骗取贷款、票据承兑、金融票证罪

第 175 条之一[骗取贷款、票据承兑、金融票证罪]　以欺骗手段取得银行或者其他金融机构贷款、票据承兑、信用证、保函等,给银行或者其他金融机构造成重大损失或者有其他严重情节的,处三年以下有期徒刑或者拘役,并处或者单处罚金;给银行或者其他金融机构造成特别重大损失或者有其他特别严重情节的,处三年以上七年以下有期徒刑,并处罚金。

单位犯前款罪的,对单位判处罚金,并对其直接负责的主管人员和其他直接责任人员,依照前款的规定处罚。

这是指以欺骗手段取得银行或者其他金融机构贷款、票据承兑、信用证、保函等,给银行或者其他金融机构造成重大损失或者有其他严重情节的行为。

🛡 (一)成立条件

客体	金融秩序与安全。
客观方面	以欺骗手段取得银行或者其他金融机构贷款、票据承兑、信用证保函等,给银行或者其他金融机构造成重大损失或者有其他严重情节的行为。
主体	一般主体,即年满 16 周岁具有刑事责任能力的自然人。单位可构成本罪。
主观方面	故意。

🛡 (二)认定

1. 本罪是选择性罪名,可分解为骗取贷款罪、骗取票据承兑罪、骗取金融票证罪。其中,骗取贷款罪是重点。

2. 本罪与贷款诈骗罪

客体不同	本罪的客体是金融秩序与安全;贷款诈骗罪的客体是银行或者其他金融机构的财产权以及国家金融管理秩序。
主体不同	本罪的主体可以是自然人,也可以是单位,而贷款诈骗罪的主体只是自然人。
目的不同	本罪中的骗取贷款行为不以非法占有为目的,只是为了骗取贷款使用,也即具有归还的意思,而贷款诈骗罪是以非法占有为目的。

经典考题 ✎

甲公司用伪造的产权证明作担保,向某商业银行借款 3000 万元用于生产经营。后因经营不善,导致该笔款项无法归还。甲公司的行为(   )②。(2011-9 法)

---

①　A

②　C

A. 不构成犯罪　　　　B. 构成贷款诈骗罪　　　　C. 构成骗取贷款罪　　　　D. 构成合同诈骗罪

十、非法吸收公众存款罪

第 176 条[非法吸收公众存款罪]　非法吸收公众存款或者变相吸收公众存款,扰乱金融秩序的,处三年以下有期徒刑或者拘役,并处或者单处二万元以上二十万元以下罚金;数额巨大或者有其他严重情节的,处三年以上十年以下有期徒刑,并处五万元以上五十万元以下罚金。

单位犯前款罪的,对单位判处罚金,并对其直接负责的主管人员和其他直接责任人员,依照前款的规定处罚。

这是指违反国家金融管理法规非法吸收公众存款或变相吸收公众存款,扰乱金融秩序的行为。

(一)成立条件

客体	国家的金融管理秩序。
客观方面	非法吸收或变相吸收公众存款。
主体	一般主体,包括自然人和单位。
主观方面	故意。

(二)认定

1. 行为方式:非法吸收公众存款或者变相吸收公众存款扰乱金融秩序的行为。本罪需满足以下四项条件:

(1)未经批准。这是指未经有关部门依法批准或者借用合法经营的形式吸收资金,包括两种情形:其一,不具有吸收存款资格的自然人和单位而非法吸收公众存款;其二,具有吸收存款资格的金融机构,违反规定,通过擅自提高利率等方法吸收存款。

(2)公开宣传。这是指通过媒体、推介会、传单、手机短信等途径向社会公开宣传。

(3)面向公众。这是指面向社会公众,即向社会不特定对象吸收资金。

(4)还本付息。这是指承诺在一定期限内,以货币、实物、股权等方式还本付息或者给付回报。

> **提示**
>
> 根据司法解释,①未向社会公开宣传,在亲友或者单位内部针对特定对象吸收资金的,不属于非法吸收公众存款罪。

2. 数额的认定

吸收存款的数额,以吸收的资金全额计算。案发前后已归还的数额,可以作为量刑情节酌情考虑。例如,甲在 5 月份非法吸收公众存款 50 万元,在 6 月份吸收 100 万元,并以此偿还将 5 月份的吸收数额。甲吸收的资金为 150 万元,而不是 50 万元。

3. 罪数问题

(1)罪与非罪。

第一,根据司法解释以下情形构成非法吸收公众存款罪:个人非法吸收或者变相吸收公

---

① 2011 年 1 月 4 日《最高人民法院关于审理非法集资刑事案件具体应用法律若干问题的解释》。

众存款,数额在 20 万元以上,单位在 100 万元以上;个人非法吸收或者变相吸收公众存款对象 30 人以上,单位在 150 人以上;个人非法吸收或者变相吸收公众存款,给存款人造成直接经济损失数额在 10 万元以上,单位在 50 万元以上。

第二,未达到以上数额或者人数要求的,是违法案件,给予行政处罚。

(2)非法吸收公众存款罪与集资诈骗罪。两罪区分的关键是行为人有无非法占有目的,如果有,则构成集资诈骗罪;如果无,则构成非法吸收公众存款罪。

十一、妨害信用卡管理罪

第 177 条之一[妨害信用卡管理罪]　有下列情形之一,妨害信用卡管理的,处三年以下有期徒刑或者拘役,并处或者单处一万元以上十万元以下罚金;数量巨大或者有其他严重情节的,处三年以上十年以下有期徒刑,并处二万元以上二十万元以下罚金:

(一)明知是伪造的信用卡而持有、运输的,或者明知是伪造的空白信用卡而持有、运输,数量较大的;

(二)非法持有他人信用卡,数量较大的;

(三)使用虚假的身份证明骗领信用卡的;

(四)出售、购买、为他人提供伪造的信用卡或者以虚假的身份证明骗领的信用卡。

这是指违反信用卡管理法律、法规的规定,妨害信用卡管理的行为。妨害信用卡管理的行为包括:(1)明知是伪造的信用卡而持有、运输的,或者明知是伪造的空白信用卡而持有、运输,数量较大的;(2)非法持有他人信用卡,数量较大的;(3)使用虚假的身份证明骗领信用卡的;(4)出售、购买、为他人提供伪造的信用卡或者以虚假的身份证明骗领信用卡的行为。

(一)成立条件

客体	信用卡管理秩序(金融秩序)。
客观方面	妨害信用卡管理秩序的行为。具体包括: ①明知是伪造的信用卡而持有、运输的,或者明知是伪造的空白信用卡而持有、运输,数量较大的; ②非法持有他人信用卡,数量较大的; ③使用虚假的身份证明骗领信用卡的; ④出售、购买、为他人提供伪造的信用卡或者以虚假的身份证明骗领的信用卡的。
主体	一般主体,即年满 16 周岁具有刑事责任能力的自然人。
主观方面	故意。

(二)认定

1. 非法购买他人盗窃的信用卡后持有该信用卡的,成立妨害信用卡管理罪与掩饰、隐瞒犯罪所得罪,属于想象竞合犯,择一重处罚。

2. 伪造空白的信用卡后,又持有、运输、出售或者提供给他人的,定妨害信用卡管理罪。

3. 使用虚假的身份证明骗领信用卡的行为,同时触犯使用虚假身份证件、盗用身份证件罪的,属于想象竞合犯,择一重处罚。

4. 购买伪造的信用卡或者以虚假的身份证明骗领的信用卡后使用的,又构成信用卡诈骗罪或者其他犯罪的,属于牵连犯,从一重处罚。

十二、窃取、收买、非法提供信用卡信息罪

第 177 条之一第 2 款[窃取、收买、非法提供信用卡信息罪] 窃取、收买或者非法提供他人信用卡信息资料的,依照前款规定处罚。

银行或者其他金融机构的工作人员利用职务上的便利,犯第二款罪的,从重处罚。

这是指违反信用卡管理法律、法规,窃取、收买、非法提供他人信用卡信息资料的行为。

(一) 成立条件

客体	信用卡管理秩序。
客观方面	窃取、收买或者非法提供他人信用卡信息资料。
主体	一般主体,即年满 16 周岁具有刑事责任能力的自然人。
主观方面	故意。

(二) 认定

1. 为信用卡申请人制作、提供虚假的财产状况、收入、职务等资信证明材料,涉及伪造、变造、买卖国家机关公文、证件、印章,或者涉及伪造公司、企业、事业单位、人民团体印章,应当追究刑事责任的,依照《刑法》第 280 条的规定,分别以伪造、变造、买卖国家机关公文、证件、印章罪和伪造公司、企业、事业单位、人民团体印章罪定罪处罚。

2. 承担资产评估、验资、验证、会计、审计、法律服务等职责的中介组织或其人员,为信用卡申请人提供虚假的财产状况、收入、职务等资信证明材料,应当追究刑事责任的,依照《刑法》第 229 条的规定,分别以提供虚假证明文件罪和出具证明文件重大失实罪定罪处罚。

十三、内幕交易、泄露内幕信息罪

第 180 条[内幕交易、泄露内幕信息罪] 证券、期货交易内幕信息的知情人员或者非法获取证券、期货交易内幕信息的人员,在涉及证券的发行,证券、期货交易或者其他对证券、期货交易价格有重大影响的信息尚未公开前,买入或者卖出该证券,或者从事与该内幕信息有关的期货交易,或者泄露该信息,或者明示、暗示他人从事上述交易活动,情节严重的,处五年以下有期徒刑或者拘役,并处或者单处违法所得一倍以上五倍以下罚金;情节特别严重的,处五年以上十年以下有期徒刑,并处违法所得一倍以上五倍以下罚金。

单位犯前款罪的,对单位判处罚金,并对其直接负责的主管人员和其他直接责任人员,处五年以下有期徒刑或者拘役。

内幕信息、知情人员的范围,依照法律、行政法规的规定确定。

这是指证券、期货交易内幕信息的知情人员或者非法获取证券、期货内幕信息的人员,在涉及证券、期货的发行、交易或者其他对证券、期货交易价格有重大影响的信息尚未公开前,买入或者卖出该证券,或者从事与该内幕信息有关的期货交易,或者泄露该信息,或者明示、暗示他人从事上述交易活动,情节严重的行为。

⭐ **（一）成立条件**

客体	证券、期货市场的客观性、公正性，投资大众的利益，投资人对证券、期货市场信息的平等知情权。
客观方面	行为人实行内幕交易，或者泄露内幕信息，或明示、暗示他人从事内幕交易活动，情节严重的行为。
主体	特殊主体，即内幕人员，包括证券、期货交易内幕信息的知情人员和非法获取证券交易内幕信息的人员。单位可构成本罪。
主观方面	故意。其主观故意的内容是：明知利用的消息来自内部，并且尚未公开；明知证券、期货交易行为利用了内幕消息。

⭐ **（二）认定**

内幕交易和泄露内幕信息是本罪的两种客观行为，行为人只要实施了其中一种行为即可成立犯罪。如果上述两种行为都具备，也不是数罪，只以一罪定罪处罚。

📢 **十四、利用未公开信息交易罪**

第180条第4款[利用未公开信息交易罪] 证券交易所、期货交易所、证券公司、期货经纪公司、基金管理公司、商业银行、保险公司等金融机构的从业人员以及有关监管部门或者行业协会的工作人员，利用因职务便利获取的内幕信息以外的其他未公开的信息，违反规定，从事与该信息相关的证券、期货交易活动，或者明示、暗示他人从事相关交易活动，情节严重的，依照第一款的规定处罚。

这是指证券交易所、期货交易所、证券公司、期货经纪公司、基金管理公司、商业银行、保险公司等金融机构的从业人员以及有关监管部门或者行业协会的工作人员，利用因职务便利获取的内幕信息以外的其他未公开信息，违反规定，从事与该信息相关的证券、期货交易活动，或者明示、暗示他人从事相关交易活动，情节严重的行为。

⭐ **（一）成立条件**

客体	金融管理秩序和投资者的合法权益。
客观方面	行为人实施利用职务便利获取的内幕信息以外的其他未公开的信息，违反规定，从事与该信息相关的证券、期货交易活动，或者明示、暗示他人从事相关交易活动，情节严重的行为。
主体	特殊主体，即证券交易所、期货交易所、证券公司、期货经纪公司、基金管理公司、商业银行、保险公司等金融机构的从业人员以及有关监管部门或者行业协会的工作人员。单位不可构成本罪。
主观方面	故意。

⭐ **（二）本罪与内幕交易、泄露内幕信息罪**

1. 犯罪主体的范围不同

（1）本罪的主体是金融机构及有关监管部门及行业协会的工作人员，而内幕交易、泄露内幕信息罪的主体是证券、期货内幕信息的知情人员或者非法获取内幕信息的人员。

（2）本罪只是自然人犯罪，而内幕交易、泄露内幕信息罪的主体可以是自然人，也可以是单位。

2. 犯罪对象不同

本罪对象不属于法律、行政法规所规定的内幕信息,而是内幕信息以外的其他未公开的信息,而内幕交易、泄露内幕信息罪的犯罪对象则是由法律、行政法规确定的内幕信息。

3. 信息的来源不完全一样

本罪的信息来源只能是利用职务便利获取的,而内幕交易、泄露内幕信息罪的信息来源包括因工作原因而获得,也包括采取非法手段获取。

十五、洗钱罪

第 191 条[洗钱罪] 明知是毒品犯罪、黑社会性质的组织犯罪、恐怖活动犯罪、走私犯罪、贪污贿赂犯罪、破坏金融管理秩序犯罪、金融诈骗犯罪的所得及其产生的收益,为掩饰、隐瞒其来源和性质,有下列行为之一的,没收实施以上犯罪的所得及其产生的收益,处五年以下有期徒刑或者拘役,并处或者单处洗钱数额百分之五以上百分之二十以下罚金;情节严重的,处五年以上十年以下有期徒刑,并处洗钱数额百分之五以上百分之二十以下罚金:

(一)提供资金账户的;

(二)协助将财产转换为现金、金融票据、有价证券的;

(三)通过转账或者其他结算方式协助资金转移的;

(四)协助将资金汇往境外的;

(五)以其他方法掩饰、隐瞒犯罪所得及其收益的来源和性质的。

单位犯前款罪的,对单位判处罚金,并对其直接负责的主管人员和其他直接责任人员,处五年以下有期徒刑或者拘役;情节严重的,处五年以上十年以下有期徒刑。

这是指明知是毒品犯罪、黑社会性质的组织犯罪、恐怖活动犯罪、走私犯罪、贪污贿赂犯罪、破坏金融管理秩序犯罪、金融诈骗犯罪的违法所得及其产生的收益,而采用掩饰、隐瞒其来源和性质的方法,从而使其"合法化"的行为。

(一)成立条件

客体	国家关于金融活动的管理制度和社会治安管理秩序。
客观方面	行为人故意采用各种手段使毒品犯罪、黑社会性质的组织犯罪、恐怖活动犯罪、走私犯罪、贪污贿赂犯罪、破坏金融管理秩序犯罪、金融诈骗犯罪的违法所得及其产生的收益,转换为"合法财产"的行为。
主体	一般主体,即已满 16 周岁具有刑事责任能力的自然人。单位可构成本罪。
主观方面	故意。明知是毒品犯罪、黑社会性质的组织犯罪、恐怖活动犯罪、走私犯罪、贪污贿赂犯罪、破坏金融管理秩序犯罪、金融诈骗犯罪的违法所得及其产生的收益。

(二)认定

1. 犯罪主体

上游犯罪以外的自然人和单位。例如,毒贩甲将自己的贩毒所得汇往境外的,不成立洗钱罪。但是如果第三人乙明知甲要将贩毒所得汇往境外为其提供协助的,成立洗钱罪。

2. 行为方式

(1)提供资金账户。注意:这里的账户包括存款账户、股票交易账户、期货交易账户等。

(2)协助将财产转换为现金、金融票据、有价证券。

（3）通过转账或者其他结算方式协助资金转移。

（4）协助将资金汇往境外。<u>注意</u>:这里的境外包括港、澳、台地区。

（5）以其他方法掩饰、隐瞒犯罪所得及其收益的来源和性质。

3. 犯罪对象

上游七种犯罪的所得及其产生的收益。<u>注意</u>:这里的犯罪所得包括:犯罪行为的直接所得与间接所得、犯罪行为所取得的报酬。例如,甲帮助他人实施金融诈骗犯罪,所获得的报酬也是犯罪所得,属于掩饰、隐瞒犯罪所得罪的犯罪对象。

> **提示**
>
> 合同诈骗罪是扰乱市场秩序犯罪,不属于金融诈骗罪,不是本罪上游犯罪。<u>记忆技巧:贪金走破黑毒恐</u>。

4. 罪数问题

明知是犯罪所得及其产生的收益而予以掩饰、隐瞒,构成掩饰、隐瞒犯罪所得、犯罪所得收益罪,同时又构成洗钱罪或者包庇毒品犯罪分子罪以及窝藏、转移、隐瞒毒品、毒赃罪的,依照处罚较重的规定定罪处罚。

5. 司法解释

上游犯罪事实的确认,只要求在<u>事实证据上确认</u>,不要求须经法院判决有罪才算确认。

（1）上游犯罪尚未依法裁判,但<u>查证属实</u>的,不影响对洗钱罪的审判。

（2）上游犯罪事实可以确认,因行为人死亡等原因依法不予追究刑事责任的,也不影响洗钱罪的认定。

（3）上游犯罪事实成立,依法以其他罪名(如牵连犯、想象竞合犯等)定罪处罚的,也不影响洗钱罪的认定。

6. 处罚

"没收实施以上犯罪的所得及其产生的收益。"对这里的"没收"应当做补正解释:没收或者返还被害人。

（1）凡是上游犯罪有被害人的,应当将犯罪所得返还给被害人。例如,对于贪污犯罪、金融诈骗犯罪的所得,黑社会性质组织实施的财产犯罪所得,应当在追缴后及时返还被害人,而不是上交国库;对上述犯罪所得的收益应当追缴并上交国库,这属于没收。

（2）对于上游犯罪没有被害人的犯罪应当追缴并上交国库,这也属于没收。例如,毒品犯罪、走私犯罪、贿赂犯罪所得及其产生的收益应当追缴并上交国库。

【**总结**】洗钱罪上游犯罪范围:贪金走破黑毒恐。

经典考题

下列选项中,属于洗钱罪上游犯罪的有（　　　　）①。(2013-23 法)

A. 利用影响力受贿罪　　　B. 妨害信用卡管理罪　　　C. 职务侵占罪　　　D. 集资诈骗罪

📢 十六、集资诈骗罪

第 192 条[集资诈骗罪]　以非法占有为目的,使用诈骗方法非法集资,数额较大的,处五年以下有期徒刑或者拘役,并处二万元以上二十万元以下罚金;数额巨大或者有其他严重

---

①　ABD

情节的,处五年以上十年以下有期徒刑,并处五万元以上五十万元以下罚金;数额特别巨大或者有其他特别严重情节的,处十年以上有期徒刑或者无期徒刑,并处五万元以上五十万元以下罚金或者没收财产。

这是指以非法占有为目的,使用诈骗方法非法集资,数额较大的行为。

⭐(一)成立条件

客体	出资人的财产所有权和国家对金融活动的管理秩序。
客观方面	行为人使用诈骗方法非法集资,数额较大的行为。
主体	一般主体,即年满16周岁具有刑事责任能力的自然人。单位可构成本罪。
主观方面	故意,并具有非法占有出资人财产的目的。

⭐(二)认定

1.行为方式:使用诈骗方法非法集资,并且数额较大

(1)诈骗方法。这是指虚构或隐瞒资金用途,以虚假的证明文件和高回报率为诱饵骗取集资款的手段。

(2)非法集资。这是指单位或个人,未经有关机关批准,向社会公众募集资金的行为。

(3)数额较大。根据司法解释,个人集资诈骗数额在10万元以上,单位在50万元以上的,构成本罪。

2.非法占有目的的认定

根据司法解释,下列情形,可以认定为以非法占有为目的:

(1)集资后不用于生产经营活动或者用于生产经营活动与筹集资金规模明显不成比例,致使集资款不能返还的;

(2)肆意挥霍集资款,致使集资款不能返还的;

(3)携带集资款逃匿的;

(4)将集资款用于违法犯罪活动的;

(5)抽逃、转移资金、隐匿财产,逃避返还资金的;

(6)隐匿、销毁账目,或者搞假破产、假倒闭,逃避返还资金的;

(7)拒不交代资金去向,逃避返还资金的;

(8)其他可以认定非法占有目的的情形。

3.数额的认定

以行为人实际骗取的数额计算,案发前已归还的数额应予以扣除。例如,甲在5月份集资诈骗50万元,在6月份集资诈骗100万元,并以此偿还5月份的诈骗数额,甲集资诈骗的数额为100万元。不是150万,也不是50万元。

4.非法吸收公众存款罪与集资诈骗罪

(1)犯罪客体不同。非法吸收公众存款罪的犯罪客体是国家的金融管理秩序;集资诈骗罪的犯罪客体是国家的金融管理秩序和公私财产的所有权。

(2)客观方面不同。非法吸收公众存款罪不要求使用诈骗方法;集资诈骗罪要求以诈骗方法非法集资。

(3)犯罪目的的不同。非法吸收公众存款罪主观上没有非法占有他人财物的目的;集资诈骗罪主观上具有非法占有他人财物的目的。注意:这是区分两罪的关键标准。

经典考题

集资诈骗罪与非法吸收公众存款罪区别的关键是( )①。(2005-17)

A. 是否涉及巨额资金　　　　　　　B. 是否涉及众多被害人

C. 是否具有非法占有目的　　　　　D. 是否由单位组织实施

十七、贷款诈骗罪

第 193 条[贷款诈骗罪] 有下列情形之一,以非法占有为目的,诈骗银行或者其他金融机构的贷款,数额较大的,处五年以下有期徒刑或者拘役,并处二万元以上二十万元以下罚金;数额巨大或者有其他严重情节的,处五年以上十年以下有期徒刑,并处五万元以上五十万元以下罚金;数额特别巨大或者有其他特别严重情节的,处十年以上有期徒刑或者无期徒刑,并处五万元以上五十万元以下罚金或者没收财产:

(一)编造引进资金、项目等虚假理由的;

(二)使用虚假的经济合同的;

(三)使用虚假的证明文件的;

(四)使用虚假的产权证明作担保或者超出抵押物价值重复担保的;

(五)以其他方法诈骗贷款的。

这是指以非法占有为目的,使用法定方法诈骗银行或者其他金融机构的贷款,数额较大的行为。

(一)成立条件

客体	银行或者其他金融机构的财产权和金融管理秩序。
客观方面	用虚构事实或者隐瞒真相的方法,骗取银行或者其他金融机构的贷款,数额较大的行为。 具体包括: ①编造引进资金、项目等虚假理由; ②使用虚假的经济合同; ③使用虚假的证明文件; ④使用虚假的产权证明作担保或者超出抵押物价值重复担保; ⑤以其他方法诈骗贷款的。
主体	一般主体。即已满 16 周岁具有刑事责任能力的自然人。
主观方面	故意,必须具有非法占有银行或其他金融机构贷款的目的。

(二)认定

1. 犯罪主体

根据司法解释,②单位贷款诈骗的,追究单位合同诈骗罪的刑事责任;根据立法解释,③公司、企业、事业单位、机关、团体等单位实施刑法规定的危害社会的行为,刑法分则和其他法律未规定追究单位的刑事责任的,对组织、策划、实施该危害社会行为的人依法追究刑事责任。

---

① C

② 2001 年 1 月 21 日最高人民法院《全国法院审理金融犯罪案件工作座谈会纪要》。

③ 2014 年 4 月 24 日《全国人民代表大会常务委员会关于〈中华人民共和国刑法〉第 30 条的解释》。

　　由于刑法并未将单位规定为贷款诈骗罪的主体,故根据最新的立法解释,不能再追究单位合同诈骗罪的刑事责任,只能对组织、策划、实施贷款诈骗行为的人依法追究刑事责任。

　　2.行为方式

　　(1)编造引进资金、项目等虚假理由的。例如,甲以非法占有为目的,以承包某项目需要资金为由,骗取银行信贷资金。

　　(2)使用虚假的经济合同的。例如,甲以非法占有为目的,虚构经济合同,并以此向银行骗取信贷资金。

　　(3)使用虚假的证明文件的。例如,甲以非法占有为目的,伪造保函,并以此作担保骗取银行的信贷资金。

　　(4)使用虚假的产权证明作担保或者超出抵押物价值重复担保的。例如,甲以非法占有为目的,伪造房产证,并以此作担保骗取银行的信贷资金。

　　(5)以其他方法诈骗贷款的。

　　3.罪数问题

　　(1)罪与非罪。

　　第一,对于合法取得贷款后,没有按规定的用途使用贷款,到期没有归还贷款的,不能以贷款诈骗罪定罪处罚;

　　第二,对于确有证据证明行为人不具有非法占有的目的,因不具备贷款的条件而采取了欺骗手段获取贷款,案发时有能力履行还贷义务,或者案发时不能归还贷款是因为意志以外的原因,如因经营不善、被骗、市场风险等,不应以贷款诈骗罪定罪处罚。

　　(2)贷款诈骗罪与高利转贷罪。两罪区分的关键是前者具有非法占有目的,后者没有非法占有的目的,但有转贷牟利的目的。

十八、信用卡诈骗罪

　　第196条[信用卡诈骗罪、盗窃罪]　有下列情形之一,进行信用卡诈骗活动,数额较大的,处五年以下有期徒刑或者拘役,并处二万元以上二十万元以下罚金;数额巨大或者有其他严重情节的,处五年以上十年以下有期徒刑,并处五万元以上五十万元以下罚金;数额特别巨大或者有其他特别严重情节的,处十年以上有期徒刑或者无期徒刑,并处五万元以上五十万元以下罚金或者没收财产:

　　(一)使用伪造的信用卡,或者使用以虚假的身份证明骗领的信用卡的;

　　(二)使用作废的信用卡的;

　　(三)冒用他人信用卡的;

　　(四)恶意透支的。

　　前款所称恶意透支,是指持卡人以非法占有为目的,超过规定限额或者规定期限透支,并且经发卡银行催收后仍不归还的行为。

　　盗窃信用卡并使用的,依照本法第二百六十四条的规定定罪处罚。

　　这是指以非法占有为目的,使用法定方法进行信用卡诈骗活动,数额较大的行为。这些方法包括:(1)使用伪造的信用卡,或者使用以虚假的身份证明骗领的信用卡的。(2)使用作废的信用卡的。（3）冒用他人信用卡的。（4）恶意透支的。

（一）成立条件

客体	国家的金融管理制度和公私财产的所有权。
客观方面	违反信用卡管理法规,进行信用卡诈骗活动,骗取财物数额较大的行为。具体包括: ①使用伪造的信用卡,或者使用以虚假的身份证明骗领的信用卡; ②使用作废的信用卡; ③冒用他人信用卡; ④恶意透支。
主体	一般主体,即已满16周岁具有刑事责任能力的自然人。
主观方面	故意,并具有非法占有他人财物的目的。

（二）认定

1. 信用卡的含义

根据立法解释,①信用卡是指由商业银行或者其他金融机构发行的具有消费支付、信用贷款、转账结算、存取现金等全部功能或者部分功能的电子支付卡。注意:包括普通的储蓄卡。

2. 行为方式

（1）使用伪造的信用卡,或者使用以虚假的身份证明骗领的信用卡。

第一,如果先伪造信用卡再利用伪造的信用卡诈骗的,构成伪造金融票证罪和信用卡诈骗罪的牵连犯,择一重罪处罚,定信用卡诈骗罪。

第二,如果先以虚假身份证明骗领信用卡后又利用骗领的信用卡诈骗的,构成妨害信用卡管理罪与信用卡诈骗罪的牵连犯,择一重罪论处,定信用卡诈骗罪。

（2）使用作废的信用卡。例如,超过有效期的信用卡。

（3）冒用他人信用卡。根据司法解释,②以下情形属于冒用他人信用卡:

①拾得他人信用卡并使用的;

②骗取他人信用卡并使用的;

③窃取、收买、骗取或者以其他非法方式获取他人信用卡信息资料,并通过互联网、通讯终端等使用的;

④其他冒用他人信用卡的情形。

（4）恶意透支的。

根据司法解释,持卡人以非法占有为目的,超过规定限额或者规定期限透支,经发卡银行2次有效催收后超过3个月仍不归还的,应当认定为《刑法》第196条规定的"恶意透支"。注意:两次催收至少间隔30日。

3. 司法解释

最高人民检察院关于拾得他人信用卡并在自动柜员机（ATM机）上使用的行为如何定

---

① 2004年12月29日《全国人民代表大会常务委员会关于〈中华人民共和国刑法〉有关信用卡规定的解释》。

② 2009年10月12日《最高人民法院、最高人民检察院关于办理妨害信用卡管理刑事案件具体应用法律若干问题的解释》。

性问题的批复

浙江省人民检察院：

你院《关于拾得他人信用卡并在 ATM 机上使用的行为应如何定性的请示》(浙检研[2007]227 号)收悉。经研究,批复如下:

拾得他人信用卡并在自动柜员机(ATM 机)上使用的行为,属于刑法第一百九十六条第一款第(三)项规定的"冒用他人信用卡"的情形,构成犯罪的,以信用卡诈骗罪追究刑事责任。

《关于办理妨害信用卡管理刑事案件具体应用法律若干问题的解释》规定:刑法第一百九十六条第一款第(三)项所称"冒用他人信用卡",包括以下情形:

(一)拾得他人信用卡并使用的;

(二)骗取他人信用卡并使用的;

(三)窃取、收买、骗取或者以其他非法方式获取他人信用卡信息资料,并通过互联网、通讯终端等使用的;

(四)其他冒用他人信用卡的情形。

《最高人民法院关于审理抢劫、抢夺刑事案件适用法律若干问题的意见》

六、关于抢劫犯罪数额的计算

抢劫信用卡后使用、消费的,其实际使用、消费的数额为抢劫数额;抢劫信用卡后未实际使用、消费的,不计数额,根据情节轻重量刑。所抢信用卡数额巨大,但未实际使用、消费或者实际使用、消费的数额未达到巨大标准的,不适用"抢劫数额巨大"的法定刑。

> **提示**
>
> 刑事立法和司法解释并未区分对人和对机器使用。

【结论】盗窃信用卡并使用的定盗窃罪;抢劫信用卡并使用的定抢劫罪;其他情形认定为信用卡诈骗罪。

4. 罪数问题

(1)罪与非罪。

第一,使用伪造的信用卡、以虚假的身份证明骗领的信用卡、作废的信用卡或者冒用他人信用卡,进行信用卡诈骗活动,数额在五千元以上的,构成信用卡诈骗罪。

第二,恶意透支,数额在五万元以上的,构成信用卡诈骗罪。

> **提示**
>
> 如果未达到上述数额要求,则是违法案件,予以行政处罚。

(2)根据刑法规定,盗窃信用卡并使用的,构成盗窃罪,不再定信用卡诈骗罪。

例1,甲盗窃乙的信用卡后,无论是对人还是对机器使用,都构成盗窃罪。

例2,甲盗窃乙的信用卡后,指使不知情的丙使用,甲构成盗窃罪的间接正犯,丙无罪。

例3,甲盗窃乙的信用卡后,指使丙使用,丙知情而照办。由于信用卡价值较低,甲盗窃信用卡尚不值得处罚,使用行为才值得处罚。丙明知而加入,与甲构成盗窃罪的共同犯罪,是承继的共犯。

例4,甲窃得同事一张银行借记卡及身份证,向丈夫乙谎称路上所拾。甲、乙根据身份证号码试出了借记卡密码,持卡消费 5000 元。甲构成盗窃罪,乙构成信用卡诈骗罪。如果乙对此知情,则甲、乙构成盗窃罪的共同犯罪。

十九、保险诈骗罪

第198条[保险诈骗罪] 有下列情形之一,进行保险诈骗活动,数额较大的,处五年以下有期徒刑或者拘役,并处一万元以上十万元以下罚金;数额巨大或者有其他严重情节的,处五年以上十年以下有期徒刑,并处二万元以上二十万元以下罚金;数额特别巨大或者有其他特别严重情节的,处十年以上有期徒刑,并处二万元以上二十万元以下罚金或者没收财产:

(一)投保人故意虚构保险标的,骗取保险金的;

(二)投保人、被保险人或者受益人对发生的保险事故编造虚假的原因或者夸大损失的程度,骗取保险金的;

(三)投保人、被保险人或者受益人编造未曾发生的保险事故,骗取保险金的;

(四)投保人、被保险人故意造成财产损失的保险事故,骗取保险金的;

(五)投保人、受益人故意造成被保险人死亡、伤残或者疾病,骗取保险金的。

有前款第四项、第五项所列行为,同时构成其他犯罪的,依照数罪并罚的规定处罚。

单位犯第一款罪的,对单位判处罚金,并对其直接负责的主管人员和其他直接责任人员,处五年以下有期徒刑或者拘役;数额巨大或者有其他严重情节的,处五年以上十年以下有期徒刑;数额特别巨大或者有其他特别严重情节的,处十年以上有期徒刑。

保险事故的鉴定人、证明人、财产评估人故意提供虚假的证明文件,为他人诈骗提供条件的,以保险诈骗的共犯论处。

这是指违反保险法规,以非法占有为目的,进行保险诈骗活动,数额较大的行为。

(一)成立条件

客体	国家的保险制度和保险人的财产所有权。
客观方面	违反保险法规,采取虚构保险标的、保险事故或者制造保险事故等方法,骗取较大数额保险金的行为。具体包括: ①财产投保人故意虚构保险标的,骗取保险金; ②投保人、被保险人或者受益人对发生的保险事故编造虚假的原因或者夸大损失的程度,骗取保险金; ③投保人、被保险人或者受益人编造未曾发生的保险事故,骗取保险金; ④投保人、被保险人故意造成财产损失的保险事故,骗取保险金; ⑤投保人、受益人故意造成被保险人死亡、伤残或者疾病,骗取保险金。
主体	特殊主体,投保人、被保险人、受益人;单位也可以构成本罪。
主观方面	故意,以非法占有为目的。

(二)认定

1.犯罪主体

本罪的犯罪主体是投保人、被保险人、受益人,故本罪是纯正身份犯,自然人和单位均可构成本罪。例如,个体户甲开办的汽车修理厂,是某保险公司指定的汽车修理厂家。甲在为他人修理汽车时,多次夸大汽车毁损程度,向保险公司多报汽车修理费用,从保险公司骗取12万余元,由于甲不是投保人、被保险人、受益人,不构成保险诈骗罪,应当认定为诈骗罪。

2.行为方式

（1）投保人故意虚构保险标的,骗取保险金的。例如,甲隐瞒自己的严重疾病与保险公司签订健康保险合同,然后向保险公司通知病情,骗取保险金。

（2）投保人、被保险人或者受益人对发生的保险事故编造虚假的原因或者夸大损失的程度,骗取保险金。例如,投保人甲故意夸大车辆受损程度,向保险公司虚假理赔,骗取保险金。

（3）投保人、被保险人或者受益人编造未曾发生的保险事故,骗取保险金的。例如,投保人甲用他人的事故照片,谎称自己发生事故,向保险公司虚假理赔,骗取保险金。

（4）投保人、被保险人故意造成财产损失的保险事故,骗取保险金的。例如,投保人甲故意倒车,撞向即将报废的电动自行车,向保险公司虚假理赔,骗取保险金。

（5）投保人、受益人故意造成被保险人死亡、伤残或者疾病,骗取保险金的。例如,丈夫张凡为妻子小洁购买巨额保险,指定自己为受益人。张凡在泰国将小洁杀死后,向保险公司虚假理赔,骗取保险金。张凡构成故意杀人罪与保险诈骗罪,数罪并罚。如果将小洁杀死后,还未来得及着手理赔就被抓捕,则杀人行为同时触犯故意杀人罪与保险诈骗罪预备,想象竞合,从一重罪处罚,定故意杀人罪。

3.犯罪形态

预备行为:虚构保险标的、开始制造保险事故;着手行为:到保险公司理赔或者提出支付保险金的请求;既遂形态:保险公司基于认识错误处分财物,行为人取得保险金。例如,甲为了骗取保险金,放火烧毁已经投保的房屋,开始放火时,还不是保险诈骗罪的着手,向保险公司提出给付保险金的请求时,是保险诈骗罪的着手,拿到保险金才是既遂。

4.罪数问题

（1）行为人制造保险事故构成犯罪,并骗取保险公司保险金的,数罪并罚。例如,甲故意纵火烧毁已经投保的房屋,发生火灾导致邻居乙、丙房屋被烧毁,并骗取保险金的,以放火罪和保险诈骗罪并罚。

（2）行人为制造保险事故构成犯罪,没有向保险人索赔,只处罚制造保险事故的犯罪。例如,甲租用乙的场地开舞厅,并为舞厅购买了30万元保险。甲因无力支付租金,场地被乙收回。甲决定放火烧毁舞厅报复乙,又可以骗取保险金。甲放火后,还未到保险公司索赔就被公安抓获,甲构成放火罪与保险诈骗罪的预备,想象竞合,择一重罪论处,定放火罪。

5.共同犯罪

保险事故的鉴定人、证明人、财产评估人故意提供虚假的证明文件,为他人诈骗提供条件的,以保险诈骗的共犯论处。

经典考题 ✏

保险受益人甲故意杀害被保险人乙,造成乙死亡,骗取了20万元保险金。对甲应当(　　)①。(2006
-14)

A.以故意杀人罪定罪处罚

B.以保险诈骗罪定罪处罚

C.以保险诈骗罪和故意杀人罪的牵连犯择一重罪处罚

D.以故意杀人罪和保险诈骗罪数罪并罚

---

① D

二十、逃税罪

第 201 条[逃税罪] 纳税人采取欺骗、隐瞒手段进行虚假纳税申报或者不申报,逃避缴纳税款数额较大并且占应纳税额百分之十以上的,处三年以下有期徒刑或者拘役,并处罚金;数额巨大并且占应纳税额百分之三十以上的,处三年以上七年以下有期徒刑,并处罚金。

扣缴义务人采取前款所列手段,不缴或者少缴已扣、已收税款,数额较大的,依照前款的规定处罚。

对多次实施前两款行为,未经处理的,按照累计数额计算。

有第一款行为,经税务机关依法下达追缴通知后,补缴应纳税款,缴纳滞纳金,已受行政处罚的,不予追究刑事责任;但是,五年内因逃避缴纳税款受过刑事处罚或者被税务机关给予二次以上行政处罚的除外。

这是指纳税人采取欺骗、隐瞒手段进行虚假的纳税申报或者不申报,逃避缴纳税款数额较大并且占应纳税额 10%以上,或者扣缴义务人采取欺骗、隐瞒手段,不缴或少缴已扣、已收税款,数额较大的行为。

(一)成立条件

客体	国家的税收征管制度。
客观方面	纳税人采取欺骗、隐瞒手段进行虚假纳税申报或者不申报,逃避缴纳税款数额较大且占应纳税额 10%以上的行为,以及扣缴义务人采用上述手段不缴或少缴已扣、已收税款,数额较大的行为。
主体	纳税人、扣缴义务人,即已满 16 周岁具有刑事责任能力的自然人,单位可构成本罪。
主观方面	故意,并具有逃避履行纳税义务,谋取非法利益的目的。

(二)认定

1. 犯罪主体

本罪的犯罪主体是特殊主体,即纳税人与扣缴义务人。

(1)纳税人。这是指法律、行政法规规定的,负有纳税义务的单位和个人。

(2)扣缴义务人。这是指法律、行政法规规定的,有代扣代缴、代收代缴税款义务的单位和个人。例如,单位的员工需要缴纳个人所得税,通常由单位代为扣除,此时单位就是扣缴义务人。

2. 行为方式

(1)纳税人构成逃税罪,要求满足两项条件:一是,逃避缴纳税款数额较大(5万元);二是,占应纳税额 10%以上。例如,甲应纳税款 60 万元,采取欺骗手段只缴纳 55 万元。虽然逃缴的数额达到 5 万元以上,但并未占 10%以上,故甲不构成逃税罪。

(2)扣缴义务人构成逃税罪,只要求不缴或者少缴已扣、已收税款,数额较大(5万元)。注意:不要求占应缴税款 10%以上。

> **提示**
>
> 纳税人直接出钱缴纳税款,构成犯罪的门槛较高;扣缴义务人,自己不直接出钱缴纳税款,构成犯罪的门槛较低。

3. 处罚

(1)对多次逃税,未经处理的,按照累计数额计算。

(2)处罚阻却事由:纳税人逃避缴纳税款,经税务机关依法下达追缴通知后,补缴应纳税款,缴纳滞纳金,已受行政处罚的,不予追究刑事责任;但是,5年内因逃避缴纳税款受过刑事处罚或者被税务机关给予2次以上行政处罚的除外。

第一,适用对象。只适用于纳税人,对扣缴义务人不适用。扣缴义务人逃避缴纳税款后,即使补缴应纳税款,接受行政处罚,也要追究刑事责任。

第二,前置程序。对于逃税案件,首先要经过税务机关的处理。税务机关没有处理或不处理的,司法机关不得直接追究行为人的刑事责任。

第三,消极条件。5年内因逃税受过刑事处罚或者被税务机关给予2次以上行政处罚的除外。

例1,范冰冰逃税后,江苏省税务局依法对其下达追缴通知。范冰冰在法定期限内补缴应纳税款、缴纳滞纳金,已受行政处罚。由于范冰冰是纳税人,也未在5年内因逃税受过刑事处罚或者被税务机关给予2次以上行政处罚,故对其不予追究刑事责任。

例2,甲公司代扣其员工的个人所得税,采取虚报支出的方法,逃避缴纳税款10万元。税务机关依法下达追缴通知后,甲公司补缴应纳税款、缴纳滞纳金,已受行政处罚。由于甲公司不是纳税人,而是扣缴义务人,故应当追究甲公司逃税罪的刑事责任。

4. 特殊类型的逃税

第204条[骗取出口退税罪、逃税罪] 以假报出口或者其他欺骗手段,骗取国家出口退税款,数额较大的,处五年以下有期徒刑或者拘役,并处骗取税款一倍以上五倍以下罚金;数额巨大或者有其他严重情节的,处五年以上十年以下有期徒刑,并处骗取税款一倍以上五倍以下罚金;数额特别巨大或者有其他特别严重情节的,处十年以上有期徒刑或者无期徒刑,并处骗取税款一倍以上五倍以下罚金或者没收财产。

纳税人缴纳税款后,采取前款规定的欺骗方法,骗取所缴纳的税款的,依照本法第二百零一条的规定定罪处罚;骗取税款超过所缴纳的税款部分,依照前款的规定处罚。

纳税人缴纳税款后,采取假报出口等欺骗方法,骗取所缴纳的税款的,成立逃税罪。对于骗取税款超过所缴纳的税款部分,则超过部分应认定为骗取出口退税罪,与逃税罪实行数罪并罚。

例如,甲出口玩具汽车,共缴纳税款50万元。根据国家相关政策,甲所属行业无资格申请出口退税。甲伪造外销合同及相关证明,获得国家20万元的出口退税。由于这20万元在甲缴纳的50万元以内,本质上是将缴纳的税款骗回来,故甲构成逃税罪;如果甲获得100万出口退税,则这笔退税有两部分组成:其一,将缴纳的50万元税款骗回来;其二,多骗取50万元出口退税。甲的一个行为同时触犯逃税罪和骗取出口退税罪,应当从一重罪处罚,但根据刑法的特别规定,对甲应当以逃税罪与骗取出口退税罪并罚。

5. 罪数问题

(1)罪与非罪。

第一,纳税人逃避缴纳税款未达到5万元以上,或者未占应纳税款10%以上,可给予行政处罚,不构成犯罪。

第二,扣缴义务人逃避缴纳税款,未达到5万元以上,给予行政处罚,不构成犯罪。

第三,因过失不缴纳或者少缴纳税款的,不构成犯罪。例如,由于疏忽或者不懂税收法规,没有按时申报纳税,漏缴应纳税款或者由于工作制度混乱,漏报、漏缴的税款,不构成犯罪。

(2)逃税罪与走私普通货物、物品罪。

走私普通货物、物品也会逃避缴纳海关关税,可以认为这是一种特殊的逃税方式,如果既触犯走私普通货物、物品罪又触犯逃税罪,应当以走私普通货物、物品罪定罪处罚,不再定逃税罪。

6.司法解释

(1)有进出口经营权的公司、企业,明知他人意欲骗取国家出口退税款,仍违反国家有关进出口经营的规定,允许他人自带客户、自带货源、自带汇票并自行报关,骗取国家出口退税款的,依照骗取出口退税罪论处。

(2)实施骗取出口退税犯罪,同时构成虚开增值税专用发票罪等其他犯罪的,依照处罚较重的规定定罪处罚。

(3)使用伪造、变造、盗窃的武装部队车辆号牌,不缴或者少缴应纳的车辆购置税、车辆使用税等税款,逃税数额较大且占应纳税额的10%以上,依照逃税罪的规定定罪处罚。

(4)非法购买并使用武装部队车辆号牌,情节严重,同时不缴或者少缴应纳的车辆购置税、车辆使用税等税款,构成逃税的,应以非法买卖军用标志罪与逃税罪实行并罚。

经典考题 ✍

下列行为中,构成逃税罪的是(　　　)①。(2011-19 非)

A. 甲采用暴力方法拒不缴纳税款 2 万元

B. 乙以逃避海关监管的方式偷逃海关关税 5 万元

C. 丙虚开增值税专用发票,造成国家税款流失 25 万元

D. 丁缴纳某批次货物税款 10 万元后,假报该批次货物出口,骗取出口退税 8 万元

📣 二十一、抗税罪

第 202 条[抗税罪]　以暴力、威胁方法拒不缴纳税款的,处三年以下有期徒刑或者拘役,并处拒缴税款一倍以上五倍以下罚金;情节严重的,处三年以上七年以下有期徒刑,并处拒缴税款一倍以上五倍以下罚金。

这是指纳税人以暴力、威胁方法拒不缴纳税款的行为。

⭐ (一)成立条件

客体	复杂客体,既破坏了国家对税收的管理秩序,又侵犯了税务机关工作人员的人身权利。
客观方面	采用暴力、威胁方法拒不缴纳税款的行为。
主体	纳税人和扣缴义务人,单位不是抗税罪的主体。
主观方面	故意,具有抗拒缴纳税款的目的。

⭐ (二)认定

1.犯罪主体

本罪是特殊主体,即纳税人、扣缴义务人,但一般人可以构成本罪的共犯。

---

① 　D

（1）普通人与纳税人共同实施抗税行为，以抗税罪的共犯论处。

（2）普通人单独以暴力、胁迫方法阻碍征税，以妨害公务罪论处。

> **提示**
>
> 单位可以构成所有的涉税犯罪，抗税罪除外。

2.行为方式：以暴力、威胁方法拒不缴纳税款的行为

（1）暴力。这里的暴力有两种含义：第一，对人暴力，如殴打税务人员；第二，对物暴力，如冲击、打砸税务机关或者税务工作人员驾乘的交通工具等。例如，甲在税务机关征税时，放火焚烧税务机关工作人员驾乘的汽车，拒不缴纳税款，甲构成抗税罪。

（2）威胁。这是指对税务机关工作人员实施恐吓，达到精神上的强制。例如，以杀害，伤害，毁坏财产，损害名誉等相威胁。

3.罪数问题

（1）抗税行为致人轻伤的，由于刑法中所有的"暴力"一般都包括轻伤，故仅定抗税罪。例如，甲将税务机关工作人员乙打成轻伤，甲的行为同时触犯故意伤害罪与抗税罪，打伤乙的目的是为了抗拒缴纳税款，故应当以目的行为定罪，故甲构成抗税罪。

（2）抗税行为故意致人重伤、死亡的，定故意伤害罪、故意杀人罪。例如，甲将税务机关工作人员乙打成重伤，甲的行为同时触犯故意伤害罪（重伤）与抗税罪，虽然打伤乙的目的是为了抗拒缴纳税款，但是手段行为比目的行为更重，抗税行为不能吸收故意伤害致人重伤，故甲构成故意伤害罪（重伤）。

（3）实施抗税行为同时过失致人重伤、死亡的，属于想象竞合犯，择一重罪处罚。例如，甲使用暴力将税务机关工作人员乙推倒，过失致乙重伤。由于对重伤结果是过失，不构成故意伤害罪。故甲同时触犯抗税罪和过失致人重伤罪，想象竞合，从一重罪处罚。

经典考题

下列行为中，应以抗税罪定罪处罚的是（　　）[1]。（2010-20 非）

A.企业负责人甲指使财务人员拒不进行纳税申报

B.企业经理人乙在税务人员来征缴税款时指使职工暴力抗拒，致该税务人员重伤

C.公司财务人员丙在税务人员来征缴税款时将账簿隐藏起来，拒不交出

D.企业负责人丁在税务人员来征缴税款时拒绝缴纳，并指使职工砸坏征税工作车辆

二十二、虚开增值税专用发票、用于骗取出口退税、抵扣税款发票罪

第205条[虚开增值税专用发票、用于骗取出口退税、抵扣税款发票罪；虚开发票罪]

虚开增值税专用发票或者虚开用于骗取出口退税、抵扣税款的其他发票的，处三年以下有期徒刑或者拘役，并处二万元以上二十万元以下罚金；虚开的税款数额较大或者有其他严重情节的，处三年以上十年以下有期徒刑，并处五万元以上五十万元以下罚金；虚开的税款数额巨大或者有其他特别严重情节的，处十年以上有期徒刑或者无期徒刑，并处五万元以上五十万元以下罚金或者没收财产。

单位犯本条规定之罪的，对单位判处罚金，并对其直接负责的主管人员和其他直接责任人员，处三年以下有期徒刑或者拘役；虚开的税款数额较大或者有其他严重情节的，处三年

----
[1]　D

以上十年以下有期徒刑;虚开的税款数额巨大或者有其他特别严重情节的,处十年以上有期
徒刑或者无期徒刑。

虚开增值税专用发票或者虚开用于骗取出口退税、抵扣税款的其他发票,是指有为他人
虚开、为自己虚开、让他人为自己虚开、介绍他人虚开行为之一的。

这是指违反国家发票管理、增值税征管的法规,实施虚假开具增值税专用发票或者虚开
用于骗取出口退税、抵扣税款的其他发票的行为。

🛡 (一)成立条件

客体	国家关于增值税专用发票和其他专用发票的管理制度。
客观方面	虚开增值税专用发票或者虚开用于骗取出口退税、抵扣税款的其他发票的行为。客观行为包括:为他人虚开、为自己虚开、让他人为自己虚开、介绍他人虚开行为之一。
主体	一般主体,即已满16周岁具有刑事责任能力的自然人。单位可构成本罪。
主观方面	故意。

🛡 (二)认定

本罪只要具备了虚开增值税专用发票、用于骗取出口退税、抵扣税款发票的行为就构成
了犯罪,如果同一行为人为了达到逃税或者骗取出口退税的目的而虚开增值税专用发票或
者用于骗取出口退税、抵扣税款发票的,属于牵连犯,从一重罪处断。

📢 二十三、假冒注册商标罪

第 213 条[假冒注册商标罪]　未经注册商标所有人许可,在同一种商品上使用与其注
册商标相同的商标,情节严重的,处三年以下有期徒刑或者拘役,并处或者单处罚金;情节特
别严重的,处三年以上七年以下有期徒刑,并处罚金。

这是指违反国家商标管理法规,未经商标所有人许可,在同一种商品上使用与其注册商
标相同的商标,情节严重的行为。

🛡 (一)成立条件

客体	他人的注册商标专用权和国家的商标管理制度。
客观方面	违反国家商标管理法规,未经注册商标所有人许可而擅自使用其注册商标,情节严重的行为。
主体	一般主体,即年满16周岁具有刑事责任能力的自然人。单位可构成本罪。
主观方面	故意,一般具有营利或谋取非法利益的目的。

🛡 (二)认定

1.前提条件

未经注册商标所有人许可。如果经过注册商标所有人许可而在同一种商品上使用该注
册商标的,不成立犯罪;如果行为人没在商品上标明被许可人的名称和商品产地,也不成立
犯罪。

2.行为方式

在同一种商品上使用与他人注册商标相同的商标。

(1)使用商标的商品与注册商标的商品必须属于同一种商品。

例如,在汽车上使用他人在自行车上注册的"凤凰"商标,虽然也是侵犯商标权的行为,但不构成犯罪。

(2)使用的商标与他人的注册商标相同。注意:这里的"相同"不是指完全一样,而是指足以使一般消费者误认为是同一注册商标。

(3)假冒的商标,必须是他人的注册商标。

3.罪过形式

本罪为故意犯罪,但不要求行为人具有销售假冒注册商标的目的,也不要求特定的动机。

4.假冒注册商标罪与销售假冒注册商标的商品罪

(1)先生产假冒注册商标的商品,然后又销售这些商品,只定假冒注册商标罪。

(2)自己生产假冒注册商标的商品,又销售他人假冒注册商标的商品,以假冒注册商标罪和销售假冒注册商标的商品罪,数罪并罚。

(3)只销售他人假冒注册商标的商品,定销售假冒注册商标的商品罪。

📢 二十四、侵犯著作权罪

第 217 条[侵犯著作权罪] 以营利为目的,有下列侵犯著作权情形之一,违法所得数额较大或者有其他严重情节的,处三年以下有期徒刑或者拘役,并处或者单处罚金;违法所得数额巨大或者有其他特别严重情节的,处三年以上七年以下有期徒刑,并处罚金:

(一)未经著作权人许可,复制发行其文字作品、音乐、电影、电视、录像作品、计算机软件及其他作品的;

(二)出版他人享有专有出版权的图书的;

(三)未经录音录像制作者许可,复制发行其制作的录音录像的;

(四)制作、出售假冒他人署名的美术作品的。

这指以营利为目的,侵犯他人著作权,违法所得数额较大或者有其他严重情节的行为。

🛡 (一)成立条件

客体	著作权人的著作权和国家关于著作权的管理制度。
客观方面	侵犯著作权的违法所得数额较大或者有其他严重情节的行为,具体包括: ①未经著作权人许可,复制发行其文字作品、音乐、电影、电视、录像作品、计算机软件及其他作品; ②出版他人享有专有出版权的图书; ③未经录音录像制作者许可,复制发行其制作的录音录像; ④制作、出售假冒他人署名的美术作品。(与诈骗罪想象竞合)
主体	一般主体,即年满 16 周岁具有刑事责任能力的自然人。单位可构成本罪。
主观方面	故意,以营利为目的。

🛡 (二)认定

1.行为方式

(1)未经著作权人许可,复制发行其文字作品、音乐、电影、电视、录像作品、计算机软件及其他作品的。

第一,复制发行包括复制、发行或者既复制又发行。

第二,通过信息网络向公众传播他人文字作品、音乐、电影、电视、录像作品、计算机软件及其他作品的行为,属于"复制发行"。① 例如,甲以营利为目的,未经著作权人许可,制作、销售盗版的《盗墓笔记》成立侵犯著作权罪。

（2）出版他人享有专有出版权的图书的。

第一,出版。这是指将作品编辑加工后,经过复制向公众发行。

第二,专有出版权。这是指出版社、杂志社等具有传播著作权人作品的专有权利。例如,甲以营利为目的,未经许可,擅自出版《国家计算机考试大纲》。

> **提示**
>
> 在我国恐怖组织、邪教组织的印刷品不可能有出版权,故非法经营上述物品的,不构成侵犯著作权罪。据司法解释,经营非法出版物,构成非法经营罪。

（3）未经录音录像制作者许可,复制发行其制作的录音录像的。未经录音录像制作者许可,通过信息网络传播其制作的录音录像制品的行为,属于"复制发行"。例如,甲以营利为目的,将他人享有著作权的歌曲传至网络,供他人有偿下载。

（4）制作、出售假冒他人署名的美术作品的。本规定保护的是署名权。署名权是指作者为表明其身份,在作品上署名的权利。本项的常见情形有:

第一,复制名人的美术作品,签署名人的姓名,假冒名人的亲笔作品。例如,甲复制画家颜语的《春雨江南》作品后,假冒其签名,然后销售的,成立侵犯著作权罪。注意:制作、出售的美术作品的署名为<u>虚无人</u>的,因为不可能侵犯到他人的署名权,因此不构成侵犯著作权罪。

第二,将第三者的美术作品签署名人的姓名,假冒名人的美术作品。例如,乙复制甲的《七女复仇》作品后,签署颜语的姓名,假冒颜语的美术作品,然后销售的,构成侵犯著作权罪。<u>注意:这是对甲著作权的侵犯,不是对颜语著作权的侵犯,因为《七女复仇》并非颜语的作品。</u>

> **提示**
>
> 在自己制作的美术作品上,假冒他人署名的,只是侵犯了他人的姓名权,而没有侵犯他人的署名权,不成立侵犯著作权罪。例如,甲在自己制作的《七女复仇》作品上,签署乙的姓名,然后销售。由于没有侵犯到乙的署名权,只是侵犯到其姓名权,故甲不构成侵犯著作权罪,但销售行为可能成立（合同）诈骗罪。

2.营利目的

根据司法解释,具有下列情形之一的,可以认定为"以营利为目的":

（1）以在他人作品中刊登收费广告、捆绑第三方作品等方式直接或者间接收取费用的;

（2）通过信息网络传播他人作品,或者利用他人上传的侵权作品,在网站或者网页上提供刊登收费广告服务,直接或者间接收取费用的;

（3）以会员制方式通过信息网络传播他人作品,收取会员注册费或者其他费用的;

（4）其他利用他人作品牟利的情形。

3.罪数问题

（1）罪与非罪。

第一,违法所得3万元以上或者情节严重的构成本罪,反之,按照一般侵权行为追究其民事责任。

---

① 2004年12月22日《最高人民法院、最高人民检察院关于办理侵犯知识产权刑事案件具体应用法律若干问题的解释》。

第二,行为人主观上是否具有营利的目的。如果有,构成本罪;如果无,不构成本罪。例如,甲将他人享有著作权的影片,通过百度云链接,分享给他人免费观赏。由于甲主观上没有营利目的,故不构成侵犯著作权罪,可按照一般民事侵权处理。

(2)侵犯著作权罪与生产、销售伪劣产品罪。实施侵犯著作权行为,同时触犯生产、销售伪劣产品罪的,从一重罪处罚。

二十五、销售侵权复制品罪

第 218 条[销售侵权复制品罪] 以营利为目的,销售明知是本法第二百一十七条规定的侵权复制品,违法所得数额巨大的,处三年以下有期徒刑或者拘役,并处或者单处罚金。

这是指以营利为目的,违反著作权管理法规,明知是侵权复制品而故意销售,违法所得数额巨大的行为。

(一)成立条件

客体	著作权人的著作权和著作权管理制度。
客观方面	明知是《刑法》第 217 条规定的侵权复制品而进行销售的行为。
主体	一般主体,即年满 16 周岁具有刑事责任能力的自然人。单位可构成本罪。
主观方面	故意,即明知是侵权复制品而予以销售,并具有营利的目的。

(二)认定

实施侵犯著作权犯罪,又销售该侵权复制品,构成犯罪的,应当依照《刑法》第 217 条的规定,以侵犯著作权罪定罪处罚。实施侵犯著作权犯罪,又销售明知是他人的侵权复制品,构成犯罪的,应当实行数罪并罚。

经典考题

甲为牟利,未经著作权人许可,私自复制影视作品的 DVD 出售,销售金额 4 万元,获纯利润 3 万余元。这批 DVD 因质量太差导致他人在播放时经常死机。对甲的行为应定为( )①。(2011-16 非)

A. 销售侵权复制品罪   B. 侵犯著作权罪

C. 非法经营罪   D. 生产、销售伪劣产品罪

二十六、侵犯商业秘密罪

第 219 条[侵犯商业秘密罪] 有下列侵犯商业秘密行为之一,给商业秘密的权利人造成重大损失的,处三年以下有期徒刑或者拘役,并处或者单处罚金;造成特别严重后果的,处三年以上七年以下有期徒刑,并处罚金:

(一)以盗窃、利诱、胁迫或者其他不正当手段获取权利人的商业秘密的;

(二)披露、使用或者允许他人使用以前项手段获取的权利人的商业秘密的;

(三)违反约定或者违反权利人有关保守商业秘密的要求,披露、使用或者允许他人使用其所掌握的商业秘密的。

明知或者应知前款所列行为,获取、使用或者披露他人的商业秘密的,以侵犯商业秘密论。

本条所称商业秘密,是指不为公众所知悉,能为权利人带来经济利益,具有实用性并经

---

① B

权利人采取保密措施的技术信息和经营信息。

本条所称权利人,是指商业秘密的所有人和经商业秘密所有人许可的商业秘密使用人。

这是指违反反不正当竞争法等规范商业秘密的法律规定,侵犯商业秘密,给商业秘密的权利人造成重大损失的行为。

（一）成立条件

客体	商业秘密的权利人对商业秘密的专有权和国家对商业秘密的管理制度。
客观方面	违反反不正当竞争法,侵犯商业秘密,给权利人造成重大损失的行为。具体包括： ①以不正当手段获取权利人的商业秘密; ②披露、使用或允许他人使用前项商业秘密; ③违反约定披露、使用或允许他人使用其所掌握的商业秘密; ④明知或者应知前述行为,获取、披露、使用该商业秘密。
主体	一般主体,即年满16周岁具有刑事责任能力的自然人。单位可构成本罪。
主观方面	故意。

（二）认定

1.行为方式

违反反不正当竞争法等规范商业秘密的法律规定,侵犯商业秘密,给商业秘密的权利人造成重大损失的行为。

（1）以盗窃、利诱、胁迫或者其他不正当手段获取权利人的商业秘密。例如,甲以公布裸照相威胁,索取乙掌握的商业秘密,给乙造成重大经济损失,甲构成侵犯商业秘密罪,不再定敲诈勒索罪。

> **提示**
>
> 　　无意中知悉或者捡拾到商业秘密不成立本罪。

（2）披露、使用或者允许他人使用以前项手段获取的权利人的商业秘密的。例如,甲盗窃乙的商业秘密,高价卖给丙供其使用,甲构成侵犯商业秘密罪,不再定盗窃罪。

（3）违反约定或者违反权利人有关保守商业秘密的要求,披露、使用或者允许他人使用其所掌握的商业秘密的。

例1,甲、乙共同拥有商业秘密,甲擅自使用该商业秘密,不成立侵犯商业秘密罪。但甲违反约定,披露、允许他人使用该商业秘密,导致乙遭受重大损失的,构成侵犯商业秘密罪。

例2,甲对商业秘密拥有所有权,乙对商业秘密拥有使用权,如果合同约定甲不得使用商业秘密,但甲违反约定使用,并给乙造成重大损失的,甲构成侵犯商业秘密罪。

（4）明知或者应知前款所列行为,获取、使用或者披露他人的商业秘密的,构成侵犯商业秘密罪。例如,甲明知乙盗窃他人的商业秘密,仍然高价购买并使用,甲构成侵犯商业秘密罪。

> **提示**
>
> 　　盗窃、诈骗、敲诈到商业秘密,并披露或者使用,构成侵犯商业秘密罪,不再定盗窃罪、诈骗罪、敲诈勒索罪。

2.行为对象

商业秘密,指不为公众所知悉,能为权利人带来经济利益,具有实用性并经权利人采取保密措施的技术信息和经营信息。注意:必须采取保密措施,否则不属于本罪的对象。

3. 危害结果

本罪是结果犯,要求给权利人造成重大损失。根据司法解释,给商业秘密权利人造成损失数额在 50 万元以上的,属于重大损失,构成侵犯商业秘密罪。如果未达到以上数额,是违法行为,给予行政处罚。

4. 罪数问题

(1)以不正当手段获取他人商业秘密,然后使用该商业秘密制造产品并假冒他人注册商标的,以侵犯商业秘密罪和假冒注册商标罪,数罪并罚。

(2)犯本罪同时触犯为境外窃取、刺探、收买、非法提供国家秘密情报罪,非法获取国家秘密罪,故意泄露国家秘密罪的,属于想象竞合犯,从一重罪处罚。

经典考题

下列给商业秘密权利人造成重大损失的行为中,构成侵犯商业秘密罪的有(　　　)①。(2010-24 非)

A. 以盗窃的方法获取他人商业秘密　　　　　B. 以贿买的手段获取他人商业秘密

C. 明知是他人盗窃来的商业秘密而收买　　　D. 违反保守商业秘密约定,披露他人商业秘密

📢 二十七、合同诈骗罪

第 224 条 [合同诈骗罪] 有下列情形之一,以非法占有为目的,在签订、履行合同过程中,骗取对方当事人财物,数额较大的,处三年以下有期徒刑或者拘役,并处或者单处罚金;数额巨大或者有其他严重情节的,处三年以上十年以下有期徒刑,并处罚金;数额特别巨大或者有其他特别严重情节的,处十年以上有期徒刑或者无期徒刑,并处罚金或者没收财产:

(一)以虚构的单位或者冒用他人名义签订合同的;

(二)以伪造、变造、作废的票据或者其他虚假的产权证明作担保的;

(三)没有实际履行能力,以先履行小额合同或者部分履行合同的方法,诱骗对方当事人继续签订和履行合同的;

(四)收受对方当事人给付的货物、货款、预付款或者担保财产后逃匿的;

(五)以其他方法骗取对方当事人财物的。

这是指以非法占有为目的,在签订、履行合同过程中,骗取对方当事人财物,数额较大的行为。

🛡 (一)成立条件

客体	国家对合同的管理制度和合同当事人的财产所有权。
客观方面	在签订、履行合同的过程中,骗取合同一方当事人财物,数额较大的行为。具体包括: ①以虚构的单位或者冒用他人名义签订合同; ②以伪造、变造、作废的票据或者其他虚假的产权证明作担保; ③没有实际履行能力,以先履行小额合同或者部分履行合同的方法,诱骗对方当事人继续签订和履行合同;(引蛇出洞) ④收受对方当事人给付的货物、货款、预付款或者担保财产后逃匿; ⑤以其他方法骗取对方当事人财物。
主体	一般主体,即年满 16 周岁具有刑事责任能力的自然人。单位可构成本罪。
主观方面	故意,并且具有非法占有他人财物的目的。

---

① ABCD

⊙（二）认定

1.行为方式

在签订、履行合同的过程中,骗取合同一方当事人财物,数额较大的行为,有五种类型:

（1）以虚构的单位或者冒用他人名义签订合同。例如,甲冒充乙的名义与丙签订货物买卖合同,甲收到预付款后,携款潜逃,甲构成合同诈骗罪。

（2）以伪造、变造、作废的票据或者其他虚假的产权证明作担保。例如,甲将作废的票据质押给乙,与乙签订经济合同,骗取乙巨额财物,甲构成合同诈骗罪。

（3）没有实际履行能力,以先履行小额合同或者部分履行合同的方法,诱骗对方当事人继续签订和履行合同。例如,甲谎称自己是包工头,与乙公司签订装修合同。甲收到部分预付款后,为了骗取巨额财物,临时组建工程队施工。乙公司见甲开始履行合同,便支付其二期工程款,甲携款潜逃,甲构成合同诈骗罪。

（4）收受对方当事人给付的货物、货款、预付款或者担保财产后逃匿。

例1,甲以非法占有为目的,谎称自己是大型海鲜经销商,与乙签署代销合同。乙将海鲜交付甲后,甲将海鲜变卖后携款潜逃,甲构成合同诈骗罪。

例2,甲、乙签订钢材买卖合同,约定货到付款,付款后转移所有权。甲收到货物后,见价值巨大,携带货物逃匿。由于甲先占有财物后,产生非法占有目的,故因此不构成合同诈骗罪。甲变占有为所有,可能构成侵占罪。

（5）以其他方法骗取对方当事人财物。

> **提示**
>
> 由于合同诈骗罪扰乱市场秩序,故这里的合同仅限于经济合同,而不包括普通的借款合同,书面合同还是口头合同在所不问。例如,甲以非法占有为目的,向乙借钱并签订借款合同,乙转账给甲后,甲随即失联。由于甲的行为未扰乱市场秩序,故甲构成诈骗罪而非合同诈骗罪。

2.罪数问题

（1）合同诈骗罪与诈骗罪。

二者是法条竞合关系,如果同时触犯两罪,根据特别法优于普通法的原则,应当以合同诈骗罪定罪处罚。

（2）合同诈骗罪与生产、销售伪劣产品罪。

行为人与他人签订合同,收受货款后却提供伪劣产品,由于提供产品是履行合同的一部分,故构成合同诈骗罪与生产、销售伪劣产品罪的想象竞合犯,从一重罪处罚。

（3）合同诈骗罪与金融诈骗罪。

行为同时触犯合同诈骗罪与金融诈骗罪,由于金融诈骗罪属于特别法条,应当优先适用。例如,甲诈骗保险公司财物,由于保险诈骗罪利用了保险合同,也会同时触犯合同诈骗罪。但保险诈骗罪是合同诈骗罪的特殊法条,故甲构成保险诈骗罪。

经典考题 ✐

甲的私营企业在2004年生产的产品全部内销,并缴纳了各种税收50万元。甲在年底向税务机关谎称其中部分产品出口,并出具了虚假的出口外销合同及相关证明,获得国家20万元的出口退税。甲的行为构成（　　）①。（2007-17）

———————————

① C

A. 合同诈骗罪　　　　　　　　　　　B. 诈骗罪

C. 逃税罪　　　　　　　　　　　　　D. 合同诈骗罪和偷税罪

二十八、组织、领导传销活动罪

第 224 条之一 [组织、领导传销活动罪]　组织、领导以推销商品、提供服务等经营活动为名,要求参加者以缴纳费用或者购买商品、服务等方式获得加入资格,并按照一定顺序组成层级,直接或者间接以发展人员的数量作为计酬或者返利依据,引诱、胁迫参加者继续发展他人参加,骗取财物,扰乱经济社会秩序的传销活动的,处五年以下有期徒刑或者拘役,并处罚金;情节严重的,处五年以上有期徒刑,并处罚金。

这是指组织、领导以推销商品、提供服务等经营活动为名,要求参加者以缴纳费用或者购买商品、服务等方式获得加入资格,并按照一定顺序组成层级,直接或者间接以发展人员的数量作为计酬或者返利依据,引诱、胁迫参加者继续发展他人参加,骗取财物,扰乱社会经济秩序的传销活动的行为。

(一)成立条件

客体	正常的经济社会秩序。
客观方面	组织、领导传销活动的行为。
主体	传销活动的组织者、领导者,不包括积极参加者。
主观方面	故意。

(二)认定

1. "骗取财物",是对传销组织的描述,即只有当行为人组织、领导的传销活动具有"骗取财物"的性质时,才成立组织、领导传销活动罪。并不要求有对应的诈骗行为,更不要求实际骗取到财物。

2. 如果组织、领导诈骗型传销活动的行为,同时触犯集资诈骗等罪的,不属于法条竞合关系,而是属于想象竞合犯,择一重罪论处。

经典考题

组织、领导传销活动罪中"传销活动"的特征包括(　　　)①。(2012-43 非)

A. 目的是骗取他人财物

B. 参加者按照一定顺序组成层级开展活动

C. 计酬或者返利以参加者发展的人员数量为依据

D. 要求参加者以缴纳费用或者购买商品、服务等方式获得加入资格

二十九、非法经营罪

第 225 条 [非法经营罪]　违反国家规定,有下列非法经营行为之一,扰乱市场秩序,情节严重的,处五年以下有期徒刑或者拘役,并处或者单处违法所得一倍以上五倍以下罚金;情节特别严重的,处五年以上有期徒刑,并处违法所得一倍以上五倍以下罚金或者没收财产:

(一)未经许可经营法律、行政法规规定的专营、专卖物品或者其他限制买卖的物品的;

(二)买卖进出口许可证、进出口原产地证明以及其他法律、行政法规规定的经营许可证

---

① ABCD

或者批准文件的;

(三)未经国家有关主管部门批准非法经营证券、期货、保险业务的,或者非法从事资金支付结算业务的;

(四)其他严重扰乱市场秩序的非法经营行为。

这是指违反国家规定,非法经营,扰乱市场秩序,情节严重的行为。违反国家规定,是指违反全国人民代表大会及其常务委员会制定的法律和决定,国务院制定的行政法规、规定的行政措施、发布的决定和命令。

🛡 (一)成立条件

客体	国家依法管理市场的秩序。
客观方面	违反国家规定,非法经营,情节严重的行为。
主体	一般主体,即年满 16 周岁具有刑事责任能力的自然人。单位可构成本罪。
主观方面	故意,一般具有谋取非法经济利益的目的。

🛡 (二)认定

1. 行为方式:根据立法规定,以下情形构成非法经营罪

(1)未经许可经营法律、行政法规规定的专营、专卖物品或者其他限制买卖的物品。例如,未经烟草专卖局许可,擅自经营香烟业务。

(2)买卖进出口许可证、进出口原产地证明以及其他法律、行政法规规定的经营许可证或者批准文件。例如,非法买卖烟草专卖、野生动物狩猎等许可证。

(3)未经国家有关主管部门批准,非法经营证券、期货、保险业务的,或者非法从事资金支付结算业务。例如,在国家规定的交易场所外非法买卖外汇。

(4)其他严重扰乱市场秩序的非法经营行为。这是兜底条款,具体有司法解释明确规定。

根据司法解释规定,①各级人民法院审理非法经营犯罪案件,要依法严格把握《刑法》第225 条第 4 项的适用范围。对被告人的行为是否属于《刑法》第 225 条第 4 项规定的"其他严重扰乱市场秩序的非法经营行为",有关司法解释未作明确规定的,应当作为法律适用问题,逐级向最高人民法院请示。

2. 根据司法解释,以下情形构成非法经营罪:

(1)非法买卖外汇。这是指在国家规定的交易场所外非法买卖外汇、扰乱市场秩序,情节严重的。

(2)经营非法出版物。这是指违反国家规定,出版、印刷、复制、发行严重危害社会秩序和扰乱市场秩序的非法出版物,情节严重的。

> **提示**
>
> 　　非法经营罪与侵犯著作权罪、销售侵权复制品罪的区别:犯罪对象不同。前者的出版物本身就没有合法的著作权,也没有出版资质。例如,非法传销的宣传册。后者的出版物是盗版制品,所盗版的对象是拥有著作权的合法出版物。例如,盗版的《盗墓笔记》。

(3)擅自经营国际电信业务。这是指违反国家规定,采取租用国际专线、私设转接设备

① 2011 年 4 月 8 日《最高人民法院关于准确理解和适用刑法中"国家规定"的有关问题的通知》。

或者其他方法,擅自经营国际电信业务或者涉港澳台电信业务进行营利活动,扰乱电信市场管理秩序,情节严重的。

(4)非法生产、销售"瘦肉精"。这是指未取得药品生产、经营许可证件和批准文号,非法生产、销售盐酸克仑特罗等禁止在饲料和动物饮用水中使用的药品,扰乱药品市场秩序,情节严重的,以非法经营罪论处。在生产、销售的饲料中添加盐酸克仑特罗等禁止在饲料和动物饮用水中使用的药品,或者销售明知是添加有该类药品的饲料,情节严重的,以非法经营罪论处。

(5)非法经营食盐。这是指违反国家有关盐业管理规定,非法生产、储运、销售食盐,扰乱市场秩序,情节严重的,以非法经营罪论处。

> **提示**
>
> 非法经营食盐同时触犯非法经营罪和生产、销售伪劣产品罪,生产、销售不符合安全标准的食品罪,生产、销售有毒有害食品罪的,属于想象竞合犯,择一重罪处罚。

(6)传染病疫情期间哄抬物价。这是指违反国家在预防、控制突发传染病疫情等灾害期间有关市场经营、价格管理等规定,哄抬物价、牟取暴利,严重扰乱市场秩序,违法所得数额较大或者有其他严重情节的,以非法经营罪定罪,依法从重处罚。

(7)未经烟草专卖行政主管部门许可,无生产许可证、批发许可证、零售许可证,而生产、批发、零售烟草制品,情节严重的,以非法经营罪定罪处罚。

(8)违反国家规定,擅自设立互联网上网服务营业场所,或者擅自从事互联网上网服务经营活动,情节严重的。

(9)未经国家批准擅自发行、销售彩票,构成犯罪的。

(10)非法使用POS机。这是指以虚构交易、虚开价格、现金退货等方式向信用卡持卡人直接支付现金,情节严重的,属于非法从事资金结算业务。

(11)违反国家规定,未经依法核准,擅自发行基金份额募集基金,情节严重的。

(12)以提供给他人生产、销售食品为目的,非法生产、销售禁止用于食品生产、销售的非食品原料、添加剂。

(13)非法设置生猪屠宰场。

(14)以营利为目的的"网络水军"行为。违反国家规定,以营利为目的,通过信息网络有偿提供删除信息服务,或者明知是虚假信息,通过信息网络有偿提供发布信息等服务,扰乱市场秩序,情节严重的。

(15)非法生产、销售"伪基站"设备,情节严重的。

(16)非法经营药品。违反国家药品管理法律法规,未取得或者使用伪造、变造的药品经营许可证,非法经营药品,情节严重的,依照非法经营罪定罪处罚。

(17)非法生产、销售具有赌博功能的电子设施设备与软件。以提供给他人开设赌场为目的,违反国家规定,非法生产、销售具有退币、退分、退钢珠等赌博功能的电子游戏设施设备或者其专用软件,情节严重的,依照非法经营罪定罪处罚。

(18)非法贩卖形成瘾癖的麻醉药品或者精神药品。<u>出于医疗目的</u>,违反有关药品管理的国家规定,非法贩卖国家规定管制的能够使人形成瘾癖的麻醉药品或者精神药品,扰乱市场秩序,情节严重的。

(19)违反国家规定,未经许可经营兴奋剂目录所列物质,涉案物质属于法律、行政法规规定的限制买卖的物品,扰乱市场秩序,情节严重的。

（20）违反国家规定，未经监管部门批准，或者超越经营范围，以营利为目的，经常性地向社会不特定对象发放贷款，扰乱金融市场秩序，情节严重的。这里的"经常性地向社会不特定对象发放贷款"，是指2年内向不特定多人（包括单位和个人）以借款或其他名义出借资金10次以上。①

经典考题 ✍

在情节严重的情况下，下列行为应认定为非法经营罪的有（　　　　）②。（2018-43 非）

A.使用伪造的药品经营许可证，非法经营药品

B.长期以暴力手段强迫他人向自己借款，赚取利息

C.以营利为目的，长期通过网络有偿提供删除信息服务

D.非法生产具备赌博功能的电子游戏机，供他人开设赌场

📢 三十、强迫交易罪

第 226 条[强迫交易罪]　以暴力、威胁手段，实施下列行为之一，情节严重的，处三年以下有期徒刑或者拘役，并处或者单处罚金；情节特别严重的，处三年以上七年以下有期徒刑，并处罚金：

（一）强买强卖商品的；

（二）强迫他人提供或者接受服务的；

（三）强迫他人参与或者退出投标、拍卖的；

（四）强迫他人转让或者收购公司、企业的股份、债券或者其他资产的；

（五）强迫他人参与或者退出特定的经营活动的。

这是指以暴力、威胁手段，实施法定的扰乱市场交易秩序的强迫交易行为。

⭐（一）成立条件

客体	自愿、平等、公平的市场交易秩序。
客观方面	以暴力、威胁手段，实施法定的扰乱市场交易秩序的强迫交易行为。
主体	一般主体，已满16周岁具有刑事责任能力的自然人。单位可构成本罪。
主观方面	故意。

⭐（二）认定

根据司法解释，以下行为构成强迫交易罪：

第一，从事正常商品买卖、交易或者劳动服务的人，以暴力、胁迫手段迫使他人交出与合理价钱、费用相差不大钱物，情节严重的，以强迫交易罪定罪处罚；以非法占有为目的，以买卖、交易、服务为幌子采用暴力、胁迫手段迫使他人交出与合理价钱、费用相差悬殊的钱物的，以抢劫罪定罪处刑。

第二，以暴力、胁迫手段强迫他人借贷，属于《刑法》第226条第2项规定的"强迫他人提供或者接受服务"，情节严重的，以强迫交易罪追究刑事责任；同时构成故意伤害罪等其他犯罪的，依照处罚较重的规定定罪处罚。以非法占有为目的，以借贷为名采用暴力、胁迫手段获取他人财物，以抢劫罪或者敲诈勒索罪追究刑事责任。

---

①　2019年7月23日最高人民法院、最高人民检察院、公安部、司法部印发《关于办理非法放贷刑事案件若干问题的意见》的通知。

②　ACD

第十六章 | 侵犯公民人身权利、民主权利罪

《 第一节 本章概述 》

一、概念

　　侵犯公民人身权利、民主权利罪,是指侵犯公民人身权利和与人身直接有关的权利,非法剥夺或妨害公民自由行使依法享有的管理国家事务和参加社会政治活动的权利,以及妨害公民婚姻、家庭权利的行为。

二、成立条件

犯罪客体	公民的人身权利、民主权利。
客观方面	实施侵犯公民人身权利、民主权利的行为。
犯罪主体	多数是一般主体,少数是特殊主体,强迫劳动罪的主体可以是单位。
主观方面	除过失致人死亡罪,过失致人重伤罪外,其他都是由故意构成。

三、罪名

1	故意杀人罪	第 232 条
2	过失致人死亡罪	第 233 条
3	故意伤害罪	第 234 条
4	组织出卖人体器官罪	第 234 条之一
5	强奸罪	第 236 条
6	强制猥亵、侮辱罪	第 237 条第 1、2 款
7	非法拘禁罪	第 238 条
8	绑架罪	第 239 条
9	拐卖妇女、儿童罪	第 240 条
10	收买被拐卖的妇女、儿童罪	第 241 条
11	诬告陷害罪	第 243 条
12	雇用童工从事危重劳动罪	第 244 条之一
13	非法侵入住宅罪	第 245 条
14	侮辱罪	第 246 条
15	诽谤罪	第 246 条
16	刑讯逼供罪	第 247 条

续表

17	侵犯公民个人信息罪	第 253 条之一
18	报复陷害罪	第 254 条
19	破坏选举罪	第 256 条
20	暴力干涉婚姻自由罪	第 257 条
21	重婚罪	第 258 条
22	虐待罪	第 260 条
23	虐待被监护、看护人罪	第 260 条之一
24	遗弃罪	第 261 条
25	拐骗儿童罪	第 262 条

《 第二节　具体罪名 》

一、故意杀人罪

第 232 条[故意杀人罪]故意杀人的,处死刑、无期徒刑或者十年以上有期徒刑;情节较轻的,处三年以上十年以下有期徒刑。

这是指故意非法剥夺他人生命的行为。

(一)成立条件

客体	他人的生命权。
客观方面	杀人行为,也即非法剥夺他人生命的行为。本质:非法提前结束他人生命。包括作为与不作为形式;对象:他人,自杀不成立本罪。
主体	已满 14 周岁具有责任能力的自然人。
主观方面	具有杀人故意。

(二)认定

1.行为方式:故意非法剥夺他人生命的行为

(1)非法性。

这是指杀人行为必须具有非法性,如果是合法杀人,则不构成犯罪。例如,警察对犯人执行死刑,不构成故意杀人罪。

(2)杀人的方式。

第一,既可以由作为也可以由不作为构成。例如,持刀将人砍死,是作为的故意杀人;母亲故意饿死婴儿,是不作为的故意杀人。

第二,既可以直接实施,也可以间接实施。例如,甲持枪将乙射杀,是故意杀人罪的直接正犯;如果甲将乙谎称为猎物,指使丙开枪"打猎",丙信以为真,结果致乙死亡。甲欺骗丙,支配了丙的杀人行为,构成故意杀人罪的间接正犯。

2.行为对象

故意杀人罪的对象是他人,自杀不构成犯罪。误将尸体、动物当作人射杀的,构成对象不能犯的未遂,以故意杀人罪未遂定罪处罚。

3. 犯罪形态

着手：开始实施杀人行为是本罪的着手；既遂：杀人行为导致死亡结果，构成本罪既遂。

4. 特殊问题

（1）教唆、帮助自杀。

第一，如果自杀者精神正常，对死亡结果有辨认和控制能力，教唆者、帮助者无罪。例如，甲教唆精神正常的成年人乙自杀，乙接受教唆自杀身亡。由于乙有意志自由，可以自行决定是否自杀，故甲一般不构成犯罪。

第二，如果自杀者对死亡结果没有辨认和控制能力，教唆者、帮助者构成故意杀人罪的间接正犯。例如，教唆幼儿或者精神病人自杀的，构成故意杀人罪的间接正犯。

（2）逼迫、欺骗自杀。

以暴力、威胁方法逼迫他人自杀或者欺骗他人自杀的，构成故意杀人罪的间接正犯。

（3）相约自杀。

第一，双方相约共同自杀，彼此都未实施教唆、帮助行为，一方死亡而一方未死，未死亡的一方不构成故意杀人罪。

第二，双方相约共同自杀，先杀死对方后，然后自杀未成功或者又放弃自杀行为的，构成故意杀人罪。

第三，双方相约共同自杀，一方欺骗另外一方，欺骗者构成故意杀人罪。例如，甲、乙牵手相约自杀，甲、乙约定，甲喊口号后，二人共同跳崖。乙跳崖身亡，甲开怀大笑。甲欺骗乙自杀，甲构成故意杀人罪的间接正犯。

（4）安乐死问题。

安乐死在我国是非法的，司法实践中通常以故意杀人罪定罪处罚，一般属于杀人情节较轻的情形。例如，医生甲经癌症患者请求，为患者注射过量镇定剂，致其死亡。甲构成故意杀人罪，一般认为属于情节较轻。

5. 以故意杀人罪处理的情形

根据刑法规定，以下情形按照故意杀人罪论处。具体包括：

（1）非法拘禁过程中，使用暴力致人死亡的，认定为故意杀人罪；

（2）刑讯逼供、暴力取证过程中，致人死亡的，认定为故意杀人罪；

（3）虐待被监管人过程中，致人死亡的，认定为故意杀人罪；

（4）聚众斗殴，致人死亡的，认定为故意杀人罪；

（5）聚众"打砸抢"，致人死亡的，认定为故意杀人罪；

（6）未经本人同意摘取其器官，或者摘取不满18周岁的人的器官，或者强迫、欺骗他人捐献器官，致人死亡的，认定为故意杀人罪。

6. 能够包含故意杀人罪的罪名

（1）抢劫过程中杀人的，只定抢劫罪，属于抢劫致人死亡；

（2）绑架过程中杀害被绑架人的，只定绑架罪，适用加重的法定刑；

（3）强奸致人死亡的，只定强奸罪，属于结果加重犯；

（4）拐卖妇女、儿童致人死亡的，只定拐卖妇女、儿童罪，属于结果加重犯。

> **提示**
>
> 　　以上情形,都不再单独处罚其杀人的行为。但是,如果行为人在实施了上述暴力犯罪之后,为了灭口、逃避侦查等原因杀害被害人的,按照故意杀人罪和有关的暴力犯罪进行并罚。例如,甲抢劫财物后,为了报复乙之前的反抗,将乙杀死的,应当以抢劫罪和故意杀人罪并罚。

经典考题 ✎

　　甲驾驶货车途经某村庄时,刮倒了路边的赵某。甲从后视镜中看见赵某被拖挂在车后,但为逃避责任继续行驶,致赵某被拖死。甲的行为构成(　　)①。(2013-9 非)

　　A. 交通肇事罪　　　　　　　　　　　　B. 交通肇事罪和故意杀人罪

　　C. 故意杀人罪　　　　　　　　　　　　D. 以危险方法危害公共安全罪

📢 二、过失致人死亡罪

　　第 233 条[过失致人死亡罪]　过失致人死亡的,处三年以上七年以下有期徒刑;情节较轻的,处三年以下有期徒刑。本法另有规定的,依照规定。

　　这是指过失致人死亡的行为。

⭐(一)成立条件

客体	他人的生命权。
客观方面	过失致使他人死亡的行为。
主体	一般主体,年满 16 周岁具有刑事责任能力的自然人。
主观方面	过失。包括疏忽大意的过失和过于自信的过失。

⭐(二)认定

　　1.本罪与故意杀人罪

　　两者区分的关键在于两种犯罪的主观方面不同。故意杀人罪对于死亡结果是积极追求或者放任的态度;过失致人死亡罪对于死亡结果是避免或者排斥的态度。

> **提示**
>
> 　　过于自信过失致人死亡和间接故意杀人的区分:
>
> 　　(1)前者对被害人死亡结果发生的认识程度较低,后者对被害人死亡结果发生的认识程度较高;
>
> 　　(2)前者对被害人死亡结果发生的主观态度是否定的,而后者对被害人死亡结果发生的主观态度是放任的。

　　2.将过失致人死亡作为结果加重犯的情形:

　　(1)第 234 条:故意伤害罪致人死亡。

　　(2)第 236 条:强奸罪致人死亡。

　　(3)第 238 条:非法拘禁罪致人死亡。注意:这是指拘禁行为本身的暴力过失致人死亡。

　　(4)第 257 条:暴力干涉婚姻自由致人死亡。

------

　　①　C

（5）第260条:虐待致人死亡。

> **提示**
>
> 　　暴力干涉婚姻自由罪和虐待罪的特别之处:被害人自杀属于加重结果。虽然犯罪行为与被害人自杀没有直接的因果关系,但是刑法将被害人自杀仍视为两罪的加重结果。

（6）第263条:抢劫致人死亡。

三、故意伤害罪

　　第234条[故意伤害罪]　故意伤害他人身体的,处三年以下有期徒刑、拘役或者管制。

　　犯前款罪,致人重伤的,处三年以上十年以下有期徒刑;致人死亡或者以特别残忍手段致人重伤造成严重残疾的,处十年以上有期徒刑、无期徒刑或者死刑。本法另有规定的,依照规定。

　　这是指故意非法伤害他人身体的行为。

(一)成立条件

客体	他人的身体健康权。
客观方面	非法伤害他人的身体的行为。造成对他人健康的损害,可分为轻伤(基本犯结果)、重伤与伤害致死。注意:教唆、帮助他人自伤,自伤者无罪,教唆者、帮助者也无罪。
主体	一般主体;重伤的主体为年满14周岁的自然人。
主观方面	故意。对轻伤结果是故意;对重伤结果是故意或者过失;对死亡结果只能是过失。

(二)认定

　　1.行为方式:非法伤害他人的身体的行为

　　（1）非法性。

　　这是指伤害行为必须具有非法性,如果是合法伤害他人,则不构成犯罪。例如,甲正当防卫将乙打成重伤,由于行为具有正当性,故不构成犯罪。

　　（2）伤害的方式。

　　伤害行为既可以是作为,也可以是不作为,要满足以下要求:

　　第一,主观上:具有轻伤他人的故意(行凶意图)。

　　第二,客观上:行为具有达到轻伤程度的可能性。

　　例1,甲和乙是邻居,因琐事纠纷,甲打了乙一记耳光,乙头部撞到门上,经鉴定属于轻伤,甲的行为不属于故意伤害罪的伤害行为,而过失致人轻伤不构成犯罪。

　　例2,甲和乙在工地发生争执,甲推了乙一把,乙倒地后后脑勺正好碰到石头上,经抢救无效死亡。甲的行为不是故意伤害行为,构成过失致人死亡罪。

　　2.行为对象:他人身体。伤害自己身体的,不成立故意伤害罪

　　自伤行为侵犯了国家或社会法益时,可能构成其他犯罪。例如,军人为了逃避军事义务,在战时自伤身体的,构成战时自伤罪。(《刑法》第434条)

　　（1）故意以性行为等方式使他人染上严重疾病的,成立故意伤害罪。例如,明知自己有性病仍然卖淫,并将严重性病传染给他人的,成立传播性病罪与故意伤害罪的想象竞合犯。

　　（2）故意毁坏他人的假肢、假牙、隐形眼镜等,没有造成身体伤害的,不构成故意伤害罪,而构成故意毁坏财物罪。

3.以故意伤害罪处理的情形

根据刑法规定,以下情形按照故意伤害罪论处。具体包括:

(1)非法拘禁过程中,使用暴力致人伤残的,认定为故意伤害罪;

(2)刑讯逼供、暴力取证过程中,致人伤残的,认定为故意伤害罪;

(3)虐待被监管人过程中,致人伤残的,认定为故意伤害罪;

(4)聚众斗殴,致人重伤的,认定为故意伤害罪;

(5)聚众"打砸抢",致人伤残的,认定为故意伤害罪;

(6)未经本人同意摘取其器官,或者摘取不满 18 周岁的人的器官,或者强迫、欺骗他人捐献器官,致人重伤的,认定为故意伤害罪。

4.能够包含故意伤害罪的罪名

(1)抢劫致人重伤的,只定抢劫罪;

(2)故意伤害被绑架人致人重伤、死亡的,只定绑架罪;

(3)强奸致人重伤的,只定强奸罪;

(4)拐卖妇女、儿童致人重伤的,只定拐卖妇女、儿童罪。

> **提示**
>
> 以上情形,都不再单独定故意伤害罪。

5.罪数问题

(1)罪与非罪。

故意伤害导致轻伤以上结果才构成本罪,如果是轻微伤,则是违法案件,给予行政处罚。

(2)结果加重犯。

故意伤害致人死亡,是故意伤害罪的结果加重犯。<u>结构</u>:伤害行为+死亡结果＝故意伤害罪+加重处罚。<u>注意</u>:对死亡结果只能是过失,如果是故意,则构成故意杀人罪。

6.通说观点

父母为教育子女而实施惩戒行为导致子女死亡、邻里之间由于民间纠纷一方殴打另一方造成死亡,以及轻微暴行致人死亡的案件,一般不能轻易地认定为故意伤害致死。

经典考题

下列情形中,应以故意杀人罪定罪判刑的有(   )①。(2002-38)

A.刑讯逼供致人死亡的   B.聚众斗殴致人死亡   C.强奸致被害人死亡   D.抢劫致人死亡

四、组织出卖人体器官罪

第 234 条之一[组织出卖人体器官罪]   组织他人出卖人体器官的,处五年以下有期徒刑,并处罚金;情节严重的,处五年以上有期徒刑,并处罚金或者没收财产。

未经本人同意摘取其器官,或者摘取不满十八周岁的人的器官,或者强迫、欺骗他人捐献器官的,依照本法第二百三十四条、第二百三十二条的规定定罪处罚。

违背本人生前意愿摘取其尸体器官,或者本人生前未表示同意,违反国家规定,违背其近亲属意愿摘取其尸体器官的,依照本法第三百零二条的规定定罪处罚。

---

① AB

```
┌─────────────────────────┐
│      组织出卖人体器官      │
└─────────────────────────┘
```

被害人已满18周岁	被害人不满18周岁	被害人已死亡

| 被害人同意—组织出卖人体器官罪 | 被害人不同意—故意杀人罪、故意伤害罪 | 无论被害人是否同意，均认定为故意杀人罪、故意伤害罪 | 盗窃、侮辱、故意毁坏尸体罪 |

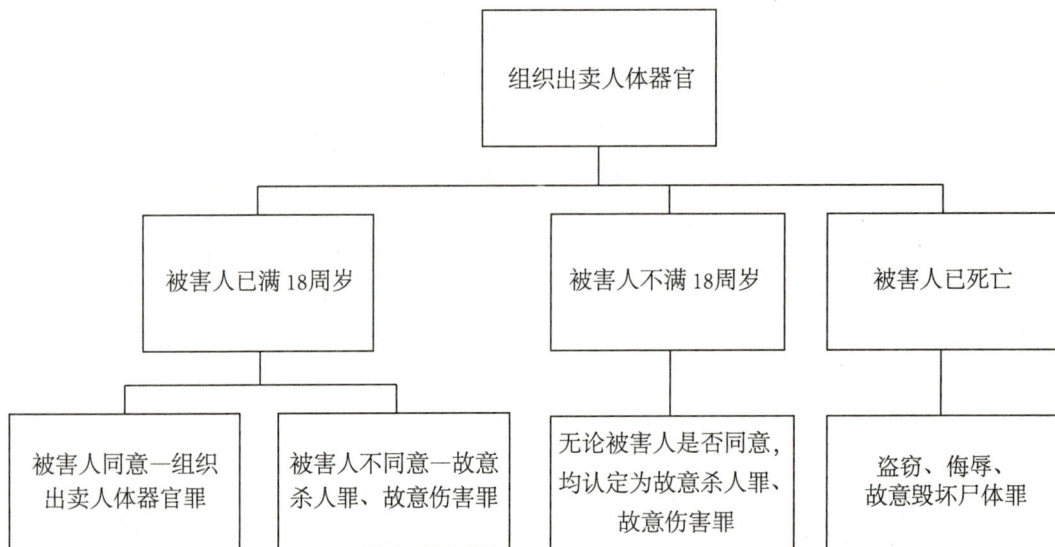

这是指违反国家有关规定,组织他人出卖人体器官的行为。未经本人同意摘取其器官,或者摘取不满 18 周岁的人的器官,或者强迫、欺骗他人捐献器官的,依照故意杀人罪、故意伤害罪定罪处罚。违背本人生前意愿,摘取其尸体器官,或者本人生前未表示同意,违反国家规定,违背其近亲属意愿,摘取其尸体器官的,依照盗窃、侮辱、故意毁坏尸体罪定罪处罚。

（一）成立条件

客体	他人的身体健康权。
客观方面	组织他人出卖人体器官的行为。
主体	一般主体;重伤的主体为年满 14 周岁的自然人。
主观方面	故意,不要求有营利的目的。

（二）认定

1. 行为方式

违反国家有关规定,组织他人出卖人体器官的行为。

第一,组织。这是指对自愿出卖自己人体器官的人,实施的指挥、策划、控制的行为。

第二,出卖。这是指将人体器官有偿出售的行为。

第三,人体器官。这是指能行使特定功能的结构单位。例如,心、肝、肺、胃、肾等。

> **提示**
>
> 买无罪,卖无罪,组织出卖(中介行为)才定罪。

2. 犯罪形态

摘掉被组织者的器官,达到轻伤以上程度就是既遂,不需要等到将器官卖出。

3. 罪数问题

（1）未经本人同意摘取其器官,构成故意伤害罪或者故意杀人罪。

（2）摘取不满 18 周岁的人的器官,无论未成年人是否同意,均构成故意伤害罪或者故意杀人罪。

（3）违背本人生前意愿,摘取其尸体器官,构成盗窃、侮辱、故意毁坏尸体罪。

(4)本人生前未表示同意,违反国家规定,违背其近亲属意愿,摘取其尸体器官的,构成盗窃、侮辱、故意毁坏尸体罪。

五、强奸罪

第236条[强奸罪]　以暴力、胁迫或者其他手段强奸妇女的,处三年以上十年以下有期徒刑。奸淫不满十四周岁的幼女的,以强奸论,从重处罚。

强奸妇女、奸淫幼女,有下列情形之一的,处十年以上有期徒刑、无期徒刑或者死刑:

(一)强奸妇女、奸淫幼女情节恶劣的;

(二)强奸妇女、奸淫幼女多人的;

(三)在公共场所当众强奸妇女的;

(四)二人以上轮奸的;

(五)致使被害人重伤、死亡或者造成其他严重后果的。

这是指违背妇女意志,以暴力、胁迫或者其他手段,强行与其发生性交或者奸淫不满14周岁的幼女的行为。

(一)成立条件

客体	妇女的性自由权。具体包括:是否性交的决定权;性交时具体条件的决定权。
客观方面	以暴力、胁迫或其他手段,强行与妇女性交或者奸淫不满14周岁的幼女的行为。对象是妇女。幼女没有性处分能力,即使征得其同意而性交,也成立本罪。
主体	单独直接正犯只能是男子。妇女可以成为强奸罪的教唆犯、帮助犯,也可以成为强奸罪的间接正犯与共同正犯。
主观方面	故意。奸淫幼女型强奸罪,要求行为人明知对方一定或者可能是幼女。

(二)认定

1.犯罪主体

(1)单独直接正犯只能是男子,妇女可以成为强奸罪的教唆犯、帮助犯,也可以成为强奸罪的间接正犯与共同正犯。

例1,甲女教唆乙男强奸丙女,乙是强奸的直接正犯,甲是强奸罪的教唆犯。

例2,甲女教唆乙男(精神病患者)强奸丙女,乙无罪,甲是强奸罪的间接正犯。

例3,甲女、乙女和丙男共谋强奸丁女,甲、乙使用暴力控制丁,丙上前奸淫丁。甲、乙、丙是强奸罪的共同正犯(共同实行犯)。

(2)婚内强奸。

在婚姻关系存续期间,丈夫一般不是强奸妻子的犯罪主体,但以下两种情形可构成强奸罪:第一,丈夫教唆、帮助他人强奸妻子,构成强奸罪;第二,在夫妻关系非正常存续期间,丈夫强奸妻子,可能构成强奸罪。例如,王卫明与钱某是夫妻,一审法院判决二人离婚,双方对判决均无异议。在判决尚未生效前,王卫明为报复钱某,使用暴力强行与钱某性交,由于双方已属非正常的婚姻关系,也不再承诺履行夫妻间同居的义务,故王卫明构成强奸罪。[①]

2.行为方式

强奸罪的结构是:使用强制手段→使妇女明显难以反抗→奸淫妇女。

---

① 《中国刑事审判指导案例》第51号:"王卫明强奸案",法律出版社2017年版,第588页。

（1）强制手段。

第一，暴力手段。这是指直接对妇女实施有形力，使妇女不能（无法）反抗。例如，直接将妇女打昏，将妇女捆绑起来，然后实施奸淫。

第二，胁迫手段。这既包括暴力胁迫，也包括非暴力胁迫，效果：使妇女明显难以反抗。

例1，甲以杀死乙女相威胁，逼迫乙女就范的，属于暴力胁迫。

例2，甲以揭发隐私、公布裸照相威胁，逼迫乙女就范，属于非暴力胁迫。

> **提示**
>
> 以加害自己相威胁的，不属于胁迫。例如，甲对乙女说"如果不和我发生性关系，我就自杀"，这不足以使乙明显难以反抗，甲不构成强奸罪。

第三，其他手段。这是指采用暴力、胁迫以外的其他使被害妇女不知抗拒或不能反抗的手段，具有与暴力、胁迫相同的强制性质。例如，用酒灌醉或者药物麻醉的方法强奸妇女；利用妇女熟睡时进行强奸；冒充妇女的丈夫或情夫进行强奸；利用妇女患重病之机进行强奸；利用迷信奸淫妇女等。

（2）妇女明显难以反抗。

这要求暴力、胁迫、其他手段，在本质上明显违反被害妇女意志；程度上要足以抑制被害妇女反抗。

例1，甲女将要离开乙男住宅时，乙以轻微力量拉着甲的手，要求发生性关系，这不足以压制甲的反抗，乙不构成强奸罪。

例2，考生甲请求考官乙关照，乙说"如果不和我发生关系，就不让你及格"，这不足以压制甲的反抗，乙不构成强奸罪。

例3，甲对卖淫女乙说"我是警察，你懂得"，然后要求发生性关系，这不足以压制乙的反抗，甲不构成强奸罪。

（3）奸淫妇女。

强奸罪的犯罪对象是妇女。至于妇女的社会地位、思想品德、生活作风、结婚与否等不影响本罪的成立。

第一，奸淫幼女：由于幼女没有处分性权力的能力，因此与幼女发生性行为，即使征得其同意，也构成强奸罪。

第二，妇女强行与男子性交的，以及男子强行与其他男子实施非自然性交的（如口交、肛交），不构成强奸罪，可能构成强制猥亵罪。

3. 犯罪故意

构成强奸罪，要求主观上具有强奸妇女的故意，对于奸淫幼女型强奸罪，应当明知对方是或者可能是幼女。

第一，误将男子当作妇女强奸的，是对象不能犯的未遂，构成强奸罪未遂。

第二，奸淫幼女型强奸罪，应当明知对方是或者可能是幼女。确实不知对方是不满十四周岁的幼女，双方自愿发生性关系，未造成严重后果，情节显著轻微的，不认为是犯罪。①

---

① 2003年1月8日《最高人民法院关于行为人不明知是不满14周岁的幼女双方自愿发生性关系是否构成强奸罪问题的批复》。

4. 犯罪形态

强奸罪的既遂标准有二:第一,强奸妇女的既遂标准为插入说,只要两性生殖器结合,就构成本罪既遂;第二,奸淫幼女的既遂标准为生殖器官接触说,只要双方生殖器接触,就构成本罪既遂。

5. 处罚

(1)在公共场所当众强奸妇女。

第一,公共场所。这是指有不特定人进出可能性的场所。例如,公园、广场、火车车厢等。

第二,当众。这是指有被不特定或者是多数人知悉的可能性,不要求现实听到或者看到。注意:"当众"不包括共犯人,不要求必须是三人或以上。例如,乙、丙、丁在现场帮助甲强奸妇女,而且现场也没有其他人,甲不属于当众强奸妇女。

> **提示**
>
> 司法解释:在校园、游泳馆、儿童娱乐场等公共场所,对未成年人实施强奸犯罪,只要有其他多人在场,不论在场人员是否实际看到,都属于在公共场所当众强奸妇女。①

(2)二人以上轮奸。

这是指二男以上在同一段时间内,共同对同一妇女(或幼女)轮流或同时奸淫的行为。注意:轮奸是强奸罪的共同正犯。不要求共犯人均达到刑事责任年龄。

例1,甲、乙共同使用暴力,压制丙的反抗。甲强奸丙,乙为其望风。然后乙强奸丙,甲为乙望风。甲、乙构成强奸罪的共同犯罪,都属于轮奸的情形。

例2,甲、乙轮奸丁,丙为其望风。甲、乙构成轮奸的共同正犯,丙构成强奸罪(轮奸)的帮助犯。

例3,李尧伙同申某(13岁)将不满14岁的幼女王某骗至张松岭家的玉米地里,先后对王某实施轮流奸淫。轮奸只是强奸罪的一个具体量刑情节,只要求行为人在同一段时间内,对同一妇女或幼女先后轮流或者同时实施奸淫行为,并不要求各行为人之间构成强奸罪的共同犯罪。故虽然申某不构成犯罪,李尧依然构成强奸罪,属于轮奸的情形。②

(3)致使被害人重伤、死亡或者造成其他严重后果。

这是强奸罪的结果加重犯。结构:强奸行为+重伤、死亡结果=强奸罪+加重处罚。这要求:重伤或死亡结果必须是强奸行为本身造成的,即强奸行为与重伤、死亡结果之间具备直接因果关系。

①强奸行为:是指带着奸淫目的实施的暴力和奸淫行为。如果不是强奸行为导致重伤、死亡结果的,需要单独认定。

例1,甲强奸妇女后,为了灭口杀死妇女,不属于强奸致人死亡,应以强奸罪和故意杀人罪数罪并罚。因为灭口的行为已经不带有奸淫目的,不属于强奸行为。

例2,甲强奸乙时亲吻乙,乙激烈反抗,咬掉甲的舌头。甲恼羞成怒,为报复杀死乙。由于杀死乙的行为不是强奸行为,而是成立故意杀人罪。对甲应当以强奸罪和故意杀人罪

---

① 2013年10月23日《最高人民法院、最高人民检察院、公安部、司法部关于依法严惩性侵害未成年人犯罪的意见》。

② 《中国刑事审判指导案例》第280号:"李尧强奸案",法律出版社2017年版,第599页。

并罚。

②因果关系:强奸行为与加重结果有直接因果关系。

例1,乙被甲强奸后,乙母丙羞愤自杀,甲不属于强奸致人死亡。即使乙自杀,甲的行为也不成立强奸致人死亡。注意:可以评价为强奸造成的其他严重后果。

例2,甲强奸致乙昏迷,甲奸淫后离开。乙苏醒后想爬起来,但不慎掉入湖中淹死。甲的强奸行为与死亡结果有因果关系,构成强奸罪,属于强奸致人死亡。

③主观方面:由于强奸行为包括暴力行为,使用暴力致人重伤、死亡,完全可能是故意为之。因此强奸致人重伤、死亡,包括故意致人重伤、死亡。例如,甲为了强奸乙,先将其打成重伤昏迷,又对其进行奸淫。其中,打成重伤是手段行为,即"强"的行为;奸淫是目的行为,即"奸"的行为。甲的强奸行为致乙重伤,构成强奸罪,属于强奸致人重伤。

> **提示**
>
> "强奸致人重伤、死亡"中的"人"只包括被害妇女,不包括前来阻挡的第三人。例如,甲强奸妇女,乙前来阻挡,甲恼羞成怒,将乙打成重伤,然后强奸了妇女。甲构成强奸罪和故意伤害罪,并罚。

6. 罪数问题

(1)第240条(拐卖妇女、儿童罪)第1款第3项:在拐卖妇女的过程中,奸淫被拐卖妇女的,构成拐卖妇女罪(加重法定刑),不另定强奸罪。结构:拐卖+强奸=拐卖。

(2)第241条(收买被拐卖的妇女、儿童罪)第2款:收买被拐卖的妇女,强行与其发生性关系的,依照强奸罪与收买被拐卖的妇女、儿童罪并罚。

(3)第259条(破坏军婚罪)第2款:利用职权、从属关系,以胁迫手段奸淫现役军人妻子的,以强奸罪定罪处罚。

(4)第300条第3款:组织和利用会道门、邪教组织或者利用迷信奸淫妇女的,数罪并罚。

(5)第358条(组织卖淫罪;强迫卖淫罪)第3款:在组织、强迫卖淫的过程中,强奸被害人的,数罪并罚。

> **提示**
>
> 拐卖妇女又奸淫被拐卖妇女的,只定拐卖妇女罪;犯其他罪又奸淫妇女的,都要数罪并罚。

7. 罪与非罪①

(1)反目成仇:有的妇女与人通奸,一旦翻脸,关系恶化,或者事情暴露后,怕丢面子,或者为推卸责任、嫁祸于人等情况,把通奸说成强奸的,不能定为强奸罪。

(2)半推半就:要对双方平时的关系如何,性行为是在什么环境和情况下发生的,事情发生后女方的态度怎样,又在什么情况下告发等等事实和情节,认真审查清楚,做全面的分析,不是确系违背妇女意志的,一般不以强奸罪论处。如果确系违背妇女意志的,以强奸罪惩处。

(3)强而后可:第一次性行为违背妇女的意志,但事后并未告发,后来女方又多次自愿与

---

① 《最高人民法院、最高人民检察院、公安部关于当前办理强奸案件中具体应用法律的若干问题的解答》。

该男子发生性行为的,一般不宜以强奸罪论处。

(4)忍辱负重:犯罪分子强奸妇女后,对被害妇女实施精神上的威胁,迫使其继续忍辱屈从的,应以强奸罪论处。

(5)浪子回头:男女双方先是通奸,后来女方不愿继续通奸,而男方纠缠不休,并以暴力或以败坏名誉等进行胁迫,强行与女方发生性行为的,以强奸罪论处。

8.司法解释

(1)已满14周岁不满16周岁的人,与幼女发生性关系构成犯罪的,以强奸罪定罪处罚。

(2)已满14周岁不满16周岁的人,与幼女发生性关系,情节轻微、尚未造成严重后果的,不认为是犯罪。

(3)行为人既实施了强奸妇女行为又实施了奸淫幼女行为的,以强奸罪从重处罚。

(4)奸淫不满12周岁的幼女,推定行为人"明知"对方是幼女;奸淫已满12周岁不满14周岁的被害人,从其身体发育状况、言谈举止、衣着特征、生活作息规律等观察可能是幼女,而实施奸淫等性侵害行为的,应当认定行为人"明知"对方是幼女。

经典考题

下列选项中,应以强奸罪追究刑事责任的是(   )①。(2017-14 非)

A.甲利用业务关系,在女推销员半推半就的情况下与之发生了关系

B.乙在拐卖过程中,违背被拐卖妇女的意愿与之发生关系

C.丙宣传迷信,以"行为治疗法"蒙骗求医女性与之发生性行为

D.丁将男性同事灌醉,趁其熟睡与之发生同性性行为

六、强制猥亵、侮辱罪

第 237 条第 1、2 款[强制猥亵、侮辱罪]   以暴力、胁迫或者其他方法强制猥亵他人或者侮辱妇女的,处五年以下有期徒刑或者拘役。

聚众或者在公共场所当众犯前款罪的,处五年以上有期徒刑。

这是指以暴力、胁迫或者其他方法强制猥亵他人或者侮辱妇女的行为。

(一)成立条件

客体	他人的性羞耻心。
客观方面	以暴力、胁迫或者其他方法强制猥亵他人或者侮辱妇女的行为。
主体	已满16周岁的自然人,包括妇女。
主观方面	故意。

(二)认定

1.行为方式:以暴力、胁迫或者其他方法强制猥亵他人或者侮辱妇女的行为。结构:强制手段→压制反抗→猥亵、侮辱他人。

(1)强制手段。这里的强制手段,包括暴力、胁迫或者其他强制方法。

第一,暴力手段。这是指直接对他人实施有形力,使他人不能(无法)反抗。例如,甲将乙打昏,对其实施猥亵行为。

————————

① C

第二,胁迫手段。这既包括暴力胁迫,也包括非暴力胁迫。效果:使他人明显难以反抗。

例1,甲以杀死乙女相威胁,对乙进行猥亵,属于暴力胁迫。

例2,甲以揭发隐私、公布裸照相威胁,对乙进行猥亵,属于非暴力胁迫。

> **提示**
>
> 以加害自己相威胁的,不属于胁迫。例如,甲对乙女说"如果不让我摸两把,我就自杀",这不足以使乙明显难以反抗,甲不构成强制猥亵、侮辱罪。

第三,其他强制手段。这是指采用暴力、胁迫以外的使他人不知抗拒或不能反抗的手段,具有与暴力、胁迫相同的强制性质。例如,甲利用催眠术,使乙熟睡后对其猥亵。

(2)猥亵、侮辱。

第一,猥亵。这是指损害他人性心理、性观念,有碍其身心健康的性侵犯行为。

第二,侮辱。这是指具有挑衅性,有损妇女人格或损害其性观念、性心理的行为。例如,强行亲吻、搂抱妇女等。

> **提示**
>
> 对女性猥亵或侮辱,不包括发生性关系,否则构成强奸罪。

2. 犯罪对象

本罪的犯罪对象是已满14周岁的人,猥亵不满14周岁的儿童,构成猥亵儿童罪。

(1)对男子:任何方式,包括性交行为。

(2)对女子:除性交以外的其他任何方式。例如,直接对妇女猥亵、强迫妇女对自己或第三人猥亵、强迫妇女自行猥亵等。

3. 罪数问题

(1)强制猥亵、侮辱罪与强奸罪未遂。

在强奸未遂的情况下,行为人也可能有对被害妇女猥亵、侮辱的行为,但是这种猥亵、侮辱行为是强奸罪的组成部分,不能以强制猥亵、侮辱罪定罪处罚,依然构成强奸罪。

①客观方面不同。强制猥亵、侮辱妇女的犯罪是对妇女实施性交行为以外的猥亵、侮辱行为,没有与妇女发生性交的行为;强奸罪是对妇女实施性交行为,即使因意志以外的原因而未得逞的,也应认定为强奸罪(未遂)。

②犯罪主体不同。强制猥亵、侮辱妇女罪的实行犯既可以是男性,也可以是女性;强奸罪的单独直接正犯只能是男性。

③主观方面不同。强奸罪是以与妇女发生性交行为为目的;强制猥亵、侮辱妇女的犯罪没有以与妇女发生性交行为的目的。

(2)强制猥亵、侮辱罪与侮辱罪。

在强制猥亵、侮辱他人的过程中,也可能会侵犯他人名誉,触犯侮辱罪,属于想象竞合犯,从一重论处,定强制猥亵、侮辱罪。例如,甲在众人面前将乙女衣服扒光,唆使自己养的狼狗趴在乙的身上。甲的行为成立强制猥亵、侮辱罪与侮辱罪的想象竞合犯,从一重论处,定强制猥亵、侮辱罪。

七、非法拘禁罪

第238条[非法拘禁罪] 非法拘禁他人或者以其他方法非法剥夺他人人身自由的,处三年以下有期徒刑、拘役、管制或者剥夺政治权利。具有殴打、侮辱情节的,从重处罚。

犯前款罪,致人重伤的,处三年以上十年以下有期徒刑;致人死亡的,处十年以上有期徒刑。使用暴力致人伤残、死亡的,依照本法第二百三十四条、第二百三十二条的规定定罪处罚。

为索取债务非法扣押、拘禁他人的,依照前两款的规定处罚。

国家机关工作人员利用职权犯前三款罪的,依照前三款的规定从重处罚。

这是指非法拘禁他人或者以其他方法非法剥夺他人人身自由的行为。

🛡 (一)成立条件

客体		人的身体活动自由。
客观方面	行为	拘禁行为的本质是非法剥夺他人身体活动自由,手段没有限制。
	方式	非法拘禁行为包括作为和不作为。例如,甲因粗心将妻子锁在汽车内,为了报复妻子,故意不开门,属于不作为的非法拘禁。
	性质	拘禁行为必须具有非法性。例如,为了防止醉汉伤人而将其拘禁的,不成立本罪。
	对象	有身体活动自由的人。熟睡者、烂醉者、婴儿等没有现实的活动自由,不是本罪的对象。
主体		已满16周岁的自然人。国家机关工作人员利用职权犯本罪的从重处罚。
主观方面		故意。

🛡 (二)行为方式

1.行为方式:非法拘禁他人或者以其他方法非法剥夺他人人身自由的行为。

(1)非法性。拘禁行为必须是非法的,如果是合法控制他人,不构成犯罪。例如,警察拘捕小偷,公民将现行犯扭送到派出所,这都不构成非法拘禁罪。

(2)本质。拘禁行为的本质是非法剥夺他人身体活动自由,手段没有限制。

第一,作为和不作为都能构成非法拘禁罪。

例1,甲因粗心将妻子乙锁在车内,为了报复乙,甲故意不开门,这是不作为的非法拘禁。

例2,妇女乙洗澡时,甲将乙的衣服拿走,乙因害怕无法走出浴室的,属于非法拘禁。

例3,乙进入电梯后,甲关闭电梯,并谎称停电,使乙不能走出电梯,属于非法拘禁。

第二,本罪是继续犯,拘禁行为要在一定时间内处于继续状态,但行为持续时间的长短不影响本罪的成立,只是作为量刑的情节加以考虑。注意:如果时间过短,不构成本罪。例如,甲强抱乙,一分钟后松开,不构成非法拘禁罪。

2.犯罪对象:有身体活动自由的人。熟睡者、烂醉者、婴儿、植物人等没有现实的活动自由,不是本罪的对象。

3.罪数问题

(1)组织他人偷越国(边)境罪+非法拘禁罪=组织他人偷越国(边)境罪。

(2)绑架、抢劫、拐卖妇女、儿童等+非法拘禁罪=绑架、抢劫、拐卖妇女、儿童。

(3)收买被拐卖的妇女儿童,又非法拘禁被害人的,数罪并罚。

(4)非法拘禁过程中,又临时起意犯抢劫、拐卖妇女、儿童、强奸罪的,数罪并罚。

🛡 (三)处罚

1.法定量刑情节:第1款最后1句:"具有殴打、侮辱情节的,从重处罚"。该法定从重处罚情节是一项基本规定,应适用于后面的第2、3、4款。

2.结果加重犯

第 2 款第 1 句:"犯前款罪,致人重伤的,处三年以上十年以下有期徒刑;致人死亡的,处十年以上有期徒刑"。<u>结构</u>:拘禁行为+重伤、死亡结果＝非法拘禁罪+加重处罚。

(1)拘禁行为造成加重结果。

如果是拘禁之外的行为导致加重结果,不构成非法拘禁罪的结果加重犯。

例1,甲将乙拘禁后,为防止其逃跑,将乙绑在树上,导致乙因血液流通不畅而死亡。乙的死亡结果是由甲的拘禁行为造成的,甲构成非法拘禁罪,属于非法拘禁致人死亡。

例2,甲将乙拘禁后,将乙绑在山上的茅草屋内,甲将烟头随手扔在地上后离开。第二天,甲发现乙和茅草屋都不见了,经查证,乙死于火灾。乙的死亡结果不是由甲的拘禁行为造成的,故甲的行为不属于非法拘禁致人死亡,对甲应以非法拘禁罪与过失致人死亡罪并罚。

(2)拘禁行为与加重结果有因果关系。

例1,甲拘禁乙,乙跳楼自杀,拘禁行为与死亡结果无因果关系。甲构成非法拘禁罪,但不是非法拘禁罪致人死亡的结果加重犯。

例2,甲拘禁乙,乙翻窗逃跑,但不慎坠楼摔死。翻窗逃跑是正常的介入因素,不能阻断拘禁行为与死亡结果的因果关系,故甲构成非法拘禁罪,是非法拘禁致人死亡的结果加重犯。

(3)行为人主观上对加重结果是过失。

如果行为人故意致人重伤、死亡,应当成立故意伤害罪、故意杀人罪。

例1,甲拘禁乙时,将乙装入厚麻袋中,并将麻袋口扎紧,致使乙窒息死亡。甲应当预见该行为可能致乙死亡,主观上有过失,且拘禁行为与死亡结果有因果关系。故甲构成非法拘禁罪,是非法拘禁致人死亡的结果加重犯。

例2,甲明知用绳子将乙捆紧,可能导致乙窒息死亡,依然放任不管,导致乙两小时后窒息死亡。甲对死亡结果持间接故意,客观行为具有致人死亡的高度危险,故甲构成非法拘禁罪与故意杀人罪的想象竞合犯,从一重罪论处,定故意杀人罪。

3.转化犯

第 2 款第 2 句:"使用暴力致人伤残、死亡的,依照本法第二百三十四条、第二百三十二条的规定定罪处罚。"这是指在拘禁过程中,使用超出拘禁要求的更高的暴力,致人重伤、死亡,而转化为故意伤害罪、故意杀人罪。[①]

> **提示**
>
> 使用超出拘禁要求的更高的暴力。这是指暴力的程度已经超出拘禁的要求。如果还在拘禁程度范围内,不是转化犯。
>
> 例1,甲拘禁乙后,乙企图翻窗逃跑,被甲发现。甲拽住乙的衣服,将其从窗台上拖下,不料乙跌落后头部着地死亡。甲将乙从窗台上拖下,这种暴力没有超出拘禁范围,故甲不构成故意杀人罪。甲将乙从窗台上拖下是为了继续拘禁,即依然是拘禁行为,由于拘禁行为致乙死亡,故甲构成非法拘禁罪,是非法拘禁致人死亡的结果加重犯。

---

① 高铭暄、马克昌:《刑法学》(第八版),北京大学出版社、高等教育出版社 2017 年版,第 470 页。

例2,甲拘禁乙后,乙企图翻窗逃跑,被甲发现。甲为防止乙逃跑,开枪打向乙的腿部致其重伤。甲开枪行为的目的是为了继续拘禁乙,但这种暴力已经超出了拘禁的范围,故甲构成故意伤害罪。

例3,甲拘禁乙后,乙企图翻窗逃跑,被甲发现。甲为防止乙逃跑,开枪打向乙的头部,致其当场死亡。甲开枪行为会导致乙死亡,其目的必然不是为了继续拘禁,故对甲应当以非法拘禁罪与故意杀人罪并罚。

4.不纯正身份犯

第4款:"国家机关工作人员利用职权犯本罪的,从重处罚"。这里的"利用职权"表现为以行使职权为名非法拘禁他人。例如,以拘留、逮捕、调查、审查为名非法拘禁他人,都属于利用职权(可能同时触犯滥用职权罪)。

5.索债型非法拘禁

第3款:"为索取债务非法扣押、拘禁他人的,依照前两款的规定处罚"。根据司法解释,①这里的"债务"既包括合法债务,也包括非法债务。例如,赌债、高利贷等。

例1,甲为索取5万元赌债,将乙非法扣押,由于甲和乙之间存在真实的债权债务关系,虽然这不受法律保护,但甲主观上并无非法占有他人财物的目的,故甲构成非法拘禁罪。

例2,乙欠甲2万元赌债,到期未还。甲控制乙后,以杀害相威胁向其家人索要10万元。由于索要的数额过于悬殊,甲主观上有勒索他人财物的目的,故甲构成绑架罪。

> **提示**
>
> 拘禁与债务人有共同财产关系的第三人,向债务人索要欠款,构成非法拘禁罪;如果拘禁无关的人,则构成绑架罪。
>
> 例1,甲为向乙索要赌债,拘禁了乙的朋友丙,以杀害相威胁。由于乙、丙无共同的财产关系,故甲构成绑架罪。
>
> 例2,乙欠钱不还,甲拘禁乙之子丙,向乙索债的,由于乙、丙有共同的财产关系,故甲构成非法拘禁罪。

经典考题

刘某欠赌债不还,钱某邀朋友林某、涂某一起将刘某骗到一空房内捆绑起来吊在房梁上,用竹板抽打,逼其还钱。两天后,刘某被闻讯赶来的公安人员解救。经法医鉴定,刘某为轻微伤。对钱某等三人的行为应当( )②。(2006-9)

A.以非法拘禁罪从重处罚　　　　　　　　B.以故意伤害罪从重处罚

C.以非法拘禁罪和故意伤害罪并罚　　　　D.以绑架罪定罪处罚

八、绑架罪

第239条[绑架罪]　以勒索财物为目的绑架他人的,或者绑架他人作为人质的,处十年以上有期徒刑或者无期徒刑,并处罚金或者没收财产;情节较轻的,处五年以上十年以下有

----

① 2000年7月19日《最高人民法院关于对为索取法律不予保护的债务,非法拘禁他人行为如何定罪问题的解释》。

② A

期徒刑,并处罚金。

犯前款罪,杀害被绑架人的,或者故意伤害被绑架人,致人重伤、死亡的,处无期徒刑或者死刑,并处没收财产。

以勒索财物为目的偷盗婴幼儿的,依照前两款的规定处罚。

这是指以勒索财物为目的绑架他人,或者绑架他人作为人质,或者以勒索财物为目的偷盗婴幼儿的行为。

★（一）成立条件

客体			人质的身体安全和自由以及公私财产所有权利。
客观方面	结构		非法拘禁 A+敲诈勒索 B。
	步骤		①实力控制被害人。 ②向第三人提出不法要求。可以自己提出,也可以让被害人自己通知。
	不法要求	性质	可以是财物,也可以是其他非法目的。例如,要求释放罪犯等。
		要求	向第三人提出不法要求,若向人质本人勒索财物,构成抢劫罪。
		关系	只要求第三人有担忧人质的可能性即可,不管是否实际担忧。
		对象	任何人,包括婴儿。
主体			已满 16 周岁的自然人。
主观方面			故意,并且具有向第三人勒索财物或提出其他不法要求的意思。

★（二）犯罪形态

一般情形	着手	开始实施实力控制行为。例如,开始对他人实施暴力控制。
	既遂	实力控制人质。例如,甲绑架乙,控制乙后就既遂,不要求向第三人提出不法要求。
特殊情形	含义	这是指基于其他原因已经控制了被害人,又产生向第三人提出不法要求的意思。
	着手	开始向第三人提出不法要求。
	既遂	勒索到赎金成立本罪既遂。例如,捡拾婴儿后产生勒索赎金的意思,开始提出勒索要求时为本罪的着手,拿到赎金时为本罪的既遂。
考点提示		绑架罪存在未遂与中止形态。

★（三）本罪与非法拘禁罪

区分的关键在于行为人的主观目的。绑架罪必须是出于勒索财物或者绑架他人为人质的目的,而非法拘禁罪则没有这样的目的。如果行为人是为了讨要正当债务而绑架他人,应当以非法拘禁罪定罪处罚。

★（四）罪数

1. 结合犯:绑架罪+故意杀人罪=绑架罪

第 2 款:犯绑架罪,杀害被绑架人的,或者故意伤害被绑架人,致人重伤、死亡的,处无期徒刑或者死刑,并处没收财产。

这是非典型性结合,在开始控制人质和控制人质的过程中,故意杀害人质的,原本应当以绑架罪与故意杀人罪并罚,但刑法将两个行为结合为一罪,即以绑架罪定罪处罚。

（1）杀害的时间：着手实行绑架及控制人质的过程中。

例1，甲绑架乙，乙反抗。甲一怒之下将乙杀死，甲构成绑架罪，属于绑架杀害被绑架人。

例2，甲绑架乙，但乙的亲属拒绝支付赎金，甲将乙杀死。甲构成绑架罪，属于绑架杀害被绑架人。

例3，甲绑架乙后，顺利拿到赎金。甲为灭口，将乙杀死，由于乙尚未被释放，还属于被绑架人，甲构成绑架罪，属于绑架杀害被绑架人。

> **提示**
>
> 如果释放人质后，又杀死人质的，数罪并罚。例如，甲绑架乙，顺利拿到赎金后将乙释放，为了防止乙报警，甲又追上乙，将其杀死。由于乙已经被释放，不再属于"被绑架人"，故对甲应以绑架罪与故意杀人罪并罚。

（2）杀人未遂：绑架杀害被绑架人，这里的"杀害"，是指着手杀害被绑架人，不要求实际杀死被绑架人。例如，（王建平绑架）2001年1月6日上午，被告人王建平到西良村学校附近，找到其表弟之子高朝蓬（10岁），以找高的叔叔为由将高骗走。王建平挟持高朝蓬乘车先后到河南安阳、山西长治等地。此间，王建平用事先准备好的手机亲自或胁迫高朝蓬多次向高家打电话索要现金5万元。在索要未果的情况下，王建平将高朝蓬挟持到涉县境内一火车隧道内，乘高不备，用石头砸击其头部，将高击昏后将其放到下水道内，并用水泥板盖住后逃离现场。1月13日下午，高朝蓬被铁路工人发现，抢救后脱险。经法医鉴定，高颅骨多发性骨折，属轻伤。对王建平如何处理？最高人民法院认为，杀害被绑架人，不要求实际将被绑架人杀死，只要着手实施杀人行为即可，故王建平构成绑架罪，属于绑架杀害被绑架人。[①]

2. 结合犯：绑架罪+故意伤害罪（重伤、死亡）＝绑架罪

第2款：犯绑架罪，杀害被绑架人的，或者故意伤害被绑架人，致人重伤、死亡的，处无期徒刑或者死刑，并处没收财产。

本规定同样属于结合犯。伤害的时间：着手实行绑架及控制人质的过程中。

（1）伤害行为导致重伤或死亡结果。例如，甲绑架乙，但未索得赎金，于是对乙伤害致其重伤。原本对甲应当以绑架罪与故意伤害罪并罚，但刑法将两个行为结合为一罪，即以绑架罪定罪处罚。

（2）伤害行为导致轻伤结果。

结合犯必须有法律明文规定，刑法并未将绑架罪与故意伤害致人轻伤结合，故伤害行为导致轻伤结果时，应当以绑架罪与故意伤害罪（轻伤）并罚。例如，甲绑架乙，但未索得赎金，于是对乙伤害致其轻伤，由于不符合结合犯的规定，故对甲应当以绑架罪与故意伤害罪（轻伤）并罚。

> **提示**
>
> 在绑架过程中实施了其他加害被害人的行为构成犯罪的，应当与绑架罪进行并罚。例如，甲绑架乙后，又对其进行奸淫的，以绑架罪与强奸罪并罚。

---

① 《中国刑事审判指导案例》第299号："王建平绑架案"，法律出版社2017年版，第673页。

3.已满14不满16周岁的人,绑架后杀害被绑架人,或者故意伤害被绑架人致人重伤、死亡的处理。

根据立法解释,①已满14周岁不满16周岁的人对八种犯罪行为承担刑事责任,而不是对八个具体罪名承担刑事责任。例如,15周岁的甲绑架乙后,又将其杀死或者故意伤害致其重伤、死亡的,虽然甲对绑架罪不负刑事责任,但对杀人行为或者伤害致人重伤、死亡的行为应当负刑事责任,故甲构成故意杀人罪或者故意伤害罪。

4.在绑架过程中又当场劫取被害人财物,同时触犯绑架罪和抢劫罪两罪名,择一重罪定罪处罚。② 注意:一般情况下绑架罪更重。例如,甲绑架乙后,发现乙佩戴的手表价值不菲,于是又使用暴力将手表抢走,对甲应当以绑架罪与抢劫罪,择一重罪处罚。由于绑架的法定刑高于抢劫,故对甲应当以绑架罪论处。

经典考题 ✏

齐某想出国,无奈手中缺钱,某日趁自己做生意的朋友吕某之子小东放学之机,骗其到自己事先租用的一所房子内,电话要挟吕某用20万换孩子。吕某报警,齐某发现后将小东杀死。对齐某的行为应当(　　)③。(2004-11)

A. 以敲诈勒索罪和故意杀人罪并罚

B. 以绑架罪和故意杀人罪并罚

C. 以绑架罪和故意杀人罪的牵连犯,择一重罪处断

D. 以绑架罪定罪处罚

📢 九、拐卖妇女、儿童罪

第240条[拐卖妇女、儿童罪] 拐卖妇女、儿童的,处五年以上十年以下有期徒刑,并处罚金;有下列情形之一的,处十年以上有期徒刑或者无期徒刑,并处罚金或者没收财产;情节特别严重的,处死刑,并处没收财产:

(一)拐卖妇女、儿童集团的首要分子;

(二)拐卖妇女、儿童三人以上的;

(三)奸淫被拐卖的妇女的;

(四)诱骗、强迫被拐卖的妇女卖淫或者将被拐卖的妇女卖给他人迫使其卖淫的;

(五)以出卖为目的,使用暴力、胁迫或者麻醉方法绑架妇女、儿童的;

(六)以出卖为目的,偷盗婴幼儿的;

(七)造成被拐卖的妇女、儿童或者其亲属重伤、死亡或者其他严重后果的;

(八)将妇女、儿童卖往境外的。

拐卖妇女、儿童是指以出卖为目的,有拐骗、绑架、收买、贩卖、接送、中转妇女、儿童的行为之一的。

这是指以出卖为目的,拐骗、绑架、收买、贩卖、接送、中转妇女、儿童的行为。

---

① 2002年7月24日《全国人大法工委关于已满14周岁不满16周岁的人承担刑事责任范围问题的答复意见》。

② 2005年6月8日《最高人民法院关于审理抢劫、抢夺刑事案件适用法律若干问题的意见》。

③ D

⭐（一）成立条件

客体		妇女、儿童的人身自由权利与人格尊严。
客观方面	结构	以出卖为目的→实力控制被害人。
	内容	拐骗、绑架、收买、贩卖、接送、中转。
	提示	①这里的"拐骗"与拐骗儿童罪中的"拐骗"不同,后者是自己抚养或奴役的目的。②这里的"绑架"与绑架罪中的"绑架"不同,后者是勒索财物的目的。③这里的"接送"、"中转"是<u>实行行为</u>,不是帮助行为。
	对象	妇女和儿童。如果拐卖已满14周岁的男子,限制其人身自由,以非法拘禁罪论处。
主体		已满16周岁的自然人。丈夫出卖妻子、父母出卖子女以及出卖捡拾的儿童构成本罪。
主观方面		故意,本罪必须具有出卖的目的。

⭐（二）认定

1. 本罪与绑架罪

客体不同	本罪是单一客体,妇女、儿童的人身自由权利与人格尊严;绑架罪既存在复杂客体的情况,也存在单一客体的情况。
对象不同	本罪的对象仅限于妇女、儿童;绑架罪的对象可以是任何人。
目的不同	本罪具有出卖的目的;绑架罪具有勒索财物或者控制他人作为人质的目的。

2. 本罪与诈骗罪

以介绍婚姻为名,与被介绍妇女串通骗取他人钱财,数额较大的,应当以诈骗罪追究刑事责任。（名为卖,实为骗）

⭐（三）加重法定刑

拐卖妇女、儿童集团的首要分子。	首要分子,既不是定罪身份,也不是量刑身份。
拐卖妇女、儿童3人以上。	被害人人数达到3人以上。
奸淫被拐卖妇女的。	拐卖+强奸=拐卖。不再定强奸罪。但不包括强制猥亵妇女等。
诱骗、强迫妇女卖淫或将其卖给他人迫使其卖淫。	拐卖+引诱=拐卖。拐卖+强迫=拐卖。不再定引诱卖淫罪、强迫卖淫罪。
使用暴力、胁迫或者麻醉方法绑架妇女、儿童。	必须以出卖为目的,如果以勒索第三人财物为目的,实力控制妇女、儿童,构成绑架罪。
偷盗婴幼儿。	必须以出卖为目的,如果以勒索第三人财物为目的,实力控制婴幼儿的,构成绑架罪。
造成被拐卖的妇女、儿童或者其亲属重伤、死亡或者其他严重后果。	要求拐卖行为本身造成伤亡结果,如果故意杀害被拐卖的妇女、儿童的,应并罚。
将妇女、儿童卖往境外。	不再定组织他人偷越国(边)境罪。

⭐（四）犯罪形态

一般情形	着手	开始实施拐卖行为。例如,以出卖为目的,开始对他人实施暴力控制。
	既遂	实力控制人质。例如,甲以出卖为目的绑架乙,控制乙后就既遂,不要求实际卖出。
特殊情形	含义	这是指基于其他原因已经控制了被害人,又产生出卖的目的。
	着手	与买家商讨价格为着手。
	既遂	卖出为既遂。例如,甲拘禁乙女3天后,产生了出卖目的。与买家商讨价格时为拐卖妇女罪的着手,卖出为拐卖妇女罪的既遂。
考点提示		拐卖妇女、儿童罪存在未遂与中止形态。

⭐（五）司法解释

1. 明知他人拐卖妇女、儿童,仍然向其提供被拐卖妇女、儿童的健康证明、出生证明或者其他帮助的,以拐卖妇女、儿童罪的共犯论处。

2. 明知他人系拐卖儿童的"人贩子",仍然利用从事诊疗、福利救助等工作的便利或者了解被拐卖方情况的条件,居间介绍的,以拐卖儿童罪的共犯论处。

经典考题 ✍

甲因自己不能生育,花1万元从人贩子手中收买一男婴。3个月后,甲嫌抚养孩子太辛苦,遂以2万元转卖给乙,并声称是自己的亲生儿子。甲的行为构成(　　)①。(2011-11 非)

A. 遗弃罪　　　　　　B. 拐骗儿童罪　　　　　C. 诈骗罪　　　　　D. 拐卖儿童罪

📢 十、收买被拐卖的妇女、儿童罪

第241条[收买被拐卖的妇女、儿童罪]　收买被拐卖的妇女、儿童的,处三年以下有期徒刑、拘役或者管制。

这是指不以出卖为目的,收买被拐卖的妇女、儿童的行为。

⭐（一）成立条件

客体	被拐卖妇女、儿童的人身自由权利和人格尊严。
客观方面	以金钱或其他财物收买被拐卖的妇女或者儿童的行为。
主体	一般主体,即已满16周岁具有刑事责任能力的自然人。
主观方面	直接故意,即明知是被拐卖的妇女、儿童而予以收买。不具有再出卖的目的。

⭐（二）犯罪形态

着手	与拐卖者商讨价格就是着手。
既遂	接收到手就是既遂。
提示	本罪存在未遂形态。例如,甲与乙商定购买乙拐卖的妇女,付钱后等待乙交人,但乙又将该妇女卖给他人的,甲构成收买被拐卖的妇女罪的未遂。

⭐（三）处罚

第2款:收买被拐卖的妇女,强行与其发生性关系的,依照本法第二百三十六条的规定

---

①　D

定罪处罚。

第3款:收买被拐卖的妇女、儿童,非法剥夺、限制其人身自由或者有伤害、侮辱等犯罪行为的,依照本法的有关规定定罪处罚。

第4款:收买被拐卖的妇女、儿童,并有第二款、第三款规定的犯罪行为,依照数罪并罚的规定处罚。

第5款:收买被拐卖的妇女、儿童又出卖的,依照本法第二百四十条的规定定罪处罚。

第6款:收买被拐卖的妇女、儿童,对被买儿童没有虐待行为,不阻碍对其进行解救的,可以从轻处罚;按照被买妇女的意愿,不阻碍其返回原居住地的,可以从轻或者减轻处罚。

数罪并罚	即收买后有拘禁、伤害、杀害、虐待、侮辱、猥亵、强奸等任何犯罪行为的,都应当数罪并罚。		
一般情形	收买前就有出卖目的的,原本就符合第240条拐卖妇女、儿童罪的规定。"拐卖妇女、儿童是指以出卖为目的,有拐骗、绑架、收买、贩卖、接送、中转妇女、儿童的行为之一的。"		
特别规定	收买前没有出卖意图,收买后才产生出卖意图,然后出卖,本来应以收买被拐卖的妇女、儿童罪与拐卖妇女、儿童罪并罚,但是根据第5款的规定,只定拐卖妇女、儿童罪。因此,这是一种特别规定。		
从宽处罚	第6款是从宽处罚的规定。	对被买儿童	可以从轻处罚。
		对被买妇女	可以从轻或者减轻处罚。

⭐(四)罪数

1. 明知他人收买被拐卖的妇女、儿童,仍然向其提供被收买妇女、儿童的户籍证明、出生证明或者其他帮助的,以收买被拐卖的妇女、儿童罪的共犯论处,但是,收买人未被追究刑事责任的除外。

2. 收买被拐卖的妇女、儿童后,以暴力、威胁方法阻碍国家机关工作人员解救被收买的妇女、儿童的,构成妨害公务罪,应数罪并罚。

3. 收买被拐卖的妇女、儿童后,聚众阻碍国家机关工作人员解救被收买的妇女、儿童的首要分子的,构成聚众阻碍解救被收买的妇女、儿童罪,应数罪并罚。其他参与者使用暴力、威胁方法的,构成妨害公务罪,应数罪并罚。

> **提示**
>
> 聚众阻碍解救正处在被拐卖状态的妇女、儿童,不构成聚众阻碍解救被收买的妇女、儿童罪,可以构成拐卖妇女、儿童罪的共犯。

⭐(五)司法解释

《最高人民法院关于审理拐卖妇女儿童犯罪案件具体应用法律若干问题的解释》

第4条　在国家机关工作人员排查来历不明儿童或者进行解救时,将所收买的儿童藏匿、转移或者实施其他妨碍解救行为,经说服教育仍不配合的,属于刑法第二百四十一条第六款规定的"阻碍对其进行解救"。

第5条　收买被拐卖的妇女,业已形成稳定的婚姻家庭关系,解救时被买妇女自愿继续留在当地共同生活的,可以视为"按照被买妇女的意愿,不阻碍其返回原居住地"。

第6条　收买被拐卖的妇女、儿童后又组织、强迫卖淫或者组织乞讨、进行违反治安管理活动等构成其他犯罪的,依照数罪并罚的规定处罚。

第7条　收买被拐卖的妇女、儿童,又以暴力、威胁方法阻碍国家机关工作人员解救被收买的妇女、儿童,或者聚众阻碍国家机关工作人员解救被收买的妇女、儿童,构成妨害公务罪、聚众阻碍解救被收买的妇女、儿童罪的,依照数罪并罚的规定处罚。

经典考题

甲收买被拐卖的张某后,为让其心甘情愿地做自己的妻子,强行与张某发生了性关系。对甲的行为(　　)①。(2013-17 非)

A. 应以强奸罪定罪处罚

B. 应以收买被拐卖的妇女罪与强奸罪择一重罪定罪处罚

C. 应以收买被拐卖的妇女罪定罪处罚

D. 应以收买被拐卖的妇女罪与强奸罪数罪并罚

十一、诬告陷害罪

第 243 条[诬告陷害罪]　捏造事实诬告陷害他人,意图使他人受刑事追究,情节严重的,处三年以下有期徒刑、拘役或者管制;造成严重后果的,处三年以上十年以下有期徒刑。

国家机关工作人员犯前款罪的,从重处罚。

不是有意诬陷,而是错告,或者检举失实的,不适用前两款的规定。

这是指捏造事实诬告陷害他人,意图使他人受刑事追究,情节严重的行为。

(一)成立条件

客体	公民的人身权利和国家司法机关的正常活动。
客观方面	捏造他人犯罪的事实,并向国家机关或者有关单位与人员告发,足以引起司法机关刑事追究活动的行为。
主体	已满 16 周岁的自然人。
主观方面	故意,并具有使他人受到刑事追究的目的。

(二)认定

1. 主动诬告:这要求诬告在先,司法机关反应在后。如果在司法机关调查取证时,作虚假陈述的,不成立本罪。

2. 诬告单位:由于单位犯罪通常会处罚自然人,因此,形式上诬告单位犯罪,但所捏造的事实导致可能对自然人进行刑事追诉的,也成立本罪。

3. 犯罪事实:因为诬告陷害罪要求主观上具备"使他人受刑事追究"的目的,因此捏造的必须是犯罪事实。例如,诬告他人有包二奶、卖淫、嫖娼、吸毒等违法行为的,不成立本罪。

4. 诬告没有达到法定年龄或者没有责任能力的人犯罪,仍构成诬告陷害罪。

5. 不是有意诬陷,而是错告,或者检举失实的,不构成诬告陷害罪,不成立犯罪。

经典考题

警察甲因公民吴某举报自己受贿而怀恨在心,遂用他人手机向某军官发了一条短信,捏造吴某与其妻子同居。该军官信任自己的妻子,未予理睬。甲的行为(　　)②。(2012-9 非)

---

① D

② D

A. 构成诽谤罪   B. 构成诬告陷害罪   C. 构成报复陷害罪   D. 不构成犯罪

十二、雇用童工从事危重劳动罪

第 244 条之一[雇用童工从事危重劳动罪] 违反劳动管理法规,雇用未满十六周岁的未成年人从事超强度体力劳动的,或者从事高空、井下作业的,或者在爆炸性、易燃性、放射性、毒害性等危险环境下从事劳动,情节严重的,对直接责任人员,处三年以下有期徒刑或者拘役,并处罚金;情节特别严重的,处三年以上七年以下有期徒刑,并处罚金。

有前款行为,造成事故,又构成其他犯罪的,依照数罪并罚的规定处罚。

这是指违反劳动管理法规,雇用未满 16 周岁的未成年人从事超强度体力劳动的,或者从事高空、井下作业的,或者在爆炸性、易燃性、放射性、毒害性等危险环境下从事劳动,情节严重的行为。

(一)成立条件

客体	未成年人的身心健康。
客观方面	违反劳动管理法规,雇用未满 16 周岁的未成年人从事超强度体力劳动,或者高空、井下作业,或者在爆炸性、易燃性、放射性、毒害性等危险环境下从事劳动,情节严重的行为。
主体	已满 16 周岁的自然人。单位可构成本罪。
主观方面	故意,包括直接故意和间接故意。

(二)认定

1. 本罪与强迫劳动罪

本罪只要求雇用童工,不要求强迫劳动。如果先雇用,然后又强迫劳动,就构成本罪和强迫劳动罪,数罪并罚。

2. 非法雇用童工,造成事故,又构成其他犯罪的,依照数罪并罚的规定处罚。例如,甲雇用 15 岁的乙从事井下作业,乙不满待遇要求辞职,甲不予同意,以暴力强迫乙继续从事矿井工作。因甲管理不善,矿井坍塌,乙当场身亡。甲的行为构成雇用童工从事危重劳动罪、强迫劳动罪与重大责任事故罪,三罪并罚。

十三、非法侵入住宅罪

第 245 条[非法侵入住宅罪] 非法搜查他人身体、住宅,或者非法侵入他人住宅的,处三年以下有期徒刑或者拘役。

司法工作人员滥用职权,犯前款罪的,从重处罚。

这是指非法强行闯入他人住宅,或者经要求退出而无理拒不退出他人住宅的行为。

(一)成立条件

客体	公民住宅不可侵犯的权利,即住宅的平稳、安宁权。
客观方面	非法强行闯入他人住宅,或者经要求退出而无理拒不退出他人住宅的行为。
主体	一般主体,已满 16 周岁具有刑事责任能力的自然人。
主观方面	故意。

⭐（二）认定

1. 方式：非法侵入住宅或者经要求退出而无理拒不退出。

2. 罪数问题：非法侵入他人住宅，实施盗窃、抢劫、强奸、杀人等犯罪的，根据吸收犯原理，不再定非法侵入住宅罪。

📢 十四、侮辱罪

第246条[侮辱罪、诽谤罪]　以暴力或者其他方法公然侮辱他人或者捏造事实诽谤他人，情节严重的，处三年以下有期徒刑、拘役、管制或者剥夺政治权利。

前款罪，告诉的才处理，但是严重危害社会秩序和国家利益的除外。

通过信息网络实施第一款规定的行为，被害人向人民法院告诉，但提供证据确有困难的，人民法院可以要求公安机关提供协助。

这里指使用暴力或其他方法，公然贬低他人人格，败坏他人名誉，情节严重的行为。

⭐（一）成立条件

客体	他人的人格、名誉权。
客观方面	以暴力或者其他方法公然侮辱他人，损害他人人格和名誉的行为。
主体	一般主体，即已满16周岁的自然人。
主观方面	故意，并具有损害他人人格、名誉的目的。

⭐（二）认定

1. 行为方式：以暴力或者其他方法公然侮辱他人，损害他人人格和名誉的行为。

（1）暴力方法侮辱。这是指使用强力败坏他人的名誉。例如，扒光男子的衣裤，当众羞辱；使用强力逼迫他人做难堪的动作；强行将粪便塞入他人口中等。

（2）其他方法侮辱。这是指暴力以外的方法，包括使用语言、文字、图像等。例如，张贴、散发有损他人名誉的大字报、小字报、漫画、标语等。

（3）公然性。这是指采用不特定或者多数人可能知悉的方式对他人进行侮辱。例如，在马路上、街道里谩骂他人的，属于公然侮辱。

（4）行为内容。侮辱的内容可以是真实的，也可以是捏造的。例如，周围的人都知道乙是卖淫女，甲公然辱骂乙"婊子"，也属于侮辱。

2. 行为对象：特定的自然人，至于被害人是否在场不影响本罪的成立。①

（1）具体特定：侮辱的对象可以是一人，也可以是数人，但必须是具体的、特定的自然人。例如，泼妇在大庭广众下针对不特定对象骂街，不构成侮辱罪。

（2）不包括死人：因为死人没有名誉权，但如果表面上侮辱死者，实际上是侮辱死者家属的，则成立侮辱罪。例如，甲、乙有仇，乙去世后，甲公然辱骂乙。由于乙已经去世，不再享有名誉权和人格尊严权，故甲不构成侮辱罪；如果甲公然辱骂乙是狗娘养的，子孙都是狗娘养的，则名义上侮辱死者，实际上侮辱活人，甲构成侮辱罪。

（3）不包括单位：由于单位没有人格尊严权，故侮辱单位的，不构成侮辱罪，可能构成损害商业信誉、商品名誉罪。但通过侮辱单位，侵害了特定自然人名誉，构成侮辱罪。

---

① 高铭暄、马克昌：《刑法学》（第八版），北京大学出版社、高等教育出版社2017年版，第479页。

3. 处罚

原则自诉:本罪属于告诉才处理的犯罪。例外公诉:严重危害社会秩序和国家利益的,可以公诉。例如,侮辱国家领导人。

> **提示**
>
> 通过信息网络侮辱他人,被害人提供证据有困难的,人民法院可以要求公安机关提供协助。注意:这仍然是自诉案件,没有转为公诉案件。

十五、诽谤罪

这是指捏造并散布虚假事实,足以败坏他人名誉,情节严重的行为。

(一)成立条件

客体	他人的人格、名誉权。
客观方面	捏造并散布某种虚构的事实,损害他人人格与名誉的行为。单纯捏造事实不是本罪实行行为,将捏造事实予以散布是本罪实行行为。
主体	一般主体,即已满16周岁的自然人。
主观方面	故意,并以损害他人人格、名誉为目的。

(二)认定

1. 行为方式:捏造并散布某种事实,损坏他人人格,破坏他人名誉,情节严重的行为。

(1)捏造事实:既然是捏造事实,一定是虚假的事实;既然想贬低他人人格,捏造的事实一定是足以使人相信的、具体的事实。如果捏造抽象的事实并公然传播,构成侮辱罪。例如,甲捏造乙患有梅毒,向乙的朋友散布,由于这是足以使人相信的、具体的事实,故甲构成诽谤罪;如果甲辱骂乙是狐狸精,并向乙的朋友散布,由于甲捏造的是抽象的事实,故甲构成侮辱罪。

(2)公然传播:这是指将捏造的事实予以散布,让不特定或者多数人知晓。注意:单纯的捏造并非本罪的实行行为,将捏造的事实予以散布,才是诽谤的实行行为。

第一,根据司法解释,①明知是捏造的,损害他人名誉的事实,在信息网络上散布,情节恶劣的,以捏造事实诽谤他人论。

第二,诽谤罪的两种形式:①捏造事实+公然传播;②明知是捏造的事实而故意传播。

2. 行为对象:特定的自然人,至于被害人是否在场不影响本罪的成立。

(1)具体特定:诽谤的对象可以是一人,也可以是数人,但必须是具体的、特定的自然人。例如,甲指着村庄对众人说:此处有妖气,村中有人是蛇精化身。由于针对的对象不特定,甲既不构成侮辱罪,也不构成诽谤罪。

(2)不包括死人:因为死人没有名誉权,但如果表面上诽谤死者,实际上是诽谤死者家属的,则成立侮辱罪。例如,甲、乙有仇,乙去世后,甲捏造乙患梅毒而死,引起乙的家属强烈愤慨。由于乙已经去世,不再享有名誉权和人格尊严权,故甲不构成诽谤罪;如果甲告诉众人乙将梅毒传染给了亲人,亲人也会因感染梅毒而死亡,则名义上诽谤死者,实际上诽谤活人,甲构成诽谤罪。

---

① 2013年9月5日《最高人民法院、最高人民检察院关于办理利用信息网络实施诽谤等刑事案件适用法律若干问题的解释》。

（3）不包括单位：由于单位没有人格尊严权，故诽谤单位的，不构成诽谤罪，可能构成损害商业信誉，商品名誉罪。但通过诽谤单位，侵害了特定自然人名誉，构成诽谤罪。

3.处罚

原则自诉：本罪属于告诉才处理的犯罪；例外公诉：严重危害社会秩序和国家利益的，可以公诉。例如，诽谤国家领导人。

> **提示**
>
> 通过信息网络诽谤他人，被害人提供证据有困难的，人民法院可以要求公安机关提供协助。注意：这仍然是自诉案件，没有转为公诉案件。

4.司法解释

（1）同一诽谤信息实际被点击，浏览次数达到5000次以上，或者被转发次数达到500次以上，属于情节严重，构成诽谤罪。

（2）两年内曾因诽谤受过行政处罚，又诽谤他人的，属于情节严重，构成诽谤罪。

（3）造成被害人或者其近亲属精神失常，自残、自杀等严重后果的，属于情节严重，构成诽谤罪。

5.罪数问题

（1）侮辱罪与诽谤罪。

①行为方式不同。侮辱罪的行为方式是使用暴力或者非暴力手段；诽谤罪的行为方式是使用非暴力手段。

②行为内容不同。侮辱罪的内容可真可假，可具体可抽象；诽谤罪的内容必须是虚假的、具体的事实。

③发生场合不同。侮辱罪的被害人是否在场，不影响侮辱罪的成立，但一般是当面侮辱；诽谤罪的被害人是否在场，不影响诽谤罪的成立，但一般是背后诽谤。

（2）诽谤罪与诬告陷害罪。

①犯罪客体不同。诽谤罪的犯罪客体是他人人格尊严和名誉权；诬告陷害罪的犯罪客体是他人的人身权利和司法机关的正常活动。

②客观方面不同。诽谤罪是散布捏造的事实，情节严重的行为；诬告陷害罪是捏造事实、向有关机关举报，情节严重的行为。

③行为内容不同。诽谤罪是捏造犯罪事实或者非犯罪事实；诬告陷害罪只能捏造犯罪事实。

④犯罪目的不同。诽谤罪的犯罪目的是损害他人人格尊严和名誉权；诬告陷害罪的犯罪目的是意图使他人受刑事追究。

⑤犯罪性质不同。诽谤罪原则上是告诉才处理的犯罪，严重危害国家利益和社会秩序的是公诉案件；诬告陷害罪都是公诉案件。

经典考题 ✐

甲因与乙有仇，便捏造乙卖淫的事实，到处散布并向公安局告发，使乙受到严重的精神伤害。甲的行为构成（　　）①。（2010-11 非）

A. 诬告陷害罪　　　　　B. 报复陷害罪　　　　　C. 侮辱罪　　　　　D. 诽谤罪

————————————

①　D

十六、刑讯逼供罪

第 247 条[刑讯逼供罪]　司法工作人员对犯罪嫌疑人、被告人实行刑讯逼供的,处三年以下有期徒刑或者拘役。致人伤残、死亡的,依照本法第二百三十四条、第二百三十二条的规定定罪从重处罚。

这是指司法工作人员对犯罪嫌疑人、被告人实行刑讯逼供的行为。

(一) 成立条件

客体	公民的人身权利和司法机关的正常活动。
客观方面	对犯罪嫌疑人、被告人使用肉刑或者变相使用肉刑,逼取口供的行为。
主体	特殊主体,即司法工作人员。
主观方面	故意,目的在于逼取口供。

(二) 认定

1.行为:刑讯逼供。

(1)刑讯:必须使用肉刑或者变相肉刑。例如,冻、饿、烤、晒,不准睡觉等。欺骗或者威胁使用肉刑,但未实际使用的,不成立刑讯逼供罪。

(2)逼供:逼迫犯罪嫌疑人、被告人做出某种供述。包括:口供与书面陈述、有罪供述和无罪供述。

2.对象:犯罪嫌疑人、被告人。

(1)只要是被公安、司法机关作为嫌疑人对待的人,都属于本罪中的嫌疑人。例如,警察为了决定是否立案,对被举报人、被控告人刑讯逼供的,也应认定为本罪。

(2)犯罪嫌疑人、被告人的行为实际上是否构成犯罪,对本罪的成立没有影响。

3.罪过:故意,并且具有"逼供"目的。如果不是出于逼供目的,对犯罪嫌疑人,被告人实施暴力的,不成立本罪。例如,甲是教师,受聘为法院人民陪审员,因庭审时被告人刘某气焰嚣张,甲气愤不过,一拳致其轻伤。甲成立故意伤害罪,不构成刑讯逼供罪。

4.实施刑讯逼供行为时造成被害人的伤残、死亡的,其行为性质发生转化,不再定刑讯逼供罪,而是以故意伤害罪、故意杀人罪定罪处罚。例如,检察官甲为逼取口供殴打犯罪嫌疑人乙,致其重伤。对甲应以故意伤害罪定罪从重处罚。

经典考题

按照《刑法》规定,以下情形中,应当以故意杀人罪定罪处罚的是(　　　)①。(2006-16)

A.拐卖妇女造成被害人死亡的　　　　　　　　B.暴力干涉婚姻自由致使被害人死亡的

C.抢劫致被害人死亡的　　　　　　　　　　　D.刑讯逼供致被害人死亡的

十七、侵犯公民个人信息罪

第 253 条之一[侵犯公民个人信息罪]　违反国家有关规定,向他人出售或者提供公民个人信息,情节严重的,处三年以下有期徒刑或者拘役,并处或者单处罚金;情节特别严重的,处三年以上七年以下有期徒刑,并处罚金。

---

① 　D

违反国家有关规定,将在履行职责或者提供服务过程中获得的公民个人信息,出售或者提供给他人的,依照前款的规定从重处罚。

窃取或者以其他方法非法获取公民个人信息的,依照第一款的规定处罚。

单位犯前三款罪的,对单位判处罚金,并对其直接负责的主管人员和其他直接责任人员,依照各该款的规定处罚。

这是指违反国家有关规定,向他人出售或者提供公民个人信息,情节严重的行为。

⭐ (一)成立条件

客体	公民的个人信息安全。
客观方面	违反国家有关规定,向他人出售或者提供公民个人信息,情节严重的行为。包括:①向他人出售或者提供公民个人信息;②将在履行职责或者提供服务过程中获得的公民个人信息,出售或者提供给他人;③窃取或者以其他方法非法获取公民个人信息。
主体	一般主体,已满16周岁的自然人。单位可构成本罪。
主观方面	故意。

⭐ (二)认定

1. 行为方式:违反国家有关规定,向他人出售或者提供公民个人信息,情节严重的行为。

(1)向他人出售或者提供公民个人信息。

(2)将在履行职责或者提供服务过程中获得的公民个人信息,出售或者提供给他人。例如,电信运营商、医院等将登记的他人个人信息出售或者非法提供给他人。

(3)窃取或者以其他方法非法获取公民个人信息。例如,甲利用木马程序,侵入教育局的内部网络,窃取辖区内学生的个人信息。

2. 犯罪对象:公民个人信息。

"公民个人信息"是指以电子或者其他方式记录的能够单独或者与其他信息结合识别特定自然人身份或者反映特定自然人活动情况的各种信息,包括姓名、身份证件号码、通信通讯联系方式、住址、账号密码、财产状况、行踪轨迹等。

3. 司法解释。①

(1)违反国家有关规定,通过购买、收受、交换等方式获取公民个人信息,或者在履行职责、提供服务过程中,收集公民个人信息的,属于以其他方法非法获取公民个人信息。

(2)非法获取公民个人信息后,又出售或者提供给他人的,不需要数罪并罚。

(3)设立用于实施非法获取、出售或者提供公民个人信息违法犯罪活动的网站、通信群组,情节严重的,以非法利用信息网络罪定罪处罚;同时构成侵犯公民个人信息罪的,依照侵犯公民个人信息罪定罪处罚。

(4)网络服务提供者拒不履行法律、行政法规规定的信息网络安全管理义务,经监管部门责令采取改正措施而拒不改正,致使用户的公民个人信息泄露,造成严重后果的,以拒不履行信息网络安全管理义务罪定罪处罚。

---

① 2017年6月1日《最高人民法院、最高人民检察院关于办理侵犯公民个人信息刑事案件适用法律若干问题的解释》。

十八、报复陷害罪

第 254 条[报复陷害罪] 国家机关工作人员滥用职权、假公济私,对控告人、申诉人、批评人、举报人实行报复陷害的,处二年以下有期徒刑或者拘役;情节严重的,处二年以上七年以下有期徒刑。

这是指国家机关工作人员滥用职权,假公济私,对控告人、申诉人、批评人、举报人实行报复陷害的行为。

(一)成立条件

客体	公民的民主权利,即控告权、申诉权、批评监督权和国家机关的正常活动。
客观方面	滥用职权、假公济私,对控告人、申诉人、批评人、举报人实行报复陷害的行为。
主体	特殊主体,国家机关工作人员。
主观方面	故意。

(二)本罪与诬告陷害罪

客体不同	报复陷害罪的犯罪客体是公民的民主权利和国家机关的正常活动;诬告陷害罪的犯罪客体是公民人身权利和司法机关正常活动。
对象不同	报复陷害罪的犯罪对象是控告人、申诉人、批评人、举报人;诬告陷害罪的对象可以是任何人。
客观方面不同	报复陷害罪表现为滥用职权、假公济私,对控告人、申诉人、批评人、举报人实行报复陷害;诬告陷害罪表现为捏造他人犯罪的事实,并向司法机关告发,足以引起司法机关追究活动。
主体不同	报复陷害罪的主体是特殊主体,即国家机关工作人员;诬告陷害罪的主体是一般主体。
主观方面不同	报复陷害罪的犯罪目的是报复陷害;诬告陷害罪的目的是使他人受刑事追究。

十九、破坏选举罪

第 256 条[破坏选举罪] 在选举各级人民代表大会代表和国家机关领导人员时,以暴力、威胁、欺骗、贿赂、伪造选举文件、虚报选举票数等手段破坏选举或者妨害选民和代表自由行使选举权和被选举权,情节严重的,处三年以下有期徒刑、拘役或者剥夺政治权利。

这是指在选举各级人民代表大会和国家机关领导人员时,以暴力、威胁、欺骗、贿赂、伪造选举文件、虚报选举票数等手段破坏选举或者妨碍选民和代表自由行使选举权和被选举权,情节严重的行为。

(一)成立条件

客体	公民的民主权利,即选举权与被选举权和国家的选举制度。
客观方面	在选举各级人民代表大会代表和国家机关领导人员时,以暴力、威胁、欺骗、贿赂、伪造选举文件、虚报选举票数等手段破坏选举或者妨碍选民和代表自由行使选举权和被选举权,情节严重的行为。
主体	一般主体,即已满 16 周岁的自然人。
主观方面	直接故意,并具有破坏选举的目的。

（二）认定

1.破坏村委会、居委会、公司领导的选举工作，不构成本罪。

2.因疏忽大意或过于自信，而错记选票、遗失选举文件等行为，属于一般的工作失误，不构成本罪。

3.以伪造选举文件等公文、证件为手段，破坏选举活动，手段行为又同时触犯伪造国家机关公文、证件、印章罪或者伪造、变造身份证件罪的，属于牵连犯，从一重罪处罚。

二十、暴力干涉婚姻自由罪

第 257 条[暴力干涉婚姻自由罪] 以暴力干涉他人婚姻自由的，处二年以下有期徒刑或者拘役。

犯前款罪，致使被害人死亡的，处二年以上七年以下有期徒刑。

第一款罪，告诉的才处理。

这是指以暴力干涉他人婚姻自由的行为。本罪告诉的才处理。

（一）成立条件

客体	复杂客体，既侵犯他人的婚姻自由，又侵犯他人的人身权利。
客观方面	以暴力干涉他人婚姻自由的行为。例如，对意图结婚或离婚的人拳打脚踢、关禁闭等暴力行为。注意：没有暴力干涉行为不构成本罪，轻微的暴力行为也不构成本罪。例如，扇一耳光。
主体	一般主体，已满 16 周岁的自然人。
主观方面	故意。

（二）处罚

1.结果加重犯

犯暴力干涉婚姻自由罪，致使被害人死亡的，属于本罪的结果加重犯。这里的"致使被害人死亡"是指过失致使被害人死亡，以及直接引起被害人自杀身亡。

2.想象竞合犯

以故意杀人、故意重伤、非法拘禁等方法干涉他人婚姻自由的，属于想象竞合犯，从一重罪论处。

3.数罪并罚

长期以暴力干涉婚姻自由，只要其中一次属于故意杀人或故意伤害行为，则构成暴力干涉婚姻自由罪与故意杀人罪或故意伤害罪，实行数罪并罚。例如，父亲甲经常以暴力干涉女儿乙与丙男结婚，得知乙偷偷与丙登记结婚后，又以暴力逼迫其离婚，乙不从，甲使用木棍将乙打死。甲的行为成立暴力干涉婚姻自由罪与故意伤害罪（致人死亡），数罪并罚。

二十一、重婚罪

第 258 条[重婚罪] 有配偶而重婚的，或者明知他人有配偶而与之结婚的，处二年以下有期徒刑或者拘役。

这是指有配偶而重婚或者明知他人有配偶而与之结婚的行为。

（一）成立条件

客体	一夫一妻的婚姻制度。
客观方面	有配偶者又与他人结婚，或者无配偶者明知他人有配偶而与之结婚。
主体	已满16周岁的自然人
主观方面	故意。

（二）认定

1.重婚

这种夫妻关系既包括经过合法登记结婚而形成的夫妻关系（法定婚），也包括事实上形成的夫妻关系（事实婚）。

> **提示**
>
> 一般的同居关系、包养关系不属于事实婚姻。

2.司法解释

如果行为人是由于遭受自然灾害外出谋生而重婚，或者配偶长期外出下落不明为生活所迫而重婚，或者因强迫、包办的婚姻或者遭受虐待外逃而重婚，或者被拐卖后重婚的，不应当以重婚罪定罪处罚。

（三）处罚

本罪告诉的才处理，但致人死亡的除外。

二十二、虐待罪

第 260 条[虐待罪] 虐待家庭成员，情节恶劣的，处二年以下有期徒刑、拘役或者管制。

犯前款罪，致使被害人重伤、死亡的，处二年以上七年以下有期徒刑。

第一款罪，告诉的才处理，但被害人没有能力告诉，或者因受到强制、威吓无法告诉的除外。

这是指虐待家庭成员，情节恶劣的行为。

（一）成立条件

客体	家庭成员在家庭生活中的平等权利和人身权利。
客观方面	这是指虐待家庭成员，情节恶劣的行为。虐待行为必须具有经常性、一贯性。偶尔打骂、冻饿的行为，不成立本罪。本罪的对象是共同生活的家庭成员。
主体	共同生活的家庭成员。
主观方面	故意。

（二）认定

1.行为方式：虐待家庭成员，情节恶劣的行为。

（1）特点：虐待行为必须具有经常性、一贯性，表现为肉体上摧残、精神上折磨。注意：偶尔打骂、冻饿的行为，不成立本罪。

（2）方式：要有作为的一面，单纯的不作为不构成本罪。例如，甲拒不抚养年迈的母亲，有病不为其治疗,也不提供饮食,甲构成遗弃罪;如果甲对母亲打骂、冻饿,有病不为其治疗,由于甲的行为有作为的成分,故甲构成虐待罪。

2. 犯罪对象:共同生活的家庭成员。例如,丈夫虐待妻子、父母虐待子女、子女虐待父母、媳妇虐待公婆等等。注意:对"家庭成员"可以扩大解释为包括长年共同生活的管家、保姆以及事实婚姻关系的"夫妻"。

3. 处罚

(1)本罪原则上是告诉才处理的犯罪,但虐待致人重伤、死亡的,是公诉案件。

(2)结果加重犯:虐待致人重伤、死亡,这包括两种情形。

第一,被害人经常受虐待逐渐造成身体的严重损伤或者导致死亡。

第二,被害人不堪忍受虐待而自杀、自伤,造成重伤或死亡。注意:即使被害人自伤、自杀与虐待行为没有直接的因果关系,仍然视为结果加重犯。

> **提示**
>
> 暴力干涉婚姻自由罪中,加重结果仅包括被害人死亡;虐待罪中,加重结果包括重伤或者死亡。

4. 想象竞合犯:以禁闭方式虐待被害人的,构成本罪与非法拘禁罪的想象竞合犯,从一重罪论处。

5. 存疑有利于被告人:在长期虐待的过程中同时实施伤害行为,最终导致被害人重伤或者死亡,但不能证明重伤或者死亡由伤害行为引起的,只能认定为虐待罪。例如,甲常年酒后无端殴打妻子小花,某日醉酒后又对小花殴打,小花反抗,甲恼羞成怒。甲持木棍殴打小花的背部、臀部,后小花经抢救无效死亡。但法医鉴定时查不清小花是被长年虐待致死,还是最后一次殴打行为致死。根据存疑有利于被告人的精神,对甲只能定虐待罪,属于虐待致人死亡的结果加重犯。

6. 数罪并罚:长期虐待过程中,只要其中一次属于杀人或伤害行为,则构成虐待罪与故意杀人罪或故意伤害罪,数罪并罚。例如,蔡世祥与其子蔡木易共同生活,因蔡木易患有先天性病毒性心抽,蔡世祥酒后经常对其殴打,并用烟头烫、火钩子烙身体、用钳子夹手指、冬季泼凉水等方式对其进行虐待。2004 年 3 月 8 日夜,蔡世祥发现蔡木易从家中往外走,于是拳击其面部,用木棒殴打其身体。次日晨,蔡木易称腹痛不能行走,被其姑母送医院治疗,但抢救无效死亡。经鉴定,蔡木易生前被他人用钝物伤及腹部,致十二指肠破裂,属重伤。由于将最后一次伤害行为分离出来独立评价,可以构成故意伤害罪,其他虐待行为可以构成虐待罪,故对蔡世祥应当以虐待罪和故意伤害罪(致人死亡)并罚。①

二十三、虐待被监护、看护人罪

第 260 之一[**虐待被监护、看护人罪**] 对未成年人、老年人、患病的人、残疾人等负有监护、看护职责的人虐待被监护、看护的人,情节恶劣的,处三年以下有期徒刑或者拘役。

单位犯前款罪的,对单位判处罚金,并对其直接负责的主管人员和其他直接责任人员,依照前款的规定处罚。

有第一款行为,同时构成其他犯罪的,依照处罚较重的规定定罪处罚。

---

① 《中国刑事审判指导案例》第 295 号:"蔡世祥故意伤害案",法律出版社 2017 年版,第 551 页。

这是指对未成年人、老年人、患病的人、残疾人等负有监护、看护职责的人虐待被监护、看护的人,情节恶劣的行为。

⭐(一)成立条件

客体	未成年人、老年人、患病的人、残疾人的人身权利。
客观方面	对未成年人、老年人、患病的人、残疾人等负有监护、看护职责的人虐待被监护、看护的人,情节恶劣的行为。
主体	特殊主体,对未成年人、老年人、患病的人、残疾人等负有监护、看护职责的自然人和单位。
主观方面	故意。

⭐(二)认定

1.犯罪主体:对未成年人、老年人、患病的人、残疾人等负有监护、看护职责的人和单位。例如,养老院虐待赡养的老人,孤儿院虐待抚养的婴儿、幼儿园虐待看护的儿童。

2.行为方式:对未成年人、老年人、患病的人、残疾人等负有监护、看护职责的人虐待被监护、看护的人,情节恶劣的行为。

例1,医生甲为报私仇,不给病人乙打麻药,就将其牙齿拔下,由于乙不是被看护人,甲不构成虐待被看护人罪。

例2,护士小花在重症监护室值班时,经常戏弄不能自理的病人乙,用手抓其脚心,扇其耳光,情节恶劣,小花构成虐待被看护人罪。

例3,幼儿园的老师甲,因对领导不满,以针扎、扇耳光、丢入垃圾桶等方式在儿童身上发泄,甲构成虐待被看护人罪。

3.虐待被监护、看护人罪与虐待罪。

(1)犯罪主体不同。虐待被监护、看护人罪的犯罪主体是有监护、看护职责的抚养单位(如幼儿园、医院等)和个人;虐待罪的犯罪主体是共同生活的家庭成员。

(2)犯罪对象不同。虐待被监护、看护人罪的犯罪对象是未成年人、老年人、患病的人、残疾人;虐待罪的犯罪对象是共同生活的家庭成员。

4.司法解释。

对未成年人、残疾人负有监护、看护职责的人组织未成年人、残疾人在体育运动中非法使用兴奋剂,具有下列情形之一的,应当认定为《刑法》第260条之一规定的"情节恶劣",以虐待被监护、看护人罪定罪处罚:

(1)强迫未成年人、残疾人使用的;

(2)引诱、欺骗未成年人、残疾人长期使用的;

(3)其他严重损害未成年人、残疾人身心健康的情形。

📢二十四、遗弃罪

第261条[遗弃罪] 对于年老、年幼、患病或者其他没有独立生活能力的人,负有扶养义务而拒绝扶养,情节恶劣的,处五年以下有期徒刑、拘役或者管制。

（一）成立条件

客体	被遗弃人受扶养的权利。
客观方面	对于年老、年幼、患病或者其他没有独立生活能力的人,负有扶养义务而拒绝扶养,情节恶劣的行为。
主体	特殊主体,即负有扶养义务的人。
主观方面	故意。

（二）认定

1.犯罪主体

负有抚养义务的人,但不限于家庭成员之间。例如,孤儿院、养老院、精神病院、医院的管理人员,对所收留的孤儿、老人、精神病人、患者具有扶养义务;将他人的未成年子女带往外地乞讨的人,对该未成年人具有扶养义务。

2.行为方式

（1）性质:本罪属于纯正的不作为犯。

（2）内容:拒绝扶养。例如,甲将孩子丢弃在民政局门口,拒不履行抚养义务。

3.遗弃罪与故意杀人罪

遗弃罪是给他人生命、身体造成危险的犯罪;故意杀人罪是剥夺他人生命的犯罪,但二者并不是对立关系,区分二罪有两项指标:

第一,他人生命面临的危险是否紧迫。

第二,行为是否会短时间导致人死亡。

以上两个指标,如果都是肯定答案,则构成故意杀人罪;如果是否定答案,则构成遗弃罪。

例1,甲将捡拾的婴儿抚养一段时间后,将其丢弃在火车站门口的长椅上,由于对婴儿的生命没有紧迫危险,也不会短时间内致婴儿死亡,故甲构成遗弃罪。

例2,甲将捡拾的婴儿抚养一段时间后,将其丢弃在野兽出没的深山老林,由于对婴儿的生命有紧迫危险,可能会在短时间内致婴儿死亡,故甲构成遗弃罪与故意杀人罪的想象竞合犯,定故意杀人罪。

> **提示**
>
> 我国刑法没有规定遗弃罪的结果加重犯,故遗弃行为过失致人死亡的,按照想象竞合犯原则,从一重罪论处。

经典考题

下列犯罪属于纯正不作为犯的是(　　　)①。（2012-4 非）

A.重婚罪　　　　　　　　　　　　　　　　B.遗弃罪

C.绑架罪　　　　　　　　　　　　　　　　D.掩饰、隐瞒犯罪所得罪

二十五、拐骗儿童罪

第 262 条[拐骗儿童罪]　拐骗不满十四周岁的未成年人,脱离家庭或者监护人的,处五

---

① 　B

年以下有期徒刑或者拘役。

这是指以欺骗,引诱或者其他方法,使不满14周岁的儿童脱离家庭或者监护人的行为。

⭐(一)成立条件

客体	儿童的人身自由、安全或者家长的监护权。
客观方面	以欺骗,引诱或者其他方法,使不满14周岁的儿童脱离家庭或者监护人的行为。
主体	一般主体,已满16周岁具有刑事责任能力的自然人。
主观方面	故意。

⭐(二)认定

1.行为方式:拐骗不满14周岁的儿童,脱离家庭或者监护人

第一,这里的"拐骗",既包括拐,又包括骗。例如,蒙骗、利诱、偷走、抢走等。

第二,从收买者、拐卖者、拐骗者处拐骗儿童的,也构成本罪。例如,甲收买儿童乙,丙又从甲处将乙拐走,丙构成拐骗儿童罪。

2.涉儿童犯罪总结

(1)以抚养为目的拐走儿童,构成拐骗儿童罪。

(2)以出卖为目的拐走儿童,构成拐卖儿童罪。

(3)以勒索财物为目的拐走儿童,构成绑架罪。

(4)以奸淫为目的拐走女童,构成强奸罪。

(5)以猥亵为目的拐走儿童,构成猥亵儿童罪。

(6)以扶养为目的收买被拐卖的儿童,构成收买被拐卖的儿童罪。

提示

　　以上犯罪中,除第(6)项外,同时触犯非法拘禁罪的,拘禁行为被吸收;先收买被拐卖的儿童,又对其非法拘禁的,数罪并罚。

第十七章 | 侵犯财产罪

《 第一节 本章概述 》

一、概念

侵犯财产罪,是指非法占有、挪用公私财物,或者故意破坏生产经营,毁坏公私财物的犯罪行为。

二、成立条件

犯罪客体	公共财产或者公民私人财产的所有权。
客观方面	实施非法占有、挪用或者毁坏公私财物的行为。
犯罪主体	多数是一般主体,少数是特殊主体。
主观方面	故意。

三、罪名

1	抢劫罪	第 263 条
2	盗窃罪	第 264 条
3	诈骗罪	第 266 条
4	抢夺罪	第 267 条
5	侵占罪	第 270 条
6	职务侵占罪	第 271 条
7	挪用资金罪	第 272 条
8	敲诈勒索罪	第 274 条
9	故意毁坏财物罪	第 275 条
10	破坏生产经营罪	第 276 条
11	拒不支付劳动报酬罪	第 276 条之一

《 第二节 财产犯罪概述 》

一、犯罪客体

财产犯罪的犯罪客体是公私财产所有权。财产所有权是指所有人依法对自己的财产享有的占有、使用、收益和处分的权利,侵犯财产的犯罪就是不同程度侵犯这些权能的犯罪。

1.所有权属于物权,具有排他支配性,故所有权人可以对抗任意第三人。例如,甲偷走乙的手机,乙又把手机偷回来的,乙不成立盗窃罪。

2.财产犯罪也保护特定的占有事实。例如,甲盗窃乙的毒品,由于法律禁止个人持有毒品,因此不存在返还问题,只能通过法定程序销毁毒品。如果丙又从甲处将毒品偷走或者骗走的,可以构成盗窃罪或诈骗罪。

📢 二、客观方面

这是指实施各种法定的侵犯公私财产的行为。根据刑法规定,有三种类型:非法占有公私财物的犯罪;非法挪用公私财物的犯罪;非法损毁公私财物的犯罪。

⭐ (一)财产犯罪的类型

1.非法占有公私财物的犯罪。这是指以非法占有为目的,侵犯公私财产的行为。例如,抢劫罪、抢夺罪、盗窃罪、诈骗罪、敲诈勒索罪等。

2.非法挪用公私财物的犯罪。这是指不以非法占有为目的,挪用公私财产的行为。例如,挪用资金罪,挪用特定款物罪。

3.非法损毁公私财物的犯罪。这是指以毁坏他人财物为目的,侵犯公私财产的行为。例如,故意毁坏财物罪、破坏生产经营罪。

> **提示**
>
> 非法占有公私财物的犯罪,是财产犯罪的核心,也是命题的重点。

🛡 (二)刑法中占有的判断

刑法上的占有是指对财物事实上的、现实的支配。对占有的判断是刑法中疑难且重要的问题,刑法中的占有分为物理上的占有和观念上的占有。

本人占有的财物	本人占有本人所有	不是犯罪对象
	本人占有他人所有	委托保管物,是侵占罪的对象
他人占有的财物	非法占有型财产犯罪的对象	抢劫、抢夺、盗窃、诈骗等犯罪
无人占有的财物	无人占有、无人所有的财物	不是犯罪对象
	无人占有、他人所有的财物	遗忘物、埋藏物,是侵占罪的对象

1.物理占有

(1)事实占有。

这是指处于主人实力控制范围之内的占有。主人在通常情况下能够左右财物,对财物的支配没有障碍,事实占有包括以下情形。

第一,身体部位现实控制的财物。例如,甲手中提的公文包、口袋内装的手机等等。

第二,与财物保持一定距离,但仍在实力控制范围内。

例1,旅客放在火车行李架上的行李属于旅客占有。

例2,顾客在商场里试穿的衣服属于店主占有。

例3,宾馆提供的睡衣,即使宾客穿在身上,也属于宾馆的权利人占有。

第三,他人短暂遗忘或者短暂离开,但处于实力控制范围内的财物。

例1,甲在餐馆就餐时,将提包放在座位上,付款后离去,但刚走出店门就想起了手提包,服务员乙利用这一间隙将手提包藏了起来,因为手提包仍然在甲的支配范围内,甲只是短暂遗忘,仍然占有该手提包,故乙成立盗窃罪,而不是侵占罪。

例2,大学生在校园食堂先用自己的钱包、电脑等占座,然后购买饭菜,虽然短暂离开,依然对财物有占有。

> **提示**
>
> 　　主人占有财物,不要求随身携带,只要财物在实力控制范围内就是占有。

（2）占有转化。

这是指主人丧失了对财物的占有,财物转化第三人占有时,也属于他人占有的财物。占有转化的成立有两项条件:

第一,有明确的管理者、场所特定封闭。

第二,不要求管理者或者第三人认识到这种转化。

例1,客人甲离开宾馆房间时,将手提电脑忘在房间,虽然甲失去了对电脑的占有,但由于宾馆房间有明确的管理者、场所特定封闭,故电脑转化为宾馆管理者占有。如果后一顾客将其据为己有,构成盗窃罪,而非侵占罪。

例2,乙乘坐出租车,下车时忘记取放在后备箱的行李箱,虽然乙失去了对行李箱的占有,但由于出租车的后备箱有明确的管理者、场所特定封闭,故行李箱转化为出租车司机占有。如果司机据为己有,构成侵占罪;如果后乘客在下车时将乙的行李箱一并取走的,构成盗窃罪。

例3,丙在银行大厅内发现前顾客丁遗忘了大量现金,于是据为己有。虽然任何人都能够进入储蓄所大厅,但储蓄所大厅一直有日常的管理者。丁虽然失去了对现金的占有,但现金转化为银行管理者占有,因此丙成立盗窃罪。

例4,遗忘在公共汽车、火车上的财物,由于没有明确的管理者,属于无人占有的财物,但遗失在飞机上的财物,可以转化为飞机乘务人员占有。

（3）共同占有。

这是指两人共同占有财物时,其中一人将财物偷出变卖,构成盗窃罪。例如,甲、乙合伙做古董生意,二人收购一珍品后,甲悄悄将其变卖,甲出售古董时能够认识到这会破坏乙对古董的占有,故甲构成盗窃罪。

（4）封缄物的占有。

封缄物,是指经主人将财物放置在有保密措施的、密封的器具中。例如,上锁的箱子、集装箱、墙内的夹层、上锁的摩托车后备箱等。由于权利人采取了保密措施,封缄物中的财物代表着主人强烈的占有意思,打开封缄物取走其中的财物,会破坏主人对财物的占有关系。

第一,封缄物由受托人占有。

第二,封缄物里面的内容物由委托人占有。

例1,甲因出国留学,将祖传名画装在箱子里密封,并交给好友乙保管。如果乙将封缄物（箱子）据为己有,没有打开,一直将封缄物（箱子）放在地下室,拒不退还给甲,构成侵占罪;如果乙将封缄物（箱子）撬开取得里面的名画,构成盗窃罪。

例2,甲雇请工人乙装修房子,乙敲开墙后,发现其中有一夹层,内有大量贵重财物,事后查明是甲祖上遗留,甲对此不知情。乙将财物据为己有,由于财物在封缄物中,故由甲占有,乙构成盗窃罪,而非侵占罪。

（5）存款的占有。

存款人占有债权,银行占有现金。例如,甲侵入银行计算机信息系,将乙的存款转移到自己卡上,由于乙对自己的存款有占有权,故甲成立盗窃罪,盗窃的对象是债权,即财产性利益。

（6）死者占有。

根据司法解释,①实施故意杀人犯罪行为之后,临时起意拿走他人财物的,应以此前所实施的具体犯罪与盗窃罪实行数罪并罚。

【结论】当场杀、当场拿定盗窃;当场杀,日后拿、定侵占;自己杀、他人拿定侵占。

例1,甲为报仇将乙杀死,又发现乙身上佩戴的手表价值不菲,临时起意取走手表。根据司法解释,甲构成故意杀人罪和盗窃罪,数罪并罚。

例2,甲为报仇将乙杀死,掩埋尸体后逃离。为防止被人发现,甲在一个月后又去转移尸体,发现手表后将其取走。甲构成故意杀人罪和侵占罪,数罪并罚。

例3,甲为报仇杀死乙后离开,丙路过。丙发现乙身上的手表,将其取走,丙构成侵占罪。

2. 观念占有

（1）自己观念占有:有占有意思。

第一,占有意思只需要有概括的认识。例如,甲出国旅游,家中失窃,即使甲记不清楚家中有多少财物,依然对财物有占有。

第二,物理占有松弛时,占有意思对物理占有可以起到补充作用。例如,甲不慎将金镯子从五楼阳台甩落,立刻让儿子乙看着,自己下楼去捡。虽然甲对金镯子的物理占有松弛,但甲对金镯子有强烈的观念占有,仍然对其有占有。

（2）社会观念占有:推定存在占有。这需要根据社会的一般观念进行判断。

例1,甲将汽车停在楼下,没有关车门。根据一般观念,汽车依然由甲占有,取走汽车或其中的财物,构成盗窃罪,而不是侵占罪。

例2,甲外出办事,邮递员将信塞进门缝,甲对信件有占有。

例3,甲在乙家做客,邀请乙下楼散步,并将贵重提包放在乙家沙发上。根据一般观念,提包仍然由甲占有。

（三）财产犯罪的对象

除了拒不支付劳动报酬外,其他财产犯罪的对象为财物。对这里的财物应当作扩大解释,包括财产性利益。

1. 财物的种类

（1）有体物。例如,手机、电脑、汽车等。

（2）无体物。例如,电力,网络通讯信号等。

（3）虚拟财产。例如,Q币、游戏装备、百度币等。

（4）债权凭证。例如,信用卡、存折等。

（5）不动产。例如,土地、房屋等。

（6）违禁品。这是指法律禁止个人持有的物品。违禁品属于刑法上的财物,虽然他人没有占有违禁品的权利,但对于违禁品的没收、追缴必须通过法定程序进行,任何人都无权取

---

① 2005年6月8日《最高人民法院关于审理抢劫、抢夺刑事案件适用法律若干问题的意见》。

得他人占有的违禁品,这是保护正常的财产秩序的需要。例如,盗窃、诈骗、抢劫他人占有的毒品的,也成立盗窃、诈骗、抢劫罪。

(7)财产性利益。这是指财物以外的财产上的利益。

例1,甲使用假军车牌,骗免过路费,属于诈骗财产性利益,构成诈骗罪。

例2,甲通过技术手段,将乙存折中的存款转入自己的存折中,即使没有取出现金,也应构成盗窃既遂,盗窃的对象是债权,这里的债权就是财产性利益。

例3,甲乘坐出租车到达目的地后,司机乙要求其支付车费。甲对乙进行殴打,逼迫其放弃车费,甲构成抢劫罪。抢劫的对象是债权,这里的债权就是财产性利益。

2.财物的价值

没有任何价值的物品,不是财产犯罪的对象,财物的价值分为主观价值与客观价值。

(1)主观价值:又称使用价值,是指个人使用时主观上的价值。例如,有纪念意义的照片、情书、身份证、信用卡等。

(2)客观价值:又称经济价值或交换价值。例如,一些财产犯罪的成立以"数额较大"为前提。根据司法解释"数额较大"一般指1000~3000元,这里的数额较大,就是指客观价值。

> **提示**
>
> 价值极其低廉的财物不是刑法保护的对象。例如,餐巾纸、铅笔、名片等。信用卡、身份证、存折等虽然工本费很低,但具有主观价值,是刑法保护的财物。例如,盗窃信用卡并使用的,构成盗窃罪。

📢 三、犯罪主体

1.财产犯罪的主体大多是已满16周岁的自然人。

2.抢劫罪的主体是已满14周岁的自然人。

3.个别罪名单位也能构成。例如,拒不支付劳动报酬罪。

📢 四、主观方面

侵犯财产罪都是故意犯罪。除了挪用型犯罪以外,取得型财产犯罪都要求行为人主观上具有非法占有目的。取得型财产犯罪与毁弃型财产犯罪的区别在于:有无非法占有目的。如果有,就是取得型财产犯罪;如果无,就是毁弃型财产犯罪。例如,故意毁坏财物罪。

非法占有目的由排除意思和利用意思构成。排除意思,是指终局性排除占有人占有,将财物转为自己占有或者第三人占有的意思。利用意思,是指对财物进行利用的意思。

🛡 (一)排除意思

这要求严重妨碍他人对财物的使用,以下情形具有排除意思。

1.虽然只有一时使用的意思,但没有返还的意思。

例1,甲盗用乙的轿车,开到目的地后,将轿车抛弃。这严重妨碍了乙对汽车的使用,甲主观上存在排除意思和利用意思,构成盗窃罪。

例2,甲见邻居乙家的摩托车停在门前,没上锁,便骑着摩托车去超市,十分钟后返回。这没有严重妨害乙对摩托车的使用,属于盗用行为,不构成盗窃罪。

2.虽然具有返还的意思,但严重妨碍了他人对财物的使用。例如,甲在2020年研究生考试前,窃取乙的备考资料(数额较大),考试结束后,又悄悄还给乙。即使甲具有归返的意思,但这严重妨碍了乙对资料的使用,存在排除意思,构成盗窃罪。

⭐(二)利用意思

这是指遵从财物可能具有的用法进行利用、处分的意思。如果没有利用意思,就可能构成故意毁坏财物罪。例如,甲窃取乙的手机后,扔进大海,甲有排除意思,但无利用意思,故甲构成故意毁坏财物罪。

1.不要求遵从财物的通常用途或正常价值进行利用。

例1,甲为了满足变态心理,窃取女士内衣用来观赏,甲虽然不是遵从女性内衣的通常用途使用,但依然具有利用意思,构成盗窃罪。

例2,乙因天气寒冷,窃取邻居家的红木家具,劈柴烤火,具有利用意思,构成盗窃罪。

例3,丙盗窃他人研究生考试复习资料,用刑法书做枕头,用民法书垫板凳,具有利用意思,构成盗窃罪。

2.隐匿、毁坏行为以外的利用,都能评价为具有利用意思。例如,甲伤害乙,乙拿出手机准备报警。甲夺过乙的手机,乙为避免更严重伤害而逃离,甲将手机当场摔碎。甲对手机无利用意思,构成故意毁坏财物罪,而非抢夺罪。

《 第三节　具体罪名 》

一、抢劫罪

⭐(一)抢劫罪的类型

①	普通抢劫:以暴力、胁迫或者其他方法抢劫公私财物的。
②	准抢劫:携带凶器抢夺的,定抢劫罪。
③	转化抢劫:犯盗窃、诈骗、抢夺罪,为窝藏赃物、抗拒抓捕或者毁灭罪证而当场使用暴力或者以暴力相威胁的,定抢劫罪。
④	聚众"打砸抢":聚众"打砸抢",毁坏或者抢走公私财物的,除判令退赔外,对首要分子,定抢劫罪。

⭐(二)普通抢劫

第263条[抢劫罪]　以暴力、胁迫或者其他方法抢劫公私财物的,处三年以上十年以下有期徒刑,并处罚金;有下列情形之一的,处十年以上有期徒刑、无期徒刑或者死刑,并处罚金或者没收财产:

(一)入户抢劫的;

(二)在公共交通工具上抢劫的;

(三)抢劫银行或者其他金融机构的;

(四)多次抢劫或者抢劫数额巨大的;

(五)抢劫致人重伤、死亡的;

(六)冒充军警人员抢劫的;

(七)持枪抢劫的;

(八)抢劫军用物资或者抢险、救灾、救济物资的。

这是指以非法占有为目的,当场使用暴力、胁迫或者其他方法,强行劫取公私财物的行为。

1.成立条件

客体	复杂客体,既侵犯财产权利,又侵犯人身权利。
客观方面	当场使用暴力、胁迫或者其他方法,强行劫取公私财物的行为。
主体	一般主体,即已满14周岁的自然人。
主观方面	故意,并且以非法占有为目的。
结构	暴力、胁迫、其他手段 → 压制对方反抗→ 对方因无法反抗放弃财物→行为人取得财物。

2.行为方式:以非法占有为目的,当场使用暴力、胁迫或者其他方法,强行劫取公私财物的行为。**结构**:强制手段→压制对方反抗→对方因无法反抗放弃财物→行为人取得财物。

(1)强制手段:表现为以暴力、胁迫、或者其他方法。

①暴力方法:这是指对被害人实施强制力,要足以压制对方反抗的行为。例如,殴打、捆绑等。

例1,甲持刀将乙砍死,取走其财物。持刀砍人是压制乙反抗的手段,甲构成抢劫罪,是抢劫致人死亡的结果加重犯。

例2,甲在乙熟睡时,用绳子将其捆绑,取走其室内财物。用绳子捆绑是压制乙反抗的手段,甲构成抢劫罪。

> **提示**
>
> 　　实施暴力行为应当以非法占有他人财物为目的,否则不构成抢劫罪。根据司法解释,①行为人为劫取财物而预谋故意杀人或者在劫取财物过程中,为了制服被害人的反抗而故意杀人的,以抢劫罪定罪处罚。行为人实施抢劫后,为灭口而故意杀人的,以抢劫罪和故意杀人罪定罪,实行数罪并罚。
>
> 　　例1,甲抢劫乙时,乙激烈反抗。甲恼羞成怒,直接将乙杀死,又取走其财物。甲杀人的目的是为了劫取财物,即以非法占有为目的,故甲构成抢劫罪,是抢劫致人死亡的结果加重犯。
>
> 　　例2,甲抢劫乙后,乙逃跑。甲为防止乙报警,追上乙后将其杀害。由于甲杀人不再是为了劫取财物,杀人时无非法占有目的,故甲构成抢劫罪和故意杀人罪,数罪并罚。

②胁迫方法:这是指以恶害相通告,使对方产生恐惧心理,足以压制对方反抗的行为。

例1,甲持刀劫持乙,以杀害相威胁,要乙交出钱包,乙担心被杀害而照办。甲虽然未使用暴力,但以暴力相威胁也足以压制乙的反抗,故甲构成抢劫罪。

例2,甲以公布乙的裸照相威胁,向乙索要5万元。由于这种胁迫不足以压制乙的反抗,乙依然有其他救济途径,故甲构成敲诈勒索罪。

> **提示**
>
> 　　抢劫罪中的"胁迫"只能是暴力胁迫,实施非暴力胁迫的,构成敲诈勒索罪。

---

① 2011年5月22日《最高人民法院关于抢劫过程中故意杀人案件如何定罪问题的批复》。

③其他方法：这是指使用暴力、胁迫以外的、足以使被害人不能反抗或不知反抗的方法。例如，使用迷药、灌醉酒等方法致人不能反抗后，取走其财物。

例1，甲见乙佩戴的金项链价值昂贵，于是假装请乙喝酒，乙醉酒后，甲将项链取走。甲故意致乙醉酒，足以压制乙的反抗，乙无法反抗的状态是甲造成的，故甲构成抢劫罪。

例2，甲见乙醉卧街头，向围观的人谎称乙是自己的弟弟。甲将乙扶至偏僻角落，取走其佩戴的金项链。由于乙无法反抗的状态不是甲造成的，故甲不构成抢劫罪，甲以秘密手段窃取他人财物，构成盗窃罪。

（2）压制对方反抗。

这是指暴力手段在效果上要足以压制被害人的反抗，如果不足以压制被害人反抗，不构成抢劫罪。例如，甲看中乙的 iPhone 手机，拍拍乙的肩膀说："兄弟，手机借我用两天！"。乙想到自己的同事遇到抢劫被杀死，心生恐惧，将手机给甲。甲的行为不足以压制乙的反抗，故甲构成敲诈勒索罪，而非抢劫罪。

（3）对方因无法反抗放弃财物。

第一，被害人是财物的占有人，不包括无关的第三人。例如，乙将摩托车停在楼下，没熄火就上楼取东西，路人丙站在摩托车旁打电话。甲以为丙是车主，将丙打倒在地，致丙轻伤，然后将车骑走。由于丙不是摩托车的占有人，虽然被压制反抗，但谈不上放弃财物，故甲对丙不构成抢劫罪。甲先后实施两个行为：伤害丙与骑走车，分别构成故意伤害罪与盗窃罪，数罪并罚。

第二，被害人放弃财物是因为无法反抗，否则不构成抢劫罪既遂。例如，甲持刀抢劫乙，乙挣脱后逃跑，逃跑时钱包掉下，乙对此不知情。甲发现后将钱包捡走。甲的行为足以压制乙的反抗，但乙并不是因无法反抗而放弃钱包，故甲的抢劫行为与取得财物之间无因果关系，甲构成抢劫罪未遂；甲捡走钱包，拒不退还的行为构成侵占罪，应当数罪并罚。

（4）行为人取得财物。

抢劫罪中的财物包括财产性利益。《最高人民法院（2000）刑他字第 9 号批复》规定："被告人以暴力、胁迫手段强行夺回欠款凭证，并让债权人在被告人已写好的收条上签字，以消灭其债务的行为，符合抢劫罪的特征，应以抢劫罪定罪处罚。"这说明财产性利益也是抢劫罪的行为对象。

3.犯罪形态

第一，着手：开始实施暴力、胁迫等强制方法或者开始劫取财物时，是本罪的着手。

第二，既遂：根据司法解释，劫取财物或者造成他人轻伤以上后果，是本罪的既遂。

4.司法解释

先强奸或伤害，被害人未失去知觉，利用被害人不能反抗、不敢反抗的处境，临时起意使用暴力或胁迫劫取财物，构成强奸罪（或故意伤害罪）和抢劫罪，数罪并罚；被害人失去知觉或者没有发觉，临时起意拿走财物，构成强奸罪（或故意伤害罪）和盗窃罪，数罪并罚。

例1，甲持刀以杀害小花相威胁，奸淫小花。甲奸淫后，发现小花佩戴的钻戒，又临时起意将其取走，小花担心再受到侵害，没敢反抗。甲构成强奸罪和抢劫罪，数罪并罚。

例2，甲将小花打昏，对其奸淫。离开时发现小花佩戴的钻戒，又临时起意将其取走。甲先后实施两个行为：强奸行为和取走钻戒的行为，分别构成强奸罪和盗窃罪，数罪并罚。

5. 抢劫罪与绑架罪

区别	抢劫罪	绑架罪
客体不完全相同	复杂客体。主要客体是财产所有权,次要客体是人身权。故规定在侵犯财产罪中。	复杂客体。主要客体是人身权,次要客体是财产所有权。故规定在侵犯公民人身权利、民主权利罪中。
行为不完全相同	劫取财物一般在同一时间、同一地点,具有"当场性"。	以杀伤人质相威胁,向第三人勒索赎金或提出非法要求,劫取财物一般不具有"当场性"。
目的不完全相同	以非法占有他人财物为目的。	以勒索财物或者劫持他人作人质为目的。
提示	根据司法解释:绑架过程中又当场劫取被害人随身携带财物的,同时触犯绑架罪和抢劫罪两罪名的,择一重罪处罚。	

(三) 准抢劫

第 267 条第 2 款[抢劫罪] 携带凶器抢夺的,依照本法第二百六十三条(抢劫罪)的规定定罪处罚。

这是指携带枪支、爆炸物、管制刀具等国家规定禁止个人携带的器械进行抢夺,或者为了实施犯罪而携带其他器械进行抢夺的行为。注意:本款属于法律拟制,即将不符合抢劫罪的行为拟制为抢劫罪,如果没有本款的规定,携带凶器抢夺的,只能定抢夺罪。例如,刑法没有规定"携带凶器盗窃的定抢劫罪",对这种情形只能定盗窃罪。

1. 携带

这是指一种现实上的支配,行为人可以随时使用自己所携带的物品。

(1)携带的方式:既可以本人携带,也可以让第三人携带。例如,甲抢夺丙的提包,让乙携带匕首在旁边观看,甲属于携带凶器抢夺,构成抢劫罪。

(2)携带的目的:有随时使用凶器的意思和可能性。

例1,甲将匕首藏于袖内,抢夺乙的财物,心想如果乙反抗,就使用匕首。甲有随时使用匕首的意思和可能性,属于携带凶器抢夺,构成抢劫罪。

例2,木匠甲将斧头放入塑料袋内,并将塑料袋放在自己的背包里。甲在回家的路上,发现小花正在打电话,于是冲上去将手机夺走。甲被警察制服后,发现其包内有斧头。甲虽然携带了凶器,但主观上没有随时使用的意思,也没有随时使用的可能性,故甲不属于携带凶器抢夺定抢劫的情形,仅构成抢夺罪。

(3)携带的要求:不能明示或暗示使用凶器。如果对被害人明示或者暗示使用凶器,则属于以暴力相威胁,构成抢劫罪。

2. 凶器

刑法中的凶器有两种:性质上的凶器和用法上的凶器。

(1)性质上的凶器:这是指枪支、爆炸物、管制刀具等国家禁止个人携带的器械。携带此类凶器抢夺的,原则上构成抢劫罪。例如,甲携带弹簧刀抢夺乙的财物,由于弹簧刀是管制刀具,法律禁止个人携带,故甲属于携带凶器抢夺,构成抢劫罪。

(2)用法上的凶器:这是指为了抢夺财物而携带其他具有杀伤性的器械。例如,携带砖头、菜刀、铁棒等。根据司法解释,①行为人随身携带国家禁止个人携带的器械以外的其他器械抢夺,但有证据证明该器械确实不是为了实施犯罪准备的,不构成抢劫罪。

(3)凶器的两特征:第一,具有杀伤力,这是指具有致人伤亡的能力;第二,具有危险感,这是指一般人面对凶器会感觉受到危险。例如,枪支、管制刀具、硫酸等,既有杀伤力又有危险感,属于凶器;汽车可以撞死人、领带可以勒死人,虽然都有杀伤力,但无危险感,不属于凶器,而是作案工具。

> **提示**
>
> 准抢劫的成立条件:主观上有随时使用凶器的意思+客观上有随时使用凶器的可能性+没有对被害人显示凶器。

(四)转化抢劫

第269条[抢劫罪] 犯盗窃、诈骗、抢夺罪,为窝藏赃物、抗拒抓捕或者毁灭罪证而当场使用暴力或者以暴力相威胁的,依照本法第二百六十三条的规定定罪处罚。

1.前提条件

实施了盗窃、诈骗、抢夺罪的着手行为,不要求既遂。② 注意:在预备阶段不能转化。

例1,甲经常盗窃乙的财物,某日在去乙家盗窃的途中,与乙偶遇。乙对甲抓捕,甲为抗拒抓捕将乙打成重伤。由于甲的盗窃行为尚未着手,还不能转化为抢劫罪,故甲构成盗窃罪预备和故意伤害罪(致人重伤)。

例2,甲在公交车上扒窃乙的钱包,被乙及时发现。甲为抗拒抓捕,将乙打成重伤。由于盗窃行为已经着手,甲当场使用暴力的行为转化为抢劫罪,属于抢劫致人重伤的结果加重犯。

2.目的条件

转化型抢劫有三大目的:窝藏赃物、抗拒抓捕或者毁灭罪证。

(1)窝藏赃物。这是指保护已经取得的赃物不被追缴。

(2)抗拒抓捕。这是指拒绝司法人员的拘留、逮捕和一般公民的扭送。

(3)毁灭罪证。这是指毁坏、消灭其盗窃、诈骗、抢夺罪的证据。

例1,甲排队等公交车时,伸手偷乙口袋内的手机,但被乙发现。乙对甲大喊大骂,甲恼羞成怒,为报复扇乙两耳光。甲盗窃行为已经着手,但当场使用暴力不是出于窝藏赃物、抗拒抓捕、毁灭罪证的目的,故甲的行为不能转化为抢劫罪,仅构成盗窃罪。

例2,甲诈骗乙的财物,被当场识破,为抗拒抓捕,对乙持刀威胁。甲的诈骗行为已经着手,当场使用暴力相威胁,其目的是为了抗拒抓捕,故甲的行为转化为抢劫罪,不再定诈骗罪。

3.客观条件

转化型抢劫要求客观上当场使用暴力或者以暴力相威胁。

(1)当场的含义:当场主要是时间概念,即时间具有持续性,而现场主要是空间概念。

例1,甲偷走乙的手机,乙紧追不舍,甲为了抗拒抓捕,将乙打伤。甲的盗窃行为虽然已经既遂,但乙的追捕行为具有持续性,符合"当场"的含义,甲的行为转化为抢劫罪。

---

① 2005年6月8日《最高人民法院关于审理抢劫、抢夺刑事案件适用法律若干问题的意见》。

② 2016年1月6日《最高人民法院关于审理抢劫刑事案件适用法律若干问题的指导意见》。

例2,甲偷走乙的汽车,但将背包忘在作案现场。甲又返回取包,恰遇乙在寻找汽车,甲为了抗拒抓捕,将乙打成轻伤。由于甲盗窃既遂后又返回现场,不符合"当场"的含义,甲的行为不能转化为抢劫罪,对甲应当以盗窃罪和故意伤害罪并罚。

（2）暴力的程度:转化型抢劫中的使用暴力或者以暴力相威胁,要求达到和普通抢劫罪中的"暴力"以及"胁迫"相当的程度。也即,要求足以压制被害人的反抗。

【原理】普通抢劫是先使用暴力,再取得财物;转化型抢劫是先取得财物,再使用暴力。这对被害人而言,几乎没有区别,故两种抢劫中的"暴力"以及"胁迫",在程度上要具有相当性。根据司法解释,① 对于以摆脱的方式逃脱抓捕,暴力强度较小,未造成轻伤以上后果的,可不认定为"使用暴力",不以抢劫罪论处。

例1,甲在网吧盗窃乙的手机,在逃跑时被网管丙发现。丙抓捕甲时,甲提起网吧门前的热水壶,将开水泼向丙。甲的盗窃行为已经既遂,又当场使用暴力,且足以压制丙的反抗,故甲的行为转化为抢劫罪,不再定盗窃罪。

例2,甲入户盗窃,翻墙逃跑。乙抓住甲的脚,企图将其拽下,甲顺势踢乙一脚,摆脱了抓捕。由于甲踢乙的行为不足以压制乙的反抗,暴力程度较低,故不能转化为抢劫罪。

（3）针对的对象:暴力、威胁的对象没有特别限定,要求是特定的自然人,不包括动物。

例1,甲抢夺乙的背包,乙唆使自己的狼狗追甲。甲掏出匕首,将狗杀死。由于抢劫罪是复杂客体,既侵犯人身权,又侵犯财产权。甲虽然当场使用暴力,但并不是针对特定的自然人,故不能转化为抢劫罪,对甲应当以抢夺罪和故意毁坏财物罪并罚。

例2,甲入室盗窃后逃跑,刚出门就遇见晨跑的乙。乙对甲抓捕,甲一拳将乙打成重伤。甲的盗窃行为已经着手,为抗拒抓捕,针对特定的乙当场使用暴力,故甲的行为转化为抢劫罪,属于抢劫致人重伤。

提示

> 如果行为人对自己实施暴力或者暴力威胁,不能转化为抢劫罪。例如,甲盗窃乙的财物,乙追赶甲。甲无路可逃,用匕首刺破自己的手臂,鲜血直流,并对乙说:"你再追,我就死给你看!"。乙一下愣住,甲迅速逃离,由于甲并未威胁乙,故不能转化为抢劫罪。

4.主体条件

（1）根据司法解释,构成转化型抢劫,要求年满16周岁。

（2）已满14周岁不满16周岁的人盗窃、诈骗、抢夺他人财物,为窝藏赃物、抗拒抓捕或者毁灭罪证,当场使用暴力,故意伤害致人重伤或者死亡,或者故意杀人的,分别以故意伤害罪或者故意杀人罪定罪处罚。②

🛡 (五)加重法定刑

1.入户抢劫

这是指为实施抢劫而进入他人生活的、与外界相对隔离的住所。

（1）户的范围:"户"有两个特征:一是功能特征,这是指供他人家庭生活的特征;二是场所特征,这是指与外界相对隔离的特征。一般而言,集体宿舍、旅店宾馆、临时搭建的工棚没

---

① 2016年1月6日《最高人民法院关于审理抢劫刑事案件适用法律若干问题的指导意见》。

② 2006年1月23日《最高人民法院关于审理未成年人刑事案件具体应用法律若干问题的解释》。

有同时具备上述两个特征,不属于"户"。

（2）入户目的:入户目的必须具有非法性,这是指进入他人住所,要以实施抢劫等犯罪为目的。注意:入户抢劫和在户抢劫不同,后者是指经主人允许进入户内,临时起意实施抢劫。例如,甲出租房屋,乙前来看房,发现户内有贵重财物,临时起意抢劫甲,由于乙入户不具有非法性,不属于入户抢劫,只构成普通的抢劫罪,是在户抢劫。

（3）发生场合:入户抢劫要求抢劫行为必须发生在户内。例如,甲想抢劫乙,先将其从户内骗出,再使用暴力压制乙的反抗,由于暴力行为未发生在户内,甲只构成抢劫罪的基本犯,不是入户抢劫。

【总结】与入户抢劫相关的司法解释。[1]

①封闭的院落、牧民的帐篷、作为家庭生活场所的渔船、为生活租用的房屋属于户。

②部分时间从事经营、部分时间用于生活起居的场所,在非营业时间强行入内抢劫或者以购物等为名骗开房门入内抢劫的,属于入户抢劫;如果经营和生活起居有明确隔离,进入生活场所抢劫的,属于入户抢劫;如果经营和生活起居没有明确隔离,在营业时间入内抢劫的,不是入户抢劫,在非营业时间入内抢劫的,属于入户抢劫。

③入户盗窃、诈骗、抢夺后,为窝藏赃物、抗拒抓捕或者毁灭罪证,在户内当场使用暴力或暴力相威胁,构成入户抢劫;如果暴力或者暴力胁迫发生在户外,不是入户抢劫。

2. 在公共交通工具上抢劫

这是指在从事旅客运输的各种公共汽车、大中型出租车、火车、船只、飞机等正在运营中的机动公共交通工具上对旅客、乘务人员实施抢劫。

（1）公共交通工具的特征。

公共交通工具具有公共性和运营性的特征,根据司法解释,接送职工的单位班车、接送师生的校车等大、中型交通工具,视为"公共交通工具"。注意:不包括小型出租车。

（2）公共交通工具正在运营中。

在未运营的公共交通工具上,抢劫乘务人员,不属于在公共交通工具上抢劫。

【总结】与在公共交通工具上抢劫相关的司法解释:

①拦截运营途中的机动公共交通工具,对公共交通工具上的人员实施抢劫,属于在公共交通工具上抢劫。

②在公共交通工具上盗窃、诈骗、抢夺后,为窝藏赃物、抗拒抓捕或者毁灭罪证,在公共交通工具内当场使用暴力或暴力相威胁,属于在公共交通工具上抢劫;如果暴力或者暴力胁迫发生在户外,不是在公共交通工具上抢劫。

3. 抢劫银行或者其他金融机构

这是指抢劫银行或者其他金融机构的经营资金、有价证券和客户资金。抢劫正在使用中的银行或者其他金融机构的运钞车的,视为"抢劫银行或者其他金融机构"。

例1,甲冲进建设银行经理办公室,抢走办公室内的电脑,构成抢劫罪的基本犯,不属于抢劫银行或者其他金融机构。

例2,甲在建设银行营业大厅,打倒刚取款的乙,劫走其财物。甲构成抢劫罪的基本犯,

---

[1] 2000 年 11 月 28 日《最高人民法院关于审理抢劫案件具体应用法律若干问题的解释》;2005 年 6 月 8 日《最高人民法院关于审理抢劫、抢夺刑事案件适用法律若干问题的意见》;2016 年 1 月 6 日《最高人民法院关于审理抢劫刑事案件适用法律若干问题的指导意见》。

不属于抢劫银行或者其他金融机构。

4. 多次抢劫或者抢劫数额巨大

（1）多次抢劫。

这是指三次以上抢劫,以每一次抢劫都构成犯罪为前提。注意:基于一个犯意实施抢劫,是一次抢劫。例如,甲基于抢劫目的,在偏僻角落,连续抢劫三名路人或者进入居民楼连续抢劫三户居民,根据连续犯的原理,都是一次抢劫。

（2）抢劫数额巨大。

根据司法解释,抢劫数额在 3 万元以上的,是抢劫数额巨大。

第一,以数额巨大的财物为目标,由于意志以外原因,未能抢到财物或者实际抢得财物数额不大,应同时认定"抢劫数额巨大"和犯罪未遂的情节,结合未遂犯的处理原则量刑。例如,甲想抢劫乙 5 万元的财物,刚对乙实施暴力就被制服,甲想抢劫数额巨大的财物,因意志以外原因未得逞,故构成抢劫罪,适用数额巨大的法定刑,再结合未遂犯的规定,可以从宽处罚。

第二,抢劫信用卡后使用、消费的,以实际使用、消费的数额为抢劫数额;未实际使用、消费的,不计算数额,根据情节轻重量刑;所抢信用卡数额巨大,但未实际使用、消费或者实际使用消费的数额未达到数额巨大标准的,不适用抢劫数额巨大的法定刑。

5. 抢劫致人重伤、死亡

这是抢劫罪的结果加重犯,要求抢劫行为与重伤、死亡结果有因果关系。结构:抢劫行为+重伤、死亡结果=抢劫罪+加重处罚。

（1）抢劫行为本身造成加重结果。

例1,甲抢劫后逃跑,不慎将路人乙撞死,由于乙的死亡不是由甲的抢劫行为造成,故甲不构成抢劫致人死亡,对甲应当以抢劫罪的基本犯与过失致人死亡罪并罚。

例2,甲捆绑乙,劫取其财物。甲逃走时没有给乙松绑,导致乙被饿死。甲捆绑乙的行为是抢劫行为,乙的死亡与抢劫行为有因果关系,故甲构成抢劫罪,是抢劫致人死亡的结果加重犯。

（2）对加重结果至少有过失。例如,甲抢劫乙,乙反抗。甲将乙推倒,乙头部着地,刚好碰到石头,颅内出血死亡。甲推倒乙是为了压制反抗的抢劫行为,主观上对乙的死亡有过失,故甲构成抢劫罪,是抢劫致人死亡的结果加重犯。

> **提示**
>
> 　　抢劫致人重伤、死亡中的"人"既包括被害人,也包括其他人。例如,甲在抢劫乙,第一刀没有砍中,正要砍第二刀时,丙路过。好奇心很重的丙,伸长脖子问"怎么啦?"甲刚好落下第二刀,丙人头落地。甲构成抢劫致人死亡。因为甲的第二刀也是抢劫行为,抢劫行为与丙的死亡有因果关系。注意:强奸罪致人重伤、死亡中的"人"仅包括被害妇女。

6. 冒充军警人员抢劫

这是指冒充人民解放军、武装警察、人民警察、官兵进行抢劫的行为。

（1）无身份冒充有身份。例如,普通公民甲在抢劫乙时,身着警装,出示警官证,声称自己是警察,要进行抢劫。甲构成抢劫罪,属于冒充军警人员抢劫。

（2）此身份冒充彼身份。例如,警察甲在抢劫乙时,身着军装,出示军官证,声称自己是军人,要进行抢劫。甲构成抢劫罪,属于冒充军警人员抢劫。

> **提示**
>
> 　　根据司法解释,军警人员利用自身的真实身份实施抢劫,不属于"冒充军警人员抢劫",应依法从重处罚。

7.持枪抢劫

这是指使用枪支或者向被害人显示持有、佩戴的枪支,进行抢劫的行为。

(1)这里的"枪"要求是真枪,不要求实弹。

(2)枪支必须向被害人显示或使用。

(3)因携带枪支抢夺而构成抢劫罪的,不属于持枪抢劫。例如,甲携带枪支抢夺乙的钱包,没有向乙显示枪支,这属于携带凶器抢夺,定抢劫罪。枪支属于这里的凶器,此时,枪支已经得到了评价,不能再将枪支认定为持枪抢劫中的枪支,否则就是重复评价。

8.抢劫军用物资或者抢险、救灾、救济物资

(1)主观方面:明知抢劫的对象是军用物资或者抢险、救灾、救济物资。例如,甲以为乙运输的是普通物资而抢劫,事实上是军用物资。由于甲缺乏抢劫军用物资的故意,故甲仅构成抢劫罪的基本犯,不构成抢劫军用物资。

(2)误以为是抢险物资而抢劫,客观上是救灾或者救济物资的,可以适用本规定。

> **提示**
>
> 　　根据司法解释,抢劫罪的八种加重情形中,除"抢劫致人重伤、死亡"的结果加重犯外,其余七种同样存在既遂未遂,属于抢劫未遂的,应根据加重情节的法定刑规定,结合未遂犯的处理原则量刑。

★(六)罪数

1.冒充正在执行公务的人民警察"抓赌""抓嫖",没收赌资或者罚款的行为构成犯罪的,以招摇撞骗罪从重处罚;在实施上述行为中使用暴力或者暴力威胁的,以抢劫罪定罪处罚。

2.冒充治安联防队员"抓赌""抓嫖"、没收赌资或者罚款的行为,构成犯罪的,以敲诈勒索罪定罪处罚;在实施上述行为中使用暴力或者暴力威胁的,以抢劫罪定罪处罚。

3.以暴力、胁迫手段索取超出正常交易价钱、费用的钱财的行为定性。从事正常商品买卖、交易或者劳动服务的人,以暴力、胁迫手段迫使他人交出与合理价钱、费用相差不大的钱物,情节严重的,以强迫交易罪定罪处罚;以非法占有为目的,以买卖、交易、服务为幌子,采用暴力、胁迫手段迫使他人交出与合理价钱、费用相差悬殊的钱物的,以抢劫罪定罪处刑。

4.驾驶机动车、非机动车(以下简称驾驶车辆)夺取他人财物的,一般以抢夺罪从重处罚。但具有下列情形之一,应当以抢劫罪定罪处罚:

(1)驾驶车辆逼挤、撞击或强行逼倒他人以排除他人反抗,乘机夺取财物的;

(2)驾驶车辆强抢财物时,因被害人不放手而采取强拉硬拽方法劫取财物的;

(3)行为人明知其驾驶车辆强行夺取他人财物的手段会造成他人伤亡的后果,仍然强行夺取并放任造成财物持有人轻伤以上后果的。

5.关于抢劫特定财物行为的定性:

(1)以毒品、假币、淫秽物品等违禁品为对象,实施抢劫的,以抢劫罪定罪;抢劫的违禁品

数量作为量刑情节予以考虑。

（2）抢劫违禁品后又以违禁品实施其他犯罪的,应以抢劫罪与具体实施的其他犯罪实行数罪并罚。例如,甲抢劫毒品后又出售的,以抢劫罪与贩卖毒品罪数罪并罚。

（3）抢劫赌资、犯罪所得的赃款赃物的,以抢劫罪定罪,但行为人仅以其所输赌资或所赢赌债为抢劫对象,一般不以抢劫罪定罪处罚。

经典考题

下列情形中,不属于《刑法》第263条规定的对抢劫罪加重法定刑的情形是(　　)①。(2004-20)

A.在公共交通工具上抢劫的　　　　　　　B.抢劫致人重伤、死亡的

C.在办公大楼抢劫的　　　　　　　　　　D.入户抢劫的

二、盗窃罪

第264条[盗窃罪]　盗窃公私财物,数额较大的,或者多次盗窃、入户盗窃、携带凶器盗窃、扒窃的,处三年以下有期徒刑、拘役或者管制,并处或者单处罚金;数额巨大或者有其他严重情节的,处三年以上十年以下有期徒刑,并处罚金;数额特别巨大或者有其他特别严重情节的,处十年以上有期徒刑或者无期徒刑,并处罚金或者没收财产。

第265条[盗窃罪]　以牟利为目的,盗接他人通信线路、复制他人电信码号或者明知是盗接、复制的电信设备、设施而使用的,依照本法第二百六十四条的规定定罪处罚。

这是指以非法占有为目的,盗窃公私财物数额较大的,或者多次盗窃、入户盗窃、携带凶器盗窃、扒窃的行为。

（一）成立条件

客体	公私财产所有权。
客观方面	窃取数额较大的公私财物或者多次盗窃、入户盗窃、携带凶器盗窃、扒窃的行为。
主体	一般主体,即已满16周岁的自然人。
主观方面	故意,并且具有非法占有目的。

（二）盗窃罪的结构

1.行为方式:以非法占有为目的,盗窃公私财物,数额较大的,或者多次盗窃、入户盗窃、携带凶器盗窃、扒窃的行为。<u>结构</u>:违反被害人意志→以秘密平和手段→将他人占有的财物→转移为自己或第三人占有。

（1）以非法占有为目的。

这是指具有非法占有他人财物的目的。也即对他人财物具有排除意思和利用意思。盗窃被他人合法占有的自己的财物是否构成盗窃罪? 关键取决于行为人主观上有无非法占有的目的。

例1,王彬因无证驾驶,交警查扣其驾驶的三轮车,将车放在交警大院内。王彬潜入院内,趁值班人员不备,偷取院门钥匙欲将车盗走,值班人员吕某发现后上前制止。虽然我国刑法规定在国家机关、国有公司、企业、集体企业和人民团体管理、使用、运输中的私人财产以公共财产论,但只是将私人财产以公共财产对待,并未改变财产的所有权。也即王彬对被

---

① C

公安机关查扣的机动车,依然具有所有权。王彬黑夜潜入交警队院内,主观上是想取回自己被公安机关查扣的车辆,也就是自己拥有所有权的财产,主观上无非法占有的目的,故不构成盗窃罪。[①]

例2,叶文言因非法运营,苍南县交通管理所查扣其桑塔纳轿车,存放在汽车修理厂停车场。叶文言先将该车盗走,又以该车被盗为由,向灵溪交通管理所申请赔偿。经多次协商,获赔 11.65 万元。虽然本人所有的财物在他人合法占有、控制期间,能够成为自己盗窃的对象,但这并不意味着只要秘密窃取他人占有的自己的财物都构成盗窃罪。关键取决于行为人是否有非法占有的目的,如果有,构成盗窃罪,反之,不构成盗窃罪。叶文言的轿车被交通管理部门扣押后,叶文言虽拥有所有权,但是在交管部门扣押期间,被扣车辆处于交管部门管理之下,属于公共财产。叶文言将被扣的桑塔纳轿车盗出并非为了单纯逃避行政处罚,而是具有获取非法财产利益的主观故意,故叶文言的行为构成盗窃罪。注意:有观点认为,盗取所有权属于自己的车辆,并没有侵犯他人的财产所有权,不构成盗窃罪,但其后隐瞒车辆已自盗的事实,骗取赔偿款,其行为构成诈骗罪。但是,这种认定没有整体考虑行为人实施的全部行为。

就整体而言,行为人的行为分为两个阶段,一是先实施秘密窃取行为,二是隐瞒财物被自己盗走这一事实向他人索赔。这是行为人实施盗窃犯罪不可分割的两个组成部分。如果行为人只是单纯将财物秘密取回,主观上没有非法占有的目的,其行为就不构成盗窃罪。行为人进行索赔所隐瞒的事实正是此前其实施秘密窃取财物的行为,没有前一行为,其后的索赔行为也无从提起。可见,行为人进行索赔虽然存在诈骗行为,但该诈骗行为是其盗窃的后续行为,表明了其主观上的非法占有目的,是实现非法占有意图的关键,直接促成了实际危害结果的发生。叶文言等将其被交管部门扣押的车辆秘密取回,仅此时的行为还不足以表明其主观上是否具有非法占有的目的,但其后隐瞒车辆被自己窃取的事实向交管部门索赔,则充分体现了其非法占有的主观故意。叶文言等基于非法占有目的而实施"先盗后骗"的行为是一个完整的盗窃行为,符合盗窃罪的构成特征,只能认定为一罪,即盗窃罪。[②]

(2)违反被害人意志。

根据刑法理论,构成盗窃罪,要求完全违反被害人意志而转移财物占有;诈骗罪和敲诈勒索罪是利用被害人有瑕疵意志而转移财物占有。

例1,甲下火车时,乙熟睡,甲顺手将乙的行李箱拿走。甲的行为完全违反乙的意志,以秘密手段转移乙的财物,甲构成盗窃罪。

例2,甲谎称帮助乙入伍,向乙索要 5 万元。乙信以为真,甲收钱后逃跑。甲的行为没有完全违反乙的意志,乙基于认识错误"自愿"处分 5 万元给甲,故甲构成诈骗罪。

(3)秘密平和手段。

①秘密窃取。通说理论主张,手段的秘密性是盗窃罪的构成要件。这里的"秘密性"有两个判断标准:

第一,客观标准:盗窃行为在客观上具有不为被害人发觉的可能性,即使周围其他人能够发觉也是秘密窃取。

---

① 《中国刑事审判指导案例》第 219 号:"王彬故意杀人案",法律出版社 2017 年版,第 219 页。
② 《中国刑事审判指导案例》第 339 号:"叶文言、叶文语盗窃案",法律出版社 2017 年版,第 250 页。

例1,甲在火车卧铺车厢,趁其他乘客熟睡时,将乙的钱包偷走。甲的行为有不被乙和周围乘客发觉的可能性,是秘密窃取他人财物,构成盗窃罪。

例2,甲在公交车上,发现乙在玩游戏,于是趁其不备,偷走其钱包。周围乘客目睹甲的行为,但未制止。由于秘密窃取是针对被害人而言,即使被周围其他人发觉,甲的行为对乙也是秘密窃取,故甲构成盗窃罪。

第二,主观标准:行为人在主观上具有秘密窃取的意思。也即,行为人自认为其盗窃行为是秘密进行的。即使被害人已经发觉,仍然是秘密窃取。

例1,甲在超市盗窃,保安通过监控进行监测。甲的行为在客观上具有不被发觉的可能性,在主观上有秘密窃取财物的故意,是秘密窃取他人财物,构成盗窃罪。

例2,甲在大学自习教室,发现其他同学占座的书包,甲打开书包,取出包内的电脑。乙站在窗外,用手机录下甲盗窃的过程。甲的行为在客观上具有不被发觉的可能性,在主观上有秘密窃取财物的故意,是秘密窃取他人财物,构成盗窃罪。

【总结】秘密性的判断标准:主观上有秘密窃取的故意+客观上盗窃行为有不被发觉的可能性。

例1,甲埋伏在偏僻角落,乙出现时,甲冲上夺走乙的提包。甲主观上没有秘密窃取的意思,客观上也没有不被发觉的可能性,故甲构成抢夺罪,而非盗窃罪。

例2,甲不小心绊倒,手机甩出五米之远。乙看到后,不顾甲高喊,捡起手机逃离。乙主观上没有秘密窃取的意思,客观上也没有不被发觉的可能性,故甲构成抢夺罪,而非盗窃罪。

> ### 提示
>
> 公开盗窃能否构成盗窃罪? 近年来,有观点主张应当以手段是否平和作为区分盗窃罪与抢夺罪的标准。也即,只要手段是平和的,就构成盗窃罪(如上述例2),无论公开与否。这一观点来自法律职业资格考试(司法考试),在研究生考试中依然采取通说观点,公然盗窃的观点未被采纳,提醒各位考生注意。
>
> 例如,2011年12月13日5时许,李培峰经预谋,驾驶集装箱卡车,至华迪加油站加入323升0号柴油后,为逃避支付油费,乘工作人员不备,高速驾车驶离加油站。在主观上,李培峰没有秘密窃取财物的意思;在客观上,李培峰的行为也没有不被发觉的可能性。法院认为,李培峰公然抢夺单位财物,数额巨大,构成抢夺罪。
>
> 最高人民法院的判例认为,第一,"公开窃取"在我国刑法中并无存在的空间。虽然英美法系的英国、美国以及大陆法系的德国、法国、日本在理论上多认可"公然窃取"的存在,但那是因为上述国家在刑法中都没有规定抢夺罪。故上述国家将未使用暴力的公然夺取行为归入盗窃罪的范畴,将使用暴力的抢夺行为纳入抢劫罪名下。而我国刑法中存在抢夺罪的立法规定,公然夺取行为可以通过抢夺罪进行规制,故"公然窃取"没有存在的空间;第二,从刑法解释学分析,"公开窃取"逾越了刑法解释的边界。对刑法条文用语进行解释应当文理解释优先,只有文理解释的结论明显不合理或者产生难以调和的多种结论时,才需要进行论理解释。从文理解释角度出发,"公开窃取"超出了"盗窃"的文义范畴,故"公开窃取"的观点不能成立。①

① 《中国刑事审判指导案例》第868号:"李培峰抢劫、抢夺案",法律出版社2017年版,第206页。

②平和手段。

盗窃罪中,转移财物的手段不仅是秘密的,而且是平和的。这是指在盗窃罪中,不能以暴力方式转移他人财物。如果采取暴力手段,就不可能不为被害人发觉,也就不符合秘密窃取的特征。注意:非常轻微的暴力,视为平和手段。

例1,甲骑车途中,见路人乙的提包价值不菲,于是加速后将包夺走。甲夺包的行为对物有暴力,对人有危险,客观上具有被乙发觉的可能性,故甲构成抢夺罪,而非盗窃罪。

例2,甲见乙在公园的长椅上熟睡,手中紧握手机。甲用小木棍,轻敲乙的指关节,乙条件反射松手但未醒,甲取走乙的手机。甲的行为是非常轻微的暴力,可以忽略不计。整体而言,甲的行为依然是平和手段,故甲构成盗窃罪。

(4)他人占有的财物。

盗窃罪是破坏占有关系的犯罪,即盗窃罪的对象必须是他人占有的财物,如果是自己占有或者无人占有的财物,不是盗窃罪的对象。

例1,甲乘坐地铁时,发现前一乘客将手机遗落在座位上,甲下车时顺手将手机带走。由于手机属于遗忘物,甲的行为没有破坏主人对手机的占有,故甲仅构成侵占罪。

例2,甲乘坐出租车时,发现前一乘客将手机遗落在座位上,甲下车时顺手将手机带走。虽然主人已经丧失对手机的占有,但出租车是特定封闭的空间,手机转化为出租车司机占有。甲的行为客观上破坏了司机对手机的占有,故构成盗窃罪,而非侵占罪。

(5)转移占有。

这是指破坏他人对财物的占有后,建立起新的占有关系,包括转移给自己占有或者转移给第三人占有。

例1,甲偷走乙的手机,留下自用。首先,甲排除了乙对手机的占有,具有排除意思;其次,甲将手机留下自用,建立新的占有关系,具有利用意思,故甲构成盗窃罪。

例2,甲想送给小花一部手机,在乘坐电梯时,发现乙口袋内的最新款 iPhone 手机。甲悄悄将手机取出,在小花不知情时,放入小花口袋。首先,甲排除了乙对手机的占有,具有排除意思;其次,甲将手机放入小花口袋,建立新的占有关系,具有利用意思(送人),故甲构成盗窃罪。

> **提示**
>
> 如果只是单纯排除他人对财物的占有,没有建立新的占有关系,不构成盗窃罪。例如,甲抢夺乙戒指后,扔进大海,甲有排除意思,而无利用意思,构成故意毁坏财物罪。

(三)盗窃罪的类型

1.盗窃公私财物,数额较大

这是指盗窃公私财物,数额较大,是普通盗窃类型。根据司法解释,"数额较大"是指财物价值在 1000 元以上 3000 元以下。注意:有下列情形之一,数额较大的标准为 500 元以上 1500 元以下。[①]

(1)曾因盗窃受过刑事处罚的;

(2)一年内曾因盗窃受过行政处罚的;

---

① 2013 年 4 月 4 日《最高人民法院、最高人民检察院关于办理盗窃刑事案件适用法律若干问题的解释》。

（3）组织、控制未成年人盗窃的；

（4）自然灾害、事故灾害、社会安全事件等突发事件期间，在事件发生地盗窃的；

（5）盗窃残疾人、孤寡老人、丧失劳动能力人的财物的；

（6）在医院盗窃病人或者其亲友财物的；

（7）盗窃救灾、抢险、防汛、优抚、扶贫、移民、救济款物的；

（8）因盗窃造成严重后果的。

> **提示**
>
> 多次盗窃、入户盗窃、携带凶器盗窃、扒窃均不要求"数额较大"。

2. 多次盗窃

这是指两年以内有三次以上的盗窃行为。

（1）每次行为都能评价为盗窃行为，但不要求每一次盗窃行为都既遂。

例1，甲第一次在超市盗窃一个荔枝，价值0.2元；第二次盗窃一张A4纸，价值0.05元；第三次盗窃一把水果刀，价值20元。由于价值极其低廉的财物不是刑法保护的对象，甲前两次行为都是小偷小摸，不是刑法中的盗窃行为；第三次盗窃的水果刀，价值20元，不是价值极其低廉的财物，可以评价为盗窃行为，故甲不属于"多次盗窃"，不构成盗窃罪。

例2，2017年9月4日至2018年3月24日，陈某在上海中山公园附近，先后4次窃得外卖共6份，总计价值人民币187.28元。由于每份外卖都不是价值极其低廉的财物，故陈某属于多次盗窃，构成盗窃罪。[1]

（2）已经受到刑罚处罚的盗窃不能计算在内。例如，甲因盗窃罪被判处6个月有期徒刑，释放后又两次盗窃他人财物（均在两年内）。由于甲的第一次盗窃行为已被处理，不能计算在"多次盗窃"的次数中，否则属于重复评价，甲后两次盗窃，不属于多次盗窃，不构成盗窃罪。

（3）犯罪形态：开始盗窃是着手；取得财物是既遂，不要求数额较大。

3. 入户盗窃

这是指非法进入供他人生活，与外界相对隔离的住所盗窃。这里的"户"与入户抢劫中的"户"含义相同。

（1）入户目的：入户目的必须具有非法性。注意：如果合法入户，临时起意盗窃，不属于入户盗窃，而是在户内盗窃。

例1，甲私自配置乙的钥匙，打开房门，窃走财物，属于入户盗窃。

例2，甲受邀在乙家做客，趁乙不注意，偷走其钻戒。甲经允许合法入户，不是入户盗窃。

> **提示**
>
> 身体要进入户内，才是入户盗窃。例如，甲在一楼窗台，发现乙家桌子上的手机。甲伸手将手机取走，由于甲并未入户，故不是入户盗窃。

（2）犯罪形态：开始入户是着手；取得财物是既遂，不要求数额较大。

例1，甲进乙家盗窃，发现乙家徒四壁，家中只有一个价值60元的果篮，甲将果篮带走。甲入户时，盗窃行为已经着手，由于果篮不是价值极其低廉的财物，而入户盗窃也不要求数

---

① http://www.shxwcb.com/167485.html，访问时间：2020年3月1日。上海中山公园一带连发数起外卖被窃案，嫌疑人因多次盗窃被提起公诉。

额较大,故甲构成盗窃罪既遂。

例2,甲进乙家盗窃,发现乙家徒四壁。甲仰天长叹,顺手将乙家桌子上的一张 A4 纸带走,回家给孩子打草稿用。甲入户时,盗窃行为已经着手;由于一张 A4 纸价值极其低廉,不是刑法保护的财物,故甲属于入户盗窃,构成盗窃罪未遂。注意:如果甲取走乙的信用卡或者身份证,由于这类物品对乙有主观价值,甲属于入户盗窃,构成盗窃罪既遂。

4. 携带凶器盗窃

这是指携带枪支、爆炸物、管制刀具等国家规定禁止个人携带的器械进行盗窃,或者为了实施犯罪而携带其他足以危害他人人身安全的器械进行盗窃的行为。

(1)携带的方式:既可以本人携带,也可以让第三人携带。

(2)携带的要求:不能明示或暗示使用凶器。如果对被害人明示或者暗示使用凶器,则属于以暴力相威胁,构成抢劫罪。

例1,甲携带镰刀,盗割他人农田中的小麦。由于甲没有对人使用镰刀的意思,不足以危害他人人身安全,不属于携带凶器盗窃。

例2,甲携带匕首,盗窃杂货铺的香烟。由于匕首是国家规定禁止个人携带的器械,故甲属于携带凶器盗窃。

(3)犯罪形态:开始盗窃是着手;取得财物是既遂,不要求数额较大。例如,甲携带匕首,进入老凤祥金店盗窃,偷走一副金镯子,后经鉴定属于仿制品,价值 100 元。甲盗窃行为已经着手,仿制品也不是价值极其低廉的财物,故甲属于携带凶器盗窃,构成盗窃罪既遂。

> **提示**
>
> 凶器的两特征:具有杀伤力和危险感,具体请参见抢劫罪中的"携带凶器抢夺"。

5. 扒窃

这是指在公共场所或者公共交通工具上,盗窃他人随身携带的财物。

(1)发生场合:公共场所,即不特定人出入的场合。例如,公共交通工具,公园等。

(2)犯罪对象:他人随身携带的财物。即他人带在身上或者放在身边附近的财物。例如,货车行李架上的行李箱。

(3)犯罪形态:开始盗窃是着手;取得财物是既遂,不要求数额较大。

例1,甲在火车上,将手伸入乙的口袋内,偷走一个诺基亚手机,价值 50 元。由于手机是乙随身携带的财物,构成扒窃不要求数额较大,故甲构成盗窃罪既遂。

例2,甲在跳广场舞时,发现小花衣服口袋鼓起。甲趁小花不备,将手伸入其口袋内,掏出来发现是一团用过的卫生纸。甲的扒窃行为已经着手,虽然扒窃不要求取得数额较大的财物,但甲根本没取得财物,甲虽然是扒窃行为,但仅构成盗窃罪未遂。注意:如果甲偷走 20 元钱,则构成盗窃罪既遂。

【**总结**】多次盗窃、入户盗窃、携带凶器盗窃、扒窃构成盗窃罪既遂,虽然不要求数额较大,但要求取得值得刑法保护的财物。也即,只要不是价值极其低廉的财物即可。

(四)犯罪形态

1. 着手标准:开始实施盗窃行为,使他人财物面临紧急危险时,是盗窃罪的着手。

2. 既遂标准:盗窃罪的既遂有两项标准(失控说+控制说)。

第一,失控说。这是指财物的所有人、持有人失去对财物的控制,行为人实现对财物的控制时,构成盗窃罪既遂。

例1,甲潜入乙的住宅盗窃,将乙的皮箱(内有现金3万元)扔到院墙外,准备一会儿翻墙出去再捡。偶尔经过此处的丙发现皮箱无人看管,遂将其拿走,据为己有。15分钟后,甲来到院墙外,发现皮箱已无踪影。由于乙丧失了对财物的占有,甲将皮箱扔到墙外,属于自己指定的领域,实现了对财物的控制,故甲构成盗窃罪既遂。

例2,乙离开自己的住宅躲避雪灾。两天后,大雪压垮了乙的房屋,家中财物散落一地。邻居甲路过乙家时,将乙垮塌房屋中的2万元现金拿走。由于家中的财物属于主人占有之物,甲取得财物,乙丧失对财物的占有,故甲构成盗窃罪既遂。

第二,控制说。这是指盗窃无形财物,行为人实际控制财物时,构成盗窃罪既遂。例如,乙取钱后,银行卡忘在ATM机内,甲发现后将乙卡内的钱转到自己卡中。即使甲没有取出现金,也构成盗窃罪既遂。

3. 具体情形

(1)体积较大的财物转移出特定场所,才是既遂。例如,甲在商场盗窃海尔冰箱,将冰箱拖出海尔专卖柜台时,还不是盗窃罪既遂,只有将冰箱拖出商场大门时,才是盗窃罪既遂。

(2)体积较小的财物是实现现实控制,就是既遂。例如,甲在商场佯装购买戒指,趁服务人员不注意,将戒指藏在自己口袋内,甲对戒指已经实现现实占有,构成盗窃罪既遂。

(3)盗窃罪的间接正犯,以被利用人是否既遂为标准。例如,甲指使6岁的乙偷丙的钱包,乙偷到钱包后,又不慎丢失。由于乙已经取得钱包,甲构成盗窃罪的既遂。

4. 司法解释

盗窃既有既遂,又有未遂,分别达到不同量刑幅度的,依照处罚较重的规定处罚;达到同一量刑幅度的,以盗窃罪既遂处罚。[①] 例如,甲砸开展柜,想盗窃博物馆价值30万元的金元宝,因紧张错拿了金元宝旁边的仿制品,价值5000元。根据司法解释,甲盗窃既有既遂(5000元),又有未遂(30万元),由于不在同一量刑幅度,依照处罚较重的规定处罚。故对甲适用数额特别巨大的法定刑,可以从轻或减轻处罚(数额特别巨大的未遂)。

★(五)罪数

1. 想象竞合犯

(1)盗窃正在使用中的交通工具的重要部件,足以危及公共安全的,构成盗窃罪和破坏交通工具罪的想象竞合犯,从一重罪论处。例如,甲盗窃乙汽车上的刹车片,数额较大。

(2)盗窃正在使用中的电力设备,足以危及公共安全的,构成盗窃罪和破坏电力设备罪的想象竞合犯,从一重罪论处。例如,甲盗窃正在使用的电线。

(3)实施盗窃犯罪造成公私财物损坏的,以盗窃罪从重处罚;又构成其他犯罪的,择一重罪论处。例如,甲将佛像(珍贵文物)的首部割掉后变卖,甲构成盗窃罪与故意毁坏文物罪的想象竞合犯,从一重罪论处。

2. 数罪并罚

(1)盗窃机动车后实施其他犯罪的,数罪并罚。例如,甲为了抢劫而盗窃乙的汽车,抢劫后将车丢弃,对甲应当以盗窃罪和抢劫罪并罚。

[①] 2013年4月2日《最高人民法院、最高人民检察院关于办理盗窃刑事案件适用法律若干问题的解释》。

(2)盗窃违禁品后,又利用违禁品实施其他犯罪的,数罪并罚。例如,甲盗窃毒品后,又出售给他人,以盗窃罪与贩卖毒品罪并罚。

> **提示**
>
> 如果盗窃后,又毁坏赃物,属于事后不可罚的行为。例如,甲盗窃乙的手机,发现手机一般,于是将其丢入河中。由于毁坏手机的行为没有侵犯新法益,故甲仅构成盗窃罪。

（六）特殊规定

1. 以盗窃罪处理的情形

（1）盗窃信用卡并使用。

（2）盗窃"增值税专用发票"、"可以用于骗取出口退税、抵扣税款的其他发票"。

（3）邮政工作人员私拆邮件、电报从中窃取财物（以盗窃罪从重处罚）。

（4）以牟利为目的,"盗接"通讯线路、电信号码或者"明知是盗接而使用"。

（5）盗用他人公共信息网络上网账号密码上网,造成他人电信资费损失,数额较大。

（6）将电信卡非法充值后使用,造成电信资费损失,数额较大。

（7）偷开他人机动车辆并导致机动车丢失的。将车辆送回未造成丢失的,按照其所实施的其他犯罪从重处罚。

（8）盗窃违禁品的。例如,盗窃毒品、淫秽物品也构成盗窃罪。

2. 不定盗窃罪的情形

（1）盗窃特定对象。

盗窃枪支、弹药、爆炸物,国家机关公文、证件、印章,武装部队公文、证件、印章的,构成各该具体罪名。

> **提示**
>
> 主观上是盗窃他人普通财物的故意,在窃取的财物中发现有枪支、弹药或者毒品等特殊物品的,由于行为人没有盗窃这些特殊物品的故意,仅构成盗窃罪（客体错误）。

（2）盗窃商业秘密的,构成侵犯商业秘密罪。

（3）偷拿自己家的财物或者近亲属的财物,一般可不按犯罪处理。

经典考题

甲在商场看中一块价值2万元的手表,便以选购手表为名,要售货员将手表拿来看看。甲在接到售货员递过来的手表后立即逃走。甲的行为构成( )①。(2011-20 非)

A. 抢夺罪　　　　B. 诈骗罪　　　　C. 侵占罪　　　　D. 盗窃罪

三、诈骗罪

第266条[诈骗罪] 诈骗公私财物,数额较大的,处三年以下有期徒刑、拘役或者管制,并处或者单处罚金;数额巨大或者有其他严重情节的,处三年以上十年以下有期徒刑,并处罚金;数额特别巨大或者有其他特别严重情节的,处十年以上有期徒刑或者无期徒刑,并处罚金或者没收财产。本法另有规定的,依照规定。

① A

这是指以非法占有为目的,用虚构事实或者隐瞒真相的方法,骗取数额较大的公私财物的行为。

⭐(一)成立条件

客体	公私财产所有权。
客观方面	用虚构事实或者隐瞒真相的方法,骗取数额较大的公私财物的行为。
主体	一般主体,即已满16周岁的自然人。
主观方面	故意,并且具有非法占有目的。

⭐(二)诈骗罪的结构

欺骗行为→使对方产生或者维持认识错误→对方基于认识错误处分财物→行为人取得财物、被害人遭受损失。

1. 实施欺骗行为

含义	这是指虚构事实、隐瞒真相,使对方陷入处分财产的认识错误的行为。
内容	①就事实进行欺骗;②就价值进行欺骗。
方式	①作为形式的欺骗;②不作为形式的欺骗。
程度	欺骗行为必须达到足以使对方产生错误认识的程度。
提示	对自己出卖的商品进行一般性夸张宣传,不是欺骗行为。

2. 对方产生认识错误

(1)必须是具有处分财产权限的人产生错误认识,但不必是财物的所有人或占有人。例如"骗取"幼儿、严重精神病人财物的,成立盗窃罪。

(2)机器不是诈骗罪的受骗者,因为机器不存在认识错误。

3. 对方基于认识错误处分财物

原因		被害人因为受到欺骗而产生错误认识,并基于这种错误认识处分财物。如果受骗者基于其他原因处分财物的,行为人不成立诈骗罪既遂。
意识		受骗者处分财物时必须有处分意识,即认识到自己将某种财物转移给行为人或第三者占有。
行为	含义	既包括处分财物的所有权,也包括处分财物的占有权。
	提示	行为人虽然获得了财产性利益,但被害人没有处分财产的,不成立诈骗罪。例如,甲在收费的高速公路驾驶车辆后,不经过收费站,而是通过破坏公路旁的栅栏逃避收费的,不构成诈骗罪。

4. 行为人取得财物、被害人遭受损失

含义	成立诈骗罪要求被害人有遭受财产损失的危险。成立诈骗罪既遂,要求行为人取得财物、被害人遭受实际损失。
非法债务	欺骗他人免除非法债务,被害人不存在财产损失,行为人不成立诈骗罪。
不能犯	有欺骗行为,但被害人没有遭受财产损失的危险和可能,不成立诈骗罪。例如,甲有一块祖传玉佩,以为只是普通财物,价值不会超过5000元。欺骗乙说:"玉佩价值5万。"乙买下,实际上玉佩价值6万元,甲不成立诈骗罪。

（三）盗窃罪与诈骗罪

1. 普通诈骗罪与盗窃罪的区分

区分标准		有无处分行为、处分意思。如果被害人没有处分行为或处分意思，行为人可能成立盗窃罪。
处分行为	调虎离山	甲告诉小卖部老板乙说要5箱矿泉水，乙说："我去仓库给你拿，你帮我看会店。"甲趁机将店内现金拿走。甲构成盗窃罪。
	偷梁换柱	甲见乙带的项链与自己的镀金项链款式一样，便对乙说："让我看看是不是真的一样？"后趁乙不备，将自己的镀金项链给乙。甲构成盗窃罪。
	欺骗借用	甲正在就餐，见美女乙向自己走来，心中窃喜。乙对甲谎称："我有急事，但电话没电了，能不能用下你的电话。"甲欣然同意，乙拿着电话佯装不让甲听到谈话内容，等到安全距离，拔腿就跑。乙构成盗窃罪。
处分意思		是指被害人意识到，自己将财物的所有权或占有权转让给行为人。

2. 三角诈骗与盗窃罪的区分

判断标准：受骗者有无处分财产的权限。如果有，成立诈骗罪；如果没有，成立盗窃罪。

例1，甲将头痛粉冒充海洛因欺骗乙，让乙出卖"海洛因"。乙出卖后获款4000元，但尚未来得及分赃时，被公安机关查获。甲构成诈骗罪，属于间接正犯，乙构成贩卖毒品罪未遂。

例2，乙将钱包遗忘在超市的收银台，后面的顾客丙发现了钱包，于是问钱包是谁的。正在结账的甲声称钱包是自己的，于是取走钱包，收银员没有阻拦，由于丙没有占有钱包，收银员也没有意识到自己占有了钱包，所以缺乏处分行为与处分意识，甲的行为成立盗窃罪。

（四）罪数

1. 按照诈骗罪处理的情形

（1）以欺诈、伪造证明材料或者其他手段骗取养老、医疗、工伤、失业、生育等社会保险金或者其他社会保障待遇的行为。

（2）以虚假、冒用的身份证件办理入网手续并使用移动电话，造成电信资费损失数额较大的行为。

（3）以使用为目的，伪造停止流通的货币，或者使用伪造的停止流通的货币的行为。

2. 法条竞合犯

金融诈骗罪，包括集资诈骗罪、贷款诈骗罪、票据诈骗罪、金融凭证诈骗罪、信用证诈骗罪、信用卡诈骗罪、有价证券诈骗罪、保险诈骗罪以及在其他节中规定的骗取出口退税罪、合同诈骗罪等。这些特殊对象的诈骗罪与普通诈骗罪是特殊和一般的关系，是刑法中的法条竞合，应当按照特别法优于普通法的原则处理。

3. 从一重罪处理的情形

（1）以非法占有为目的，组织、领导传销活动，同时构成组织、领导传销活动罪和集资诈骗罪的，依照处罚较重的规定定罪处罚。

（2）冒充国家机关工作人员进行诈骗，同时构成诈骗罪和招摇撞骗罪的，依照处罚较重的规定定罪处罚。

（3）犯虚假诉讼罪，非法占有他人财产或者逃避合法债务，又构成诈骗罪的，依照处罚较重的规定定罪从重处罚。

（4）犯非法行医罪，同时构成诈骗罪的，依照处罚较重的规定定罪处罚。

4.数罪并罚

犯组织、利用会道门、邪教组织、利用迷信破坏法律实施罪又有诈骗财物行为的,依照数罪并罚的规定处罚。

经典考题

下列情形中,构成诈骗罪的是( )①。(2012-8 法)

A. 甲将自己仿造的唐三彩冒充文物高价卖给他人

B. 乙盗窃他人信用卡后使用该卡从 ATM 机上取走 1 万元现金

C. 丙到柜台选购黄金戒指,乘机用事先准备好的假戒指调换了真戒指

D. 丁在酒店大堂借用李某价值 5000 元的手机后,边打边走,趁李某不备溜走

四、抢夺罪

第 267 条[抢夺罪;抢劫罪]　抢夺公私财物,数额较大的,或者多次抢夺的,处三年以下有期徒刑、拘役或者管制,并处或者单处罚金;数额巨大或者有其他严重情节的,处三年以上十年以下有期徒刑,并处罚金;数额特别巨大或者有其他特别严重情节的,处十年以上有期徒刑或者无期徒刑,并处罚金或者没收财产。

携带凶器抢夺的,依照本法第二百六十三条的规定定罪处罚。

这是指以非法占有为目,公然夺取公私财物,数额较大或者多次抢夺的行为。公然夺取,是指行为人明知被害人知情还当着被害人的面强行夺走财物。

(一)成立条件

客体	他人的财产权。
客观方面	公然夺取公私财物,数额较大或者多次抢夺的行为。
主体	一般主体,即已满 16 周岁的自然人。
主观方面	故意,并且以非法占有为目的。

(二)认定

1.行为结构:对物暴力→对人有危险。注意:不要求乘人不备。

2.多次抢夺:2 年以内 3 次以上抢夺,不要求每次抢夺都既遂。

(三)处罚

1.抢夺行为过失致人重伤,属于"其他严重情节",定抢夺罪。

2.抢夺行为过失致人死亡,属于"其他特别严重情节",定抢夺罪。

经典考题

甲乙二人合谋抢夺财物。一日,甲向一坐在汽车内的妇女假装问路,乙乘该妇女不备,拉开车门,从其手中抢过提包就跑,甲也随即与乙一同逃跑,当场被群众抓获。群众从甲、乙二人身上各搜出一把匕首。甲乙二人的行为构成( )②。(2006-15)

A. 盗窃罪　　　　　　B. 抢夺罪　　　　　　C. 抢劫罪　　　　　　D. 诈骗罪

———————————

① A

② C

五、侵占罪

第 270 条[侵占罪]　将代为保管的他人财物非法占为己有,数额较大,拒不退还的,处二年以下有期徒刑、拘役或者罚金;数额巨大或者有其他严重情节的,处二年以上五年以下有期徒刑,并处罚金。

将他人的遗忘物或者埋藏物非法占为己有,数额较大,拒不交出的,依照前款的规定处罚。

本条罪,告诉的才处理。

这是指以非法占有为目的,将代为保管的他人财物或者将他人的遗忘物、埋藏物非法占为己有,数额较大拒不退还或者拒不交出的行为。

✪（一）成立条件

客体	他人的财产所有权。
客观方面	非法占有代为保管的他人财物或者将他人的遗忘物、埋藏物非法占为己有,数额较大拒不退还或者拒不交出的行为。
主体	一般主体,即已满 16 周岁的自然人。
主观方面	故意,并且以非法占有为目的。

✪（二）类型

委托物的侵占	含义	"代为保管的财物"应作扩大理解,包括代为保管物、出借物、担保物等。
	主体	代为保管他人财物的人,本情形属于身份犯。
	提示	对于特定物"拒不退还"不是成立侵占罪的必要条件。
遗忘物、埋藏物的侵占	含义	这是指基于主人非自愿的原因而丧失对财物的占有。
	提示	行为人发现并占有遗忘物、埋藏物的行为本身不是犯罪,只有不归还并据为己有时才构成犯罪。

✪（三）认定

1.行为方式:以非法占有为目的,将代为保管的他人财物或者将他人的遗忘物、埋藏物非法占为己有,数额较大拒不退还或者拒不交出的行为。结构:先占有→后所有。也即,变占有为非法所有。

（1）先占有财物。这是指构成侵占罪要先占有他人的财物,占有的方式大致有两种:一是委托保管物,可以扩大解释为包括出借物、担保物在内;二是捡拾遗忘物或者埋藏物。

①保管物的侵占。

例 1,甲因车祸受重伤,被送入医院抢救。乙受委托代为饲养甲的宠物狗。由于甲一直未出院,乙产生非法占有宠物狗的意图,并将狗卖掉。乙先合法占有宠物狗,后产生非法占有的目的,乙变占有为所有的行为构成侵占罪。

例 2,甲将 5 万元工资交给乙保管,乙因生意需要周转,将 5 万元用掉,拒不归还给甲,乙变占有为所有的行为构成侵占罪。注意:5 万元是保管物,没有改变所有权,仍然是甲所有。

例 3,甲将 5 万元借给乙,乙拒不归还欠款,由于货币是种类物,借给乙时,乙就取得了货币的所有权,故乙不是变占有为所有,不构成侵占罪,而是一般的民事纠纷。

②遗忘物、埋藏物的侵占。

例1,甲捡到乙的手机,向乙索要补偿未果,于是拒绝归还手机,并将手机卖掉。甲捡手机的行为实现了对手机的占有,甲将手机卖掉是变占有为所有的行为,故甲构成侵占罪。

例2,甲知道乙的儿子被绑架,乙可能会交钱赎人,于是对其悄悄跟踪。甲见乙将布袋埋在桥洞下,等乙离开,甲将其取走,内有20万现金。由于财物是乙特意埋藏,根据社会的一般观念,依然由乙占有,故甲构成盗窃罪。

(2)变占有为非法所有。这是指行为人对财物有占有的权利,但却行使了所有权的权能,通常表现为,将占有的财物非法处分。

例1,甲捡到乙的钱包,花光现金后将钱包扔掉,并拒不承认以上事实。甲对钱包有占有的权利,但并无处分的权利。甲花光现金,扔掉钱包,是变占有为所有的行为,构成侵占罪。

例2,甲受委托代为饲养乙的两只大白兔,甲未经乙许可,将兔子杀死吃肉。甲对兔子有占有的权利,但并无处分的权利。甲杀死兔子,是变占有为所有的行为,构成侵占罪。

✪（四）侵占罪与盗窃罪

1.犯罪对象不同

侵占罪对象是行为人本人已经占有的财物,也即,公私财物已经在行为人的控制之下;盗窃罪的对象则是他人占有的公私财物,也即,公私财物在被害人的控制之下。

2.犯罪客观方面不同

侵占罪犯罪客观方面表现为侵占行为,即将自己占有的财物据为己有;盗窃罪犯罪客观方面表现为秘密窃取,行为人采取自以为不会被他人发觉的方法窃取其财物。

3.犯罪故意产生时间不同

侵占罪的行为人在占有财物之后才产生犯罪故意,即产生非法占有财物的目的;而盗窃罪的行为人是在没有占有财物之前就产生非法占有他人财物的目的。

例1,甲受王某之托将价值3万元的手表送给张某,甲在路上让乙捆绑自己,伪造抢劫现场,将表据为己有。报案后,甲向警方说自己被抢。甲的行为构成侵占罪。

例2,乙知道邻居肖某的孩子被绑架,肖某可能会按照歹徒的要求交付赎金,即终日悄悄跟随在肖某身后。某日,见肖某将一塑料口袋塞入某桥洞下,待肖某离开后,乙取走20万元现金。乙的行为构成盗窃罪。

📢 六、职务侵占罪

第271条[职务侵占罪;贪污罪] 公司、企业或者其他单位的人员,利用职务上的便利,将本单位财物非法占为己有,数额较大的,处五年以下有期徒刑或者拘役;数额巨大的,处五年以上有期徒刑,可以并处没收财产。

国有公司、企业或者其他国有单位中从事公务的人员和国有公司、企业或者其他国有单位委派到非国有公司、企业以及其他单位从事公务的人员有前款行为的,依照本法第三百八十二条、第三百八十三条的规定定罪处罚。

这是指公司、企业或者其他单位的人员,利用职务上的便利,将本单位财物非法占有,数额较大的行为。

（一）成立条件

客体	公司、企业或者其他单位的财产所有权。
客观方面	利用职务上便利,将本单位财物非法占为己有,数额较大的行为。
主体	特殊主体,即公司、企业或者其他单位的人员。
主观方面	故意,并以非法占有为目的。

（二）行为结构

利用职务上的便利,将单位财物非法占为己有。

1.必须利用了职务上的便利,即利用自己主管、管理、经营、经手单位财物的便利条件。

2.必须将单位财物非法占为己有。例如,甲利用职务便利,将公司持有的股份变更为自己持有的股份的,成立职务侵占罪。

> **提示**
>
> 这里的"职务"是指具有一定管理性的职务,即主管、管理、经营等职务。纯粹的体力性劳务,不属于这里的"职务"。例如,单纯的装卸工,不是这里的"职务"。而仓库管理员、产品质检员、运输司机,属于这里的"职务"。

（三）认定

1.本罪与侵占罪

对象不同	本罪的犯罪对象是公司、企业或者其他单位的财物;侵占罪犯罪对象则是代为保管的他人财物、遗忘物或者埋藏物。
客观方面不同	本罪表现为利用职务上的便利,将本单位的财物非法占有;侵占罪表现为将他人的财物占为己有,其占有与职务上的便利无关。
主体不同	职务侵占罪犯罪主体是特殊主体即公司、企业或者其他单位的人员;侵占罪犯罪主体是一般主体。

2.本罪与盗窃罪、诈骗罪

对象不同	职务侵占罪犯罪对象仅限于所在单位的财物;盗窃罪、诈骗罪的犯罪对象没有任何限制。
客观方面不同	职务侵占罪要求利用职务上的便利,而且非法占有财物的手段较多,既有盗窃、诈骗手段,也有侵占和其他手段。盗窃罪、诈骗罪的行为人没有利用职务之便,而且在非法占有他人财物的手段上仅限于窃取或诈骗。如果采取其他非法手段,则不能以盗窃罪或诈骗罪论处。
主体不同	职务侵占罪犯罪主体为公司、企业或者其他单位的人员,是特殊主体;盗窃罪、诈骗罪是一般主体。

3.按照职务侵占罪处理的情形

（1）对村民小组组长利用职务上的便利,将村民小组集体财产非法占为己有,数额较大的行为;

（2）在国有资本控股、参股的股份有限公司中从事管理工作的人员,除受国家机关、国有公司、企业、事业单位委派从事公务的以外,不属于国家工作人员。对其利用职务上的便利,将本单位财物非法占为己有,数额较大的,应当以职务侵占罪定罪处罚。

经典考题

一乘客将一部价值 2 万元的照相机遗忘在出租车上,司机甲将其私藏起来。第二天,乘客根据出租车发票,通过出租车公司找到甲索要照相机,甲拒不承认。甲的行为(　　)①。(2013-6 法)

A. 构成侵占罪

B. 构成职务侵占罪

C. 属于不当得利,不由刑法调整

D. 情节显著轻微危害不大,不认为是犯罪

七、挪用资金罪

第 272 条[挪用资金罪;挪用公款罪] 公司、企业或者其他单位的工作人员,利用职务上的便利,挪用本单位资金归个人使用或者借贷给他人,数额较大、超过三个月未还的,或者虽未超过三个月,但数额较大、进行营利活动的,或者进行非法活动的,处三年以下有期徒刑或者拘役;挪用本单位资金数额巨大的,或者数额较大不退还的,处三年以上十年以下有期徒刑。

国有公司、企业或者其他国有单位中从事公务的人员和国有公司、企业或者其他国有单位委派到非国有公司、企业以及其他单位从事公务的人员有前款行为的,依照本法第三百八十四条的规定定罪处罚。

这是指公司、企业或者其他单位的工作人员,利用职务上的便利,挪用本单位资金归个人使用或者借贷给他人,数额较大,超过 3 个月未还的,或者虽然没有超过 3 个月,但是数额较大,进行营利活动,或者进行非法活动的行为。

(一) 成立条件

客体	公司、企业或者其他单位的资金使用权。
客观方面	利用职务上的便利,挪用本单位资金归个人使用或者借贷给他人的行为。具体包括: ①数额较大,超过 3 个月未归还的。 ②虽未超过 3 个月,但数额较大、进行营利性活动的。 ③挪用资金用于非法活动的。
主体	特殊主体,即公司、企业或者其他单位的工作人员。受国家机关、国有公司、企业、事业单位、人民团体委托,管理、经营国有财产的非国家工作人员,也可以成为本罪的主体。
主观方面	故意,并且具有挪用资金归个人使用或者借贷给他人的目的。

(二) 本罪与职务侵占罪

客体不同	两种犯罪虽然都侵犯财物的所有权,但挪用资金罪仅侵犯资金的使用权和收益权,但未侵犯处置权;职务侵占罪则侵犯财物所有权的全部权能。
对象不同	挪用资金罪的对象是本单位资金;职务侵占罪的对象则是本单位财物,范围大于资金。
主观方面不同	挪用资金罪只是暂时挪用资金,没有非法占有目的;而职务侵占罪的内容则是将财物非法占有,不打算日后归还。

八、敲诈勒索罪

第 274 条[敲诈勒索罪] 敲诈勒索公私财物,数额较大或者多次敲诈勒索的,处三年以下有期徒刑、拘役或者管制,并处或者单处罚金;数额巨大或者有其他严重情节的,处三年以

---

① A

上十年以下有期徒刑,并处罚金;数额特别巨大或者有其他特别严重情节的,处十年以上有期徒刑,并处罚金。

这是指以非法占有为目的,对公私财物的所有人、管理人实施威胁或者要挟的方法,多次强行索取公私财物或者索取数额较大的公私财物的行为。

⭐ (一)成立条件

客体	复杂客体,既侵犯公私财产所有权,又侵犯公民人身权利或者其他权益。
客观方面	对公私财物的所有人、管理人实施威胁或者要挟,迫使其处分数额较大的公私财物或者多次敲诈勒索的行为(2年内敲诈勒索3次以上的)。
主体	一般主体,即已满16周岁的自然人。
主观方面	故意,并且具有非法占有公私财物的目的。

⭐ (二)认定

1.行为方式:以非法占有为目的,用虚构事实或者隐瞒真相的方法,骗取数额较大的公私财物的行为。结构:实施恐吓行为→使对方产生恐惧心理→对方基于恐惧心理处分财物→行为人取得财物→被害人遭受损失。

(1)实施恐吓行为。这是指使用暴力、胁迫等方法,以恶害相通告,使对方产生恐惧心理。

第一,实施恶害的主体。恶害可以由本人或者第三人实施,但由第三人实施时,行为人要让对方认识到自己能影响第三人。

例1,甲以公布乙的裸照相威胁,向乙索要5万元。甲是实施恶害的主体,其行为足以使乙产生恐惧心理,构成敲诈勒索罪。

例2,甲是黑社会性质组织的成员,向洗浴中心索取保护费,被老板丙拒绝。甲声称将请黑老大收拾丙,丙心生恐惧,缴纳了保护费。虽然甲通告实施恶害的主体是黑老大,但这足以使丙相信,故甲构成敲诈勒索罪。

例3,甲以请雷公、电母劈死乙相威胁,向乙索要5万元,甲通告实施恶害的主体是雷公、电母,但这不会使乙相信,故甲不构成敲诈勒索罪。

第二,恶害的实现。只要足以使人产生恐惧心理,恶害是否会实际发生在所不问。例如,甲以日后绑架乙之子相威胁,向乙索要10万元,乙担忧儿子安危而照办。即使甲原本就不打算实施绑架,也构成敲诈勒索罪。

第三,恶害的性质。既可以通过合法途径,也可以通过不法途径实现恶害的内容。例如,甲以检举乙贪污相威胁,向乙索要5万元,乙害怕被查处而照办。虽然举报是公民的正当权利,但甲并无索要财物的权利,依然构成敲诈勒索罪。

(2)对方产生恐惧心理。注意:单纯使人困惑、懊恼的行为,不是恐惧心理。

例1,甲捡到乙的手机,声称不付3000元报酬,就不归还手机。这不足以使乙产生恐惧心理,故甲不构成敲诈勒索罪。

例2,甲捡到乙的手机,声称不付3000元,就公开手机中的艳照。这足以使乙产生恐惧心理,故甲构成敲诈勒索罪。

(3)基于恐惧心理处分财物。处分财产的方式,包括被害人直接交付财产和容忍行为人取走财产。例如,甲敲诈乙的手机,乙心生恐惧,从口袋掏手机时,甲将手机夺走,乙没有反抗。

乙基于恐惧心理,容忍甲夺走手机,也是处分财物的方式,甲构成敲诈勒索罪,不再定抢夺罪。

(4)行为人取得财物。构成敲诈勒索罪既遂,要求行为人取得财物,如果未取得财物,只能构成本罪未遂。例如,甲敲诈乙的手机,乙将手机交与甲时,手机掉入水中。因甲并未取得财物,故仅构成敲诈勒索罪未遂。

(5)被害人遭受损失。

这里的"损失"是合法财产的损失,不包括非法债权的丧失。例如,甲赌博时输乙5万元,以揭发乙的隐私相威胁,要求乙返还所赢财物。由于乙不存在合法财产的损失,故甲不构成敲诈勒索罪。

2.两种类型

(1)敲诈勒索公私财物,数额较大。根据司法解释,敲诈勒索公私财物,数额在2000元以上的,构成敲诈勒索罪。

(2)多次敲诈勒索。根据司法解释,这是指2年内敲诈勒索3次以上。

3.正当维权与敲诈勒索

(1)无权利而恐吓构成敲诈勒索罪。

这是指行为人根本就没有索要财物的权利,但以恶害相通告勒索财物的行为。例如,甲偶然得知乙与别人通奸,以告诉其丈夫相威胁,索要5万元,甲构成敲诈勒索罪。

(2)有权利而恐吓,如果权利无争议,不构成敲诈勒索罪。

这是指行为人对被害人拥有正当的、无争议的权利,但以恶害相通告来行使自己的权利。例如,甲欠债不还,乙以绑架其子相威胁,向甲索要债务。由于甲主观上只想实现自己的债权,并无非法占有他人财物的意思,故甲不构成敲诈勒索罪。

(3)有权利而恐吓,如果权利有争议,是否构成敲诈勒索罪视情况而定。

如果行为人的权利具有可诉性,实现权利的手段具有相当性,则是正当维权,反之则构成敲诈勒索罪。权利具有可诉性,是指受到侵犯的权利可通过法院起诉的方式获得救济;手段具有相当性,是指实现权利的手段合法,能被社会一般人接受。正当维权的标准:权利具有可诉性+手段具有相当性。

例1,甲在汤面中发现一只苍蝇,甲以向消协投诉相威胁,向经营者乙索要5万元。首先,甲有权向乙索要赔偿;其次,甲有权获得多少赔偿存在争议。不过甲实现权利的方法是向消协投诉,赔偿的数额可以经消协调解。也即,甲的权利具有可诉性,实现权利的手段具有相当性,故甲是正当维权,不构成敲诈勒索罪。

例2,甲在汤面中发现一只苍蝇,甲以砸门封店相威胁,向经营者乙索要5万元。虽然甲的权利具有可诉性,但实现权利的手段没有相当性,由于权利存在争议,故甲构成敲诈勒索罪。

4.抢劫罪与敲诈勒索罪

两罪有许多相似之处,犯罪客体均为复杂客体,除侵犯财产所有权外,还侵犯被害人的人身权利;犯罪主体均为一般主体;主观方面都以非法占有为目的。两者的不同点为:

行为内容不同	抢劫罪主要以当场实施暴力或者以暴力相威胁为其行为内容;敲诈勒索罪往往限于威胁或者要挟手段,威胁的内容不只是暴力,还包括非暴力威胁。
行为方式不同	抢劫罪的威胁当着被害人的面实施;敲诈勒索罪的威胁可以是当着被害人的面,也可以是通过第三人来实现。
数额标准不同	抢劫罪不要求数额较大;敲诈勒索罪要求数额较大。

5.诈骗罪与敲诈勒索罪

客体不完全相同	敲诈勒索罪的客体是复杂客体,即公私财产所有权和公民的人身权利;诈骗罪的犯罪客体是简单客体,即公私财产所有权。
客观方面不同	敲诈勒索罪以威胁、要挟的方法,造成被害人心理恐惧使被害人交出财物;诈骗罪以虚构事实或隐瞒事实真相的方法使被害人信以为真,从而"自愿"交出财物。

提示

以上关于敲诈勒索罪与诈骗罪的区分,主要是解决简答题,但涉及选择题或者案例分析题,还需要进行深入理解。

(1)行为性质单一:什么性质定什么罪。不考虑对方是陷入错误认识还是恐惧心理。

(2)行为性质双重:什么心理定什么罪。基于认识错误处分财物,定诈骗罪;基于恐惧心理处分财物的,定敲诈勒索罪;两种心理都具备,属于诈骗罪与敲诈勒索罪的想象竞合犯。

例1,甲对乙谎称:"你儿子得罪了黑老大,人家要收拾他",乙心生恐惧,给甲5万元请求帮忙协调,甲欣然同意。首先,分析甲的行为性质:甲对乙撒谎,属于虚构事实,是欺骗行为。其次,甲不是实施恶害的主体,也未让第三人实施恶害。也即,甲客观上并无敲诈行为,自然不构成敲诈勒索罪,故甲仅构成诈骗罪。

例2,甲与16岁的小花自愿发生性关系,小花声称自己是幼女,向甲索要5000元,否则告发甲强奸。事实上,甲早就知道小花的年龄,因担心会给自己带来麻烦,答应了小花的要求。首先,分析小花的行为性质:小花谎称自己是幼女,以告发甲强奸相威胁,具有欺骗性质又有敲诈性质;其次,甲并未陷入认识错误,而是基于恐惧心理处分财物,故小花构成敲诈勒索罪。

⭐ **(三)犯罪形态**

(1)着手标准:开始实施敲诈行为。

(2)既遂标准:既遂有两项关键指标:一是被害人必须基于恐惧心理处分财物;二是行为人必须取得财物,两项指标要同时具备才构成敲诈勒索罪既遂。例如,甲敲诈乙的财物,乙心生恐惧而报警。警察安排乙在约定地点将钱交给甲,甲正要离开时被警察抓获。由于乙并非基于恐惧心理处分财物,故甲仅构成敲诈勒索罪未遂。

经典考题

下列行为可以构成犯罪的是(   )①。(2016-4 法)

A. 参加传销组织　　　　　　　　　　　B. 多次敲诈勒索他人财物

C. 雇佣童工清理客房　　　　　　　　　D. 拐卖15周岁的男孩

📢 **九、故意毁坏财物罪**

第275条[故意毁坏财物罪]　故意毁坏公私财物,数额较大或者有其他严重情节的,处三年以下有期徒刑、拘役或者罚金;数额巨大或者有其他特别严重情节的,处三年以上七年以下有期徒刑。

---

① 　B

这是指故意毁灭或者损坏公私财物,数额较大或者情节严重的行为。

(一)成立条件

客体	公私财产所有权。
客观方面	实施毁灭或损坏公私财物,数额较大或者情节严重的行为。
主体	一般主体,即已满16周岁具有刑事责任能力的自然人。
主观方面	故意,包括直接故意和间接故意。过失不能构成本罪。

(二)认定

1.行为方式:毁坏财物。

(1)物理上毁坏:例如,使他人鱼池的鱼游失、将他人的戒指扔入海中、低价抛售他人股票。

(2)功能上毁坏:例如,将他人财物隐藏,为了报复泄愤将他人的现金扔入水沟、向他人的美术作品泼洒脏物、涂黑他人的广告牌内容的,都属于毁坏财物等情形。

2.行为人是否占有该财物,不影响本罪的成立。

3.在盗窃过程中造成公私财物严重毁损的,以盗窃罪从重处罚;盗窃数额较小但是造成公私财物严重损坏的,以故意毁坏财物罪定罪处罚;盗窃行为完成以后为了掩盖盗窃行为而故意毁坏公私财物的,以盗窃罪和故意毁坏财物罪数罪并罚。

经典考题

甲在行驶中的公共汽车上与售票员发生争执,气愤之下举起随身携带的铁锤猛砸汽车车窗,致车窗破碎,造成经济损失1万余元。甲的行为构成( )①。(2010-9非)

A.破坏交通工具罪　　　　　　　　　　B.故意毁坏财物罪
C.破坏交通设施罪　　　　　　　　　　D.以危险方法危害公共安全罪

十、破坏生产经营罪

第276条[破坏生产经营罪] 由于泄愤报复或者其他个人目的,毁坏机器设备、残害耕畜或者以其他方法破坏生产经营的,处三年以下有期徒刑、拘役或者管制;情节严重的,处三年以上七年以下有期徒刑。

这是指以泄愤、报复或者其他个人目的,破坏机器设备,残害牲畜或者以其他方法破坏生产经营的行为。

(一)成立条件

客体	生产经营的正常活动。
客观方面	以毁坏机器设备、残害耕畜或其他方法破坏生产经营的行为。
主体	一般主体,即年满16周岁具有刑事责任能力的自然人。
主观方面	故意,并具有泄愤报复或者其他个人目的。

(二)认定

1.行为方式:以泄愤、报复或者其他个人目的,破坏机器设备,残害牲畜或者以其他方法

---

① B

破坏生产经营的行为。

（1）方式：破坏机器设备，残害牲畜。例如，甲出于报复，砸坏乙厂房内的机器，致使乙无法按照约定时间向客户供货，甲构成破坏生产经营罪。

（2）对象：毁损的对象必须是机器设备、耕畜等生产工具、生产资料。例如，甲出于报复，毒死乙饲养的绵羊，由于绵羊不是生产资料，故甲不构成破坏生产经营罪，应当以故意毁坏财物罪论处。

2.犯罪目的：以泄愤、报复或者其他个人目的。

十一、拒不支付劳动报酬罪

第276条[拒不支付劳动报酬罪]　以转移财产、逃匿等方法逃避支付劳动者的劳动报酬或者有能力支付而不支付劳动者的劳动报酬，数额较大，经政府有关部门责令支付仍不支付的，处三年以下有期徒刑或者拘役，并处或者单处罚金；造成严重后果的，处三年以上七年以下有期徒刑，并处罚金。

单位犯前款罪的，对单位判处罚金，并对其直接负责的主管人员和其他直接责任人员，依照前款的规定处罚。

有前两款行为，尚未造成严重后果，在提起公诉前支付劳动者的劳动报酬，并依法承担相应赔偿责任的，可以减轻或者免除处罚。

这是指以转移财产、逃匿等方法逃避支付劳动者的劳动报酬或者有能力支付而不支付劳动者的劳动报酬，数额较大，经政府有关部门责令支付仍不支付的行为。

（一）成立条件

客体	复杂客体，即侵犯劳动者的财产权，又妨碍了正常的劳动用工关系和社会主义市场经济秩序。
客观方面	以转移财产、逃匿等方法逃避支付劳动者的劳动报酬或者有能力支付而不支付劳动者的劳动报酬，数额较大，经政府有关部门责令支付仍不支付的行为。
主体	一般主体，已满16周岁具有刑事责任能力的自然人。单位可构成本罪。
主观方面	故意。

（二）认定

1.行为方式：以转移财产、逃匿等方法逃避支付劳动者的劳动报酬。

> **提示**
>
> 本罪行为的实质是不履行支付劳动报酬的义务，属于不作为犯。

2.处罚：成立本罪除要求数额较大外，还要求经政府有关部门责令支付仍不支付。

3.后果：法院判决或者裁定应当支付，行为人仍不支付的，成立拒不执行判决、裁定罪。

第十八章 | 妨害社会管理秩序罪

《 第一节 本章概述 》

一、概念

妨害社会管理秩序罪,是指妨害国家机关对社会的管理活动,破坏社会正常秩序,情节严重的行为。

二、成立条件

犯罪客体	社会管理秩序。
客观方面	妨害国家机关对社会的管理活动,破坏社会正常秩序,情节严重的行为。
犯罪主体	多数是一般主体,少数是特殊主体。
主观方面	多数犯罪为故意,少数犯罪为过失。

三、罪名

1	妨害公务罪	第 277 条
2	招摇撞骗罪	第 279 条
3	伪造、变造、买卖国家机关公文、证件、印章罪	第 280 条第 1 款
4	伪造、变造、买卖身份证件罪	第 280 条第 3 款
5	非法获取国家秘密罪	第 282 条第 1 款
6	投放虚假危险物质罪	第 291 条之一第 1 款
7	编造、故意传播虚假恐怖信息罪	第 291 条之一第 1 款
8	组织考试作弊罪	第 284 条之一第 1、2 款
9	代替考试罪	第 284 条之一第 4 款
10	非法侵入计算机信息系统罪	第 285 条第 1 款
11	破坏计算机信息系统罪	第 286 条
12	拒不履行信息网络安全管理义务罪	第 286 条之一
13	帮助信息网络犯罪活动罪	第 287 条之二
14	聚众斗殴罪	第 292 条
15	寻衅滋事罪	第 293 条
16	组织、领导、参加黑社会性质组织罪	第 294 条第 1 款

17	赌博罪	第 303 条第 1 款
18	开设赌场罪	第 303 条第 2 款
19	伪证罪	第 305 条
20	虚假诉讼罪	第 307 条之一
21	妨害作证罪	第 307 条第 1 款
22	扰乱法庭秩序罪	第 309 条
23	窝藏、包庇罪	第 310 条
24	掩饰、隐瞒犯罪所得、犯罪所得收益罪	第 312 条
25	拒不执行判决、裁定罪	第 313 条
26	脱逃罪	第 316 条第 1 款
27	组织他人偷越国(边)境罪	第 318 条
28	医疗事故罪	第 335 条
29	非法行医罪	第 336 条第 1 款
30	污染环境罪	第 338 条
31	盗伐林木罪	第 345 条第 1 款
32	走私、贩卖、运输、制造毒品罪	第 347 条
33	非法持有毒品罪	第 348 条
34	组织卖淫罪	第 358 条
35	强迫卖淫罪	第 358 条
36	传播性病罪	第 360 条
37	制作、复制、出版、贩卖、传播淫秽物品牟利罪	第 363 条第 1 款
38	传播淫秽物品罪	第 364 条第 1 款

《 第二节　具体罪名 》

一、妨害公务罪

第 277 条[妨害公务罪]　以暴力、威胁方法阻碍国家机关工作人员依法执行职务的,处三年以下有期徒刑、拘役、管制或者罚金。

以暴力、威胁方法阻碍全国人民代表大会和地方各级人民代表大会代表依法执行代表职务的,依照前款的规定处罚。

在自然灾害和突发事件中,以暴力、威胁方法阻碍红十字会工作人员依法履行职责的,依照第一款的规定处罚。

故意阻碍国家安全机关、公安机关依法执行国家安全工作任务,未使用暴力、威胁方法,造成严重后果的,依照第一款的规定处罚。

暴力袭击正在依法执行职务的人民警察的,依照第一款的规定从重处罚。

这是指以暴力、威胁方法阻碍国家机关工作人员依法执行职务,阻碍人民代表大会代表依法执行代表职务,阻碍红十字会工作人员依法履行职责的行为,或者故意阻碍国家安全机关、公安机关依法执行国家安全工作任务,未使用暴力、威胁方法,造成严重后果的行为。

（一）成立条件

客体	国家机关人民代表大会、红十字会、国家安全机关以及公安机关的公务活动。
客观方面	①以暴力、威胁的方法阻碍国家机关工作人员依法执行职务; ②以暴力、威胁的方法阻碍人大代表依法执行职务; ③在自然灾害或在突发事件中,以暴力、威胁方法阻碍红十字会人员依法履行职责; ④虽未使用暴力、威胁的方法,但故意阻碍国家安全机关、公安机关工作人员依法执行国家安全工作任务,造成严重后果的行为。
主体	一般主体,即已满16周岁的自然人。
提示	暴力袭击正在依法执行职务的人民警察的,定妨害公务罪,从重处罚。

（二）认定

1. 时间条件:必须在执行职务时实施阻碍行为。例如,在警察处理完双方争端后,一方认为处理不公正,踢了警察一脚后逃走的,由于公务已经处理完毕,不成立妨害公务罪。

2. 暴力程度:只要足以阻碍国家机关工作人员执行职务即可。

3. 罪过形式:必须明知国家机关工作人员正在依法执行职务,而故意阻碍。阻碍的动机不影响本罪的成立。例如,便衣警察乙正在抓捕毒贩,甲以为乙是抢劫犯,而对其使用暴力进行"制止",甲没有妨害公务的故意,不成立本罪。

（三）罪数

1. 想象竞合犯

以暴力方式抗拒执法,构成妨害公务罪,同时对执法人员造成轻伤的,由于妨害公务罪可以包容轻伤结果,故仅定妨害公务罪;如果故意造成执法人员重伤、死亡结果的,从一重罪处罚,定故意伤害罪、故意杀人罪。

2. 数罪并罚

犯生产、销售伪劣商品罪,走私普通货物、物品罪等走私罪,非法猎捕、杀害珍贵、濒危野生动物罪,非法经营罪,拐卖妇女、儿童等罪,又妨害公务的,应数罪并罚。

3. 加重法定刑

(1)原则:实施其他犯罪,又妨害公务的,数罪并罚。

(2)例外:将妨害公务罪作为其他犯罪的加重法定刑。

①第318条:组织他人偷越国(边)境罪;②第321条:运送他人偷越国(边)境罪;③第347条:走私、贩卖、运输、制造毒品罪。

> 提示
>
> 　在以上三个罪中妨害公务的行为属于加重法定刑,即在走私、贩卖、运输、制造毒品过程中妨害公务的,在组织或者运送他人偷越国(边)境过程中妨害公务的,不需要数罪并罚,仍定本罪并适用更重的法定刑。

经典考题

下列行为中,不属于妨害公务罪的行为是(　　　)①。(2005-1)

A. 甲以暴力、威胁方法阻碍工商行政管理机关工作人员依法查处伪劣商品的行为

B. 乙以暴力、威胁方法阻碍国有公司经理依法履行组织生产经营职责的行为

C. 丙以暴力、威胁方法阻碍市人大代表依法执行代表职务的行为

D. 在发生重大洪灾中,丁以暴力、威胁方法阻碍红十字会工作人员依法履行防疫职责的行为

二、招摇撞骗罪

第 279 条[招摇撞骗罪]　冒充国家机关工作人员招摇撞骗的,处三年以下有期徒刑、拘役、管制或者剥夺政治权利;情节严重的,处三年以上十年以下有期徒刑。

冒充人民警察招摇撞骗的,依照前款的规定从重处罚。

这是指以谋取非法利益为目的,冒充国家机关工作人员进行招摇撞骗的行为。

(一) 成立条件

客体	国家机关的威信及其正常活动,同时也损害公共利益或公民的合法权益。
客观方面	冒充国家机关工作人员进行招摇撞骗的行为。
主体	一般主体,即已满 16 周岁的自然人。
主观方面	故意,具有骗取非法利益的目的。

(二) 本罪与诈骗罪

1. 本罪限于以冒充国家机关工作人员的方式骗取包括财产在内的各种利益;而诈骗罪则不限于以冒充国家机关工作人员的方式骗取财物。

2. 如果行为人以冒充国家机关工作人员的特定方式招摇撞骗,骗取包括财产在内的各种利益,应以招摇撞骗罪论处。

3. 如果所骗取的财物数额特别巨大,应择一重罪处断,即应按诈骗罪论处。

(三) 罪数问题

1. 冒充军警人员抢劫的,属于抢劫罪的法定加重情节。

2. 冒充警察招摇撞骗,定招摇撞骗罪,并从重处罚。

3. 冒充军人(包括武警)招摇撞骗,定冒充军人招摇撞骗罪。

4. 冒充国家执法人员执法,骗取钱财,触犯了招摇撞骗罪和诈骗罪,按想象竞合犯处理。

5. 冒充国家执法人员执法,既欺骗又恐吓被害人,让被害人交付钱财,就触犯了招摇撞骗罪、诈骗罪、敲诈勒索罪,按照想象竞合犯处理。

经典考题

下列行为中,构成招摇撞骗罪的是(　　　)②。(2010-12 非)

A. 甲冒充某省电视台记者骗取他人钱财,数额巨大

B. 乙冒充工商局副局长玩弄多名女青年

C. 丙冒充国有公司总经理玩弄多名女青年,并致两人怀孕

---

①　B

②　B

D. 丁冒充某大学招生办主任骗取他人钱财,数额巨大

三、伪造、变造、买卖国家机关公文、证件、印章罪

第280条第1款[伪造、变造、买卖国家机关公文、证件、印章罪;盗窃、抢夺、毁灭国家机关公文、证件、印章罪] 伪造、变造、买卖或者盗窃、抢夺、毁灭国家机关的公文、证件、印章的,处三年以下有期徒刑、拘役、管制或者剥夺政治权利,并处罚金;情节严重的,处三年以上十年以下有期徒刑,并处罚金。

这是指伪造、变造、买卖国家机关的公文、证件、印章的行为。

(一)成立条件

客体	国家机关的正常活动。
客观方面	伪造国家机关公文、证件、印章的行为。
主体	一般主体,即已满16周岁的自然人。
主观方面	故意。

(二)认定

1. 本罪的对象仅限于国家机关的公文、证件、印章,若行为人实施伪造私人文书、印章的行为,则不构成本罪。

2. 伪造、变造、买卖国家机关的公文、证件、印章并用于诈骗、招摇撞骗等犯罪活动的,是牵连犯,从一重罪处罚。

3. 罪数问题

(1)本罪是选择性罪名,同时实施上述行为的,也只认定为一罪,不实行数罪并罚。

(2)实施本罪后,又利用该公文、证件、印章实施其他犯罪,具有牵连关系的,择一重罪论处。

四、伪造、变造、买卖身份证件罪

第280条第3款[伪造、变造、买卖身份证件罪] 伪造、变造、买卖居民身份证、护照、社会保障卡、驾驶证等依法可以用于证明身份的证件的,处三年以下有期徒刑、拘役、管制或者剥夺政治权利,并处罚金;情节严重的,处三年以上七年以下有期徒刑,并处罚金。

这是指伪造、变造、买卖居民身份证、护照、社会保障卡、驾驶证等依法可以用于证明身份的证件的行为。

(一)成立条件

客体	国家对居民身份证件的管理制度。
客观方面	伪造、变造、买卖居民身份证、护照、社会保障卡、驾驶证等依法可以用于证明身份的证件的行为。
主体	一般主体,即已满16周岁的自然人。
主观方面	故意。

(二)认定

1. 买卖的对象:包括真实的身份证件,也包括伪造、变造的身份证件。买卖的方式:单纯

的买、卖或者先买后卖都属于这里的"买卖"。

例1,清洁工甲拾得乙的身份证,卖给丙,构成本罪。

例2,甲将自己的身份信息提供给乙,让乙为自己伪造居民身份证件,并支付办证费用。甲成立买卖身份证件罪。乙成立伪造身份证件罪。

2.本罪与使用虚假身份证件罪、盗用身份证件罪

后者是指在依照国家规定应当提供身份证明的活动中,使用伪造、变造的或者盗用他人的居民身份证、护照、社会保障卡、驾驶证等依法可以用于证明身份的证件,情节严重的行为。实施本罪同时构成其他犯罪的,依照处罚较重的规定定罪处罚。

3.伪造、变造、买卖身份证件并用于诈骗、招摇撞骗等犯罪活动的,成立牵连犯,应当择一重罪处断。

经典考题 ✍

甲为逃避处罚,私刻交警部门公章,伪造取车单,将其因违章被暂扣的电动三轮车骗回。甲的行为( )①。(2013-9 法)

A. 构成诈骗罪   B. 构成盗窃罪

C. 构成伪造国家机关印章罪   D. 不构成犯罪

五、非法获取国家秘密罪

第 282 条第 1 款[非法获取国家秘密罪] 以窃取、刺探、收买方法,非法获取国家秘密的,处三年以下有期徒刑、拘役、管制或者剥夺政治权利;情节严重的,处三年以上七年以下有期徒刑。

这是指以窃取、刺探、收买的方法,非法取得国家秘密的行为。

(一)成立条件

客体	国家的保密制度。
客观方面	窃取、刺探、收买国家秘密的行为。
主体	一般主体,即已满16周岁的自然人。
主观方面	故意。

(二)认定

1.行为方式:以窃取、刺探、收买的方法,非法取得国家秘密的行为。

(1)窃取国家秘密。这是指通过盗取文件或者利用计算机、窃听窃照等器械窃取国家秘密的行为。例如,在政府保密的会场,私自放置录音笔,窃取国家秘密的行为。

(2)刺探国家秘密。这是指通过打听或者实地考察等方法获取国家秘密的行为。例如,甲深夜潜入国家保密室,打开保险柜,阅读保密材料。

(3)收买国家秘密。这是指利用金钱、物质、美色或者其他利益获取国家秘密的行为。例如,甲花重金购买研究生入学考试题目。

---

① C

2. 罪数问题

（1）非法获取国家秘密罪与间谍罪。

①犯罪客体不同。间谍罪的犯罪客体是国家安全；非法获取国家秘密罪的犯罪客体是国家的保密制度。

②客观方面不同。间谍罪的行为内容复杂，获取国家情报只是其行为方式之一；非法获取国家秘密罪仅限以窃取、刺探、收买方法获取国家秘密的行为。

③主观方面不同。间谍罪具有危害国家安全的目的；非法获取国家秘密罪没有危害国家安全的目的。

> **提示**
>
> 间谍罪可以包含非法获取国家秘密罪，如果同时触犯两罪，定间谍罪。例如，甲接受间谍组织委派，刺探国家秘密，并提供给间谍组织。甲的行为同时触犯间谍罪和非法获取国家秘密罪，应当以间谍罪定罪处罚。

（2）非法获取国家秘密罪与为境外窃取、刺探、收买、非法提供国家秘密、情报罪。

①犯罪客体不同。前罪的犯罪客体是国家的保密制度，犯罪对象仅限于国家秘密；后罪的客体是国家安全，犯罪对象既包括国家秘密也包括不属于国家秘密的情报。

②客观方面不同。前罪是以窃取、刺探、收买方法获取国家秘密；后罪是将获取的国家秘密、情报提供给国外的组织、机构和个人。

③主观方面不同。前罪不要求行为人有特定的目的；后罪要求行为人有危害国家安全的目的。

> **提示**
>
> 间谍罪可以包含为境外窃取、刺探、收买、非法提供国家秘密、情报罪，如果同时触犯间谍罪和为境外窃取、刺探、收买、非法提供国家秘密、情报罪，定间谍罪。

经典考题

国家机关工作人员甲通过电子邮件，将因工作便利获悉的国家经济秘密发送给某境外机构。甲的行为构成（　　）①。（2012-18 非）

A. 间谍罪　　　　　　　　　　　　　　B. 非法获取国家秘密罪

C. 故意泄露国家秘密罪　　　　　　　　D. 为境外非法提供国家秘密罪

📢 六、投放虚假危险物质罪

第 291 条之一第 1 款[投放虚假危险物质罪]　投放虚假的爆炸性、毒害性、放射性、传染病病原体等物质，或者编造爆炸威胁、生化威胁、放射威胁等恐怖信息，或者明知是编造的恐怖信息而故意传播，严重扰乱社会秩序的，处五年以下有期徒刑、拘役或者管制；造成严重后果的，处五年以上有期徒刑。

这是指行为人故意投放虚假的爆炸性、毒害性、放射性、传染病病原体等物质，严重扰乱社会秩序的行为。

---

① D

（一）成立条件

客体	社会管理秩序。
客观方面	投放虚假的爆炸性、毒害性、放射性、传染病病原体等物质,严重扰乱社会秩序的行为。
主体	一般主体,年满16周岁的自然人。
主观方面	故意。

（二）认定

1. 行为方式:投放虚假的爆炸性、毒害性、放射性、传染病病原体等物质,严重扰乱社会秩序的行为。

（1）投放虚假的特定物质。如果是真实的爆炸性、毒害性、放射性、传染病病原体等物质,则构成投放危险物质罪。

（2）严重扰乱社会秩序。这是指造成大规模的社会恐慌。例如,甲因对拆迁不满,向电视台、市政府办公厅邮寄白石灰粉,并谎称是炭疽杆菌,甲构成投放虚假危险物质罪。

2. 发生场合:要足以引起不特定人的心理恐慌,如果针对特定人投放虚假危险物质,不构成本罪。例如,甲为报复乙,向其食用的面粉中投入淀粉,并谎称是毒鼠强。由于甲的行为不会引起不特定人的心理恐慌,故甲不构成投放虚假危险物质罪。

3. 投放虚假危险物质罪与投放危险物质罪。

（1）犯罪客体不同。投放虚假危险物质罪的犯罪客体是社会管理秩序;投放危险物质罪的犯罪客体是公共安全。

（2）客观方面不同。投放虚假危险物质罪是投放"虚假"的爆炸性、毒害性、放射性、传染病病原体等物质;投放危险物质罪是投放"真实"的爆炸性、毒害性、放射性、传染病病原体等物质。

（3）主观方面不同。投放虚假危险物质罪主观上是扰乱社会公共秩序的故意;投放危险物质罪主观上是危害公共安全的故意。

七、编造、故意传播虚假恐怖信息罪

第 291 条之一第 1 款[编造、故意传播虚假恐怖信息罪] 投放虚假的爆炸性、毒害性、放射性、传染病病原体等物质,或者编造爆炸威胁、生化威胁、放射威胁等恐怖信息,或者明知是编造的恐怖信息而故意传播,严重扰乱社会秩序的,处五年以下有期徒刑、拘役或者管制;造成严重后果的,处五年以上有期徒刑。

这是指行为人编造或者放任传播爆炸威胁、生化威胁、放射威胁等恐怖信息,或者明知是他人编造的恐怖信息而故意传播,严重扰乱社会秩序的行为。

（一）成立条件

客体	社会管理秩序。
客观方面	编造或者放任传播爆炸威胁、生化威胁、放射威胁等恐怖信息,或者明知是他人编造的恐怖信息而故意传播,严重扰乱社会秩序的行为。
主体	一般主体,年满16周岁的自然人。
主观方面	故意。

(二)认定

1.行为方式:编造或者传播爆炸威胁、生化威胁、放射威胁等恐怖信息,或者明知是他人编造的恐怖信息而故意传播,严重扰乱社会秩序的行为。

(1)编造虚假恐怖信息。这里的"编造"不仅包括完全凭空捏造的行为,而且包括对某些信息进行加工、修改。例如,甲明知乙编造恐怖信息,又对虚假信息进行加工,使其内容更加详实,甲的行为同样属于编造虚假恐怖信息。

(2)传播虚假恐怖信息。这是指故意散布虚假的恐怖信息。例如,甲因对拆迁不满,给信访局写信,声称在市政府安装了定时炸弹。市政府紧急排查,发现属于虚假信息,甲构成编造、传播虚假恐怖信息罪。

> **提示**
>
> 单纯使特定人员产生恐惧心理,没有严重扰乱社会秩序,不构成本罪。
>
> 例1,甲威胁警察如果不解决问题,就炸掉公安局大楼,这并没有严重扰乱社会秩序,不构成编造、故意传播虚假恐怖信息罪,甲的行为充其量属于犯意表示。
>
> 例2,甲向警察声称已经在超市安装好定时炸弹,如果不解决问题就引爆炸弹。警察紧急疏散超市的全体人员,排查后发现是虚假信息。由于甲的行为已经严重扰乱社会秩序,故甲构成编造、故意传播虚假恐怖信息罪。

2.编造、故意传播虚假恐怖信息罪与投放虚假危险物质罪。

(1)犯罪对象不同。前罪的犯罪对象是虚假的恐怖信息;犯罪对象是虚假的危险物质。

(2)客观方面不同。前罪是编造或者故意传播虚假的恐怖信息;后罪是投放虚假的爆炸性、毒害性、放射性、传染病病原体等物质。

(3)主观方面不同。前罪是编造虚假恐怖信息或者明知是虚假恐怖信息而传播;后罪是明知是虚假的危险物质而投放。

> **提示**
>
> 编造、故意传播虚假信息罪,是指编造、故意传播虚假的险情、疫情、灾情、警情。例如,陈某因与在外经商的丈夫存在感情纠纷,为测试丈夫对儿子是否关心,将儿子藏匿后,报警求助并假装配合警方搜寻。陈某又通过微信朋友圈等网络媒体发布求助信息,社会各界群众参与网络转发及查找,陈某的行为严重扰乱了社会秩序,构成编造、故意传播虚假信息罪。①

八、组织考试作弊罪

第284条之一第1、2款[组织考试作弊罪]　在法律规定的国家考试中,组织作弊的,处三年以下有期徒刑或者拘役,并处或者单处罚金;情节严重的,处三年以上七年以下有期徒刑,并处罚金。

为他人实施前款犯罪提供作弊器材或者其他帮助的,依照前款的规定处罚。

---

① http://www.sohu.com/a/280426130_120044552。访问时间:2020年3月1日。

这是指在法律规定的国家考试中,组织作弊或者为他人实施前款犯罪提供作弊器材或者其他帮助的行为。

(一)成立条件

客体	国家考试管理制度。
客观方面	在法律规定的国家考试中,组织作弊或者为他人实施组织考试作弊提供作弊器材或者其他帮助的行为。
主体	一般主体,年满16周岁的自然人。
主观方面	故意。

(二)认定

1."法律规定的国家考试",是指全国人大及其常委会制定的法律和决定所确定的国家层面考试,包括高等教育入学考试、国家司法考试、执业医师资格考试、会计师资格考试、中央及各级公务员录用考试。

> **提示**
>
> 各地自行组织的考试和国外机构组织的外语水平考试,不属于"法律规定的国家考试"。

2. 司法解释

在普通高等学校招生、公务员录用等法律规定的国家考试涉及的体育、体能测试等体育运动中,组织考生非法使用兴奋剂的,以组织考试作弊罪定罪处罚。

3. 非法出售、提供试题、答案罪

非法出售或者提供的必须是法律规定的国家考试的真实的试题、答案。如果行为人出售、提供的试题、答案完全虚假,不成立本罪。出售、提供试题、答案的行为必须是在考试前或者考试过程中,如果考试结束后出售、提供试题、答案的,不成立本罪。犯本罪同时触犯故意泄露国家秘密罪的,属于想象竞合,从一重罪处罚。

九、代替考试罪

第284条之一第4款[代替考试罪] 代替他人或者让他人代替自己参加第一款规定的考试的,处拘役或者管制,并处或者单处罚金。

(一)成立条件

客体	国家的公平、公正考试制度。
客观方面	代替他人或者让他人代替自己参加法律规定的国家考试的行为。
主体	一般主体,年满16周岁的自然人。包括:替考人和应考人。
主观方面	故意。

(二)认定

1. 替考者和应考者是对向犯性质的共犯关系。注意:一方构成犯罪,另一方不一定构成犯罪。例如,甲生病住院,无法考试。甲的父亲乙让丙代替甲参加考试。对此甲不知情。甲作为应考者不构成本罪,丙作为替考者构成本罪,乙教唆替考者,构成本罪的教唆犯。

2. 共犯：为特定的应考人寻找替考人的，成立本罪的共犯。

3. 罪数：为了代替考试而伪造、变造身份证件的，成立代替考试罪与伪造、变造身份证件罪的牵连犯，从一重罪处罚。

十、非法侵入计算机信息系统罪

第 285 条第 1 款 [非法侵入计算机信息系统罪]　违反国家规定，侵入国家事务、国防建设、尖端科学技术领域的计算机信息系统的，处三年以下有期徒刑或者拘役。

这是指违反国家规定，侵入国家事务、国防建设、尖端科学技术领域的计算机信息系统的行为。

（一）成立条件

客体	国家事务、国防建设、尖端科学技术领域的计算机信息系统安全。
客观方面	违反国家规定，侵入国家事务、国防建设、尖端科学技术领域的计算机信息系统的行为。
主体	一般主体，已满 16 周岁具有刑事责任能力的自然人。单位可构成本罪。
主观方面	故意。

（二）认定

1. 行为对象：侵入国家事务、国防建设、尖端科学技术领域的计算机信息系统。注意：不包括一般的计算机信息系统。例如，不包括一般公司、企业的计算机信息系统。

2. 提醒注意：侵入上述计算机信息系统后，利用计算机实施金融诈骗、盗窃、贪污、挪用公款、窃取国家秘密或者其他犯罪的，定这些具体的犯罪。

3. 罪过形式：主观是故意。如果因过失进入了上述计算机信息系统，不构成犯罪。

4. 犯罪形态：本罪是行为犯，不要求造成严重后果，只要非法侵入了国家事务、国防建设、尖端科学技术领域的计算机信息系统，即构成本罪既遂。

十一、破坏计算机信息系统罪

第 286 条 [破坏计算机信息系统罪]　违反国家规定，对计算机信息系统功能进行删除、修改、增加、干扰，造成计算机信息系统不能正常运行，后果严重的，处五年以下有期徒刑或者拘役；后果特别严重的，处五年以上有期徒刑。

违反国家规定，对计算机信息系统中存储、处理或者传输的数据和应用程序进行删除、修改、增加的操作，后果严重的，依照前款的规定处罚。

故意制作、传播计算机病毒等破坏性程序，影响计算机系统正常运行，后果严重的，依照第一款的规定处罚。

单位犯前三款罪的，对单位判处罚金，并对其直接负责的主管人员和其他直接责任人员，依照第一款的规定处罚。

这是指违反国家规定，对计算机信息系统功能或计算机信息系统中存储、处理或者传输的数据和应用程序进行破坏，或者故意制作、传播计算机病毒等破坏性程序，影响计算机系统正常运行，后果严重的行为。

★(一)成立条件

客体	计算机信息系统的安全。
客观方面	违反国家规定,对计算机信息系统功能或计算机信息系统中存储、处理或者传输的数据和应用程序进行破坏,或者故意制作、传播计算机病毒等破坏性程序,影响计算机系统正常运行,后果严重的行为。
主体	一般主体,已满16周岁具有刑事责任能力的自然人。单位可构成本罪。
主观方面	故意。

★(二)认定

1.行为对象:计算机信息系统。不仅包括国家事务、国防建设、尖端科学技术领域的计算机信息系统,也包括一般的计算机信息系统。

> |提示|
>
> 　　如果非法侵入国家事务、国防建设、尖端科学技术领域的计算机信息系统,又实施破坏行为,根据吸收犯原理,只定破坏计算机信息系统罪。

2.行为方式

(1)违反国家规定,对计算机信息系统功能进行删除、修改、增加、干扰,造成计算机信息系统不能正常运行。

(2)违反国家规定,对计算机信息系统中存储、处理或者传输的数据和应用程序进行删除、修改、增加的操作。

(3)故意制作、传播计算机病毒等破坏性程序,影响计算机系统的正常运行。

(4)根据立法解释,①对下列两种行为以本罪论处:

①故意制作、传播计算机病毒等破坏性程序,攻击计算机系统及通信网络。

②违反国家规定,擅自中断计算机网络或通信服务,造成计算机网络或者通信系统不能正常运行。

十二、拒不履行信息网络安全管理义务罪

第286条之一[拒不履行信息网络安全管理义务罪]　网络服务提供者不履行法律、行政法规规定的信息网络安全管理义务,经监管部门责令采取改正措施而拒不改正,有下列情形之一的,处三年以下有期徒刑、拘役或者管制,并处或者单处罚金:

(一)致使违法信息大量传播的;

(二)致使用户信息泄露,造成严重后果的;

(三)致使刑事案件证据灭失,情节严重的;

(四)有其他严重情节的。

单位犯前款罪的,对单位判处罚金,并对其直接负责的主管人员和其他直接责任人员,依照前款的规定处罚。

这是指网络服务提供者不履行法律、行政法规规定的信息网络安全管理义务,经监管部门责令采取改正措施而拒不改正,有法定情形的行为。

---

①　2009年8月27日全国人大常委会《关于维护互联网安全的决定》。

（一）成立条件

客体	信息网络安全管理秩序。
客观方面	不履行法律、行政法规规定的信息网络安全管理义务，经监管部门责令采取改正措施而拒不改正，有下列情形之一的： ①致使违法信息大量传播的； ②致使用户信息泄露，造成严重后果的； ③致使刑事案件证据灭失，情节严重的； ④有其他严重情节的。
主体	特殊主体，信息网络服务提供者，包括自然人、单位。
主观方面	故意。
提示	本罪属于纯正不作为犯。

（二）认定

1. "经监管部门责令改正"是成立本罪的前置条件，即必须经监管部门责令采取改正措施而不改正，才能构成本罪。

2. 犯拒不履行信息网络安全管理义务罪，同时构成其他犯罪的，依照处罚较重的规定定罪处罚。例如，甲网络服务提供者，利用互联网传播淫秽物品，经监管部门责令采取改正措施而拒不改正的，构成本罪与传播淫秽物品牟利罪的想象竞合犯，从一重罪论处。

📢 十三、帮助信息网络犯罪活动罪

第 287 条之二[帮助信息网络罪活动罪]　明知他人利用信息网络实施犯罪，为其犯罪提供互联网接入、服务器托管、网络存储、通讯传输等技术支持，或者提供广告推广、支付结算等帮助，情节严重的，处三年以下有期徒刑或者拘役，并处或者单处罚金。

单位犯前款罪的，对单位判处罚金，并对其直接负责的主管人员和其他直接责任人员，依照第一款的规定处罚。

有前两款行为，同时构成其他犯罪的，依照处罚较重的规定定罪处罚。

这是指明知他人利用信息网络实施犯罪，为其犯罪提供互联网接入、服务器托管、网络存储、通信传输等技术支持，或者提供广告推广、支付结算等帮助，情节严重的行为。

（一）成立条件

客体	网络安全管理秩序。
客观方面	为他人利用信息网络实施犯罪提供互联网接入、服务器托管、网络存储、通讯传输等技术支持，或者提供广告推广、支付结算等帮助，情节严重的行为。
主体	一般主体，年满 16 周岁的自然人。单位可构成本罪。
主观方面	故意，明知他人利用信息网络实施犯罪而为其提供帮助。
提示	犯本罪，同时构成其他犯罪的，依照处罚较重的规定定罪处罚。

（二）认定

1. 帮助行为的实行化

本罪原本是相关网络犯罪的帮助犯，但这种帮助行为被刑法规定为独立的犯罪，和其他罪名没有区别,直接根据本罪的法定刑量刑,不再按照刑法总则关于帮助犯、从犯的规定处理。

2.想象竞合犯

犯帮助信息网络犯罪活动罪,同时构成其他犯罪的,属于想象竞合犯,从一重罪处罚。例如,甲明知乙要实施网络诈骗,主动为乙提供网络推广,乙诈骗数额特别巨大。甲的行为同时触犯帮助信息网络犯罪活动罪和诈骗罪的共同犯罪,想象竞合,从一重罪处罚。

十四、聚众斗殴罪

第 292 条[聚众斗殴罪;故意伤害罪;故意杀人罪]　聚众斗殴的,对首要分子和其他积极参加的,处三年以下有期徒刑、拘役或者管制;有下列情形之一的,对首要分子和其他积极参加的,处三年以上十年以下有期徒刑:

(一)多次聚众斗殴的;

(二)聚众斗殴人数多,规模大,社会影响恶劣的;

(三)在公共场所或者交通要道聚众斗殴,造成社会秩序严重混乱的;

(四)持械聚众斗殴的。

聚众斗殴,致人重伤、死亡的,依照本法第二百三十四条、第二百三十二条的规定定罪处罚。

这是指出于报私仇、争霸或者其他不正当目的,成帮结伙打架斗殴,破坏公共秩序的行为。

(一)成立条件

客体	社会公共秩序。
客观方面	行为人实施了聚众斗殴的行为。聚众是指首要分子纠集众人,在同一时间、同一地点相聚集。斗殴是指双方相互进行攻击或者殴斗。
主体	一般主体,即聚众斗殴的首要分子和其他积极参加者。
主观方面	故意。其动机是逞强斗狠、炫耀武力、称王称霸等,具有公然蔑视社会公德和国家法律秩序的性质。

(二)认定

1.犯罪主体:本罪只处罚首要分子和积极参加者(不是身份犯)。注意:一般参加者不构成本罪,也不能按照聚众斗殴罪的帮助犯定罪处罚。

2.行为方式:聚集多人进行斗殴,破坏公共秩序的行为。

(1)聚集多人斗殴。

这是指首要分子组织、策划、指挥、纠集多人,在同一时间聚集于同一地点,攻击对方身体或者相互攻击对方身体。注意:不要求斗殴双方的人数都在 3 人以上。例如,甲纠集 3 人,对乙殴打,严重破坏社会秩序,甲构成聚众斗殴罪。

(2)破坏公共秩序。

本罪的既遂标准:着手实行聚众斗殴后,严重扰乱了公共秩序。注意:构成本罪不以持械为前提。

3.转化犯:

(1)聚众斗殴致人轻伤的,构成聚众斗殴罪。

(2)聚众斗殴致人重伤、死亡的,构成故意伤害罪和故意杀人罪。

第一,只有聚众斗殴的首要分子和直接造成重伤、死亡结果的斗殴者,构成故意伤害罪或者故意杀人罪。例如,甲纠集丙、丁等三人,对乙殴打,严重破坏社会秩序。在斗殴时,丙对乙扔石头,将其砸死。丙用石头将乙砸死,构成故意杀人罪。甲是首要分子,应当对其策划、指挥的全部罪行承担责任,故甲也构成故意杀人罪。

> **提示**
>
> 　　不能对所有参与斗殴的人都定故意伤害罪或者故意杀人罪。例如,在上例中,丁只是一般参加者,也未直接导致乙死亡,不构成故意杀人罪,也不构成聚众斗殴罪。

第二,如果无法查明是谁直接造成重伤、死亡结果,只能对首要分子定故意伤害罪或者故意杀人罪。

4.加重法定刑:

(1)多次聚众斗殴。

(2)聚众斗殴人数多,规模大,社会影响恶劣。

(3)在公共场所或者交通要道聚众斗殴,造成社会秩序严重混乱。

(4)持械聚众斗殴的。

①使用凶器斗殴,而不是单纯的携带。例如,甲、乙双方相互斗殴,只有甲方成员持械,乙方并未持械。对甲方认定为持械聚众斗殴,对乙方成员不能认定为持械聚众斗殴。

②在斗殴过程中显示凶器的,属于持械聚众斗殴。

③既包括事先准备的器械,也包括在现场临时取得的器械。注意:这里的"械"不包括藏獒或者毒蛇等。

📢 十五、寻衅滋事罪

第 293 条[寻衅滋事罪]　有下列寻衅滋事行为之一,破坏社会秩序的,处五年以下有期徒刑、拘役或者管制:

(一)随意殴打他人,情节恶劣的;

(二)追逐、拦截、辱骂、恐吓他人,情节恶劣的;

(三)强拿硬要或者任意损毁、占用公私财物,情节严重的;

(四)在公共场所起哄闹事,造成公共场所秩序严重混乱的。

纠集他人多次实施前款行为,严重破坏社会秩序的,处五年以上十年以下有期徒刑,可以并处罚金。

这是指行为人为寻求刺激、发泄情绪、逞强耍横等,无事生非,进行扰乱破坏社会秩序,情节恶劣的行为。

🛡 (一)成立条件

客体	复杂客体。既侵犯了公共秩序,同时也侵犯了他人的人身权利,公私财产权利等。
客观方面	有下列寻衅滋事的行为: ①随意殴打他人,情节恶劣; ②追逐、拦截、辱骂、恐吓他人,情节恶劣; ③强拿硬要或者任意损毁、占用公私财物,情节严重; ④在公共场所起哄闹事,造成公共场所秩序严重混乱。
主体	一般主体,即已满 16 周岁的自然人。
主观方面	故意,基于蔑视法纪、显示威风、寻求精神刺激或者发泄等卑劣下流的动机。

🛡 (二)认定

1.行为方式:寻衅滋事,破坏社会秩序的行为。

(1)随意殴打他人,情节恶劣的。

第一,随意殴打。这是指行为人寻求刺激、发泄情绪或者无事生非,殴打他人的理由不被社会一般人接受。例如,甲见乙长相酷似自己的前男友,认为此种长相必属渣男,上前对乙厮打,造成多人围观,严重破坏社会秩序,甲构成寻衅滋事罪。

第二,司法解释。① 因婚恋、家庭、邻里债务等纠纷,殴打、辱骂、恐吓他人或者损毁、占用他人财物,一般不认定为"寻衅滋事",但经有关部门批评制止或者处理处罚后,继续实施前列行为,破坏社会秩序的,构成寻衅滋事罪。

> **提示**
>
> 　　本罪与故意伤害罪的关系。第一,随意殴打他人,致人轻伤的,构成本罪与故意伤害罪的想象竞合犯,由于本罪更重,故应当定寻衅滋事罪;第二,随意殴打他人,致人重伤、死亡的,构成本罪与故意伤害罪的想象竞合犯,应当定故意伤害罪(致人重伤、死亡)。

(2)追逐、拦截、辱骂、恐吓他人,情节恶劣的。

第一,公然辱骂他人,同时触犯寻衅滋事罪与侮辱罪,想象竞合,从一重罪处罚,定寻衅滋事罪。

第二,公然追逐、拦截女性,由于不会侵犯其性羞耻心,故不构成强制猥亵、侮辱罪;如果破坏社会秩序,以寻衅滋事罪定罪处罚。

(3)强拿硬要或者任意损毁、占用公私财物,情节严重的。

第一,强拿硬要。如果强拿硬要他人财物,同时触犯寻衅滋事罪、敲诈勒索罪或者抢劫罪的,属于想象竞合犯,从一重罪处罚。例如,甲是航空公司的贵宾会员,飞机降落后甲向空姐索要制服和穿过的丝袜。甲被拒绝后,将空姐推倒,打开其行李箱,将衣物取走。甲的行为造成客舱秩序严重混乱,构成寻衅滋事罪和抢劫罪的想象竞合犯,从一重罪处罚,定抢劫罪。

第二,任意损毁。如果任意损毁他人财物,同时触犯故意毁坏财物罪的,属于想象竞合犯,从一重罪处罚。例如,甲见摊贩乙正在兜售苹果,随意拿走两个。乙上前阻止,甲恼羞成怒,砸坏乙的苹果摊和运输苹果的三轮车(数额较大),引起多人围观,公共秩序严重混乱。甲的行为同时触犯寻衅滋事罪和故意毁坏财物罪,想象竞合,从一重罪处罚。

(4)在公共场所起哄闹事,造成公共场所秩序严重混乱的。

这是指在车站、码头、机场、医院、商场、公园或者其他公共场所起哄闹事,造成公共场所秩序严重混乱。例如,因小花不符合剖宫产条件,其夫甲在医院大闹,推搡医护人员,造成就医秩序严重混乱,甲构成寻衅滋事罪。

2.司法解释

(1)利用信息网络辱骂、恐吓他人,情节严重,破坏社会秩序的,构成寻衅滋事罪。例如,2018 年 5 月 28 日,吉林省松原市发生了 5.7 级地震,网民伏某却在其微博上借地震大肆辱

---

① 2013 年 7 月 22 日《最高人民法院、最高人民检察院关于办理寻衅滋事刑事案件适用法律若干问题的解释》。

骂东北同胞,引起了全国网民的公愤,伏某构成寻衅滋事罪。

(2)编造虚假信息,或者明知是编造的虚假信息,在信息网络上散布,或者组织、指使人员在信息网络上散布,起哄闹事,造成公共秩序严重混乱的,构成寻衅滋事罪。注意:如果同时触犯编造、故意传播虚假恐怖信息罪,编造、故意传播虚假信息罪,属于想象竞合犯,从一重罪处罚。例如,甲冒充国家地震局,发布成都将发生地震的虚假消息,引起社会公众的极度恐慌。甲的行为同时触犯寻衅滋事罪和编造、故意传播虚假信息罪,想象竞合,从一重罪处罚。

(3)已满16周岁不满18周岁的人,出于以大欺小、以强凌弱或者寻求精神刺激,随意殴打其他未成年人、多次对其他未成年人强拿硬要或者任意损毁公私财物,扰乱学校及其他公共场所秩序,情节严重的,以寻衅滋事罪定罪处罚。

(4)在预防、控制突发传染病疫情等灾害期间,强拿硬要或任意损毁、占用公私财物情节严重,或者在公共场所起哄闹事,造成公共场所秩序严重混乱的,以寻衅滋事罪定罪从重处罚。

经典考题

下列选项中,应认定为寻衅滋事罪的是( )①。(2018-20 非)

A.因宅基地纠纷将邻居家电视机砸毁　　　　　　B.因感情纠纷随意殴打路人情节恶劣

C.因债务纠纷率众人拿走债务人财物　　　　　　D.因医患纠纷将主治医生困在办公室

十六、组织、领导、参加黑社会性质组织罪

第 294 条第 1 款[组织、领导、参加黑社会性质组织罪] 组织、领导黑社会性质的组织的,处七年以上有期徒刑,并处没收财产;积极参加的,处三年以上七年以下有期徒刑,可以并处罚金或者没收财产;其他参加的,处三年以下有期徒刑、拘役、管制或者剥夺政治权利,可以并处罚金。

这是指组织、领导或者参加黑社会性质组织的行为。

(一)成立条件

客体	复杂客体,既侵犯了经济、社会生活秩序,又侵犯了公民的人身权利。
客观方面	组织、领导、参加黑社会性质组织的行为。本罪是选择性罪名。
主体	首要分子、积极参加者、一般参加者。
主观方面	故意,即明知是黑社会性质组织而决意组织、领导、积极参与或参加。

(二)认定

1.组织、领导、参加黑社会性质的组织本身便是犯罪行为,因此,如果行为人组织、领导、参加黑社会性质的组织,又实施了其他犯罪的,应当依照数罪并罚的规定处罚。例如,参加黑社会性质的组织,并实施故意杀人罪、贩卖毒品罪的,应认定为参加黑社会性质组织罪与故意杀人罪、贩卖毒品罪,实行数罪并罚。

2.对于黑社会性质组织的组织者、领导者,应当按照其所组织、领导的黑社会性质组织所犯的全部罪行处罚。

---

① B

> **提示**
>
> 　　这里的"全部罪行"是指组织者、领导者所组织、发动、指挥的全部罪行,不是指黑社会性质组织成员所犯的全部罪行。因此,不能认为组织者、领导者在任何具体犯罪中都是主犯。对于黑社会性质组织的参加者,应当按照其所参与的犯罪,根据其在具体犯罪中的地位和作用处罚。

　　3. 黑社会性质组织的特征。

　　(1)形成较稳定的犯罪组织,人数较多,有明确的组织者、领导者,骨干成员基本固定。

　　(2)有组织地通过违法犯罪活动或其他手段获取经济利益,具有一定的经济实力,以支持该组织的活动。

　　(3)以暴力、威胁等手段,有组织地多次进行违法犯罪活动,为非作恶,欺压、残害群众。

　　(4)通过实施违法犯罪活动,或者利用国家工作人员的包庇或者纵容,称霸一方,在一定区域或者行业内,形成非法控制或者重大影响,严重破坏经济、社会生活秩序。

　　4. 犯组织、领导、参加黑社会性质组织罪又有其他犯罪行为的,依照数罪并罚的规定处罚。

十七、赌博罪

　　第 303 条第 1 款[赌博罪]　以营利为目的,聚众赌博或者以赌博为业的,处三年以下有期徒刑、拘役或者管制,并处罚金。

　　这是指以营利为目的,聚众赌博或者以赌博为业的。

(一)成立条件

客体	社会风尚和社会管理秩序。
客观方面	聚众赌博或者以赌博为业的行为。
主体	一般主体,即已满 16 周岁的自然人。
主观方面	故意,并且以营利为目的。

(二)认定

　　1. 聚众赌博的构成条件:

　　(1)组织 3 人以上赌博,抽头渔利数额累计达到 5000 元以上的;

　　(2)组织 3 人以上赌博,赌资数额累计达到 5 万元以上的;

　　(3)组织 3 人以上赌博,参赌人数累计达到 20 人以上的;

　　(4)组织中华人民共和国公民 10 人以上赴境外赌博,从中收取回扣、介绍费。

　　2. 以营利为目的,在计算机网络上建立赌博网站,或者为赌博网站担任代理,接受投注的,构成开设赌场罪。

　　3. 未经国家批准擅自发行、销售彩票,构成犯罪的,以非法经营罪定罪处罚。

　　4. 通过赌博或者为国家工作人员赌博提供资金的形式实施行贿、受贿行为,应按照贿赂犯罪定罪处罚。

　　5. 不以营利为目的,进行带有少量财物输赢的娱乐活动,以及提供棋牌室等娱乐场所只收取正常的场所和服务费用的经营行为等,不以赌博论处。

　　6. 明知他人实施赌博犯罪活动,而为其提供资金、计算机网络、通信、费用结算等直接帮助的,以赌博罪的共犯论处。

7. 行为人设置圈套诱骗他人参赌获取钱财,属赌博行为,构成犯罪的,应当以赌博罪定罪处罚。如果参赌者识破骗局要求退还所输钱财,设赌者又使用暴力或者以暴力相威胁,拒绝退还的,应以赌博罪从重处罚;致参赌者伤害或者死亡的,应以赌博罪和故意伤害罪或者故意杀人罪,依法实行数罪并罚。

十八、开设赌场罪

第 303 条第 2 款[开设赌场罪]　开设赌场的,处三年以下有期徒刑、拘役或者管制,并处罚金;情节严重的,处三年以上十年以下有期徒刑,并处罚金。

这是指开设和经营赌场,提供赌博的场所及用具,供他人在其中进行赌博,本人从中营利的行为。

(一)成立条件

客体	社会风尚和社会管理秩序。
客观方面	开设赌场的行为。
主体	一般主体,即年满 16 周岁具有刑事责任能力的自然人。
主观方面	故意,并且以营利为目的。

(二)认定

利用互联网、移动通讯终端等传输赌博视频、数据,组织赌博活动,具有下列情形之一的,属于《刑法》第 303 条第 2 款规定的"开设赌场"行为:

(1)建立赌博网站并接受投注的;

(2)建立赌博网站并提供给他人组织赌博的;

(3)为赌博网站担任代理并接受投注的;

(4)参与赌博网站利润分成的。

十九、伪证罪

第 305 条[伪证罪]　在刑事诉讼中,证人、鉴定人、记录人、翻译人对与案件有重要关系的情节,故意作虚假证明、鉴定、记录、翻译,意图陷害他人或者隐匿罪证的,处三年以下有期徒刑或者拘役;情节严重的,处三年以上七年以下有期徒刑。

这是指在刑事诉讼中,证人、鉴定人、记录人、翻译人对与案件有重要关系的情节,故意作虚假证明、鉴定、记录、翻译,意图陷害他人或者隐匿罪证的行为。

(一)成立条件

客体	复杂客体,既侵犯了正常的司法秩序,又侵犯了公民的人身权利。
客观方面	在刑事诉讼中,实施了伪证行为,即对与案件有重要关系的情节作虚假的证明、鉴定、记录、翻译。伪证的行为必须是发生在刑事诉讼的立案、侦查、起诉、审判的过程中。
主体	特殊主体:证人、鉴定人、记录人、翻译人。
主观方面	故意。具有陷害他人或者隐匿罪证的意图。

(二)认定

1.犯罪主体

刑事诉讼中的证人、鉴定人、记录人、翻译人。

2.行为方式

对与刑事案件有重要关系的情节作虚假证明、鉴定、记录、翻译。例如,行为人是否有自首、立功等影响定罪量刑的情节。

3.时空领域

必须在刑事诉讼中作虚假的证明、鉴定、记录、翻译。即在立案侦查后到审判终结前的过程中作伪证。

4.罪过形式

本罪的罪过形式为故意,还要求行为人有陷害他人或者隐匿罪证的目的。但是该目的的实现与否不影响本罪的成立。

5.既遂标准

本罪属于行为犯,保护的法益是刑事诉讼的客观公正。一次询问程序中的陈述全部终了时,就是伪证罪的既遂。

例1,证人甲就同一事实在两次询问程序中作了相反证明,必然有一次构成伪证罪。

例2,证人乙在第一次询问程序中作了虚假证明,在第二次询问中又作了真实陈述的,仍然成立伪证罪。

(三)本罪与诬告陷害罪

犯罪对象不同	本罪犯罪对象主要是犯罪嫌疑人、被告人;后罪的犯罪对象可以是任何人。
行为内容不同	本罪行为内容包括陷害他人或者包庇他人;后罪限于陷害他人。
行为方式不同	本罪发生在立案以后的刑事诉讼过程中;后罪发生在立案侦查前。
犯罪主体不同	本罪是特殊主体,仅限于证人、鉴定人、记录人、翻译人;后罪是一般主体。

经典考题

下列行为中,应按伪证罪定罪处罚的是(　　　)①。(2011-8 法)

A. 甲捏造事实,向公安机关检举余某奸淫幼女

B. 乙担任被告人文某的辩护人,伪造证据,意图使文某逃避刑事处罚

C. 丙在进行遗嘱真伪鉴定时,故意作出虚假鉴定结论,造成法院错判

D. 丁在为犯罪嫌疑人申某作哑语翻译时,故意进行错误翻译,致申某无罪释放

二十、虚假诉讼罪

第 307 条之一[虚假诉讼罪]　以捏造的事实提起民事诉讼,妨害司法秩序或者严重侵害他人合法权益的,处三年以下有期徒刑、拘役或者管制,并处或者单处罚金;情节严重的,处三年以上七年以下有期徒刑,并处罚金。

单位犯前款罪的,对单位判处罚金,并对其直接负责的主管人员和其他直接责任人员,依照前款的规定处罚。

———————————

① D

有第一款行为,非法占有他人财产或者逃避合法债务,又构成其他犯罪的,依照处罚较重的规定定罪从重处罚。

司法工作人员利用职权,与他人共同实施前三款行为的,从重处罚;同时构成其他犯罪的,依照处罚较重的规定定罪从重处罚。

这是指以捏造的事实提起民事诉讼,妨害司法秩序或者严重侵害他人合法权益的行为。

🛡（一）成立条件

客体	复杂客体,既侵犯了司法秩序,又侵犯了他人的合法权益。
客观方面	捏造的事实提起民事诉讼,妨害司法秩序或者严重侵害他人合法权益的行为。
主体	一般主体,年满16周岁的自然人和单位。注意:司法工作人员利用职权犯本罪的,从重处罚。
主观方面	故意。

⭐（二）认定

1.捏造事实提起民事诉讼,本罪保护的法益是司法秩序。注意:包括刑事附带民事诉讼。

> **提示**
>
> 单纯提供虚假证据反驳诉讼请求的,不成立本罪。
>
> 例如,乙向甲借款100万元,到期后一直未能归还。甲以乙出具的真实欠条作为证据向法院提起民事诉讼,请求乙归还欠款。乙伪造甲的收款凭证应诉,使法院信以为真。乙的行为虽然可能构成诈骗等罪,但由于乙没有"提起"民事诉讼,故不成立虚假诉讼罪。

2.本罪的主体是一般主体,包括单位。

3.既遂标准:本罪保护的法益是司法秩序。只要提起虚假民事诉讼,就必然妨害司法秩序,本罪属于行为与结果同时发生的行为犯。只要向人民法院提起虚假的民事诉讼,法院已经受理,即使还没有开庭审理,也成立本罪的既遂。

4.如果实施虚假诉讼的行为,非法占有他人财产或者逃避合法债务,又构成其他犯罪的,依照处罚较重的规定定罪,从重处罚。

5.司法工作人员利用职权,与他人共同实施虚假诉讼行为的,一般从重处罚;同时构成其他犯罪的,依照处罚较重的规定定罪从重处罚。

📢二十一、妨害作证罪

第307条第1款[妨害作证罪]　以暴力、威胁、贿买等方法阻止证人作证或者指使他人作伪证的,处三年以下有期徒刑或者拘役;情节严重的,处三年以上七年以下有期徒刑。

这是指以暴力、威胁、贿买等方法阻止证人作证或者指使他人作伪证的行为。

🛡（一）成立条件

客体	国家司法机关的正常诉讼活动和公民依法作证的权利。采用暴力或威胁手段妨害证人作证的,还侵害了公民的人身权利,是复杂客体。
客观方面	以暴力、威胁、贿买等方法阻止证人依法作证或者指使他人作伪证的行为。
主体	一般主体,年满16周岁具有刑事责任能力的自然人。注意:司法工作人员犯本罪的,从重处罚。
主观方面	故意。

(二)认定

1.犯罪主体:一般主体。司法工作人员犯本罪,从重处罚(量刑身份)。

2.发生领域:刑事诉讼、民事诉讼、行政诉讼。

3.行为对象:证人、鉴定人、记录人、翻译人、被害人、民事诉讼、行政诉讼中的当事人。

4.行为方式:以暴力、威胁、贿买等方法阻止证人作证或者指使他人作伪证。

> **提示**
>
> 指使刑事诉讼中的证人、鉴定人、记录人、翻译人作虚假证明、鉴定、记录、翻译的,不成立伪证罪的教唆犯,而成立妨害作证罪的实行犯。

二十二、扰乱法庭秩序罪

第309条[扰乱法庭秩序罪] 有下列扰乱法庭秩序情形之一的,处三年以下有期徒刑、拘役、管制或者罚金:

(一)聚众哄闹、冲击法庭的;

(二)殴打司法工作人员或者诉讼参与人的;

(三)侮辱、诽谤、威胁司法工作人员或者诉讼参与人,不听法庭制止,严重扰乱法庭秩序的;

(四)有毁坏法庭设施,抢夺、损毁诉讼文书、证据等扰乱法庭秩序行为,情节严重的。

这是指以法定方式实施扰乱法庭秩序的行为。

(一)成立条件

客体	国家的正常审判秩序。
客观方面	实施扰乱法庭秩序的行为,具体包括: ①聚众哄闹、冲击法庭的; ②殴打司法工作人员或者诉讼参与人的; ③侮辱、诽谤、威胁司法工作人员或者诉讼参与人,不听法庭制止,严重扰乱法庭秩序的; ④有毁坏法庭设施,抢夺、损毁诉讼文书、证据等扰乱法庭秩序行为,情节严重的。
主体	一般主体,年满16周岁的自然人。
主观方面	故意。

(二)认定

1.这里的法庭不限于设置于法院的固定审判场所,还包括审判庭外设置的临时审判场所,例如巡回法庭、公审法庭等。

2.聚众冲击法庭,砸毁法庭重要设备,或者殴打司法工作人员,致人重伤、死亡的,成立本罪与故意毁坏财物罪、故意伤害罪或者故意杀人罪之间的想象竞合犯,择一重罪处断。

二十三、窝藏、包庇罪

第310条[窝藏、包庇罪] 明知是犯罪的人而为其提供隐藏处所、财物,帮助其逃匿或者作假证明包庇的,处三年以下有期徒刑、拘役或者管制;情节严重的,处三年以上十年以下有期徒刑。

犯前款罪,事前通谋的,以共同犯罪论处。

　　这是指明知是犯罪的人而为其提供隐蔽处所、财物,帮助其逃匿或者作假证明包庇的行为。

(一)成立条件

客体	司法机关追诉、制裁犯罪分子的正常活动。	
客观方面	窝藏或者包庇犯罪分子的行为。	
	窝藏	为犯罪分子提供隐藏处所、财物、帮助犯罪人逃匿。
	包庇	向司法机关作虚假证明,为犯罪分子掩盖罪行或减轻罪责。
主体	一般主体,即已满16周岁的自然人。	
主观方面	故意。	

(二)认定

　　1.窝藏:这是指为犯罪人提供隐藏处所、财物以及其他帮助其逃匿的行为。常见情形有:

　　(1)向犯罪的人通报侦查或追捕的动静。

　　(2)向犯罪人提供化装的用具或者虚假的身份证明。

　　(3)使犯罪人昏迷后将其送至外地的。

　　(4)劝诱、迫使犯罪人逃匿。但劝诱犯罪人逃匿但犯罪人没有逃匿的,不能认定为窝藏罪。

　　2.包庇:这是指向公安司法机关提供虚假证明,掩护犯罪人的行为。例如,为了使犯罪人逃匿,自己冒充犯罪的人向司法机关投案的,成立包庇罪。

> **提示**
>
> 包庇行为只能以作为方式实施。

　　3.本罪与伪证罪

犯罪场合不同	本罪可以发生在刑事诉讼之前、之中和之后;后罪则只能发生在刑事诉讼中。
犯罪对象不同	本罪的对象包括已决犯和未决犯;伪证罪包庇对象只能是未决犯。
犯罪主体不同	本罪犯罪主体是一般主体;后者犯罪主体是特殊主体,即只能是刑事诉讼中的证人、鉴定人、记录人和翻译人。
主观方面不同	本罪的目的是使犯罪分子逃避法律制裁;而后罪的目的既包括隐匿罪证,使犯罪分子逃避法律制裁,也包括陷害他人使无罪人受刑事追究。

　　4.行为人与犯罪人事前有通谋,商定事后进行窝藏、包庇的,是犯罪行为实施者的共犯,不是窝藏、包庇罪。

　　5.旅馆业、饮食服务业、文化娱乐业、出租汽车业等单位的人员,在公安机关查处卖淫、嫖娼活动时,为违法犯罪分子通风报信,情节严重的,以包庇罪定罪处罚。

经典考题

　　甲因抢劫被公安机关追捕,逃至朋友乙家,对乙说:"公安要抓我,想在你这里躲几天。"乙遂收留甲在家。乙的行为构成(　　)①。(2011-18非)

────────────────

　　①　C

A. 窝藏、包庇罪　　　　B. 包庇罪　　　　C. 窝藏罪　　　　D. 妨害公务罪

二十四、掩饰、隐瞒犯罪所得、犯罪所得收益罪

第312条[掩饰、隐瞒犯罪所得、犯罪所得收益罪]　明知是犯罪所得及其产生的收益而予以窝藏、转移、收购、代为销售或者以其他方法掩饰、隐瞒的,处三年以下有期徒刑、拘役或者管制,并处或者单处罚金;情节严重的,处三年以上七年以下有期徒刑,并处罚金。

单位犯前款罪的,对单位判处罚金,并对其直接负责的主管人员和其他直接责任人员,依照前款的规定处罚。

这是指明知是犯罪所得及其产生的收益而予以窝藏、转移、收购、代为销售或者以其他方法掩饰、隐瞒的行为。

（一）成立条件

客体	司法机关正常查明犯罪,追缴犯罪所得及收益的活动。
客观方面	窝藏、转移、收购、代为销售或者以其他方法掩饰、隐瞒犯罪所得及收益的行为。
主体	一般主体,即已满16周岁的自然人。单位可构成本罪。
主观方面	故意。行为人不知是赃物而窝藏的,不成立犯罪;但知道真相后继续保管的,成立本罪。

（二）认定

1. 犯罪主体:本罪的犯罪主体仅限于本犯以外的人,包括自然人和单位。犯罪人自己掩饰、隐瞒犯罪所得、犯罪所得收益的,不构成本罪。例如,甲教唆乙盗窃,乙盗窃一台电脑,甲又代乙将电脑销售,甲是盗窃罪的教唆犯,对甲销售电脑的行为不再定掩饰、隐瞒犯罪所得罪。

2. 行为方式:明知是犯罪所得及其产生的收益而予以窝藏、转移、收购、代为销售或者以其他方法掩饰、隐瞒的行为。

（1）窝藏犯罪所得及其收益。这是指为犯罪分子藏匿犯罪所得及其产生的收益。例如,甲明知手机是乙盗窃所得,而代其保管。

（2）转移犯罪所得及其收益。这是指将犯罪分子犯罪所得及其产生的收益,从一地运往另一地。例如,甲猎杀他人宠物狗卖给饭店,乙对此明知,帮助甲将狗从北京运往沛县。

（3）收购犯罪所得及其收益。这是指购买犯罪分子犯罪所得及其产生的收益。例如,甲明知手机是乙盗窃所得,而购买自用。

（4）代为销售犯罪所得及其收益。这是指代犯罪分子将犯罪所得及其产生收益有偿转让。

（5）其他方法掩饰、隐瞒犯罪所得及其收益。采取窝藏、转移、收购、代为销售以外的方法对犯罪所得及其收益掩饰、隐瞒的行为。例如,居间介绍买卖,收受,持有,使用,加工,提供资金账户,协助将财物转化为现金、金融票据、有价证券,协助将资金转移汇往境外等。

3. 司法解释。

（1）掩饰、隐瞒犯罪所得及其产生的收益的数额,应当以实施掩饰、隐瞒行为时为准。收购或者代为销售的价格高于其实际价值的,以收购或者代为销售的价格计算。

（2）同时触犯掩饰、隐瞒犯罪所得罪,洗钱罪与窝藏毒品、毒赃罪,属于一般法条与特殊法条关系,优先适用特殊法条。

（3）上游犯罪尚未依法裁判,但查证属实的,不影响掩饰、隐瞒犯罪所得、犯罪所得收益

罪的认定;上游犯罪事实经查证属实,但因行为人未达到刑事责任年龄等原因依法不予追究刑事责任的,不影响掩饰、隐瞒犯罪所得、犯罪所得收益罪的认定。例如,甲(13岁)盗窃他人电脑,乙明知而收买,虽然甲不构成盗窃罪,乙依然构成掩饰、隐瞒犯罪所得罪。

(4)明知是盗窃、抢劫、诈骗等犯罪所得的机动车而予以窝藏、转移、买卖、介绍买卖、典当、拍卖、抵押、用其抵债的,或者拆解、拼装、组装的,或者修改发动机号、车辆识别代号的,或者更改车身颜色或者车辆外形的,或者提供或出售机动车来历凭证、整车合格证、号牌以及有关机动车的其他证明和凭证的,或者提供或出售伪造、变造的机动车来历凭证、整车合格证、号牌以及有关机动车的其他证明和凭证的,以掩饰、隐瞒犯罪所得罪论处。

二十五、拒不执行判决、裁定罪

第313条[拒不执行判决、裁定罪]　对人民法院的判决、裁定有能力执行而拒不执行,情节严重的,处三年以下有期徒刑、拘役或者罚金;情节特别严重的,处三年以上七年以下有期徒刑,并处罚金。

单位犯前款罪的,对单位判处罚金,并对其直接负责的主管人员和其他直接责任人员,依照前款的规定处罚。

这是指对人民法院的判决、裁定有能力执行而拒不执行,情节严重的行为。

(一)成立条件

客体	国家的审判制度。
客观方面	对人民法院的判决、裁定有能力执行而拒不执行,情节严重的行为,包括: ①被执行人隐藏、转移、故意毁损财产或者无偿转让财产、以明显不合理的低价转让财产,致使判决、裁定无法执行; ②担保人或者被执行人隐藏、转移、故意毁损或者转让已向人民法院提供担保的财产,致使判决、裁定无法执行; ③协助执行义务人接到人民法院协助执行通知书后,拒不协助执行,致使判决、裁定无法执行; ④被执行人、担保人、协助执行义务人与国家机关工作人员通谋,利用国家机关工作人员的职权妨害执行,致使判决、裁定无法执行。
主体	特殊主体,负有执行人民法院判决、裁定义务的当事人和单位。
主观方面	故意,即对已生效的判决、裁定,有义务、有能力履行,而故意拒不履行。
提示	本罪属于纯正不作为犯。

(二)认定

1. 犯罪性质:本罪是纯正的不作为犯罪。

(1)要求行为人客观上负有执行人民法院判决、裁定的义务。

(2)要求行为人在主观和客观方面有履行的能力。例如,法院判处甲赔偿乙50万元,但甲身无分文,甲虽然负有执行义务,但无履行能力,不构成本罪。

(3)行为人没有履行人民法院判决、裁定的义务。

2. 行为方式:对人民法院的判决、裁定有能力执行而拒不执行,情节严重的行为。

(1)被执行人隐藏、转移、故意毁损财产或者无偿转让财产、以明显不合理的低价转让财产,致使判决、裁定无法执行。

(2)担保人或者被执行人隐藏、转移、故意毁损或者转让已向人民法院提供担保的财产,致使判决、裁定无法执行。

（3）协助执行义务人接到人民法院协助执行通知书后，拒不协助执行，致使判决、裁定无法执行。例如，执行法官依法查封甲在某银行的存款，但该银行拒不配合，致使款项没有得到及时查封，该银行构成拒不执行判决、裁定罪。

（4）被执行人、担保人、协助执行义务人与国家机关工作人员通谋，利用国家机关工作人员的职权妨害执行，致使判决、裁定无法执行。

3. 司法解释。

国家机关工作人员收受贿赂或者滥用职权，犯拒不执行判决、裁定罪的，从一重罪处罚。

二十六、脱逃罪

第 316 条第 1 款[脱逃罪]　依法被关押的罪犯、被告人、犯罪嫌疑人脱逃的，处五年以下有期徒刑或者拘役。

这是指依法被关押的罪犯、被告人、犯罪嫌疑人逃脱司法机关的羁押和监管的行为。

（一）成立条件

客体	国家监管机关的正常监管秩序。
客观方面	从羁押场所脱逃的行为。
主体	特殊主体，依法被逮捕、关押的"罪犯、被告人、犯罪嫌疑人"。
主观方面	故意。

（二）认定

1. 行为方式。

本罪的行为是脱逃行为，这是指脱离监管机关的实力支配，具体表现为逃离关押场所。

（1）脱逃地点：一般在监狱、看守所等关押场所。行为人在从一个监狱转到另一个监狱途中或者送往法院审判途中脱逃的，也构成本罪。

（2）摆脱监管机关与监管人员的实力支配，是既遂。例如，罪犯甲翻出看守所院墙，警察乙及时发现后紧追不舍将其抓获，甲成立脱逃罪的未遂。

2. 共同犯罪。

在脱逃罪的共同犯罪中，只要有一人既遂，对所有的共犯人都以犯罪既遂论处。例如，甲、乙商议共同脱逃，只要一个人既遂，根据"部分实行、全部责任"原则，未脱逃成功的行为人，也要认定为既遂。

3. 对确属错拘、错捕、错判而逃离羁押场所的，不能认定为脱逃罪。

4. 行为人在脱逃过程中使用暴力致人重伤、死亡的，是牵连犯，应当以故意伤害罪、故意杀人罪定罪处罚。

二十七、组织他人偷越国（边）境罪

第 318 条[组织他人偷越国（边）境罪]　组织他人偷越国（边）境的，处二年以上七年以下有期徒刑，并处罚金；有下列情形之一的，处七年以上有期徒刑或者无期徒刑，并处罚金或者没收财产：

（一）组织他人偷越国（边）境集团的首要分子；

（二）多次组织他人偷越国（边）境或者组织他人偷越国（边）境人数众多的；

（三）造成被组织人重伤、死亡的；

（四）剥夺或者限制被组织人人身自由的；

（五）以暴力、威胁方法抗拒检查的；

（六）违法所得数额巨大的；

（七）有其他特别严重情节的。

犯前款罪，对被组织人有杀害、伤害、强奸、拐卖等犯罪行为，或者对检查人员有杀害、伤害等犯罪行为的，依照数罪并罚的规定处罚。

这是指违反国家出入境管理法规，非法组织他人偷越国（边）境的行为。

🛡 （一）成立条件

客体	国家对国（边）境的正常管理秩序。
客观方面	非法组织他人偷越国（边）境的行为。
主体	一般主体，年满16周岁具有刑事责任能力的自然人。
主观方面	故意。
提示	（1）犯本罪，以暴力、威胁方法抗拒检查的，不再定妨害公务罪，以本罪论，适用加重的法定刑。 （2）犯本罪，剥夺或限制被组织人人身自由的，不再定非法拘禁罪，以本罪论，适用加重的法定刑。 （3）犯本罪，过失造成被组织人重伤、死亡的，成立本罪的结果加重犯。 （4）犯本罪，对被组织人有杀害、伤害、强奸、拐卖，或对检查人员有杀害、伤害的，应数罪并罚。

🛡 （二）认定

1. 行为方式：违反国家出入境管理法规，非法组织他人偷越国（边）境的行为。

（1）领导、策划、指挥他人偷越国（边）境，或者在首要分子指挥下实施拉拢、引诱、介绍他人偷越国（边）境的行为，属于组织他人偷越国边境。

（2）既包括境内人员偷渡到境外，也包括境外人员偷渡到境内。

2. 犯罪形态：被组织者非法出境或者入境是本罪的既遂。

3. 罪数问题。

（1）结果加重犯：造成被组织人重伤、死亡。这是指组织他人偷越国（边）境的行为过失导致被组织人重伤、死亡，不再定过失致人重伤罪、过失致人死亡罪。结构：组织行为+过失致人重伤、死亡=本罪+加重处罚。例如，甲组织乙等10人偷渡，将乙锁在箱子内，致乙窒息死亡。甲组织他人偷越国（边）境的行为过失致人死亡，构成本罪的结果加重犯。

（2）情节加重犯：剥夺或者限制被组织人人身自由。这是指在组织他人偷越国（边）境过程中，剥夺或者限制被组织人人身自由，这属于本罪的加重情节，不再定非法拘禁罪。结构：组织行为+非法拘禁罪=本罪+加重处罚。注意：这也是一种非典型性的结合犯。

> **提示**
>
> 　　包括被组织人同意被剥夺自由。例如，甲组织乙等10人偷渡，为成功偷渡，乙请求甲将自己装入麻袋内，伪装成货物。甲在组织他人偷越国（边）境过程中，剥夺乙的人身自由，是本罪的情节加重犯。

(3)情节加重犯:以暴力、威胁方法抗拒检查的。这是指在组织他人偷越国(边)境过程中,又以暴力、威胁方法抗拒检查,这属于本罪的加重情节,不再定妨害公务罪。结构:组织行为+妨害公务罪=本罪+加重处罚。注意:这也是一种非典型性的结合犯。

(4)数罪并罚:对被组织人有杀害、伤害、强奸、拐卖等犯罪行为,或者对检查人员有杀害、伤害等犯罪行为的,数罪并罚。

二十八、医疗事故罪

第335条[医疗事故罪] 医务人员由于严重不负责任,造成就诊人死亡或者严重损害就诊人身体健康的,处三年以下有期徒刑或者拘役。

这是指医务人员由于严重不负责任,造成就诊人死亡或者严重损害就诊人身体健康的行为。

(一)成立条件

客体	国家医务工作管理秩序和就诊人的生命和健康权利。
客观方面	行人在医务工作中严重不负责任,造成就诊人死亡或者严重损害了就诊人身体健康。
主体	特殊主体,即医务人员,包括医疗防疫人员、药剂人员、护理人员、其他专业技术人员。
主观方面	过失。

(二)认定

1.犯罪主体:医务人员。即直接从事诊疗护理的人员,包括医生、护士、药剂人员等。

2.行为方式:既可以是作为,也可以是不作为。前者如护理人员打错针、发错药;后者如值班医生擅离职守。

3.罪过形式:过失,主要是一种业务过失,往往是更大过失。

4.结果条件:造成就诊人死亡或者严重损害就诊人身体健康。

> **提示**
>
> 业余或离退休人员,无偿为他人进行诊疗护理活动,或于紧急情况下抢救危重病员而发生失误造成不良后果的,一般不应追究责任。

二十九、非法行医罪

第336条第1款[非法行医罪] 未取得医生执业资格的人非法行医,情节严重的,处三年以下有期徒刑、拘役或者管制,并处或者单处罚金;严重损害就诊人身体健康的,处三年以上十年以下有期徒刑,并处罚金;造成就诊人死亡的,处十年以上有期徒刑,并处罚金。

这是指未取得行医资格的人非法行医,情节严重的行为。

(一)成立条件

客体	国家医务工作管理秩序和就诊人的生命和健康权利。
客观方面	非法行医,情节严重的行为。
主体	一般主体,限于未取得医生执业资格的人。
主观方面	故意,通常具有牟利的目的。但对非法行医造成的结果,行为人出于过失。

⭐ **（二）认定**

1. 未取得医生执业资格的人非法行医：

（1）未取得或者以非法手段取得医师资格从事医疗活动的。

（2）被依法吊销医师执业证书期间从事医疗活动的。

（3）未取得乡村医生执业证书，从事乡村医疗活动的。

（4）家庭接生员实施家庭接生以外的医疗行为的。

2. 集合犯：本罪属于职业犯，要求行为人有反复、持续实施的意思。

3. 结果加重犯：严重损害就诊人身体健康的或造成就诊人死亡的属于结果加重犯。

⭐ **（三）司法解释**

1. 非法行医行为系造成就诊人死亡的直接、主要原因的，应认定为非法行医"造成就诊人死亡"。

非法行医行为并非造成就诊人死亡的直接、主要原因的，可不认定为非法行医规定的"造成就诊人死亡"。但是，根据案件情况，可以认定为非法行医罪的"情节严重"。

2. 实施非法行医犯罪，同时构成生产、销售假药罪，生产、销售劣药罪，诈骗罪等其他犯罪的，依照刑法处罚较重的规定定罪处罚。

📢 三十、污染环境罪

第 338 条[污染环境罪]　违反国家规定，排放、倾倒或者处置有放射性的废物、含传染病病原体的废物、有毒物质或者其他有害物质，**严重污染环境的**，处三年以下有期徒刑或者拘役，并处或者单处罚金；后果特别严重的，处三年以上七年以下有期徒刑，并处罚金。

这是指违反国家规定，排放、倾倒或者处置有放射性的废物、含传染病病原体的废物、有毒物质或者其他有害物质，严重污染环境的行为。

⭐ **（一）成立条件**

客体	国家环境保护制度和对废物的安全管理制度。
客观方面	违反国家规定，实施污染环境的行为。违反国家规定是构成本罪的前提。
主体	一般主体，即已满16周岁的自然人。单位可构成本罪。
主观方面	故意。

⭐ **（二）认定**

1. 实施本罪行为，又构成妨害公务罪的，以污染环境罪与妨害公务罪数罪并罚。

2. 违反国家规定，排放、倾倒、处置含有毒害性、放射性、传染病病原体等物质的污染物，同时构成污染环境罪、非法处置进口的固体废物罪、投放危险物质罪等犯罪的，依照处罚较重的犯罪定罪处罚。

3. 明知他人无经营许可证或者超出经营许可范围，向其提供或者委托其收集、贮存、利用、处置危险废物，严重污染环境的，以污染环境罪的共同犯罪论处。

📢 三十一、盗伐林木罪

第 345 条第 1 款[盗伐林木罪]　盗伐森林或者其他林木，数量较大的，处三年以下有期徒刑、拘役或者管制,并处或者单处罚金;数量巨大的,处三年以上七年以下有期徒刑,并处罚金;数量特别巨大的,处七年以上有期徒刑,并处罚金。

这是指违反国家保护森林法规,以非法占有为目的,擅自砍伐国家、集体所有或者个人所有的森林或者其他林木,数量较大的行为。

(一)成立条件

客体	国家对森林资源的管理活动和林木的所有权。
客观方面	违反国家保护森林法规,以非法占有为目的,擅自砍伐国家、集体所有或者个人所有的森林或者其他林木,数量较大的行为。
主体	一般主体,已满16周岁具有刑事责任能力的自然人。单位可构成本罪。
主观方面	故意。

(二)认定

1.行为方式:盗伐森林或者其他林木。这是指以非法占有为目的,擅自砍伐森林或者其他林木的行为。根据司法解释,盗伐行为包括:

(1)擅自砍伐国家、集体、他人所有或者他人承包经营管理的森林或者其他林木。

(2)擅自砍伐本单位或者本人承包经营管理的森林或者其他林木。

(3)在林木采伐许可证规定的地点以外采伐国家、集体、他人所有或者他人承包经营管理的森林或者其他林木。

> **提示**
>
> 盗伐已经枯死的林木、居民房前屋后个人所有的零星树木或者窃取他人所有并且已经伐倒的树木的,成立盗窃罪。

2.数量较大:根据司法解释,盗伐林木"数量较大",以2至5立方米或者幼树100至200株为起点。

3.罪数问题。

(1)盗伐林木时,为了窝藏赃物、抗拒抓捕或毁灭罪证,使用暴力的,转化为抢劫罪。

(2)盗伐林木的数量没有达到盗伐林木罪的定罪标准但达到盗窃罪的定罪标准的,以盗窃罪论处。

4.本罪与滥伐林木罪。

盗伐林木罪是无证(无权)砍伐林木,侵害他人林木所有权,具有非法占有目的;滥伐林木罪是持证但违规砍伐,侵害林业管理制度。

三十二、走私、贩卖、运输、制造毒品罪

第347条[走私、贩卖、运输、制造毒品罪] 走私、贩卖、运输、制造毒品,无论数量多少,都应当追究刑事责任,予以刑事处罚。

走私、贩卖、运输、制造毒品,有下列情形之一的,处十五年有期徒刑、无期徒刑或者死刑,并处没收财产:

(一)走私、贩卖、运输、制造鸦片一千克以上、海洛因或者甲基苯丙胺五十克以上或者其他毒品数量大的;

(二)走私、贩卖、运输、制造毒品集团的首要分子;

（三）武装掩护走私、贩卖、运输、制造毒品的；

（四）以暴力抗拒检查、拘留、逮捕，情节严重的；

（五）参与有组织的国际贩毒活动的。

走私、贩卖、运输、制造鸦片二百克以上不满一千克、海洛因或者甲基苯丙胺十克以上不满五十克或者其他毒品数量较大的，处七年以上有期徒刑，并处罚金。

走私、贩卖、运输、制造鸦片不满二百克、海洛因或者甲基苯丙胺不满十克或者其他少量毒品的，处三年以下有期徒刑、拘役或者管制，并处罚金；情节严重的，处三年以上七年以下有期徒刑，并处罚金。

单位犯第二款、第三款、第四款罪的，对单位判处罚金，并对其直接负责的主管人员和其他直接责任人员，依照各该款的规定处罚。

利用、教唆未成年人走私、贩卖、运输、制造毒品，或者向未成年人出售毒品的，从重处罚。

对多次走私、贩卖、运输、制造毒品，未经处理的，毒品数量累计计算。

这是指明知是毒品而故意实施走私、贩卖、运输、制造的行为。

⭐（一）成立条件

客体		毒品管制秩序。
客观方面	走私	非法运输、携带、邮寄毒品进出国（边）境的行为。
	贩卖	有偿转让毒品的行为。构成本罪的要求：钱毒交易、居间介绍无需牟利、代买代卖需要牟利。
	运输	采用携带、邮寄、利用他人交通工具等方法在我国领域内转移毒品。既遂的标准是毒品离开原存放地，进入运输状态，不是运抵目的地。
	制造	使用毒品原植物制作成毒品或者以改变毒品成分和效用为目的的加工、配制行为。注意：为便于隐蔽运输、销售、使用、欺骗购买者，或者为了增重，对毒品掺杂使假，添加或者去除其他非毒品物质，不属于制造毒品的行为。
主体		贩卖毒品罪的主体是已满14周岁的自然人和单位；其他情形为已满16周岁的自然人和单位。
主观方面		故意。

⭐（二）变相走私、贩卖毒品

1. 依法从事生产、运输、管理、使用国家管制的麻醉药品、精神药品的人员明知是走私、贩卖毒品的犯罪人，向其提供麻醉药品、精神药品的，无论是否有偿，均定走私、贩卖毒品罪（共同犯罪原理）。

2. 以牟利为目的，向吸食、注射毒品的人有偿提供麻醉药品、精神药品的，定贩卖毒品罪。

⭐（三）认定

1. 犯罪主体

走私、运输、制造毒品罪的主体是已满16周岁的自然人和单位；贩卖毒品罪的主体是已满14周岁的自然人和单位。

2. 行为方式

（1）走私毒品。

这是指非法运输、携带、邮寄毒品进出国（边）境的行为，包括毒品的输入与输出。注意：

在领海、内海运输、收购、贩卖国家禁止进出口的毒品,以及直接向走私毒品的犯罪人购买毒品的,也属于走私毒品。

> **提示**
> 　陆路输入的,越过国(边)境线;海运、空运的,船舶、飞机到达本国港口、机场为走私毒品罪的既遂。

(2)贩卖毒品。

这是指有偿转让毒品的行为。即行为人将毒品交付给对方,并从对方获取物质利益。

①贩卖的含义:贩卖是指<u>有偿转让</u>,既可能是获取金钱,也可能是获取其他物质利益。注意:贩卖毒品不要求有牟利目的。例如,将自己吸食的毒品按照购买价转卖给他人的,也成立贩卖毒品罪。

> **提示**
> 　如果是无偿转让毒品,则不属于贩卖毒品。
> 　例1,甲戒毒后,将剩余的毒品低价转让给他人的,属于有偿转让,成立本罪。
> 　例2,乙与丙都是吸毒的人,相互之间交换毒品的,不成立贩卖毒品罪。但为了调剂各自的毒品种类与数量而相互交易毒品的,成立本罪。
> 　例3,吸毒者乙让甲为自己代购毒品,与甲一同吸食毒品,甲代购毒品并非牟利,只是为了一同免费吸食。甲的行为不是有偿转让毒品,不成立贩卖毒品罪。

②贩卖的方式:贩卖方式既可以是公开的,也可以是秘密的。既可以是直接交付给对方,也可以是<u>间接交付给对方</u>。

③贩卖的既遂:以毒品实际上转移给买方为既遂。转移毒品后,是否获得了相应的利益,不影响既遂的成立。

第一:出于贩卖目的而非法购买毒品的,属于贩卖毒品罪的预备行为。如果数量较大,触犯非法持有毒品罪的,属于想象竞合犯,择一重罪论处。

第二:"贩卖"毒品不需要先购买毒品再出卖毒品。例如,捡拾海洛因后出卖给他人的、出卖祖辈留下的鸦片的,也成立贩卖毒品罪。

④ 司法解释:行为人不以牟利为目的,为他人代购仅用于吸食的毒品数量较大的,对行为人以非法持有毒品罪论处。如果从中牟利,变相加价贩卖给他人,以贩卖毒品罪论处。

记忆技巧:贩卖毒品罪:钱毒交易、①居间介绍无需牟利、代买代卖需要牟利。

(3)运输毒品。

这是指采用携带、邮寄、利用他人交通工具等方法在我国领域内转移毒品。

①为了自己吸食而将毒品带往外地,数量较大的,属于非法持有毒品。

②如果出入境运输,构成走私毒品罪。

③只要求毒品发生位移变化,不要求物理空间变动。例如,甲联系买家后,将毒品从北京运至天津,到达目的地后没有找到买家,又将毒品运回北京的,虽然毒品的物理位置没有发生变动,但是已经发生了位移变化,甲成立运输毒品罪既遂。

---

① 存在一个例外:明知是走私、贩卖毒品的犯罪人,而向其提供国家规定管制的能够使人形成瘾癖的麻醉药品或者精神药品的,<u>不管是有偿提供,还是无偿提供</u>,都成立走私、贩卖毒品罪。(第355条)

提示

既遂的标准是毒品离开原存放地,进入运输状态,不是运抵目的地。

(4)制造毒品。

这是指使用毒品原植物制作成毒品或者以改变毒品成分和效用为目的的加工、配制行为。

①无中生有:从原料中提取毒品。例如,将罂粟制成为鸦片。

②去粗取精:去掉毒品中的杂质,以提升纯度。例如,去除海洛因中的底粉。注意:为了增重或者欺骗消费者,对毒品掺杂,添加其他非毒品物质,不属于制造毒品。

③改变种类:将一种毒品变为另一种毒品。例如,使用化学方法将吗啡变成海洛因。

3. 罪过形式

本罪的罪过为故意,要求行为人认识到自己走私、贩卖、运输、制造的是毒品。

(1)只要求认识到是毒品,不要求对毒品的具体种类有认识。

(2)不要求有营利目的。例如,为了赠与而制造毒品,为了吸食而走私毒品都成立本罪。

4. 犯本罪,又以暴力抗拒检查、拘留、逮捕,情节严重的,不再定妨害公务罪。

5. 本罪属于选择性罪名,成立本罪,不要求数量大小。数量计算问题:

(1)对同宗毒品:既走私又贩卖,不并罚,而只定走私、贩卖毒品罪,此时对毒品的数量也不重复计算。

(2)对不同宗毒品:分别实施了不同种犯罪行为,累加计算毒品数量,不实行并罚。例如,走私冰毒 100g,贩卖鸦片 500g,成立走私、贩卖毒品罪,累加计算毒品数量。

三十三、非法持有毒品罪

第 348 条[非法持有毒品罪]　非法持有鸦片一千克以上、海洛因或者甲基苯丙胺五十克以上或者其他毒品数量大的,处七年以上有期徒刑或者无期徒刑,并处罚金;非法持有鸦片二百克以上不满一千克、海洛因或者甲基苯丙胺十克以上不满五十克或者其他毒品数量较大的,处三年以下有期徒刑、拘役或者管制,并处罚金;情节严重的,处三年以上七年以下有期徒刑,并处罚金。

这是指违反国家毒品管理法规,非法持有毒品且数量较大的行为。

(一)成立条件

客体	国家对毒品的管理制度。
客观方面	非法持有毒品数量较大的行为。也即,鸦片 200 克以上、海洛因或者甲基苯丙胺 10 克以上。
主体	一般主体,即已满 16 周岁的自然人。
主观方面	故意,要求行为人明知是毒品而非法持有。

(二)认定

1. 行为方式:违反国家毒品管理法规,非法持有毒品且数量较大的行为。

(1)非法持有:这是指事实上支配、控制毒品。

第一,不限于随身携带,可以存放在行为人支配的地方。例如,将毒品放在墙壁的夹层内。

第二,可以是间接持有。例如,甲将毒品交给乙保管,甲、乙构成非法持有毒品罪的共犯。

第三,持有要求具有持续性,要求持续一定时间。例如,甲捡到一包"海洛因",因好奇看了几分钟,然后扔进下水道,甲不构成非法持有毒品罪。

第四,持有的目的。这里的"持有"是指单纯的持有,即与走私、贩卖、运输、制造毒品没有联系。例如,自己吸食而持有毒品。如果为了走私、贩卖、运输、制造毒品而持有,只定走私、贩卖、运输、制造毒品罪。

(2)数量较大:根据司法解释"数量较大"是指鸦片200克以上、海洛因或者甲基苯丙胺10克以上。

2. 罪数问题。

(1)吸毒不构成犯罪,但是吸毒者持有毒品达到一定数量,以非法持有毒品罪论处。

(2)明知是毒品而盗窃,然后非法持有毒品的,根据吸收犯原理,只定盗窃罪。盗窃普通财物既遂后发现是毒品,又非法持有的,以盗窃罪和非法持有毒品罪并罚。

3. 毒品犯罪再犯。

第356条[毒品犯罪的再犯] 因走私、贩卖、运输、制造、非法持有毒品罪被判过刑,又犯本节规定之罪的,从重处罚。

罪名要求	前罪只包括走私、贩卖、运输、制造、非法持有毒品罪。后罪包括毒品犯罪所有的罪名。
量刑要求	前后罪的法定刑没有要求,包括主刑和附加刑。
时间要求	前后罪的时间间隔没有要求。
法律后果	应当从重处罚。

> **提示**
>
> 不满18周岁的人虽然不构成累犯,但可以构成毒品再犯。

三十四、组织卖淫罪

第358条[组织卖淫罪;强迫卖淫罪] 组织、强迫他人卖淫的,处五年以上十年以下有期徒刑,并处罚金;情节严重的,处十年以上有期徒刑或者无期徒刑,并处罚金或者没收财产。

组织、强迫未成年人卖淫的,依照前款的规定从重处罚。

犯前两款罪,并有杀害、伤害、强奸、绑架等犯罪行为的,依照数罪并罚的规定处罚。

为组织卖淫的人招募、运送人员或者有其他协助组织他人卖淫行为的,处五年以下有期徒刑,并处罚金;情节严重的,处五年以上十年以下有期徒刑,并处罚金。

这是指以招募、雇佣、纠集等手段,管理或者控制他人卖淫,卖淫人员在3人以上的行为。

(一)成立条件

客体	社会道德风尚和社会治安管理秩序。
客观方面	组织多人卖淫的行为。这是指以招募、雇佣、引诱、容留等手段,控制3人以上从事卖淫活动。
主体	一般主体,即年满16周岁的自然人。既可以是男性,也可以是女性。
主观方面	故意。

● （二）认定

1. 行为方式：组织他人卖淫，卖淫人员在 3 人以上的行为。

（1）组织。这是指行为人以招募、雇佣、纠集等手段，管理或者控制他人卖淫，卖淫人员在 3 人以上的行为。

第一，本质：组织卖淫的本质是<u>控制和管理卖淫人员</u>。例如，甲将认识的卖淫女拉进微信群，为卖淫女介绍嫖客。虽然甲对微信群有管理和控制，但对卖淫女并无控制行为，甲构成介绍卖淫罪，而非组织卖淫罪。

第二，形式：根据司法解释，卖淫人员在 3 人以上的，组织者构成组织卖淫罪。<u>注意</u>：组织者（老板）是一人还是多人，不影响本罪的成立。

（2）他人。单纯的卖淫、嫖娼是违法行为，组织他人卖淫才构成本罪。

第一，这里的"他人"既包括女性，也包括男性。例如，组织男对女、女对男、男对男、女对女卖淫的，都能构成本罪。

第二，这里的"他人"包括幼女，但嫖宿幼女的，构成强奸罪。例如，甲组织幼女小花等卖淫，乙明知小花的年龄而对其嫖宿，甲构成组织卖淫罪，乙构成强奸罪。

（3）卖淫。这是指以营利为目的与不特定的对方发生性交或者其他淫乱活动的行为。

第一，本质：卖淫必须以营利为目的，面向不特定对方。

例 1，甲在陌陌上与小花一见钟情，二人发生一夜情，虽然由甲支付房费，但小花不以营利为目的，不是卖淫行为。

例 2，小花以自己的裸照作为抵押，向甲借款 5 万元。由于到期未还，甲以公开裸照相威胁，指使小花与他人发生性关系，由嫖客逼小花偿还债务，小花被迫同意。甲又发现小花颇有姿色，于是冒充嫖客与小花发生性关系。由于小花并未面向不特定对方提供性服务，故甲不构成组织或者强迫卖淫罪，应当以强奸罪论处。

第二，形式：本罪中的"卖淫"，是指最狭义的性交行为或者类似性交行为（口交、肛交）。<u>注意</u>：组织他人单纯为异性手淫的，组织女性用乳房摩擦男性生殖器的，组织女性被特定人"包养"的，不构成组织卖淫罪。

2. 犯罪形态：被组织者实施了卖淫行为，组织者构成本罪既遂。

3. 罪数问题

（1）犯组织卖淫罪、强迫卖淫罪，又有杀害、伤害、强奸、绑架等犯罪行为的，依照数罪并罚。<u>注意</u>：《刑法修正案（九）》对此作了修正，组织卖淫或者强迫卖淫，又犯强奸罪的，数罪并罚。

（2）组织卖淫罪与协助组织卖淫罪。

协助组织卖淫罪原本是组织卖淫罪的帮助犯，但立法将其规定为独立的罪名，这是帮助行为的正犯化。因此，对协助组织卖淫罪不再定组织卖淫罪的帮助犯，也不能按照总则关于从犯的规定量刑。例如，甲组织他人卖淫，乙按甲的要求为其招募卖淫女。甲构成组织卖淫罪，乙构成协助组织卖淫罪。

4. 司法解释①

（1）组织卖淫者是否设置固定的卖淫场所、组织卖淫者人数多少、规模大小，不影响组织

---

① 2017 年 7 月 25 日《最高人民法院、最高人民检察院关于办理组织、强迫、引诱、容留、介绍卖淫刑事案件适用法律若干问题的解释》。

卖淫行为的认定。

(2)在组织卖淫犯罪活动中,对被组织卖淫的人有引诱、容留、介绍卖淫行为的,依照处罚较重的规定定罪处罚。但是,对被组织卖淫的人以外的其他人有引诱、容留、介绍卖淫行为的,应当分别定罪,实行数罪并罚。

(3)明知他人实施组织卖淫犯罪活动而为其招募、运送人员或者充当保镖、打手、管账人等的,依照《刑法》第358条第4款的规定,以协助组织卖淫罪定罪处罚,不以组织卖淫罪的从犯论处。

在具有营业执照的会所、洗浴中心等经营场所担任保洁员、收银员、保安员等,从事一般服务性、劳务性工作,仅领取正常薪酬,且无前款所列协助组织卖淫行为的,不认定为协助组织卖淫罪。

(4)犯组织、强迫卖淫罪,并有杀害、伤害、强奸、绑架等犯罪行为的,依照数罪并罚的规定处罚。协助组织卖淫行为人参与实施上述行为的,以共同犯罪论处。

(5)被引诱卖淫的人员中既有不满十四周岁的幼女,又有其他人员的,分别以引诱幼女卖淫罪和引诱卖淫罪定罪,实行并罚。

(6)旅馆业、饮食服务业、文化娱乐业、出租汽车业等单位的人员,利用本单位的条件,组织他人卖淫的,以组织卖淫罪定罪处罚。前述所列单位的主要负责人,犯组织卖淫罪的,从重处罚。

(7)旅馆业、饮食服务业、文化娱乐业、出租汽车业等单位的人员,在公安机关查处卖淫、嫖娼活动时,为违法犯罪分子通风报信,情节严重的,以包庇罪定罪处罚。

三十五、强迫卖淫罪

强迫卖淫罪是指以暴力、胁迫或者其他方法,强行逼迫他人进行性交易的行为。

(一)成立条件

客体	社会道德风尚和他人的人身权利。
客观方面	强迫他人卖淫的行为。这里的"他人"包括妇女、幼女、男子。
主体	一般主体,即已满16周岁的自然人。
主观方面	故意。

(二)认定

1.犯罪主体:已满16周岁的自然人。

2.行为方式:强迫他人卖淫。这里的"强迫"是指使用暴力、威胁、虐待等强制方法迫使他人卖淫的行为。主要表现为:

(1)逼良为娼:他人不愿意从事卖淫,使用强制手段迫使其从事卖淫活动。

(2)禁娼从良:他人不愿意继续从事卖淫,使用强制手段迫使其继续从事卖淫活动。

(3)禁娼跳槽:他人不愿意在此地卖淫,使用强制手段迫使他人在此地卖淫。

> 提示
>
> 强迫他人向某类人卖淫或者以某种方式卖淫的,也成立本罪。

3.罪过形式:故意。虽然卖淫以营利为目的,强迫卖淫者通常也以营利为目的,但刑法并没有将营利目的规定为本罪的主观要件。卖淫具有营利目的,不等于强迫者必然具有营利目的。

4.既遂标准:被强迫者实施了卖淫行为,强迫者成立本罪既遂。

> **提示**
>
> 强迫他人与特定的个人性交或者从事猥亵活动的,由于被强迫者的行为不符合卖淫的特征,不能认定为强迫卖淫罪,只能认定为强奸、强制猥亵等罪。
>
> 例如,甲男以在网上传播乙女的裸照相威胁,要求乙前往宾馆的房间从事卖淫活动,乙女被迫同意后,甲冒充嫖客与乙女性交,甲的行为成立强奸罪。

5.在组织、强迫卖淫过程中,并有杀害、伤害、强奸、绑架等犯罪行为的,数罪并罚。

【总结】

组织卖淫行为	引诱、容留、介绍卖淫行为	处理结论
组织甲卖淫	并且引诱甲、容留甲、介绍甲卖淫	定组织卖淫罪 (罪名不同,对象相同,存在吸收关系,不并罚)
组织甲卖淫	并且引诱乙、容留乙、介绍乙卖淫	以组织卖淫罪与引诱、容留、介绍卖淫罪并罚 (罪名不同、对象不同,数罪并罚)
组织甲卖淫	引诱幼女乙卖淫、容留丙卖淫	以组织卖淫罪、引诱幼女卖淫罪、容留卖淫罪并罚 (罪名不同、对象不同,数罪并罚)
没有组织行为	引诱甲、容留乙、介绍丙卖淫	定引诱、容留、介绍卖淫罪 (选择性罪名,对象不同也不并罚)

经典考题

下列情形中,应当数罪并罚的是(　　　)①。(2012-10 法)

A. 甲为迫使不满 18 周岁的未成年女子卖淫而对其实施强奸

B. 乙非法拘禁债务人张某 10 天,其间多次毒打张某,致张某伤残

C. 丙无证驾车,在被交警查处时使用暴力抗拒执法,失手将交警打死

D. 丁开设地下卷烟厂,制售劣质卷烟数量巨大,在县联合执法队前来查处时,组织数十村民围攻执法人员,迫使执法队暂时撤离

三十六、传播性病罪

第 360 条[传播性病罪] 明知自己患有梅毒、淋病等严重性病卖淫、嫖娼的,处五年以下有期徒刑、拘役或者管制,并处罚金。

这是指明知自己身患梅毒、淋病等严重性病,而进行卖淫或者嫖娼活动的行为。

(一)成立条件

客体	复杂客体。既侵犯了社会治安管理秩序,又侵犯了他人的身体健康权利。
客观方面	行为人在患有严重性病的情况下实施卖淫嫖娼的行为。
主体	特殊主体,即已满16周岁且患有梅毒、淋病等严重性病的人。包含中国公民和外国人。
主观方面	故意,即明知自己患有严重性病而仍然进行卖淫或嫖娼的。

---

① AD

(二)认定

1.犯罪性质:本罪是行为犯,传播性病的行为是否实际造成他人患上严重性病的后果,不影响本罪的成立。

2.行为方式:明知自己身患梅毒、淋病等严重性病,而进行卖淫或者嫖娼活动的行为。

(1)明知:具有下列情形之一,应当认定为《刑法》第360条规定的"明知"。

①有证据证明曾到医院就医,被诊断为患有严重性病的;

②根据本人的知识和经验,能够知道自己患有严重性病的;

③通过其他方法能够证明被告人是"明知"的。

(2)梅毒、淋病等严重性病。根据司法解释,这里的"严重性病"包括艾滋病。

①明知自己患有艾滋病或者感染艾滋病病毒而卖淫、嫖娼的,依照传播性病罪定罪,从重处罚。

②有下列情形,致使他人感染艾滋病病毒的,定故意伤害罪(重伤)。

第一,明知自己感染艾滋病病毒而卖淫、嫖娼的;

第二,明知自己感染艾滋病病毒,故意不采取防范措施而与他人发生性关系的。

经典考题

甲明知卖淫女赵某未满14周岁,而与之发生性交易。甲的行为(　　)①。(2012-12 非)

A.不构成犯罪　　　　　B.构成强奸罪　　　　　C.构成猥亵儿童罪　　　　　D.构成嫖宿幼女罪

三十七、制作、复制、出版、贩卖、传播淫秽物品牟利罪

第363条第1款[制作、复制、出版、贩卖、传播淫秽物品牟利罪] 以牟利为目的,制作、复制、出版、贩卖、传播淫秽物品的,处二年以下有期徒刑、拘役或者管制,并处罚金;情节严重的,处三年以上十年以下有期徒刑,并处罚金;情节特别严重的,处十年以上有期徒刑或者无期徒刑,并处罚金或者没收财产。

这是指以牟利为目的,制作、复制、出版、贩卖、传播淫秽物品的行为。所谓淫秽物品,根据刑法和有关司法解释的规定,是指具体描绘性行为或者露骨宣扬色情的淫秽性的书刊、影片、录像带、录音带、图片及其他淫秽物品。

(一)成立条件

客体	国家文化市场管理制度和良好的社会风尚。
客观方面	制作、复制、出版、贩卖、传播淫秽物品的行为。
主体	一般主体。即已满16周岁的自然人。单位可构成本罪。
主观方面	故意,且须具有牟利目的。

(二)认定

1.本罪属选择性罪名。制作、复制、出版、贩卖、传播是5种行为,行为人只要实施其中一种行为即成立本罪。行为人实施其中2种以上行为的,只定一个罪名,不实行并罚。

2.在互联网上建立淫秽网站、网页,提供淫秽站点链接服务,或者传播淫秽书刊、影片、

---

① B

音像、图片的,属于传播行为。

3. 明知他人用于出版淫秽书刊而提供书号、刊号的,以出版淫秽物品牟利罪定罪处罚。

4. 以牟利为目的,利用互联网、移动通讯终端制作、复制、出版、贩卖、传播淫秽电子信息的,以制作、复制、出版、贩卖、传播淫秽物品牟利罪定罪处罚。

5. 以牟利为目的,网站建立者、直接负责的管理者明知他人制作、复制、出版、贩卖、传播的是淫秽电子信息,允许或者放任他人在自己所有、管理的网站或者网页上发布的,以传播淫秽物品牟利罪定罪处罚。

6. 行为人直接从走私分子手上购买淫秽物品加以贩卖,或者在我国的内海、领海、界河、界湖贩卖淫秽物品的,应以走私淫秽物品罪定罪处罚。

三十八、传播淫秽物品罪

第 364 条第 1 款[传播淫秽物品罪]　传播淫秽的书刊、影片、音像、图片或者其他淫秽物品,情节严重的,处二年以下有期徒刑、拘役或者管制。

这是指不以牟利为目的,传播淫秽的书刊、影片、音像、图片或者其他淫秽物品,情节严重的行为。

(一)成立条件

客体	国家文化市场管理制度和良好的社会风尚。
客观方面	实施了传播淫秽书刊、影片、音像、图片或者其他淫秽物品的行为。
主体	一般主体。即已满 16 周岁的自然人。单位可构成本罪。
主观方面	故意,但不具有牟利目的。

(二)认定

1. 在亲友、家庭成员之间或其他小范围,观看人数少的场合,传看、传抄淫秽物品的,一般不按照犯罪处理。

2. 本罪与相关犯罪的区分

(1)本罪与传播淫秽物品牟利罪:本罪不要求有牟利目的,传播淫秽物品牟利罪要求主观上有牟利的目的。

(2)本罪与走私淫秽物品罪:本罪主观上只有传播的目的,走私淫秽物品罪主观上以牟利或者传播为目的。

经典考题

甲避开海关从境外偷运一批淫秽光盘到境内无偿散发。甲的行为应定为(　　)①。(2010-8 法)

A.走私淫秽物品罪　　　B.传播淫秽物品罪　　　C.传播淫秽物品牟利罪　　D.侵犯著作权罪

---

① 　A

第十九章 | 贪污贿赂罪

((第一节 本章概述))

一、概念

贪污贿赂罪,是指国家工作人员(行贿类的犯罪除外)利用职务上的便利,非法占有、使用公共财物,索取、收受贿赂或者取得其他非法利益,破坏职务的廉洁性的行为。

二、成立条件

犯罪客体	国家工作人员公务行为的廉洁性,多数犯罪同时侵犯公共财产或者国有财产的所有权;少数犯罪还侵犯公民私人财产或者其他单位的财产所有权。
客观方面	贪污、挪用公款、受贿、行贿、介绍贿赂、巨额财产来源不明、隐瞒境外存款不报、私分国有财产等行为。
犯罪主体	多数是特殊主体,少数是一般主体(例如行贿罪)。
主观方面	故意。

三、罪名

1	贪污罪	第 382 条
2	挪用公款罪	第 384 条
3	受贿罪	第 385 条
4	利用影响力受贿罪	第 388 条之一
5	行贿罪	第 389 条
6	对有影响力的人行贿罪	第 390 条之一
7	巨额财产来源不明罪	第 395 条第 1 款

((第二节 具体罪名))

一、贪污罪

第 382 条[贪污罪] 国家工作人员利用职务上的便利,侵吞、窃取、骗取或者以其他手段非法占有公共财物的,是贪污罪。

受国家机关、国有公司、企业、事业单位、人民团体委托管理、经营国有财产的人员,利用职务上的便利,侵吞、窃取、骗取或者以其他手段非法占有国有财物的,以贪污论。

与前两款所列人员勾结,伙同贪污的,以共犯论处。

第 383 条[对犯贪污罪的处罚规定] 对犯贪污罪的,根据情节轻重,分别依照下列规定处罚：

（一）贪污数额较大或者有其他较重情节的，处三年以下有期徒刑或者拘役，并处罚金。

（二）贪污数额巨大或者有其他严重情节的，处三年以上十年以下有期徒刑，并处罚金或者没收财产。

（三）贪污数额特别巨大或者有其他特别严重情节的，处十年以上有期徒刑或者无期徒刑，并处罚金或者没收财产；数额特别巨大，并使国家和人民利益遭受特别重大损失的，处无期徒刑或者死刑，并处没收财产。

对多次贪污未经处理的，按照累计贪污数额处罚。

犯第一款罪，在提起公诉前如实供述自己罪行、真诚悔罪、积极退赃，避免、减少损害结果的发生，有第一项规定情形的，可以从轻、减轻或者免除处罚；有第二项、第三项规定情形的，可以从轻处罚。

犯第一款罪，有第三项规定情形被判处死刑缓期执行的，人民法院根据犯罪情节等情况可以同时决定在其死刑缓期执行二年期满依法减为无期徒刑后，终身监禁，不得减刑、假释。

第394条[贪污罪] 国家工作人员在国内公务活动或者对外交往中接受礼物，依照国家规定应当交公而不交公，数额较大的，依照本法第三百八十二条、第三百八十三条的规定定罪处罚。

这是指国家工作人员利用职务上的便利，侵吞、窃取、骗取或者以其他手段非法占有公共财物的行为。

🛡 （一）成立条件

客体	复杂客体。既侵犯了国家工作人员的职务廉洁性，也侵犯公共财产的所有权。
客观方面	利用职务上的便利，侵吞、窃取、骗取或者以其他手段非法占有公共财物的行为。公共财物不仅包括国有财物，也包括其他公共财产。
主体	特殊主体，即国家工作人员和受委托管理、经营国有财产的人员。
主观方面	故意，并且以非法占有为目的。

🛡 （二）认定

1.行为方式：国家工作人员利用职务上的便利，侵吞、窃取、骗取或者以其他手段非法占有公共财物的行为。本质：监守自盗。

（1）国家工作人员：从事的事务具有公共性和行政职责性。（参见第二章第三节"一般主体与特殊主体"）

（2）利用职务上的便利：这是指利用职务上主管、管理、经营、经手公共财物的权力。也即，因为职权而享有的支配公共财物的权力。

> **提示**
>
> 利用职务便利是指对公共财物的"主管、管理、经营、经手"的便利条件或地位，因工作关系熟悉作案环境、易于接近作案目标、容易进入单位等方便条件，不是"利用职务上的便利"。
>
> 例1，税务局的出纳甲（国家工作人员），将单位的现金放入保险箱。下班时，甲打开保险箱，取走现金。第一，甲是国家工作人员；第二，甲对现金有主管、管理的便利。也即，利用了职务上的便利；第三，单位的财物属于公共财物，甲将公共财物据为己有，故甲构成贪污罪。

　　例2,甲是某国企的业务员,乙是该国企的出纳,二人都是国家工作人员。甲见乙将现金放入保险箱,甲趁乙熟睡,打开保险箱,取走现金。甲虽然是国家工作人员,但对单位的公共财物无主管、管理的便利,故甲构成盗窃罪,而非贪污罪。

　　(3)侵吞、窃取、骗取或者以其他手段非法占有公共财物。

　　①侵吞公共财物。这是指利用职务上的便利,将自己主管、管理、经营、经手的公共财物,非法占为己有。

　　例1,国企出纳甲收受现金后不入账,对公共财物变占有为所有,构成贪污罪。

　　例2,国家工作人员在国内公务活动或者对外交往中接受礼物,依照国家规定应当交公而不交公,数额较大的,构成贪污罪,属于侵吞型贪污。

　　②窃取公共财物。这是指利用职务上的便利,采取秘密方式,将自己合法管理的公共财物据为己有。例如,甲、乙是财政局的出纳,甲掌管保险柜的钥匙,乙掌管保险柜的密码,只有同时使用钥匙和密码才能打开保险柜。甲利用钥匙和猜中的密码,打开保险柜取走现金。由于现金是甲、乙共同占有,甲利用职务便利,破坏了乙对公共财物的占有关系,故甲构成贪污罪,属于窃取型的贪污。

　　③骗取公共财物。这是指利用职务上的便利,采用虚构事实或者隐瞒真相的方法,非法占有公共财物。例如,甲是国有保险公司的理赔员,利用其职务上的便利,编造未曾发生的保险事故进行虚假理赔,骗取单位的保险金归自己所有,甲构成贪污罪。

　　④以其他手段非法占有公共财物。这是指采取侵吞、窃取、骗取以外的方法,非法占有公共财物。例如,国企中的三名领导,巧立名目,私分大量公款公物。

　　(4)公共财产的范围:

　　①国有财产;

　　②劳动群众集体所有的财产;

　　③用于扶贫和其他公益事业的社会捐助或者专项基金的财产;

　　④在国家机关、国有公司、企业、集体企业和人民团体管理、使用或者运输中的私人财产,以公共财产论。例如,交警甲将查扣的乙的机动车据为己有,构成贪污罪。理由:第一,虽然机动车在国家机关的管理下,所有权归属于乙,但是以公共财产论;第二,交警查扣机动车属于行使职务的行为,由此造成的损失应当由单位赔偿,甲将机动车据为己有,单位负有赔偿义务;第三,单位支付的赔偿款是公共财物,甲的行为必然导致公共财产的损失。

　　2.犯罪形态

　　贪污罪是以非法占有为目的的财产性职务犯罪,是特殊领域的侵占、盗窃、诈骗犯罪,①其犯罪形态原则上和这些财产犯罪相同。

　　(1)犯罪既遂:行为人实际控制公共财物。例如,国企出纳甲以非法占有为目的,将单位公款转到自己账户。无论是否取出现金,甲对公款已经实际控制,构成贪污罪既遂。

　　(2)犯罪未遂:已经着手实施贪污,但因意志以外的原因未实际控制公共财物。例如,国企出纳甲以非法占有为目的,虚假平账,还未将公款转出就案发,甲构成贪污罪未遂。

---

　　①　2003年11月13日《全国法院审理经济犯罪案件工作座谈会纪要》。

提示

贪污既遂后将财物又捐赠给公益事业,不影响既遂的成立。

3. 贪污罪与盗窃罪、诈骗罪、侵占罪

(1)犯罪客体不同。贪污罪是复杂客体,即国家工作人员的职务廉洁性和公共财产的所有权;盗窃罪、诈骗罪、侵占罪是简单客体,即公私财产的所有权。

(2)客观方面不同。贪污罪是利用职务上的便利,侵吞、窃取、骗取或者以其他手段非法占有公共财物;盗窃罪、诈骗罪、侵占罪没有利用职务便利的要求。

(3)犯罪主体不同。贪污罪是特殊主体,即国家工作人员;盗窃罪、诈骗罪、侵占罪是一般主体。

4. 贪污罪与职务侵占罪

(1)犯罪客体不同。贪污罪的客体是国家工作人员的职务廉洁性和公共财产的所有权;职务侵占罪的客体是职务行为廉洁性和本单位财产的所有权。

(2)犯罪对象不同。贪污罪的对象是公共财物;职务侵占罪的对象是本单位财物。

(3)犯罪主体不同。贪污罪的犯罪主体是国家工作人员;职务侵占罪的主体是公司、企业或者其他单位的工作人员。

✪ (三)处罚

1. 犯罪数额

第一,贪污数额在 3 万元以上不满 20 万元的,属于数额较大。

第二,贪污数额在 20 万元以上不满 300 万元的,属于数额巨大。

第三,贪污数额在 300 万元以上的,属于数额特别巨大。

提示

对多次贪污未经处理的,按照累计贪污数额处罚。

2. 特别从宽

贪污数额较大或者有其他较重情节,在提起公诉前如实供述自己罪行、真诚悔罪、积极退赃,避免、减少损害结果的发生,可以从轻、减轻或者免除处罚。注意:对于贪污数额巨大或者特别巨大或有其他特别严重情节的,只可以从轻处罚。

3. 终身监禁

贪污数额特别巨大或者有其他特别严重情节被判处死刑缓期执行的,人民法院根据犯罪情节等情况可以同时决定在其死刑缓期执行二年期满依法减为无期徒刑后,终身监禁,不得减刑、假释。

第一,前提:贪污数额特别巨大或者有其他特别严重情节。

第二,程序:被判处死刑缓期执行,两年期满后依法减为无期徒刑。注意:如果在考验期内有重大立功,两年期满后减为 25 年有期徒刑的,不能适用终身监禁。

第三,结果:终身监禁,即不得减刑、假释。注意:符合条件的可以申请保外就医。

经典考题 ✍

甲为某市副市长,在代表该市到其他省、市进行招商引资活动中多次接受对方省、市赠送的礼品,价值

50万元,应当交公而没有交公。甲的行为构成(　　　)①。(2008-20)

A. 侵占罪　　　　　　　　B. 受贿罪　　　　　　　　C. 贪污罪　　　　　　　　D. 职务侵占罪

二、挪用公款罪

第384条[挪用公款罪] 国家工作人员利用职务上的便利,挪用公款归个人使用,进行非法活动的,或者挪用公款数额较大、进行营利活动的,或者挪用公款数额较大、超过三个月未还的,是挪用公款罪,处五年以下有期徒刑或者拘役;情节严重的,处五年以上有期徒刑。挪用公款数额巨大不退还的,处十年以上有期徒刑或者无期徒刑。

挪用用于救灾、抢险、防汛、优抚、扶贫、移民、救济款物归个人使用的,从重处罚。

这是指国家工作人员利用职务上的便利,挪用公款归个人使用,进行非法活动的,或者挪用公款数额较大,进行营利活动的,或者挪用公款数额较大,超过3个月未还的行为。

(一)成立条件

客体		复杂客体,既侵犯了国家工作人员的职务廉洁性,也侵犯了公共财产的占有使用收益权。
客观方面	前提	挪用公款归个人使用。包括:①将公款供本人、亲友或者其他自然人使用的;②以个人名义将公款供其他单位使用的;③个人决定以单位名义将公款供其他单位使用,谋取个人利益的。
	类型	①进行非法活动的(3万元);②进行营利活动,数额较大的(5万元);③进行其他活动,数额较大(5万元),超过3个月未还的。
	对象	本罪的对象是公款,也包括挪用救灾、救济等特定款物。挪用失业保险基金和下岗职工基本生活保障资金、国库券归个人使用的以及挪用金融凭证、有价证券用于质押的,以本罪论处。
	提示	对上述活动性质的判断只需客观认定,不需考虑行为人主观意图。
主体		本罪是真正的身份犯,主体是国家工作人员。
主观方面		故意。明知是公款,而有意违反有关规定予以挪用,目的是非法取得公款的使用权,也即没有非法占有目的。

(二)认定

1. 行为方式:国家工作人员利用职务上的便利,挪用公款归个人使用,进行非法活动的,或者挪用公款数额较大,进行营利活动的,或者挪用公款数额较大,超过3个月未还的行为。本质:公款私用。

(1)挪用公款归个人使用。

根据立法解释,有下列情形之一,属于"挪用公款归个人使用":

①将公款供本人、亲友或者其他自然人使用的;

②以个人名义将公款供其他单位使用的;

③个人决定以单位名义将公款供其他单位使用,谋取个人利益的。

> **提示**
>
> 根据《全国法院经济犯罪会议纪要》:经单位领导集体研究决定将公款给个人使用的,或单位负责人决定以单位名义将公款给个人使用,为单位谋取利益,不以挪用公款罪论处。上述行为致使单位遭受重大损失,构成其他犯罪的,依照刑法的有关规定对责任人员定罪处罚。

---

① C

【总结】挪用公款归个人使用的认定

程序	名义	用途	谋利	原理
个人决定		供自然人(本人、亲友等)使用		私人→私人
	以个人名义	供其他单位(国企、私企)使用		私人→单位
	以单位名义	供其他单位(国企、私企)使用	谋取个人利益	单位→私人

(2)进行三种活动。

第一,进行非法活动。这既包括犯罪活动,也包括其他违法活动。根据司法解释,挪用公款进行非法活动,数额在3万元以上的,构成挪用公款罪。例如,挪用公款用于赌博。注意:挪用公款进行非法活动,构成其他犯罪的,数罪并罚。例如,甲挪用公款用于贩毒,应当以挪用公款罪和贩卖毒品罪,数罪并罚。

第二,进行营利活动,数额较大的。根据司法解释,挪用公款进行营利活动,数额在5万元以上的,构成挪用公款罪。例如,挪用公款存入银行、用于集资、购买股票、国债等。

第三,进行其他活动,数额较大,超过3个月未还的。这是指挪用公款进行非法活动,营利活动之外的其他活动。根据司法解释,挪用公款进行其他活动,数额在5万元以上且超过3个月未归还的,构成挪用公款罪。例如,挪用公款为孩子治病。

【总结】挪用公款的三种类型

用途	立法数额	司法数额	时间	既遂标准
进行非法活动		3万元以上	无要求	挪出就既遂
进行营利活动	数额较大	5万元以上	无要求	挪出就既遂
其他活动	数额较大	5万元以上	超过3个月	超过3个月未归还,才是既遂

2.处罚

(1)挪用特定款物归个人使用的,从重处罚。

第一,挪用公款罪的犯罪对象不限于公款,还包括特定的款物。挪用用于救灾、抢险、防汛、优抚、扶贫、移民、救济款物归个人使用的,从重处罚。例如,村委会主任甲在协助政府开展救灾工作时,挪用其保管帐篷、棉被、矿泉水等救灾物资归自己和亲戚使用,甲构成挪用公款罪。

第二,挪用特定款物以外的其他公物,不构成挪用公款罪。例如,警察甲公车私用,每日开警车接送孩子上下学。由于警车不属于上述特定的公物,故甲不构成挪用公款罪。

(2)挪用公款数额巨大不退还。

这是指挪用公款数额巨大,因客观原因在一审判决前不能退还。根据司法解释,"数额巨大"是指挪用公款数额在300万元以上。

例1,甲挪用500万元公款开办工厂,因经济形势下行,血本无归。甲属于挪用公款数额巨大不退还,定挪用公款罪,适用更重的法定刑。

例2,甲挪用500万元公款开办工厂,因未能盈利,又携带公款潜逃。甲主观上不想退还公款,其行为从挪用公款罪转化为贪污罪,贪污的数额是500万元。

3.司法解释

(1)挪用公款给他人使用,使用人与挪用人共谋,指使或者参与策划取得挪用款的,以挪用公款罪的共犯定罪处罚。例如,甲指使国有公司的出纳乙挪出公款,甲为乙支付巨额利息,乙照办。乙构成挪用公款罪的实行犯,甲构成挪用公款罪的教唆犯。

(2)挪用公款归还个人欠款,应当根据产生欠款的原因进行认定。归还个人因进行非法活动或者营利活动产生的欠款,应当认定为挪用公款进行非法活动或者营利活动。

(3)挪用公款后尚未投入实际使用的,只要同时具备数额较大和超过3个月未归还的构成要件,应当认定为挪用公款罪。

(4)因挪用公款索取、收受贿赂,构成犯罪的,数罪并罚。

(5)挪用失业保险基金和下岗职工基本生活保障资金、国库券归个人使用的以及挪用金融凭证、有价证券用于质押的,以挪用公款罪论处。

4. 本罪与贪污罪

客体不同	挪用公款罪侵犯的是公款使用权和国家工作人员职务行为的廉洁性;贪污罪侵犯的是公共财物所有权和国家工作人员职务行为的廉洁性。
对象不同	挪用公款罪的对象仅限于公款;贪污罪的对象是公共财物,既包括公款,也包括公物。
客观方面不同	挪用公款罪是违反财经规定,擅自私用公款;贪污罪是侵吞、窃取、骗取公共财物。
主体不同	挪用公款罪只限于国家工作人员;贪污罪除国家工作人员外,还包括受国家机关、国有公司、企事业单位、人民团体、委托管理、经营国有财产的人员。
主观方面不同	挪用公款罪不以非法占用为目的,即暂时地挪用公款归个人使用;贪污罪以非法占有为目的,即意图永久地非法占有公共财物。
提示	行为人挪用公款后,犯罪目的由非法挪用转化为非法占有的,以贪污罪论处。

5. 本罪与挪用特定款物罪

客体不同	挪用公款罪侵犯的是公款使用权和国家工作人员职务行为的廉洁性;挪用特定款物罪,侵犯了国家的财经管理制度和国家工作人员职务行为的廉洁性。
主体不同	挪用公款罪的主体是国家工作人员;挪用特定款物罪的主体是管理、支配、经手特定款物的直接责任人。
用途不同	挪用公款罪是挪用公款归个人或者他人使用,实质上是公款私用;挪用特定款物罪是将特定款物挪归单位或者其他事项使用,未能专款专用,实际上具有公款公用的性质。

(三)处罚

加重处罚	"挪用公款数额巨大不退还的,处十年以上有期徒刑或者无期徒刑。"这是指因客观原因,在一审判判前不能退还。如果有能力归还,主观上不愿意归还,就转变为贪污罪。
从重处罚	"挪用用于救灾、抢险、防汛、优抚、扶贫、移民、救济款物归个人使用的,从重处罚。"只有归个人使用,才定挪用公款罪。

经典考题

关于挪用公款罪的认定,下列说法中正确的是(   )①。(2007-19)

A. 以个人名义将公款供其他单位使用的,属于挪用公款归个人使用

B. 行为人挪走公款后未使用该公款的,构成挪用公款罪的未遂

C. 挪用公款以后,携带挪用的公款潜逃的,以挪用公款罪从重处罚

———————————

① A

D. 挪用救灾、救济物资数量较大,归个人使用的,不构成挪用公款罪

三、受贿罪

第385条[受贿罪] 国家工作人员利用职务上的便利,索取他人财物的,或者非法收受他人财物,为他人谋取利益的,是受贿罪。

国家工作人员在经济往来中,违反国家规定,收受各种名义的回扣、手续费,归个人所有的,以受贿论处。

第386条[对犯受贿罪的处罚规定] 对犯受贿罪的,根据受贿所得数额及情节,依照本法第三百八十三条的规定处罚。索贿的从重处罚。

这是指国家工作人员利用职务上的便利,索取他人财物,或者非法收受他人财物,为他人谋取利益的行为。

(一)成立条件

客体		国家工作人员职务行为的廉洁性。
客观方面	含义	利用职务上的便利,索取他人财物或者非法收受他人财物,为他人谋取利益。
	类型	①索取他人财物(索取型); ②非法收受他人财物,为他人谋取利益。注意:这里的财物就是贿赂。
	职务	索取或收受的财物与其职务行为有关,就属于利用职务上的便利。
	提示	索取贿赂只需要利用职务上的便利就成立受贿罪,不要求为他人谋取利益。非法收受他人财物时,要求为他人谋取利益。
	考点	为他人谋取利益。①这里的"利益"既包括正当利益,也包括不正当利益;②只要求许诺为他人谋取利益,不要求为他人实现利益。
主体		本罪是特殊主体,即国家工作人员。
主观方面		故意。注意:根据司法解释,国家工作人员收受请托人财物后及时退还或者上交的,不是受贿。这说明国家工作人员没有受贿的故意。

(二)认定

1. 行为方式:国家工作人员利用职务上的便利,索取他人财物,或者非法收受他人财物,为他人谋取利益的行为。本质:权钱交易。

(1)利用职务上的便利。既包括利用本人的职权,也包括利用职务上有隶属、制约关系的其他国家工作人员的职权。注意:利用职务便利的本质是,利用他人有求于自己的职务行为。

例1,甲是市政府干部,利用业余时间为企业做图纸设计,收受企业的财物,由于甲并未利用自己的职务上的便利,不构成受贿罪。

例2,工商局长甲收受乙10万元,通过辖区内的工商所所长丙,为乙谋取利益。由于甲、丙在职务上有隶属关系,故甲构成受贿罪。

(2)索取他人财物。这是指主动向他人索要并收受财物。索贿的基本特征:索要行为的主动性和交付行为的被动性。索取他人财物的,无论是否"为他人谋取利益",均构成受贿罪。例如,交警甲知道司机乙超载,向乙暗示索要钱财,乙担心被罚款而照办,甲构成受贿罪。

（3）非法收受他人财物，为他人谋取利益。收受贿赂的基本特征：交付行为的主动性和收受行为的被动性。收受他人财物，要同时具备"为他人谋取利益"的条件，才构成受贿罪。

第一，利用职务便利索取他人财物，已经侵犯了职务行为的廉洁性，但收受他人财物的行为不足以证明侵犯职务行为的廉洁性，只有既收受他人财物又为他人谋取利益，才是权钱交易。例如，官员甲在儿子的婚礼现场，收受乙赠送的5万元。这还不足以证明甲的行为侵犯了职务行为的廉洁性，如果甲承诺为乙谋取利益，则是权钱交易，构成受贿罪。

第二，根据司法解释，①具有下列情形之一，应当认定为"为他人谋取利益"：

①实际或者承诺为他人谋取利益的；

②明知他人有具体请托事项的；

③履职时未被请托，但事后基于该履职事由收受他人财物的；

④国家工作人员索取、收受具有上下级关系的下属或者具有行政管理关系的被管理人员的财物价值3万元以上，可能影响职权行使的，视为承诺为他人谋取利益。

【注意1】这里的"利益"既包括正当利益，也包括不正当利益；只要求承诺为他人谋取利益，不要求为他人实现利益。

【注意2】虚假承诺问题。这是指国家工作人员利用职务便利，收受他人财物，虚假承诺为他人谋取利益的行为。通说观点认为，构成诈骗罪。例如，甲请托教育局长乙为其子办理入学手续，送给其5万元。乙急需用钱，但又不想为甲办事，于是谎称会帮忙照顾，乙的行为是虚假承诺，构成诈骗罪。

2. 受贿故意

（1）特定关系人索取、收受他人财物，国家工作人员知道后未退还或者上交的，应当认定国家工作人员具有受贿故意。例如，官员甲知道儿子乙收受丙10万元，甲又利用职务便利为丙办理了特种行业许可证，甲、乙构成受贿罪的共同犯罪。

（2）国家工作人员收受请托人财物后及时退还或者上交的，不是受贿。注意：这说明国家工作人员没有受贿的故意。例如，官员甲发现乙送来的果篮中有6万元现金，第二天甲将现金上交给纪委。由于甲无受贿罪的故意，不构成受贿罪。

3. 贿赂的认定

贿赂犯罪中的"财物"，包括货币、物品和财产性利益。财产性利益包括可以折算为货币的物质利益，如房屋装修、债务免除等，以及需要支付货币的其他利益，如会员服务、旅游等。后者的犯罪数额，以实际支付或者应当支付的数额计算。

> **提示**
>
> 　　行为和服务不是贿赂。例如，亲自为官员提性服务（性贿赂）、照看孩子、打扫卫生等，由于这不是财物或者财产性利益，故行为人不构成行贿罪和受贿罪。

4. 处罚：对犯受贿罪的，根据受贿所得数额及情节，按照贪污罪的法定刑处罚。索贿的，应当从重处罚。注意：受贿罪同样有可能适用终身监禁。

---

① 2016年4月18日《最高人民法院、最高人民检察院关于办理贪污贿赂刑事案件适用法律若干问题的解释》。

5.受贿罪的其他类型

事后受贿	在实施职务行为为他人谋取利益时,没有受贿故意,事后明知,他人送的财物是自己职务行为的不正当报酬而收受,成立受贿罪。
离职后受贿	国家工作人员利用职务上的便利为请托人谋取利益之前或者之后,约定在其离职后收受请托人财物,并在离职后收受的,以受贿论处。(在职时约定,离职后收钱,成立受贿罪。在职时没有约定,离职后收钱的,无罪)
回扣型受贿	国家工作人员在经济往来中,违反国家规定,收受各种名义回扣、手续费,归个人所有。
斡旋受贿	主体	国家工作人员,不包括单位。
	行为	行为人利用本人职权或者地位形成的便利条件,通过其他国家工作人员(没有隶属关系)职务上的行为,为请托人谋取不正当利益。
	提示	不要求其他国家工作人员许诺、答应行为人的请求,更不要求其他国家工作人员为请托人谋取了不正当利益。

6.受贿罪与非国家工作人员受贿罪

客体不同	受贿罪的客体是国家工作人员职务行为的廉洁性;非国家工作人员受贿罪的客体是国家对公司、企业、其他单位工作人员职务活动的管理制度和工作人员职务的廉洁性。
客观方面不同	受贿罪的客观方面包括索贿和非法收受他人财物,所谓的"索贿"不以为他人谋取利益为要件,只有收受贿赂才要求为他人谋取利益;非国家工作人员受贿罪,无论索取贿赂还是收受贿赂,都要求为他人牟取利益。
主体不同	受贿罪的主体是国家工作人员;而非国家工作人员受贿罪的主体是公司,企业或者其他单位中不具有国家工作人员身份的人员。

7.受贿罪与贪污罪

客体不同	受贿罪是单一客体,即国家工作人员职务行为廉洁性;贪污罪是复杂客体,既侵犯国家工作人员的职务廉洁性,也侵犯公共财产所有权。
客观方面不同	受贿罪的客观方面表现为,行为人利用职务上的便利索取他人财物或者非法收受他人财物,并为他人谋取利益;贪污罪则表现为行为人利用职务上的便利,使用侵吞、窃取、骗取或者其他非法方法,非法占有公共财物。
主体不同	受贿罪的主体只能是国家工作人员;而贪污罪的主体,既可以是国家工作人员,还可以是受国家机关、国有公司、企业、事业单位,人民团体委托管理、经营国有财产的人员。
目的不同	受贿罪的目的是非法获取他人财物;贪污罪的目的则是非法占有自己合法主管、经营的公共财物。

8.受贿罪与诈骗罪、敲诈勒索罪

(1)国家工作人员以利用职务上的便利收受贿赂,从而为他人谋取利益为名,骗取他人数额较大的财物,但并没有而且也不打算利用职务之便为他人谋取利益的,不构成受贿罪,应以诈骗罪论处。

(2)国家工作人员利用职务上的便利,勒索他人的财物,属于索贿行为,应以受贿罪论处。

(3)国家工作人员以要挟、威胁的方式勒索他人财物,但未利用职务上的便利的,应以敲诈勒索罪定罪处罚。

（三）司法解释摘要 ①

1. 关于以交易形式收受贿赂问题

国家工作人员利用职务上的便利为请托人谋取利益，以下列交易形式收受请托人财物的，以受贿论处：

（1）以明显低于市场的价格向请托人购买房屋、汽车等物品的；

（2）以明显高于市场的价格向请托人出售房屋、汽车等物品的；

（3）以其他交易形式非法收受请托人财物的。

受贿数额按照交易时当地市场价格与实际支付价格的差额计算。

前款所列市场价格包括商品经营者事先设定的不针对特定人的最低优惠价格。根据商品经营者事先设定的各种优惠交易条件，以优惠价格购买商品的，不属于受贿。

2. 关于收受干股问题

干股是指未出资而获得的股份。国家工作人员利用职务上的便利为请托人谋取利益，收受请托人提供的干股的，以受贿论处。进行了股权转让登记，或者相关证据证明股份发生了实际转让的，受贿数额按转让行为时股份价值计算，所分红利按受贿孳息处理。股份未实际转让，以股份分红名义获取利益的，实际获利数额应当认定为受贿数额。

3. 关于以开办公司等合作投资名义收受贿赂问题

国家工作人员利用职务上的便利为请托人谋取利益，由请托人出资，"合作"开办公司或者进行其他"合作"投资的，以受贿论处。受贿数额为请托人给国家工作人员的出资额。

国家工作人员利用职务上的便利为请托人谋取利益，以合作开办公司或者其他合作投资的名义获取"利润"，没有实际出资和参与管理、经营的，以受贿论处。

4. 关于以委托请托人投资证券、期货或者其他委托理财的名义收受贿赂问题

国家工作人员利用职务上的便利为请托人谋取利益，以委托请托人投资证券、期货或者其他委托理财的名义，未实际出资而获取"收益"，或者虽然实际出资，但获取"收益"明显高于出资应得收益的，以受贿论处。受贿数额，前一情形，以"收益"额计算；后一情形，以"收益"额与出资应得收益额的差额计算。

5. 关于以赌博形式收受贿赂的认定问题

根据《最高人民法院、最高人民检察院关于办理赌博刑事案件具体应用法律若干问题的解释》第七条规定，国家工作人员利用职务上的便利为请托人谋取利益，通过赌博方式收受请托人财物的，构成受贿。

实践中应注意区分贿赂与赌博活动、娱乐活动的界限。具体认定时，主要应当结合以下因素进行判断：（1）赌博的背景、场合、时间、次数；（2）赌资来源；（3）其他赌博参与者有无事先通谋；（4）输赢钱物的具体情况和金额大小。

6. 关于特定关系人"挂名"领取薪酬问题

国家工作人员利用职务上的便利为请托人谋取利益，要求或者接受请托人以给特定关系人安排工作为名，使特定关系人不实际工作却获取所谓薪酬的，以受贿论处。

―――――――――――――――――――

① 2007年7月8日《最高人民法院、最高人民检察院关于办理受贿刑事案件适用法律若干问题的意见》。

7.关于由特定关系人收受贿赂问题

国家工作人员利用职务上的便利为请托人谋取利益,授意请托人以本意见所列形式,将有关财物给予特定关系人的,以受贿论处。

特定关系人与国家工作人员通谋,共同实施前款行为的,对特定关系人以受贿罪的共犯论处。特定关系人以外的其他人与国家工作人员通谋,由国家工作人员利用职务上的便利为请托人谋取利益,收受请托人财物后双方共同占有的,以受贿罪的共犯论处。

8.关于收受贿赂物品未办理权属变更问题

国家工作人员利用职务上的便利为请托人谋取利益,收受请托人房屋、汽车等物品,未变更权属登记或者借用他人名义办理权属变更登记的,不影响受贿的认定。

认定以房屋、汽车等物品为对象的受贿,应注意与借用的区分。具体认定时,除双方交代或者书面协议之外,主要应当结合以下因素进行判断:(1)有无借用的合理事由;(2)是否实际使用;(3)借用时间的长短;(4)有无归还的条件;(5)有无归还的意思表示及行为。

9.关于收受财物后退还或者上交问题

国家工作人员收受请托人财物后及时退还或者上交的,不是受贿。

国家工作人员受贿后,因自身或者与其受贿有关联的人、事被查处,为掩饰犯罪而退还或者上交的,不影响认定受贿罪。

> **提示**
>
> 本规定属于注意规定,是指国家工作人员主观上没有受贿罪故意,客观上收受财物后及时退还、上交。这种行为本身就不构成受贿罪。注意:索取贿赂后退还或者上交的,仍然成立受贿罪。
>
> 例1,请托人趁官员甲躺在医院行动不便时,将钱放在床边。国家工作人员出院后将金钱退还或者上交,由于甲没有受贿罪的故意,不成立受贿罪。
>
> 例2,请托人进入官员乙的住宅后,将价值10万元的购物卡放在沙发垫下,也没有告诉乙。6个月后,乙在清理沙发时发现购物卡,并立即退还或上交,乙不成立受贿罪。

10.关于在职时为请托人谋利,离职后收受财物问题

国家工作人员利用职务上的便利为请托人谋取利益之前或者之后,约定在其离职后收受请托人财物,并在离职后收受的,以受贿论处。

国家工作人员利用职务上的便利为请托人谋取利益,离职前后连续收受请托人财物的,离职前后收受部分均应计入受贿数额。

11.关于"特定关系人"的范围

本意见所称"特定关系人",是指与国家工作人员有近亲属、情妇(夫)以及其他共同利益关系的人。

经典考题

我国《刑法》第385条第1款规定:"国家工作人员利用职务上的便利,索取他人财物的,或者非法收受他人财物,为他人谋取利益的,是受贿罪。"对该规定中"为他人谋取利益"的正确理解有(　　)①。(2012-24法)

———————

① AC

A."为他人谋取利益"包括承诺为他人谋取利益

B."为他人谋取利益"必须发生在得到他人财物之后

C."为他人谋取利益"中的利益既包括正当利益,也包括不正当利益

D."为他人谋取利益"既是收受型受贿罪的要件,也是索取型受贿罪的要件

四、利用影响力受贿罪

第388条之一[利用影响力受贿罪] 国家工作人员的近亲属或者其他与该国家工作人员关系密切的人,通过该国家工作人员职务上的行为,或者利用该国家工作人员职权或者地位形成的便利条件,通过其他国家工作人员职务上的行为,为请托人谋取不正当利益,索取请托人财物或者收受请托人财物,数额较大或者有其他较重情节的,处三年以下有期徒刑或者拘役,并处罚金;数额巨大或者有其他严重情节的,处三年以上七年以下有期徒刑,并处罚金;数额特别巨大或者有其他特别严重情节的,处七年以上有期徒刑,并处罚金或者没收财产。

离职的国家工作人员或者其近亲属以及其他与其关系密切的人,利用该离职的国家工作人员原职权或者地位形成的便利条件实施前款行为的,依照前款的规定定罪处罚。

这是指国家工作人员的近亲属或者其他与该国家工作人员关系密切的人,通过该国家工作人员职务上的行为,或者利用该国家工作人员职权或者地位形成的便利条件,通过其他国家工作人员职务上的行为,为请托人谋取不正当利益,索取请托人或者收受请托人财物,数额较大或者有其他较重情节的行为,或者离职的国家工作人员或者其近亲属以及与其关系密切的人,利用该离职的国家工作人员原职权或者地位形成的便利条件,通过其他国家工作人员职务上的行为,为请托人谋取不正当利益,索取或者收受请托人财物,数额较大或者有其他较重情节的行为。

(一)成立条件

客体	国家工作人员职务行为的廉洁性。
客观方面	行为人通过该国家工作人员职务上的行为,或者利用该国家工作人员职权或者地位形成的便利条件,通过其他国家工作人员职务上的行为,为请托人谋取不正当利益,索取他人财物,或者收受请托人财物,数额较大或者有其他较重情节的行为。
主体	国家工作人员的近亲属、其他关系密切的人;离职国家工作人员及其近亲属、其他关系密切人。
主观方面	故意。

(二)认定

1.行为方式:利用影响力受贿行为

(1)国家工作人员的近亲属及其关系密切的人。

第一,直接通过国家工作人员职务上的行为,为请托人谋取不正当利益,索取、收受贿赂。例如,甲是组织部长,乙为甲之子。乙收受丙10万元,通过甲的职务行为,为丙的晋升提供方便。丙构成对有影响力的人行贿罪,乙构成利用影响力受贿罪。注意:如果甲知道乙收受财物,则甲、乙构成受贿罪的共犯,对乙不再定利用影响力受贿罪。

第二,利用国家工作人员职权或者地位形成的便利条件,通过其他国家工作人员职务上的行为,为请托人谋取不正当利益,索取、收受贿赂。例如,甲父是市长,甲收受乙10万元,

向税务局局长丙打招呼,为乙减免税收提供方便。甲利用其父的职权便利条件,通过丙的职务行为,为乙谋取不当利益,甲构成利用影响力受贿罪。

（2）离职的国家工作人员及其近亲属、关系密切的人。

第一,利用该离职的国家工作人员原职权或者地位形成的便利条件,通过其他国家工作人员职务上的行为,为请托人谋取不正当利益,索取、收受贿赂。例如,甲是退休的教育局局长,收受乙10万元,向现任教育局局长打招呼,为乙在学校销售文具提供方便,甲构成利用影响力受贿罪。

第二,离职的国家工作人员的近亲属以及其他与其关系密切的人,利用该离职的国家工作人员原职权或者地位形成的便利条件,通过其他国家工作人员职务上的行为,为请托人谋取不正当利益,索取、收受贿赂。例如,甲之父是已退休的市长,甲收受乙10万元,通过教育局长为乙注册学校提供方便,甲构成利用影响力受贿罪。

> **提示**
>
> 　　关系密切的人,是与国家工作人员或者离职国家工作人员有特殊关系的人,他们通常有能力影响国家工作人员的职权行为。例如,情人、同学、战友、保姆、司机等。

2. 受贿罪与利用影响力受贿罪

（1）犯罪主体不同。受贿罪的犯罪主体是国家工作人员;利用影响力受贿罪的犯罪主体是国家工作人员的近亲属以及其他与其关系密切的人、离职的国家工作人员或者其近亲属以及其他与其关系密切的人。

（2）客观方面不同。受贿罪是利用本人的职务上的便利,索取或者非法收受他人财物;利用影响力受贿罪是利用与国家工作人员的亲密关系,通过国家工作人员职务上的行为为请托人谋取不正当利益,索取或者非法收受他人财物。

经典考题

法官甲违背事实和法律,判决赵某的儿子无罪。事后,赵某按照和甲事前的约定,将5万现金送给甲的妻子乙,乙打电话向甲问明情况后收下礼金,关于甲乙的行为判断正确的是(　　　)①。（2016 –14 非）

A. 甲只构成徇私枉法罪,乙构成受贿罪

B. 甲只构成徇私枉法罪,乙构成利用影响力受贿罪

C. 甲构成徇私枉法罪和受贿罪,乙构成受贿罪

D. 甲构成徇私枉法罪,乙不构成犯罪

五、行贿罪

第 389 条[行贿罪]　为谋取不正当利益,给予国家工作人员以财物的,是行贿罪。

在经济往来中,违反国家规定,给予国家工作人员以财物,数额较大的,或者违反国家规定,给予国家工作人员以各种名义的回扣、手续费的,以行贿论处。

因被勒索给予国家工作人员以财物,没有获得不正当利益的,不是行贿。

第 390 条[对犯行贿罪的处罚]　对犯行贿罪的,处五年以下有期徒刑或者拘役,并处罚金;因行贿谋取不正当利益,情节严重的,或者使国家利益遭受重大损失的,处五年以上十年以下有期徒刑,并处罚金;情节特别严重的,或者使国家利益遭受特别重大损失的,处十年以

---

① 　C

上有期徒刑或者无期徒刑,并处罚金或者没收财产。

行贿人在被追诉前主动交待行贿行为的,可以从轻或者减轻处罚。其中,犯罪较轻的,对侦破重大案件起关键作用的,或者有重大立功表现的,可以减轻或者免除处罚。

这是指为谋取不正当利益,给予国家工作人员以财物的行为。

（一）成立条件

客体	国家工作人员职务行为的廉洁性。
客观方面	给予国家工作人员以财物的行为或者在经济往来中,违反国家规定,给予国家工作人员以各种名义的回扣、手续费的行为。根据司法解释,数额在 3 万元以上的,应当追究刑事责任。
主体	一般主体,即已满 16 周岁的自然人。
主观方面	故意,并且具有谋取不正当利益的目的。

（二）认定

1.因被勒索而给予国家工作人员以财物且没有获得不正当利益的,不构成犯罪。

2.行贿人在被追诉前主动交待行贿行为的,可以从轻或者减轻处罚。其中,犯罪较轻的,对侦破重大案件起关键作用的,或者有重大立功表现的,可以减轻或者免除处罚。

3.行贿时被对方当场拒绝的,成立行贿罪未遂;对方接受财物的,是行贿罪的既遂。

4.根据司法解释。行贿数额在 1 万元以上不满 3 万元,具有下列情形之一的,构成行贿罪:

(1)向 3 人以上行贿的;

(2)将违法所得用于行贿的;

(3)通过行贿谋取职务提拔、调整的;

(4)向负有食品、药品、安全生产、环境保护等监督管理职责的国家工作人员行贿,实施非法活动的;

(5)向司法工作人员行贿,影响司法公正的;

(6)造成经济损失数额在 50 万元以上不满 100 万元的。

六、对有影响力的人行贿罪

第 390 条之一[对有影响力的人行贿罪]　为谋取不正当利益,向国家工作人员的近亲属或者其他与该国家工作人员关系密切的人,或者向离职的国家工作人员或者其近亲属以及其他与其关系密切的人行贿的,处三年以下有期徒刑或者拘役,并处罚金;情节严重的,或者使国家利益遭受重大损失的,处三年以上七年以下有期徒刑,并处罚金;情节特别严重的,或者使国家利益遭受特别重大损失的,处七年以上十年以下有期徒刑,并处罚金。

单位犯前款罪的,对单位判处罚金,并对其直接负责的主管人员和其他直接责任人员,处三年以下有期徒刑或者拘役,并处罚金。

这是指为谋取不正当利益,向国家工作人员的近亲属或者其他与该国家工作人员关系密切的人,或者向离职的国家工作人员或者其近亲属以及其他与其关系密切的人行贿的行为。

⭐（一）成立条件

客体	国家工作人员职务行为的廉洁性。
客观方面	向国家工作人员的近亲属或者其他与该国家工作人员关系密切的人，或者向离职的国家工作人员或者其近亲属以及其他与其关系密切的人行贿的行为。
主体	一般主体，即已满16周岁的自然人。单位可构成本罪。
主观方面	故意，并且具有谋取不正当利益的目的。

⭐（二）认定

1. 行为方式：为谋取不正当利益，向国家工作人员的近亲属或者其他与该国家工作人员关系密切的人，或者向离职的国家工作人员或者其近亲属以及其他与其关系密切的人行贿的行为。

【总结】给予他人财物构成犯罪，主观上必须为了谋取不正当利益。例如，行贿罪、对有影响力的人行贿罪、单位行贿罪和对非国家工作人员行贿罪。

2. 罪数问题

（1）对有影响力的人行贿罪与行贿罪：两罪区分的关键是犯罪对象不同。前者的犯罪对象是国家工作人员的近亲属或者与其关系密切的人，离职的国家工作人员或者其近亲属以及其他与其关系密切的人；后者的犯罪对象是在职的国家工作人员，如果是离职的国家工作人员，双方事先必须有约定。

（2）行为人为了谋取不正当利益，而向在职的国家工作人员的近亲属等关系密切的人行贿，该在职国家工作人员不知情，行为人构成对有影响力的人行贿罪，国家工作人员的近亲属等关系密切的人，构成利用影响力受贿罪。

（3）行为人为了谋取不正当利益，而向在职的国家工作人的近亲属等关系密切的人行贿，该在职的国家工作人员实际知情，而行为人并对此不知晓，对行为人定对有影响力的人行贿罪，该国家工作人员和其近亲属等关系密切的人，构成受贿罪的共犯。

📢 七、巨额财产来源不明罪

第 395 条第 1 款[巨额财产来源不明罪]　国家工作人员的财产、支出明显超过合法收入，差额巨大的，可以责令该国家工作人员说明来源，不能说明来源的，差额部分以非法所得论，处五年以下有期徒刑或者拘役；差额特别巨大的，处五年以上十年以下有期徒刑。财产的差额部分予以追缴。

这是指国家工作人员的财产或者支出明显超过合法收入，差额巨大，而本人又不能说明其来源是合法的行为。

⭐（一）成立条件

客体	复杂客体，即国家的廉政建设制度和公私财产的所有权。
客观方面	行为人的财产或者支出的财产明显超过合法收入，差额巨大，而本人又不能说明其来源合法的行为。
主体	特殊主体，即国家工作人员。
主观方面	故意。

（二）认定

1.行为方式:国家工作人员的财产或者支出明显超过合法收入,差额巨大,而本人又不能说明其来源是合法的行为。例如,甲是公立医院院长,其财产明显超过合法收入,监察委可以责令甲说明来源。如果是贪污所得,则对甲定贪污罪;如果无法查明,则甲构成巨额财产来源不明罪。注意:如果甲与其妻子都是国家工作人员,可以责令双方共同说明。

（1）"不能说明"的情形:

①行为人拒不说明财产来源;

②行为人无法说明财产的具体来源;

③行为人所说的财产来源经司法机关查证并不属实;

④行为人所说的财产来源因线索不具体等原因,司法机关无法查实,但能排除存在来源合法的可能性和合理性的。

2."非法所得"的计算方式

一般应将行为人的全部财产与能够认定的所有支出的总和,减去能够证实的有真实来源的所得。如果能够查明财产确系贪污、受贿所得,则应当以贪污罪、受贿罪定罪处罚。

提示

　　部分是贪污受贿所得,部分来源不明的,应数罪并罚。

第二十章 | 渎职罪

《 第一节 本章概述 》

一、概念

渎职罪,是指国家机关工作人员在公务活动中滥用职权、玩忽职守、徇私舞弊,妨害国家管理活动,致使公共财产或者国家与人民利益遭受重大损失的行为。

二、成立条件

犯罪客体	国家机关的正常活动。
客观方面	实施滥用职权、玩忽职守等行为,致使公共财产、国家和人民利益遭受重大损失的行为。
犯罪主体	除个别犯罪外,都是特殊主体,即国家机关工作人员。
主观方面	故意或者过失。有的犯罪要求具有徇私(徇情)舞弊的动机。

三、罪名

1	滥用职权罪	第 397 条
2	玩忽职守罪	第 397 条
3	故意泄露国家秘密罪	第 398 条
4	徇私枉法罪	第 399 条第 1 款
5	民事、行政枉法裁判罪	第 399 条第 2 款
6	执行判决、裁定失职罪	第 399 条第 3 款
7	执行判决、裁定滥用职权罪	第 399 条第 3 款
8	私放在押人员罪	第 400 条第 1 款
9	食品监管渎职罪	第 408 条之一
10	放纵制售伪劣商品犯罪行为罪	第 414 条

《 第二节 具体罪名 》

一、滥用职权罪

第 397 条[滥用职权罪;玩忽职守罪] 国家机关工作人员滥用职权或者玩忽职守,致使公共财产、国家和人民利益遭受重大损失的,处三年以下有期徒刑或者拘役;情节特别严重的,处三年以上七年以下有期徒刑。本法另有规定的,依照规定。

国家机关工作人员徇私舞弊,犯前款罪的,处五年以下有期徒刑或者拘役;情节特别严重的,处五年以上十年以下有期徒刑。本法另有规定的,依照规定。

这是指国家机关工作人员滥用职权,致使公共财产、国家和人民利益遭受重大损失的行为。

🛡 (一)成立条件

客体	国家机关的正常管理活动。
客观方面	违反法律规定的权限和程序,滥用职权,致使公共财产、国家和人民利益遭受重大损失的行为。具体表现为: ①行为人不依法正当行使职权; ②行为人任意扩大自己的职务权限。
主体	特殊主体,国家机关工作人员和代表国家机关从事公务的人员。
主观方面	故意。

🛡 (二)认定

1. 行为方式:超越职权,违法决定、处理其无权决定处理的事项,或者违反规定处理公务,致使公共财产,国家和人民利益遭受重大损失的行为。

(1)行为人有滥用职权的行为。

第一,越权:擅自决定没有具体决定权限的事项。例如,政法委书记干预具体案件。

第二,擅权:故意不正确履行职责。

第三,弃权:故意不履行应当履行的职责。注意:滥用职权罪,可以由不作为构成。

(2)滥用职权行为给公共财产、国家和人民利益造成了重大损失。

本罪是结果犯。根据司法解释,滥用职权造成1人以上死亡、3人以上重伤或者30万元以上经济损失的,构成滥用职权罪。

2. 处罚:徇私舞弊是本罪的加重处罚情节。

3. 罪数问题:本章具体的滥用职权犯罪(如徇私枉法罪),与滥用职权罪是特殊法条与一般法条的关系,一个行为同时构成两罪,优先适用特殊法条。

📣 二、玩忽职守罪

这是指国家机关工作人员玩忽职守,致使公共财产、国家和人民利益遭受重大损失的行为。

🛡 (一)成立条件

客体	国家机关的正常管理活动。
客观方面	行为人严重不负责任,工作中草率马虎,不履行或者不正确履行职务,致使公共财产、国家和人民利益遭受重大损失。具体包括: ①不履行,包含擅离职守和未履行职守; ②不认真履行,即能够履行职务,但因不严肃认真导致错误地履行职务。
主体	特殊主体,国家机关工作人员和代表国家机关从事公务的人员。
主观方面	过失。

★ (二)认定

1. 犯罪主体:必须为国家机关工作人员。

2. 行为方式:严重不负责任,不履行职责或者不正确履行职责。例如,擅离职守或者在履行职责的过程中,违反职责规定,马虎草率、粗心大意。

3. 结果条件:致使公共财产、国家和人民利益遭受重大损失。

4. 罪过形式:过失。

5. 罪数问题:本章具体的玩忽职守犯罪(如失职致使在押人员脱逃罪),与玩忽职守罪是特殊法条与一般法条的关系,一个行为同时构成两罪,优先适用特殊法条。

6. 本罪与滥用职权罪

行为方式不同	本罪主要表现为以不作为的方式,不履行职责或不认真履行职责;而滥用职权罪则主要表现为以作为的方式超越权限,处理无权处理的事务或者不正确履行职责。
主观方面不同	本罪的主观方面为过失;而滥用职权罪的犯罪主观方面是故意。

7. 本罪与重大责任事故罪

客体不同	本罪犯罪客体是国家机关的正常管理活动;后者犯罪客体是公共安全。
场合不同	本罪发生在国家机关的公务活动过程中;后者发生在生产、作业中。
主体不同	本罪的犯罪主体是国家机关工作人员;后者的犯罪主体是一般主体。

8. 国家机关工作人员签订、履行合同失职被骗也具有玩忽职守的性质,二者是法条竞合关系,应当按照特别法优于普通法的原则处理,定国家机关工作人员签订、履行合同失职被骗罪。

★ (三)罪数

1. 实施渎职犯罪并收受贿赂,同时构成受贿罪的,除刑法另有规定外,以渎职犯罪和受贿罪数罪并罚。

> **提示**
>
> 刑法另有规定是指:司法工作人员收受贿赂,又犯徇私枉法罪,民事、行政枉法裁判罪,执行判决、裁定失职罪,执行判决、裁定滥用职权罪的,依照处罚较重的规定定罪处罚。

2. 与他人共谋,利用其职务行为帮助他人实施其他犯罪行为,同时构成渎职犯罪和其他犯罪的,依照处罚较重的规定定罪处罚。

3. 与他人共谋,既利用其职务行为帮助他人实施其他犯罪,又以非职务行为与他人共同实施该其他犯罪行为,同时构成渎职犯罪和其他犯罪的共犯的,依照数罪并罚的规定定罪处罚。例如,交警甲与乙共谋实施保险诈骗,并且利用职务便利,违背事实划分事故责任,导致保险公司遭受重大损失。甲构成保险诈骗罪与滥用职权罪,数罪并罚。

经典考题 ✍

下列情形中,可以构成玩忽职守罪的是(　　　)①。(2007-20)

A.某国有企业的总经理在经营活动中严重不负责任,造成该公司严重亏损

B.某高校校长对财务管理严重不负责任,造成巨额资金无法收回

---

① D

C. 某法院执行庭庭长在执行民事判决中严重不负责任,不履行法定执行职责,致使当事人利益遭受重大损失

D. 某外汇管理部门工作人员在外汇管理工作中严重不负责任,造成大量逃汇,致使国家利益遭受重大损失

三、故意泄露国家秘密罪

第 398 条[故意泄露国家秘密罪] 国家机关工作人员违反保守国家秘密法的规定,故意或者过失泄露国家秘密,情节严重的,处三年以下有期徒刑或者拘役;情节特别严重的,处三年以上七年以下有期徒刑。

非国家机关工作人员犯前款罪的,依照前款的规定酌情处罚。

这是指国家机关工作人员或者非国家机关工作人员违反保守国家秘密法的规定,故意泄露国家秘密,情节严重的行为。

(一) 成立条件

客体	国家的保密制度。
客观方面	违反保守国家秘密法的规定,泄露国家秘密情节严重的行为。
主体	一般主体,已满 16 周岁的自然人,包括国家机关工作人员和普通公民。注意:这是整个渎职犯罪中,唯一可以由非国家机关工作人员构成的犯罪。
主观方面	故意。

(二) 认定

1. 本罪与为境外非法提供国家秘密、情报罪

客体不同	本罪的犯罪客体是国家保密制度;后罪的犯罪客体是国家安全。
对象不同	本罪的对象是国家秘密;后罪的对象包括国家秘密和情报。
客观方面不同	本罪要求情节严重;后罪无此要求。

2. 本罪与侵犯商业秘密罪

客体不同	本罪的犯罪客体是国家保密制度;后罪的犯罪客体是他人的商业秘密专有权和国家对商业秘密的管理制度。
对象不同	本罪的对象是国家秘密;后罪的对象是商业秘密。
提示	泄露属于国家秘密的商业秘密,成立两罪的想象竞合犯,择一重罪处断。

经典考题

下列行为中,应以故意泄露国家秘密罪定罪处罚的是( )①。(2010-19 非)

A. 公安机关办案人员甲打电话告知犯罪嫌疑人张三将对其执行逮捕的机密,张三听后随即潜逃

B. 国家机关工作人员乙接受国外情报机构收买,为其提供所掌握的国家秘密

C. 有限责任公司工程师丙未经许可,私自出售本单位保密的专有技术配方

D. 国家机关工作人员丁为筹措儿子的留学经费,将掌握的国家秘密出售给境外媒体

---

① A

四、徇私枉法罪

第399条[徇私枉法罪] 司法工作人员徇私枉法、徇情枉法,对明知是无罪的人而使他受追诉、对明知是有罪的人而故意包庇不使他受追诉,或者在刑事审判活动中故意违背事实和法律作枉法裁判的,处五年以下有期徒刑或者拘役;情节严重的,处五年以上十年以下有期徒刑;情节特别严重的,处十年以上有期徒刑。

[民事、行政枉法裁判罪] 在民事、行政审判活动中故意违背事实和法律作枉法裁判,情节严重的,处五年以下有期徒刑或者拘役;情节特别严重的,处五年以上十年以下有期徒刑。

[执行判决、裁定失职罪;执行判决、裁定滥用职权罪] 在执行判决、裁定活动中,严重不负责任或者滥用职权,不依法采取诉讼保全措施、不履行法定执行职责,或者违法采取诉讼保全措施、强制执行措施,致使当事人或者其他人的利益遭受重大损失的,处五年以下有期徒刑或者拘役;致使当事人或者其他人的利益遭受特别重大损失的,处五年以上十年以下有期徒刑。

司法工作人员收受贿赂,有前三款行为的,同时又构成本法第三百八十五条规定之罪的,依照处罚较重的规定定罪处罚。

这是指司法工作人员徇私枉法,徇情枉法,在刑事诉讼中,对明知是无罪的人而使其受到追诉,对明知是有罪的人而故意包庇使其不受追诉,或者在刑事审判活动中故意违背事实和法律作枉法裁判的行为。

(一)成立条件

客体	国家司法机关的正常活动和国家的司法公正。
客观方面	行为人在刑事司法活动中实施了徇私枉法、徇情枉法的行为。
主体	司法工作人员。这是指有侦查、检察、审判、监管职责的工作人员。
主观方面	故意,并且具有徇私、徇情的动机。

(二)认定

1.行为方式:司法工作人员在刑事司法活动中,实施了徇私枉法、徇情枉法的行为。

(1)司法工作人员。

这是指有侦查、检察、审判、监管职责的工作人员。例如,警察、检察官、法官以及监察委工作人员。

(2)徇私枉法、徇情枉法。

第一,对明知是无罪的人而使他受追诉。

例1,法官甲明知乙无罪,为报复却宣告乙有罪。

例2,法官甲徇情枉法,对无罪的丙宣告有罪,但免予刑事处罚,由于免予刑事处罚以构成犯罪为前提,甲将无罪的乙定有罪,构成徇私枉法罪。

第二,对明知是有罪的人而故意包庇不使他受追诉。例如,警察甲明知乙涉嫌犯罪,却故意包庇不予立案,致使犯罪证据毁灭,乙未受到追诉。

第三,在刑事审判活动中故意违背事实和法律,作出枉法判决、裁定。例如,法官甲明知乙是正当防卫,却宣告乙构成故意伤害罪。

> **提示**
>
> 　　这里的"刑事审判活动"包括刑事附带民事诉讼中的民事部分。例如,法官甲为报复被告人乙,故意在刑事附带民事判决中,加重乙的赔偿责任,致使乙多赔付 10 万元,甲构成徇私枉法罪。

　　2. 徇私枉法罪与伪证罪

　　(1)犯罪客体不同。徇私枉法罪的犯罪客体是司法机关的正常活动与司法公正;伪证罪的犯罪客体是社会管理秩序中的司法秩序。

　　(2)客观方面不同。徇私枉法罪必须利用职务便利;伪证罪对此无要求。

　　(3)犯罪主体不同。徇私枉法罪的犯罪主体仅限于司法工作人员;伪证罪的犯罪主体是证人、鉴定人、翻译人和记录人。

　　3. 徇私枉法罪与帮助毁灭、伪造证据罪

　　(1)犯罪客体不同。徇私枉法罪的犯罪客体是司法机关的正常活动与司法公正;帮助毁灭、伪造证据罪的犯罪客体是社会管理秩序中的司法秩序。

　　(2)客观方面不同。徇私枉法罪必须利用职务便利;帮助毁灭、伪造证据罪无要求。

　　(3)犯罪主体不同。徇私枉法罪的犯罪主体仅限于司法工作人员;帮助毁灭、伪造证据罪的是一般主体。

(三)处罚

　　司法工作人员收受财物又徇私枉法的,属于刑法中的牵连犯,从一重罪论处。例如,法官甲收受乙 5 万元,违规对乙减轻处罚,甲构成受贿罪和徇私枉法罪的牵连犯,择一重罪处罚。

> **提示**
>
> 　　收受贿赂又犯徇私枉法罪,民事、行政枉法裁判罪,执行判决、裁定失职罪,执行判决、裁定滥用职权罪,都属于牵连犯,择一重罪处罚;除上述罪名外,又构成其他犯罪的原则上数罪并罚。例如,甲是海关缉私人员,收受乙 5 万元后,对乙的走私行为放行,甲构成受贿罪和放纵走私罪,数罪并罚。

经典考题

　　检察员甲在承办一起组织、领导传销活动案件的审查起诉工作时,接受一名本应被提起公诉的犯罪嫌疑人的家属 5 万元贿赂后弄虚作假,致使检察机关对该犯罪嫌疑人作出了不起诉决定。甲的行为(　　)①。(2011-14 非)

　　A. 只构成受贿罪

　　B. 构成徇私枉法罪与受贿罪,应择一重罪定罪处罚

　　C. 构成滥用职权罪与受贿罪,应择一重罪定罪处罚

　　D. 构成受贿罪与徇私枉法罪,应实行数罪并罚

五、民事、行政枉法裁判罪

　　这是指司法工作人员在民事、行政审判活动中故意违背事实和法律作枉法裁判,情节严重的行为。

---

　　① 　B

(一)成立条件

客体	国家司法机关的正常活动和国家的司法公正。
客观方面	在民事、行政审判活动中作出违背事实和法律的判决、裁定,情节严重的行为。
主体	特殊主体,即司法工作人员。
主观方面	故意,即明知而故意违背事实和法律作枉法裁判。

(二)本罪与徇私枉法罪

对象不同	本罪是针对民事、行政诉讼的当事人;后罪针对的是刑事案件的被告人或犯罪嫌疑人和一般公民。
场合不同	本罪发生在民事诉讼、行政诉讼的审判活动中;后罪限于发生在刑事诉讼活动中。
犯罪条件不同	本罪以情节严重为要件;后罪无此要求。

(三)处罚

司法工作人员收受他人财物又犯民事、行政枉法裁判罪,从一重罪论处。

六、执行判决、裁定失职罪

这是指司法工作人员在执行判决、裁定活动中,严重不负责任,不依法采取诉讼保全措施、不履行法定执行职责,致使当事人或者其他人的利益遭受重大损失的行为。

(一)成立条件

客体	国家司法机关的正常活动和国家的司法公正。
客观方面	在执行判决、裁定活动中,严重不负责任,不依法采取诉讼保全措施、不履行法定执行职责,致使当事人或者他人的利益遭受重大损失的行为。
主体	特殊主体,即司法工作人员。
主观方面	过失。

(二)认定

构成本罪必须有致使当事人或者其他人的利益遭受重大损失的结果,没有发生这种结果,不能构成执行判决、裁定失职罪。

(三)处罚

司法工作人员收受他人财物又犯执行判决、裁定失职罪的,从一重罪论处。

七、执行判决、裁定滥用职权罪

这是指司法工作人员在执行判决、裁定活动中,滥用职权,违法采取诉讼保全措施、强制执行措施,致使当事人或者其他人的利益遭受重大损失的行为。

(一)成立条件

客体	国家司法机关的正常活动和国家的司法公正。
客观方面	在执行判决、裁定活动中,滥用职权,违法采取诉讼保全措施、强制执行措施,致使当事人或者其他人的利益遭受重大损失的行为。

续表

主体	特殊主体,即司法工作人员。
主观方面	故意。

🛡 (二)处罚

司法工作人员收受他人财物又犯执行判决、裁定滥用职权罪的,从一重罪论处。

📢 八、私放在押人员罪

第 400 条第 1 款[私放在押人员罪] 司法工作人员私放在押的犯罪嫌疑人、被告人或者罪犯的,处五年以下有期徒刑或者拘役;情节严重的,处五年以上十年以下有期徒刑;情节特别严重的,处十年以上有期徒刑。

这是指司法工作人员利用职务上的便利,私自将被关押的犯罪嫌疑人、被告人或者罪犯放走,使其逃离监管的行为。

🛡 (一)成立条件

客体	国家司法机关对犯罪嫌疑人、被告人或罪犯的监管制度。
客观方面	利用职务上的便利,私自将被关押的犯罪嫌疑人、被告人或罪犯放走的行为,既可以是作为,也可以是不作为。
主体	特殊主体,限于司法工作人员。
主观方面	故意,即明知在押的是犯罪嫌疑人、被告人、罪犯而故意将其释放。

🛡 (二)认定

1.犯罪主体:司法工作人员。根据司法解释,未被公安机关正式录用的人员、狱医、非监管机关在编监管人员以及受委托履行监管职责的人员也能构成本罪。

2.行为方式:司法工作人员利用职务上的便利,私自将被关押的犯罪嫌疑人、被告人或者罪犯放走,使其逃离监管的行为。

(1)利用职务便利:如果行为人不是利用自己的职务便利或者职权,而是利用其他条件帮助在押人员逃跑的,应当以脱逃罪的共犯论处。

(2)犯罪对象:本罪的犯罪对象是在押的犯罪嫌疑人、被告人或者罪犯。如果私放被行政拘留、司法拘留的人,不构成本罪。

> **提示**
>
> 私放行为既可以是作为,也可以是不作为。例如,狱警见罪犯脱逃,有能力而不制止,是不作为的私放在押人员罪。

📢 九、食品监管渎职罪

第 408 条之一[食品监管渎职罪] 负有食品安全监督管理职责的国家机关工作人员,滥用职权或者玩忽职守,导致发生重大食品安全事故或者造成其他严重后果的,处五年以下有期徒刑或者拘役;造成特别严重后果的,处五年以上十年以下有期徒刑。

徇私舞弊犯前款罪的,从重处罚。

这是指负有食品安全监督管理职责的国家机关工作人员,滥用职权或者玩忽职守,导致发生重大食品安全事故或者造成其他严重后果的行为。

(一) 成立条件

客体	国家机关对食品安全的正常监管活动。
客观方面	滥用食品安全管理的职权或者对食品安全管理严重不负责任,即滥用职权或者玩忽职守,导致发生重大食品安全事故或造成其他的严重后果。
主体	特殊主体,即负有食品安全监督管理职责的国家机关工作人员。
主观方面	故意或过失。

(二) 认定

1. 行为方式:负有食品安全监督管理职责的国家机关工作人员,滥用职权或者玩忽职守,导致发生重大食品安全事故或者造成其他严重后果的行为。

(1)重大食品安全事故。这是指食物中毒、食源性疾患、食品污染的源于食品,对人体健康有危害,或者可能有危害的重大事故。

(2)滥用职权或者玩忽职守。

第一,滥用职权。这是指超越食品监管的职权,违法或无权决定、处理的食品监管事项,或者在其食品监管的职权范围内不正确行使职权的行为。例如,甲是食品检疫站站长,未对猪肉进行检疫,就随意加盖检验检疫合格的印章,致使发生重大食品安全事故,甲构成食品监管渎职罪。

第二,玩忽职守。这是指在食品监管工作中严重不负责任,马虎草率,不履行或者不正确履行食品安全监管职责的行为。例如,甲负责进口牛肉的检验检疫,因严重不负责任,导致含有"疯牛病"的牛肉流入市场,造成重大食品安全事故,甲构成食品监管渎职罪。

2. 收受贿赂又构成食品监管渎职罪的,数罪并罚。

十、放纵制售伪劣商品犯罪行为罪

第 414 条[放纵制售伪劣商品犯罪行为罪] 对生产、销售伪劣商品犯罪行为负有追究责任的国家机关工作人员,徇私舞弊,不履行法律规定的追究职责,情节严重的,处五年以下有期徒刑或者拘役。

这是指对生产、销售伪劣商品犯罪行为负有追究责任的国家机关工作人员,徇私舞弊,不履行法律规定的追究职责,情节严重的行为。

(一) 成立条件

客体	国家对生产、销售伪劣商品犯罪行为的追诉活动。
客观方面	徇私舞弊,不履行法律规定的对生产、销售伪劣商品犯罪行为依法查处的追究职责,且情节严重的行为。
主体	特殊主体,即对生产、销售伪劣商品犯罪行为负有追究责任的国家机关工作人员。
主观方面	故意。即行为人明知有生产、销售伪劣商品犯罪行为而徇私舞弊,放弃职守,不予追究。

(二) 认定

1. 行为方式:对生产、销售伪劣商品犯罪行为负有追究责任的国家机关工作人员,徇私舞弊,不履行法律规定的追究职责,情节严重的行为。

2. 收受贿赂后,又犯放纵制售伪劣商品犯罪行为罪,以受贿罪与本罪数罪并罚。

3. 本罪与徇私枉法罪

客体不同	本罪的犯罪客体是国家对生产、销售伪劣商品犯罪行为的追诉活动;后罪的犯罪客体是国家司法机关的正常活动和国家的司法公正。
客观方面不同	本罪犯罪客观方面是针对制售伪劣商品犯罪行为而不履行查处追究职责,是不作为形式;后罪的犯罪客观方面是对明知是有罪的人而故意包庇使其不受追诉,是作为形式。
主体不同	本罪的犯罪主体是对生产、销售伪劣商品犯罪行为负有追究责任的国家机关工作人员;后罪的犯罪主体是司法工作人员。

4. 本罪与食品监管渎职罪

客体不同	本罪的犯罪客体是国家对生产、销售伪劣商品犯罪行为的追诉活动;后罪的犯罪客体是国家机关对食品安全的正常监管活动。
客观方面不同	本罪犯罪客观方面是针对制售伪劣商品犯罪行为而不履行查处追究职责,是不作为形式;后罪客观方面是滥用食品安全监管职权或对食品安全的监管职责玩忽职守是作为或不作为形式。
主体不同	本罪的犯罪主体是对生产、销售伪劣商品犯罪行为负有追究责任的国家机关工作人员;后罪的犯罪主体限于负有食品安全监督管理职责的国家行政机关的工作人员。
主观方面不同	本罪犯罪限于故意;食品监管渎职罪的犯罪主观方面包含故意和过失。

（三）处罚

收受贿赂后,又犯放纵制售伪劣商品犯罪行为罪,以受贿罪与本罪数罪并罚。

文都敏行法硕

2021法律硕士联考

高分讲义

（非法学、法学）

紧扣考试分析｜名师权威讲解｜覆盖考点真题｜高分通关宝典

3 法理学｜赵逸凡 编著

中国原子能出版社

图书在版编目(CIP)数据

法律硕士联考高分讲义／韩祥波,车润海,赵逸凡
编著. —北京：中国原子能出版社,2020.3

ISBN 978-7-5221-0496-6

Ⅰ. ①法… Ⅱ. ①韩… ②车… ③赵… Ⅲ. ①法律–
研究生–入学考试–自学参考资料 Ⅳ. ①D9

中国版本图书馆 CIP 数据核字(2020)第 042967 号

法律硕士联考高分讲义

出版发行	中国原子能出版社(北京市海淀区阜成路 43 号　100048)
责任编辑	张　梅
特约编辑	马琳婷
印　　刷	三河市航远印刷有限公司
经　　销	全国新华书店
开　　本	787mm×1092mm　1/16
印　　张	63.25　　**字　数** 1580 千字
版　　次	2020 年 3 月第 1 版　2020 年 3 月第 1 次印刷
书　　号	ISBN 978-7-5221-0496-6　　**定　价** 198.00 元(全套五册)

网址:http://www.aep.com.cn　　E-mail:atomep123@126.com
发行电话:010-68452845

contents 目录

第一章　绪论 ·········· 01

　　第一：法学和法理学 ·········· 01

　　第二：非马克思主义法学流派 ·········· 03

第二章　法的特征与本质 ·········· 07

　　第一：法的概念 ·········· 07

　　第二：法的特征 ·········· 07

　　第三：法的本质 ·········· 11

第三章　法的起源与演进 ·········· 13

　　第一：法的起源与演进 ·········· 13

　　第二：法系 ·········· 15

　　第三：法的继承、法的移植和法律全球化 ·········· 18

　　第四：法律全球化 ·········· 20

第四章　法的作用与法的价值 ·········· 22

　　第一：法的作用 ·········· 22

　　第二：法的作用局限 ·········· 25

　　第三：法的价值上篇 ·········· 27

　　第四：法的价值下篇 ·········· 31

　　第五：法的价值冲突 ·········· 34

第五章　法的效力、渊源与分类 ·········· 37

　　第一：法律渊源 ·········· 37

　　第二：法律保留和不得授权 ·········· 41

　　第三：法律效力上篇 ·········· 42

　　第四：法律效力中篇 ·········· 44

　　第五：法律效力下篇 ·········· 46

　　第六：法的分类 ·········· 50

第六章 法律要素与法律体系 ·· 54

   第一:法律要素之一——法律规则 ·· 54

   第二:法律要素之二——法律原则 ·· 59

   第三:法律要素之三——法律概念 ·· 62

   第四:法律部门 ·· 63

   第五:中国特色社会主义法律体系 ·· 67

第七章 立法 ·· 71

   第一:立法体制 ·· 71

   第二:立法体制 ·· 74

   第三:立法程序 ·· 76

第八章 法律实施 ·· 78

   第一:法律实施和法律实现 ·· 78

   第二:执法 ·· 81

   第三:司法 ·· 83

   第四:守法 ·· 89

   第五:法律监督 ·· 91

第九章 法律职业与法律方法 ·· 96

   第一:法律职业 ·· 96

   第二:法律解释概述 ·· 98

   第三:法律解释体制 ·· 102

   第四:法律推理 ·· 104

   第五:法律论证 ·· 108

第十章 法律关系 ·· 110

   第一:法律关系概述 ·· 110

   第二:法律关系三要素 ·· 115

第十一章 法律责任与法律制裁 ·· 121

   第一:法律责任 ·· 121

   第二:法律制裁 ·· 126

第十二章　法治 ··· 129

　　第一:法治概念 ··· 129

　　第二:法治基本原则 ··· 132

　　第三:法治思维和法治方式 ··· 133

　　第四:全面依法治国基本原则 ······································· 134

　　第五:全面依法治国总目标 ··· 135

　　第六:全面依法治国基本格局 ······································· 136

　　第七:全面依法治国基本途径上篇 ··································· 138

　　第八:全面依法治国基本途径下篇 ··································· 139

　　第九:中国特色社会主义法治体系 ··································· 141

第十三章　法与社会 ··· 144

　　第一:法与社会 ··· 144

　　第二:法律文化 ··· 151

　　第三:法律意识 ··· 153

　　第四:法与道德 ··· 155

第一章 | 绪论

第一：法学和法理学

<table>
<tr>
<td rowspan="10">法学</td>
<td>产生条件</td>
<td colspan="3">关于法律现象的材料积累+专门从事研究法律现象的学者阶层</td>
</tr>
<tr>
<td rowspan="4">产生时间</td>
<td colspan="3">（1）古罗马法学成为独立的学科</td>
</tr>
<tr>
<td colspan="3">（2）中世纪成为神学的分支</td>
</tr>
<tr>
<td colspan="3">（3）罗马法复兴产生注释法学派</td>
</tr>
<tr>
<td colspan="3">（4）资本主义发展出现自然法学派、分析实证主义法学派、社会法学派和新自然法学派等</td>
</tr>
<tr>
<td rowspan="5">法学体系</td>
<td>从法律制定到实施角度</td>
<td colspan="2">立法学、司法学、法律解释学、法律社会学等</td>
</tr>
<tr>
<td rowspan="2">从认识论角度</td>
<td>理论法学</td>
<td>法经济学、法哲学、法社会学、法伦理学、法政治学、法理学、法律史学</td>
</tr>
<tr>
<td>应用法学</td>
<td>民法学、刑法学、行政法学</td>
</tr>
<tr>
<td rowspan="2">从法学与其他学科关系</td>
<td>法学本科</td>
<td></td>
</tr>
<tr>
<td>边缘学科</td>
<td>法医学、法经济学、法社会学</td>
</tr>
<tr>
<td rowspan="3">法理学</td>
<td colspan="4">法理学研究对象是一般法，是法和全部法律现象及其规律性</td>
</tr>
<tr>
<td colspan="4">法理学是法学的一般理论、基础理论和方法论</td>
</tr>
<tr>
<td colspan="4">法理学与部门法学是一般与特殊的关系</td>
</tr>
</table>

品题

命题点一 | 法学体系

（1）区分理论法学和应用法学，前者一般命名"法 XX 学"；后者一般命名"XX 法学"；

（2）区分法学本科和边缘学科，边缘学科名称中带两个专业。

例1：下列选项中，属于应用法学的是（　　）①。（2014 法单 4）

A.法社会学 　　　　　　　　　　　B.法政治学

C.法伦理学 　　　　　　　　　　　D.行政法学

---

① D

例 2：下列法学分支学科中，属于理论法学的有(　　　)①。(2011 多 46)

A. 法理学　　　　　　　B. 刑法学　　　　　　　C. 民法学　　　　　　　D. 法律史学

例 3：下列选项中，属于法学交叉学科的有(　　　)②。(2010 多 46)

A. 国际法学　　　　　　B. 法经济学　　　　　　C. 法社会学　　　　　　D. 法医学

例 4：下列选项中，属于应用法学的有(　　　)③。(2008 多 47)

A. 国际经济法学　　　　B. 法社会学　　　　　　C. 刑事诉讼法学　　　　D. 刑法学

命题点二 | ▣ 法学与法理学 |

法学的产生必须满足两个条件，一是法律材料，二是法律专家；法学的出现(古罗马)早于法理学；法理学和部门法学的关系是一般与特殊。

例 5：下列关于法学的表述，正确的是(　　　)④。(2015 单 1)

A. 法学是社会科学，不具有人文科学的性质

B. 马克思主义法学认为，超阶级的法学是不存在的

C. 法学在资产阶级革命胜利后成为一门独立的学科

D. 作为法学的一般理论和基础理论，法理学不是方法论

例 6：下列关于法学的认识，能够成立的有(　　　)⑤。(2015 法多 21)

A. 法学以法为研究对象，通常先有法后有法学

B. 法学作为科学，它与神学、哲学和道德学说之间没有联系

C. 法学考察法的产生、发展及其规律，具有社会科学的性质

D. 法学为人们在规则下生活提供精神导向，具有人文科学的性质

例 7：下列关于法理学的表述，能够成立的有(　　　)⑥。(2013 法多 21)

A. 法理学研究的是法学的一般理论、基础理论

B. 法理学与部门法学之间是一般与特殊的关系

C. 法理学从总体上阐释法和法律现象的一般规律

D. 当代中国法理学的研究起点与归宿是建设中国特色社会主义法治国家

例 8：下列有关法学和法理学的表述正确的是(　　　)⑦。(2016 单 1)(2016 法单 1)

A. 凡是有法律的地方就一定有法学

B. 法理学对法律创制和法律适用没有直接的价值

C. 法理学的研究应当为法治建设提供理论支持和指导

D. 法学的研究对象是有效的法律规范和现行的法律制度

---

① AD

② BCD

③ ACD

④ B

⑤ ACD

⑥ ABCD

⑦ C

例9：下列关于法学的表述，能够成立的是(　　)①。(2010 法单 2)

A.法学在我国先秦时期被称为"律学"

B.所有法律现象都在法学研究范围之内

C.马克思主义产生之后，法学才成为一门独立学科

D.法学随着法的出现而出现，因此有了法就有了法学

例10：下列关于法理学的表述，能够成立的有(　　)②。(2009 多 51)

A.法理学与部门法学的关系是一般与特殊的关系

B.法理学为部门法学的研究提供了立场、观点和方法

C.法理学属于应用法学和国内法学

D.法理学只研究现行有效的法律规范

例11：下列关于"法学"的表述，正确的是(　　)③。(2007 单 7)

A.人类社会自从有了法或法律现象，就有了研究这一社会现象的法学

B.法学在西方发源于古希腊，到古罗马共和国时期已经发展成为一门独立的学科

C.我国早在春秋战国时期就出现了法家、儒家等许多专门研究法律问题的法学派别

D.马克思主义法学与以往法学的一个重要区别，在于前者承认法是永恒的和超历史的

第二：非马克思主义法学流派

非马克思主义法学流派	1.自然法学派	古代自然法	理性论	古希腊：斯多葛学派
			理性论	古罗马：西塞罗(前 106—前 43)
		中世纪自然法	神意论	奥古斯丁(354—430)
			神意论	阿奎纳(1225—1274)
		古典自然法	理性论	格劳秀斯(1583—1645)
			理性论	斯宾诺莎(1632—1677)
			理性论、命令论	霍布斯(1588—1679)
			理性论	洛克(1632—1704)
			理性论	普芬道夫(1632—1694)
			理性论	孟德斯鸠(1689—1755)
			理性论、公意论	卢梭(1712—1778)
		20 世纪自然法		富勒(1902—1978)
			正义论	罗尔斯(1921—2002)
				德沃金(1931—2013)

---

① B

② AB

③ B

		19世纪 分析实证法学	命令论	边沁(1748—1832)
非马克思主义法学流派	2. 分析实证法学派			奥斯丁(1790—1859)
		20世纪 分析实证法学		凯尔森(1881—1973)
				哈特(1907—1992)
	3. 社会法学派	19世纪 社会法学	社会连带关系论	埃利希(1862—1922)
				狄骥(1859—1928)
		20世纪 社会法学	社会控制论	霍姆斯(1841—1935)
				庞德(1870—1964)
	4. 历史法学派	19世纪 历史法学	民族精神论	梅因(1822—1888)
				萨维尼(1779—1861)
	5. 哲理法学		自由意志论	康德(1724—1804)
				黑格尔(1770—1831)
	6. 20世纪新学派:经济分析法学派;女权主义法学派;批判法学;法律文学			

品题

命题点 ｜ 西方法学流派 ｜

注意三点：

（1）各流派代表人物,特别是社会连带关系论——狄骥,社会控制论——庞德,民族精神论——萨维尼,自由意志论——黑格尔,正义论——罗尔斯;

（2）十九世纪学派:分析实证法学+欧洲社会法学+历史法学+哲理法学;

（3）二十世纪学派:新自然法+新分析法学+美国社会法学+经济分析法学+女权主义法学+批判法学+法律文学。

例1:下列法学流派中,主要强调对法进行规范分析的是(　　)①。(2013 法单 1)

A. 自然法学派　　　　　　　　　　　　B. 分析法学派

C. 历史法学派　　　　　　　　　　　　D. 社会法学派

例2:下列关于不同法学流派的表述,正确的是(　　)②。(2017 单 1)

A. 自然法学派强调人定法高于自然法

B. 历史法学派主张法是自由意志的体现

C. 社会法学派倡导法学应当关注法律现实的多种面向

D. 分析法学派认为法学应当研究法与道德的内在关系

① B
② C

例 3：下列选项中,不属于自然法学派观点的是(　　　　)①。(**2012 法单 6**)

A. 法与道德之间有必然联系

B. 真正的法律应与自然相吻合

C. 法律的存在与法律的善恶无关

D. 政府的正当权力来自人民的同意

例 4：下列关于法的本质的表述,正确的是(　　　　)②。(**2012 单 1**)

A. 荷兰思想家格劳秀斯认为法是神意的体现

B. 思想家奥古斯认为法是主权者的命令

C. 德国法学家萨维尼认为法是民族精神的体现

D. 中世纪思想家托马斯阿奎那认为法是理性的体现

例 5：首次将"法"界定为高度专门化的社会控制工具的学者是(　　　　)③。(**2013 单 2**)

A. 亨利·梅因　　　　　　　　　　　B. 马克斯·韦伯

C. 卡尔·马克思　　　　　　　　　　D. 罗斯科·庞德

例 6：不同学派关于法的性质有不同理解,对此,下列说法正确的是(　　　　)④。(**2018 单 6**)
(**2018 法单 1**)

A. 经济分析法学派认为法律不外乎主权者的命令

B. 批判法学派认为衡量法律优劣的最主要标准是实施效果

C. 自然法学派认为法律应与社会主流道德和人性的正义准则保持一致

D. 历史法学派认为一国的自然环境和政治制度决定着法的内容和性质

例 7：下列思想家中,将法的本质归结为人的理性的有(　　　　)⑤。(**2015 多 47**)

A. 英国的洛克　　　　　　　　　　B. 美国的庞德

C. 荷兰的格劳秀斯　　　　　　　　D. 德国的萨维尼

例 8：下列法学家中,把法律比作语言和风俗,主张法是民族精神之体现的是(　　　　)⑥。
(**2011 单 1**)

A. 格劳秀斯　　　　　　　　　　　B. 黑格尔

C. 萨维尼　　　　　　　　　　　　D. 奥斯丁

例 9：在法的概念问题上,古典自然法学派的主要观点是(　　　　)⑦。(**2010 单 1**)

A. 法是阶级社会的产物

B. 法是民族精神的产物

C. 法是人类理性和本性的体现

---

① C

② C

③ D

④ C

⑤ AC

⑥ C

⑦ C

D. 法是自由意志的外在表现形式

例 10：在法的本质问题上,下列表述中能够成立的是(　　)①。(2008 单 1)

A. 霍布斯主张神意论　　　　　　　　B. 格劳秀斯坚持理性论

C. 卢梭强调社会控制论　　　　　　　D. 庞德提出民族精神论

例 11：下列选项中,产生于 19 世纪的法学流派有(　　)②。(2008 多 46)

A. 分析法学派　　　　　　　　　　　B. 历史法学派

C. 自然法学派　　　　　　　　　　　D. 经济分析法学派

例 12：关于法的本质,下列学者中主张"理性论"的是(　　)③。(2007 单 10)

A. 奥古斯丁　　　　　　　　　　　　B. 格劳秀斯

C. 萨维尼　　　　　　　　　　　　　D. 庞德

例 13：罗马法复兴时期出现的以研究和恢复罗马法为核心的法学流派是(　　　)④。(2006 单 1)

A. 罗马法学派　　　　　　　　　　　B. 社会法学派

C. 注释法学派　　　　　　　　　　　D. 分析实证主义法学派

---

① B
② AB
③ B
④ C

第二章 | 法的特征与本质

第一：法的概念

法的概念	狭义:全人大+全国人大常委会制定的规范性法律文件
	广义:包括宪法、法律、行政法规、地方性法规、规章在内的一切规范性法律文件

第二：法的特征

法的特征	规范性和普遍性	规范性	(1)法针对的对象是不特定的人
			(2)法只对规范制定生效后发生的行为有效
			(3)法在其有效期内,针对同样的情况反复适用
		普遍约束力	(1)在一国主权范围内,法具有普遍效力,所有人都要遵守
			(2)法律对同样的事和人同样适用,即法律面前人人平等
	国家意志性和权威性		(1)法是由国家制定或认可的社会规范,必须遵守和服从
			(2)法律与道德、宗教政策发生冲突时,具有更大权威性
	权利和义务的一致性		(1)法律上的权利和义务具有确定性和可预测性
			(2)法律只要规定了权利,就必须规定或意味着相应的义务
			(3)如政党或其他社会团体规章,虽然也规定权利义务,但不同于法律权利义务
	国家强制性和正当程序性		(1)其他社会规范如道德、宗教戒律都具有强制性,只有法律具有国家强制性
			(2)人们不自愿遵守法律时,需要国家强制力
			(3)法律需要国家专门机关通过法律程序予以运用

>> 品题

命题点一 | 法的特征

共有四个:

(1)规范性和普遍约束性。规范性强调不特定多数人,规范性就是"无论谁",非规范性就是"指定谁"。普遍约束性强调法律效力覆盖全国,没有人能有法外特权。

（2）国家意志性。强调国家制定认可的才是法律,而宗教规范、道德等没有国家加持,效力低于法律。

（3）权利义务一致性。强调不是所有义务都由法律明文写出,如法律规定了所有权,就相当于给所有权人之外的人规定了不侵犯所有权的义务。

（4）国家强制性。是法律和道德、宗教规范最大的区别。即在不主动守法的情况下,才会动用国家强制力,且国家机关必须依照法定程序实施法律。

例1:关于法律的特征,下列说法正确的是(　　　)①。（2018 单7）（2018 法单2）

A. 以义务为本位是法律的本质特征

B. 法律应当由立法机关制定或认可体现了国家意志

C. 法律具有国家强制性,只能通过司法予以实施和实现

D. 法律的普遍性意味着在一国之内所有人都应享有相同的法律权利

例2:下列关于法的基本特征的理解,正确的有(　　　)②。（2016 法多21）

A. 法具有权利与义务的一致性

B. 法由专门的国家机关制定、认可

C. 法既可以调整行为,也可以调整思想

D. 法律与道德、习惯不同,其实施由国家强制力予以保障

例3:港口税务官对船长说:"照章缴税！否则警察抓你。"海盗对船长说:"按规矩交钱！不然把你抓走。"从法的本质与特征的角度来看,对上述两种情形理解正确的有(　　　)③。（2015 法多25）

A. 税务官的话体现了法的国家意志性

B. 税务官与海盗的话都体现了法的强制性

C. 海盗的话不能体现船长有交钱的义务

D. 税务官的话意味着船长有纳税的义务

例4:下列选项中,属于法的基本特征的有(　　　)④。（2015 多46）

A. 规范性   B. 普遍性

C. 国家意志性   D. 国家强制性

例5:下列选项中,属于法的基本特征的是(　　　)⑤。（2013 单1）

A. 社会公益性   B. 技术规范性

C. 国家强制性   D. 国家引导性

例6:根据马克思主义法学观,原始社会的氏族习惯不属于法律的范畴,其主要原因有(　　　)⑥。（2012 多47）

---

① B

② ABD

③ ACD

④ ABCD

⑤ C

⑥ BD

A. 它不是由语言或文字表达的

B. 它不是由国家制定或认可的

C. 它有过于浓厚的宗教道德色彩

D. 它不是依靠法院、警察与监狱等机关保证实施的

例 7：下列选项中属于法的基本特征的是（　　）①。（2012 单 2）

A. 法是由国家制定或者认可的，具有人民性

B. 法是由社会强制力促使实施的，具有强制性

C. 法是由原始社会习惯演变而来的，具有习惯性

D. 法是以权利和义务为内容的，具有权利与义务的一致性

例 8：关于法律的基本特征，下列表述不正确的是（　　）②。（2012 法单 2）

A. 法律有严格的程序规定，具有程序性

B. 法律由国家制定或认可，具有国家意志性

C. 法律由原始社会的习惯演变而来，具有历史性

D. 法律由国家强制力保障实施，具有国家强制性

例 9：下列选项中，属于法区别于其他社会规范的特征是（　　）③。（2010 单 3）

A. 概括性　　　　　　　　　　　　B. 规范性

C. 抽象性　　　　　　　　　　　　D. 国家强制性

例 10：法的普遍性是指（　　）④。（2010 法多 3）

A. 法律面前人人平等

B. 法律的效力都是相同的

C. 法律可以多次、反复适用

D. 法律在一国主权管辖范围内普遍有效

例 11：法律规定了人们的一般行为模式，从而为人们的交互行为提供了一个模型、标准或方向。法律的这一特性是指（　　）⑤。（2009 单 3）

A. 法律的规范性　　　　　　　　　B. 法律的普遍性

C. 法律的确定性　　　　　　　　　D. 法律的统一性

例 12：下列关于法律的强制性的表述，能够成立的是（　　）⑥。（2009 单 10）

A. 公法具有强制性，而私法不具有强制性

B. 人们遵守法律主要是基于对法律强制性的恐惧

C. 法律对于统治阶级内部的成员没有强制性

D. 法律的强制性是法律发挥作用的最后保障

---

① D

② C

③ D

④ AD

⑤ A

⑥ D

例 13：下列关于法律特征的表述,能够成立的是(　　)①。(2007 单 14)

A.法律对人们行为的调整主要通过权利义务的设定和运行来实现,这要求法律上的权利义务规定应具有确定性和可预测性

B.法律规范与道德规范的区别之一,在于法律规定可以反复适用,而道德规范不能反复适用

C.法律具有统一性和普遍性,因此一国法律体系内部的各种法律规范间不存在矛盾

D.法律之所以由国家强制力来保证实施,主要因为法律只有依靠惩罚才能发挥作用

例 14：下列诸项表述中,正确的是(　　)②。(2006 单 12)

A.为人们的行为提供模式、标准或方向,这一特性指的是法的统一性

B.法是调整人们行为的规范和法是调整社会关系的规范,这两种说法没有本质上的区别

C.非规范性法律文件虽然没有规范性,但有法律效力,因而也属于法律的范畴

D.国家强制力是保证法的实施的唯一力量

例 15：民间故事《铡美案》中,驸马陈世美被依法处决。这一法律现象表明(　　)③。(2006 单 13)

A.法律是公共意志的反映,具有超阶级性

B.法律有时候也是被统治阶级将意志上升为国家意志的结果

C.法律是统治阶级整体意志、共同意志的体现

D.我国封建社会的法律也贯彻公民在法律面前人人平等的原则

例 16：现代社会不仅需要法律这种社会规范,而且还需要道德、习俗等其他社会规范。这表明(　　)④。(2006 单 3)

A.法律的起源与道德有关

B.有些法律规范是从社会习俗演化而来的

C.法律规范和其他社会规范的表现形式不同

D.法律不是唯一调整人们行为的社会规范

命题二 🗂 主观题

例 17：简述法的基本特征。(2011 法简 31)(2019 简 51)

其一,法具有规范性和普遍性:法的规范性具体指:(1)法针对的对象是不特定的人;(2)法只对规范制定生效后发生的行为有效;(3)法在其有效期内,针对同样的情况反复适用。法的普遍性体现在:(1)在一国主权范围内,法具有普遍效力,所有人都要遵守;(2)法律对同样的事和人同样适用,即法律面前人人平等。

其二,法具有国家意志性和权威性:(1)法是由国家制定或认可的社会规范,必须遵守和

---

① A

② B

③ C

④ D

服从;(2)法律与道德、宗教政策发生冲突时,具有更大权威性。

其三,法具有权利和义务的一致性:(1)法律上的权利和义务具有确定性和可预测性;(2)法律只要规定了权利,就必须规定或意味着相应的义务;(3)如政党或其他社会团体规章,虽然也规定权利义务,但不同于法律权利义务。

其四,法具有国家强制性和正当程序性:(1)其他社会规范如道德、宗教戒律都具有强制性,只有法律具有国家强制性;(2)人们不自愿遵守法律时,需要国家强制力;(3)法律需要国家专门机关通过法律程序予以运用。

第三:法的本质

法的本质	第一层本质	法律是统治阶级的整体意志、共同意志、根本意志的体现
	第二层本质	法的产生、变更和消灭都取决于经济关系(经济基础)产生、变更和消灭
	避免片面强调阶级意志性导致"唯意志论",片面强调物质制约性导致"宿命论"	

品题

命题点一 | 法的本质

浅层本质是统治阶级的共同意志;深层本质是物质制约性。

例1:不同法学流派对于"法是什么"的认识不一。下列关于法概念的描述,正确的有( )①。(2015 法多 22)

A.社会法学派认为,法是公意的体现

B.历史法学派认为,法是主权者的命令

C.古典自然法学派认为,法是理性的体现

D.马克思主义法学认为,法是统治阶级意志的体现

例2:马克思主义法学与以往法学的主要区别有( )②。(2009 多 48)

A.坚持以辩证唯物主义为指导

B.承认经济以外因素对法律的影响

C.认为法是由社会物质生活条件决定的

D.否认新法与旧法之间的继承性

例3:"法是统治阶级意志的体现"是马克思主义法学的核心命题之一。该命题的含义包括( )③。(2011 法多 21)

---

① CD

② AC

③ BCD

A.统治阶级的意志就是法

B.法是统治阶级的阶级意志

C.法是统治阶级的共同意志

D.法是上升为国家意志的统治阶级意志

例4：有些国家的经济制度或经济发展水平相同，它们的法律却千差万别。这种现象表明（   ）[1]。（2007 单13）

A.经济条件不是法的内容的唯一决定因素

B.法的物质制约性原理不具有普遍性

C.经济以外的因素有时也对法的本质起最终决定作用

D.一国法律的具体表现形式与该国的经济制度无关

命题点二 | 主观题 |

例5：马克思主义法学关于法的本质的学说。

第一，法的第一层次的本质是国家意志。

法律是统治阶级或取得胜利并掌握国家政权的阶级的意志的体现。统治阶级利用掌握国家政权这一政治优势，有必要也有可能将本阶级的意志上升为国家意志，然后体现为国家的法律。

法律体现的统治阶级的意志不是统治阶级内部的各党派、集团及各个成员的个别意志，也不是这些个别意志的简单相加，而是统治阶级的整体意志，共同意志或根本意志。

第二，法的第二层本质是物质生活关系，法律由物质生活条件决定。

不以人的意志为转移的物质生活，即相互制约的生产方式和交往形式，是国家意志和统治阶级意志的现实基础。物质生活条件是指人类社会所包括的地理环境、人口、物质资料的生产方式诸方面，主要指统治阶级赖以建立其政治统治的经济关系。从根本上讲，法律决定于一定的经济关系。法律的产生、发展、性质、内容都受制于一定的经济关系。

第三，阶级意志的内容还受到各种因素的不同程度的影响。

法律和这些因素归根结底是由经济因素起决定作用的条件下相互作用。经济以外的各种因素的范围是很广泛的，主要包括政治、思想、道德、文化、历史传统、民族、宗教、习惯等。

---

① A

第三章 ｜ 法的起源与演进

第一：法的起源与演进

法的起源	1. 法起源的经济因素：私有财产＋社会分工
	2. 法起源的政治因素：阶级划分＋阶级斗争
	3. 人文、地理等因素
法起源的规律	1. 个别调整 → 规范性调整
	2. 习惯（不成文法）→ 习惯法（不成文法）→ 制定法（成文法）
	3. 法与道德规范、宗教规范混为一体 → 相对独立

法的演进		
	奴隶制法	如《汉穆拉比法典》《十二铜表法》
	封建制法	如《唐律》
	资本主义法	（1）维护以剥削雇佣劳动为基础的资本主义私有制
		（2）资本主义法维护资产阶级专政和代议制政府
		（3）资本主义法维护资产阶级自由、平等和人权
		（4）资本主义法不是"超阶级"的，"法律是公共意志的体现"说法错误

自由资本主义	垄断资本主义
私有财产神圣	私有财产受法律保护
契约自由	契约自由
过错责任	严格责任

社会主义法	工人阶级领导下的全国人民共同意志的体现

品题

命题点一 ｜ 法的起源

例1：马克思在《哲学的贫困》中指出："君主们在任何时候都不得不服从经济条件，并且从来不能向经济条件发号施令，无论是政治的立法或者市民的立法，都只是表明和记载经济

的关系的要求而已",对于这句话理解正确的是( )①。(2016 单 2)

 A. 君主制定的法律不能调整经济关系

 B. 除经济因素外,立法不受其他因素的影响

 C. 政治的立法和市民的立法具有完全相同的目的

 D. 国家的立法在本质上决定于社会客观经济条件

例 2:依据马克思主义法学观,下列关于法起源的表述,正确的是( )②。(2014 单 1)

 A. 私有制是法起源的经济根源

 B. 从存在形态看,国家先于法律产生

 C. 法起源时就有别于道德、宗教等规范

 D. 从一般调整到个别调整是法起源的基本规律

例 3:下列关于法的产生和发展的表述,能够成立的有( )③。(2013 法多 25)

 A. 法是人类社会发展到一定历史阶段的产物

 B. 法的产生先于私有制的产生和国家的产生

 C. 法的产生的根本原因是社会生产力的发展

 D. 法的产生未受到宗教、道德等因素的影响

命题点二 | ▣ 资本主义法的特征 |

 例 4:下列关于法的历史演进正确的是( )④。(2016 单 8)(2016 法单 2)

 A. 法的历史演进只受客观物质条件的影响

 B. 封建制法是历史上第一种私有制的法律类型

 C. 私有财产神圣不可侵犯是资本主义法的核心特征之一

 D. 从规范性调整逐渐发展为个别调整是法起源的一般规律

 例 5:下列选项中,主要形成于自由竞争资本主义时期的法律原则有( )⑤。(2013 法多 26)

 A. 私有财产神圣不可侵犯   B. 契约自由

 C. 法律面前人人平等   D. 严格责任

 例 6:下列选项中,属于法的历史类型划分标准的是( )⑥。(2010 法单 5)

 A. 法的历史渊源   B. 法的外部特征

 C. 社会生产力水平   D. 法的阶级本质

 例 7:下列关于资本主义法律的表述,正确的是( )⑦。(2009 单 8)

---

 ① D

 ② A

 ③ AC

 ④ C

 ⑤ ABC

 ⑥ D

 ⑦ D

A. 资本主义法律是全体社会成员共同意志的体现

B. 资本主义法律都是在直接继承封建制法律的基础上产生的

C. 资本主义法律具有超阶级性和超历史性

D. 资本主义法律的核心作用是维护资本主义私有制

命题点三 | ▣ 主观题 |

例 8:简述资本主义法律的基本特征。(2008 简 64)

与以往私有制社会法律相比,资本主义法律具有三个方面的特征:

(1)维护以剥削雇佣劳动为基础的资本主义私有制。在资本主义社会发展的不同阶段,资本主义法律在调整经济生活领域中的作用以及法律在保护财产权方面的规定是有所不同的,但是其维护资本主义私有制即资产阶级财产权是资本主义法律的核心。

(2)资本主义法维护资产阶级专政和代议制政府。资产阶级与封建主专政的一个重要区别在于,资产阶级是通过自己的政党来执掌政权的,政党制是资本主义政治制度中一项重要的制度。

(3)资本主义法维护资产阶级自由、平等和人权。但是资产阶级的平等、自由与人权原则受到其阶级利益的局限,是资产阶级占有生产资料基础上的人权,是不彻底的。

综上,资本主义法律绝不是"超阶级"的,所谓"法律是公共意志的体现"的说法是错误的。

第二:法系

<table>
<tr><td rowspan="14">主
要
法
系</td><td>中华法系</td><td colspan="2">形成于秦朝,成熟于隋唐时期,其代表性法典是《唐律疏议》</td></tr>
<tr><td rowspan="6">英美法系</td><td>概念</td><td colspan="2">又称普通法法系、判例法系、不成文法系、海洋法系等</td></tr>
<tr><td rowspan="5">分布</td><td colspan="2">英国本土(苏格兰除外)、美国、爱尔兰、加拿大、澳大利亚、新西兰等</td></tr>
<tr><td>英国特点</td><td>美国特点</td></tr>
<tr><td>不成文宪法</td><td>成文宪法</td></tr>
<tr><td>单一制</td><td>联邦制</td></tr>
<tr><td>法院没有违宪审查权</td><td>法院有违宪审查权</td></tr>
<tr><td rowspan="7">大陆法系</td><td>概念</td><td colspan="2">又称民法法系、罗马法系、罗马德意志法系、日耳曼法系、法典法系、成文法法系等,是以罗马法为基础而发展起来的法律的总称</td></tr>
<tr><td rowspan="6">分布</td><td colspan="2">欧洲大陆大多数国家、前欧洲国家的殖民地、拉丁美洲等许多国家和地区,以及日本、土耳其、美国的路易斯安那州、加拿大的魁北克省、中国澳门</td></tr>
<tr><td>法国法系</td><td>德国法系</td></tr>
<tr><td>自由资本主义时期</td><td>垄断资本主义时期</td></tr>
<tr><td>1804 年《法国民法典》</td><td>1896 年《德国民法典》</td></tr>
<tr><td>强调个人权利</td><td>强调国家干预和社会利益</td></tr>
</table>

续表

		大陆法系	英美法系
两大法系比较	相同点	经济基础+阶级本质+指导思想+基本原则	
	法律渊源	制定法	制定法+判例法
	法律分类	公法+私法+社会法	普通法+衡平法
	法典编纂	法典化	单行法+判例法
	诉讼判决	职权主义,纠问程序	当事人主义,法官中立,遵循先例
	哲学倾向	倾向于理性主义	倾向于经验主义
		20世纪后,两大法系差异逐渐缩小	

▶▶ 品题

命题点一 ▏ **两大法系特点比较**

例1:下列不属于大陆法系别称的是(　　)①。(2013 单3)

A.民法法系　　　　　　　　　　　B.日耳曼法系

C.罗马法系　　　　　　　　　　　D.盎格鲁法系

例2:下列法的分类中,专属于英美法系的是(　　)②。(2013 法单2)

A.公法和私法　　　　　　　　　　B.普通法和衡平法

C.联邦法和联邦成员法　　　　　　D.成文法和不成文法

例3:从法系角度看,近代以来我国香港地区的法律属于(　　)③。(2013 法单6)

A.普通法法系　　　　　　　　　　B.大陆法系

C.中华法系　　　　　　　　　　　D.社会主义法系

例4:不同国家或地区具有共同历史传统和相似表现形式的法律制度的总称,称为(　　)④。(2012 法单1)

A.法的历史类型　　　　　　　　　B.法制系统

C.法律体系　　　　　　　　　　　D.法系

例5:下列关于大陆法系与英美法系区别的表述正确的是(　　)⑤。(2012 单6)

A.大陆法系主要运用归纳型思维,英美法系主要运用演绎型思维

B.大陆法系的诉讼程序采用当事人主义,英美法系采用职权主义

---

① D

② B

③ A

④ D

⑤ D

C. 大陆法系以普通法与衡平法为基本分类,英法法系则分为公法与私法

D. 大陆法系的正式法源主要是制定法,英美法系的正式法源是制定法和判例法

例 6:下列关于法系的表述,正确的是( )①。(2017 单 2)(2017 法单 1)

A. 中华法系体现礼法结合的精神

B. 大陆法系是在德国民法典的基础上产生的

C. 英美法系是以美国法为基础,以英国法为主导发展而来

D. 法系划分的主要依据是各国法律的外在形式和本质特征

例 7:下列关于英美法系特征的表述,能够成立的是( )②。(2010 单 8)

A. 法的基本分类是公法和私法

B. 承袭罗马法传统,不制定法典

C. 制定法和判例法都是法的正式渊源

D. 诉讼不采用对抗制,法官是双方争议的裁决者

例 8:下列关于英美法系的表述,能够成立的是( )③。(2009 单 2)

A. 英美法系又可以称为法典法系

B. 我国澳门特别行政区的法律属于英美法系

C. 英美法系国家中,有些国家实行不成文宪法制

D. 英美法系国家的法律源于罗马法

例 9:下列关于大陆法系和英美法系的表述,能够成立的是( )④。(2011 法单 2)

A. 两者法律渊源相同   B. 两者法律本质相同

C. 两者诉讼程序相同   D. 两者法律结构相同

例 10:从法系角度看,我国澳门地区近代以来的法律属于( )⑤。(2010 法单 6)

A. 普通法法系   B. 大陆法系

C. 中华法系   D. 社会主义法系

例 11:下列关于大陆法系与英美法系的区别。表述不正确的是( )⑥。(2018 单 12)(2018 法单 7)

A. 大陆法系的正式渊源主要是制定法,而英美法系是判例法和制定法

B. 大陆法系的基本分类是公法和私法,而英美法系是普通法和衡平法

C. 大陆法系的诉讼模式采用当事人主义,而英美法系采用法官中心主义

D. 大陆法系注重法典编纂,而英美法系注重判例

例 12:下列关于资本主义两大法系的表述,正确的是( )⑦。(2007 单 5)

---

① A
② C
③ C
④ B
⑤ B
⑥ C
⑦ B

A. 两大法系在经济基础、社会历史背景以及总的指导思想方面都是一致的

B. 在大陆法系国家,制定法占有重要地位,而判例一般不是正式意义上的法律渊源

C. 英美法系的立法都不采用法典形式,其制定法是单行的法律、法规

D. 就哲学倾向而言,大陆法系倾向于经验主义,英美法系则倾向于理性主义

命题点二 | 主观题 |

例 13:简述两大法系的主要区别。(2014 简 64)

英美法系又称普通法法系、判例法系、不成文法系、海洋法系等,是以英国中世纪的法律,特别是普通法为基础而发展起来的法律的总称。在这里,普通法特指公元 11 世纪诺曼人入侵英国后逐步形成的以判例形式出现的一种法。

大陆法系又称民法法系、罗马法系、罗马德意志法系、日耳曼法系、法典法系、成文法法系等,是以罗马法为基础而发展起来的法律的总称。

两大法系区别主要包括:

(1)在法律渊源方面,大陆法系主要是制定法,英美法系主要是判例法;

(2)在法律分类方面,大陆法系的分类包括公法、私法和社会法;英美法系的分类包括普通法和衡平法;

(3)在法典编纂方面,大陆法系强调法典化;英美法系强调单行法和判例法;

(4)在诉讼程序方面,大陆法系采用职权主义和纠问程序;英美法系采用当事人主义,法官中立,遵循先例;

(5)在哲学倾向方面,大陆法系倾向于理性主义;英美法系倾向于经验主义。

进入 20 世纪后,两大法系差异逐渐缩小,但差异仍存在。

第三:法的继承、法的移植和法律全球化

法的继承	概念	不同历史类型的法律制度之间的延续和继受
	原因	(1)社会生活条件的历史延续性决定了法律的继承性
		(2)法律的相对独立性决定了法的发展过程的延续性和继承性
		(3)法作为人类文明成果决定了法律继承的必要性
		(4)法律演进的历史事实验证了法律的继承性
法的移植	概念	在鉴别、认同、调适、整合的基础上,引进、吸收、采纳、摄取、同化外国法,使之成为本国法律体系中的有机组成部分,为本国所用,法律移植的范围除外国的法律外,还包括国际法律和惯例
	原因	(1)社会发展和法律发展不平衡性决定了法律移植的必然性
		(2)市场经济的客观规律和根本特征决定了法律移植的必要性
		(3)法律移植是法治现代化的一个过程和途径
		(4)法律移植是对外开放的应有内容

>> 品题

命题点一 | 法律继承和法律移植的对比 |

法律继承强调不同历史类型,法律移植不再要求同一时代,移植的范围包括国际法和外国法。

例1:下列关于法律继承的理解,正确的是(   )①。(2017 单 3)

A. 法律继承与法系的形成之间没有关系

B. 法作为人类文明的成果决定了法律继承的必要性

C. 法律继承是指不同国家法律之间相互继受和影响

D. 法律继承仅体现本国法律传统和法律文化的延续

例2:下列关于法系的表述,正确的是(   )②。(2015 单 2)(2015 法单 2)

A. 法律移植是法系形成和发展的重要途径

B. 法系是以法律赖以存在的经济基础为划分标准的

C. 英国威尔士和加拿大魁北克省的法律属于大陆法系

D. 当前两大法系之间的差异逐渐缩小,对各国法律进行法系划分已失去意义

例3:法律继承体现时间上的先后关系,法律移植反映一国对同时代其他国家法律的吸收与借鉴。下列关于这两个概念的理解,正确的有(   )③。(2014 多 46)(2014 法多 21)

A. 法律移植不反映时间关系,只体现空间联系

B. 市场经济的客观规律决定了法律移植的必要性

C. 1896 年《德国民法典》体现了对罗马法的继承

D. 法律继承要求新法对旧法作适当改造,而法律移植因其同时代性可直接将被移植的法律用于本国法当中

例4:在同一国家或地区,不同历史类型之间新法对旧法的借鉴和吸收,在法学理论上称为(   )④。(2010 法单 7)

A. 法律继承   B. 法律移植

C. 法制改革   D. 法律发展

命题点二 | 主观题 |

例5:简述法律移植的原因。(2018 论 58)

法律移植反映一国对同时代其他国家、地区和国际法律制度的吸收和借鉴,移植的范围除外国的法律外,还包括国际法律和惯例。

———————————

① B

② A

③ BC

④ A

法律移植的必然性和必要性具体表现为：

(1)社会发展和法律发展不平衡性决定了法律移植的必然性；

(2)市场经济的客观规律和根本特征决定了法律移植的必要性；

(3)法律移植是法治现代化的一个过程和途径；

(4)法律移植是对外开放的应有内容。

例6：简述法律继承的根据。(2016简64)

法律继承是不同历史类型的法律制度之间的延续和继受。

法律继承的根据和理由主要表现在：

(1)社会生活条件的历史延续性决定了法律的继承性；

(2)法律的相对独立性决定了法的发展过程的延续性和继承性；

(3)法作为人类文明成果决定了法律继承的必要性；

(4)法律演进的历史事实验证了法律的继承性。

第四：法律全球化

法律全球化的趋势	非国家化	如国际商会编订《国际贸易术语解释通则》
	标本化 标准化	由联合国、国际组织、经济联合体制定法律范本,提供给各个国家作为立法的参照
	趋同化	不同国家的国内法的趋同+国内法与国际法的趋同,首先表现在民商法领域
	世界化	
法律全球化的途径	国际法的国内化	
	国内法的全球化	

品题

命题点一 ┃ 法律全球化的趋势 ┃

例1：法律全球化是指法律的各种要素,如法律原则、法律观念、法律价值、法律制度等在全球范围内的趋同,以及在全球范围内形成一个法治的标准。对此下列说法正确的是(　　)①。(2019单7)

A.法律全球化要求实现所有国家法律的一体化

B.法律全球化的目标是形成超主权的法律体系

C.人类文明的多样性最终会导致法律全球化的衰亡

D.各国法律的交流借鉴是实现法律全球化的有效途径

---

① D

命题点二 ▎▣ **主观题** ▎

例 2:简述法律全球化的主要表现。(2017 简 64)(2017 法简 31)

法律全球化是指法律的各种要素如法律原则、法律理念、法律价值观、法律制度、执法标准与原则等在全球范围内的趋同,并在此基础上形成一个法治的标准或模范。

法律全球化主要表现为:

(1)法律的"非国家化",即法律并非都是由主权国家制定的,越来越多的法律由各种经济联合体、知识产权组织、环境保护组织、新闻媒介联合体等非国家机构制定,如国际商会编订《国际贸易术语解释通则》;

(2)法律的"标本化"或"标准化",由联合国、国际组织、经济联合体制定法律范本,提供给各个国家作为立法的参照;

(3)法律的"趋同化",即调整相同类型社会关系的法律规范和法律制度趋向一致,既包括不同国家的国内法的趋同,也包括国内法与国际法的趋同,首先表现在民商法领域;

(4)法律的"世界化",即全球范围内法律规范的相互联结,甚至是某些"全球性法""世界性法"的出现。

例 3:简述法律全球化的主要途径及其进展。

法律全球化是指法律的各种要素如法律原则、法律理念、法律价值观、法律制度、执法标准与原则等在全球范围内的趋同,并在此基础上形成一个法治的标准或模范。

法律全球化的进展包括:

(1)国际法的国内化、地方化。具体包括:

其一,在人权领域中,联合国和国际组织已经形成了许多标准人权文件,它们对于主权的绝对性构成了实质性限制;其二,世贸组织成立后,缔约国必须根据有关协议调整自己的法律制度。

(2)地方法或国内法的全球化。具体包括:

其一,新商人法穿越国家领土;其二,美国等西方国家通过"法律与发展"项目"推销"西方法律。

当代法律全球化取得了重大进展,主要表现为:

其一,《联合国宪章》成为世界共同遵守的基本规范,它具备了"准世界宪法"的性质;其二,国际法的许多任意性规范成为强制性规范;其三,国际司法机制正在强化。

第四章 | 法的作用与法的价值

第一：法的作用

<table>
<tr><td rowspan="19">法的规范作用</td><td rowspan="4">指引作用</td><td>概念</td><td colspan="2">法律规范对本人行为起到的导向和引导的作用</td></tr>
<tr><td rowspan="2">规范指引</td><td>确定性指引</td><td>不允许选择</td></tr>
<tr><td>不确定性指引</td><td>允许选择</td></tr>
<tr><td>个别指引</td><td colspan="2">法的指引作用不是个别性指引</td></tr>
<tr><td rowspan="3">评价作用</td><td>概念</td><td colspan="2">法作为人们对他人行为的评价标准所起的作用</td></tr>
<tr><td>专门评价</td><td colspan="2">效力性评价,如裁判和决定,有国家强制力保障</td></tr>
<tr><td>社会评价</td><td colspan="2">舆论性评价,如发帖和讨论,无国家强制力保障</td></tr>
<tr><td>预测作用</td><td>概念</td><td colspan="2">人们根据法可以预先估计人们相互间将怎样行为以及行为的后果等,从而对自己的行为作出合理的安排</td></tr>
<tr><td rowspan="3">教育作用</td><td>概念</td><td colspan="2">通过法的实施,使法对一般人的行为产生影响</td></tr>
<tr><td>警示作用</td><td colspan="2">通过对违法行为人实施制裁,对包括违法者本人在内的一般人均起到警示和警戒的作用</td></tr>
<tr><td>示范作用</td><td colspan="2">通过对合法行为加以保护、赞许或奖励,对一般人的行为起到表率和示范的作用</td></tr>
<tr><td>强制作用</td><td>概念</td><td colspan="2">法可以用来制裁、强制、约束违法犯罪行为,作用对象是违法犯罪者的行为</td></tr>
</table>

<table>
<tr><td rowspan="3">法的社会作用</td><td rowspan="2">维护阶级统治</td><td colspan="3">统治阶级用法律在经济上确认和维护自己赖以存在的经济基础</td></tr>
<tr><td colspan="3">统治阶级在一定条件和限度内,也在法律中规定一些对被统治阶级有利的条款</td></tr>
<tr><td colspan="4">执行社会公共事务</td></tr>
</table>

<table>
<tr><td rowspan="5">规范作用 VS. 社会作用</td><td>联系</td><td colspan="2">相辅相成,法的规范作用是手段,法的社会作用是目的</td></tr>
<tr><td>考察基点</td><td>从法律规范角度考察</td><td>从法的本质角度考察</td></tr>
<tr><td>作用对象</td><td>作用于法律调整的社会关系</td><td>作用于整个社会</td></tr>
<tr><td>存在方式</td><td>直接作用</td><td>间接作用</td></tr>
<tr><td>前提条件</td><td>前提是立法和法律实施</td><td>前提是良法与善治</td></tr>
</table>

品题

命题点一 ｜ 规范作用区分

指引作用	"立法""看法条"
评价作用	"发帖""舆论""谈论""判决""行政处罚""行政处分"
预测作用	"未来"
教育作用	"旁听庭审""新闻报道"
强制作用	"执行处罚""执行判决"

例1:某法院在当地一所大学对被指控犯组织考试作弊罪的被告人依法进行审判,并做出有罪判决,很多学生参与旁听。在此,法律发挥的规范作用有(   )①。(2017 多 49)(2017 法多 24)

    A. 预测作用   B. 教育作用

    C. 评价作用   D. 强制作用

例2:下列关于法律作用的表述正确的是(   )②。(2016 单 3)

    A. 强制作用不属于法律的规范作用

    B. 只有公法才具有维护阶级统治的作用

    C. 法律的规范作用通过法律的社会作用来实现

    D. 法律的规范性与确定性使得法律具有预测作用

例3:甲故意杀人后畏罪潜逃,归案后法院依法判处甲无期徒刑,剥夺政治权利终身。根据法的作用理论,下列表述正确的是(   )③。(2015 单 3)

    A. 甲畏罪潜逃体现了法的指引作用

    B. 法院的判决体现了法的强制作用,而非法的教育作用

    C. 法院的判决既体现了法的规范作用,也体现了法的社会作用

    D. 有人认为甲畏罪潜逃应罪加一等,该观点体现了法的预测而非评价作用

例4:《中华人民共和国合同法》第 44 条第 1 款规定:"依法成立的合同,自成立时生效。"下列关于本条文的表述,正确的是(   )④。(2014 单 5)

    A. 该规定属于法律原则

    B. 该规定具有指引作用

    C. 该规定属于禁止性规则

    D. 该规定意味着我国《合同法》没有溯及力

---

①   BCD

②   D

③   C

④   B

例5：下列关于法的作用的表述,正确的是(　　　)①。(2012 单 3)

A.法的作用只能通过守法的方式来体现

B.法的规范作用是法的社会作用的目的

C.法的规范作用是法对人们的意志与行为发生的间接影响

D.法的作用根本上取决于生产关系或生产方式自身的生命力

例6：下列选项中,体现出法的评价作用的是(　　　)②。(2011 单 2)

A.金某说:"我的邻居张法官是个大孝子。"

B.魏某说:"我国法制建设取得巨大成就。"

C.陶某说:"贪官田某枉法获刑,罪有应得。"

D.姜某说:"侵权责任法仍有不尽如人意之处。"

例7：人们能根据法律预见自己和他人行为的法律后果,这体现了法律规范作用中的

(　　　)③。(2008 单 5)

A.评价作用　　　　　　　　　　　　B.指引作用

C.预测作用　　　　　　　　　　　　D.强制作用

命题点二 ｜□ 社会作用｜

包括执行公共事务和维护阶级统治。

例8：我国社会主义法律的社会作用主要是(　　　)④。(2011 法多 26)

A.确立和维护人民民主专政的国家制度

B.确立和维护社会主义的经济制度

C.确立和维护和谐稳定的社会秩序

D.通过法的创制和实施,推动社会变革与进步

例9：下列选项中,属于法的维护阶级统治作用的是(　　　)⑤。(2009 单 9)

A.维护人类社会的基本生活条件

B.调整统治阶级与同盟者之间的关系

C.保护全体经营者和消费者的权益

D.保障社会成员的基本人身安全

例10：下列表述中,主要体现法执行社会公共事务作用的有(　　　)⑥。(2007 多 46)

A.规定各阶级在国家生活中的地位

B.维护最低限度的社会治安

---

①　D

②　C

③　C

④　ABCD

⑤　B

⑥　BC

C. 保障生态平衡和自然资源的合理利用

D. 确认和维护生产资料所有制

命题点三 | 主观题 |

例 11：简述法的规范作用与社会作用的关系。（2013 简 64）

法的规范作用是指法作为行为规范,对人们的意志、行为发生的直接影响,对人的行为所起到的保障和约束作用。可以概括为指引作用、评价作用、预测作用、教育作用和强制作用。法的社会作用是指法的社会、政治功能,即法作为社会关系的调整器,服务于一定的社会政治目的、目标,承担着一定的社会政治使命,形成、维护、实现一定的社会秩序。

法的规范作用和社会作用存在以下区别：

（1）二者考察基点不同。规范作用从法律规范角度考察；社会作用从法的本质角度考察。

（2）二者作用对象不同。规范作用作用于法律调整的社会关系；社会作用作用于整个社会。

（3）二者存在方式不同。法的规范作用直接发挥作用；法的社会作用间接发挥作用。

（4）二者前提条件不同。规范作用前提是立法和法律实施；社会作用前提是良法与善治。

此外,二者也存在相辅相成的关系,法的规范作用是手段,法的社会作用是目的。

第二：法的作用局限

法的作用局限	(1)法律调整的范围是有限的
	(2)法的特性与社会生活的现实之间存在着矛盾
	(3)法律制定和实施受人的因素的制约
	(4)法的实施受政治、经济、文化等社会因素的制约
反对	(1)法律万能论
	(2)法律无用论、法律虚无主义

>> 品题

命题点一 | 法的作用局限 |

例 1：某国政府决定在实验室进行人体器官克隆研究,用于攻克某种疑难疾病。由于该国并无相关法律规定,该决定引发了社会各界广泛争论。对此,下列表述能够成立的有（　　　）①。（2012 法多 26）

A. 目前人体器官克隆问题在法律上尚未规定,这正是法律滞后性的体现

B. 克隆人体器官所引发的法律问题,是科技、伦理与法律紧张关系的表现

---

① ABC

C. 由此项研究引发的民事纠纷, 法院可以依据道德、习惯或正义标准等裁决

D. 如该国民众对此问题在道德上无法形成共识, 则应立法禁止此项研究

例2: 罗马法谚:"法律不理琐碎之事。"对此表述,正确的理解是(　　　)①。(2014 单6)

A. "琐碎之事"不属于法律调整的范围

B. "凡事皆诉讼"是现代法治国家的标志

C. 法律无法对所有的社会问题提供解决方案

D. 法律对于自身能够提供解决方案的问题一律加以规制

例3: 下列关于法的局限性的理解,正确的有(　　　)②。(2016 法多22)

A. 法律只能调整一部分社会关系

B. 法律的创制和适用受到社会发展的制约

C. 社会生活时刻在变化,但法律不可朝令夕改

D. 徒法不足以自行,法律职业的整体水平影响着法的实施效果

例4: 随着科技的发展,手机移动支付逐渐普及,但由于相关法律尚不健全,导致实践中行业管理乱象和支付纠纷频现。对此,下列说法正确的是(　　　)③。(2018 单1)

A. 法律完全可以提前对未来的新科技做出特别的规定

B. 在法无明文规定的情况下,应当禁止新技术的应用和推广

C. 新事物的出现,扩展了法律的调整范围,也对立法提出了挑战

D. 在相关法律尚不健全的情况下,执法机关也可以依据政策对相关行为作出处罚

例5: "徒法不足以自行",这一观点表明(　　　)④。(2007 单4)

A. 法律是由社会物质生活条件决定的

B. 在正式公布之前,法律不会自己生效

C. 法律的作用是有局限性的

D. 法律永远不能满足人类的需要

例6: 法律不是万能的,导致法律局限性的主要原因有(　　　)⑤。(2019 多42)

A. 法律的实现须具备一定的经济、政治和文化等条件

B. 法律的稳定性与社会生活的变动性之间存在矛盾

C. 法律的制定和实施受人的因素制约和影响

D. 有些社会关系不适宜由法律调整

命题点二 | 主观题 |

例7: 简述法的作用的局限性。(2014 法简31)

法的作用存在局限性,具体而言:

---

① C

② ABCD

③ C

④ C

⑤ ABCD

（1）法律调整的范围是有限的。法只是调整社会关系的手段之一，还存在其他调整社会关系的手段，如经济、政治、纪律、习俗、舆论等，法在社会生活调整中具有主导地位，但并非所有的问题都可以使用法律。

（2）法的特性与社会生活的现实之间存在着矛盾。作为一种规范，法必然具有抽象性、稳定性等特征，而现实生活中的问题却是具体的、千姿百态的和不断变化的。此外法具有保守性，法总落后于现实生活的变化，而立法者认识能力上的局限性也会使法律存在着某种不合理、不科学的地方。

（3）法律制定和实施受人的因素的制约。"徒善不足以为政，徒法不能以自行"，法需要高素质的立法者，也需要具备良好法律素质和职业道德的专业队伍正确执行和适用，还需要绝大多数社会成员的支持。

（4）法的实施受政治、经济、文化等社会因素的制约。

总之，在认识法的作用的时候，一方面要反对法律万能论，另一方面也要反对法律虚无主义、法律无用论。只有全面地认识法的作用的多样性、复杂性，才能真正推进法治事业，推进社会的法治化建设。

第三：法的价值上篇

秩序	概念	通过法律调整建立起来的人与人、人与社会之间相对稳定、和谐有序的状态
	法与秩序关系	在建立秩序方面，法律制度通常依照人们所向往的理想社会秩序来设计，法律通过赋予权利和自由，施加义务与责任的方式建立相应的秩序
		在维护社会秩序方面，法律既有助于维护合理的政治统治秩序和权力运行秩序，也有助于维护正常的经济秩序和社会生活秩序
自由	特点	(1)自由是人的本性
		(2)自由意味着主体可以自主选择和从事的行为
		(3)自由也表现为主体自主选择的行为必须与既有的法律规定相一致
	法与自由关系	法律确认自由：以权利和义务规定来设定主体享有自由的范围
		法律确认自由：以权利和义务来设定主体自由的实现方式
		法律保障自由的方式：法律通过划定国家权力本身的合理权限范围，明确规定公权力正当行使的程序，排除各种非法障碍
		法律保障自由的方式：法律对每个主体享有自由进行界定和限制，防止主体之间对各自自由的相互侵害
		法律保障自由的方式：法律禁止主体任意放弃自由
		法律保障自由的方式：法律为各种对主体自由的非法侵害确立救济手段与程序

续表

平等	概念	主要是社会主体能够获得同等的待遇,包括形式平等与实质平等
	特点	(1)平等是一个历史的范畴
		(2)平等并不等于平均
		(3)平等要求排除特权和消除歧视
		(4)平等与差别对待是有条件共存的
	法与平等关系	法律将平等确立为一项基本的原则
		法律确认和保障主体地位法律平等
		法律确认和保障社会财富、资源、机会与社会负担的平等分配
		法律公平的分配法律责任

▶▶ 品题

命题点一 | ⊡ 秩序、自由、平等价值 |

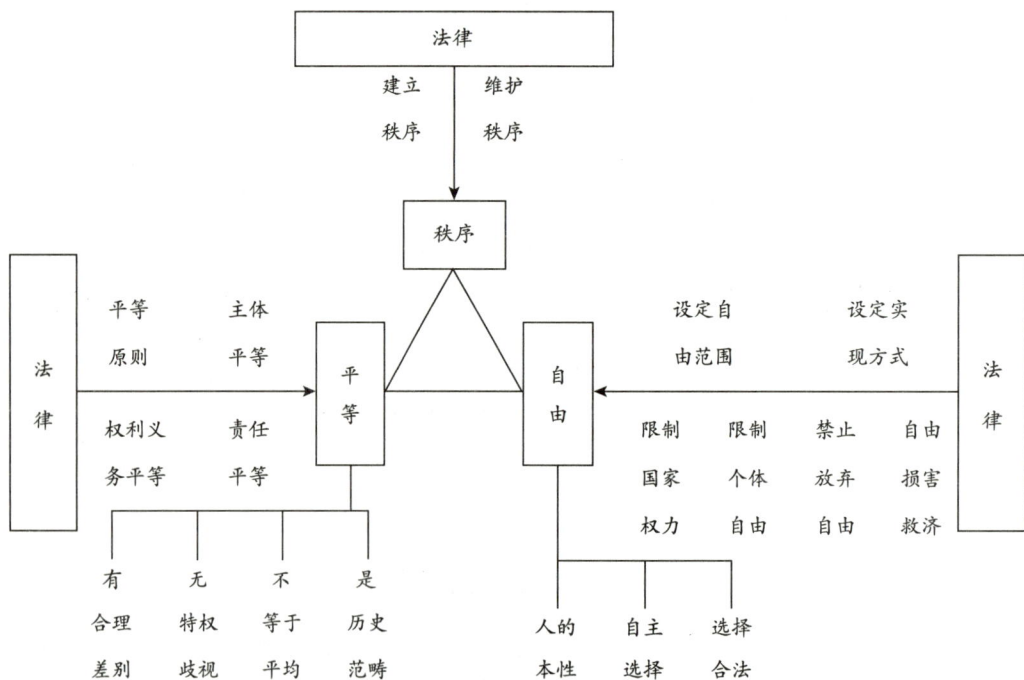

例1:"和为贵"是中国传统法律文化的重要内容之一,关于该观点的当代意义及价值,下列说法正确的是( )①。(2018 单9)(2018 法单4)

A."和为贵"与自由、平等的法律观念无法兼容

---

① B

B. "和为贵"对调解制度的实施可以起到积极作用

C. "和为贵"观念不利于维护社会公平和秩序

D. 信访制度是"和为贵"在当代法律制度中的重要体现

例2:"哪里没有法律,哪里就没有自由。"关于这句话,下列理解正确的是(   )①。(2017 单 5)

A. 人生而自由,因此自由与法律无关

B. 自由意味着人可以从事任何自己想做的事情

C. 法律以保障个人自由为唯一的价值和目标

D. 若没有法律的保障和约定,自由便荡然无存

例3:我国现行宪法规定,公民在法律面前一律平等。下列关于"平等"的理解,正确的是(   )②。(2017 单 20)

A. 平等本质上是权利与义务的对等

B. 形式上的平等与实质上的平等是一回事

C. 平等指立法上的平等而非法律适用上的平等

D. 平等既是一项宪法原则,又是公民的一项基本权利

例4:近年来,我国各地出台了一系列关于老年人权益保障的具体规定,比如,对老年人搭乘公共交通工具,应当给予便利和优惠;老年人持有效证件可以免费乘坐市内公共交通工具。对此,下列说法中正确的有(   )③。(2012 法多 22)

A. 这些规定的主要目的在于实现法的自由价值

B. 这些规定对于有关企业、政府及老年人均具有指引作用

C. 这些在交通方面给予老年人优待的规定有悖于法律面前人人平等原则

D. 这些规定体现了立法在老年人搭乘公共交通工具问题上的价值判断和价值取向

例5:"公民在法律面前人人平等"的原则要求(   )④。(2007 多 49)

A. 所有的公民都应无差别地享有相同的法律权利

B. 任何合法权利受到侵犯的公民都应一律平等地受到法律的保护

C. 所有的公民都应毫无例外地履行相同的法律义务

D. 对任何公民的违法犯罪行为都必须依法追究其法律责任

命题点二 | 主观题 |

例6:简述法的价值的概念和特征。

法的价值是人对于法律的需要和实践过程中所体现出来的法的积极意义和有用性。即有价值的基本属性,同时具有法的价值的自身特性。法的价值具有以下基本特征:

---

① D

② D

③ BD

④ BD

（1）法的价值是阶级性和社会性的统一。法既是统治阶级意志的反映,也必须承担社会公共职能。

（2）法的价值是主观性和客观性的统一。法的价值以主体的社会需要为基础,且最终是由社会物质生活条件所决定的。

（3）法的价值是统一性和多样性的统一。不同社会背景、社会制度的人们对于法律的认识、理解和需求差别大,但生活在同一时代、同一社会的人们总有某种共同的价值追求,甚至生活在不同时代、不同社会的人们也会有某种共同的价值标准,即使是统治阶级所形成的价值体系也必须尊重价值中的一些共性成分。

例 7:简述法与秩序。

1. 秩序概念:通过法律调整建立起来的人与人、人与社会之间相对稳定、和谐有序的状态。

2. 法与秩序关系:

（1）在建立秩序方面,法律制度通常依照人们所向往的理想社会秩序来设计,法律通过赋予权利和自由,施加义务与责任的方式建立相应的秩序;

（2）在维护社会秩序方面,法律既有助于维护合理的政治统治秩序和权力运行秩序,也有助于维护正常的经济秩序和社会生活秩序。

例 8:简述法与自由。

1. 自由的特点:

（1）自由意味着主体可以自主选择和从事的行为;（2）自由也表现为主体自主选择的行为必须与既有的法律规定相一致;（3）自由是人的本性。

2. 法与自由关系:

（1）法律确认自由通常采用两种方式:一是以权利和义务规定来设定主体享有自由的范围;二是以权利和义务来设定主体自由的实现方式。

（2）法律保障自由的方式也是多样的:

首先,法律通过划定国家权力本身的合理权限范围,明确规定公权力正当行使的程序,排除各种非法障碍;其次,法律对每个主体享有自由进行界定和限制,防止主体之间对各自自由的相互侵害;再次,法律禁止主体任意放弃自由;最后,法律为各种对主体自由的非法侵害确立救济手段与程序。

例 9:简述法与平等。

1. 平等概念:主要是社会主体能够获得同等的待遇,包括形式平等与实质平等。

2. 特点:

（1）平等是一个历史的范畴;（2）平等并不等于平均;（3）平等要求排除特权和消除歧视;（4）平等与差别对待是有条件共存的。

3. 法与平等关系:

（1）法律将平等确立为一项基本的原则;（2）法律确认和保障主体地位法律平等;（3）法律确认和保障社会财富、资源、机会与社会负担的平等分配;（4）法律公平的分配法律责任。

第四：法的价值下篇

人权	概念	是人作为人所享有或应当享有的那些权利
	特点	（1）人权是普遍性的权利
		（2）人权是本源性的权利
		（3）人权是综合性的权利
		（4）人权是历史发展产物
	法与人权关系	人权表明了法律对作为主体的人的肯定，即对人的独立且平等的人的尊严的尊重
		人权表明法律的来源、法律运作的各个环节以及法律的根本目的都基于人本身，并以人的现实生活为关注焦点，以人的理想生活为直接目标
		人权既是对法律的精神、原则、规范的直接检验和方向引导，也是对法律的内在品质进行评判的标准和完善的依据
正义	概念	人类追求的共同理想，可以分为实质正义+形式正义，实体正义+程序正义
	特点	（1）正义既具有普遍性，又具有特殊性
		（2）正义既具有超时代性，又具有时代性
		（3）正义既具有客观性，又具有主观性
	法与正义关系	正义是法律的存在根据和评价标准
		正义是法律发展和进步的根本动因
		正义适用于具体的法律实践
		法律通过调整社会关系而实现正义
		法律通过设定权利和义务来实现正义
		法律通过表彰和惩罚机制来实现正义
效率	概念	法所具有或应当具有的促进社会财富增长和活动便利并满足人们对物质的需求和便利条件的价值
	法与效率关系	确认并保障主体的物质利益，从而鼓励主体增进物质利益
		确认和保护产权关系，鼓励人们为着效益的目的而占有、使用或转让财产
		确认、保护、创造最有效率的经济运作模式，使之容纳更多的生产力
		承认和保护知识产权，使人类创造性的智力成果最大化的发展
		通过设立法律责任、赔偿与惩罚等机制，使社会上的违法、犯罪行为最大限度地减少

▶▶ 品题

命题点一 ┃ 人权、正义、效率价值 ┃

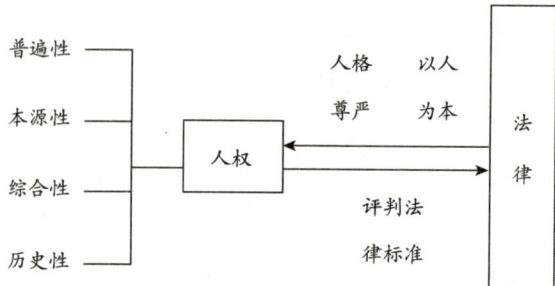

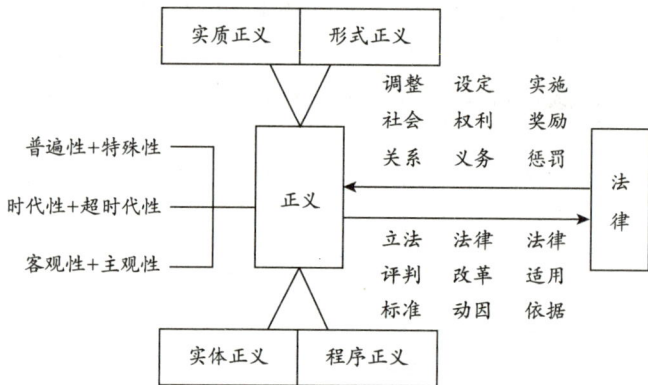

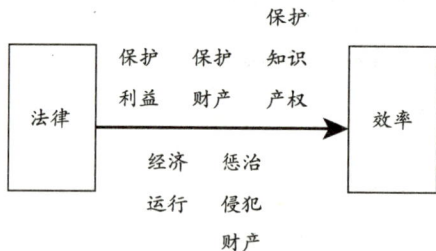

普遍性 ─┐
本源性 ─┤
综合性 ─┤──[人权]──人格 以人
历史性 ─┘ 尊严 为本 ──→[法律]

评判法
律标准

[实质正义][形式正义]

普遍性+特殊性 ─┐ 调整 设定 实施
时代性+超时代性 ─┤──[正义]──社会 权利 奖励
客观性+主观性 ─┘ 关系 义务 惩罚 ──→[法律]

立法 法律 法律
评判 改革 适用
标准 动因 依据

[实体正义][程序正义]

保护
保护 保护 知识
[法律]──利益 财产 产权 ──→[效率]

经济 惩治
运行 侵犯
财产

　　例1：2016年12月16日，教育部颁布了新修订的《普通高等学校学生管理规定》，其中第55条第1款规定，在对学生作出处分或其他不利决定之前，学校应当告知学生作出决定的事实，理由和依据，并告知学生具有陈述和申辩的权利，听取学生的陈述和申辩。该规定集中体现的法律价值是(　　)①。(2018 单3)

　　A.正义　　　　　　B.安全　　　　　　C.秩序　　　　　　D.效率

　　例2：2016年9月，国务院新闻办公室公布《国家人权行动计划(2016-2020年)》。对我国

---

　　① A

人权事业发展做出全面部署,对此下列说法正确的有(　　　　)①。(2018 多 42)(2018 法多 22)

A. 国家对保障人权负有重要责任

B. 人权就是公民依据宪法和法律享有的权利

C. 现代人权的保护需要通过立法予以确认

D. 司法机关在审判时应尊重和保障当事人的人权

例 3:下列关于人权的说法,不正确的有(　　　　)②。(2017 多 47)(2017 法多 22)

A. 只存在个体人权,不存在集体人权

B. 人权是指宪法规定的公民基本权利

C. 马克思主义法学认为,人权是历史发展的产物

D. 人权具有超时代性,所以人权价值属于本源性价值

例 4:下列关于人权的表述,正确的是(　　　　)③。(2016 法单 3)

A. 人权就是指公民权利和政治权利

B. 人权价值可作为立法与司法的指导

C. 人权是超越时代和历史的基本权利

D. 人权的主体是公民,其内容由宪法加以规定

命题点二 ┃🖥主观题┃

例 5:请结合法理学和宪法学原理,论述人权的内涵以及人权保障在我国宪法的体现。
(2019 论 58)

1. 特点:(1)人权是普遍性的权利;(2)人权是本源性的权利;(3)人权是综合性的权利;
(4)人权是历史发展产物。

2. 法与人权关系:

(1)人权作为法律价值,表明了法律对作为主体的人的肯定,即对人的独立且平等的人
的尊严的尊重;(2)人权作为法律价值,表明法律的来源、法律运作的各个环节以及法律的根
本目的都基于人本身,并以人的现实生活为关注焦点,以人的理想生活为直接目标;(3)人权
作为法律价值,既是对法律的精神、原则、规范的直接检验和方向引导,也是对法律的内在品
质进行评判的标准和完善的依据。

3. 我国 2004 年宪法修正案明确规定"国家尊重和保障人权"。宪法通过设立专章规定
的公民基本权利有平等权、选举权与被选举权、言论自由、出版自由、集会、游行、示威自由、
结社自由、宗教信仰自由、人身自由、财产权、劳动权、休息权、社会保障权、文化教育权、批
评、建议权、检举、控告权、申诉权、国家赔偿请求权等。

---

① 　ACD

② 　ABD

③ 　B

例 6：简述法与正义。

1. 概念：人类追求的共同理想，可以分为实质正义+形式正义，实体正义+程序正义。

2. 特点：(1)正义既具有普遍性，又具有特殊性；(2)正义既具有超时代性，又具有时代性；(3)正义既具有客观性，又具有主观性。

3. 法与正义关系：

(1)正义是法律的存在根据和评价标准；(2)正义是法律发展和进步的根本动因；(3)正义适用于具体的法律实践；(4)法律通过调整社会关系而实现正义；(5)法律通过设定权利和义务来实现正义；(6)法律通过表彰和惩罚机制来实现正义。

例 7：简述法与效率。

1. 概念：法所具有或应当具有的促进社会财富增长和活动便利并满足人们对物质的需求和便利条件的价值。

2. 法与效率关系：

(1)确认并保障主体的物质利益，从而鼓励主体增进物质利益；(2)确认和保护产权关系，鼓励人们为着效益的目的而占有、使用或转让财产；(3)确认、保护、创造最有效率的经济运作模式，使之容纳更多的生产力；(4)承认和保护知识产权，使人类创造性的智力成果最大化的发展；(5)通过设立法律责任、赔偿与惩罚等机制，使社会上的违法、犯罪行为最大限度地减少。

第五：法的价值冲突

价值冲突		
冲突解决	(1)价值位阶原则	人权、正义 > 秩序、自由、平等、效率 > 非基本价值
	(2)个案平衡原则	适用于同一位阶的法的价值冲突，必须综合考虑主体之间的特定情形，使个案的解决能够适当兼顾双方的利益
	(3)比例原则	为保护较为优越的法律价值不得不侵害另一价值时，不能逾越达此目的的必要程度
	(4)人民根本利益原则	

品题

命题点一 ┃ **冲突解决原则**

注意四点：

（1）价值位阶，原则上基本价值先于非基本价值，人权、正义先于其他基本价值；

（2）个案平衡强调照顾弱者；

（3）比例原则强调不极端；

（4）人民根本利益原则，我国都体现该原则。

例1：张某因迟到被拒绝登机，在机场吵闹不休、殴打航空公司工作人员，被公安机关依法行政拘留，航空公司出于安全考虑将张某列入"拒绝承载人员名单"，下列关于该乘客的说法，正确的有（　　）①。（2018 多44）（2018 法多24）

A. 航空安全优先于张某乘坐航班的自由

B. 对张某的治安处罚，可因其有立功表现而减轻或免除

C. 航空公司因张某迟到而拒绝其登机，侵犯了他的公民权利

D. 将张某列入"拒绝承载人员名单"，是航空公司追究其民事责任的具体表现

例2：某市打算引进大型化工项目，引发社会争议。赞同者认为该项目将促进本市经济发展；反对者认为该项目会造成严重环境污染，损害民众健康。该市综合考量后，决定终止引进该项目。根据法的价值冲突理论，该市的最终决定体现出（　　）②。（2015 单4）

A. 效率优于自由　　　　　　　　　　B. 效率优于平等

C. 人权高于效率　　　　　　　　　　D. 秩序高于正义

例3：下列关于法的价值的表述，能够成立的有（　　）③。（2013 多50）（2013 法多22）

A. 法的价值影响人们的法律实践活动

B. 法律的各种主要价值之间存在一定的冲突

C. 与法律原则相比，法律规则更能体现法的价值

D. 除了正义，自由的秩序外，不存在其他法的价值

命题点二 ┃ **主观题**

例4：法的价值冲突的解决机制有哪些。（2016 论68）

法的价值存在冲突，一方面，法的各种价值之间有时会发生矛盾，从而导致价值之间的相互冲突；另一方面，从主体角度看，法的价值冲突主要有三种情况：（1）个体之间法律所承认的价值冲突；（2）共同体之间发生的价值冲突；（3）个体与共同体之间的价值冲突。

---

① AB

② C

③ AB

解决价值冲突的原则一般有：

其一，价值位阶原则。即人权、正义优先于秩序、自由、平等、效率优先于非基本价值。

其二，个案平衡原则。适用于同一位阶的法的价值冲突，必须综合考虑主体之间的特定情形，使个案的解决能够适当兼顾双方的利益。

其三，比例原则。为保护较为优越的法律价值不得不侵害另一价值时，不能逾越达此目的的必要程度。

其四，人民根本利益原则。当代中国社会主义法律价值体系中的根本价值原则，前述价值位阶原则的补充和保障。

第五章 | 法的效力、渊源与分类

第一:法律渊源

分类	正式渊源	国家机关制定的具有法律效力的各种规范性法律文件			
		制定法	判例法(英美法)	习惯法	国际条约
	非正式渊源	如习惯、判例、宗教规则、法律学说、道德原则、正义标准、理性原则、公共政策、学说等			
我国正式渊源					

宪法	全国人大修改	
法律	基本法律:全国人大制定修改;关于刑事、民事、国家机构等事项	
	非基本法律:全国人大常委会制定修改	
	法、决定、决议、规定、办法	
行政法规	国务院	
	条例、规定、办法	

我国正式渊源	地方性法规	省级人大、人大常委会+市级人大、人大常委会
		条例、规则、规定、办法
	自治条例和单行条例	自治区、自治州、自治县人大
		条例、规定、变通规定、变通办法
	特别行政区法律	
	行政规章	国务院各部委+省级政府+市级政府
		规定、办法，不得称条例
	国际条约和国际惯例	

品题

命题点 ▫ 区分正式渊源和非正式渊源

正式渊源又称直接渊源、法定渊源，共四种：制定法、判例法、习惯法、国际条约和国际惯例，我国没有判例法；非正式渊源又称间接渊源、非法定渊源。我国正式渊源注意四点：

（1）法律分基本法律和非基本法律，基本法律只能由全国人大制定，一般是关于刑事、民事、国家机构等事项，非基本法律由全国人大常委会制定，一般来说基本法律也可以由全国人大常委会修改，但港澳基本法例外；

（2）行政法规、地方性法规、自治条例、单行条例都可以称"条例"，但部门规章和地方政府规章（合称行政规章）不能称"条例"；

（3）自治条例、单行条例和特别行政区立法都可以有变通，但自治条例、单行条例不可变通宪法和民族区域自治法，特别行政区立法不可变通宪法和港澳基本法；

（4）我国正式渊源中的国际法，包括国际条约和国际惯例，这就决定了我国正式渊源不全都是制定法，国际惯例就是例外。

例1：根据我国宪法，法律可分为基本法律和基本法律以外的其他法律。下列关于基本法律的表述，正确的是（　　）①。（2019 单24）

A. 基本法律具有最高的法律效力

B. 全国人大常委会有权制定和修改基本法律

C. 限制人身自由的强制措施，只能由基本法律予以规定

D. 物权法、刑事诉讼法和民族区域自治法都属于基本法律

例2：下列选项中，属于我国正式法律渊源的是（　　）②。（2016 单5）

A.《中国共产党章程》

---

① D

② C

B. 最高人民法院发布的指导性案例

C. 国务院颁布的《职工带薪年休假条例》

D. 某市滨湖区政府发布的《外来务工人员管理暂行办法》

例3：我国《宪法》第 33 条第 2 款规定："中华人民共和国公民在法律面前一律平等。"我国《立法法》第 2 条第 1 款规定："法律、行政法规、地方性法规、自治条例和单行条例的制定、修改和废止，适用本法。"关于上述两个条文中"法律"一词的理解，下列表述正确的是(　　　)①。(2015 法单 6)

A. 两个条文中的"法律"含义相同

B.《立法法》第 2 条中的"法律"专指全国人大常委会制定的法律

C.《宪法》第 33 条中的"法律"专指全国人大及其常委会制定的法律

D.《宪法》第 33 条中的"法律"包括《立法法》第 2 条中的"法律、行政法规"和"地方性法规"

例4：下列关于法律渊源的表述，正确的有(　　　)②。(2015 多 49)

A. 法律的正式渊源通常包括制定法、习惯法、判例法等

B. 在大陆法系国家中，判例一般不是法律的正式渊源

C. 公共政策与习惯属于非正式法律渊源

D. 我国的法律渊源中不包含国际惯例

例5：根据现行宪法的规定，有权制定基本法律的国家机关是(　　　)③。(2014 单 16)

A. 全国人民代表大会

B. 全国人民代表大会常务委员会

C. 全国人民代表大会法律委员会

D. 全国人民代表大会常务委员会法制工作委员会

例6：下列法律文件中，属于地方性法规的是(　　　)④。(2014 单 19)

A. 某省人民政府制定的《物业管理办法》

B. 某省人力资源和社会保障厅颁布的《人才招聘管理办法》

C. 某省人民代表大会常务委员会制定的《辐射污染防治条例》

D. 某省公安厅转发的《公安部关于公安机关办理未成年人违法犯罪案件的规定》

例7：下列关于我国法律渊源的说法，正确的有(　　　)⑤。(2013 多 46)

A. 少数民族的习惯是非正式的法律渊源

B. 澳门特别行政区基本法在澳门属于根本法

C. 我国已经加入的国际条约具有正式法律渊源的地位

D. 按照我国有关法律的规定，国际惯例属于正式的法律渊源

---

① D

② ABC

③ A

④ C

⑤ ACD

例8:最高人民法院在定期公布的各卷裁判文书编的前言中指出:"最高人民法院的裁判文书,由于具有最高的司法效力,因而对各级人民法院的审判工作具有重要的指导作用。"下列相关理解,正确的是(   )①。(2012 单 15)

A. 最高人民法院裁判文书本身是规范性法律文件

B. 最高人民法院裁判文书具有正式法律渊源的地位

C. 最高人民法院裁判文书的重要功能在于实现对抽象的制定法规范的具体化

D. 最高人民法院裁判文书具有最高司法效力,因此可以适当超出现行法的约束

例9:根据我国宪法的规定,有权制定行政法规的主体是(   )②。(2012 单 19)

A. 国务院   B. 国务院各部委

C. 省级人民政府   D. 较大的市人民政府

例10:下列选项中属于我国法的正式渊源的有(   )③。(2012 多 49)

A.《法律援助条例》

B.《中华人民共和国专利法》

C.《中华人民共和国澳门特别行政区基本法》

D. 我国加入的《联合国国际货物销售合同公约》

例11:根据我国现行宪法和法律的规定,有权制定地方性法规的主体包括(   )④。(2011 多 55)

A. 省、直辖市的人民代表大会

B. 省、自治区的人民政府所在地的市的人民代表大会

C. 经国务院批准的较大的市的人民代表大会

D. 不设区的市的人民代表大会

例12:下列选项中,不属于我国正式法律渊源的是(   )⑤。(2010 单 6)

A. 制定法   B. 习惯法

C. 国际惯例   D. 国际条约

例13:下列选项中,属于我国非正式意义上的法律渊源的是(   )⑥。(2008 单 14)

A. 国际条约

B. 湖北省的《野生动物保护条例》

C. 国务院的《粮食收购条例》

D. 最高人民法院的判例

---

① C

② A

③ ABCD

④ ABC

⑤ B

⑥ D

第二：法律保留和不得授权

法律保留	(1)国家主权的事项	
	(2)各级人民代表大会、人民政府、人民法院和人民检察院的产生、组织和职权	
	(3)民族区域自治制度、特别行政区制度、基层群众自治制度	
	(4)犯罪和刑罚	
	(5)对公民政治权利的剥夺、限制人身自由的强制措施和处罚	
	(6)税种的设立、税率的确定和税收征收管理等税收基本制度	
	(7)对非国有财产的征收、征用	
	(8)民事基本制度	
	(9)基本经济制度以及财政、海关、金融和外贸的基本制度	
	(10)诉讼和仲裁制度	
禁止授权	犯罪和刑罚	司法制度
	公民政治权利的剥夺	限制人身自由的强制措施和处罚

≫ 品题

命题点 ┃ 法律保留 ┃

只能全国人大、全国人大常委会制定法律的事项共五类：

(1)宪法性事项(国家主权、国家机构、国家结构、私有财产征收征用、政治权利人身自由限制剥夺)；

(2)民法事项(民事基本制度)；

(3)刑法事项(犯罪与刑罚)；

(4)诉讼法事项(诉讼和仲裁)；

(5)财税法事项。

禁止授权四类：

(1)犯罪与刑罚；

(2)司法制度；

(3)政治权利的剥夺；

(4)人身自由的限制剥夺。

所以，像民法事项、财税法事项、私有财产征收征用等事项，既可以由全国人大、全国人大常委会制定法律，也可以授权国务院制定行政法规。

例1：根据我国立法法，下列事项尚未制定法律的，全国人大及其常委会可授权国务院先行制定行政法规的是(   )①。(2015 单 25)

---

① C

A. 犯罪和刑罚

B. 对公民政治权利的剥夺

C. 对非国有财产的征收

D. 限制人身自由的强制措施和处罚

第三：法律效力上篇

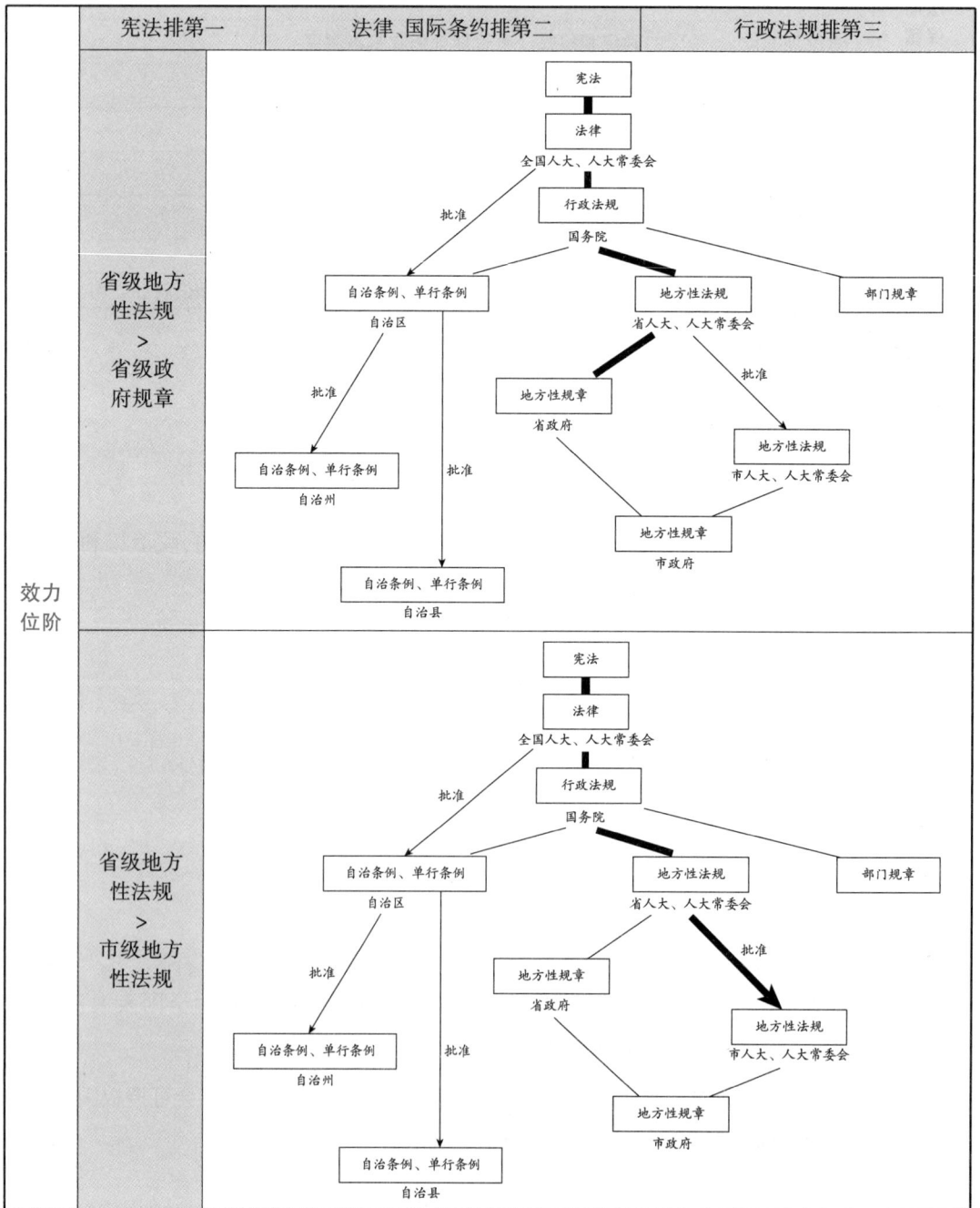

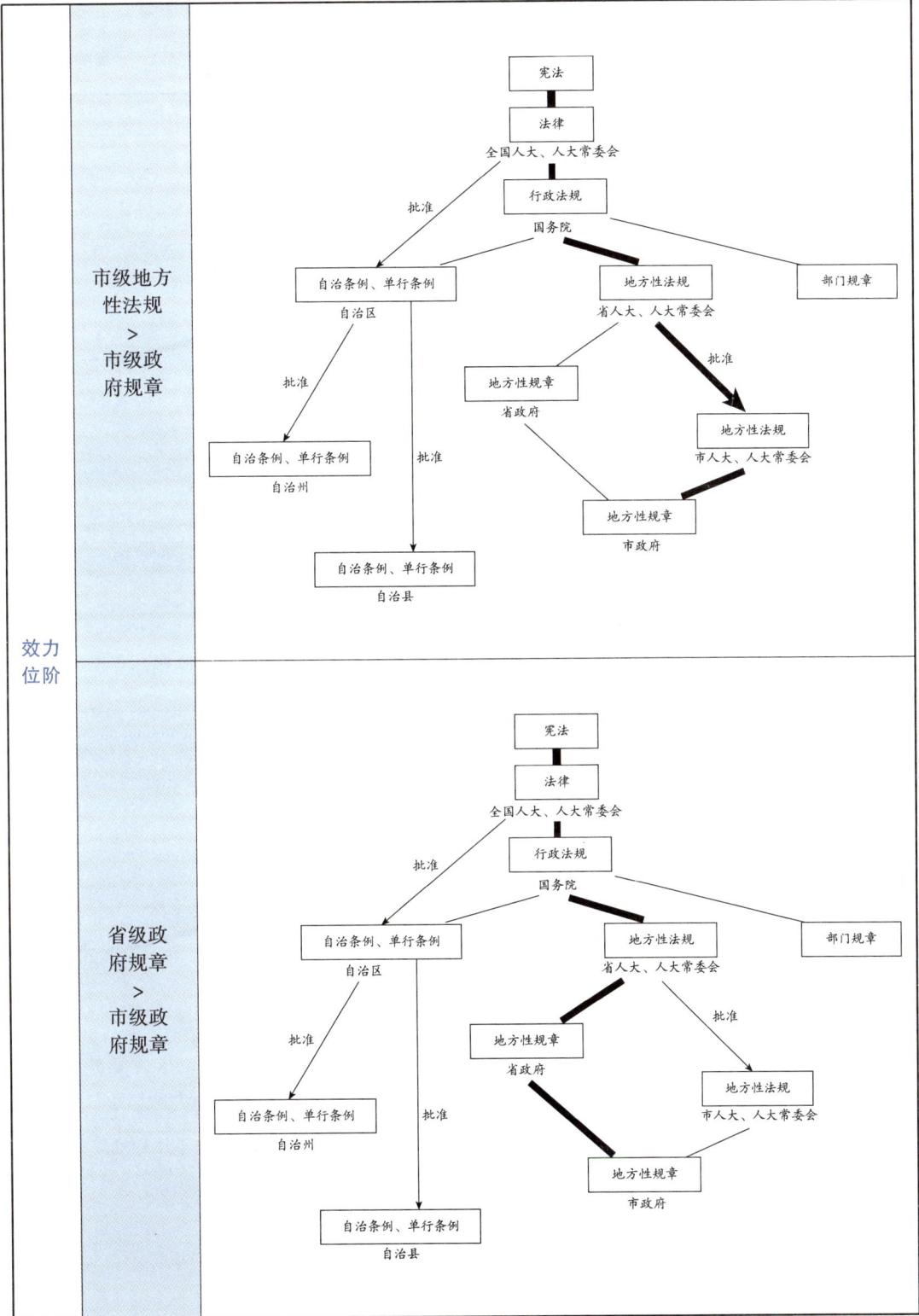

效力位阶	市级地方性法规 > 市级政府规章	
	省级政府规章 > 市级政府规章	

第四:法律效力中篇

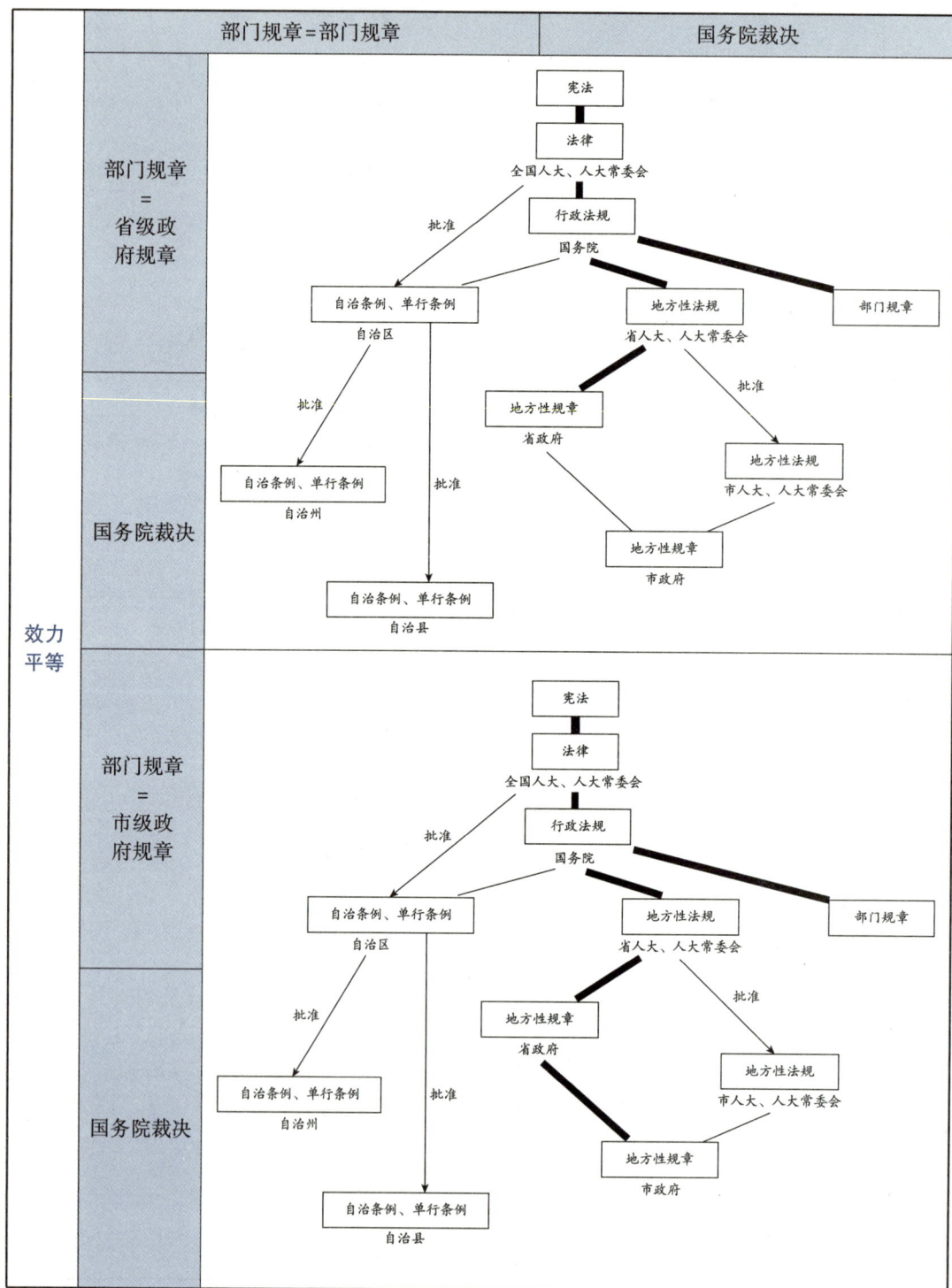

部门规章=部门规章	国务院裁决

效力平等

部门规章 = 省级政府规章

宪法

法律
全国人大、人大常委会

行政法规
国务院

自治条例、单行条例
自治区　（批准）

地方性法规
省人大、人大常委会

部门规章

地方性规章
省政府

地方性法规
市人大、人大常委会　（批准）

国务院裁决

自治条例、单行条例
自治州　（批准）

自治条例、单行条例
自治县　（批准）

地方性规章
市政府

部门规章 = 市级政府规章

宪法

法律
全国人大、人大常委会

行政法规
国务院

自治条例、单行条例
自治区　（批准）

地方性法规
省人大、人大常委会

部门规章

地方性规章
省政府

地方性法规
市人大、人大常委会　（批准）

国务院裁决

自治条例、单行条例
自治州　（批准）

自治条例、单行条例
自治县　（批准）

地方性规章
市政府

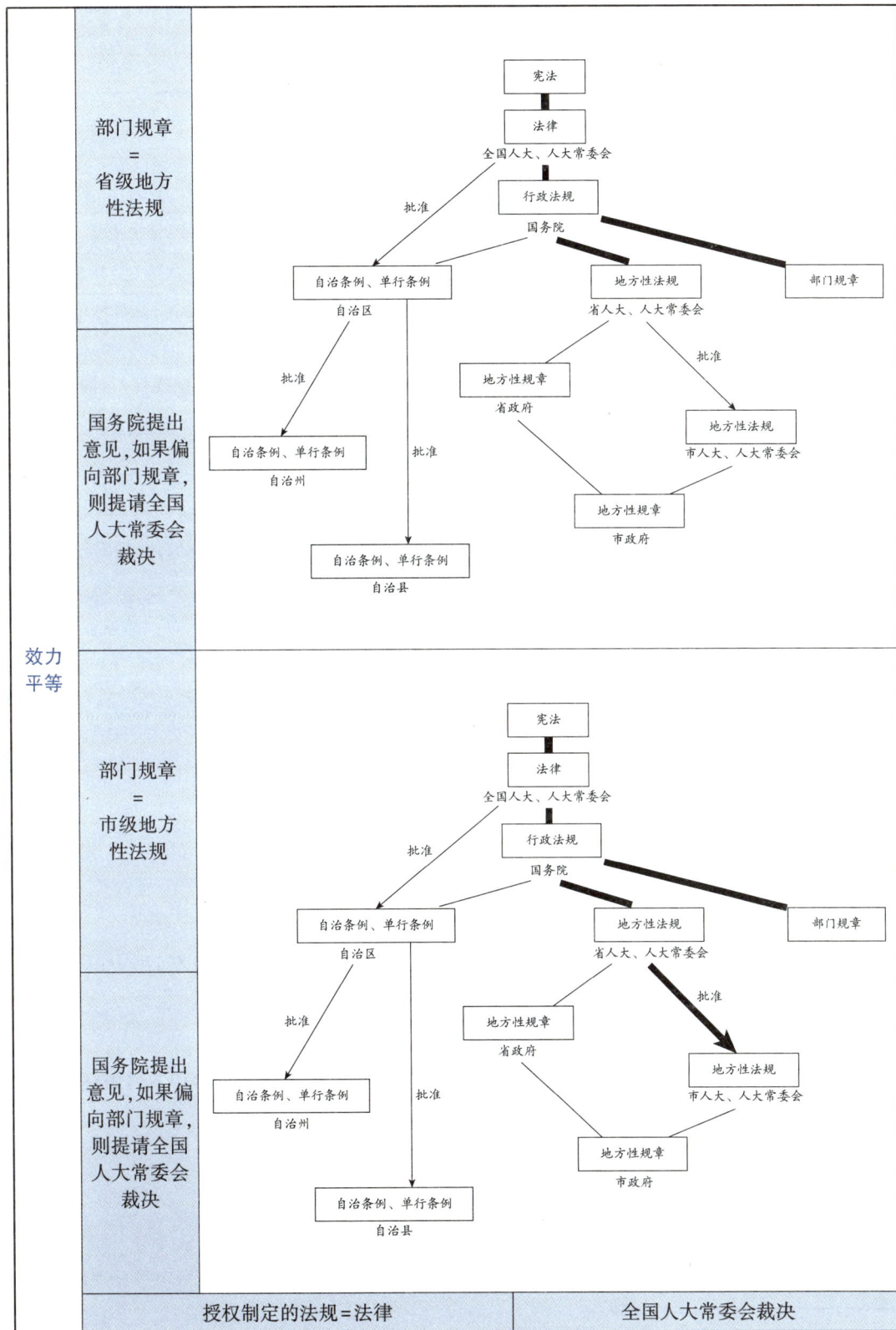

效力平等	部门规章 = 省级地方性法规	
	国务院提出意见,如果偏向部门规章,则提请全国人大常委会裁决	
	部门规章 = 市级地方性法规	
	国务院提出意见,如果偏向部门规章,则提请全国人大常委会裁决	

授权制定的法规=法律	全国人大常委会裁决

第五：法律效力下篇

冲突解决	新法>旧法		
	特别法>一般法		
	新的一般法和旧的特别法冲突,谁制定谁裁决		
效力范围	对人效力	属人主义	属地主义	保护主义
		我国法律对人的效力原则以属地主义为主、以属人主义和保护主义为补充		
	空间效力	域内效力	有的法在全国范围内有效,包括:全部领陆+领空+领水+驻外使馆+在境外航行的飞机+停泊在境外的船舶	
			有的法在一定区域内有效,包括:地方性法规、自治法规等+全国人大常委会关于经济特区的立法	
		域外效力		
	时间效力	生效时间	(1)自法的颁发之日起生效	
			(2)由法的规定具体生效时间	
			(3)规定法的公布后符合一定条件时生效	
		失效时间	明示废止	默示废止
		溯及力	原则:法不溯及既往	
			例外:如"从旧兼从轻"	

》》品题

命题点一　｜　效力范围｜

(1)对人效力,属地主义为主,属人主义+保护主义为补充;

(2)空间效力,有国内国外之分,有全国地方之分,中央立法全国有效,地方立法地方有效;

(3)时间效力,失效可明示可默示。

例1:我国《网络安全法》自2017年6月1日起施行。关于该法的效力,下列表述正确的是(　　)①。(2018单4)

A.该法生效后,并不影响以往规范网络活动的行政法规的效力

B.该法对2017年6月1日以前的网络活动,一般无溯及既往的效力

C.外国人和无国籍人在中国境内,可以不受该法的约束

D.该法对中国境内所有的网络活动都有约束力,这是属人主义的体现

---

① B

例 2：2013 年 5 月，某外国人在我国境内运输毒品 2 千克，人民法院依据《中华人民共和国刑法》判处无期徒刑。该案所体现的我国法律效力的原则(　　　)①。(2016 单 6)

A.属人主义　　　　　　　　　　　　B.保护主义

C.属地主义　　　　　　　　　　　　D.折中主义

例 3：下列选项中，属于我国法的效力终止方式的有(　　　)②。(2016 多 46)

A.由新法明确规定废止旧法

B.法在完成特定的历史任务后不再适用

C.新法中与旧法相抵触的条款自动终止效力

D.有权的国家机关发布专门决议、决定，废除某些法律

例 4：2011 年，以缅甸人糯康为首的武装犯罪集团在湄公河流域劫持我国商船并杀害了 13 名中国船员。中国政府与泰国、缅甸和老挝三国联合采取抓捕行动，在境外将糯康等人抓捕归案。2013 年，糯康等人被我国最高人民法院依法核准执行死刑。该案体现的法对人的效力原则是(　　　)③。(2015 单 7)

A.属人主义　　　　　　　　　　　　B.属地主义

C.折中主义　　　　　　　　　　　　D.保护主义

例 5：下列关于法律效力问题的表述，正确的是(　　　)④。(2015 法单 8)

A."法不溯及既往"是法治国家通行的法律原则

B.非规范性法律文件的法律效力属于狭义的法律效力范畴

C.《中华人民共和国民事诉讼法》在我国驻外使馆内不具有法律效力

D.折中主义是一种以属人主义为主，与属地和保护主义相结合的法律效力原则

例 6：1997 年 3 月 14 日公布，同年 10 月 1 日施行的《中华人民共和国刑法》第 232 条规定："故意杀人的，处死刑、无期徒刑或者十年以上有期徒刑……"据此，下列说法中错误的是(　　　)⑤。(2014 单 15)

A.该法律条文中的行为模式为"勿为"

B.该法律条文所载内容属于确定性规则

C.1997 年 3 月 14 日以后发生的故意杀人案，应当依此条文裁判

D.该法律条文中刑罚的排序意在对故意杀人行为依法优先适用较重刑罚

例 7：在法的溯及力问题上，目前世界各国通行的原则是(　　　)⑥。(2013 单 5)

A.从旧原则　　　　　　　　　　　　B.从旧兼从轻原则

C.从新兼从轻原则　　　　　　　　　D.从新原则

———————————

① C

② ABD

③ D

④ A

⑤ C

⑥ B

例 8：下列关于法的效力的表述，正确的是(　　　)①。(2013 法多 3)

A. 法的效力是指法的适用范围

B. 非规范性法律文件不具有法律效力

C. 法的效力是法的实效的必要条件

D. 现代法律都不具有溯及既往的效力

例 9：我国《刑法》第 6 条第 1 款规定"凡在中华人民共和国船舶或者航空器内犯罪的也适用本法"，该条文所体现的法律对人效力的原则是(　　　)②。(2012 单 4)

A. 属地主义　　　　　　　　　　　　　B. 属人主义

C. 保护主义　　　　　　　　　　　　　D. 折中主义

例 10：在对人的效力方面，我国法律所采用的原则是(　　　)③。(2011 单 5)

A. 以属地主义为主，以属人主义为补充

B. 以属人主义为主，以属地主义为补充

C. 以保护主义为主，以属人主义和属地主义为补充

D. 以属地主义为主，以属人主义和保护主义为补充

例 11：下列关于法的效力的表述，能够成立的是(　　　)④。(2010 单 7)

A. 法律应使人知晓，不知者不为罪

B. 法律不经公布，就不具有效力

C. 在现代社会，法律完全不具有溯及力

D. 法的效力高低取决于其强制性程度

例 12：下列关于我国法的溯及力的表述，正确的是(　　　)⑤。(2009 单 14)

A. 刑法在溯及力问题上采用从新兼从轻的原则

B. 行政法在溯及力问题上采用从旧兼从轻的原则

C. 民法在溯及力问题上采用从新的原则

D. 法治的一般要求是新法不具有溯及力

例 13：我国法律在对人的效力方面采用的原则是(　　　)⑥。(2007 单 6)

A. 以属人主义为主，与属地主义、保护主义相结合的原则

B. 以属地主义为主，与属人主义、保护主义相结合的原则

C. 以保护主义为主，与属人主义、属地主义相结合的原则

D. 以折中主义为主，与属地主义、保护主义相结合的原则

---

① AC

② A

③ D

④ B

⑤ D

⑥ B

命题点二 |▣ 效力冲突三原则|

（1）新法优于旧法；

（2）特别法优于一般法；

（3）上位法优于下位法,宪法第一,法律第二,行政法规第三。

例 14：我国《民法总则》已于 2017 年 10 月 1 日施行,但《民法通则》并未废除,在两法并存共用阶段,对于同一事项二者有不同的规定,适用的原则应该是（   ）①。（2019 单 3）

    A.法不溯及既往　　　　　　　　　　B.新法优于旧法

    C.特别法优于一般法　　　　　　　　D.上位法优于下位法

例 15：当不同的规范性法律文件在同一事项上有不同规定时,法官通常遵循的原则有（   ）②。（2012 法多 21）

    A.新法优于旧法　　　　　　　　　　B.实体法优于程序法

    C.上位法优于下位法　　　　　　　　D.特别法优于一般法

例 16：下列关于法律效力等级的表述,正确的是（   ）③。（2011 法单 5）

    A.新法优于旧法　　　　　　　　　　B.一般法优于特别法

    C.普通法优于根本法　　　　　　　　D.下位法优于上位法

例 17：下列关于行政法规的表述,能够成立的是（   ）④。（2010 法单 8）

    A.行政法规由行政规章和地方性法规组成

    B.行政法规的效力高于地方性法规和规章

    C.行政法规是国务院及其所属部委制定的规范性法律文件

    D.行政法规是调整有关国家行政管理活动的法律规范的总称

例 18：终止法律效力时,通常遵循的原则是（   ）⑤。（2008 单 7）

    A.特别法优于一般法　　　　　　　　B.后法优于前法

    C.国际法优于国内法　　　　　　　　D.法律优于行政法规

例 19：下列关于我国"行政法规"的表述,能够成立的是（   ）⑥。（2007 单 9）

    A.行政法规是规范和调整行政法律关系的总称

    B.行政法规是由行政机关制定的规范性法律文件的总称

    C.由全部的行政法规构成的法律部门称为行政法部门

    D.行政法规是一种效力仅次于宪法和法律的法律渊源

---

①   B

②   ACD

③   A

④   B

⑤   B

⑥   D

命题点三 |☐ **主观题**|

例 20：简述法的效力等级的一般原则。

法的效力也称法律的适用范围，是指法律对哪些人，在什么空间、时间范围内有效。法的效力层次是指规范性法律文件之间的效力等级关系。一般而言，法的效力层次可以概括为以下几点：

（1）上位法的效力高于下位法，即规范性法律文件的效力层次决定于其制定主体的法律地位，行政法规的效力高于地方性法规。

（2）特别法优于一般法，指在同一位阶的法律之间，特别法优于一般法。即同一事项，两种法律都有规定的，特别法比一般法优先，优先适用特别法。

（3）新法优于旧法，即在同一位阶的法律之间，两者对同一事项规定不一样的，新颁布的法律优先适用。

第六：法的分类

法律创制方式和表达形式的不同	成文法	制定法
	不成文法	习惯法+判例法+国际惯例+宪法惯例
法律规定内容的不同	实体法	规定和确认权利+义务/职权+职责
	程序法	保证权利+义务/职权+职责得以履行的程序
法律的地位、效力、内容和制定主体、程序的不同	根本法	宪法
	普通法	宪法以外的法律
法律适用范围的不同	一般法	一般的人和事在不特别限定的地区和期间
	特别法	针对特定人、特定事或特定地区、特定时间内适用
创制和适用主体的不同	国内法	适用于该国主权范围内的法律
	国际法	国家之间的国际条约和国际协议
英美法系划分	普通法	
	衡平法	
大陆法系划分	公法	国家与公民之间
	私法	公民之间
	社会法	兼具公法与私法

>> 品题

命题点 |☐ **法的分类**|

例 1：关于《中华人民共和国人民警察法》的法律性质和地位，下列说法正确的是

(   )①。(2018 单 11)(2018 法单 6)

A. 属于程序法

B. 属于司法法律体系中的行政法

C. 是《监狱法》的上位法

D. 相较于《公务员法》属于一般法

例 2：关于不同法律之间的关系,下列表述正确的有(   )②。(2017 多 51)

A. 宪法与物权法是根本法与普通法的关系

B. 刑法与刑事诉讼法是实体法与程序法的关系

C. 公务员法与律师法是一般法与特别法的关系

D. 我国领海及毗连区法与联合国海洋法公约是国内法与国际法的关系

例 3：下列关于法律分类的表述正确的是(   )③。(2016 单 10)

A. 公法和私法的界限在当代呈现出日益模糊的趋势

B. 普通法是在对衡平法修改和补充的基础上形成的

C. 私法和公法的划分最早由罗马法学家盖尤斯提出

D. 一般而言,普通法相当于私法,衡平法相当于公法

例 4：下列关于"公法"和"私法"的论述,正确的有(   )④。(2015 多 48)

A. 公法调整国家利益,私法调整个人利益

B. 保险法属于私法,食品安全法属于公法

C. 公法和私法是普通法系国家的基本法律分类

D. 公法和私法的分类源于古罗马法学家乌尔比安

例 5：下列关于成文法与不成文法的表述,正确的有(   )⑤。(2014 多 47)

A. 习惯法是不成文法的一种形式

B. 判例是成文法的一种形式

C. 不成文法一般不具有法律效力

D. 成文法是国家立法机关创制的法

例 6：下列关于成文法和不成文法的表述,正确的有(   )⑥。(2014 法多 23)

A. 不成文法从来就不是法律的正式渊源

B. 我国是实行成文法的国家,没有不成文法

C. 判例法尽管以文字表述,但不能视为成文法

D. 习惯法是具有法律效力的习惯,属于不成文法

_____

① B

② ABD

③ A

④ ABD

⑤ AD

⑥ CD

例 7:以法律的地位、效力、内容和制定主体为标准,法律可以分为( )①。(2012 单 11)

A. 一般法与特别法   B. 实体法与程序法

C. 根本法与普通法   D. 成文法与不成文法

例 8:以创制方式和表现形式为标准,法可以划分为( )②。(2011 单 3)

A. 成文法和不成文法   B. 根本法和普通法

C. 一般法和特别法   D. 实体法和程序法

例 9:《中华人民共和国行政处罚法》于 1996 年 3 月 17 日第八届全国人民代表大会第四次会议通过,1996 年 3 月 17 日中华人民共和国主席令第 63 号公布,自 1996 年 10 月 1 日起施行。下列关于该法律的表述,能够成立的是( )③。(2011 单 7)

A. 从法的分类角度看,该法律属于根本法

B. 从法的渊源角度看,该法律属于行政法规

C. 从法的部门角度看,该法律属于行政法部门

D. 从法的效力角度看,该法律属于附条件生效的法律

例 10:根据法的适用范围的不同,可以将法划分为( )④。(2011 法单 3)

A. 根本法与普通法   B. 国内法与国际法

C. 一般法与特别法   D. 实体法与程序法

例 11:下列法律渊源中,属于不成文法的有( )⑤。(2011 法多 23)

A. 习惯法   B. 判例法

C. 国际条约   D. 国际惯例

例 12:以法的创制主体和适用范围为标准,可以将法划分为( )⑥。(2010 法单 1)

A. 国内法和国际法   B. 根本法和普通法

C. 一般法和特别法   D. 实体法和程序法

例 13:下列关于法的类别的表述,不正确的是( )⑦。(2008 单 6)

A. 程序法有助于实体法的实现

B. 合同法相对于民法而言是特别法

C. 消费者权益保护法是程序法

D. 行政法与刑法都是公法

例 14:划分一般法与特别法的标准是( )⑧。(2007 单 1)

A. 法律适用范围的不同   B. 法律创制主体的不同

---

① C

② A

③ C

④ C

⑤ ABD

⑥ A

⑦ C

⑧ A

C. 法律制定程序的不同　　　　　　　D. 法律规定内容的不同

例 15：下列关于《中华人民共和国香港特别行政区基本法》的表述，能够成立的有(　　　)①。
(2007 多 51)

A. 从法律分类的角度而言，该法应当属于公法

B. 从效力范围的角度而言，该法只在香港特别行政区生效

C. 从法系的角度而言，该法属于英美法系中的普通法

D. 从法律渊源的角度而言，该法属于我国的"基本法律"

---

① AD

第六章 | 法律要素与法律体系

第一：法律要素之一——法律规则

逻辑 结构	假定条件	什么时间生效、什么地点生效、对什么人生效		
		行为主体的行为条件		
	行为模式	可为模式	可以做/可以不做	权利行为模式
		应为模式	应当做/必须做	义务行为模式
		勿为模式	禁止做/不得做	
	法律后果	肯定式法律后果，又称合法后果		
		否定式法律后果，又称违法后果		
法律 规则 分类	规则 内容 不同	授权性规则	容许性规则	如《宪法》第47条："中华人民共和国公民有进行科学研究、文学艺术创作和其他文化活动的自由。国家对于从事教育、科学、技术、文学、艺术和其他文化事业的公民的有益于人民的创造性工作，给以鼓励和帮助。"前句就属于容许性规则，后句属于鼓励性规则	可为模式规则
			鼓励性规则		
		义务性规则	命令性规则	如《宪法》第41条："对于公民的申诉、控告或者检举，有关国家机关必须查清事实，负责处理。任何人不得压制和打击报复。"前句就属于命令性规则，后句属于禁止性规则	应为模式规则
			禁止性规则		勿为模式规则
	规则 内容的 确定性 程度	确定性规则	无须再援引或参照其他规则来确定其内容的法律规则	
		准用性规则	如《商业银行法》："商业银行的组织形式、组织机构适用《中华人民共和国公司法》的规定。"	
		委任性规则	如《计量法》："中国人民解放军和国防科技工业系统计量工作的监督管理办法，由国务院、中央军事委员会依据本法另行制定。"	
	限制程度 不同	强行性规则	不允许个人选择或协商，具有强制性	
		任意性规则	允许个人选择或协商确定权利义务	
	规则行 为先后	调整性规则	行为先于规则，如交通法规，人们的交通行为先于交通法规产生	
		构成性规则	规则先于行为，如按照组织法设定某一机构	
VS. 法律 条文	法律规则是法律条文的内容，法律条文是法律规则的表现形式			
	并非所有的法律条文都直接规定法律规则，也不是每一个条文都完整地表述一个规则或只表述一个法律规则(一文一义，一文数义，数文一义)			

品题

命题点一 ┃法的要素┃

法的三要素＝法律规则＋法律原则＋法律概念。

例1：下列选项中，不属于法的要素的是(　　)①。（2011 法单 1）

A. 法律概念　　　　　　　　　　B. 法律事实

C. 法律规则　　　　　　　　　　D. 法律原则

例2：《刑法》规定，教唆他人犯罪的，应当按照其在共同犯罪中所起的作用处罚。这一规定属于法律构成要素中的(　　)②。（2009 单 7）

A. 法律概念　　　　　　　　　　B. 法律原则

C. 法律规则　　　　　　　　　　D. 技术性规定

命题点二 ┃法律规则的逻辑结构要素┃

每个规则都具备三要素，但不一定都写出来。考试时会给出法条要求判断写出了哪个要素。注意三点：

（1）判断假定条件，就看法条里是否出现了"什么时间、什么地点、什么人、什么特殊情况"，出现了就是假定条件，绝大多数法条是不会写出假定条件的；

（2）判断行为模式，一般不会出现没写行为模式的法条，否则该法条是没有指引性的；

（3）判断法律后果，一般来说消极后果都会写出，而绝大部分积极后果不会写出，有两类情况例外，一是免责条款，二是鼓励性规则。

例3：我国《刑法》第 21 条第 1 款规定："为了使国家、公共利益、本人或者他人的人身、财产和其他权利免受正在发生的危险，不得已采取的紧急避险行为，造成损害的，不负刑事责任。"关于该法条中包含的法律规则的逻辑结构，下列表述正确的是(　　)③。（2017 单 15）（2017 法单 7）

A. 假定条件和法律后果

B. 假定条件、行为模式和法律后果

C. 法律后果和行为模式

D. 假定条件和行为模式

例4：2014 年 5 月实施的《社会救助暂行办法》第 17 条规定："乡镇人民政府、街道办事处应当及时了解掌握居民的生活情况，发现符合特困供养条件的人员，应当主动依法为其办理供养"。该法条所包含的法律规则的逻辑结构是(　　)④。（2016 单 4）

---

① B
② C
③ B
④ B

A. 假定条件和法律后果

B. 假定条件和行为模式

C. 行为模式和法律后果

D. 假定条件、行为模式和法律后果

例5：《中华人民共和国民法通则》第 7 条规定"民事活动应当尊重社会公德,不得损害社会公共利益,扰乱社会经济秩序。"对此,下列说法中正确的有（　　）①。（**2014 法多 24**）

A. 该条文是一条法律规则

B. 该条文并无具体的法律后果

C. 该条文可以为法官理解其他法律规则提供指导

D. 法官在适用该条文时,无需根据案件的具体情况进行权衡

例6：我国刑法规定："勾结外国,危害中华人民共和国的主权,领土完整和安全的,处无期徒刑或者十年以上有期徒刑。"该规则所包含的逻辑结构要素是（　　）②。（**2013 单 4**）

A. 假定和行为模式

B. 行为模式和法律后果

C. 假定和法律后果

D. 假定、行为模式和法律后果

命题点三 | 🔲 **法律规则的分类**

注意四类：

(1)授权性规则关键词"有权""可以"；命令性规则关键词"应当""必须"；禁止性规则关键词"不得""禁止",三种规则的区别在于内容或行为模式不同。

(2)确定性规则关键词,只要出现"依照""参照""援引"其他条款就不选确定性规则；准用性规则,"因为懒"；委任性规则,"因为不懂"；三种规则的区别在于内容确定性不同。

(3)强行性规则和任意性规则看有没有提供两种以上指引,两种规则的区别在于限制程度不同。

(4)调整性规则和构成性规则看规则和行为谁在先。

例7：我国《消费者权益保护法》第 49 条规定："经营者提供商品或者服务,造成消费者或其他受害人人身伤害的,应当赔偿医疗费、护理费、交通费等为治疗和康复支出的合理费用,以及因误工减少的收入。"该规则不属于（　　）③。（**2019 单 5**）

A. 义务性规则 　　　　　　　　　　　　B. 确定性规则

C. 构成性规则 　　　　　　　　　　　　D. 强行性规则

例8：《水污染防治法》第 29 条第 1 款规定："禁止向水体排放油类、酸液、碱液或者剧毒

---

① BC

② B

③ C

废液。"该条文表达的法律规则属于(　　　)①。(2015 多 50)

A. 义务性规则　　　　　　　　　　B. 构成性规则

C. 确定性规则　　　　　　　　　　D. 强行性规则

例 9:甲、乙双方在油画买卖合同中约定:"本合同一式三份,经双方鉴定后生效。甲、乙各执一份,见证律师一份,均具有同等法律效力。"对此,下列说法正确的是(　　　)②。(2013 单 13)

A. 该约定中包含了合同生效的条件

B. 该约定是甲乙双方所确立的授权性规则

C. 该约定是甲乙双方所确立的义务性规则

D. 该约定不关涉甲乙双方行为的法律后果

例 10:按照规则对人们行为限定的范围或程度的不同,可以将法律规则划分为(　　　)③。(2012 法单 4)

A. 授权性规则和义务性规则　　　　B. 强制性规则和任意性规则

C. 确定性规则和准用性规则　　　　D. 调整性规则和构成性规则

例 11:《中华人民共和国教育法》第 83 条规定:"境外的组织和个人在中国境内办学和合作办学的办法,由国务院规定。"从法律规则的分类角度来看,该规定属于(　　　)④。(2011 单 6)

A. 确定性规则　　　　　　　　　　B. 委任性规则

C. 准用性规则　　　　　　　　　　D. 任意性规则

例 12:下列关于义务性法律规则的表述,能够成立的有(　　　)⑤。(2011 法多 22)

A. 义务性规则具有国家强制性

B. 义务性规则可分为授权性规则和禁止性规则

C. 义务性规则要求人们从事或不从事某种行为

D. 义务性规则规定的内容不允许随意变更或违反

例 13:我国《宪法》规定:"中华人民共和国公民有宗教信仰自由。"该规定属于法律规范中的(　　　)⑥。(2010 单 4)

A. 授权性规范　　　　　　　　　　B. 禁止性规范

C. 义务性规范　　　　　　　　　　D. 命令性规范

例 14:按照规则规定的行为模式的不同,法律规则可以分为(　　　)⑦。(2009 单 6)

A. 授权性规则和义务性规则

---

① ACD

② A

③ B

④ B

⑤ ACD

⑥ A

⑦ A

B. 强行性规则和任意性规则

C. 确定性规则和委任性规则

D. 调整性规则和构成性规则

例 15：我国《婚姻法》规定："子女可以随父姓，也可以随母姓。"这一规范属于（　　）①。（2008 单 3）

　　A. 强行性规范　　　　　　　　　　　B. 任意性规范

　　C. 非确定性规范　　　　　　　　　　D. 准用性规范

命题点四 ▏▣ 法律规则与法律条文的关系 ▏

注意两点：

一是法律规则是内容，法律条文是形式；

二是法律规则与法律条文并非一一对应。

例 16：下列关于法律规则和法律条文关系的表述，正确的有（　　）②。（2018 多 41）（2018 法多 21）

　　A. 法律规则是法律条文的内容

　　B. 法律条文是法律规则的形式

　　C. 一个法律条文可能包含若干法律规则

　　D. 一个法律规则可以体现在若干法律条文中

例 17：下列关于法律规则和法律条文关系的表述，正确的是（　　）③。（2014 单 13）

　　A. 一个法律条文就是一个法律规则

　　B. 一个法律规则只能由一个法律条文表达

　　C. 一个法律规则可以通过不同规范性文件的不同条文表达

　　D. 法律规则的某些要素必须在法律条文的表达中予以省略

例 18：关于法律规则与条文的关系，下列表述中正确的是（　　）④。（2012 单 10）

　　A. 内容与形式的关系　　　　　　　　B. 整体与部分的关系

　　C. 对立与统一的关系　　　　　　　　D. 本质与现象的关系

例 19：下列关于法律规则与法律条文关系的表述，能够成立的有（　　）⑤。（2011 多 48）

　　A. 法律规则是法律条文的表现形式

　　B. 一个法律条文可以表达多个法律规则

　　C. 有些法律条文不表达法律规则

　　D. 一个法律规则可以体现于一个法律条文中

---

① B
② ABCD
③ C
④ A
⑤ BCD

命题点五 ▏🔲 主观题 ▏

例20：简述法律规则的基本特征。

法律规则是采取一定的结构形式具体规定人们的法律权利、法律义务以及相应的法律后果的行为规范。法律规则的特征有：

（1）法律规则是具有普遍约束的行为规则。法律规则是一种一般的行为规则，其使用同一标准，对处于其效力范围内的主体行为进行指导和评价，这一特点使其有别于任何个别性调整措施。

（2）法律规则是命令必须遵守的行为规则。法律规则规定了一定的行为模式，是一种命令式的必须遵守的行为规则，这使其区别于不包含确定行为方案或仅具有倡导性的口号或建议。

（3）法律规则是具有国家意志的行为规则。法律规则是由国家制定或认可的行为规则，具有强烈的国家意志性，这是其区别于其他社会规则的最基本特征。

（4）法律规则是规定权利义务的行为规则。法律规则规定了社会关系参加者在法律上的权利和义务以及违反规则要求时的法律责任和制裁措施。

（5）法律规则是规定行为模式的行为规则。法律规则有明确的、肯定的行为模式，有特殊的构成要素和结构，是一种高度发达的社会行为模式。

例21：简述法律规则的逻辑结构。（2010 简64）

法律规则是采取一定的结构形式具体规定人们的法律权利、法律义务以及相应的法律后果的行为规范。法律规则具有内在的严密的逻辑结构，主要包括假定条件、行为模式、法律后果。

（1）假定条件是规则中关于适用该规则的条件的规定：

即法律规则在什么时间、空间、对什么人适用以及在什么情境下对人的行为有约束力的问题；包含两个方面：一是法律规则的适用条件，其内容是法律规则在什么时间生效，在什么地域生效以及对什么人生效等；二是行为主体的行为条件，其往往是法律关系产生、变更或消灭的事实规定，内容包括行为主体的资格构成和行为的情境条件。

（2）行为模式是指法律规则中关于行为的规定：

即法律关于允许做什么，禁止做什么和必须做什么的规定，根据行为要求的内容和性质不同，法律规则中的行为模式分为三种：可为的模式、应该为的模式和不得为的模式。

（3）法律后果是法律规则中对遵守规则或违反规则的行为予以肯定或否定评价的规定：

假定条件、行为模式是法律后果的前提，法律后果是对人们遵守或违反假定条件和行为模式的认定。根据人们对行为模式的实际行为的不同，法律后果又分为肯定性法律后果和否定性法律后果两种。

第二：法律要素之二——法律原则

分类	产生基础	政策性原则	公理性原则
	适用范围	基本原则	具体原则
	内容不同	实体性原则	程序性原则

法律规则 VS. 法律原则	内容	法律规则的规定是明确具体的
		法律原则不预先设定明确的、具体的假定条件,更没有设定明确的法律后果,其要求比较笼统和模糊
	适用范围	法律规则由于内容具体明确,它们只适用于某一类型的行为
		法律原则具有宏观的指导性,其适用范围比法律规则宽广
	适用方式	法律规则是以"全有或全无的方式"应用于个案当中的
		法律原则的适用则不是这种方式,不同强度的原则甚至冲突的原则都可能存在于一部法律之中
	作用	法律规则具有比法律原则强度大的显示性特征,法律规则形成了法律制度中坚硬的部分,没有规则,法律制度就缺乏硬度
		法律原则是法律规则的本源和基础;它们可以协调法律体系中规则之间的矛盾,弥补法律规则的不足与局限,它们甚至可以直接作为法官裁判的法律依据
法律原则作用	1. 为法律规则和概念提供基础或出发点,对法律的制定具有指导意义,对理解法律规则也具有指导意义	
	2. 可以作为疑难案件的断案依据,以纠正严格执行实在法可能带来的不公	
	3. 填补规则可能存在的漏洞	

>> 品题

命题点一 ｜ 区分法律原则和法律规则 ｜

注意五点:

(1)法律原则比法律规则抽象,法律精神派生法律原则,法律原则派生法律规则;

(2)法律原则比规则适用范围广;

(3)法律原则可以同时适用,法律规则矛盾的不能同时适用;

(4)法律原则可以弥补法律规则漏洞;

(5)法律原则条文顺序靠前,法律规则条文顺序靠后。

例1:关于法律原则与法律规则之间的区别,下列表述正确的有( )①。(2013 多 48)

A.法律原则的适用范围比法律规则更广

B.法律规则一般较具体,法律原则比较抽象

C.法律规则相互冲突时,法律原则可以成为解释法律规则的依据

D.法律规则是司法裁判的依据,法律原则不能直接在司法过程中适用

例2:下列各项法律规定中,属于法律原则的有( )②。(2012 多 48)

---

① ABC

② BD

A. 承诺生效时合同成立

B. 当事人在民事活动中的地位平等

C. 为了犯罪准备工具制造条件的是犯罪预备

D. 法律没有明文规定为犯罪行为的不得定罪量刑

命题点二 ┃ 🔲 法律原则分类 ┃

共三种分类:

(1)政策性原则和公理性原则,前者体现中国特色,后者世界通用;

(2)基本原则和具体原则,前者由宪法规定或派生,后者是具体制度的原则;

(3)实体性原则和程序性原则,实体法包括宪法、民法、刑法等,程序法包括诉讼法、立法程序等。

例3:我国《婚姻法》第二条第三款规定:"实行计划生育"按照法律原则分类的相关理论,该条文属于(　　　)①。(2016 法单 6)

A. 政策性原则 　　　　　　　　　B. 程序性原则

C. 公理性原则 　　　　　　　　　D. 基本原则

例4:下列原则中,属于程序性法律原则的是(　　　)②。(2010 法单 4)

A. 诚实信用原则 　　　　　　　　B. "谁主张,谁举证"原则

C. 罪刑法定原则 　　　　　　　　D. 物权法定原则

例5:规则的内容尚未确定,而只规定某种概括性指示,由有关的国家机关通过相应的途径或程序加以确定的法律规则是(　　　)③。(2007 单 2)

A. 确定性规则 　　　　　　　　　B. 任意性规则

C. 准用性规则 　　　　　　　　　D. 委任性规则

命题点三 ┃ 🔲 主观题 ┃

例6:简述法律原则的含义和作用。

法律原则是指在一定法律体系中作为法律规则的指导思想、基础或本原的综合的、稳定的原理和原则。

法律原则可抽象可具体,它本身不是法律规则,既没有规定确定的事实状态,也没有规定具体的法律后果,但是在创制、理解或适用法律的过程中,法律原则是必不可少的。

法律原则的作用主要有三个:一是为法律规则和概念提供基础和出发点,对法律的制定和理解法律规则具有指导意义;二是法律原则有时可以作为疑难案件的断案依据,以纠正严格执行实在法可能带来的不公;三是填补规则可能存在的漏洞。

---

① A

② B

③ D

例7：简述法律原则和法律规则的区别。

法律原则是指可以作为法律规则的基础或本源的综合性、稳定性原理和原则。法律规则是采取一定的结构形式具体规定人们的法律权利、法律义务以及相应的法律后果的行为规范。二者存在以下区别：

（1）在内容上，法律规则的规定是明确具体的；法律原则不预先设定明确的、具体的假定条件，更没有设定明确的法律后果，其要求比较笼统和模糊。

（2）在适用范围上，法律规则由于内容具体明确，它们只适用于某一类型的行为；而法律原则具有宏观的指导性，其适用范围比法律规则宽广。

（3）在适用方式上，法律规则是以"全有或全无的方式"应用于个案当中的；而法律原则的适用则不是这种方式，不同强度的原则甚至冲突的原则都可能存在于一部法律之中。

（4）在作用上，法律规则具有比法律原则强度大的显示性特征，法律规则形成了法律制度中坚硬的部分，没有规则，法律制度就缺乏硬度；法律原则是法律规则的本源和基础，它们可以协调法律体系中规则之间的矛盾，弥补法律规则的不足与局限，它们甚至可以直接作为法官裁判的法律依据。

综上，法律原则为法律规则和概念提供基础或出发点，对法律的制定具有指导意义，对理解法律规则也具有指导意义，法律原则有时可以作为疑难案件的断案依据，以纠正严格执行实在法可能带来的不公。

第三：法律要素之三——法律概念

功能	表达功能	认识功能	改进法律、提高法律科学化程度的功能
分类	主体概念	如公民、法人、原告、行政机关等	
	关系概念	如所有权、抵押权、交付义务等	
	客体概念	如动产、主物、支票等	
	事实概念	如失踪、不可抗力、违约等	

品题

命题点一 ▐ 🖰 **区分法律概念和法律规则、法律原则** ▌

例1：《刑法》第93条第2款规定："国有公司、企业、事业单位、人民团体中从事公务的人员和国家机关、国有公司、企业、事业单位委派到非国有公司、企业、事业单位、社会团体从事公务的人员，以及其他依照法律从事公务的人员，以国家工作人员论。"下列关于该法律条文的认识，正确的是（   ）①。（2015单13）

A.该条文规定的是技术性内容，没有强制力

---

① B

B. 该条文表述的既非法律原则,也非法律规则

C. 该条文不能够与其他条文共同表达某个法律规则

D. 该条文包括了假定条件、行为模式和法律后果三个要素

例 2：下列关于法律要素的表述,正确的是( )①。(2015 法单 1)

A. 不可抗力属于客体法律概念

B. 我国宪法中的"四项基本原则"属于公理性原则

C. 法律原则与法律规则都可以直接成为法官的裁判依据

D. 一个完整的法律规则可以由假定条件与法律后果组成

命题点二 ▏ 🖥 主观题 ▏

例 3：简述法律概念的种类和功能。

法律概念是法律的构成要素之一,是对各种法律事实进行概括,抽象出它们的共同特征而形成的权威性范畴,具有明确性、规范性、统一性等特点。

按照法律概念所涉及的因素,可分为以下四类:

(1)主体概念,用以表达各种法律关系主体的概念,如公民、法人、原告、行政机关等;

(2)关系概念,用以表达法律关系主体间权利、义务关系的概念,如所有权、抵押权、交付义务等;

(3)客体概念,用以表达各种权利、义务所指向的对象的概念,如动产、主物、支票等;

(4)事实概念,用以表达各种事件和行为的概念,如失踪、不可抗力、违约等。

法律概念的功能主要体现在三个方面:

(1)表达功能,法律概念间的连接使法律得以表达,没有法律概念,法律是难以想象的;

(2)认识功能,法律概念使人们得以认识和理解法律,不借助法律概念,人们便无法认识法律的内容,难以进行法律交流,更无法在此基础上进行法律实践活动;

(3)改进法律、提高法律科学化程度的功能,丰富而明确的法律概念可以提高法律的明确化程度和专业化程度,使法律成为专门的工具,使法律工作成为独立的职业。

第四：法律部门

划分标准	以法律规范的调整对象为主,以法律规范的调整方法为辅
法律部门划分原则	(1)实际出发原则(客观原则)
	(2)合目的性原则(首先要坚持的原则)
	(3)适当平衡原则
	(4)辩证发展原则
	(5)相对稳定原则
	(6)重点论原则(主次原则)

---

① C

品题

命题点一 ┃ 🔲 划分法律部门的标准 ┃

以调整对象为主,以调整方法为辅。

例 1:划分法律部门的主要标准是( )①。(**2014 单 7**)

A. 立法体系的结构 　　　　　　　　　B. 立法者的主观意志

C. 立法机关的设置 　　　　　　　　　D. 法律的调整对象与调整方法

例 2:一般认为,划分法律部门的主要标准是( )②。(**2012 法单 3**)

A. 法律调整的范围 　　　　　　　　　B. 法律规范的数量

C. 法律制定的主体 　　　　　　　　　D. 法律调整的对象与方法

命题点二 ┃ 🔲 划分法律部门的原则 ┃

共六个:

(1)实际出发原则,强调客观性;

(2)合目的性原则,强调主观性,也是首要原则;

(3)适当平衡,强调各部门之间大体相当;

(4)辩证发展,强调不是一成不变;

(5)相对稳定,强调不能频繁变动;

(6)重点论原则,强调可归类于不同部门时应选择一个放弃一个。

例 3:划分部门法应考虑的主要原则有( )③。(**2010 多 47**)

A. 合目的性原则 　　　　　　　　　　B. 讲求效率原则

C. 适当平衡原则 　　　　　　　　　　D. 相对稳定原则

例 4:下列关于法律部门划分的表述,正确的是( )④。(**2007 单 8**)

A. 法律部门的划分虽然有客观依据,但最终还是人们主观活动的产物

B. 划分法律部门的目的主要是便于统计本国法律数量的多少

C. 划分法律部门时应当注意使各法律部门之间法律规范的数量保持相等

D. 法律部门划定后应保持其恒定性,不能随着社会法制状况的改变而调整

例 5:划分法律部门时,首先应考虑和坚持的原则是( )⑤。(**2006 单 8**)

A. 客观原则 　　　　　　　　　　　　B. 目的原则

C. 平衡原则 　　　　　　　　　　　　D. 发展原则

---

① 　D

② 　D

③ 　ACD

④ 　A

⑤ 　B

命题点三 | ▣ 法律部门和法律体系的关系 |

法律体系分为法律部门,法律部门组成法律体系。

例6:法律部门的划分需要在遵循客观标准的同时坚持正确的原则,下列对于法律部门划分原则的理解,不正确的是( )①。(2019 单 2)

A. 客观性原则要求划分法律部门应以法律规范的内在结构和效力位阶为基础

B. 适当平衡原则主要是指各法律部门包含的法律法规在数量上大致平衡

C. 当同一部法律可以被划分于几个不同的法律部门时,应采用主次原则对其划归

D. 相对稳定原则要求法律部门划分应当有一定的前瞻性,不能频繁变动法律部门的内容、结构

例7:下列关于法律部门的表述,正确的是( )②。(2016 单 7)

A. 法律部门划分后应当保持相对稳定

B. 法律部门是构成法系的基本单位

C. 法律部门的划分与人的主观意志无关

D. 法律部门划分的首要标准是法律调整的方法

例8:下列关于法律部门的表述,正确的是( )③。(2015 单 8)

A. 行政法部门是由国务院制定的行政法规构成的

B. 划分法律部门的主要标准是法律所调整的社会关系

C. 部门法的名称总是与某一规范性法律文件的名称相对应

D. 法律部门的划分以客观因素为基础,不受主观因素的影响

例9:关于法律部门与法律体系的关系,下列表述正确的有( )④。(2014 多 49)

A. 法律体系是法律部门的基础

B. 法律体系包括多个法律部门

C. 法律部门是法律体系的构成要素

D. 不同法律部门的有机结合构成一国的法律体系

命题点四 | ▣ 区分规范性法律文件和非规范性法律文件 |

规范性法律文件就是立法,非规范性法律文件就是判决、决定,适用对象有具体所指。

例10:某设区的市政府出台《规范操办酒席行为实施办法》,办法规定除婚嫁酒、丧葬酒外的其他一律视为违规酒席,下嫁不准操办酒席,"同时规定:群众操办婚嫁酒须填写申报表并报区政府备案。"对此正确的是( )⑤。(2019 单 4)

––––––––––––––––––––

① A

② A

③ B

④ BCD

⑤ B

A. 该办法不属于规范性法律文件

B. 该办法规定群众操办婚嫁酒须申报,不适当地增加了公民义务

C. 该办法有关"下嫁不准操办酒席"的规定符合公序良俗原则

D. 该办法对于"违规酒席"的规定,体现了社会主义法律文化的要求

例 11:下列选项中,属于我国非规范性法律文件的是( )①。(2014 单 2)

A. 全国人民代表大会制定的法律

B. 国务院制定的行政法规

C. 自治州的自治条例和单行条例

D. 省高级人民法院做出的终审判决

例 12:下列选项中,属于规范性法律文件的是( )②。(2010 单 2)

A. 市公安机关签发的拘留证

B. 县民政部门核发的结婚证

C. 省高级人民法院作出的判决书

D. 省人大常委会制定的《农村公路管理条例》

例 13:下列选项中属于规范性法律文件的是( )③。(2008 单 2)

A. 某工商行政管理局作出的行政处罚决定书

B. 某高校制定的《大学生行为守则》

C.《中华人民共和国种子法实施条例》

D. 甲乙两公司依法签订的购销合同

命题点五 | 🖥 主观题 |

例 14:简述法律部门的特征。

法律部门,又称部门法,指一个国家根据一定原则和标准划分的本国同类法律规范的总称。通常凡是调整同一种类社会关系的法律规范的总和即构成一个相对独立的法律部门。

特征包括四方面:

(1)构成一国法律体系的所有部门法是统一的,各个部门法之间是协调的,我国法律部门都是统一于宪法基础上的;

(2)各个法律部门之间既相互联系又相对独立;

(3)各个法律部门的结构和内容基本上是确定的,但又是相对的和变动的;

(4)法律部门是主客观相结合的产物,一方面法律部门的划分离不开客观的社会关系,另一方面法律部门的划分是主观活动的产物。

---

① D

② D

③ C

例 15：简述我国法律部门的划分原则。

（1）客观原则，又称从实际出发原则。划分法律部门不是主观任意进行的，它有相对稳定的客观依据，这就是社会关系，要坚持从社会关系和法律规范的实际情况出发的原则。

（2）合目的性原则。划分法律部门的目的在于帮助人们了解和掌握本国现行法律，是应当首先坚持的原则。

（3）适当平衡原则。划分法律部门时应当注意在各种法律部门之间保持适当的平衡，各个法律部门所包含的法律范围不宜太宽，也不宜太窄，所包含数量不能太多也不能太少。不同部门法所包含的法律、法规应当保持适当的平衡。

（4）辩证发展原则。客观世界和社会关系是在发展变化的，调整社会关系的法律也随之发展变化，法律和法规也始终处在变化中。同时人们的主观认识也在发展变化。由于主客观条件都在变化，因此法律部门的划分就不可能是绝对不变的，只能是相对的。

（5）相对稳定原则。虽然法律部门是发展的，但是法律的稳定性特征要求我们不能频繁地变动法律部门的内容和结构。

（6）主次原则，又称重点论原则。具体的社会关系和法律规范是极为复杂的，我们应该考虑法律、法规的主导因素，按照其主导因素进行划分和归类。

第五：中国特色社会主义法律体系

中国特色社会主义法律体系	宪法及其相关法部门	宪法、国家机关组织法、选举法和代表法、国籍法、国旗法、特别行政区基本法、民族区域自治法、法官法、检察官法、立法法等
	行政法部门	一般行政法：行政诉讼法、行政处罚法、行政许可法、行政复议法、公务员法等
		特别行政法：国家安全法、城市居民委员会组织法、村民委员会组织法、监狱法、土地管理法、高等教育法、食品卫生法、药品管理法、海关法等
	民商法部门	民法主要包括物权、债权、知识产权、婚姻、家庭、收养、继承等法律规范
		商法主要包括公司、破产、证券、期货、保险、票据、海商等法律规范
	经济法部门	国民经济和社会发展规划、计划和政策的法律，关于经济体制改革的原则、方针和政策的法律，预算法、审计法、会计法、统计法、农业法、企业法、银行法、市场秩序法、税法等
	社会法部门	保护弱势群体的法律规范，如未成年人保护法、老年人权益保障法等；维护社会稳定的法律规范，如劳动法与社会保障法；保护自然资源和生态环境的法律规范，如环境保护法、能源法、自然资源保护法、生态法等；促进社会公益的法律规范，如社区服务法、彩票法、人体器官与遗体捐赠法、见义勇为资助法等；促进科教、文卫、体育事业发展的法律规范，如教师法、科技进步法、义务教育法、教育法、卫生法等
	刑法部门	刑法(法典)，单行刑法
	程序法部门	诉讼法包括刑事诉讼法、民事诉讼法、行政诉讼法
		非诉讼程序法包括仲裁法、律师法、公证法、调解法等

品题

命题点一 ｜ 易混淆部门划分 ｜

宪法	法官法、检察官法
行政法	城市居民委员会组织法、村民委员会组织法、高等教育法、食品卫生法
社会法	教师法、科技进步法、义务教育法、教育法、卫生法
程序法	仲裁法、律师法、公证法、调解法

例 1：下列关于中国特色社会主义法律体系特征的表述正确的有(　　)①。(2019 多 41)

A. 体现中国特色社会主义的本质要求

B. 体现改革开放和现代化建设的时代要求

C. 体现结构内在统一而又多层次的国情要求

D. 体现继承中国法律文化优秀传统和借鉴人类法制文明成果的文化要求

例 2：下列规范性法律文件中,属于我国程序法部门的是(　　)②。(2015 法单 7)

A.《中华人民共和国刑法》

B.《中华人民共和国仲裁法》

C.《中华人民共和国人民法院组织法》

D.《中华人民共和国著作权法实施条例》

例 3：我国某省人大常委会制定了《X 省食品卫生管理条例》。对此,下列说法不正确的是(　　)③。(2013 单 6)

A. 该法规性质上属于行政法部门

B. 该法规制定后,不必报全国人大常委会和国务院备案

C. 该法规虽在该省范围内适用,但仍具有效力上的普遍性

D. 该法规属于我国法律的正式渊源

例 4：下列选项中属于我国社会法部门的有(　　)④。(2013 多 47)

A. 彩票法　　　　　　　　　　　　B. 知识产权法

C. 劳动合同法　　　　　　　　　　D. 法院组织法

例 5：从法律部门角度看,《中华人民共和国国籍法》属于(　　)⑤。(2013 法单 5)

A. 宪法部门　　　　　　　　　　　B. 行政法部门

C. 刑法部门　　　　　　　　　　　D. 社会法部门

---

① ABCD

② B

③ B

④ AC

⑤ A

例6：下列关于"刑法"这一概念的表述,能够成立的有( )①。(2007 多 48)

A."刑法"可以作为我国法律体系中一个法律部门的名称

B."刑法"可以作为我国的一种法律渊源的名称

C."刑法"可以作为《中华人民共和国刑法》这一法律文件的简称

D."刑法"可以作为我国法学体系中一个法学分支学科的名称

命题点二 | 📖 主观题 |

例7：论述我国社会主义法律体系的主要特色与内容。(2012 论 70)

建设中国特色社会主义法治体系就是要加快形成完备的法律规范体系、高效的法治实施体系、严密的法治监督体系、有力的法治保障体系和完善的党内法规体系。其中法律规范体系亦即中国特色社会主义法律体系,是以宪法为统帅,以法律为主干,以行政法规、地方性法规为重要组成部分,由宪法及宪法相关法、民商法、行政法、经济法、社会法、刑法、程序法等多个法律部门组成的有机统一整体。

为适应推动科学发展、促进社会和谐、全面落实依法治国基本方略的要求,当前和今后一个时期,中国将根据经济社会发展的客观需要,紧紧围绕实现科学发展、加快转变经济发展方式、着力保障和改善民生、推动和谐社会建设,不断健全各项法律制度,推动中国特色社会主义法律体系不断完善。具体而言,今后一段时间要着力加强和完善以下几个方面的立法:

其一,积极加强发展社会主义民主政治的立法。

(1)完善选举、基层群众自治、国家机构组织等方面的法律制度;(2)完善审计监督和行政复议等方面的法律制度;(3)进一步修改法院组织法、检察院组织法、完善诉讼法律制度;(4)完善国家机关权力行使、惩治和预防腐败等方面的法律制度。

其二,继续加强经济领域立法。

(1)完善民事商事法律制度;(2)完善预算管理、财政转移支付、金融风险控制、税收等方面的法律制度;(3)完善规范国家管理和调控经济活动、维护国家经济安全的法律制度。

其三,突出加强社会领域立法。进一步完善劳动就业、劳动保护、社会保险、社会救助、社会福利、收入分配、教育、医疗、住房以及社会组织等法律制度,不断创新社会管理体制机制,深入推进社会事业建设。

其四,更加注重文化科技领域立法。适应推进文化体制改革、促进科技进步的要求,完善扶持公益性文化事业、发展文化产业、鼓励文化科技创新、保护知识产权等方面的法律制度。

其五,高度重视生态文明领域立法。完善节约能源资源、保护生态环境等方面的法律制度。

其六,深入推进科学立法、民主立法,着力提高立法质量。

---

① AC

（1）完善人大代表参与立法工作机制;（2）完善法律案审议制度;（3）探索公众有序参与立法活动的途径和形式;（4）建立健全公众意见表达机制和采纳公众意见的反馈机制;同时在完善各项法律制度的同时,更加注重保障法律制度的有效实施。

第七章 ┃ 立法

第一：立法体制

立法权	一定的国家机关依法享有的创制、认可、修改或废止规范性法律文件的权力,是国家权力体系中最重要、最核心的权力		
立法特征	国家专门活动	特定国家机关	依照法定程序
	运用专门技术	系统多层综合	立法目标明确
立法体制	概念	关于立法权配置方面的组织制度,其核心是立法权限的划分问题		
	类型	一元立法体制	二元立法体制	既统一而又分层次
	原因	(1)单一制		
		(2)人民代表大会制度		
		(3)地域辽阔,人口众多		
		(4)改革开放		

品题

命题点一 ┃ 立法权的概念

注意三点:

(1)仅限于某些国家机关;

(2)包括四大程序,创制+认可+修改+废止;

(3)是最核心的国家权力。

例1:下列关于我国立法的表述,正确的是(　　　)①。(2012 单9)

A. 立法在内涵上不包括法律的废止

B. 立法权是国家权力体系中最重要的权力

C. 我国的立法体制是中央和地方的一元立法体制

D. 立法是国家机关和社会组织按照相应的程序进行的活动

---

① B

命题点二 | □立法 |

必须创制法律规范,如果仅仅将现有法律进行汇编不属于立法。

例2: 下列关于现代立法的表述,正确的有(　　)①。(2018多43)(2018法多23)

A. 立法是国家的一项专门职能活动

B. 立法主体是特定的国家机关

C. 立法是政府部门管理社会的手段

D. 立法是国家治理法治化的一种方式

例3: 在我国,下列规范性法律文件系统化的活动中,不具有立法性质的是(　　)②。(2013单14)(2013法单4)

A. 法律编纂　　　　B. 法律清理　　　　C. 法律汇编　　　　D. 法典编纂

例4: 下列关于立法的表述,不能成立的是(　　)③。(2010单9)

A. 立法体制的核心问题是立法权的分配

B. 修改和废止法律是立法活动的重要组成部分

C. 立法反映社会发展规律,与人的主观能动性无关

D. 有关国家机关发布的规范性法律文件属于广义的立法

例5: 立法程序制度化、法律化的意义主要有(　　)④。(2008多48)

A. 有利于更广泛地收集民意

B. 有利于提高立法质量

C. 有利于减少或避免立法的任意性

D. 有利于树立法的权威性

例6: 下列选项中,属于立法活动的有(　　)⑤。(2008多51)

A. 1987年全国人民代表大会常务委员会废除111件法律

B. 2004年国务院颁布《道路交通安全法实施细则》

C. 2005年某高校民法典研究所公布《绿色民法典》

D. 2006年某出版单位出版《物权法立法意见》

命题点三 | □立法体制的概念 |

注意三点:

(1)包括中央与地方的立法权划分+中央机关之间立法权划分+地方机关之间立法权划分;

---

① ABD

② C

③ C

④ ABCD

⑤ AB

（2）世界各国立法体制分一元——单一制和二元——联邦制，主要原因在于国体政体、国家结构、文化传统；

（3）我国是"既统一又分层"的体制，原因有四，单一制+人大制度+地域辽阔+改革开放。

例7：下列关于立法体制与立法原则的表述，正确的是（ ）①。（2016法单5）

A.联邦制国家一般采用一元立法体制

B.一国立法体制的形成主要由其文化传统决定

C.我国立法体制的特点是"一元、两级、多层次"

D.立法公开是我国立法体制中"合法性原则"的集中体现

例8：下列关于立法的表述，正确的是（ ）②。（2015单5）

A.立法包括法律的创制、认可、修改和解释，不包括法律的废止

B.邓析制"竹刑"，说明立法主体不仅限于特定的国家机关

C.现代国家权力体系中，立法权是最重要、最核心的权力

D.国家结构形式对一国立法体制形成的影响不大

例9：下列关于立法体制的表述，正确的有（ ）③。（2015法多24）

A.立法体制的核心问题是立法权限的划分

B.联邦制国家一般采用二元或多元立法体制

C.国家结构形式对立法体制的形成具有重要影响

D.人民代表大会制度是决定我国一元立法体制的政治因素

命题点四 ▏主观题▏

例10：简述立法的特征。（2011简64）

立法，又称法的创制、法的创立，是指有立法权的国家机关或经授权的国家机关，依照法定的职权和程序，创制、认可、修改或废止法律和其他规范性法律文件的专门性活动。立法具有如下特征：

（1）立法是国家的一项专门活动。立法职能是国家最为重要、最为根本的职能，是其他职能的基础和前提，法律的制定是通过立法机构将统治阶级的意志上升为国家意志的活动。

（2）立法的主体是特定的国家机关。立法权是国家权力体系中最重要的核心权力，职能由特定的部门专有。

（3）立法是专门机关依照法定的程序进行的活动。立法必须遵循一套固定、严格的程序，避免随意立法，以保证社会关系和社会秩序的稳定。

（4）立法是特定国家机关运用专门技术的活动。立法者要制定出符合社会发展需要的法律规则，必须运用专门的技术，即立法技术。立法技术运用的高低，不仅仅是外在的形式问题，而且直接关系到立法效果的好坏。

---

① C

② C

③ ABCD

（5）立法是一项系统性、多层次性的综合性法律创制活动。包括创制新的法律规范，认可本来存在的某些社会规范，修改、补充现存的法律规范以及终止某些法律规范的效力等。

（6）立法的目标在于产生具有普遍性、规范性、强制性的法律规范，将统治阶级的意志上升为国家意志。

例11：简述我国的立法体制。

立法体制是关于立法权配置方面的组织制度，其核心是立法权限的划分问题。既包括中央国家机关和地方国家机关关于立法权限划分的制度，也包括中央国家机关及地方各级国家机关之间关于立法权限划分的制度。我国的立法体制的类型是"既统一而又分层次"，具体如下：

（1）全国人大、人大常委会统一行使国家立法权；

（2）国务院制定行政法规，是对国家法律的补充；

（3）省级和市级人大及人大常委会制定地方性法规，地方立法是对中央立法的补充；

（4）民族自治地方人大制定自治条例、单行条例；

（5）经济特区所在省、市制定经济特区法规。

我国"既统一而又分层次"的立法体制原因如下：第一，我国是单一制国家，这决定了我国的立法权必须相对集中于中央。第二，我国实行人民代表大会制度，各级人民代表大会是人民行使国家权力的根本途径。这就决定了我国的立法权必须相对集中于国家权力机关。第三，我国地域辽阔，人口众多，各地经济、政治、文化、社会情况各不相同，特别是民族多，这就决定了我国的立法不能全部集中在中央，必须给民族自治地方一定的立法权，在少数民族聚居的地方实行民族区域自治，以适应各地的不同情况。

我国正在实行改革开放，法律尚不完备，这就决定了我国的立法权不能完全集中在国家权力机关的手中，必须给行政机关以一定的立法权，以适应体制改革和对外开放的实际需要。

第二：立法体制

立法原则	合宪和法制统一原则	遵循宪法	立法主体合宪性+立法内容合宪性+立法程序合宪性
		维护法制统一	法制统一的前提和基础是宪法
	民主原则	内容民主	这是由我国社会主义性质决定的
		程序民主	立法主体民主+立法过程公开+立法活动民主
	科学原则	从实际出发	马克思："立法者应该把自己看做一个自然科学家，他不是在制造法律，不是在发明法律，而仅仅是在表述法律"
		科学合理规定权利义务权力责任	权利本位+权利义务平衡+考虑弱势群体+国家机关权责统一
		法律具有针对性和可执行性	法律不明确，执法者的自由裁量权就会扩大，法律的权威和效能就会降低

>> **品题**

命题点一 ▏⊡ **区分三大立法原则**

（1）法制统一原则/合宪性原则/合法性原则会提到关键词"宪法"；

（2）民主立法原则会提到关键词"人多"；

（3）科学立法原则会提到关键词"专家"。

例 1：在环境保护法修改过程中，全国人大常委会依照有关法律向社会公众、环保组织、专家学者征集对该法的修改意见。此举体现的立法原则有（　　　）①。（2017 多 46）（2017 法多 21）

A. 民主性原则   B. 科学性原则

C. 便民性原则   D. 平等性原则

例 2：2013 年，全国人大常委会在旅游法草案提请审议表决前，邀请了部分全国人大代表、旅游者和旅游经营者、法律专家召开座谈会，对法律草案内容的合宪性、可行性、法律出台时机以及实施后的社会效果等进行综合评估。该立法过程体现的立法原则有（　　　）②。（2016 多 48）

A. 合法性原则   B. 科学性原则

C. 民主性原则   D. 效益性原则

例 3：马克思指出：立法者应该把自己看作一个自然科学家，对此，下列理解正确的是（　　　）③。（2013 单 8）

A. 立法者都应当从自然科学家中产生

B. 立法者应该在制定法律时多听听自然科学家的意见

C. 立法者在立法时应当像自然科学家那样尊重科学性和规律性

D. 立法者不必从社会科学的角度而应从自然科学的角度考虑立法问题

例 4：维护和保障立法活动合法性的法的制定原则是（　　　）④。（2006 单 5）

A. 合宪性与法制统一原则

B. 民主性原则

C. 科学性原则

D. 从实际出发，尊重客观规律原则

命题点二 ▏⊡ **主观题**

例 5：简述我国的立法原则。

———————————————

①　AB

②　ABC

③　C

④　A

立法是指有立法权的国家机关或经授权的国家机关,依照法定的职权和程序,创制、认可、修改或废止法律和其他规范性法律文件的专门性活动。立法活动应遵循以下原则:

其一,合宪和法制统一原则:合宪原则是指享有立法权的立法机关在创制法律的过程中,应当以宪法为依据,符合宪法理念和要求,遵循宪法的基本原则,包括立法主体的合宪性、内容的合宪性和程序的合宪性。法制统一原则是指立法应当依照法定的权限和程序,从国家整体利益出发,维护社会主义法制的统一和尊严,同时要求立法机关所创设的法律应内部和谐统一,做到整个法律体系内各项法律、法规之间相互衔接且相互一致、相互协调,法制统一的前提和基础是宪法。

其二,立法民主原则:(1)立法内容民主,是指立法必须从最大多数人的最根本利益出发,发扬社会主义民主,体现人民意志;(2)立法过程和立法程序民主,首先要求立法主体的组成要民主;其次是立法过程要公开;(3)立法主体的活动要民主,保障人民通过多种途径参与立法活动。

其三,立法科学原则:(1)立法活动应坚持从实际出发,尊重客观规律,维护和保障立法的科学性;(2)立法活动应该科学、合理地规定公民、法人和其他组织的权利和义务以及国家机关的权力与责任;(3)法律制定过程中要注意规范的明确、具体,具有针对性和可执行性。

第三:立法程序

立法程序特点	(1)立法程序是法律规定的程序	
	(2)立法程序规定了立法步骤和方法	
	(3)立法程序是所有立法环节必须遵守的程序	
法律制定程序	法律草案提出	法律草案/法律议案:是具有立法提案权的国家机关和人员向立法机关提出的关于法律的创制、认可、修改或废止的提案和建议
		提案主体:全国人大9主体,全国人大常委会7主体
	法律草案审议	审议程序:全国人大有关专门委员会进行审议+立法机关全体会议的审议
		审议结果:提付立法机关表决、搁置、终止审议
	法律草案表决与通过	表决结果:赞成、反对或弃权
		通过程序:宪法的修改,由全国人大以全体代表的2/3以上的多数通过;法律和其他议案由全国人大或全国人大常委会全体过半数通过
	法律公布	公布主体:全国人大、全国人大常委会通过的法律由国家主席签署主席令予以公布;宪法由全国人大主席团公布

≫ 品题

命题点 | ⊟ 主观题

例17:简述立法程序的特点。

立法程序是有立法权的国家机关在创制、认可、修改或废止规范性法律文件的活动中所

必须遵守的步骤和方法。立法程序具体包括:

其一,立法程序是法律规定的程序:立法程序法定既体现了立法活动的严肃性,也保证了立法活动的合法性,只有以法律形式确定立法程序,才能对立法活动具有高度的约束力。

其二,立法程序规定了立法步骤和方法:立法步骤是对立法活动先后顺序的具体安排,立法方式是对立法活动运作方法的规定,立法程序具有确定工作顺序和固定活动步骤的功能。

其三,立法程序是所有环节必须遵守的程序:立法活动的工作程序大多不需要由法律加以规定,可以在具体立法活动中进行调整甚至省略,但立法程序则由法律明确规定,是一切有立法权的国家机关在所有立法环节中必须遵守的程序。

例 18:简述法律制定程序。

立法程序是有立法权的国家机关在创制、认可、修改或废止规范性法律文件的活动中所必须遵守的步骤和方法。法律制定遵循以下程序:

(1)法律草案的提出。即具有立法提案权的国家机关和人员向立法机关提出的关于法律的创制、认可、修改或废止的提案和建议。

(2)法律草案的审议。即全国人大有关专门委员会进行审议和立法机关全体会议的审议。

(3)法律草案的表决与通过。法律和其他议案由全国人大或全国人大常委会全体过半数通过。

(4)法律的公布。全国人大、全国人大常委会通过的法律由国家主席签署主席令予以公布。

第八章 | 法律实施

第一：法律实施和法律实现

法律实施	又称法的实施，是指法在社会生活中被人们实际施行，即在社会生活中通过执法、司法、守法等方式对法律的实际施行。法的实施就是使法律从书本上的法律变成行动中的法律，使它从抽象的行为模式变成人们的具体行为，从应然状态进到实然状态
法律实施评价	(1)人们按照法律规定的行为模式行为的程度
	(2)刑事案件的发案率、案件种类、破案率及对犯罪分子的制裁情况
	(3)各类合同的履约率与违约率
	(4)普通公民和国家公职人员对法律的了解程度，他们的法律意识及法制观念的提高或提高的程度
	(5)社会大众对社会生活中安全、秩序、自由、公正、公共福利等法的价值的切身感受
	(6)法律的社会功能和社会目的是否有效实现及其程度
	(7)有关法律活动的成本与收益的比率
法律实现	是指法律的要求在社会生活中被转化为现实，达到法律设定的权利和义务的目的。法律实现是法律实施活动的直接目的
法律实现影响因素	(1)国家的阶级本质
	(2)法律、法规等规范性法律文件反映统治阶级(在社会主义国家是工人阶级领导的广大人民)意志的程度
	(3)现行法律与社会生活、归根到底是与经济发展相适应的程度
	(4)国家机关活动中贯彻法治原则的程度
	(5)社会成员的法律意识、法律文化水平

>> **品题**

命题点一 | 法律实施和法律实现

　　法律实施是将法变成现实的过程，法律实现是将法的目的实现的过程，有法律实现必有法律实施，有法律实施不一定有法律实现。

例 1：下列关于法律实现与法律实施的理解,正确的有(　　　)①。(2016 多 50)

A.法律实现是法律实施的目的

B.法律实现受社会客观物质条件的限制

C.法律实施是法从应然状态到实然状态的过程

D.只要法律规范得到实施,就一定能够实现立法的理想与目的

例 2：下列关于法律实施的表述,正确的有(　　　)②。(2015 多 51)

A.法律实施是使法律从书本上的法律变成行动中的法律

B.公安机关对涉嫌嫖娼的黄某采取强制措施属于法的执行

C.某省人大常委会对该省地方性法规进行解释属于法律监督

D.某出租车司机向公安机关举报宁某吸毒的行为属于法的适用

例 3：下列关于法律实施的表述,正确的是(　　　)③。(2014 单 10)

A.法律实施就意味着法律的实现

B.法律实施是法律实现的过程性与实效性的结合

C.法律实施是使法从应然状态向实然状态转变的过程

D.法律实施包括立法、执法、司法、守法和法律监督诸环节

例 4：法官唐某向检察院举报了人事局局长邹某收取钱物的行为,唐某的行为属于(　　　)④。(2012 单 12)

A.法的适用　　　　　　　　　　　B.法的遵守

C.法的执行　　　　　　　　　　　D.法的解释

例 5：下列选项中,不属于法的实施方式的是(　　　)⑤。(2010 单 15)

A.法的制定　　　　　　　　　　　B.法的适用

C.法的执行　　　　　　　　　　　D.法的遵守

例 6：法学上,将法律实际施行的状态和程度称为(　　　)⑥。(2009 单 4)

A.法律实施　　　　　　　　　　　B.法律实效

C.法律适用　　　　　　　　　　　D.法律实现

例 7：下列选项中,能够影响法律实现的因素有(　　　)⑦。(2007 多 50)

A.法律与社会生活相适应的程度

B.国家机关贯彻法治原则的程度

C.法律对客观规律的反映程度

D.社会成员对法律的了解程度

---

① 　ABC

② 　AB

③ 　C

④ 　B

⑤ 　A

⑥ 　B

⑦ 　ABCD

例 8：下列诸项表述中，能够成立的有(   )①。(2006 多 51)

A. 立法体制是国家权力分立与制衡的体制

B. 司法具有被动性、中立性与终极性

C. 执法的内容具有广泛性，而执法活动具有单向性

D. 守法是与违法相对的一种状态

命题点二 | ▣ 主观题 |

例 9：简述法律实施状况的评价标准。

法律实施又称法的实施，是指法在社会生活中被人们实际施行，即在社会生活中通过执法、司法、守法等方式对法律的实际施行。法的实施就是使法律从书本上的法律变成行动中的法律，使它从抽象的行为模式变成人们的具体行为，从应然状态进到实然状态。对法律实施进行评价或评估主要有以下标准：

（1）人们按照法律规定的行为模式行为的程度；

（2）刑事案件的发案率、案件种类、破案率及对犯罪分子的制裁情况；

（3）各类合同的履约率与违约率；

（4）普通公民和国家公职人员对法律的了解程度，他们的法律意识及法制观念的提高或提高的程度；

（5）社会大众对社会生活中安全、秩序、自由、公正、公共福利等法的价值的切身感受；

（6）法律的社会功能和社会目的是否有效实现及其程度；

（7）有关法律活动的成本与收益的比率。

例 10：请结合实际，论述影响法律实现的主要因素。(2012 法论 35)

法律实现是指法律的要求在社会生活中被转化为现实，达到法律设定的权利和义务的目的。法律实现是法律实施活动的直接目的，影响法律实现的因素包括：

（1）国家的阶级本质；

（2）法律、法规等规范性法律文件反映统治阶级（在社会主义国家是工人阶级领导的广大人民）意志的程度；

（3）现行法律与社会生活、归根到底是与经济发展相适应的程度；

（4）国家机关活动中贯彻法治原则的程度；

（5）社会成员的法律意识、法律文化水平。

---

① BCD

第二：执法

执法	特点	执法的主动性	执法的单方面性	执法内容的广泛性
		执法主体法定性	国家权威性	强制性和灵活性
	原则	依法行政原则	(1)执法主体合法	
			(2)执法内容合法	
			(3)执法程序合法	
		合理性原则	(1)平等地对待行政相对人	
			(2)自由裁量时尽可能照顾到各方利益	
			(3)法律只有原则规定或没有法律规定的,执法须遵循社会公理善良风俗	
			(4)执法程序公正	
			(5)及时纠正不适当、不合理的执法行为	
		讲求效率原则	(1)以尽可能低的成本取得最大的行政执法效益	
			(2)效率原则以行政合法性原则为基础	
		正当程序原则		
		比例原则	(1)妥当性原则(适当性):行政行为对于实现行政目标是适当的	
			(2)必要性原则:行政行为只能限于必要的度,最小侵害相对人权益	
			(3)比例性原则:行政行为不应给予相对人权益以超过行政目标本身价值的损害	
		诚实守信原则	(1)行政信息真实原则	
			(2)保护公民信赖利益原则	
		权责统一原则	(1)行政效能原则	
			(2)行政责任原则	

》》品题

命题点一 ｜ 执法的特征

广义的执法=狭义的执法+司法。有六个特征：

(1)执法具有主动性,司法具有被动性；

(2)执法具有单方面性,司法具有交涉性；

(3)执法具有内容广泛性；

(4)执法具有主体法定性；

(5)执法具有国家权威性；

(6)执法具有强制性和灵活性。司法还有执法不具备的终极性和中立性。

例1:与司法活动相比,执法活动的特征有( )①。(2009 多 46)

A. 主动性 B. 单方面性

C. 终极性 D. 中立性

例2:下列选项中,属于狭义的执法活动范畴的是( )②。(2008 单 13)

A. 派出法庭法官甲对一起离婚案件的当事人进行批评教育

B. 居民委员会主任乙对邻里纠纷进行调解

C. 市检察院对一起贪污案件进行查处

D. 市工商行政管理局对某公司违规使用商标的行为进行处罚

命题点二 | ▣ 执法的原则 |

一共七大原则:

(1)合法性原则,包括主体合法、内容合法、程序合法;

(2)合理性原则,强调执法过程中有价值考量;

(3)效率原则,强调成本低+速度快;

(4)正当程序原则,强调程序;

(5)比例原则,强调手段;

(6)诚实守信原则,强调真实+不朝令夕改;

(7)权责统一原则,强调能推行+要担责。

例3:比例原则是行政执法应遵守的原则,下列符合比例原则的是( )③。(2019 单 9)

A. 为保护本地企业的利益,禁止本地超市出售外地企业的肉制品

B. 在一年一度的马拉松比赛当日,实行比赛沿线地区临时交通管制

C. 在对企业违法行为作出处罚前,举证听证会听取其申辩

D. 为迎接卫生城市评比检查,决定检查期间早点摊夜宵店均不得营业

例4:某市的城市规划方案频繁变更,导致一些企业的房地产项目无法按计划正常进行。该地方政府违反的执法原则是( )④。(2017 单 10)(2017 法单 4)

A. 讲究效率原则 B. 诚实守信原则

C. 正当程序原则 D. 比例原则

例5:下列选项中,不属于我国行政执法基本原则的是( )⑤。(2015 单 6)

A. 合理性原则 B. 正当程序原则

C. 合法性原则 D. 协商性原则

---

① AB

② D

③ B

④ B

⑤ D

命题点三 ▎◫ 主观题 ▎

例 6：简述执法基本原则。（2012 简 64）

执法是国家行政机关和法律法规授权、行政主体委托的组织及其公职人员依照法定职权和程序贯彻实施法律的活动。执法具有以下原则：

其一，依法行政原则。包括：（1）执法主体合法；（2）执法内容合法；（3）执法程序合法。

其二，合理性原则。包括：（1）平等地对待行政相对人；（2）自由裁量时尽可能照顾到各方利益；（3）对法律只有原则规定或没有法律规定的，执法须遵循社会公理善良风俗；（4）执法程序公正；（5）及时纠正不适当、不合理的执法行为。

其三，高效便民原则。包括：（1）以尽可能低的成本取得最大的行政执法效益；（2）效率原则以行政合法性原则为基础。

其四，正当程序原则。包括：（1）遵循法定的步骤、方式、形式、顺序和时限，目的是保障相对人合法权益；（2）促进行政权行使的合法性和合理性；（3）提高行政效率。

其五，比例原则。包括：（1）妥当性原则，即行政行为对于实现行政目标是适当的；（2）必要性原则，即行政行为只能限于必要的度，最小侵害相对人权益；（3）比例性原则，即行政行为不应给予相对人权益以超过行政目标本身价值的损害。

其六，诚实守信原则。包括：（1）行政信息真实原则；（2）保护公民信赖利益原则。

其七，权责统一原则。包括：（1）行政效能原则；（2）行政责任原则。

第三：司法

	概念	审判权+检察权				
司法	特点	被动性	中立性	终极性	形式性	专属性
	原则	司法法治原则	以事实为依据、以法律为准绳			
		司法平等原则				
		司法独立原则	（1）行使职权的专属性			
			（2）行使职权的独立性			
			（3）行使职权的合法性			
			对司法权的监督有党的领导和监督+国家权力机关的监督+司法机关的上下级之间以及同级之间的监督+行政机关、企事业单位、社会团体、民主党派、人民群众和舆论的监督			
		司法责任原则				
		司法公正原则	（1）实体公正：司法裁判的结果公正			
			（2）程序公正：司法过程的公正			

>> 品题

命题点一 | 司法的概念 |

审判权+检察权。

例1：下列选项中，属于我国司法活动范畴的是(　　)①。(2013 单 10)

A. 交通警察处罚交通违章者

B. 司法局审查发放律师执业证

C. 检察机关批准逮捕涉嫌盗窃的犯罪嫌疑人

D. 最高人民法院向全国人民代表大会作工作报告

例2：下列选项中，属于司法活动范畴的是(　　)②。(2010 单 12)

A. 司法局审查发放律师执业证

B. 交通警察对交通违章者进行罚款处罚

C. 最高人民法院向全国人民代表大会作工作报告

D. 检察机关对涉嫌贪污的犯罪嫌疑人予以批准逮捕

例3：下列选项中，属于狭义的法律适用的是(　　)③。(2008 单 8)

A. 法院受理某企业的破产申请

B. 检察院进行春季法制宣传

C. 公安局对一小偷处以行政拘留处罚

D. 某市仲裁机构对一起案件进行仲裁

例4：下列行为中，属于狭义上的"法的适用"的是(　　)④。(2006 单 14)

A. 检察机关以涉嫌贪污为由批准对某犯罪嫌疑人实施逮捕

B. 税务机关以涉嫌偷税为由对某企业的纳税情况进行检查

C. 婚姻登记机关以男女双方未到法定结婚年龄为由拒绝颁发结婚证书

D. 法官张某周末在家休息时主动为邻居调解纠纷

命题点二 | 司法的特征 |

一共五个：

(1)被动性(执法是主动的)；

(2)中立性(执法是单方面的)；

(3)终极性/终局性，一般司法是解决纠纷的最后途径；

(4)形式性；

---

① C

② D

③ A

④ A

（5）专属性。

例5：关于司法的表述，下列选项能够成立的是（   ）①。（**2013 法单 8**）

A.司法权可以依法委托行使

B.司法的首要原则是讲求效率

C.司法在多数情况下具有主动性

D.相较于执法而言，司法具有终局性

命题点三 | ▣ **司法的原则** |

一共五个：

（1）司法法治原则，即"以事实为依据，以法律为准绳"；

（2）司法平等原则；

（3）司法独立原则，不受干涉+接受监督；

（4）司法责任原则；

（5）司法公正原则，实体公正+程序公正。

例6：**2017 年 8 月**，杭州互联网法院成立。互联网法院将涉及网络的案件从现有审判体系中剥离，依托互联网技术，实现了"网上案件网上审"。对此，下列表述正确的是（   ）②。（**2019 单 12**）

A.法院对网络新科技的运用并不影响司法效率

B.法院对网络新科技的运用必然提升司法公正

C.互联网法院是网络新科技在司法领域运用的产物

D.法院运用网络新科技审理案件体现了司法的能动性

例7：某法院在审理一起网络侵权案件时，采纳了司法鉴定机构提供的鉴定意见。这里体现的司法原则主要是（   ）③。（**2018 单 5**）

A.司法平等

B.依法独立行使司法权

C.公平优先，兼顾效率

D.以事实为依据，以法律为准绳

例8：下列关于我国司法权的表述，正确的是（   ）④。（**2016 单 9**）

A.我国司法权包括审判权和检察权两种

B.司法权独立意味着司法权不受一切单位和个人的监督

C.司法权的终局性意味着一切纠纷最终都由司法机关作出裁决

D.司法权的专属性要求司法权只能由国家各级审判机关统一行使

---

① D

② C

③ D

④ A

例9：下列符合我国司法机关依法独立行使职权原则要求的有(　　　)①。(2015 法多 23)

A. 司法权只能由国家审判机关和检察机关行使

B. 司法机关行使司法权受国家监督,不受社会监督

C. 司法权的行使不受行政机关、社会团体和个人的干涉

D. 司法机关行使司法权时必须严格依照法律规定正确适用法律

例10：2012 年 6 月我国完成铁路运输法院移交地方的改革工作,对此,下列说法正确的有(　　　)②。(2013 多 49)

A. 这有利于实现司法公正

B. 这有利于司法机关摆脱相关部门利益的干扰

C. 这符合宪法关于人民法院是国家审判机关的定性

D. 这符合宪法关于人民法院依法独立行使审判权的原则

例11：在我国,司法机关独立行使职权原则的含义包括(　　　)③。(2010 法多 22)

A. 司法权的专属性　　　　　　　　　　B. 行使职权的独立性

C. 司法机构的独立性　　　　　　　　　D. 行使职权的合法性

命题点四 ┃ 主观题 ┃

例12：简述司法法治原则。

司法法治原则即以事实为依据、以法律为准绳的原则。

以事实为依据,就是指司法机关审理一切案件,都只能以与案件有关的事实作为依据,而不能以主观臆断作依据。事实包括被合法证据证明了的事实和依法推定的事实。前者属于客观事实的范围,是已经被具有证明力的、合法的证据所确定的事实。后者是在案件客观事实真相无法查明的情况下,依照法律中有关举证责任和法律原则推定的事实。

以法律为准绳,就是指司法机关在司法过程中,要严格按照法律规定办事,把法律作为处理案件的唯一标准和尺度。在整个司法过程中,在审理案件中,法律是最高的标准,是社会主义法治对司法提出的必然要求。

贯彻此原则,首先要求在司法工作中,应当坚持实事求是、从实际出发的思想路线,重证据,重调查研究,不轻信口供;其次要求在司法工作中,坚持维护社会主义法律的权威和尊严,不仅要严格遵守实体法的规定,而且要严格执行程序法的各项规定;此外,还要求在司法工作中,正确处理依法办事与坚持党的政策的指导作用的关系。

例13：简述我国司法机关依法独立行使职权原则的内涵。(2015 简 64)

司法独立原则基本含义是：

(1)司法权的专属性,即国家的司法权只能由国家各级审判机关和检察机关统一行使,其他任何机关、团体和个人都无权行使此项权利;

---

① ACD

② ABCD

③ ABD

（2）行使职权的独立性，即人民法院、人民检察院依照法律独立行使自己的职权，不受行政机关、社会团体和个人的非法干涉；

（3）行使职权的合法性，即司法机关审理案件必须严格依照法律规定，正确适用法律，不得滥用职权，枉法裁判。

坚持司法机关独立行使职权原则，并不意味着司法机关行使司法权可以不受任何监督和约束，对司法权的监督主要表现在：

（1）司法权要接受党的领导和监督；

（2）司法权要接受国家权力机关的监督；

（3）司法机关的上下级之间以及同级之间的监督；

（4）司法权要接受行政机关、企事业单位、社会团体、民主党派、人民群众和舆论的监督。

例14：简述司法责任原则。

司法责任原则是指司法机关和司法人员在行使司法权过程中侵犯了公民、法人和其他社会组织的合法权益，造成严重后果而应承担的一种责任制度。司法责任原则是根据权力与责任相统一的法治原则而提出的权力约束机制。

按照权力与责任相一致的原则，一方面对司法机关和司法人员行使国家司法权给予法律保障，另一方面对司法机关及其司法人员的违法和犯罪行为给予严惩。

只有将司法权力与司法责任结合起来，才能更好地增强司法机关和司法人员的责任感，防止司法过程中的违法行为，并对违法行为进行法律制裁，以更好地维护社会主义司法的威信和社会主义法制的权威和尊严。

例15：简述司法公正原则。

司法公正原则是指司法机关及其司法人员在司法活动过程和结果中应坚持和体现公平和正义的原则。司法公正包括实体公正和程序公正，具体指：

（1）实体公正：司法裁判的结果公正，当事人的权益得到了充分的保障，违法犯罪者受到了应得的惩罚和制裁；

（2）程序公正：司法过程的公正，司法程序具有正当性，当事人在司法过程中受到公平的对待。这是对司法公正最低标准的规定。司法活动的合法性、独立性、有效性，裁判人员的中立性，当事人地位的平等性以及裁判结果的公正性，都是司法公正的必然要求和体现。

例16：试述深化司法体制改革的措施。

其一，司法体制改革坚持的方向和原则：

（1）坚持正确的政治方向；

（2）坚持以宪法为根本遵循；

（3）坚持以提高司法公信力为根本尺度；

（4）坚持符合国情和遵循规律相结合。

其二，保证公正司法、提高司法公信力：

（1）推进以审判为中心的诉讼制度改革；

（2）改革法院案件受理制度；

（3）探索建立检察机关提起公益诉讼制度；

（4）实行办案质量终身负责制和错案责任倒查问责制；

（5）完善人民陪审员和人民监督员制度；

（6）探索设立跨行政区划的人民法院和人民检察院；

（7）完善行政诉讼体制机制,切实解决行政诉讼立案难、审理难、执行难等突出问题。

其三,增强全民法治观念、推进法治社会建设：

（1）发展中国特色社会主义法治理论；

（2）把法治教育纳入国民教育体系和精神文明创建内容；

（3）完善守法诚信褒奖机制和违法失信行为惩戒机制；

（4）推进公共法律服务体系建设；

（5）完善多元化纠纷解决机制。

其四,加强法治工作队伍建设：

（1）完善法律职业准入制度；

（2）建立法官、检察官逐级遴选制度；

（3）健全法治工作部门和法学教育研究机构双向交流与互聘机制；

（4）深化律师管理制度改革。

例17：试述落实司法责任制的措施。

1.法官、检察官对案件质量终身负责；

2.法官、检察官员额制；

3.法官、检察官职业保障；

4.科学配置办案团队,专业化与扁平化相结合；

5.推广科学分案办法；

6.对司法辅助事务进行内部集约化管理和外部社会化购买；

7.利用信息化、大数据等辅助法官办案；

8.研究制定边疆民族地区人员招录、待遇保障等特殊政策。

例18：试述完善人权司法保障制度的措施。

1.完善人权司法保障要注重对法治原则的遵循；

2.完善人权司法保障要体现对基本人权的尊重；

3.完善人权司法保障要突出对司法权力的制约；

4.完善人权司法保障要强化对诉讼权利的保障；

5.完善人权司法保障要加强对公民权利的救济。

例19：试述提高司法公信力的措施。

其一,完善确保依法独立公正行使审判权和检察权的制度：

（1）建立领导干部干预司法活动、插手具体案件处理的记录、通报和责任追究制度；

（2）健全尊重法院裁判制度,建立健全司法人员履行法定职责保护机制。

其二,优化司法职权配置：

（1）推动实行审判权和执行权分离的体制改革试点；

（2）统一刑罚执行体制；

(3)探索实行法院、检察院司法行政事务管理权和审判权、检察权相分离；

(4)最高人民法院设立巡回法庭；

(5)探索建立检察机关提起公益诉讼制度。

其三,推进严格公正司法：

(1)推进以审判为中心的诉讼制度改革；

(2)实行办案质量个人负责制和错案责任倒查问责制。

其四,保障人民群众参与司法：

(1)完善人民陪审员制度；

(2)构建开放、动态、透明、便民的阳光司法机制。

其五,加强人权司法保障：

(1)健全落实罪刑法定、疑罪从无、非法证据排除等法律原则；

(2)完善对限制人身自由司法措施和侦查手段的司法监督。

其六,加强对司法活动的监督：

(1)完善人民监督员制度；

(2)建立终身禁止从事法律职业制度。

第四：守法

守法	守法要素	守法主体	一切国家机关、武装力量、政党、社会团体、企业事业组织,中华人民共和国公民,在我国领域内的外国组织、外国人和无国籍人		
		守法范围	规范性法律文件+非规范性法律文件(判决书、调解书、裁定书等)		
		守法内容	履行消极义务	以不作为的方式遵守禁止性规范	
			履行积极义务	以作为的方式遵守命令性规范	
			依法行使权利	人们通过自己作出一定的行为或者要求他人作出或不作出一定的行为来保证自己的合法权利得以实现	
	守法原因	出于习惯	出于对合法性的认识	出于畏惧	
		出于社会压力	出于对个人利益的考虑	出于道德上的要求	
	守法状态	最低状态	不违法犯罪		
		中层状态	依法办事,形成统一的法律秩序		
		高级状态	外在行为和内在动机都符合法的精神和要求,严格履行法律义务,充分行使法律权利		

品题

命题点一 守法

注意五点：

(1)守法主体,包括所有人;

(2)守法范围,包括规范性法律文件和非规范性法律文件;

(3)守法内容,包括积极守法和消极守法;

(4)守法原因,一共六个;

(5)守法状态,包括三个层次。

例1:某法院公布失信被执行人名单,以督促其履行义务,不少失信人在得知姓名被公布后迫于"面子"和舆论压力、找到法院配合执行。对此,下列表述正确的是( )①。(2019 单8)

A. 法院公布失信被执行人名单属于司法裁判活动

B. 公布失信人名单有助于形成尊重法律权威的社会氛围

C. 法院未经被执行人同意就公布其姓名信息侵犯了当事人的隐私权

D. 失信人迫于"面子"和舆论压力配合执行不属于守法行为

例2:下列关于守法的表述正确的是( )②。(2017 单13)

A. 守法的最低状态是不违法犯罪

B. 守法的内容就是全面行使法定权利

C. 守法的主体不包括无民事行为的人

D. 守法的范围包含宪法、法律及风俗习惯

例3:下列关于守法的理解不正确的是( )③。(2016 单11)

A. 行使法定权利是守法行为

B. 守法通常是法律和道德的共同要求

C. 由于合同不是法律,因而遵守合同并非守法

D. 某企业及时、足额向国家纳税,属于积极的守法

例4:下列关于守法的表述,正确的是( )④。(2014 单12)

A. 依法办事,形成统一法律秩序是守法的最高状态

B. 非规范性法律文件不在我国公民的守法范围之内

C. 公民甲被迫缴纳行政罚款的行为不属于守法范畴

D. 公民乙向全国人大常委会提出某项立法建议的行为属于守法范畴

例5:下列关于守法的表述,能够成立的有( )⑤。(2010 法多24)

A. 守法的最低限度是不违法

B. 守法的范围与一个国家的正式法律渊源密切相关

C. 守法不仅指依法履行法律义务,而且包括依法行使法律权利

D. 守法仅指对规范性法律文件的遵守,不包括对非规范性法律文件的遵守

---

① B

② A

③ C

④ D

⑤ ABC

命题点二 📖 主观题

例6：法律的权威源自人民对法律的内心拥护和真诚信仰，只有公民普遍守法，才能真正实现社会的法治。公民普遍遵守法律需要一定的条件才能实现，请从法理学角度阐述公民普遍守法的一般条件。（2016法简35）

守法的理由一般有以下解释：

一是习惯，绝大多数人从出生起，就被教导要遵守法律，遵守法律成为人们心理的组成要素和习惯。

二是出于对合法性的认识，由于法律是具有合法权威的机关依照法定正当程序作出的，人们会相信它们是合法的，并因此遵守他们。

三是出于畏惧，在一个法律秩序正常的社会，违法行为通常都会受到法律制裁，畏惧心理迫使人们产生服从法律的动机。

四是出于社会压力，如人们普遍鄙视越轨行为，不服从法律可能会引起某种羞耻感。

五是出于对个人利益的考虑，守法往往会产生肯定效果，即使守法不会直接产生物质利益，也会提高个人的形象和威望。

六是出于道德上的要求，认为守法是道德义务的当然要求。

第五：法律监督

法律监督	国家监督	国家权力机关监督	法律监督中处于核心和主导地位	
			法律监督	各级人大及人大常委会对法律实施的监督
			工作监督	人大及人大常委会对政府、监察机关、审判机关、检察机关工作监督
		国家监察机关监督		
		国家司法机关监督	检察监督	刑事诉讼监督+民事诉讼监督+行政诉讼监督
			审判监督	人民法院系统内的监督+人民法院对监察机关的监督+人民法院对行政机关的监督
		国家行政机关监督	一般行政监督	专门行政监督
			行政复议	行政监管
	社会监督	社会组织监督	人民政协监督+民主党派监督+社会团体监督（工会+青年团+妇女联合会+居委会+村委会+消协等）	
		社会舆论监督	借助传媒手段进行的新闻舆论监督	
		人民群众监督	人民群众直接进行法律监督	

➤➤ 品题

命题点一 ▏ 🔲 法律监督 ▏

包括国家监督和社会监督。国家监督包括国家权力机关监督+国家司法机关监督+国家行政机关监督;社会监督包括社会组织监督(政协、民主党派、社会团体)+社会舆论监督+人民群众监督。

例1:王某发现当地个别政府工作人员有违法行为,遂将收集的证据交给电视台。电视台报道后,引起广泛关注。当地政府为此组成调查组进行调查,认定报道反映的问题属实,依法对相关责任人进行了处理,该事件涉及的法律监督形式包括(　　)①。(2017 单 14)(2017 法单 6)

　　A. 社会舆论监督、政党监督和行政机关监督

　　B. 权力机关监督、人民群众监督和社会舆论监督

　　C. 人民群众监督、社会舆论监督和行政机关监督

　　D. 社会组织监督、社会舆论监督和人民群众监督

例2:下列关于法律监督的表述,正确的是(　　)②。(2015 单 9)

　　A. 某检察院对同级法院的判决提起抗诉,属于国家监督

　　B. 政协委员张某在"两会"期间对地方政府提出批评,属于行政监督

　　C. 某省纪律检查委员会对有贪污嫌疑的赵某进行调查,属于司法监督

　　D. 某省人大常委会工作人员孙某举报其领导以权谋私,属于权力机关监督

例3:李某是税务局干部,他向县检察院举报了税务局领导张某在干部调整中收受钱物的行为,但长期未见回应。李某几经努力才弄清是检察院的王某把举报信私下扣住并给了张某。于是他又向县人大、市检察院举报王某的行为。李某的举报行为属于(　　)③。(2014 法单 6)

　　A. 法的适用　　　　　　　　　　　　　　B. 法的执行

　　C. 法的监督　　　　　　　　　　　　　　D. 法的解释

例4:检察官李某系中共党员,他以匿名信方式向监察机关检举某领导的贪污行为。他的法律监督行为属于(　　)④。(2011 多 47)

　　A. 检察监督　　　　　　　　　　　　　　B. 政党监督

　　C. 社会监督　　　　　　　　　　　　　　D. 人民群众监督

例5:下列关于法律监督的表述,能够成立的是(　　)⑤。(2010 单 14)

　　A. 法律监督包括国家监督和社会监督

_____

①　C

②　A

③　C

④　CD

⑤　A

B. 法律监督是平行主体之间的监督

C. 法律监督是自上而下的监督

D. 行政监督属于外部法律监督

例6:在我国法律监督体系中,属于社会监督的有(　　)①。(2010 法多23)

A. 中国共产党的监督 　　　　　　　B. 民主党派的监督

C. 新闻媒体的监督 　　　　　　　　D. 全国人民代表大会的监督

例7:下列关于我国法律监督体系中审计监督的表述,正确的是(　　)②。(2009 单13)

A. 审计监督属于国家权力机关的监督

B. 审计监督是检察监督的一种方式

C. 审计监督是一种专门的行政监督

D. 审计监督在本质上属于社会监督

例8:下列关于法律监督的表述,正确的是(　　)③。(2008 单11)

A. 政党监督属于社会监督

B. 民众与社会团体的监督没有实质作用

C. 法律监督只能在监督对象做出行为后进行

D. 法律监督可以杜绝执法中的违法行为

例9:下列关于我国法律监督的表述,正确的有(　　)④。(2006 多48)

A. 全国人民代表大会及其常委会是我国的最高法律监督机关

B. 人民检察院和人民法院是我国专门的法律监督的主体

C. 各级国家机关、社会组织和公民个人均可成为我国法律监督的主体

D. 法律监督可分为有权监督和无权监督

命题点二 |🖥 主观题|

例10:法律监督的意义。

狭义的法律监督是由特定国家机关依照法定职权和法定程序,对立法、执法和司法活动的合法性进行的监督。广义的法律监督是指由所有的国家机关、社会组织和公民对各种法律活动的合法性进行的监督。法律监督的意义主要体现在:

(1)法律监督是社会主义民主政治的保障和重要组成部分;

(2)法律监督是依法治国、建设社会主义法治国家的保证;

(3)法律监督是建立和完善社会主义市场经济的需要。

例11:试述国家监督的分类。

当代中国的法律监督分为国家监督和社会监督。

---

① 　BC

② 　C

③ 　A

④ 　AC

国家监督包括国家权力机关的监督、国家监察机关的监督、国家司法机关的监督和国家行政机关的监督：

(1)国家权力机关的监督,指各级人民代表大会及其常务委员会为主体的监督,这种监督在监督体系中处于核心和主导地位,这种监督也可以分为法律上的监督和工作监督两种。

(2)国家监察机关的监督,新修改的《宪法》和新出台的《监察法》所规定,由国家监察机关作为主体进行的监督。具体内容参见后面有关《监察法》制定的意义与内容。

(3)国家司法机关的监督,是以国家司法机关为主体进行的监督。包括检察机关的监督和审判机关的监督。检察机关的监督分为三类:刑事诉讼监督、民事诉讼监督和行政诉讼监督。审判机关的监督也叫做人民法院的监督,分为三种:一是人民法院系统内的监督,二是人民法院对检察机关的监督,三是人民法院对行政机关的监督。

(4)国家行政机关的监督,是指以行政机关为监督主体进行的监督。它既包括国家行政系统内部上下级之间以及行政系统内部设立的专门机关的法律监督,也包括行政机关在行使行政权时对行政相对人的监督。可以分为一般行政监督、专门行政监督、行政复议、行政监管。

例12:试述社会监督的分类。

当代中国的法律监督分为国家监督和社会监督。

社会监督,即非国家的监督,指由各政党、各社会组织和人民群众依照宪法和有关法律,对各种法律活动的合法性进行的监督。在我国,根据社会监督的主体不同,可以将其分为政党的监督、社会组织的监督、社会舆论的监督、人民群众的监督。

(1)社会组织的监督,主要指人民政协、民主党派和社会团体的监督。人民政协在政治协商和民主监督方面发挥着重要作用;各民主党派参政议政进行法律监督的工作,是法律监督的一支重要的社会力量;社会团体的监督主要是指由工会、青年团、妇女联合会等社会组织进行的监督。

(2)社会舆论的监督。主要指借助传媒手段进行的新闻舆论的监督。舆论监督最能体现社会监督的广泛性、公开性和民主性,能够十分有效地影响国家机关及其工作人员的行为,起到其他监督形式无法替代的作用。

(3)人民群众的直接监督。这种监督的主体是公民个人,客体是所有国家机关及其工作人员、政党、社会团体、社会组织、大众传媒。

例13:试述《监察法》制定的意义。

其一,制定《监察法》是深化国家监察体制改革决策部署的重大举措。制定《监察法》,贯彻落实党中央关于深化国家监察体制改革决策部署,使党的主张通过法定程序成为国家意志,对于创新和完善国家监察制度,实现立法与改革相衔接,以法治思维和法治方式开展反腐败工作,意义重大、影响深远。

其二,制定《监察法》是坚持和加强党对反腐工作的领导,构建集中统一、权威高效的国家监察体系的必然要求。《监察法》是反腐败工作国家立法成果,是一部对国家监察工作起统领性和基础性作用的法律。为整合反腐败资源力量,加强党对反腐败工作的集中统一领导,实现对所有行使公权力的公职人员监察全覆盖提供法律依据。

其三,制定《监察法》是坚持党内监督与国家监察有机统一,坚持走中国特色监察道路的创制之举。通过立法方式保证依规治党与依法治国、党内监督与国家监察有机统一,将党内监督同国家机关监督、民主监督、司法监督、群众监督、舆论监督贯通起来,不断提高党和国家的监督效能。

其四,制定《监察法》是加强宪法实施,丰富和发展人民代表大会制度,推进国家治理体系和治理能力现代化的战略举措。

例14:试述《监察法》的立法原则。

其一,坚持正确政治方向。严格遵循党中央确定的指导思想、基本原则和改革要求,把坚持和加强党对反腐败工作的集中统一领导作为根本政治原则贯穿立法全过程和各方面。

其二,坚持与宪法修改保持一致。宪法是国家各种制度和法律法规的总依据。《监察法》草案相关内容及表述均与本次宪法修改关于监察委员会的各项规定相衔接、相统一。

其三,坚持问题导向。着力解决我国监察体制机制中存在的突出问题。

其四,坚持科学立法、民主立法、依法立法。贯彻落实党中央决策部署,吸收各方面意见,回应社会关切,严格依法按程序办事,使草案内容科学合理、协调衔接,制定一部高质量的《监察法》。

第九章｜法律职业与法律方法

第一：法律职业

范围	狭义：法官+检察官+律师	
	广义：一切受过法律专业训练、从事法律工作的人员	
特点	（1）法律职业的技能特征	（2）法律职业的伦理特征
	（3）法律职业的自治特征	（4）法律职业的准入特征
任职条件	（1）具有中华人民共和国国籍	
	（2）拥护中华人民共和国宪法，享有选举权和被选举权	
	（3）具有良好的政治、业务素质和道德品行	
	（4）具有完全民事行为能力	
	（5）具备全日制普通高等学校法学类本科学历并获得学士及以上学位；全日制普通高等学校非法学类本科及以上学历并获得相应学位且从事法律工作满三年。参加国家统一法律职业资格考试并获得通过	

品题

命题点一 | 法律职业 |

狭义三类人：法官、检察官在体制内，律师在体制外；广义所有法律人。

例 1：2018 年国家统一职业资格考试制度在我国正式实施，该制度集中体现的法律职业特征是（　　）①。（2019 单 6）

A. 法律职业具有相当大的自治性

B. 法律职业要求设置严格的准入门槛

C. 法律职业必须具备特定的职业伦理

D. 从事法律职业意味着肩负更多的社会责任

例 2：下列关于我国法律职业的说法，正确的有（　　）②。（2017 多 48）（2017 法多 23）

A. 最高人民检察院检察长是首席大检察官

---

① B

② AB

B. 法官的职责之一是参加合议庭审判案件或独任审判案件

C. 律师是依法取得律师执业证书,为社会提供法律服务的国家工作人员

D. 狭义的法律职业从业者包括法官、检察官、律师和法学教学研究人员四大类

例3: 下列情形中,符合我国法律适用原则的是(　　　　)①。(2014 单 11)

A. 某监狱依照法律规定,批准正在服刑的赵某保外就医

B. 法官钱某为办好案件,多次与原、被告双方私下接触

C. 检察官孙某在办案过程中接到领导批示,并按批示要求处理案件

D. 村长李某对一起强奸案进行协调,最终促成双方以赔偿 5000 元私了

命题点二 | 主观题 |

例4: 简述法律职业的内涵及其特征。(2020 简 51)(2020 法简 31)

法律职业共同体的成员是法律人,法律人是受过专门的法律专业训练,具有娴熟的法律技能与法律伦理的人,资深的法律人又称法律家。法律职业具有以下特点:

其一,法律职业的技能特征:法律职业技能来源于法学教育,职业技能是通过正规的法科专业学习与系统训练而养成的,它以系统而统一的法律学问为基础,并在职业实践中不间断地学习。

其二,法律职业的伦理特征:法律职业伦理有别于大众伦理和其他职业伦理,因为它受法律活动规律的制约,受法律职业技能的影响。

其三,法律职业的自治特征:法律人从事法律活动,具有相当大的自主性或自治性;对法律自治的追求也就出现了职业主义的倾向,因而也就造就了专业化的司法官吏,进而也就出现了法律职业的专门逻辑。

其四,法律职业的准入特征:加入法律职业必须获得许可证,得到头衔。

例5: 简述法官/检察官的职业伦理。

(1)严格遵守宪法和法律;

(2)秉公办案,不得徇私枉法;

(3)依法保障诉讼参与人的诉讼权利;

(4)维护国家利益、公共利益,维护自然人、法人和其他组织的合法权益;

(5)保守国家秘密和审判工作秘密,对履行职责中知悉的商业秘密和个人隐私予以保密;

(6)接受法律监督和人民群众监督;

(7)通过依法办理案件以案释法,增强全民法治观念,推进法治社会建设。

---

① A

第二：法律解释概述

特点			(1)法律解释对象是法律规定		
			(2)法律解释与具体案件密切相关		
			(3)法律解释具有一定的价值取向性		
			(4)法律解释受到解释学循环的制约		
分类	法律解释主体	正式解释 （法定解释） （有权解释）	由特定的国家机关、官员或其他有解释权的人对法律作出的具有法律上约束力的解释		
			立法解释	司法解释	行政解释
		非正式解释 （学理解释）	由学者或其他个人及组织对法律规定所作的不具有法律约束力的解释		
			这种解释不被作为执行法律的依据，但在法律适用、法学研究、法学教育、法制宣传以及法律发展方面还是有着很重要的意义		
	法律解释尺度	字面解释	条文的字面含义所作的解释		
		限制解释	小于其文字本来含义的解释		
		扩大解释	广于其字面本来含义的解释		
	法的解释方法	文义解释 （语法解释） （文理解释）	严格遵循法律规范的字面含义的一种以尊重立法者意志为特征的解释		
			其特点是将解释的焦点集中在语言上，而不顾及根据语言解释出的结果是否公正、合理		
		历史解释	通过对法律文件制定的时间、地点、条件等历史背景材料的研究		
			通过将这一法律与历史上同类法律规范进行比较研究来阐明法律规范的内容和含义		
		体系解释 （系统解释）	通过分析某一法律规范在整个法律体系和所属法律部门中的地位和作用，来揭示其内容和含义		
		目的解释	从制定该法律时的目的来解释法律		
			从该法律在当前条件下的需要来解释法律		
		社会学解释	着重于社会效果的预测和社会利益的衡量，根据各种社会因素对法律规范的社会目的和社会效益进行解释		
		比较法解释	通过比较外国的立法和判例及其原则、经验和效果，进行解释		

> **品题**

命题点一 ▢ 法律解释的分类

（1）按主体分为正式解释和非正式解释，正式解释限于立法机关、行政机关和司法机关，

其他机关和个人解释是非正式解释;

(2)按尺度分为字面解释、限制解释和扩大解释,扩大解释一般有"既包括,还包括",限制解释一般有"只包括";

(3)按方法分为文义解释,历史解释一般有"翻资料",体系解释一般有"用法条解释法条",目的解释包括"立法者主观目的"和"解释者客观目的",社会学解释"社会学方法",比较法解释"看外国"。

例1:某区人民法院在审理一起民事案件时,依据全国人大常委会副委员长关于民法总则草案的说明,对《民法通则》的有关条款作了解释,对此下列说法不正确的有(　　　)①。(2019多44)

A. 该法院采用了比较法解释

B. 该法院运用了定义解释方法

C. 该法院的解释属于正式解释

D. 该法院的解释同法律具有同等效力

例2:四位法学学生旁听法院审理一起刑事案件后,用不同方法对法院涉及案件的刑法条文进行了解释,下列说法正确的是(　　　)②。(2018单10)(2018法单5)

A. 甲根据最高人民法院1985年发布的案例进行解释,属于历史解释

B. 乙结合立法时的社会背景进行解释,属于体系解释

C. 丙结合法律的上下文作出解释,属于目的解释

D. 丁按照法律条文的字面含义进行解释,属于文义解释

例3:下列关于法律解释的表述,正确的是(　　　)③。(2016单13)(2016法单7)

A. 国家机关对法律所做的解释均是有权解释

B. 我国法律解释体系包括立法解释和司法解释两种形式

C. 历史解释的方法既可以用作正式解释,也可以用于非正式解释

D. 按解释尺度的不同可以将法律解释分为文义解释与体系解释

例4:下列关于法律解释的表述,正确的是(　　　)④。(2015单12)

A. 法官对法律规范的解释是有权解释

B. 体系解释是不同于系统解释的一种解释方法

C. 目的解释是根据司法者的主观意图所作的解释

D. 文义解释是按照法律规范的字面含义所作的解释

例5:我国《刑法》第329条第1款规定:"抢夺、窃取国家所有的档案的,处五年以下有期徒刑或者拘役。"下列相关说法中,正确的有(　　　)⑤。(2014多48)

---

① ABCD

② D

③ C

④ D

⑤ CD

A. 依照罪刑法定原则,法官不得对该规则进行解释

B. 抢夺、窃取个人所有的档案的,可以参照本条定罪量刑

C. 从本条的文义上看,只抢夺而不窃取档案的,同样适用本条

D. 该规则虽然只针对抢夺、窃取档案的行为,但仍然提供规范指引

例6:法官邓某在审理一起民事案件过程中,根据自己的专业知识和经验对相关法律条文进行了解释,并据此做出判决。邓某对法律的解释属于( )①。(2014 单 8)

A. 立法解释   B. 非正式解释

C. 司法解释   D. 行政解释

例7:下列选项中,属于我国法的正式解释的有( )②。(2014 法多 22)

A. 立法解释   B. 行政解释

C. 司法解释   D. 学理解释

例8:我国《刑法》第 119 条规定:"破坏……电力设备……造成严重后果的,处十年以上有期徒刑,无期徒刑或者死刑。"甲破坏供电设备,导致其地发生大面积停电,直接经济损失达数亿元。法院审理时认为,甲的行为导致经济损失数额特别巨大,应当属于"造成严重后果的"情形。法院对"造成严重后果的"理解属于( )③。(2013 单 7)

A. 历史解释   B. 文义解释

C. 体系解释   D. 限制解释

例9:我国《婚姻法》第 21 条第 1 款规定:"……子女对父母有赡养扶助的义务。"王律师认为,该规定中的"子女"既包括婚生子女,又包括非婚生子女、养子女和继子女。王律师采用的法律解释方法是( )④。(2012 单 14)

A. 比较解释   B. 扩充解释

C. 字面解释   D. 限制解释

例10:依据解释的主体和效力的不同,法律解释可以分为( )⑤。(2011 法单 7)

A. 目的解释和文义解释   B. 限制解释和扩充解释

C. 系统解释和历史解释   D. 有权解释和无权解释

例11:"不可抗力是指不能预见和不能避免的因素。"这一法律解释运用的主要方法是( )⑥。(2008 单 10)

A. 语义解释   B. 历史解释

C. 目的解释   D. 系统解释

例12:刘法官在审理案件时,对《中华人民共和国婚姻法》中"子女对父母有赡养扶助的义务"这一规定中"子女"的含义进行了解释,他认为这里的"子女"仅仅指成年子女,不包括

---

① B

② ABC

③ B

④ B

⑤ D

⑥ A

未成年子女。刘法官的这一解释属于(   )①。(2006 多 47)

A. 司法解释   B. 学理解释

C. 限制解释   D. 有权解释

命题点二 ┃ 🖻 **法律解释的特点** ┃

例 13：下列关于法律解释的表述,能够成立的有(   )②。(2013 法多 24)

A. 法律解释都具有法律效力

B. 法律解释实质上是一种类比推理

C. 法律解释随时代发展而发展,并非一成不变

D. 法律解释应当考虑社会需要,有时不限于立法愿意

例 14：下列关于法律解释的表述,能够成立的有(   )③。(2009 多 50)

A. 法律解释一般由待处理的案件引起

B. 法律解释是一个客观的过程,不具有价值取向性

C. 并不是所有的法律解释都具有法律效力

D. 法律解释有时可以起到弥补立法不足的作用

命题点三 ┃ 🖻 **主观题** ┃

例 15：法律解释的必要性。(2011 论 70)

法律解释的必要性是由法律调整的特殊性及其运作的规律所决定的,它有助于解决法律实施中原则性与灵活性、一般与具体的矛盾,是完备立法的需要。

(1)由于法律具有概括性、抽象性的特点,因此需要法律解释化抽象为具体,变概括为特定;

(2)由于人们在认识能力、认识水平上的不同以及利益与动机的差别,因此会对同一法律规定有不同的理解,特别是对法律规定中一些专门术语有不同的理解;

(3)对于立法缺憾,需要通过法律解释改正、弥补;

(4)通过法律解释解决法律的稳定性与社会发展之间的矛盾;

(5)通过法律解释普及法律知识,开展法制教育。

---

① BC

② CD

③ ACD

第三：法律解释体制

立法解释	概念	全国人大常委会对法律的解释,全国人大常委会的法律解释同法律有同等效力		
	提出	国务院		中央军委
		最高院		最高检
		专门委员会		省级人大常委会
	作用	阐明法律实施中产生的疑义		
		适应社会发展,赋予法律规定以新含义		
		解决法条冲突以及司法解释之间的冲突	当出现法条冲突,而不能用法条竞合的一般规则来解释时,需要全国人大常委会进行立法解释	
			最高院和最高检的司法解释发生冲突,应当报请全国人大常委会作最终解释	
司法解释	概念	国家最高司法机关对司法工作中具体应用法律问题所作的解释,包括审判解释和检察解释		
	作用	赋予比较概括、原则的规定以具体内容		
		法律解释适应新的社会情况		
		对适用法律中的疑问进行统一的解释		
		对各级法院之间应如何依据法律规定相互配合审理案件,确定管辖以及有关操作规范问题进行解释		
		通过解释活动,弥补立法的不足		
行政解释	概念	国务院及其主管部门对有关法律和法规进行的解释		
	作用	对不属于审判和检察工作中的其他法律如何具体应用的问题所作的解释		
		国务院及其主管部门在行使职权时对自己制定的法规进行的解释		

▶▶ 品题

命题点一 | 🖳 法律解释体制

注意三点：

(1)立法解释特指全国人大常委会,启动主体 6 个,解释效力同法律；

(2)司法解释特指最高院和最高检,二者有冲突由全国人大常委会最终解释；

(3)行政解释特指国务院及其部门。

例 1：《最高法关于案例指导工作的规定》第七条："最高人民法院发布的指导性案例,各级人民法院审判类似案件时应当参照。"下列对于该规定的理解,正确的是(　　　)①。(**2019 单 10**)

---

① A

A. 人民法院参照指导性案例审理类似案件体现了"同案同判"的要求

B. 最高人民法院发布的指导性案例具有普遍的法律约束力

C. 最高人民法院发布的指导性案例属于立法活动

D. 指导性案例是当代中国的判例法

例2：某市中级人民法院在审理一起姓名权案件时,认为《婚姻法》第二十二条"子女可以随父姓,可以随母姓"的规定需要进一步明确具体含义,于是中止审理,逐级报送至最高人民法院。根据我国宪法和法律,下列做法正确的是(　　　)①。(**2019 单21**)

A. 该市中级人民法院可以援引宪法作为裁判依据

B. 最高人民法院应就进一步明确该条件的具体含义作出司法解释

C. 该市中级人民法院应直接报送全国人大常委会,根据请示结果作出判决

D. 最高人民法院可向全国人大常委会提出对该条进行法律解释的要求

例3：根据我国《立法法》的规定,下列关于法律解释的表述,正确的有(　　　)②。(**2014 多57**)

A. 法律解释权属于全国人大常委会

B. 全国人大常委会的法律解释的效力低于法律

C. 国务院可以向全国人大常委会提出法律解释的要求

D. 当法律制定后出现新的情况,需要明确适用法律依据的,由全国人大常委会解释

例4：根据我国法律规定,下列国家机关中,享有正式法律解释权的有(　　　)③。(**2011 多51**)

A. 全国人民代表大会

B. 全国人民代表大会常务委员会

C. 最高人民法院

D. 最高人民检察院

例5：最高人民法院和最高人民检察院对具体适用法律问题的解释有原则性分歧时,有权作出解释或决定的机关是(　　　)④。(**2010 单13**)

A. 全国人民代表大会

B. 全国人民代表大会常务委员会

C. 国务院

D. 中央政法委员会

命题点二 | 主观题 |

例6：试述立法解释的启动及其意义。

---

① D
② ACD
③ BCD
④ B

立法解释是全国人大常委会对法律的解释,全国人大常委会的法律解释同法律有同等效力。立法解释的启动主体有六个,分别为国务院、中央军委、最高院、最高检、专门委员会和省级人大常委会。立法解释的任务在于:

(1)阐明法律实施中产生的疑义。(2)适应社会发展,赋予法律规定以新含义。(3)解决法条冲突以及司法解释之间的冲突;其一,当出现法条冲突,而不能用法条竞合的一般规则来解释时,需要全国人大常委会进行立法解释;其二,最高院和最高检的司法解释发生冲突,应当报请全国人大常委会作最终解释。

例7:简述我国司法解释的基本作用。(2007 简 64)

司法解释是国家最高司法机关对司法工作中具体应用法律问题所作的解释,包括审判解释和检察解释。司法解释具有以下基本作用:

(1)赋予比较概括、原则的规定以具体内容。(2)法律解释适应新的社会情况。(3)对适用法律中的疑问进行统一的解释。(4)对各级法院之间应如何依据法律规定相互配合审理案件,确定管辖以及有关操作规范问题进行解释。其一,适用法律过程中对具体法律条文理解不一致,通过解释,统一认识,正确司法;其二,为统一审理标准,针对某一类案件、某一问题或某一具体个案,就如何理解和执行法律规定而作出统一解释。(5)通过解释活动,弥补立法的不足。

第四:法律推理

形式逻辑方法	演绎推理	大前提 小前提 ——— 结论	演绎推理是必然性推理,即只要前提为真(正确),则结论一定为真(正确)
			演绎推理是从一般到个别的推论,三段论大前提是全称判断,小前提和结论是特称判断
	归纳推理	归纳推理是或然性推理,前提为真(正确),结论也未必为真(正确),其中完全归纳是必然性推理,不完全归纳是或然性推理	
		归纳推理是从个别到一般的推论	
	类比推理	前提:A具有abcd等属性 前提:B具有abc属性 结论:B也具有d属性	法律领域的类比推理是根据两个案例在事实特征方面的相似性,推导出将其中一个案例的法律后果也适用于另一个案件的推论
			如能否从"禁止小汽车驶入公园"推导出"禁止电动车驶入公园"
辩证逻辑方法	实质推理	在两个或两个以上相互矛盾的命题中选择一个作为前提的推理	
		有大前提而不用大前提进行的推理	
		没有大前提、无法进行演绎推理而采用的推理	
		实质推理必须建立在事物的辩证法的客观基础之上,而绝不应该是从法官的主观想象中得出结论	

命题点一 ┃ 法律推理的分类 ┃

注意五点：

（1）法律推理分为形式推理和辩证推理；

（2）演绎推理即三段论，大前提是法条，小前提是事实，前提正确结论必然正确，大陆法系及英美法系都用到此方法；

（3）归纳推理即根据经验推未知，前提正确结论不必然正确，英美法系多用此法；

（4）类比推理即"同案同判"，前提正确结论不必然正确，英美法系多用此法；

（5）辩证推理三前提，一是法条矛盾，二是法条不用，三是法条漏洞。

例1：我国刑法规定："贪污数额巨大或者有其他严重情节的，处三年以上十年以下有期徒刑。"根据《最高法最高检关于办理贪污贿赂刑事案件适用法律若干问题的解释》的规定：贪污或受贿数额在二十万元以上不满三百万元的应认定为"数额巨大"。冯某贪污公款21万元，法院依法判处其三年有期徒刑，法院在该裁判中适用的主要推理方式是（　　）①。（2019 单 11）

A.演绎推理　　　　　　　　　　　　　　B.类比推理

C.归纳推理　　　　　　　　　　　　　　D.辩证推理

例2：关于法律推理，下列说法正确的是（　　）②。（2017 单 8）（2017 法单 3）

A.辩证推理是通过法官的主观想象获得合理裁判结论的推理过程

B.美英法系国家一般采用归纳推理，不用演绎推理

C."类似案件，类似处理"是类比推理的基本要求

D.演绎推理的大前提通常是法律事实

例3：下列关于法律推理的表述，正确的有（　　）③。（2016 多 47）

A.只有在执法和司法活动中，才存在法律推理

B.辩证推理是解决司法疑难案件重要的推理方式

C.英美法系国家司法活动中既会运用到归纳推理，也会用到演绎推理

D.在一起案件中，主审法官在法无明文规定时依据当地习惯审理了该案，则他运用的是类比推理

例4：村民甲为修建房屋，盗伐了某林场木材若干。事发后，公安机关依法对甲的违法行为展开调查，并依据我国治安管理处罚法的相关条文对甲处以罚款。对此，下列分析正确的有（　　）④。（2016 法多 23）

―――――――――――――――

① A

② C

③ BC

④ ABC

A. 甲的盗伐行为引发了多个法律关系的产生

B. 公安机关依法对甲进行处罚运用了演绎推理的方法

C. 甲与林场之间的法律关系属于平权法律关系与相对法律关系

D. 公安机关的行政处罚决定书属于规范性法律文件,具有法的效力

例5:某市出租车司机甲为了将病重的高中生及时送往医院,连闯两个红灯。按照交通法规,对其闯红灯行为应予以扣分并罚款,但市公安交管部门认为,甲的做法系救人之举,决定免除对甲的处罚。对此,下列说法正确的是(　　　)①。(2015 单 10)

A. 甲为救人而闯红灯的行为并不违法

B. 甲不受法律制裁并不意味着他没有法律责任

C. 公安交管部门作出免除处罚的决定运用的是演绎推理

D. 公安交管部门作出免除处罚的决定违反了法律面前人人平等原则

例6:我国《刑法》第 307 条第 1 款规定:"以暴力、威胁、贿买等方法阻止证人作证或者指使他人作伪证……情节严重的,处三年以上七年以下有期徒刑。"某人民法院经审理查明,甲通过贿买等方式阻止目击者作证,情节严重,依法判处甲有期徒刑七年。法院在该案中运用的逻辑推理方式是(　　　)②。(2015 法单 4)

A. 演绎推理　　　　　　　　　　　　B. 辩证推理

C. 归纳推理　　　　　　　　　　　　D. 类比推理

例7:下列选项中,满足辩证法律推理适用条件的有(　　　)③。(2014 多 50)

A. 某些法律规定明显落后于社会发展

B. 同一位阶的法律规定之间存在抵触

C. 因法律规定的复杂性引发了疑难问题

D. 作为法律推理前提的两个法律命题相互矛盾

例8:在当代中国司法活动中,法官运用的法律推理方式主要是(　　　)④。(2014 法单 7)

A. 归纳推理　　　　　　　　　　　　B. 演绎推理

C. 辩证推理　　　　　　　　　　　　D. 类比推理

例9:下列关于法律推理的说法,正确的是(　　　)⑤。(2013 单 11)

A. 辩证推理和类比推理都属于实质推理

B. 演绎推理与归纳推理都采用三段论的推理模式

C. 类比推理在我国的司法活动中最被严格禁止的

D. 归纳推理和类比推理主要适用于判例法系国家

例10:我国《刑法》第 264 条规定:"盗窃公私财物,数额较大或者多次盗窃的,处三年以下有期,徒刑、拘役或者管制……"检察官张某据此认为,马某多次盗窃,依法应当对其判处

---

① B
② A
③ ABCD
④ B
⑤ D

三年有期徒刑。张检察官所运用的法律推理是(   )①。(2012 单 13)

    A. 类比推理   B. 归纳推理

    C. 演绎推理   D. 辩证推理

    例 11:出租车司机滕某因运送产妇就医闯红灯受到交警处罚。有评论认为,滕某虽然涉嫌违法,但情有可原,不应处罚。该评论意见的推理方式属于(   )②。(2011 单 13)

    A. 演绎推理   B. 归纳推理

    C. 类比推理   D. 辩证推理

    例 12:《中华人民共和国刑法》第 252 条规定:"隐匿、毁弃或者非法开拆他人信件,侵犯公民通信自由权利,情节严重的,处一年以下有期徒刑或者拘役。"法院审理查明,甲实施了隐匿、毁弃他人信件的行为,且情节严重,因此依法判处甲有期徒刑 10 个月。法院在本案中运用的法律推理是(   )③。(2011 法单 8)

    A. 演绎推理   B. 归纳推理

    C. 类比推理   D. 实质推理

    例 13:下列关于法律推理的表述,能够成立的有(   )④。(2010 法多 26)

    A. 法律推理有助于限制法官的主观任意性

    B. 法律推理可以为法院判决提供正当理由

    C. 归纳推理具有或然性,无法得出有效的法律结论

    D. 演绎推理以法律规定为大前提,以案件事实为小前提,以判决为结论

    例 14:依照《刑法》的规定,犯贪污罪的,个人贪污数额在 10 万元以上的,处 10 年以上有期徒刑或无期徒刑,可以并处没收财产。甲贪污公款 15 万元,法院依法认定甲构成贪污罪,判处甲有期徒刑 11 年,并处没收个人财产。法院运用的推理方式属于(   )⑤。(2006 单 4)

    A. 演绎推理   B. 归纳推理

    C. 实质推理   D. 辩证推理

命题点二 | ▣ 主观题 |

    例 15:简述法律推理的特点。

    法律推理是指在法律领域中,从一个或几个已知的判断(前提)得出另一个未知的判断(结论)。法律推理具有以下特点:

    (1)法律推理是法律运用中一系列复杂的法律推理和论证活动的综合;

    (2)法律推理以法律与事实为两个已知的判断作为推理的前提;

    (3)法律推理运用多种科学的方法和规则进行;

---

    ① C

    ② D

    ③ A

    ④ ABD

    ⑤ A

（4）法律推理的目的是为法律提供正当理由；

（5）法律推理的结果往往涉及当事人的利害关系。

第五：法律论证

特征	法律论证理论是对传统法律教义学和解释理论的超越,即意识到法律三段论的局限,强调法外因素在法律正当性论证(证成)中的意义
	法律论证的结论不是绝对的,具有可废止性
正当性标准	1. 内容的融贯性
	2. 程序的合理性
	3. 依据的客观性和逻辑有效性
	4. 结论可接受性

>> 品题

命题点一 ▏ 法律论证正当标准

内容融贯+程序合理+依据客观逻辑有效+结论可接受。

例 1：下列关于法律论证的理解,正确的是(　　)①。（2017 单 9）

A. 法律论证与法律解释、法律推理之间不存在任何联系

B. 法律论证的过程主要是协商过程,不包含逻辑推理

C. 法律论证的融贯性要求裁判过程中价值与事实相统一

D. 法律论证结论的可接受性与司法独立之间存在着矛盾关系

例 2：杨某多次盗取某公司网络游戏充值账户内的虚拟货币,并用虚拟货币向他人的游戏账户内充值,获利数万元人民币。在法院合议庭讨论此案的过程中,法官甲认为,依据我国《刑法》第 264 条的规定,杨某的行为符合盗窃罪的构成要件,构成盗窃罪；法官乙认为,虚拟货币不属于法律意义上的财物,因此杨某的行为不构成盗窃罪。对此,下列观点中正确的有(　　)②。（2014 法多 26）

A. 法官甲的推理属于实质推理

B. 法官乙的解释属于非正式解释

C. 虚拟货币不应当成为法律关系的客体

D. 法官审理本案时需要进行必要的法律论证

例 3：下列选项中,具有填补法律空白和漏洞作用的法律方法包括(　　)③。（2012 法

---

① C

② BD

③ AB

多 23)

A. 法律论证   B. 法律解释

C. 演绎推理   D. 归纳推理

例 4：下列选项中,属于法律论证的正当性标准的有(   )①。(**2012 法多 25**)

A. 内容的融贯性   B. 程序的合理性

C. 逻辑的有效性   D. 结论可接受性

命题点二 ┃▣ **主观题** ┃

例 5：简述法律论证的正当性标准。(**2016 法简 31**)

法律论证是在司法过程中对判决理由的正当性、合法性或合理性进行论证,其目的在于从多种合理甚至合法的法律主张中寻找到最佳选择。法律论证的正当性标准包括：

其一,内容的融贯性。法律论证不仅是在寻求一种法律意义上的合法性,而且是在追求一种广泛上的正当性,即社会认同,包括道德评价和利益平衡以及消弭事实与价值之间的差异等。

其二,程序的合理性。法律论证理论建立在对结论的非绝对性、非唯一性认知上,论证过程的合理、公正决定着结论的正当性。

其三,依据的客观性和逻辑有效性。法律论证不是完全主观和随意的主张,而是必须依据基本的法律和社会规范以及合理的逻辑规则达成,此外论证中需要遵循基本的形式逻辑规则。

其四,结论的可接受性。法律论证的结果是否正当、合理,取决于其说服力,即能否被决策者和公众认同和接受。

---

① ABCD

第十章 | 法律关系

第一:法律关系概述

特征	(1)法律关系是依法建立的社会关系				
	(2)法律关系是一种体现意志性的特殊社会关系				
	(3)法律关系是以法律权利义务为内容的社会关系				
法律关系产生变更消灭	法律规范				
	法律事实	法律事件	法律规定的,与当事人意志无关的客观事实		
			绝对事件		相对事件
			如天灾,生、老、死等		如社会动荡等
		法律行为	法律规定的,与当事人意志有关的主观行为		
			作为		不作为
分类	法律关系内容性质不同	基本法律关系	依宪法或宪法性法律确立		
		普通法律关系	依法律确立		
		诉讼法律关系	依诉讼法律确立		
			司法机关之间	诉讼参与人之间	司法机关和诉讼参与人之间
	法律关系主体地位不同	纵向(隶属)法律关系	一方当事人依据职权直接要求他方当事人为或不为一定行为		
		横向(平权)法律关系	当事人法律地位平等		
	法律关系主体是否特定	绝对法律关系	一个人对一切人		
		相对法律关系	某个人对某个人		
	法律关系产生依据不同	调整性法律关系	由肯定式法律后果产生		
		保护性法律关系	由否定式法律后果产生		
	法律关系主体多少和权利义务是否一致	单向(单务)法律关系			
		双向(双务)法律关系			
		多向(多边)法律关系			

品题

命题点一 | 法律关系的特征 |

注意三点：

(1)法律关系是受法律调整的社会关系，即人与人之间的关系，但必须有法律意义；

(2)法律关系体现两个意志性，一是国家意志性，二是法律关系参加者的意志；

(3)法律关系以权利义务为内容。

例 1：关于法律关系，下列说法中不正确的是(　　)①。(2018 单 8)(2018 法单 3)

A. 民事法律关系均为相对法律关系

B. 法律规范是法律关系产生的前提

C. 在法律关系中主体的权利和义务是现实的

D. 法律关系是以法律上的权利义务为内容的社会关系

例 2：下列关于法律关系的表述，正确的是(　　)②。(2014 单 14)

A. 法律关系是人与物的关系

B. 法律关系是人与人的关系

C. 法律关系是人与自然的关系

D. 法律关系是人与社会的关系

例 3：从性质上看，法律关系是(　　)③。(2010 法单 21)

A. 物质关系　　B. 意志(思想)关系

C. 社会关系　　D. 事实关系

命题点二 | 法律事实 |

考查区分法律事件和法律行为。法律关系的产生、变更、消灭有两个原因，一是法律规范、二是法律事实。法律事实包括两种，与人的意志无关的是法律事件，如生老病死、天灾、时效、重大社会事件、国家行为等；与人的意志有关的是法律行为，包括作为和不作为。

<table>
<tr><td rowspan="3">法律事实</td><td>与当事人意志有关</td><td colspan="2">法律行为</td></tr>
<tr><td rowspan="2">与当事人意志无关</td><td>与人的意志无关</td><td>绝对事件</td></tr>
<tr><td>与人的意志有关</td><td>相对事件</td></tr>
</table>

例 1：下列选项中，关于法律行为或法律事件的判断，不正确的是(　　)④。(2016 法单 4)

A. 赵某生下一对双胞胎是法律事件

① A

② B

③ C

④ D

B. 钱某与单位签订聘用合同是法律行为

C. 孙某的房屋在地震中垮塌是法律事件

D. 李某声称自己被外星人劫持是法律行为

例 2：在引起法律关系的法律事实中，法律事件与法律行为的区分标准是（　　）①。（2014 法单 2）

A. 是否具有合法性　　　　　　　　　　B. 是否具有社会性

C. 是否由法律调整　　　　　　　　　　D. 是否以当事人的意志为转移

例 3：刘女士在餐厅就餐时，左脸不幸被火锅烫伤。刘女士向餐厅索赔无果，遂提起民事诉讼。除要求餐厅赔偿治疗费外，她还主张精神损害赔偿。关于本案，下列说法正确的是（　　）②。（2014 法单 8）

A. 刘女士主张精神损害赔偿的权利属于法定权利

B. 刘女士、餐厅和法院之间不存在多向法律关系

C. 刘女士与餐厅之间不存在产生法律关系的法律事实

D. 如果餐厅赔偿治疗费，那么这种赔偿是绝对义务的承担方式

例 4：甲因停车收费与保安乙发生冲突，用刀将乙刺死，甲在检察机关准备提起公诉期间因病死亡，检察机关遂做出撤销案件的决定，此案撤销的根据是（　　）③。（2012 单 5）

A. 违法行为　　　　　　　　　　　　　B. 事件

C. 免责事由　　　　　　　　　　　　　D. 事实构成

例 5：下列关于法律规范与法律关系的表述，能够成立的是（　　）④。（2011 单 14）

A. 法律规范是法律关系的前提　　　　　B. 法律规范是法律关系的结果

C. 法律关系是法律规范的基础　　　　　D. 法律关系是法律规范的根据

例 6：赵某与钱某约定，赵某以 1000 元的价格购买钱某的耕牛。当夜，耕牛被孙某盗走，致使合同因无法履行而终止，钱某返还赵某价款。该事例中，导致合同解除的法律事实是（　　）⑤。（2011 单 11）

A. 孙某盗窃耕牛的行为　　　　　　　　B. 耕牛被盗事件

C. 合同无法履行的事实　　　　　　　　D. 钱某返还价款的行为

例 7：甲的父亲在一次车祸中丧生，甲依法继承了其父的遗产。引起遗产继承这一法律关系发生的法律事实是（　　）⑥。（2006 单 7）

A. 车祸

B. 甲的父亲死亡

C. 甲与其父之间存在合法的父子关系

---

① D

② A

③ B

④ A

⑤ B

⑥ B

D. 甲未声明放弃继承权

例8：事件与法律行为的划分标准是（　　）①。（2006 单 10）

A. 是否以人的主观意志为转移

B. 是否能够引起法律关系的产生、变更或消灭

C. 是否由法律规范予以调整

D. 是否与当事人的意志有关

命题点三 ┃ 🖰 法律关系的分类 ┃

一共五类：

（1）基本法律关系就是宪法法律关系；普通法律关系就是实体法律关系；诉讼法律关系共三对，一是司法机关之间构成诉讼法律关系，如检察院向法院提起公诉，二是诉讼当事人之间构成诉讼关系，如原告和被告，三是司法机关和诉讼当事人之间构成诉讼法律关系，如法院和原被告之间；

（2）纵向（隶属）法律关系一般存在于公权力机关和个人之间或者父母与子女之间；横向（平权）法律关系一般双方都是私主体；

（3）绝对法律关系，一方有权利，其他所有人负义务，如物权或知识产权；相对法律关系，双方互负权利义务，如合同、侵权或诉讼双方；

（4）调整性法律关系和保护性法律关系，后者分三种，一是诉讼、仲裁等方式解决纠纷，二是行政处罚，三是刑事诉讼；

（5）单务法律关系，不是指只有一方，因为两方以上才可能构成法律关系，单务真实含义指一方只有权利，另一方只有义务，不要和绝对法律关系相混淆，绝对法律关系不是另一方只有义务，而是所有人都负有义务，单务法律关系如赠与合同或无偿的保管；双务法律关系，如买卖合同或租赁合同；多边法律关系，如合伙、公司设立，诉讼中法院-原告-被告架构也属于此类。

例9：甲影楼为乙拍摄婚纱照，后擅自将乙的婚纱照卖给丙杂志社做封面，乙得知后，与甲和丙交涉未果，提起诉讼。法院经审理认为，甲和丙侵犯了乙的肖像权，应承担相应的法律责任。关于此案涉及的法律关系，下列表述正确的是（　　）②。（2017 单 4）

A. 法院与乙的关系是诉讼法律关系

B. 法院与甲、丙的关系是绝对法律关系

C. 甲和乙在诉讼中的关系是纵向法律关系

D. 甲和丙因照片使用产生的法律关系是调整性法律关系

例10：某日，交警甲在乙的小饭馆吃午餐，付给乙餐费 100 元。当天下午，乙驾车到超市购物时违章停车，甲依法对乙处以 100 元的罚款并出具罚单。根据法律关系原理，上述"吃

---

① D

② A

饭"与"罚款"两次活动所引发的法律关系分别是( )①。(2015 法单 5)

　　A.基本法律关系与普通法律关系

　　B.实体法律关系与程序法律关系

　　C.绝对法律关系与相对法律关系

　　D.平权型法律关系与隶属型法律关系

例 11:李某因车祸致双腿残疾,交警的责任认定书认定肇事司机王某负全责。李某遂向法院起诉,除要求王某赔偿 30 万元医疗费外,还主张对她因车祸而受侵害的"正常行走权"予以赔偿。关于本案,下列选项正确的是( )②。(2013 单 12)

　　A.李某主张的"正常行走权"属于法定权利

　　B.王某赔偿 30 万元是绝对义务的承担方式

　　C.李某与王某之间的侵权法律关系因王某的肇事行为而产生

　　D.交通出具的责任认定书是规范性法律文件,具有法律效力

例 12:小王购买了一套价值 105 万元的商品房,向银行贷款 60 万元,贷款年限为 20 年,银行每月从小王的银行账户划扣 4500 元用于还贷。小王与银行之间的法律有关系属于( )③。(2013 法多 23)

　　A.普通法律关系　　　　　　　　　　B.基本法律关系

　　C.隶属型法律关系　　　　　　　　　D.相对法律关系

例 13:按照法律关系主体是否特定化,可以将法律关系划分为( )④。(2010 单 5)

　　A.基本法律关系与普通法律关系

　　B.绝对法律关系与相对法律关系

　　C.调整性法律关系与保护性法律关系

　　D.平权型法律关系与隶属型法律关系

命题点四 ▌主观题▌

例 14:简述法律关系的特征。

法律关系是根据法律规范产生、以主体之间的权利与义务关系的形式表现出来的特殊社会关系,即在法律规范调整社会关系的过程中所形成的人们之间的权利和义务关系。具体来说,有如下特征:

其一,法律关系是依法建立的社会关系:

(1)法律规范是法律关系产生的前提;(2)法律关系不同于法律规范调整或保护的社会关系本身;(3)法律关系是法律规范的实现形式;(4)法律关系是人与人之间符合法律规范的社会关系。

―――――――――――

① D

② C

③ AD

④ B

其二,法律关系是一种体现意志性的特殊社会关系:

(1)法律关系体现了国家意志;(2)法律关系体现了关系参加者的意志;(3)承认法律关系的意志性,并不能否认它的客观性。

其三,法律关系是以法律权利义务为内容的社会关系:

(1)法律规范权利义务体现可能性,法律关系权利义务体现现实性;(2)法律规范权利义务体现抽象性,法律关系权利义务体现具体性。

例15:简述法律关系的产生、变更、消灭的条件。

法律关系的产生、变更和消灭称为法律关系的演变,具体而言:(1)法律关系的产生指在主体之间出现了权利、义务关系;(2)法律关系的变更指的是法律关系的主体、客体或内容任何一项发生了变化;(3)法律关系的消灭指的是主体间权利、义务关系完全终止。

法律关系的产生、变更或消灭不是随意的,必须符合两方面的条件:一是抽象的条件,即法律规范的存在,这是法律关系形成、变更与消灭的前提和依据;二是具体的条件,即法律事实的存在。法律事实是指能够引起法律关系产生、变更或消灭的各种事实的总称,不仅是客观事实,而且是能用证据证明的客观事实,是具有法律意义的事实。

例16:简述法律事实的含义和特征。(2009简64)

法律事实是指能够引起法律关系产生、变更或消灭的各种事实的总称。法律事实具有以下特征:

(1)法律事实是一种规范性事实,没有法律规范就不会有法律事实;

(2)法律事实是一种能用证据证明的事实;

(3)法律事实是一种具有法律意义的事实。

按照法律事实是否与当事人的意志有关,可以把法律事实分为法律事件和法律行为。

法律事件是法律规范规定的、与当事人意志无关的,且能够引起法律关系产生、变更或消灭的客观事实。根据事件是否由人们的行为而引起可以划分为绝对事件和相对事件。

法律行为指的是与当事人意志有关的,能够引起法律关系产生、变更或消灭的作为和不作为。

此外,同一个法律事实可以引起多种法律关系的产生、变更和消灭。

第二:法律关系三要素

<table>
<tr><td rowspan="6">法律关系构成三要素</td><td rowspan="6">法律关系主体</td><td>范围</td><td colspan="3">自然人(中国公民、外国公民、无国籍人)+法人+其他社会组织+国家</td></tr>
<tr><td rowspan="5">限制</td><td rowspan="3">权利能力</td><td rowspan="2">自然人</td><td>基本权利能力</td></tr>
<tr><td>特殊权利能力</td></tr>
<tr><td>法人</td><td>从注册到注销,内容由章程确定</td></tr>
<tr><td rowspan="2">行为能力</td><td>自然人</td><td>权利能力≠行为能力</td></tr>
<tr><td>法人</td><td>权利能力=行为能力</td></tr>
</table>

法律关系构成三要素	法律关系内容	权利 vs. 权力	广义法律权利=权利+权力	
			(1)宪法中,一般中央国家机关使用职权一词,地方国家机关使用权限一词,公民使用权利一词	
			(2)权利主体一般是公民与法人和其他社会组织,权力主体只能是被授予权力的国家机关及其特定的工作人员	
			(3)权利主体可以转让或放弃,职权不能放弃、不可让与	
			(4)权力的强制性是直接的,权利的强制性是间接的	
		义务	作为+不作为	
		权利义务关系	权利和义务相辅相成,有权利即有义务,有义务即有权利,没有无权利的义务,也没有无义务的权利,二者互为目的,互为手段	
			从本质上看,权利是指法律所保护的某种利益;从行为方式的角度看,它表现为要求权利相对人可以怎样行为,必须怎样行为或不得怎样行为	
	法律关系客体	(1)物		
		(2)行为		
		(3)精神产品		
		(4)人身利益		
		(5)数据信息		

≫ 品题

命题点一 ┃ 法律关系主体 ┃

注意三点:

(1)包括自然人,法人,其他组织和国家,自然人既包括中国公民,也包括外国公民和无国籍人;

(2)权利能力,自然人始于出生、终于死亡,法人始于注册、终于注销;

(3)行为能力,自然人权利能力不同于行为能力,法人权利能力同于行为能力。

例1:下列关于权利能力和行为能力的表述,能够成立的有(　　)①。(2013 多 51)

A.法人的权利能力和行为能力同时取得

B.自然人的权利能力和行为能力因出生而取得

C.外国人在中国只具备行为能力,不具备权利能力

D.我国境内的无国籍人也可能具有权利能力和行为能力

例2:下列有关权利能力的表述,正确的是(　　)②。(2012 单 7)

---

① AD

② B

A. 法律关系的主体不一定拥有权利能力

B. 享有具体权利的人一定具有权利能力

C. 有权利能力的人一定实际享有具体权利

D. 权利能力只体现享有权利的资格而不包括承担义务的资格

例3: 法律关系主体能够通过自己的行为实际取得权利和履行义务的能力,称为( )①。(2012 法单 5)

A. 行为能力　　　　　　　　　　　B. 权利能力

C. 权力能力　　　　　　　　　　　D. 责任能力

例4: 下列关于权利能力和行为能力的表述,正确的是( )②。(2008 单 12)

A. 法律关系主体的权利能力和行为能力构成法律关系的内容

B. 权利能力是指法律关系主体能通过自己的行为行使权利和履行义务的能力

C. 行为能力是指能够参与一定的法律关系并依法享有权利和承担义务的法律资格

D. 公民有行为能力必须首先有权利能力,但有权利能力并不必然有行为能力

命题点二 ┃☐ **权利和权力** ┃

注意三点:

(1)权力用在公主体,权利用在私主体;

(2)权力不可放弃和转让,权利可以放弃和转让;

(3)权力强制性是直接的,权利强制力是间接的,以权力为中介。

例5: 下列关于权利的相关表述,正确的是( )③。(2015 单 11)

A. 法律关系主体的权利就是权利能力

B. 一般而言,法律权利的主体不能主动放弃权利

C. 通常情况下,有权利即有义务,有义务即有权利

D. 权利的强制性是直接的,权力的强制性是间接的

命题点三 ┃☐ **权利和义务的关系** ┃

相辅相成、互为目的、互为手段。

例6: 下列关于权利和义务的表述,正确的是( )④。(2014 单 4)

A. 权利和义务都可以放弃

B. 权利和义务都不可以放弃

C. 权利可以放弃,义务必须履行

D. 义务可以放弃,权利必须享有

---

① A

② D

③ C

④ C

例7：下列关于权利与义务的表述,正确的是(　　　)①。(2008 单 4)

A. 行政法律关系的主体只有权利没有义务

B. 任何权利都不能成为法律关系的客体

C. 民事法律关系中的权利义务可以互相替换

D. 在特定情况下,有些权利同时也是义务

命题点四 | 🔲 **法律关系客体**

共四类:

(1)物,对应物权;

(2)行为,对应债权;

(3)精神产品,对应知识产权;

(4)人身利益,对应人格权。

例8：甲工作时不慎将手指切断,同事将其送往医院,医院拟为其做断指再植术,手术前发现断指丢失,对此,下列分析正确的是(　　　)②。(2016 单 12)

A. 甲与医院之间的医疗合同法律关系的客体是人身

B. 按照法律关系客体的相关理论,该断指属于物的范畴

C. 甲的女友因甲的手指缺失而与其分手,这属于法律事实中的法律行为

D. 由于切断手指是甲的个人疏忽所致,其工作单位不承担任何责任

例9：新婚夫妇张某与李某到某影楼拍摄婚纱照。由于影楼工作人员的疏忽,导致新拍婚纱照的底片报废,这对新婚夫妇遂将影楼诉至法院,下列有关法律的说法中正确的有(　　　)③。(2012 多 50)

A. 新婚夫妇与影楼之间形成的是平权型法律关系

B. 新婚夫妇与影楼之间形成的法律关系体现了双方的意志

C. 新婚夫妇与影楼之间形成的诉讼法律关系为相对法律关系

D. 如果底片没有报废,新婚夫妇与影楼之间形成的法律关系的客体是照片

例10：在法律关系中,权利和义务所指向的对象是(　　　)④。(2011 法单 6)

A. 法律事实　　　　　　　　　　　B. 法律关系的主体

C. 法律关系的客体　　　　　　　　D. 法律关系的内容

例11：下列选项中,属于法律关系客体的有(　　　)⑤。(2010 多 48)

A. 宅基地　　　　　　　　　　　　B. 外科手术

C. 文学作品　　　　　　　　　　　D. 人格尊严

---

① D

② B

③ ABC

④ C

⑤ ABCD

例 12：甲购买了北京到广州的火车票,并乘坐票面指定的车次顺利到达广州,由此形成的客运合同法律关系的客体是(   )①。(2007 单 3)

A. 甲的人身

B. 甲为购买火车票而支付的价款

C. 甲购买的火车票

D. 铁路部门运送甲的行为

例 13：下列法律概念中,属于客体概念的是(   )②。(2009 单 1)

A. 原告　　　　　　　　　　B. 人民法院

C. 动产　　　　　　　　　　D. 不可抗力

命题点五 ▏主观题▏

例 14：简述法律权利与法律义务的关系。(2014 法简 35)

法律权利是指作为法律关系主体即权利主体或享有权利人,依法具有自己这样行为或不这样行为,或要求他人这样或不这样行为的能力或资格。

法律义务是指作为法律关系主体即义务主体或承担义务人依法应这样或不这样行为的限制和约束,前者是作为,后者是不作为。

权利和义务相辅相成,有权利即有义务,有义务即有权利,没有无权利的义务,也没有无义务的权利,二者互为目的,互为手段。

从本质上看,权利是指法律所保护的某种利益;从行为方式的角度看,它表现为要求权利相对人可以怎样行为,必须怎样行为或不得怎样行为。权利的实现离不开义务的履行,它反映着主体在社会关系中独立自主和相互协作的关系的状态。

例 15：简述权利和权力的区别。

法律权利是指作为法律关系主体即权利主体或享有权利人,依法具有自己这样行为或不这样行为,或要求他人这样或不这样行为的能力或资格。

广义上的法律权利包含了权力,权力也可以理解为法律关系主体具有自己这样行为或不这样行为,或要求他人这样行为或不这样行为的能力或资格。二者区别在于：

(1)宪法中,一般中央国家机关使用职权一词,地方国家机关使用权限一词,公民使用权利一词;

(2)权利主体一般是公民与法人和其他社会组织,权力主体只能是被授予权力的国家机关及其特定的工作人员;

(3)权利主体可以转让或放弃,职权不能放弃、不可让与;

(4)权力的强制性是直接的,权利的强制性是间接的。

例 16：简述法律关系的客体种类。

法律关系客体是法律关系主体之间权利和义务所指向的对象。包括物、行为、精神产

---

① D

② C

品、人身利益。

其一,物:法律关系主体支配的、在生产上和生活上所需要的客观实体。可以是天然物,也可以是生产物;可以是活动物,也可以是不活动物。其不仅具有物理属性,还具有法律属性。物理意义上的物要成为法律关系客体,须具备以下条件:(1)应得法律的认可;(2)应为人类所认识和控制;(3)能够给人们带来某种物质利益,具有经济价值;(4)须具有独立性。

其二,行为:法律关系客体的行为是特定的,即义务人为满足权利人的利益要求而完成的行为,包括作为和不作为,又称积极行为和消极行为。

其三,精神产品(非物质财富):人通过某种物体或大脑记载下来并加以流传的思维成果。不同于有体物,其价值和利益在于物中所承载的信息;不同于主观精神活动本身,是精神活动的物化和固定化。

其四,人身利益:人身是由各个生理器官组成的生理整体(有机体),人身利益不仅是人作为法律关系主体的承载者,而且在一定范围内成为法律关系的客体。须注意:(1)活人的整个身体,不得视为法律上之物;(2)权利人对自己的人身不得进行违法或有伤风化的活动,不得滥用人身,或自贱人身和人格;(3)对人身行使权利时必须依法进行,不得超出法律授权的界限,严禁对他人人身非法强行行使权利。

其五,数据信息:以数据形式存在的有价值的情报或者资讯,如工商业情报、国家秘密、个人信息等,其中既有人工处理的数据信息,也包括很多自然生成的数据信息。

第十一章 | 法律责任与法律制裁

第一：法律责任

原因	违法行为		违约行为	法律规定
方式	惩罚性责任		救济性责任	预防性责任
构成要件	责任主体	必须具有法定责任能力		
	违法行为	广义上，一般违法行为+犯罪行为		
		狭义上，一般违法行为		
	损害结果	人身损害+财产损害+精神损伤+不以实际损害结果存在的法律责任		
	因果关系	要求证明违法行为与损害结果之间的因果关系		
	主观过错	过错责任(故意+过失)+无过错责任		
分类	刑事责任			民事责任
	行政责任(行政处分+行政处罚)			违宪责任
归责	由特定的国家机关或国家授权的机关依法对行为人的法律责任进行判断和确认			
	责任法定原则	刑事法律是追究刑事责任的唯一法律依据，罪刑法定		
		由特定的国家机关或国家授权的机构归责		
		反对责任擅断		
		反对有害追溯		
		同时允许人民法院行使自由裁量权		
	因果联系原则			
	责任与处罚相称原则			
	责任自负原则	违法行为人应当对自己的违法行为负责		
		特殊情况也产生替代责任问题		
无责	未达到法定责任年龄、精神失常、正当防卫、紧急避险等			
免责	时效免责			
	不诉免责	"告诉才处理""不告不理"		
	自首立功免责			
	有效补救免责	在国家机关归责之前采取及时补救措施，免除其部分或全部责任		
	自助免责	是指权利人为保护自己的权利，在情势紧迫而又不能及时请求国家机关予以救助的情况下，对他人的财产或自由扣押、拘束等措施		

品题

命题点一 |🖳 法律责任|

例 1：下列有关法律责任的表述,正确的是( )①。(2014 单 3)

A.民事责任主要是一种财产责任

B.从刑事法律角度上看,法律义务就是法律责任

C.违法就应承担法律责任,不违法就不承担法律责任

D.过错责任既要承担行为上的责任,也要承担思想上的责任

例 2：下列选项中,属于一般法律责任构成要件的有( )②。(2014 法多 25)

A.责任主体   B.违法行为

C.因果关系   D.证据材料

例 3：下列关于法律责任的表述,能够成立的有( )③。(2011 法多 24)

A.法律责任的种类由法律加以明确规定

B.法律责任的认定必须以行为人的主观过错为前提

C.法律责任具有惩罚、救济和预防等功能

D.法律责任可以通过责任主体自觉履行而实现

例 4：下列关于法律责任的表述,能够成立的是( )④。(2010 单 11)

A.党员违反党纪的行为应承担法律责任

B.追究法律责任的最终依据只能是狭义上的法律

C.有些情况下,行为人没有主观过错也要承担法律责任

D.设定法律责任的主要目的在于对违法者进行法律制裁

例 5：下列关于行政责任的表述,能够成立的有( )⑤。(2010 多 49)

A.行政责任主要是无过错责任

B.财产责任也是承担行政责任的一种方式

C.行政责任的主体是行政主体和行政相对人

D.行政责任产生的原因是行政违法行为或法律法规的规定

例 6：下列关于法律责任的表述,能够成立的有( )⑥。(2010 法多 25)

A.任何人都可以成为法律责任的主体

B.追究民事法律责任时均不需要考虑主观过错

C.违法行为或违约行为是法律责任的构成要件

---

① A
② ABC
③ ACD
④ C
⑤ BCD
⑥ CD

D.有些法律责任的承担不需要以实际损害结果为前提

例 7：下列关于法律责任的表述,能够成立的是(　　　)①。(2007 单 15)

A.刑事责任是犯罪人向被害人所负的一种法律责任

B.民事责任的功能是救济当事人的权利,不具有惩罚的功能

C.行政责任是指行政机关违反行政法规所应承担的法律责任

D.在我国,承担违宪责任的主体主要是国家机关

命题点二 ┃ 归责原则 ┃

例 8：下列情形中,体现责任自负原则的有(　　　)②。(2011 多 50)

A.冯某因盗窃被判有期徒刑三年

B.陈某饲养的狗咬伤邻家小孩,陈某为此赔偿五百元

C.褚某因下级官员的渎职行为承担领导责任被撤职

D.卫某因冒名顶罪被司法机关以包庇罪判处有期徒刑一年

例 9：下列选项中,不属于我国法律责任归责原则的是(　　　)③。(2008 单 15)

A.责任法定原则　　　　　　　　　　B.责任与处罚相称原则

C.连带责任原则　　　　　　　　　　D.因果联系原则

例 10："反对责任擅断和反对有害追溯",体现的法律归责原则是(　　　)④。(2007 单 12)

A.因果联系原则　　　　　　　　　　B.责任与处罚相称原则

C.责任法定原则　　　　　　　　　　D.责任自负原则

命题点三 ┃ 无责不等于免责 ┃

无责是原本无责,包括未到责任年龄、精神病人、正当防卫、紧急避险等;免责是有责而免,包括超过时效、不告不理、自首立功、有效补救和自助免责。

例 11：甲因琐事与乙发生冲突,将乙打伤。甲赶紧打 120 电话,并随救护车将乙送往医院,乙被诊断为轻伤,经及时救治痊愈出院。甲支付了乙的医疗费等费用。事后,甲未被追究法律责任。根据上述材料,甲被免责的原因是(　　　)⑤。(2017 单 7)

A.有效补救免责　　　　　　　　　　B.立功免责

C.协议免责　　　　　　　　　　　　D.自助免责

例 12：下列情形中,符合我国法定免责条件的有(　　　)⑥。(2016 多 49)

A.十四周岁的刘某盗窃他人财物

B.赵某犯罪后,有重大立功表现

―――――――――――――――

① D
② ABCD
③ C
④ C
⑤ A
⑥ BCD

C. 王某恶意诽谤孙某,孙某念及两人往日情谊没有起诉王某

D. 李某在火锅店用餐时被烫伤,三年后李某起诉火锅店要求民事赔偿

例 13:下列情形中,属于法律责任免除的法定事由的是( )①。(2011 单 12)

A. 精神失常   B. 正当防卫

C. 有重大立功表现   D. 未达到法定责任年龄

例 14:下列属于我国法律规定的免责条件或情况的有( )②。(2009 多 47)

A. 时效免责   B. 不诉免责

C. 正当防卫免责   D. 自首立功免责

命题点四 | 主观题 |

例 15:简述法律责任的含义和种类。

法律责任是指行为人由于违法行为、违约行为或者由于法律规定而应承受的某种不利的法律后果。法律责任是社会责任的一种,与其他社会责任相比,具有国家强制性。

产生法律责任的原因主要有三类,即违法行为、违约行为和法律规定。法律责任的目的是通过其惩罚、救济和预防三个功能的发挥来实现的。

法律责任包括刑事责任、民事责任、行政责任和违宪责任。

(1)刑事责任是指行为人因其犯罪行为所必须承受的,由司法机关代表国家所确定的否定性法律后果。它是犯罪人向国家所负的一种法律责任,追究刑事责任的唯一法律依据是刑事法律。刑事责任是一种惩罚性的责任,是所有法律责任中最严厉的一种。

(2)民事责任是指行为人由于违反民事法律、违约或者由于民法规定所应承担的一种法律责任。民事责任主要是一种救济责任,其功能主要在于救济当事人的权利,赔偿或补偿当事人的损失。当然,民事责任也具有惩罚的功能。民事责任主要是一方当事人对另一方当事人的责任,在法律允许的情况下,民事责任可以由当事人协商解决。

(3)行政责任是指因违反行政法规定或因行政法规定而应承担的法律责任。承担行政责任的主体是行政主体和行政相对人。产生行政责任的原因是行为人的行政违法行为或法律法规的规定。行政责任的承担方式较为多样化。

(4)违宪责任是指由于有关国家机关制定的某种法律和法规、规章,或有关国家机关、社会组织或公民从事了与宪法规定相抵触的活动而产生的法律责任。违宪责任产生的原因是违宪行为。

例 16:简述我国法律责任的归责原则。(2012 法简 31)

法律责任的归责,也叫法律责任的归结,是指由特定的国家机关或国家授权的机关,依法对行为人的法律责任进行判断和确认。法律责任的归责原则具体包括:

其一,责任法定原则:指法律责任作为一种否定的法律后果应当由法律规范预先规定。内容包括:(1)刑事法律是追究刑事责任的唯一法律依据,罪刑法定;(2)由特定的国家机关

---

① C

② ABD

或国家授权的机构归责;(3)反对责任擅断;(4)反对有害追溯;(5)允许人民法院行使自由裁量权。

其二,因果联系原则:(1)在认定行为人违法责任之前,应当首先确认行为与危害或损害结果之间的因果联系;(2)在认定行为人违法责任之前,应当首先确认意志、思想等主观方面因素与外部行为之间的因果联系;(3)在认定行为人违法责任之前,应当区分这种因果联系是必然的还是偶然的,直接的还是间接的。

其三,责任与处罚相称原则:指法律公正精神在法律责任归结上的具体表现。内容包括:(1)法律责任的性质与违法行为性质应当相适应;(2)法律责任的轻重和种类应当与违法行为的危害或者损害相适应;(3)法律责任的轻重和种类应当与行为人主观恶性相适应。

其四,责任自负原则:是指违法行为人应当对自己的违法行为负责,不能让没有违法行为的人承担法律责任,即反对株连或变相株连。当然在某些特殊情况下,为了法律秩序特别是财产保护上的需要,也产生责任转承问题,如监护人对被监护人承担替代责任,上级对下级承担替代责任等。

例 17:简述法律责任的构成要件。(2013 法简 31)

法律责任的构成要件是指承担法律责任必须具备的各种条件或必须符合的标准,是国家机关要求行为人承担法律责任时进行分析、判断的标准。主要包括:

(1)责任主体:指承担法律责任的主体,必须具有法定责任能力。

(2)违法行为:指违反法律规定的义务、超越权利的界限行使权利以及侵权行为的总称。广义包括一般违法行为和犯罪行为。

(3)损害结果:指由于违法行为所导致的损失和伤害的事实,包括人身、财产和精神方面的损失和伤害。损害应当具有确定性,但有些法律责任的承担不以实际损害结果的存在为条件,如危害国家安全犯罪。

(4)因果关系:即违法行为与损害结果之间的因果关系。

(5)主观过错:指承担法律责任的主体在主观上存在的故意或者过失。

例 18:简述法律责任的免责条件。

免责也称法律责任的减轻和免除,是指法律责任由于出现法定条件被部分或全部地免除。免责不同于不负责任或无责任,免责以法律责任的存在为前提,而后两者不存在责任。免责的条件包括:

(1)时效免责:指违法者在其违法行为发生一定期限后不再承担强制性法律责任,法律责任因时间流逝而消失。

(2)不诉免责:即所谓告诉才处理和不告不理。

(3)自首立功免责:指对那些违法之后有自首或立功表现的人,免除其部分或全部法律责任。

(4)有效补救免责:指对于那些实施违法行为,造成一定损害,但在国家机关归责之前采取及时补救措施的人,免除其部分或全部责任。

(5)自助免责:指对自助行为所引起的法律责任的减轻或免除。所谓自助行为是指权利人为保护自己的权利,在情势紧迫而又不能及时请求国家机关予以救助的情况下,对他人的财产或自由施加扣押、拘束或其他相应措施,而为法律或公共道德所认可的行为。

第二：法律制裁

刑事制裁	刑事制裁以刑罚为主,刑罚是最严厉的法律制裁
	承担刑事责任的主体既可以是公民,也可以是法人或其他组织
民事制裁	由人民法院确定并实施的,对民事责任主体依其所应承担的民事责任而给予的强制性惩罚措施
	方式:停止侵害,排除妨碍,消除危险、返还财产,恢复原状、修理、重作、更换、赔偿损失,支付违约金,消除影响、恢复名誉、赔礼道歉,训诫、责令具结悔过、收缴进行非法活动的财物和非法所得等
行政制裁	行政处分:针对国家公务员或所属人员,包括警告、记过、记大过、降级、降职、开除等形式
	行政处罚:针对公民或社会组织,包括警告、罚款、没收财产、责令停产停业、吊销营业执照、停发许可证、行政拘留等
违宪制裁	全国人民代表大会及其常务委员会对违宪行为所实施的一种强制措施
	方式:撤销或改变同宪法相抵触的法律文件+罢免违宪的国家机关领导成员

▶▶ 品题

命题点一 | 📖 法律制裁

1. 是否有责	有责			无责
2. 是否免责	不免责		免责	
3. 如何承担	主动承担	法律制裁		

例1:关于法律责任和法律制裁的关系,下列表述正确的是(   )①。(2018 单2)

A. 有法律责任就有法律制裁

B. 有法律制裁必有法律责任

C. 法律责任是法律制裁的体现

D. 法律制裁和法律责任互为条件

例2:贾某与甄某酒后斗殴,分别被科以200元罚款和5天拘留。这类处罚属于(   )②。(2014 法单5)

A. 行政处分 B. 行政制裁

C. 刑事制裁 D. 民事制裁

---

① B

② B

例3：某街道办事处主任陈某利用其掌握的城市居民低保资格复核权,收受申请人好处费,被上级机关撤销主任一职,陈某受到的法律制裁属于(　　　)①。(2013 单 9)

A.行政处罚　　　　　　　　　　B.刑事制裁

C.民事制裁　　　　　　　　　　D.行政处分

例4：下列有关法律责任与法律制裁的表述,正确的是(　　　)②。(2012 法单 7)

A.民事责任主要是一种惩罚性责任

B.刑事责任可以是一种连带责任

C.拘留是一种刑事制裁

D.开除公职是一种行政制裁

例5：沈某因交通违章被公安机关交通管理部门罚款 1800 元,拘留 15 日。他受到的法律制裁属于(　　　)③。(2011 单 8)

A.民事制裁　　　　　　　　　　B.行政处罚

C.刑事制裁　　　　　　　　　　D.行政处分

例6：下列措施中,属于法律制裁的是(　　　)④。(2006 单 2)

A.国家公务员甲因违法失职受到降级处分

B.驾驶员乙开车时不小心将一行人撞成轻微伤,乙主动赔偿了该行人 300 元钱

C.公民丙犯盗窃罪,但因有立功表现,法院判决免除其法律责任

D.党员丁因违反党纪受到党内严重警告处分

命题点二 | 主观题 |

例7：简述法律义务与法律责任的区别和联系。(2006 简 64)

法律义务是指作为法律关系主体,依法应这样或不这样行为的限制和约束。包括作为的义务和不作为的义务。

法律责任是指行为人由于违法行为、违约行为或者由于法律规定而应承受的某种不利的法律后果。法律责任的目的是通过惩罚、救济和预防来实现的。

二者的联系在于:法律责任实质上是一种法律义务,法律义务也是一种法律上的不利或负担。

二者的区别在于:(1)法律义务与法律责任存在一种逻辑上的先后关系,法律责任是法律义务主体违反了第一性法律义务而产生的第二性法律义务;(2)二者主体可能不一致,法律义务的主体是所有具有权利能力的人,而法律责任的主体则只能是具有责任能力的人。

---

① D

② D

③ B

④ A

例 8：简述法律责任和法律制裁的区别。

法律责任是指行为人由于违法行为、违约行为或者由于法律规定而应承受的某种不利的法律后果。法律责任的目的是通过惩罚、救济和预防来实现的。

法律制裁是由特定的国家机关对违法者(或违约者)依其所应承担的法律责任而实施的强制性惩罚措施。可以分为刑事制裁、民事制裁、行政制裁和违宪制裁。应承担法律责任是实施和接受法律制裁的前提,法律制裁是具体承担法律责任的结果或体现,有法律责任并不一定有法律制裁。

二者的联系在于：(1)法律责任是法律制裁的前提,没有法律责任就不能有法律制裁；(2)法律制裁是落实法律责任的一种重要方式。

二者的区别在于：(1)主体不同,法律责任的主体是泛指所有违反法律义务并且应当承担责任的人,而法律制裁的主体只能是专门的国家机关；(2)法律责任的实现并不一定需要法律制裁,有法律责任并不意味着必然会有法律制裁。

第十二章 | 法治

第一：法治概念

	法治	法制
法治法制	有法制并不一定有法治	
	是一种治国方略,是依法办事的原则,是将国家权力的行使和社会成员的活动纳入完备的法律规则系统	有两层含义:一种是静态意义上的法制,即法律和制度;另一种是动态意义上的法制,即指立法、执法、司法、守法和法律监督的活动和过程
	不仅包括形式意义上的法律制度及其实施,更强调实质意义上的法律至上、权利保障的内涵	侧重于形式意义上的法律制度及其实施
	关注法律制度的内容,讲究"良法"之治,强调法律的至高权威,强调法律的公正性、稳定性、普遍性、公开性和平等性,以及对权力的制约与对人权的保障	侧重于关注法的规范性和有效性,对法律本身的内容和价值取向并无特殊的规定性
	与人治相对立,要求"法律的统治"	法制与人治并不截然对立
	法治政治基础是民主政治,其根本意义在于制约国家权力,以确认和保障公民的权利和自由,实现公民对国家和社会事务的管理	法制先于民主和宪政,在历史上往往是专制和主权的统治工具
	法治	人治
法治人治	法治是民主政治	人治一般是君主专制或贵族政治
	法治依据的是反映众人意志的法律	人治依据的是统治者个人或少数人意志
	当法律与当权者个人的意志发生冲突时,法治国家中的法律高于个人意志	当法律与当权者个人的意志发生冲突时,人治国家中的个人意志高于法律
法治民主	社会主义民主是社会主义法治的前提	
	社会主义法治是社会主义民主的保障	

品题

命题点一 | 法治

例 1：下列关于法治的表述,正确的是(　　　　)①。**(2016 单 14)**

---

① A

A. 制约权力与保障权利是法治的基本内涵

B. 全面推进依法治国,首先要规范公民权利的行使

C. 法律至上意味着推进法治要排除道德和宗教的作用

D. 法律的运行离不开人的作用,所以实现法治还要靠人治

例 2:法治是与人治相对应的治国方略。关于法治,下列说法错误的是(   )①。(2015 单 14)(2015 法单 3)

A. 法治以民主政治为基础

B. 法治要求"良法"之治

C. 法治排斥和反对德治

D. 法治要求加强对权力的制约和监督

例 3:下列关于民主、法治、人治、德治的表述,正确的是(   )②。(2014 单 9)

A. 西方"民主"一词源于古罗马

B. 法治与德治是两种根本对立的治国方略

C. 依照人治的理论,治理国家不需要法律

D. 依照传统的德治理论,国家主要通过道德教化进行治理

例 4:下列关于法治与法制的说法,不能成立的是(   )③。(2014 法单 3)

A. 法制完备表明法律体系已经形成

B. 法制完备意味着法治的实现

C. 法治要求宪法和法律具有权威性

D. 法治的关键就在于依法治权

例 5:下列关于法治与法制的表述正确的有(   )④。(2012 多 46)

A. 法制的核心是权利保障与权力制约

B. 法治与法制的区别之一在于是否要求"良法之治"

C. 法治社会也可能出现严格遵守法律制度却牺牲个案正义的情况

D. 法治要求法律全方位介入社会生活,但并非完全取代其他社会规范

例 6:下列关于现代法治的表述,正确的有(   )⑤。(2012 法多 24)

A. 公平与正义都是法治的基本价值

B. 法治可分为形式法治与实质法治

C. 法治要求遵循民主、科学的立法原则

D. 法治意味着法律是治理国家的唯一依据

例 7:下列关于法治的表述,不能成立的是(   )⑥。(2011 单 9)

---

① C
② D
③ B
④ BCD
⑤ ABC
⑥ B

A. 法治强调良法之治　　　　　　　　　B. 法治的目的在于依法行政

C. 法治要求法律得到普遍遵守　　　　　D. 法治的政治基础是民主政治

例 8：下列关于法治的表述,正确的有(　　　)①。(2006 多 49)

A. 法治的核心在于保障人权

B. 依法治国的重心是依法治权

C. 法治与法制的区别在于,前者是一种治国方略,而后者是一种依法办事的原则

D. 法治与民主是现代文明社会的主要支柱,但法治与民主并不是天然统一的

命题点二　▣ **主观题**

例 9：简述法治的内涵和意义。

法治是一种治国方略,是依法办事的原则,是将国家权力的行使和社会成员的活动纳入完备的法律规则系统。法治包含着多种内涵和意义:

首先,法治意指一种治国方略或社会调控方式。在这种意义上,法治是相对于人治而言的。

其次,法治意指依法办事的原则。法治作为一个动态的或能动的社会范畴,其基本的意义是依法办事。

再次,法治意指良好的法律秩序。无论是作为治国方略,还是作为依法办事的原则,法治最终要表现为一种良好的法律秩序。

最后,法治代表某种包含特定价值规定性的社会生活方式。法治不是单纯的法律秩序,而是有特定价值基础和价值目标的法律秩序。

例 10：简述法治与法制的区别。

法治是一种治国方略,是依法办事的原则,是将国家权力的行使和社会成员的活动纳入完备的法律规则系统;法制概念有二:一种是静态意义上的法制,即法律和制度;另一种是动态意义上的法制,即指立法、执法、司法、守法和法律监督的活动和过程。

法治与法制存在以下区别:

(1)法治不仅包括形式意义上的法律制度及其实施,更强调实质意义上的法律至上、权利保障的内涵;而法制则侧重于形式意义上的法律制度及其实施。

(2)法治关注法律制度的内容,讲究“良法”之治,强调法律的至高权威和法律的公正性、稳定性、普遍性、公开性和平等性,以及对权力的制约与对人权的保障;法制则侧重于关注法的规范性和有效性,要求严格依法办事,以实现立法者期待的法律程序,对法律本身的内容和价值取向并无特殊的规定性。

(3)法治与人治相对立,法治要求“法律的统治”,将法律置于统治者的权力之上,要求公共权力必须依法取得和行使;而法制与人治并不截然对立。

(4)法治的政治基础是民主政治,其根本意义在于制约国家权力,以确认和保障公民的权利和自由,实现公民对国家和社会事务的管理;而法制先于民主和宪政,在历史上往往是专制和主权的统治工具。

---

① 　ABD

例 11：简述法治与民主的关系。

其一，社会主义民主是社会主义法治的前提和基础：

（1）从民主作为一种国家制度来看，社会主义民主是社会主义法治的政治前提或基础；

（2）从民主作为一种公共决策方法和机制来看，社会主义民主决定着法的创制和质量；

（3）社会主义民主是社会主义法治的力量源泉；

（4）社会主义民主在促进社会主义法治发展方面也有重大作用。

其二，社会主义法治是社会主义民主的保障：

（1）社会主义法治确认人民群众当家作主的地位，确认国家的基本民主体制及其活动原则的合法性；（2）社会主义法治确认和保障广大人民群众享有广泛的民主权利和自由，为政治参与提供畅通的渠道；（3）社会主义法治确认和规范社会主义民主的范围及其实现社会主义民主的程序和方式；（4）社会主义法治是保卫社会主义民主的重要武器。

第二：法治基本原则

法律至上原则	法律至上是法治区别于人治的根本标志，也是法治的首要条件
	法律至上原则是指法律具有至高无上的地位与权威，它是法治中最基本的重要原则，其核心是宪法至上
权利保障原则	权利保障原则的内容主要包括尊重和保障人权、法律面前人人平等和权利与义务相一致
	充分尊重和扩展人权是法治的终极性的目的价值
	法律面前人人平等是法治的应有之义
	权利与义务相一致原则是法治在法的制定和实施过程中必须贯彻的要求
权力制约原则	
正当程序原则	正当程序原则包含不能作自己的法官和听取当事人的意见两项具体的内容
	确立正当程序原则的法律最早源于英国，后来美国联邦宪法修正案对"正当法律程序"作出了规定

>> **品题**

命题点一 ｜ 法治基本原则｜

　例 1：下列选项中，属于法治基本原则的有(　　)[①]。(2014 多 51)

　A. 法律至上　　　　　B. 权利保障　　　　　C. 权力制约　　　　　D. 正当程序

　例 2：下列选项中，体现程序正当性法律原则的是(　　)[②]。(2014 法单 1)

　A. 诚实信用　　　　　B. 婚姻自由　　　　　C. 无罪推定　　　　　D. 公序良俗

[①] ABCD

[②] C

例3：下列选项中，属于法治基本原则的有(　　　　)①。(2011 法多 25)

A. 法律至上原则　　　　　　　　　　B. 权利保障原则

C. 权力制约原则　　　　　　　　　　D. 正当程序原则

命题点二 ┃▣ **主观题** ┃

例4：简述法治的基本原则。

其一，法律至上原则：(1)是法治区别于人治的根本标志，也是法治的首要条件；(2)是指法律具有至高无上的地位与权威，它是法治中最基本的重要原则，其核心是宪法至上。

其二，权利保障原则：(1)内容主要包括尊重和保障人权、法律面前人人平等和权利与义务相一致；(2)充分尊重和扩展人权是法治的终极性的目的价值；(3)法律面前人人平等是法治的应有之义；(4)权利与义务相一致原则是法治在法的制定和实施过程中必须贯彻的要求。

其三，权力制约原则：(1)法治所强调的对国家权力进行制约，是权力之间的相互制约。让权力之间互相监督，是维护法的权威、保证国家权力的执行者不违背法律的有力措施；(2)法治原则特别强调对国家行政权力的制约，要求严格依法行政。

其四，正当程序原则：(1)正当程序原则包含不能作自己的法官和听取当事人的意见两项具体的内容；(2)确立正当程序原则的法律最早源于英国，后来美国联邦宪法修正案对"正当法律程序"作出了规定。

第三：法治思维和法治方式

法治思维	运用法治思维解决问题，要求国家工作人员，特别是领导干部，在行使国家公权力时都应始终关注：目的是否合法+权限是否合法+内容是否合法+手段是否合法+程序是否合法
	(1)法治思维是规则思维
	(2)法治思维是平等思维
	(3)法治思维是权力受制约思维
	(4)法治思维是程序思维
法治方式	法治方式是法治思维实际作用于人的行为的外在表现，法治思维影响和决定着法治方式

≫ 品题

命题点一 ┃▣ **法治思维** ┃

例1：下列关于法治思维的理解，正确的是(　　　　)②。(2017 单 12) (2017 法单 5)

A. 法治思维是实体思维而不是程序思维

B. 法治思维需以合法性判断作为其核心内容

_____

① ABCD

② B

C. 法治思维主要是立法机关采用的思维方式

D. 法治思维是一种认识思维而不是实践思维

命题点二 ┃ 主观题 ┃

例 2：简述法治思维的内涵。

法治思维是指按照社会主义法治的逻辑来观察、分析和解决社会问题的思维方式，它是将法律规定、法律知识、法治理念付诸实施的认识过程，其内涵有：

（1）法治思维是规则思维。法律实质上是一种规则。法律规则具有明确性、稳定性和可预测性，可以为人们提供基本的行为准绳。

（2）法治思维是平等思维。法律的一个重要价值取向便是平等，有权利平等、机会平等、规则平等。要求每一个人都抛弃特权思想，自觉将自己置于法律的监督和制约之下，任何人不得凌驾于法律之上，不得有法外特权。

（3）法治思维是权力受制约思维。权力受制约思维要求制定科学的制度机制，使权力得到制约，使权力行使具有明确边界。依据法治思维，权力体制与机制必须保证权力在相互制约前提下相互配合。

（4）法治思维是程序思维。程序正义是实体正义的重要保证。程序思维要求分析问题特别是处理问题按照法定程序进行。必须遵循规律，为公权力行使设立科学、合理的程序，并确立违反程序的制裁性后果，从而防止破坏法定程序的行为。

第四：全面依法治国基本原则

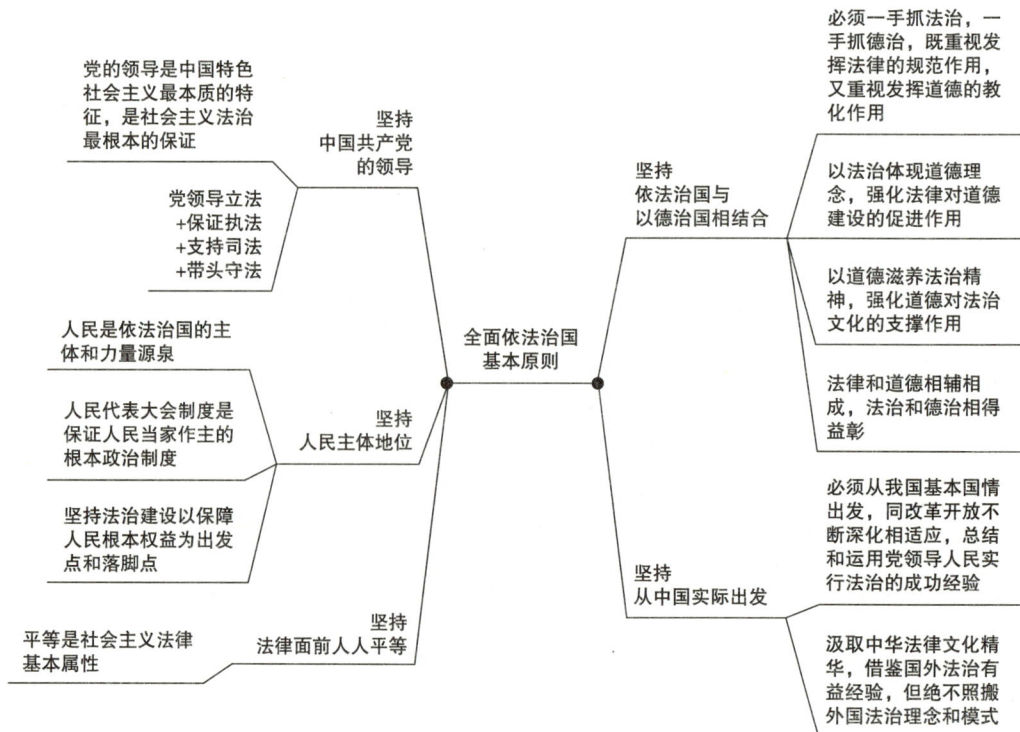

```
                                                    ┌─ 必须一手抓法治，一
                                                    │  手抓德治，既重视发
                                                    │  挥法律的规范作用，
                                                    │  又重视发挥道德的教
党的领导是中国特色                                    │  化作用
社会主义最本质的特        坚持                         │
征，是社会主义法治        中国共产党    坚持           ├─ 以法治体现道德理
最根本的保证            的领导        依法治国与        │  念，强化法律对道德
                                  以德治国相结合      │  建设的促进作用
党领导立法                                           │
＋保证执法                                           ├─ 以道德滋养法治精
＋支持司法                                           │  神，强化道德对法治
＋带头守法                                           │  文化的支撑作用
                                                    │
人民是依法治国的主                                    └─ 法律和道德相辅相
体和力量源泉                         全面依法治国          成，法治和德治相得
                                    基本原则             益彰
人民代表大会制度是      坚持
保证人民当家作主的      人民主体地位                   ┌─ 必须从我国基本国情
根本政治制度                                          │  出发，同改革开放不
                                                     │  断深化相适应，总结
坚持法治建设以保障                     坚持             │  和运用党领导人民实
人民根本权益为出发                     从中国实际出发    │  行法治的成功经验
点和落脚点                                            │
                                                     └─ 汲取中华法律文化精
平等是社会主义法律        坚持                          华，借鉴国外法治有
基本属性              法律面前人人平等                   益经验，但绝不照搬
                                                       外国法治理念和模式
```

品题

命题点 ▏☐ **主观题**

例 1：简述全面依法治国的基本原则。

其一，坚持中国共产党的领导：(1)党的领导是中国特色社会主义最本质的特征，是社会主义法治最根本的保证；(2)必须坚持中国共产党领导立法，保证执法，支持司法，带头守法。

其二，坚持人民主体地位：(1)人民是依法治国的主体和力量源泉；(2)人民代表大会制度是保证人民当家作主的根本政治制度；(3)坚持法治建设以保障人民根本利益为出发点和落脚点。

其三，坚持法律面前人人平等：平等是社会主义法律基本属性。

其四，坚持依法治国与以德治国相结合：(1)必须一手抓法治，一手抓德治，既发挥法律的规范作用，又发挥道德的教化作用；(2)以法治体现道德观念，强化法律对道德建设的促进作用，以道德滋养法治精神，强化道德对法治文化的支撑作用；(3)法律与道德相辅相成，法治与德治相得益彰。

其五，坚持从中国实际出发：(1)必须从我国基本国情出发，同改革开放不断深化相适应，总结和运用党领导人民实行法治的成功经验；(2)汲取中华法律文化精华，借鉴国外法治有益经验，但绝不照搬外国法治理念和模式。

第五：全面依法治国总目标

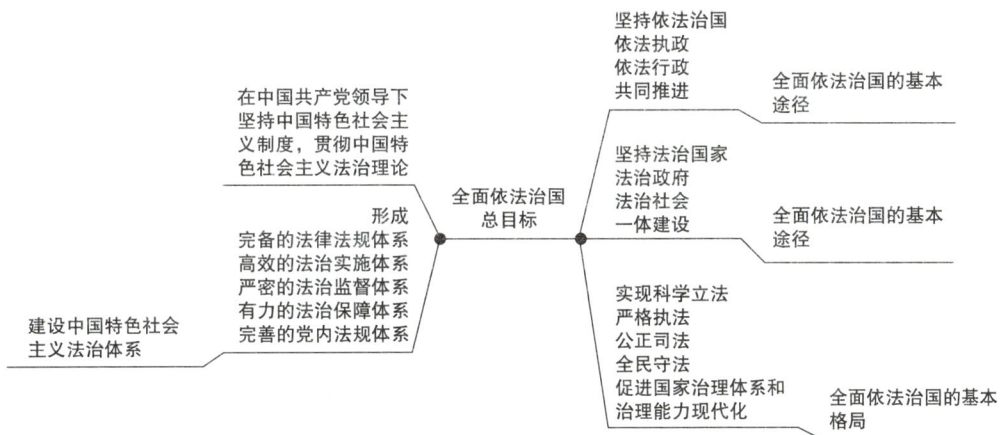

品题

命题点一 ▏☐ **依法治国总目标**

例 1：关于全面依法治国必须坚持的基本原则，下列理解正确的是(   )①。(2017 单 11)

A.法律面前人人平等是全面依法治国的一项基本原则

---

① A

B.法治与德治相结合要求将道德统一到法律中来

C.人民主体地位原则是指一切法律活动都应当交给全体公民来完成

D.从中国实际出发原则就是要拒绝移植和借鉴其他国家的制度和经验

命题点二 | 主观题

例2:简述全面依法治国的总目标。

全面依法治国的总目标是,建设社会主义法治体系,建设社会主义法治国家。在中国共产党的领导下,坚持中国特色社会主义制度,贯彻中国特色社会主义法治理论,形成完备的法律规范体系,高效的法治实施体系,严密的法治监督体系,有力的法律保障体系,形成完善的党内法规体系,坚持依法治国,依法执政,依法行政共同推进,法治国家,法治社会,法治政府一体建设,实现科学立法,严格执法,公正司法,全民守法,促进国家治理体系和治理能力现代化。

例3:试述全面依法治国的意义。

其一,依法治国是坚持和发展中国特色社会主义的本质要求和重要保障;

其二,依法治国是实现国家治理体系和治理能力现代化的必然要求;

其三,依法治国事关我们党执政兴国、事关人民幸福安康。事关党和国家长治久安;

其四,依法治国也是全面建成小康社会、实现中华民族伟大复兴的中国梦的必然要求;

其五,依法治国是全面深化改革、完善和发展中国特色社会主义制度、提高党的执政能力和执政水平的必然要求。

第六:全面依法治国基本格局

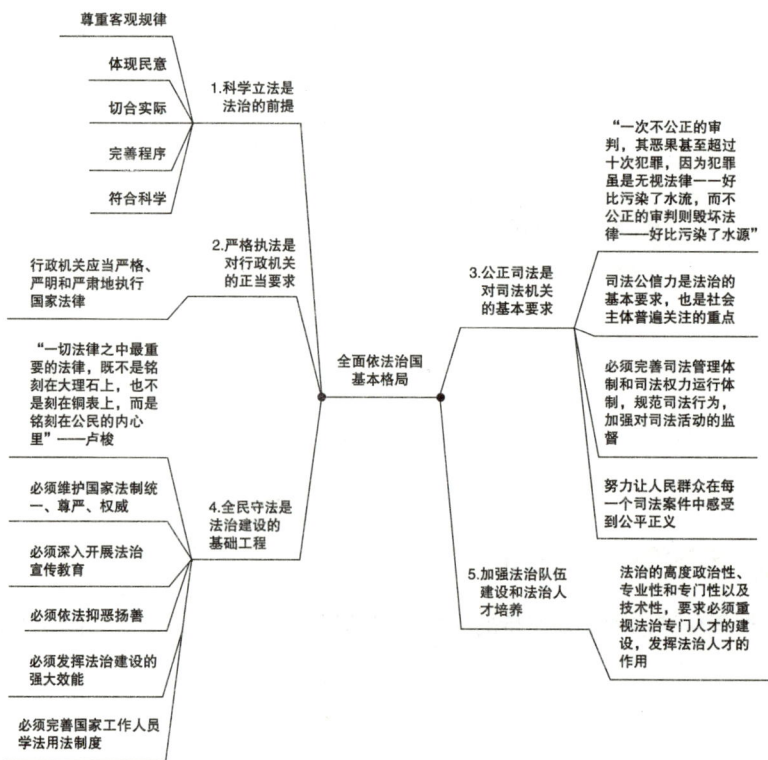

▶▶ 品题

命题点一 ┃ ◱ 依法治国基本格局 ┃

例1:关于如何提高我国司法公信力,保证公正司法,下列说法正确的是(   )①。
(2017 单 6) (2017 法单 2)

A. 加强人权的司法保障,有助于提升司法公信力

B. 提升司法公信力要求法院在裁判前必须广泛征求社会意见

C. 提升司法公信力必须推进以侦查为中心的诉讼制度改革

D. 提升司法公信力需要检察权、审判权与执行权高度统一

命题点二 ┃ ◱ 主观题 ┃

例2:联系实际,论述全面依法治国的基本格局。(2019 论 57)

其一,科学立法是法治的前提:(1)尊重客观规律;(2)体现民意;(3)切合实际;(4)完善程序;(5)符合科学。

其二,严格执法是对行政机关的正当要求:行政机关应该严格严明和严肃地执行国家法律。

(1)严格是指行政机关及其工作人员严守法定的实质标准和程序要求,坚持在法律的轨道内,按照法律的规格和标准行使权力,执行法律法规;

(2)严明是指执法作风端正,执法纪律严明,坚决消除慵懒散、杜绝乱作为,瞎折腾;

(3)严肃是对执法制度执法精神的要求,执法者应当奉行法治精神、严肃认真的履行执法责任,确保公正执法、文明执法、理性执法。

其三,公正司法是对司法机关的基本要求:"一次不公正的审判,其恶果甚至超过十次犯罪,因为犯罪虽是无视法律——好比污染了水流,而不公正的审判则毁坏法律——好比污染了水源";必须完善司法管理体制和司法权力运行机制,规范司法行为,加强对司法活动的监督,努力让人民群众在每一个司法案件中感受到公平正义。

其四,全民守法是法治建设的基础工程:全体社会成员和一切国家机关、政党和社会团体、企事业组织都必须尊重宪法法律权威,都必须在宪法法律范围内活动,都必须依照宪法法律行使权力或权利、履行职责或义务,都不得有超越宪法法律的特权。

(1)必须维护国家法制统一、尊严、权威;

(2)必须深入开展法治宣传教育;

(3)必须抑恶扬善;

(4)必须发挥法治建设的强大效能;

(5)必须完善国家工作人员学法用法制度。

其五,加强法治队伍和法治人才培养:法治人才是法治大国走向法治强国的主体性力量,人的素养和主观能动性对法治的成败意义重大;法治的高度政治性、专业性和专门性以

———————————

① A

及技术性,要求必须重视法治专门人才的建设,发挥法治人才的作用。

第七:全面依法治国基本途径上篇

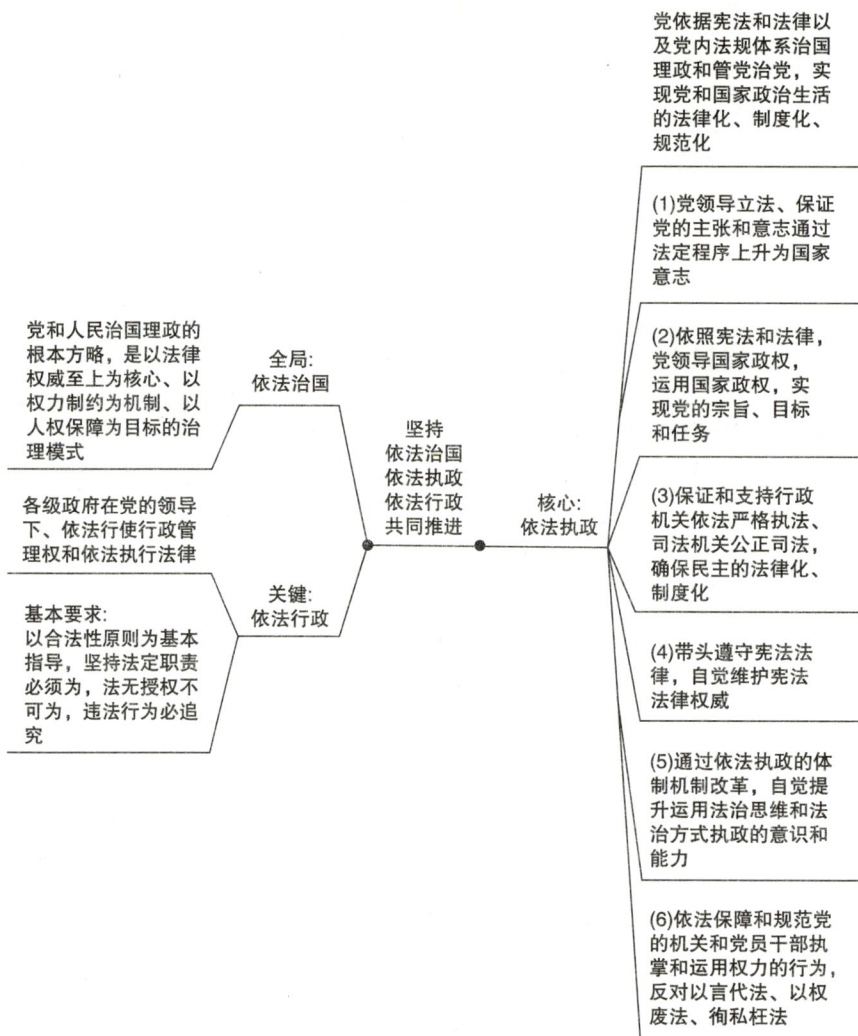

```
                                          党依据宪法和法律以
                                          及党内法规体系治国
                                          理政和管党治党,实
                                          现党和国家政治生活
                                          的法律化、制度化、
                                          规范化

                                          (1)党领导立法、保证
                                          党的主张和意志通过
                                          法定程序上升为国家
                                          意志

  党和人民治国理政的        全局:          (2)依照宪法和法律,
  根本方略,是以法律        依法治国         党领导国家政权,
  权威至上为核心、以                      运用国家政权,实
  权力制约为机制、以      坚持            现党的宗旨、目标
  人权保障为目标的治      依法治国         和任务
  理模式                 依法执政
                       依法行政         (3)保证和支持行政
                       共同推进         机关依法严格执法、
                                  核心:   司法机关公正司法,
  各级政府在党的领导                依法执政  确保民主的法律化、
  下、依法行使行政管                      制度化
  理权和依法执行法律
                                          (4)带头遵守宪法法
  基本要求:             关键:            律,自觉维护宪法
  以合法性原则为基本      依法行政         法律权威
  指导,坚持法定职责
  必须为,法无授权不                      (5)通过依法执政的体
  可为,违法行为必追                      制机制改革,自觉提
  究                                    升运用法治思维和法
                                          治方式执政的意识和
                                          能力

                                          (6)依法保障和规范党
                                          的机关和党员干部执
                                          掌和运用权力的行为,
                                          反对以言代法、以权
                                          废法、徇私枉法
```

品题

命题点 | 主观题 |

例1:试述如何坚持依法治国、依法执政、依法行政共同推进全面依法治国。

其一,依法治国是党和人民治国理政的根本方略,是以法律权威至上为核心、以权力制约为机制、以人权保障为目标的治理模式。中国特色社会主义法治国家所要推进的依法治国,如前所述,其主体是广大人民群众,其内涵则与前述社会主义法治的含义相同。

其二,依法执政是中国共产党的执政方式在新时期的重要转变,是指党依据宪法和法律以及党内法规体系治国理政和管党治党,实现党和国家政治生活的法律化、制度化、规范化。全面推进依法治国、建设社会主义法治国家,关键在于执政党依法民主科学执政。依法执政的基本内容：

（1）党领导立法，保证党的主张和意志通过法定程序上升为国家意志；

（2）依照宪法和法律，党领导国家政权，运用国家政权，实现党的宗旨、目标和任务；

（3）保证和支持行政机关依法严格执法、司法机关公正司法，确保民主的法律化、制度化；

（4）带头遵守宪法法律，自觉维护宪法法律权威；

（5）通过依法执政的体制机制改革，自觉提升运用法治思维和法治方式执政的意识和能力；

（6）依法保障和规范党的机关和党员干部执掌和运用权力的行为，反对以言代法、以权废法、徇私枉法。

其三，依法行政是指各级政府在党的领导下、依法行使行政管理权和依法执行法律。无论是哪一层级的政府及其部门，其权力的设定、取得、运行和监督都必须依法进行，确保始终不偏离法治的轨道。其基本要求是，以合法性原则为基本指导，坚持法定职责必须为、法无授权不可为、违法行为必追究。为此，应当改革行政执法体制，推进综合执法、严格执法责任，构建权责统一、权威高效、程序严谨的依法行政体制，切实防止选择性执法、多头执法、违法执法，牢固树立权力来源于人民、权力依据法律授予、权力为了人民并受人民监督的法治观念。

依法治国、依法执政和依法行政是相互联系、相辅相成的关系，具有价值取向的一致性、基本要求的统一性、运行机制的关联性。依法治国是全局、依法执政是核心、依法行政是关键，三者缺一不可、不可偏废，应当通盘谋划、共同推进。

第八：全面依法治国基本途径下篇

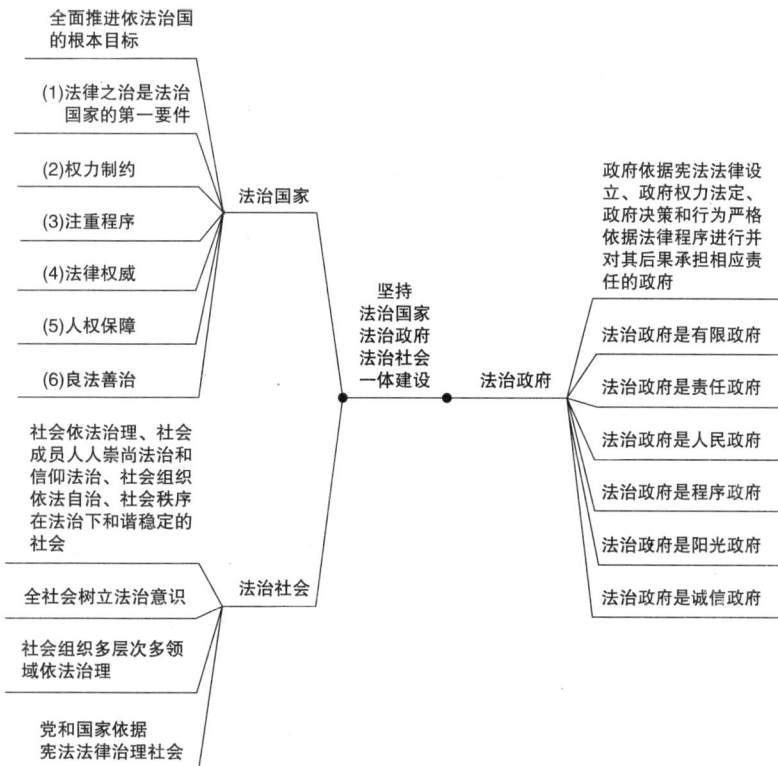

品题

命题点 | ⊟ **主观题** |

例1：试述如何坚持法治国家、法治政府、法治社会一体建设全面依法治国。

其一，法治国家是全面推进依法治国的根本目标。法治国家是指依法赋予、运行和制约国家权力、通过公正司法和严格执法来维护法律权威并实现人民权利的国家存在形式。一个成熟的法治国家首先是依法治理的国家。

（1）法律之治是法治国家的第一要件。在所有规范形式和调整方式中，法治是治国理政的基本方式。国家的政治、经济、社会、文化所涉及的一切国家权力形式之间及其与公民权利之间的关系，均被纳入法律调控的范围，接受法律的治理。

（2）权力制约。依法制约公共权力。国家权力不是无限的，更不可主观任性地运行。相反，应当是有限的、分立的、受法律监督制约的。

（3）注重程序。无论是司法过程、执法行为，还是政治决策与民主政治活动，都应该有一整套程序规范引导，并固化为法律程序，获得全体组织和所有人的一体遵循。程序是法治国家不同于人治国家的重要分水岭。

（4）法律权威。法律与人尤其是领导者个人的权威比较是否具有至上性是人治与法治的最根本区别。当法律权威高于领导者个人的权威时，便是法治，反之，便只会是人治国家。

（5）人权保障。坚持人民主体地位，以人民的基本权利和利益为最高价值追求，是法治国家的生命力之所在。

（6）良法善治。不仅要有完备的法律体系，更需要抛弃恶法、弘扬良法，用文明进步的良善价值来主导和统帅法律规范；不仅要依法治理，更要构建法治先行、透明公开、公平正义、以人为本、高效理性、权责统一的现代治理体系。依法进行良善治理的国家才是真正的法治国家。

其二，法治政府是政府依据宪法法律设立、政府权力法定、政府决策和行为严格依据法律程序进行并对其后果承担相应责任的政府。政府依法行政和严格执法，是法治的重心。在所有的国家机关中，与群众关系最密切的是各级人民政府，国家的法律法规也需要各级政府来实施。政府的决策与执法活动是否符合法治精神和法治原则，不仅关系到法治国家能否建成，更关系到社会的稳定和人民的幸福。因此，必须牢牢抓住这个关键，在规范政府权力的行使、防止权力滥用、明确权力价值取向上作出全面的法治制度安排，并确保在法治实践中得到有效落实。只有这样，全面推进依法治国、加快建成法治国家才不至于流于形式。

（1）法治政府是有限政府，其权力受到法律的界分和限定，不能超越法律的界限运行；

（2）法治政府是责任政府，有权必有责，有责必承担；法治政府是人民政府，以人的基本自由和权利为归依；

（3）法治政府是程序政府，一切重大决策和行为活动都必须通过公众参与、专家论证、风险评估、合法性审查和集体讨论决定；

（4）法治政府是阳光政府，实行信息公开，赋予社会大众广泛的知情权和参与权，以民主决策和民主监督来实现公开公正、保障政府的法治本色；

（5）法治政府是诚信政府,应当自觉维护法律权威、自觉履行职责、为政令畅通、政民和谐奠定基础。

为此,《决定》指出:"加快建设职能科学、权责法定、执法严明、公平公正、廉洁高效、守法诚信的法治政府。"

其三,法治社会是社会依法治理、社会成员人人崇尚法治和信仰法治、社会组织依法自治、社会秩序在法治下和谐稳定的社会。社会是人与人之间相互关系的总和,法治社会是与法治国家相互关联、相辅相成的。没有法治社会,便没有法治国家。因此,全面推进依法治国,必须推进法治社会建设。具体包括:

（1）全社会树立法治意识。法律的权威来自于人民的内心拥护和真诚信仰。通过法治宣传教育,弘扬社会主义法治精神、建设社会主义法治文化,使全体人民自觉依法行使权利、履行义务、承担社会和家庭责任。

（2）社会组织多层次多领域依法治理。坚持系统治理、依法治理、综合治理、源头治理,提高社会治理法治化水平,支持各类社会主体自我约束、自我管理。

（3）党和国家依据宪法法律治理社会。按照《决定》要求,建设完备的法律服务体系。推进覆盖城乡居民的公共法律服务体系建设,加强民生领域法律服务;完善法律援助制度;健全依法维权和化解纠纷机制。强化法律在维护群众权益、化解社会矛盾中的权威地位,引导和支持人们理性表达诉求、依法维护权益,解决好群众最关心最直接最现实的利益问题。

总之,法治国家、法治政府和法治社会三者内在统一、相互融合、相互促进,共同成长为社会主义法治国家。

第九:中国特色社会主义法治体系

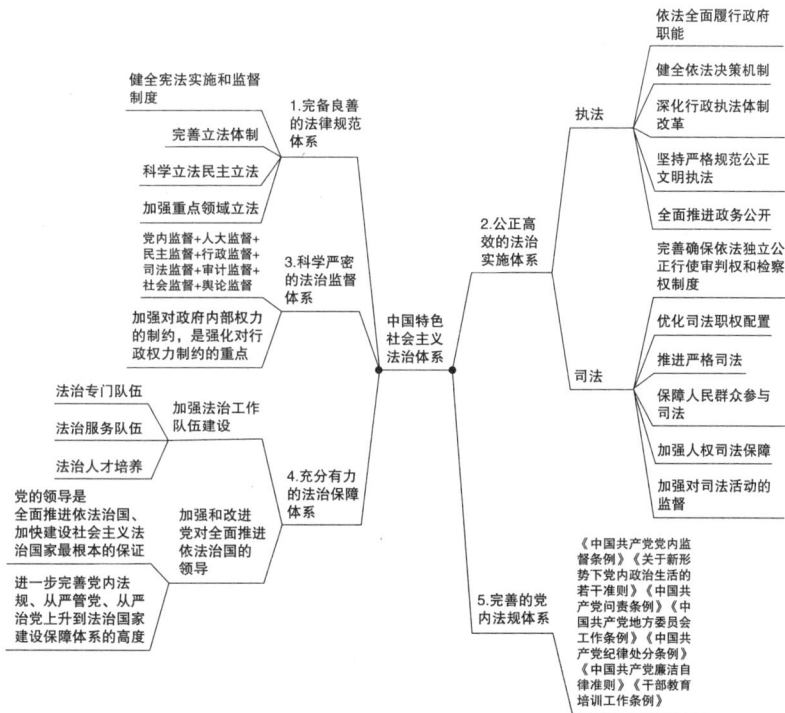

品题

命题点 | 主观题 |

例1：简述中国特色社会主义法治体系的主要内容。（2018 简51）（2018 法简31）

中国特色社会主义法治体系是全面推进依法治国总目标的内容之一，有其形式标准与内容。

第一，形成完备、良善的法律规范体系。为此必须做到：健全宪法实施和监督制度；完善我国的立法体制；深入推进科学立法、民主立法；并加强重点领域立法，进一步形成完善的、科学规范的中国特色社会主义法律规范体系。

第二，形成公正高效的法治实施体系。在行政执法领域必须做到：依法全面履行政府职能；健全依法决策机制；深化行政执法体制改革；坚持严格规范公正文明执法；全面推进政务公开。公正是法治的生命线，实现公正司法必须做到：完善确保依法独立公正行使审判权和检察权的制度；优化司法职权配置；推进严格司法；保障人民群众参与司法；加强人权司法保障；加强对司法活动的监督。

第三，形成科学严密的法治监督体系。特别是要强化对行政权力的制约和监督，通过加强党内监督、人大监督、民主监督、行政监督、司法监督、审计监督、社会监督、舆论监督制度的建设，努力形成科学有效的权力运行制约和监督体系，增强监督合力和实效。同时，加强对政府内部权力的制约，是强化对行政权力制约的重点。要完善政府内部层级监督和专门监督，改进上级机关对下级机关的监督，建立常态化监督制度。完善纠错问责机制，健全责令公开道歉、停职检查、引咎辞职、责令辞职、罢免等问责方式和程序。

第四，形成充分有力的法治保障体系。这方面主要应当强化两大保障体系，一是加强法治工作队伍建设，二是加强和改进党对全面推进依法治国的领导。在加强法治工作队伍建设方面，主要包括：建设高素质法治专门队伍；加强法律服务队伍建设，特别是加强律师队伍思想、政治与组织建设；创新法治人才培养机制。在加强和改进党对全面推进依法治国的领导方面，主要应强调，党的领导是全面推进依法治国、加快建设社会主义法治国家最根本的保证。必须加强和改进党对法治工作的领导，把党的领导贯彻到全面推进依法治国全过程。强化依法执政的法治意识、让各级党组织和领导干部深刻认识到依法执政是依法治国的关键。将进一步完善党内法规、从严管党、从严治党上升到法治国家建设保障体系的高度。

第五，形成完善的党内法规体系。这是党中央针对全面从严治党的新战略提出的全新主张，也是依法治国与依规治党相结合的具体体现。党在新时期既要坚持全面依法治国与依法执政，又要坚持全面从严治党，在从严治党问题上必须从源头上抓起，不断完善党内法规。

例2：试述中国特色社会主义法治理论的主要内涵。

其一，社会主义民主制度化、法律化和程序化理论。

其二，依法治国，建设社会主义法治国家理论。

其三，中国特色社会主义法治的核心价值理论。

其四,党的领导、人民当家作主和依法治国的有机统一理论。

其五,依法治国和以德治国相结合理论。

其六,推进法治中国建设,推进国家治理体系和治理能力现代化理论。

其七,中国特色社会主义法治体系理论:完备的法律规范体系、高效的法治实施体系、严密的法治监督体系、有力的法治保障体系和完备的党内法规体系。

其八,良法善治理论:

"良法"应符合以下标准:一是反映人民的意志和根本利益;二是反映公平、正义等价值追求;三是符合社会发展规律;四是反映国情、社情、民情;五是具备科学合理的体系,形式合理并且立法、执法和司法符合法定程序,具有程序正当性。

"善治"应包括如下几个方面的内容:民主治理、依法治理、贤能治理、社会共治、法德合治。

其九,依法治国与改革开放的关系理论:

依法治国和改革开放是辩证统一关系:全面推进依法治国本身就是全面深化改革的有机组成部分,法治又是改革的牵引力、推动力和保障力。全面深化改革需要法治保障,全面推进依法治国也需要深化改革。

一方面,以法治凝聚改革共识,发挥立法对改革的引领和推动作用,实现改革决策和立法决策相统一,相衔接;以法治规范改革行为,做到重大改革于法有据,运用法治思维和法治方式推进各项改革,许多重大改革都涉及现行法律,如果在法律当中没有规定,就要抓紧制定法律,一些合理的改革如果与现行法律有明显冲突,法律应适应改革需要,抓紧"立改废释";以法治确认、巩固和扩大改革成果,将实践证明已经比较成熟的改革经验和行之有效的改革措施尽快上升为法律,使其更加定型化、精细化,并以法律的强制力保证其实施;

另一方面,在全面深化改革的总体框架下全面推进依法治国,在改革中完善法治,以改革驱动法治现代化。

第十三章 | 法与社会

第一：法与社会

法与社会	社会是法律的基础	马克思："社会不是以法律为基础的,那是法学家的幻想。相反法律应该以社会为基础,法律应该是由一定的物质生产方式所产生的社会共同的利益需要的表现,而不是单个人的恣意横行"
		"纸上的法"应以"活法"为基础
	法律是社会关系的调整器	"秦法繁于秋荼,而密于凝脂"
		"徒善不足以为政,徒法不能以自行"
法与经济	经济基础对法的决定作用	
	法律对经济能动的反作用	
法与市场经济	(1)法是商品交换的必然产物,又是商品交换乃至整个商品经济不可或缺的调整机制	
	(2)西方古罗马时期,简单商品经济的繁荣发达,推动了罗马法的发展和完善	
	(3)11世纪开始,海上商品贸易的发展,市场经济开始萌生,地中海沿岸产生了海商法,并且导致了罗马法的复兴	
	(4)19世纪,资本主义制度在实际范围内最终取代了封建制度,形成了近代市场经济,产生了著名的《法国民法典》	
	(5)资本主义发展到垄断阶段后,近代市场经济被现代市场经济所取代,与此相适应,法的社会化成为西方法的发展变化的最重要的标志之一	
	(6)当市场经济与社会主义基本制度结合起来时,就在现代市场经济中形成了一种新的经济体制,即社会主义市场经济	
法与科技	科技对法的影响	
	法对科技的作用	
法与国家	国家是法律存在的政治基础	
	法律也对国家权力起到支持和制约作用	

法与政治	相同点	都属于上层建筑,都受经济制约并反作用于经济	
	区别点	政治	法律
		政治关系	制度化
		组织性	规则性
		调整政治行为	保障权利义务
	相互关系	政治对法的影响和制约	政治在上层建筑中居主导地位,法反映和服务政治
		法对政治的确认和调整	法确认政治体制 · 法确认政治功能
			法规范政治行为 · 法保障政治运行

续表

法与政策	相同点	经济基础相同	都反映劳动人民意志
		基本指导思想和价值取向相同	追求的社会目的相同
	区别点	意志属性不同	表现形式不同
		实施途径和保障方式不同	稳定性程度和程序化程度不同
	相互关系	执政党政策是社会主义法的核心内容	
		社会主义法是贯彻政党政策,完善和加强党的领导不可或缺的基本手段	
		执政党政策充分发挥作用,能够保障、促进社会主义法的实现	

>> 品题

命题点一 ┃ 法与社会、法与经济 ┃

例1:马克思认为,法律是一定物质生产方式所产生的社会共同利益需要的表现,而不是单个人的肆意横行。对于这一观点,下列理解正确的是(   )①。(2019 单 1)

A. 法律伴随人类社会的产生而产生

B. 法律调整社会中的一切利益关系

C. 社会物质生产方式决定法律的内容

D. 法律体现每个社会主体的利益需要

例2:对于法与经济的关系,下列认识正确的有(   )②。(2017 多 50)

A. 在封建社会,法律对经济没有什么影响

B. 古罗马商品经济的繁荣促进了古罗马法的发展和完善

C. 法律可以为经济发展提供保障,但有时也会阻碍经济发展

D. 当代中国法律对经济的影响主要体现在对市场经济的引导、促进和保障等方面

例3:尽管一些国家的经济发展水平大体相同,但它们的法律形式却差别很大。这一现象表明(   )③。(2013 法单 7)

A. 法律与经济发展水平无关

B. 经济不是影响法律的唯一因素

C. 经济以外的因素对法律起着决定性作用

D. 不同国家之间,法律是不能相互借鉴的

例4:下列关于法与经济的一般关系的表述,能够成立的是(   )④。(2011 单 10)

A. 有完善的法律制度,就有发达的市场经济

---

① C

② BCD

③ B

④ B

B. 商品经济越发展,社会对法的要求就越高

C. 法律的数量越多,经济发展水平就会越高

D. 经济发展水平是衡量法治状况的重要标志

命题点二 ▏🔲 **法与市场经济**

例5:被恩格斯称为"商品生产者社会第一个世界性法律"的是( )①。(2008 单 9)

A. 拿破仑法典   B. 罗马法

C. 唐律疏议   D. 汉穆拉比法典

例6:下列关于法与商品经济关系的表述,能够成立的有( )②。(2007 多 47)

A. 商品经济越发展,就越离不开法律的规范和调整

B. 法的部门越多,对商品经济的决定作用就越大

C. 简单商品经济的繁荣是罗马法发展的一个重要原因

D. 法的发展程度受商品经济对法的需求程度的制约

命题点三 ▏🔲 **法与政治、国家**

例7:下列关于法与政治关系的表述,正确的有( )③。(2016 多 51)(2016 法多 24)

A. 政治的变迁可以影响法的发展变化

B. 法能够为政治行为提供合法性依据

C. 政治可为法的实现提供必要的环境和条件

D. 法治社会需要法律与政治、权力保持适当的距离

例8:下列关于法与国家的一般关系的表述,能够成立的是( )④。(2011 单 15)

A. 国家政体受法的渊源的影响

B. 法律是国家存在的政治基础

C. 国家意志只能通过法律形式来表现

D. 法的实现以国家政权的运行为必要条件

例9:下列关于法律与国家的关系的表述,能够成立的有( )⑤。(2009 多 49)

A. 法律是国家存在和发展的政治基础

B. 法律决定国家的性质

C. 法律保障国家职能的实现

D. 法律确认国家的政权组织形式

---

① B
② ACD
③ ABCD
④ D
⑤ CD

命题点四 ▎🔲 法与党的政策 ▎

二者在形式特征上不同,实质特征上相同。

例 10:我国社会主义法律与执政党政策的共同点在于(　　)①。(2009 单 5)

A. 表现形式相同　　　　　　　　　　　B. 指导思想相同

C. 稳定性程度相同　　　　　　　　　　D. 实施途径相同

例 11:我国贯彻"以事实为依据,以法律为准绳"这一司法原则,下列说法正确的是(　　)②。(2006 单 11)

A. 可以不再以党的政策为指导

B. 仍然要以党的政策为指导

C. 有时也要以党的政策为指导

D. 由司法机关决定是否受党的政策指导

例 12:下列关于我国社会主义法与执政党政策的关系中,表述正确的有(　　)③。(2008 多 49)

A. 法决定政策的效力　　　　　　　　　B. 政策指导法律的制定

C. 法促进政策的实施　　　　　　　　　D. 政策指导法律的实施

命题点五 ▎🔲 主观题 ▎

例 13:简述法与社会的关系。

其一,社会是法律的基础,具体包括:

社会性质决定法律性质,社会物质生活条件最终决定着法律的本质,不同的社会就产生不同的法律,即使是同一性质或历史形态的社会,在其不同的发展阶段上,法律的内容、特点和表现形式也往往不尽相同。此外,制定、认可法律的国家以社会为基础,国家权力以社会力量为基础,"纸上的法"以"活法"为基础。

其二,法律是社会关系的调整器,具体包括:

(1)法对社会的调整是通过调和社会各种冲突的利益,进而保证社会秩序得以确立和维护,在历史发展过程中,对社会的调整手段主要有三种,即法律、道德和宗教,近代以来法律已成为对社会进行调整的首要工具;

(2)法律不是万能的,首先,在某些社会关系领域,法律的控制不是唯一的手段;其次,一个社会不同地区、不同阶层的人对不同的法律认知程度及使用能力参差不齐,必定会使不同的法律在不同地区、不同阶层中有着不同的实现效果。

例 14:简述如何通过法律体现和保障社会发展的全新理念。

法律助推五大社会发展理念,体现和保障创新、协调、绿色、开放、共享的社会发展。

―――――――――――――

① 　B

② 　B

③ 　BCD

　　第一,依法实施创新驱动发展战略。把创新摆在第一位,是因为创新是引领发展的第一动力。发展动力决定发展速度、效能、可持续性。

　　第二,依法增强社会发展的整体协调性。

　　第三,依法推进人与自然和谐共生的绿色发展观。解决好人与自然的和谐共生关系,尊重自然、顺应自然、保护自然。

　　第四,依法形成对外开放的发展新体制。顺应时代潮流,掌握历史前进的主动权。

　　第五,依法践行以人民为中心的共享发展思想。体现了我们党全心全意为人民服务的根本宗旨,体现了人民是推动发展的根本力量的唯物史观。这也符合人民主体地位的法律原则。

　　例 14：简述法与经济基础的关系。（2008 论 70）

　　法律是上层建筑的组成部分,与经济基础之间的关系是形式与内容的关系,具体而言:

　　一方面,经济基础对法律的决定作用:

　　(1)经济基础决定法律的性质;

　　(2)经济基础决定法律的基本内容;

　　(3)经济基础的发展变化决定法律的发展变化。

　　另一方面,法律对经济基础具有能动的反作用:

　　(1)法律对经济基础具有选择和确认作用;

　　(2)法律对经济基础具有加速或延缓其发展的作用;

　　(3)法律对经济基础具有保障和促进作用;

　　(4)法律对生产关系的某些方面具有否定、阻碍或限制作用。

　　例 15：简述法对市场经济的作用。

　　市场经济与社会主义基本制度结合起来,在现代市场经济中形成一种新的经济体制,即社会主义市场经济。社会主义市场经济实质上就是法治经济,法律对市场经济的作用主要表现在:

　　(1)社会主义市场经济主体的行为需要法律来规范,市场主体的地位需要法律来确认和保障;

　　(2)市场经济关系是契约关系,契约关系是一种法的关系,需要法律来确认和保障;

　　(3)市场经济是自由竞争、平等竞争的经济,法律就是竞争的规则;

　　(4)市场经济的运行需要有正常的秩序,需要有正常的市场进入、市场交易秩序,这些都离不开法律的作用;

　　(5)市场经济是开放性经济,要求主权国家不仅要完善国内法律体系,而且要善于运用国际法律、规则和惯例等;

　　(6)法律在社会主义市场经济宏观调控方面还发挥着重要作用,主要表现在对市场经济运行的引导、促进、保障和必要的制约方面。

　　例 16："更加注重发挥法治在国家治理和社会管理中的重要作用",结合实际,论述当代中国社会主义法治在社会治理中的作用。

　　更加注重发挥法治在国家治理和社会管理中的重要作用,既是我们党深刻总结执政历程得出的宝贵经验,也是新形势下全面贯彻落实依法治国基本方略的现实要求,具有丰富的思想理论性和很强的现实针对性,对推进社会主义法治建设具有重大意义。

第一,法制的统一、尊严和权威,是实现社会治理、发挥法治作用的前提和保障。改革开放以来,我国积极推动社会主义法治建设,法治在国家治理和社会管理中的作用越来越突显。但我国法制的统一、尊严和权威方面仍然面临着一些不容忽视的突出问题,这些问题不仅破坏了社会主义法制的统一,也严重损害了法制的尊严与权威。

第二,加强宪法和法律实施,有助于实现社会治理。我国已经形成了中国特色社会主义法律体系,总体上解决了无法可依的问题,加强宪法和法律的实施显得更为重要和紧迫。加强宪法和法律的实施,关键是要坚持法律面前一律平等的原则,使宪法和法律真正成为全社会一体遵循的行为规范。任何组织和个人都必须在宪法和法律范围内活动,任何公民、社会组织和国家机关都要以宪法和法律为行为准则,依照宪法和法律行使权利或权力,履行义务或职责。

第三,深化司法体制改革,确保司法公正,有助于实现社会治理。司法是公平正义的最后一道防线,如果司法防线出现漏洞,则社会公平正义就得不到保障,直接打击人民对司法的信心,影响法制的尊严和权威。确保司法公正,必须深化司法体制改革,建设公正高效权威的社会主义司法制度。

第四,弘扬法治经验,有助于人们在社会治理中设立社会主义法治精神。法治观念是人们对法治的尊崇和信仰,是建立法治社会、发挥法治作用的思想基础。要在全社会牢固树立社会主义法治观念,是一项具有长期性、战略性和基础性意义的系统工程。要大力弘扬法治精神,把法治观念体现到经济建设、政治建设、文化建设、社会建设和生态文明建设等各个领域,融入到人民群众生活的各个方面。

例17:简述科学技术对法律的影响。(2010法简31)

(1)科学技术影响法的内容,成为法律规定的重要依据;

(2)科学技术的发展扩展了法律调整的领域;

(3)科学技术的发展引起了有关的传统法律概念和原则的变化;

(4)科学技术的发展完善了法律调整机制,为立法和执法提供了新的技术和手段;

(5)科学技术的发展也影响了法学教育、法制宣传和法学研究的方式和内容,促进其方式和内容的更新和发展。

例18:简述法对科技的影响。

(1)法保证科学技术的顺利发展有良好的社会环境。

(2)法为组织科学技术活动提供必要的准则。法确认和保证科学技术发展在国家社会生活中的优先地位,确定国家科技发展战略,确立科技管理体制和科技运行机制;法在推动国际科学技术合作,促进科学技术成果的全球共享和高效能运用方面也有重要作用。

(3)法是鼓励科学技术发展的有效手段。法通过规定对公民的创造性劳动的保护和鼓励措施,激发人们为科技发展作出贡献的热情。

例19:简述法律与国家的一般关系。(2015法简31)

(1)国家是法律存在的政治基础,具体看来:

其一,国家是法的产生和发展直接的推动力之一;

其二,国家权力是创制法的直接力量;

其三,国家权力以其强制力参与和保障法的实现。

(2)法律也对国家权力起到支持和制约的作用,具体看来:

其一,法律确认国家权力的合法性;

其二,通过法律组织和完善国家权力机构体系;

其三,通过法律制约和监督国家权力的运行;

其四,法有助于提高国家权力运行的效率。

例 20:简述法与政治的关系。

法与政治都属于上层建筑,都受一定的经济关系制约并反作用于一定的经济关系。

但二者仍有不同:

(1)政治通过把利益关系集中、上升为政治关系来反映经济关系,法以规则、程序和技术形式使经济关系制度化;

(2)政治突出体现社会生活的组织性,法突出体现社会生活的规则性和秩序性;

(3)政治的控制和调整功能通过政治行为和过程实现,法通过对主体权利义务的确认和保障实现对社会的控制和调整。

法与政治的相互作用体现在:

(1)政治对法具有影响和制约作用。法的产生和实现往往与一定的政治活动相关,反映和服务于一定的政治,政治活动和政治关系的发展变化必然在一定程度或意义上影响法律的内容或价值追求的发展变化;

(2)法对政治具有确认和调整作用。具体表现在:

其一,法与政治体制。在分权型权力结构中,权力的配置和行使都须以法为依据。

其二,法与政治功能。法不仅贯穿经济关系反映和凝聚为政治关系的过程,且将利益和各种社会资源的权威性分配以规范、程序和技术性形式固定下来,使之具有形式上共同认同的性质,并因此具有形式上的正统性。

其三,法与政治角色的行为。表现为法对国家机构、政治组织、利益集团等政治角色行为和活动的程序性和规范性控制。

其四,法与政治运行和发展。表现为政治运行的规范化,政治生活的民主化,政治体系的完善化。

例 21:全面依法治国提出,"发挥政策和法律的各自优势,促进党的政策和国家法律互联互动",结合实际论述社会主义法与执政党政策的关系。

政策通常是指一定政党或其他政治组织为达到一定时期的政治目标,处理国家事务、社会公共事务而提出并贯彻的路线、方针、规范和措施的总称。执政党的政策最具有影响力,与国家政权的联系最为密切。

法和政策存在一致性:

(1)它们都产生并服务于社会主义社会的经济基础;

(2)都体现着广大劳动人民的意志和要求;

（3）它们的基本指导思想和价值取向是一致的；

（4）它们所追求的社会目的从根本上来说也是一致的。

法和政策存在区别：

（1）意志属性不同：法体现国家意志，政策体现政党意志；

（2）表现形式不同：法一般通过规范性法律文件表现出来，政策一般通过党的决策和党内法规体现出来；

（3）实施的途径和保障方式不同；

（4）稳定性程度和程序化程度不同：法的稳定性和程序化强于政策。

社会主义法与执政党政策存在以下关系：

（1）执政党政策是社会主义法的核心内容；

（2）社会主义法是贯彻执政党政策，完善和加强党的领导的不可或缺的基本手段；

（3）执政党政策充分发挥作用，能够保障、促进社会主义法的实现。

例 22：简述法与宗教的联系与区别。

法与宗教的联系：概括地说，在政教合一的国家中，宗教与法在精神、规则和组织结构三个层面都是融为一体的。

（1）在精神层面，宗教的精神就是法的精神，法贯穿着宗教精神，法的正当性、行为的正当性均从宗教教义的基本精神来解释；（2）在规则层面，宗教规范即是法律规范，不仅调整和管理宗教事务，也同时调整和管理世俗事务；（3）在组织结构层面，有时宗教领袖即是国家领袖，不过更多的情况是世俗国家的领袖从属于宗教，其世俗统治权来源于宗教。同时，宗教的神职人员也是法律的实施者。

宗教也是一种社会规范，与法律规范的区别在于：

（1）产生方式不同。宗教规范是宗教创始人和领袖借助神的名义规定的。

（2）实施方式不同。宗教规范主要通过信仰机制，依靠自愿行为。

（3）适用原则不同。宗教规范以属人主义原则为标准，只对教徒具有约束力，不同于法律的属地主义和属人主义相结合的原则。

第二：法律文化

概念	物质性的法律文化，如法律制度、法律规范，即制度形态的法律文化
	精神性的法律文化，如法律学说、法律心理、法律习惯等，即观念形态的法律文化
当代中国法律文化	中国传统的法律文化+西方法律文化+苏联的法律文化+我国社会主义建设过程中所形成的法律文化
	一方面要立足中国，注重总结自己的实践经验，保持自己的优秀法律传统；另一方面要把中国的法律文化放到世界法律文化的整体中去观察和研究，注重从外国法律文化中吸取经验和教训

> **品题**

命题点一 ｜ 法律文化 ｜

物质性的法律文化+精神性的法律文化。

例1：下列关于法律文化的表述，正确的是(　　)①。(2009 单 15)

A. 社会成员对法及法律现象的共同看法不属于法律文化的范畴

B. 法律文化在一定程度上反映了一个民族法律调整所达到的水平

C. 法律文化包括现行法律实践中一切因偶然因素而变化的成分

D. 法律文化的多样性阻碍了不同法律文化之间的交流与传播

命题点二 ｜ 主观题 ｜

例2：法律文化的概念和特点。(2013 材料 67)

法律文化是一种特殊的文化现象。法律文化一般是指在一定社会物质生活条件的作用下，掌握国家政权的统治阶级所创制的法律规范、法律制度或者人们关于法律现象的态度、价值、信念、心理、感情、习惯以及学说理论的复合有机体。法律文化是法律现象中所包含的知识、智慧和经验，是其中一切有价值的、流传久远的行为方式或思想方式，是一种文化传统。法律文化还是人们从事法律活动的行为模式和思维模式。

(1)法律文化具有多样性。在不同的国家和不同的历史发展阶段，法律文化会有很大的差异。

(2)物质制约性和阶级性。受到物质基础的制约，反映社会发展的客观需要和统治阶级的意志。

(3)相对独立性和民族性。它是一个民族长期积累起来的通过法律调整社会关系、进行社会管理的智慧、知识和经验的结晶，反映了历史上形成的有价值的法律思想和法律技术，反映了一个民族法律调整所达到的水平，具有民族性。

中国法律文化包括中国传统的法律文化、西方法律文化、苏联的法律文化和我国社会主义建设过程中所形成的法律文化。

例3：试述如何建设社会主义法治文化。

党的十八届四中全会强调："法律的权威源自人民的内心拥护和真诚信仰""必须弘扬社会主义法治精神，建设社会主义法治文化，增强全社会厉行法治的积极性和主动性，形成守法光荣、违法可耻的社会氛围，使全体人民都成为社会主义法治的忠实崇尚者、自觉遵守者、坚定捍卫者。"因此在全面推进依法治国的过程中，法治精神和法治文化具有特殊重要的意义。

要达到"全民守法"要求：一方面要加快建设职能科学、权责法定、执法严明、公开公正、

―――――――――

① B

廉洁高效、守法诚信的法治政府;另一方面要充分发挥司法公正对于社会公正的引领作用,并在此基础上,推进覆盖城乡居民的公共法律服务体系建设,健全依法维权和化解纠纷机制、利益表达机制、协商沟通机制、救济救助机制。

只有让人民群众在每一件具体的司法案件中建立对法治的信心、在日常工作生活中感受到法律的权威,他们对法律的态度才能由认识到遵守,由信任到信仰。此外,推动社会主义法治文化和法治精神建设,离不开类型多样的宣传与教育。

第三:法律意识

概念	法律文化的核心	
分类	根据法律意识主体的不同	个人法律意识
		群体法律意识
		社会法律意识
	根据专门化、职业化程度不同	职业法律意识
		非职业法律意识
	根据认知阶段不同	法律心理
		法律思想体系
	根据社会政治属性不同	占统治地位的法律意识
		不占统治地位的法律意识
措施	(1)宣传和灌输马克思主义法律观、世界观(法律意识的质的要求)	
	(2)普法教育(法律意识的量的要求)	

>> 品题

命题点一 ▎ 🔲 **法律意识的认定** ▎

只要是和法律有关的思想而非实践,都是法律意识。

例1:下列选项中属于法律意识范畴的是(   )①。**(2012 多 51)**

A.大学生贾某认为偷几本书不构成犯罪

B.农民工史某年底仍未拿到劳动报酬,自认倒霉

C.公务员王某认为法律是治理官员贪污腐败行之有效的途径

D.消费者薛某以产品质量为由向法院起诉要求销售方进行损害赔偿

例2:下列关于法律意识的表述,能够成立的有(   )②。**(2011 多 49)**

---

① ABC

② BC

A. 法律意识无法通过教育形成

B. 法律意识是法律文化的组成部分

C. 法律意识制约着法律实践活动

D. 法律意识的高级形态是法律心理

例3：下列选项中，属于法律意识的有(　　)①。(2010 多50)

A. 消费者的维权意识

B. 人们对法律尊重或反感的情绪

C. 人们关于法律公正的观念

D. 当事人对法院不信任的态度

命题点二 ▏法律意识的分类▕

例4：依据人的认知阶段的不同，可以将法律意识分为(　　)②。(2009 单11)

A. 占统治地位的法律意识与不占统治地位的法律意识

B. 群体法律意识与社会法律意识

C. 法律心理与法律思想体系

D. 职业法律意识与非职业法律意识

例5：下列关于法律意识的表述，能够成立的是(　　)③。(2007 单11)

A. 占统治地位的法律意识必须通过法律制度和法律调整才能发挥作用

B. 法律意识是法律文化的重要组成部分，是一种特殊的社会意识

C. 根据专门化和职业化的不同，可以将法律意识分为职业法律意识和法律思想

D. 法律意识是社会主体对法律现象作出的客观价值判断

命题点三 ▏主观题▕

例6：简述法律意识的作用。

法律意识是社会意识的一种特殊形式，泛指人们对法律，特别是对本国现行法律的思想、观点、心理或态度等的总称。法律意识的作用具体有四：

(1)在一个国家法律制度不完备、缺乏明确法律规定时，统治阶级的法律意识往往直接起到法的作用；

(2)法律意识是法文化观念的基本构成要素，那些不依赖于人的意志的社会物质生活条件是法律意识得以产生、存在和发展的现实基础，一定的法律意识体现了社会主体对于一定法律现象的价值评价；

(3)法律意识是社会主体在法律实践活动中所形成的主观体验和认识在意识中的反映，是对法律现象本身的价值所作出的主观判断；

---

① ABCD

② C

③ B

（4）任何社会的法律实践都是在特定的社会条件下进行的，因而不可避免地要受到该社会法律文化观念以及法律意识的制约和影响。

例7：全面依法治国提出"推动全社会树立法治意识"，论述如何培养社会主义法律意识。

在我国社会主义条件下，大力培养公民的社会主义法律意识，对于坚持和实行依法治国，建设社会主义法治国家，具有十分重要的意义。社会主义法律意识不能自发形成，只有通过有意识的培养，才能由法律心理阶段上升为法律思想体系阶段。

（1）宣传和灌输马克思主义法律观、世界观：

这是培养社会主义法律意识在质的方面的要求。要求我们自觉抵制封建主义、资本主义法律意识以及其他错误思想的不良影响，以马克思主义为指导，树立正确的法律观与价值观。

（2）普法教育：

这是培养社会主义法律意识在量的方面的要求。普法教育，要求开展法制宣传，普及法律常识，重视法制教育，加强法学研究，要求广大干部群众掌握一定程度的法律知识，养成学法、知法、守法、用法的习惯，增强主人翁责任感，强化民主意识，坚决同一切违法犯罪现象作斗争。培养社会主义法律意识，重在公民意识，要培养广大公民的主人翁观念、权利义务观念、自由纪律观念、平等观念。

第四：法与道德

法与道德的区别			
法律			**道德**
法是通过特定的机构、程序、方式而形成	产生方式不同		道德随人的自然生活而逐渐产生，不通过专门的公共机关和人员来制定
法是自觉的、有形的			道德是自发的、无形的
法在时间上，晚于道德			道德在时间上，早于法
法通常以成文方式表现出来，存在形式主要为法典、单行法规、判例、条例、条约等规范性文件	表现形式不同		道德主要体现在人们的意识、信念和心理之中，通过人们的言论、行为、内心信念、社会舆论、风俗习惯等形式而表现出来
法具有较强的约束性，依靠国家强制性，属于外在强制力	实现方式不同		道德约束力不严厉，依靠社会舆论和内心信念，属于内在强制力
法调整与社会秩序相关的社会关系，范围小于道德	调整范围不同		道德调整一切人际关系，范围大于法
法评价行为的合法性、有效性	评价尺度不同		道德评价行为的合理性、正当性
法的评价标准比道德明确			道德评价标准没有法明确
法以权利为本位	权利义务特点不同		道德以义务为本位
法的权利义务具有实在性			道德的权利义务具有应然性

续表

法与道德的联系	
联系	道德是法的基础和评价标准
	法是传播、保障道德实施的有效手段
法与道德的冲突	
冲突表现	道德不许可,法律许可
	道德许可,法律不许可
冲突结果	新法律产生
	新道德产生
冲突解决	提高立法质量,尽量避免出现法律的漏洞,要最大限度地减少法律与道德进行不必要碰撞的几率
	对旧道德进行批判,使道德与法律尽量吻合

▶▶ 品题

命题点一 ▏▣ 法律与道德的关系 ▏

注意五点:

(1)道德早于法律;

(2)道德和法律相辅相成;

(3)法律不高于道德,道德也不高于法律;

(4)道德更高度抽象,法律更事无巨细;

(5)二者有时存在冲突。

例1:按照马克思主义学说,下列关于法律与道德起源的表述,能够成立的是( )①。 (2011 法单 5)

A.法律先于道德产生   B.道德先于法律产生

C.法律与道德同时产生   D.法律与道德相伴而生

例2:下列关于道德与法律的关系的表述,能够成立的有( )②。 (2010 多 51)

A.道德与法律的内容互相渗透

B.道德因素影响执法与司法

C.道德水平高低影响法的遵守

D.法律是道德的价值基础

例3:法律与道德相比较而言,下列表述能够成立的是( )③。 (2009 单 12)

---

① B

② ABC

③ D

A. 法律的要求更高

B. 法律规范的产生更早

C. 法律调整的社会关系范围更广

D. 法律规范的内容更加具体和明确

例 4：下列关于法律与道德关系的表述,正确的有(　　)①。(2006 多 50)

A. 法律与道德并无必然的内在联系

B. 道德是法律运作的社会基础

C. 法律必须合乎所有社会成员的道德要求

D. 法律是保障道德实施的有效手段

命题点二 ┃ ▣ 主观题 ┃

例 5：简述法律与道德的区别。

法律与道德都是调整社会的规范,二者具体存在以下区别:

其一,二者产生方式不同:法是通过特定的机构、程序、方式而形成,是自觉的、有形的;而道德随人的自然生活而逐渐产生,不通过专门的公共机关和人员来制定,是自发的、无形的。法在时间上,晚于道德。

其二,二者表现形式不同:法通常以成文方式表现出来,存在形式主要为法典、单行法规、判例、条例、条约等规范性文件;道德主要体现在人们的意识、信念和心理之中,通过人们的言论、行为、内心信念、社会舆论、风俗习惯等形式而表现出来。

其三,二者实现方式不同:法具有较强的约束性,依靠国家强制性,属于外在强制力;道德约束力不严厉,依靠社会舆论和内心信念,属于内在强制力。

其四,二者调整范围不同:法调整与社会秩序相关的社会关系,范围小于道德;道德调整一切人际关系,范围大于法。

其五,二者评价尺度不同:法评价行为的合法性、有效性;道德评价行为的合理性、正当性。法的评价标准比道德明确;道德评价标准没有法明确。

其六,二者权利义务特点不同:法以权利为本位;道德以义务为本位。法的权利义务具有实在性;道德的权利义务具有应然性。

例 6：简述法律与道德的联系。

法律和道德是共同调整社会的规范,二者存在以下联系:

其一,道德是法的基础和评价标准:

(1)道德是法的理论基础;

(2)道德是法的价值基础,是判断、评价法的价值尺度;

(3)道德是法运作的社会基础;

(4)道德是法的补充,具有弥补法律漏洞的作用。

其二,法是传播、保障道德实施的有效手段:

---

① 　BD

（1）法通过立法将社会中的道德法律化、制度化,实现道德规范;

（2）法是道德的承载者;

（3）法是形成新的道德风貌、新的精神文明的强大力量。

例7:全面依法治国提出"坚持依法治国和以德治国相结合",试述社会主义法和社会主义道德的关系。

十八届四中全会提出:国家和社会治理需要法律和道德共同发挥作用。必须坚持一手抓法治、一手抓德治,既重视发挥法律的规范作用,又重视发挥道德的教化作用,以法治体现道德理念、强化法律对道德建设的促进作用,以道德滋养法治精神、强化道德对法治文化的支撑作用,实现法律和道德相辅相成、法治和德治相得益彰,具体而言:

其一,社会主义道德对法的作用:

（1）社会主义道德是社会主义法制定的价值导引;

（2）社会主义道德对社会主义法的实施的促进作用;

（3）社会主义道德可以弥补社会主义法在调整社会关系方面的不足。

其二,社会主义法对道德建设的作用:

（1）社会主义法以法律规范的形式把社会主义道德的某些原则和要求加以确认,使之具有法的属性;

（2）社会主义法是进行社会主义道德教育的重要方式。

总之,社会主义道德是法律的评价标准和推动力量,社会主义法是传播社会主义道德、保障道德要求实现的有效手段。

![文都敏行法硕]

2021法律硕士联考

高分讲义

（非法学、法学）

紧扣考试分析 | 名师权威讲解 | 覆盖考点真题 | 高分通关宝典

④ 宪法学 | 赵逸凡 编著

中国原子能出版社

图书在版编目（CIP）数据

法律硕士联考高分讲义／韩祥波，车润海，赵逸凡编著. —北京：中国原子能出版社，2020.3

ISBN 978-7-5221-0496-6

Ⅰ. ①法… Ⅱ. ①韩… ②车… ③赵… Ⅲ. ①法律–研究生–入学考试–自学参考资料 Ⅳ. ①D9

中国版本图书馆 CIP 数据核字（2020）第 042967 号

法律硕士联考高分讲义

出版发行	中国原子能出版社（北京市海淀区阜成路 43 号　100048）
责任编辑	张　梅
特约编辑	马琳婷
印　　刷	三河市航远印刷有限公司
经　　销	全国新华书店
开　　本	787mm×1092mm　1/16
印　　张	63.25　　**字　数**　1580 千字
版　　次	2020 年 3 月第 1 版　2020 年 3 月第 1 次印刷
书　　号	ISBN 978-7-5221-0496-6　　**定　价**　198.00 元（全套五册）

网址：http://www.aep.com.cn　　　E-mail：atomep123@126.com
发行电话：010-68452845　　　　　版权所有　侵权必究

contents 目录

第一章　宪法基本理论 ·· 01

　第一:宪法的形式特征和实质特征 ······················· 01

　第二:宪法分类 ·· 04

　第三:宪法历史和发展趋势 ······························· 06

　第四:宪法原则 ·· 09

　第五:宪法规范和宪法关系 ······························· 11

　第六:宪法渊源和结构 ··································· 13

第二章　宪法的制定和实施 ····································· 15

　第一:宪法制定 ·· 15

　第二:宪法修改 ·· 17

　第三:宪法实施概述 ······································ 25

　第四:违宪审查上篇——批准与备案 ····················· 27

　第五:违宪审查中篇——改变与撤销 ····················· 30

　第六:违宪审查下篇——违宪审查启动 ··················· 31

　第七:宪法宣誓 ·· 36

第三章　国家基本制度 ··· 37

　第一:国体与政体 ·· 37

　第二:经济制度 ·· 40

　第三:选举制度基本原则 ································· 45

　第四:选举程序 ·· 49

　第五:代表资格上篇 ······································ 54

　第六:代表资格下篇 ······································ 55

　第七:代表权利 ·· 58

　第八:国家结构形式——单一制 ························· 62

　第九:民族区域自治制度 ································· 65

　第十:特别行政区上篇——宏观部分 ····················· 71

　第十一:特别行政区中篇——中观部分 ··················· 72

　　第十二：特别行政区下篇——微观部分 ………………………………… 73

　　第十三：基层群众自治上篇 ……………………………………………… 79

　　第十四：基层群众自治下篇 ……………………………………………… 80

第四章　公民的基本权利和义务 …………………………………… 85

　　第一：基本权利义务体系 ………………………………………………… 85

　　第二：公民 ………………………………………………………………… 100

　　第三：基本权利的限制 …………………………………………………… 102

第五章　国家机构 ………………………………………………………… 104

　　第一：国家机构导图 ……………………………………………………… 104

　　第二：国家机构的组织和活动原则 ……………………………………… 106

　　第三：全国人民代表大会 ………………………………………………… 108

　　第四：全国人大常委会 …………………………………………………… 111

　　第五：全国人民代表大会会议制度 ……………………………………… 114

　　第六：人大各委员会 ……………………………………………………… 118

　　第七：国家主席 …………………………………………………………… 120

　　第八：国务院 ……………………………………………………………… 123

　　第九：中央军事委员会 …………………………………………………… 128

　　第十：监察委员会、人民法院、人民检察院 …………………………… 129

第一章 | 宪法基本理论

第一：宪法的形式特征和实质特征

宪法概念	宪法是确立公民权利保障和国家机构权限的根本法		古代：宪法＝法律	
			近代：宪法＝宪法	
形式特征	宪法内容的根本性			
	宪法效力的最高性	对法的最高效力	宪法是法律的基础（"母法"和"子法"关系）	
			法律不得违背宪法	
		对人的最高效力	一切国家机关、政治力量、政治组织以及一切社会组织和个人	
	制定、修改的程序比法律要严格			
实质特征	宪法是公民权利的保障书	宪法确立的目的就是确认公民的基本权利		
		《独立宣言》被马克思称为第一部人权宣言		
		1789 年法国的《人权宣言》明确宣布，凡权利无保障和分权未确立的社会就没有宪法。1791 年法国制定的第一部宪法就把《人权宣言》作为宪法的序言		
		第一部无产阶级国家宪法——1918 年《苏俄宪法》，以《被剥削劳动人民权利宣言》为首篇		
	宪法是民主制度法律化的基本形式			
	宪法是各种政治力量对比关系的集中体现			

▶▶ 品题

命题点一 | 🗂 宪法效力的最高性

需要注意两点：

（1）既包括宪法＞所有法律，又包括宪法＞所有机关和人；

（2）宪法既能直接适用（如违宪审查），又能间接适用（即通过立法的方式约束私人行为）。

例 1：下列关于宪法效力的表述，正确的是（　　）①。（2016 法单 8）

A. 宪法的效力和法律的效力相同

B. 宪法能够直接约束私人行为是宪法学的通说

C. 就各国实践来看，宪法具有最高效力是例外情形

---

① D

D.宪法效力主要体现为规范立法权、行政权和司法权

例2:宪法是我国的根本法,具有最高的法律效力。其表现有(　　　)①。(2012 多 54)

A.国家维护社会主义法制的统一和尊严

B.任何法律、行政法规和地方性法规都不得同宪法相抵触

C.一切国家机关和武装力量、各政党、社会团体和企事业组织都必须以宪法为根本的活动准则

D.任何违反宪法的行为都必须予以追究

命题点二 ┃ 宪法的特征 ┃

例3:在我国宪法的根本法地位表现在(　　　)②。(2015 多 52)

A.法律效力上,宪法具有最高法律效力

B.修改程序上,宪法比普通法律更为严格

C.内容上,宪法规定国家最根本、最重要的制度

D.解释上,宪法只能由全国人大进行解释

命题点三 ┃ 宪法的本质 ┃

例4:据马克思主义宪法理论,关于宪法本质,不正确的是(　　　)③。(2011 单 18)

A.宪法是公民权利的保障书

B.宪法是全民意志和利益的反映

C.宪法是民主制度化、法律化的基本形式

D.宪法是各种政治力量对比关系的集中体现

命题点四 ┃ 宪法是公民权利的保障书 ┃

例5:下列文件中,被马克思称为"世界上第一个人权宣言"的是(　　　)④。(2018 单 13)(2018 法单 8)

A.1215 年英国的《自由大宪章》　　　　　　B.1689 年英国的《权利法案》

C.1776 年美国的《独立宣言》　　　　　　　D.1789 年法国的《人权和公民权利宣言》

例6:下列宪法性文件中,明确规定"凡权利无保障和分权未确立的社会就没有宪法"的是(　　　)⑤。(2012 单 23)

A.英国权利法案　　　　　　　　　　　　　B.美国独立宣言

C.法国人权宣言　　　　　　　　　　　　　D.苏俄被剥削劳动人民权利宣言

---

① ABCD

② ABC

③ B

④ C

⑤ C

例7：被马克思誉为世界上"第一部人权宣言"的宪法性文件是(　　)①。（2010 法单 10）

A. 1679 年英国《人身保护法》 B. 1689 年英国《权利法案》

C. 1776 年美国《独立宣言》 D. 1789 年法国《人权宣言》

例8：以《人权和公民权利宣言》作为宪法序言的是(　　)②。（2007 单 18）

A. 1787 年的美国宪法 B. 1791 年的法国宪法

C. 1918 年的苏俄宪法 D. 1919 年的德国魏玛宪法

命题点五 ┃ 宪法的词源

无论西方还是中国，古代意义上的宪法=法律，近代产生的宪法才是我们现在所说的宪法，即那个保障基本权利，控制国家权力的宪法。

例9：下列关于"宪法"的表述，正确的是(　　)③。（2013 法单 9）

A. 中国历史典籍中的"宪法"特指根本法

B. 近代意义上的"宪法"泛指典章法度，是"法律的法律"

C. 古代意义上的"宪法"与近代意义上的"宪法"没有本质区别

D. 近代意义上的"宪法"不仅是法的表现形式，而且是一国法律体系的核心

命题点六 ┃ 主观题

例10：简述我国宪法作为根本法的特征。（2011 法简 32）

宪法是确立公民权利保障和国家机构权限的根本法。宪法的根本法特征具体体现为：

其一，宪法内容的根本性，即宪法规定的内容为一国的国体和政体、国家基本政治制度、基本经济文化社会制度、国家机关的设置和职权、公民的基本权利义务等内容。

其二，宪法效力的最高性，即在一国法律体系中，宪法具有最高的法律效力。

（1）对法的最高效力，宪法是法律制定的基础和依据，一切法律的制定都不得违背宪法的原则和规则；（2）对人的最高效力，一切国家机关、政治力量、政治组织以及一切社会组织和个人都不得享有超越宪法的特权。

其三，宪法制定、修改的程序比法律要严格。

（1）宪法的制定过程较法律更严格，宪法的制定要有专门的制宪机构，在我国就是 1954 年第一届全国人大第一次会议，宪法草案的通过程序也比法律更严格；（2）宪法的修改程序较法律更严格，我国宪法修改由党中央提出修改建议，由全国人大常委会和 1/5 以上全国人大代表提出修改提案，经过全国人大全体代表 2/3 以上多数方可通过；（3）对于宪法内容的修正往往附加特别的限制，有的国家虽然没有明文规定但却存在着事实上的对修宪内容的限制。

例11：简述宪法的本质特征。

宪法是确立公民权利保障和国家机构权限的根本法。宪法的实质特征具体体现为：

其一，宪法是公民权利的保障书。

这是宪法最核心的本质特征，因为宪法确立的目的就是确认公民的基本权利。

---

① C

② B

③ D

其二,宪法是民主制度法律化的基本形式。

(1)宪法规定了代议制和普选制,体现了选举民主;

(2)宪法规定了人民享有的政治权利以及社会、经济、文化权利等,体现了民主权利;

(3)宪法不仅规定了国家机构的职权和行使程序,还规定了国家权力运行的法定界限,体现了权利保障。

其三,宪法是各种政治力量对比关系的集中体现。

一方面,宪法是在社会政治斗争中取得胜利并掌握了国家政权的那个阶级的意志和利益的集中表现;另一方面,宪法是各阶级社会政治地位的动态反映。

例12:宪法与依宪治国的关系。

1.依宪治国概念:坚持依法治国首先要坚持依宪治国,坚持依法执政首先要坚持依宪执政;全国各族人民、一切国家机关和武装力量、各政党和各社会团体、各企业事业组织,都必须以宪法为根本的活动准则,并且负有维护宪法尊严、保证宪法实施的职责,任何组织或个人,都不得有超越宪法和法律的特权,一切违反宪法和法律的行为,都必须予以追究。

2.宪法与依宪治国关系:宪法与依宪治国互为基础和前提,是形式与内容的关系,两者是辩证统一的。宪法是国家的根本法,具有最高效力。宪法的生命在于实施,宪法的权威也在于实施。唯有依宪治国,方能使宪法真正成为现实力量,保证任何组织和个人都不得有超越宪法和法律的特权,实现"一切违反宪法的行为都必须予以追究"。只有坚持依法治国基本方略和依法执政基本方式,使执政党在宪法和法律范围内活动,真正做到党领导立法、保证执法、带头守法,才能使宪法成为所有国家机关及其工作人员的最高行为准则。依宪治国,必须坚持中国特色社会主义道路,坚持党的领导、坚持人民当家作主。保证宪法实施,就是保证人民根本利益的实现。依宪治国是宪法规范与宪法实施的政治实践相结合的产物。宪法是静态意义的法律文本;依宪治国是动态性质的实践过程,也是宪法实现的最终结果。

第二:宪法分类

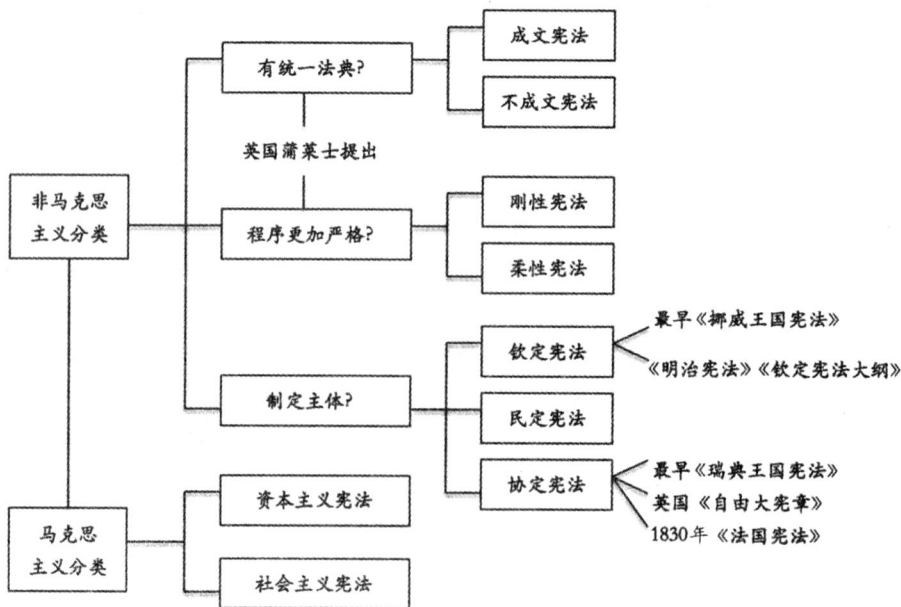

>> 品题

命题点 |□ **宪法分类** |

例 1：下列关于宪法分类的表述，正确的是(   )①。(2019 单 13)

A. 刚性宪法和柔性宪法的区分由宪法学家罗文斯坦最早提出

B. 成文宪法和不成文宪法的划分标准是宪法是否具有成文的形式

C. 以制定宪法的机关为标准，可将宪法分为民定宪法和共和宪法

D. 根据宪法的经济基础和阶级本质，可将宪法分为资本主义宪法和社会主义宪法

例 2：下列关于宪法分类的表述，正确的有(   )②。(2015 法多 26)

A. 1958 年法国宪法属于典型的民定宪法

B. 我国现行宪法既是成文宪法也是刚性宪法

C. 英国宪法是成文宪法，美国宪法是不成文宪法

D. 资本主义类型的宪法和社会主义类型的宪法是马克思主义宪法学者对宪法的分类

例 3：按照宪法的分类，我国现行宪法属于(   )③。(2014 单 17)

A. 钦定宪法   B. 协定宪法   C. 成文宪法   D. 柔性宪法

例 4：最早提出刚性宪法和柔性宪法分类的学者是(   )④。(2013 单 15)

A. 蒲莱士   B. 戴雪   C. 西耶士   D. 洛克

例 5：根据是否具有统一的法典形式，可以把宪法分为(   )⑤。(2012 法单 9)

A. 成文宪法和不成文宪法

B. 刚性宪法和柔性宪法

C. 钦定宪法、协定宪法和民定宪法

D. 社会主义宪法和资本主义宪法

例 6：在形式意义上，世界上大多数国家的宪法属于(   )⑥。(2011 单 22)

A. 成文宪法、刚性宪法和民定宪法

B. 不成文宪法、柔性宪法和协定宪法

C. 成文宪法、刚性宪法和钦定宪法

D. 不成文宪法、柔性宪法和钦定宪法

例 7：从宪法的形式特征看，我国现行宪法属于(   )⑦。(2010 多 59)

A. 成文宪法   B. 协定宪法   C. 刚性宪法   D. 人民民主宪法

---

① D

② ABD

③ C

④ A

⑤ A

⑥ A

⑦ AC

第三：宪法历史和发展趋势

近代宪法产生	1. 经济：近代资本主义发展	
	2. 政治：资产阶级民主制度发展	
	3. 思想：资产阶级启蒙思想和民主宪政理论为基础	

近代宪法发展	英国	**英国宪法**（第一个宪政国家）——思想：议会至上——内容：不成文宪法——宪法性法律、宪法惯例、宪法判例——1215年《自由大宪章》、1628年《权利请愿书》、1679年《人身保护法》、1689年《权利法案》、1701年《王位继承法》、1832年《改革法》、1911年《国会法》、1918年《国民参政法》、1972年《共同体法》
	美国	**美国宪法**（第一个成文宪法）——思想：分权制衡——立法：参议院、众议院；行政：总统(任期4年，间接选出)；司法：最高法院；正文：人民主权原则与有限政府原则、权力分立与制约平衡原则、联邦与州分权原则、对军队的文职控制原则；修正案：1~10条：公民的基本权利，"权利法案"；11~27条：总统选举、禁止蓄奴或强迫劳役、国会选举、公民选举权、总统任期与补缺、男女平等权以及议会增薪法案通过限制等
	法国	**法国宪法**（欧洲大陆第一部成文宪法）——思想：保障人权——1789年《人权和公民权利宣言》革命纲领；内容：1791年第一部《法国宪法》——序言；1946年第四共和国《法国宪法》——规定宪法委员会；1958年第五共和国《法国宪法》——专章规定宪法委员会
	苏俄德国	1918年《苏俄宪法》、1919年德国《魏玛宪法》标志现代宪法的产生，《魏玛宪法》首次确认经济制度和文化制度，《苏俄宪法》规定社会制度

当代宪法发展趋势	1. 人权保障加强	
	2. 政府权力扩大	一方面确认和授予政府更多的权力；另一方面也更加注重通过设定多种监督机制对政府权力加以限制，以防止政府权力的滥用
	3. 违宪审查建立	
	4. 国际化趋势	

▶▶ 品题

命题点一 ▏ 英国宪法 ▏

注意三点:

(1)英国是第一个宪政国家,而非成文宪法国家;

(2)英国的立宪思想是君主无权、议会主权;

(3)英国是不成文宪法国家,没有宪法典,有宪法性法律、宪法惯例、宪法判例。

例1:下列关于英国宪法的表述,正确的有( )①。(2014 多 52)

A.英国是最早确立违宪审查制度的国家

B.英国宪法由宪法性法律、宪法惯例和宪法判例构成

C.英国是典型的不成文宪法国家,没有统一、完整的宪法典

D.英国宪政制度是通过限制王权、扩大资产阶级权力逐步实现的

例2:下列关于英国宪法构成的表达,正确的是( )②。(2006 单 17)

A.由宪法典、宪法性法律、宪法惯例、宪法判例等构成

B.由宪法典、宪法性法律、宪法惯例等构成

C.由宪法典、宪法性法理、宪法判例等构成

D.由宪法性法律、宪法惯例、宪法判例等构成

命题点二 ▏ 美国宪法 ▏

注意四点:

(1)美国是第一个成文宪法国家,宪法典由正文和修正案组成;

(2)美国宪法体现分权与制衡思想,具体体现为政体上的三权分立;

(3)美国宪法正文体现了四大原则,即人民主权与有限政府原则+分权与制衡原则+联邦与州分权原则+对军队的文职控制原则;

(4)美国宪法关于公民基本权利的列举主要写在修正案 1~10 条里,称为"权利法案",注意宪法正文中并无基本权利列举。

例3:下列选项中,属于美国联邦政府宪法原则的有( )③。(2013 多 52)

A.议会至上　　　　　　　　　　B.有限政府

C.分权制衡　　　　　　　　　　D.联邦与州的分权

命题点三 ▏ 法国宪法 ▏

注意四点:

————————————

① BCD

② D

③ BCD

（1）法国宪法是欧洲第一部成文宪法；

（2）法国宪法最典型的思想是保障人权，如第一部法国宪法序言部分就是《人权宣言》；

（3）第四共和国是二战后法国复国政府，1946年《法国宪法》提出了宪法委员会，作为一个政治机构目的是保障议会权力；

（4）第五共和国是戴高乐组建的政府，1958年《法国宪法》专章规定了宪法委员会，作为一个法律机构，针对议会立法进行违宪审查，从而限制了议会权力。

例4：下列关于各国宪法发展的表述，不正确的有（　　　）①。（2016 单 18）

A. 1958年法国宪法设专章规定宪法委员会制度

B. 我国现行宪法是对"七五宪法"精神的继承和发展

C. 英国宪法在发展中形成议会至上的体制特点

D. 通过普通法院解释宪法是美国宪法实践的创造

命题点四 ▌◻ 近代宪法产生的条件 ▌

政治、经济、思想三方面；当代宪法的四大发展趋势。注意公权力是被限制而非"缩小"。

例5：下列选项中，不符合宪法发展的世界性趋势的是（　　　）②。（2015 单 27）

A. 甲国修改宪法以扩大公民基本权利的范围

B. 乙国国会拒绝将国际人权法作为本国的宪法渊源

C. 丙国为维护宪法的最高权威设立专门违宪审查机构

D. 丁国最高法院判决，为应对经济危机而扩大政府权力的某部法律合宪

命题点五 ▌◻ 主观题 ▌

例6：简述宪法的发展趋势。（2016 法简 32）

宪法是近代资产阶级革命的产物，在当代又发生一系列发展变化，具体体现为：

其一，人权保障加强，各国宪法越来越强调对人权的保障，不断扩大公民权利范围；

其二，限制政府权力，政府权力的扩大，是社会发展的必然。各国宪法一方面确认和授予政府更多的权力，另一方面也更加注重通过设定多种监督机制对政府权力加以限制，以防止政府权力的滥用；

其三，违宪审查建立，各国越来越重视建立违宪审查制度来维护宪法的最高权威。各国普遍认为，必须建立完善违宪审查的机构与制度，行使违宪审查的职能，保障宪法的实施；

其四，国际化趋势，宪法领域从国内法扩展到国际法。许多国家的宪法出现了同国际法相结合的内容，在人权的国际法保障方面尤为明显。

---

① B

② B

第四：宪法原则

人民主权原则	近代意义上的主权概念是法国人博丹在《共和六书》中提出来的,他认为凡属国家,必有一种最高权力,其不受任何人为的法律的限制,而只受上帝的法律或自然的法律限制
基本人权原则	法国思想家卢梭的天赋人权学说为理论基础,其核心内容是:每个人都具有与生俱来的自由和平等权,这种权利是不能被剥夺的
	基本人权原则最早确立于美国宪法→法国《人权宣言》→各国宪法→国际法
法治原则	1.宪法优位
	2.法律保留
	3.司法独立
权力制衡原则	近代分权学说最初是由英国的洛克倡导而提出的,他认为国家权力应该分为立法权、行政权和对外联盟权,这实际上是立法与行政两权分立
	孟德斯鸠在洛克学说的基础上进一步完善了分权理论,提出了著名的三权分立学说→美国宪法

>> 品题

命题点一

注意五点:

(1)博丹最早提出主权;

(2)人民主权是最核心的原则;

(3)基本人权原则最早确立于美国宪法,最早具体列举在法国宪法中;

(4)法治原则(宪法优位、法律保留、司法独立);

(5)洛克提出两权分立,孟德斯鸠提出三权分立。

例1:我国宪法规定,国家尊重和保障人权,下列关于该条款的表述,正确的有(   )[①]。(2016 多 56)

A.该条款在八二宪法制定时予以明确规定

B.该条款对于理解基本权利具有指导作用

C.该条款为未列举基本权利提供了规范基础

D.该条款为国家设定了尊重、保障和实现人权的义务

---

① BCD

例2：我国宪法规定："人民依照法律规定,通过各种途径和形式,管理国家事务,管理经济和文化事业,管理社会事务。"这一规定体现的宪法基本原则是(   )①。(2013 单 16)

A.法治　　　　　B.权力制约　　　　　C.人民主权　　　　　D.人权保障

例3：下列关于宪法优位的说法,正确的有(   )②。(2013 多 53)

A.法律必须受宪法约束

B.行政法规不得同宪法相抵触

C.国家机关的行为必须有明确的宪法依据

D.宪法优位要求在行政机关和立法机关的关系上遵循法律优位原则

例4：将国家权力划分为立法权、行政权和对外联盟权的思想家是(   )③。(2010 单 19)

A.孟德斯鸠　　　　B.洛克　　　　C.卢梭　　　　D.霍布斯

例5：在资本主义宪法原则体系中,处于核心和主导地位的是(   )④。(2009 单 16)

A.人民主权原则　　　　　　　　　　B.基本人权原则

C.法治原则　　　　　　　　　　　　D.权力制衡原则

命题点二 ▮ 📖 主观题 ▮

例6：论宪法基本原则的内容及其在我国宪法中的体现。(2016 法论 37)

宪法是确立公民权利保障和国家机构权限的根本法,我国宪法应遵循以下基本原则：

其一,人民主权原则。又称主权在民,要解决的是权力来源和国家合法性问题。主权是一国中的最高权力。我国《宪法》第 1 条规定："中华人民共和国是工人阶级领导的、以工农联盟为基础的人民民主专政的社会主义国家。"我国《宪法》第 2 条："中华人民共和国的一切权力属于人民。人民行使国家权力的机关是全国人民代表大会和地方各级人民代表大会。人民依照法律规定,通过各种途径和形式,管理国家事务,管理经济和文化事业,管理社会事务。"

其二,基本人权原则。人权是人之为人应享有的权利,不得非法限制和剥夺。我国现行宪法将公民的基本权利和义务以专章进行规定。2004 年宪法修正案增加第 33 条第 3 款"国家尊重和保障人权",加强了宪法对人权的保障。

其三,法治原则。在宪政之下,立法部门、行政机构以及司法部门的行为都应当以宪法和法律作为政府行使权力的根据和界限。国家治理必须依据宪法和法律。根据《宪法》第 5 条规定："中华人民共和国实行依法治国,建设社会主义法治国家。国家维护社会主义法治的统一与尊严。一切法律、行政法规和地方性法规都不得同宪法相抵触。一切国家机关和武装力量、各政党和各社会团体、各企业事业组织都必须遵守宪法和法律。一切违反宪法和法律的行为,必须予以追究。任何组织或者个人都不得有超越宪法和法律的特权。"再如《宪

---

① C

② ABD

③ B

④ A

法》第 126 条规定:"人民法院依照法律规定独立行使审判权,不受行政机关、社会团体和个人的干涉。"

其四,权力制衡原则。国家权力机关的各部分之间相互监督、彼此牵制,以保障公民权利的原则。

(1)人民对于国家权力的监督制约。《宪法》第 27 条规定:"一切国家机关和国家工作人员必须依靠人民的支持,经常保持同人民的密切联系,倾听人民的意见和建议,接受人民的监督,努力为人民服务。"

(2)公民权利对国家权力的制约监督。《宪法》第 41 条规定:"中华人民共和国公民对于任何国家机关和国家工作人员,有提出批评和建议的权利;对于任何国家机关和国家工作人员的违法失职行为,有向有关国家机关提出申诉、控告或者检举的权利,但是不得捏造或者歪曲事实进行诬告陷害。"

(3)国家机关内部自上而下的制约监督。《宪法》第 3 条规定:"国家行政机关、审判机关、检察机关都由人民代表大会产生,对它负责,受它监督。"

第五:宪法规范和宪法关系

宪法关系	1. 国家与公民之间的关系	
	2. 国家与其他社会主体之间的关系	
	3. 国家机关之间的关系	
	4. 国家机关内部的关系	
宪法规范特点	1. 内容的政治性	
	2. 效力的最高性	
	3. 立法的原则性	
	4. 实施的多层次性	
宪法规范类型	1. 组织权限规范	国家机关的组织、权限以及职权行使的程序
	2. 权利义务规范	公民的基本权利和基本义务
	3. 宪法委托规范	广义:宪法中所有要求特定机关为具体行为的规定
		狭义:指对立法机关的立法委托
	4. 宪法指示规范	强制国家公权力机关为一定的行为,我国宪法中基本国策条款多为这种类型

>> 品题

命题点一 ▌ 宪法关系

一共四对,至少一方是国家;宪法规范类型。一共四个,分别为组织权限规范、权利义务规范、宪法委托规范、宪法指示规范。

例 1：宪法关系是指根据一定的宪法规范,在宪法主体之间产生的、以宪法中的权利和义务为基本内容的社会政治关系。下列不属于宪法关系调整的对象的是(　　)①。(2017 单 19)

A. 公民与公民之间的关系　　　　　　B. 公民与国家机关之间的关系

C. 国家机构的内部关系　　　　　　　D. 国家机关之间的关系

例 2：下列关于宪法规范的表述,正确的是(　　)②。(2016 单 17)

A. 宪法规范的效力高于法律、法规的效力

B. 宪法规范不调整国家和无国籍人之间的关系

C. 宪法规范因具有权威性而无需进行宪法解释

D. 宪法规范具有政治性,只能通过立法具体化

例 3：下列选项中,不属于宪法调整的社会关系是(　　)③。(2010 单 31)

A. 国家与公民之间的关系　　　　　　B. 政党内部的关系

C. 国家机关之间的关系　　　　　　　D. 国家机关内部的关系

命题点二 ▏ 主观题 ▏

例 4：简述宪法规范的特点。

宪法规范是调整宪法关系的各种规范的总和。包括组织权限规范、权利义务规范、宪法委托规范、宪法指示规范。

宪法规范具有以下特点:

(1)内容的政治性:宪法规范内容的政治性,是宪法规范与其他法律规范相比最主要的特点,是由宪法所调整的社会关系所决定的。

其一,从宪法最初的产生来看,宪法就是为了保障人权而对国家权力的行使进行严格限制的一个崭新的法律部门,因此宪法内容的设计从一开始就具有强烈的政治色彩。

其二,从宪法规范的具体内容来看,宪法主要是有关国家权力、政治过程、平衡各种政治利益的规则、规范国家与公民及各种政治力量之间的关系。

其三,宪法规范内容的实现和变化都要受到各种政治力量对比关系的决定性影响。

(2)效力的最高性:宪法规范具有最高的法律效力,这是由宪法规范的性质和内容决定的,也是由宪法的最高法律地位决定的。

(3)立法的原则性:宪法规范表现为原则性和概括性,宪法规范的这一特点是与宪法规范调整内容的广泛性相联系的;宪法规范在内容设计上要囊括国家生活和社会生活的各个方面,如果内容过于具体庞杂,必然会导致规范主次不分明和经常性修改,不利于保护宪法的稳定性和权威性。

(4)实施的多层次性:宪法规范的调整和规范职能,要根据实际需要进行多层次的具体化,包括立法具体化和宪法解释,使其成为一种具有直接的可操作性的行为规范,这样才能通过社会主体的自觉守宪行为和有权机关的违宪审查行为而最终实现。

---

① A

② A

③ B

第六:宪法渊源和结构

宪法渊源	1.宪法典	区分成文宪法国家和不成文宪法国家的标志	
	2.宪法性法律	不成文宪法国家,不存在根本意义上的宪法,只存在部门法意义上的宪法	
		成文宪法国家,既存在根本意义上的宪法,也存在部门法意义上的宪法	
	3.宪法惯例		
	4.宪法判例	我国无此渊源	
	5.国际条约	《经济、社会、文化权利国际公约》1997年签署,2001年全国人大常委会批准	
		《公民权利和政治权利国际公约》1998年签署	
宪法典的结构	1.序言		
	2.正文	(1)国家和社会生活诸方面的基本原则	
		(2)公民基本权利和义务+国家机构(1982年宪法将基本权利提到国家机构之前)	
		(3)国旗、国歌、国徽和首都	
	3.附则	我国无此部分	
		特定性+临时性	

序言

正文 — 总纲、基本权利义务、国家机构、国家标志

品题

命题点一 | 我国宪法渊源 |

一共五个,没有宪法判例。

例1: 下列规范性文件中,属于宪法相关法的是( )①。(2016 单15)

A.合同法　　　　　　　　　　　　B.行政强制法

C.民事诉讼法　　　　　　　　　　D.各级人大常委会监督法

例2: 关于宪法规范,下列说法正确的有( )②。(2015 单16)

A.宪法规范比普通法律规范更具原则性、概括性

B.宪法规范内容上的政治性决定了违宪主体不承担法律后果

C.宪法规范主要调整国家与公民之间、公民与公民之间的关系

D.宪法规范在我国的表现形式主要有宪法典、宪法相关法、宪法惯例和宪法判例

例3: 下列选项中,属于我国宪法性法律的是( )③。(2011 单16)

A.选举法　　　　B.侵权责任法　　　　C.劳动法　　　　D.婚姻法

---

① D

② A

③ A

例4：下列选项中，不属于我国宪法渊源的是（　　　）①。（2011 单 17）

A. 宪法典　　　　　　　B. 宪法惯例　　　　　　　C. 宪法判例　　　　　　　D. 国际条约

命题点二 ▏□ 基本权利国际条约 ▏

例5：2001 年 2 月 28 日，全国人大常委会批准我国加入的国际公约是（　　　）②。（2006 单 26）

A.《经济、社会、文化权利国际公约》

B.《公民权利和政治权利国际公约》

C.《国际儿童权利公约》

D.《消除对妇女一切形式的歧视公约》

例6：1997 年 10 月我国政府签署的国际人权公约是（　　　）③。（2009 单 31）

A.《世界人权宣言》

B.《联合国宪章》

C.《经济、社会、文化权利国际公约》

D.《公民权利和政治权利国际公约》

---

① C

② A

③ C

第二章 | 宪法的制定和实施

第一:宪法制定

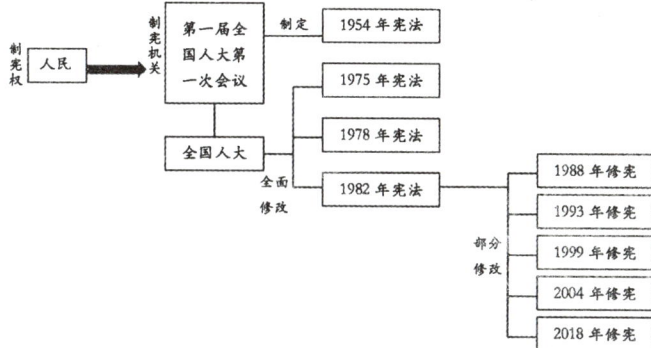

宪法 制定 概念	宪法的制定是指制宪主体行使制宪权的过程		
	制宪权	和修宪权、立法权区别:原生性权力	
		西耶斯:只有国民才可以构成制宪权主体	
		国民中的一部分人代表行使制宪权	
	制宪机关 vs. 宪法起草 机关	1.制宪机关是行使制宪权的国家机关,而宪法起草机构是具体工作机关,不能独立行使制宪权	
		2.制宪机关一般是常设的,而宪法起草机关是临时性的机关,起草任务结束后便解散	
		3.制宪机关有权批准通过宪法,而起草机关无权批准通过宪法	
		4.制宪机关由公民选举产生,具有广泛的民意基础,而宪法起草机关主要通过任命方式产生,注重成员的广泛性	
宪法 制定 程序	1.成立专门的制宪机构		
	2.提出宪法草案		
	3.通过宪法草案		
	4.公布:全国人大		
我国 宪法 制定	共同纲领	1949年9月29日中国人民政治协商会议第一届全体会议	
		临时宪法的作用	
	54宪法	背景	1954年第一届全国人民代表大会第一次全体会议
			我国第一部宪法
		内容	序言+总纲;国家机构;公民基本权利和义务;国旗、国徽、首都共四章
			人民民主原则和社会主义原则

》》品题

命题点一 | 制宪权

注意三点：

（1）制宪权是原生性的权力,这是不需要论证的结论,而修宪权、立法权是制宪权派生出来的权力,制宪权属于人民,修宪权、立法权属于立法机关；

（2）最早提出制宪权的是法国人西耶斯(西哀耶士、西耶士)；

（3）制宪权虽然理论上属于全体国民,但具体行使制宪权的则是通过选举出来的制宪机关组成人员,即间接民主。

例1：关于制宪权和制宪机关,下列表述正确的是(   )①。（2017 单16）（2017 法单8）

A. 制宪权和修宪权是同一层次的权力形态

B. 立宪实践中,宪法起草机构就是制宪机关

C. 在我国,制宪权主体是全国人民代表大会

D. 1954 年宪法是新中国成立后人民行使制宪权的产物

例2：下列关于制宪权的表述,正确的是(   )②。（2012 单18）

A. 制宪权通常由人民直接行使

B. 最早系统提出制宪权理论的是英国思想家洛克

C. 制宪权、修宪权和立法权属于一层级的权力形态

D. 国民成为制宪权的主体是现代宪法的特点之一,为现代各国宪法所普遍承认

例3：根据西耶士的观点,制宪权归属于(   )③。（2010 法单9）

A. 国民　　　　　B. 立法机关　　　　　C. 执政党　　　　　D. 制宪机关

例4：法国思想家西哀耶士的观点,制宪权的主体是(   )④。（2009 单18）

A. 国民　　　　　B. 立法机关　　　　　C. 制宪会议　　　　　D. 宪法起草机关

例5：下列关于制宪权的表述,错误的是(   )⑤。（2006 单19）

A. 宪法的制定是制定主体依据程序制定宪法、行使制宪权的活动

B. 制宪权的概念源自于古希腊、古罗马的法治思想以及中世纪的根本法思想

C. 制宪权、修宪权、立法权属于同一层次的权力形态

D. 制宪机关不同于宪法起草机关

命题点二 | 主观题

例6：简述制宪权和制宪程序/简述制宪机关和宪法起草机关的区别。

制宪权是由国民享有的制定宪法的原生性权力。理论上国民是制宪权的主体,但具体

---

① D
② D
③ A
④ A
⑤ C

实现制宪权的是制宪机关,我国的制宪机关是第一届全国人大第一次会议。宪法的制定需要经过以下程序:

其一,成立专门的制宪机构。此外还要组建宪法起草机关。制宪机关由公民选举产生,具有广泛的民意基础,而宪法起草机关主要通过任命方式产生,注重成员的广泛性。

其二,提出宪法草案。宪法起草机构是具体工作机关,将宪法草案提交到制宪机关。

其三,通过宪法草案。制宪机关有权批准通过宪法,而起草机关无权批准通过宪法。

其四,公布宪法。在我国由全国人大公布。而宪法起草机关是临时性的机关,起草任务结束后便解散。

第二:宪法修改

<table>
<tr><td rowspan="4">宪法
修改
概念</td><td rowspan="3">全面
修改</td><td colspan="3">我国1975年宪法、1978年宪法、1982年宪法</td></tr>
<tr><td rowspan="2">1982
宪法</td><td>背景</td><td>1982年12月4日</td></tr>
<tr><td>内容</td><td>序言+总纲;公民基本权利和义务;国家机构;国旗、国徽、首都共四章138条,将公民的基本权利和义务一章放在国家机构之前</td></tr>
<tr><td rowspan="2">部分
修改</td><td colspan="3">美国最早使用宪法修正案</td></tr>
<tr><td></td><td colspan="3">我国分别于1988、1993、1999、2004、2018年修改,共52条</td></tr>
<tr><td rowspan="4">我国宪法
修改程序</td><td>机关</td><td colspan="3">全国人大</td></tr>
<tr><td>提议</td><td colspan="3">中国共产党中央委员会建议,全国人大常委会或1/5以上全国人大代表提议</td></tr>
<tr><td>通过</td><td colspan="3">全国人大全体代表2/3以上通过</td></tr>
<tr><td>公布</td><td colspan="3">全国人大</td></tr>
<tr><td rowspan="2">1988
修正案</td><td colspan="4">1. +私营经济</td></tr>
<tr><td colspan="4">2. "不得出租土地"→"土地的使用权可以依照法律规定转让"</td></tr>
<tr><td rowspan="4">1993
修正案</td><td colspan="4">1. "人民公社"→"以家庭联产承包为主的责任制"</td></tr>
<tr><td colspan="4">2. "计划经济"→"社会主义市场经济"</td></tr>
<tr><td colspan="4">3. +"中国共产党领导的多党合作和政治协商制度将长期存在和发展"</td></tr>
<tr><td colspan="4">4. 县级人大任期3年 → 5年</td></tr>
<tr><td rowspan="5">1999
修正案</td><td colspan="4">1. +"依法治国,建设社会主义法治国家"</td></tr>
<tr><td colspan="4">2. +"我国将长期处于社会主义初级阶段,初级阶段的基本经济制度和分配制度"</td></tr>
<tr><td colspan="4">3. +"农村集体经济组织实行家庭承包经营为基础、统分结合的双层经营体制"</td></tr>
<tr><td colspan="4">4. +"非公有制经济在社会主义市场经济中的地位,国家保护个体经济、私营经济的合法的权利和利益。国家对个体经济、私营经济实行引导、监督和管理"</td></tr>
<tr><td colspan="4">5. "反革命罪"→"危害国家安全的犯罪活动"</td></tr>
</table>

续表

2004 修正案	1. +"三个文明"（物质、政治、精神）
	2. 统一战线增加"社会主义事业的建设者"
	3. "所有权" → "财产权"，完善征收、征用制度
	4. +"鼓励、支持、引导、监督非公有制经济发展"
	5. +"建立、健全社会保障制度"
	6. +"国家尊重和保障人权"
	7. 全国人民代表大会组成增加"特别行政区代表"
	8. "戒严" → "紧急状态"
	9. 国家主席职权增加"进行国事活动"
	10. 乡镇级人大任期 3 年 → 5 年
	11. 国旗、国徽、首都 → 国旗、国歌、国徽、首都
2018 修正案	1. "三个文明" → "五个文明"（物质、政治、精神+社会、生态）
	2. "拥护祖国统一的爱国者" → "拥护祖国统一和致力于中华民族伟大复兴的爱国者"
	3. 平等、团结、互助的社会主义民族关系+"和谐"
	4. +"中国共产党领导是中国特色社会主义最本质的特征"
	5. +"宪法宣誓"制度
	6. +"监察委员会"
	7. 市级人大/人大常委会，可以制定地方性法规（城乡建设与管理+环境保护+历史文化保护），报省级人大常委会批准后施行
	8. 全国人大 9 个专门委员会 → 10 个专门委员会

▶▶ 品题

命题点一 | 🖿 **全面修改和部分修改** |

注意三点：

（1）我国全面修改有三次，75 宪法、78 宪法、82 宪法；

（2）我国部分修改有五次，88 宪法、93 宪法、99 宪法、04 宪法、18 宪法，共修改了 52 条；

（3）国外全面修改代表，法国 1958 年宪法、日本 1946 年宪法，部分修改代表，美国是最早使用修正案方式修改宪法的国家。

　　例1：通过宪法修正案对宪法部分内容予以修改和完善，是宪法修改的一种方式，我国采用这一方式开始于(　　)①。(**2018 单 22**)

　　A. 1979 年　　　　　　B. 1982 年　　　　　　C. 1988 年　　　　　　D. 2004 年

————————————

　　① C

例 2：最早以宪法修正案的方式对宪法进行调整和完善的国家是(   )①。(2009 单 17)

A. 英国 　　　　B. 美国 　　　　C. 德国 　　　　D. 中国

命题点二 ▏▣ 八二宪法的修改内容 ▏

例 3：2014 年 11 月 1 日,第 12 届全国人大常委会第 11 次会议通过《全国人大常委会关于设立国家宪法日的决定》。根据该决定,国家宪法日是(   )②。(2015 法单 9)

A. 12 月 6 日 　　B. 12 月 4 日 　　C. 9 月 29 日 　　D. 9 月 20 日

例 4：下列关于我国"八二宪法"的表述,不正确的是(   )③。(2013 多 20)

A. 我国采用修正案方式对宪法进行修改始于"八二宪法"

B. "八二宪法"和四个修正案共同构成了我国的现行宪法

C. "八二宪法"仍将国家机构一章置于公民的基本权利和义务一章之前

D. "八二宪法"继承并发展了"五四宪法"好的传统与基本原则,废弃了"七五宪法"与"七八宪法"中不适宜的内容

命题点三 ▏▣ 我国宪法修改程序 ▏

注意四点：

(1)宪法修改机关只有全国人大；

(2)提出修正案的主体有两个,全国人大常委会或 1/5 以上全国人大代表；

(3)通过程序,需要全国人大全体代表 2/3 以上通过,三个要点,一是"全体代表",不是出席代表,二是"2/3",除此之外通过其他事项都是 1/2 通过,三是"以上",包括本数；

(4)修正案公布主体是全国人大,除此之外其他法律公布主体都是国家主席。

例 5：下列关于宪法修改的表述,正确的是(   )④。(2019 单 15)

A. 宪法修改权的主体是修宪机关

B. 我国宪法修改的程序和普通法律相同

C. 我国宪法修改的机关是全国人大常委会

D. 宪法修改有全面修改和部分修改两种形式

例 6：下列关于宪法修改的表述,正确的是(   )⑤。(2016 单 20)

A. 宪法的修改机关和宪法的制定机关相同

B. 由公民提议修宪是现代法治国家的通例

C. 宪法修正案一般需要由议会过半数通过

D. 我国宪法修改权由全国人民代表大会行使

----

① B
② B
③ BC
④ D
⑤ D

例7：根据我国宪法,有权提议进行宪法修改的主体是(   )①。(2014 单31)

A. 最高人民法院　　　　　　　　B. 中央军事委员会

C. 省级人民代表大会　　　　　　D. 1/5 以上的全国人民代表大会代表

例8：下列关于我国宪法修改的表述,正确的是(   )②。(2013 单24)

A. 可以由全国人大主席团提议

B. 须由三分之一以上全国人大代表提议

C. 须由全国人大以全体代表的 2/3 以上的多数通过

D. 须由全国人大出席会议代表的 2/3 以上多数通过

例9：根据我国宪法的规定,有权提议修改宪法的主体有(   )③。(2012 法多28)

A. 全国人民代表大会主席团　　　B. 全国人民代表大会常务委员会

C. 全国人民代表大会的一个代表团　　D. 1/5 以上的全国人民代表大会代表

例10：根据我国现行宪法规定,享有宪法修改提议权的主体包括(   )④。(2010 多52)

A. 全国人大常务委员会　　　　　B. 国家主席

C. 1/5 以上的全国人大代表　　　　D. 执政党

命题点四 ▎▫ 修正案内容 ▎

地方任期制度变革

93 修正案	县级人大任期 3 年 → 5 年
04 修正案	乡镇级人大任期 3 年 → 5 年
2018《村委会组织法》《居委会组织法》修改村委会、居委会任期 3 年 → 5 年	

经济制度变革

88 修正案	增加私营经济
93 修正案	社会主义市场经济
99 修正案	增加非公有制经济,国家对个体经济、私营经济实行引导、监督和管理+长期处于社会主义初级阶段
04 修正案	鼓励、支持、引导、监督非公有制经济发展

土地制度变革

88 修正案	土地的使用权可以依照法律规定转让
93 修正案	以家庭联产承包为主的责任制
99 修正案	家庭承包经营为基础、统分结合的双层经营体制

---

① D

② C

③ BD

④ AC

例 11：根据我国宪法和法律,设区的市的人大及其常委会可以制定地方性法规。下列事项中,属于该立法权限的是(　　　)①。(2019 单 16)

A. 环境保护　　　　　　　　　　　B. 税收征收管理

C. 外贸基本制度　　　　　　　　　D. 本级人民政府的职权

例 12：根据我国宪法,中国特色社会主义最本质的特征是(　　　)②。(2019 单 17)

A. 社会主义公有制　　　　　　　　B. 中国共产党的领导

C. 全面依法治国　　　　　　　　　D. 人民代表大会制度

例 13：2004 年全国人民代表大会对宪法进行了修改。下列选项属于此次修改内容的是(　　　)③。(2017 法单 9)

A. 国家尊重和保障人权

B. 中华人民共和国实行依法治国,建设社会主义法治国家

C. 县、市、市辖区的人民代表大会每届任期由三年改为五年

D. 中国共产党领导的多党合作和政治协商制度将长期存在和发展

例 14：下列关于我国 1999 年宪法修正案内容的表述,正确的是(　　　)④。(2016 单 16)

A. 明确了土地使用权可依法转让

B. 首次规定了公民合法的财产权受法律保护

C. 确立了按劳分配为主体、多种分配方式并存的分配制度

D. 增加了推动物质文明、政治文明和精神文明协调发展的内容

例 15：根据 2004 年宪法修正案,爱国统一战线中增加的社会群体是(　　　)⑤。(2015 单 18)

A. 全体社会主义劳动者　　　　　　B. 社会主义事业的建设者

C. 拥护社会主义的爱国者　　　　　D. 拥护祖国统一的爱国者

例 16：下列选项中,属于我国 2004 年宪法修正案内容的有(　　　)⑥。(2012 多 56)

A. 国家尊重和保障人权

B. 依法治国,建设社会主义国家

C. 国家建立健全同社会经济发展水平相适应的社会保障制度

D. 在爱国统一战线的范围的表述中增加"社会主义事业的建设者"

例 17：下列关于我国宪法修正案的表述,正确的是(　　　)⑦。(2012 法单 11)

A. 我国采用修正案的方式对宪法进行修改始于 1982 年

B. 1988 年宪法修正案确立了"按劳分配为主体、多种分配方式并存的分配制度"

---

① A
② B
③ A
④ C
⑤ B
⑥ ACD
⑦ D

C."国家尊重和保障人权"是 1999 年宪法修正案确立的原则

D. 2004 年宪法修正案规定"国家建立健全同经济发展水平相适应的社会保障制度"

例 18:我国宪法修正案中,明确规定"国家为了公共利益的需要,可以依照法律规定对公民的私有财产实行征收或者征用并给予补偿"的是(　　)①。(2011 单 23)

A. 1988 年宪法修正案　　　　　　　　B. 1993 年宪法修正案

C. 1999 年宪法修正案　　　　　　　　D. 2004 年宪法修正案

例 19:2004 年我国宪法修正案完善了保护财产的规定,下列表述正确的是(　　)②。(2010 单 23)

A. 首次采用"私有财产权"的概念

B. 明确规定了非公有制经济的宪法地位

C. 确立了私有财产神圣不可侵犯的原则

D. 规定了对私有财产征收、征用并给予合理赔偿制度

例 20:根据 2004 年宪法修正案的规定,国家建立健全同经济发展水平相适应的制度是(　　)③。(2009 单 20)

A. 人权保障制度　　　　　　　　　　B. 劳动保障制度

C. 社会保障制度　　　　　　　　　　D. 文化保障制度

例 21:根据我国现行宪法的规定,农村集体经济组织实行的经营体制是(　　)④。(2007 单 21)

A. 家庭承包经营为基础、统分结合的双层经营体制

B. 家庭联产承包为主的责任制和合作经济

C. 家庭联产承包责任制

D. 家庭承包责任制

例 22:下列表述中,属于我国 2004 年宪法修正案内容的有(　　)⑤。(2007 多 52)

A. 将"三个代表"重要思想写进宪法

B. 规定土地的使用权可以依照法律的规定转让

C. 将县级人民代表大会的任期由 3 年改为 5 年

D. 规定国家建立和健全同经济发展水平相适应的社会保障制度

命题点五 ┃ 🗏 主观题

例 23:简述我国现行宪法的修改制度。(2011 简 65)

宪法修改是指有权修改宪法的机关依据法定的程序对宪法规范予以补充、调整、删除的行为。我国宪法修改机关是全国人大,要经过以下几个步骤:

---

① D

② A

③ C

④ A

⑤ AD

第一,宪法修改提案主体是全国人大常委会或 1/5 以上全国人大代表。

第二,宪法修正案通过全国人大代表审议,经过全国人大全体代表 2/3 以上通过。

第三,宪法由全国人大公布。

此外,中国共产党中央委员会可以提出宪法修改建议。

例 24:论述 2018 宪法修改的内容。(2020 法论 36)

(1)修正案第 32 条:宪法序言第七自然段修改为:"中国新民主主义革命的胜利和社会主义事业的成就,是中国共产党领导中国各族人民,在马克思列宁主义、毛泽东思想的指引下,坚持真理,修正错误,战胜许多艰难险阻而取得的。我国将长期处于社会主义初级阶段。国家的根本任务是,沿着中国特色社会主义道路,集中力量进行社会主义现代化建设。中国各族人民将继续在中国共产党领导下,在马克思列宁主义、毛泽东思想、邓小平理论、'三个代表'重要思想、科学发展观、习近平新时代中国特色社会主义思想指引下,坚持人民民主专政,坚持社会主义道路,坚持改革开放,不断完善社会主义的各项制度,发展社会主义市场经济,发展社会主义民主,健全社会主义法治,贯彻新发展理念,自力更生,艰苦奋斗,逐步实现工业、农业、国防和科学技术的现代化,推动物质文明、政治文明、精神文明、社会文明、生态文明协调发展,把我国建设成为富强民主文明和谐美丽的社会主义现代化强国,实现中华民族伟大复兴。"

(2)修正案第 33 条:宪法序言第十自然段修改为:"社会主义的建设事业必须依靠工人、农民和知识分子,团结一切可以团结的力量。在长期的革命、建设、改革过程中,已经结成由中国共产党领导的,有各民主党派和各人民团体参加的,包括全体社会主义劳动者、社会主义事业的建设者、拥护社会主义的爱国者、拥护祖国统一和致力于中华民族伟大复兴的爱国者的广泛的爱国统一战线,这个统一战线将继续巩固和发展。中国人民政治协商会议是有广泛代表性的统一战线组织,过去发挥了重要的历史作用,今后在国家政治生活、社会生活和对外友好活动中,在进行社会主义现代化建设、维护国家的统一和团结的斗争中,将进一步发挥它的重要作用。中国共产党领导的多党合作和政治协商制度将长期存在和发展。"

(3)修正案第 34 条:宪法序言第十一自然段中"平等、团结、互助的社会主义民族关系已经确立,并将继续加强。"修改为:"平等团结互助和谐的社会主义民族关系已经确立,并将继续加强。"

(4)修正案第 35 条:宪法序言第十二自然段修改为:"中国革命、建设、改革的成就是同世界人民的支持分不开的。中国的前途是同世界的前途紧密地联系在一起的。中国坚持独立自主的对外政策,坚持互相尊重主权和领土完整、互不侵犯、互不干涉内政、平等互利、和平共处的五项原则,坚持和平发展道路,坚持互利共赢开放战略,发展同各国的外交关系和经济、文化交流,推动构建人类命运共同体;坚持反对帝国主义、霸权主义、殖民主义,加强同世界各国人民的团结,支持被压迫民族和发展中国家争取和维护民族独立、发展民族经济的正义斗争,为维护世界和平和促进人类进步事业而努力。"

(5)修正案第 36 条:宪法第一条第二款"社会主义制度是中华人民共和国的根本制度。"后增写一句,内容为:"中国共产党领导是中国特色社会主义最本质的特征。"

(6)修正案第 37 条:宪法第三条第三款修改为:"国家行政机关、监察机关、审判机关、检察机关都由人民代表大会产生,对它负责,受它监督。"

（7）修正案第38条:宪法第四条第一款修改为:"国家保障各少数民族的合法的权利和利益,维护和发展各民族的平等团结互助和谐关系。"

（8）修正案第39条:宪法第二十四条第二款修改为:"国家倡导社会主义核心价值观,提倡爱祖国、爱人民、爱劳动、爱科学、爱社会主义的公德,在人民中进行爱国主义、集体主义和国际主义、共产主义的教育,进行辩证唯物主义和历史唯物主义的教育,反对资本主义的、封建主义的和其他的腐朽思想。"

（9）修正案第40条:宪法第二十七条增加一款,作为第三款:"国家工作人员就职时应当依照法律规定公开进行宪法宣誓。"

（10）修正案第41条:宪法第六十二条"全国人民代表大会行使下列职权"中增加一项"（七）选举国家监察委员会主任"。

（11）修正案第42条:宪法第六十三条"全国人民代表大会有权罢免下列人员"中增加一项"（四）国家监察委员会主任"。

（12）修正案第43条:宪法第六十五条第四款修改为:"全国人民代表大会常务委员会的组成人员不得担任国家行政机关、监察机关、审判机关和检察机关的职务。"

（13）修正案第44条:宪法第六十七条"全国人民代表大会常务委员会行使下列职权"中第六项修改为"（六）监督国务院、中央军事委员会、国家监察委员会、最高人民法院和最高人民检察院的工作";增加一项,作为第十一项"（十一）根据国家监察委员会主任的提请,任免国家监察委员会副主任、委员"。宪法第七十条第一款修改为:"全国人民代表大会设立民族委员会、宪法和法律委员会、财政经济委员会、教育科学文化卫生委员会、外事委员会、华侨委员会和其他需要设立的专门委员会。"

（14）修正案第45条:宪法第七十九条第三款修改为:"中华人民共和国主席、副主席每届任期同全国人民代表大会每届任期相同。"

（15）修正案第46条:宪法第八十九条"国务院行使下列职权"中第六项"（六）领导和管理经济工作和城乡建设"修改为"（六）领导和管理经济工作和城乡建设、生态文明建设";第八项"（八）领导和管理民政、公安、司法行政和监察等工作"修改为"（八）领导和管理民政、公安、司法行政等工作"。

（16）修正案第47条:宪法第一百条增加一款,作为第二款:"设区的市的人民代表大会和它们的常务委员会,在不同宪法、法律、行政法规和本省、自治区的地方性法规相抵触的前提下,可以依照法律规定制定地方性法规,报本省、自治区人民代表大会常务委员会批准后施行。"

（17）修正案第48条:宪法第一百零一条第二款修改为:"县级以上的地方各级人民代表大会选举并且有权罢免本级监察委员会主任、本级人民法院院长和本级人民检察院检察长。"

（18）修正案第49条:宪法第一百零三条第三款修改为:"县级以上的地方各级人民代表大会常务委员会的组成人员不得担任国家行政机关、监察机关、审判机关和检察机关的职务。"

（19）修正案第50条:宪法第一百零四条中"监督本级人民政府、人民法院和人民检察院的工作"修改为"监督本级人民政府、监察委员会、人民法院和人民检察院的工作"。

（20）修正案第51条：宪法第一百零七条第一款修改为："县级以上地方各级人民政府依照法律规定的权限，管理本行政区域内的经济、教育、科学、文化、卫生、体育事业、城乡建设事业和财政、民政、公安、民族事务、司法行政、计划生育等行政工作，发布决定和命令，任免、培训、考核和奖惩行政工作人员。"

（21）修正案第52条：宪法第三章"国家机构"中增加一节，作为第七节"监察委员会"；增加五条，分别作为第一百二十三条至第一百二十七条。

第三：宪法实施概述

宪法解释		违宪审查
源于人民主权学说;如西方议会	立法机关模式	源于人民主权学说;如西方议会
我国全国人大常委会		我国全国人大+全国人大常委会
78宪法确立		
由普通法院解释宪法/违宪审查 不告不理原则,宪法解释寓于案件审理中	司法机关模式	由普通法院解释宪法/违宪审查 不告不理原则,宪法审查寓于案件审理中
最早:美国1803年马伯里诉麦迪逊案		最早:美国1803年马伯里诉麦迪逊案
日本、加拿大、澳大利亚、墨西哥、阿根廷等		日本、加拿大、澳大利亚、墨西哥、阿根廷等
	专门机关模式	
代表:德国宪法法院	宪法法院	代表:德国宪法法院
最早:奥地利宪法法院		最早:奥地利宪法法院
意大利、西班牙、俄罗斯、韩国等采用		意大利、西班牙、俄罗斯、韩国等采用
代表:法国宪法委员会	宪法委员会	代表:法国宪法委员会
		最早:法国护法元老院

> **品题**

命题点一 ▏宪法解释模式和宪法监督模式

一共三种：

（1）立法机关模式，我国解释/审查机关是全国人大常委会，我国78宪法之后才确立起来宪法解释。

（2）专门机关模式，一是宪法法院体制，首创于奥地利，代表国家德国，意大利、俄罗斯、韩国也采用；二是宪法委员会体制，代表国家法国，起源于法国护法元老院（专门机关模式有欧洲+韩国）。

（3）司法机关模式，最早确立于美国1803年马伯里案，加拿大、日本、澳大利亚、墨西哥、阿根廷也采用，有人起诉后，审理案件中附带解释宪法，解释的结果只对本案有用（司法机关模式有美洲+澳洲+日本)。

例1:关于宪法解释,下列表述正确的是(　　　)①。(2017 单17)

A.非正式的宪法解释可以具有宪法效力

B.语义解释是从宪法制定的特定背景入手进行的解释

C.法国宪法委员会对宪的解释属于专门机关的解释

D.我国人民法院对宪法规范的解释属于正式解释

例2:下列国家中,采用专门机关模式进行违宪审查的是(　　　)②。(2016 单26)

A.美国　　　　　　　B.德国　　　　　　　C.英国　　　　　　　D.日本

例3:美国1803年马伯里诉麦迪逊案所确立的制度是(　　　)③。(2015 单15)

A.联邦制　　　　　　B.司法独立　　　　　　C.议会至上　　　　　　D.司法审查

例4:下列关于我国宪法解释机制的表述,不正确的是(　　　)④。(2015 法单14)

A.我国的宪法解释属于立法机关解释

B.地方各级人大享有宪法解释权

C.我国的宪法解释机制在程序上需要进一步完善

D.宪法解释机制的目的在于激活宪法,保障宪法的最高效力

例5:下列关于宪法解释体制,表述正确的是(　　　)⑤。(2014 单21)

A.社会主义国家一般由最高国家权力机关解释宪法

B.德国创立了立法机关解释宪法的体制

C.日本是最早采用宪法法院进行宪法解释的国家

D.美国经由马伯里诉麦迪案确立了专门解释宪法的体制

例6:下列关于宪法解释体制的表述,正确的是(　　　)⑥。(2014 法单11)

A.我国实行的立法机关解释宪法的体制

B.德国创立了立法机关解释宪法的体制

C.日本是最早采用宪法法院进行宪法解释的国家

D.美国经由马伯里诉麦迪案确立了专门解释宪法的体制

例7:世界上最早确立以宪法法院模式实施宪法监督的国家是(　　　)⑦。(2013 法单11)

A.美国　　　　　　　B.法国　　　　　　　C.德国　　　　　　　D.奥地利

例8:下列对特定国家宪法解释体制的表述,正确的是(　　　)⑧。(2010 单21)

A.法国采用国家元首解释体制　　　　　　B.俄罗斯采用立法机关解释体制

---

① C

② B

③ D

④ B

⑤ A

⑥ A

⑦ D

⑧ C

C. 美国采用司法机关解释体制　　　　D. 德国采用公民团体解释体制

例 9：由专门机关负责保障宪法实施的体制起源于(　　　　)①。（2007 单 30）

A. 1215 年英国的自由大宪章

B. 1799 年法国宪法设立的护法元老院

C. 1803 年美国联邦最高法院审理马伯里诉麦迪逊案

D. 1936 年苏联宪法设立的最高苏维埃主席团

命题点二 | ▣ 主观题 |

例 10：简评我国现行宪法解释体制。（2006 简 65）

宪法解释是指在宪法实施过程中，享有宪法解释权的国家机关依照法定的程序对宪法含义、内容和界限所作的补充和说明。

根据宪法理论，宪法解释共三种模式，分别为立法机关模式、专门机关模式和司法机关模式。我国宪法解释体制属于立法机关模式。

立法机关模式源于人民主权学说，在我国自 1978 年宪法确立，1982 宪法继续保留。根据现行宪法，宪法解释主体是全国人大常委会。

我国目前针对宪法的解释并不常见，且在宪法中并未就宪法解释程序作出详细规定。

第四：违宪审查上篇——批准与备案

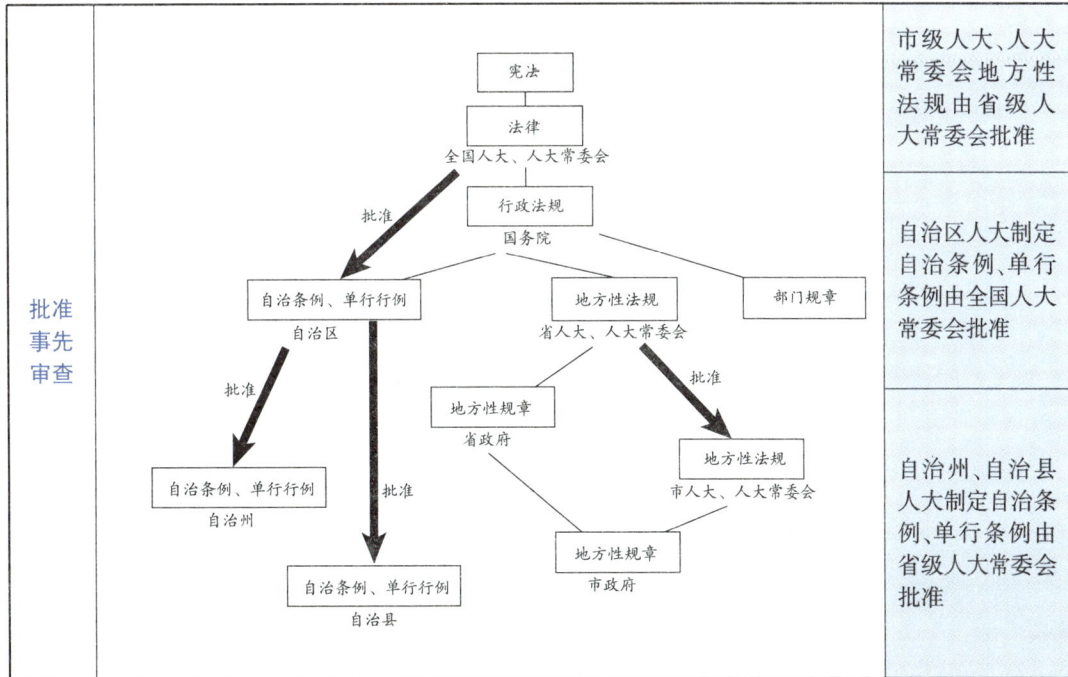

---

① B

中央1备案：
行政法规报全
国人大常委会
备案

中央1备案：
部门规章报国
务院备案

备案
事后
审查

省级2备案：
省、自治区、直
辖市的人大及
其人大常委会
制定的地方性
法规,报全国人
大常委会和国
务院备案

续表

备案事后审查		省级2备案：省、自治区、直辖市政府规章报本级人大常委会和国务院备案
		批准自备案省级2备案：设区的市人大及其人大常委会制定的地方性法规，由省、自治区的人大常委会报全国人大常委会和国务院备案
备案事后审查		市级4备案：设区的市人民政府制定的规章报本级人大常委会、省级人大常委会和省级政府以及国务院备案

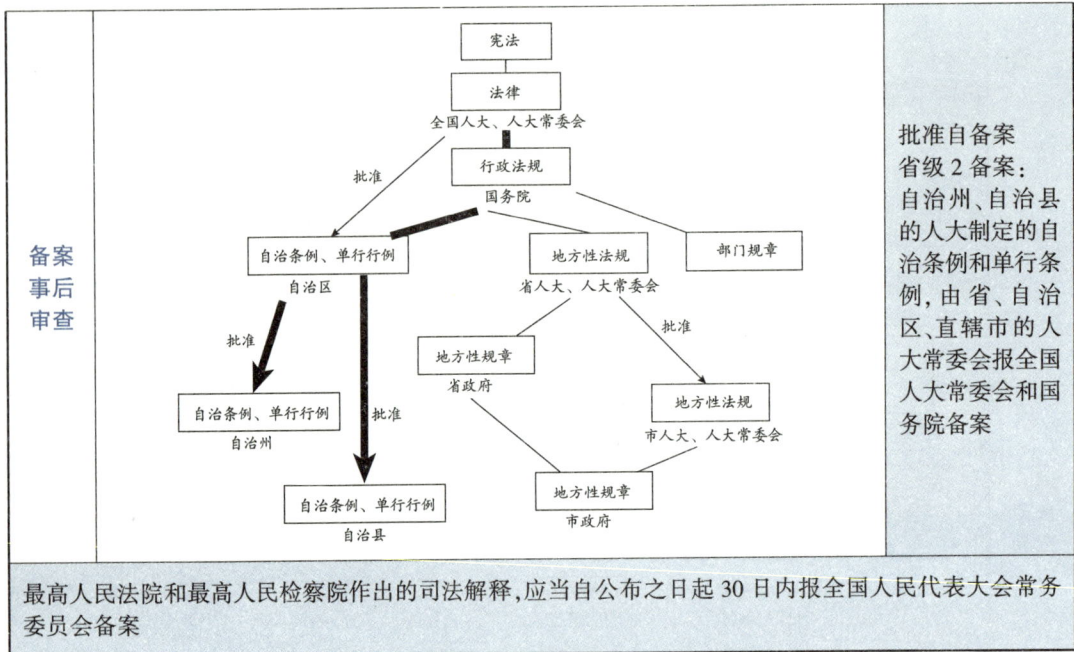

| 备案 事后 审查 | | 批准自备案 省级2备案: 自治州、自治县 的人大制定的自 治条例和单行条 例,由省、自治 区、直辖市的人 大常委会报全国 人大常委会和国 务院备案 |

最高人民法院和最高人民检察院作出的司法解释,应当自公布之日起30日内报全国人民代表大会常务委员会备案

第五:违宪审查中篇——改变与撤销

法律文件	批准机关	备案机关	审查结果
法律	—	—	全国人大改变/撤销全国人大常委会
行政法规	—	全国人大常委会	撤销
部门规章	—	国务院	改变/撤销
省级地方性法规	—	—	省级人大改变/撤销省级人大常委会
		全国人大常委会	撤销
		国务院	—
省级地方政府规章	—	省级人大常委会	撤销
		国务院	改变/撤销
市级地方性法规	省级人大常委会	—	省级人大改变/撤销
		全国人大常委会	撤销
		国务院	—
市级地方政府规章	—	国务院	改变/撤销
		省级人大常委会	—
		省级政府	改变/撤销
		市级人大常委会	撤销
自治区自治条例、单行条例	全国人大常委会	—	全国人大撤销全国人大常委会批准

续表

法律文件	批准机关	备案机关	审查结果
自治州、自治县自治条例、单行条例	省级人大常委会	全国人大常委会	撤销
		国务院	－

第六：违宪审查下篇——违宪审查启动

审查对象		行政法规	军事法规	自治条例	单行条例
		地方性法规	经济特区法规	最高院司法解释	最高检司法解释

品题

命题点一 | 宪法监督基本理论

例1：在宪法理论上,宪法监督是宪法保障的核心内容,其具体监督方式是( )①。(2011 单 19)

A.违宪审查　　　　B.宪法遵守　　　　C.宪法制定　　　　D.宪法修改

例2：在宪政实践中,由特定机关对立法进行审查并处理的制度是( )②。(2009 单 19)

A.行政诉讼制度　　　　　　　　　　B.审判监督制度

C.法律监督制度　　　　　　　　　　D.违宪审查制度

命题点二 | 批准、备案与改变、撤销

法律审查	行政法规审查
制定:全国人大+全国人大常委会	制定:国务院
批准:无需批准	批准:无需批准
备案:无需备案	备案:全国人大常委会
审查:全国人大改变、撤销全国人大常委会法律	审查:全国人大常委会撤销国务院行政法规
部门规章审查	**省级地方性法规审查**
制定:国务院各部委	制定:省级人大+省级人大常委会
批准:无需批准	批准:无需批准
备案:国务院	备案:国务院+全国人大常委会
审查:国务院改变、撤销各部委部门规章	审查:全国人大常委会撤销省级地方性法规+省级人大改变、撤销省级人大常委会地方性法规
省政府规章审查	**市级地方性法规审查**
制定:省政府	制定:市级人大+市级人大常委会
批准:无需批准	批准:报省级人大常委会批准后生效
备案:省级人大常委会+国务院	备案:国务院+全国人大常委会
审查:省级人大常委会撤销省政府规章+国务院改变、撤销省政府规章	审查:全国人大常委会撤销市级地方性法规+省级人大改变、撤销省级人大常委会批准的市级地方性法规
市政府规章审查	**自治区自治条例、单行条例审查**
制定:市政府	制定:自治区人大
批准:无需批准	批准:报全国人大常委会批准后生效

---

① A

② D

续表

备案:市级人大常委会+省政府+省级人大常委会+国务院	备案:无需备案
审查:市级人大常委会撤销市政府规章+省政府改变、撤销市政府规章+国务院改变、撤销市政府规章	审查:全国人大撤销全国人大常委会批准的自治区自治条例、单行条例
自治州、自治县自治条例、单行条例审查	
制定:自治州人大+自治县人大	
批准:报省、自治区人大常委会批准后生效	
备案:国务院+全国人大常委会	
审查:全国人大常委会撤销自治州、自治县自治条例、单行条例	

例3:为治理交通拥堵,某市制定地方性法规《道路交通管理条例》,规定行人闯红灯罚款**20元,累计10次处以行政拘留**。下列说法正确的是(　　)①。(2018单17)(2018法单12)

A.该条例有权规定对行人闯红灯的行为处以罚款

B.该条例只有在获得全国人大常委会授权后才可设定行政拘留

C.只有该市人大有权制定该条例,该市人大常委会无权制定

D.法院可以根据被处罚人的审查要求撤销该条例

例4:关于全国人大常委会的立法监督权,下列说法正确的是(　　)②。(2018单18)(2018法单13)

A.全国人大常委会有权改变同法律相抵触的地方性法规

B.全国人大常委会可以撤销或改变同法律相抵触的行政法规

C.部门规章和地方政府规章对同一事项的规定不一致,由全国人大常委会裁决

D.根据授权制定的法规与法律规定不一致的,由全国人大常委会裁决

例5:根据现行宪法和立法法,下列关于宪法监督的表述,正确的是(　　)③。(2017单30)

A.全国人大及其常委会均有权监督宪法的实施

B.全国人大法律委员会认为司法解释同宪法相互抵触,可予以撤销

C.公民认为地方性法规同宪法相抵触,可向全国人大书面提出审查要求

D.全国人大常委会有权改变或撤销国务院制定的同宪法相抵触的行政法规

例6:甲省乙市是设区的市。乙市政府依法制定公布了《乙市环境保护办法》。下列有关该办法的表述,正确的有(　　)④。(2017多58)(2017法多27)

A.该办法应当报国务院、省人大常委会、省政府、市人大常委会备案

---

① A
② D
③ A
④ ABD

B. 该办法与环境保护部的规章具有同等效力,在各自权限范围内施行

C. 市人大常委会认为该办法的规定不适当,应当提请省人大常委会撤销

D. 如该办法与省政府规章不一致,应适用省政府规章

例7: 关于较大的市的人大及其常委会制定的地方性法规的备案,下列表述正确的是( )①。(2016 单 28)

A. 直接报国务院备案

B. 报省、自治区政府备案

C. 报省、自治区人大常委会备案

D. 经省、自治区人大常委会批准后,报全国人大常委会和国务院备案

例8: 全国人大常委会对自治区报请批准的自治条例进行合宪性审查。根据宪法监督方式的分类,该宪法监督是( )②。(2015 法单 13)

A. 附带性审查　　　B. 宪法诉讼　　　C. 事先审查　　　D. 事后审查

例9: 关于我国的宪法监督,下列说法正确的是( )③。(2013 单 17)

A. 全国人大有权撤销省级人大及其常委会制定的地方性法规

B. 全国人大常委会有权改变国务院制定的不适当的行政法规

C. 国务院有权改变或者撤销地方人民政府工作部门的不适当的决定和命令

D. 县级以上地方各级人大常委会有权撤销本级人民政府不适当的决定和命令

例10: 根据我国宪法和法律的规定,下列关于行政法规、地方性法规以及规章备案的表述,不正确的是( )④。(2012 法单 13)

A. 行政法规报全国人大常委会备案

B. 省级人大及其常委会制定的地方性法规,报全国人大常委会和国务院备案

C. 较大的市的人大及其常委会制定的地方性法规,报省、自治区人大常委会备案

D. 部门规章报国务院备案

例11: 全国人民代表大会常务委员会对国务院制定的同宪法相抵触的行政法规( )⑤。(2006 单 20)

A. 有权改变或撤销　　　　　　　　B. 有权撤销,无权改变

C. 有权改变,无权撤销　　　　　　D. 无权撤销,无权改变

命题点三 | 宪法监督的启动

三种方式:

(1)审查要求(两央两高+省常);

(2)审查建议(其他机关+私主体);

---

① D

② C

③ D

④ C

⑤ B

（3）主动审查(备案的专门机关)。

无论审查启动还是审查意见反馈,都应当以书面方式。

例12:根据我国宪法和法律,下列关于宪法监督制度的表述,正确的是(　　)①。(2016法单9)

A.我国的宪法监督制度是一种附带性审查制度

B.全国人大常委会在对法规进行备案时有权审查其合宪性

C.由法院审查法律是否合宪符合人民代表大会制度的要求

D.公民和社会组织有权向全国人大常委会提出违宪审查的要求

例13:近期,几位法学教授撰文指出《城市房屋拆迁管理条例》的部分内容与我国现行宪法相抵触。依据我国宪法和法律关于宪法监督的规定,他们可以(　　)②。(2010单27)

A.向国务院书面提出进行审查的建议

B.向最高人民法院书面提出进行审查的建议

C.向全国人民代表大会书面提出进行审查的建议

D.向全国人民代表大会常务委员会书面提出建议

命题点四 📖 主观题

例14:试述我国宪法监督制度的内容及其完善。(2010法论37)

宪法监督是指由特定机关对公权力行为进行合宪性审查并作出处理的制度,具体而言:

其一,宪法监督的依据在于宪法的最高性,宪法在整个法律体系中居于最高法律地位,具有最高的权威性。

其二,宪法监督的机关是全国人大和全国人大常委会,由专门委员会具体实行审议并提出报告。

其三,宪法监督的对象是规范性法律文件,具体为行政法规;地方性法规;自治条例;单行条例;经济特区法规;最高院、最高检司法解释。

其四,宪法监督的启动有三种。

（1）审查要求:国务院、中央军委、最高人民法院、最高人民检察院和省级人大常委会书面提出审查要求,由常委会工作机构分送全国人大各专门委员会进行审查,提出意见。

（2）审查建议:其他国家机关、社会团体、企事业组织以及公民可以向全国人大常委会书面提出审查建议,由常委会工作机构进行研究,必要时,送有关的专门委员会进行审查、提出意见。

（3）主动审查:有关专门委员会和常委会工作机构可以对报送备案的规范性文件主动审查。

其五,宪法监督的结果,全国人大有权改变或撤销全国人大常委会的不适当的决议;全国人大常委会有权撤销国务院制定的同宪法相抵触的行政法规、决定和命令,并有权撤销省、自治区、直辖市的国家权力机关制定的同宪法相抵触的地方性法规。制定机关按照所提

———————

① B

② D

意见,对制定的规范性文件进行修改或废止的,审查终止;制定机关不予修改的,审查机关应当向委员长会议提出书面审查意见和予以撤销的议案,由委员长会议决定是否提请常务委员会会议审议决定。此外,全国人大有关的专门委员会和常委会工作机构应当按照规定要求,将审查、研究情况向提出审查建议的国家机关、社会团体、企事业组织以及公民反馈,并可以向社会公开。

宪法监督还存在以下问题:

其一,审查主体不明确。《全国人民代表大会组织法》《立法法》规定了全国人大常委会具体审查相关立法的合宪性的职责,但全国人大设有十个专门委员会,这导致违宪审查权的行使过于分散。

其二,审查对象不全面。就违宪审查的对象来看,主要是行政法规、地方性法规、自治条例和单行条例等,而对法律、规章等法律形式如何进行违宪审查缺乏明确的规定。

其三,审查程序不具体。如关于违宪审查的启动程序、审理程序和审理结果方面的规定相对比较抽象。

第七：宪法宣誓

	宣誓主体	各级人民代表大会及县级以上各级人民代表大会常务委员会选举或者决定任命的国家工作人员,以及各级人民政府、监察委员会、人民法院、人民检察院任命的国家工作人员,在就职时应当公开进行宪法宣誓
宪法宣誓制度	宣誓方式	可以采取单独宣誓或者集体宣誓的形式
		宣誓场所应当庄重、严肃,悬挂中华人民共和国国旗或者国徽。宣誓仪式应当奏唱中华人民共和国国歌
		负责组织宣誓仪式的机关,可以根据《全国人民代表大会常务委员会关于实行宪法宣誓制度的决定》并结合实际情况,对宣誓的具体事项作出规定

▶▶ 品题

命题点 ▏ 宪法宣誓主体 ▏

例:根据全国人大常委会关于实行宪法宣誓制度的决定,下列人员中,在就职时应当进行宪法宣誓的有(   )①。(2017 多 52)(2017 法多 25)

A. 中华人民共和国教育部部长

B. 北京市人民检察院副检察长

C. 上海市人民政府办公厅会计

D. 中华人民共和国驻外全权代表

———————————

① ABD

第三章 | 国家基本制度

第一:国体与政体

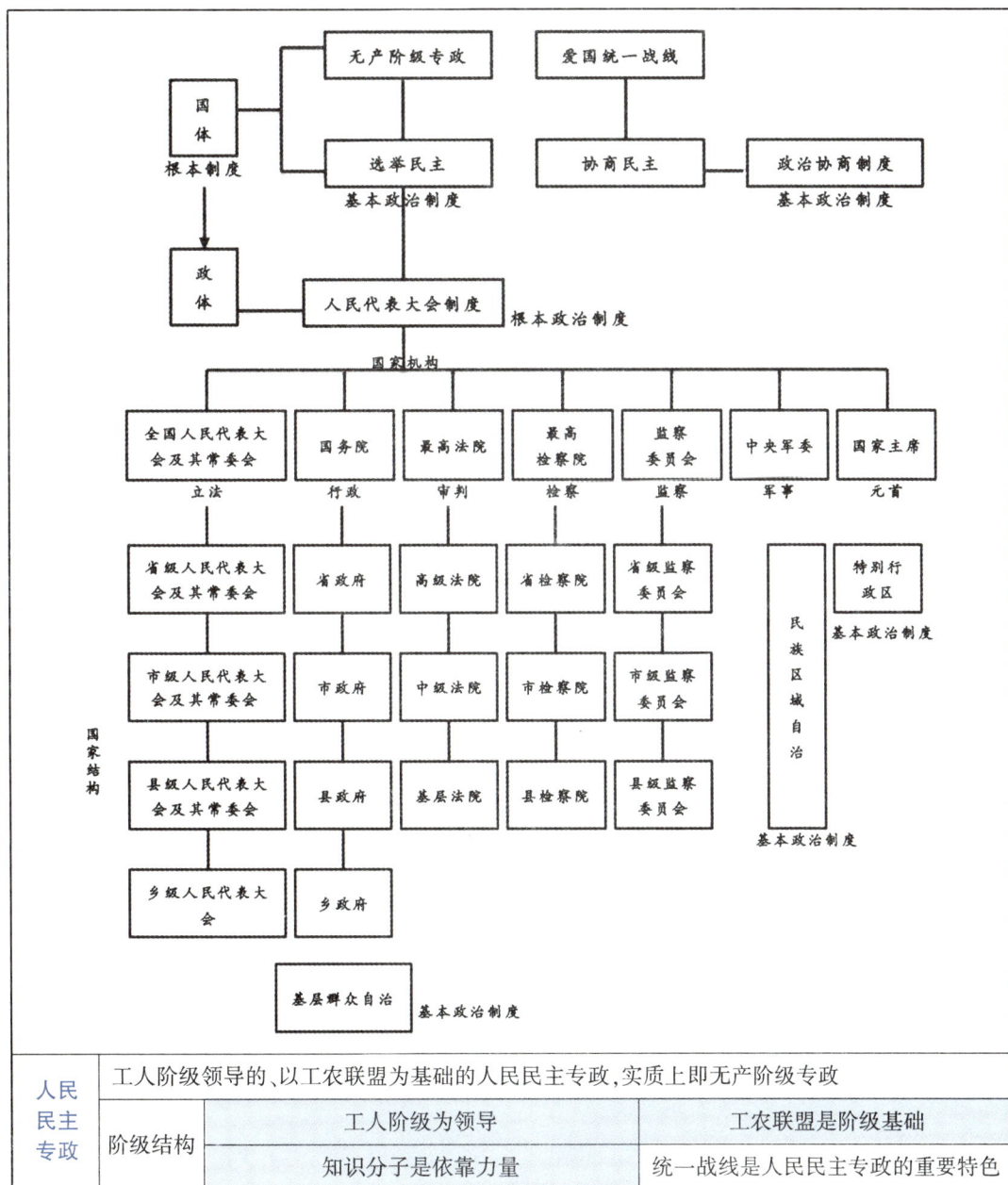

人民 民主 专政	工人阶级领导的、以工农联盟为基础的人民民主专政,实质上即无产阶级专政	
	阶级结构	工人阶级为领导	工农联盟是阶级基础
		知识分子是依靠力量	统一战线是人民民主专政的重要特色

爱国统一战线	以中国共产党的领导为最高原则,有各民主党派和各人民团体参加的政治联盟,包括	社会主义劳动者		
		拥护社会主义爱国者		
		社会主义事业建设者		
		拥护祖国统一和致力于中华民族伟大复兴的爱国者		
	以中国人民政治协商会议为组织形式,其不是国家机关,也不同于一般的人民团体			
政体类型	君主制		共和制	
	议会君主制(英)	二元君主制	总统制(美)	议会制(德)
			半总统制(法)	人民代表制
政党制度	资本主义政党制度		社会主义政党制度	
	一党制	两党制	多党制	一党领导的多党合作制
五个文明	经济文明			
	政治文明	(1)中国共产党的领导是社会主义政治文明建设的保障		
		(2)人民当家作主是社会主义政治文明建设的本质特点		
		(3)坚持依宪治国是社会主义政治文明建设的根本途径		
	精神文明	文化教育	国家举办各种学校,普及初等义务教育,发展中等教育、职业教育和高等教育,并且发展学前教育	
		思想道德		
	社会文明			
	生态文明			

▶▶品题

命题点一 ┃ 人民民主专政 ┃

注意三点:

(1)以工人阶级为领导;

(2)工农联盟是阶级基础;

(3)知识分子是依靠力量。

例1:我国人民民主专政的阶级基础是(　　)①。(2009 单27)

A.工人阶级的领导　　　　　　　　B.工农联盟

C.民主主体的广泛性　　　　　　　D.统一战线

---

① B

例2:我国人民民主专政的根本标志是(   )①。(2007 单16)

A.工人阶级对国家的领导   B.工农联盟

C.生产资料公有制   D.国有经济的主导地位

命题点二 ┃▣ **爱国统一战线** ┃

注意三点:

(1)以中国共产党的领导为最高原则;

(2)以中国人民政治协商会议为组织形式;

(3)统一战线四类主体,社会主义劳动者+拥护社会主义爱国者+社会主义事业建设者+拥护祖国统一和致力于中华民族伟大复兴的爱国者。

例3:下列关于我国爱国统一战线的表述,不正确的是(   )②。(2013 单18)

A.以民主集中制为主要工作方式

B.以爱国主义为政治基础和界限范围

C.中国人民政治协商会议是其组织形式

D.坚持中国共产党的领导是其最高原则

例4:在我国社会主义建设时期,爱国统一战线的性质是(   )③。(2008 单16)

A.政治联盟   B.工农联盟

C.民主联盟   D.社会联盟

命题点三 ┃▣ **政治协商** ┃

不是国家机关,而是统一战线组织。

例5:关于中国人民政治协商会议,下列说法正确的是(   )④。(2018 单14)(2018 法单9)

A.中国人民政治协商会议委员由选民选举产生,对选民负责

B.中国人民政治协商会议与全国人民代表大会共同行使国家立法权

C.现行宪法在"国家机构"一章中规定了中国人民政治协商会议的参政议政职能

D.1949 年中国人民政治协商会议通过了《共同纲领》,行使了一定范围的制宪权

例6:下列关于中国人民政治协商会议的表述正确的有(   )⑤。(2016 多57)

A.政协是中国人民的爱国统一战线组织

B.政协是国家机关,属于国家机构体系的组成部分

C.政协是人民团体开展民主自治、民主决策的重要形式

D.政协具有政治协商、民主监督、参政议政的职能

---

① A

② A

③ A

④ D

⑤ AD

例7：根据我国现行宪法,中国人民政治协商会议的性质是(　　)①。(2011 法单 9)

A. 爱国统一战线组织　　　　　　　　B. 国家权力机关

C. 一般人民团体　　　　　　　　　　D. 群众自治组织

例8：中国共产党同各民主党派合作的政治基础是(　　)②。(2007 单 22)

A. 坚持中国共产党的领导

B. 各民主党派享有政治自由

C. 各民主党派保持相对独立

D. 长期共存、互相监督、肝胆相照、荣辱与共

命题点四 ▎ 五个文明

分别为经济文明、政治文明、精神文明、社会文明、生态文明。政治文明中党的领导是保障,人民当家作主是本质,依宪治国是途径。

例9：在我国,社会主义政治文明建设的根本保障是(　　)③。(2009 单 28)

A. 坚持依宪治国　　　　　　　　　　B. 实行人民民主专政

C. 坚持中国共产党的领导　　　　　　D. 实行社会主义市场经济

例10：社会主义政治文明建设的根本途径是(　　)④。(2007 单 26)

A. 坚持民主集中制原则　　　　　　　B. 完善人民代表大会制度

C. 依据宪法和法律治理国家　　　　　D. 加强物质和精神文明建设

第二：经济制度

	公有制经济		非公有制经济		
	社会主义经济制度的基础		社会主义市场经济的重要组成部分		
	全民所有制经济(国有)	集体所有制经济(合作)	个体经济	私营经济	三资经济
所有制	国民经济中的主导力量	国家保护城乡集体经济组织的合法的权利和利益,鼓励、指导和帮助集体经济的发展	国家鼓励、支持、引导、监督和管理		
	国家保障国有经济的巩固和发展				
	矿藏、水流;城市的土地	宅基地和自留地、自留山			
	森林、山岭、草原、荒地、滩涂;农村和城市郊区的土地				
分配制度	按劳分配为主体、多种分配方式并存的分配制度,是由社会主义公有制决定的				
社会主义市场经济	1.国有企业在法律规定的范围内有权自主经营				
	2.集体经济组织在遵守有关法律的前提下,有独立进行经济活动的自主权				

---

① 　A

② 　A

③ 　C

④ 　C

公私财产 保护	1. 社会主义的公共财产神圣不可侵犯
	2. 公民的合法私有财产不受侵犯,国家依照法律规定保护公民的私有财产权和继承权;国家为了公共利益的需要,可以依照法律规定对公民的私有财产实行征收或征用并给予补偿

≫ 品题

命题点一 | 公有制和非公有制的表述 |

注意四点:

(1)公有制是社会主义经济制度的基础,包括全民所有制和集体所有制;

(2)全民所有制是国民经济中的主导力量,国家保障国有经济的巩固和发展;

(3)集体所有制,国家保护城乡集体经济组织的合法的权利和利益,鼓励、指导和帮助集体经济的发展;

(4)非公有制经济是社会主义市场经济的重要组成部分,国家鼓励、支持、引导、监督和管理非公有制经济的发展。

例1:下列关于我国社会主义公有制的表述,正确的是(　　　)①。(2019 单 14)

A. 国有经济是国民经济的重要组成部分

B. 集体所有制经济是公有制经济的主导力量

C. 农村实行集体所有制,城镇实行全民所有制

D. 社会主义公有制包括全民所有制和劳动群众集体所有制

例2:根据我国宪法,下列自然资源专属国家所有的是(　　　)②。(2019 单 25)

A. 农村的土地　　　　　　　　　　B. 荒地、滩涂

C. 矿藏、水流　　　　　　　　　　D. 森林、山岭

例3:根据我国宪法,下列关于非公有制经济的表述正确的有(　　　)③。(2016 多 54)

A. 非公有制经济包括个体经济,私营经济和集体所有制经济

B. 非公有制经济是社会主义市场经济的重要组成部分

C. 国家对非公有制经济实行监督和管理

D. 国家保障非公有制经济的巩固和发展

例4:根据我国宪法,下列关于非公有制经济的表述,不正确的是(　　　)④。(2015 单 17)

A. 国家保护非公有制经济的合法的权利和利益

B. 非公有制经济是我国国民经济中的主导力量

---

① D

② C

③ BC

④ B

C. 非公有制经济是社会主义市场经济的重要组成部分

D. 国家鼓励、支持和引导非公有制经济的发展，并对非公有制经济依法实行监督和管理

例 5：根据宪法规定，城镇中手工业、工业、建筑业、运输业、商业、服务业等行业的各种形式的合作经济是(　　　)①。(2014 单 27)

A. 个体经济　　　　　　　　　　　　　　　B. 私营经济

C. 国有经济　　　　　　　　　　　　　　　D. 劳动群众集体所有制经济

例 6：根据我国现行宪法，国民经济的主导力量是(　　　)②。(2014 法单 12)

A. 个体经济　　　　　　　　　　　　　　　B. 私营经济

C. 国有经济　　　　　　　　　　　　　　　D. 劳动群众集体所有制经济

例 7：国务院制定的《个体工商户条例》第 1 条规定："为了保护个体工商户的合法权益，鼓励、支持和引导个体工商户健康发展，加强对个体工商户的监督、管理，发挥其在经济社会发展和扩大就业中的重要作用，制定本条例。"该规定的宪法依据包括(　　　)③。(2013 多 54)

A. 国家鼓励、指导和帮助非公有制经济的发展

B. 国家保护非公有制经济的合法的权利和利益

C. 国家鼓励、支持和引导非公有制经济的发展

D. 国家对非公有制经济依法实行监督和管理

例 8：根据我国现行宪法的规定，下列关于我国经济制度的表述，正确的有(　　　)④。(2011 多 56)

A. 社会主义经济制度的基础是生产资料的社会主义公有制

B. 社会主义公有制包括全民所有制和劳动群众集体所有制

C. 国有经济是国民经济的主导力量

D. 个体经济和私营经济是社会主义市场经济的重要补充

例 9：根据我国现行宪法的规定，国家对非公有制经济发展的指导方针是(　　　)⑤。(2006 多 54)

A. 鼓励　　　　　　B. 支持　　　　　　C. 引导　　　　　　D. 指导

命题点二 ▏囗 **自然资源所有权**

注意三点：

(1) 只能国有，矿藏、水流、城市土地；

(2) 只能集体所有，宅基地、自留山、自留地；

(3) 其他自然资源既可以国有，又可以集体所有。

---

① D

② C

③ BCD

④ ABC

⑤ ABC

例10：根据现行宪法,下列关于土地所有权、使用权的表述,正确的是(   )①。(2017多53)

A. 城市的土地属于国家所有

B. 宅基地和自留地、自留山属于集体所有

C. 土地得所有权可以依照法律规定转让

D. 国家可以依照法律或者法规对土地实行征收或者征用并给予赔偿

例11：东风地质队在白兔村勘探时,发现高某承包的竹园地下有丰富的钨矿,此钨矿的所有权属于(   )②。(2016单22)(2016法单13)

A. 国家   B. 白兔村   C. 高某   D. 东风地质队

例12：根据我国宪法,下列自然资源既可属于国家所有,也可属于集体所有的有(   )③。(2015多54)

A. 矿藏   B. 水流   C. 森林   D. 草原

例13：根据我国宪法规定,下列资源中,只能属于国家所有的是(   )④。(2014单29)

A. 森林   B. 城市土地   C. 滩涂   D. 草原

例14：根据我国宪法的规定,下列关于土地制度的表述正确的是(   )⑤。(2012单16)

A. 城市和城市郊区的土地属于国家所有

B. 宅基地、自留地和自留山属于村民所有

C. 任何组织或个人不得侵占、买卖、出租或以其他形式转让土地

D. 国家为了公共利益的需要,可以依法对土地实行征收或征用并给予补偿

例15：根据我国宪法规定,下列自然资源中,只能属于国家所有的是(   )⑥。(2012单30)

A. 山岭   B. 矿藏   C. 森林   D. 草原

例16：根据我国宪法规定,下列自然资源中只能属于国家所有的是(   )⑦。(2012法单14)

A. 矿藏、水流   B. 山岭、戈壁   C. 森林、草原   D. 荒地、滩涂

例17：稻香河流经甲村,邻近的乙村村民为生产和生活需要一直从稻香河取水。为了争夺水源,两村经常发生争执,甚至械斗。该河流的所有权属于(   )⑧。(2010法单14)

A. 甲村和乙村   B. 甲村   C. 乙村   D. 国家

---

① AB

② A

③ CD

④ B

⑤ D

⑥ B

⑦ A

⑧ D

例 18：根据我国现行宪法规定,农村群众的宅基地、自留地、自留山的所有权归属于(　　)①。(2008 单 17)

A. 国家所有

B. 集体所有

C. 个人所有

D. 集体与个人共有

例 19：甲村与乙村毗邻,乙村的用水源自流经甲村的小河,多年来,两村经常因用水问题发生冲突。为根本解决问题,县政府决定将这条小河的水流交给乡水管站统一调配。甲村认为这条小河在历史上就属于该村所有,县政府无权将这条河的水流交水管站统一调配,将县政府告上法院。根据现行宪法和法律,下列说法中正确的是(　　)②。(2006 单 21)

A. 甲村有理,因为水流属于集体所有,政府统一调配用水应事先征得甲村同意

B. 甲村有理,因为这条小河的河床属于甲村所有,这条小河的水流属于集体所有

C. 县政府的决定合法,因为水流属于国家所有,政府当然有权调配河水的供应

D. 县政府的决定合法,因为水流虽然属于甲村所有,但乙村人也有喝水用水的权利,为了解决乙村的用水问题,县政府可以将水流供应统一调配

命题点三 | 分配制度 |

例 20：根据现行宪法,关于我国在社会主义初级阶段,实行分配制度的表述正确的是(　　)③。(2014 单 22)

A. 不劳动者不得食

B. 各尽所能,按需分配

C. 按劳分配和按需分配相结合

D. 按劳分配为主体,多种分配方式并存

例 21：根据我国宪法规定,现阶段我国社会主义分配制度的基本原则是(　　)④。(2011 法单 10)

A. 平均分配为主,多种分配方式并存

B. 按需分配为主,多种分配方式并存

C. 按资分配为主,多种分配方式并存

D. 按劳分配为主,多种分配方式并存

例 22：决定我国现阶段分配方式的根本因素是(　　)⑤。(2008 单 27)

A. 经济发展水平

B. 收入的多样性

C. 改革开放的基本国策

D. 所有制的结构形式

---

① B

② C

③ D

④ D

⑤ D

命题点四 |🖰 主观题|

例 23：简述我国现行宪法规定的土地制度。(2014 法简 32)

根据宪法和法律的规定，我国土地属于国家或集体所有，具体包括：

(1)城市的土地都属于国家所有；

(2)农村和城市郊区的土地，除由法律规定属于国家所有的以外，属于集体所有；

(3)宅基地和自留山、自留地，都属于集体所有。

任何组织和个人不得侵占、买卖或以其他形式非法转让土地，土地的所有权不能转让，使用权可以依法转让。国家为了公共利益的需要，可以依照法律规定对土地实行征收或征用，并给予补偿。

例 24：简述我国现行宪法关于非公有制经济的规定。(2020 简 52)(2020 法简 32)

2004 年的宪法修正案规定："国家保护个体经济、私营经济等非公有制经济的合法权利和利益。国家鼓励、支持和引导非公有制经济的发展，并对非公有制经济依法实行监督和管理。"

在我国以公有制经济为主体、多种所有制经济并存，非公有制经济也在市场经济中扮演着重要的角色，是我国市场经济的重要组成部分。我国的非公有制经济包括个体经济、私营经济以及"三资经济"。

个体经济是城乡个体劳动者占有少量的生产资料，以自己从事生产劳动为基础的一种经济形式。私营经济是指生产资料归私人所有，存在着雇佣劳动关系的一种经济形式。"三资经济"是指外国的企业经济组织和个人依据我国的法律规定，在我国投资或与我国的企业、经济组织进行经济合作而形成的涉外经济形式。

第三：选举制度基本原则

普遍性原则	有选举权 → 列入选民名单 → 行使选举	
	中国国籍 18岁 没有被剥夺政治权利	精神病患者不能行使选举权 经选举委员会确认 不列入选民名单	可能被判处剥夺政治权利 人民法院、人民检察院决定 停止行使选举权
	1. 应当有适当数量的基层代表，特别是工人、农民和知识分子代表		
	2. 应当有适当数量的妇女代表，并逐步提高妇女代表的比例		
	3. 旅居国外的中华人民共和国公民在县级以下人民代表大会代表选举期间在国内的，可以参加原籍地或者出国前居住地的选举		
平等性原则	形式平等	一人一票、同票同权
	实质平等	城乡平等
		地区平等：各行政区域不论人口多少，都应有相同的基本名额数，都能选举一定数量的代表，在县、自治县的人民代表大会中，人口特少的乡、民族乡、镇，至少应有代表一人
		民族平等：保障各民族都有适当数量的代表，人口再少的民族，也要有一名代表

续表

直接选举间接选举并用原则	
差额选举原则	直接选举代表候选人的人数应多于应选代表名额 1/3 至一倍
	间接选举代表候选人的人数应多于应选代表名额 1/5 至 1/2
秘密投票原则	全国和地方各级人民代表大会的选举,一律采用无记名投票的方法
	选举时应当设有秘密写票处,选民如果是文盲或者因残疾不能写选票的,可以委托他信任的人代写

◎ 品题

命题点一 ┃ 选举法五大原则 ┃

例1:下列选项中,不属于我国选举制度基本原则的是( )①。(2014 法单 10)

A. 选举权的普遍性原则 　　　　　　　　B. 选举权的平等性原则

C. 差额选举原则 　　　　　　　　　　　D. 公开投票原则

命题点二 ┃ 选举普遍原则 ┃

注意三个要点:

(1)有选举资格三要件,国籍+18 岁+未剥夺政治权利。

(2)三例外,判刑剥夺政治权利没有选举权+精神病人可以列入也可以不列入选民名单+严重刑事案件审理过程中,经检察院或法院决定,停止行使选举权。三者用词精确掌握。

(3)应当有适当基层工人、农民、知识分子和妇女代表,逐步提高妇女代表比例。

例2:下列关于我国公民选举权的说法,正确的是( )②。(2015 法单 12)

A. 甲患有精神病而丧失选举权

B. 乙被拘留,因无人身自由而不享有选举权

C. 丙不识字,因无法填写选票而不享有选举权

D. 丁因被判处死刑缓期两年执行而丧失选举权

---

① D

② D

例 3：根据我国法律规定,下列人员中准予行使选举权利的有( )①。(2011 多 52)

A. 正在取保候审者

B. 正在被监视居住者

C. 被判处拘役而未被剥夺政治权利的

D. 正在受拘留处罚者

例 4：下列选项中,不属于我国选民资格限制条件的是( )②。(2008 单 25)

A. 年龄的限制   B. 政治条件的限制

C. 国籍的限制   D. 居住期限的限制

例 5：下列选项中,可以列入选民名单的有( )③。(2008 多 53)

A. 精神病患者甲   B. 被判处有期徒刑 3 年的乙

C. 被监视居住的丙   D. 被剥夺政治权利的丁

命题点三 ▌ ⊟ 差额选举原则 ▌

直接选举 4/3-6/3,间接选举 12/10-15/10。

例 6：某选区在基层人大代表的换届选举中,应选代表 3 人。根据我国选举法的规定,该选区正式候选人人数可以为( )④。(2011 单 21)

A.3 人   B.5 人   C.7 人   D.9 人

命题点四 ▌ ⊟ 选举平等原则 ▌

包括形式平等(同票同权)和实质平等(人人平等、地区平等、民族平等)。

例 7：2010 年《选举法》修正案中,涉及选举权平等性原则的内容有( )⑤。(2013 多 55)

A. 选民所投的选票具有同等的法律效力

B. 人人平等,即城乡按相同人口比例选举代表

C. 民族平等,即各民族都有适当数量的人大代表

D. 地区平等,即各行政区域都应有相同的基本名额数

例 8：我国选举制度中选举权的平等性具体表现在( )⑥。(2010 多 54)

A. 正在服刑的人员享有选举权

B. 每个选民投出的选票具有同等的法律效力

C. 每个选民在每次投票中只享有一个投票权

D. 汉族代表和少数民族代表所代表的人口数存在适当差别

---

① ABCD

② D

③ ABC

④ B

⑤ ABCD

⑥ BCD

例9: 我国选举权的平等性原则强调实质平等,具体体现为(   )①。(2009 单 54)

A. 农村人大代表所代表的人口数四倍于城市人大代表所代表的人口数

B. 全国人民代表大会中每一个少数民族至少有一名代表

C. 凡年满 18 周岁的公民都享有选举权

D. 精神病患者也享有选举权

命题点五 | 主观题

例10: 简述我国选举制度的基本原则。(2018 简 52)(2018 法简 32)

选举制度是国家通过法律规定选举代表机关代表和国家公职人员所应遵循的各项原则和制度的总称,共有五个基本原则:

1. 普遍性原则。除依照法律被剥夺政治权利的人外,凡年满 18 周岁的公民,不分民族、种族、性别、职业、家庭出身、宗教信仰、教育程度、财产状况、居住期限,都有选举权和被选举权。

2. 平等性原则。有形式平等和实质平等之分。

形式平等包括:(1)除法律有特别的规定外,选民平等地享有选举权和被选举权;(2)在一次选举中,选民平等地拥有投票权;(3)每一代表所代表的选民的人数大体相同,每一选民所投的票的价值和效力是一样的,不允许任何选民享有特权,禁止对选民投票行为的非法限制与歧视。

实质平等包括:(1)人人平等,保障公民都享有平等的选举权,实行城乡按相同人口比例选举代表;(2)地区平等,保障各地方在国家权力机关有平等的参与权,各行政区域不论人口多少,都应有相同的基本名额数,都能选举一定数量的代表;(3)民族平等,保障各民族都有适当数量的代表。

3. 直接选举与间接选举并用原则。县级以及县级以下实行直接选举,县级以上实行间接选举。

4. 差额选举原则。直接选举代表候选人的人数应多于应选代表名额 1/3 至一倍;间接选举代表候选人的人数应多于应选代表名额 1/5 至 1/2。

5. 秘密投票原则。全国和地方各级人民代表大会的选举,一律采用无记名投票的方法,选举时应当设有秘密写票处。

---

① B

第四：选举程序

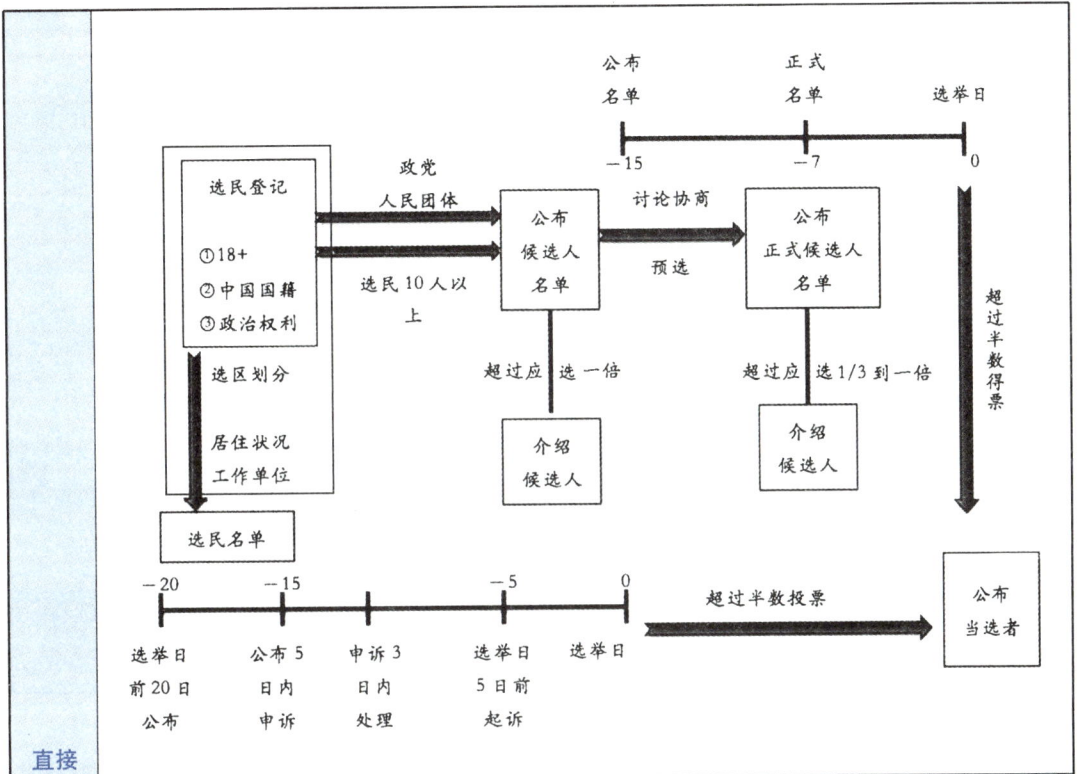

直接选举程序

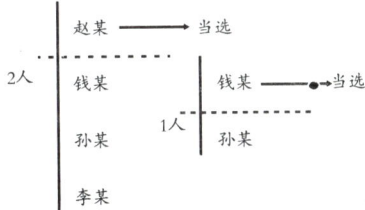

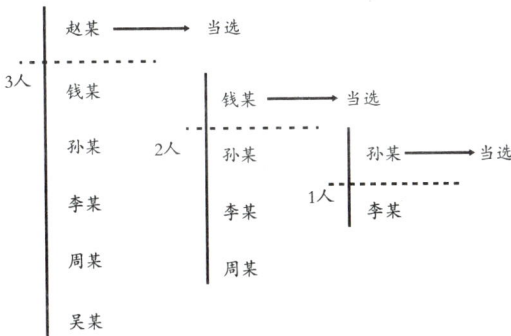

公布名单 正式名单 选举日
−15 −7 0

选民登记

①18+
②中国国籍
③政治权利

政党人民团体

选民10人以上

选区划分

居住状况工作单位

公布候选人名单

讨论协商 预选

公布正式候选人名单

超过应选一倍

超过应选1/3到一倍

介绍候选人

介绍候选人

超过半数得票

选民名单

−20 −15 −5 0

选举日前20日公布

公布5日内申诉

申诉3日内处理

选举日5日前起诉

选举日

超过半数投票

公布当选者

赵某 ──→ 当选

2人 钱某

孙某

李某

钱某 ──→● 当选

1人 孙某

赵某 ──→ 当选

3人 钱某

孙某

李某

周某

吴某

2人 钱某 ──→ 当选

孙某

李某

周某

1人 孙某 ──→ 当选

李某

1. 获得过半数选票的代表候选人的人数超过应选代表名额时,以得票多的当选。如遇票数相等不能确定当选人时,应当就票数相等的候选人再次投票,以得票多的当选

2. 获得过半数选票的当选代表的人数少于应选代表的名额时,不足的名额另行选举。另行选举时,根据在第一次投票时得票多少的顺序,按照差额比例,确定候选人名单

3. 依照前款规定另行选举县级和乡级的人民代表大会代表时,代表候选人以得票多的当选,但是得票数不得少于选票的三分之一

续表

选举委员会	1. 在实行直接选举的地方,设立选举委员会主持本级人大选举,并通过召开选举大会,设立投票站和流动票箱的方式进行投票
	2. 选民如果在选举期间外出,经选举委员会同意,可以书面委托其他选民代为投票。每一选民接受的委托不得超过三人,并应当按照委托人的意愿代为投票
	3. 县级选举委员会受本级人大常委会领导
	4. 乡级选举委员会受县级人大常委会领导
间接选举程序	

>> **品题**

命题点一 ▎☐ **直接选举选民登记** ▎

注意四个时间点:

(1)选举日前 20 日公布选民名单;

(2)有异议的 5 日内申诉,向选举委员会提起;

(3)选举委员会 3 日内处理;

(4)还不服的选举日的 5 日前起诉,向人民法院提起。此外,注意不服的事项只限于选民名单没列进去。

例1:张某长期在外打工,返乡时恰逢乡人大换届选举。根据《选举法》,张某可以向法院起诉的情形是( )①。(2017 单 25)(2017 法单 12)

A.选举委员会宣布张某当选无效

B.选举委员会未将张某列入选举名单

C.张某和其他选民联名提出代表候选人被拒绝

D.选举委员会不同意张某委托其他选民代为投票

① B

例2:选民对公布的选民名单有不同意见的,可以向选举委员会提出申诉。选举委员会对申诉的意见应当作出处理决定的期限是(   )①。(**2009 单 29**)

    A.2 日内   B.3 日内   C.5 日内   D.10 日内

命题点二 ┃ ▣ 提名 ┃

注意三点:

(1)直接选举中,提名主体有三类(各政党、各人民团体、选民 10 人以上);

(2)间接选举中,提名主体有三类(各政党、各人民团体、代表 10 人以上);

(3)提名人数不能超过应选人数,如应选 3 名代表,一个政党/一个团体/10 个选民最多提名 3 人。

例3:某县举行人大代表换届选举,甲欲通过选民联名推荐的方式参选人大代表,其必须获得联名推荐的最低选民人数要求是(   )②。(**2015 单 21**)

    A.3 人以上   B.10 人以上   C.20 人以上   D.30 人以上

例4:根据我国选举法,由选民直接选举的人大代表候选人可通过选民联名推荐的方式产生。某甲欲通过此种方式参选人大代表,其须获得选名联名推荐的最低人数应是(   )③。(**2012 单 29**)

    A.5 人   B.10 人   C.30 人   D.50 人

例5:在我国人民代表大会代表的间接选举中,可以推荐代表候选人的主体有(   )④。(**2010 法多 27**)

    A.各政党   B.各人民团体

    C.选民十人以上联名   D.代表十人以上联名

命题点三 ┃ ▣ 投票 ┃

(1)直接选举:步骤一,选举委员会选举日前 15 日公布候选人名单;步骤二,如果候选人人数超过差额选举上限(1/3-1 倍,即超过 1 倍,如应选 3 人,名单中有至少 7 个人时),则选举委员会组织预选,选出正式候选人名单。如果没有超过上限,则候选人名单就是正式候选人名单;步骤三,选举委员会选举日前 7 日公布正式候选人名单;步骤四,名单公布期间,选举委员会要对候选人进行介绍,但选举日当日必须停止介绍;步骤五,能投票的选民就去投票站或流动票箱投票,也是选举委员会组织的,赶不回来的就书面委托别人代为投票,一个人最多接受三个委托,就是最多投四张票;步骤六,双过半当选,如果过半候选人多了,就票多的当选,如果过半候选人不够,就票够的当选,其他人按照差额比例再选一轮;步骤七,选举委员会宣布。

---

①   B

②   B

③   B

④   ABD

（2）间接选举：步骤一，主席团将代表候选人名单通知代表；步骤二，如果候选人人数超过差额选举上限（1/5-1/2，即超过1.5倍，如应选10人，名单中有至少16人时），则主席团组织预选，选出正式代表候选人名单。如果没有超过上限，则代表候选人名单就是正式代表候选人名单；步骤三，主席团应对代表候选人进行介绍，但选举日当日必须停止介绍；步骤四，开会投票，单过半当选，如果过半候选人多了，就票多的当选，如果过半候选人不够，就票够的当选，其他人按照差额比例再选一轮；步骤五，主席团宣布。

例6：根据选举法，下列关于直接选举的表述，正确的是（　　）①。（2019 单 18）

A. 县级人大代表的选举由县级人大常委会主持

B. 当选人数多于应选代表名额的，应重新投票

C. 选举所投的票数多于投票人数的，该次选举无效

D. 代表候选人获得全体选民过半数的选票，始得当选

例7：在2011年的县人民代表大会代表选举中，某选区应选代表两名。该选区公布了12500人的选民名单，实际参加投票的选民为6200人。该选区三位代表候选人孙某、侯某、赵某获得的选票分别为3101票、2050票、1040票。根据我国选举法，下列选项中，正确的是（　　）②。（2014 单 30）

A. 只有孙某当选

B. 孙某和侯某当选

C. 三位代表候选人均不能当选

D. 该次选举有效，由县选举委员会最终确定当选者

例8：根据我国《选举法》的规定，在选民直接选举人大代表时，组织投票的方式有（　　）③。（2014 多 59）

A. 设流动票箱　　　　　　　　　　　B. 在各选区设选举投票站

C. 召开选举大会进行投票　　　　　　D. 为外出打工人员设流动投票站

例9：某选区应选人大代表2人，超过半数选民参加了投票，代表候选人按得票多少的排序为：张某、王某、李某、赵某，其中仅张某获得半数选票。对此情形，下列做法符合法律规定的是（　　）④。（2014 法单 13）

A. 宣布张某、王某当选

B. 宣布张某当选，同时以王某为候选人另行选举

C. 宣布张某当选，同时以王某、李某为候选人另行选举

D. 宣布无人当选，以张某、王某、李某为候选人另行选举

①　C
②　C
③　ABC
④　C

例 10:甲与同村另外四名选民在外打工,不能回原籍参加镇人大代表选举。甲的下列做法,符合我国选举法的是(   )①。(2013 单 19)

A. 口头委托在原籍的同村选民乙代为投票

B. 与另外四人共同委托同村选民乙代为投票

C. 书面委托同村选民乙按照甲的意愿代为投票

D. 经户籍所在地镇政府同意,由同村选民乙代为投票

例 11:某选区直接选举人民代表大会代表,应选代表名额为 2 名。第一次投票结果,候选人得票从多到少排序为甲、乙、丙,其中仅有甲获得半数以上选票。对此情况,下列处理意见符合我国宪法和法律规定的是(   )②。(2007 单 23)

A. 宣布甲、乙当选

B. 宣布甲当选,同时以乙为候选人另行选举

C. 宣布甲当选,同时以乙、丙为候选人另行选举

D. 宣布无人当选,同时以甲、乙、丙为候选人另行选举

例 12:某选区在举行人民代表大会代表直接选举时,应参加选举的选民为 25000 人,实际参加选举的选民为 12350 人。该选区三位候选人甲、乙、丙最后实际获得选票依次为 6250 票、3500 票、2600 票。依照法律的规定,选举结果是(   )③。(2006 单 22)

A. 甲当选   B. 乙当选

C. 丙当选   D. 三人均不得当选

命题点四 ┃ 选举组织机构 ┃

直接选举中,选举程序事项都交选举委员会负责,都受县级人大常委会领导。

例 13:根据我国选举法的规定,下列选项中,属于选举委员会职责的有(   )④。(2012 多 58)

A. 划分选区,分配各选区应选代表的名额

B. 进行选民登记,审查选民资格,公布选民名单

C. 了解核实并组织介绍代表候选人的情况,根据较多数选民意见,确定和公布正式候选人的名单

D. 确定选举结果是否有效,公布当选代表名单

命题点五 ┃ 主观题 ┃

例 14:简述选举委员会的职责内容。

选举委员会是选举组织机构。在实行直接选举的地方,设立选举委员会主持本级人大

---

① C

② C

③ D

④ ABCD

选举。不设区的市、市辖区、县、自治县的选举委员会受本级人大常委会领导。乡、民族乡、镇的选举委员会受不设区的市、市辖区、县、自治县的人大常委会领导。选举委员会职责具体包括：

（1）划分选举本级人大代表的选区，分配各选区应选代表的名额；（2）进行选民登记，审查选民资格，公布选民名单；受理对于选民名单不同意见的申诉，并作出决定；（3）确定选举日期；（4）了解核实并组织介绍代表候选人的情况；根据较多选民的意见，确定和公布正式候选人的名单；（5）主持投票选举；（6）确定选举结果是否有效，公布当选代表名单；（7）及时公布选举信息。

第五：代表资格上篇

代表资格审查委员会	代表资格审查委员会依法对当选代表进行审查。向本级人民代表大会常务委员会或者乡、民族乡、镇的人民代表大会主席团报告		
	县级以上的各级人民代表大会常务委员会或者乡、民族乡、镇的人民代表大会主席团根据代表资格审查委员会提出的报告，确认代表的资格或者确定代表的当选无效		
代表罢免	直接选举代表	县级人大代表，原选区选民50人以上联名；乡级人大代表，原选区选民30人以上联名，可以向县级人大常委会书面提出罢免要求，原选区选民过半数通过	罢免要求应当书面写明罢免理由。被提出罢免的代表有权提出申辩意见，也可以书面提出申辩意见
	间接选举代表	郑某，A省选举出的全国人大代表，如何罢免？ 方式一：A省人大，主席团或者1/10以上代表联名提出，代表过半数通过 方式二：A省人大常委会，主任会议或者常委会1/5以上组成人员联名提出，组成人员的过半数通过 然后，罢免的决议报全国人大常委会备案、公告	
		王某，B市选举出的省级人大代表，如何罢免？ 方式一：B市人大，主席团或者1/10以上代表联名提出，代表过半数通过 方式二：B市人大常委会，主任会议或者常委会1/5以上组成人员联名提出，组成人员的过半数通过 然后，罢免的决议报省级人大常委会备案、公告	
		冯某，C县选举出的市级人大代表，如何罢免？ 方式一：C县人大，主席团或者1/10以上代表联名提出，代表过半数通过 方式二：C县人大常委会，主任会议或者常委会1/5以上组成人员联名提出，组成人员的过半数通过 然后，罢免的决议报市级人大常委会备案、公告	
破坏选举责任	1. 贿选		
	2. 暴力妨害		
	3. 虚报选票		
	4. 报复		

第六:代表资格下篇

代表辞职	间接选举代表	陈某,甲省选举出的全国人大代表,如何辞职? 向甲省人大常委会书面提出辞职,常委会组成人员过半数通过 然后,接受辞职的决议报全国人大常委会备案、公告
		褚某,乙市选举出的省级人大代表,如何辞职? 向乙市人大常委会书面提出辞职,常委会组成人员过半数通过 然后,接受辞职的决议报省级人大常委会备案、公告
		卫某,丙县选举出的市级人大代表,如何辞职? 向丙县人大常委会书面提出辞职,常委会组成人员过半数通过 然后,接受辞职的决议报市级人大常委会备案、公告
	直接选举代表	蒋某,丁县人大代表,如何辞职? 向丁县人大常委会书面提出辞职,常委会组成人员过半数通过
		沈某,戊乡人大代表,如何辞职? 向戊乡人大书面提出辞职,人民代表大会过半数的代表通过
代表补选	代表因故在任期内出缺,由原选区或原选举单位补选	
	补选出缺的代表可以采用差额选举,也可以采用等额选举	
代表资格丧失情形汇总	1. 地方人大代表迁出或者调离本行政区域	
	2. 辞职被接受	
	3. 未经批准两次不出席会议	
	4. 被罢免	
	5. 丧失行为能力	
	6. 丧失中国国籍	
	7. 依法被剥夺政治权利	

≫ 品题

命题点一 ┃ 罢免代表

注意四点:

(1)直接选举罢免。县50人、乡30人,向县级人大常委会书面提出。

(2)间接选举罢免。主席团或1/10以上代表,在人大会上书面提出。常委会主任会议或1/5以上常委会组成人员,在人大常委会上书面提出。

(3)无论哪种罢免,都是单过半通过。

(4)间接选举罢免都要报上一级人大常委会备案。

例1： 根据我国现行宪法和法律的规定，罢免间接选举的人民代表大会代表的决议的备案机关是(　　　)①。(2010 单 22)

A. 本级人民代表大会　　　　　　　　　B. 本级人民代表大会常务委员会

C. 上一级人民代表大会　　　　　　　　D. 上一级人民代表大会常务委员会

命题点二 ▎🖥 代表辞职 ▎

注意三点：

(1)间接选举辞职。代表向选举他的人大常委会书面提出。

(2)直接选举辞职。县级代表向县级人大常委会书面提出，乡级代表向乡级人大书面提出。

(3)单过半通过。

例2： 根据我国选举法，设区的市的人大代表提出辞职，正确的做法是(　　　)②。(2015 单 22)

A. 向本级人大常委会口头提出

B. 向本级人大会议主席团书面提出

C. 向选举他的人大口头提出

D. 向选举他的人大的常委会书面提出

例3： 有权接受省人民代表大会代表辞职申请的机关是(　　　)③。(2010 法单 11)

A. 该省人民代表大会

B. 该省人民代表大会常务委员会

C. 选举该代表的人民代表大会

D. 选举该代表的人民代表大会的常务委员会

例4： 在我国，有权接受县级人民代表辞去代表职务的机关是(　　　)④。(2008 单 28)

A. 本级人民代表大会常务委员会　　　　B. 上一级人民代表大会常务委员会

C. 本级人民代表大会　　　　　　　　　D. 上一级人民代表大会

命题点三 ▎🖥 代表资格丧失 ▎

例5： 根据我国宪法和法律，人大代表出现下列情况，其代表资格应终止的有(　　　)⑤。(2019 多 46)

A. 赵某辞职被接受

B. 钱某加入外国国籍但定居北京

---

① D

② D

③ D

④ A

⑤ ABD

C.孙某因刑事案件被羁押在接受调查

D.李某未经批准两次不出席市级人大会议

命题点四 ┃▣ **主观题** ┃

例 6：简述人大代表的辞职程序。

根据《选举法》规定,全国人大代表,省、自治区、直辖市、设区的市、自治州的人大代表可以向选举他的人大常委会书面提出辞职。具体为:

(1)全国人民代表大会代表,省、自治区、直辖市、设区的市、自治州的人民代表大会代表,可以向选举他的人民代表大会的常务委员会书面提出辞职。常务委员会接受辞职,须经常务委员会组成人员的过半数通过。

(2)县级的人民代表大会代表可以向本级人民代表大会常务委员会书面提出辞职,县级的人民代表大会常务委员会接受辞职,须经常务委员会组成人员的过半数通过。

(3)乡级的人民代表大会代表可以向本级人民代表大会书面提出辞职,乡级的人民代表大会接受辞职,须经人民代表大会过半数的代表通过。

此外,接受辞职后应当予以公告。人民代表因故在任期内出缺,由原选区或原选举单位补选。补选出缺的代表可以采用差额选举,也可以采用等额选举。

例 7：简述人大代表的罢免制度。

全国和地方各级人民代表大会的代表,受选民和原选举单位的监督。选民或原选举单位都有权罢免自己选出的代表。《选举法》对代表的罢免作出了规定,具体是:

(1)在直接选举中,县级人大代表,原选区选民 50 人以上联名;乡级人大代表,原选区选民 30 人以上联名,可以向县级人大常委会书面提出罢免要求。罢免须经原选区选民过半数通过。

(2)在间接选举中,县级以上的地方各级人民代表大会举行会议的时候,主席团或者 1/10 以上代表联名,可以提出对选出的上一级人民代表大会代表的罢免案。在人民代表大会闭会期间,县级以上的地方各级人民代表大会常务委员会主任会议或者常务委员会 1/5 以上组成人员联名,可以向常务委员会提出对由该级人民代表大会选出的上一级人民代表大会代表的罢免案。罢免须经各该级人民代表大会过半数的代表通过;在代表大会闭会期间,须经常务委员会组成人员的过半数通过。

(3)罢免要求应当写明罢免理由。被提出罢免的代表有权提出申辩意见,也可以书面提出申辩意见。

(4)罢免的决议,须报送上一级人民代表大会常务委员会备案、公告。

例 8：简述对破坏选举的制裁情形。

《选举法》为保障选民和代表自由行使选举权和被选举权,明确规定通过下述方法破坏选举的,将承担相应的行政或者刑事责任,具体包括:

其一,以金钱或者其他财物贿赂选民或者代表,妨害选民和代表自由行使选举权和被选举权的,通过贿选方式当选代表的其当选无效;

其二,以暴力、威胁、欺骗或者其他非法手段妨害选民和代表自由行使选举权和被选

举权;

其三,伪造选举文件、虚报选举票数或者其他违法行为;

其四,对于控告、检举选举中违法行为的人,或者对于提出要求罢免代表的人进行压制、报复。

此外,公民参加各级人民代表大会代表的选举,不得直接或者间接接受境外机构、组织、个人提供的与选举有关的任何形式的资助。

第七:代表权利

全国人大代表权利	1.全国人大代表有出席全国人大会议,发表意见,参与表决,共同决定中央国家机关领导人员的人选和国家生活中的重大问题的权利	
	2.依照法律规定的程序提出议案、建议和意见的权利	
	3.依照法律规定的程序提出质询案的权利	
	4.依照法律规定的程序提出罢免案的权利	
	5.人身受特别保护权	在全国人大开会期间,没有经过全国人大会议主席团的许可,在全国人大闭会期间,没有经过全国人大常委会的许可,全国人大代表不受逮捕或刑事审判
		如果因为全国人大代表是现行犯而被拘留的,执行拘留的公安机关必须立即向全国人大会议主席团或全国人大常委会报告
	6.言论免责权	全国人大代表在全国人大各种会议上的发言和表决不受法律追究
	7.物质保障权	全国人民代表大会和地方各级人民代表大会的选举经费,列入财政预算,由国库开支
		全国人大代表在履职时,所在单位根据实际需要予以时间保障和工资福利保障;无固定工资收入的代表执行代表职务,国家应当予以适当补贴和物质上的补助
代表义务	1.模范地遵守宪法和法律,在代表参加的生产、工作和社会活动中,宣传法治并协助宪法和法律的实施	
	2.与原选举单位和人民保持密切联系,接受原选区选民或原选举单位的监督,原选举单位有权罢免其选出的代表	
	3.保守国家秘密	
	4.出席全国人民代表大会会议,认真参与对国家事务的讨论和决定,积极参加代表的视察活动	

品题

命题点一 ┃ 代表权利

口诀"三案三保一出席",一共七个:

(1)出席会议,发表意见,参与表决;

(2)提出议案,全国人大 1 个代表团或 30 名代表,全国人大常委会 10 名组成人员;

(3)提出质询案,全国人大 1 个代表或 30 名代表,全国人大常委会 10 名组成人员;

（4）提出罢免案,全国人大主席团或 3 个代表团或 1/10 代表;

（5）人身特别保护权,分两种情况,一是逮捕或刑事审判,必须经主席团或常委会许可,二是现行犯拘留,必须向主席团或常委会报告;

（6）言论免责权,必须在会议上;

（7）物质保障权。

罢免权汇总

全国人大			3 个代表团	1/10 代表
省级人大	主席团	常委会		1/10 代表
市级人大	主席团	常委会		1/10 代表
县级人大	主席团	常委会		1/10 代表
乡级人大	主席团			1/5 代表

例 1:关于全国大民代表大会代表,下列表述正确的是(　　)①。(2018 单 25)

A.全国人大代表在各种会议上的发言,不受法律追究

B.全国人大代表在全国人大开会期间可提出对国务院的质询案

C.罢免全国人大代表须经全国人大常委会组成人员的过半数通过

D.全国人大代表被行政拘留的,应向全国人大主席团或全国人大常委会备案

例 2:2014 年春节期间,县人大代表刘某因酒后交通肇事逃逸,涉嫌犯罪,县公安局拟对其实施逮捕。对此,下列做法中正确的是(　　)②。(2015 单 29)

A.公安局可自行决定并实施逮捕

B.公安局经县人民法院决定后可实施逮捕

C.公安局经县人民检察院批准后可实施逮捕

D.非经县人大常委会许可,公安局不得实施逮捕

例 3:根据我国代表法的规定,人民代表大会享有的权利有(　　)③。(2014 多 55)

A.参加本级人民代表大会的各项选举

B.提出对各方面工作的建议、批评和意见

C.依法联名提出议案、质询案、罢免案

D.出席本级人民代表大会会议,参加审议各项议案、报告和其他议题,发表意见

例 4:根据我国代表法的规定,人民代表大会代表享有的权利(　　)④。(2014 法多 27)

A.参加本级人民代表大会的各项选举

B.提出对各方面工作的建议、批评和意见

C.依法联名提出议案、质询案、罢免案等

---

① 　B

② 　D

③ 　ABCD

④ 　ABCD

D.出席本级人民代表大会会议,参加审议各项议案、报告和其他议题,发表意见

例5:2012年"两会"召开前夕,公安机关以涉嫌参与一年前的非法集资为由,逮捕了全国人大代表甲。根据我国宪法和法律,下列表述正确的是( )①。(2013 单26)

A.非经全国人大主席团许可,公安机关无权逮捕甲

B.非经全国人大常委会许可,公安机关无权逮捕甲

C.公安机关可以拘留甲,但须立即向全国人大主席团报告

D.公安机关可以拘留甲,但须立即向全国人大常委会报告

例6:下列关于全国人民代表大会代表权利的表述,正确的是( )②。(2012 单21)

A.依法联名提出议案、质询案

B.有权获得其工作、生活所需的各种信息

C.享有言论豁免权,在公开场合的发言不受法律追究

D.为广泛听取民意,得设代表工作室并聘请代表助理

例7:我国选举法规定,人民代表大会的选举经费来源于( )③。(2011 法单11)

A.选民捐资　　　　　　　　　　B.候选人所在单位资助

C.国库开支　　　　　　　　　　D.候选人自筹

例8:下列关于全国人民代表大会代表人身特别保护权的表述,正确的是( )④。(2006 单31)

A.在全国人大开会期间,非经全国人大常委会的许可不受逮捕或刑事审判

B.在全国人大闭会期间,非经全国人大常委会的许可不受逮捕或刑事审判

C.在全国人大闭会期间,如果因为是现行犯而被拘留,执行拘留的公安机关必须立即向全国人大会议主席团报告

D.在全国人大闭会期间,如果因为是现行犯而被拘留,执行拘留的公安机关必须立即向人民代表所属的省、自治区、直辖市人大常委会报告

命题点二 ┃ 代表义务

例9:根据我国宪法和法律,下列关于全国人民代表大会代表权利与义务的表述,正确的有( )⑤。(2016 法多25)

A.全国人大代表有义务模范地遵守宪法和法律,协助宪法和法律的实施

B.全国人大闭会期间,全国人大代表非经全国人大常委会许可,不受逮捕

C.全国人大代表执行代表职务时,国家根据需要给予其适当的补贴和物质上的便利

D.全国人大代表应同原选举单位和人民保持密切联系,可列席原选举单位的人民代表大会会议

---

① B
② A
③ C
④ B
⑤ ABCD

命题点三 ▏◎ 主观题 ▏

例 10：简述全国人民代表大会代表的权利和义务。（2009 简 65）

根据现行宪法和有关法律的规定，全国人民代表大会代表享有以下权利：

(1)有出席全国人大会议，发表意见，参与表决，共同决定中央国家机关领导人员的人选和国家生活中的重大问题的权利。

(2)依照法律规定的程序提出议案、建议和意见的权利。一个代表团或者30名以上代表联名，可以向全国人大提出属于全国人大职权范围内的议案。

(3)依照法律规定的程序提出质询案的权利。全国人大会议期间，一个代表团或者30名以上代表联名，可以书面提出对国务院和各部委、监察委员会、最高院、最高检的质询案；在常委会会议期间，常委会组成人员10人以上联名，可以向常委会书面提出国务院和各部委、监察委员会、最高院、最高检的质询案。

(4)依照法律规定的程序提出罢免案的权利。全国人大代表有权依照法律规定的程序，提出对全国人大常委会组成人员，中华人民共和国主席、副主席，国务院组成人员，中央军事委员会组成人员，监察委员会主任，最高人民法院院长，最高人民检察院检察长的罢免案。

(5)人身特别保护权。在全国人大开会期间，非经全国人大会议主席团的许可，在全国人大闭会期间，非经全国人大常委会的许可，全国人大代表不受逮捕或刑事审判。如果因为全国人大代表是现行犯而被拘留的，执行拘留的公安机关必须立即向全国人大会议主席团或者立即向全国人大常委会报告。

(6)言论免责权。全国人大代表在全国人大各种会议上的发言和表决不受法律追究，以此保证能够真实地代表和反映人民意志，为制定法律规范提供客观的依据。

(7)物质保障权。全国人大代表在履职时，所在单位根据实际需要予以时间保障和工资福利保障；无固定工资收入的代表执行代表职务，国家应当予以适当补贴和物质上的补助。

根据现行宪法和有关法律的规定，全国人民代表大会代表承担以下义务：

(1)模范地遵守宪法和法律，在代表参加的生产、工作和社会活动中，宣传法治并协助宪法和法律的实施；

(2)与原选举单位和人民保持密切联系，接受原选区选民或原选举单位的监督，原选举单位有权罢免其选出的代表；

(3)保守国家秘密；

(4)出席全国人民代表大会会议，认真参与对国家事务的讨论和决定，积极参加代表的视察活动。

第八：国家结构形式——单一制

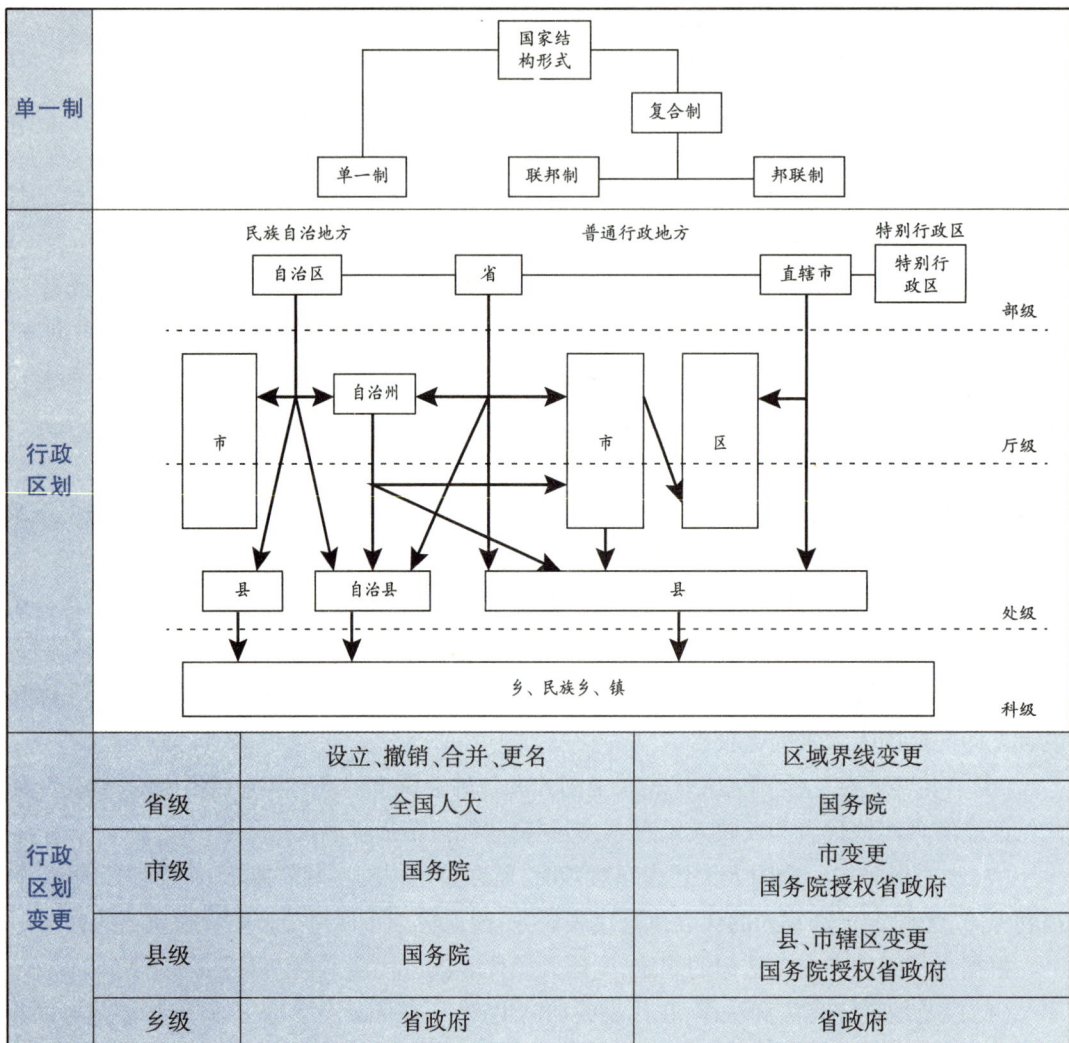

单一制	
行政区划	

行政区划变更		设立、撤销、合并、更名	区域界线变更
	省级	全国人大	国务院
	市级	国务院	市变更 国务院授权省政府
	县级	国务院	县、市辖区变更 国务院授权省政府
	乡级	省政府	省政府

▶▶ 品题

命题点一　单一制国家结构形式

注意三点：

（1）国家结构形式是国家权力的纵向划分；

（2）我国的国家结构形式是单一制，在行政区划之外还有民族区域自治制度、特别行政区制度、基层群众自治制度；

（3）国家结构形式与历史、民族和政治有关。

例1：下列关于国家结构形式的理解，正确的是( )①。(2019 单 23)

A. 我国实行单一制的国家结构形式

B. 政权组织形式决定国家结构形式

C. 现代国家结构形式主要有单一制和邦联制

D. 国家结构形式是指国家各组成部分之间的横向权力配置关系

例2：下列关于我国国家结构形式的表述，正确的有( )②。(2014 多 56)

A. 我国是统一的多民族的单一制国家

B. 我国国家结构形式是人民代表大会制度

C. 行政区划制度决定了我国的国家结构形式

D. 我国的国家结构形式是由历史、民族等多种因素形成的

例3：下列关于我国单一制国家结构形式的表述，能够成立的是( )③。(2009 单 23)

A. 我国是由若干普通行政单位和自治单位组成的统一国家

B. 我国的单一制国家结构形式体现了权力的横向配置关系

C. 我国采用单一制国家结构形式是由经济发展水平决定的

D. 我国的各个地方行政单位享有的权力属于"剩余权力"

命题点二 ┃ 行政区划 ┃

注意六点：

(1)全国分省、自治区、直辖市、特别行政区；

(2)省下设市、自治州、县、自治县；

(3)自治区=省；

(4)自治州下设市、县、自治县；

(5)直辖市、市下设县、区；

(6)县、自治县下设乡、民族乡、镇。

例4：根据现行宪法，下列关于我国行政区域划分的表述，正确的有( )④。(2016 多 58)

A. 全国分为省、自治区、直辖市、经济特区

B. 省、自治区、直辖市分为自治州、县、自治县、市

C. 民族自治地方包括自治区、自治州和自治县

D. 县、自治县分为乡、民族乡、镇

例5：下列关于我国行政区划的表述，正确的有( )⑤。(2010 多 53)

A. 自治州分为县、自治县、市

---

① A

② AD

③ A

④ CD

⑤ ABC

B. 直辖市和较大的市分为区、县

C. 基本行政区划分为省、县、乡三级

D. 民族自治地方包括自治区、自治州、自治县、民族乡

命题点三 ｜ 行政区划变更 ｜

分两种情况：

(1)设立与撤销问题，乡找省审，省找全国人大审，其余都找国务院审；

(2)区域界线问题，乡找省审，县、市国务院授权省审，其余都找国务院审；

(3)具体操作是民政部门。

例6：为加快地区经济发展，四川省拟将某县改设为区。有权批准该区设立的国家机关是(   )①。(**2018 单 23**)

  A. 四川省人民代表大会   B. 民政部

  C. 国务院   D. 全国人大常委会

例7：根据我国宪法，批准省、自治区、直辖市区域划分的国家机关是(   )②。(**2014 单 26**)(**2017 单 23**)

  A. 全国人大常务委员会   B. 国务院

  C. 发改委   D. 民政部

例8：2012 年 6 月，我国设立地级三沙市，管辖西沙群岛、中沙群岛、南沙群岛的岛礁及其海域。根据我国宪法，设立三沙市的权力属于(   )③。(**2013 单 22**)(**2013 法单 10**)

  A. 全国人大   B. 国务院

  C. 海南省政府   D. 民政部

例9：某直辖市拟将所辖的两个区合并为一个区。根据我国法律规定，有权批准这一行政区划变更的机关是(   )④。(**2012 法单 12**)

  A. 全国人民代表大会

  B. 全国人民代表大会常务委员会

  C. 国务院

  D. 民政部

例10：根据我国现行宪法的规定，有权决定省、自治区、直辖市设立的国家机关是(   )⑤。(**2009 单 24**)

  A. 全国人民代表大会

  B. 全国人民代表大会常务委员会

---

 ① C

 ② B

 ③ B

 ④ C

 ⑤ A

C. 国务院

D. 民政部

例 11：按照我国现行宪法的规定，乡镇行政区域界线变更的审批机关是（   ）①。（2007 单 24）

A. 全国人民代表大会   B. 国务院

C. 省、自治区、直辖市人民政府   D. 县、自治县、不设区的市人民政府

命题点四 ▕ ▣ 主观题 ▏

例 12：试述我国的单一制国家结构形式。（2014 法论 37）

国家结构形式是指国家整体与组成部分、中央与地方的相互关系，体现的是纵向的权力配置关系。

国家结构形式一般分为单一制和复合制，单一制一般满足以下要件：其一，全国只有一部宪法和一个统一的法律体系；其二，全国只有一个中央政权机关，各地方的自治单位或行政单位受中央统一领导；其三，每个公民只有一个国籍；其四，国家整体在国际关系中是唯一的主体。

我国国家结构形式为单一制，根据有历史因素、政治因素和民族因素。我国的单一制在宪法中体现为，《宪法》第 30 条规定："中华人民共和国的行政区域划分如下：（一）全国分为省、自治区、直辖市；（二）省、自治区分为自治州、县、自治县、市；（三）县、自治县分为乡、民族乡、镇。直辖市和较大的市分为区、县。自治州分为县、自治县、市。自治区、自治州、自治县都是民族自治地方。"

行政区划变更在宪法中也作出了规定：（1）全国人大审议决定：省、自治区、直辖市的设立、撤销、更名；（2）国务院审批，包括省、自治区、直辖市的行政区域界线变更，自治州、县、自治县、市、市辖区的设立、撤销、更名和隶属关系改变，自治州、自治县的行政区域界线变更，县、市的行政区域界线重大变更；（3）国务院授权省、自治区、直辖市人民政府审批：县、市、市辖区部分行政区域界线变更；（4）省、自治区、直辖市人民政府审批：乡、民族乡、镇的建立、撤销、更名和行政区域界线变更。

我国的单一制行政区划，有利于现代化建设；有利于行政管理；有利于各民族团结；有利于巩固国防；也可以照顾到自然条件和历史状况。

第九：民族区域自治制度

民族自治地方	在国家的统一领导下，依照宪法、民族区域自治法和其他法律的有关规定，以各少数民族聚居区为基础建立民族自治地方，设立自治机关，行使自治权
	1954 年宪法确立，民族自治地方包括自治区、自治州、自治县；民族乡不是自治地方

---

① C

民族自治机关	民族自治机关是自治区、自治州、自治县的人民代表大会和人民政府		
	1. 民族自治地方的人大都是由实行区域自治的民族以及居住在本区域内的其他民族的公民按人口比例产生代表组成,民族自治地方的人大中,实行区域自治的民族和其他少数民族代表的名额和比例,根据法律规定的原则,由省、自治区、直辖市的人民代表大会常务委员会决定,并报全国人民代表大会常务委员会备案,人口特别少的其他民族,至少应有1名代表		
	2. 民族自治地方的人大常委会应当由实行区域自治的民族的公民担任主任或者副主任		
	3. 自治区主席、自治州州长、自治县县长由实行区域自治的民族的公民担任		
	4. 民族自治地方政府的其他组成人员和自治机关所属工作部门的干部中,应当合理配备实行区域自治的民族和其他少数民族的成员		
民族自治地方自治权	1. 制定自治条例和单行条例	自治条例	民族自治地方的人大制定的、有关本地区实行民族区域自治的基本组织原则、机构设置、自治机关的职权、活动原则、工作制度以及其他的各种有关重大问题的规范性文件
		单行条例	民族自治地方的人大在自治权的范围内根据当地民族政治、经济、文化等方面的特点,针对某一方面的具体问题而制定的,在本区域内实施的规范性文件
			自治区的自治条例和单行条例,报全国人大常委会批准生效
			自治州、自治县的自治条例和单行条例,报省、自治区、直辖市的人大常委会批准后生效,并报全国人大常委会和国务院备案
	2. 执行变通权	根据本地方的实际情况,贯彻执行国家的法律和政策,对于上级国家机关的决议、决定、命令和指示,如有不适合民族自治地方实际情况的,自治机关可以报经上级国家机关批准变通执行或停止执行	
	3. 管理地方财政		
	4. 安排和管理地方经济建设事业的自主权		
	5. 管理本地方的教育、科学、文化、卫生、体育事业的自主权		
	6. 依照国家的军事制度和当地的实际需要,经国务院批准,可以组织本地方维护社会治安的公安部队		

品题

命题点一 | 民族自治地方

54 宪法确立,有自治区、自治州、自治县,没有民族乡。

例 1：根据宪法和法律规定,下列选项不属于民族自治地方的是(　　)①。(2012 单 17)

A. 自治区　　　　　　B. 自治州　　　　　　C. 自治县　　　　　　D. 民族乡

例 2：根据我国宪法和法律规定,下列选项中,属于民族自治机关的有(　　)②。(2012 法多 27)

A. 自治区、自治州和自治县的人民代表大会

B. 自治区、自治州和自治县的人民政府

C. 自治区、自治州和自治县的人民法院

D. 自治区、自治州和自治县的人民检察院

例 3：我国民族自治地方划分为自治区、自治州、自治县三级,这一规定始于(　　)③。(2009 单 25)

A. 1954 年宪法　　　　B. 1975 年宪法　　　　C. 1978 年宪法　　　　D. 1982 年宪法

命题点二 | 民族自治机关

注意两点:

(1)民族自治机关只包括人大和政府,没有监察委员会、法院和检察院;

(2)民族自治机关人员组成有三点,其一,人大按民族人口比例组成,最少 1 人;其二,人大常委会一把手或二把手由区域自治民族的公民担任(如西藏自治区必须由藏族的公民担任),因为人大常委会组成人员是选出的,所以不一定能选上主任,能选上副主任也可以;其三,政府一把手必须是区域自治民族的公民担任,因为政府一把手都是提名决定的,不存在落选情形。

例 4：下列选项中,属于民族自治地方自治机关的是(　　)④。(2015 单 20)

A.内蒙古自治区人民检察院

B.青海省门源回族自治县人民代表大会

C.湖南省湘西土家族苗族自治州中级人民法院

D.广西壮族自治州桂林市雁山区草坪回族乡人民政府

例 5：根据我国宪法和法律,下列职务中只能由实行区域自治的民族的公民担任的有(　　)⑤。(2015 多 57)

A.自治区主席　　　　　　　　　　　　B.自治州人大常委会主任

---

① D

② AB

③ A

④ B

⑤ AD

C. 自治州人民检察院检察长　　　　　　　　　D. 自治县县长

例 6：某自治州是某省所辖的藏族自治州，下列职务中，只能由藏族公民担任的是（　　）①。（2012 单 28）

A. 自治州人民代表大会常务委员会主任

B. 自治州州长

C. 自治州人民法院院长

D. 自治州人民检察院检察长

例 7：在民族自治机关组成人员中，必须由实行区域自治民族的公民担任的职务是（　　）②。（2010 法单 13）

A. 自治区主席、自治州州长、自治县县长

B. 自治区副主席、自治州副州长、自治县副县长

C. 民族自治地方的人民代表大会常务委员会主任

D. 民族自治地方的人民代表大会常务委员会秘书长

命题点三 ｜ 🗂 **民族自治地方自治权** ｜

有四大职权：

（1）制定自治条例和单行条例，只能自治地方人大制定，人大常委会不行，还要经过两批准，自治区制定报全国人大常委会批准，自治州、自治县制定报省级批准；自治地方人大及常委会还能制定地方性法规；

（2）执行变通权，要报上级批准；

（3）行政管理权；

（4）经国务院批准，可以组织公安部队。

例 8：下列法规或条例中，须报全国人大常委会批准后生效的是（　　）③。（2018 单 24）

A. 重庆市人大常委会制定的地方性法规

B. 广西壮族自治区人大制定的单行条例

C. 河北省张家口市人大常委会制定的地方性法规

D. 吉林省延边朝鲜族自治州人大制定的自治条例

例 9：下列选项中，属于民族自治地方行使自治权的是（　　）④。（2018 单 27）

A. 自治区人民代表大会制定的地方性法规

B. 自治区人民政府变通执行国家的政策

C. 自治州人民法院审理破坏民族团结的案件

D. 自治县人民检察院对政府工作人员涉嫌贪污的行为立案侦查

---

① B

② A

③ B

④ B

例10：根据现行宪法和法律,下列关于民族区域自治制度的表述,正确的是(　　　)①。(2017 单 27)(2017 法单 13)

A.民族自治地方包括自治区、自治州、自治县和民族乡

B.民族自治地方的人大常委会主任应当由实行区域自治的民族的公民担任

C.自治州和自治县的自治条例和单行条例,均须报省级人大常委会批准后生效

D.自治条例和单行条例不得对法律和行政法规的规定作出变通规定

例11：由民族自治地方人大制定的有关本地区实行民族区域自治的基本组织原则、机构设置、自治机关职权等问题的规范性文件是(　　　)②。(2013 单 21)

A.法律　　　　　　　　　　　　　B.地方性法规

C.自治条例　　　　　　　　　　　D.单行条例

例12：根据我国现行宪法,民族自治地方的人民代表大会均有权制定的规范性法律文件包括(　　　)③。(2013 法多 27)

A.自治条例　　　　B.单行条例　　　　C.地方性法规　　　　D.行政法规

例13：下列关于我国民族区域自治制度的表述,能够成立的是(　　　)④。(2011 单 30)

A.民族区域自治是民族自治与区域自治的结合

B.民族自治机关的自治权是民族自治地方固有的权力

C.民族区域自治制度是为解决历史遗留问题而确立的基本政治制度

D.与一般地方国家机关比较,民族自治地方的自治机关实行不同的组织原则

例14：根据我国现行宪法的规定,行使制定自治条例权力的国家机关是(　　　)⑤。(2007 单 27)

A.自治区的人民代表大会

B.自治区的人民代表大会常务委员会

C.自治州的人民代表大会及其常务委员会

D.自治县的人民代表大会及其常务委员会

命题点四 ┃ 主观题 ┃

例15：简述我国民族自治机关自治权的主要内容。(2015 法简 32)

民族自治机关是按照宪法和法律规定设立的,在民族自治地方行使相应的地方国家机关职权以及行使民族自治权的国家机关,民族自治机关包括自治区、自治州、自治县的人民代表大会和人民政府。根据宪法的规定,民族自治地方的自治权包括:

其一,制定自治条例和单行条例。自治条例就是民族自治地方的人大制定的、有关本地

────────────

① C

② C

③ AB

④ A

⑤ A

区实行民族区域自治的基本组织原则、机构设置、自治机关的职权、活动原则、工作制度以及其他的各种有关重大问题的规范性文件;单行条例是民族自治地方的人大在自治权的范围内根据当地民族政治、经济、文化等方面的特点,针对某一方面的具体问题而制定的,在本区域内实施的规范性文件。

其二,执行变通权。根据本地方的实际情况,贯彻执行国家的法律和政策,对于上级国家机关的决议、决定、命令和指示,如有不适合民族自治地方实际情况的,自治机关可以报经上级国家机关批准变通执行或停止执行。

其三,管理地方财政。凡是依照国家财政体制属于民族自治地方的财政收入,都由民族自治地方自治机关自主地安排使用。

此外,还有安排和管理地方经济建设事业的自主权,管理本地方的教育、科学、文化、卫生、体育事业的自主权,依照国家的军事制度和当地的实际需要,经国务院批准,可以组织本地方维护社会治安的公安部队。

例16:简述民族自治机关组成的特点。

民族自治机关是按照宪法和法律规定设立的,在民族自治地方行使相应的地方国家机关职权以及行使民族自治权的国家机关,民族自治机关包括自治区、自治州、自治县的人民代表大会和人民政府。民族自治机关的组成呈现以下特点:

(1)民族自治地方的人大都是由实行区域自治的民族以及居住在本区域内的其他民族的公民按人口比例产生代表组成,人口特别少的其他民族,至少应有1名代表;

(2)民族自治地方的人大常委会应当由实行区域自治的民族的公民担任主任或者副主任;

(3)自治区主席、自治州州长、自治县县长由实行区域自治的民族的公民担任;

(4)民族自治地方政府的其他组成人员和自治机关所属工作部门的干部中,应当合理配备实行区域自治的民族和其他少数民族的成员。

例17:试述民族区域自治制度。

民族区域自治制度是指在国家的统一领导下,依照宪法、民族区域自治法和其他法律的有关规定,以各少数民族聚居区为基础建立民族自治地方,设立自治机关,行使自治权。民族自治地方具有以下特征:

(1)建立民族自治地方必须以宪法和法律为依据,在国家领导下统一进行,而不可各自为政、擅自设立;

(2)建立民族自治地方要以少数民族聚居地区为基础,绝不能在散居民族设立;

(3)民族区域自治的内容就是设立自治机关,行使自治权,切实保障少数民族当家作主,享有管理本民族内部事务和本地区地方事务的权力。

民族自治地方具有以下自治权:其一,制定自治条例和单行条例。自治条例是民族自治地方的人大制定的、有关本地区实行民族区域自治的基本组织原则、机构设置、自治机关的职权、活动原则、工作制度以及其他的各种有关重大问题的规范性文件。单行条例是民族自治地方的人大在自治权的范围内根据当地民族政治、经济、文化等方面的特点,针对某一方面的具体问题而制定的,在本区域内实施的规范性文件。其二,执行变通权。根据本地方的实际情况,贯彻执行国家的法律和政策,对于上级国家机关的决议、决定、命令和指示,如有不适合民族自治地方实际情况的,自治机关可以报经上级国家机关批准变通执行或停止执行;此外,还有管理地方财政;安排和管理地方经济建设事业的自主权;管理本地方的教育、科学、文化、卫生、体育事业的自主权;依照国家的军事制度和当地的实际需要,经国务院批准,可以组织本地方维护社会治安的公安部队。

民族区域自治制度具有以下优越性:

(1)体现了人民民主专政制度和民族平等原则、国家政体利益和民族具体利益的高度结合,有利于国家的统一领导;

(2)保证了聚居的少数民族能够充分享有自治权,同时散居全国各地的少数民族的权益也能够得以保障;

(3)把行政区域和经济文化发展区域有机结合起来,能够更好地因民族制宜、因地区制宜地发展经济文化事业;

(4)有利于民族团结和各民族间的互相合作。

第十:特别行政区上篇——宏观部分

		宪法 香港基本法 关于中华人民共和国国都、纪年、国歌、国旗的决议 关于中华人民共和国国庆日的决议 中央人民政府公布中华人民共和国国徽的命令 中华人民共和国政府关于领海的声明 中华人民共和国国籍法 中华人民共和国外交特权与豁免条例 原有法律,即普通法、衡平法、条例、附属立法和习惯法	香港	澳门	宪法 澳门基本法 关于中华人民共和国国都、纪年、国歌、国旗的决议 关于中华人民共和国国庆日的决议 中华人民共和国国籍法 中华人民共和国外交特权与豁免条例 中华人民共和国领事特权与豁免条例 中华人民共和国国旗法 中华人民共和国国徽法 中华人民共和国领海及毗连区法 原有的法律、法令、行政法规和其他规范性文件
特别行政区施行法律	立法会立法	特别行政区所有的法律都不能和宪法、基本法抵触			
		第一步,立法生效后报全国人大常委会备案,属事后审查 第二步,全国人大委员会审查发现违宪违法就撤销,撤销后失效 第三步,失效前审理的案件就不改了,即失效没有溯及力			
	修改基本法	香港、澳门基本法由全国人大修改,提出修改议案的主体有三: (1)全国人大常委会+(2)国务院+(3)特别行政区			
		须经特别行政区的全国人民代表大会代表三分之二多数、特别行政区立法会全体议员三分之二多数和特别行政区行政长官同意后,交由特别行政区出席全国人民代表大会的代表团向全国人民代表大会提出			
	解释基本法	(1)香港、澳门基本法由全国人大常委会解释			
		(2)只有一种情况由特别行政区法院解释,必须满足三个条件: 条件一,特别行政区法院在审理案件时碰到的问题 条件二,该问题属于特别行政区自治范围(即不能是有关主权、外交权、国防事项) 条件三,必须有全国人大常委会授权解释			

续表

中央权力	直辖	香港、澳门特别行政区直辖于中央人民政府,而非全国人大	
	外交		
	驻军	中央人民政府在香港、澳门驻军,军人既要遵守全国性法律,还要遵守港澳法律	
高度自治	三权分立	行政管理权(包括征税、金融、治安、外事等)+立法权+独立司法权和终审权	
	其他授权	如果有中央授权,特别行政区还可以有其他权力,授权主体有三个: (1)全国人大+(2)全国人大常委会+(3)国务院	
	土地所有制	香港的土地和自然资源都归国有	澳门的土地和自然资源既有国有,也有私有
	财政独立		
基本权利	香港、澳门有全国人大代表(2004修正案增加),没有地方人大代表		
	香港、澳门有迁徙自由+公开传教自由+罢工权利+自愿生育权利		

第十一:特别行政区中篇——中观部分

永久居民	居民包括永久居民和非永久居民,只有永久居民有选举权和被选举权					
	行政机关和立法机关全都由永久性居民组成					
选任资格		年龄	居住年限	永久居民	中国公民	无外国居留权
	香港行政长官	40	连续20年	永久居民	中国公民	无居留权
	澳门行政长官	40	连续20年	永久居民	中国公民	任期内无居留权
	香港主要官员		连续15年	永久居民	中国公民	无居留权
	澳门主要官员		连续15年	永久居民	中国公民	
	香港立法会主席	40	连续20年	永久居民	中国公民	无居留权
	澳门立法会主席		连续15年	永久居民	中国公民	
	香港立法会议员			永久居民	中国公民 其他占20%	一般无居留权 有居留权占20%
	澳门立法会议员			永久居民		
	香港行政会议成员			永久居民	中国公民	无居留权
	澳门行政会委员			永久居民	中国公民	
	香港首席法官			永久居民	中国公民	无居留权
	澳门终审法官			永久居民	中国公民	
	澳门检察长			永久居民	中国公民	

选任资格	年龄	40 岁:香港行政长官+澳门行政长官+香港立法会主席	
	居住年限	1. 20 年:香港行政长官+澳门行政长官+香港立法会主席	
		2. 15 年:香港主要官员+澳门主要官员+澳门立法会主席	
	永久性居民	都要求永久性居民	
	中国公民	原则上要求中国公民,但有两个例外:	
		1. 香港立法会议员有外国人,但不超过 20%	
		2. 澳门立法会议员有外国人	
	无外国居留权	原则上香港要求无外国居留权,澳门不要求无外国居留权,但有两个例外:	
		1. 澳门行政长官任期内无外国居留权	
		2. 香港立法会议员可以有外国居留权,但不超过 20%	
行政长官	性质	特别行政区首长,代表特别行政区,对中央人民政府和特别行政区负责	
	任职	选任	选举/协商产生,中央人民政府任免
		任期	任期 5 年,可连任一次
		财产申报	香港(澳门)行政长官就任时应向香港(澳门)特别行政区终审法院首席法官(院长)申报财产,记录在案
		辞职	行政长官辞职两个原因,一是身体原因;二是 3 次拒绝签署立法会法案
		代理	香港政务司长>财政司长>律政司长;澳门各司司长按排列顺序临时代理
	任命	1. 中央人民政府任命:香港行政长官+澳门行政长官+香港主要官员+澳门主要官员+澳门检察长	
		2. 香港行政长官任命:各级法院法官+行政会议	
		3. 澳门行政长官任命:各级法院院长和法官+检察官+部分立法会议员+行政会议	
	行政会议	香港(澳门)行政长官下设行政会议(行政会)协助其决策,组成人员由三部分组成,一是行政机关官员;二是立法会议员;三是社会人士,都由行政长官任免	
		行政会议成员的任期应不超过委任他的行政长官的任期	

第十二:特别行政区下篇——微观部分

特别行政区政府	性质	特别行政区行政机关,对立法会负责并报告工作,执行立法会通过生效的法律,接受质询
	任职	首长是行政长官;公务人员必须尽忠职守,对特别行政区政府负责
		香港政府设政务司、财政司、律政司(含刑事检察工作)和各局、处
		澳门政府设司、局、厅、处
		香港、澳门政府设廉政公署+审计署,独立工作,对行政长官负责

续表

<table>
<tr><td rowspan="3">立法会</td><td colspan="3">香港立法会由选举产生</td></tr>
<tr><td colspan="3">澳门立法会多数议员由选举产生，部分由行政长官委任</td></tr>
<tr><td colspan="3">任期 4 年</td></tr>
<tr><td rowspan="5">法院</td><td>香港</td><td colspan="2">澳门</td></tr>
<tr><td>终审法院
高等法院
区域法院、裁判署法庭</td><td colspan="2">终审法院
中级法院
初级法院、行政法院</td></tr>
<tr><td>终审法院的法官和高等法院首席法官的任命或免职，由行政长官征得立法会同意，并报全国人民代表大会常务委员会备案</td><td colspan="2">终审法院院长和法官的任命和免职须报全国人民代表大会常务委员会备案</td></tr>
<tr><td>实行陪审制度</td><td colspan="2"></td></tr>
<tr><td>终审法院可邀请其他普通法地区法官参加审判，其他普通法地区的司法判例也可作参考</td><td colspan="2"></td></tr>
<tr><td rowspan="2">立法会与行政法官互相制约</td><td colspan="2" rowspan="2">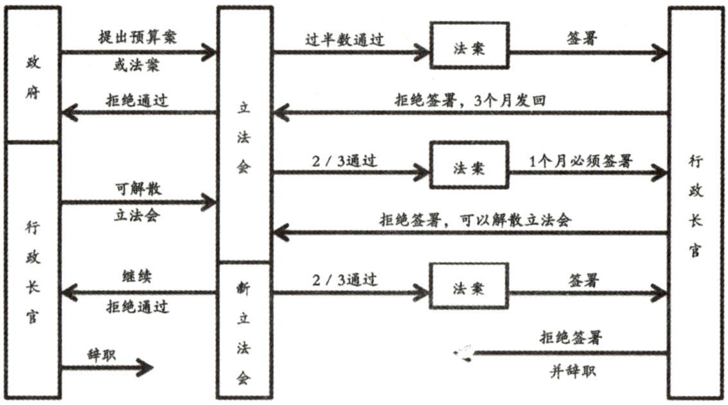
</td><td>旧立法会被解散，3 个月内选新立法会</td></tr>
<tr><td>解散立法会时应征询行政会议意见，行政长官一个任期内只能解散一次</td></tr>
</table>

品题

命题点一 | 细节考查

例 1：下列关于香港特别行政区长官的表述，正确的是（　　）[①]。（2019 单 22）

A. 行政长官必须年满四十五周岁

B. 行政长官由当地选举产生，由立法会任命

C. 行政长官在其一任任期内可以解散立法会两次

D. 行政长官是香港特别行政区的首长，代表香港特别行政区

---

① D

例2：关于香港特别行政区司法机关,下列表述正确的是(   )①。(2018 单 15)(2018 法单 10)

A.香港特别行政区法院由普通法院和行政法院组成

B.香港特别行政区法院对国防等国家行为无管辖权

C.香港特别行政区终审法院受最高人民法院的监督

D.香港特别行政区法院的法官必须是特区永久性居民中的中国公民

例3：根据澳门特别行政区基本法,下列表述正确的有(   )②。(2017 多 57)(2017 法多 26)

A.特别行政区行政长官在任职期内不得具有外国居留权

B.特别行政区检察长由行政长官提名,报中央人民政府任命

C.特别行政区境内的土地和自然资源,全部属于国家所有

D.特别行政区永久性居民和非永久性居民都享有选举权和被选举权

例4：根据香港特别行政区基本法,下列选项中,属于中央对特别行政区已行使的权力是(   )③。(2016 单 25)

A.在特别行政区征税

B.任命特别行政区法院的法官

C.批准特别行政区立法通过的法律

D.任命特别行政区行政机关的主要官员

例5：香港特别行政区政治体制具有行政主导的特点,表现有(   )④。(2016 法多 26)

A.立法会通过的法案须经行政长官签署、公布才生效

B.行政长官有权根据法律规定的程序任免立法会议员

C.行政长官是特别行政区的首长,代表特别行政区

D.行政长官对立法会通过的法案有相对否决权

例6：根据我国特别行政区基本法,下列表述正确的是(   )⑤。(2015 单 23)

A.特别行政区的立法须报全国人大常委会和国务院备案

B.特别行政区享有高度自治权,行政长官只对特别行政区负责

C.对特别行政区终审法院的判决不服,可以上诉至最高人民法院

D.中央人民政府授权特别行政区依照基本法自行处理有关的对外事务

例7：根据香港特别行政区基本法,下列关于行政长官的表述,正确的有(   )⑥。(2015 法多 27)

A.行政长官任期五年,可连任一次

----

① B
② AB
③ D
④ ACD
⑤ D
⑥ ACD

B. 行政长官可任命香港特别行政区政府主要官员

C. 行政长官是香港特别行政区的首长,代表香港特别行政区

D. 行政长官在当地通过选举或协商产生,由中央人民政府任命

例 8: 下列选项中,不属于特别行政区自治权内容的是(　　　)①。(2014 单 18)

A. 立法权　　　　　　　　　　　　B. 防务权

C. 独立的司法终审权　　　　　　　D. 货币发行权

例 9: 2012 年 7 月 1 日,在国家主席胡锦涛的监督下,梁振英宣誓就任香港特别行政区行政长官,据此,下列关于香港特别行政区的说法,正确的是(　　　)②。(2013 单 23)

A. 香港特别行政区政府是特别行政区的行政机关,对国家主席负责

B. 香港特别行政区行政长官通过直接选举产生,由中央人民政府任命

C. 中央人民政府与香港特别行政区是单一制国家中中央与地方之间的关系

D. 香港特别行政区行政长官应由香港通常居住连续满 15 年的中国公民担任

例 10: 根据《香港特别行政区基本法》的规定,香港的司法机关是(　　　)③。(2012 单 20)

A. 廉政公署　　　B. 检察院　　　C. 各级法院　　　D. 律政司

例 11: 根据《中华人民共和国澳门特别行政区基本法》的规定,澳门特别行政区政府主要官员的当选条件包括(　　　)④。(2011 多 54)

A. 年满 40 周岁　　　　　　　　　B. 在外国无居留权

C. 在澳门通常居住连续满 15 年　　D. 澳门永久性居民中的中国公民

例 12: 根据香港特别行政区基本法的规定,香港特别行政区境内的土地和自然资源属于(　　　)⑤。(2009 单 26)

A. 香港特别行政区政府所有　　　　B. 国家所有

C. 个人所有　　　　　　　　　　　D. 法人所有

例 13: 下列关于特别行政区基本法特点的表述,不正确的是(　　　)⑥。(2008 单 30)

A. 特别行政区基本法是特别行政区内实施的地方性法律

B. 特别行政区基本法是特别行政区内其他立法的基础和法律依据

C. 特别行政区基本法是普通法律的一种,不能与宪法相抵触

D. 特别行政区基本法是基本法律的一种,效力范围及于全国

例 14: 下列全国性法律不适用于香港特别行政区的是(　　　)⑦。(2007 单 25)

A. 中华人民共和国政府关于领海的声明

---

① B

② C

③ C

④ CD

⑤ B

⑥ A

⑦ D

B.中华人民共和国国籍法

C.中华人民共和国外交特权与豁免条例

D.中华人民共和国行政区域边界争议处理条例

例 15：中央人民政府对特别行政区的权力包括(　　　)①。(2006 多 55)

A.负责管理与特别行政区有关的外交事务

B.负责管理特别行政区的防务

C.任命特别行政区行政机关的主要官员

D.解释特别行政区的基本法

命题点二 ▏🖰 主观题▕

例 16：论述我国中央人民政府和特别行政区的关系。(2013 法简 32) (2017 法论 37)

特别行政区是指在统一的中华人民共和国范围内,根据我国宪法和法律所设立的具有特殊法律地位,实行特别的政治、经济制度的行政区域,是"一国两制"理论构想的具体化和法律化。特别行政区具有以下特点:

(1)享有高度的自治权,诸如立法权、行政管理权、独立的司法权和终审权,都和大陆地区有所不同;

(2)保留资本主义制度,保持原有资本主义制度和生活方式 50 年不变;

(3)港人治港澳人治澳,行政机关和立法机关由该区永久性居民依照基本法规定组成;

(4)原有法律基本不变,除了基本法附件三上列举的法律外,全国性法律一般不在特别行政区内适用,特别行政区继续适用原有的、不与基本法相抵触的法律。

在特别行政区内实行高度自治,具体体现为:

(1)行政管理权:行政机关依基本法的规定自行处理特别行政区的行政事务,包括经济、财政、金融、贸易、工商业、土地、航运、民航、教育、科学、文化、体育、宗教、劳工和社会服务等事项。

(2)立法权:立法机关依基本法的规定,有权制定适用于特别行政区的法律。特别行政区的立法机关制定的法律须报全国人大常委会备案,备案不影响该法生效。

(3)独立的司法权和终审权:法院独立进行审判,不受任何干涉,在特别行政区发生的案件由特别行政区法院进行审理,特别行政区终审法院享有终审权。

此外,特别行政区还要受中央人民政府直辖,中央对特别行政区也享有一定权力,具体体现为:

(1)负责管理与特别行政区有关的外交事务。

(2)负责管理特别行政区的防务。

(3)任命特别行政区的行政长官和行政机关的主要官员。如《香港基本法》第 45 条规定:"香港特别行政区行政长官在当地通过选举或协商产生,由中央人民政府任命。"

(4)决定特别行政区进入紧急状态。

---

① ABC

（5）解释特别行政区基本法。如《香港基本法》第 158 条规定："本法的解释权属于全国人民代表大会常务委员会。"

（6）修改特别行政区基本法。如《香港基本法》第 159 条规定："本法的修改权属于全国人民代表大会。本法的修改提案权属于全国人民代表大会常务委员会、国务院和香港特别行政区。"

例 17：试述特别行政区的政治体制。

特别行政区政治体制确立的基本原则是：体现以爱国者为主体的政权性质，符合"一国两制"的基本精神，同当地历史情况和具体现实相结合，适当吸纳各种既有体制的优势。特别行政区政治体制的特点可以概括为：行政主导、行政与立法相互制约与配合。这种政治体制既不同于中国内地实行的人民代表大会制，也不同于香港特别行政区和澳门特别行政区原有的总督集权制，同时也与西方国家"分权制衡"原则所确立的政治体制相区别。

行政主导表现为：

（1）行政长官在特别行政区处于特殊地位，是特别行政区的首长，代表特别行政区；（2）法律草案、预算案及其他重要议案由政府向立法会提出；（3）政府向立法会提出的议案优先列入议程；（4）立法会通过的法案须经行政长官签署、公布，方能生效；（5）行政长官对立法会通过的法案有相对否决权；（6）行政长官有权根据法律规定的程序解散立法会。

行政与立法相互制约与配合表现为：

其一，行政制约立法。（1）行政长官可以拒绝签署立法会通过的法案，并可在 3 个月内将法案发回立法会重新审议；（2）如果行政长官拒绝签署立法会再次通过的法案，或者立法会拒绝通过政府提出的财政预算案或者其他重要法案，经协商仍不能取得一致意见，行政长官可解散立法会，但在其任期内只能解散立法会一次；（3）立法会议员所提出的法律草案，凡涉及政府政策者，在提出前必须得到行政长官的书面同意。

其二，立法制约行政。（1）行政长官发回重新审议的议案，如获得立法会以不少于全体议员的 2/3 的多数再通过，行政长官必须在一个月内签署公布，否则行政长官可解散立法会；（2）立法会可迫使行政长官辞职：一为行政长官因两次拒绝签署立法会通过的法案而解散立法会，重新选举的立法会仍以全体议员 2/3 的多数通过所争议的原案，而行政长官仍拒绝签署；二为行政长官因立法会拒绝通过财政预算案或者其他重要法案而解散立法会，重新选举的立法会继续通过所争议的原案；此外如行政长官有严重违法或者渎职行为，经法定程序，立法会可提出弹劾案，报中央人民政府决定。

其三，行政与立法之间的配合。（1）行政会议的成员，由行政长官从行政机关的主要官员、立法会议员和社会人士中委任；（2）行政长官在作出重要决策、向立法会提交法案、制定附属立法（或行政法规）和解散立法会之前，需征询行政会议（行政会）的意见；（3）行政长官如不采纳行政会议（行政会）多数成员的意见，应将具体理由记录在案。

司法独立表现为：（1）香港特别行政区享有独立的司法权和终审权；（2）特别行政区法院独立进行审判，不受任何干涉，司法人员履行审判职责的行为不受法律追究；（3）各级法院是特别行政区的司法机关，行使特别行政区的审判权。

第十三：基层群众自治上篇

村民委员会	设立	乡级政府提出,村民会议讨论同意后,报县级政府批准		
	选举 — 登记	户籍在本村	居住在本村	
		户籍在本村		本人意愿
			居住在本村1年	村民会议同意/村民代表会议同意
		−20 选举日前20日公布　　−15 公布5日内申诉　申诉3日内处理　　0 选举日		
		选举期间外出不能参加投票的,可以书面委托近亲属代为投票		
	选举 — 主持	村民选举委员会		
	选举 — 提名	村民直接提名候选人,差额选举		
	选举 — 通过	登记参加选举的村民过半数投票,过半数通过(双过半)		
		秘密投票		
		当选人数不足应选名额的,不足的名额另行选举。另行选举的,第一次投票未当选的人员得票多的为候选人,候选人以得票多的当选,但是所得票数不得少于已投选票总数的三分之一		
	罢免 — 提出	1/5以上有选举权的村民	1/3以上村民代表	
		说明要求罢免的理由,被提出罢免的村委会成员有权提出申辩意见		
	罢免 — 通过	登记参加选举的村民过半数投票,过半数通过(双过半)		
	组成	主任、副主任、委员3~7人,任期5年,连选连任		
		人民调解委员会	治安保卫委员会	公共卫生委员会

村民会议	组成	18岁以上村民		
	召集	村民委员会	1/10以上村民提议	1/3以上村民代表提议
	出席	18岁以上过半数	2/3以上户代表	
	决议	到会过半数通过		

村民代表会议	组成	村民5~15户推选1人	各村民小组推选
		村民>4/5,村委会<1/5	妇女代表>1/3
		任期5年,连选连任	
	召集	村民委员会	1/5以上村民代表提议
	出席		2/3以上代表出席
	决议	到会过半数通过	

村民小组	村民委员会可以根据村民居住状况、集体土地所有权关系等分设若干村民小组
	村民小组组长由村民小组会议推选,任期5年,连选连任

续表

职责	村民会议	审议村民委员会的年度工作报告,撤销、变更村民委员会的决定,撤销、变更村民代表会议的决定
		村民会议可以制定和修改村民自治章程、村规民约,并报乡级政府备案
	村民代表会议	接受村民会议授权,审议村民委员会工作报告,撤销、变更村委会决定
		向村民户或村民小组负责,接受村民监督
	村民委员会	向村民会议、村民代表会议负责并报告工作
		协助乡级政府开展工作,乡级政府对村民委员会的工作给予指导、支持和帮助

第十四:基层群众自治下篇

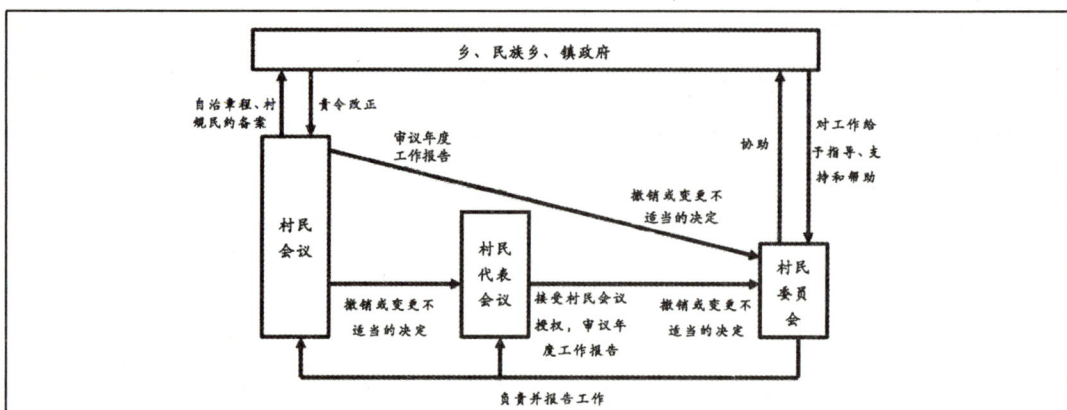

村民监督	1. 村务公开	(1)一般事项每季度公布;(2)收支情况每月公布
	2. 不公布或公布不实	村民有权向(1)乡级政府;(2)县级政府;(3)县级主管部门反映
	3. 村务监督委员会	(1)村民会议或村民代表会议在村民中推选产生,村民委员会成员及其近亲属不得担任村务监督机构成员;(2)村务监督机构成员向村民会议和村民代表会议负责;(3)民主评议每年至少进行一次,由村务监督机构主持
	4. 评议不称职	村民委员会成员连续两次被评议不称职的,其职务终止
	5. 离任审计	由(1)县级农业部门;(2)县级财政部门;(3)乡级政府负责组织
	6. 申请撤销	村民委员会侵害村民合法权益的,受侵害的村民可以申请法院予以撤销
	7. 责令改正	(1)乡级政府责令改正村委会;(2)上一级政府责令改正乡级政府
居民委员会	设立	根据居住状况,100~700户
		设立、撤销、规模调整,由区级政府决定
	选举	全体有选举权的居民或者由每户派代表选举产生
		也可以由每个居民小组选举代表2~3人选举产生
	组成	主任、副主任、委员5~9人,任期5年,连选连任
		人民调解委员会　　治安保卫委员会　　公共卫生委员会
	职责	向居民会议负责并报告工作,协助区级政府或派出机关

品题

命题点一 | 村民委员会 |

注意表格中每一个细节,职责主要是接受村民会议监督和协助乡级政府工作;村民会议可以撤销、改变村委会的决定,可以制定村民章程;村民代表会议可以撤销、改变村委会的决定。

例1:根据村民委员会组织法,下列关于村务监督机构的表述,正确的是(　　　)①。(2019 单 27)

A.村务监督机构有权撤销村委会的决定

B.村务监督机构成员在村民代表中推选产生

C.村务监督机构负责村民民主理财和村务公开工作

D.村务监督机构成员向村民会议和村民代表会议负责

例2:根据现行宪法和法律,下列关于村民委员会的表述,正确的是(　　　)②。(2017 单 28)(2017 法单 14)

A.乡镇政府可直接设立村民委员会,报县政府批准

B.户籍在本村但不在本村居住的外嫁女,可以参加本村的村委会选举

C.村民委员会可以制定和修改村民自治章程,并报乡镇政府备案

D.乡镇政府领导、支持和帮助村民委员会工作

例3:2014 年 9 月,王村举行村委会选举。下列人员中,应当列入参选村民名单的是(　　　)③。(2016 单 21)(2016 法单 12)

A.王二,户籍在李村,半年前入赘王村

B.王五,户籍在王村,在纽约唐人街打工,杳无音讯

C.王七,户籍在王村,嫁入李村,已登记和参加李村选举

D.王九,户籍在王村,在北京经商,多次表示要参选村委会主任

例4:根据我国法律,制定和修改村规民约的主体是(　　　)④。(2016 法单 11)

A.村民会议　　　　　B.村民代表　　　　　C.村党支部　　　　　D.村民委员会

例5:下列关于村民委员会的表述,不正确的是(　　　)⑤。(2014 单 20)

A.村民委员会向人民政府负责并报告工作

B.由主任和委员组成,由村民直接选举产生

C.是村民自我管理、自我教育、自我服务的基层群众性自治组织

D.应当实行少数服从多数的民主决策机制和公开透明的工作原则

---

① D
② B
③ D
④ A
⑤ A

例 6：根据宪法和法律规定，下列关于村民委员会的表述，正确的有（　　）①。（2013 多58）（2013 法单 12）

A. 村民委员会实行公开制度

B. 村民委员会的选举由乡选举委员会主持

C. 村民委员会可以按照居住状况分设若干村民小组

D. 村民委员会根据需要设立人民调解、治安、保卫等委员会

例 7：下列关于村民委员会的表述，错误的是（　　）②。（2006 单 25）

A. 村民委员会对村民会议负责，向村民会议报告工作

B. 村民委员会组成人员由村民直接选举产生

C. 村民委员会的设立、撤销、范围调整，由乡、民族乡、镇的人民政府提出，必须经村民会议讨论同意后，报县人民政府批准

D. 村民会议由村民委员会召集，如有 1/20 以上村民提议，应召集村民会议

命题点二 ｜□ **居民委员会** ｜

注意和村委会不同之处：

（1）按照 100~700 户设立；

（2）区级政府设立；

（3）选举过程较简化，由居民、户、居民小组提名选举；

（4）组成人员 5~9 人。

例 8：下列关于城市居民委员会的说法，不正确的有（　　）③。（2015 单 24）

A. 居民委员会一般在 100 户到 700 户的范围内设立

B. 居民委员会每届任期 3 年，其成员不得连选连任

C. 居民委员会可根据需要，设立人民调解、治安保卫、公共卫生等委员会

D. 居民委员会是城市居民自我管理、自我教育、自我服务的基层群众性自治组织

例 9：根据现行宪法，城市中的居民委员会是（　　）④。（2012 单 31）

A. 社区居民的群众性组织　　　　　　B. 街道办事处的派出机关

C. 基层群众性自治组织　　　　　　　D. 社会工作者之家

例 10：根据我国现行宪法和法律的规定，设立居民委员会依据的原则是（　　）⑤。（2011 单 29）

A. 便于治安管理原则　　　　　　　　B. 便于经济发展原则

C. 便于居民自治原则　　　　　　　　D. 便于行政指导原则

---

① ACD

② D

③ B

④ C

⑤ C

例 11：下列关于我国居民委员会的表述,正确的有(   )①。(2009 多 53)

A. 居民委员会对居民会议负责

B. 居民委员会受上级政权机关的领导

C. 居民委员会是最基层的一级政权机关

D. 居民委员会由主任、副主任和委员 5~9 人组成

命题点三 ▏▣ 基层群众性自治组织总结 ▏

注意:

(1)82 宪法确立;

(2)自我服务,自我教育,自我管理;

(3)不是一级政府。

例 12：下列关于基层群众性自治组织的表述,正确的是(   )②。(2014 法单 14)

A. 基层群众性自治组织是我国的基层政权机关

B. 基层群众性自治组织首次规定于 1954 年宪法

C. 基层群众性自治组织的表现形式仅限于村民委员会

D. 基层群众性自治组织实行自我管理、自我教育、自我服务

例 13：我国基层群众性自治组织的活动原则包括(   )③。(2008 多 59)

A. 自我组织   B. 自我管理   C. 自我教育   D. 自我服务

命题点四 ▏▣ 主观题 ▏

例 14：简述我国基层群众性自治组织的概念和特点。(2010 法简 32)

基层群众性自治组织是指依据法律规定,以城乡居民(村民)一定的居住地为基础设立,并由居民(村民)选举产生的成员组成的,实行自我管理、自我教育、自我服务的社会组织。在城市体现为居民委员会,在乡村体现为村民委员会,在性质上基层群众性自治组织不是一级政权机关。基层群众性自治组织体现以下特点:

其一,基层群众性自治组织具有基层性,即仅在城乡居住地设立自治组织,方便自我管理,直接行使民主;

其二,基层群众性自治组织具有群众性,如居民委员会要对居民会议负责并报告工作,村民委员会要对村民会议负责并报告工作;

其三,基层群众性自治组织具有自治性,即实行自我管理、自我教育、自我服务。

例 15：简述基层群众性自治制度存在的问题以及应如何完善。

基层群众性自治制度是建设中国特色社会主义民主政治的一项重要内容,也是保障人民直接行使民主权利的重要制度。经过多年的实践,我国基层群众性自治组织建设虽然取

———————————————

① AD

② D

③ BCD

得了不小的成就,但其优越性并没有完全发挥出来。主要存在的问题是:

(1)居民委员会和村民委员会的自治职能错位;(2)部分自治组织的经济状况较差;(3)部分人员的素质较低;(4)多数居民委员会和村民委员会的民主建设停留在抓换届选举上,忽视或放松了民主决策、民主管理、民主监督的贯彻等。

进一步完善基层群众自治制度的措施主要有:

第一,尊重宪法和法律规定的关于基层群众性自治组织的自治权和法律地位,避免将其当作人民政府的派出机关。

第二,提高基层群众性自治组织干部的素质。

第三,帮助基层群众性自治组织增加经济来源。

第四,搞好基层群众性自治组织的制度建设,规范自治组织的行为。

第五,拓宽基层群众自治的途径和形式。

第四章 | 公民的基本权利和义务

第一：基本权利义务体系

消极保护	宪法第 33 条	平等权	平等权+合理差别
	宪法第 34 条	政治权利	选举权和被选举权
	宪法第 35 条		言论+出版(预防/许可制+追惩制)+集会(许可制)+结社(登记制)+游行(许可制)+示威(许可制)
	宪法第 36 条	宗教信仰自由	宗教信仰+宗教仪式+宗教社团
	宪法第 37 条	人身自由	人身自由(非法剥夺+非法限制+非法搜查)
	宪法第 38 条		人格尊严(侮辱+诽谤+诬告陷害)
	宪法第 39 条		住宅权(非法侵入+非法搜查)
	宪法第 40 条		通信自由+通信秘密
	宪法第 13 条	财产权	私有财产权和继承权+征收征用(公共利益+正当程序+公平补偿+法律保留)
	宪法第 130 条	辩护权	被告人有权获得辩护
积极保护	宪法第 42 条	社会、经济、文化权利	劳动权(既是权利也是义务+有劳动能力者)
	宪法第 43 条		休息权(劳动者享有)
	宪法第 44、45 条		社会保障权(弱势者享有)
	宪法第 46 条		受教育权(既是权利也是义务)
	宪法第 47 条		科研创作自由
	宪法第 41 条	监督权	批评+建议+检举+控告+申诉+国家赔偿

	宪法第32条	保护中国境内外国人+受庇护权(政治原因+自己申请)
特殊群体保护	宪法第50条	华侨的正当的权利和利益+归侨和侨眷的合法的权利和利益
	宪法第48条	保护妇女+男女同工同酬+培养选拔妇女干部
	宪法第44条	保护退休人员+军烈属
	宪法第49条	保护婚姻、家庭、母亲、儿童和老人
	宪法第46条	保护青少年和儿童
	宪法第4条	平等团结互助和谐民族关系
基本义务	宪法第52条	维护国家统一+维护民族团结
	宪法第53条	遵守宪法法律+国家秘密+公共财产+劳动纪律+公共秩序+社会公德
	宪法第54条	维护祖国安全+祖国荣誉+祖国利益
	宪法第55条	服兵役(义务兵+志愿兵;民兵+预备役)
	宪法第56条	依法纳税(强制性+无偿性)
	宪法第42条	劳动义务
	宪法第46条	受教育义务
	宪法第49条	计划生育义务+父母抚养子女+子女赡养扶助父母

品题

命题点一 ┃ 基本权利类型 ┃

例1: 下列选项中,属于我国现行宪法规定的公民政治权利的是( )①。(2017 法单 10)

A. 结社自由　　　　　　　　　　　　B. 通信自由

C. 劳动者休息的权利　　　　　　　　D. 受教育权

例2: 下列权利中,我国现行宪法有明确规定的是( )②。(2015 法单 11)

A. 沉默权　　　　　　　　　　　　　B. 罢工自由

C. 营业自由　　　　　　　　　　　　D. 被告人有权获得辩护

例3: 下列选项中,不属于我国宪法规定的公民基本权利的是( )③。(2012 单 25)

A. 受教育权　　　B. 劳动权　　　C. 环境权　　　　D. 平等权

例4: 下列选项中,不属于我国宪法规定的公民基本权利的是( )④。(2012 法单 10)

A. 言论自由　　　B. 迁徙自由　　　C. 人格尊严　　　D. 宗教信仰自由

---

① A

② D

③ C

④ B

例5：在我国现行宪法中,既表现为权利,又表现为义务的有(　　　)①。(2009 多 52)

　　A. 平等权　　　　　　　B. 劳动权　　　　　　　C. 受教育权　　　　　D. 言论自由

例6：我国保护华侨适用的方式有(　　　)②。(2009 多 59)

　　A. 法律途径保护　　　　B. 政治庇护　　　　　　C. 外交途径保护　　　D. 经济手段保护

例7：根据我国宪法的规定,下列关于受庇护权的表述,正确的有(　　　)③。(2008 多 55)

(2006 单 29)

　　A. 受庇护权保护的对象只能是外国人

　　B. 申请庇护可以基于政治原因,也可以是其他原因

　　C. 对于受庇护的申请,我国政府可以同意也可以不同意

　　D. 享有庇护权的人不被驱逐或引渡

命题点二 ┃ 🖻 平等权的概念 ┃

注意四点：

(1)平等权是国家的基本义务;

(2)平等权通过其他基本权利加以贯彻,如平等地享有选举权,平等地享有受教育权,平等地享有就业权,平等地享有宗教信仰自由;

(3)平等权应当在立法层面和法律适用层面都予以保护,称法律内容平等说(立法者拘束说);

(4)平等权＝不歧视无特权+合理差别。

例8：下列关于平等权的表述,正确的有(　　　)④。(2016 多 55)(2016 法多 27)

　　A. 平等权是我国公民的基本权利

　　B. 国家对公民的平等权负有保障义务

　　C. 平等权意味着公民平等地享有权利、履行义务

　　D. 平等权反对特权和歧视,也不允许存在任何差别对待

命题点三 ┃ 🖻 合理差别事项 ┃

可以差别的事项：年龄(保护未成年人)、生理(女性特殊劳动保护、残疾人保护)、民族(可以担任某些职位)、财富(收入高者税率高)、职业(公务员承担更多义务)、学历能力等;不可以差别的事项：种族、家庭出身(户口)、宗教信仰、某些疾病(乙肝、艾滋病等)。大多情况靠常识判断。

例9：下列选项中,违反我国宪法平等权要求的情形是(　　　)⑤。(2013 单 25)

　　A. 自治县县长由实行区域自治的民族公民担任

―――――――――――――

①　BC

②　AC

③　ACD

④　ABC

⑤　D

B. 某大学将"具有博士学位"作为招聘教师条件

C. 某民营饭店在门口贴出通告"本店谢绝公款消费"

D. 某中央国家机关将"具有北京户口"作为招录公务员条件

例 10：我国宪法规定,国家和社会帮助安排盲聋哑和其他有残疾的公民的劳动,生活和教育。下列选项中,对这一规定理解正确的有(   )①。(2013 多 56)

A. 该规定属于合理的差别对待

B. 该规定与宪法平等原则相抵触

C. 政府对残疾人差别对待须负举证责任

D. 对残疾人实行优惠措施应当是必要和适当的

例 11：根据我国宪法和法律的规定,下列关于男女平等的表述正确的有(   )②。(2012 多 53)

A. 妇女享有特殊劳动保护权

B. 妇女享有与男子平等的就业权

C. 妇女享有与男子同等的受教育权

D. 妇女享有与男子平等的选举权和被选举权

命题点四 ┃🔲**言论自由**┃

注意三点：

(1)言论自由既包括政治言论又包括非政治言论;

(2)三限制,其一侵害他人,其二侵害社会,其三侵害国家;

(3)大多国家都是追惩制度;

(4)言论自由不同于出版自由,后者是许可制。

例 12：下列关于言论自由的表述,不正确的是(   )③。(2016 单 24)

A. 言论自由是公民政治权利的重要内容

B. 保障言论自由为各国宪法所普遍承认

C. 规制言论自由的方式主要有预防制和追惩制

D. 行使言论自由时侵害他人名誉权的,构成违宪

例 13：下列选项中,属于公民政治权利的是(   )④。(2014 单 28)

A. 平等权　　　　　　B. 人格尊严　　　　　C. 言论自由　　　　　　D. 受教育权

命题点五 ┃🔲**集会、游行、示威自由**┃

注意五点：

---

① ACD

② ABCD

③ D

④ C

(1)源于请愿权;

(2)是公民举行的,如果社团开会属于结社自由;

(3)在露天或公共场合;

(4)必须表达某种意愿,如果是其他集会如看演出、粉丝接机不构成此类自由;

(5)提前申请许可。

例 14:下列关于集会、游行、示威自由的共同特征的表述,能够成立的有(   )①。(**2011 法多 27**)

A. 源于公民的请愿权   B. 属于公民表达意愿的自由

C. 主要在公共场所行使   D. 由多个公民共同行使

例 15:我国对于集会游行示威自由的管理方式是(   )②。(**2010 单 25**)

A. 备案制   B. 许可制   C. 追惩制   D. 预防制

命题点六 ┃ 🖻 **宗教信仰三自由三限制** ┃

(1)信仰自由、仪式自由、组团自由;

(2)不强制、不破坏、不受外国势力支配。

例 16:根据我国现行宪法的规定,对宗教信仰自由的限制表现为(   )③。(**2009 多 58**)

A. 不得利用宗教进行破坏社会秩序的活动

B. 不得利用宗教进行损害公民身体健康的活动

C. 不得利用宗教进行妨碍国家教育制度的活动

D. 宗教团体和宗教事务不受外国势力的支配

命题点七 ┃ 🖻 **广义人身自由＝狭义人身自由+人格尊严+住宅权+通信自由、通信秘密** ┃

人身自由包括两自由一限制:两自由是指:其一,不被限制、剥夺自由;其二,不被搜查身体。一限制是指只有检察院批准/法院决定+公安机关执行,才能剥夺或限制人身自由。

人格尊严注意四点:

(1)人格尊严＝人格权,具体包括姓名权、肖像权、名誉权和隐私权等,20 世纪以来受各国普遍重视;

(2)对人格尊严的侵犯包括侮辱、诽谤和诬告陷害;

(3)人格权一般通过部门法具体化,如果公民侵犯他人人格权不构成违宪,而构成违法,如果国家公权力侵犯,可能构成违宪;

(4)人格权在民法的体现就是当下制定民法典人格权独立成编问题,刑法的体现在于侮辱罪、诽谤罪、诬告陷害罪等。

---

① ABCD

② B

③ ABCD

住宅权注意两点：

（1）既包括不受非法侵入，又包括不受非法搜查；

（2）搜查住宅必须满足以下条件，其一只有公安机关、检察机关、国家安全机关和监察机关能搜查，法院不能；其二必须2人以上搜查；其三必须有搜查证；其四必须有见证人在场；

通信自由和通信秘密注意两点：

（1）只有在国家安全案件和刑事案件中，才能扣押、拆检信件；

（2）只有公安机关、检察院、国家安全机关能扣押、拆检。

例17：根据我国宪法，公民人身自由包括（　　）①。（2019 多 47）

A. 住宅不受侵犯　　　　　　　　　　B. 人身自由不受侵犯

C. 人格尊严不受侵犯　　　　　　　　D. 通信自由和通信秘密受法律保护

例18：在甲乙离婚案件的审理过程中，甲以怀疑乙有婚外情为由，请求法院向移动通信公司调取乙的通话记录清单作为证据。根据宪法，下列说法正确的是（　　）②。（2018 单 16）（2018 法单 11）

A. 甲只能雇佣私人侦探调取乙的通话记录清单

B. 法院为查得事实，有权要求移动通信公司提供用户的通话记录清单

C. 移动通信公司为保护用户隐私，有权拒绝任何机构对通信进行调查

D. 通话记录清单属于公民通信秘密的范围，移动通信公司有保护通信秘密的义务

例19：下列行为中，侵犯了我国宪法规定的公民通信自由和通信秘密的有（　　）③。（2014 多 53）

A. 某县第一中学为了提高学生升学率，禁止学生携带手机进入校园

B. 某县法院在审理一起民事案件过程中，为查明案件事实，对当事人信件进行拆检

C. 某县检察院在侦查一起贪污案件过程中，依法对犯罪嫌疑人王某的电话进行录音

D. 某县公安局因刘某在网络上批评该县征地过程中存在的违法行为，进入刘某的电子邮箱

例20：我国宪法规定的公民通信自由和通信秘密属于（　　）④。（2014 法单 9）

A. 政治权利　　　　　B. 人身自由　　　　　C. 文化权利　　　　　D. 平等权

例21：人身自由是我国宪法规定的公民基本权利之一，其内容包括（　　）⑤。（2012 多 52）

A. 公民享有宗教信仰自由

B. 公民的人身自由不受侵犯

C. 禁止非法拘禁和以其他方法非法剥夺或者限制公民的人身自由

D. 任何公民非经人民检察院批准或者决定或人民法院决定并由公安机关执行，不受逮捕

---

① ABCD

② D

③ ABD

④ B

⑤ BCD

例 22：在我国,公民人格尊严不受侵犯属于宪法权利类别中的( )①。(2010 单 30)

A. 政治权利和自由　　　　　　　　　　B. 人身自由

C. 平等权　　　　　　　　　　　　　　D. 社会经济权利

例 23：下列情形中,侵犯了公民宪法权利的是( )②。(2010 法单 12)

A. 公民甲因精神病发作而未被选举委员会列入选民名单

B. 某报报道了副市长乙因嫖娼而被公安机关当场抓获的新闻

C. 公安机关就某刑事案件要求电信部门提供公民丙的通讯记录

D. 某高校毕业生丁因身高不符合中国人民银行某分行的招聘条件而未被录用

例 24：公民甲因涉嫌犯罪,有关机关欲搜查其住所。根据我国现行宪法和法律的规定,应当遵循的法定程序包括( )③。(2009 多 55)

A. 由公安机关或检察机关执行　　　　　B. 经人民法院批准

C. 有相关的证人在场　　　　　　　　　D. 工作人员应出示搜查证件

例 25：根据我国现行宪法和法律的规定,有权决定扣押或者拆检公民信件的国家机关是( )④。(2008 单 31)

A. 审判机关和检察机关　　　　　　　　B. 公安机关和检察机关

C. 公安机关和审判机关　　　　　　　　D. 公安机关和监察机关

命题点八 ▏□ 财产权、劳动权和休息权、文化教育权利 ▏

财产权注意五点:

(1)2004 年开始私有财产权的保护;

(2)规定在总纲部分;

(3)私有财产不可侵犯,公有财产神圣不可侵犯;

(4)合法的私有财产受保护,非法的不受保护;

(5)国家可以征收征用,但必须满足三要件,其一公共利益,其二程序正当,其三公平补偿(而非赔偿)。

劳动权和休息权注意三点:

(1)劳动权也是劳动义务;

(2)劳动权和劳动义务只有有劳动能力的人享有、承担;

(3)劳动权内容既包括劳动者平等就业和选择职业权利+取得劳动报酬权利+接受职业培训技能权利,又包括国家的积极保护;

(4)只有劳动者享有休息权;社会保障权:注意从狭义上理解社会保障权,一般年老、疾病、丧失劳动能力者才享有社会保障权。

---

① B

② D

③ ACD

④ B

文化教育权利注意两点:

(1)包括受教育权、教育义务和科研、文艺创作自由;

(2)教育义务包括两方面,其一适龄儿童有接受初等教育的义务,即义务教育;其二成年劳动者有接受与劳动相关的教育义务。

例26:根据我国宪法和法律,下列关于公民财产权的表述,正确的是(　　　)①。(2019单19)

A. 公民行使财产权,不得损害公共利益

B. 2004年宪法修正案规定,公民的私有财产神圣不可侵犯

C. 公民财产权规定在宪法第二章"公民的基本权利和义务"中

D. 国家为经济发展的需要,可依法对私有财产进行征收并赔偿

例27:下列关于社会保障权的表述,正确的是(　　　)②。(2019单26)

A. 社会保障权包括退休人员生活保障权、物质帮助权等内容

B. 1999年宪法修正案强化了对公民社会保障的保护

C. 国家不负有保障社会保障权实现的义务

D. 社会保障权是一种消极权利

例28:某村5名初中生辍学,家长听之任之,镇政府对家长进行了批评教育,要求他们送子女返校读书。根据宪法和法律,下列表述正确的有(　　　)③。(2019多45)

A. 学生家长应保障子女接受义务教育

B. 受教育既是公民的权利也是公民的义务

C. 镇政府有保障适龄儿童、少年接受义务教育的职责

D. 子女教育应由家长负责,镇政府的行为侵犯了家长的监护权

例29:外来务工人员刘某在为其子办理小学入学报名手续的过程中,被要求到户籍所在地派出所开具无犯罪记录证明,刘某不同意开具证明。学校因此拒绝其子入学,根据现行宪法,在这一事件中,刘某之子受到侵犯的基本权利有(　　　)④。(2018多46)(2018法多26)

A. 沉默权　　　　　　B. 平等权　　　　　　C. 财产权　　　　　　D. 受教育权

例30:根据我国宪法关于公民私有财产的规定,下列表述正确的有(　　　)⑤。(2015多55)

A. 公民合法的私有财产不受侵犯

B. 国家机关不得没收任何公民的私有财产

C. 公民的私有财产受法律保护,并可依法继承

D. 国家为了公共利益的需要,可依法对公民的私有财产实行征收或征用并给予补偿

---

① A

② A

③ ABC

④ BD

⑤ ACD

例31：根据我国宪法,国家兴办各种学校,发展教育事业,应当予以普及的教育类型是( )①。(2014 单 24)

A.学前教育　　　　　　　　　　　B.初等义务教育

C.中等教育　　　　　　　　　　　D.高等教育

例32：我国法律规定,国家建立基本养老、医疗、工伤等保险制度,保障公民在年老、疾病等情况下依法从国家和社会获得物质帮助的权力,此项规定体现的宪法权利是( )②。(2013 单 27)

A.劳动权　　　　B.财产权　　　　C.社会保障权　　　　D.休息权

例33：下列选项中,属于我国宪法规定的文化教育权利的是( )③。(2011 单 24)

A.言论自由　　　　B.科学研究的自由　　　C.出版自由　　　D.宗教信仰自由

例34：根据我国宪法的规定,国家和社会对有残疾的公民的帮助具体表现在( )④。(2010 多 57)

A.劳动方面　　　　B.生活方面　　　　C.教育方面　　　　D.婚姻家庭方面

例35：下列关于公民财产权保护的表述中,符合我国现行宪法规定的是( )⑤。(2007 单 31)

A.公民的私有财产不受侵犯

B.公民的私有财产神圣不可侵犯

C.公民的合法的私有财产不受侵犯

D.公民的合法的私有财产神圣不可侵犯

例36：我国现行宪法规定的公民文化权利有( )⑥。(2007 多 54)

A.科学研究的自由　　　　　　　　B.出版自由

C.文学艺术创作的自由　　　　　　D.言论自由

命题点九 ▏▢监督权▏

例37：下列政府行为中,属于侵害公民基本权利的有( )⑦。(2014 法多 28)

A.某县政府以年龄、性别和身高为标准发布公务员招录公告

B.某市制定地方性规章,限制不具有当地户籍的人员在当地就业

C.赵某发布微博,批评县政府征收基本农田建设开发区,当地警方以侮辱诽谤罪将其刑拘

D.钱某出版纪实小说,反映拆迁过程中的腐败问题,当地警方以非法经营罪对其采取强制措施

―――――――――――――

① B

② C

③ B

④ ABC

⑤ C

⑥ AC

⑦ ABCD

例38:根据我国现行宪法的规定,对任何国家机关和国家工作人员的违法失职行为,公民可以行使的权利有( )①。(2011 多 59)

A. 申诉权   B. 控告权   C. 检举权   D. 罢免权

例39:我国公民取得国家赔偿的情况包括( )②。(2007 多 59)

A. 行政赔偿   B. 刑事被害赔偿   C. 刑事赔偿   D. 精神损害赔偿

命题点十 | 基本义务

例40:我国宪法规定:"中华人民共和国公民有依照法律纳税的义务。"对于该条文,下列理解正确的有( )③。(2013 多 57)

A. 税收属于法律保留事项

B. 依法纳税是公民的一项基本义务

C. "依照法律"包括对国家征税权的约束

D. 该条中的"法律"仅限于全国人大及其常委会制定的法律

例41:依据我国现行宪法规定,公民在行使自由和权利时不得损害( )④。(2011 多 53)

A. 国家利益   B. 社会利益

C. 集体利益   D. 其他公民合法的自由和权利

例42:根据我国现行宪法和法律的规定,我国的兵役制度是( )⑤。(2009 单 30)

A. 志愿兵役制

B. 义务兵役制

C. 义务兵役制与志愿兵役制相结合,以义务兵役制为主

D. 义务兵役制与志愿兵役制相结合,以志愿兵役制为主

例43:下列表述中,符合我国现行宪法规定的有( )⑥。(2007 多 58)

A. 父母有抚养教育子女的义务   B. 父母有抚养教育未成年子女的义务

C. 子女有赡养扶助父母的义务   D. 成年子女有赡养扶助父母的义务

命题点十一 | 主观题

例44:试析我国现行宪法规定的"公民在法律面前一律平等"的内涵。(2011 法论述)/联系实际,论述宪法上的平等保护与合理差别的内涵。(2015 法论 37)

平等权是我国宪法规定的公民享有的基本权利,既在宪法总纲部分有所体现,也在宪法公民的基本权利一章中有所写明,如规定"公民在法律面前一律平等"。平等权具体包括以下内涵:

---

① ABC

② AC

③ ABCD

④ ABCD

⑤ C

⑥ BD

其一,平等权的主体是全体公民,它意味着全体公民法律地位平等。

其二,平等权是公民的基本权利,是国家的基本义务。公民有权利要求国家给予平等保护,国家有义务无差别地保护每一个公民的平等地位,国家不得剥夺公民的平等权,也不能允许其他组织和个人侵害公民的平等权。

其三,平等权意味着公民平等地享有权利履行义务。平等不能和特权并存,平等也不允许歧视现象存在。

其四,平等权是贯穿于公民其他权利的一项权利。它通过其他权利,如男女平等、民族平等、受教育平等而具体化。

在平等权的效力范围上,存在两种观点:一为法律适用平等说,即平等权仅限定于法律适用上的平等,而不包含法律内容上的平等,这种观点实际上否定了平等原则对立法者的拘束作用,故又被称为"立法者非拘束说";另一为法律内容平等说,即平等权不限于人们在法律适用上的平等,还应包含人们在法律内容上也享有平等的权利。立法者不能制定违反平等原理或原则的法律,特别是不能就特定主体制定优惠条款或歧视条款,其目的在于禁止立法机关的恣意立法。我们认为,法律内容平等说相较法律适用平等说更具有说服力,假如现实中存在诸如歧视女性就业权的具有不平等内容的法律,那么忠实地执行这一法律,只会维护男女不平等的状况,不能真正实现男女平等,即如果法律本身不公正,那么严格地遵循法律适用平等,会加重法律的不良后果。

法律面前一律平等并非对所有公民均采取无差别的对待,而是存在合理差别,具体包括:其一,年龄差异,如年满18周岁公民才享有选举权、被选举权;其二,生理差异,如怀孕妇女特殊保护;其三,民族差异,如少数民族优待政策。一般而言,种族、家庭出身、宗教信仰不可作为区别对待的理由。

判断是否符合合理差别需要通过三个标准:其一,政府进行合理差别的目的必须是为了实现正当的而且是重大的利益;其二,这种差别对待必须是实现其所宣称的正当目标的合理的乃至是必不可少的手段;其三,政府负有举证责任。平等权是在形式上保障公民在法律面前一律平等,而合理差别则是在实质上保障公民平等权的实现。

例45:简述结社自由的内容。

公民的结社自由是指公民为了一定的宗旨而组成社会团体的自由。结社自由可分为以营利为目的的结社和不以营利为目的的结社。不以营利为目的的结社又可分为政治性结社和非政治性结社。前者如组织政党和社会政治团体等;后者如组织宗教、学术、文化艺术、慈善行业、娱乐团体等。

结社自由是具有双重属性的基本权利。该权利一方面保障个人可以自由组织、加入或者不加入社团,另一方面也保障社团本身的自主性活动,即一种集体自由权。这种集体自由的特征主要强调社团内部运作的自主性,而不涉及社团的外部行为。

我国社会团体的成立实行核准登记制度,并由登记机关对社会团体实施年度检查。

例46:简述集会、游行示威自由的特征。

集会、游行、示威是公民的政治权利,最初源于请愿权。集会是指聚集于露天公共场所,发表意见、表示意愿的活动;游行是指在公共道路、露天公共场所列队行进,表达共同意愿的活动;示威是指在露天公共场所或者公共道路上以集会、游行、静坐等方式,表达要求、抗议或者支持、声援等共同意思的活动。具体说,该政治权利具有以下特征:

（1）集会、游行、示威是由公民举行的活动。国家或者根据国家决定举行的庆祝、纪念等活动和政党、社会团体、企业事业组织依照法律、章程举行的集会,不属于此类自由。

（2）集会、游行、示威是指在露天公共场所举行的活动。

（3）集会、游行、示威是公民表达某种意愿的行为,是言论自由的扩展形式。一般文化、娱乐、体育不属于此类自由。

公民享有集会、游行、示威的自由权利是现代民主制度的要求,国家应为公民充分行使这种权利提供必要的条件和保障。同时,集会、游行、示威是一种比较激烈的表达方式,各国法律都会规定一定限制方式,一般限制方式有登记制、许可制和追惩制,我国采许可制,即须向有关机关申请并获批准方能举行集会、游行、示威。

例47:有人认为,言论自由只有那些喜欢舞文弄墨的人才需要,对其他人没有意义,也不利于社会的稳定。请结合宪法学原理对此看法进行评析。（2012 法论 37）

言论自由是指公民通过口头等形式表达其意见和观点的自由。它是公民政治权利最重要的内容之一。从表现形式上来看,广义的言论还包括借助于绘画、摄影、雕塑、影视、广播、戏剧等发表意见与观点的自由。

政治权利的享有主体是一般主体,即只要具有中国国籍,其言论自由就受我国宪法保护,并不限于"舞文弄墨"的人,上述说法不准确。

言论自由为世界各国宪法和国际人权公约所普遍承认,但言论自由并非绝对的不受限制的自由,其行使需要受到一定程度的限制。具体而言,包括以下几个限制条件:

其一,公民在行使言论自由时不得侵害他人的隐私权和名誉权,否则构成侵权;

其二,淫秽言论会受到限制或者禁止;

其三,煽动仇恨和挑衅言论会受到约束或者限制。

就言论自由的限制方式,各国采纳不同的途径,大体可以分为预防制和追惩制两种,前者是一种事前限制,后者是一种事后制裁。

如材料中所说,判断一则言论是否属于破坏社会稳定,应当予以限制的范围,没有绝对的结论,需要用以上三个要件去考量,如果满足任意一条,则该言论不属于言论自由的范畴,言论发表者甚至会被追究法律责任。但就言论自由的主体而言,所有公民平等地享有言论自由,其正当言论平等地受宪法的保护,不会因主体不同而有言论自由行使上的区分,故上述材料中的说法我们是不赞同的。

例48:简述我国宪法关于公民宗教信仰自由的规定。（2015 简 65）

宗教信仰自由是指每个人可以选择其宗教信仰、公开参加宗教仪式、选择不信仰任何宗教不必担心受迫害或歧视。具体内容包括:

其一,信仰的自由。即公民有信仰宗教的自由,也有不信仰宗教的自由;有信仰这种宗教的自由,也有信仰那种宗教的自由;在同一宗教里面,有信仰这个教派的自由,也有信仰那个教派的自由;有过去信教而现在不信教的自由,也有过去不信教而现在信教的自由。国家不得禁止公民信仰某种宗教,也不能鼓励信仰某种宗教。

其二,参加宗教仪式的自由。国家不得强迫公民履行某种宗教仪式或禁止、限制公民履行某种宗教仪式。

其三,组成宗教社团的自由。公民有设立并参加某种宗教社团的自由。国家既不得限制、也不得强制或鼓励公民参加某种宗教社团或宗教社团活动。

宗教信仰自由在《宪法》第36条中体现为:

(1)公民有宗教信仰自由;

(2)禁止强制公民信仰宗教或不信仰宗教,禁止歧视信仰宗教或不信仰宗教的公民;

(3)任何人不得利用宗教破坏社会秩序、损害公民身体健康、妨害国家教育制度;

(4)宗教团体和宗教事务不受外国势力的支配。

例49：简述通信自由和通信秘密。

通信自由是指公民有根据自己的意愿自由进行通信不受他人干涉的自由。通信秘密是指公民通信的内容受国家法律保护,任何人不得非法私拆、毁弃、偷阅他人的信件。根据宪法和法律规定,扣押和拆检公民的信件必须遵守以下规定:

(1)只有公安机关和检察机关才有权决定扣押或者拆检公民的有关信件;

(2)扣押或者拆检公民的信件只有两种原因:其一是国家安全的需要;其二是追查刑事犯罪的需要;

(3)对于扣押的邮件、电报等,经查明不影响国家安全或与犯罪无关,应立即退还原主或交还邮电部门;

(4)需扣押的邮件、电报等,应由公安机关或检察机关通知邮电部门;

(5)对公民个人保存的邮件、电报等,如公安机关或检察机关认为需要检查时,公民有义务交出,如公民拒绝交出,可以强行搜查,但必须出示搜查证件。紧急情况下可以不出示搜查证,但必须记录搜查情况。

例50：简答宪法关于人身自由的规定。（2016 简 65）

人身自由是宪法规定的公民的基本权利,是一切权利和自由的基础。具体包括:

其一,人身自由不受侵犯。即任何公民,非经人民检察院批准或者人民法院决定并由公安机关执行,不受逮捕,禁止非法拘禁和以其他方法剥夺或者限制公民的人身自由,禁止非法搜查公民的身体。

其二,人格尊严不受侵犯。禁止采用任何方法对公民进行侮辱、诽谤和诬告陷害。

其三,住宅不受侵犯。公民居住、生活以及保存私人财产的场所不受非法侵入和搜查,核心法益是居住安全和生活安宁。

其四,通信自由和通信秘密受法律保护。扣押和拆检公民信件必须满足以下条件:

(1)只有公安机关和检察机关才有权决定扣押或者拆检公民的有关信件;

(2)扣押、拆检信件原因,必须是国家安全的需要或追查刑事犯罪的需要;

(3)对于扣押的邮件、电报等,经查明不影响国家安全或与犯罪无关,应立即退还原主或交还邮电部门;

(4)需扣押的邮件、电报等,应由公安机关或检察机关通知邮电部门;

(5)对公民个人保存的邮件、电报等,如公安机关或检察机关认为需要检查时,公民有义务交出,如公民拒绝交出,可以强行搜查,但必须出示搜查证件。紧急情况下可以不出示搜查证,但必须记录搜查情况。

例51:简述我国宪法关于社会保障权的规定。

社会保障权是一项基本人权。作为复合概念,社会保障权是指社会成员为了维护人的有尊严的生活而向国家要求给付的权利。狭义的社会保障权主要属于社会弱势群体的权利,重点在于社会救助、国家对年老体弱者的物质帮助等权利;广义的社会保障权属于一般性的权利,只要是符合条件的公民都可以无条件享有,权能领域范围比较广,涉及医疗、养老、保险、基本住房等基本生活领域。

狭义的社会保障权一般包括退休人员的生活保障权、物质帮助权等方面的内容,具体来说:

(1)退休人员的生活保障权。国家依照法律规定实行企业事业组织的职工和国家机关工作人员的退休制度。退休人员的生活受到国家和社会的保障。

(2)物质帮助权。我国公民在年老、疾病或者丧失劳动能力的情况下,有从国家和社会获得物质帮助的权利。

2004年宪法修正案增加了"国家建立健全同经济发展水平相适应的社会保障制度"条款,体现了以人为本、经济与社会协调发展的基本思想。社会保障制度包括社会保险、社会救济、社会福利、优抚安置等各项制度。社会保障制度的建立与健全对于公民物质帮助等社会经济权利的实现具有重大意义。

例52:简述我国宪法关于公民私有财产保护的规定。(2014简65)

就财产权的主体不同,可以将其分为公共财产和私有财产。私有财产权属于宪法上的一种基本权利,与其他宪法上的基本权利一样,都是公民针对国家而享有的一种权利,即公民所享有的国家权力不能进行不法侵害的一种权利,直接反映公民和国家权力之间在宪法秩序中的关系。

2004年私有财产权入宪建立了对私有财产权的规范体系,《宪法》规定:公民的合法的私有财产不受侵犯,国家依照法律规定保护公民的私有财产和继承权。

此外,国家为了公共利益的需要,可以依照法律规定对公民的私有财产实行征收或者征用并给予补偿。国家征收或征用公民私有财产必须满足公共利益、正当程序、公平补偿三个要件才可进行。

例53:简述我国宪法关于受教育权的规定。

我国宪法规定,公民有受教育的权利和义务。

从权利层面来说:受教育权是公民接受文化、科学、品德等方面教育训练的权利。教育的主要形式有学校教育、社会教育、自学等。内容包括初等教育、中等教育、职业教育、高等教育以及学龄前教育。

从义务层面来说:受教育义务是指适龄儿童有接受初等教育的义务,成年劳动者有接受适当形式的政治、文化、科学、技术、业务教育的义务,就业前的公民有接受劳动就业训练的义务等。接受教育是每个公民的责任。

例 54：简述我国宪法公民的监督权。（2019 简 52）

我国《宪法》第 41 条规定："中国公民对于任何国家机关和国家工作人员，有提出批评和建议的权利；对于任何国家机关和国家工作人员的违法失职行为，有向有关国家机关提出申诉、控告或检举的权利，但是不得捏造或者歪曲事实进行诬告陷害。对于公民的申诉、控告或者检举，有关国家机关必须查清事实，负责处理。任何人不得压制和打击报复。由于国家机关和国家工作人员侵犯公民权利而受到损失的人，有依照法律规定取得赔偿的权利。"

具体来说，包括以下几项权利：

（1）批评权，即公民对于国家机关及其工作人员的缺点和错误，有权提出要求其克服改正的意见。

（2）建议权，即公民对国家机关的工作，有权提出自己的主张和建议。

（3）检举权，即公民对国家机关工作人员违法失职行为向有关机关进行检举的权利。

（4）控告权，即公民对违法失职的国家机关及其工作人员的侵权行为提出指控，请求有关机关对违法失职者给予制裁的权利。

（5）申诉权，即公民对国家机关作出的决定不服，可向有关国家机关提出请求，要求重新处理的权利。申诉可分为诉讼上的申诉和非诉讼的申诉，前者指当事人或其他公民对人民法院已经发生法律效力的刑事诉讼、民事诉讼、行政诉讼及经济纠纷等判决或裁定不服，认为确有错误，依法向人民法院或人民检察院提出申请，要求重新审理；后者指公民对行政机关作出的决定不服，向其上级机关提出申请，要求重新处理的行为。

（6）国家赔偿请求权，即国家机关和国家机关工作人员违法行使职权对公民的合法权益造成损害时，受害人有取得国家赔偿的权利。可分为行政赔偿和刑事赔偿。

例 55：简述我国现行宪法规定的公民基本义务。（2017 简 65）（2017 法简 32）

公民的基本义务是宪法规定的公民应当承担的行为与责任。具体包括：

其一，维护国家统一和民族团结。《宪法》第 52 条规定："中华人民共和国公民有维护国家统一和全国各民族团结的义务。"

其二，遵守宪法和法律。包含以下内容：（1）公民必须遵守宪法和法律；（2）公民必须保守国家秘密；（3）公民必须爱护公共财产；（4）公民必须遵守劳动纪律；（5）公民必须遵守公共秩序；（6）公民必须尊重社会公德。

其三，维护祖国安全、荣誉和利益。《宪法》第 54 条规定："中华人民共和国公民有维护祖国的安全、荣誉和利益的义务，不得有危害祖国的安全、荣誉和利益的行为。"

其四，依法服兵役和参加民兵组织。《宪法》第 55 条规定："保卫祖国、抵抗侵略是中华人民共和国每一个公民的神圣职责。依照法律服兵役和参加民兵组织是中华人民共和国公民的光荣义务。"

其五，依法纳税。《宪法》第 56 条规定："中华人民共和国公民有依照法律纳税的义务。"

除此之外，再如劳动的义务；受教育的义务；夫妻双方有实行计划生育的义务；父母有抚养教育未成年子女的义务，成年子女有赡养扶助父母的义务等也是宪法规定的基本义务。

第二：公民

公民	具有某个国家国籍的自然人	出生国籍	采血统主义为主、出生地主义为辅原则
		继有国籍	中国人的近亲属/定居在中国的+申请
		我国不承认双重国籍	
	公民 vs. 人民	1. 公民是法律概念,与外国人和无国籍人相对应;人民是政治概念,与敌人相对应,在不同历史时期有着不同的内涵(现阶段指全体社会主义劳动者、社会主义事业建设者、拥护社会主义的爱国者、拥护祖国统一和致力于中华民族伟大复兴的爱国者)	
		2. 人民的权利,主要是人民当家作主的政治权利;公民的权利,指的是所有具有中国国籍的人所享有的法律权利	
		3. 公民中的人民,享有宪法和法律规定的全部权利,履行全部义务;公民中的敌人不能享受全部的法律权利,也不允许履行某些义务	
		4. 公民＝人民+敌人	
		5. 公民表达个体概念,人民表达群体概念	
	公民权 vs. 人权		

▶▶品题

命题点一 ▏🖀 出生国籍 ▏

属人(血统)优先于属地,父母双方/一方是中国人,无论在哪出生都有中国国籍,除非在国外出生有外国国籍,就没有中国国籍了。

例1:根据我国宪法和国籍法,下列关于国籍的表述,正确的有( )①。(2017 多 56)

A. 张某出生在中国,其母亲是中国人,父亲是法国人,张某具有中国国籍

B. 中国公民李某公派德国学习期间生下赵某,赵某具有中国国籍

C. 杨某为国家工作人员,其可以加入外国国籍

D. 秦某加入了加拿大国籍,其可以保留中国国籍

例2:根据我国法律规定,可以取得中国国籍的情形包括( )②。(2011 多 58)

A. 父母双方或一方为中国公民,本人出生在中国

B. 父母双方或一方为中国公民,本人出生在外国

C. 父母双方或一方为中国公民并定居在外国,本人出生时即具有外国国籍

D. 父母无国籍或国籍不明,定居在中国,本人出生在中国

---

① AB
② ABD

例3：关于公民出生国籍的确定,我国采用的原则是(   )①。(2007 单 20)

A. 血统主义原则

B. 出生地主义原则

C. 以血统主义为主、出生地主义为辅的原则

D. 以出生地主义为主、血统主义为辅的原则

命题点二 ┃ 继有国籍 ┃

需要三个要件:第一,中国人的近亲属;第二,定居在中国的;第三,申请。

例4：外国人或无国籍人申请加入中国国籍应具备的条件有(   )②。(2008 多 58)

A. 申请人是中国公民的近亲属   B. 申请人定居在外国

C. 申请人自愿   D. 申请人有其他正当理由

命题点三 ┃ 公民和人民区别 ┃

注意四点:

(1)公民相对外国人和无国籍人,人民相对敌人;

(2)公民是法律概念,公民+法人是基本权利的享有者,人民是政治概念;

(3)公民 = 人民+敌人;

(4)公民是个体概念,人民是群体概念。

人权和公民权注意四点:

(1)人权是公民权的政治基础,公民权是人权的法律化;

(2)公民权较人权更稳定;

(3)二者不是一一对应的;

(4)人权阶级性、地域性、时代性更强,随着条件变化发生变化。

例5：下列关于公民这一概念的表述,正确的有(   )③。(2016 多 52)

A. 公民概念通常在个体意义上使用

B. 公民是享有基本权利的唯一主体

C. 公民和人民具有相同的内涵外延

D. 凡具有中国国籍的人都是中国公民

命题点四 ┃ 主观题 ┃

例6：简述公民和人民的区别。(2008 简 65)

公民是指具有某个国家国籍的自然人,人民是指政治概念中的社会主体。公民和人民的区别具体体现在:

———————————

① C

② ACD

③ AD

其一,公民是法律概念,与外国人和无国籍人相对应;人民是政治概念,与敌人相对应,在不同历史时期有着不同的内涵,在现阶段指全体社会主义劳动者、社会主义事业建设者、拥护社会主义的爱国者和拥护祖国统一的爱国者;

其二,人民的权利,主要是人民当家作主的政治权利;公民的权利,指的是所有具有中国国籍的人所享有的法律权利;

其三,公民中的人民,享有宪法和法律规定的全部权利,履行全部义务;公民中的敌人,不能享受全部的法律权利,也不允许履行某些义务;

其四,公民的外延比人民要大,既包括人民,又包括敌人;

其五,公民表达个体概念,人民表达群体概念。

例7:简述公民权和人权的关系。

公民权是人们对宪法规定的公民基本权利和义务的通称,而人权是人作为人应该享有的权利,其最初的含义包括人们追求生活、财产、自由和幸福的权利。

公民权是人权的法律化和具体化,而人权是公民权的政治基础。宪法公民权的相关规定以人权作为其政治基础和理性依据,而这种人权入宪入法的过程也为人权的发展和实现提供了具体化途径和法律保障。此外,二者还具有以下区别:

(1)人权是政治概念,在实践中不断发展,不同的人们可以对人权有各自的理解和解释;公民权是法律概念,其含义和保护方式有着法律的界定,人权的内容一旦入宪而成为公民权,就具有了固定含义,只能依法解释和保护;

(2)人权的一个方面的要求可能具体化为公民权的若干项权利,而公民权的一项权利也可能同时体现着人权的多方面要求,不能一一对等;

(3)人权和公民权相比,还具有阶级性、民族性、地域性以及时代性和国际性等特点。

第三:基本权利的限制

基本权利的限制	基本权利的限制	宪法限制			
		法律限制	宪法授权立法机关对基本权利予以限制,即法律保留		
			一方面是对公民基本权利的限缩		
			另一方面是对公民基本权利的保护,唯有立法机关的法律才能限缩基本权利,防止基本权利受到行政机关的非法限制		
	基本权利限制的限制	明确性原则			
		比例原则	为公共利益而限制公民基本权利时,必须要在手段和目的之间进行利益衡量,限制基本权利的目的必须具有宪法正当性		
			手段适合性	限制最小化	均衡法

 **品题**

命题点一 ┃▣ **基本权利的限制**┃

注意四点：

（1）基本权利的限制是在社会本位和个人本位之间达到平衡，个人享有无限制的自由会损害社会利益；

（2）基本权利的限制只能通过宪法和法律规定，即"法律保留"，其他如行政法规、地方性法规等一律不得剥夺限制自由；

（3）限制目的要正当；

（4）限制手段要适当。

例1：关于公民基本权利的限制，下列表述正确的有（　　　）①。（2017 多 54）

A. 限制基本权利必须以宪法和法律为依据

B. 限制基本权利是需要严格遵守比例原则

C. 限制基本权利的主要目的是维护公共利益

D. 对基本权利的限制必须内容明确，使其可以成为公民行动的合理预期

命题点二 ┃▣ **主观题**┃

例2：简述对基本权利的限制。

基本权利的限制，或源于不同权利之间的冲突，或因为公共利益的保护。宪法作为一国法律秩序的基石，必然要对基本权利的行使进行相应的规制。基本权利限制的形式有基本权利的宪法限制和基本权利的法律限制。

（1）宪法限制如宗教信仰自由条款规定，"任何人不得利用宗教进行破坏社会秩序、损害公民身体健康、妨碍国家教育制度的活动"。

（2）法律限制，即宪法授权立法机关对基本权利予以限制，又称法律保留。这一方面是对公民基本权利的限缩，另一方面是对公民基本权利的保护，唯有立法机关的法律才能限缩基本权利，防止基本权利受到行政机关的非法限制。

对基本权利的限制除法律保留外，还需要受到以下约束：

（1）明确性原则：法律对公民基本权利所作的限制，必须内容明确，可以成为公民行动的合理预期，如果法律条文过于宽泛、笼统和模糊，在接受宪法审查的事后，此类法律往往会被宣告为违宪而无效。

（2）比例原则：为公共利益而限制公民基本权利时，必须要在手段和目的之间进行利益衡量，限制基本权利的目的必须具有宪法正当性。包括三方面内容，其一手段适合性，即所采用的手段必须适合目的之达成；其二限制最小化，即立法所采用的限制是影响最小的手段；其三比例原则，即限制手段达成的公共目的与造成的损害之间比例关系适当。

---

① ABCD

第五章 | 国家机构

第一:国家机构导图

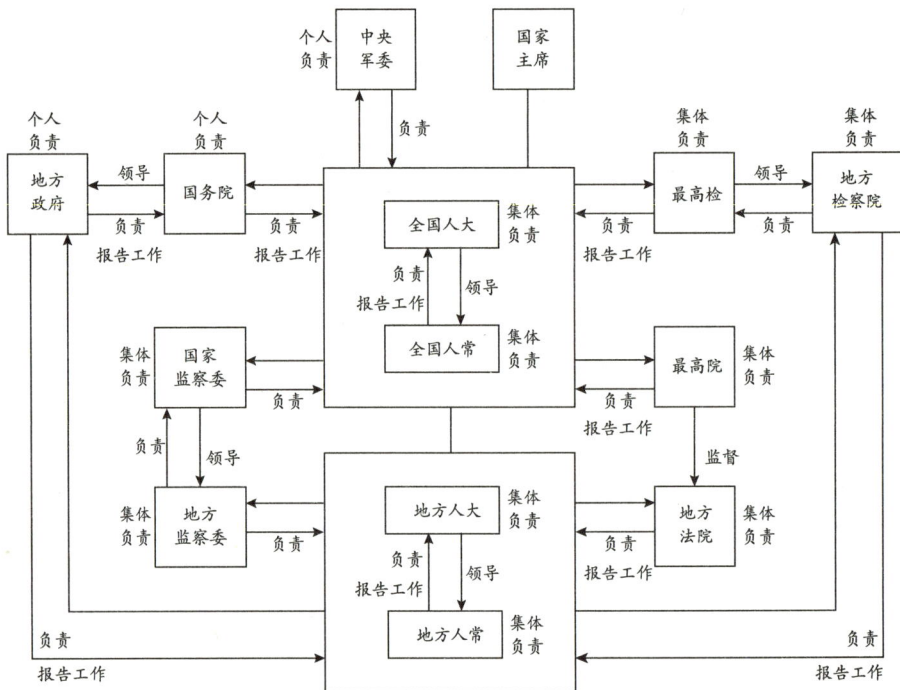

国家机构	外部领导体制	内部领导体制
全国人大		
全国人大常委会	受全国人大领导,向全国人大负责+报告工作	
地方人大	受上级人大指导	
地方人大常委会	受同级人大领导,向同级人大负责+报告工作	
国务院	受全国人大/人大常委会领导,向全国人大/人大常委会负责+报告工作	个人负责制
地方政府	受同级人大/人大常委会领导,向同级人大/人大常委会负责+报告工作	个人负责制
	受上级政府领导,向上级政府负责+报告工作	
最高院	受全国人大/人大常委会领导,向全国人大/人大常委会负责+报告工作	
地方法院	受同级人大/人大常委会领导,向同级人大/人大常委会负责+报告工作	
	受上级人民法院监督	

国家机构	外部领导体制	内部领导体制
最高检	受全国人大/人大常委会领导,向全国人大/人大常委会负责+报告工作	
地方检察院	受同级人大/人大常委会领导,向同级人大/人大常委会负责+报告工作	
	受上级人民检察院领导	
国家监察委	受全国人大/人大常委会领导,向全国人大/人大常委会负责	
地方监察委	受同级人大/人大常委会领导,向同级人大/人大常委会负责	
	受上级监察委员会领导	
中央军委	受全国人大/人大常委会领导,向全国人大/人大常委会负责	个人负责制

品题

命题点一 ┃ 外部领导体制 ┃

注意:除了司法机关上下级是监督关系,人大上下级是指导关系,政府、检察院、监察委员会上下级都是领导关系,而国家主席和中央军委只有中央一级,没有地方机关。此外,除人大常委会受同级人大领导之外,其他机构都受同级人大/人大常委会领导。

例1:根据我国现行宪法的规定,上下级人民法院在审判工作中的关系是( )①。(2011 单 31)

A. 监督关系　　　　B. 领导关系　　　　C. 指导关系　　　　D. 隶属关系

例2:在我国,国务院与地方各级国家行政机关之间的关系( )②。(2010 单 17)

A. 统一领导关系　　B. 指导关系　　　　C. 监督关系　　　　D. 相互协作关系

例3:在我国,人民代表大会上下级之间的关系是( )③。(2007 单 29)

A. 领导关系　　　　B. 指导关系　　　　C. 制约关系　　　　D. 从属关系

例4:下列表述中,符合我国现行宪法规定的有( )④。(2007 多 53)

A. 全国人民代表大会常务委员会对全国人民代表大会负责并报告工作

B. 中央军事委员会对全国人民代表大会及其常务委员会负责并报告工作

C. 国务院对全国人民代表大会及其常务委员会负责并报告工作

D. 国家主席对全国人民代表大会及其常务委员会负责并报告工作

命题点二 ┃ 内部领导体制 ┃

注意只有政府机关和中央军委因追求效率价值,是个人负责制;其他国家机关追求民主价值,是集体负责制;国家主席没有责任制问题。

---

① A

② A

③ B

④ AC

例 5：下列国家机关中，实行首长负责制的是(　　)①。(2011 法单 14)

A. 国务院　　　　　B. 国家主席　　　　　C. 全国人民代表大会　　D. 最高人民法院

第二：国家机构的组织和活动原则

	社会主义国家政权组织和活动的基本原则
民主集中制原则	1. 在意志代表方面，人大由民主选举产生，对人民负责，受人民监督；由人大代表人民的最高意志，制定法律，决定国家的重大问题
	2. 在权限划分方面，国家行政机关、国家监察机关、国家审判机关、国家检察机关、国家军事机关等由人大选举或决定产生，对它负责，受它监督；各机关在其宪法权限内处理属于各自职权范围内的国家事务
	3. 在中央和地方的权力关系方面，遵循在中央统一领导下，充分发挥地方积极性、主动性的原则，但必须坚持中央的集中统一领导
	4. 在国家机关内部关系方面，人大及其常委会实行集体领导体制，而行政机关和军事机关都实行首长个人负责制
	5. 在具体工作方面，任何一个国家机关，具体决策过程都必须遵循民主集中制的原则，既不能出现"一言堂"的情况，更不能出现互相推诿的情况
责任制原则	1. 各级人大都要向人民负责，每一代表都要受原选举单位的监督，原选举单位可以随时罢免自己所选出的代表
	2. 国家行政机关、监察机关、审判机关和检察机关等则依法对同级人大及其常委会负责
	3. 集体负责制是由全体组成人员集体讨论，并且按照少数服从多数的原则作出决定，集体承担责任的一种体制；个人负责制是由首长个人决定问题并承担相应责任的领导体制
法治原则	1. 国家机关的设立和活动都有法可依，任何国家机关及其附属机构的存在都必须符合宪法和法律的规定
	2. 国家机关作出决定、命令、裁判等工作的程序必须符合法律的要求，符合法律规范
	3. 任何违反宪法和法律的国家机关的行为，必须予以纠正
其他如民族平等和民族团结的原则、效率原则、联系群众原则、党的领导原则等	

>> 品题

命题点一 ▎□ 列举考查

三大(民主集中制+责任制+法治)+四小(民族+效率+群众+领导)。

例 1：下列选项中，属于我国国家机构组织和活动原则的有(　　)②。(2014 多 54)

A. 法治原则　　　　　　　　　　　B. 责任制原则

C. 权力分立与制约原则　　　　　　D. 民主集中制原则

---

① 　A

② 　ABD

命题点二 ┃ 🖥 主观题 ┃

例2：论述我国国家机构的组织和活动原则。（2013 法论 37）/简述民主集中制原则/简述国家机构的责任制原则/简述国家机构的法治原则。

国家机构是国家为实现其管理社会、维护社会秩序职能而建立起来的国家机关的总和。包括立法机关、行政机关、监察机关、审判机关、检察机关、军事机关等。国家机构在运行中须遵守以下原则：

其一，民主集中制原则。该原则是社会主义国家政权组织和活动的基本原则，是民主与集中相结合的制度，在民主基础上的集中和在法治规范下的民主的结合，我国的国家权力必须集中由代表人民意志的、由民主选举产生的人大统一行使；各个国家机关之间不是分权关系，而是为实现国家管理任务进行的工作分工关系；各个国家机关依据宪法的具体规定，在人大及其常委会的统一领导和监督下，行使各自职责。具体内容包括：

（1）在意志代表方面，人大由民主选举产生，对人民负责，受人民监督；由人大代表人民的最高意志，制定法律，决定国家的重大问题；

（2）在权限划分方面，国家行政机关、国家监察机关、国家审判机关、国家检察机关、国家军事机关等由人大选举或决定产生，对它负责，受它监督；各机关在其宪法权限内处理属于各自职权范围内的国家事务；

（3）在中央和地方的权力关系方面，遵循在中央统一领导下，充分发挥地方积极性、主动性的原则，但必须坚持中央的集中统一领导；

（4）在国家机关内部关系方面，人大及其常委会实行集体领导体制，而行政机关和军事机关都实行首长个人负责制；

（5）在具体工作方面，任何一个国家机关，具体决策过程都必须遵循民主集中制的原则，既不能出现"一言堂"的情况，更不能出现互相推诿的情况。

其二，责任制原则。该原则是指国家机关及其工作人员，对其决定、行使职权、履行职责所产生的结果，都必须承担责任。具体内容包括：

（1）人大向人民负责，每一个代表都要受原选区选民或原选举单位的监督，原选区选民或原选举单位可随时罢免自己选出的代表；国家行政机关、国家监察机关、国家审判机关、国家检察机关和国家军事领导机关则向人大及其常委会负责；

（2）按照国家机关的不同性质，分为集体负责制和个人负责制两种形式。集体负责制是指机关的全体组成人员和领导成员在重大问题的决策或决定上权力平等，全体成员集体讨论，并按照少数服从多数的原则作出决定，集体承担责任。人大及其常委会、人民法院、人民检察院等都实行集体领导、集体负责的责任态度。个人负责制是指在决策问题上由首长个人作出决定并承担相应责任的决策形式。行政机关、军事机关都实行这种集体讨论、个人决定和个人负责的领导体制。

其三，法治原则。该原则要求国家机关在其组织和活动中都要依法办事，不以个别领导人的个人意志为转移，也不能以政策代替法律。具体内容包括：

（1）国家机关的设立和活动都有法可依，任何国家机关及其附属机构的存在都必须符合宪法和法律的规定；

（2）国家机关作出决定、命令、裁判等工作的程序必须符合法律的要求，符合法律规范；

（3）任何违反宪法和法律的国家机关的行为，必须予以纠正。

此外，还有其他一些组织和活动原则，如民族平等和民族团结的原则、效率原则、联系群众原则、党的领导原则等。

第三：全国人民代表大会

性质			最高国家权力机关+国家立法机关			
任职	任期：5年，届满2个月前全国人民代表大会常务委员会必须完成下届选举		主席团（代表团）			
	组成：由省、自治区、直辖市、特别行政区和军队选出的代表组成，不超过3000人					
职权	1. 修改宪法、监督宪法实施					
	2. 制定和修改基本法律		全国人大主席团	全国人大常委会		各专门委员会
			国务院	中央军委	最高法	最高检
			一个代表团		30名以上代表	
	3. 选举国家领导人	选举	（1）主席团提名选举全国人大常委会委员长、副委员长、秘书长、委员			
			（2）主席团提名选举国家主席、副主席			
			（3）主席团提名选举中央军委主席			
			（4）主席团提名选举国家监察委员会主任			
			（5）主席团提名选举最高法院长			
			（6）主席团提名选举最高检检察长			
		决定	（1）国家主席提名，决定国务院总理，根据总理提名，决定副总理、国务委员、各部部长、各委员会主任、审计长、秘书长			
			（2）中央军委主席提名，决定中央军委副主席和委员			
		罢免	全国人大主席团或三个以上代表团或1/10以上代表提出罢免案，全体代表过半数同意			
	4. 决定国家重大问题		（1）审查和批准国民经济和社会发展计划和计划执行情况的报告			
			（2）审查和批准国家预算和预算执行情况的报告			
			（3）批准省、自治区和直辖市的建制			
			（4）决定特别行政区的设立及其制度			
			（5）决定战争与和平问题			
	5. 最高监督权	汇报				
		质询	在全国人民代表大会会议期间，一个代表团或者30名以上的代表，可以书面提出对国务院和国务院各部委、监察委员会、最高院、最高检的质询案			

▶▶ 品题

命题点一 ┃ ▣ 全国人大的性质 ┃

国家权力机关+国家立法机关。

例 1：我国现行宪法明确规定,人民行使国家权力的机关是(　　)①。**（2011 单 20）**

A. 中央人民政府和地方各级人民政府

B. 各级立法机关、行政机关和司法机关

C. 全国人民代表大会和中国人民政治协商会议

D. 全国人民代表大会和地方各级人民代表大会

命题点二 ┃ ▣ 地方人大 ┃

注意七点：

（1）地方国家权力机关；

（2）县级、乡级直接选举,市级、省级间接选举；

（3）每届 5 年；

（4）省级人大制定地方性法规,无须批准,直接报国务院和全国人大常委会备案,市级人大制定地方性法规,需要省级人大常委会批准,报国务院和全国人大常委会备案,县级、乡级人大无权制定地方性法规；

（5）每年 1 次会,县级、市级、省级常委会召集,主席团主持,乡级没有常委会,就主席团召集和主持；

（6）开会时行政机关、审判机关、检察机关领导都列席；

（7）县级、市级、省级人大提案五主体,一为主席团、二为常委会、三为专门委员会、四为地方政府、五为 10 名代表。

提案制度汇总

全国人大	主席团	常委会	专门委员会	政府	最高法	最高检	中央军委	1 代表团	30
全国人大常委会	委员长会议		专门委员会	政府					10
省级人大	主席团	常委会	专门委员会	政府					10
省级人大常委会	主任会议		专门委员会	政府					5
市级人大	主席团	常委会	专门委员会	政府					10
市级人大常委会	主任会议		专门委员会	政府					5
县级人大	主席团	常委会	专门委员会	政府					10
县级人大常委会	主任会议		专门委员会	政府					3
乡级人大	主席团			政府					5

---

① D

例2：根据我国地方组织法，下列关于地方各级人民代表大会的表述，正确的有( )①。(2017 多 55)

A. 省人民代表大会会议每年至少举行一次

B. 市人民代表大会举行会议的时候，由主席团主持

C. 县人民法院院长列席本级人民代表大会会议

D. 乡人大主席负责召集下一次本级人民代表大会会议

例3：根据我国宪法和法律，下列关于地方各级人民代表大会的表述，不正确的是( )②。(2016 单 27)

A. 地方各级人民代表大会都是地方国家权力机关

B. 地方各级人民代表大会会议每年至少举行一次

C. 地方各级人民代表大会会议由本级人大常委会召集

D. 地方各级人大进行选举和通过决议，以全体代表过半数通过

命题点三 主观题

例4：试述人民代表大会制度及其完善。

人民代表大会制度是人民通过选举的方式，选举代表组成各级国家权力机关，由各级国家权力机关产生其他的国家机关，其他国家机关对权力机关负责，权力机关对人民负责的一种制度。人民代表大会制度的特点：(1)目标是规范国家权力和保障公民权利；(2)人民代表大会在国家机关体系中居最高地位，其他机关由它产生、对它负责、受它监督；(3)实行一院制；(4)人民代表是兼职代表；(5)人民代表大会设常务委员会作为常设机关。

人民代表大会制度是我国根本的政治制度。

人民代表大会的组织原则是民主集中制，具体为：

(1)各级国家权力机关由民主选举产生，对人民负责、受人民监督；

(2)其他国家机关由人大产生，对人大负责，受人大监督；

(3)在中央与地方的关系上，遵循在中央的统一领导下，充分发挥地方的主动性和积极性。

我国人民代表大会制度显示出巨大的优越性，具体体现为：

(1)该制度便于人民参加国家管理；(2)该制度便于集中统一行使国家权力；(3)该制度能保证中央统一领导下充分发挥地方的主动性和积极性。

同时，该制度还存在一些问题，需要从以下方面完善：

(1)进一步理顺与人大的关系，改善党对人大的领导。理顺党与人大的关系，最主要是明确党的职能与国家的职能的界限，杜绝以党代政、党政不分的现象；(2)进一步完善以人民代表大会制度为基础的宪政体制；(3)进一步加强人大自身建设；(4)进一步规范权力运用的具体程序。

---

① ABC
② C

第四:全国人大常委会

性质	全国人民代表大会的常设机关+国家立法机关		
任职	组成:委员长、副委员长、秘书长、委员;这些组成人员必须是全国人大代表,并由每届全国人大第一次会议选举产生		
	任期:5年;委员长、副委员长连续任职不得超过两届;全国人大常委会和全国人大在任期结束时间上不同,下届全国人大第一次会议开始时,下届全国人大的任期即告结束,但上届全国人大产生的常委会,则须在下届全国人大常委会产生后,才结束任期,还要负责召集下一届全国人大第一次会议	副委员长 / 委员长 / 秘书长 委员长会议 委员	
	兼职禁止:全国人大常委会组成人员不得担任国家行政机关、监察机关、审判机关和检察机关的职务		
职权	1.宪法解释权和宪法监督权		
	2.立法和法律解释权	可以制定基本法律以外的其他法律	
		在全国人大闭会期间,可以对全国人大制定的基本法律进行补充和修改,但不得与该法的基本原则相抵触,香港基本法和澳门基本法除外	
		全国人大常委会委员长会议	各专门委员会
		国务院 / 中央军委	最高法 / 最高检
			组成人员 10 人以上
	3.重大事项决定权	(1)在全国人民代表大会闭会期间,审查和批准国民经济和社会发展计划、国家预算在执行过程中所必须作的部分调整方案	
		(2)决定驻外全权代表的任免	
		(3)决定同外国缔结的条约和重要协定的批准和废除	
		(4)规定军人和外交人员的衔级制度和其他专门衔级制度	
		(5)规定和决定授予国家的勋章和荣誉称号	
		(6)决定特赦	
		(7)在全国人民代表大会闭会期间,如果遇到国家遭受武装侵犯或者必须履行国际间共同防止侵略的条约的情况,决定战争状态的宣布	
		(8)决定全国总动员或者局部动员	
		(9)决定全国或者个别省、自治区、直辖市进入紧急状态	
	4.任免权	(1)总理提名,决定各部部长、各委员会主任、审计长、秘书长	
		(2)中央军委主席提名,决定中央军委委员	
		(3)国家监察委员会主任的提请,任免国家监察委员会副主任、委员	
		(4)最高法院长的提请,任免副院长、审判员、审判委员会委员、军事法院院长	
		(5)最高检检察长的提请,任免副检察长、检察员、检察委员会委员和军事检察院检察长,并且批准省、自治区、直辖市的人民检察院检察长的任免	

续表

职权	5.监督权	汇报	
		质询	在全国人大常委会会议期间,常委会组成人员10人以上,可以书面提出对国务院和国务院各部委、监察委员会、最高院、最高检的质询案
		执法检查	

品题

命题点一 ▎全国人大常委会的性质和任职组成

注意：

(1)性质：最高权力机关的常设机关+立法机关；

(2)任期5年,只有委员长和副委员长有任期限制,秘书长和委员没有；

(3)不能同时兼任行政机关、监察机关、审判机关、检察机关的职务。

例1：关于全国人大常委组成人员的表述,正确的有( )①。(2015 多 58)

A. 全国人大常委会由委员长、副委员长、秘书长和委员组成

B. 全国人大常委会组成人员中应有适当名额的少数民族代表

C. 全国人大常委会组成人员不得担任国家行政机关、审判机关和检察机关的职务

D. 全国人大常委会组成人员得连选连任,委员长、副委员长连续任职不得超过两届

命题点二 ▎全国人大常委会的职权

一共五大职权：

(1)宪法解释与监督,相比全国人大宪法修改与监督。

(2)立法权,一是人大常委会制定非基本法,人大制定基本法,二是人大常委会可以修改基本法,三是人大常委会7提案主体,人大9提案主体。

(3)重大事项决定权,一是人大常委会调整国民发展计划和调整预算,人大审查批准;二是人大常委会任免外交代表,人大无此权;三是人大常委会批准废除国际条约,人大无此权;四是人大常委会规定衔级制度,人大无此权;五是人大常委会授予勋章和荣誉称号,人大无此权;六是人大常委会决定特赦,人大无此权;七是人大常委会宣布战争,与人大相同;八是人大常委会决定全国动员令,人大无此权;九是人大常委会决定全国或省紧急状态,人大无此权;此外还有一个人大有人大常委会无,即批准省和特别行政区建制。

(4)任免权,人大常委会全决定,只有3除外(总理、副总理、国务委员),人大六选举三决定。

(5)监督权,一是听报告,人大常委会听国务院、法院、检察院报告,人大还有听人大常委会报告;二是质询,人大常委会10人,人大一个团/30人,书面对国务院、监察委、法院、检察院质询。

---

① ABCD

质询制度汇总

全国人大	1 个代表团	30 人
全国人大常委会		10 人
省级人大		10 人
省级人大常委会		5 人
市级人大		10 人
市级人大常委会		5 人
县级人大		10 人
县级人大常委会		3 人

例 2：根据我国现行宪法,有权决定特赦的国家机关是( )①。(2015 法单 10)

A. 国家主席

B. 全国人民代表大会常务委员会

C. 国务院

D. 最高人民法院

例 3：属于全国人大常务委员会职权范围的有( )②。(2008 多 54)

A. 解释宪法

B. 对法律进行合宪性审查

C. 对国务院的工作是否违宪进行审查

D. 对重大违宪事件组织调查委员会进行调查

例 4：根据宪法和法律,全国人民代表大会常务委员会组成人员 10 人以上联名( )③。
(2007 多 57)

A. 有权提出对国务院的质询案

B. 无权提出对中央军事委员会的质询案

C. 有权提出对最高人民法院的质询案

D. 无权提出对国家主席的质询案

例 5：下列选项中,不属于全国人大常委会职权的是( )④。(2006 单 27)

A. 解释、监督宪法的实施

B. 审批国民经济和社会发展计划以及国家预算部分调整方案

C. 废除同外国缔结的条约和重要协定

D. 批准省、自治区、直辖市的建置

---

① B

② ABCD

③ ABCD

④ D

命题点三 │ ▢ 选任制度汇总 │

全国人大				全国人大常委会	
提名	选举	提名	决定	提名	决定
主席团	全国人大常委会委员长及组成人员				
主席团	国家主席	国家主席	国务院总理		
		国务院总理	副总理、国务委员及其他组成人员	国务院总理	其他组成人员
主席团	中央军委主席	中央军委主席	其他组成人员	中央军委主席	其他组成人员
主席团	国家监察委主任			国家监察委主任	国家监察委组成人员
主席团	最高院院长			最高院院长	最高院组成人员
主席团	最高检检察长			最高检检察长	最高检组成人员

例6:有权提名国家主席、副主席人选的是(　　　)①。(2011 单 26)

A. 全国人大　　　　　　　　　　B. 全国人大主席团

C. 全国人大常务委员会　　　　　D. 上一任国家主席

例7:下列人员中,既可由全国人民代表大会也可由全国人大常委会产生的是(　　　)②。(2018 单 26)

A. 中华人民共和国副主席　　　　B. 国务院副总理

C. 中央军事委员会副主席　　　　D. 最高人民法院副院长

例8:根据现行宪法,下列人员中由全国人民代表大会选举产生的是(　　　)③。(2017 单 22)

A. 国家副主席　　　　　　　　　B. 最高人民法院副院长

C. 国务院副总理　　　　　　　　D. 最高人民检察院副检察长

第五:全国人民代表大会会议制度

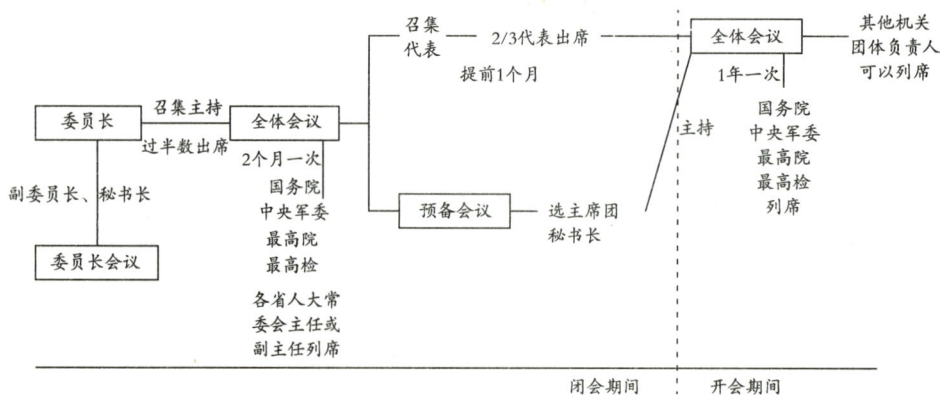

---

① B

② C

③ A

全国人大全体会议	召集	全国人大每年举行一次会议,由全国人大常委会召集
		全国人大常委会应当在全国人大会议举行1个月前,将开会日期和建议大会讨论的主要事项通知全国人大代表
		每届全国人大第一次会议,在本届全国人大代表选举完成后两个月内由上届全国人大常委会召集
	列席	国务院的组成人员,中央军委的组成人员,最高院院长和最高检检察长列席
		其他有关机关、团体的负责人,经主席团决定,可以列席
	提案	全国人大主席团/全国人大常委会/全国人大各专门委员会/国务院/中央军委/最高人民法院/最高人民检察院/一个代表团/30名以上全国人大代表
	审议	由主席团决定是否列入大会议程
	表决通过	由主席团决定提交大会表决,并由主席团决定采用无记名投票方式或者举手表决方式或其他方式通过
		全国人大全体代表过半数通过
	公布	法律议案通过后即成为法律,由国家主席签署主席令予以公布
全国人大常委会全体会议	召集	全国人大常委会全体会议,一般两个月举行一次,由委员长召集主持
	列席	国务院、中央军委、最高院、最高检的负责人列席会议
		各省、自治区、直辖市的人大常委会派主任或副主任一人列席会议
		必要时可以邀请有关全国人大代表列席会议
	提案	全国人大常委会委员长会议/全国人大各专门委员会/国务院/中央军委/最高人民法院/最高人民检察院/常委会组成人员10名
	审议	由委员长会议决定提请常委会会议审议
	表决通过	议案经审议后,由常委会会议表决通过
		常委会的决议由常委会以全体委员的过半数通过
	公布	法律议案通过后即成为法律,由国家主席签署主席令予以公布

预备会议	主持	全国人大常委会		
	职责	选举主席团	选举秘书长	通过会议议程
临时会议	提议	全国人大常委会	1/5全国人大代表	
秘密会议	提议	全国人大主席团		
	决定	代表团团长会议		
延长任期	全国人民代表大会常务委员会以全体组成人员的2/3以上的多数通过,可以推迟选举,延长任期。在非常情况结束后一年内,必须完成下届全国人民代表大会代表的选举			

品题

命题点一 ▏ 预备会议

注意两点:

(1)开预备会议时,主持者是全国人大常委会,不要选成全国人大主席团或全国人大常委会委员长会议;

（2）预备会议职责有三：选举主席团，选举秘书长，通过会议议程。

例1：全国人民代表大会预备会议的主要内容有（　　　）①。（2010 多 56）

A. 选举主席团和秘书长　　　　　　　　B. 决定是否举行秘密会议

C. 通过会议议程　　　　　　　　　　　D. 决定委员长人选

命题点二 ▮ 全国人大全体会议 ▮

注意六步骤：

（1）由常委会召集；

（2）国务院、中央军委、最高法、最高检列席，没有表决权，其他人也可以列席，但需要主席团批；

（3）提案9主体；

（4）主席团列入议程；

（5）过半数通过；

（6）国家主席公布。

例2：下列选项中，可以向全国人大提出法律案的有（　　　）②。（2015 多 53）

A. 全国人大财经委员会　　　　　　　　B. 全国人大主席团

C. 30 名以上全国人大代表联名　　　　　D. 全国人大解放军代表团

例3：根据我国宪法规定，负责主持全国人民代表大会会议的是（　　　）③。（2013 法单 13）

A. 国家主席　　　　　　　　　　　　　B. 全国人民代表大会主席团

C. 全国人民代表大会常务委员会委员长　　D. 全国人民代表大会常务委员会秘书长

例4：全国人民代表大会的工作方式是（　　　）④。（2010 单 18）

A. 举行会议　　　　　　　　　　　　　B. 进行社会调查

C. 审议议案　　　　　　　　　　　　　D. 监督其他国家机关

例5：根据我国现行宪法的规定，全国人民代表大会会议每年举行一次，负责召集会议的是（　　　）⑤。（2008 单 19）

A. 全国人民代表大会常务委员会

B. 全国人民代表大会主席团

C. 全国人民代表大会会议执行主席

D. 全国人民代表大会常务委员会委员长

命题点三 ▮ 全国人大常委会全体会议 ▮

注意六步骤：

（1）由委员长召集；

---

① AC

② ABCD

③ B

④ A

⑤ A

(2)国务院、中央军委、最高法、最高检、省级人大常委会列席,比全国人大多一个,也没有表决权;

(3)提案 7 主体;

(4)委员长会议提请;

(5)过半数通过;

(6)国家主席公布。

例 6:根据我国宪法规定,处理全国人民代表大会常务委员会的重要日常工作的机关或组织是(   )[①]。(2012 单 24)

A. 委员长会议

B. 全国人民代表大会法律委员会

C. 全国人民代表大会常务委员会办公厅

D. 全国人民代表大会常务委员会法制工作委员会

命题点四 ┃ 🖻 主观题 ┃

例 7:简述全国人大全体会议通过法律案的程序。

全国人大通过法律案以及其他议案,选举和罢免国家领导人都要经过以下四个阶段:

(1)提出议案:全国人大主席团、全国人大常委会、全国人大各专门委员会、国务院、中央军委、最高人民法院、最高人民检察院以及一个代表团或者 30 名以上全国人大代表联名,可以向全国人大提出属于全国人大职权范围的议案。

(2)审议议案:对国家机关提出的议案,由主席团决定是否列入大会议程;对代表团和代表提出的议案,则由主席团审议决定是否列入大会议程,或者先交有关专门委员会审议,提出是否列入大会议程的意见,再决定是否列入大会议程。

(3)表决通过议案:议案经审议后,由主席团决定提交大会表决,并由主席团决定采用无记名投票方式或者举手表决方式或其他方式通过。宪法规定,宪法修正案由全国人民代表大会全体代表 2/3 以上的多数通过;法律和其他议案由全国人民代表大会全体代表过半数通过。

(4)公布决议:由国家主席签署主席令予以公布。

例 8:简述全国人大常委会全体会议通过法律案的程序。

全国人大常委会在举行会议、审议及通过法律案和其他议案、选举和罢免各国家机构领导人时,均须遵守以下四个程序:

(1)提出议案:全国人大常委会会议期间,全国人大常委会委员长会议、全国人大各专门委员会、国务院、中央军委、最高人民法院、最高人民检察院以及常委会组成人员 10 名以上联名,可以向常委会提出属于常委会职权范围内的议案。

(2)审议议案:对国家机关提出的议案,由委员长会议决定提请常委会会议审议,或者先交有关专门委员会审议,提出报告,再提请常委会会议审议;常委会组成人员提出的议案,由委员长会议决定提请常委会会议审议,或者先交有关的专门委员会审议,提出报告,再决定是否提请常委会会议审议。

(3)表决通过议案:议案经审议后,由常委会会议表决通过。常委会的决议由常委会以

---

① A

全体委员过半数通过。

（4）公布决议：由国家主席签署主席令予以公布。

第六：人大各委员会

				全国人民代表大会	
		全国人大常委会		→	专门委员会
委员长会议	工作机构	办公厅	代表资格审查委员会	民族委员会	外事委员会
		法制工作委员会		宪法和法律委员会	华侨委员会
		预算工作委员会		监察和司法委员会	环境资源委员会
		香港基本法委员会		财政经济委员会	农业与农村委员会
		澳门基本法委员会		科教文卫委员会	社会建设委员会

专门委员会	性质	专门委员会是常设性机构，是辅助性工作机构
	任职	每届任期5年
		开会期间：主席团提名，任命主任委员、副主任委员和委员 闭会期间：委员长会议提名，任命个别副主任委员和部分委员
		在全国人大会议期间向全国人民代表大会负责，在全国人大闭会期间向全国人大常委会负责
	职权	1. 审议议案
		2. 提出议案
		3. 违宪审查
		4. 审议质询
		5. 调查研究，提出建议
特定问题调查委员会		全国人大：主席团+三个代表团+1/10代表书面
		全国人大常委会：委员长会议+1/5组成人员书面
		地方人大：主席团+1/10代表书面
		地方人大常委会：主任会议+1/5组成人员书面

品题

命题点一 ▏ 调查委员会 ▏

注意两点：一是临时性机构，二是常委会组织。

例1：根据我国宪法和法律的规定，下列选项中，属于各级人大常委会监督职权的有（　　　　）①。**(2014 多 58)**

A. 进行询问和质询　　　　　　　　　　B. 组织关于特定问题的调查委员会

C. 听取和审议人民政府专项工作报告　　D. 对有关法律、法规实施情况组织执法检查

---

① ABCD

命题点二 ▎📖 **专门委员会的性质和任职** ▎

注意五点：

（1）专门委员会属于常设性机构，是辅助性机构；

（2）专门委员会受全国人大和全国人大常委会领导；

（3）专门委员会任期5年，没有届数限制；

（4）闭会期间，常委会不能任命专门委员会主任委员；

（5）专门委员会成员绝大多数都是人大代表，也有少数非人大代表，但没有表决权。

例2：下列关于全国人大专门委员会的表述，正确的是（   ）①。（2016 单 19）

A. 全国人大专门委员会根据工作需要可聘请若干顾问，出席会议，参加表决

B. 全国人大专门委员会的委员人选，由主席团在代表中提名，大会通过

C. 全国人大现设有法律委员会、预算工作委员会等九个专门委员会

D. 全国人大专门委员会是全国人大的具体办事机构

例3：下列关于国家机关之间关系的表述，正确的有（   ）②。（2012 多 59）

A. 在全国人民代表大会闭会期间，各专门委员会受全国人大常务委员会领导

B. 国务院领导地方各级人民政府的工作

C. 上级人民法院领导下级人民法院的工作

D. 最高人民检察院指导下级人民检察院的工作

命题点三 ▎📖 **专门委员会的职责** ▎

一共五个职责：一是审议其他8主体/6主体提出的议案（开会期间提案主体共9个；闭会期间提案主体共7个）；二是提出自己的议案；三是违宪审查；四是审议质询案；五是日常属于本部门的工作。

例4：根据现行宪法和法律，下列关于全国人大专门委员会的表述，正确的有（   ）③。（2018 多 45）（2018 法多 25）

A. 专门委员会受全国人大及其常委会的领导

B. 专门委员会有权向全国人大提出同本委员会有关的提案

C. 专门委员会有权审查和撤销同法律相抵触的地方性法规

D. 专门委员会副主任委员由主任委员提名，由全国人大常委会通过

命题点四 ▎📖 **主观题** ▎

例5：简述全国人民代表大会专门委员会的性质和任务。（2007 简 65）

专门委员会是常设性机构，在全国人大会议期间向全国人民代表大会负责，在全国人大

① B

② AB

③ AB

闭会期间向全国人大常委会负责。其职责是在全国人大及其常委会的领导下,研究、审议、拟定有关议案或者提出有关报告,交全国人大或其常委会处理。具体包括:

（1）审议全国人大主席团或常委会交付的议案;

（2）向全国人大主席团或常委会提出属于全国人大或常委会职权范围内同本委员会有关的议案;

（3）审议全国人大交付的被认为同宪法、法律相抵触的国务院的行政法规、决定和命令,国务院各部委的命令、指示和规章,省、自治区、直辖市人大及其常委会的地方性法规和决议,以及省、自治区、直辖市人民政府的决定、命令和规章,并提出报告;

（4）审议全国人大主席团或常委会交付的质询案,听取受质询机关对质询案的答复,必要时向全国人大主席团或常委会提出报告;

（5）对属于全国人大或常委会职权范围内同本委员会有关的问题,进行调查研究,提出建议。如民族委员会对加强民族团结问题进行调查研究,提出建议;审议自治区报请全国人民代表大会常务委员会批准的自治区的自治条例和单行条例,向全国人民代表大会常务委员会提出报告。再如宪法和法律委员会统一审议向全国人民代表大会或者全国人民代表大会常务委员会提出的法律草案。

第七:国家主席

性质	国家元首		
	1954 年宪法设置国家主席,与全国人大常委会共同行使国家元首职权;1975 年、1978 年宪法未设国家主席;1982 年宪法恢复设置		
任职	1. 任期:5 年,没有届数限制		
	2. 资格:有选举权和被选举权的中华人民共和国公民+年满 45 周岁+全国人大任免		
	3. 缺位制度	（1）国家主席缺位时,由副主席继任	
		（2）副主席缺位时,由全国人大补选	
		（3）都缺位时,补选前由全国人大常委会委员长暂时代理主席职位	
职权	1. 公布法律、发布命令权	根据全国人大	发布法律、宣布战争状态
		根据全国人大常委会	发布法律、特赦令、紧急状态令、动员令、宣布战争状态
	2. 任免权	根据全国人大	宣布国务院总理、副总理、国务委员、各部部长、各委员会主任、审计长、秘书长任职
		根据全国人大常委会	宣布国务院各部部长、各委员会主任、审计长、秘书长任职
			任命或召回常驻外交代表
	3. 荣典权	根据全国人大常委会	授予国家的勋章、荣誉称号、友谊勋章
			国事活动中,直接授予友谊勋章
	4. 外交权	根据全国人大常委会	批准或废除外交条约
			进行国事活动,接受外国使节

品题

命题点一 ┃国家主席的任职┃

注意四点：

（1）国家主席是国家元首，对外代表国家，包括主席和副主席；

（2）任期 5 年，没有届数限制；

（3）任职资格有三，第一，有政治权利，第二，45 周岁，第三，只能全国人大任免，全国人大常委会不能；

（4）主席缺位时分三步，第一步，副主席继任，第二步，副主席缺位时全国人大补选，第三步，主席副主席都缺位时，补选前由全国人大常委会委员长暂时代理主席职位。

例 1：下列关于国家主席的表述，正确的是（   ）①。（2013 单 29）

A. 国家主席由全国人大决定产生

B. 国家主席的任职年龄须年满 40 周岁

C. 国家主席缺位时，由副主席代理主席职位

D. 国家主席代表中华人民共和国，进行国事活动

命题点二 ┃国家主席的职权┃

注意三点：

（1）接受外国使节，不需要经过全国人大/人大常委会；

（2）任命或召回常驻外交代表、批准或废除外交条约、授予国家的勋章和荣誉称号，需要经过全国人大常委会，不需要经过全国人大；

（3）其他职权如发布法律、特赦令、紧急状态令、动员令、宣布战争状态、宣布国务院总理、副总理、国务委员、各部部长、各委员会主任、审计长、秘书长任职，需要经过全国人大/人大常委会。

例 2：下列选项中，国家主席需要根据全国人大或全国人大常委会的决定行使的职权有（   ）②。（2018 多 47）（2018 法多 27）

A. 会晤外国总统   B. 授予荣誉奖章和光荣称号

C. 发布动员令   D. 批准同外国缔结的重要协定

例 3：2015 年 8 月 29 日，全国人大常委会决定：在中国人民抗日战争暨世界反法西斯战争胜利 70 周年之际，对部分服刑罪犯予以特赦。根据宪法，发布特赦令的是（   ）③。（2017 单 24）（2017 法单 11）

A. 国家主席   B. 全国人大常委会委员长

C. 国务院总理   D. 中央军委主席

---

① D

② BCD

③ A

例4：国家主席无须根据全国人大及其常委会的决定独立行使的职权是(　　　)①。(2015 单26)

  A. 发布特赦令   B. 宣布战争状态

  C. 接受外国使节   D. 任免国务院组成人员

例5：根据我国《宪法》规定,我国发布特赦令的国家机关是(　　　)②。(2012 单26)

  A. 全国人民代表大会常务委员会   B. 国家主席

  C. 国务院   D. 最高人民法院

例6：根据我国现行宪法的规定,有权宣布全国进入紧急状态的国家机关是(　　　)③。(2010 单20)

  A. 全国人民代表大会   B. 全国人民代表大会常务委员会

  C. 国家主席   D. 国务院

例7：根据我国现行宪法的规定,国家主席可以行使的职权有(　　　)④。(2010 法单28)

  A. 决定特赦   B. 批准和废除我国同外国缔结的条约

  C. 代表中华人民共和国接受外国使节 D. 根据全国人民代表大会的决定,公布法律

例8：在我国,同国家主席结合行使国家元首职权的机关有(　　　)⑤。(2008 多56)

  A. 全国人民代表大会   B. 全国人民代表大会常务委员会

  C. 中央军事委员会   D. 国务院

命题点三 ▏🖥 主观题 ▏

例9：简述国家主席的补位制度。

  国家主席是我国国家元首,包括国家主席和副主席。主席和副主席都必须是有选举权和被选举权的中华人民共和国公民,年满45周岁,由全国人大选举和罢免。在国家主席缺位时,遵循以下补位程序:

  (1)国家主席缺位时,由副主席继任;

  (2)副主席缺位时,由全国人大补选;

  (3)国家主席、副主席都缺位时,由全国人民代表大会补选,补选前由全国人大常委会委员长暂时代理主席职位。

例10：简述国家主席的职权。

  国家主席是我国国家元首,包括国家主席和副主席。主席和副主席都必须是有选举权和被选举权的中华人民共和国公民,年满45周岁,由全国人大选举和罢免。国家主能够行使以下职权:

---

 ① C

 ② B

 ③ C

 ④ CD

 ⑤ AB

（1）公布法律、发布命令权：根据全国人大或全国人大常委会的决定,发布法律、特赦令、紧急状态令、动员令、宣布战争状态。

（2）任免权：根据全国人大或全国人大常委会的决定,宣布国务院总理、副总理、国务委员、各部部长、各委员会主任、审计长、秘书长任职；根据全国人大常委会的决定,任命或召回常驻外交代表。

（3）荣典权：根据全国人大常委会的决定,授予国家的勋章和荣誉称号。

（4）外交权：根据全国人大常委会的决定,批准或废除外交条约；此外,还可以直接接受外国使节。

第八：国务院

性质	中央人民政府,最高权力机关的执行机关,最高国家行政机关		
任职	1. 任期：5年；总理、副总理、国务委员连续任职不得超过两届		
	2. 组成人员：总理、副总理、国务委员、秘书长、各部部长、各委员会主任、审计长		
	3. 组成部门	（1）由各部、各委员会、中国人民银行、审计机关组成	
		（2）国务院各部、各委员会的设立、撤销或者合并,经总理提出,由全国人大或全国人大常委会决定	
		（3）地方政府各工作部门的设立、增加、减少或者合并,由本级人民政府报请上一级人民政府批准,并报本级人民代表大会常务委员会备案	
		审计机关	国务院和县级以上地方人民政府设立审计机关,地方审计机关对本级政府和上一级审计机关负责并报告工作
			对国务院各部门和地方各级政府的财政收支,对国家的财政金融机构和企业事业组织的财务收支,进行审计监督
			审计机关在国务院总理领导下,依照法律规定独立行使审计监督权,不受其他行政机关、社会团体和个人的干涉
职权	1. 法规制定权和发布		
	2. 提案权	（1）国民经济和社会发展计划和计划执行情况	
		（2）国家预算和预算的执行情况	
		（3）必须由全国人大常委会批准和废除的同外国缔结的条约和重要协定	
		（4）提名到全国人大、人大常委会任免	
	3. 领导权		
	4. 管理权		
	5. 任免权		
	6. 行政区域划分权	（1）省、自治区、直辖市行政区域界线的变更	
		（2）自治州、县、自治县、市、市辖区的建置	
		（3）自治州、自治县的行政区域界线的变更,县、市的行政区域界线的重大变更	
	7. 紧急状态决定权	决定省、自治区、直辖市范围内部分地区进入紧急状态	

续表

领导体制	总理负责制(82宪法)	
	1.总理提名	
	2.总理领导	
	3.总理主持	国务院常务会议(总理+副总理+国务委员+秘书长,1周一次)
		国务院全体会议(总理+副总理+国务委员+秘书长+各部部长+各委员会主任+审计长,2月一次)
	4.总理签署	
地方派出机关	1.省、自治区人民政府的派出机关是行政公署,简称"行署",经国务院批准	
	2.县、自治县人民政府的派出机关是区公所,经省政府或市政府批准	
	3.市辖区、不设区的市人民政府的派出机关是街道办事处,经省政府或市政府批准	

>> 品题

命题点一 ┃ 🗂 国务院任职问题 ┃

注意四个问题:

(1)国务院组成人员包括总理、副总理、国务委员、各部部长、各委员会主任、审计长、秘书长等;

(2)国务院组成人员任职期限5年,只有三类人有两届限制,第一总理,第二副总理,第三国务委员;

(3)国务院下设审计机关,审计中央地方所有公权力部门,地方各级审计机关受同级政府和上一级审计机关领导;

(4)国务院的组成部门设立,由总理提出,全国人大或全国人大常委会决定,地方政府工作部门设立,由本级政府报上级政府批准,报同级人大备案。

例1:根据我国《地方组织法》,下列关于地方各级审计机关的表述,不正确的是(　　　)①。(2017单26)

A.县级以上地方各级人民政府设立审计机关

B.省级审计机关的设立需要报请国务院批准

C.地方各级审计机关只对本级人民政府负责

D.地方各级审计机关依照法律规定独立行使审计监督权

例2:根据我国宪法,下列关于国务院的表述,正确的有(　　　)②。(2016多53)

A.国务院实行集体负责制

---

① C

② BC

B.国务院是最高国家权力机关的执行机关

C.国务院每届任期同全国人大每届任期相同

D.国务院常务会议由总理、副总理、国务委员、秘书长、审计长组成

例3:根据现行宪法,我国县级以上地方各级审计机关依法独立行使审计监督权。下列表述中,正确的是(   )①。(2014 单 25)

A.地方各级审计机关对监察部和本级人民政府负责

B.地方各级审计机关对本级人民政府和上一级审计机关负责

C.地方各级审计机关对本级人民政府和上一级人民代表大会负责

D.地方各级审计机关对上一级人大常委会和上一级人民政府负责

例4:根据我国现行宪法的规定,有权对国务院各部委的设立、合并和撤销提出意见或建议的是(   )②。(2008 单 21)

A.全国人民代表大会   B.全国人民代表大会常务委员会

C.国务院总理   D.国家主席

例5:根据我国现行宪法的规定,审计监督的对象有(   )③。(2007 多 55)

A.国务院各部门   B.地方各级人民政府

C.国家的财政金融机构   D.国家的企业事业组织

命题点二 |⊟ **国务院职权** |

一共七项职权:

(1)立法,制定行政法规等;

(2)提案,四大案,一为规划案,二为预算案,三为条约案,四为任免案;

(3)领导,针对下级和地方;

(4)管理,所有行政事项;

(5)任免;

(6)区域划分,主要涉及地方的设立、撤销以及界线问题,除了①省级设立、撤销+②乡级设立、撤销、界线问题不归国务院管之外,其他都由国务院负责;

(7)紧急状态,省内部分紧急状态由国务院决定并宣布,一省全部或跨省紧急状态由全国人大常委会决定,由国家主席宣布。

例6:根据我国现行宪法规定,编制和执行国民经济和社会发展计划和国家预算的国家机关是(   )④。(2011 单 27)

A.全国人民代表大会   B.国务院

C.全国人民代表大会常务委员会   D.财政部

---

① B

② C

③ ABCD

④ B

例7：根据我国现行宪法规定,下列选项中属于国务院职权的是( )①。(2011 法单 12)

A. 决定特赦　　　　　　　　　　　B. 批准直辖市的建置

C. 制定行政法规　　　　　　　　　D. 宣布全国进入紧急状态

例8：根据我国现行宪法的规定,国务院的法规制定权表现为( )②。(2009 多 56)

A. 制定法律　　　　　　　　　　　B. 规定行政措施

C. 制定行政法规　　　　　　　　　D. 发布行政决定和命令

命题点三 ▏⊟ **首长负责制**

注意三点:

(1)1982 年宪法将国务院集体负责制改为个人负责制。

(2)首长负责制体现在四大方面,第一人员总理提名;第二工作总理领导;第三会议总理主持;第四决定总理签署。

(3)国务院开会分常务会议和全体会议,常务会议是总理、副总理、国务委员、秘书长;全体会议再加上各部门首长。

例9：我国明确规定国务院实行总理负责制的是( )③。(2012 单 27)

A. 1954 年宪法　　　　　　　　　B. 1975 年宪法

C. 1978 年宪法　　　　　　　　　D. 1982 年宪法

例10：下列选项中,属于我国总理负责制具体内容的是( )④。(2007 单 28)

A. 总理任免国务院组成人员

B. 总理、副总理领导国务院工作

C. 总理召集和主持国务院常务会议

D. 总理规定行政措施

命题点四 ▏⊟ **地方政府**

注意五点:

(1)地方行政机关;

(2)任期 5 年;

(3)领导体制外部是上级政府领导下级政府,下级政府对上级政府负责+报告工作,对同级人大及人大常委会负责+报告工作,内部是首长负责制;

(4)会议制度包括全体会议和常务会议;

(5)乡级政府没有工作部门。

---

① C

② BCD

③ D

④ C

例11：关于县级以上的地方各级人民政府的工作部门，下列说法正确的是（　　）①。（2018 单 19）（2018 法单 14）

A.地方各级人民政府的工作部门由同级人大决定设立

B.地方各级审计机关独立行使审计监督权，只对上一级审计机关负责

C.地方各级人民政府的工作部门受本级人民政府的领导，并且受上级主管部门的业务指导或领导

D.民族自治地方人民政府工作部门的负责人由实施区域自治的民族公民担任

例12：根据我国宪法和法律，下列关于地方各级人民政府的表述，不正确的是（　　）②。（2016 法单 10）

A.地方各级人民政府必须依法行政

B.地方各级人民政府实行集体负责制

C.地方各级人民政府均受国务院的统一领导

D.地方各级人民政府是地方各级人大的执行机关

例13：下列关于我国县级人民政府的表述，正确的是（　　）③。（2011 单 28）

A.县级人民政府每届任期三年

B.县级人民政府不设工作部门

C.县级人民政府是国务院统一领导下的国家行政机关

D.县级人民政府在国家权力机关系统中处于基础地位

命题点五 ┃ 派出机关 ┃

例14：根据我国宪法和法律，下列关于地方人民政府派出机关的表述，正确的是（　　）④。（2016 法单 14）

A.派出机关是一级政权机关，有行政管理职权

B.县人民政府设立派出机关应当经国务院批准

C.不设区的市的人民政府经批准可设立派出机关

D.行政公署是省、自治区、直辖市人民政府的派出机关

例15：下列选项中，属于地方人民政府设立的派出机关的有（　　）⑤。（2011 多 57）

A.行政公署　　　　　　　　　　B.村民委员会

C.街道办事处　　　　　　　　　D.居民委员会

---

① C

② B

③ C

④ C

⑤ AC

命题点六 ▌□ **主观题**

例 16：简述国务院的"总理负责制"。（2019 法简 32）

1982 年宪法将国务院的领导体制改为首长负责制，即国务院实行总理负责制，各部委实行部长、主任负责制。

总理负责制是指国务院总理对他主管的工作负全部责任，与此相联系，他对自己主管的工作有完全的决定权。具体为：

（1）总理提名组成国务院，有向全国人大及其常委会提出任免国务院其他组成人员的权力；

（2）总理领导国务院的工作，副总理、国务委员协助总理工作，其他组成人员都在总理领导下工作，向总理负责；

（3）总理主持召开国务院常务会议和全体会议，对于所议事项总理有最后决定权，并对决定的后果承担全部责任；

（4）国务院发布的行政法规、决定或命令、向全国人大及其常委会提出的议案、任免国务院有关人员的决定，都由总理签署。

例 17：简述国务院和地方政府的组成部门设立程序。

国务院组成部门包括各部、各委员会、中国人民银行、审计机关。

国务院各部、各委员会的设立、撤销或者合并，经总理提出，由全国人民代表大会决定；在全国人民代表大会闭会期间，由全国人民代表大会常务委员会决定。

地方各级人民政府根据工作需要和精干的原则，设立必要的工作部门。

地方政府各工作部门的设立、增加、减少或者合并，由本级人民政府报请上一级人民政府批准，并报本级人民代表大会常务委员会备案。

第九：中央军事委员会

	国家最高军事领导机关
性质	1954 年宪法规定国家主席担任国防委员会主席；1975 年、1978 年宪法改为中共中央主席统率全国武装力量；1982 年宪法设立中央军事委员会
任职	1. 任期：5 年，没有届数限制
	2. 组成人员：军委主席、副主席、委员
领导体制	主席负责制

﹥ **品题**

命题点 ▌□ **中央军事委员会**

注意：

（1）中央军委是最高军事领导机关，只有中央一级；

（2）组成人员任期 5 年，没有届数限制；

（3）领导体制对外是主席个人对全国人大和全国人大常委会负责，对内是主席负责制；

（4）主席由全国人大选举产生，副主席、委员由全国人大常委会决定。

例 1：根据我国宪法，下列关于中央军事委员会的表述，正确的是（　　）①。（2016 单 23）

A. 在中央国家机关体系中居于最高地位

B. 主席由国家主席提名，全国人大决定

C. 每届任期五年，连续任职不得超过两届

D. 实行主席负责制，中央军委主席对全国人大及其常委会负责

例 2：下列关于中央军事委员会负责制的表述，正确的有（　　）②。（2006 多 52）

A. 中央军事委员会对全国人民代表大会负责

B. 中央军事委员会对全国人民代表大会常务委员会负责

C. 中央军事委员会对全国人民代表大会报告工作

D. 中央军事委员会发布的军令和其他命令由中央军事委员会主席签署

第十：监察委员会、人民法院、人民检察院

监察委员会	性质	国家监察机关			
	任职	监察委员会主任任期 5 年，国家监察委员会主任连续任职不得超过 2 届			
		组成人员：主任、副主任、委员			
	与其他部门关系	监察机关依照法律规定独立行使监察权，不受行政机关、社会团体和个人的干涉。监察机关办理职务违法和职务犯罪案件，应当与审判机关、检察机关、执法部门相互配合、相互制约			
法院	性质	国家审判机关			
	任职	组成	各级法院设立法官考评委员会，中级以上人民法院设立赔偿委员会，高院以上设立遴选委员会		
		任期	最高人民法院院长每届任期 5 年，连续任职不超过两届；地方各级法院院长每届任期 5 年		
	工作原则	依法独立审判原则		公民在法律面前一律平等原则	
		被告人有权获得辩护原则		使用本民族语言文字进行诉讼原则	
	基本制度	合议制度	回避制度	公开审判制度	两审终审制
		审判监督制度	审判委员会制度	司法责任制	

---

① D

② ABD

			国家法律监督机关	
检察院	性质		国家法律监督机关	
	任职	组成	各级检察院设检察长一人,副检察长和检察员若干人。检察长统一领导检察院的工作。各级检察院设立检察委员会。检察委员会实行民主集中制,在检察长的主持下,讨论决定重大案件和其他重大问题。如果检察长在重大问题上不同意多数人的决定,可以报请本级人大常委会决定	
		任期	最高人民检察院检察长每届任期5年,连续任职不超过两届;地方各级检察院检察长每届任期5年	
	组织系统			
	工作原则		依法独立行使检察权原则	公民在适用法律上一律平等原则
			司法公正原则	司法公开原则
			司法责任制原则	公民使用本民族语言文字进行诉讼原则
	职责		1. 对于叛国、分裂国家等重大犯罪案件行使检察权	
			2. 对直接受理的刑事案件行使侦查权	
			3. 对公安机关的侦查活动进行监督,批准逮捕、审查起诉	
			4. 批准延长侦查期限	
			5. 对刑事案件行使公诉权	
			6. 对诉讼活动的监督和审判监督程序	
			7. 对刑事案件判决、裁定的执行和监狱、看守所等执行机关的活动是否合法实行监督	
			8. 依法保障公民对于违法的国家工作人员提出控告、申诉的权利	
人民法院、人民检察院和公安机关办理刑事案件,应当分工负责、互相配合、互相制约				

品题

命题点一 | 监察委员会

例1: 根据我国宪法和法律,下列关于监察委员会的表述,不正确的是(　　)[①]。(2019 单 20)

A. 国家监察委员会是最高监察机关

B. 上级监察委员会监督下级监察委员会的工作

C. 各级监察委员会是行使国家监察职能的专责机关

D. 监察委员会依法独立行使监察权,不受行政机关、社会团体和个人的干涉

---

① B

命题点二 | 📖 **人民法院组成**

注意五点:

(1)法院分四级,最高、高级、中级、基层。

(2)专门法院分三种,军事法院相当于高级、中级和基层三级;海事法院,相当于中级,审理海事海商,没有刑事案件;知识产权法院,相当于中级。

(3)领导体制,外部上级法院监督下级法院,向同级人大及人大常委会负责+报告工作,内部审判委员会负责。

(4)任期5年,只有最高院院长一人有两任限制。

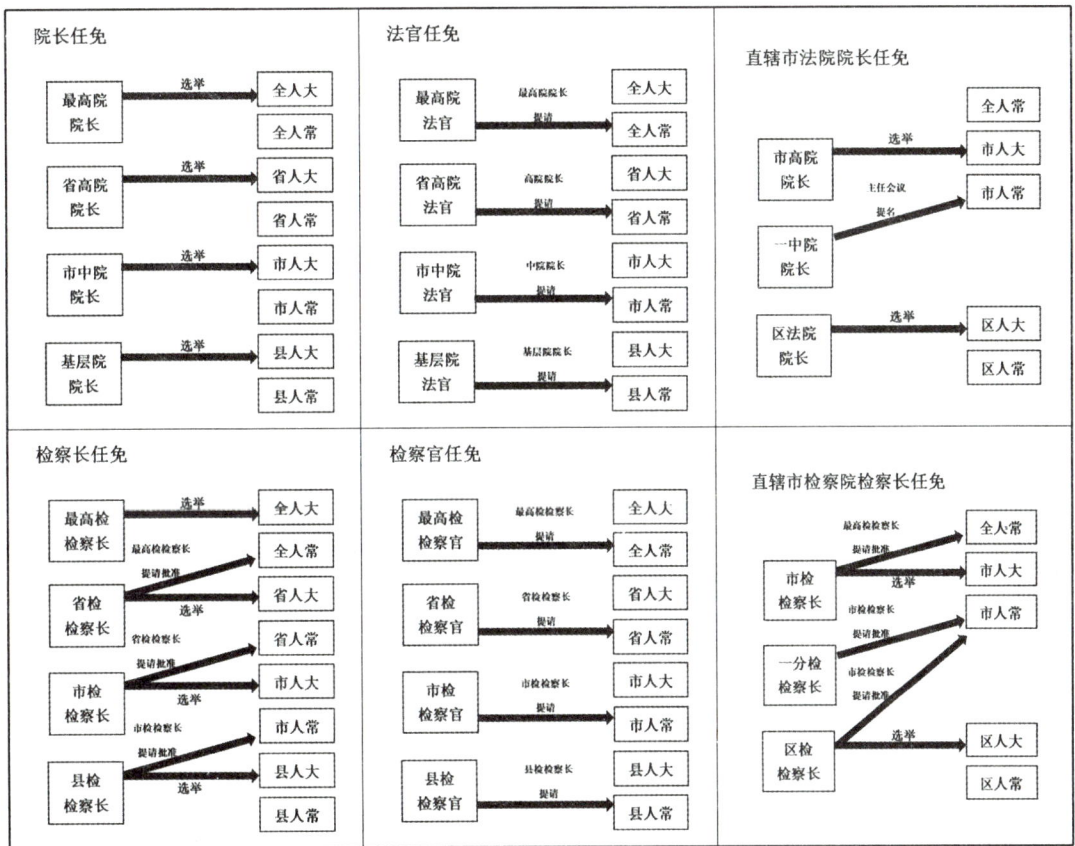

例2:关于我国专门人民法院,下列说法正确的是(　　　)①。(**2018 单 20**)(**2018 法单 15**)

A.知识产权法院的设立由全国人大常委会决定

B.军事法院院长由中央军事委员会任命

C.海事法院负责审理海事和海商领域的刑事和民事案件

D.我国设立专门的行政法院以保障行政案件的独立公正审理

例3:下列机关中,享有对直辖市中级人民法院院长任免权的是(　　　)②。(**2012 单 22**)

A.市人民代表大会　　　　　　　　　　B.市高级人民法院

———————————————

① A

② D

C.市政法委员会 D.市人民代表大会常务委员会

例4：根据我国现行宪法和法律的规定,我国设立的专门人民法院主要有(　　　)①。（2008 多52）

A.军事法院 B.海事法院 C.铁路运输法院 D.行政法院

命题点三 ┃🗔 法院工作原则和基本制度 ┃

例5：根据现行宪法和法律,下列关于人民法院的表述,正确的是(　　　)②。（2017 单29）

A.人民法院审判案件一律公开进行

B.最高人民法院院长得连选连任,不受任期限制

C.地方各级人民法院对上一级人民法院负责并报告工作

D.人民法院依法独立行使审判权,不受行政机关、社会团体和个人的干涉

例6：根据我国宪法和法律,下列关于人民法院审判工作制度的表述,正确的是(　　　)③。（2016 单29）

A.人民法院实行陪审制

B.人民法院审判案件,实行两审终审制

C.上级人民法院领导下级人民法院的审判工作

D.人民法院设立审判监督庭,专门讨论重大疑难案件

例7：下列选项中,属于我国人民法院审判工作原则的有(　　　)④。（2015 多56）

A.两审终审原则 B.群众路线原则

C.平等适用法律原则 D.被告人有权获得辩护原则

例8：下列选项中,属于我国人民法院应遵循的审判工作原则的有(　　　)⑤。（2010 多55）

A.合议制原则 B.被告人有权获得辩护原则

C.公开审理原则 D.专门工作与群众路线相结合原则

命题点四 ┃🗔 人民检察院职权和领导体制 ┃

例9：下列关于我国司法制度的表述,正确的是(　　　)⑥。（2015 单28）

A.人民检察院属于司法行政机关

B.最高人民法院院长由全国人大常委会任免

C.人民法院上下级之间是指导与被指导的关系

D.人民检察院上下级之间是领导与被领导的关系

例10：下列选项中,属于人民检察院职权的有(　　　)⑦。（2011 法多28）

A.核准死刑案件 B.对刑事案件行使公诉权

C.受理公民的控告、检举和申诉 D.对诉讼活动进行监督

---

① AB

② D

③ B

④ CD

⑤ ABC

⑥ D

⑦ BCD

命题点五 ▎⊟ 公检法关系 ▎

（1）公安机关：侦查+执行逮捕+向检察院复议；

（2）检察院：批准逮捕+纠正公安+审查起诉+抗诉；

（3）法院：审判。

例11：下列关于我国检察机关的表述正确的是（　　）①。（2014 单 23）

A. 最高人民检察院是最高司法行政机关

B. 人民检察院是国家的法律监督机关

C. 上级人民检察院指导下级人民检察院工作

D. 人民检察院有批准逮捕、审查起诉并领导公安机关侦查活动的职权

例12：根据我国现行宪法规定，人民法院、人民检察院和公安机关在办理刑事案件过程中的相互关系是（　　）②。（2013 法单 14）

A. 各自独立办案

B. 联合办案

C. 分工负责，互相监督

D. 分工负责，互相配合，互相监督

命题点六 ▎⊟ 主观题 ▎

例13：试论监察委员会与其他机关之间的关系，以及如何进行对监察委员会的监督。

监察委员会是国家监察机关，监察机关依照法律规定独立行使监察权，不受行政机关、社会团体和个人的干涉。监察机关办理职务违法和职务犯罪案件，应当与审判机关、检察机关、执法部门相互配合、相互监督。具体而言：

（1）监察委员会依法独立行使监察权是前提。监察委员会成立后，法院、检察院、公安机关、审计机关等国家机关在工作中发现公职人员涉嫌贪污贿赂、失职渎职等职务违法或者职务犯罪的问题线索，应当移送监察机关，由监察机关依法调查处置。被调查人既涉嫌严重职务违法或者职务犯罪，又涉嫌其他违法犯罪的，一般应当由监察机关为主调查，其他机关予以协助。

（2）各机关间的互相配合是各机关在各司其职的基础上，通力合作、密切配合，依法办理职务违法犯罪案件。监察机关在工作中需要协助的，有关机关和单位应当根据监察机关的要求依法予以协助。在办理职务违法犯罪案件的程序上，对涉嫌职务犯罪的行为，监察委员会享有监督调查处置权限，监察委员会调查终结后移送检察机关依法审查、提起公诉，由法院审判。

（3）各机关间的互相制约是监督原则的体现，也是监督权依法行使的制度保障。对监察机关移送的案件，检察院认为犯罪事实已经查清，证据确实、充分，依法应当追究刑事责任的，应当作出起诉决定。检察院经审查后，认为需要补充核实的，应当退回监察机关补充调查，必要时可以自行补充侦查。检察院对于有刑事诉讼法规定的不起诉的情形，经上一级检察院批准，依法作出不起诉的决定。对于监察委员会所作结论，检察院认为不构成犯罪的可以退回补充调查，也可以作出不起诉的决定。监察机关认为不起诉的决定有错误的，可要求复议。

_____

① B

② D

对监察委员会的监督包括国家权力机关监督,社会监督和自我监督。具体而言:

(1)监察委员会应当接受本级人大及常委会的监督。县级以上各级人大及常委会举行会议时,人大代表或者常委会组成人员可以依照法定程序就监察工作中的有关问题提出询问或者质询。

(2)监察委员会应当依法公开监察工作信息,接受民主监督、社会监督、舆论监督。

(3)通过设立内部专门的监督机构等方式,加强对监察人员执行职务和遵守法律情况的监督。监察机关及其工作人员有违法行为的,被调查人及其近亲属有权向该机关申诉。

例 14:简述我国人民法院的工作制度。

人民法院是国家审判机关,是适用法律的专门机关,独立行使国家的审判权,我国法院遵循以下审判工作制度:

(1)合议制度。在我国,绝大多数案件以合议庭形式审判,由审判员组成合议庭或者由审判员和人民陪审员组成合议庭进行,简单的民事案件、轻微的刑事案件和法律另有规定的案件可以由审判员 1 人独任审判,上诉和抗诉案件由合议庭审理。合议庭审判是我国人民法院审理案件的基本组织形式。合议庭评议案件采取少数服从多数,体现民主集中制,对于疑难、重大案件由合议庭提请院长提交本院审判委员会讨论决定。

(2)回避制度。人民法院受理的案件如果与审判人员有利害关系或其他关系,应当回避。为保证当事人行使申请回避的权利,人民法院在开庭时,应当向当事人宣布合议庭组成人员及书记员名单,告知当事人有申请回避的权利。

(3)公开审判制度。人民法院对受理的案件公开审理和公开宣判,除涉及国家机密、个人隐私和未成年人犯罪案件以及法律规定的特别情况外,一律公开进行。

(4)两审终审制。地方各级人民法院审理第一审案件所作的判决和裁定,如果当事人不服,可以在法定期限内向上一级人民法院提出上诉;人民检察院对所提起公诉的刑事案件,如果认为第一审判决或裁定有错误,在法定期限内可以向上一级人民法院提出抗诉。

(5)审判监督制度。人民法院对已经发生法律效力的判决、裁定,发现确有错误,依法重新进行审判的特殊审判工作制度。

(6)审判委员会制度。既是各级人民法院内设的审判工作组织,又是人民法院进行审判工作的一种制度,审判委员会的任务主要有三项:①讨论重大的或者疑难的案件;②总结审判经验,讨论分析审判工作中出现的新情况、新问题,检查执法情况,提出本法院审判工作中的改进办法;③讨论其他有关审判工作问题。

(7)司法责任制。人民法院建立健全权责统一的司法权力运行机制。

例 15:简述我国人民法院的审判工作原则。(2012 法简)

人民法院是国家审判机关,是适用法律的专门机关,独立行使国家的审判权,我国法院遵循以下审判工作原则:

(1)依法独立审判原则。人民法院在审判工作中要以事实为根据、以法律为准绳,独立进行审判,实事求是地对案件作出公正判决和裁定;不受任何组织、领导及其他个人的干涉。

(2)公民在法律面前一律平等原则。要求人民法院对一切公民都必须一律平等对待,一切公民的合法权益,都要依法予以保护,任何公民的违法犯罪行为,都要依法予以追究。

（3）被告人有权获得辩护原则。刑事诉讼中,被告人和他的辩护人有权根据事实和法律,提出证明被告人无罪、罪轻或者免除、减轻刑事处罚的材料和意见,以维护被告人的合法权益。

（4）使用本民族语言文字进行诉讼原则。对于不通晓当地通用的语言文字的当事人,人民法院应当为他们翻译。在少数民族聚居或者多民族杂居的地区,人民法院应当用当地通用的语言进行审讯,用当地通用的文字发布判决书、裁定书、布告和其他文件。

例16: 简述人民检察院的工作原则。

人民检察院是国家的法律监督机关,法律监督又称检察监督,是通过人民检察院行使检察权,对国家机关及其工作人员和公民是否遵守宪法和法律进行监督,保障宪法和法律的统一实施,人民检察院在工作中应遵循以下原则:

（1）依法独立行使检察权原则。即人民检察院依法独立行使检察权,不受行政机关、社会团体和个人的干涉。

（2）公民在适用法律上一律平等原则。人民检察院在行使检察权过程中,对于公民在适用法律上一律平等,没有任何享有优越条件的特殊公民,也不允许对任何人歧视。

（3）司法公正原则。人民检察院坚持司法公正,以事实为根据,以法律为准绳,遵守法定程序,尊重和保障人权。

（4）司法公开原则。人民检察院实行司法公开,法律另有规定的除外。

（5）司法责任制原则。人民检察院实行司法责任制,建立健全权责统一的司法权力运行机制。

（6）公民使用本民族语言文字进行诉讼原则。人民检察院在办理案件过程中,对于不通晓当地语言文字的当事人,应当为他们翻译,在少数民族聚居区或者多民族杂居的地区,应当用当地通用的语言进行讯问,用当地通用的文字制作起诉书或其他法律文书。

例17: 试述人民检察院的领导体制/简述上下级人民检察院的关系及其表现。（2013 简 65）

人民检察院是国家的法律监督机关,法律监督又称检察监督,是通过人民检察院行使检察权,对国家机关及其工作人员和公民是否遵守宪法和法律进行监督,保障宪法和法律的统一实施。

最高人民检察院领导地方各级人民检察院和专门人民检察院的工作,上级人民检察院领导下级人民检察院的工作。最高人民检察院对全国人大及其常委会负责并报告工作,地方各级人民检察院对本级人大及其常委会负责并报告工作。人民检察院的领导体制从外部来看是双重领导,一方面要接受国家权力机关的领导,另一方面要接受上级人民检察院的领导;从内部来看是检察委员会集体领导。

（1）国家权力机关对人民检察院的领导体现为:

全国人大及其常委会选举、罢免或者任免最高人民检察院主要组成人员,审议最高人民检察院的工作报告,对最高人民检察院进行各种形式的监督等;地方各级人大及其常委会对同级人民检察院主要组成人员的选举、罢免或任免,审议同级人民检察院的工作报告,对检察院的工作进行各种形式的监督等。

（2）上级检察院对下级检察院的领导具体体现为:

其一,主要组成人员的任免:地方各级人民检察院检察长的任免必须报上一级人民检察院检察长提请该级人大常委会批准。省、自治区内按地区设立的和在直辖市内设立的人民检察院分院检察长、副检察长、检察委员会委员和检察员,由省、自治区、直辖市人民检察院检察长提请本级人大常委会任免。对于不具备检察官规定条件或违反法定程序被选为人民检察院检察长的,上一级人民检察院检察长有权提请该级人大常委会不批准。最高人民检察院和省、自治区、直辖市人民检察院检察长可以建议本级人大常委会撤换下级人民检察院检察长、副检察长和检察委员会委员。

其二,业务领导:对下级检察院检察工作给予指示或对专项问题的请示给予答复。当下级人民检察院在办理案件遇到特殊困难时,上级人民检察院及时给予支持和指示,必要时可派人协助工作,也可以将案件上调自己办理。

其三,上级人民检察院对下级人民检察院的工作进行必要的检查监督,对业务进行考核评比。

例18:试以人权司法保障的角度,论述宪法关于人民法院,人民检察院和公安机关在办理刑事案件中互相关系的规定。(2018法论37)

《宪法》规定,人民法院、人民检察院和公安机关办理刑事案件,应当分工负责,互相配合,互相制约,以保证准确有效地执行法律。

分工负责主要表现在:除人民检察院依法自行侦查的案件及当事人自诉案件外,在办理刑事案件时,公安机关负责对案件的侦查、预审、执行逮捕、依法执行判决;人民检察院负责批准逮捕、审查起诉和出庭公诉、抗诉;人民法院负责审判。刑事诉讼法对三机关各自的工作分工作出详细的规定,各司其职、各尽其责,避免互相推诿扯皮和争夺管辖权。

互相配合主要表现在:每一机关的工作依法完成后移交下一个环节的工作机关时,都能依法顺利接受并开始新环节的工作。每一个机关在工作上需要另一机关协助时,能依法在职权范围内协助。互相配合表明三机关虽然职责不同,但目的和任务是一致的,适用的法律和执行的政策是一致的。三机关在办理刑事案件时,既不能互相对立,又必须坚持原则,严格依照法律,密切配合,以切实保证惩罚犯罪,保障公民的合法权益。

互相制约主要表现在:三机关通过各自的工作发现另外机关的工作问题,可提出建议要求其纠正;通过下一阶段的工作审查前一阶段工作是否存在问题,并作出相应的处理。具体表现在:

(1)公安机关在侦查过程中,需要逮捕犯罪嫌疑人时要经过人民检察院审查批准,对不予批准的,公安机关认为有错误的,可以要求复议以及向上级人民检察院要求复核。

(2)人民检察院对公安机关侦查终结移送起诉的案件,进行审查,决定是否起诉。犯罪事实不清、证据不足的,可以退回公安机关补充侦查或自行侦查。在办理案件中发现公安机关有违法情况,即通知公安机关予以纠正。

(3)公安机关对人民检察院的决定认为有错误的,可以要求复议,以及要求上一级检察机关复核。

(4)人民法院对人民检察院提起公诉的案件,经审判,根据具体情况和法律作出有罪、无罪的判决。

(5)人民检察院认为判决有错误的,可以提出抗诉。对发生法律效力的判决,人民检察院认为有错误的,可以依照审判监督程序通过抗诉引起再审。

分工负责、互相配合和互相制约三者密切相关。只有分工负责,才能互相配合,互相制约;只有互相制约才能保证办案质量。实行分工负责、互相配合、互相制约,才能发挥三机关的整体功能,防止主观片面和滥用权力,保证准确有效地适用法律,以及保护公民的合法权益。

文都敏行法硕

2021法律硕士联考

高分讲义

（非法学、法学）

紧扣考试分析｜名师权威讲解｜覆盖考点真题｜高分通关宝典

⑤ 法制史｜赵逸凡 编著

中国原子能出版社

图书在版编目（CIP）数据

法律硕士联考高分讲义／韩祥波，车润海，赵逸凡
编著. —北京：中国原子能出版社，2020.3
　ISBN 978-7-5221-0496-6

　Ⅰ.①法… Ⅱ.①韩… ②车… ③赵… Ⅲ.①法律–
研究生–入学考试–自学参考资料 Ⅳ.①D9

　中国版本图书馆 CIP 数据核字（2020）第 042967 号

法律硕士联考高分讲义

出版发行	中国原子能出版社(北京市海淀区阜成路 43 号　100048)
责任编辑	张　梅
特约编辑	马琳婷
印　　刷	三河市航远印刷有限公司
经　　销	全国新华书店
开　　本	787mm×1092mm　1/16
印　　张	63.25　　字　数　1580 千字
版　　次	2020 年 3 月第 1 版　2020 年 3 月第 1 次印刷
书　　号	ISBN 978-7-5221-0496-6　　　定　价　198.00 元(全套五册)

网址：http://www.aep.com.cn　　　E-mail：atomep123@126.com
发行电话：010-68452845　　　　　　版权所有　侵权必究

contents 目录

第一章　绪论 ·· 01

第一：中国传统法制的主要特征 ················· 01

第二：中国法制历史中的优秀传统 ············· 02

第二章　夏商西周春秋战国法律制度 ···· 03

第一：礼与刑 ·· 03

第二：西周时期法律指导思想与原则 ········· 05

第三：西周诉讼制度 ··································· 06

第四：西周民事制度 ··································· 07

第五：夏商西周法律名词解释 ···················· 07

第六：春秋成文法公布活动 ························· 09

第七：法经 ·· 10

第八：商鞅变法 ··· 13

第九：战国和秦代立法思想 ························· 13

第三章　秦汉三国两晋南北朝法律制度 ·· 15

第一：秦汉主要立法 ··································· 15

第二：秦汉刑事制度 ··································· 17

第三：秦代诉讼制度 ··································· 19

第四：文景刑制改革 ··································· 20

第五：汉武帝主要立法 ······························ 21

第六：汉代诉讼制度 ··································· 22

第七：汉代监察制度 ··································· 25

第八：汉代经济制度 ··································· 25

第九：魏晋南北朝主要立法 ························· 26

第十：律学 ·· 29

第十一：魏晋南北朝司法制度 ···················· 30

第十二：历代选官制度汇总 ························· 30

第四章　隋唐宋法律制度 ·· 32

　　第一：隋代主要立法 ·· 32

　　第二：唐代主要立法 ·· 32

　　第三：唐律主要内容上篇——名例律 ······················ 34

　　第四：唐律主要内容中篇——量刑原则 ······················ 36

　　第五：唐律主要内容下篇——分则各章 ······················ 39

　　第六：唐代诉讼制度 ·· 43

　　第七：唐代经济制度 ·· 44

　　第八：宋代主要立法 ·· 45

　　第九：宋代诉讼制度 ·· 46

　　第十：宋代民事制度 ·· 47

　　第十一：宋代行政制度 ·· 48

　　第十二：辽、夏、金法律制度 ·································· 49

第五章　元明清法律制度 ·· 50

　　第一：元代法律制度上篇 ·· 50

　　第二：元代法律制度下篇 ·· 51

　　第三：明代主要立法 ·· 52

　　第四：明代刑事制度 ·· 53

　　第五：明代司法制度 ·· 54

　　第六：明代民事制度 ·· 56

　　第七：清代主要立法 ·· 56

　　第八：清代刑事制度 ·· 58

　　第九：清代诉讼制度 ·· 59

　　第十：清代民事制度 ·· 59

　　第十一：明清时期会审制度 ······································ 60

　　复习　历代法典变迁 ·· 61

　　复习　历代立法指导思想变迁 ·································· 63

　　复习　历代司法机关汇总 ·· 63

第六章　清末民初的法律制度 ······································ 65

　　第一：清末预备立宪 ·· 65

　　第二：领事裁判权 ·· 67

　　第三：变法修律上篇 ·· 68

　　第四：变法修律下篇 ·· 72

第五节 南京临时政府法律制度 ·· 76

第六节 北洋政府法律制度 ·· 79

第七章 南京国民政府及革命根据地法律制度 ···················· 83

第一节 南京国民政府法律制度概述 ·· 83

第二节 南京国民政府宪法性文件 ·· 85

第三节 南京国民政府刑事立法 ·· 86

第四节 南京国民政府民事立法 ·· 88

第五节 南京国民政府诉讼审判制度 ·· 90

第六节 革命根据地宪法性文件 ·· 91

第七节 革命根据地诉讼制度 ·· 92

第八节 革命根据地土地立法 ·· 94

第九节 革命根据地刑事立法 ·· 95

第十节 革命根据地劳动立法 ·· 96

第十一节 革命根据地婚姻立法 ·· 98

第十二节 中国近代司法机关变迁 ·· 99

复习 中国历代刑罚制度变迁 ·· 100

第一章 | 绪论

第一：中国传统法制的主要特征

中国传统法制主要特征	法自君出 重权隆法	君主享有最高的立法权,决定法律的创制和变迁。法律也以维护君权为要务。君主和统治集团重视制定和运用法律,巩固政权稳定,维护社会秩序。这种传统是古代农耕文明的特征所决定的,具有深刻的社会、历史和文化的根源
	诸法并存 民刑有分	中国古代的法典编纂保持"诸法合体、民刑不分"的体例,但是在法律体系上,则是诸法并存,民刑有分的,即法律体系是由刑法、民事法、行政管理法、诉讼法等法律部门构成的。"诸法并存,民刑有分"是从法律所调整的社会关系的特殊性和具体性以及由此而形成的法律体系而言的,至于"诸法"是否都发展成独立的部门法,需要结合历史发展的进程予以具体分析
	家族本位 伦理法制	中国古代是沿着由家而国的途径进入文明时代的,因此宗法血缘关系对于社会和国家的诸多方面都有着强烈的影响,尤其是宗法与政治的高度结合,造成了家国一体、亲贵合一的特有体制。儒家所倡导的伦理道德成为法律的重要内容和基本精神。法律维护家族本位的社会结构及其经济基础,历经数千年依然保持稳定。道德法律化和法律道德化的交融发展,成为传统法制的重要特征
	调处息争 无讼是求	无讼是中国古代法制建设的价值取向,调处是实现息讼、无讼的重要手段。调处适用的对象是民事案件与轻微的刑事案件,调处的主持者包括地方州县官、基层小吏和宗族尊长。调处息争适应封闭的小农经济基础的深厚地缘关系,依赖的是宗族势力和基层国家权力,凭借的是礼与法相结合的多种法律渊源,维护的是三纲五常的伦理秩序,形成了一整套的完备制度

第二：中国法制历史中的优秀传统

中国法制历史中的优秀传统	德配王命 民贵君轻	民本主义是中国古代法制与法文化的基础。西周时期就确立了"以德配天"的观念，即天授王权取决于君王的德性，体现为"敬天保民"的统治政策。儒家进一步提出了民贵君轻、民为国本的思想。这一传统对于中国古代法律有着深远的影响，可以说传统法律的各个层面都表现出浓厚的民本主义色彩，如德主刑辅，注重教化；摆脱神判，重视证据；宽仁慎刑，爱惜人命等
	礼法结合 综合为治	礼法结合是中国古代法律最主要的传统；礼法相互为用，实现社会综合治理是中华法系最鲜明的特征。礼法互补，以礼为主导，以法为准绳；以礼为内涵，以法为形式；以礼行法促进法律的实施，以法明礼增添礼的权威；以礼入法，使法律道德化，法由止恶而兼劝善；以法附礼，使道德法律化，出礼而入于刑
	体系完备 律例并行	中国古代法的渊源经历了从先秦礼制与刑书，到《唐六典》与律令格式的长期发展，逐渐形成了以政典为组织法，以律典为基本法律，令格式为管理制度，并以廷行事、决事比、判例等为必要补充的完备体系。较好地解决了法部门分类，法效力层级划分的机制问题，并兼顾了法的稳定性和适应性
	以法治官 明职课责	以法治官是中国古代法制的悠久传统，其主要内容包括：明确官吏的职、权、责；规定官吏的行为方式与自我约束的机制；实行考选、考课、监察等一系列制度，促其奉公守法，为君尽责。随着社会文明的进步，职官法不断充实完善，使官吏职责明确，有法可依，是古代法律体系中的重要组成部分
	法尚公平 执法原情	先秦诸子在释法时，常以度量衡为比喻，强调法的公平。公平成为法律的基本价值追求。法尚公平不仅体现在立法的内容上，也讲求执法原情，达致天理、国法、人情的允协

第二章 | 夏商西周春秋战国法律制度

第一：礼与刑

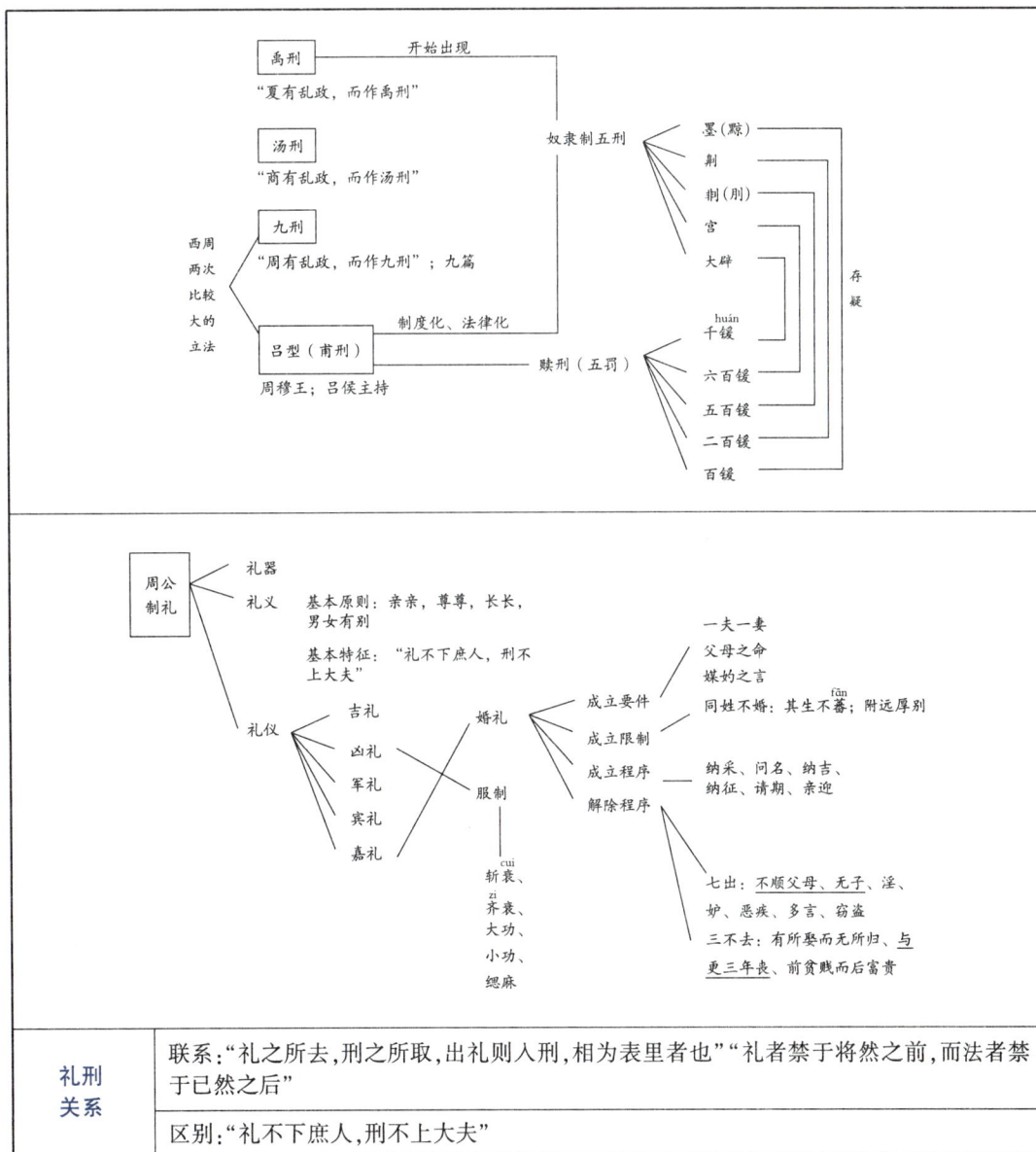

礼刑关系	联系："礼之所去，刑之所取，出礼则入刑，相为表里者也""礼者禁于将然之前，而法者禁于已然之后"
	区别："礼不下庶人，刑不上大夫"

品题

例1：西周统治者为维系以血缘关系为纽带的政权组织制度,在实践中逐渐形成的原则有(　　)①。(2017多59)(17法多28)

A. 嫡长子继承   B. 小宗服从大宗

C. 亲贵合一   D. 选官时"任人唯贤"

例2：我国奴隶制五刑为(　　)②。(2014单32)

A. 笞、杖、徒、流、死

B. 昏、墨、贼、赎、鞭

C. 墨、劓、剕、宫、大辟

D. 折杖、充军、刺配、迁徙、凌迟

例3：按照周代礼制,已婚妇女不被夫家休弃的情形包括(　　)③。(2014多60)

A. 有恶疾   B. 有所娶无所归

C. 与更三年丧   D. 前贫贱后富贵

例4：从《仪礼》中婚姻"六礼"的内容看,中国古代的婚姻是(　　)④。(2013法单15)

A. 登记婚   B. 仪式婚

C. 宗教婚   D. 共食婚

例5：晋律确立了"准五服以制罪"的原则,下列选项中属于"五服"之亲的有(　　)⑤。(2013法多29)

A. 斩衰   B. 大功   C. 小功   D. 缌麻

例6：西周穆王统治时期制定的具有代表性的法典是(　　)⑥。(2012单32)

A.《九刑》   B.《汤刑》   C.《吕刑》   D.《禹刑》

例7：比较完整的赎刑制度最早见于(　　)⑦。(2011单35)

A. 禹刑   B. 汤刑   C. 吕刑   D. 法经

例8：中国古代婚姻法律中的"三不去"制度是对丈夫休妻权的限制,其中"与更三年丧"是指妻子在夫家守过三年孝。妻子为之守孝的对象是(　　)⑧。(2009单35)

A. 丈夫   B. 公婆

C. 自己的父母   D. 夫家的祖辈

---

① ABC

② C

③ BCD

④ B

⑤ ABCD

⑥ C

⑦ C

⑧ B

例9:简述礼与刑的关系。

1.联系:互为表里,相辅相成,共同构成西周法制的完整体系。

2.区别:

(1)作用不同。礼,是要求人们自觉遵守的积极规范,侧重于预防,强调道德教化;刑,是对犯罪行为的制裁,侧重于事后的处罚,着重于惩罚制裁。若教化不成,对于严重的礼教行为则使用刑罚。

(2)适用原则不同。其一,"礼不下庶人",礼主要不是为庶人设立的,但这绝不意味着庶人可以不受礼的约束,任何越礼的行为都要受到惩罚,对庶人更是如此。其二,"刑不上大夫",首先是指刑罚的目的主要不是针对贵族,而是防范和制裁庶人;其次是指贵族犯罪在适用刑罚上可以享有减免特权,一般犯罪能够获得宽宥。贵族若有严重犯罪,一般不适用肉刑;也可被放逐乃至处死,但处死不在市朝行刑,以体现贵族的"可杀不可辱"的尊严。

第二:西周时期法律指导思想与原则

以德配天、明德慎罚				
老幼犯罪减免刑罚	三赦之法			
区分故意与过失 惯犯与偶犯	三宥之法			
	过失"眚"	惯犯"惟终"	故意"非眚"	偶犯"非终"
罪疑从轻 罪疑从赦	五刑→五罚→赦免			
	三刺:一刺群臣、二刺群吏、三刺万民			
宽严适中				
刑罚世轻世重	"刑新国用轻典""刑平国用中典""刑乱国用重典"			
上下比罪	"罪无正律,则以上下而比附其罪……上刑适轻,下服;下刑适重,上服,轻重诸罚有权。"			
同罪异罚	《周礼"秋官"》:"以八辟丽邦法","八辟"即符合特定身份的八种人犯罪减轻刑罚的法律,后世"八议"制度的来源			

≫ 品题

例1:《尚书·康诰》:"人有小罪。非眚,乃惟终……有厥罪小,不可不杀。"非眚是指( )①。(**2018 单33**)

A.故意　　　　　B.过失　　　　　C.惯犯　　　　　D.偶犯

例2:根据《周礼·秋官·司刺》的记载,西周法律规定,定罪量刑时须考虑行为人的主观动机。该规定是( )②。(**2017 单32**)

A.三赦之法　　　B.三刺之法　　　C.三宥之法　　　D.五过之疵

---

① A

② C

例3：西周初期统治者总结了历史经验教训,对夏商的"天罚"思想进行了修正,在此基础上提出的立法思想是( )①。(2015 单 30)

A. 天命天罚   B. 明刑弼教

C. 明德慎罚   D. 德主刑辅

例4：《尚书·康诰》中说:"人有小罪。非眚,乃惟终……有厥罪小,乃不可不杀。"这里的惟终是指( )②。(2014 法单 15)

A. 惯犯   B. 偶犯   C. 故意   D. 过失

例5：在"明德慎罚"思想的指导下,西周实行的刑法原则有( )③。(2012 多 60)

A. 宽严适中   B. 诬告反坐

C. 老幼犯罪减免刑罚   D. 区分故意与过失、偶犯与惯犯

例6：我国上古史料典籍中的"眚"是指( )④。(2009 单 37)

A. 惯犯   B. 偶犯   C. 故意   D. 过失

第三：西周诉讼制度

| 财货 讼 束矢 | 大司寇、小司寇 | 五刑 五罚 |
| 罪名 诉 钧金 | 两造 五听 | 五过 |

大司寇	辅佐周王掌管全国司法工作	
小司寇	协助大司寇审理案件,处理狱讼	
五听	辞听	即听当事人的陈述,理屈则言语错乱
	色听	即观察当事人的表情,理亏则面红耳赤
	气听	即听当事人的呼吸,无理则紧张喘息
	耳听	即观察当事人的听觉反应,无理则紧张地听不清话
	目听	即观察当事人的眼睛,无理则会失神
五过	惟官	指畏权势而枉法
	惟反	报私怨而枉法
	惟内	为亲属徇私而枉法
	惟货	贪赃而枉法
	惟来	受私人请托而枉法

---

① C

② A

③ ACD

④ D

品题

例1:西周时,通过察言观色判断当事人陈述真伪的审判方式称为( )①。(2014 单 33)

A. 三刺   B. 三赦   C. 五过   D. 五听

例2:下列选项中,属于西周司法官责任制度的是( )②。(2013 单 31)

A. 三宥之法   B. 三风十愆   C. 三赦之法   D. 五过之疵

例3:"以五声听狱讼求民情"的司法审判制度发端于( )③。(2008 单 33)

A. 商朝   B. 西周   C. 春秋   D. 战国

第四:西周民事制度

质剂	买卖契约	质,买卖奴隶、牛马等大宗交易的较长的契券
		剂,买卖兵器、珍异等小件物品的较短的契券
傅别	借贷契约	傅,即债券,一分为二称别
质人	市场管理人	

品题

例1:西周时期的契约制度比较发达,其中买卖奴隶、牛马等大宗交易使用的契券称为( )④。(2015 法单 15)

A. 傅别   B. 白契   C. 质   D. 剂

例2:西周时期的借贷契约称为( )⑤。(2009 单 34)

A. 傅别   B. 契券   C. 质剂   D. 出举

第五:夏商西周法律名词解释

夏	昏、墨、贼,杀	昏:己恶而掠人美
		墨:贪以败官
		贼:杀人不忌
		杀:死刑
	与其杀不辜,宁失不经:宁可不按常法行事,也不能错杀无辜	
	监狱:圜土;夏台;钧台	

---

① D

② D

③ B

④ C

⑤ A

续表

商	誓	内容偏重于出兵打仗前的盟誓,主要是发布军令或宣布军纪,大体相当于后来的军法
	诰	内容偏重于王或权臣对大臣、诸侯或下属官吏发出的命令、指示或训诫
	命	王针对具体事情发布的命令
	乱政	析言破律,乱名改作,执左道以乱政,杀
	疑众	作淫声异服,奇技奇器以疑众,杀;行伪而坚,言伪而辩,学非而博,顺非而泽以疑众,杀;假于鬼神、时日、卜筮以疑众,杀
	三风十愆	商代官吏三类恶劣风气和十种不法行为
		巫风:庭内起舞、沉溺酒歌
		淫风:探求财物、迷恋美色、狩猎不休
		乱风:蔑视圣人教训、拒绝忠直劝告、疏贤臣近小人
	监狱:圜土;囹圄;羑里	
西周	寇攘奸宄	劫夺窃盗
	毁则为贼,掩贼为藏,窃贿为盗,盗器为奸	
	监狱:圜土	

品题

例1:根据《礼记·王制》的记载,商朝对"乱政"和"疑众"均处以"杀"。下列行为中,属于"乱政"的是(   )①。(2019 单28)

A. 析言破律　　　　　　　　　　　B. 行伪而坚

C. 作淫声异服　　　　　　　　　　D. 假于鬼神、时日、卜筮

例2:《左传》载,"昏、墨、贼,杀,皋陶之刑也"。其中"贼"指的是(   )②。(2017 单31)(2017 法单15)

A. 掠人之美　　　B. 杀人无忌　　　C. 贪以败官　　　D. 寇攘奸宄

例3:宋代文学家苏轼曾感叹"三风十愆古所戒,不必骊山可亡国。"其中,"三风十愆"指的是官吏中盛行的"巫风"、"淫风"和"乱风"三类恶劣风气以及与之相关的十种不良行为。我国古代已有针对"三风十愆"处墨刑的惩罚性规定,作出该规定的朝代是(   )③。(2016 单30)(2016 法单15)

A. 商朝　　　　　B. 西周　　　　　C. 秦朝　　　　　D. 唐朝

例4:《竹书纪年》记载:"夏帝芬三十六年作圜土。"这里的"圜土"是指(   )④。(2013 单30)

A. 法庭　　　　　B. 监狱　　　　　C. 刑罚　　　　　D. 刑书

---

① A

② B

③ A

④ B

第六:春秋成文法公布活动

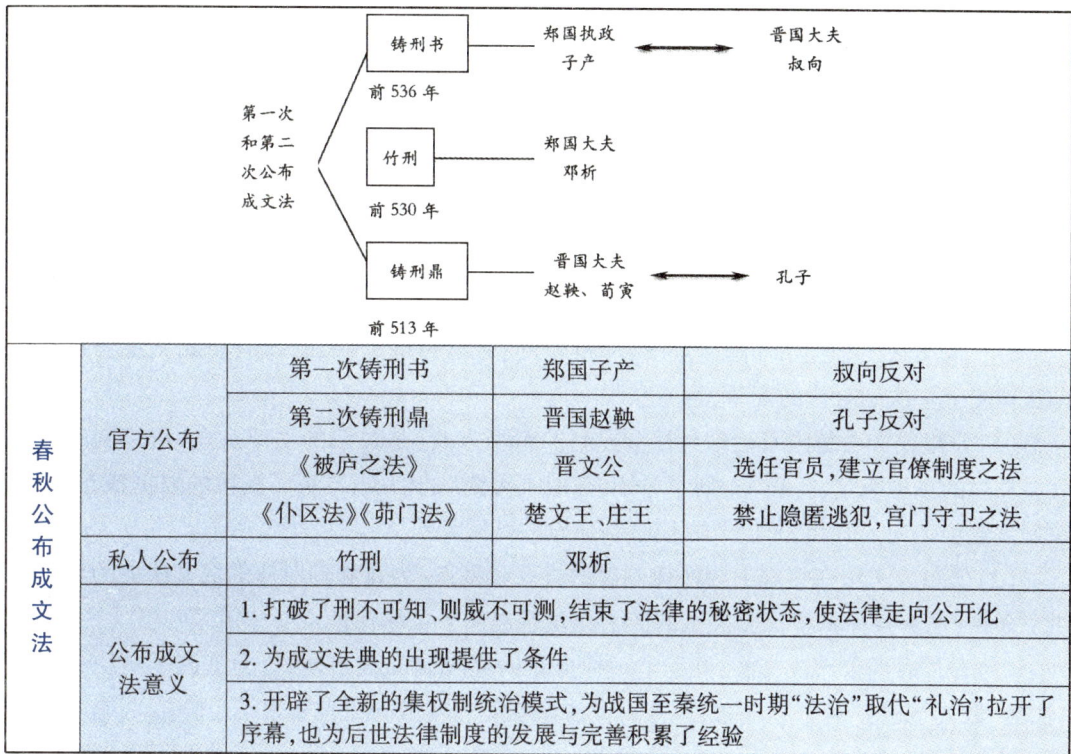

春秋公布成文法	官方公布	第一次铸刑书	郑国子产	叔向反对
		第二次铸刑鼎	晋国赵鞅	孔子反对
		《被庐之法》	晋文公	选任官员,建立官僚制度之法
		《仆区法》《茆门法》	楚文王、庄王	禁止隐匿逃犯,宫门守卫之法
	私人公布	竹刑	邓析	
	公布成文法意义	1. 打破了刑不可知,则威不可测,结束了法律的秘密状态,使法律走向公开化		
		2. 为成文法典的出现提供了条件		
		3. 开辟了全新的集权制统治模式,为战国至秦统一时期"法治"取代"礼治"拉开了序幕,也为后世法律制度的发展与完善积累了经验		

品题

例1:春秋时期晋文公制定的有关选贤任官的法律是(   )①。(2019 单 33)

A. 竹刑   B. 茆门法   C. 被庐之法   D. 仆区法

例2:春秋时期,私人编修法律的事件是(   )②。(2017 单 33)

A. 子产"铸刑书于鼎"   B. 赵鞅"铸刑鼎"

C. 邓析造"竹刑"   D. 屈原制"宪令"

例3:下列关于春秋时期公布成文法历史意义的表述,正确的有(   )③。(2016 多 59)(2016 法多 28)

A. 打破了"刑不可知,则威不可测"的传统

B. 开辟了一种全新的以法治世的统治模式

C. 为封建法律制度的确立奠定了基础

D. 为成文法典的出现提供了条件

---

① C

② C

③ ABCD

例4：下列选项中,属于春秋时期公布成文法活动的有(   )①。(2014 多 61)

A. 子产"铸刑书"   B. 邓析"造竹刑"

C. 赵鞅、荀寅"铸刑鼎"   D. 商鞅制"分户令"

例5：春秋时期,郑国大夫私自修订法律,并书之于竹简,称为"竹刑"。这位大夫是(   )②。(2013 单 32)

A. 邓析   B. 叔向   C. 子产   D. 范宣子

例6：春秋时期,最早打破"不预设刑"、"临事议制"法律传统的诸侯国是(   )③。(2012 法单 15)

A. 郑国   B. 齐国   C. 楚国   D. 秦国

例7：简述成文法公布的意义。

春秋成文法公布包括郑国铸刑书、邓析竹刑、晋国铸刑鼎等,春秋时期成文法公布是中国法律史上一次划时代的变革,意义在于:

(1)公布成文法是国家治理与社会控制的新型方式,是对旧的法律观念、法律制度以及社会秩序的一种否定,打破了"刑不可知,则威不可测"的信条,结束了法律的秘密状态,使法律制度逐步走向公开化,开创了古代法制建设的新纪元;

(2)公布成文法在客观上为法律制度的进一步发展,为罪和刑对应的成文法典的出现提供了条件,也为各种新型社会关系的产生和发展提供了可靠保证;

(3)春秋时期公布成文法,开辟了一种全新的集权制的统治模式,为战国至秦统一时期"法治"取代"礼治"拉开了序幕,也为后世法律制度的发展与完善积累了经验。

第七:法经

法经	背景	魏文侯时李悝主持改革,制定颁布成文法典《法经》,是历史上第一部比较系统、完整的成文法典
	体例	"盗法""贼法""网(囚)法""捕法""杂法""具法"六篇

---

① ABC

② A

③ A

		1. 前两篇确立了"王者之政,莫急于盗贼"的原则
法经	内容	2. 第三篇规定囚禁和审判罪犯
		3. 第四篇规定追捕罪犯
		4. 第五篇规定"盗贼"以外的"六禁",即淫禁、狡禁、城禁、嬉禁、徒禁、金禁
		5. 第六篇相当于近代法典总则部分,起着"具其加减"的作用

≫ 品题

例 1:在中国法制史上,提出"王者之政,莫急于盗贼"的立法思想的是( )①。(2018 单 28)(2018 法单 16)

    A. 商鞅   B. 子产   C. 李悝   D. 李斯

例 2:《法经》中规定对博戏行为进行处罚的篇目是( )②。(2017 单 34)

    A.《杂法》   B.《网法》   C.《盗法》   D.《具法》

例 3:《法经》是中国历史上第一部比较系统的成文法典,该法典中具有诉讼法性质的篇目是( )③。(2016 单 31)

    A.《网法》和《捕法》   B.《网法》和《杂法》

    C.《杂法》和《具法》   D.《捕法》和《具法》

例 4:战国时期李悝作《法经》六篇,其内容属于诉讼法制度的篇章是( )④。(2015 单 31)

    A. 盗法   B. 杂法   C. 网法   D. 具法

例 5:下列关于《法经》的表述,正确的是( )⑤。(2014 单 34)

    A.《法经》的编纂者是商鞅

    B.《法经》将"名例"置为首篇

    C.《法经》确立的九篇体例为后世法典所继承和发展

    D.《法经》是我国历史上第一部比较系统、完整的封建成文法典

例 6:《法经》中规定量刑原则的篇章是( )⑥。(2013 单 33)

    A. 盗法   B. 网法

    C. 捕法   D. 具法

例 7:下列关于《法经》篇目的表述,正确的是( )⑦。(2013 法单 18)

---

① C
② A
③ A
④ C
⑤ D
⑥ D
⑦ D

A."杂法"规定定罪量刑的基本原则

B.篇目总共为七篇,至汉代增加为九篇

C."捕法"是关于囚禁、审判及实施刑罚方面的法律规定

D."王者之政莫急于盗贼",故其律之篇目始于"盗法"与"贼法"

例8:《法经》中规定"六禁"的篇目是( )①。(2010 单43)

A.贼法　　　　　　　　　　　　B.盗法

C.具法　　　　　　　　　　　　D.杂法

例9:《法经》中规定杀人、伤人等侵犯他人人身安全犯罪及其刑罚的篇目是( )②。(2006 单33)

A.盗法　　　　　　　　　　　　B.贼法

C.具法　　　　　　　　　　　　D.杂法

例10:中国历史上第一部初具体例的封建成文法典的编纂者是( )③。(2005 单34)

A.商鞅　　　　　　　　　　　　B.子产

C.邓析　　　　　　　　　　　　D.李悝

例11:简述《法经》的主要内容。

背景:战国魏国魏文侯任用李悝主持改革,制定颁布了成文法典《法经》。

体例:在篇目结构上,《法经》共有六篇,即《盗法》《贼法》《网法》《捕法》《杂法》《具法》。

内容:李悝认为"王者之政,莫急于盗贼",将《盗法》和《贼法》列在法典之首。

(1)《盗法》是侵犯官私财产所有权犯罪的法律规定;

(2)《贼法》是关于人身伤害、破坏社会秩序的法律规定;

(3)《网法》也称《囚法》,是关于囚禁和审判罪犯的法律规定;

(4)《捕法》是关于追捕盗、贼及其他犯罪者的法律规定,《网法》《捕法》二篇属于诉讼法的范围;

(5)《杂法》是关于"盗贼"以外的其他犯罪与刑罚的规定,主要规定了"六禁",即淫禁、狡禁、城禁、嬉禁、徒禁、金禁等;

(6)《具法》是关于定罪量刑中从轻从重等法律原则的规定,相当于近代法典中的总则部分。

影响:《法经》作为历史上第一部比较系统、完整的成文法典,在中国立法史上具有重要地位。《法经》的特点是,内容上以惩治盗贼为首要任务,反对旧贵族的等级特权,体现重刑主义精神。体例上,出现了先开列罪名再规定刑罚的罪刑法定倾向;相当于法典总则的《具法》列在最后且适用于其他各篇。《法经》的体例和内容,为后世成文法典的编纂奠定了重要基础,成为秦、汉律的主要篇目。

---

① D

② B

③ D

第八：商鞅变法

商鞅变法	改法为律	
	连坐法	同居连坐+邻伍连坐+军伍连坐+职务连坐
	分户令	"民有二男以上不分异者,倍其赋",以改变秦国父子无别、同室而居的旧习俗,强制百姓分家立户,还能够增加国家的财政收入

品题

例1：中国古代"改法为律"始于（   ）①。（2012 单 33）

A. 周公制礼　　　　　B. 商鞅变法　　　　　C. 邓析"竹刑"　　　　D. "约法三章"

例2：颁布《分户令》的改革者是（   ）②。（2008 单 35）

A. 商鞅　　　　　B. 李悝　　　　　C. 吴起　　　　　D. 王安石

第九：战国和秦代立法思想

战国立法思想	1. 一断于法
	2. 刑无等级:"刑过不避大臣,赏善不遗匹夫""赏当其功,刑当其罪""志存公道,人有所犯,一一于法"
	3. 轻罪重刑:"行刑,重其轻者,轻者不生,则重者无从至矣""以刑去刑""以杀止杀"
	4. 法布于众:"法者,编著之图籍,设之于官府,而布之于百姓者也"
秦朝立法思想	1. 缘法而治
	2. 法令由一统:"海内为郡县,法令由一编""法令出于一"
	3. 严刑重法

---

① 　B

② 　A

▶▶ 品题

例 1：下列选项中,不属于秦朝法制的指导思想的是(　　)①。(2016 单 32)

A.缘法而治　　　　　　　　　　　　B.法令一统

C.严刑重罚　　　　　　　　　　　　D.明刑弼教

例 2：下列关于秦朝立法指导思想的表述,正确的是(　　)②。(2014 单 35)

A.秦朝的立法强调"兼爱"、"非攻"

B.秦朝的立法主张"缘法而治"和"法令由一统"

C.秦朝的立法体现"无为而治"的老庄核心思想

D.秦朝的立法提倡"德治""礼治"与"人治"

例 3：战国时期,各诸侯国的立法指导思想主要包括(　　)③。(2013 多 59)

A.一断于法　　　　　　　　　　　　B.刑无等级

C.轻罪重刑　　　　　　　　　　　　D.明德慎罚

---

① 　D

② 　B

③ 　ABC

第一:秦汉主要立法

秦		公室告:贼杀伤、盗他人为公室告 非公室告:子盗父母,主擅杀、刑、髡其子、臣妾,是谓非公室告
	云梦秦简	1975 年 12 月,湖北省云梦县睡虎地秦墓出土了 1155 支秦简,简称"云梦秦简"
		律	《秦律十八种》《效律》《秦律杂抄》等
		法律答问	对法律条文、术语、律义作出的具有法律效力的解释
		封诊式	司法机关有关审判原则、治狱程式以及对案件进行调查、勘验、审讯、查封等方面的法律规定和文书程式
		为吏之道	官吏应遵循的为官准则和要求
汉	法律形式
1.律:包括以刑事规范为主的具有普遍性和稳定性的成文法
2.令:皇帝随时发布的诏令或由臣下提出经皇帝批准的立法建议,涉及面广,法律效力高于律,可以对律起到增补和修改的作用,"前主所是著为律,后主所是疏为令"
3.科:从"课"发展而来,规定犯罪与刑罚及行政管理方面的单行法规,也称"事条""科条"
4.比:又称"决事比",在律无正条时比照援引典型判例作为裁断案件的依据
	汉律六十篇	

汉	汉律六十篇	汉武帝 越宫律　朝律 张汤27篇　赵禹6篇 汉律六十篇＝九章律9篇＋傍章律18篇＋越宫律27篇＋朝律6篇
		1.《约法三章》:"杀人者死,伤人及盗抵罪,悉除去秦法"
		2.萧何制《九章律》:《盗律》《贼律》《囚律》《捕律》《杂律》《具律》《户律》(户籍、田赋、婚姻)《兴律》(征发徭役、城防守备)《厩律》(牛马畜养、驿传)
		3.叔孙通制《傍章律》:朝廷礼仪
		4.张汤制《越宫律》:宫廷卫禁
		5.赵禹制《朝律》:朝贺制度
		6.汉律六十篇:《九章律》9篇+《傍章律》18篇+《越宫律》27篇+《朝律》6篇
	立法思想	1.汉初黄老学说
		2.汉武帝"德主刑辅"

》》品题

例1:秦律规定:"盗封啬夫可(何)论?廷行事以伪写印。"这里的"廷行事"是指(　　　)①。(2016单33)

A.制定法　　　　　　　　　　　B.司法成例

C.立法解释　　　　　　　　　　D.司法解释

例2:秦朝的法律形式中,对法律条文、术语作出具有法律效力解释的是(　　　)②。(2015法单16)

A.令　　　　　　　　　　　　　B.法律答问

C.廷行事　　　　　　　　　　　D.封诊式

例3:秦朝主要的法律形式有(　　　)③。(2014法多29)

A.格　　　　　B.律　　　　　C.封诊式　　　　　D.法律答问

例4:汉代律无正条时,可以援引典型判例作为裁断案件的依据。由此形成的法律形式称为(　　　)④。(2014单36)

A.律　　　　　B.令　　　　　C.科　　　　　D.比

例5:中国法制史上出现的下列法律形式中,具有判例法性质的有(　　　)⑤。(2012法

---

① B
② B
③ BCD
④ D
⑤ BC

多 30）

A. 教民榜文   B. 廷行事

C. 决事比   D. 则例

例 6：简述汉律六十篇的主要内容。

（1）《九章律》：汉朝建立后，高祖令丞相萧何参照秦法作《九章律》，共 9 篇，在秦律《盗律》《贼律》《囚律》《捕律》《杂律》《具律》6 篇基础上，增加《户律》（规定户籍、田赋、婚姻之事）《兴律》（规定征发徭役、城防守备之事）《厩律》（规定牛马畜养和驿传之事）；

（2）《傍章律》：共 18 篇，叔孙通制定的有关朝廷礼仪的法律；

（3）《越宫律》：共 27 篇，张汤制定的规范宫廷侍卫诸方面事项的法律；

（4）《朝律》：共 6 篇，赵禹制定的明定朝贺制度的法律。

以上四部律合为汉律 60 篇，构成汉律的基本框架。

例 7：简述汉代的主要法律形式。

两汉时期，以律、令、科、比为主要法律形式。

（1）律是汉代的基本法律形式，包括以形式规范为主的具有普遍性和稳定性的成文法。

（2）令是皇帝随时发布的诏令或由臣下提出经皇帝批准的立法建议，涉及面广，法律效力高于律，是汉朝重要的法律形式。令可以对律起到增补和修改的作用。由于诏令的发布往往比较任意，其数量不断增多。

（3）科从"课"发展而来，是律以外规定犯罪与刑罚以及行政管理方面的单行法规，也称"事条""科条"。至东汉，大量种类繁多的科条，造成"科条无限"的混乱局面。

（4）比又称决事比，是指在律无正条时比照援引典型判例作为裁断案件的依据。由于比具有灵活性和针对性，故被广泛应用。

第二：秦汉刑事制度

秦	量刑 原则	秦以身高作为承担刑事责任的标准：未成年者犯罪，不负刑事责任或减轻刑事处罚。男六尺五寸、女六尺二寸为成年人。"甲小未盈六尺，有马一匹自牧之，今马为人败，食人稼一石，问当论不当？不当论及偿稼。""甲盗牛，盗牛时高六尺，系一岁，复丈，高六尺七寸，问甲何论？当完城旦。""隶臣、城旦高不盈六尺五寸，隶妾、舂不盈六尺二寸，皆为小。"
		故意称"端"，过失称"不端"
		盗窃按赃值定罪
		共同犯罪加重处罚：两人以上实施犯罪较个体犯罪加重，五人以上共犯为重大犯罪
		累犯和教唆犯加重处罚
		自首减轻处罚
		诬告反坐
		连坐制度

续表

<table>
<tr><td rowspan="12">秦</td><td>肉刑</td><td colspan="4">奴隶制五刑</td></tr>
<tr><td rowspan="2">作刑</td><td>城旦</td><td>鬼薪</td><td>隶臣</td><td>司寇</td></tr>
<tr><td>舂</td><td>白粲</td><td>隶妾</td><td>作如司寇</td></tr>
<tr><td rowspan="2">财产刑</td><td colspan="4">赀刑:对轻微犯罪者实行赀甲、赀盾、赀徭等</td></tr>
<tr><td colspan="4">赎刑:缴纳一定数量的赎金或提供一定期限的劳役以替代判定的刑罚</td></tr>
<tr><td rowspan="3">耻辱刑</td><td colspan="4">髡(剃头发)</td></tr>
<tr><td colspan="4">耐(剃胡须)</td></tr>
<tr><td colspan="4">完(保全)</td></tr>
<tr><td colspan="5">官吏轻微犯罪的刑罚:废,谇,免,收(籍没),迁等</td></tr>
<tr><td rowspan="3">法官罪名</td><td colspan="4">不直:故意重罪轻判或轻罪重判</td></tr>
<tr><td colspan="4">纵囚:故意减轻犯罪情节或应论而不论者</td></tr>
<tr><td colspan="4">失刑:过失导致处刑不当、失其轻重</td></tr>
<tr><td rowspan="7">汉</td><td>死刑</td><td colspan="4">主要是殊死,即斩首、枭首、腰斩和弃市</td></tr>
<tr><td>肉刑</td><td colspan="4">主要是宫刑和斩右趾</td></tr>
<tr><td>笞刑</td><td colspan="4"></td></tr>
<tr><td>徒刑</td><td colspan="4"></td></tr>
<tr><td>徙边</td><td colspan="4"></td></tr>
<tr><td>禁锢</td><td colspan="4">终身不得为官</td></tr>
<tr><td>赎刑</td><td colspan="4">女徒顾山:允许被判徒刑的女犯回家,但需每月缴纳官府三百钱,由官府雇人上山砍伐木材或从事其他劳作,以代替女犯的劳役刑</td></tr>
</table>

品题

例 1:秦始皇年间,咸阳发生一起杀人案,甲向官府告发该案是乙所为,乙遂被官府捕获,被判死罪,后官府抓获真凶丙,经查,甲乙素有结怨,甲为报私仇而进行诬告,根据秦律,甲可能被判处的刑罚是(　　)①。(2018 单 29)(2018 法单 17)

A. 腰斩　　B. 鬼薪　　C. 斩左趾　　D. 髡钳城旦

例 2:在刑制改革中,汉代增设"女徒顾山"刑罚属于(　　)②。(2018 单 36)

A. 死刑　　B. 赎刑　　C. 徒刑　　D. 耻辱刑

例 3:秦简《法律答问》记载:"甲小未盈六尺,有马一匹自牧之,今马为人败,食人稼一石,问当论不当?不当论及偿稼。"依照该解答,秦律判断责任能力的标准是(　　)③。

① A

② B

③ B

（2017 单 35）（2017 法单 16）

  A. 智识　　　　　　B. 身高　　　　　　C. 年龄　　　　　　D. 财产

例 4：下列选项中，属于耻辱刑的刑罚是（　　）①。（2015 单 32）

  A. 髡刑　　　　　　B. 隶臣妾　　　　　　C. 赀刑　　　　　　D. 城旦舂

例 5：秦始皇三十三年，咸阳令审判一起盗羊案件时，误将系羊绳圈的价值计入赃值，与秦律规定的计赃方法不符。依照秦律，该县令的行为已构成犯罪，其所触犯的罪名是（　　）②。（2013 单 34）

  A. 不直　　　　　　B. 纵囚　　　　　　C. 失刑　　　　　　D. 擅刑

例 6：下列刑罚中，属于秦朝作刑的是（　　）③。（2012 单 34）

  A. 髡刑　　　　　　B. 耐刑　　　　　　C. 赀刑　　　　　　D. 城旦舂

第三：秦代诉讼制度

廷尉	“九卿”之一，中央司法机关，长官也叫廷尉	
	职责	审理地方上诉案件和郡县不能决断的疑难案件
		审理皇帝交办的“诏狱”
	“三公”之一的御史大夫也有重大案件的司法审判权	
公室告与非公室告	公室告“贼杀伤、盗他人”：官府必须受理	
	非公室告“子盗父母，主擅杀、刑、髡其子及臣妾”：不得告发，官府不得受理，坚持控告反治其罪	
审判制度	起诉：当事人或亲属告发或官吏纠举，“知奸不举”者要连坐	
	讯问被告称“讯狱”，审断定罪称“治狱”	
	调查或勘验的笔录称为“爰书”，必要还可以查封财产，称为“封守”	
	审讯效果称上、下、败：上即能据供查证，弄清事实；下为动刑后查清案情；败指采用恐吓手段审讯却没有查清案情	

品题

例 1：历史上以廷尉为中央最高司法审判机关的朝代有（　　）④。（2019 多 48）

  A. 秦朝　　　　　　B. 汉朝　　　　　　C. 唐朝　　　　　　D. 宋朝

例 2：依秦律，下列案件中，属于官府应当受理的“公室告”的是（　　）⑤。（2016 法单 16）

---

① A
② C
③ D
④ AB
⑤ A

A. 甲告邻人窃其财产　　　　　　　　　B. 乙告父殴伤自己

C. 丙告子窃其财物　　　　　　　　　　D. 丁告主擅用私刑

例3: 依据秦朝诉讼法律制度,下列选项中属于"非公室告"案件的是(　　)①。(2011单44)

A. 贼杀伤　　　　　　　　　　　　　　B. 盗他人

C. 子告父母,臣妾杀家主　　　　　　　D. 子盗父母,主擅杀、刑、髡其子及臣妾

例4: 秦朝的中央司法审判机关是(　　)②。(2011法单15)

A. 大理寺　　　　B. 刑部　　　　C. 廷尉　　　　D. 大司寇

例5: "公室告"与"非公室告"的诉讼类别出现于(　　)③。(2005单38)

A. 秦朝　　　　　　　　　　　　　　　B. 汉朝

C. 三国两晋南北朝　　　　　　　　　　D. 唐朝

第四:文景刑制改革

	汉文帝		汉景帝	
肉刑改革	黥刑改为髡钳城旦			
	劓刑改为笞三百 ———	笞三百改为笞两百 ———	笞两百改为笞一百	
	斩左趾改为笞五百 ———	笞五百改为笞三百 ———	笞三百改为笞两百	
	斩右趾改为弃市			
	无期刑改为有期刑		箠令(chuí)	
汉文帝	直接原因:缇萦上书			
	黥(墨)刑改为髡钳城旦舂,劓刑改为笞三百,斩左趾改为笞五百,斩右趾改为弃市			
	评价:"外有轻刑之名,内实杀人"			
汉景帝	笞三百改为笞二百,后又改为笞一百;笞五百改为笞三百,后又改为笞二百;颁布《箠令》			

▶▶品题

例1: 西汉文帝刑制改革中,取代斩左趾的刑罚是(　　)④。(2017单36)

A. 劓　　　　B. 弃市　　　　C. 城旦舂　　　　D. 笞五百

例2: 在汉文帝十三年的刑制改革中,用以替代黥刑的刑罚是(　　)⑤。(2009单42)

A. 笞三百　　　　B. 笞五百　　　　C. 弃市　　　　D. 髡钳城旦舂

---

① D

② C

③ A

④ D

⑤ D

例3：简述文景刑制改革的内容。

（1）文帝十三年下令除肉刑，把黥刑（墨刑）改为髡钳城旦舂，改劓刑为笞刑三百，改斩左趾为笞刑五百，改斩右趾为弃市刑，意在从法律上废除肉刑，减轻刑罚的残酷程度。但在司法实践中弊端很多：一是扩大了死刑范围，如斩右趾改为弃市死刑；二是出现变相死刑，劓刑、斩左趾因笞数太多，受刑者难保性命，造成"外有轻刑之名，内实杀人"的后果。

（2）景帝在文帝改革的基础上进一步改革，其一，两次减少笞刑数目：第一次将笞三百改为笞二百，笞五百改为笞三百；第二次又分别减笞三百为二百，笞二百为一百。其二，颁定《箠令》，规定笞杖规格、受刑部位以及行刑不得中途换人等。

（3）文景时期的刑制改革顺应了历史发展，使以肉刑为主的刑制摆脱了原始形态，刑罚的残酷程度大为减轻，刑罚制度趋于规范，为后世五刑体系的建立奠定了基础。

第五：汉武帝主要立法

危害中央集权罪名	阿党附益	官吏与诸侯王勾结
	左官	"舍天子而仕诸侯"
	非正	非嫡系子孙继承爵位
	出界	诸侯王擅自出封国疆界
	僭越	诸侯逾制
	漏泄省中语	泄露朝廷机密
	酎金	诸侯贡金成色不足
	事国人过员	诸侯王在王国内滥征人力，扩张势力者
危害国家安全罪名	蔽匿盗贼/沈命	"群盗起不发觉，发觉而弗捕满品者"
	见知故纵	
	群饮酒	三人以上无故群饮
	通行饮食	为盗贼提供饮食，传递情报，充当向导
危害君主专制	欺谩、诋欺、诬罔	对皇帝不忠、欺骗、轻慢、毁辱和诬蔑等行为
	废格诏书	官吏不执行皇帝的诏令
	怨望诽谤	因怨恨不满而诽谤朝政
	左道	以邪道巫术诅咒皇帝、蛊惑民众
	矫制	官吏诈称皇帝诏命
危害皇帝尊严安全	不敬、大不敬罪	对皇帝及其先祖、皇帝使用的器物、牲畜等有轻蔑失礼的行为
	阑入与失阑罪	前者指无凭证擅自闯入宫殿，后者指警卫人员失职致使他人无证入宫

≫ 品题

例1: 汉律的罪名除沿袭秦制外又增设了一些新罪名。"左官"便是其中危害中央集权的犯罪之一。具体是指(　　)①。(2016 单 35)

A.诸侯国官吏与诸侯王结党,知其犯罪而不举奏

B.朝廷大臣交通诸侯,助其获得非法利益

C.朝廷官员舍天子而仕诸侯

D.泄露朝廷机密事宜

例2: 在汉代,危害中央集权的犯罪包括(　　)②。(2012 多 61)

A.出界　　　　　　　　　　　　　　B.非正

C.酎金　　　　　　　　　　　　　　D.阿党附益

例3: 下列选项中,属于汉朝法律规定的罪名的有(　　)③。(2009 多 61)

A.阿党附益　　　　　　　　　　　　B.见知故纵

C.酎金　　　　　　　　　　　　　　D.奸党

例4: 汉朝法律中规定的"群饮酒"罪中,"群"所限定的人数是(　　)④。(2008 单 44)

A.三人以上　　　　　　　　　　　　B.五人以上

C.八人以上　　　　　　　　　　　　D.十人以上

第六:汉代诉讼制度

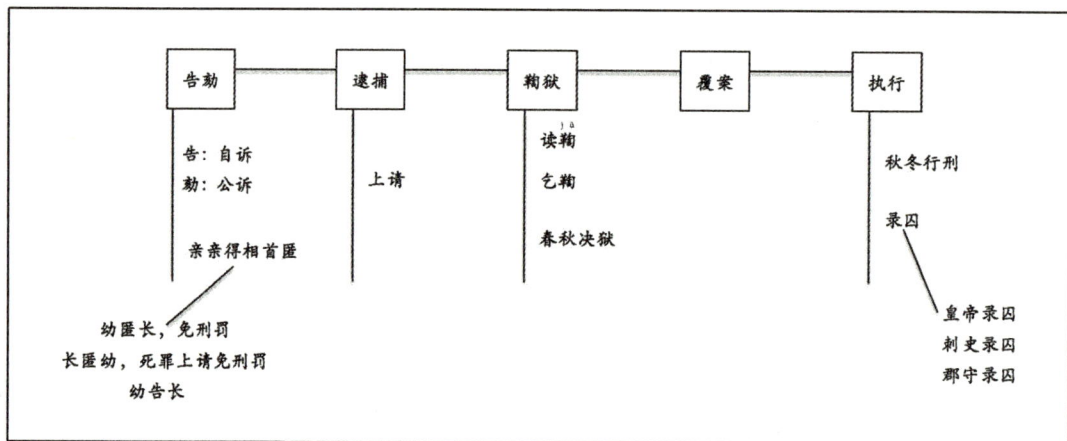

---

① C

② ABCD

③ ABC

④ A

汉代法律儒家化	亲亲得相首匿	思想渊源:孔子"父为子隐,子为父隐,直在其中"
		直系三代血亲之间和夫妻之间,除犯谋反、大逆以外的罪行,均可因互相隐匿犯罪而免于刑罚
		卑幼隐匿尊长,不追究刑事责任,尊长隐匿卑幼,除死罪上请,一般犯罪不追究刑事责任
	上请	一定范围内的官僚贵族及其子孙犯罪,不交普通司法机关处理,而是奏请皇帝裁决,减免刑罚
	春秋决狱	以儒家经典(公羊《春秋》)的精神和事例作为司法审判的根据,其原则是论心定罪
		汉武帝"罢黜百家,独尊儒术"的必然产物
		在司法实践中往往造成司法腐败
	秋冬行刑	一般死刑在秋天霜降之后,冬至之前执行
		谋反大逆"决不待时"

▶▶ 品题

例1:汉成帝时,甲杀人,告之其养子乙,乙藏匿甲。问乙何论(　　　)①。(**2016 单 34**)

A.坐杀人共犯　　　　　　　　　　　　B.坐窝藏

C.上请　　　　　　　　　　　　　　　D.不当坐

例2:下列关于春秋决狱的表述,正确的有(　　　)②。(**2016 法多 29**)

A.春秋决狱是贾谊倡导的

B.春秋决狱的实质是原心定罪

C.春秋决狱盛行于秦汉,直到隋唐时期才退出历史舞台

D.春秋决狱是将儒家经典的原则适用于案件审理的特殊审判方式

例3:汉朝法律规定,被告人及其亲属不服官府判决的,可申请重审。这一诉讼程序称为(　　　)③。(**2015 单 35**)

A.录囚　　　　　B.乞鞫　　　　　C.举劾　　　　　D.读鞫

例4:据《魏书·刑罚志》记载,北魏延昌三年,冀州阜城之民费羊皮为葬母而卖女为婢,按律当死。此案在朝野引起巨大争议,后经宣武帝权衡各方意见,作出最终裁决:"羊皮卖女葬母,孝诚可嘉,便可特原。"关于此案所遵循的法律原则,下列表述正确的是(　　　)④。(**2013 单 36**)

　A.亲属相犯,罪不至死

———————————

① D

② BD

③ B

④ B

B.为伸张孝道,可特赦罪责

C.诏令与律条冲突时,须依律断案

D.子女的人格从属尊长,不受法律保护

例5:下列关于春秋决狱的表述,不正确的是(　　)①。(2012 单 35)

A.春秋决狱盛行于西汉文帝、景帝时期

B.春秋决狱体现了司法领域中儒家思想向法律的渗透

C.春秋决狱是指以《春秋》的经义作为司法审判的依据

D.春秋决狱是汉武帝确立"罢黜百家,独尊儒术"后法律儒家化的必然产物

例6:秋冬行刑的制度化始于(　　)②。(2011 单 32)

A.西周　　　　　　　B.秦朝　　　　　　　C.汉朝　　　　　　　D.唐朝

例7:汉朝建立了由皇帝或上级司法机关对囚徒复核审查的制度,以平反冤案,疏理滞狱。这种制度称为(　　)③。(2010 单 40)

A.读鞫　　　　　　　B.乞鞫　　　　　　　C.录囚　　　　　　　D.举劾

例8:汉朝法律中体现儒家指导思想的制度和原则主要有(　　)④。(2005 多 61)

A.亲亲得相首匿　　　　　　　　　　B.春秋决狱

C.上请　　　　　　　　　　　　　　D.秋冬行刑

例9:简述汉代的春秋决狱。(2019 简 53)(2019 法简 33)

(1)春秋决狱,也称引经决狱,是以儒家经典公羊《春秋》的精神和事例作为司法审判依据,是汉武帝确立"罢黜百家,独尊儒术"的必然产物;

(2)春秋决狱的原则为论心定罪,即考察犯罪者的主观动机,再对案件作出裁决;

(3)春秋决狱始于西汉中期,沿用于南北朝,对法律起到推动作用,使审判原则得以修正;

(4)促进法律儒家化,引礼入法。

例10:简述汉代法律儒家化的主要表现。

(1)上请:又称先请,是指对于一定范围内的官僚贵族及其子孙犯罪,司法机关不得擅自裁判处理,而须奏请皇帝裁决的制度。通常皇帝会给予官僚贵族以减免刑罚的优待。

(2)亲亲得相首匿:源于孔子"父为子隐,子为父隐,直在其中"的思想。首匿指隐匿窝藏罪犯的首谋者,汉武帝时曾颁布"重首匿之科"。汉宣帝时有诏令规定,直系三代血亲之间和夫妻之间,除犯谋反、大逆以外的罪行,均可因互相隐匿犯罪行为而免于刑罚。子女隐匿父母,妻子隐匿丈夫,孙子隐匿祖父母的罪行,皆不追究刑事责任;父母隐匿子女,丈夫隐匿妻子,祖父母隐匿孙子罪行的,一般犯罪不追究刑事责任;如果所隐匿罪为死罪,则上请廷尉,由其决定是否追究首匿者的罪责。

(3)春秋决狱:也称引经决狱,是指以儒家经典(公羊《春秋》)的精神和事例作为司法审

---

①　A

②　C

③　C

④　ABCD

判的依据,它是汉武帝确立"罢黜百家,独尊儒术"的必然产物。春秋决狱最重要的原则被认为是"论心定罪",即以《春秋》之义去考察犯罪者的主观动机,再对案件作出裁决。由于儒家经典教义不具有法的规范性和确定性,法吏又往往不谙晓儒术,于是在司法实践中常常任意比附,造成司法专断和腐败的局面。

(4)秋冬行刑:汉代死刑的执行采取秋冬行刑制度。除谋反大逆等决不待时者外,一般死刑犯须在秋天霜降以后,冬至以前执行。汉朝将秋冬行刑制度化,在客观上有利于农业生产与社会秩序的稳定,又标榜了德政慎罚,故为后世法律所继承。

第七:汉代监察制度

中央	御史台为最高监察机关,长官为御史大夫,下设御史中丞	
	东汉三独坐:尚书令、御史中丞、司隶校尉	
	御史九条:汉初惠帝时颁行的监察法规	
地方	汉武帝时把全国分为13个监察区,每区派刺史1人	
	六条问事	强宗豪右田宅逾制,以强凌弱,以众暴寡
		二千石不奉诏书,遵奉典制,背公向私,旁诏守吏,侵渔百姓,聚敛为奸
		二千石不恤疑案,风厉杀人,怒则任刑,喜则淫赏,烦扰刻薄,剥截黎元,为百姓所疾,山崩石裂,妖祥讹言
		二千石选署不平,苟阿所爱,蔽贤宠顽
		二千石子弟恃怙荣势,请扡所监
		二千石违公下比,阿附豪强。通行货贿,割损正令

≫ 品题

汉武帝时期颁布的"六条问事",就其性质而言属于(　　　)①。(2013 单 35)

A. 民事法律　　　　B. 监察法律　　　　C. 经济法律　　　　D. 诉讼法律

第八:汉代经济制度

专卖	盐铁酒国家专营
抑商	告缗令:向商人征收苛重的财产税,并鼓励告发不如实申报财产、不按令纳税的商人
外贸	汉武帝开辟"丝绸之路"
	严禁铁、兵器、马匹、铜钱等与匈奴互市

①　B

品题

例1： 汉代法律规定的对外贸易的违禁物包括(　　)①。(**2011 多 61**)

A.丝绸　　　　　　　B.马匹　　　　　　　C.兵器　　　　　　　D.铜钱

例2： 西汉武帝时颁布"告缗令"的目的主要是(　　)②。(**2006 单 34**)

A.加强社会治安管理　　　　　　　　　B.加强对外贸易管理

C.推行国家专卖制度　　　　　　　　　D.推行重农抑商政策

第九：魏晋南北朝主要立法

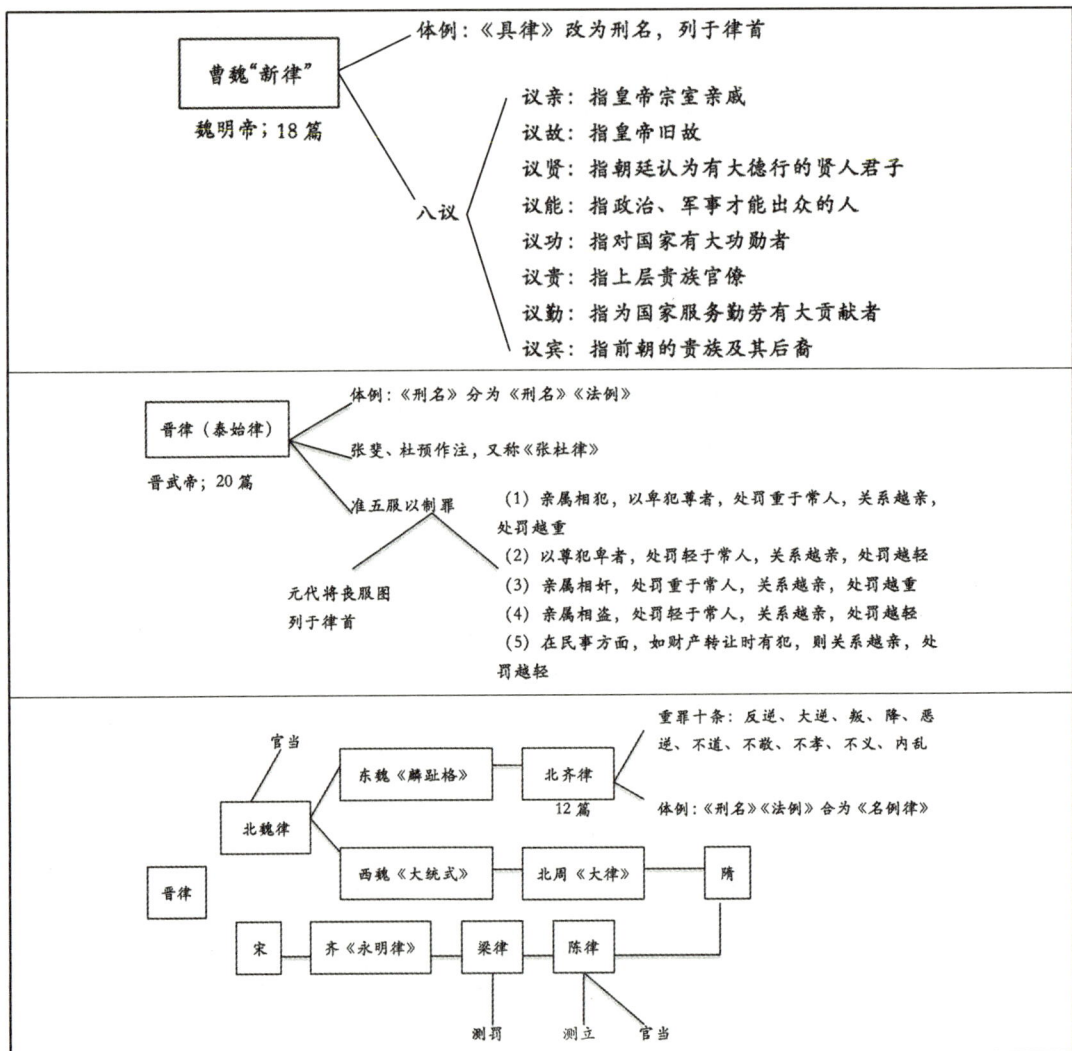

曹魏"新律"
魏明帝；18篇

体例：《具律》改为刑名，列于律首

八议
- 议亲：指皇帝宗室亲戚
- 议故：指皇帝旧故
- 议贤：指朝廷认为有大德行的贤人君子
- 议能：指政治、军事才能出众的人
- 议功：指对国家有大功勋者
- 议贵：指上层贵族官僚
- 议勤：指为国家服务勤劳有大贡献者
- 议宾：指前朝的贵族及其后裔

晋律（泰始律）
晋武帝；20篇

体例：《刑名》分为《刑名》《法例》

张斐、杜预作注，又称《张杜律》

准五服以制罪
- (1) 亲属相犯，以卑犯尊者，处罚重于常人，关系越亲，处罚越重
- (2) 以尊犯卑者，处罚轻于常人，关系越亲，处罚越轻
- (3) 亲属相奸，处罚重于常人，关系越亲，处罚越重
- (4) 亲属相盗，处罚轻于常人，关系越亲，处罚越轻
- (5) 在民事方面，如财产转让时有犯，则关系越亲，处罚越轻

元代将丧服图列于律首

晋律
- 北魏律
  - 官当
  - 东魏《麟趾格》 → 北齐律（12篇）
    - 重罪十条：反逆、大逆、叛、降、恶逆、不道、不敬、不孝、不义、内乱
    - 体例：《刑名》《法例》合为《名例律》
  - 西魏《大统式》 → 北周《大律》 → 隋
- 宋 → 齐《永明律》 → 梁律 → 陈律
  - 测罚　测立　官当

---

① BCD

② D

《北魏律》	北魏	20篇,根据汉律、参酌魏晋律"综合比较、取精用宏"
		官当
《麟趾格》	东魏	以格代科
《大统式》	西魏	历史上最早以"式"为形式的法典
《北齐律》	背景	北齐武成帝,"法令明审,科条简要"
	体例	《刑名》+《法例》→《名例》置于篇首
	内容	首个十二篇
		"重罪十条"入律
		确立死、流、徒、杖、鞭五刑,为隋唐"新五刑"奠定基础
《梁律》	南梁	测罚:对不招供者断绝饮食,三日后才许进食少量的粥
《陈律》	南陈	测立:对受审者先鞭打二十,笞三十,再迫其附枷械刑具,站立于顶部尖圆、仅容两足的一尺高之土垛上,折磨逼供
		官当

▶▶ 品题

例1:"八议"是中国古代优遇官僚贵族的法律制度,即指八种人犯罪可经议罪减免刑罚。"八议"中"议宾"的对象是指(   )①。(2015 单 39)

　　A. 皇亲国戚　　　　　　　　　　　　B. 贤人能臣

　　C. 前朝皇室宗亲　　　　　　　　　　D. 三品以上职事官

例2:中国刑律中最早规定"准五服以制罪",使法律成为"峻礼教之防"的法典是(   )②。(2015 单 36)

　　A. 北齐律　　　　　B. 开皇律　　　　　C. 贞观律　　　　　D. 泰始律

例3:按照中国古代"准五服以制罪"的刑法原则,相对于侵犯一般人而言,法律对侄子殴打叔父行为的处罚(   )③。(2008 单 40)

　　A. 更轻　　　　　　　　　　　　　　B. 更重

　　C. 同等　　　　　　　　　　　　　　D. 视情况而定

例4:历史上称为"张杜律"的法典是(   )④。(2005 单 35)

　　A. 北齐律　　　　　B. 晋律　　　　　C. 开皇律　　　　　D. 九章律

例5:下列关于《北齐律》的表述,不正确的是(   )⑤。(2019 单 34)

---

①　C
②　D
③　B
④　B
⑤　D

A.形成 12 篇的法典体例

B.首创《名例律》的法典篇目

C.创设"重罪十条"

D.确立笞、杖、徒、流、死五刑制度

例 6:中国历史上最早以"式"为法律形式的法典是(　　)①。(2018 单 35)

A.武德式　　　　B.贞观式　　　　C.大统式　　　　D.永徽式

例 7:正式规定"官当"制度的法典有(　　)②。(2017 多 60)

A.《九章律》　　　B.《新律》　　　C.《北魏律》　　　D.《陈律》

例 8:中国古代最早将法典的篇数简化为十二篇的是(　　)③。(2016 单 36)

A.《魏律》　　　B.《晋律》　　　C.《大业律》　　　D.《北齐律》

例 9:三国两晋南北朝时期的刑讯野蛮残酷。南陈创立了一种名为"测立"的刑讯方式。下列对该刑讯方式的描述,正确的是(　　)④。(2016 单 37)

A.用车辐粗杖来压受审者的脚踝

B.将铁犁烧红,令受审者立其上

C.对受审者断绝粮食,三日后才允许进食少量粥,循环使用

D.对受审者先鞭笞,再令其负枷械刑具站立于顶部尖圆且仅容两足的一尺土垛上

例 10:南梁创立了一种名为"测罚"的刑讯方式。下列关于该刑讯方式的描述,正确的是(　　)⑤。(2014 单 37)

A.墨面文身,挑筋去指

B.以利刃零割碎剐肌肤,残损肢体

C.对拒不招供者断绝饮食,三日后才许进食少量粥

D.对受审者先鞭笞,再令其负枷械刑具站立于顶部尖圆且仅容两足的一尺土垛上

例 11:"重罪十条"罪名正式确立于(　　)⑥。(2012 单 37)

A.《北齐律》　　　B.《北周律》　　　C.《开皇律》　　　D.《贞观律》

例 12:历史上最早以"式"为法律形式的法典是(　　)⑦。(2011 单 43)

A.封诊式　　　　B.贞观式　　　　C.大统式　　　　D.武德式

例 13:南北朝时期,北朝东魏政权颁布的法典是(　　)⑧。(2008 单 41)

A.泰始律　　　　B.大业律　　　　C.大统式　　　　D.麟趾格

---

① C
② CD
③ D
④ D
⑤ C
⑥ A
⑦ C
⑧ D

例 14:南北朝时期西魏政权制定的法典是(　　　)①。(2007 单 39)

A.武德律　　　　　　　　　　　　　　B.麟趾格

C.大业律　　　　　　　　　　　　　　D.大统式

例 15:《麟趾格》颁布于(　　　)②。(2006 单 37)

A.东魏　　　　　　B.西魏　　　　　　C.北魏　　　　　　D.北齐

例 16:简述准五服以制罪的主要内容。

《晋律》首立"准五服以制罪"制度,是指亲属间的犯罪,据五等丧服所规定的亲等来定罪量刑。"五服"本是中国古代以丧服为标志确定的确定亲疏远近的制度。古代服制把亲属分为五等:斩衰、齐衰、大功、小功、缌麻。服制不仅确定婚姻、继承与赡养等关系,而且也是亲属相犯时施用刑罚轻重的原则。

(1)在刑法使用上,凡以尊犯卑,服制愈近,处罚愈轻,服制愈远,处罚愈重;

(2)在刑法使用上,凡以卑犯尊,服制愈近,处罚愈重,服制愈远,处罚愈轻;

(3)对于家庭内的财产侵犯,服制愈近,处罚愈轻,服制愈远,处罚愈重。

"准五服以制罪"是法律儒家化的重要标志之一,使法律成为"峻礼教之防"的工具,其影响极为深远。

第十:律学

背景	汉代引经注律,并未摆脱对于经学的附庸地位		
	魏晋律学发展成独立的学科		
代表作	张斐《律解》《汉晋律序注》,杜预《律本》,贾充、杜预《刑法律本》		
其知而犯谓之故	意以为然谓之失	违忠欺上谓之谩	背信藏巧谓之诈
亏礼废节谓之不敬	两讼相趣谓之斗	两和相害谓之戏	无变斩击谓之贼
不意误犯谓之过失	逆节绝理谓之不道	陵上僭贵谓之恶逆	将害未发谓之戕
唱首先言谓之造意	二人对议谓之谋	制众建计谓之率	不和谓之强
攻恶谓之略	三人谓之群	取非其物谓之盗	货财之利谓之赃

品题

首次明确区分律和令,从而解决了秦汉以来律令混杂问题的古代律典是(　　　)③。(2013 单 37)

A.晋律　　　　　B.新律　　　　　C.北齐律　　　　　D.北魏律

---

① D

② A

③ A

第十一:魏晋南北朝司法制度

司法机关	曹魏律博士	曹魏在廷尉之下设律博士,以教授法律、培养司法官吏
	北齐大理寺	北齐将廷尉改为大理寺,大理寺卿和少卿为正副长官
登闻鼓	西晋设登闻鼓,上诉直诉制度形成	
死刑复奏	出现死刑复奏(秦汉时期尚未形成)	
存留养亲	北魏时出现,"诸犯死罪,若祖父母、父母年七十已上,无成人子孙,旁无期亲者,具状上请,流者鞭笞,留养其亲,终则从流,不在原赦之例"	

品题

例1: 中国古代首次设置律博士的政权是(　　　)①。(2010 法单 15)

A. 北魏　　　　　　　　B. 曹魏　　　　　　　　C. 西晋　　　　　　　　D. 北齐

例2: 根据现有史料考证,将廷尉改为大理寺,以大理寺卿为官名的朝代是(　　　)②。(2017 单 37)

A. 西晋　　　　　　　　B. 北齐　　　　　　　　C. 隋朝　　　　　　　　D. 唐朝

例3: 将中央司法机关由廷尉改为大理寺的朝代是(　　　)③。(2010 单 37)

A. 汉朝　　　　　　　　B. 晋朝　　　　　　　　C. 北齐　　　　　　　　D. 北周

第十二:历代选官制度汇总

	汉代察举制	1. 察举	孝廉、秀才、贤良方正、孝悌力田、明经、明法、文学
		2. 征召、3. 辟举、4. 任子、5. 太学补官	
	曹魏九品中正制	上上、上中、上下、中上、中中、中下、下上、下中、下下	中正官
选官	隋唐之后科举制	唐	科举 · 科目:秀才、明经、进士、明法、明字、明算等
			科举取得做官身份,通过"释褐试"才能做官
			门荫
		宋	1. 录取和任用的范围较宽,一经录用便可任官,僧道也可参加考试
			2. 殿试成为常制,考生一律成为天子门生
			3. 考试内容诗赋、经义+国家实际治理的策论
		元	科举每三年举行一次,分为乡试、会试和殿试三级;首创以程朱理学经义取士
		明	1. 只有官学的学生才可参加科举考试
			2. 规定各级考试专用四书五经命题,考生只能按照程朱理学的注解答题,不得言及时事,自由发挥
			3. 明宪宗时创立了"八股"格式
			4. 任官每三年一轮换,地方官严格实行"北人官南,南人官北",明中期开始吏部采用抽签方式决定官员的任职地方

---

① 　B

② 　B

③ 　C

	汉代	上计律:年终由郡国上计史携带上计簿到京师上计,汇报工作
考课变迁	唐代	**四善:德义有闻、清慎名著、公平可称、恪勤匪懈**
		二十七最:27条具体专业要求
	宋代	四善三最:治世之最、劝课之最、抚养之最
		磨勘制:定期勘验官员的政绩定其升迁,实际上是凭资历升官
		历纸制:类似现代的考勤登记,规定官员按日自计功过
任官限制	汉代	商人子弟、赘婿以及因贪赃被免官者不得为官
		宗室子弟不得任公位高官
		三互法:婚姻之家及两州人士,不得对相监临(即交互为官)
辞官	致仕	退休
	丁忧	朝廷官员在位期间,如若父母去世,必须回到祖籍守制
	夺情	国家夺去了孝亲之情

》》品题

例1:下列关于明朝官员选任制度的表述,正确的有(   )①。(**2016 法多 30**)

A.科举制是明朝官员选任的基本途径,辅之以荐举制

B.科举考试以四书五经为命题内容,且要求考生论及时事

C.地方官任命严格执行"北人官南,南人官北"的籍贯回避

D.明朝建立了完整的科举选官制度,只有官学的学生才可以参加科举考试

例2:下列选项中,属于汉代选拔和任用官吏方法的有(   )②。(**2015 多 59**)

A.征召   B.察举   C.辟举   D.科举

例3:下列关于察举制度的表述,不正确的是(   )③。(**2014 法单 16**)

A.察举制度首创于魏晋时期

B.察举是中国古代的一种官员选拔制度

C.察举在科举制度产生以后,退居次要地位

D.察举的科目包括贤良方正、孝廉、明经、明法等

例4:宋朝为防范科举考试舞弊而采取的制度有(   )④。(**2008 多 61**)

A.誊录试卷法   B.糊名考校法   C.考官司回避制   D.九品中正制

例5:唐朝《选举令》规定:"诸职事官,年七十以上,听致仕。五品以上上表,六品以下申省奏闻"。这里"致仕"是指(   )⑤。(**2007 单 36**)

A.入仕做官   B.年老退休   C.居丧告假   D.授予荣誉

---

① ACD

② ABC

③ A

④ ABC

⑤ B

第四章 | 隋唐宋法律制度

第一:隋代主要立法

开皇律	隋文帝时制定,以《北齐律》为蓝本	
	体例	确立 12 篇,500 条体例
	内容	确立"新五刑":笞杖徒流死
		"十恶"入律(北齐律"重罪十条")
		完善"议、请、减、赎、当",保护官僚贵族特权

▶▶ 品题

例 1: 隋《开皇律》在我国法制史上具有重要意义,其历史蓝本是(   )①。(2011 单 37)

A. 北齐律   B. 北周律   C. 大业律   D. 陈律

例 2: 最早正式规定"十恶"制度的法典是(   )②。(2007 单 37)

A. 开皇律   B. 泰始律   C. 贞观律   D. 北齐律

例 3: 中国封建制五刑正式确立于(   )③。(2006 单 35)

A. 汉朝   B. 南北朝   C. 隋朝   D. 唐朝

第二:唐代主要立法

主要立法	武德律	高祖	开篇
	贞观律	太宗	增设加役流,缩小了因缘坐而处以死刑的范围,大幅度减少了死刑
	永徽律	高宗	注疏称《永徽律疏》,元代以后称《唐律疏议》
	唐六典	玄宗	"治教礼政刑事"六部分,"管领其属,事归于职"
	大中刑律统类	宣宗	对《宋刑统》产生重要影响
法律形式	律以正刑定罪		令以设范立制
	格以禁违止邪		式以轨物程式

---

① A

② A

③ C

续表

唐律特点	一准乎礼	用刑持平
	科条简要,繁简适中	立法技术空前完善
历史地位	目前保存下来最早、最完整的中国古代法典	
	对亚洲特别是东亚各国产生了重大影响:朝鲜《高丽律》,日本《大宝律令》,越南《刑书》	

>> 品题

例 1:下列国家或地区中,属于中华法系的是(   )①。(2019 单 37)

A. 朝鲜   B. 暹罗   C. 印度   D. 波斯

例 2:下列选项中,属于唐朝法律形式的有(   )②。(2012 多 62)

A. 律   B. 令   C. 格   D. 比

例 3:唐朝集中设立罪名与刑罚的法律形式是(   )③。(2012 法单 16)

A. 律   B. 令   C. 格   D. 式

例 4:下列关于《唐六典》的表述,正确的有(   )④。(2011 多 63)

A. 修订于唐太宗贞观年间   B. 系统规定了唐朝的官制

C. 采取"管领其属,事归于职"的修订方法   D. 效仿《周礼》,制理、教、礼、政、刑、事六典

例 5:唐朝编纂的第一部律典是(   )⑤。(2010 单 36)

A. 武德律   B. 开皇律   C. 永徽律   D. 贞观律

例 6:历史上属于中华法系的国家和地区包括(   )⑥。(2010 多 60)

A. 朝鲜   B. 越南   C. 印度   D. 日本

例 7:《唐律疏议》编纂工作的主持者是(   )⑦。(2009 单 36)

A. 长孙无忌   B. 魏征   C. 陈群   D. 武则天

例 8:在唐朝,皇帝针对"百官有司之所常行之事"。临时颁发的各种敕令,经过编录之后成为"禁违止邪"的"永为法则"。这种法律形式是(   )⑧。(2008 单 42)

A. 律   B. 令   C. 格   D. 式

例 9:简述唐代法律形式。

唐朝法律形式主要为律、令、格、式四种:

(1)律是关于定罪量刑的基本法典;

---

① A

② ABC

③ A

④ BCD

⑤ A

⑥ ABD

⑦ A

⑧ C

（2）令是有关国家政权组织体制、尊卑贵贱等级制度与行政管理活动方面的法规,涉及的范围较为广泛;

（3）格用以"禁违止邪",是皇帝针对"百官有司之所常行之事"临时颁发的各种敕令,经过汇编后上升为普遍适用的法律,称为"永格";

（4）式是中央政府内部各机构关于行政管理、行政程序及具体办事规则的规定,包括国家机关的公文程式和活动细则,具有行政法规性质。

律、令、格、式彼此既相互联系,又发挥着不同的作用,对复杂的社会关系起到了综合调整的重要作用。其中,令、格、式是从积极方面规定国家机关和官民人等应当遵行的制度、准则和规范,律则从消极方面规定违反令、格、式以及其他一切犯罪的刑罚制裁,即"一断于律"。几种法律形式并用,使法律的运用既有相对稳定性,又有一定灵活性,形成一个周密的法律体系。

例 10:简述唐律的特点。

唐律的特点主要包括:

（1）一准乎礼:唐律内容一准乎礼,真正实现了礼与法的统一。唐律无论是其律条,还是对律条的注疏,都集中体现了儒家的礼治精神,全面贯彻礼的核心内容——三纲五常。

（2）科条简要、繁简适中:秦汉法律向以繁杂著称,西晋、北齐修律得以精简。唐朝在前律的基础上再行精简,定律 12 篇,共 502 条。凝练概括,又严密周详。

（3）用刑持平:唐律规定的刑罚比以往各代大为轻省,死刑、流刑大为减少。除涉及礼教的犯罪外,比后世明清律的处刑为轻。

（4）立法技术空前完善:唐律的篇章结构井然有序,法律形式相得益彰,概念精练明确,用语确切简要,逻辑严谨缜密,疏议得当精深,显示立法技术的高度成熟与发达。

第三:唐律主要内容上篇——名例律

十恶	谋反	谋危社稷	1.区别于北齐重罪十条(反逆、大逆、叛、降、恶逆、不道、不敬、不孝、不义、内乱) 2.处刑更重,谋反、谋大逆、谋叛连坐 3.谋反、谋大逆、谋叛不分首从 4.以违礼为刑事责任的依据,依照尊卑同罪异罚 5.不适用议、请、减、赎、当等特权
	谋大逆	谋毁宗庙、山陵及宫阙	
	谋叛	谋背国从伪	
	恶逆	殴及谋杀祖父母、父母,杀伯叔父母、姑等尊长	
	不道	杀一家非死罪三人、肢解人,造畜蛊毒、厌魅	
	大不敬	盗大祀神御之物、乘舆服御物;盗及伪造御宝;合和御药,误不如本方及封题误;若造御膳,误犯食禁;御幸舟船,误不牢固;指斥乘舆,情理切害及对捍制使而无人臣之礼	
	不孝	告言、诅詈（lì）祖父母、父母。及祖父母、父母在,别籍异财,若供养有阙。居父母丧,身自嫁娶,若作乐,释服从吉;闻祖父母、父母丧,匿不举哀。诈称祖父母、父母死	
	不睦	谋杀及卖缌麻以上亲、殴告夫及大功以上尊长、小功尊属	
	不义	杀本属府主、刺史、县令、见受业师,吏卒杀本部五品以上官长;及闻夫丧匿不举哀,若作乐,释服从吉,及改嫁	
	内乱	奸小功以上亲、父祖妾,及与和者	

新五刑	笞	五等(10~50)			区别于旧五刑:墨(黥)、劓、剕(刖)、宫、大辟
	杖	五等(60~100)			
	徒	五等(1~3年)			
	流	三等(2000~3000里+1年)			
	加役流	流3000里+居作3年			
	死	绞、斩			
八议	议亲	皇帝宗室亲戚	议功	对国家有大功勋者	(1)源于西周"八辟";(2)曹魏入律;(3)《大清新刑律》取消
	议故	皇帝旧故	议贵	上层贵族官僚	
	议贤	朝廷认为有大德行的贤人	议勤	为国服务勤劳有贡献者	
	议能	政治、军事才能出众的人	议宾	前朝的贵族及其后裔	
请	皇太子妃大功以上亲及应议者期以上亲及孙,官爵五品以上的官吏,犯死罪时,必须奏请皇帝裁决,一般可免除死刑;犯流罪以下,例减一等				
减	七品以上官及应请者的祖父母、父母、兄弟、姊妹、妻、子、孙,凡犯流罪以下,例减一等				
赎	应议、请、减者及九品以上官,及七品以上官之祖父母、父母、妻、子、孙,凡犯流罪以下,均可以铜赎罪				
当	即官当,凡议、请、减以下的官员,犯徒以下罪,若是私罪,五品以上,一官可抵徒刑二年,五品以下九品以上,一官可抵一年,若是公罪,则可各多当徒刑一年				

品题

例1:京兆府民人张三与邻人李四因琐事发生口角,进而发展成为殴斗,张三被李四打伤。当夜,张三持利刃潜入李四家,将李四及其家人共五口全部杀死。三天后,张三被官府缉捕归案。若此案发生于唐玄宗天宝年间,依照唐律关于"十恶"的规定,张三的行为构成的罪名是(　　　)①。(2015 单34)

A.恶逆　　　　　　　B.不道　　　　　　　C.不义　　　　　　　D.谋大逆

例2:下列关于"十恶"的表述,正确的是(　　　)②。(2014 单38)

A."十恶"制度首立于唐朝

B."十恶"是由"重罪十条"发展而来的

C.官僚贵族犯"十恶"者可以官品折抵刑罚

D."十恶"中的"谋大逆"是指图谋反对皇帝,推翻君主政权

例3:依照唐律的规定,殴打或者谋杀祖父母的行为属于"十恶"罪中的(　　　)③。(2014 法单17)

---

① B

② B

③ A

A. 恶逆   B. 不孝

C. 大不敬   D. 谋大逆

例 4：依照唐律规定,下列行为中属于"不孝"罪的有(　　　　)①。(2011 法多 30)

A. 祖父母父母在,别籍异财   B. 居父母丧,身自嫁娶

C. 殴及谋杀祖父母父母   D. 闻祖父母父母丧,匿不举哀

例 5：依照唐宋时期法律的规定,殴打或谋杀祖父母、父母的行为构成"十恶"犯罪中的
(　　　)②。(2008 单 39)

A. 谋大逆   B. 恶逆   C. 不孝   D. 不睦

例 6：唐律"十恶"中的"不孝"罪主要包括(　　　)③。(2005 多 62)

A. 殴打或谋杀祖父母、父母

B. 告发或咒骂祖父母、父母

C. 祖父母、父母在而"别籍异财"

D. 妻殴打或告发丈夫

例 7：唐律中规定的附加劳役一年的流刑有(　　　)④。(2007 多 60)

A. 流一千里   B. 流一千五百里

C. 流二千五百里   D. 流三千里

例 8：简述"新五刑"的主要内容。

隋律确立五刑制度后,唐律沿袭之,只在流刑上有所改变,具体内容为:

(1)死刑,分为绞与斩两等,较前代轻缓了很多。

(2)流刑,流两千里、两千五百里和三千里三等,皆劳役一年。另外增设加役流,即流三千里,劳役三年,作为某些死刑的宽宥处理。

(3)徒刑,分为徒一年、一年半、二年、二年半和三年。

(4)杖刑,分为杖六十、七十、八十、九十和一百。

(5)笞刑,分为笞十、二十、三十、四十和五十。

第四:唐律主要内容中篇——量刑原则

指导思想		德礼为政教之本,刑罚为政教之用
区分公罪/私罪	公罪	在执行公务中,由于公务上的关系造成某些失误或差错
	私罪	一种是所犯之罪与公事无关,如盗窃、强奸等;另一种是利用职权、徇私枉法,如受人嘱托枉法裁判等

---

① ABD

② B

③ BC

④ CD

二人以上共同犯罪	原则	造意者为首,随从者减一等	
	例外	家庭成员共同犯罪,以家长为首犯	
		在职官参与的共同犯罪中,以长官为首犯	
数罪从重	二罪以上俱发,以重者论		
自首减免刑罚	自首	犯罪未发而到官府交代罪行,不追究刑事责任	
	自新	犯罪被揭发或官府查知逃亡后再投案,减轻处罚	
	不可自首	侵害人身、毁坏贵重物品、偷渡关卡、私习天文等	
	自首不实	交代犯罪性质不彻底	
	自首不尽	交代犯罪情节不彻底	
类推原则	出罪	"诸断罪而无正条,其应出罪者,则举重以明轻"	
	入罪	"其应入罪者,则举轻以明重"	
老幼废疾减刑	≤7岁或≥90岁,虽有死罪,也不判刑		
	≤10岁或≥80岁或笃疾,犯反逆、杀人应死者,上请,其他犯罪不加刑		
	≤15岁或≥70岁或废疾,犯流罪以下,收赎		
累犯加重	如"前后三犯徒者,流二千里;三犯流者绞"		
同居相隐不为罪	原则	凡同财共居者,以及大功以上亲属、外祖父母、外孙、孙之妻、夫之兄弟及兄弟之妻,有罪皆可互相包庇隐瞒,部曲、奴婢也可以为主人隐瞒犯罪,及时为犯罪者通报消息,帮助其隐藏逃亡,也不负刑事责任。小功以下亲属相容隐者,减凡人三等处罚	
	例外	犯谋反、谋大逆、谋叛者不得适用这一原则	
良贱相犯	以良犯贱减轻,以贱犯良加重		
	卑幼对尊长,奴婢对主人,即使预备犯也按真罪处理		
化外人制度	AA用A,AB用唐		

品题

例1:历史上明确提出"德礼为政教之本,刑罚为政教之用"立法指导思想的法典是( )①。(**2019 单 35**)

A. 泰始律　　　　　　　　　　　　　B. 开皇律

C. 唐律疏议　　　　　　　　　　　　D. 大清律例

例2:唐朝开元年间,洛阳民人甲、乙共谋盗窃。两人被抓获后,经官府审理认定,甲为"造意者",属首犯,乙为从犯。依唐律,甲应处徒二年,对乙应处的刑罚是( )②。(**2019 单 36**)

———————————

① C

② B

A. 徒二年　　　　　　　　　　　　　　　　B. 徒一年半

C. 徒一年　　　　　　　　　　　　　　　　D. 杖一百

例 3：唐开元年间，一高丽人与一百济人因琐事在京畿地区发生殴斗，两人被政府羁押。依唐律，该案应适用的法律是（　　）①。（2018 单 39）

A. 唐律　　　　　　　　　　　　　　　　　B. 朝鲜法律

C. 高丽法律　　　　　　　　　　　　　　　D. 百济法律

例 4：下列选项中，依唐律可以适用自首减免刑罚原则的犯罪行为是（　　）②。（2016 单 38）（2016 法单 17）

A. 私习天文　　　　　　　　　　　　　　　B. 偷渡关卡

C. 侵害人身　　　　　　　　　　　　　　　D. 脱漏户籍

例 5：据某著名武侠小说：北宋年间，有人向官府告发称，丐帮帮主乔某杀害其师父。经官府审理，控告属实。又查明乔某系辽国人，其师傅系北宋人。根据宋朝法律，对乔某的行为应适用的法律是（　　）③。（2015 单 37）

A. 宋刑统　　　　　　　　　　　　　　　　B. 辽国法律

C. 宋刑统或辽国法律　　　　　　　　　　　D. 被告人可选择的第三国法律

例 6：依照唐律规定，对家长参与的家庭成员共同犯罪的处理原则是（　　）④。（2011 法单 19）

A. 以造意者为首犯，随从者减一等

B. 以尊长为首犯，他人减一等

C. 只坐尊长，卑幼无罪

D. 不分首从，一体论罪

例 7：按唐律规定，不同国家的外国人在唐朝管辖的地域内相犯，审判时应依据的法律是（　　）⑤。（2009 单 33）

A. 唐律

B. 原告所属国法律

C. 被告所属国法律

D. 在当事人所属国法律和唐律中选择其一

例 8：按照唐律中有关"共犯罪"的规定，对共同犯罪中从犯的一般处罚标准是（　　）⑥。（2009 单 43）

A. 与首犯同等处罚　　　　　　　　　　　　B. 减首犯一等处罚

C. 减首犯二等处罚　　　　　　　　　　　　D. 减首犯三等处罚

---

① A

② D

③ A

④ B

⑤ A

⑥ B

例 9:《唐律疏议·贼盗》规定:"诸盗经断后,仍更行盗,前后三犯徒者,流二千里;三犯流者,绞。"这一规定所体现的唐律定罪量刑的原则是(   )①。(2008 单 34)

A. 合并论罪从重   B. 累犯加重

C. 共同犯罪加重   D. 盗罪类推

例 10:按照唐朝的法律规定,下列选项中,适用自首减免刑罚原则的犯罪包括(   )②。(2008 多 62)

A. 私习天文   B. 强盗   C. 谋杀   D. 损坏官印文书

例 11:唐朝时京城长安某人犯有三种罪,三种罪的处刑分别为徒一年、徒二年和徒三年,依据唐律的规定,该罪犯最终将被处以(   )③。(2006 单 39)

A. 徒二年   B. 徒三年

C. 徒六年   D. 徒三年以上六年以下

第五:唐律主要内容下篇——分则各章

卫禁律			
职制律	六赃	强盗	窃盗
		受财枉法	受财不枉法
		受所监临财物	坐赃
	1.以赃值定罪;2.受刑外,还必须退还赃物;3.官吏犯赃,还要官除名,吏罢役		
户婚律	婚姻缔结	主婚权:"诸嫁娶违律,祖父母、父母主婚者,独坐主婚",违反尊长意志者,"杖一百"	
		婚书、聘财为婚姻成立的要件	
	婚姻禁止	同姓不婚,有血缘关系的尊卑不婚	严禁与逃亡女子为婚
		监临官不得娶监临之女为妾	良贱不婚
	婚姻解除	以无子休妻者,必须是妻年五十以上;妻若犯恶疾及奸罪者,虽有"三不去"之理由,仍可休之;妻无"七出"之状而休弃者,丈夫徒一年半;妻有"三不去"之由而休弃者,丈夫杖一百	
		义绝	强制离婚,"夫殴妻之祖父母、父母及杀妻外祖父母、伯叔父母、兄弟、姑、姊妹";"妻殴詈夫之祖父母、父母,杀伤夫外祖父母、伯叔父母、兄弟、姑、姊妹及与夫之缌麻以上亲,若妻通奸及欲害夫者";"夫妻祖父母、父母、外祖父母、伯叔父母、兄弟、姑、姊妹自相杀者"
		和离	夫妻双方自愿离婚
	继承	宗祧继承:嫡长子继承	
		财产继承:诸子均分制,允许代位继承,遗嘱优先法定继承	

① B

② BC

③ B

续表

厩库律			
擅兴律			
贼盗律			
斗讼律	保辜	伤害行为发生后,确定一定期限,限满之日根据被害人的死伤情况决定加害人所应承担的刑事责任	
	六杀	谋杀:预谋杀人	故杀
		斗杀:斗殴中杀人	误杀:对象错误
		过失杀:耳目所不及,思虑所不至	戏杀:以力共戏
诈伪律			
杂律	土地买卖	"皆须经所部官司申牒"否则"财没不追,地还本主"田宅、奴婢及大牲畜的买卖,须签订契约,并经官府部门"公验""无私契之文,不准私券之限"	
	民间借贷	"借"指使用借贷;"贷"指消费借贷;借贷分有息和无息两种,前者称"出举",后者称"负债"	
捕亡律			
断狱律	换推	即司法官回避,如亲属,姻亲,师生,部署,有仇嫌者	
	出入人罪	法官必须严格依据律、令、格、式正文定罪,"诸断罪皆须具引律令格式正文,违者笞三十",对于皇帝针对一时一事所发布的敕令,如果没有经过立法程序上升为"永格"者,不得引用以为"后比"	
		如果任意引用而致断罪有出入者,属故意,以故意出入人罪论处,即采取反坐原则;属过失,以过失出入人罪论,即减故意者三至五等处罚	
	疑罪从赎	"诸疑罪,各依所犯,以赎论。即疑狱,法官执见不同者,得为异议,议不得过三"	
	同职连署	有关官员共同审案判决,共同承担错判的责任,以利于互相监督,避免错判	

品题

例1:唐朝天宝年间,长安城商贩张三、李四因争抢生意殴斗,李四持刀将张三刺伤,在辜限内张三因伤死亡。依唐律,李四应论处的罪名是(　　)①。(2019单29)

A. 斗殴　　B. 伤害　　C. 杀人　　D. 强盗

例2:在唐律中,规定"负债违契不偿"的篇目是(　　)②。(2018单34)

A. 名例律　　B. 户婚律　　C. 斗讼律　　D. 杂律

例3:根据《唐律·杂律》的规定,监临主司以外的其他官员"因事受财"构成的犯罪是

① C

② D

(   )①。(2017 单 38) (2017 法单 17)

A. 坐赃
B. 受财枉法

C. 受财不枉法
D. 受所监临财物

例 4:义绝是指夫妻情义已绝,是唐代强制离婚的条件。下列选项中,构成义绝的有(   )②。(2016 多 60)

A. 夫妻不相安谐
B. 夫殴妻之祖父母、父母

C. 妻殴夫之祖父母、父母
D. 夫妻祖父母、父母自相杀

例 5:依照唐律的规定,因"耳目所不及,思虑所不至"而杀人是(   )③。(2013 单 38)

A. 误杀
B. 过失杀
C. 斗杀
D. 戏杀

例 6:唐开元年间,某县令收受在押人亲属绢二十匹,为该在押人开脱罪责。依照唐律规定,该县令的行为构成(   )④。(2013 法单 17)

A. 坐赃罪
B. 受财枉法罪

C. 受所监临财物罪
D. 受财不枉法罪

例 7:下列关于唐朝继承制度的表述,正确的是(   )⑤。(2012 单 38)

A. 女子不享有财产继承权

B. 只有法定继承,不承认遗嘱的效力

C. 无论宗祧继承还是财产继承,皆采用嫡长子继承原则

D. 财产继承沿袭两汉以来的"诸子均分"原则

例 8:按照唐律的规定,下列情形的婚姻不为法律所禁止的是(   )⑥。(2012 法单 20)

A. 县令甲娶其部属之女为妻

B. 士绅乙娶部曲之女为妻

C. 刺史丙娶其原籍民女为妻

D. 民人丁娶同姓民女为妻

例 9:《唐律·斗讼》中的"六杀"除了谋杀、误杀、故杀、过失杀以外,还包括(   )⑦。(2011 单 38)

A. 斗杀和戏杀
B. 贼杀和戏杀

C. 斗杀和情杀
D. 奸杀和劫杀

例 10:下列选项中,属于《唐律》篇目的有(   )⑧。(2009 多 60)

A. 职制
B. 贼盗
C. 捕断
D. 户婚

---

① A
② BCD
③ B
④ B
⑤ D
⑥ C
⑦ A
⑧ ABD

例 11：唐朝"六赃"中包括的罪名有(   )①。(2006 多 60)

A. 受财枉法   B. 监守自盗

C. 受所监临财物   D. 坐赃

例 12：简述唐律十二篇的主要内容。

唐律的结构，包容了近代刑法之总则和分则两大部分：

1. 首篇《名例》大致相当于近代刑法的总则。

2.《卫禁》主要规定对皇帝、宫殿、太庙、陵墓等的警卫，及关津要塞河边防的保卫；《职制》主要涉及职官及其职责、程序、公文递送等方面的职务犯罪和一些非职务犯罪；《户婚》主要规定户口、家庭、婚姻、赋役、土地管理等方面的犯罪内容；《厩库》主要规定马牛的供养使用以及兵甲、财帛、仓库的保护；《擅兴》主要是关于军队的征调指挥、行军出征、军需供给和工程兴造方面的法律；《贼盗》主要规定谋反、谋大逆、恶逆等十恶方面的犯罪和杀人、强盗、窃盗等重大刑事犯罪及相应的刑事责任；《斗讼》主要规定斗殴犯罪和告讼犯罪；《诈伪》是关于惩治诈欺和伪造的法律；《杂律》的内容涉及面较宽，为不便于列入其他篇目的犯罪规定，在唐律中主要起到拾遗补缺的作用，主要规定市场管理、债权债务、犯奸失火以及其他一些轻微危害社会秩序和经济关系的犯罪和刑罚；《捕亡》是关于追捕逃犯、逃丁、逃兵和逃奴婢的法律；《断狱》是关于审讯、判决、执行和监狱管理方面的的法律。

例 13：简述唐六杀的主要内容。

对于杀人罪，唐代在《斗讼律》中区分了"六杀"，即所谓的谋杀、故杀、斗杀、误杀、过失杀、戏杀：

(1)谋杀：预谋杀人；

(2)故杀：事先虽无预谋，但情急杀人时已有杀人的意念；

(3)斗杀：在斗殴中出于激愤失手将人杀死；

(4)误杀：由于种种原因杀错了对象；

(5)过失杀：指"耳目所不及，思虑所不至"而杀人；

(6)戏杀："以力共戏"而导致杀人。

唐律规定了不同的处罚原则：谋杀一般减故杀罪数等处罚，但奴婢谋杀主，子孙谋杀尊亲属则处以死刑。故杀一般处以斩刑。误杀、斗杀减故杀罪一等处罚。戏杀则减斗杀二等处罚。过失杀一般"以赎论"。六杀的设定，反映了唐代刑法的完备与立法技术的提高。

例 14：简述唐六赃的主要内容。

《杂律》篇首次就"坐赃致罪"设"六赃"专条，称一切不法所得为"赃"，把受财枉法、受财不枉法、受所监临财物、强盗、窃盗和坐赃六种犯罪称为"六赃"。六赃涵盖了侵犯官私财产的所有犯罪行为。

(1)强盗罪：指"以威若力而取其财"，即以暴力或暴力威胁而取他人财物；

(2)盗窃罪：指"潜形隐面而取"，即秘密占有不属于自己的官私财物；

(3)受财枉法：指"受有事人财而为曲法处断"，即收受当事人贿赂而利用职权曲法枉

———————————

① ACD

断,为其牟取不正当利益,或为其开脱罪责;

(4)受财不枉法:指"虽受有事人财,判断不为曲法"的行为;

(5)受所监临财物:指"监临之官不因公事而受监临内财物"的行为,一般是主管官员私下接受所监管的吏民的财物;

(6)坐赃:指监临主司以外的其他官员"因事受财"构成的犯罪。

六赃的处罚原则是:(1)以赃值定罪量刑标准;(2)受刑之外,犯罪人还必须退还赃款赃物;(3)官吏犯赃,还要"官除名,吏罢役"。

第六:唐代诉讼制度

唐三法司	大理寺	中央审判权,审理中央百官与京师徒刑以上案件,重审地方死刑案件,徒、流刑案报刑部复核,死刑案奏请皇帝批准;长官为大理寺正卿、副卿
	刑部	中央司法行政机关,复核大理寺徒、流刑案,州县徒刑案;长官尚书、侍郎
	御史台	纠察弹劾百官,也负责监督大理寺、刑部审判,也参与重大案件审理;长官御史大夫、御史中丞;下设台院、殿院、察院
三司推事		中央地方大案,由大理寺卿、刑部尚书、御史大夫会审
		地方次要案件,由大理寺评事、刑部员外郎、监察御史组成"三司使"前往审理
告诉限制		除谋反、谋大逆、谋叛外,卑幼不得控告尊长
		卑贱不得控告尊贵
		在押犯人只准告狱官虐待事
		八十以上、十岁以下以及笃疾者只准告子孙不孝或同居之内受人侵害事
		禁止投匿名信控告
		"诸告人罪皆注明年月,指陈实事,不得称疑"
死刑复奏	三复奏	唐代死刑执行必须经过三复奏,决前一天两复奏,决日一复奏
	五复奏	京城死刑案件五复奏,决前一天两复奏,决日三复奏
	一复奏	恶逆以上罪及部曲、奴婢犯杀主人罪者,则一复奏后,就可执行死刑

》 品题

例1:根据唐代关于"告诉"的法律规定,下列选项中官府应予受理的案件有(　　)①。(2018 多 48)(2018 法多 28)

A.张某控告其祖父谋反

B.李某控告其主人杀人

C.八十岁的王某控告其子孙不孝

———————————

① ACD

D. 在押囚犯刘某控告狱卒虐待

例2: 唐高宗永徽年间,某地有婢女不堪主人欺凌,将主人毒杀。后该婢女被官府缉捕归案,判处斩刑。根据唐律死刑复奏制度的规定,该案应复奏的次数是(　　)①。**（2015 法单 17）**

A. 无需复奏　　　　B. 一复奏　　　　C. 三复奏　　　　D. 五复奏

例3: 唐朝中央司法审判机关是(　　)②。**（2007 单 33）**

A. 刑部　　　　　B. 大理寺　　　　C. 都察院　　　　D. 御史台

例4: 简述唐代三法司的主要职责。

唐朝中央设置大理寺、刑部、御史台三大司法机构:

(1)大理寺以正卿和少卿为正副长官,下设正、丞、司直等,职掌中央司法审判权,审理中央百官与京师徒刑以上案件,对刑部移送的地方死刑案件有重审权;对徒、流重罪的判决,须送刑部复核;死刑案件须奏请皇帝批准。

(2)刑部是中央司法行政机关,其正副长官为尚书和侍郎,职掌案件复核权,负责复核大理寺判决的徒、流刑案件,以及州县判决的徒刑以上案件。在审核中如有可疑,可驳令原机关重审,也可直接改判;死刑案件移交大理寺重审。

(3)御史台作为监察机关,也是中央法律监督机构,其正副长官为御史大夫和御史中丞。掌纠察弹劾百官违法之事,同时负责监督大理寺和刑部的司法审判活动,也参与对重大案件的审判。

第七:唐代经济制度

土地制度		均田法;限制口分田买卖;禁止占田过限
赋税制度	租庸调	租是田赋,庸是徭役,不服役者可输庸代役,国家加役可减免租调
	两税法	基本原则是量出制入,按每户的土地面积征收地税,按财产多寡确定的户等征收户税,每年分夏秋两季征收
专卖制度	禁榷	盐、茶、酒
市舶制度	舶脚	船舶入口税
	抽分	外国商船贩至中国龙香、沉香、丁香、白豆蔻,政府抽十分之一实物税,是中国历史上第一项外贸征税
	收市	蕃货在市场上与中国商人贸易时征收的市税

>> **品题**

唐初创建了市舶制度,制定了中国历史上第一项外贸征税法令。对外商贩至中国的部

---

① B

② B

分货物,官府抽取十分之一的实物税。下列属于应抽取实物税的货物有(   )①。(2017
多61)(2017法多29)

A. 丝绸   B. 瓷器   C. 龙香   D. 沉香

第八:宋代主要立法

宋刑统	宋太祖建隆年间颁布《宋建隆详定刑统》,成为中国历史上第一部刊版印行的法典	
	体例	取法于唐末《大中刑律统类》和《大周刑统》,分213门
	内容	沿袭唐律
编敕	敕是皇帝对特定的人和事或特定的区域颁发的诏令,为一时之权制,不具有普遍和长久的效力。把众多的散敕整理后加以分类汇编,经皇帝批准颁行后,便具有普遍的法律效力,成为编敕	
编例	对皇帝和中央司法机关发布的单行条例,或审判的典型案例加以汇编,前者称为"条例"或"指挥",后者称为"断例"	
条法事类	南宋为适应司法实践需要,把相关的敕、令、格、式及指挥、申明(法律解释)等分门别类加以汇编,有《淳熙条法事类》《庆元条法事类》等	
折杖法	宋初创立,将笞刑、杖刑折为臀杖;徒刑折为脊杖,杖后释放;流刑折为脊杖,并于本地配役一年;加役流折为脊杖后就地配役三年	
	死刑、反逆、强盗等重罪不适用折杖	
刺配	"既杖其脊,又配其人,而且刺面,是一人之身,一事之犯而兼受三刑"	
凌迟	首用于五代,宋立为法定刑,清末变法修律时废除	
重法地法	对某些特定地区的特定犯罪判处重刑的法律制度,该特定地区称"重法地"	重法地法 盗贼重法
盗贼重法	扩大了重法的适用地区	

▷▷ 品题

例1:中国古代对一种刑罚有如下的描述:"既杖其脊,又配其人而刺其面,是一人之身,一事之犯,而兼受三刑也。"该材料所描述的刑罚是(   )②。(2016单39)

A. 刺配   B. 折杖   C. 廷杖   D. 发遣

例2:宋朝为弥补律典之不足进行的立法活动有(   )③。(2016多61)

A. 编敕   B. 编例

C. 编修会典   D. 编纂条法事类

---

① CD

② A

③ ABD

例3:颁布《盗贼重法》的朝代是( )①。(2011 法单 17)

A.宋朝 B.元朝 C.明朝 D.清朝

例4:颁布《重法地法》的朝代是( )②。(2009 单 32)

A.唐朝 B.宋朝 C.元朝 D.明朝

例5:中国历史上第一部刊版印行的法典是( )③。(2009 单 38)

A.《开皇律》 B.《大明律》 C.《宋刑统》 D.《开元律》

例6:《庆元条法事类》编制于( )④。(2007 单 41)

A.唐朝 B.宋朝 C.五代 D.元朝

例7:中国古代以凌迟作为国家法定刑的朝代有( )⑤。(2007 多 61)

A.唐朝 B.元朝 C.明朝 D.清朝

第九:宋代诉讼制度

审刑院	审刑院是神宗以前为加强皇帝对司法的控制,而增设的中央审判机关。设知院事为长官及详议官六人。凡是上奏案件先交审刑院备案,后交大理寺复核,之后再返回审刑院详议并奏请皇帝裁决。神宗时裁撤审刑院,恢复大理寺和刑部的原有职能	
	制勘院	推勘院
鞫谳分司	"审""判"分离,前者称"鞫司(推司、狱司)",后者称"谳司(法司)"	
翻异别推	翻异别推就是犯人推翻原口供时应该重审的制度。翻异,指的是犯人推翻原来的口供;别勘分为别推(换法官审理)和别移(换司法机关审理),翻异次数不得超过三次,若故意诬告、称冤,罪加一等	
务限法	宋代对民事诉讼的时效规定,对刑事案件也有不同审理期限	

品题

例1:宋朝元丰年间,开封府民人钱某与赵某因相邻土地的田界问题发生纠纷,钱某欲告官解决。按照《宋刑统》的相关规定,官府可以受理钱某词状的时间是( )⑥。(2019 单 30)

A.四月初一 B.六月十八

C.八月十八 D.十月初一

例2:南宋庆元年间,某州有一妇人被杀。死者丈夫甲被当地州衙拘捕,受尽拷刑,招认"杀妻事实",该案提交本路提刑司审核,甲推翻原口供,断然否认杀妻指控。对此,符合宋代

---

① A
② B
③ C
④ B
⑤ BCD
⑥ D

翻异别推制度规定的是(　　　)①。(2018 单 32)(2018 法单 20)

A. 发回原州衙由原审官员重审

B. 上报中央御史台审理

C. 上报中央大理寺审理

D. 指定本路另一州衙官员审理

例3:《历代名臣奏议》中记载,宋高宗时"狱司推鞠,法司检断,各有司存,所以防奸也"。材料反应的司法制度是(　　　)②。(2016 法单 18)

A. 翻异别推　　　　B. 鞠谳分司　　　　C. 三司会审　　　　D. 死刑复奏

例4:下列关于宋代"翻异别推"制度的表述,正确的是(　　　)③。(2014 单 39)

A. 实行"审"与"判"相分离

B. 农务繁忙季节停止民事诉讼审判

C. 皇帝特诏大理寺、刑部、御史台的长官会同审理

D. 犯人翻供且"实碍重罪"时,须交由另外司法官或司法机构重新审理

例5:宋初为强化皇帝对司法权的控制,增设的机构包括(　　　)④。(2014 多 62)

A. 审刑院　　　　B. 制勘院　　　　C. 都察院　　　　D. 推勘院

例6:为防止冤错案件,宋朝规定在犯人翻供且所翻情节关系重大时,案件改由另一司法机关重新审理。该制度是(　　　)⑤。(2013 单 39)

A. 翻异别推　　　　　　　　B. 鞠谳分司

C. 三司推事　　　　　　　　D. 覆冤理雪

例7:宋朝曾实行的"审"与"判"分离的制度称为(　　　)⑥。(2012 单 40)

A. 翻异别推　　　　　　　　B. 鞠谳分司

C. 三司推事　　　　　　　　D. 九卿会审

第十:宋代民事制度

买卖契约(绝卖)	动产买卖		
	不动产买卖	先问亲邻	
		输钱印契	红契:加盖官印的契约;白契:未缴纳契税、加盖官印的契约
		过割赋税	赋税义务转移给新业主
		原主离业	

---

① D

② B

③ D

④ ABD

⑤ A

⑥ B

续表

典卖契约 (活卖)	先问亲邻-输钱印契-过割赋税-原主离业	
	业主权利	得到钱主给付典价;约定赎回期(没有约定或约定不清则为30年)赎回
	钱主权利	使用收益权;优先购买权;转典权;业主不赎则取得所有权
财产继承	继承权	兄弟、在室女、户绝家庭出嫁女、遗腹子都有继承权
	户绝继承	立继	"夫亡而妻在",而家无男子继承,则由亡夫之妻在同宗族之晚辈中选立继承人
		命继	"夫妻俱亡",而家无男子继承,则由其尊长亲属在同宗族之晚辈中选立继承人

>> 品题

例1:典卖契约是一种附有回赎条件的特殊类型的买卖契约。宋朝法律规定,以原价赎回标的物的最长期限是(   )①。(2017 单 39)(2017 法单 18)

A.10 年   B.20 年   C.30 年   D.40 年

例2:根据宋朝的法律规定,享有继承家庭财产权利的民事主体包括(   )②。(2014 法多 30)

A.庶子   B.命继子   C.在室女   D.出嫁女

例3:宋代把未缴纳契税未加盖官印的契约称为(   )③。(2012 单 39)

A.红契   B.白契   C.质剂   D.傅别

例4:宋朝法律中规定的不动产典卖契约的成立要件包括(   )④。(2010 多 63)

A.先问亲邻   B.输钱印契   C.过割赋税   D.原主离业

第十一:宋代行政制度

差遣制	官是代表其品级和俸禄高低,职是文官的荣誉虚衔,差遣才是其实际职事		
中央	沿袭隋唐三省六部	三省:中书省传承皇帝命令,草拟诏书;门下省审核驳正后,交皇帝批准;尚书省负责执行	
		六部:吏、户、礼、兵、刑、工	
	二府三司	二府:中书门下为最高行政机关,长官平章事,副官参知政事;枢密院为最高军事行政机关	
		三司:中央理财机关,盐铁司掌工商收入、兵器制造;度支司掌财政收支、粮食漕运;户部司掌户口、赋税和榷酒	

---

① C

② ABCD

③ B

④ ABCD

续表

地方	四司	经略安抚使	转运使	提点刑狱使	提举常平使
《洗冤集录》	宋慈编著的世界上第一部比较系统的法医学专著				
《明公书判清明集》	是一部"名公"所作的诉讼判词和官府公文的分类汇编				
监察制度	1. 御史台以御史中丞为长官,御史每月必须奏事一次,是为"月课",可以"风闻弹人",不必皆有实据,上任百日内无所纠弹者,贬为外官				
	2. 在御史台之外,将分属中书、门下两省的谏官(如谏议大夫、司谏、正言等)组成谏院,负责对中枢决策、行政措施和官员任免等事提出意见,与御史台合称"台谏",旨在牵制宰相的权力				
	3. 设于各路的监司(转运使和提点刑狱使等)负有对地方官员的监察职责,负责巡按州县,州级政权的通判官号称"监州",职责是监察州县官员				

品题

在官制中实行差遣制的朝代是(   )①。(2006 单 40)

A. 汉朝   B. 唐朝   C. 宋朝   D. 明朝

第十二:辽、夏、金法律制度

辽	《新定条例》是辽第一部比较完整的法典,史称《重熙条例》
	道宗咸雍年间又增补为《咸雍条例》
夏	崇宗贞观年间有综合性"律令"行用,并有军法典《贞观玉镜统》
	仁宗天盛年间正式制定《天盛改旧新定律令》
	神宗光定年间又编订《亥年新法》
金	熙宗皇统年间制定金朝第一部成文法典《皇统制》
	章宗泰和年间颁行《泰和律令敕条格式》,包括泰和律义+律令+新定敕条+六部格式

---

① C

第五章 | 元明清法律制度

第一：元代法律制度上篇

主要立法	立法思想	祖述变通,附会汉法	
		因俗而治,蒙汉异制,分而治之	四等人:蒙古人,色目人,汉人,南人
	《大札撒》	蒙古人早期习惯法	
	《至元新格》	元世祖颁布,是元朝统一中国后颁布的第一部比较系统的成文法典	
	《大元通制》	元英宗颁布,成文法和判例法的结合,标志着元法典定型	
	《至正条格》	元顺帝颁布,是对《大元通制》的修订补充	
	《元典章》	全称《大元圣政国朝典章》	
		地方官对元世祖以来的条例汇编,并非政府颁布	
		首次以六部划分体例的行政法典	
		首次附载五服图	
	《经世大典》	元明宗制定,这是一部仿效《唐六典》而编订的典章汇编	
刑法制度	罪名变化	强奸幼女(10岁以下)罪确立	
		十恶改为诸恶,重点打击谋反	
	刑罚变化	处罚减轻,但法外酷刑,盗贼犯罪处刑加重	
	同罪异罚	蒙古人殴死汉人,只需断罚出征,全征烧埋银;但汉人打死蒙古人,则要处死,且烧埋银照付	

>> 品题

例1:下列关于《元典章》的表述,不正确的是( )①。(2016 单 40)

A.《元典章》附载了五服图

B.《元典章》为元朝第一部成文法典

C.《元典章》开创了六部分篇的编纂体例

D.《元典章》是元朝地方官府自行汇编的法规大全

例2:元朝由江西地方官府整理圣旨、条例而形成的法规汇编是( )②。(2011 单 39)

---

① B

② D

A.大札撒   B.至元新格

C.大元通制   D.元典章

例3:开创在法典中附载"五服图"先例的是(   )①。(2005 单 37)

A.唐律疏议   B.元典章

C.大明律   D.大清律例

例4:元朝法律规定的强奸幼女罪中,"幼女"的年龄是(   )②。(2009 单 44)

A.八岁以下   B.十岁以下

C.十二岁以下   D.十四岁以下

例5:最早在法律上规定"诸强奸幼女者处死,虽和同强,女不坐"的是(   )③。(2007 单 42)

A.宋刑统   B.大明律

C.元朝法律   D.大清律例

例6:强奸幼女者处死,虽和同强,女不坐。这条关于强奸幼女罪的法律规定最早出现于(   )④。(2018 单 30)(2018 法单 18)

A.唐朝   B.宋朝   C.元朝   D.明朝

第二:元代法律制度下篇

司法制度	无大理寺	
	大宗正府	专门审理蒙古人、色目人和宗室的案件
	刑部	属于中书省,掌司法行政与审判
	宣政院	全国最高宗教审判机关
民事制度	婚姻	"收继婚":"父死则妻其母,兄弟死则收其妻"
		"嫁娶礼书":必须订立婚书
	继承	蒙古习惯由幼子继承父业
		元代离婚妇女或寡妇如果再婚,丧失原先从父母处得来的妆奁物及其他继承得来的财产,夫家财产更是不得带走
诉讼制度	元代法典《诉讼》独立成篇	
	元代开始出现诉讼代理	
	元代出现"约会"制度,当遇到不同户籍、不同民族及僧侣之间发生刑名诉讼时,政府要出面将相关户籍的直属上司请来共同审理	

---

① B

② B

③ C

④ C

续表

监察制度	加强监察立法,使监察有法可依,有章可循,如《风宪宏纲》
	监察体制设置严密,并且赋予其较大的权限
	重视加强对监察官本身的监督
	体现民族歧视政策

▶▶ 品题

例 1: 元朝统领吏、户、礼、兵、刑、工六部的中央国家机构是(　　)①。(2017 单 40)

A. 尚书省　　　　　B. 中书省　　　　　C. 门下省　　　　　D. 宣政院

例 2: 元朝在中央设立的最高行政机关为(　　)②。(2014 单 40)

A. 尚书省　　　　　B. 中书省　　　　　C. 门下省　　　　　D. 行省

例 3: 元朝上都、大都所属蒙古人、色目人与汉人相犯的案件,普通司法机关无权管辖,须由专门机构审理裁决。该专门机构是(　　)③。(2013 单 40)

A. 理藩院　　　　　　　　　　　B. 大理寺

C. 宣政院　　　　　　　　　　　D. 大宗正府

例 4: 再嫁妇女不得带走从娘家获得的财产。法律首次明文作此规定的朝代是(　　)④。(2007 单 45)

A. 宋朝　　　　　B. 元朝　　　　　C. 明朝　　　　　D. 清朝

第三:明代主要立法

立法思想	"刑乱国用重典";"明刑弼教",最早出自《尚书》"明于五刑,以弼五教"
大明律	明太祖洪武三十年;取消宰相制度
	体例	7篇:名例+吏、户、礼、兵、刑、工
	内容	创设"奸党罪"
明大诰	朱元璋亲自审理的案例,对臣民的训导以及新颁布的重刑法令,要求户户有此一本,成为考试科目,朱元璋死后,《大诰》被束之高阁
	体例	《御制大诰》《大诰续编》《大诰三编》《大诰武臣》
问刑条例	明律以外的单行法规,"律者万世之常法,例者一时之旨意",附于《大明律》开律例合编的先例并影响了清朝
大明令	洪武元年制定,按六部分篇,是帝制中国最后一部令典

---

① B

② B

③ D

④ B

品题

例1:下列选项中,属于明朝法律形式的有( )①。(2018 多 49)(2018 法单 29)

A.则例 　　B.大诰 　　C.条法事类 　　D.问刑条例

例2:明朝初年,朱元璋将其亲自审理的案件加以整理汇编,并加上因案而发的训导,作为训诫臣民的特别法令颁布天下,史称( )②。(2014 单 41)

A.明《大诰》 　　　　　　B.《大明律》

C.《大明会典》 　　　　　　D.《问刑条例》

例3:中国历史上废除丞相制度的皇帝是( )③。(2011 单 40)

A.元世祖 　　B.明太祖 　　C.明成祖 　　D.清世祖

例4:"一切官民诸色人等,户户有此一本,若犯笞、杖、徒、流罪名,每减一等。无者,每加一等",此规定针对的中国古代法律是( )④。(2007 单 38)

A.唐律 　　B.大明律 　　C.大诰 　　D.大清律例

第四:明代刑事制度

奸党罪	"凡奸邪进谗者,左使杀人者"
	"若犯罪,律该处死,其大臣小官巧言减免,暗邀人心者"
	"若在朝官员,交接朋党,紊乱朝纲者"
	"若刑部及大小衙门官吏,为不职法律,听从上司官主使出入人罪者"
	"若有上言宰执大臣美政才德者"
充军	终身:本人身死为止
	永远:罪犯本人死亡后子孙亲属仍须继续充军,直到"勾补尽绝"方能"开豁"
廷杖	皇帝处罚大臣的非常之刑,于殿廷之上由司礼监监刑,锦衣卫行刑
轻其所轻重其所重	明朝加重了对一些重点犯罪的镇压,对一些轻微触犯礼教、典礼的罪名,比唐律处罚有所减轻

品题

例1:明太祖朱元璋为"防臣下之揽权专擅,交结党援"而增设的一项新罪名是( )⑤。(2017 单 41)(2017 法单 19)

---

① BD
② A
③ B
④ C
⑤ D

A.阿党罪　　　　　　　　　　　　　　　B.左官罪

C.腹诽罪　　　　　　　　　　　　　　　D.奸党罪

例2:较之于唐律,明律中处罚有所减轻的罪名是(　　　)①。**(2014 法单 18)**

A.谋反　　　　　　　　　　　　　　　　B.强盗

C.官吏受财　　　　　　　　　　　　　　D.子孙违反教令

例3:明洪武三十一年,某省布政使上书皇帝,嘉言宰执大臣"美政才德",依照《大明律》的规定,该上书行为构成的罪名是(　　　)②。**(2013 单 41)**

A.内乱　　　　　B.左官　　　　　C.奸党　　　　　D.谋大逆

例4:最早规定"奸党罪"的法典是(　　　)③。**(2006 单 38)**

A.唐律　　　　　B.宋刑统　　　　　C.大明律　　　　　D.大清律例

第五:明代司法制度

明三法司	刑部	审判
	大理寺	驳正
	都察院	改御史台为都察院,中央六部设六科给事中,地方设十三道监察御史
厂卫	厂:直属皇帝的特务机关,包括东厂、西厂、内行厂	
	卫:皇帝亲军十二卫中的锦衣卫,掌管皇帝出入仪仗和警卫事宜	
	凌驾于司法机关之上,享有侦查缉捕、监督审判、法外施刑等司法特权	
申明亭	"申明教化,明刑弼教",对百姓施刑教化,并调处纠纷,以稳定统治秩序	
	教民榜文	巩固和扩大了里老的司法审判权,"民间户婚、田土、斗殴相争,一切小事,不许辄便告官,务要经由本管里甲、老人理断。若不经由者,不问虚实,先将告人杖断六十,仍发回里甲、老人理断。"
诉讼特点	严厉制裁诬告行为,诬告加等反坐	
	严禁越诉	
	军官、军人诉讼一般不受普通司法机构管辖	
	明确地域管辖的原则:被告不在同一州县,规定了"原告就被告""轻囚就重囚""少囚就多囚""后发就先发"原则	
	强调以民间半官方组织调解息讼	

▶▶ 品题

例1:明朝成化年间,一日本留学生与一威尼斯商人在泉州因琐事发生殴斗,日本留学生

---

① D

② C

③ C

受重伤。按《大明律》的规定,审理此案应依据的法律是( )①。(2019 单 38)

A. 明朝法律 　　　　　　　　　　B. 日本国法律

C. 威尼斯法律　　　　　　　　　D. 当事人选定的法律

例 2:明代负责全国行政监察工作,参与重大或疑难案件审理的中央机关是( )②。(2016 单 41)

A. 御史台　　　　B. 大理寺　　　　C. 都察院　　　　D. 锦衣卫

例 3:明清时期被称为"风宪衙门"的中央机构是( )③。(2015 单 33)

A. 都察院　　　　B. 大理寺　　　　C. 尚书省　　　　D. 刑部

例 4:明朝初年在乡间创设的申明亭,具有基层司法组织的功能。通常可以由申明亭受理和调处的案件包括( )④。(2015 多 60)

A. 贼盗　　　　B. 婚姻　　　　C. 田土　　　　D. 斗殴

例 5:简述明代"三法司"的职责分工。

明朝大理寺、刑部、都察院组成明中央"三法司",刑部受天下刑名,都察院纠察,大理寺驳正:

(1)刑部是中央司法行政机关,主司审判,下设十三清吏司,分掌各省上诉案件,审核地方上的重案和审理中央百官及京师地区的案件。刑部有权处决流刑以下的案件,但定罪以后须将人犯连同案卷送大理寺复核,死刑案件复核后须奏请皇帝批准。

(2)大理寺是复核机关,对于判决不当的案件则驳令改判,判决得当者才允准具奏行刑。

(3)都察院的监察组织和职权有所扩大,负责纠举弹劾全国上下官吏的违法行为,并且参与重大疑难案件的审判工作,监督法律的执行。都察院附设监狱,关押皇帝直接交办的重要案犯。都察院御史还定期巡按地方,对地方司法审判进行监督。

为加强司法审判,重大疑难案件实行三法司共同会审,称"三司会审"。

例 6:简述明代诉讼制度的特点。

明朝诉讼制度主要有以下特点:

(1)严厉制裁诬告行为:历朝的法律都视诬告为严重犯罪,诬告者反坐。明律进一步加重处罚,规定诬告加等反坐。

(2)严禁越诉:明律规定:"凡军民词讼,皆须自下而上陈告。若越本管官司辄赴上司称诉者,笞五十。"

(3)军官、军人诉讼一般不受普通司法机构管辖。

(4)明确地域管辖的原则:对于被告不在同一州县,或被告分居数州县诉讼案件的管辖,明律规定了"原告就被告""轻囚就重囚""少囚就多囚""后发就先发"的原则。

(5)强调以民间半官方组织调解"息讼"。

---

① 　A

② 　C

③ 　A

④ 　BCD

第六:明代民事制度

财产法	先占原则	凡逃弃荒田一律归先占开垦者所有,旧主即使回归也丧失土地所有权,只可请求返还房屋坟墓
	遗失物	在30日公告期内即使被主人领回时,拾得人仍可获得一半,公告期满无人认领,则由拾得者获得遗失物的全部所有权
家庭法		"男女婚姻,各有其时",即适龄者方许结婚,双方家长的意愿是婚姻订立的首要条件
		义绝变化:"义绝之状,谓如身在远方,妻父母将妻改嫁,或赶逐出外,重别招婚,及容止外人通奸。又如本身殴妻至折伤,抑妻通奸,有妻诈称无妻,欺妄更娶妻,以妻为妾,受财将妻典雇,妄作姊妹嫁人之类"
		家长对违反教令的子孙有权直接进行肉体惩罚
		嫁娶由祖父母、父母主婚
		户绝财产由所有亲女继承;奸生子继承地位上升
对外贸易	海禁	
	朝贡	海外诸国与明贸易必须以朝贡为先决条件,设"市舶提举司"
一条鞭法		将各州县的田赋、杂税和差役合并,统一征收;田赋除部分地区征收米粮外,其他一律征收折色银;各项杂税和差役等统一折算成白银,平摊入土地,按照土地和人丁的多少征收;征收赋税实行"官收官解制",即由官府自行负责征收和解运

品题

下列关于明朝婚姻家庭继承法律制度的表述,不正确的是(   )①。(2010 单 45)

A. 主婚权属于祖父母、父母,嫁娶违律的,独坐主婚者

B. 七出仍是丈夫休妻的理由,义绝不再成为婚姻解除的条件

C. 婚姻缔结须有婚书和聘礼,同姓、同宗无服亲及良贱不得为婚

D. 继承采取"嫡庶无别,诸子均分"的原则,承认奸生子的继承权

第七:清代主要立法

立法思想	"详译明律,参以国制"
大清律例	乾隆年间正式颁行,前承顺治《大清律集解附例》、雍正《大清律集解》
	名例律+吏、户、礼、兵、刑、工
大清会典	清朝各级国家机关的职掌、事例、活动规则与有关的制度,在编纂上遵循"以典为纲,以则例为目"原则
	五朝会典分《康熙会典》《雍正会典》《乾隆会典》《嘉庆会典》《光绪会典》,最后一部《光绪会典》,增设了总理各国事务衙门的机构和权限

---

① B

续表

则例	清朝针对中央各部门的职责、办事规程而制定的基本规则,是规范各部院政务活动、保障其正常运转的行政规则
	一般则例:《刑部现行则例》《钦定吏部则例》《钦定户部则例》《钦定礼部则例》《理藩院则例》《钦定台规》
	特别则例:《钦定八旗则例》《兵部督捕则例》《六部处分则例》《吏部处分则例》
少数民族聚居区法规	《蒙古律例》《理藩院则例》《回疆则例》《苗汉杂居章程》《湘苗事宜》《西宁青海番夷成例》《钦定西藏章程》《西藏禁约十二事》《台湾善后事宜》

品题

例 1:规定总理各国事务衙门的机构及其权限的清代会典是( )①。(**2019 单 39**)

A. 雍正会典　　　　　　　　　　　　B. 乾隆会典

C. 嘉庆会典　　　　　　　　　　　　D. 光绪会典

例 2:清朝中央政府除制定全国统一的基本法典之外,还制定了一系列适用于少数民族聚居区的专门法规,其中包括( )②。(**2015 多 61**)

A. 回疆则例　　　　　　　　　　　　B. 蒙古律例

C. 理藩院则例　　　　　　　　　　　D. 钦定西藏章程

例 3:为了规范国家机关的组织活动,加强行政管理,清政府仿效明朝,将各级国家机关的职掌、事例、活动规则等有关制度编撰成集,称为( )③。(**2014 单 43**)

A.《大清律集解附例》　　　　　　　　B.《大清律集解》

C.《大清会典》　　　　　　　　　　　D.《大清律例》

例 4:清政府颁布的专门适用于少数民族地区的法律包括( )④。(**2011 法单 29**)

A. 蒙古律例　　　　　　　　　　　　B. 西宁青海番夷成例

C. 钦定西藏章程　　　　　　　　　　D. 回疆则例

例 5:将"则例"作为国家一种重要法律形式的朝代是( )⑤。(**2008 单 38**)

A. 宋朝　　　　　B. 元朝　　　　　C. 明朝　　　　　D. 清朝

例 6:清朝制定的适用于少数民族聚居区的专门法律包括( )⑥。(**2006 多 62**)

A. 西宁番子治罪条例　　　　　　　　B. 蒙古律

C. 钦定八镇则例　　　　　　　　　　D. 回律

---

① D

② ABCD

③ C

④ ABCD

⑤ D

⑥ ABD

例 7:清朝入关后编制的第一部《大清会典》是( )①。(2005 单 39)

A.顺治会典

B.雍正会典

C.康熙会典

D.乾隆会典

第八:清代刑事制度

发遣	清朝创立的减死之罪,将罪犯发配到边疆地区,主要对象是犯徒罪以上的文武官员
文字狱	绝大多数比照"谋大逆"判罪
维护满族特权	确保满洲贵族在政权中的优越地位
	旗人犯罪享有特权和优待
	法律保护旗地旗产,禁止"旗民交产"

▶▶ 品题

例 1:清朝创立的发遣刑,其适用对象是( )②。(2017 单 42)

A.犯强盗罪的民人

B.犯杀伤罪的军人

C.犯徒罪以上的文武官员

D.犯徒罪以下的旗人

例 2:清时屡兴文字狱,但律例中并无关于惩治思想犯罪的规定,审理此类案件,一般比附的罪名是( )③。(2016 单 42)

A.妖书妖言

B.谋大逆

C.大不敬

D.谋叛

例 3:清朝光绪年间,某官员甲因犯罪而被发配新疆,给驻防八旗官兵当差为奴。甲被判处的刑罚是( )④。(2013 单 42)

A.发遣

B.刺配

C.充军

D.流刑

例 4:清朝创立的刑罚是( )⑤。(2007 单 40)

A.发遣

B.充军

C.加役流

D.刺配

---

① C

② C

③ B

④ A

⑤ A

第九:清代诉讼制度

告诉限制	依律应容隐之人,一律不得赴官陈控,奴婢、雇工不得控告家长
	狱中罪犯不得告举他事
	禁止越诉行为,违者按"光棍"例治罪
幕友胥吏	幕友是官员私人聘请的政法顾问,俗称"师爷"
	胥吏是各级政府衙门中从事文书工作的人员,他们熟悉本地情况及当地审判惯例

≫ 品题

在清朝司法实践中,幕友发挥着重要作用,下列关于幕友的表述正确的有(   )①。
(2019 多 49)

A. 幕友须精通复杂的律例

B. 幕友由各级官府衙门任命

C. 以专办刑事审判实务的刑名幕名地位最高

D. 幕友是各级地方官及中央司法部门长官的政法顾问

第十:清代民事制度

民事主体变化	废除匠籍制度	明代将手工业工人列为"匠籍",子孙相继强制赋役,清废除,以雇募工匠代之
	雇工人的地位有所改善	
	部分贱籍豁免为良	"乐户""丐户""惰户""疍户"豁除贱籍
	奴婢可以开户为民	
典权制度变化	明确典、卖两种契约的区别	
	明确典当回赎权的年限(10 年)	
	明确房屋出典后的风险责任	

≫ 品题

例 1:清朝民事立法中,民事主体地位发生了一定变化,人身依附关系有所削弱,表现为
(   )②。(2017 多 62)

---

① ACD
② BCD

A.允许良贱通婚　　　　　　　　　　B.废除匠籍制度

C.雇工人的地位有所改善　　　　　　D.部分贱籍豁免为良

例2："民人典当田房,契载统以十年为率,限满听赎"作出这一法律规定的朝代是(　　　)①。(2015 单38)

A.汉朝　　　　　B.唐朝　　　　　C.明朝　　　　　D.清朝

例3：通过立法规定房屋出典后失火焚毁的风险责任分担原则的朝代是(　　　)②。(2011 单41)

A.宋朝　　　　　B.元朝　　　　　C.明朝　　　　　D.清朝

第十一：明清时期会审制度

明	清					
	九卿会审＝圆审(通政使+六部+都察院左都御史+大理寺卿)					
大审(太监审)						
朝审	秋审	地方死刑案	情实	缓决	可矜	可疑	留养承嗣
	朝审	京城死刑案	奏请执行死刑	留待明年秋审	免死减等发落	驳回原省再审	批准回家奉养
	热审：京城笞杖刑						

≫ 品题

例1：明朝独有的由皇帝委派宦官会同三法司官员定期录囚的制度是(　　　)③。(2013 法单20)

A.大审　　　　　B.朝审　　　　　C.圆审　　　　　D.热审

例2：明朝的会审形式包括(　　　)④。(2008 多60)

A.圆审　　　　　B.大审　　　　　C.朝审　　　　　D.热审

例3：简述明清时期的会审制度。

秋审是清朝最重要的死刑复审制度,发源于明朝审制度,因在每年秋天举行而得名。秋审审理的对象是各省上报的斩监候、绞监候案件,每年秋八月在天安门金水桥西由九卿、詹事、科道以及军机大臣、内阁大学士等重要官员会同审理。秋审被视为国家大典,专门制定了《秋审条款》,作为进行秋谳大典的法律依据。

---

① D

② D

③ A

④ ABCD

秋审案件经过复审程序后,分五种情况处理:

(1)情实:罪情属实、罪名恰当者,奏请执行死刑。

(2)缓决:案情虽属实,但危害性不大者,可再押监候办,留待下年秋审;凡三经秋审定为缓决,可免死减为流三千里,或减发烟瘴极边充军。

(3)可矜:案情属实,但情有可原,予以免死减等发落。

(4)可疑:案情尚未完全明了,驳回原省再审。

(5)留养承祀:案情属实,罪名恰当,但罪犯为独子而祖父母、父母年老无人奉养,或符合"孀妇独子"等条件的,则经皇帝批准,可改判重杖,枷号示众三个月。

秋审的判决虽然依据法律,但亦参考犯罪时间及地区的实际情况,灵活适用。秋审是刑事审判制度臻于完备的重要标志,既保证了皇帝对最高司法权的控制,又宣扬了统治者的仁政德治。

复习 历代法典变迁

朝代	代表法典	篇目	总则	要点
战国	法经	6	具法	(1)盗贼囚捕杂具;(2)王者之政莫急于盗贼
汉	九章律	9	具律	(1)盗贼囚捕杂具户兴厩;(2)萧何
	傍章律	18		叔孙通
	越宫律	27		张汤
	朝律	6		赵禹
曹魏	曹魏新律	18	刑名	八议入律
西晋	晋律	20	刑名法例	(1)泰始律;(2)张杜律(张斐杜预);(3)准五服以制罪(4)明确区分律令"律以正罪名,令以存事制"
北齐	北齐律	12	名例	(1)法令明审科条简要;(2)重罪十条;(3)首次12篇(4)首次名例律
隋	开皇律	12	名例	(1)以北齐律为蓝本;(2)十恶入律;(3)首次新五刑(4)议请减赎当
唐	武德律	12	名例	武德开篇
	贞观律	12	名例	创设加役流
	永徽律	12	名例	(1)长孙无忌主持;(2)首次官方纂定注解;(3)卫禁/职制/户婚/厩库/擅兴/贼盗/斗讼/诈伪/杂/捕亡/断狱
	唐六典	6		治教理政刑事
宋	宋刑统	12	名例	(1)213门;(2)首次刊版印行
辽	重熙条例			
	咸雍条例			

续表

夏	贞观玉镜统			军法典
	天盛改旧新定律令			
	亥年新法			
金	皇统制			金朝第一部成文法典
	泰和律令敕条格式			包括泰和律义+律令+新定敕条+六部格式
元	至元新格			(1)元世祖颁布;(2)元朝统一中国后颁布的第一部比较系统的成文法典
	大元通制			标志着元法典定型
	至正条格			对《大元通制》的修订补充
	经世大典			仿效《唐六典》而编订的典章汇编
	元典章			(1)并非政府颁布;(2)首次以六部划分的行政法典;(3)首次附载五服图
明	大明律	7	名例	(1)首次以六部划分的刑法典,共7篇;(2)取消宰相制度;(3)规定"奸党罪"
	明大诰			(1)朱元璋亲自审理的案例;(2)要求户户有此一本;(3)成为考试科目;(4)朱元璋死后,大诰被束之高阁;(5)御制大诰/大诰续编/大诰三编/大诰武臣
	大明令			帝制中国最后一部令典
清	大清律例	7	名例	(1)顺治《大清律集解附例》;(2)乾隆时制定
	大清会典			(1)以典为纲,以则例为目;(2)康熙、雍正、乾隆、嘉庆、光绪

▶▶ 品题

例1:《宋刑统》共十二篇,其首篇的篇名是(　　　)①。(2015 法单 18)

A. 具律　　　　　　　B. 刑名　　　　　　　C. 名例　　　　　　　D. 法例

例2:下列选项中,以六部官制作为分篇体例的国家律典有(　　　)②。(2013 多 61)

A.《宋刑统》　　　　　　　　　　　B.《大明律》

C.《大清律例》　　　　　　　　　　D.《大清现行刑律》

例3:首次按中央六部分设篇目的中国古代法典是(　　　)③。(2012 法单 17)

A. 宋刑统　　　　　　　　　　　B. 大元通制

C. 大明律　　　　　　　　　　　D. 大清律例

① C

② BC

③ C

例 4：唐律的篇目数是（　　　）①。（**2010 法 32**）

A. 6 篇　　　　　　　　B. 7 篇　　　　　　　　C. 12 篇　　　　　　　　D. 18 篇

例 5：《宋建隆重详定刑统》的篇目数是（　　　）②。（**2007 单 35**）

A. 6 篇　　　　　　　　B. 7 篇　　　　　　　　C. 12 篇　　　　　　　　D. 18 篇

例 6：简述中国古代法典从《唐律疏议》到《大清律例》篇章体例的发展演变。（**2015 简 66**）（**2015 法简 33**）

1. 唐律为十二篇,第一篇《名例律》,相当于现代刑法总则,主要规定了刑罚制度和基本原则;后十一篇分别为《卫禁律》《职制律》《户婚律》《厩库律》《擅兴律》《贼盗律》《斗讼律》《诈伪律》《杂律》《捕亡律》《断狱律》。

2.《宋刑统》的体例,仿照唐末的《大中刑律统律》和《大周刑统》,律下分 213 门,每篇少则有 5 门,多则有 26 门。律后附有唐中期以后至宋初的敕令格式。

3.《大明律》改变了唐宋旧律的传统体例,以名例律冠于篇首,下按六部官制分吏、户、礼、兵、刑、工六律,共 7 篇,30 卷,460 条。《大明律》在编制体例上以名例及六部分篇,为古代法典体例的一大变化。

4.《大清律例》的结构形式、体例、篇目与《大明律》基本相同,共分名例律、吏律、户律、礼律、兵律、刑律、工律七篇,律文 436 条,附例一千余条。

复习 历代立法指导思想变迁

西周	以德配天,明德慎罚
秦	缘法而治,法令由一统,严刑重法
汉	汉初黄老思想,武帝时德主刑辅
唐	德礼为政教之本,刑罚为政教之用
元	因俗而治,分而治之
明	明刑弼教
清	详译明律,参以国制

复习 历代司法机关汇总

西周	大司寇;小司寇
秦	(1)廷尉掌审判;(2)"三公"御史大夫

---

① C

② C

续表

汉	(1)廷尉掌审判;(2)御史大夫掌监察;(3)汉武帝创设刺史监察地方,六条问事监察法;(4)东汉三独坐:尚书令、御史中丞、司隶校尉;(5)汉初"御史九条"
北齐	改廷尉为大理寺
唐	(1)大理寺:最高审判;(2)刑部:审判复核;(3)御史台:监察机关,分台院、殿院、察院
宋	(1)大理寺:最高审判;(2)刑部:审判复核;(3)御史台:监察机关;(4)宋初增设审刑院、制勘院、推勘院;(5)地方设提点刑狱司
元	(1)没有大理寺;(2)刑部掌审判(属中书省);(3)大宗正府:蒙古人、色目人和宗室案件;(4)宣政院:宗教审判机关;(5)御史台:监察机关;(6)监察立法《风宪宏纲》;(7)重视加强对监察官本身的监督
明	(1)刑部:最高审判;(2)大理寺:复核;(3)都察院:监察机关,设六科给事中,十三道监察御史;(4)地方设申明亭;(5)厂卫
清	(1)刑部:最高审判;(2)大理寺:复核;(3)都察院:监察机关,设十五道监察御史;(4)内务府:满人诉讼;(5)宗人府:皇室宗亲诉讼;(6)步军统领衙门:京师满人诉讼;(7)理藩院:少数民族诉讼
清末	(1)刑部改为法部:司法行政机关;(2)大理寺改大理院:审判机关;(3)审检合署
北洋	(1)大理院:最高法院;(2)平政院:行政诉讼法院
南京民国政府	根据孙中山五权分立思想,南京国民政府设司法院、监察院

品题

例1: 清代被称为"天下刑名之总汇"的中央司法机关是( )①。（2018 单 37）

A. 军机处 B. 大理寺 C. 都察院 D. 刑部

例2: 清朝负责受理蒙古、西藏、新疆等少数民族地区上诉案件的中央机关是( )②。（2016 法单 19）

A. 宣政院 B. 大宗正府 C. 理藩院 D. 宗人府

例3: 清朝的最高司法审判机关是( )③。（2012 单 41）

A. 刑部 B. 大理寺 C. 都察院 D. 宗人府

例4: 以都察院为全国最高监察机关的朝代有( )④。（2005 多 63）

A. 宋朝 B. 元朝 C. 明朝 D. 清朝

---

① D

② C

③ A

④ CD

第六章 | 清末民初的法律制度

第一:清末预备立宪

立宪背景	1905 年"仿行宪政",五大臣出洋考察	
	1906 年《宣示预备立宪先行厘定官制谕》:"大权统于朝廷,庶政公诸舆论"	
	1908 年《钦定逐年筹备事宜清单》颁布,规定预备立宪期为九年,至 1916 年正式施行君主立宪	
钦定宪法大纲	背景	1908 年由宪政编查馆颁布,中国历史上第一部宪法性文件
	内容	正文"君上大权"14 条:规定皇帝在立法、行政、司法、军事、宣战与媾和、召开解散议会等方面的绝对权力,并在许多条文之后加上"议院不得干涉"等词语,以保障皇权、限制议会的权力
		附录"臣民权利义务"9 条:规定了臣民纳税、服兵役、遵守法律诸项义务以及抄自日本宪法中的一些臣民权利。但对每项权利均以"在法律范围内"作为限制语,并规定"皇帝得以诏令限制臣民之自由"
十九信条	背景	清政府于辛亥革命爆发后制定《宪法重大信条十九条》
	内容	形式上缩小了皇帝的权力,相对扩大了国会和总理的权力,虽强调"大清帝国皇统万世不易",但已无实质意义,对于人民权利只字未提
咨(谘)议局	1909 年在各省设立的地方咨询机关,宪政编查馆编订《咨议局章程》《咨议局议员选举章程》,活动宗旨"指陈通省利病,筹计地方治安",具有地方议会的性质	
资政院	1910 年设立的中央咨询机关,依《资政院院章》设立,资政院议员分钦选与民选,前者由皇帝指定,后者由各省咨议局议员互选产生,具有国家议会的性质	

》》 品题

例 1:1906 年 9 月,清廷发布《宣示预备立宪谕》,将立宪指导原则确定为(　　)①。
(2016 单 43)

A."道德与法律为一体"

B."中外通行,有裨治理"

C."大权统于朝廷,庶政公诸舆论"

D."折中世界各国大同之良规,兼采近世最新之学说"

---

① C

例2：清政府于辛亥革命爆发后制定的宪法性文件是(　　)①。(2012 单 42)

A.《谘议局章程》　　　　　　　　　　B.《钦定宪法大纲》

C.《资政院院章》　　　　　　　　　　D.《宪法重大信条十九条》

例3：清政府颁布的第一个宪法性文件是(　　)②。(2011 单 33)

A.宪法重大信条十九条　　　　　　　B.天坛宪草

C.钦定宪法大纲　　　　　　　　　　D.资政院院章

例4：清末为"预备立宪"，仿照近代西方国家的议会制度设立了中央咨询机关，该机关是(　　)③。(2015 单 42)

A.参议会　　　　　　B.参议院　　　　　　C.谘议局　　　　　　D.资政院

例5：清末设立的以"指陈通省利病，筹计地方治安"为宗旨的地方机构是(　　)④。(2008 单 37)

A.参议会　　　　　　B.资政院　　　　　　C.谘议局　　　　　　D.都督府

例6：简述《钦定宪法大纲》的内容。

(1)背景：《钦定宪法大纲》是清末预备立宪中产生的宪法性文件，指导思想是"大权统于朝廷，庶政公诸舆论"，于 1908 年由宪政编查馆颁布，是中国历史上第一部宪法性文件。

(2)内容：

其一，正文"君上大权"14 条，规定皇帝在立法、行政、司法、军事、宣战与媾和、召开解散议会等方面的绝对权力，并在许多条文之后加上"议院不得干涉"等词语，以保障皇权、限制议会的权力。

其二，附录"臣民权利义务"9 条，规定了臣民纳税、服兵役、遵守法律逐项义务以及抄自日本宪法中的一些臣民权利。但对每项权利均以"在法律范围内"作为限制，并规定"皇帝得以诏令限制臣民之自由"。

(3)影响：积极方面，《钦定宪法大纲》第一次明确规定对皇权的法定和臣民的权利义务，对于启发民智，培养近代法律意识具有一定意义；消极方面，无论在结构上还是内容上，都体现了皇帝专权，人民无权，给君主专制制度披上了"宪法"的外衣。

例7：简述《十九信条》的内容和影响。

(1)背景：《十九信条》，全称《宪法重大信条十九条》，清政府于辛亥革命爆发后制定的宪法性文件。

(2)内容：形式上缩小了皇帝的权力，相对扩大了国会和总理的权力，虽强调"大清帝国皇统万世不易"，但已无实质意义，对于人民权利只字未提。

(3)影响：积极方面，《十九信条》对皇帝权力进行了限缩；消极方面，《十九信条》只是应急性政治策略，不可能挽救清政府灭亡的局面。

----

① D

② C

③ D

④ C

第二:领事裁判权

领事裁判权	背景	正式确立于1843年《中英五口通商章程》及随后签订的《虎门条约》中,并在其后签订的一系列不平等条约中得以扩充
	内容	(1)中国人与享有领事裁判权国家的侨民间的民事和刑事诉讼案件,均依被告主义原则适用法律和实行司法管辖
		(2)享有领事裁判权国家的侨民之间在中国发生的诉讼案件,由所属国领事法院或相应机关审理,中国官员一律不得过问
		(3)不同国家的侨民之间的争讼,一般均适用被告主义原则,由被告一方所属国的领事法院或相应机构审理,中国官员亦不得过问
		(4)享有领事裁判权国家的侨民与非享有领事裁判权国家的侨民之间的争讼案件,如前者是被告,则适用被告主义原则,如后者是被告,则由中国地方官府或司法机关管辖
会审公廨		1864年清政府与英、法、美三国驻上海领事协议在租界内设立的专门审判机构,凡诉讼牵涉外国人,若被告系有约国人,由其本国领事裁判;若被告是无约国人,仍须邀一名外国官员陪审

▶▶ 品题

例1:外国在华领事裁判权正式确立于( )①。(**2005 单 42**)

A. 1841 年   B. 1842 年   C. 1843 年   D. 1845 年

例2:简述清末的领事裁判权制度。(**2010 简 66**)

(1)背景:领事裁判权制度,又称治外法权,是指在中国领域内提起的诉讼,根据享有领事裁判权国的法律进行审理。其正式确立于1843年《中英五口通商章程》及随后签订的《虎门条约》中,并在其后签订的一系列不平等条约中得以扩充。

(2)内容:

其一,中国人与享有领事裁判权国家的侨民间的民事和刑事诉讼案件,均依被告主义原则适用法律和实行司法管辖;

其二,享有领事裁判权国家的侨民之间在中国发生的诉讼案件,由所属国领事法院或相应机关审理,中国官员一律不得过问;

其三,不同国家的侨民之间的争讼,一般均适用被告主义原则,由被告一方所属国的领事法院或相应机构审理,中国官员亦不得过问;

其四,享有领事裁判权国家的侨民与非享有领事裁判权国家的侨民之间的争讼案件,如前者是被告,则适用被告主义原则,如后者是被告,则由中国地方官府或司法机关管辖。

---

① C

第三：变法修律上篇

大清现行刑律	清政府 1910 年颁行的过渡性法典,在《大清律例》的基础上局部调整删改而成		
	(1)取消六部划分,按各条性质分 30 门		
	(2)律例合编模式未作更改		
	(3)附《禁烟条例》《秋审条例》于其后		
	(4)区分刑事、民事条款,关于继承、婚姻、田宅等纯民事性质条款不再科刑		
	(5)确立罚金、徒刑、流刑、遣刑、死刑刑罚体系,删除了凌迟、枭首、戮尸、刺字、缘坐等制度		
大清新刑律	清政府 1911 年公布的中国历史上第一部近代意义上的专门刑法典		
	(1)取消了"诸法合体"编纂形式,将法典分为总则与分则两编		
	(2)附《暂行章程》5 条		
	(3)规定刑罚分为主刑和从刑,主刑包括罚金、拘役、有期徒刑、无期徒刑、绞刑,从刑包括褫夺公权和没收		
	(4)引入西方刑法原则和法律术语,如罪刑法定原则、刑法面前人人平等、既遂未遂、正当防卫,取消十恶、八议、官当等		
	(5)设立感化院,对少年犯惩治教育		
	(6)谋反罪改为内乱罪,新增有关国交、外患、电讯、交通、卫生等罪名		
礼法之争	辩题:《大清新刑律》如何对待中国数千年相传的"纲常名教"	礼教派	法理派
		张之洞、劳乃宣	沈家本、杨度
	"干名犯义"条的存废问题	存	废
	"存留养亲"制度	存	废
	"无夫奸"和"亲属相奸"问题	构成犯罪	不是犯罪
	"子孙违反教令"问题	构成犯罪	不是犯罪
	子孙卑幼能否向尊亲长行使正当防卫权的问题	构成犯罪	正当防卫
	结果:妥协。新刑律后附加五条《暂行章程》,刑律正文按法理派观点,暂行章程按礼教派观点		
暂行章程	(1)规定无夫妇女通奸罪		
	(2)对尊亲属有犯不得适用正当防卫		
	(3)加重卑幼对尊长、妻对夫杀伤等罪的刑罚		
	(4)减轻尊长对卑幼、夫对妻杀伤等罪的刑罚		

大清民律草案	由修订法律馆与礼学馆共同承担,总则、债权、物权三编由日本法学家松冈义正起草,亲属与继承由修订法律馆会同礼学馆制定,于1911年10月完成
	(1)采纳各国通行的民法原则
	(2)以最新最合理的法律理论为指导
	(3)充分考虑中国特定的国情民风,确定最适合中国风俗习惯的法则,并适应社会演进的需要
	前三编以"模范列强"为主,体例结构取自德国民法典,采取了私有财产所有权不可侵犯、契约自由、过失致人损害应予赔偿等基本原则;后两编以"固守国粹"为主,所有涉及亲属关系以及与亲属关系相关联的财产关系,均以中国传统为主
商事立法	第一阶段:《钦定大清商律》《公司注册试办章程》《商标注册试办章程》《商标注册试办章程细目》《破产律》;第二阶段:《大清商律草案》《破产律草案》《保险规则草案》《改订大清商律草案》《银行则例》《银行注册章程》《大小轮船公司注册给照章程》等
	特点	(1)"模范列强,博稽中外"为立法原则
		(2)法典编纂结构和立法技术上,体现了"照顾商事活动简便性,以宽为主"的要求
		(3)带有半殖民地法律的烙印

≫ 品题

例1:在清末变法修律中,法理派和礼教派围绕《大清新刑律》等法典的修订原则产生了激烈争论,学界称之为"礼法之争"。下列选项中,法理派的主要代表人物是(   )①。(2017单43)(2017法单20)

A. 张之洞   B. 劳乃宣   C. 刘坤一   D. 沈家本

例2:清末礼教派与法理派围绕新式法典的制定产生了理论争执,所涉及的主要问题有(   )②。(2016多62)

A. "干名犯义"条的存废   B. "无夫奸"和"亲属相奸"

C. 子孙违反教令是否为罪   D. 关于"存留养亲"是否应编入刑律

例3:与《大清现行刑律》相比,《大清新刑律》的主要变化包括(   )③。(2015多63)

A. 采用了罪刑法定原则

B. 删除了"十恶"重罪等内容

C. 改变了律例合编的法典编纂体例

D. 采用了西方国家通行的缓刑、假释等制度

例4:中国历史上首部确认罪刑法定原则的刑法典是(   )④。(2014法单20)

A.《大清律例》   B.《暂行新刑律》

———————————

① D
② ABCD
③ ABCD
④ C

C.《大清新刑律》   D.《大清现行刑律》

例5：下列选项中,属于《大清新刑律》规定的刑罚种类的有(　　)①。(2013 多62)

A. 流刑　　　　　　　　B. 管制　　　　　　　C. 有期徒刑　　　　　　D. 无期徒刑

例6：《大清现行刑律》规定的刑罚体系是(　　)②。(2011 单42)

A. 罚金、徒刑、流刑、遣刑、死刑

B. 笞刑、杖刑、徒刑、流刑、死刑

C. 没收、拘役、徒刑、流刑、死刑

D. 罚金、拘役、有期徒刑、无期徒刑、死刑

例7：下列关于《大清新刑律》特点的表述,正确的有(　　)③。(2010 法多29)

A. 采用罪刑法定主义原则

B. 在体例上抛弃了旧律"诸法合体"的编纂形式

C. 采用西方国家通用的缓刑、假释、正当防卫等制度和术语

D. 确立了新的刑罚制度,规定的主刑包括死刑、遣刑、流刑、徒刑和罚金

例8：《大清新刑律》附加的《暂行章程》规定的内容包括(　　)④。(2009 多63)

A. 无夫妇女犯奸构成犯罪

B. 对尊亲属有犯,不得适用正当防卫

C. 加重卑幼对尊长、妻对夫杀伤等罪的处罚

D. 减轻尊长对卑幼、夫对妻杀伤等罪的处罚

例9：与《大清律例》相比,《大清现行刑律》的变化主要包括(　　)⑤。(2008 多63)

A. 改变了律例合编的法典编纂体例

B. 删除了"十恶"重罪等内容

C. 对于婚姻、继承、田宅、钱债等纯属民事性质的行为不再科刑

D. 增加了一些新罪名,诸如妨害国交罪、妨害选举罪、私铸银元罪等

例10：清末"礼法之争"的焦点主要包括(　　)⑥。(2005 多64)

A. 修律的必要性   B. 无夫奸

C. 子孙违反教令   D. 正当防卫

例11：清末变法修律中,清廷制定了中国历史上第一部民法草案。该草案共分五编,其中由修订法律馆会同礼学馆起草的部分是(　　)⑦。(2013 单43)

A. 总则　　　　　　B. 债权　　　　　　C. 物权　　　　　　D. 继承

---

① CD

② A

③ ABC

④ ABCD

⑤ CD

⑥ BCD

⑦ D

例 12:清末颁行的商事法律包括(　　　)①。(2011 多 62)

A. 钦定大清商律　　　　　　　　　　　B. 破产律

C. 公司注册试办章程　　　　　　　　　D. 商标注册试办章程

例 13:《大清民律草案》后两编"亲属"与"继承"的起草机关是(　　　)②。(2006 单 42)

A. 礼学馆　　　　　　　　　　　　　　B. 修订法律馆

C. 资政院　　　　　　　　　　　　　　D. 宪政编查馆

例 14:《大清现行刑律》与《大清律例》相比有哪些变化。(2020 简 53)(2020 法简 33)

(1)背景:《大清现行刑律》是清政府 1910 年颁行的过渡性法典,在《大清律例》的基础上局部调整删改而成。

(2)内容:

其一,取消六部划分,按各条性质分 30 门;

其二,律例合编模式未作更改;

其三,附《禁烟条例》、《秋审条例》于其后;

其四,区分刑事、民事条款,关于继承、婚姻、田宅等纯民事性质条款不再科刑;

其五,确立罚金、徒刑、流刑、遣刑、死刑刑罚体系,删除了凌迟、枭首、戮尸、刺字、缘坐等制度;

其六,增加一些新罪名,如妨害国交罪、妨害选举罪、私铸银元罪、破坏交通罪等。

(3)影响:积极方面,废除残酷刑罚,将民事条款剥离开来;消极方面,仍属传统性质的法典,只是对《大清律例》的局部和形式上的修改。

例 15:简述《大清新刑律》的特点。(2006 简 66)

(1)背景:清政府 1911 年公布的中国历史上第一部近代意义上的专门刑法典。

(2)内容:

其一,取消了"诸法合体"编纂形式,将法典分为总则与分则两编;

其二,《大清新刑律》后附《暂行章程》5 条;

其三,规定刑罚分为主刑和从刑,主刑包括罚金、拘役、有期徒刑、无期徒刑、绞刑,从刑包括褫夺公权和没收;

其四,引入西方刑法原则和法律术语,如罪刑法定原则、刑法面前人人平等、既遂未遂、正当防卫,取消十恶、八议、官当等;

其五,设立感化院,对少年犯惩治教育;

其六,谋反罪改为内乱罪,新增有关国交、外患、电讯、交通、卫生等罪名,如妨害国交罪、妨害选举罪、私铸银元罪、破坏交通罪等。

(3)影响:积极方面,近代意义上的专门刑法典,是清末修律的代表;消极方面,《暂行章程》具有礼教色彩,且《大清新刑律》公布后不久清政府即灭亡。

---

① 　ABCD

② 　A

例 16：简述礼法之争的内容。

（1）背景：在制定《大清新刑律》的过程中如何对待中国数千年相传的"纲常名教"发生争论，一方为礼教派，代表人物张之洞、劳乃宣；另一方为法理派，代表人物沈家本、杨度。

（2）内容：

其一，"干名犯义"条的存废问题，礼教派认为应当继续存续，法理派认为应当废除；

其二，"存留养亲"制度的存废问题，礼教派认为应当继续存续，法理派认为应当废除；

其三，"无夫奸"和"亲属相奸"问题，礼教派认为构成犯罪，法理派认为不是犯罪；

其四，"子孙违反教令"问题，礼教派认为构成犯罪，法理派认为不是犯罪；

其五，子孙卑幼能否向尊亲长行使正当防卫的问题，礼教派认为构成犯罪，法理派认为是正当防卫。

（3）影响：两派妥协，新刑律后附加五条《暂行章程》，刑律正文按法理派观点，暂行章程按礼教派观点。

例 17：简述《大清民律草案》的特点。

背景：由修订法律馆与礼学馆共同承担，总则、债权、物权三编由日本法学家松冈义正起草，亲属与继承由修订法律馆会同礼学馆制定，于 1911 年 11 月完成。

（2）内容：

其一，采纳各国通行的民法原则；

其二，以最新最合理的法律理论为指导；

其三，充分考虑中国特定的国情民风，确定最适合中国风俗习惯的法则，并适应社会演进的需要；

其四，前三编以"模范列强"为主，体例结构取自德国民法典，采取了私有财产所有权不可侵犯、契约自由、过失致人损害应予赔偿等基本原则；

其五，后两编以"固守国粹"为主，所有涉及亲属关系以及与亲属关系相关联的财产关系，均以中国传统为主。

（3）影响：积极方面，中国历史上第一部民法典草案，对以后的民事立法产生了重要影响；消极方面，前三编与后两编风格迥异，亦与当时中国实际严重脱节，并未正式颁行。

第四：变法修律下篇

司法机关的调整	改刑部为法部	法部掌管全国司法行政事务，并改省按察使司为提法使司，负责地方司法行政工作及司法监督
	改大理寺为大理院	大理院作为全国最高审判机关，在地方设立高级审判厅、地方审判厅和初级审判厅，形成新的司法系统
	实行审检合署	检察厅对刑事案件进行侦查、提起公诉、实行审判监督，并可参与民事案件的审理，充当诉讼当事人或公益代表人

诉讼审判制度的改革	(1)在诉讼程序上实行四级三审制度
	(2)规定了刑事案件的公诉制度、附带民事诉讼制度、民事案件的自诉及代理制度、证据制度、保释制度等,并承认律师辩护的合法性
	(3)规定了辩论、回避、审判公开,明确了预审、合议、公判、复审等程序,吸收了司法独立、辩护等司法原则,但并未真正实施
	(4)初步规定了法官及检察官考试任用制度
	(5)改良监狱及狱政管理制度
大理院审判编制法	中国近代意义之第一部法院编制法
	明确民刑分理的体制,确认司法独立原则,并规定了不同审级的审判方式,引进西方审判监督机制,确立四级三审制
法院编制法	引进诸如审判独立、公开审判、民刑分理、审检分立、合议制等
刑事民事诉讼法草案	以区分民刑诉讼、建立陪审制度和实行律师制度为核心内容
大清刑事诉讼律草案	引进西方近代的诉讼原则和制度,如民刑分理、审判公开、陪审制度与辩护制度、废除刑讯逼供、采取据众证定罪等
	标志着中国古代重实体、轻程序传统的终结
大清民事诉讼律草案	采用近代西方国家民事诉讼通用的"当事人主义"、法院不干涉及辩论等原则
修订法律馆	沈家本、伍廷芳修订法律大臣
指导思想	"中外通行,有裨治理"
修律特点	(1)立法指导思想上,一方面借用西方近现代法律制度的形式,另一方面坚持中国固有的制度内容,即成为清末变法修律的基本宗旨
	(2)内容上,一方面继续保持肯定和维护专制统治的传统,另一方面又大量引入西方法律理论、原则、制度和法律术语,使得保守的内容与先进的近代法律形式同时显现于新订法律法规之中
	(3)法典编纂上,改变了"诸法合体"的形式,分别制定或起草了有关宪法、刑法、民法、商法、诉讼法、法院组织法等,形成了近代法律体系的雏形
	(4)实质上,修律是在保持君主政体前提下进行的,既不能反映人民群众的要求和愿望,也没有真正的民主形式
修律影响	(1)直接导致了中华法系的解体
	(2)为中国法律的近代化奠定了基础
	(3)在一定程度上引进和传播了西方近代法律学说和法律制度
	(4)在客观上推动了中国资本主义经济的发展和教育制度的现代化

品题

例1:清廷于1910年颁布的《法院编制法》对于中国传统司法体制和审判制度进行重大改革。该法所确立法律原则和制度包括( )①。(2018 多 50)(2018 法多 30)

A. 审判独立   B. 合议制   C. 民刑分理   D. 审检分立

例2:中国历史上第一部具有近代意义的法院组织法是( )②。(2015 单 43)

A. 裁定官制谕   B. 大理院审判编制法

C. 法院编制法   D. 暂行法院编制法

例3:清末司法改革后,全国的最高审判机关是( )③。(2009 单 40)

A. 大理院   B. 大理寺   C. 法部   D. 刑部

例4:下列关于清末修律的表述,正确的是( )④。(2012 单 44)

A. 清末修律进一步完善了中华法系

B. 通过修律,清政府收回了"治外法权"

C. 清末修律的成果随着清王朝的覆灭而失去影响

D. 清末修律改变了中国传统上的"诸法合体",形成了近代法律体系的雏形

例5:下列关于晚清修律的表述,正确的有( )⑤。(2012 法多 29)

A. 晚清修律确立了四级三审制的司法审级制度

B.《大清现行刑律》是中国第一部近代意义上的刑法典

C.《大清民律草案》的编纂体例主要仿效《法国民法典》

D. 晚清修律改变了中国"诸法合体"的立法传统,初步形成了近代法律体系

例6:清末修律的主要主持者是( )⑥。(2008 单 32)

A. 康有为   B. 伍廷芳   C. 沈家本   D. 袁世凯

例7:下列关于清末修律的表述,正确的有( )⑦。(2007 多 62)

A. 收回治外法权是修律的一个重要动因

B. 修订法律馆是负责修订法律的专门机关

C.《大清民律草案》的体例结构仿效《法国民法典》

D.《大清新刑律》属于近代意义上的专门刑法典

例8:简述清末司法组织体制改革的主要内容。(2011 法简 33)

清末司法机关调整是清末变法修律中的重要内容,具体措施为:

其一,改刑部为法部,刑部在清代为最高审判机关,改为法部掌管全国司法行政事务,并

---

① ABCD

② B

③ A

④ D

⑤ AD

⑥ C

⑦ ABD

改省按察使司为提法使司,负责地方司法行政工作及司法监督;

其二,改大理寺为大理院,大理寺在清代为最高复核机关,改为大理院作为全国最高审判机关,在地方设立高级审判厅、地方审判厅和初级审判厅,形成新的司法系统;

其三,实行审检合署,检察厅对刑事案件进行侦查、提起公诉、实行审判监督,并可参与民事案件的审理,充当诉讼当事人或公益代表人。

例 9:简述清末诉讼审判制度改革的主要内容。

清末诉讼审判制度的改革是清末变法修律中的重要内容,具体措施为:

其一,在诉讼程序上实行四级三审制度;

其二,规定了刑事案件的公诉制度、附带民事诉讼制度、民事案件的自诉及代理制度、证据制度、保释制度等,并承认律师辩护的合法性;

其三,规定了辩论、回避、审判公开,明确了预审、合议、公判、复审等程序,吸收了司法独立、辩护等司法原则,但并未真正实施;

其四,初步规定了法官及检察官考试任用制度;

其五,改良监狱及狱政管理制度。

例 10:简述清末修律的特点。(2018 论 58)

清末修律是在收回治外法权背景下进行的大规模的法典编纂与修改运动,修律的特点如下:

其一,立法指导思想上,一方面借用西方近现代法律制度的形式,另一方面坚持中国固有的制度内容,即成为清末变法修律的基本宗旨;

其二,内容上,一方面继续保持肯定和维护专制统治的传统,另一方面又大量引入西方法律理论、原则、制度和法律术语,使得保守的内容与先进的近代法律形式同时显现于新订法律法规之中;

其三,法典编纂上,改变了“诸法合体”的形式,分别制定或起草了有关宪法、刑法、民法、商法、诉讼法、法院组织法等,形成了近代法律体系的雏形;

其四,实质上,修律是在保持君主政体前提下进行的,既不能反映人民群众的要求和愿望,也没有真正的民主形式。

例 11:简述清末修律的历史意义。(2014 简 66)

清末修律是在收回治外法权背景下进行的大规模的法典编纂与修改运动,修律的影响意义如下:

其一,直接导致了中华法系的解体;

其二,为中国法律的近代化奠定了基础;

其三,在一定程度上引进和传播了西方近代法律学说和法律制度;

其四,在客观上推动了中国资本主义经济的发展和教育制度的现代化。

第五：南京临时政府法律制度

孙中山法律思想	权能分治	是指将国家的政治权力分为政权和治权,政权简称"权",分为选举权、罢免权、创制权(提案、起草和公布)和复决权(投票、修改和废除),治权简称"能",分为立法权、行政权、司法权、考试权和监察权,权能分治要求在人民掌握"政权"的前提下,把"治权"完全交给政府去行使
	五权宪法	是在立法权、行政权和司法权之外,再加上考试权和监察权,形成"五权分立",这种以"五权分立"为基础内容的宪法就叫"五权宪法",根据五权宪法设立立法院、行政院、司法院、考试院和监察院五院,就叫"五院制",孙中山认为,只有用"五权宪法"所组织的政府才是完全政府
	建国三时期	军政时期
		训政时期
		宪政时期
中华民国临时政府组织大纲	辛亥革命胜利后各省都督府代表会议 1911 年通过的关于筹建中华民国临时政府的纲领性文件	
	(1)第一次以法律形式宣告废除封建帝制,以美国国家制度为蓝本,确立了中华民国的基本政治体制,实行三权分立	
	(2)临时政府为总统制共和政体,临时大总统为国家元首和政府首脑,统帅军队	
	(3)立法权由参议院行使	
	(4)临时中央裁判所为最高司法机关	
中华民国临时约法	辛亥革命后南北议和过程中制定,是一部资产阶级民主共和国性质的宪法文件	
	内容	(1)明确宣示中华民国为统一的民主共和国
		(2)确立了资产阶级民主共和国的政治体制和国家制度,实行三权分立,采用责任内阁制,规定临时大总统、副总统和国务员行使行政权力,参议院是立法机关,法院是司法机关
		(3)规定人民享有广泛的权利和应尽的义务
	特点	(1)改总统制为责任内阁制,以限制袁世凯权力
		(2)扩大参议院权力,除拥有立法权外,还有重大事件同意权、弹劾权等
		(3)规定特别严格修改程序,须由参议院议员 2/3 以上或临时大总统提议,经参议员 4/5 以上出席,出席议员 3/4 以上赞成方可进行,防止袁世凯擅自修改约法
社会改革法令	保障民权:《禁止买卖人口文》《禁绝贩卖猪仔及保护华侨办法文》《严惩贩卖猪仔文》	
	发展经济:《内务部通饬保护人民财产令》	
	文化教育:《普通教育暂行办法》《教育部禁用前清各书通告各省电文》	
	社会改革:《大总统令禁烟文》《内务部报告禁赌呈》《大总统令内务部晓示人民一律剪辫文》《大总统令内务部通饬各省劝禁缠足文》	

续表

司法改革措施	(1)确立司法独立的原则
	(2)禁止刑讯
	(3)禁止体罚
	(4)试行公开审判及陪审制
	(5)试行律师制度

》 品题

例1：孙中山就任中华民国临时大总统的法律依据是(   )①。(2011 单 34)

A. 中华民国临时约法   B. 中华民国约法

C. 中华民国宪法   D. 中华民国临时政府组织大纲

例2：下列关于《中华民国临时政府组织大纲》内容的表述,正确的有(   )②。(2009 多 62)

A. 实行三权分立的原则

B. 立法权由参议院和众议院共同行使

C. 以临时中央裁判所作为行使最高司法权的机关

D. 以英国的国家制度为蓝本,确立中华民国的基本政治制度

例3：《中华民国临时约法》规定的政体是(   )③。(2018 单 38)

A. 君主立宪制   B. 总统制

C. 半总统制   D. 责任内阁制

例4：下列关于《中华民国临时约法》内容与特点的表述,正确的有(   )④。(2015 多 62)

A. 实行三权分立的原则

B. 确立责任内阁制的政权组织形式

C. 立法权由参议院和众议院共同行使

D. 规定中华民国之主权属于国民全体

例5：下列关于《中华民国临时约法》内容的表述,正确的有(   )⑤。(2014 多 63)

A. 采用责任内阁制

B. 实行三权分立的原则

C. 规定人民享有广泛的权利

D. 确立了资产阶级民主共和国的政治体制和国家制度

---

①   D

②   AC

③   D

④   ABD

⑤   ABCD

例 6：下列关于《中华民国临时约法》主要内容的表述,正确的是(　　　)①。(2012 单 43)

A. 规定司法的党化

B. 采用责任内阁制的政体

C. 规定不得对《临时约法》进行修改

D. 规定立法权由参议院和众议院共同行使

例 7：《中华民国临时约法》确立的政体是(　　　)②。(2011 法单 16)

A. 总统制 　　　　　　　　　　B. 责任内阁制

C. 君主立宪制 　　　　　　　　D. 人民代表会议制

例 8：根据《中华民国临时约法》的规定,通过约法修正案的赞成票应占出席议员的比例是(　　　)③。(2010 法单 20)

A.1/2 以上　　　B.2/3 以上　　　C.3/4 以上　　　D.4/5 以上

例 9：中华民国南京临时政府颁布了一系列社会改革法令,旨在革除社会陋习,改进社会风尚。下列选项中未被这些法令所涉及的内容是(　　　)④。(2016 法单 20)

A. 禁烟　　　　　B. 剪辫　　　　　C. 禁缠足　　　　　D. 禁纳妾

例 10：南京临时政府颁布的社会改革法令包括(　　　)⑤。(2011 多 60)

A. 禁烟令　　　　B. 禁赌令　　　　C. 剪辫令　　　　D. 劝禁缠足令

例 11：中华民国南京临时政府颁布的革命法令有(　　　)⑥。(2010 多 61)

A. 易笞条例 　　　　　　　　　B. 保护人民财产令

C. 徒刑改遣条例 　　　　　　　D. 大总统令内务部禁止买卖人口文

例 12：简述《中华民国临时政府组织大纲》的特点和历史意义。(2017 简 66)(2017 法简 33)(2012 法简 33)

(1)背景：《中华民国临时政府组织大纲》是辛亥革命胜利后各省都督府代表会议 1911 年通过的关于筹建中华民国临时政府的纲领性文件。

(2)内容：

其一,第一次以法律形式宣告废除封建帝制,以美国国家制度为蓝本,确立了中华民国的基本政治体制,实行三权分立;

其二,临时政府为总统制共和政体,临时大总统为国家元首和政府首脑,统帅军队;

其三,立法权由参议院行使;

其四,临时中央裁判所为最高司法机关。

(3)影响：积极方面,资产阶级共和国第一个宪法性文件,为中华民国南京临时政府的成立提供了法律依据,是制定《中华民国临时约法》的基础;消极方面,该法在形式上并不十分完备。

———————————

① 　B

② 　B

③ 　C

④ 　D

⑤ 　ABCD

⑥ 　BD

例 13:简述《中华民国临时约法》的意义。(2013 简 66)/简述《中华民国临时约法》的主要内容。(2013 法简 33)

(1)背景:辛亥革命后南北议和过程中制定,是一部资产阶级民主共和国性质的宪法文件。

(2)内容和特点:

其一,确立了资产阶级民主共和国的政治体制和国家制度,实行三权分立,采用责任内阁制,规定临时大总统、副总统和国务员行使行政权力,参议院是立法机关,法院是司法机关;

其二,改总统制为责任内阁制,以限制袁世凯权力;

其三,扩大参议院权力,除拥有立法权外,还有重大事件同意权、弹劾权等;

其四,规定特别严格修改程序,须由参议院议员 2/3 以上或临时大总统提议,经参议员 4/5 以上出席,出席议员 3/4 以上赞成方可进行,防止袁世凯擅自修改约法。

(3)影响:积极方面,近代第一部全面的资产阶级宪法文件,肯定了辛亥革命的成果,彻底否定了中国数千年来的君主专制制度,肯定了民主共和制度和民主自由原则,在全国人民面前树立起"民主""共和"的形象;消极方面,改法也存在立宪观念和立法技术的问题。

例 14:简述南京临时政府时期司法改革的主要措施。(2007 简 66)

其一,确立司法独立的原则。即法官独立审判,不受上级官厅之干涉。

其二,禁止刑讯。不论行政司法官署及何种案件,一概不准刑讯,鞫狱当视其证据之充实与否,不当偏重口供,其此前不法刑具,悉令焚毁。

其三,禁止体罚。临时政府颁布"禁止体罚令",规定不论行政司法官署及何种案件,不准再用笞杖、枷号及他项不法刑具,其罪当笞杖、枷号者,悉改科罚金、拘留。

其四,试行公开审判及陪审制。临时约法规定法院之审判,须公开之,但有认为妨害安宁秩序者,得秘密之。

其五,试行律师制度。辛亥革命之后,苏、沪、杭等地区纷纷成立律师组织,并向政府申请领证注册。

第六:北洋政府法律制度

中华民国宪法草案	背景	北洋政府时期的第一部宪法草案,于 1913 年由国会宪法起草委员会三读通过,因起草在天坛祈年殿故称为"天坛宪草"
	内容	(1)政权体制上采用责任内阁制,总统处于虚权地位
		(2)国会不仅有立法权,而且有弹劾权和对被弹劾的大总统、副总统及国务员的审判权
		(3)严格限制总统任期,规定大总统任期 5 年,只能连选连任一次
		(4)设立独立于行政机关的审计院

续表

中华民国约法	背景	北洋政府1914年公布,袁世凯一手操纵和炮制,是军阀专制全面确立的标志
	内容	(1)以根本法的形式彻底否定《临时约法》所确立的民主共和制度,代之以袁世凯的个人独裁
		(2)完全否定和取消责任内阁制,实行总统独裁的政治体制,赋予总统形同专制帝王一样至高无上的地位和权力
		(3)取消了国会制,设立有名无实的立法院
		(4)规定了人民的基本权利与义务
中华民国宪法	背景	北洋政府1923年公布,因曹锟贿选总统故又称作"贿选宪法",是中国近代宪政史上公布的第一部正式宪法
	内容	(1)条文完备,形式民主,企图用漂亮的辞藻和虚伪的民主形式掩盖实行军阀统治的本质
		(2)政治体制上仍肯定内阁制和议会制,但背后却是军阀制度的法律化
		(3)名义上实行地方自治,实则确认国内军阀的势力范围
刑事立法		《暂行新刑律》:将《大清新刑律》略加修订
		单行刑事法规:《戒严法》《治安警察条例》《惩治盗匪法》《陆军刑事条例》《海军刑事条例》《徒刑改造条例》《易笞条例》《乱党自首条例》《边界禁匪条例》《私盐治罪法》等
司法制度	司法机关	普通法院	四级三审制:大理院(5人合议庭);高等审判庭(3人合议庭);地方审判庭(一审独任,二审合议);初等审判由县知事兼理司法
		平政院	受理行政诉讼
	审判制度特点		(1)形式上标榜审判独立、公开审判、辩护原则、上诉制度、检察官独立行使职权
			(2)普遍设立兼理司法法院
立法特点			1.采用、删改清末新订之法律
			2.采用西方资本主义国家的某些立法原则
			3.制定颁布众多单行法规:《戒严法》《惩治盗匪法》《治安警察条例》《陆军刑事条例》《海军刑事条例》,特别法先于普通法
			4.判例和解释例成为重要的法律渊源。判例就是大理院判决的典型案例;解释例就是大理院对法律的解释,或者对各级法院提出的疑难问题的解释

⟫ 品题

例1:根据1913年《中华民国宪法草案》的规定,总统的任期是(　　　)①。(2010 单38)

A.四年　　　　　B.五年　　　　　C.七年　　　　　D.十年

例2:中国近代史上规定"大总统任期十年,得连任"的法律文件是(　　　)②。(2011 单45)

A.中华民国约法　　　　　　　　B.1923年中华民国宪法

———————————

① B

② D

C.中华民国宪法草案　　　　　　　　　　D.修正大总统选举法

例3：规定采用责任内阁制的中华民国时期的宪法性文件有（　　）①。（2006 多 63）

A.中华民国临时约法　　　　　　　　　　B.中华民国临时政府组织大纲

C.中华民国约法　　　　　　　　　　　　D.中华民国宪法草案（"天坛宪草"）

例4：史称"贿选宪法"的是（　　）②。（2010 法单 17）

A.1913 年《中华民国宪法》（草案）　　　B.1914 年《中华民国约法》

C.1923 年《中华民国宪法》　　　　　　　D.1947 年《中华民国宪法》

例5：下列选项中，规定实行地方自治的宪法或宪法性文件是（　　）③。（2009 单 41）

A.《中华民国宪法》（草案）　　　　　　　B.《中华民国临时约法》

C.1923 年《中华民国宪法》　　　　　　　D.《钦定宪法大纲》

例6：下列关于北洋政府立法活动的特点表述不正确的是（　　）④。（2018 单 31）（2018 法单 19）

A.采用、删改清末修订之法律

B.制定众多的单行法规

C.判例和解释例成为重要的法律渊源

D.杜绝采用西方资本主义国家的立法原则

例7：下列关于北洋政府时期立法活动特点的表述，不正确的是（　　）⑤。（2013 法单 19）

A.颁布众多单行法规

B.判例和解释例成为重要的法律渊源

C.采用西方资本主义国家的某些立法原则

D.废止清末新订法律，以新颁法典取而代之

例8：北洋政府时期立法活动的主要特点包括（　　）⑥。（2012 多 63）

A.采用删改清末新订法律

B.制定和颁布大量的单行法规

C.判例和解释例成为重要的法律渊源

D.采用"隆礼"和"重刑"并重，全面复活封建法制

例9：民国十四年秋，教育部佥事周树人提起行政诉讼，要求撤销教育部对其的免职令。依据北洋政府时期的法律，受理该案的机构是（　　）⑦。（2019 单 31）

A.大理院　　　　　　　　　　　　　　　B.平政院

C.高等审判厅　　　　　　　　　　　　　D.法部

---

① AD
② C
③ C
④ D
⑤ D
⑥ ABC
⑦ B

例 10：北洋政府时期审判行政诉讼案件的机构是(　　　)①。（2015 单 40）（2014 法单 19）（2007 单 43）

A. 大理院　　　　　B. 参政院　　　　　C. 行政院　　　　　D. 平政院

例 11：北洋政府的最高审判机关是(　　　)②。（2005 单 44）

A. 大理寺　　　　　　　　　　　　B. 大理院

C. 最高法院　　　　　　　　　　　D. 临时最高裁判所

例 12：简述北洋政府立法活动的特点。（2016 简 66）

北洋政府时期立法活动特点如下：

其一，采用、删改清末新订之法律；

其二，采用西方资本主义国家的某些立法原则；

其三，制定颁布众多单行法规，如《戒严法》《惩治盗匪法》《治安警察条例》《陆军刑事条例》《海军刑事条例》，且特别法先于普通法；

其四，判例和解释例成为重要的法律渊源。判例就是大理院判决的典型案例；解释例就是大理院对法律的解释，或者对各级法院提出的疑难问题的解释。

例 13：简述中华民国临时政府到北洋政府的政体变迁。

其一，《中华民国临时政府组织大纲》是辛亥革命胜利后各省都督府代表会议 1911 年通过的关于筹建中华民国临时政府的纲领性文件。该宪法性文件确立临时政府为总统制共和政体，临时大总统为国家元首和政府首脑，统帅军队。

其二，《中华民国临时约法》是在辛亥革命后南北议和过程中制定，是一部资产阶级民主共和国性质的宪法文件。该宪法性文件实行三权分立，采用责任内阁制，规定临时大总统。

其三，《中华民国宪法草案》是北洋政府时期的第一部宪法草案，于 1913 年由国会宪法起草委员会三读通过，因起草在天坛祈年殿故称为"天坛宪草"。该宪法性文件沿袭临时约法，政权体制上采用责任内阁制，总统处于虚权地位，此外还设立独立于行政机关的审计院。

其四，《中华民国约法》由北洋政府 1914 年公布，是袁世凯一手操纵和炮制，故又称"袁记约法"。该宪法性文件完全否定和取消责任内阁制，实行总统独裁的政治体制，赋予总统形同专制帝王一样至高无上的地位和权力，且取消了国会制，设立有名无实的立法院。

其五，《中华民国宪法》由北洋政府 1923 年公布，因曹锟贿选总统故又称作"贿选宪法"，是中国近代宪政史上公布的第一部正式宪法。该宪法政治体制上仍肯定内阁制和议会制，但背后却是军阀制度的法律化。

---

①　D

②　B

第一:南京国民政府法律制度概述

法律体系	六法全书	国民党政府六种法律的汇编,也是其成文法的总称,它构成了国民党政府法律制度的基本框架
		1.宪法:1928年《训政纲领》;1931年《中华民国训政时期约法》;1936年《中华民国宪法草案》,即"五五宪草";1946年《中华民国宪法》
		2.民法:民法包括总则、债、物权、亲属、继承五编;商法主要有《公司法》《票据法》《海商法》《保险法》四部构成
		3.刑法:1928年《中华民国刑法》,1935年修改;再如《暂行反革命治罪法》《限制异党活动办法》《危害民国紧急治罪法》《惩治盗匪条例》《后方共产党处置办法》等
		4.民事诉讼法:1931年《中华民国民事诉讼法》,1935年修改
		5.刑事诉讼法:1928年《中华民国刑事诉讼法》,1935年修改;再如《修正危害民间紧急治罪犯》《妨害国家总动员惩罚暂行办法》等
		6.行政法:包括官制官规、考试法和内政法规等
		废除六法全书:中共中央于1949年发布《关于废除国民党的<六法全书>与确定解放区的司法原则的指示》,宣布废除国民党颁布的全部法律制度,即废除国民党政府法统和《六法全书》
	相关法规	如条例、命令、细则、办法等
	判例	如最高法院各庭之间就某一判例有争议,则由司法院之变更判例会议作出决定
	解释例	司法院大法官会议拥有解释宪法、法律的权力
主要特点	1.以孙中山的"遗教"为立法的根本原则	
	2.特别法多于普通法,效力也往往高于普通法	
	3.形成了以《六法全书》为标志的国家成文法律体系	
	4.不成文法在法律体系中占据重要地位	

>> **品题**

例1:南京国民政府的成文法主要由六部法律及其相关单行法律构成,人们习惯将这一

法律称为六法体系,下列关于六法体系的表述,正确的是( )①。(2016 多 63)

A.六法体系的构建实现了中国法律形式的近代化

B.《六法全书》的编纂标志着国民政府六法体系的构建完成

C.六法体系采取"以法典为纲,以相关法规为目"的编纂方式

D.六法体系是仿照大陆体系国家构建的以典为核心的法律体系

例 2:简述南京国民政府法律体系的主要构成。(2009 简 66)

南京国民政府法律体系包括:

(1)六法全书,其一,宪法及其关系法规,如 1928 年《训政纲领》;1931 年《中华民国训政时期约法》;1936 年《中华民国宪法草案》,即"五五宪草";1946 年《中华民国宪法》;其二,民法及其关系法规,如民法包括总则、债、物权、亲属、继承五编;商法主要由《公司法》、《票据法》、《海商法》、《保险法》四部构成;其三,刑法及其关系法规,如 1928 年《中华民国刑法》,1935 年修改等;其四,民事诉讼法及其关系法规;其五,刑事诉讼法及其关系法规;其六,行政法及其关系法规。

(2)相关法规,如条例、命令、细则、办法等。

(3)判例,如最高法院各庭之间就某一判例有争议,则由司法院之变更判例会议作出决定。

(4)解释例,司法院大法官会议拥有解释宪法、法律的权力。

例 3:简述南京国民政府立法原则。

其一,南京国民政府立法主要原则是坚持"党治",即由国民党垄断立法权;

其二,中央政治会议实际上是国民党实行"以党治国""以党训政"的重要工具;

其三,立法院是最高立法机关,但行使立法权时须遵循国民党中央政治会议所确立的立法原则;行政院、司法院、考试院、监察院均可提出法律案,也可根据法律发布命令;司法院统一行使解释法令变更判例之权;地方立法权也为国民党所掌握。

例 4:简述南京国民政府法律制度的主要特点。(2011 简 66)(2018 简 53)(2018 法简 33)

其一,以孙中山的"遗教"为立法的根本原则;

其二,特别法多于普通法,效力也往往高于普通法;

其三,形成了以《六法全书》为标志的国家成文法律体系;

其四,不成文法在法律体系中占据重要地位。

总之,南京国民政府延续了清末以来的法律改革,进一步把西方资本主义国家的部分法律原则、法律体系和法律制度引入中国,并结合中国的实际情况加以吸收、发展,形成了以六法全书为代表的法律体系,从而把近代中国半殖半封法律制度建设推向顶峰。

---

① ABCD

第二:南京国民政府宪法性文件

中国国民党训政纲领	背景	于1928年通过
	内容	(1)确立训政时期国民党"一党治国,以党训政"的施政方针
		(2)训政时期由中国国民党全国代表大会代表国民大会领导国民行使政权,闭会期间由国民党中央执行委员会行使政权
		(3)国民政府从属于国民党中央机关
		(4)国民党与人民的关系体现了"训政保姆论"
中华民国训政时期约法	背景	于1931年"国民会议"制定,南京国民政府公布施行
	内容	(1)以根本法的形式确认《训政纲领》的"党治"原则,建立国民党一党专政的国家制度
		(2)规定五院制的政府组织形式
		(3)罗列了一系列公民权利与自由,但又多加限制
		(4)利用国家的名义发展官僚资本
五五宪草		1936年5月5日经国民党中央审查和蒋介石批准,由政府公布的《中华民国宪法草案》,因时局变化未付诸议决,成为后来《中华民国宪法》的蓝本
中华民国宪法	背景	1946年12月25日通过,1947年1月1日公布。基本精神与《训政时期约法》和"五五宪草"一脉相承,但基于政协通过的"宪法修改原则"12条(即实行国会制、内阁制、省自治、司法独立、保护人民权利等)的重大影响,又不得不在具体条文上有所变动
	内容	(1)依三民主义、五权宪法确定国体与政体
		(2)规定国民大会为全国最高政权机关,但对其职权加以限制
		(3)形式上采用总统制,但总统的权力受立法院、行政院、监察院的制约
		(4)规定人民各项民主自由权利及必要的宪法义务
		(5)采取中央与地方分权体制,形式上赋予省、县两级地方政府以自治权
	影响	积极:标志训政时期结束,宪政正式开始,同时又仿效美国的司法审查制度,赋予司法院以解释宪法和统一解释法律及命令之权。司法院设立大法官会议负责该项权力行使
		消极:这部宪法是在没有中国共产党和各民主党派参加的情况下制定的,因此在代表的广泛性和合法性方面存在着很大的问题

≫ 品题

例1:依照《中华民国训政时期约法》的规定,训政时期中华民国最高的训政者是(   )①。(2015 单 44)

A.国民全体   B.国民大会

C.国民党   D.立法院

———————————

① C

例 2：下列关于《中华民国训政时期约法》主要内容的表述,最能够体现其本质特点的是
(　　)①。**（2008 单 43）**

A. 确认中华民国主权属于国民全体

B. 确认国民党为最高训政者,代行国民大会的统治权

C. 规定五院制的政府组织形式

D. 规定公民享有一系列的权利自由及应尽的义务

例 3：简述《中国国民党训政纲领》的主要内容。

（1）背景：《中国国民党训政纲领》于 1928 年通过,是孙中山建国三阶段论的践行。

（2）内容：

其一,确立训政时期国民党"一党治国,以党训政"的施政方针;

其二,训政时期由中国国民党全国代表大会代表国民大会领导国民行使政权,闭会期间由国民党中央执行委员会行使政权;

其三,国民政府从属于国民党中央机关;

其四,国民党与人民的关系体现了"训政保姆论"。

（3）影响：建立了国民党一党专政的政治制度。

例 4：简述《中华民国训政时期约法》的主要内容。**（2014 法简 33）**

（1）背景：《中华民国训政时期约法》于 1931 年"国民会议"制定,南京国民政府公布施行。

（2）内容：

其一,以根本法的形式确认《训政纲领》的"党治"原则,建立国民党一党专政的国家制度;

其二,规定五院制的政府组织形式;

其三,罗列了一系列公民权利与自由,但又多加限制;

其四,利用国家的名义发展官僚资本。

（3）影响：南京国民政府进入训政阶段。

第三：南京国民政府刑事立法

	背景	1928 年公布了第一部《中华民国刑法》,1935 年修订第二部中华民国"新刑法"
中华民国刑法	内容	（1）1935 年新刑法改 1928 年中华民国刑法,由"客观主义"改为"侧重于主观主义",由"报应主义"改为"侧重于防卫社会主义"
		（2）继受西方国家通行的刑事法律原则,注重采纳与传统宗法伦理原则相适应的法律制度
		（3）时间效力上取"从新从轻主义",空间效力以属地主义为主
		（4）采取社会防卫主义,增设保安处分

---

① 　B

刑事特别法	效力高于刑法典,主要针对共产党和民主进步人士
	如《惩治盗匪暂行条例》《暂行反革命治罪法》《危害民国紧急治罪法》《共产党问题处置办法》《戡乱时期危害国家紧急治罪条例》

>> 品题

例 1：下列关于 1935 年《中华民国刑法》的表述,正确的有（　　　）①。（2019 多 50）

A. 分总则和分则两编

B. 确定罪刑法定原则

C. 增设"保安处分"

D. 侵害直系尊亲属犯罪加重处罚

例 2：下列关于 1935 年《中华民国刑法》内容与特点的表述,不正确的是（　　　）②。（2015 单 41）

A. 在时间效力上取"从新从重主义"

B. 采取社会防卫主义,增设保安处分

C. 继受了西方国家通行的刑事法律原则

D. 对侵害直系尊亲属的犯罪行为采取加重处罚原则

例 3：采用社会防卫主义理论,增设"保安处分"为专门一章的刑法典是（　　　）③。（2011 法单 20）

A. 大清新刑律

B. 中华民国暂行新刑律

C. 1928 年《中华民国刑法》

D. 1935 年《中华民国刑法》

例 4：简述 1935 年《中华民国刑法》的主要特点。（2008 简 66）

（1）背景：《中华民国刑法》于 1928 年制定,1935 年修改为新刑法。

（2）内容：其一,1935 新刑法改 1928 中华民国刑法,由"客观主义"改为"侧重于主观主义",由"报应主义"改为"侧重于防卫社会主义";其二,继受西方国家通行的刑事法律原则,注重采纳与传统宗法伦理原则相适应的法律制度;其三,时间效力上取"从新从轻主义",空间效力以属地主义为主;其四,采取社会防卫主义,增设保安处分。

---

① ABCD

② A

③ D

第四：南京国民政府民事立法

<table>
<tr><td rowspan="12">中华民国民法</td><td colspan="2">总则编于 1929 年公布,债及物权两编于同年 11 月公布,亲属和继承于 1930 年公布,是中国历史上第一部正式颁行的民法典</td></tr>
<tr><td rowspan="6">体例</td><td>采德国民法典体例结构</td></tr>
<tr><td>总则编分法例、人、物、法律行为、期日和期间、消灭时效、权利之行使 7 章</td></tr>
<tr><td>债编分通则、各种之债 2 章</td></tr>
<tr><td>物权编分通则、所有权、地上权、永佃权、地役权、抵押权、质权、典权、留置权、占有 10 章</td></tr>
<tr><td>亲属编分通则、婚姻、父母子女、监护、扶养、家、亲属会议 7 章</td></tr>
<tr><td>继承编分遗产继承人、遗产之继承、遗嘱 3 章</td></tr>
<tr><td rowspan="5">内容</td><td>(1)采用社会本位的立法原则</td></tr>
<tr><td>(2)具体制度将外国民法之最新学理、最新立法例加以吸纳、整合、萃成本国民法</td></tr>
<tr><td>(3)采取民商合一的编纂体例</td></tr>
<tr><td>(4)重在维护私有财产所有权及地主土地经营权</td></tr>
<tr><td>(5)婚姻家庭制度体现浓厚的固有法色彩,肯定包办买卖婚姻及传统习惯,维护夫妻间不平等和家长制</td></tr>
<tr><td rowspan="2">商事立法</td><td colspan="2">立法院成立商法起草委员会,在清末及北京政府商事立法基础上,进一步采纳西方资本主义商法原则</td></tr>
<tr><td colspan="2">银行法:《中央银行条例》《中国银行条例》《交通银行条例》《银行法》《储蓄银行法》等;交易所法:《交易所法》;票据法:《票据法》;公司法:《公司法》;海商法:《海商法》;保险法:《保险法》;破产法:《商人债务清理暂行条例》《破产法》《破产法施行法》,破产宣告采声请主义原则</td></tr>
</table>

≫ 品题

例 1:中国近代以来首次确认无过错责任的民事法律文件是(　　)①。**(2017 单 44)**

A.《钦定大清商律》　　　　　　　　B.《大清民律草案》

C.《民律第二次草案》　　　　　　　D.《中华民国民法》

例 2:下列关于《大清民律草案》与《中华民国民法》编纂体例的表述,正确的是(　　)②。**(2014 单 44)**

A.《大清民律草案》与《中华民国民法》均采用民商合一的体例

B.《大清民律草案》与《中华民国民法》均采用民商分立的体例

C.《大清民律草案》采用民商合一的体例,《中华民国民法》采用民商分立的体例

D.《大清民律草案》采用民商分立的体例,《中华民国民法》采用民商合一的体例

---

① 　D

② 　D

例 3：下列关于 **1930** 年《中华民国民法》立法特点的表述,正确的有(　　　　)①。**(2013 多 63)**

A. 确定了所有权绝对原则　　　　　　B. 采取了民商合一的编纂体例

C. 吸收了外国民法的最新学理　　　　D. 肯定了包办买卖婚姻习惯的效力

例 4：下列关于《中国民国民法》特征的表述,正确的是(　　　　)②。**(2012 法单 19)**

A. 确立所有权神圣原则　　　　　　　B. 规定了宗祧继承制度

C. 采用民商合一的编纂体例　　　　　D. 采取个人本位的立法原则

例 5：颁布中国历史上第一部正式民法典的政权是(　　　　)③。**(2010 单 34)**

A. 晚清政府　　　　　　　　　　　　B. 南京临时政府

C. 北洋政府　　　　　　　　　　　　D. 南京国民政府

例 6：《中华民国民法》最终完成并颁布的时间是(　　　　)④。**(2008 单 36)**

A. 1928 年　　　　　B. 1929 年　　　　　C. 1930 年　　　　　D. 1935 年

例 7：下列关于《中华民国民法》的表述,正确的有(　　　　)⑤。**(2007 多 63)**

A. 它是中国历史上第一部正式颁行的民法典

B. 它采取民商分立的编纂体例

C. 它是分编草拟、分期公布的

D. 它在婚姻家庭制度方面保留了较多的传统色彩

例 8：简述南京国民政府时期《中华民国民法》的主要内容和特点。**(2012 简 66)(2005 简 67)(2010 法简 33)**

(1)背景:《中华民国民法》共分五编,总则编于 1929 年公布,债及物权两编于同年 11 月公布,亲属和继承于 1930 年公布,是中国历史上第一部正式颁行的民法典,采德国民法典体例结构。

(2)内容和特点:

其一,采用社会本位的立法原则;

其二,具体制度将外国民法之最新学理、最新立法例加以吸纳、整合、萃成本国民法;

其三,采取民商合一的编纂体例;

其四,重在维护私有财产所有权及地主土地经营权;

其五,婚姻家庭制度体现浓厚的固有法色彩,肯定包办买卖婚姻及传统习惯,维护夫妻间不平等和家长制。

(3)影响:积极方面,前三编引进了德国、日本、瑞士民法大量条文,形式上先进的民法典;消极方面,并未真正解决民生问题,皆以维护有产者的权利为主旨。

---

①   BCD

②   C

③   D

④   C

⑤   ABCD

第五:南京国民政府诉讼审判制度

普通法院系统	四级三审制→三级三审制(1932年《法院组织法》)	
	司法院	司法行政部:司法行政事务
		最高法院:最高审判权
		行政法院:行政诉讼
		官吏惩戒委员会:文官和法官的惩戒事宜
		司法院大法官会议行使解释法令变更判例之权
	1. 最高法院	
	2. 高等法院:"内乱""外患""妨害国交"等罪第一审案件	
	3. 地方法院	
特种刑事法庭	根据《特种刑事案件诉讼条例》《特种刑事法庭组织条例》《特种刑事法庭审判条例》设立中央特种刑事法庭和高等特种刑事法庭,其裁判不得上诉或抗告	
诉讼审判制度	1. 采取严密的侦查制度	
	2. 实行"自由心证"的诉讼原则	
	3. 实行秘密审判制度和陪审制度	
	4. 扩大并强化军事和军法机关的审判	
	5. 维护帝国主义在华军队的特权	

品题

例1: 依据1947年《中华民国宪法》的规定,负责解释宪法、统一解释法律及命令的机构是(   )①。(2019 单40)

A. 立法院   B. 司法院

C. 行政院   D. 监察院

例2: 下列关于南京国民政府诉讼审判制度特点的表述,正确的有(   )②。(2013 法多30)

A. 废除秘密审判和陪审制度

B. 实行"自由心证"的诉讼原则

C. 强化军事审判,扩大军法机关的审判范围

D. 采用近代西方国家的公开审判、律师辩护等诉讼原则

---

①   B

②   BCD

例3：南京国民政府宪法、法律的统一解释机构是(   )①。(2010 单 39)(2005 单 45)

A. 行政院   B. 立法院

C. 司法院大法官会议   D. 国民大会

例4：简述南京国民政府诉讼审判制度的特点。

其一，采取严密的侦查制度；

其二，实行"自由心证"的诉讼原则；

其三，实行秘密审判制度和陪审制度；

其四，扩大并强化军事和军法机关的审判；

其五，维护帝国主义在华军队的特权。

第六：革命根据地宪法性文件

工农民主政权 1927-1937	中华苏维埃共和国宪法大纲	(1)苏维埃国家性质是工农民主专政
		(2)苏维埃国家政治制度是工农兵代表大会
		(3)保障苏维埃国家公民的权利和义务
		(4)中华民族完全自主与独立,废除一切不平等条约
抗日民主政权 1937-1945	陕甘宁边区施政纲领	(1)抗日民主政权的主要任务,即《抗日救国十大纲领》确定的"抗日,团结,民主"
		(2)"三三制"：共产党员、非党左派进步人士、中间派各占 1/3；实行选举制度
		(3)改进司法制度,廉洁政治
		(4)边区的基本文化经济政策
人民民主政权 1945-1949	陕甘宁边区宪法原则	(1)人民代表会议制为政权组织形式
		(2)保障人民享有广泛的民主权利,民族平等,民族区域自治
		(3)确立边区人民司法原则,司法机关独立行使职权不受干涉,人民有权以任何方式控告失职的公务员
		(4)边区的经济文化政策(经济分公营、合作、私营三种方式,耕者有其田、劳动者有职业、企业者有发展机会)

❯❯ 品题

例1：根据 1941 年颁布的《陕甘宁边区施政纲领》的规定，在抗日根据地民主政权的人员构成中，共产党所占的比例是(   )②。(2018 单 40)

A. 1/3   B. 1/2   C. 2/3   D. 3/4

―――――――――――――

① C

② A

例2: 抗日战争时期,规定"三三制"的宪法性文件是( )①。(2014 单45)

A.《陕甘宁边区施政纲领》　　　　　　B.《陕甘宁边区宪法原则》

C.《中华苏维埃共和国宪法大纲》　　　　D.《华北人民政府施政方针》

例3: 人民代表会议制是人民代表大会制度的历史渊源,确立于( )②。(2013 单45)

A. 土地革命时期　　　　　　　　　　B. 抗日战争时期

C. 解放战争时期　　　　　　　　　　D. 中华人民共和国成立以后

例4:《中华苏维埃共和国宪法大纲》规定的政治制度是( )③。(2013 法单16)

A. 人民代表会议制　　　　　　　　　B. 参议会制

C. 人民委员会制　　　　　　　　　　D. 工农兵代表大会制

例5:《陕甘宁边区宪法原则》规定的政权组织形式是( )④。(2011 单36)

A. 参议会　　　　　　　　　　　　　B. 人民代表会议

C. 三三制　　　　　　　　　　　　　D. 工农兵苏维埃代表大会

例6: 简述革命根据地宪法性文件确立的政体变迁。

(1)工农民主政权《中华苏维埃共和国宪法大纲》,确立苏维埃国家性质是工农民主专政;苏维埃国家政治制度是工农兵代表大会;此外《宪法大纲》还保障苏维埃国家公民的权利和义务以及废除一切不平等条约。

(2)抗日民主政权《陕甘宁边区施政纲领》,确立了"三三制",即共产党员、非党左派进步人士、中间派在政府任职各占1/3,还实行选举制度。

(3)人民民主政权《陕甘宁边区宪法原则》,确立人民代表会议制为政权组织形式;此外《宪法原则》还保障人民享有广泛的民主权利,民族平等,民族区域自治;还确立边区人民司法原则和边区的经济文化政策。

第七:革命根据地诉讼制度

	抗日民主政权时期
马锡五审判方式	(1)贯彻群众路线,深入农村,调查研究,实事求是地了解案情
	(2)依靠群众,教育群众,尊重群众意见
	(3)方便群众诉讼,手续简便,不拘形式
人民调解制度	(1)调解方式:民间调解,群众团体调解,政府调解,司法调解
	(2)调解原则:双方自愿,以法律为准绳,照顾善良风俗,调解不是诉讼必经程序
	(3)调解范围:民事纠纷,轻微刑事案件
	(4)处理方式:赔礼道歉,认错,赔偿损失或抚慰金

① A

② C

③ D

④ B

品题

例 1：“马锡五审判方法”是群众路线在司法实践中的具体运用,其产生于(　　)①。(2016 单 45)

A.工农民主政权时期

B.抗日民主政权时期

C.人民民主政权时期

D.中华人民共和国成立初期

例 2：下列关于“马锡五审判方式”的表述,正确的有(　　)②。(2010 多 62)

A.重视深入实际,调查研究,调解息讼

B.注重诉讼程序的正规化、法典化建设

C.开创了抗日民主政权司法民主的崭新形式

D.创造性地把中国共产党群众路线的工作方针运用于审判实践

例 3：革命根据地时期,人民调解制度的主要原则包括(　　)③。(2010 法多 30)

A.双方自愿

B.尊重群众意见

C.以法律为准绳,照顾善良风俗

D.调解不是诉讼必经程序

例 4：“马锡五审判方式”产生于(　　)④。(2007 单 34)

A.第一次国内革命战争时期

B.第二次国内革命战争时期

C.第三次国内革命战争时期

D.抗日战争时期

例 5：简述人民调解制度的特点。

人民调解制度作为司法审判工作的重要补充,是抗日民主政权司法工作的突出特点。

(1)抗日民主政权规定的调解方式有民间调解、群众团体调解、政府调解、司法调解。

(2)调解原则主要是:双方自愿;以法律为准绳,照顾善良风俗;调解不是诉讼的必经程序。

(3)调解范围主要是民事纠纷和轻微刑事案件。

(4)调解处理方式一般有赔礼道歉、认错、赔偿损失或抚慰金等。

调解一般制作和解书,促进了司法工作公正与高效的结合,对新中国的司法工作产生了重大影响。

---

① 　B

② 　ACD

③ 　ABCD

④ 　D

第八:革命根据地土地立法

工农民主政权	井冈山土地法	工农民主政权的第一部土地立法	
		内容:没收一切土地归苏维埃所有;以乡为单位,以人口或劳动力为标准,男女老幼平均分配土地	
		错误:没收一切土地而不是只没收地主土地;土地所有权属于政府,农民只有使用权;禁止土地买卖	
	兴国土地法:没收一切土地→没收一切公共土地及地主阶级土地		
	中华苏维埃共和国土地法	1931年中华工农兵苏维埃第一次全国代表大会通过	
		(1)规定没收一切地主、富农、反革命分子及农村公共土地,没收一切地主豪绅、军阀的所有财产,宣布废除一切债务契约	
		(2)规定对于没收来的土地财产的分配,按照最有利于贫雇农、中农利益的原则进行,富农可以分得较坏的田	
		(3)规定了土地所有权问题,即现阶段不禁止土地的出租与买卖,同时规定在条件具备的时候实行土地国有制	
		"左"的错误:"地主不分田,富农分坏田"	
抗日民主政权	《抗日救国十大纲领》《陕甘宁边区土地条例》《陕甘宁边区土地租佃条例草案》《陕甘宁边区地权条例》等	(1)保护土地所有权	
		(2)减租交租	
		(3)保障佃权	
		(4)减轻债务利息	
人民民主政权	五四指示:减租减息→没收地主土地分配给农民、实行土地改革		
	中国土地法大纲	(1)宣布废除封建、半封建性剥削的土地制度,实行耕者有其田	
		(2)规定土地改革须遵守的原则是依靠贫雇农,团结中农,保护工商者,正确对待地主富农	
		(3)确定以乡村为单位,按人口平均分配一切土地的分配办法	
		(4)确认人民对所分得土地的所有权	
		(5)确定土地改革的执行机关为乡村农民大会、贫农团大会、区县省级农民代表大会	
		(6)确认保护工商业的原则	

品题

例1:革命根据地时期,工农民主政权制定的最重要的土地法是(   )①。(2015 单45)

A.中国土地法大纲   B.兴国土地法

C.井冈山土地法   D.中华苏维埃共和国土地法

① D

例 2：下列关于《中国土地法大纲》主要内容的表述,正确的是(　　　)①。(2010 单 44)

A. 实行地主不分田、富农分坏田的政策

B. 规定土地改革的执行机关是县、乡人民政府

C. 确定以乡村为单位、按人口平均分配土地的原则

D. 废除封建土地制度,但农民对所分得的土地只享有使用权

例 3：简述《中国土地法大纲》的内容。(2004 简 66)

《中国土地法大纲》是人民民主政权 1947 年制定的土地立法,内容主要包括:

其一,宣布废除封建、半封建性剥削的土地制度,实行耕者有其田;

其二,规定土地改革须遵守的原则是依靠贫雇农,团结中农,保护工商者,正确对待地主富农;

其三,确定以乡村为单位,按人口平均分配一切土地的分配办法;

其四,确认人民对所分得土地的所有权;

其五,确定土地改革的执行机关为乡村农民大会、贫农团大会、区县省级农民代表大会;

其六,确认保护工商业的原则。

第九：革命根据地刑事立法

		"凡一切图谋推翻或破坏苏维埃政府及工农民主革命所得到的权利、意图保持或恢复豪绅地主资产阶级的统治者,不论用何种方法都是反革命行为"
工农民主政权	中华苏维埃共和国惩治反革命条例	(1)区分首犯、主犯和附和参与者,区别对待
		(2)对自首、自新者减免刑罚
		(3)罪刑法定主义与类推原则相结合
		(4)废止肉刑,实行革命人道主义
		(5)按阶级成分及功绩定罪量刑
抗日民主政权	刑法原则	(1)镇压与宽大相结合
		(2)贯彻平等保障人权;纠正"唯成分论"
		(3)反对威吓报复,实行感化教育
	主要罪名	汉奸罪
		破坏坚壁财物罪
		贪污罪

---

① C

续表

人民民主政权	中国人民解放军宣言	(1)确立"首恶必办、胁从不问、立功受奖"原则打击反革命分子
		(2)中国共产党八项基本政策(组成民族统一战线、成立民主联合政府)
	"管制"刑	将已登记的反动分子交给当地政府及群众监督,限制其自由,责令其每隔一定时间必须向指定机关报告行踪
	主要内容	(1)惩办战争罪犯
		(2)镇压地主恶霸与肃清政治土匪
		(3)取缔反动党团及特务组织
		(4)解散一切反动会道门迷信组织

品题

例1： 人民民主政权时期,在解放区的刑事立法中创设的新刑种是(　　　)①。(2017 单45)

A. 管制

B. 拘役

C. 没收

D. 罚金

例2： 明确提出"首恶者必办,胁从者不问,立功者受奖"这一刑事法律原则的文件是(　　　)②。(2009 单45)

A.《陕甘宁边区施政纲领》

B.《陕甘宁边区宪法原则》

C.《华北人民政府施政方针》

D.《中国人民解放军宣言》

第十：革命根据地劳动立法

工农民主政权		中共六大"十大纲领";八小时工作制;增加工资、失业救济和社会保险的劳动立法原则
	中华苏维埃共和国劳动法	(1)废除包工制和工头、招工头
		(2)禁止私人开设失业劳动介绍所,开设苏维埃政府劳动介绍所
		(3)工会享有宣布及领导罢工,有代表工人签订集体合同和成立特别机构监督私人企业的生产等权利
		(4)雇主对于工会机关的活动不得有任何阻碍,并负有支付工资总额3%的工会办事经费和文化教育经费的义务
		(5)实行8小时工作制和工人的各种法定休假制度
		(6)工人享有各种法定的劳动保护和社会保险

---

① A

② D

续表

抗日民主政权	(1)工人具有自由组织工会的权利,工会有权调解劳资纠纷,代表工人签订集体合同和向政府提出要求	
	(2)10小时工作制(陕甘宁边区为8小时),雇主安排加班应征得工人同意,并支付加班工资	
	(3)按照各地的具体经济条件实行最低工资标准	
	(4)实行安全生产防护	
人民民主政权	关于中国职工运动当前任务的决议、中华总工会章程	(1)确定解放区职工运动的任务
		(2)实行适合战时经济条件的劳动福利政策
		(3)确立劳动契约与劳动争议处理的原则
		(4)决定恢复中华全国总工会
		(5)贯彻"发展生产、繁荣经济、公私兼顾、劳资两利"指导方针

品题

例1:下列关于抗日民主政权时期劳动立法内容的表述,正确的有(   )①。(2017多63)(2017法多30)

A. 工人有组织工会的权利

B. 实行安全生产防护

C. 雇主可以自行开除工人

D. 雇主安排加班应征得工人同意

例2:简述《中华苏维埃共和国劳动法》的内容。

1931年11月中央苏区工农兵第一次代表大会通过《中华苏维埃共和国劳动法》主要内容包括:

(1)废除包工制和工头、招工头;

(2)禁止私人开设失业劳动介绍所,开设苏维埃政府劳动介绍所;

(3)工会享有宣布及领导罢工,有代表工人签订集体合同和成立特别机构监督私人企业的生产等权利;

(4)雇主对于工会机关的活动不得有任何阻碍,并负有支付工资总额3%的工会办事经费和文化教育经费的义务;

(5)实行8小时工作制和工人的各种法定休假制度;

(6)工人享有各种法定的劳动保护和社会保险。

《中华苏维埃共和国劳动法》改善了苏区工人阶级的社会地位和生活状况,保障了劳动者的基本权利;但也存在着"左"的错误,脱离了国情和实际,片面地追求劳动者的福利目标。

---

① ABD

第十一:革命根据地婚姻立法

工农民主政权	中华苏维埃婚姻法	(1)婚姻自由原则:废除一切包办、强迫和买卖婚姻制度,禁止童养媳,实行一夫一妻制,禁止一夫多妻或一妻多夫
		(2)法定婚龄:男20周岁,女18周岁;禁止三代以内的血亲通婚;禁止患传染病、神经病及疯瘫者结婚;男女结婚须到苏维埃进行登记,领取结婚证
		(3)离婚自由原则:凡男女双方同意离婚,或男女一方坚决要求离婚的,即行离婚。规定离婚后孩子和财产的处理办法;私生子子女得享受婚生子女的同等权利;红军战士之妻要求离婚的,须得其夫同意;在通信便利的地方经2年、通信困难地区经4年其夫无信回家者,其妻可以请求登记离婚
		(4)着重保护妇女和儿童合法权益是工农民主政权婚姻立法的核心内容
抗日民主政权		(1)婚姻法基本原则:男女平等、婚姻自由、一夫一妻、保护妇女儿童
		(2)法定婚龄:男20周岁,女18周岁
		(3)增加"订婚""解除婚约"专章,订婚并非结婚必经程序,订婚不得索取钱财,婚约不得强制履行,双方或任一方都可在订婚后解除婚约
		(4)离婚条件:重婚、感情不合无法继续同居、通奸、虐待、遗弃、图谋陷害、不能人道、恶疾、生死不明过一年
		(5)离婚后财产处理和子女抚养问题
人民民主政权		(1)注重政治条件,夫妻一方是恶霸、地主、富农或有反革命活动者,他方可据此为理由提出离婚
		(2)干部离婚原则:坚持以"夫妻感情意志根本不合"为标准
		(3)凡以威胁、利诱、欺骗等手段制造离婚条件的,原则上不准离婚
		(4)对不得不离,经调解无效者,应准予离婚,在财产处理上照顾对方

>> 品题

例1:关于抗日民主政权时期的婚姻立法,下列表述不正确的是(　　)①。**(2019 单32)**

A. 实行一夫一妻制

B. 规定了保护妇女儿童原则

C. 确立了婚姻自由原则

D. 明确了登记结婚以订婚为必要程序

例2:简述《中华苏维埃共和国婚姻法》的主要内容。

中华苏维埃共和国于1934年颁布,主要内容:

(1)婚姻自由原则,废除一切包办、强迫和买卖婚姻制度,禁止童养媳,实行一夫一妻制,禁止一夫多妻或一妻多夫。

---

① D

（2）法定婚龄,男 20 周岁,女 18 周岁;禁止三代以内的血亲通婚;禁止患传染病、神经病及疯瘫者结婚;男女结婚须到苏维埃进行登记,领取结婚证。

（3）离婚自由原则,凡男女双方同意离婚,或男女一方坚决要求离婚的,即行离婚。规定离婚后孩子和财产的处理办法;私生子女得享受婚生子女的同等权利;红军战士之妻要求离婚的,须得其夫同意;在通信便利的地方经 2 年、通信困难地区经 4 年其夫无信回家者,其妻可以请求登记离婚。

（4）着重保护妇女和儿童合法权益是工农民主政权婚姻立法的核心内容。

第十二:中国近代司法机关变迁

清末	四级三审制	初等审判庭;地方审判庭;高等审判庭;大理院	
北洋政府	四级三审制	县知事兼理司法;地方审判庭;高等审判庭;大理院+平政院	
	1915 年废除初等审判庭,实行三级三审制		
南京政府	起初实行四级三审制		
	1932 年《法院组织法》效法德、法,实行三级三审制		
	司法院:院长经最高法院院长及所属各庭庭长会议决后,统一行使解释法令及变更判例之权		
革命根据地	工农民主	四级两审制	临时最高法庭;省、县、区裁判部+劳动感化院
	抗日民主	三级两审制→三级三审制	
	人民民主	三级两审制→三级三审制	人民法院;审判员;审判委员会
		人民法庭可判决当众坦白、赔偿、罚款、劳役、褫夺公权、有期及无期监禁,死刑须经县以上政府批准方可执行	

品题

例 1:1932 年 10 月颁布的《中华民国法院组织法》规定,普通法院的审级是（　　）①。（2016 单 44）（2006 单 43）

A.三级三审制　　B.四级三审制　　C.三级二审制　　D.四级二审制

例 2:南京国民政府成立初期,普通法院实行的司法审级是（　　）②。（2013 单 44）

A.三级两审制　　B.三级三审制　　C.四级两审制　　D.四级三审制

例 3:北洋政府普通法院系统实行的司法审级制度是（　　）③。（2010 单 42）

A.四级二审制　　B.四级三审制　　C.三级二审制　　D.三级三审制

---

① A
② D
③ B

复习 中国历代刑罚制度变迁

夏商	旧五刑:墨;劓;剕;宫;大辟
秦	死刑;肉刑(墨、劓、斩左右趾、宫);作刑(城旦舂、鬼薪白粲、隶臣妾、司寇);财产刑(赀、赎买);耻辱刑(髡、耐、完)
汉	文帝:墨改髡钳城旦舂;劓改笞三百;斩左趾改笞五百;斩右趾改弃市;宫、死不变
	景帝:第一次笞三百改二百;笞五百改三百;第二次笞二百改一百;笞三百改二百;箠令
	女徒顾山:赎刑
北魏	五刑:死;流;徒;鞭;杖
北周	五刑:杖;鞭;徒;流;死
隋	新五刑:死;流;徒;杖;笞
唐	太宗:创设加役流
宋	创设折杖法、刺配;凌迟法定刑
明	创设廷杖;充军
清	创设发遣
清末	《大清现行刑律》:死刑(斩绞),遣刑,流刑,徒刑,罚金;删除凌迟等刑罚和缘坐
	《大清新刑律》:主刑死刑(绞),无期徒刑,有期徒刑,拘役,罚金;从刑褫夺公权,没收财产
革命根据地	创设管制刑

文都图书邮购目录

序号	书名	开本	定价	作者	出版时间	出版社
考研综合指导系列						
1	2020《7天攻克考研复试面试》	32	26.8	张爱媛	已出版	中国原子能
2	2020《7天攻克考研复试英语》	32	26.8	文都	已出版	中国原子能
3	2021《7天攻克考研复试面试》	32	26.8	张爱媛	2020年12月	中国原子能
4	2021《7天攻克考研复试英语》	32	26.8	文都	2020年12月	中国原子能
考研思想政治系列						
5	2021《考研政治考点精华》	32	25	万磊	已出版	中国原子能
6	2021《考研思想政治理论复习全书》	16	68	蒋中挺	已出版	中国原子能
7	2021《考研思想政治理论高频考点与备考策略》	32	28	蒋中挺	已出版	中国原子能
8	2021《考研思想政治理论历年真题详解》	16	32	蒋中挺	已出版	中国原子能
9	2021《考研政治安全屋——知识体系与考试运用》	16	48	任燕翔	已出版	中国原子能
10	2021《考研政治高分通关12讲》	16	65	张怀兵	已出版	中国原子能
11	2021《考研政治历年真题全解析》	16	28	任燕翔	已出版	中国原子能
12	2021《考研思想政治理论真题狂刷》	16	42	万磊	已出版	中国原子能
13	2021《考研政治解题技巧实战秘籍》	16	32	万磊	2020年4月	中国原子能
14	2021《考研思想政治理论强化通关800题》	16	59.8	蒋中挺	2020年5月	中国原子能
15	2021《考研思想政治理论客观题应试宝典》	64	15	蒋中挺	2020年5月	中国原子能
16	2021《考研政治万题库》	16	65	万磊	2020年5月	中国原子能
17	2021《考研政治强化特训1200题》	16	54.8	任燕翔	2020年5月	中国原子能
18	2021《考研思想政治理论主观题应试宝典》	32	18	任燕翔	2020年8月	中国原子能
19	2021《考研思想政治理论冲刺考点必背》	32	25	蒋中挺	2020年8月	中国原子能
20	2021《考研政治考点背诵精粹》	32	25	万磊	2020年8月	中国原子能
21	2021《考研思想政治理论形式与政策热点剖析及命题预测》	32	22.8	蒋中挺	2020年10月	中国原子能
22	2022《考研政治考点精华》	32	25	万磊	2020年10月	中国原子能
23	2021《考研思想政治理论真题预测百分百》	16	25	蒋中挺	2020年10月	中国原子能
24	2021《考研政治兵哥冲刺逆袭4套卷》	16	20	张怀兵	2020年11月	中国原子能
25	2021《考研思想政治理论终极预测6套卷》	16	28	万磊	2020年11月	中国原子能
26	2021《考研思想政治理论绝对考场最后五套题》	16	29.8	蒋中挺	2020年11月	中国原子能
27	2021《考研政治考前4套卷》	16	20	任燕翔	2020年11月	中国原子能
考研英语系列						
28	2021《考研英语必考词汇突破全书》	16	68	何凯文	已出版	中国原子能
29	2021《考研英语长难句解密》	16	38	何凯文	已出版	中国原子能
30	2021《考研词汇速记指南》	16	49.8	刘一男	已出版	中国原子能
31	2021《考研英语高频核心词汇速记》	16	59	谭剑波	已出版	中国原子能
32	2021《考研英语语法真经》	32	26	何威威	已出版	中国原子能
33	2021《考研英语核心语法通关宝典》	32	29	王泉	已出版	中国原子能
34	2021《考研英语:阅读快与慢》	16	38	国民老郭	已出版	中国原子能
35	2021《考研英语阅读同源外刊时文精析》	16	56	何凯文	已出版	中国原子能
36	《一张图搞定考研词汇5500》(21考研适用)	横16	48.8	刘一男	已出版	中国原子能
37	2021《考研英语写作高分攻略》	16	36	何凯文	已出版	中国原子能
38	2021《考研英语阅读思路解析》	16	65	何凯文	已出版	中国原子能
39	2021《考研英语(一)基础进阶突破》	32	24	徐可风	已出版	中国原子能
40	2021《考研英语历年真题全解析(精编版)》	16	89	何凯文	已出版	中国原子能
41	2021《考研英语(一)真题狂刷》	16	49.8	文都	已出版	中国原子能
42	2021《考研英语完形·新题型高分攻略》	16	35	谭剑波	已出版	中国原子能

序号	书名	开本	定价	作者	出版时间	出版社
43	2021《考研英语(一)写作高分宝典》	16	38	谭剑波	已出版	中国原子能
44	2021《考研英语(一)历年真题详解》	16	95	谭剑波 刘玉楼	已出版	中国原子能
45	2021《考研英语(一)阅读真题长难句精析》	16	58	谭剑波 程思斐	2020年4月	中国原子能
46	2021《考研英语写作考前冲刺20篇》	32	20	何凯文	2020年11月	中国原子能
47	2021《考研英语绝对考场最后六套题》	8	32	何凯文	2020年11月	中国原子能
考研数学系列						
48	《考研数学公式必备手册》	64	12	文都	已出版	中国原子能
49	2021《全国硕士研究生招生考试高等数学辅导讲义》	16	38	汤家凤	已出版	中国原子能
50	2021《全国硕士研究生招生考试线性代数辅导讲义》	16	32	汤家凤	已出版	中国原子能
51	2021《全国硕士研究生招生考试概率论与数理统计辅导讲义》	16	38	余丙森	已出版	中国原子能
52	2021《考研数学接力题典1800·数学一》	16	78	汤家凤	已出版	中国原子能
53	2021《考研数学接力题典1800·数学二》	16	78	汤家凤	已出版	中国原子能
54	2021《考研数学接力题典1800·数学三》	16	78	汤家凤	已出版	中国原子能
55	2021《考研数学复习大全·数学一》	16	89	汤家凤	已出版	中国原子能
56	2021《考研数学复习大全·数学二》	16	72	汤家凤	已出版	中国原子能
57	2021《考研数学复习大全·数学三》	16	79	汤家凤	已出版	中国原子能
58	2021《全国硕士研究生招生考试概率论与数理统计辅导讲义》	16	38	汤家凤	2020年4月	中国原子能
59	2021《考研数学历年真题全解析·数学一》	16	72	汤家凤	已出版	中国原子能
60	2021《考研数学历年真题全解析·数学二》	16	72	汤家凤	已出版	中国原子能
61	2021《考研数学历年真题全解析·数学三》	16	72	汤家凤	已出版	中国原子能
62	2021《考研数学绝对考场最后八套题·数学一》	8	28	汤家凤	2020年9月	中国原子能
63	2021《考研数学绝对考场最后八套题·数学二》	8	28	汤家凤	2020年9月	中国原子能
64	2021《考研数学绝对考场最后八套题·数学三》	8	28	汤家凤	2020年9月	中国原子能
65	2021《考研数学线性代数360题》	16	38	张同斌	已出版	中国原子能
66	2021《考研数学概率论与数理统计360题》	16	38	张同斌	已出版	中国原子能
67	2021《考研数学高等数学660题》	16	75	张同斌	已出版	中国原子能
68	2021《考研数学保命必刷180题》	16	35	张同斌	2020年6月	中国原子能
69	2021《考研数学强化模拟6套卷(数学一)》	16	36	张同斌	2020年9月	中国原子能
70	2021《考研数学强化模拟6套卷(数学二)》	16	36	张同斌	2020年9月	中国原子能
71	2021《考研数学强化模拟6套卷(数学三)》	16	36	张同斌	2020年9月	中国原子能
72	2021《考研数学决胜冲刺4套卷(数学一)》	16	25	张同斌	2020年11月	中国原子能
73	2021《考研数学决胜冲刺4套卷(数学二)》	16	25	张同斌	2020年11月	中国原子能
74	2021《考研数学决胜冲刺4套卷(数学三)》	16	25	张同斌	2020年11月	中国原子能
75	《高等数学解题方法技巧归纳(上册)》	16	68	毛纲源	已出版	中国原子能
76	《高等数学解题方法技巧归纳(下册)》	16	68	毛纲源	已出版	中国原子能
77	《线性代数解题方法技巧归纳》	16	68	毛纲源	已出版	中国原子能
78	《概率论与数理统计解题方法技巧归纳》	16	76	毛纲源	已出版	中国原子能
管理类经济类联考系列						
79	《管理类联考综合能力数学必备公式手册》	64	4.2	文都	已出版	中国原子能
80	2021《管理类经济类联考综合能力标准教程:逻辑分册》	16	68	崔瑞	已出版	中国原子能
81	2021《管理类经济类联考综合能力标准教程:数学分册》	16	68	郭传德	已出版	中国原子能
82	2021《管理类经济类联考综合能力标准教程:写作分册》	16	55	王帅	已出版	中国原子能
83	2021《管理类经济类联考综合能力写作复习指南》	16	65	常成	已出版	中国原子能
84	2021《管理类经济类联考综合能力历年真题精确解析:逻辑分册》	16	68	崔瑞	2020年4月	中国原子能
85	2021《管理类经济类联考综合能力历年真题精确解析:数学分册》	16	72	郭传德	2020年4月	中国原子能

序号	书名	开本	定价	作者	出版时间	出版社
86	2021《管理类经济类联考综合能力历年真题精确解析:写作分册》	16	52	王帅	2020年4月	中国原子能
87	2021《管理类经济类联考综合能力逻辑1000题》	16	58	崔瑞	2020年5月	中国原子能
88	2021《管理类联考综合能力数学1000题》	16	58	仲毅	2020年5月	中国原子能
89	2021《管理类联考综合能力全真模拟15套卷》	16	58	崔瑞 仲毅 王帅	2020年7月	中国原子能
90	2021《管理类经济类联考综合能力:写作秘籍18篇》	32	22	王帅	2020年8月	中国原子能
91	2021《管理类联考综合能力绝对考场最后五套题》	16	25	郭传德 崔瑞 常成	2020年11月	中国原子能
	考研英语(二)系列					
92	2021《考研英语(二)历年真题详解》	16	72	谭剑波	已出版	中国原子能
93	2020《考研英语(二)基础进阶突破》	32	22	徐可风	已出版	中国原子能
94	2021《考研英语(二)真题狂刷》	16	49.8	文都	已出版	中国原子能
95	2021《考研英语(二)历年真题全解析》	16	89	何凯文	已出版	中国原子能
96	2021《考研英语(二)写作高分必备》	32	35	谭剑波	已出版	中国原子能
97	2021《考研英语(二)阅读强化特训60篇》	16	52	谭剑波	2020年7月	中国原子能
98	2021《考研英语(二)绝对考场最后五套题》	16	24	文都	2020年10月	中国原子能
99	2021《考研英语(二)全真模拟6套卷》	16	30	谭剑波	2020年10月	中国原子能
100	2021《考研英语(二)写作考前冲刺万用魔板》	32	20	谭剑波 刘玉楼	2020年10月	中国原子能
	考研西医综合系列					
101	2021《考研临床医学综合能力(西医)复习全书》	16	158	杨净	已出版	吉林科学技术
102	2021《考研临床医学综合能力(西医)病例分析题技巧》	16	56	杨净	已出版	吉林科学技术
103	2021《考研临床医学综合能力(西医)通关必练4500题》	16	119	杨净	已出版	中国人口
104	2021《考研临床医学综合能力(西医)全程进阶8000题》	16	152	王棋然	2020年4月	中国人口
105	2021《考研临床医学综合能力(西医)速记突破210分》	32	45	杨净	2020年4月	吉林科学技术
106	2021《考研临床医学综合能力(西医)最后冲刺五套卷》	16	42	杨净	2020年5月	吉林科学技术
107	2021《考研临床医学综合能力(西医)真题狂刷》	16	68	王棋然	2020年5月	吉林科学技术
108	2021《考研临床医学综合能力(西医)全真模拟五套卷》	16	36	王棋然	2020年8月	吉林科学技术
	考研中医综合系列					
109	2021《考研临床医学综合能力(中医)历年真题精析》	16	95	文都	已出版	吉林科学技术
110	2021《考研临床医学综合能力(中医)题眼解题攻略》	32	42	冯继业	已出版	中国人口
111	2021《考研临床医学综合能力(中医)辅导讲义》	16	172	文都	已出版	吉林科学技术
112	2021《考研临床医学综合能力(中医)真题狂刷》	16	72	冯继业	2020年4月	吉林科学技术
113	2021《考研临床医学综合能力(中医)考前预测3套卷》	16	35	冯继业	2020年9月	吉林科学技术
	考研护理综合系列					
114	2021《全国硕士研究生入学考试护理综合辅导讲义》	16	155	郭鹏骥	已出版	吉林科学技术
115	2021《全国硕士研究生入学考试护理综合全真模拟卷》	16	36	郭鹏骥	2020年5月	吉林科学技术
	考研心理学/考研教育学/法硕					
116	2021《心理学考研知识精讲》	16	83	文都比邻	已出版	高等教育
117	2021《心理学考研阿范题:刷题宝典》	16	88	赵云龙 萧宵	已出版	中国原子能
118	2021《心理学考研大表哥:核心表格》	16	40	迷死他赵	已出版	中国原子能
119	2021《心理学考研高而基:知识精讲(下册)》	16	72	文都比邻	已出版	中国原子能
120	2021《心理学考研阿范题:刷题宝典(下册)》	16	72	文都比邻	2020年6月	中国原子能
121	2021《心理学考研历年真题名家详解》	16	60	萧宵	2020年6月	中国原子能
122	2021《心理学考研背多分:背诵手册》	64	20	赵云龙 燕磊	2020年8月	中国原子能
123	2021《心理学考研背多分:背诵手册(下册)》	64	20	文都比邻	2020年8月	中国原子能

序号	书名	开本	定价	作者	出版时间	出版社
124	2021《心理学考研模答:全真模拟》	16	25	文都比邻	2020年10月	中国原子能
125	2021《教育硕士考研333教育综合大纲解析》	16	82	文都比邻	已出版	高等教育
126	2021《教育学考研高而基:知识精讲》	16	86	文都比邻	已出版	中国原子能
127	2021《教育学考研阿范题:刷题宝典》	16	39.8	文都比邻	已出版	中国原子能
128	2021《教育硕士考研333教育综合阿范题:刷题宝典》	16	39.8	文都比邻	已出版	中国原子能
129	2021《教育硕士考研333教育综合名校真题名家详解》	16	50	文都比邻	2020年4月	中国原子能
130	2021《教育学考研历年真题名家详解》	16	60	文都比邻	2020年6月	中国原子能
131	2021《教育硕士考研333教育综合背多分:背诵手册》	64	25	文都比邻	2020年8月	中国原子能
132	2021《教育学考研背多分:背诵手册》	64	20	文都比邻	2020年8月	中国原子能
133	2021《教育硕士考研333教育综合模答:全真模拟》	16	20	文都比邻	2020年10月	中国原子能
134	2021《教育学考研模答:全真模拟》	16	25	文都比邻	2020年10月	中国原子能
135	2021《法律硕士联考思维导图》	16	66	文都敏行	已出版	中国原子能
136	2021《法律硕士联考高分讲义》	16	198	文都敏行	已出版	中国原子能
137	2021《法律硕士联考历年真题名师分科详解》	16	92	文都敏行	2020年4月	中国原子能
138	2021《法律硕士联考章节配套练习520题库》	16	82	文都敏行	2020年5月	中国原子能
139	2021《法律硕士联考主观题背诵》	16	待定	文都敏行	2020年8月	中国原子能
140	2021《法律硕士联考考试分析背诵宝典》	16	72	文都敏行	2020年8月	中国原子能
141	2021《法律硕士联考绝对考场最后五套卷》	16	39	文都敏行	2020年10月	中国原子能
大学英语四六级系列						
142	《30天攻克大学英语四六级词汇》	16	58	何威威	已出版	中国原子能
143	2020.06《大学英语四级考试真题精析与标准预测》	16	58	文都	已出版	中国原子能
144	2020.06《大学英语六级考试真题精析与标准预测》	16	58	文都	已出版	中国原子能
145	2020《大学英语四、六级高频核心词汇速记》	16	52	谭剑波	已出版	中国原子能
146	2020《大学英语四级考试听力口语高分指南》	16	26	谭剑波 刘玉楼	已出版	中国原子能
147	2020.12《大学英语四级考试真题精析与标准预测》	16	58	文都	2020年7月	中国原子能
148	2020.12《大学英语六级考试真题精析与标准预测》	16	58	文都	2020年7月	中国原子能
大学同步辅导系列						
149	《高等数学大学同步辅导教程(上册)》	16	58	汤家凤	已出版	中国原子能
150	《高等数学大学同步辅导教程(下册)》	16	48	汤家凤	已出版	中国原子能
医师资格考试系列						
151	2020《国家临床执业(助理)医师资格考试实践技能应试宝典》	16	88	叶扶光	已出版	中国原子能
152	2020《国家临床执业医师资格考试通关必刷习题集》	16	85	王棋然	已出版	吉林科学技术
153	2020《国家临床执业助理医师资格考试通关必刷习题集》	16	78	王棋然	已出版	吉林科学技术
护士资格考试系列						
154	2020《全国护士执业资格考试通关必备》	16	92	张素娟	已出版	吉林科学技术
155	2020《全国护士执业资格考试通关必练2000题》	16	65	张素娟	已出版	吉林科学技术
156	2020《全国护士执业资格考试速记宝典》	64	24	张素娟	已出版	中国原子能
157	2020《全国护士执业资格考试全真模拟试卷》	16	36	李杰	已出版	中国原子能
158	2021《全国护士执业资格考试速记宝典》	64	24	张素娟	2020年5月	中国原子能
159	2021《全国护士执业资格考试通关必练2000题》	16	65	张素娟	2020年5月	吉林科学技术
160	2021《全国护士执业资格考试通关必备》	16	92	张素娟	2020年5月	吉林科学技术
161	2021《全国护士执业资格考试全真模拟试卷》	16	36	李杰	2020年6月	中国原子能
教师资格考试系列						
162	2020《国家教师资格考试专用教材—保教知识与能力(幼儿)》	16	56	文都	2020年6月	中国原子能
163	2020《国家教师资格考试专用教材—综合素质(幼儿)》	16	37	文都	2020年6月	中国原子能
164	2020《国家教师资格考试—保教知识与能力真题精析与标准预测(幼儿)》	16	35	文都	2020年6月	中国原子能

序号	书名	开本	定价	作者	出版时间	出版社
165	2020《国家教师资格考试—综合素质真题精析与标准预测(幼儿)》	16	32	文都	2020年6月	中国原子能
166	2020《国家教师资格考试专用教材—教育教学知识与能力(小学)》	16	82	文都	2020年6月	中国原子能
167	2020《国家教师资格考试专用教材—综合素质(小学)》	16	68	文都	2020年6月	中国原子能
168	2020《国家教师资格考试—教育教学知识与能力真题精析与标准预测(小学)》	16	36.8	文都	2020年6月	中国原子能
169	2020《国家教师资格考试—综合素质真题精析与标准预测(小学)》	16	28	文都	2020年6月	中国原子能
170	2020《国家教师资格考试专用教材—教育知识与能力(中学)》	16	58	文都	2020年6月	中国原子能
171	2020《国家教师资格考试专用教材—综合素质(中学)》	16	36.8	文都	2020年6月	中国原子能
172	2020《国家教师资格考试—教育知识与能力真题精析与标准预测(中学)》	16	25	文都	2020年6月	中国原子能
173	2020《国家教师资格考试—综合素质真题精析与标准预测(中学)》	16	25	文都	2020年6月	中国原子能
174	2020《国家教师招聘考试专用教材—教育基础知识》	16	62	文都	2020年6月	中国原子能
公职类考试系列						
175	《化繁为简学申论》	16	42	文都	已出版	中国原子能
176	《申论思维学热点》	16	42	文都	已出版	中国原子能
177	《常识判断——博古通今聚知慧》	16	42	文都	已出版	中国原子能
178	《言语理解——入木三分深阅读》	16	42	文都	已出版	中国原子能
179	《数量关系——神机妙算克难题》	16	42	文都	已出版	中国原子能
180	《判断推理——洞若观火辨逻辑》	16	50	文都	已出版	中国原子能
181	《资料分析——争分夺秒巧解题》	16	50	文都	已出版	中国原子能
182	2021《公安专业知识必备考点》	16	88	文都知兴	2020年7月	中国原子能
法考系列						
183	《2020年国家法律职业资格考试理论法宝典》	16	78	白斌	已出版	中国政法大学
184	《2020年国家法律职业资格考试刑法宝典》	16	88	方鹏	已出版	中国政法大学
185	《2020年国家法律职业资格考试行政法宝典》	16	65	黄文涛	已出版	中国政法大学
186	《2020年国家法律职业资格考试商经知法宝典》	16	65	汪华亮	已出版	中国政法大学
187	《2020年国家法律职业资格考试民诉法宝典》	16	65	蔡辉	已出版	中国政法大学
188	《2020年国家法律职业资格考试民法宝典》	16	88	方志平	已出版	中国政法大学
189	《2020年国家法律职业资格考试理论法题库》	16	53	白斌	已出版	中国政法大学
190	《2020年国家法律职业资格考试三国法题库》	16	45	李亮	已出版	中国政法大学
191	《2020年国家法律职业资格考试三国法宝典》	16	65	李亮 章法	2020年4月	中国政法大学
192	《2020年国家法律职业资格考试行政法题库》	16	45	黄文涛	2020年4月	中国政法大学
193	《2020年国家法律职业资格考试商经知法题库》	16	45	汪华亮	2020年4月	中国政法大学
194	《2020年国家法律职业资格考试刑诉法宝典》	16	65	陈龙	2020年4月	中国政法大学
195	《2020年国家法律职业资格考试民法题库》	16	53	方志平	2020年4月	中国政法大学
196	《2020年国家法律职业资格考试刑法题库》	16	53	方鹏	2020年4月	中国政法大学
197	《2020年国家法律职业资格考试民诉法题库》	16	45	蔡辉	2020年4月	中国政法大学
198	《2020年国家法律职业资格考试刑诉法题库》	16	45	陈龙	2020年4月	中国政法大学
199	《2020年国家法律职业资格考试法条通》	16	258	方志平等	2020年4月	中国政法大学
200	2020《国家法律职业资格考试主观题民法宝典》	16	75	方志平	2020年5月	中国政法大学
201	2020《国家法律职业资格考试主观题刑法宝典》	16	75	方鹏	2020年5月	中国政法大学
202	2020《国家法律职业资格考试主观题理论法宝典》	16	75	白斌	2020年5月	中国政法大学
203	2020《国家法律职业资格考试主观题商法宝典》	16	58	汪华亮	2020年5月	中国政法大学
204	2020《国家法律职业资格考试主观题民诉法宝典》	16	58	蔡辉	2020年5月	中国政法大学
205	2020《国家法律职业资格考试主观题行政法宝典》	16	58	黄文涛	2020年5月	中国政法大学

序号	书名	开本	定价	作者	出版时间	出版社
206	2020《国家法律职业资格考试主观题刑诉法宝典》	16	58	陈龙	2020 年 5 月	中国政法大学
207	《2020 年国家法律职业资格考试民法背诵版》	16	36	方志平	2020 年 6 月	中国政法大学
208	《2020 年国家法律职业资格考试刑法背诵版》	16	36	方鹏	2020 年 6 月	中国政法大学
209	《2020 年国家法律职业资格考试理论法背诵版》	16	36	白斌	2020 年 6 月	中国政法大学
210	《2020 年国家法律职业资格考试行政法背诵版》	16	30	黄文涛	2020 年 6 月	中国政法大学
211	《2020 年国家法律职业资格考试商经知法背诵版》	16	30	汪华亮	2020 年 6 月	中国政法大学
212	《2020 年国家法律职业资格考试民诉法背诵版》	16	30	蔡辉	2020 年 6 月	中国政法大学
213	《2020 年国家法律职业资格考试刑诉法背诵版》	16	30	陈龙	2020 年 6 月	中国政法大学
214	《2020 年国家法律职业资格考试三国法背诵版》	16	30	李亮 章法	2020 年 6 月	中国政法大学
215	2020《国家法律职业资格考试主观题冲刺案例分析民法》	16	69	方志平	2020 年 7 月	中国政法大学
216	2020《国家法律职业资格考试主观题冲刺案例分析刑法》	16	69	方鹏	2020 年 7 月	中国政法大学
217	2020《国家法律职业资格考试主观题冲刺案例分析理论法》	16	69	白斌	2020 年 7 月	中国政法大学
218	2020《国家法律职业资格考试主观题冲刺案例分析行政法》	16	49	黄文涛	2020 年 7 月	中国政法大学
219	2020《国家法律职业资格考试主观题冲刺案例分析商经知法》	16	49	汪华亮	2020 年 7 月	中国政法大学
220	2020《国家法律职业资格考试主观题冲刺案例分析民诉法》	16	49	蔡辉	2020 年 7 月	中国政法大学
221	2020《国家法律职业资格考试主观题冲刺案例分析刑诉法》	16	49	陈龙	2020 年 7 月	中国政法大学
出国留学考试系列						
222	《新托福词汇速记指南》	16	76	刘一男	已出版	中国时代经济
223	《GRE 词汇速记指南》	16	55	刘一男	已出版	中国时代经济
224	《IELTS 词汇词组分话题分题型速记》	16	55	许之所 聂钟鸣	已出版	现代教育
225	《IELTS 口语分题型分话题特训》	16	45	潘纯 惠玉	已出版	现代教育
226	《IELTS 写作分题型分话题特训》	16	45	白云飞 郑瑶 熊小红	已出版	中国原子能
227	《剑桥雅思真题精析:剑 12》	16	28.8	文都	已出版	中国原子能

有奖纠错

    图书的质量是图书的生命,好图书源于好的质量,为了向读者提供更高质量的图书,世纪文都教育科技集团图书事业部现进行有奖纠错活动。对于将书中错误首次指出的读者,我们将奉上精美礼品一份。

有奖纠错电话:010-88824300-8204

有奖纠错 QQ:2238719772

非常感谢您的热心参与!

世纪文都教育科技集团图书事业部

地址:北京市海淀区西三环北路 72 号世纪经贸大厦 A 座 15 层

邮编:100048

文都教育在线:www.wendu.com

智阅网:www.zhiyueint.com

购书热线:010-88820362

书城客服 QQ:2275391716,2275920907

编辑电话:010-88824300 转 8204

Email:wendutushu@ wendu.com

QQ:2238719772